2020

贵州省人口普查年鉴

(中册)

GUIZHOU POPULATION CENSUS YEARBOOK 2020

(BOOK 2)

贵州省第七次全国人口普查领导小组办公室
贵　州　省　统　计　局
编

Compiled by
Office of the Leading Group of Guizhou Province for the Seventh National Population Census
Guizhou Provincial Bureau of Statistics

图书在版编目（CIP）数据

贵州省人口普查年鉴. 2020. 中册 / 贵州省第七次全国人口普查领导小组办公室，，贵州省统计局编. -- 北京 : 中国统计出版社, 2022.11
ISBN 978-7-5230-0001-4

Ⅰ. ①贵… Ⅱ. ①贵… ②贵… Ⅲ. ①人口普查－统计资料－贵州－2020－年鉴 Ⅳ. ①C924.257.3-54

中国版本图书馆 CIP 数据核字(2022)第 206052 号

贵州省人口普查年鉴-2020（中册）
Guizhou Population Census Yearbook 2020 (Book 2)

作　　者/贵州省第七次全国人口普查领导小组办公室　贵州省统计局
责任编辑/张　洁
封面设计/李雪燕
出版发行/中国统计出版社有限公司
通信地址/北京市丰台区西三环南路甲 6 号　邮政编码/100073
发行电话/邮购（010）63376909　书店（010）68783171
网　　址/http://www.zgtjcbs.com/
印　　刷/河北鑫兆源印刷有限公司
经　　销/新华书店
开　　本/880mm×1230mm　1/16
字　　数/2180 千字
印　　张/68
版　　别/2022 年 11 月第 1 版
版　　次/2022 年 11 月第 1 次印刷
定　　价/990.00 元（全三册附光盘）

目　　录

中　册

第一部分　全部数据资料（续）

第二部分　长表数据资料

第一卷　概要

第二卷　民族

第一部分　全部数据资料

第七卷　户口登记状况

7-8 全省分年龄、性别、迁移原因的户口登记地在外乡镇街道的人口

单位：人

年龄	合计			工作就业		
	合计	男	女	小计	男	女
总 计	**11694763**	**5828497**	**5866266**	**3296098**	**1915982**	**1380116**
0-4岁	**719233**	**385056**	**334177**			
0	97043	51823	45220			
1	142901	76321	66580			
2	153171	81989	71182			
3	172839	92604	80235			
4	153279	82319	70960			
5-9岁	**778503**	**420167**	**358336**			
5	143878	77477	66401			
6	152843	82771	70072			
7	156343	84461	71882			
8	168385	90817	77568			
9	157054	84641	72413			
10-14岁	**712471**	**381688**	**330783**	**899**	**519**	**380**
10	151354	81487	69867	163	97	66
11	151422	81415	70007	163	104	59
12	140468	75375	65093	180	99	81
13	132821	70685	62136	185	101	84
14	136406	72726	63680	208	118	90
15-19岁	**1298771**	**644816**	**653955**	**68796**	**40100**	**28696**
15	184287	95783	88504	2942	1853	1089
16	279251	142963	136288	6262	3917	2345
17	301708	150800	150908	12123	7165	4958
18	272011	132560	139451	19363	11114	8249
19	261514	122710	138804	28106	16051	12055
20-24岁	**1206900**	**535738**	**671162**	**391098**	**200529**	**190569**
20	260157	117163	142994	39098	21496	17602
21	244939	108433	136506	56883	29647	27236
22	256317	113453	142864	86322	44079	42243
23	226853	100008	126845	99385	49965	49420
24	218634	96681	121953	109410	55342	54068
25-29岁	**1069798**	**491995**	**577803**	**556229**	**302706**	**253523**
25	224510	100331	124179	117577	60663	56914
26	210373	95286	115087	110770	58925	51845
27	219347	100595	118752	115348	62795	52553
28	211081	98532	112549	108742	60909	47833
29	204487	97251	107236	103792	59414	44378

7-8　续表 1　　　　单位：人

年　龄	合　计			工作就业		
	合计	男	女	小计	男	女
30–34岁	**1131988**	**551458**	**580530**	**553193**	**323617**	**229576**
30	240036	114921	125115	120327	69578	50749
31	231963	111597	120366	114349	66172	48177
32	224182	109265	114917	108870	63833	45037
33	236022	116203	119819	113962	67317	46645
34	199785	99472	100313	95685	56717	38968
35–39岁	**842903**	**428738**	**414165**	**396057**	**238351**	**157706**
35	173098	87111	85987	82285	49239	33046
36	169612	86111	83501	79973	48200	31773
37	157426	80609	76817	73530	44496	29034
38	181534	92811	88723	85051	51372	33679
39	161233	82096	79137	75218	45044	30174
40–44岁	**806345**	**414514**	**391831**	**367757**	**218279**	**149478**
40	151055	76719	74336	69846	41339	28507
41	160451	82434	78017	73466	43790	29676
42	159355	81935	77420	72143	42878	29265
43	157833	81657	76176	71496	42529	28967
44	177651	91769	85882	80806	47743	33063
45–49岁	**885856**	**465438**	**420418**	**400191**	**239837**	**160354**
45	184938	96671	88267	84016	49988	34028
46	194736	101750	92986	88988	52739	36249
47	177511	93702	83809	80655	48329	32326
48	165575	86846	78729	74124	44547	29577
49	163096	86469	76627	72408	44234	28174
50–54岁	**734859**	**378402**	**356457**	**294584**	**180815**	**113769**
50	167968	87411	80557	72625	43768	28857
51	149809	77789	72020	61951	37899	24052
52	161953	82917	79036	64380	39616	24764
53	119318	60878	58440	45926	28431	17495
54	135811	69407	66404	49702	31101	18601
55–59岁	**522378**	**260837**	**261541**	**157934**	**101323**	**56611**
55	130089	65787	64302	43948	27918	16030
56	127467	63700	63767	40145	25606	14539
57	132574	66253	66321	39019	25254	13765
58	90639	44659	45980	24777	16085	8692
59	41609	20438	21171	10045	6460	3585
60–64岁	**293206**	**145025**	**148181**	**51899**	**33793**	**18106**
60	49983	24911	25072	10470	6757	3713
61	49171	24628	24543	9187	6027	3160
62	64837	32560	32277	11489	7621	3868
63	68372	33711	34661	11353	7402	3951
64	60843	29215	31628	9400	5986	3414
65岁及以上	**691552**	**324625**	**366927**	**57461**	**36113**	**21348**

7-8 续表 2

单位：人

年 龄	学习培训			随同离开/投亲靠友			拆迁/搬家		
	小计	男	女	小计	男	女	小计	男	女
总 计	**1866578**	**912981**	**953597**	**1547523**	**751450**	**796073**	**2465037**	**1276680**	**1188357**
0-4岁	**11759**	**6287**	**5472**	**390682**	**208977**	**181705**	**120382**	**64726**	**55656**
0	333	183	150	52991	28270	24721	15364	8152	7212
1	748	396	352	78591	41914	36677	22691	12253	10438
2	1401	740	661	83651	44836	38815	25821	13866	11955
3	4018	2140	1878	93295	50034	43261	29920	16052	13868
4	5259	2828	2431	82154	43923	38231	26586	14403	12183
5-9岁	**179506**	**98545**	**80961**	**327355**	**175874**	**151481**	**136054**	**73339**	**62715**
5	5678	3143	2535	76334	40936	35398	25267	13657	11610
6	34284	18946	15338	65809	35406	30403	26285	14338	11947
7	43826	23954	19872	61269	33142	28127	27038	14515	12523
8	48565	26649	21916	65055	34852	30203	29477	15799	13678
9	47153	25853	21300	58888	31538	27350	27987	15030	12957
10-14岁	**234128**	**126260**	**107868**	**241096**	**128880**	**112216**	**133141**	**71070**	**62071**
10	45763	24971	20792	55646	29871	25775	27667	14822	12845
11	46985	25512	21473	54098	28966	25132	28158	14987	13171
12	44763	24346	20417	48239	25718	22521	26795	14360	12435
13	44553	23846	20707	43298	22962	20336	25575	13573	12002
14	52064	27585	24479	39815	21363	18452	24946	13328	11618
15-19岁	**971143**	**475132**	**496011**	**90352**	**49053**	**41299**	**76594**	**42092**	**34502**
15	121246	61938	59308	25831	13917	11914	18570	10086	8484
16	222963	113331	109632	19085	10216	8869	15027	8133	6894
17	242433	120003	122430	16246	8745	7501	13713	7461	6252
18	203831	97472	106359	14946	8254	6692	14152	7903	6249
19	180670	82388	98282	14244	7921	6323	15132	8509	6623
20-24岁	**433694**	**188532**	**245162**	**80518**	**41000**	**39518**	**117939**	**61234**	**56705**
20	163592	71076	92516	14063	7809	6254	16346	8975	7371
21	124127	53371	70756	14195	7428	6767	19017	10340	8677
22	86395	37484	48911	17784	9010	8774	25759	13303	12456
23	40334	17819	22515	17599	8641	8958	27725	14027	13698
24	19246	8782	10464	16877	8112	8765	29092	14589	14503
25-29岁	**24138**	**11853**	**12285**	**69415**	**31784**	**37631**	**177136**	**89053**	**88083**
25	10298	4942	5356	16590	7990	8600	31735	16099	15636
26	5748	2736	3012	14508	6754	7754	32538	16326	16212
27	3701	1902	1799	13906	6330	7576	36348	18108	18240
28	2517	1285	1232	12703	5594	7109	37620	18886	18734
29	1874	988	886	11708	5116	6592	38895	19634	19261

7-8　续表 3　　　　单位：人

年　龄	学习培训			随同离开/投亲靠友			拆迁/搬家		
	小计	男	女	小计	男	女	小计	男	女
30–34岁	**5825**	**3146**	**2679**	**55065**	**21171**	**33894**	**245846**	**126281**	**119565**
30	1805	952	853	12843	5288	7555	47583	24083	23500
31	1298	683	615	11712	4542	7170	48949	25031	23918
32	1053	588	465	10773	4108	6665	49294	25330	23964
33	965	538	427	10862	3985	6877	53451	27611	25840
34	704	385	319	8875	3248	5627	46569	24226	22343
35–39岁	**2217**	**1205**	**1012**	**34598**	**11087**	**23511**	**207576**	**108725**	**98851**
35	522	287	235	7551	2604	4947	40926	21580	19346
36	480	257	223	7003	2277	4726	40940	21464	19476
37	412	239	173	6386	2011	4375	39478	20731	18747
38	445	220	225	7250	2278	4972	45415	23710	21705
39	358	202	156	6408	1917	4491	40817	21240	19577
40–44岁	**1389**	**714**	**675**	**31013**	**8618**	**22395**	**221802**	**116488**	**105314**
40	325	158	167	5847	1682	4165	39312	20682	18630
41	275	137	138	6152	1649	4503	42928	22637	20291
42	255	137	118	6117	1710	4407	44174	23197	20977
43	260	137	123	6132	1657	4475	44579	23490	21089
44	274	145	129	6765	1920	4845	50809	26482	24327
45–49岁	**1020**	**494**	**526**	**35604**	**9839**	**25765**	**263487**	**137735**	**125752**
45	226	110	116	7035	1911	5124	53834	28260	25574
46	253	130	123	7712	2099	5613	56454	29576	26878
47	191	89	102	7176	2046	5130	52802	27793	25009
48	176	90	86	6727	1801	4926	50247	26104	24143
49	174	75	99	6954	1982	4972	50150	26002	24148
50–54岁	**657**	**330**	**327**	**37646**	**10348**	**27298**	**232965**	**119306**	**113659**
50	190	93	97	7492	1978	5514	52616	27091	25525
51	125	72	53	7214	1984	5230	47575	24447	23128
52	127	57	70	8575	2313	6262	51328	25993	25335
53	90	42	48	6431	1782	4649	37859	19469	18390
54	125	66	59	7934	2291	5643	43587	22306	21281
55–59岁	**386**	**179**	**207**	**34954**	**10597**	**24357**	**177665**	**90372**	**87293**
55	102	48	54	8004	2326	5678	43118	22097	21021
56	101	45	56	8309	2444	5865	43087	21823	21264
57	80	38	42	9068	2877	6191	45103	22838	22265
58	72	26	46	6479	1955	4524	31039	15741	15298
59	31	22	9	3094	995	2099	15318	7873	7445
60–64岁	**203**	**97**	**106**	**25128**	**9119**	**16009**	**107130**	**55178**	**51952**
60	31	16	15	3804	1314	2490	18824	9699	9125
61	33	16	17	3997	1478	2519	18179	9401	8778
62	55	27	28	5437	1998	3439	23549	12262	11287
63	47	21	26	6078	2198	3880	24840	12742	12098
64	37	17	20	5812	2131	3681	21738	11074	10664
65岁及以上	**513**	**207**	**306**	**94097**	**35103**	**58994**	**247320**	**121081**	**126239**

7-8 续表 4　　　　单位：人

年　龄	寄挂户口			婚姻嫁娶			照料孙子女		
	小计	男	女	小计	男	女	小计	男	女
总　计	**108574**	**55059**	**53515**	**645467**	**100061**	**545406**	**224196**	**69567**	**154629**
0–4岁	**7809**	**4130**	**3679**						
0	920	491	429						
1	1659	880	779						
2	1803	958	845						
3	1891	1001	890						
4	1536	800	736						
5–9岁	**8085**	**4212**	**3873**						
5	1566	816	750						
6	1536	807	729						
7	1661	863	798						
8	1700	886	814						
9	1622	840	782						
10–14岁	**8298**	**4273**	**4025**	**64**	**17**	**47**			
10	1548	803	745	7	6	1			
11	1624	815	809	9	5	4			
12	1630	828	802	7	3	4			
13	1706	873	833	10	2	8			
14	1790	954	836	31	1	30			
15–19岁	**6478**	**3465**	**3013**	**18284**	**128**	**18156**	**9**	**5**	**4**
15	1192	628	564	418	18	400	1	1	
16	1130	590	540	1305	16	1289			
17	1272	676	596	2891	22	2869	1	1	
18	1411	785	626	5178	25	5153	1		1
19	1473	786	687	8492	47	8445	6	3	3
20–24岁	**7816**	**4006**	**3810**	**92096**	**1472**	**90624**	**58**	**4**	**54**
20	1444	781	663	12032	80	11952	4		4
21	1398	713	685	14977	117	14860	6	1	5
22	1706	877	829	19950	267	19683	16	1	15
23	1653	829	824	21683	432	21251	15		15
24	1615	806	809	23454	576	22878	17	2	15
25–29岁	**8199**	**3965**	**4234**	**131072**	**7381**	**123691**	**135**	**19**	**116**
25	1668	821	847	26378	864	25514	20	3	17
26	1509	699	810	25537	1108	24429	18	3	15
27	1684	807	877	27267	1467	25800	32	2	30
28	1712	850	862	26638	1866	24772	35	5	30
29	1626	788	838	25252	2076	23176	30	6	24

7–8　续表 5　　单位：人

年　龄	寄挂户口			婚姻嫁娶			照料孙子女		
	小计	男	女	小计	男	女	小计	男	女
30–34岁	**9651**	**4764**	**4887**	**127944**	**14913**	**113031**	**1054**	**211**	**843**
30	1907	929	978	28954	2754	26200	201	41	160
31	1931	968	963	27160	2932	24228	213	41	172
32	1909	927	982	25356	2934	22422	207	33	174
33	2095	1056	1039	25791	3362	22429	229	51	178
34	1809	884	925	20683	2931	17752	204	45	159
35–39岁	**8335**	**4100**	**4235**	**77375**	**13071**	**64304**	**982**	**272**	**710**
35	1641	841	800	17487	2617	14870	198	52	146
36	1665	832	833	16034	2660	13374	203	47	156
37	1622	822	800	14223	2476	11747	189	59	130
38	1825	890	935	15851	2810	13041	206	58	148
39	1582	715	867	13780	2508	11272	186	56	130
40–44岁	**8496**	**3871**	**4625**	**60907**	**13377**	**47530**	**1648**	**443**	**1205**
40	1621	748	873	12286	2327	9959	199	51	148
41	1692	792	900	12625	2601	10024	269	77	192
42	1681	773	908	12201	2645	9556	300	78	222
43	1621	708	913	11627	2750	8877	366	100	266
44	1881	850	1031	12168	3054	9114	514	137	377
45–49岁	**9205**	**4054**	**5151**	**55161**	**16573**	**38588**	**6750**	**1324**	**5426**
45	1840	816	1024	12309	3384	8925	635	141	494
46	2140	907	1233	12515	3607	8908	949	206	743
47	1863	819	1044	10849	3270	7579	1164	219	945
48	1700	739	961	9964	3171	6793	1724	327	1397
49	1662	773	889	9524	3141	6383	2278	431	1847
50–54岁	**7172**	**3358**	**3814**	**36203**	**13014**	**23189**	**31706**	**6512**	**25194**
50	1716	792	924	8982	3004	5978	3572	657	2915
51	1453	672	781	7620	2708	4912	4772	908	3864
52	1624	775	849	7978	2895	5083	7142	1419	5723
53	1151	521	630	5700	2124	3576	6842	1357	5485
54	1228	598	630	5923	2283	3640	9378	2171	7207
55–59岁	**4906**	**2547**	**2359**	**20260**	**8199**	**12061**	**52938**	**13223**	**39715**
55	1256	597	659	5521	2144	3377	10676	2372	8304
56	1200	646	554	5066	2040	3026	12019	2873	9146
57	1249	648	601	4983	2055	2928	14316	3677	10639
58	831	448	383	3309	1353	1956	10840	2880	7960
59	370	208	162	1381	607	774	5087	1421	3666
60–64岁	**2836**	**1568**	**1268**	**9767**	**4373**	**5394**	**45677**	**15744**	**29933**
60	538	293	245	1793	790	1003	6421	2061	4360
61	442	242	200	1689	774	915	7120	2377	4743
62	597	344	253	2184	986	1198	10315	3578	6737
63	655	365	290	2177	979	1198	11360	4069	7291
64	604	324	280	1924	844	1080	10461	3659	6802
65岁及以上	**11288**	**6746**	**4542**	**16334**	**7543**	**8791**	**83239**	**31810**	**51429**

7-8 续表 6 单位：人

年 龄	为子女就学			养老/康养			其 他		
	小计	男	女	小计	男	女	小计	男	女
总 计	**207160**	**75401**	**131759**	**127071**	**57870**	**69201**	**1207059**	**613446**	**593613**
0-4岁							**188601**	**100936**	**87665**
0							27435	14727	12708
1							39212	20878	18334
2							40495	21589	18906
3							43715	23377	20338
4							37744	20365	17379
5-9岁							**127503**	**68197**	**59306**
5							35033	18925	16108
6							24929	13274	11655
7							22549	11987	10562
8							23588	12631	10957
9							21404	11380	10024
10-14岁				**8**	**6**	**2**	**94837**	**50663**	**44174**
10				2	1	1	20558	10916	9642
11				3	3		20382	11023	9359
12				1	1		18853	10020	8833
13				1		1	17493	9328	8165
14				1	1		17551	9376	8175
15-19岁	**515**	**253**	**262**	**27**	**18**	**9**	**66573**	**34570**	**32003**
15	145	74	71	5	3	2	13937	7265	6672
16	116	61	55	3	2	1	13360	6697	6663
17	84	42	42	3	2	1	12942	6683	6259
18	79	42	37	9	6	3	13041	6959	6082
19	91	34	57	7	5	2	13293	6966	6327
20-24岁	**4091**	**624**	**3467**	**86**	**61**	**25**	**79504**	**38276**	**41228**
20	238	76	162	11	9	2	13329	6861	6468
21	374	59	315	20	14	6	13942	6743	7199
22	734	111	623	20	14	6	17631	8307	9324
23	1120	142	978	17	13	4	17322	8140	9182
24	1625	236	1389	18	11	7	17280	8225	9055
25-29岁	**20050**	**4053**	**15997**	**93**	**72**	**21**	**83331**	**41109**	**42222**
25	2379	350	2029	11	8	3	17854	8591	9263
26	3025	533	2492	14	9	5	16706	8193	8513
27	4131	848	3283	17	14	3	16913	8322	8591
28	4892	1018	3874	24	20	4	16198	8099	8099
29	5623	1304	4319	27	21	6	15660	7904	7756

7-8　续表 7　　　单位：人

年　龄	为子女就学			养老/康养			其　他		
	小计	男	女	小计	男	女	小计	男	女
30–34岁	**45747**	**13146**	**32601**	**176**	**120**	**56**	**87487**	**44089**	**43398**
30	7966	2010	5956	25	20	5	18425	9266	9159
31	8491	2277	6214	39	23	16	17821	8928	8893
32	9239	2602	6637	36	23	13	17445	8887	8558
33	10547	3180	7367	39	25	14	18081	9078	9003
34	9504	3077	6427	37	29	8	15715	7930	7785
35–39岁	**45671**	**16936**	**28735**	**178**	**143**	**35**	**69914**	**34848**	**35066**
35	8837	3019	5818	39	32	7	13612	6840	6772
36	9142	3254	5888	35	24	11	14137	7096	7041
37	8586	3285	5301	34	26	8	12966	6464	6502
38	10129	3843	6286	35	30	5	15327	7600	7727
39	8977	3535	5442	35	31	4	13872	6848	7024
40–44岁	**39422**	**16667**	**22755**	**240**	**171**	**69**	**73671**	**35886**	**37785**
40	8410	3382	5028	39	30	9	13170	6320	6850
41	8463	3559	4904	42	31	11	14539	7161	7378
42	7854	3336	4518	49	30	19	14581	7151	7430
43	7023	3032	3991	53	38	15	14676	7216	7460
44	7672	3358	4314	57	42	15	16705	8038	8667
45–49岁	**27448**	**12704**	**14744**	**502**	**301**	**201**	**86488**	**42577**	**43911**
45	7219	3292	3927	62	42	20	17762	8727	9035
46	6777	3088	3689	101	66	35	18847	9332	9515
47	5449	2553	2896	106	63	43	17256	8521	8735
48	4363	2010	2353	107	57	50	16443	8000	8443
49	3640	1761	1879	126	73	53	16180	7997	8183
50–54岁	**11868**	**5565**	**6303**	**6593**	**2502**	**4091**	**75465**	**36652**	**38813**
50	3313	1574	1739	722	277	445	16740	8177	8563
51	2646	1222	1424	1137	429	708	15316	7448	7868
52	2532	1169	1363	1471	551	920	16796	8129	8667
53	1675	763	912	1248	471	777	12396	5918	6478
54	1702	837	865	2015	774	1241	14217	6980	7237
55–59岁	**5664**	**2437**	**3227**	**12646**	**4979**	**7667**	**55025**	**26981**	**28044**
55	1465	662	803	2358	911	1447	13641	6712	6929
56	1441	602	839	2805	1115	1690	13294	6506	6788
57	1365	584	781	3390	1331	2059	14001	6951	7050
58	990	407	583	2612	1022	1590	9690	4742	4948
59	403	182	221	1481	600	881	4399	2070	2329
60–64岁	**2589**	**1156**	**1433**	**15974**	**7636**	**8338**	**32003**	**16361**	**15642**
60	418	185	233	2155	1001	1154	5529	2795	2734
61	448	219	229	2573	1213	1360	5503	2881	2622
62	569	246	323	3574	1775	1799	7068	3723	3345
63	620	271	349	3978	1927	2051	7264	3737	3527
64	534	235	299	3694	1720	1974	6639	3225	3414
65岁及以上	**4095**	**1860**	**2235**	**90548**	**41861**	**48687**	**86657**	**42301**	**44356**

7-8a 全省分年龄、性别、迁移原因的户口登记地在外乡镇街道的人口(城市)

单位：人

年龄	合计			工作就业		
	合计	男	女	小计	男	女
总 计	**6179364**	**3111466**	**3067898**	**1964432**	**1115122**	**849310**
0-4岁	**362951**	**194666**	**168285**			
0	50100	26702	23398			
1	72303	38829	33474			
2	76926	41184	35742			
3	86740	46657	40083			
4	76882	41294	35588			
5-9岁	**363921**	**197448**	**166473**			
5	69695	37659	32036			
6	72712	39578	33134			
7	72399	39354	33045			
8	77628	42121	35507			
9	71487	38736	32751			
10-14岁	**321660**	**173405**	**148255**	**598**	**354**	**244**
10	68982	37480	31502	114	68	46
11	68312	37050	31262	113	67	46
12	63726	34256	29470	112	67	45
13	60131	32083	28048	125	69	56
14	60509	32536	27973	134	83	51
15-19岁	**577467**	**295442**	**282025**	**44988**	**25729**	**19259**
15	82240	43482	38758	1831	1135	696
16	119086	63344	55742	4057	2491	1566
17	125631	65266	60365	8011	4691	3320
18	117360	59322	58038	12461	6995	5466
19	133150	64028	69122	18628	10417	8211
20-24岁	**690925**	**317419**	**373506**	**260229**	**130962**	**129267**
20	143543	66141	77402	26371	14104	12267
21	139604	63069	76535	38876	19644	19232
22	149342	68230	81112	58330	29173	29157
23	132574	61208	71366	65744	32523	33221
24	125862	58771	67091	70908	35518	35390
25-29岁	**604347**	**292121**	**312226**	**344445**	**186213**	**158232**
25	128327	60737	67590	75085	38513	36572
26	119293	56952	62341	69621	36808	32813
27	123604	59637	63967	71114	38516	32598
28	117972	57604	60368	65892	36708	29184
29	115151	57191	57960	62733	35668	27065

7-8a　续表 1　　　　单位：人

年　龄	合　计			工作就业		
	合计	男	女	小计	男	女
30-34岁	**630970**	**318047**	**312923**	**328260**	**190015**	**138245**
30	134285	67023	67262	71940	41301	30639
31	129513	64628	64885	68139	39096	29043
32	124501	62922	61579	64307	37349	26958
33	131268	66590	64678	67437	39327	28110
34	111403	56884	54519	56437	32942	23495
35-39岁	**453659**	**236681**	**216978**	**226769**	**134708**	**92061**
35	94606	48811	45795	47651	28005	19646
36	91581	47609	43972	45853	27157	18696
37	84623	44573	40050	41923	25206	16717
38	96953	50783	46170	48534	28926	19608
39	85896	44905	40991	42808	25414	17394
40-44岁	**425543**	**221299**	**204244**	**207474**	**120950**	**86524**
40	79710	41327	38383	39472	23126	16346
41	84837	44376	40461	41599	24523	17076
42	83737	43569	40168	40297	23493	16804
43	83428	43409	40019	40543	23550	16993
44	93831	48618	45213	45563	26258	19305
45-49岁	**479599**	**250687**	**228912**	**226769**	**131481**	**95288**
45	98923	51651	47272	47373	27428	19945
46	104752	54597	50155	50391	29006	21385
47	96685	50783	45902	45909	26632	19277
48	89822	46716	43106	41905	24218	17687
49	89417	46940	42477	41191	24197	16994
50-54岁	**405131**	**204054**	**201077**	**167686**	**98088**	**69598**
50	92325	47018	45307	41457	23795	17662
51	82809	42117	40692	35147	20487	14660
52	89029	44610	44419	36730	21577	15153
53	65679	32749	32930	25960	15311	10649
54	75289	37560	37729	28392	16918	11474
55-59岁	**302157**	**146803**	**155354**	**91343**	**55819**	**35524**
55	73548	36315	37233	25334	15343	9991
56	72875	35493	37382	23254	14142	9112
57	77740	37758	39982	22663	13944	8719
58	52458	25009	27449	14131	8706	5425
59	25536	12228	13308	5961	3684	2277
60-64岁	**177893**	**86515**	**91378**	**31344**	**19664**	**11680**
60	31352	15280	16072	6386	3945	2441
61	30319	14850	15469	5610	3515	2095
62	38891	19251	19640	6808	4369	2439
63	41256	19956	21300	6866	4311	2555
64	36075	17178	18897	5674	3524	2150
65岁及以上	**383141**	**176879**	**206262**	**34527**	**21139**	**13388**

7-8a 续表 2 单位：人

年 龄	学习培训			随同离开/投亲靠友			拆迁/搬家		
	小计	男	女	小计	男	女	小计	男	女
总 计	**852741**	**412960**	**439781**	**896677**	**433170**	**463507**	**1361151**	**699164**	**661987**
0-4岁	**6462**	**3479**	**2983**	**211430**	**113350**	**98080**	**56188**	**30260**	**25928**
0	230	124	106	29402	15618	13784	6795	3606	3189
1	484	249	235	42642	22861	19781	10471	5750	4721
2	896	485	411	45016	24153	20863	12020	6476	5544
3	2150	1161	989	49989	26906	23083	14309	7660	6649
4	2702	1460	1242	44381	23812	20569	12593	6768	5825
5-9岁	**68775**	**37783**	**30992**	**178213**	**96758**	**81455**	**59041**	**31844**	**27197**
5	2800	1566	1234	40107	21646	18461	11270	6101	5169
6	13436	7444	5992	36250	19672	16578	11616	6333	5283
7	16755	9129	7626	33470	18289	15181	11752	6417	5335
8	18125	9954	8171	35917	19562	16355	12686	6723	5963
9	17659	9690	7969	32469	17589	14880	11717	6270	5447
10-14岁	**88774**	**47959**	**40815**	**134385**	**72534**	**61851**	**55554**	**29803**	**25751**
10	17236	9449	7787	30757	16768	13989	11561	6154	5407
11	17862	9751	8111	29889	16178	13711	11492	6191	5301
12	16869	9214	7655	26985	14407	12578	11280	6050	5230
13	16991	9058	7933	24415	13085	11330	10794	5727	5067
14	19816	10487	9329	22339	12096	10243	10427	5681	4746
15-19岁	**410802**	**204294**	**206508**	**55604**	**30568**	**25036**	**34964**	**19296**	**15668**
15	51674	26774	24900	14849	8111	6738	7849	4306	3543
16	91237	48088	43149	11511	6230	5281	6702	3611	3091
17	95089	48578	46511	10286	5561	4725	6557	3572	2985
18	82285	40055	42230	9553	5353	4200	6776	3797	2979
19	90517	40799	49718	9405	5313	4092	7080	4010	3070
20-24岁	**252954**	**107065**	**145889**	**53948**	**27321**	**26627**	**60465**	**30886**	**29579**
20	90966	38775	52191	9489	5247	4242	7952	4331	3621
21	71769	29901	41868	9443	4894	4549	9327	5012	4315
22	52063	21731	30332	11960	6035	5925	13267	6750	6517
23	25483	10922	14561	11832	5765	6067	14640	7332	7308
24	12673	5736	6937	11224	5380	5844	15279	7461	7818
25-29岁	**16877**	**8135**	**8742**	**45986**	**20723**	**25263**	**101189**	**49981**	**51208**
25	7040	3325	3715	11072	5237	5835	17257	8626	8631
26	4034	1895	2139	9739	4446	5293	18030	8824	9206
27	2690	1361	1329	9209	4104	5105	20805	10155	10650
28	1793	882	911	8315	3584	4731	21855	10759	11096
29	1320	672	648	7651	3352	4299	23242	11617	11625

7-8a 续表 3 单位：人

年 龄	学习培训			随同离开/投亲靠友			拆迁/搬家		
	小计	男	女	小计	男	女	小计	男	女
30–34岁	**4132**	**2210**	**1922**	**35980**	**13800**	**22180**	**147376**	**75364**	**72012**
30	1251	650	601	8480	3460	5020	28446	14376	14070
31	927	486	441	7633	2936	4697	29358	14895	14463
32	762	423	339	7019	2681	4338	29524	15152	14372
33	693	382	311	7033	2585	4448	32075	16503	15572
34	499	269	230	5815	2138	3677	27973	14438	13535
35–39岁	**1465**	**816**	**649**	**21932**	**7092**	**14840**	**119318**	**62529**	**56789**
35	345	191	154	4769	1653	3116	24064	12665	11399
36	328	183	145	4534	1506	3028	23750	12436	11314
37	279	165	114	4002	1263	2739	22735	11965	10770
38	275	145	130	4624	1462	3162	25762	13475	12287
39	238	132	106	4003	1208	2795	23007	11988	11019
40–44岁	**841**	**421**	**420**	**19414**	**5512**	**13902**	**123086**	**63990**	**59096**
40	194	93	101	3663	1098	2565	21777	11436	10341
41	167	79	88	3815	1054	2761	23932	12482	11450
42	162	90	72	3804	1086	2718	24552	12761	11791
43	153	75	78	3887	1064	2823	24661	12828	11833
44	165	84	81	4245	1210	3035	28164	14483	13681
45–49岁	**614**	**297**	**317**	**22854**	**6431**	**16423**	**151528**	**78353**	**73175**
45	126	61	65	4552	1251	3301	30497	15792	14705
46	156	83	73	4889	1356	3533	32271	16715	15556
47	113	53	60	4577	1339	3238	30497	15856	14641
48	110	55	55	4344	1180	3164	28859	14859	14000
49	109	45	64	4492	1305	3187	29404	15131	14273
50–54岁	**399**	**204**	**195**	**24246**	**6834**	**17412**	**134783**	**68219**	**66564**
50	117	59	58	4859	1329	3530	30573	15448	15125
51	72	44	28	4662	1357	3305	28031	14168	13863
52	79	37	42	5482	1517	3965	29420	14720	14700
53	55	28	27	4139	1137	3002	21824	11150	10674
54	76	36	40	5104	1494	3610	24935	12733	12202
55–59岁	**226**	**111**	**115**	**22801**	**6978**	**15823**	**108149**	**54375**	**53774**
55	58	28	30	5128	1508	3620	25588	13015	12573
56	57	24	33	5392	1622	3770	25749	12892	12857
57	51	27	24	5983	1908	4075	28023	14012	14011
58	39	17	22	4177	1256	2921	18886	9394	9492
59	21	15	6	2121	684	1437	9903	5062	4841
60–64岁	**138**	**66**	**72**	**16477**	**6031**	**10446**	**67344**	**34436**	**32908**
60	25	13	12	2640	911	1729	12335	6299	6036
61	24	12	12	2669	990	1679	11669	6006	5663
62	28	16	12	3538	1299	2239	14649	7614	7035
63	35	13	22	3975	1455	2520	15463	7817	7646
64	26	12	14	3655	1376	2279	13228	6700	6528
65岁及以上	**282**	**120**	**162**	**53407**	**19238**	**34169**	**142166**	**69828**	**72338**

7-8a 续表 4

单位：人

年 龄	寄挂户口			婚姻嫁娶			照料孙子女		
	小计	男	女	小计	男	女	小计	男	女
总 计	**42368**	**21405**	**20963**	**235405**	**49616**	**185789**	**134897**	**43462**	**91435**
0-4岁	**3259**	**1745**	**1514**						
0	398	216	182						
1	707	376	331						
2	754	403	351						
3	793	421	372						
4	607	329	278						
5-9岁	**3069**	**1642**	**1427**						
5	588	301	287						
6	545	311	234						
7	647	349	298						
8	661	349	312						
9	628	332	296						
10-14岁	**3087**	**1603**	**1484**	**20**	**7**	**13**			
10	578	305	273	3	2	1			
11	560	273	287	2	1	1			
12	605	301	304	2	1	1			
13	642	332	310	5	2	3			
14	702	392	310	8	1	7			
15-19岁	**2700**	**1463**	**1237**	**1852**	**53**	**1799**	**6**	**4**	**2**
15	476	248	228	31	6	25	1	1	
16	466	244	222	108	9	99			
17	526	287	239	230	7	223	1	1	
18	594	334	260	506	10	496	1		1
19	638	350	288	977	21	956	3	2	1
20-24岁	**3100**	**1593**	**1507**	**19914**	**729**	**19185**	**30**	**2**	**28**
20	543	311	232	1622	30	1592	2		2
21	539	274	265	2572	50	2522	4	1	3
22	680	358	322	4097	122	3975	6		6
23	696	343	353	5259	217	5042	9		9
24	642	307	335	6364	310	6054	9	1	8
25-29岁	**3459**	**1708**	**1751**	**47137**	**4374**	**42763**	**76**	**13**	**63**
25	708	354	354	8066	475	7591	11	2	9
26	569	251	318	8615	646	7969	9	1	8
27	723	350	373	9838	857	8981	21	1	20
28	750	389	361	10346	1084	9262	15	4	11
29	709	364	345	10272	1312	8960	20	5	15

7-8a　续表 5　　　　单位：人

年　龄	寄挂户口			婚姻嫁娶			照料孙子女		
	小计	男	女	小计	男	女	小计	男	女
30–34岁	**3796**	**1896**	**1900**	**54739**	**9033**	**45706**	**485**	**109**	**376**
30	790	392	398	12062	1680	10382	103	25	78
31	779	398	381	11488	1803	9685	94	17	77
32	719	350	369	10831	1786	9045	90	13	77
33	817	408	409	11205	2013	9192	103	28	75
34	691	348	343	9153	1751	7402	95	26	69
35–39岁	**3360**	**1656**	**1704**	**32763**	**7352**	**25411**	**434**	**145**	**289**
35	662	347	315	7478	1505	5973	95	29	66
36	639	315	324	6794	1541	5253	90	26	64
37	628	313	315	6107	1379	4728	82	28	54
38	751	375	376	6647	1539	5108	85	33	52
39	680	306	374	5737	1388	4349	82	29	53
40–44岁	**3296**	**1487**	**1809**	**24769**	**6788**	**17981**	**808**	**235**	**573**
40	727	333	394	4984	1189	3795	89	25	64
41	696	321	375	5122	1364	3758	135	43	92
42	625	296	329	5081	1390	3691	139	38	101
43	560	232	328	4719	1373	3346	187	56	131
44	688	305	383	4863	1472	3391	258	73	185
45–49岁	**3812**	**1690**	**2122**	**21911**	**7756**	**14155**	**3539**	**707**	**2832**
45	780	344	436	4930	1594	3336	306	81	225
46	878	372	506	5032	1722	3310	481	113	368
47	806	363	443	4299	1547	2752	591	109	482
48	690	305	385	3908	1456	2452	937	171	766
49	658	306	352	3742	1437	2305	1224	233	991
50–54岁	**2791**	**1254**	**1537**	**13845**	**5549**	**8296**	**18263**	**3808**	**14455**
50	646	291	355	3465	1312	2153	2002	378	1624
51	580	258	322	3001	1214	1787	2638	510	2128
52	629	287	342	3027	1225	1802	4113	837	3276
53	453	190	263	2117	878	1239	3973	794	3179
54	483	228	255	2235	920	1315	5537	1289	4248
55–59岁	**1867**	**954**	**913**	**8123**	**3534**	**4589**	**32323**	**8198**	**24125**
55	473	223	250	2115	899	1216	6400	1466	4934
56	437	232	205	1992	863	1129	7184	1739	5445
57	500	261	239	2063	891	1172	8794	2257	6537
58	306	160	146	1358	599	759	6684	1814	4870
59	151	78	73	595	282	313	3261	922	2339
60–64岁	**1035**	**539**	**496**	**4021**	**1813**	**2208**	**29354**	**10429**	**18925**
60	192	99	93	775	356	419	4348	1426	2922
61	156	85	71	716	335	381	4661	1594	3067
62	219	114	105	893	405	488	6552	2367	4185
63	224	111	113	897	398	499	7239	2665	4574
64	244	130	114	740	319	421	6554	2377	4177
65岁及以上	**3737**	**2175**	**1562**	**6311**	**2628**	**3683**	**49579**	**19812**	**29767**

7-8a 续表 6

单位：人

年 龄	为子女就学			养老/康养			其 他		
	小计	男	女	小计	男	女	小计	男	女
总 计	**70001**	**27389**	**42612**	**76475**	**32163**	**44312**	**545217**	**277015**	**268202**
0-4岁							**85612**	**45832**	**39780**
0							13275	7138	6137
1							17999	9593	8406
2							18240	9667	8573
3							19499	10509	8990
4							16599	8925	7674
5-9岁							**54823**	**29421**	**25402**
5							14930	8045	6885
6							10865	5818	5047
7							9775	5170	4605
8							10239	5533	4706
9							9014	4855	4159
10-14岁				**3**	**1**	**2**	**39239**	**21144**	**18095**
10				1		1	8732	4734	3998
11							8394	4589	3805
12				1	1		7872	4215	3657
13				1		1	7158	3810	3348
14							7083	3796	3287
15-19岁	**316**	**161**	**155**	**10**	**7**	**3**	**26225**	**13867**	**12358**
15	88	49	39	1	1		5440	2851	2589
16	78	40	38	1	1		4926	2630	2296
17	52	25	27				4879	2544	2335
18	50	27	23	3	2	1	5131	2749	2382
19	48	20	28	5	3	2	5849	3093	2756
20-24岁	**1242**	**215**	**1027**	**26**	**18**	**8**	**39017**	**18628**	**20389**
20	100	38	62	5	4	1	6493	3301	3192
21	134	28	106	7	3	4	6933	3262	3671
22	227	41	186	6	4	2	8706	4016	4690
23	316	39	277	5	5		8590	4062	4528
24	465	69	396	3	2	1	8295	3987	4308
25-29岁	**5939**	**1322**	**4617**	**35**	**28**	**7**	**39204**	**19624**	**19580**
25	670	103	567	2	1	1	8416	4101	4315
26	869	183	686	5	4	1	7802	3894	3908
27	1184	265	919	10	8	2	8010	4020	3990
28	1420	320	1100	11	10	1	7575	3864	3711
29	1796	451	1345	7	5	2	7401	3745	3656

7-8a　续表 7　　　　单位：人

年　龄	为子女就学			养老/康养			其　他		
	小计	男	女	小计	男	女	小计	男	女
30–34岁	**15681**	**4831**	**10850**	**63**	**40**	**23**	**40458**	**20749**	**19709**
30	2647	701	1946	11	8	3	8555	4430	4125
31	2881	812	2069	10	6	4	8204	4179	4025
32	3177	1008	2169	11	5	6	8061	4155	3906
33	3595	1123	2472	15	9	6	8295	4212	4083
34	3381	1187	2194	16	12	4	7343	3773	3570
35–39岁	**16019**	**6341**	**9678**	**64**	**46**	**18**	**31535**	**15996**	**15539**
35	3218	1180	2038	15	11	4	6309	3225	3084
36	3216	1204	2012	16	11	5	6361	3230	3131
37	3006	1259	1747	10	7	3	5851	2988	2863
38	3469	1368	2101	13	9	4	6793	3451	3342
39	3110	1330	1780	10	8	2	6221	3102	3119
40–44岁	**13701**	**6109**	**7592**	**91**	**52**	**39**	**32063**	**15755**	**16308**
40	2890	1208	1682	14	9	5	5900	2810	3090
41	2932	1278	1654	21	12	9	6418	3220	3198
42	2783	1255	1528	16	9	7	6278	3151	3127
43	2415	1107	1308	19	11	8	6284	3113	3171
44	2681	1261	1420	21	11	10	7183	3461	3722
45–49岁	**9303**	**4633**	**4670**	**204**	**94**	**110**	**39065**	**19245**	**19820**
45	2423	1183	1240	22	11	11	7914	3906	4008
46	2275	1118	1157	39	22	17	8340	4090	4250
47	1835	933	902	41	18	23	8017	3933	4084
48	1534	762	772	49	23	26	7486	3687	3799
49	1236	637	599	53	20	33	7308	3629	3679
50–54岁	**3888**	**1958**	**1930**	**4057**	**1381**	**2676**	**35173**	**16759**	**18414**
50	1120	577	543	397	120	277	7689	3709	3980
51	895	466	429	710	244	466	7073	3369	3704
52	822	395	427	916	307	609	7811	3708	4103
53	520	245	275	766	264	502	5872	2752	3120
54	531	275	256	1268	446	822	6728	3221	3507
55–59岁	**1763**	**840**	**923**	**8438**	**3077**	**5361**	**27124**	**12917**	**14207**
55	458	223	235	1532	536	996	6462	3074	3388
56	474	220	254	1835	677	1158	6501	3082	3419
57	408	203	205	2264	842	1422	6991	3413	3578
58	285	121	164	1746	630	1116	4846	2312	2534
59	138	73	65	1061	392	669	2324	1036	1288
60–64岁	**839**	**372**	**467**	**10683**	**4846**	**5837**	**16658**	**8319**	**8339**
60	152	64	88	1493	666	827	3006	1501	1505
61	149	73	76	1754	765	989	2911	1475	1436
62	187	82	105	2355	1124	1231	3662	1861	1801
63	200	88	112	2667	1214	1453	3690	1884	1806
64	151	65	86	2414	1077	1337	3389	1598	1791
65岁及以上	**1310**	**607**	**703**	**52801**	**22573**	**30228**	**39021**	**18759**	**20262**

7-8b 全省分年龄、性别、迁移原因的户口登记地在外乡镇街道的人口(镇)

单位：人

年 龄	合 计			工作就业		
	合计	男	女	小计	男	女
总 计	**3849786**	**1895151**	**1954635**	**904994**	**513247**	**391747**
0-4岁	**266493**	**143173**	**123320**			
0	35354	19121	16233			
1	52091	27809	24282			
2	56564	30345	26219			
3	65019	34839	30180			
4	57465	31059	26406			
5-9岁	**314828**	**170501**	**144327**			
5	55702	30106	25596			
6	60751	32968	27783			
7	63818	34585	29233			
8	69360	37477	31883			
9	65197	35365	29832			
10-14岁	**296580**	**159276**	**137304**	**243**	**135**	**108**
10	62649	33895	28754	39	25	14
11	62987	33885	29102	46	33	13
12	58526	31567	26959	61	29	32
13	55173	29505	25668	46	25	21
14	57245	30424	26821	51	23	28
15-19岁	**516439**	**251006**	**265433**	**15818**	**9079**	**6739**
15	73801	37852	35949	764	504	260
16	114445	56491	57954	1502	980	522
17	126753	61402	65351	2747	1564	1183
18	111331	52923	58408	4541	2532	2009
19	90109	42338	47771	6264	3499	2765
20-24岁	**345115**	**152737**	**192378**	**85959**	**42548**	**43411**
20	80510	36771	43739	8391	4549	3842
21	72726	32715	40011	11772	6068	5704
22	72251	32067	40184	18331	9096	9235
23	60937	26274	34663	22081	10661	11420
24	58691	24910	33781	25384	12174	13210
25-29岁	**307351**	**134837**	**172514**	**146257**	**75982**	**70275**
25	61267	25947	35320	28347	13806	14541
26	58993	25570	33423	28029	14230	13799
27	63546	27693	35853	30746	15941	14805
28	62650	28013	34637	30031	16071	13960
29	60895	27614	33281	29104	15934	13170

7-8b　续表 1　　　　单位：人

年　龄	合　计			工作就业		
	合计	男	女	小计	男	女
30-34岁	**347058**	**161406**	**185652**	**160173**	**89874**	**70299**
30	72508	33045	39463	34419	18983	15436
31	70515	32341	38174	32837	18206	14631
32	69316	32201	37115	31957	17957	14000
33	73015	34329	38686	33140	18790	14350
34	61704	29490	32214	27820	15938	11882
35-39岁	**272650**	**133869**	**138781**	**120331**	**70002**	**50329**
35	54812	26619	28193	24697	14318	10379
36	54689	26808	27881	24275	14256	10019
37	51334	25266	26068	22537	13047	9490
38	59257	29287	29970	25906	15160	10746
39	52558	25889	26669	22916	13221	9695
40-44岁	**261855**	**132501**	**129354**	**110709**	**63895**	**46814**
40	50005	24788	25217	21426	12226	9200
41	52443	26262	26181	22187	12720	9467
42	52150	26510	25640	22108	12864	9244
43	50383	25838	24545	21016	12281	8735
44	56874	29103	27771	23972	13804	10168
45-49岁	**271135**	**141212**	**129923**	**113988**	**67254**	**46734**
45	58192	30163	28029	24591	14395	10196
46	60342	31268	29074	25665	14926	10739
47	54201	28479	25722	22835	13466	9369
48	50178	25967	24211	20882	12356	8526
49	48222	25335	22887	20015	12111	7904
50-54岁	**218625**	**111705**	**106920**	**80406**	**48960**	**31446**
50	49821	25975	23846	20184	12127	8057
51	44119	22818	21301	16830	10245	6585
52	48060	24339	23721	17409	10617	6792
53	35651	17941	17710	12555	7690	4865
54	40974	20632	20342	13428	8281	5147
55-59岁	**149767**	**73600**	**76167**	**42037**	**27047**	**14990**
55	38135	18921	19214	11698	7448	4250
56	37027	18146	18881	10657	6839	3818
57	37435	18441	18994	10312	6688	3624
58	26244	12780	13464	6764	4406	2358
59	10926	5312	5614	2606	1666	940
60-64岁	**79711**	**38637**	**41074**	**13556**	**8845**	**4711**
60	12532	6196	6336	2618	1720	898
61	12968	6468	6500	2332	1552	780
62	18041	8825	9216	3098	2052	1046
63	18915	9108	9807	2983	1947	1036
64	17255	8040	9215	2525	1574	951
65岁及以上	**202179**	**90691**	**111488**	**15517**	**9626**	**5891**

7-8b 续表 2　　　　单位：人

年　龄	学习培训			随同离开/投亲靠友			拆迁/搬家		
	小计	男	女	小计	男	女	小计	男	女
总　计	**779949**	**382834**	**397115**	**477993**	**232976**	**245017**	**804447**	**420583**	**383864**
0-4岁	**4787**	**2529**	**2258**	**131955**	**70783**	**61172**	**47787**	**25803**	**21984**
0	93	53	40	17389	9447	7942	6262	3386	2876
1	241	133	108	26135	13859	12276	9014	4847	4167
2	463	232	231	28218	15166	13052	10309	5544	4765
3	1703	884	819	32204	17314	14890	11806	6329	5477
4	2287	1227	1060	28009	14997	13012	10396	5697	4699
5-9岁	**91570**	**50427**	**41143**	**109862**	**58990**	**50872**	**57069**	**30858**	**26211**
5	2545	1400	1145	26746	14345	12401	10410	5633	4777
6	17240	9514	7726	21788	11742	10046	10885	5932	4953
7	22390	12272	10118	20386	11076	9310	11262	5974	5288
8	25163	13876	11287	21495	11395	10100	12484	6772	5712
9	24232	13365	10867	19447	10432	9015	12028	6547	5481
10-14岁	**118769**	**64216**	**54553**	**78883**	**42221**	**36662**	**56792**	**30243**	**26549**
10	23609	12937	10672	18275	9800	8475	11844	6430	5414
11	23950	13014	10936	17695	9504	8191	12233	6421	5812
12	22912	12468	10444	15917	8553	7364	11321	6068	5253
13	22520	12114	10406	14003	7412	6591	10826	5756	5070
14	25778	13683	12095	12993	6952	6041	10568	5568	5000
15-19岁	**409999**	**195750**	**214249**	**26396**	**14118**	**12278**	**30330**	**16537**	**13793**
15	50210	25278	24932	8214	4391	3823	7940	4263	3677
16	94398	45930	48468	5833	3079	2754	6178	3358	2820
17	107497	51383	56114	4613	2495	2118	5301	2889	2412
18	90577	42289	48288	4154	2218	1936	5223	2872	2351
19	67317	30870	36447	3582	1935	1647	5688	3155	2533
20-24岁	**145034**	**64949**	**80085**	**19704**	**10133**	**9571**	**39805**	**20785**	**19020**
20	55270	24542	30728	3292	1873	1419	5829	3186	2643
21	42012	18688	23324	3467	1842	1625	6677	3624	3053
22	28981	13139	15842	4339	2223	2116	8745	4514	4231
23	12912	5895	7017	4363	2164	2199	9013	4616	4397
24	5859	2685	3174	4243	2031	2212	9541	4845	4696
25-29岁	**6359**	**3237**	**3122**	**17420**	**8136**	**9284**	**55612**	**28276**	**27336**
25	2864	1407	1457	4149	2039	2110	10183	5218	4965
26	1526	745	781	3549	1702	1847	10417	5336	5081
27	882	477	405	3516	1673	1843	11429	5681	5748
28	615	340	275	3227	1457	1770	11787	6044	5743
29	472	268	204	2979	1265	1714	11796	5997	5799

7-8b 续表 3

单位：人

年 龄	学习培训			随同离开/投亲靠友			拆迁/搬家		
	小计	男	女	小计	男	女	小计	男	女
30-34岁	**1438**	**781**	**657**	**14296**	**5278**	**9018**	**74994**	**38404**	**36590**
30	473	251	222	3253	1335	1918	14416	7250	7166
31	319	166	153	3024	1120	1904	14952	7607	7345
32	246	137	109	2844	1041	1803	15009	7688	7321
33	227	130	97	2903	999	1904	16351	8412	7939
34	173	97	76	2272	783	1489	14266	7447	6819
35-39岁	**623**	**303**	**320**	**9371**	**2693**	**6678**	**67608**	**35185**	**32423**
35	146	76	70	2058	643	1415	12886	6774	6112
36	130	58	72	1851	533	1318	13207	6873	6334
37	110	58	52	1767	497	1270	12852	6710	6142
38	145	61	84	1941	552	1389	15101	7803	7298
39	92	50	42	1754	468	1286	13562	7025	6537
40-44岁	**446**	**234**	**212**	**8527**	**2035**	**6492**	**74258**	**39642**	**34616**
40	114	57	57	1614	390	1224	13432	7092	6340
41	78	41	37	1797	428	1369	14375	7655	6720
42	75	37	38	1676	392	1284	14730	7892	6838
43	87	50	37	1613	368	1245	14848	7969	6879
44	92	49	43	1827	457	1370	16873	9034	7839
45-49岁	**345**	**163**	**182**	**9325**	**2179**	**7146**	**82680**	**44050**	**38630**
45	92	43	49	1839	428	1411	17309	9247	8062
46	82	37	45	2065	470	1595	17893	9577	8316
47	67	31	36	1873	437	1436	16629	8985	7644
48	54	29	25	1756	411	1345	15768	8290	7478
49	50	23	27	1792	433	1359	15081	7951	7130
50-54岁	**207**	**98**	**109**	**9733**	**2295**	**7438**	**71430**	**37406**	**34024**
50	57	28	29	1903	415	1488	16019	8506	7513
51	38	20	18	1873	422	1451	14200	7516	6684
52	38	14	24	2229	503	1726	15810	8171	7639
53	35	14	21	1653	420	1233	11705	6118	5587
54	39	22	17	2075	535	1540	13696	7095	6601
55-59岁	**134**	**53**	**81**	**8982**	**2444**	**6538**	**50102**	**25902**	**24200**
55	35	14	21	2104	535	1569	12769	6595	6174
56	38	19	19	2184	550	1634	12521	6456	6065
57	28	10	18	2297	663	1634	12251	6347	5904
58	26	6	20	1691	484	1207	8746	4507	4239
59	7	4	3	706	212	494	3815	1997	1818
60-64岁	**52**	**25**	**27**	**6140**	**2016**	**4124**	**27757**	**14488**	**13269**
60	4	2	2	811	256	555	4530	2344	2186
61	9	4	5	952	327	625	4590	2420	2170
62	20	9	11	1361	467	894	6277	3299	2978
63	11	7	4	1498	477	1021	6534	3410	3124
64	8	3	5	1518	489	1029	5826	3015	2811
65岁及以上	**186**	**69**	**117**	**27399**	**9655**	**17744**	**68223**	**33004**	**35219**

7-8b 续表 4

单位：人

年 龄	寄挂户口			婚姻嫁娶			照料孙子女		
	小计	男	女	小计	男	女	小计	男	女
总 计	**21492**	**10704**	**10788**	**173370**	**23297**	**150073**	**79112**	**23021**	**56091**
0-4岁	**1962**	**1063**	**899**						
0	271	153	118						
1	431	228	203						
2	466	249	217						
3	431	240	191						
4	363	193	170						
5-9岁	**2006**	**1045**	**961**						
5	435	239	196						
6	438	218	220						
7	385	197	188						
8	391	203	188						
9	357	188	169						
10-14岁	**1846**	**950**	**896**	**16**	**6**	**10**			
10	355	186	169	3	3				
11	357	189	168	4	2	2			
12	387	181	206	2	1	1			
13	361	189	172	1		1			
14	386	205	181	6		6			
15-19岁	**1311**	**685**	**626**	**3824**	**37**	**3787**	**1**		**1**
15	240	117	123	86	8	78			
16	207	95	112	266	3	263			
17	269	140	129	571	11	560			
18	300	162	138	1076	4	1072			
19	295	171	124	1825	11	1814	1		1
20-24岁	**1599**	**802**	**797**	**23964**	**332**	**23632**	**24**	**2**	**22**
20	332	181	151	2768	25	2743	1		1
21	325	159	166	3669	24	3645	2		2
22	352	170	182	5167	73	5094	9	1	8
23	285	135	150	5880	100	5780	5		5
24	305	157	148	6480	110	6370	7	1	6
25-29岁	**1592**	**732**	**860**	**37563**	**1561**	**36002**	**47**	**5**	**42**
25	274	123	151	7605	196	7409	8	1	7
26	301	139	162	7235	230	7005	9	2	7
27	324	158	166	7947	319	7628	8	1	7
28	342	159	183	7616	407	7209	14		14
29	351	153	198	7160	409	6751	8	1	7

7–8b　续表 5　　　　　　　　　　　　　　　　　　　　单位：人

年　龄	寄挂户口			婚姻嫁娶			照料孙子女		
	小计	男	女	小计	男	女	小计	男	女
30–34岁	**1841**	**889**	**952**	**35560**	**3145**	**32415**	**455**	**82**	**373**
30	334	164	170	8160	602	7558	76	11	65
31	351	171	180	7517	581	6936	94	18	76
32	384	182	202	7082	625	6457	91	17	74
33	408	202	206	7116	725	6391	97	17	80
34	364	170	194	5685	612	5073	97	19	78
35–39岁	**1640**	**761**	**879**	**20895**	**2889**	**18006**	**467**	**111**	**356**
35	333	160	173	4777	589	4188	88	20	68
36	333	160	173	4380	573	3807	101	19	82
37	349	164	185	3832	564	3268	92	29	63
38	333	156	177	4252	626	3626	103	22	81
39	292	121	171	3654	537	3117	83	21	62
40–44岁	**1639**	**712**	**927**	**16049**	**3246**	**12803**	**740**	**184**	**556**
40	303	133	170	3297	565	2732	98	23	75
41	294	139	155	3365	599	2766	113	27	86
42	358	154	204	3192	645	2547	146	37	109
43	331	135	196	3075	684	2391	156	40	116
44	353	151	202	3120	753	2367	227	57	170
45–49岁	**1732**	**738**	**994**	**14143**	**4123**	**10020**	**2792**	**543**	**2249**
45	334	144	190	3210	860	2350	288	56	232
46	386	147	239	3173	885	2288	411	84	327
47	361	162	199	2810	829	1981	505	100	405
48	347	157	190	2511	762	1749	670	129	541
49	304	128	176	2439	787	1652	918	174	744
50–54岁	**1394**	**698**	**696**	**9402**	**3347**	**6055**	**11903**	**2418**	**9485**
50	319	146	173	2270	758	1512	1365	254	1111
51	266	128	138	2005	703	1302	1889	354	1535
52	281	155	126	2075	738	1337	2681	512	2169
53	237	108	129	1471	549	922	2547	499	2048
54	291	161	130	1581	599	982	3421	799	2622
55–59岁	**897**	**449**	**448**	**5223**	**1937**	**3286**	**18365**	**4461**	**13904**
55	258	120	138	1440	518	922	3803	802	3001
56	215	110	105	1326	471	855	4329	1019	3310
57	218	111	107	1223	477	746	4950	1256	3694
58	145	79	66	881	323	558	3680	949	2731
59	61	29	32	353	148	205	1603	435	1168
60–64岁	**463**	**248**	**215**	**2435**	**982**	**1453**	**14582**	**4712**	**9870**
60	98	53	45	420	167	253	1841	566	1275
61	71	34	37	404	161	243	2181	700	1481
62	86	48	38	512	213	299	3371	1075	2296
63	103	57	46	569	229	340	3695	1244	2451
64	105	56	49	530	212	318	3494	1127	2367
65岁及以上	**1570**	**932**	**638**	**4296**	**1692**	**2604**	**29736**	**10503**	**19233**

7－8b 续表 6 单位：人

年 龄	为子女就学			养老/康养			其 他		
	小计	男	女	小计	男	女	小计	男	女
总 计	**124180**	**43916**	**80264**	**35994**	**16418**	**19576**	**448255**	**228155**	**220100**
0－4岁							**80002**	**42995**	**37007**
0							11339	6082	5257
1							16270	8742	7528
2							17108	9154	7954
3							18875	10072	8803
4							16410	8945	7465
5－9岁							**54321**	**29181**	**25140**
5							15566	8489	7077
6							10400	5562	4838
7							9395	5066	4329
8							9827	5231	4596
9							9133	4833	4300
10－14岁				**2**	**2**		**40029**	**21503**	**18526**
10				1	1		8523	4513	4010
11				1	1		8701	4721	3980
12							7926	4267	3659
13							7416	4009	3407
14							7463	3993	3470
15－19岁	**169**	**75**	**94**	**4**	**4**		**28587**	**14721**	**13866**
15	48	17	31	1	1		6298	3273	3025
16	37	20	17	1	1		6023	3025	2998
17	26	15	11	1	1		5728	2904	2824
18	24	14	10	1	1		5435	2831	2604
19	34	9	25				5103	2688	2415
20－24岁	**2469**	**364**	**2105**	**15**	**12**	**3**	**26542**	**12810**	**13732**
20	107	32	75	2	1	1	4518	2382	2136
21	208	28	180	4	4		4590	2278	2312
22	433	63	370	1	1		5893	2787	3106
23	695	89	606	3	3		5700	2611	3089
24	1026	152	874	5	3	2	5841	2752	3089
25－29岁	**12591**	**2497**	**10094**	**14**	**11**	**3**	**29896**	**14400**	**15496**
25	1502	227	1275	3	2	1	6332	2928	3404
26	1943	313	1630	4	3	1	5980	2870	3110
27	2637	535	2102				6057	2908	3149
28	3068	629	2439	2	2		5948	2904	3044
29	3441	793	2648	5	4	1	5579	2790	2789

7-8b　续表 7　　　　单位：人

年　龄	为子女就学			养老/康养			其　　他		
	小计	男	女	小计	男	女	小计	男	女
30–34岁	**27141**	**7588**	**19553**	**40**	**35**	**5**	**31120**	**15330**	**15790**
30	4760	1188	3572	3	3		6614	3258	3356
31	5039	1341	3698	10	9	1	6372	3122	3250
32	5518	1465	4053	10	9	1	6175	3080	3095
33	6292	1876	4416	8	6	2	6473	3172	3301
34	5532	1718	3814	9	8	1	5486	2698	2788
35–39岁	**26941**	**9696**	**17245**	**43**	**37**	**6**	**24731**	**12192**	**12539**
35	5073	1674	3399	8	8		4746	2357	2389
36	5364	1873	3491	5	5		5043	2458	2585
37	5112	1874	3238	11	6	5	4672	2317	2355
38	6070	2265	3805	7	6	1	5399	2636	2763
39	5322	2010	3312	12	12		4871	2424	2447
40–44岁	**23560**	**9719**	**13841**	**73**	**57**	**16**	**25854**	**12777**	**13077**
40	5004	1971	3033	11	9	2	4706	2322	2384
41	5082	2115	2967	12	11	1	5140	2527	2613
42	4682	1932	2750	15	8	7	5168	2549	2619
43	4216	1760	2456	17	14	3	5024	2537	2487
44	4576	1941	2635	18	15	3	5816	2842	2974
45–49岁	**16500**	**7402**	**9098**	**163**	**95**	**68**	**29467**	**14665**	**14802**
45	4355	1938	2417	23	15	8	6151	3037	3114
46	4104	1826	2278	29	18	11	6534	3298	3236
47	3284	1483	1801	40	24	16	5797	2962	2835
48	2576	1135	1441	32	14	18	5582	2684	2898
49	2181	1020	1161	39	24	15	5403	2684	2719
50–54岁	**7242**	**3293**	**3949**	**1918**	**787**	**1131**	**24990**	**12403**	**12587**
50	1992	916	1076	231	96	135	5481	2729	2752
51	1575	689	886	329	135	194	5114	2606	2508
52	1558	707	851	414	167	247	5565	2755	2810
53	1050	468	582	378	158	220	4020	1917	2103
54	1067	513	554	566	231	335	4810	2396	2414
55–59岁	**3472**	**1429**	**2043**	**3245**	**1347**	**1898**	**17310**	**8531**	**8779**
55	886	390	496	629	261	368	4513	2238	2275
56	860	342	518	751	305	446	4146	2035	2111
57	866	348	518	893	368	525	4397	2173	2224
58	623	251	372	669	284	385	3019	1491	1528
59	237	98	139	303	129	174	1235	594	641
60–64岁	**1589**	**715**	**874**	**3943**	**1939**	**2004**	**9194**	**4667**	**4527**
60	237	106	131	476	223	253	1497	759	738
61	280	142	138	605	313	292	1544	815	729
62	349	153	196	914	443	471	2053	1066	987
63	374	159	215	998	512	486	2150	1066	1084
64	349	155	194	950	448	502	1950	961	989
65岁及以上	**2506**	**1138**	**1368**	**26534**	**12092**	**14442**	**26212**	**11980**	**14232**

7-8c 全省分年龄、性别、迁移原因的户口登记地在外乡镇街道的人口(乡村)

单位：人

年龄	合计			工作就业		
	合计	男	女	小计	男	女
总计	**1665613**	**821880**	**843733**	**426672**	**287613**	**139059**
0-4岁	**89789**	**47217**	**42572**			
0	11589	6000	5589			
1	18507	9683	8824			
2	19681	10460	9221			
3	21080	11108	9972			
4	18932	9966	8966			
5-9岁	**99754**	**52218**	**47536**			
5	18481	9712	8769			
6	19380	10225	9155			
7	20126	10522	9604			
8	21397	11219	10178			
9	20370	10540	9830			
10-14岁	**94231**	**49007**	**45224**	**58**	**30**	**28**
10	19723	10112	9611	10	4	6
11	20123	10480	9643	4	4	
12	18216	9552	8664	7	3	4
13	17517	9097	8420	14	7	7
14	18652	9766	8886	23	12	11
15-19岁	**204865**	**98368**	**106497**	**7990**	**5292**	**2698**
15	28246	14449	13797	347	214	133
16	45720	23128	22592	703	446	257
17	49324	24132	25192	1365	910	455
18	43320	20315	23005	2361	1587	774
19	38255	16344	21911	3214	2135	1079
20-24岁	**170860**	**65582**	**105278**	**44910**	**27019**	**17891**
20	36104	14251	21853	4336	2843	1493
21	32609	12649	19960	6235	3935	2300
22	34724	13156	21568	9661	5810	3851
23	33342	12526	20816	11560	6781	4779
24	34081	13000	21081	13118	7650	5468
25-29岁	**158100**	**65037**	**93063**	**65527**	**40511**	**25016**
25	34916	13647	21269	14145	8344	5801
26	32087	12764	19323	13120	7887	5233
27	32197	13265	18932	13488	8338	5150
28	30459	12915	17544	12819	8130	4689
29	28441	12446	15995	11955	7812	4143

7-8c　续表 1　　　　单位：人

年　龄	合　计			工作就业		
	合计	男	女	小计	男	女
30-34岁	**153960**	**72005**	**81955**	**64760**	**43728**	**21032**
30	33243	14853	18390	13968	9294	4674
31	31935	14628	17307	13373	8870	4503
32	30365	14142	16223	12606	8527	4079
33	31739	15284	16455	13385	9200	4185
34	26678	13098	13580	11428	7837	3591
35-39岁	**116594**	**58188**	**58406**	**48957**	**33641**	**15316**
35	23680	11681	11999	9937	6916	3021
36	23342	11694	11648	9845	6787	3058
37	21469	10770	10699	9070	6243	2827
38	25324	12741	12583	10611	7286	3325
39	22779	11302	11477	9494	6409	3085
40-44岁	**118947**	**60714**	**58233**	**49574**	**33434**	**16140**
40	21340	10604	10736	8948	5987	2961
41	23171	11796	11375	9680	6547	3133
42	23468	11856	11612	9738	6521	3217
43	24022	12410	11612	9937	6698	3239
44	26946	14048	12898	11271	7681	3590
45-49岁	**135122**	**73539**	**61583**	**59434**	**41102**	**18332**
45	27823	14857	12966	12052	8165	3887
46	29642	15885	13757	12932	8807	4125
47	26625	14440	12185	11911	8231	3680
48	25575	14163	11412	11337	7973	3364
49	25457	14194	11263	11202	7926	3276
50-54岁	**111103**	**62643**	**48460**	**46492**	**33767**	**12725**
50	25822	14418	11404	10984	7846	3138
51	22881	12854	10027	9974	7167	2807
52	24864	13968	10896	10241	7422	2819
53	17988	10188	7800	7411	5430	1981
54	19548	11215	8333	7882	5902	1980
55-59岁	**70454**	**40434**	**30020**	**24554**	**18457**	**6097**
55	18406	10551	7855	6916	5127	1789
56	17565	10061	7504	6234	4625	1609
57	17399	10054	7345	6044	4622	1422
58	11937	6870	5067	3882	2973	909
59	5147	2898	2249	1478	1110	368
60-64岁	**35602**	**19873**	**15729**	**6999**	**5284**	**1715**
60	6099	3435	2664	1466	1092	374
61	5884	3310	2574	1245	960	285
62	7905	4484	3421	1583	1200	383
63	8201	4647	3554	1504	1144	360
64	7513	3997	3516	1201	888	313
65岁及以上	**106232**	**57055**	**49177**	**7417**	**5348**	**2069**

7-8c 续表 2 单位：人

年 龄	学习培训			随同离开/投亲靠友			拆迁/搬家		
	小计	男	女	小计	男	女	小计	男	女
总 计	**233888**	**117187**	**116701**	**172853**	**85304**	**87549**	**299439**	**156933**	**142506**
0-4岁	**510**	**279**	**231**	**47297**	**24844**	**22453**	**16407**	**8663**	**7744**
0	10	6	4	6200	3205	2995	2307	1160	1147
1	23	14	9	9814	5194	4620	3206	1656	1550
2	42	23	19	10417	5517	4900	3492	1846	1646
3	165	95	70	11102	5814	5288	3805	2063	1742
4	270	141	129	9764	5114	4650	3597	1938	1659
5-9岁	**19161**	**10335**	**8826**	**39280**	**20126**	**19154**	**19944**	**10637**	**9307**
5	333	177	156	9481	4945	4536	3587	1923	1664
6	3608	1988	1620	7771	3992	3779	3784	2073	1711
7	4681	2553	2128	7413	3777	3636	4024	2124	1900
8	5277	2819	2458	7643	3895	3748	4307	2304	2003
9	5262	2798	2464	6972	3517	3455	4242	2213	2029
10-14岁	**26585**	**14085**	**12500**	**27828**	**14125**	**13703**	**20795**	**11024**	**9771**
10	4918	2585	2333	6614	3303	3311	4262	2238	2024
11	5173	2747	2426	6514	3284	3230	4433	2375	2058
12	4982	2664	2318	5337	2758	2579	4194	2242	1952
13	5042	2674	2368	4880	2465	2415	3955	2090	1865
14	6470	3415	3055	4483	2315	2168	3951	2079	1872
15-19岁	**150342**	**75088**	**75254**	**8352**	**4367**	**3985**	**11300**	**6259**	**5041**
15	19362	9886	9476	2768	1415	1353	2781	1517	1264
16	37328	19313	18015	1741	907	834	2147	1164	983
17	39847	20042	19805	1347	689	658	1855	1000	855
18	30969	15128	15841	1239	683	556	2153	1234	919
19	22836	10719	12117	1257	673	584	2364	1344	1020
20-24岁	**35706**	**16518**	**19188**	**6866**	**3546**	**3320**	**17669**	**9563**	**8106**
20	17356	7759	9597	1282	689	593	2565	1458	1107
21	10346	4782	5564	1285	692	593	3013	1704	1309
22	5351	2614	2737	1485	752	733	3747	2039	1708
23	1939	1002	937	1404	712	692	4072	2079	1993
24	714	361	353	1410	701	709	4272	2283	1989
25-29岁	**902**	**481**	**421**	**6009**	**2925**	**3084**	**20335**	**10796**	**9539**
25	394	210	184	1369	714	655	4295	2255	2040
26	188	96	92	1220	606	614	4091	2166	1925
27	129	64	65	1181	553	628	4114	2272	1842
28	109	63	46	1161	553	608	3978	2083	1895
29	82	48	34	1078	499	579	3857	2020	1837

7-8c 续表 3

单位：人

年 龄	学习培训			随同离开/投亲靠友			拆迁/搬家		
	小计	男	女	小计	男	女	小计	男	女
30–34岁	**255**	**155**	**100**	**4789**	**2093**	**2696**	**23476**	**12513**	**10963**
30	81	51	30	1110	493	617	4721	2457	2264
31	52	31	21	1055	486	569	4639	2529	2110
32	45	28	17	910	386	524	4761	2490	2271
33	45	26	19	926	401	525	5025	2696	2329
34	32	19	13	788	327	461	4330	2341	1989
35–39岁	**129**	**86**	**43**	**3295**	**1302**	**1993**	**20650**	**11011**	**9639**
35	31	20	11	724	308	416	3976	2141	1835
36	22	16	6	618	238	380	3983	2155	1828
37	23	16	7	617	251	366	3891	2056	1835
38	25	14	11	685	264	421	4552	2432	2120
39	28	20	8	651	241	410	4248	2227	2021
40–44岁	**102**	**59**	**43**	**3072**	**1071**	**2001**	**24458**	**12856**	**11602**
40	17	8	9	570	194	376	4103	2154	1949
41	30	17	13	540	167	373	4621	2500	2121
42	18	10	8	637	232	405	4892	2544	2348
43	20	12	8	632	225	407	5070	2693	2377
44	17	12	5	693	253	440	5772	2965	2807
45–49岁	**61**	**34**	**27**	**3425**	**1229**	**2196**	**29279**	**15332**	**13947**
45	8	6	2	644	232	412	6028	3221	2807
46	15	10	5	758	273	485	6290	3284	3006
47	11	5	6	726	270	456	5676	2952	2724
48	12	6	6	627	210	417	5620	2955	2665
49	15	7	8	670	244	426	5665	2920	2745
50–54岁	**51**	**28**	**23**	**3667**	**1219**	**2448**	**26752**	**13681**	**13071**
50	16	6	10	730	234	496	6024	3137	2887
51	15	8	7	679	205	474	5344	2763	2581
52	10	6	4	864	293	571	6098	3102	2996
53				639	225	414	4330	2201	2129
54	10	8	2	755	262	493	4956	2478	2478
55–59岁	**26**	**15**	**11**	**3171**	**1175**	**1996**	**19414**	**10095**	**9319**
55	9	6	3	772	283	489	4761	2487	2274
56	6	2	4	733	272	461	4817	2475	2342
57	1	1		788	306	482	4829	2479	2350
58	7	3	4	611	215	396	3407	1840	1567
59	3	3		267	99	168	1600	814	786
60–64岁	**13**	**6**	**7**	**2511**	**1072**	**1439**	**12029**	**6254**	**5775**
60	2	1	1	353	147	206	1959	1056	903
61				376	161	215	1920	975	945
62	7	2	5	538	232	306	2623	1349	1274
63	1	1		605	266	339	2843	1515	1328
64	3	2	1	639	266	373	2684	1359	1325
65岁及以上	**45**	**18**	**27**	**13291**	**6210**	**7081**	**36931**	**18249**	**18682**

7-8c 续表 4　　单位：人

年　龄	寄挂户口			婚姻嫁娶			照料孙子女		
	小计	男	女	小计	男	女	小计	男	女
总　计	**44714**	**22950**	**21764**	**236692**	**27148**	**209544**	**10187**	**3084**	**7103**
0-4岁	**2588**	**1322**	**1266**						
0	251	122	129						
1	521	276	245						
2	583	306	277						
3	667	340	327						
4	566	278	288						
5-9岁	**3010**	**1525**	**1485**						
5	543	276	267						
6	553	278	275						
7	629	317	312						
8	648	334	314						
9	637	320	317						
10-14岁	**3365**	**1720**	**1645**	**28**	**4**	**24**			
10	615	312	303	1	1				
11	707	353	354	3	2	1			
12	638	346	292	3	1	2			
13	703	352	351	4		4			
14	702	357	345	17		17			
15-19岁	**2467**	**1317**	**1150**	**12608**	**38**	**12570**	**2**	**1**	**1**
15	476	263	213	301	4	297			
16	457	251	206	931	4	927			
17	477	249	228	2090	4	2086			
18	517	289	228	3596	11	3585			
19	540	265	275	5690	15	5675	2	1	1
20-24岁	**3117**	**1611**	**1506**	**48218**	**411**	**47807**	**4**		**4**
20	569	289	280	7642	25	7617	1		1
21	534	280	254	8736	43	8693			
22	674	349	325	10686	72	10614	1		1
23	672	351	321	10544	115	10429	1		1
24	668	342	326	10610	156	10454	1		1
25-29岁	**3148**	**1525**	**1623**	**46372**	**1446**	**44926**	**12**	**1**	**11**
25	686	344	342	10707	193	10514	1		1
26	639	309	330	9687	232	9455			
27	637	299	338	9482	291	9191	3		3
28	620	302	318	8676	375	8301	6	1	5
29	566	271	295	7820	355	7465	2		2

7-8c　续表 5　　　　单位：人

年　龄	寄挂户口			婚姻嫁娶			照料孙子女		
	小计	男	女	小计	男	女	小计	男	女
30–34岁	**4014**	**1979**	**2035**	**37645**	**2735**	**34910**	**114**	**20**	**94**
30	783	373	410	8732	472	8260	22	5	17
31	801	399	402	8155	548	7607	25	6	19
32	806	395	411	7443	523	6920	26	3	23
33	870	446	424	7470	624	6846	29	6	23
34	754	366	388	5845	568	5277	12		12
35–39岁	**3335**	**1683**	**1652**	**23717**	**2830**	**20887**	**81**	**16**	**65**
35	646	334	312	5232	523	4709	15	3	12
36	693	357	336	4860	546	4314	12	2	10
37	645	345	300	4284	533	3751	15	2	13
38	741	359	382	4952	645	4307	18	3	15
39	610	288	322	4389	583	3806	21	6	15
40–44岁	**3561**	**1672**	**1889**	**20089**	**3343**	**16746**	**100**	**24**	**76**
40	591	282	309	4005	573	3432	12	3	9
41	702	332	370	4138	638	3500	21	7	14
42	698	323	375	3928	610	3318	15	3	12
43	730	341	389	3833	693	3140	23	4	19
44	840	394	446	4185	829	3356	29	7	22
45–49岁	**3661**	**1626**	**2035**	**19107**	**4694**	**14413**	**419**	**74**	**345**
45	726	328	398	4169	930	3239	41	4	37
46	876	388	488	4310	1000	3310	57	9	48
47	696	294	402	3740	894	2846	68	10	58
48	663	277	386	3545	953	2592	117	27	90
49	700	339	361	3343	917	2426	136	24	112
50–54岁	**2987**	**1406**	**1581**	**12956**	**4118**	**8838**	**1540**	**286**	**1254**
50	751	355	396	3247	934	2313	205	25	180
51	607	286	321	2614	791	1823	245	44	201
52	714	333	381	2876	932	1944	348	70	278
53	461	223	238	2112	697	1415	322	64	258
54	454	209	245	2107	764	1343	420	83	337
55–59岁	**2142**	**1144**	**998**	**6914**	**2728**	**4186**	**2250**	**564**	**1686**
55	525	254	271	1966	727	1239	473	104	369
56	548	304	244	1748	706	1042	506	115	391
57	531	276	255	1697	687	1010	572	164	408
58	380	209	171	1070	431	639	476	117	359
59	158	101	57	433	177	256	223	64	159
60–64岁	**1338**	**781**	**557**	**3311**	**1578**	**1733**	**1741**	**603**	**1138**
60	248	141	107	598	267	331	232	69	163
61	215	123	92	569	278	291	278	83	195
62	292	182	110	779	368	411	392	136	256
63	328	197	131	711	352	359	426	160	266
64	255	138	117	654	313	341	413	155	258
65岁及以上	**5981**	**3639**	**2342**	**5727**	**3223**	**2504**	**3924**	**1495**	**2429**

7－8c 续表 6 单位：人

年 龄	为子女就学			养老/康养			其 他		
	小计	男	女	小计	男	女	小计	男	女
总 计	**12979**	**4096**	**8883**	**14602**	**9289**	**5313**	**213587**	**108276**	**105311**
0－4岁							**22987**	**12109**	**10878**
0							2821	1507	1314
1							4943	2543	2400
2							5147	2768	2379
3							5341	2796	2545
4							4735	2495	2240
5－9岁							**18359**	**9595**	**8764**
5							4537	2391	2146
6							3664	1894	1770
7							3379	1751	1628
8							3522	1867	1655
9							3257	1692	1565
10－14岁				**3**	**3**		**15569**	**8016**	**7553**
10							3303	1669	1634
11				2	2		3287	1713	1574
12							3055	1538	1517
13							2919	1509	1410
14				1	1		3005	1587	1418
15－19岁	**30**	**17**	**13**	**13**	**7**	**6**	**11761**	**5982**	**5779**
15	9	8	1	3	1	2	2199	1141	1058
16	1	1		1		1	2411	1042	1369
17	6	2	4	2	1	1	2335	1235	1100
18	5	1	4	5	3	2	2475	1379	1096
19	9	5	4	2	2		2341	1185	1156
20－24岁	**380**	**45**	**335**	**45**	**31**	**14**	**13945**	**6838**	**7107**
20	31	6	25	4	4		2318	1178	1140
21	32	3	29	9	7	2	2419	1203	1216
22	74	7	67	13	9	4	3032	1504	1528
23	109	14	95	9	5	4	3032	1467	1565
24	134	15	119	10	6	4	3144	1486	1658
25－29岁	**1520**	**234**	**1286**	**44**	**33**	**11**	**14231**	**7085**	**7146**
25	207	20	187	6	5	1	3106	1562	1544
26	213	37	176	5	2	3	2924	1429	1495
27	310	48	262	7	6	1	2846	1394	1452
28	404	69	335	11	8	3	2675	1331	1344
29	386	60	326	15	12	3	2680	1369	1311

7-8c　续表 7　　　　单位：人

年　龄	为子女就学			养老/康养			其　他		
	小计	男	女	小计	男	女	小计	男	女
30–34岁	**2925**	**727**	**2198**	**73**	**45**	**28**	**15909**	**8010**	**7899**
30	559	121	438	11	9	2	3256	1578	1678
31	571	124	447	19	8	11	3245	1627	1618
32	544	129	415	15	9	6	3209	1652	1557
33	660	181	479	16	10	6	3313	1694	1619
34	591	172	419	12	9	3	2886	1459	1427
35–39岁	**2711**	**899**	**1812**	**71**	**60**	**11**	**13648**	**6660**	**6988**
35	546	165	381	16	13	3	2557	1258	1299
36	562	177	385	14	8	6	2733	1408	1325
37	468	152	316	13	13		2443	1159	1284
38	590	210	380	15	15		3135	1513	1622
39	545	195	350	13	11	2	2780	1322	1458
40–44岁	**2161**	**839**	**1322**	**76**	**62**	**14**	**15754**	**7354**	**8400**
40	516	203	313	14	12	2	2564	1188	1376
41	449	166	283	9	8	1	2981	1414	1567
42	389	149	240	18	13	5	3135	1451	1684
43	392	165	227	17	13	4	3368	1566	1802
44	415	156	259	18	16	2	3706	1735	1971
45–49岁	**1645**	**669**	**976**	**135**	**112**	**23**	**17956**	**8667**	**9289**
45	441	171	270	17	16	1	3697	1784	1913
46	398	144	254	33	26	7	3973	1944	2029
47	330	137	193	25	21	4	3442	1626	1816
48	253	113	140	26	20	6	3375	1629	1746
49	223	104	119	34	29	5	3469	1684	1785
50–54岁	**738**	**314**	**424**	**618**	**334**	**284**	**15302**	**7490**	**7812**
50	201	81	120	94	61	33	3570	1739	1831
51	176	67	109	98	50	48	3129	1473	1656
52	152	67	85	141	77	64	3420	1666	1754
53	105	50	55	104	49	55	2504	1249	1255
54	104	49	55	181	97	84	2679	1363	1316
55–59岁	**429**	**168**	**261**	**963**	**555**	**408**	**10591**	**5533**	**5058**
55	121	49	72	197	114	83	2666	1400	1266
56	107	40	67	219	133	86	2647	1389	1258
57	91	33	58	233	121	112	2613	1365	1248
58	82	35	47	197	108	89	1825	939	886
59	28	11	17	117	79	38	840	440	400
60–64岁	**161**	**69**	**92**	**1348**	**851**	**497**	**6151**	**3375**	**2776**
60	29	15	14	186	112	74	1026	535	491
61	19	4	15	214	135	79	1048	591	457
62	33	11	22	305	208	97	1353	796	557
63	46	24	22	313	201	112	1424	787	637
64	34	15	19	330	195	135	1300	666	634
65岁及以上	**279**	**115**	**164**	**11213**	**7196**	**4017**	**21424**	**11562**	**9862**

7-9 全省按现住地、性别、迁移原因分的户口登记地在本省其他乡镇街道的人口

单位：人

现住地	合计			工作就业		
	合计	男	女	小计	男	女
贵　州	**10548217**	**5172043**	**5376174**	**2686235**	**1505751**	**1180484**
贵阳市	**2884989**	**1447415**	**1437574**	**949044**	**533350**	**415694**
南明区	579055	288877	290178	220095	119008	101087
云岩区	600336	302028	298308	228974	125759	103215
花溪区	475984	235021	240963	126957	73148	53809
乌当区	160016	78268	81748	44558	24828	19730
白云区	256666	130956	125710	87170	52072	35098
观山湖区	316186	161239	154947	131237	74211	57026
开阳县	110452	54076	56376	23987	13943	10044
息烽县	54443	25042	29401	15060	8269	6791
修文县	77223	38697	38526	22001	12949	9052
清镇市	254628	133211	121417	49005	29163	19842
六盘水市	**803810**	**392966**	**410844**	**192626**	**112083**	**80543**
钟山区	354287	172476	181811	81938	46338	35600
六枝特区	103285	49409	53876	16713	9149	7564
水城县	146867	71437	75430	35819	21671	14148
盘州市	199371	99644	99727	58156	34925	23231
遵义市	**2026815**	**987048**	**1039767**	**481851**	**268376**	**213475**
红花岗区	469166	226610	242556	126890	69765	57125
汇川区	259085	126754	132331	83734	45598	38136
播州区	247628	120918	126710	50490	28615	21875
桐梓县	120943	58671	62272	16539	9726	6813
绥阳县	77882	38046	39836	15177	8235	6942
正安县	84458	41064	43394	16629	9350	7279
道真仡佬族苗族自治县	62650	28342	34308	9901	5530	4371
务川仡佬族苗族自治县	69701	33667	36034	13247	7254	5993
凤冈县	70123	33162	36961	17913	9580	8333
湄潭县	83296	39890	43406	19955	10692	9263
余庆县	48055	22692	25363	11521	6235	5286
习水县	141584	70311	71273	34257	19808	14449
赤水市	61485	29675	31810	9572	5375	4197
仁怀市	230759	117246	113513	56026	32613	23413
安顺市	**524445**	**250542**	**273903**	**108805**	**59980**	**48825**
西秀区	250616	119329	131287	55420	30129	25291
平坝区	85156	41560	43596	17606	10091	7515
普定县	55984	26439	29545	9358	5008	4350
镇宁布依族苗族自治县	51190	24551	26639	9427	5308	4119
关岭布依族苗族自治县	42905	20429	22476	8304	4700	3604
紫云苗族布依族自治县	38594	18234	20360	8690	4744	3946
毕节市	**1178962**	**565870**	**613092**	**209212**	**118491**	**90721**
七星关区	312813	150111	162702	53276	29215	24061
大方县	136002	63976	72026	21960	12490	9470
黔西县	161090	76785	84305	24718	14506	10212
金沙县	109794	54002	55792	20704	12787	7917
织金县	130385	62605	67780	24527	14129	10398
纳雍县	104124	49959	54165	24304	13476	10828
威宁彝族回族苗族自治县	157099	76119	80980	23761	12698	11063
赫章县	67655	32313	35342	15962	9190	6772

7-9　续表 1　　　　单位：人

现住地	合计			工作就业		
	合计	男	女	小计	男	女
铜仁市	**719290**	**350506**	**368784**	**159572**	**86894**	**72678**
碧江区	203236	97492	105744	47950	26022	21928
万山区	36551	18666	17885	10754	5830	4924
江口县	38838	19439	19399	7001	4083	2918
玉屏侗族自治县	29336	14589	14747	6560	3700	2860
石阡县	44137	22068	22069	10995	6172	4823
思南县	82073	39913	42160	19919	10614	9305
印江土家族苗族自治县	60597	28839	31758	13054	7105	5949
德江县	91507	44968	46539	16508	8998	7510
沿河土家族自治县	62023	30388	31635	12951	7142	5809
松桃苗族自治县	70992	34144	36848	13880	7228	6652
黔西南布依族苗族自治州	**647066**	**316059**	**331007**	**149042**	**82405**	**66637**
兴义市	346304	169462	176842	86042	46256	39786
兴仁市	62200	29657	32543	13593	7446	6147
普安县	25283	12299	12984	7786	4459	3327
晴隆县	37740	18872	18868	7196	4293	2903
贞丰县	46903	22886	24017	10252	5817	4435
望谟县	38880	19767	19113	8584	5178	3406
册亨县	41279	20536	20743	6109	3398	2711
安龙县	48477	22580	25897	9480	5558	3922
黔东南苗族侗族自治州	**949339**	**470528**	**478811**	**239963**	**132085**	**107878**
凯里市	323444	162144	161300	103235	56561	46674
黄平县	32549	15427	17122	5517	3172	2345
施秉县	24673	11906	12767	4595	2573	2022
三穗县	40315	19343	20972	7789	4245	3544
镇远县	34321	16361	17960	6581	3648	2933
岑巩县	47159	22778	24381	9415	4966	4449
天柱县	53720	26532	27188	11534	5975	5559
锦屏县	41019	19788	21231	8709	4824	3885
剑河县	49822	25346	24476	12672	7130	5542
台江县	26019	12921	13098	5535	3243	2292
黎平县	94717	46744	47973	21091	11422	9669
榕江县	52175	26230	25945	14132	7807	6325
从江县	43934	22424	21510	10023	5772	4251
雷山县	32451	16789	15662	5668	3363	2305
麻江县	20967	9835	11132	6478	3496	2982
丹寨县	32054	15960	16094	6989	3888	3101
黔南布依族苗族自治州	**813501**	**391109**	**422392**	**196120**	**112087**	**84033**
都匀市	173846	83251	90595	38479	21172	17307
福泉市	72642	36233	36409	20002	11951	8051
荔波县	36020	18000	18020	10603	6021	4582
贵定县	56259	22628	33631	11306	6467	4839
瓮安县	122931	60493	62438	28345	16523	11822
独山县	39306	19096	20210	10940	5903	5037
平塘县	32023	15176	16847	8329	4363	3966
罗甸县	52954	26252	26702	13927	8036	5891
长顺县	25407	11712	13695	5603	3209	2394
龙里县	71980	37601	34379	23618	14476	9142
惠水县	87742	39371	48371	15772	8919	6853
三都水族自治县	42391	21296	21095	9196	5047	4149

7-9 续表 2 单位：人

现住地	学习培训			随同离开/投亲靠友			拆迁/搬家		
	小计	男	女	小计	男	女	小计	男	女
贵　州	**1790435**	**874495**	**915940**	**1396196**	**677917**	**718279**	**2375883**	**1226731**	**1149152**
贵阳市	**468330**	**234144**	**234186**	**409632**	**197404**	**212228**	**544351**	**277422**	**266929**
南明区	47415	23212	24203	74967	36045	38922	130527	65187	65340
云岩区	47765	24840	22925	100063	48277	51786	123787	61845	61942
花溪区	151309	70847	80462	50431	24373	26058	74305	37898	36407
乌当区	22484	10012	12472	26620	13004	13616	37644	19250	18394
白云区	47018	21496	25522	48231	22881	25350	37632	20135	17497
观山湖区	36200	18633	17567	31344	14926	16418	55990	28463	27527
开阳县	9809	5131	4678	24339	11678	12661	25158	13382	11776
息烽县	6389	3214	3175	5083	2552	2531	8049	4114	3935
修文县	11788	6349	5439	13664	6842	6822	10476	5722	4754
清镇市	88153	50410	37743	34890	16826	18064	40783	21426	19357
六盘水市	**122040**	**59950**	**62090**	**168382**	**81042**	**87340**	**155208**	**80287**	**74921**
钟山区	42527	19820	22707	89511	43360	46151	78166	40281	37885
六枝特区	16663	8790	7873	14850	7299	7551	29616	15154	14462
水城县	30131	14400	15731	28857	14302	14555	19897	10634	9263
盘州市	32719	16940	15779	35164	16081	19083	27529	14218	13311
遵义市	**288774**	**142959**	**145815**	**275445**	**132730**	**142715**	**499238**	**257230**	**242008**
红花岗区	77608	34819	42789	52418	25294	27124	124803	63152	61651
汇川区	22992	11496	11496	35809	17552	18257	62282	31482	30800
播州区	30601	15471	15130	38550	18634	19916	63918	33706	30212
桐梓县	13746	6770	6976	15877	7536	8341	39288	20542	18746
绥阳县	12835	6693	6142	9677	4699	4978	18172	9260	8912
正安县	14161	7412	6749	13055	6237	6818	17749	9019	8730
道真仡佬族苗族自治县	12543	6454	6089	8415	3945	4470	9595	4525	5070
务川仡佬族苗族自治县	15017	7908	7109	9985	4885	5100	11440	5781	5659
凤冈县	14685	7654	7031	9128	4306	4822	9480	4688	4792
湄潭县	12320	6318	6002	9352	4479	4873	17128	8655	8473
余庆县	10471	5356	5115	5892	2829	3063	8275	4166	4109
习水县	25056	12961	12095	15305	7465	7840	25557	13525	12032
赤水市	6002	3164	2838	10421	4849	5572	20978	10712	10266
仁怀市	20737	10483	10254	41561	20020	21541	70573	38017	32556
安顺市	**81220**	**38801**	**42419**	**69785**	**34561**	**35224**	**132877**	**68532**	**64345**
西秀区	39413	17059	22354	34925	17067	17858	68531	34676	33855
平坝区	13828	8308	5520	11220	5575	5645	17606	9250	8356
普定县	7262	3444	3818	7283	3629	3654	16517	8584	7933
镇宁布依族苗族自治县	5661	2749	2912	6052	3059	2993	12119	6390	5729
关岭布依族苗族自治县	8482	4108	4374	6285	3212	3073	9596	5037	4559
紫云苗族布依族自治县	6574	3133	3441	4020	2019	2001	8508	4595	3913
毕节市	**222345**	**104897**	**117448**	**139794**	**68999**	**70795**	**296124**	**156372**	**139752**
七星关区	66420	31536	34884	34754	17323	17431	79099	40819	38280
大方县	32473	14844	17629	16163	8203	7960	29782	15944	13838
黔西县	18180	8810	9370	26753	12989	13764	43593	23645	19948
金沙县	16631	8291	8340	15330	7220	8110	25285	13926	11359
织金县	24792	11969	12823	17495	8803	8692	31263	16577	14686
纳雍县	21553	10483	11070	12652	6291	6361	16460	8595	7865
威宁彝族回族苗族自治县	29223	13158	16065	9824	4783	5041	60597	31636	28961
赫章县	13073	5806	7267	6823	3387	3436	10045	5230	4815

7-9　续表 3　　　　单位：人

现 住 地	学习培训			随同离开/投亲靠友			拆迁/搬家		
	小计	男	女	小计	男	女	小计	男	女
铜仁市	**171833**	**84835**	**86998**	**62985**	**30181**	**32804**	**135171**	**69555**	**65616**
碧江区	52677	22895	29782	14697	7168	7529	42473	21785	20688
万山区	9050	5051	3999	2840	1355	1485	5836	3067	2769
江口县	6079	3453	2626	4543	2158	2385	10671	5591	5080
玉屏侗族自治县	2254	1193	1061	2397	1182	1215	8675	4582	4093
石阡县	11131	6376	4755	4520	2116	2404	6883	3499	3384
思南县	21012	10794	10218	7188	3428	3760	8547	4302	4245
印江土家族苗族自治县	13987	7106	6881	6173	2943	3230	12204	6143	6061
德江县	21488	10495	10993	11802	5502	6300	15619	8227	7392
沿河土家族自治县	18438	9541	8897	4653	2316	2337	10056	5082	4974
松桃苗族自治县	15717	7931	7786	4172	2013	2159	14207	7277	6930
黔西南布依族苗族自治州	**110229**	**51953**	**58276**	**66769**	**33023**	**33746**	**191996**	**99238**	**92758**
兴义市	64597	30290	34307	36546	18180	18366	95563	49464	46099
兴仁市	9825	4628	5197	9123	4414	4709	16177	8457	7720
普安县	4329	1906	2423	3442	1787	1655	4220	2117	2103
晴隆县	3193	1518	1675	2245	1109	1136	17809	9122	8687
贞丰县	9489	4817	4672	6270	3080	3190	11164	5752	5412
望谟县	5337	2551	2786	2125	996	1129	14235	7490	6745
册亨县	4783	2326	2457	1691	810	881	21733	11054	10679
安龙县	8676	3917	4759	5327	2647	2680	11095	5782	5313
黔东南苗族侗族自治州	**156780**	**82745**	**74035**	**111090**	**54869**	**56221**	**241447**	**125179**	**116268**
凯里市	54916	28774	26142	41022	20185	20837	58966	30361	28605
黄平县	8781	4206	4575	3289	1587	1702	7250	3741	3509
施秉县	3569	1776	1793	2345	1160	1185	8949	4562	4387
三穗县	5196	2773	2423	5285	2568	2717	13502	6959	6543
镇远县	4875	2512	2363	4170	2079	2091	11829	6133	5696
岑巩县	7804	4317	3487	3343	1688	1655	14698	7348	7350
天柱县	8689	4877	3812	9005	4380	4625	13342	7012	6330
锦屏县	6808	3636	3172	5460	2668	2792	12400	6105	6295
剑河县	8603	4933	3670	5964	3002	2962	11227	5949	5278
台江县	5324	2510	2814	2284	1162	1122	5991	3137	2854
黎平县	14342	7775	6567	12833	6351	6482	30341	15651	14690
榕江县	8770	4729	4041	4724	2381	2343	7778	4153	3625
从江县	6899	3742	3157	2398	1156	1242	16984	8906	8078
雷山县	3898	2139	1759	2838	1399	1439	14507	7917	6590
麻江县	2988	1651	1337	3179	1590	1589	2277	1179	1098
丹寨县	5318	2395	2923	2951	1513	1438	11406	6066	5340
黔南布依族苗族自治州	**168884**	**74211**	**94673**	**92314**	**45108**	**47206**	**179471**	**92916**	**86555**
都匀市	40710	17187	23523	19462	9564	9898	47518	23848	23670
福泉市	13034	6426	6608	10297	4992	5305	12694	6874	5820
荔波县	4072	1839	2233	4530	2306	2224	10528	5429	5099
贵定县	18118	4476	13642	4696	2185	2511	11269	5659	5610
瓮安县	19169	10183	8986	20084	9591	10493	19407	10380	9027
独山县	5624	2876	2748	3936	1900	2036	10247	5326	4921
平塘县	5985	2956	3029	2913	1457	1456	6131	3128	3003
罗甸县	9287	4885	4402	6493	3260	3233	10844	5539	5305
长顺县	5398	2456	2942	2179	1042	1137	5042	2590	2452
龙里县	3612	2036	1576	6562	3263	3299	18834	9962	8872
惠水县	35937	14813	21124	7422	3697	3725	12413	6427	5986
三都水族自治县	7938	4078	3860	3740	1851	1889	14544	7754	6790

7-9 续表 4 单位：人

现住地	寄挂户口			婚姻嫁娶			照料孙子女		
	小计	男	女	小计	男	女	小计	男	女
贵　州	**107122**	**54268**	**52854**	**558387**	**81090**	**477297**	**197984**	**61045**	**136939**
贵阳市	**25804**	**13062**	**12742**	**130461**	**27979**	**102482**	**58431**	**19068**	**39363**
南明区	4805	2373	2432	17802	4307	13495	10146	3371	6775
云岩区	6474	3232	3242	19165	5106	14059	13283	4237	9046
花溪区	4239	2197	2042	22182	4833	17349	6923	2237	4686
乌当区	1303	674	629	9436	2370	7066	3896	1262	2634
白云区	1708	887	821	12303	2866	9437	4336	1393	2943
观山湖区	3192	1593	1599	12276	2837	9439	12204	4223	7981
开阳县	889	470	419	6773	724	6049	2882	878	2004
息烽县	371	190	181	6806	873	5933	1840	569	1271
修文县	943	499	444	7987	1418	6569	1104	340	764
清镇市	1880	947	933	15731	2645	13086	1817	558	1259
六盘水市	**6182**	**3217**	**2965**	**47510**	**6375**	**41135**	**11947**	**3585**	**8362**
钟山区	2605	1355	1250	18197	2933	15264	5175	1595	3580
六枝特区	741	402	339	6552	704	5848	2494	753	1741
水城县	1336	723	613	11538	1202	10336	2052	614	1438
盘州市	1500	737	763	11223	1536	9687	2226	623	1603
遵义市	**20441**	**10524**	**9917**	**112141**	**15599**	**96542**	**42255**	**13440**	**28815**
红花岗区	4913	2522	2391	23872	3907	19965	7688	2448	5240
汇川区	2691	1332	1359	15073	2690	12383	5992	2013	3979
播州区	2932	1542	1390	17431	2131	15300	4567	1478	3089
桐梓县	1401	725	676	8083	1036	7047	1603	542	1061
绥阳县	741	376	365	3416	365	3051	1800	606	1194
正安县	731	366	365	3482	490	2992	2613	831	1782
道真仡佬族苗族自治县	333	179	154	2077	282	1795	2846	893	1953
务川仡佬族苗族自治县	410	223	187	2724	304	2420	2293	668	1625
凤冈县	283	140	143	3547	340	3207	2464	784	1680
湄潭县	734	383	351	5335	691	4644	1643	529	1114
余庆县	408	215	193	3211	430	2781	1323	361	962
习水县	1525	783	742	8044	888	7156	3080	944	2136
赤水市	333	167	166	4078	781	3297	1637	492	1145
仁怀市	3006	1571	1435	11768	1264	10504	2706	851	1855
安顺市	**7612**	**3832**	**3780**	**40888**	**5810**	**35078**	**7668**	**2325**	**5343**
西秀区	2932	1471	1461	16418	3422	12996	3726	1202	2524
平坝区	1373	686	687	10199	1272	8927	852	248	604
普定县	763	378	385	4222	381	3841	718	221	497
镇宁布依族苗族自治县	1559	789	770	3885	358	3527	851	237	614
关岭布依族苗族自治县	511	274	237	2972	196	2776	986	288	698
紫云苗族布依族自治县	474	234	240	3192	181	3011	535	129	406
毕节市	**16519**	**8254**	**8265**	**86338**	**8406**	**77932**	**14983**	**4822**	**10161**
七星关区	4787	2398	2389	17638	1786	15852	5876	1989	3887
大方县	1914	941	973	12380	1122	11258	1174	336	838
黔西县	2471	1206	1265	16260	1735	14525	1611	531	1080
金沙县	1813	912	901	10602	1348	9254	1230	383	847
织金县	1969	970	999	10725	967	9758	2067	629	1438
纳雍县	972	495	477	6485	515	5970	1411	455	956
威宁彝族回族苗族自治县	1711	864	847	6970	508	6462	589	193	396
赫章县	882	468	414	5278	425	4853	1025	306	719

7-9　续表 5　　　　单位：人

现 住 地	寄挂户口			婚姻嫁娶			照料孙子女		
	小计	男	女	小计	男	女	小计	男	女
铜仁市	**6507**	**3272**	**3235**	**22655**	**2341**	**20314**	**14193**	**4067**	**10126**
碧江区	1975	1013	962	4664	537	4127	3995	1227	2768
万山区	382	210	172	1316	165	1151	644	170	474
江口县	386	191	195	1848	177	1671	842	198	644
玉屏侗族自治县	233	123	110	1644	113	1531	434	103	331
石阡县	493	252	241	2091	195	1896	1064	284	780
思南县	681	347	334	2529	285	2244	1853	503	1350
印江土家族苗族自治县	398	199	199	1727	197	1530	1872	550	1322
德江县	1008	484	524	2254	274	1980	1286	377	909
沿河土家族自治县	442	211	231	1922	233	1689	1212	347	865
松桃苗族自治县	509	242	267	2660	165	2495	991	308	683
黔西南布依族苗族自治州	**7961**	**3959**	**4002**	**38204**	**6247**	**31957**	**8804**	**2742**	**6062**
兴义市	3584	1767	1817	17844	3728	14116	4948	1588	3360
兴仁市	1015	496	519	4849	645	4204	743	227	516
普安县	351	189	162	1907	251	1656	260	66	194
晴隆县	550	270	280	1757	155	1602	304	82	222
贞丰县	571	293	278	3256	321	2935	852	273	579
望谟县	730	364	366	1626	215	1411	686	210	476
册亨县	397	173	224	1064	125	939	513	144	369
安龙县	763	407	356	5901	807	5094	498	152	346
黔东南苗族侗族自治州	**7788**	**3939**	**3849**	**37406**	**3154**	**34252**	**22732**	**6024**	**16708**
凯里市	2932	1466	1466	10979	1492	9487	7782	2132	5650
黄平县	525	280	245	1983	207	1776	605	142	463
施秉县	206	105	101	1288	114	1174	524	146	378
三穗县	271	124	147	2040	125	1915	1519	400	1119
镇远县	255	131	124	2495	225	2270	559	125	434
岑巩县	238	109	129	1482	94	1388	1395	291	1104
天柱县	415	190	225	1916	121	1795	1122	325	797
锦屏县	213	117	96	1555	92	1463	1352	351	1001
剑河县	247	129	118	1067	49	1018	1921	535	1386
台江县	263	129	134	869	26	843	515	141	374
黎平县	705	365	340	3000	138	2862	2479	605	1874
榕江县	469	225	244	2429	184	2245	792	230	562
从江县	453	268	185	1705	84	1621	548	156	392
雷山县	259	122	137	1361	42	1319	569	154	415
麻江县	186	100	86	2239	127	2112	472	123	349
丹寨县	151	79	72	998	34	964	578	168	410
黔南布依族苗族自治州	**8308**	**4209**	**4099**	**42784**	**5179**	**37605**	**16971**	**4972**	**11999**
都匀市	1810	916	894	6118	1134	4984	2652	906	1746
福泉市	690	345	345	5187	610	4577	1533	484	1049
荔波县	144	78	66	1546	193	1353	905	264	641
贵定县	460	236	224	3537	487	3050	621	190	431
瓮安县	909	467	442	6126	762	5364	3994	1260	2734
独山县	384	192	192	2435	203	2232	567	144	423
平塘县	285	149	136	1945	233	1712	741	178	563
罗甸县	370	186	184	1912	182	1730	2709	673	2036
长顺县	604	294	310	2481	211	2270	477	130	347
龙里县	1482	747	735	4409	541	3868	867	264	603
惠水县	880	447	433	5204	523	4681	1315	334	981
三都水族自治县	290	152	138	1884	100	1784	590	145	445

7-9 续表 6

单位：人

现住地	为子女就学			养老/康养			其他		
	小计	男	女	小计	男	女	小计	男	女
贵州	**201819**	**73787**	**128032**	**116857**	**52993**	**63864**	**1117299**	**563966**	**553333**
贵阳市	**20404**	**8341**	**12063**	**39767**	**16841**	**22926**	**238765**	**119804**	**118961**
南明区	2219	944	1275	8384	3456	4928	62695	30974	31721
云岩区	3615	1404	2211	10786	4506	6280	46424	22822	23602
花溪区	1143	452	691	5052	2150	2902	33443	16886	16557
乌当区	707	299	408	2556	1098	1458	10812	5471	5341
白云区	683	276	407	2367	1000	1367	15218	7950	7268
观山湖区	2099	872	1227	5602	2362	3240	26042	13119	12923
开阳县	5558	2335	3223	1678	761	917	9379	4774	4605
息烽县	1609	617	992	1183	530	653	8053	4114	3939
修文县	1745	713	1032	868	442	426	6647	3423	3224
清镇市	1026	429	597	1291	536	755	20052	10271	9781
六盘水市	**19917**	**6636**	**13281**	**7706**	**3530**	**4176**	**72292**	**36261**	**36031**
钟山区	7839	3060	4779	3293	1334	1959	25036	12400	12636
六枝特区	3829	1343	2486	764	391	373	11063	5424	5639
水城县	4346	1317	3029	1634	803	831	11257	5771	5486
盘州市	3903	916	2987	2015	1002	1013	24936	12666	12270
遵义市	**53158**	**19878**	**33280**	**22721**	**10067**	**12654**	**230791**	**116245**	**114546**
红花岗区	5149	2151	2998	4209	1717	2492	41616	20835	20781
汇川区	2621	1020	1601	3831	1562	2269	24060	12009	12051
播州区	5876	2486	3390	2496	1145	1351	30767	15710	15057
桐梓县	2531	1085	1446	947	432	515	20928	10277	10651
绥阳县	2121	851	1270	923	475	448	13020	6486	6534
正安县	4328	1533	2795	1295	576	719	10415	5250	5165
道真仡佬族苗族自治县	8637	2490	6147	1561	670	891	6742	3374	3368
务川仡佬族苗族自治县	5410	1976	3434	792	419	373	8383	4249	4134
凤冈县	4557	1610	2947	773	351	422	7293	3709	3584
湄潭县	2846	1167	1679	1188	549	639	12795	6427	6368
余庆县	1737	529	1208	748	339	409	4469	2232	2237
习水县	4701	1901	2800	1345	628	717	22714	11408	11306
赤水市	790	310	480	1240	573	667	6434	3252	3182
仁怀市	1854	769	1085	1373	631	742	21155	11027	10128
安顺市	**7519**	**2636**	**4883**	**5621**	**2685**	**2936**	**62450**	**31380**	**31070**
西秀区	2388	889	1499	3224	1482	1742	23639	11932	11707
平坝区	843	319	524	740	353	387	10889	5458	5431
普定县	1006	376	630	644	330	314	8211	4088	4123
镇宁布依族苗族自治县	1360	426	934	394	214	180	9882	5021	4861
关岭布依族苗族自治县	1091	336	755	347	161	186	4331	2117	2214
紫云苗族布依族自治县	831	290	541	272	145	127	5498	2764	2734
毕节市	**25233**	**9833**	**15400**	**8472**	**4234**	**4238**	**159942**	**81562**	**78380**
七星关区	8237	3310	4927	3076	1521	1555	39650	20214	19436
大方县	3064	1072	1992	805	464	341	16287	8560	7727
黔西县	2376	946	1430	1189	527	662	23939	11890	12049
金沙县	2298	914	1384	883	435	448	15018	7786	7232
织金县	4089	1636	2453	793	385	408	12665	6540	6125
纳雍县	2163	838	1325	724	377	347	17400	8434	8966
威宁彝族回族苗族自治县	1256	505	751	403	206	197	22765	11568	11197
赫章县	1750	612	1138	599	319	280	12218	6570	5648

7-9　续表 7　　　　　　　　　　　　　　　　　　　　　　　　　　　　单位：人

现住地	为子女就学			养老/康养			其　他		
	小计	男	女	小计	男	女	小计	男	女
铜仁市	**26170**	**9064**	**17106**	**6844**	**3203**	**3641**	**113360**	**57094**	**56266**
碧江区	5799	2215	3584	1868	791	1077	27138	13839	13299
万山区	855	314	541	428	201	227	4446	2303	2143
江口县	1610	632	978	310	133	177	5548	2823	2725
玉屏侗族自治县	492	182	310	350	174	176	6297	3237	3060
石阡县	1462	417	1045	379	181	198	5119	2576	2543
思南县	2962	996	1966	840	412	428	16542	8232	8310
印江土家族苗族自治县	4529	1333	3196	897	415	482	5756	2848	2908
德江县	2924	1117	1807	751	367	384	17867	9127	8740
沿河土家族自治县	3914	1269	2645	430	208	222	8005	4039	3966
松桃苗族自治县	1623	589	1034	591	321	270	16642	8070	8572
黔西南布依族苗族自治州	**8177**	**3199**	**4978**	**5969**	**2979**	**2990**	**59915**	**30314**	**29601**
兴义市	4084	1702	2382	3451	1634	1817	29645	14853	14792
兴仁市	867	308	559	581	271	310	5427	2765	2662
普安县	234	73	161	243	162	81	2511	1289	1222
晴隆县	461	160	301	216	132	84	4009	2031	1978
贞丰县	935	355	580	537	323	214	3577	1855	1722
望谟县	358	155	203	373	165	208	4826	2443	2383
册亨县	382	128	254	208	110	98	4399	2268	2131
安龙县	856	318	538	360	182	178	5521	2810	2711
黔东南苗族侗族自治州	**20824**	**6434**	**14390**	**9654**	**4529**	**5125**	**101655**	**51570**	**50085**
凯里市	3719	1210	2509	3809	1616	2193	36084	18347	17737
黄平县	1099	339	760	320	166	154	3180	1587	1593
施秉县	833	275	558	309	154	155	2055	1041	1014
三穗县	1324	481	843	524	242	282	2865	1426	1439
镇远县	945	238	707	272	128	144	2340	1142	1198
岑巩县	1729	373	1356	449	218	231	6606	3374	3232
天柱县	1146	386	760	632	293	339	5919	2973	2946
锦屏县	1160	349	811	419	212	207	2943	1434	1509
剑河县	2376	653	1723	690	316	374	5055	2650	2405
台江县	572	173	399	95	48	47	4571	2352	2219
黎平县	2724	830	1894	690	382	308	6512	3225	3287
榕江县	1190	425	765	417	209	208	11474	5887	5587
从江县	431	138	293	255	140	115	4238	2062	2176
雷山县	817	269	548	262	160	102	2272	1224	1048
麻江县	317	116	201	253	117	136	2578	1336	1242
丹寨县	442	179	263	258	128	130	2963	1510	1453
黔南布依族苗族自治州	**20417**	**7766**	**12651**	**10103**	**4925**	**5178**	**78129**	**39736**	**38393**
都匀市	1405	606	799	2797	1306	1491	12895	6612	6283
福泉市	1985	867	1118	890	423	467	6330	3261	3069
荔波县	497	191	306	384	219	165	2811	1460	1351
贵定县	786	296	490	493	231	262	4973	2401	2572
瓮安县	8646	3342	5304	2417	1114	1303	13834	6871	6963
独山县	510	185	325	504	294	210	4159	2073	2086
平塘县	1046	292	754	299	160	139	4349	2260	2089
罗甸县	1663	539	1124	590	307	283	5159	2645	2514
长顺县	632	223	409	192	114	78	2799	1443	1356
龙里县	1151	472	679	690	376	314	10755	5464	5291
惠水县	1698	608	1090	608	280	328	6493	3323	3170
三都水族自治县	398	145	253	239	101	138	3572	1923	1649

7-9a 全省按现住地、性别、迁移原因分的户口登记地在本省其他乡镇街道的人口(城市)

单位：人

现住地	合计			工作就业		
	合计	男	女	小计	男	女
贵　州	**5507862**	**2728720**	**2779142**	**1616304**	**889737**	**726567**
贵阳市	**2291486**	**1154022**	**1137464**	**808071**	**448726**	**359345**
南明区	556195	276367	279828	207952	111471	96481
云岩区	600336	302028	298308	228974	125759	103215
花溪区	340757	172288	168469	108486	61733	46753
乌当区	118049	56639	61410	30309	16342	13967
白云区	241680	123321	118359	82654	49240	33414
观山湖区	270709	138021	132688	115394	64218	51176
开阳县						
息烽县						
修文县						
清镇市	163760	85358	78402	34302	19963	14339
六盘水市	**530848**	**260381**	**270467**	**125004**	**69912**	**55092**
钟山区	327296	159525	167771	76505	42255	34250
六枝特区	80186	38650	41536	11382	5992	5390
水城县						
盘州市	123366	62206	61160	37117	21665	15452
遵义市	**1100418**	**540456**	**559962**	**294875**	**161871**	**133004**
红花岗区	436169	210623	225546	119269	65104	54165
汇川区	242783	119211	123572	80716	43653	37063
播州区	191530	94840	96690	40287	22327	17960
桐梓县						
绥阳县						
正安县						
道真仡佬族苗族自治县						
务川仡佬族苗族自治县						
凤冈县						
湄潭县						
余庆县						
习水县						
赤水市	46237	22418	23819	7253	4046	3207
仁怀市	183699	93364	90335	47350	26741	20609
安顺市	**243728**	**115947**	**127781**	**53320**	**28155**	**25165**
西秀区	211610	100423	111187	46800	24766	22034
平坝区	32118	15524	16594	6520	3389	3131
普定县						
镇宁布依族苗族自治县						
关岭布依族苗族自治县						
紫云苗族布依族自治县						
毕节市	**274035**	**132980**	**141055**	**48287**	**26342**	**21945**
七星关区	274035	132980	141055	48287	26342	21945
大方县						
黔西县						
金沙县						
织金县						
纳雍县						
威宁彝族回族苗族自治县						
赫章县						

7-9a　续表 1　　　　单位：人

现 住 地	合　计			工作就业		
	合计	男	女	小计	男	女
铜仁市	**216202**	**106178**	**110024**	**54621**	**29513**	**25108**
碧江区	186556	90845	95711	45531	24614	20917
万山区	29646	15333	14313	9090	4899	4191
江口县						
玉屏侗族自治县						
石阡县						
思南县						
印江土家族苗族自治县						
德江县						
沿河土家族自治县						
松桃苗族自治县						
黔西南布依族苗族自治州	**356852**	**174653**	**182199**	**88428**	**47088**	**41340**
兴义市	308561	151365	157196	78153	41661	36492
兴仁市	48291	23288	25003	10275	5427	4848
普安县						
晴隆县						
贞丰县						
望谟县						
册亨县						
安龙县						
黔东南苗族侗族自治州	**296982**	**149176**	**147806**	**98063**	**53295**	**44768**
凯里市	296982	149176	147806	98063	53295	44768
黄平县						
施秉县						
三穗县						
镇远县						
岑巩县						
天柱县						
锦屏县						
剑河县						
台江县						
黎平县						
榕江县						
从江县						
雷山县						
麻江县						
丹寨县						
黔南布依族苗族自治州	**197311**	**94927**	**102384**	**45635**	**24835**	**20800**
都匀市	148241	70776	77465	33176	17880	15296
福泉市	49070	24151	24919	12459	6955	5504
荔波县						
贵定县						
瓮安县						
独山县						
平塘县						
罗甸县						
长顺县						
龙里县						
惠水县						
三都水族自治县						

7-9a 续表 2 单位：人

现住地	学习培训			随同离开/投亲靠友			拆迁/搬家		
	小计	男	女	小计	男	女	小计	男	女
贵 州	**805007**	**388776**	**416231**	**801081**	**386785**	**414296**	**1291391**	**659987**	**631404**
贵阳市	**290308**	**145099**	**145209**	**335423**	**160752**	**174671**	**473604**	**239929**	**233675**
南明区	46289	22669	23620	70939	34038	36901	128735	64285	64450
云岩区	47765	24840	22925	100063	48277	51786	123787	61845	61942
花溪区	64457	31773	32684	44280	21220	23060	68218	34690	33528
乌当区	14326	5486	8840	20740	10055	10685	33864	17270	16594
白云区	43017	19522	23495	46201	21885	24316	36312	19367	16945
观山湖区	24405	13318	11087	27181	12801	14380	51683	26203	25480
开阳县									
息烽县									
修文县									
清镇市	50049	27491	22558	26019	12476	13543	31005	16269	14736
六盘水市	**68490**	**34101**	**34389**	**119279**	**57246**	**62033**	**121428**	**62252**	**59176**
钟山区	34098	15817	18281	84510	41304	43206	76370	39286	37084
六枝特区	15315	8078	7237	11808	5788	6020	24305	12347	11958
水城县									
盘州市	19077	10206	8871	22961	10154	12807	20753	10619	10134
遵义市	**135048**	**63682**	**71366**	**160638**	**77392**	**83246**	**303582**	**156405**	**147177**
红花岗区	75146	33489	41657	48962	23605	25357	116448	58701	57747
汇川区	22492	11218	11274	34262	16754	17508	58460	29468	28992
播州区	22889	11506	11383	31758	15283	16475	52261	27563	24698
桐梓县									
绥阳县									
正安县									
道真仡佬族苗族自治县									
务川仡佬族苗族自治县									
凤冈县									
湄潭县									
余庆县									
习水县									
赤水市	3216	1732	1484	8537	3955	4582	16787	8589	8198
仁怀市	11305	5737	5568	37119	17795	19324	59626	32084	27542
安顺市	**40141**	**17503**	**22638**	**34287**	**16730**	**17557**	**69304**	**34984**	**34320**
西秀区	37717	16203	21514	29262	14227	15035	59209	29708	29501
平坝区	2424	1300	1124	5025	2503	2522	10095	5276	4819
普定县									
镇宁布依族苗族自治县									
关岭布依族苗族自治县									
紫云苗族布依族自治县									
毕节市	**62585**	**29762**	**32823**	**30492**	**15213**	**15279**	**69885**	**35969**	**33916**
七星关区	62585	29762	32823	30492	15213	15279	69885	35969	33916
大方县									
黔西县									
金沙县									
织金县									
纳雍县									
威宁彝族回族苗族自治县									
赫章县									

7–9a　续表 3　　单位：人

现住地	学习培训			随同离开/投亲靠友			拆迁/搬家		
	小计	男	女	小计	男	女	小计	男	女
铜仁市	**55042**	**26117**	**28925**	**16095**	**7845**	**8250**	**42988**	**22171**	**20817**
碧江区	47087	21638	25449	13918	6794	7124	38366	19750	18616
万山区	7955	4479	3476	2177	1051	1126	4622	2421	2201
江口县									
玉屏侗族自治县									
石阡县									
思南县									
印江土家族苗族自治县									
德江县									
沿河土家族自治县									
松桃苗族自治县									
黔西南布依族苗族自治州	**65775**	**30078**	**35697**	**41256**	**20415**	**20841**	**101729**	**52743**	**48986**
兴义市	56740	25832	30908	33592	16739	16853	88577	45851	42726
兴仁市	9035	4246	4789	7664	3676	3988	13152	6892	6260
普安县									
晴隆县									
贞丰县									
望谟县									
册亨县									
安龙县									
黔东南苗族侗族自治州	**44994**	**23869**	**21125**	**38932**	**19114**	**19818**	**55925**	**28756**	**27169**
凯里市	44994	23869	21125	38932	19114	19818	55925	28756	27169
黄平县									
施秉县									
三穗县									
镇远县									
岑巩县									
天柱县									
锦屏县									
剑河县									
台江县									
黎平县									
榕江县									
从江县									
雷山县									
麻江县									
丹寨县									
黔南布依族苗族自治州	**42624**	**18565**	**24059**	**24679**	**12078**	**12601**	**52946**	**26778**	**26168**
都匀市	30435	12581	17854	18303	8992	9311	44272	22139	22133
福泉市	12189	5984	6205	6376	3086	3290	8674	4639	4035
荔波县									
贵定县									
瓮安县									
独山县									
平塘县									
罗甸县									
长顺县									
龙里县									
惠水县									
三都水族自治县									

7-9a 续表 4

单位：人

现住地	寄挂户口			婚姻嫁娶			照料孙子女		
	小计	男	女	小计	男	女	小计	男	女
贵　州	**41842**	**21117**	**20725**	**206508**	**40826**	**165682**	**113294**	**36311**	**76983**
贵阳市	**19697**	**9944**	**9753**	**77013**	**18588**	**58425**	**51593**	**16969**	**34624**
南明区	4568	2265	2303	16105	3798	12307	10043	3341	6702
云岩区	6474	3232	3242	19165	5106	14059	13283	4237	9046
花溪区	2859	1490	1369	13030	3180	9850	6624	2137	4487
乌当区	773	422	351	4289	1017	3272	3687	1206	2481
白云区	1547	812	735	10299	2345	7954	4293	1378	2915
观山湖区	2680	1335	1345	7960	1878	6082	12013	4165	7848
开阳县									
息烽县									
修文县									
清镇市	796	388	408	6165	1264	4901	1650	505	1145
六盘水市	**2609**	**1297**	**1312**	**21007**	**3322**	**17685**	**9109**	**2753**	**6356**
钟山区	2117	1066	1051	14466	2471	11995	5086	1572	3514
六枝特区	211	103	108	3015	384	2631	2282	687	1595
水城县									
盘州市	281	128	153	3526	467	3059	1741	494	1247
遵义市	**8010**	**4068**	**3942**	**49593**	**8191**	**41402**	**21476**	**6938**	**14538**
红花岗区	3724	1901	1823	19486	3315	16171	7485	2379	5106
汇川区	1917	938	979	12238	2441	9797	5908	1984	3924
播州区	1087	580	507	8304	1113	7191	4099	1338	2761
桐梓县									
绥阳县									
正安县									
道真仡佬族苗族自治县									
务川仡佬族苗族自治县									
凤冈县									
湄潭县									
余庆县									
习水县									
赤水市	106	52	54	2411	524	1887	1488	446	1042
仁怀市	1176	597	579	7154	798	6356	2496	791	1705
安顺市	**1794**	**883**	**911**	**12649**	**2910**	**9739**	**4027**	**1267**	**2760**
西秀区	1544	760	784	10406	2533	7873	3556	1139	2417
平坝区	250	123	127	2243	377	1866	471	128	343
普定县									
镇宁布依族苗族自治县									
关岭布依族苗族自治县									
紫云苗族布依族自治县									
毕节市	**2268**	**1136**	**1132**	**11607**	**1481**	**10126**	**5643**	**1917**	**3726**
七星关区	2268	1136	1132	11607	1481	10126	5643	1917	3726
大方县									
黔西县									
金沙县									
织金县									
纳雍县									
威宁彝族回族苗族自治县									
赫章县									

7–9a　续表 5

单位：人

现 住 地	寄挂户口			婚姻嫁娶			照料孙子女		
	小计	男	女	小计	男	女	小计	男	女
铜仁市	**1674**	**857**	**817**	**4849**	**595**	**4254**	**4471**	**1349**	**3122**
碧江区	1452	743	709	4154	495	3659	3890	1196	2694
万山区	222	114	108	695	100	595	581	153	428
江口县									
玉屏侗族自治县									
石阡县									
思南县									
印江土家族苗族自治县									
德江县									
沿河土家族自治县									
松桃苗族自治县									
黔西南布依族苗族自治州	**2447**	**1236**	**1211**	**14681**	**3319**	**11362**	**5455**	**1727**	**3728**
兴义市	2155	1095	1060	12176	2869	9307	4779	1525	3254
兴仁市	292	141	151	2505	450	2055	676	202	474
普安县									
晴隆县									
贞丰县									
望谟县									
册亨县									
安龙县									
黔东南苗族侗族自治州	**2081**	**1067**	**1014**	**8651**	**1283**	**7368**	**7676**	**2110**	**5566**
凯里市	2081	1067	1014	8651	1283	7368	7676	2110	5566
黄平县									
施秉县									
三穗县									
镇远县									
岑巩县									
天柱县									
锦屏县									
剑河县									
台江县									
黎平县									
榕江县									
从江县									
雷山县									
麻江县									
丹寨县									
黔南布依族苗族自治州	**1262**	**629**	**633**	**6458**	**1137**	**5321**	**3844**	**1281**	**2563**
都匀市	1011	497	514	4264	893	3371	2577	877	1700
福泉市	251	132	119	2194	244	1950	1267	404	863
荔波县									
贵定县									
瓮安县									
独山县									
平塘县									
罗甸县									
长顺县									
龙里县									
惠水县									
三都水族自治县									

7-9a 续表 6

单位：人

现住地	为子女就学			养老/康养			其他		
	小计	男	女	小计	男	女	小计	男	女
贵州	**67255**	**26394**	**40861**	**69027**	**28875**	**40152**	**496153**	**249912**	**246241**
贵阳市	**10954**	**4455**	**6499**	**34342**	**14318**	**20024**	**190481**	**95242**	**95239**
南明区	2175	931	1244	8253	3401	4852	61136	30168	30968
云岩区	3615	1404	2211	10786	4506	6280	46424	22822	23602
花溪区	996	385	611	4676	1965	2711	27131	13715	13416
乌当区	595	254	341	1992	837	1155	7474	3750	3724
白云区	670	273	397	2301	967	1334	14386	7532	6854
观山湖区	2036	852	1184	5314	2240	3074	22043	11011	11032
开阳县									
息烽县									
修文县									
清镇市	867	356	511	1020	402	618	11887	6244	5643
六盘水市	**13175**	**4665**	**8510**	**5143**	**2130**	**3013**	**45604**	**22703**	**22901**
钟山区	7565	2955	4610	3197	1281	1916	23382	11518	11864
六枝特区	3527	1245	2282	548	234	314	7793	3792	4001
水城县									
盘州市	2083	465	1618	1398	615	783	14429	7393	7036
遵义市	**14839**	**6202**	**8637**	**11735**	**4820**	**6915**	**100622**	**50887**	**49735**
红花岗区	4767	1997	2770	3978	1597	2381	36904	18535	18369
汇川区	2494	973	1521	3578	1425	2153	20718	10357	10361
播州区	5191	2244	2947	2027	875	1152	23627	12011	11616
桐梓县									
绥阳县									
正安县									
道真仡佬族苗族自治县									
务川仡佬族苗族自治县									
凤冈县									
湄潭县									
余庆县									
习水县									
赤水市	648	266	382	1001	419	582	4790	2389	2401
仁怀市	1739	722	1017	1151	504	647	14583	7595	6988
安顺市	**2632**	**989**	**1643**	**2981**	**1263**	**1718**	**22593**	**11263**	**11330**
西秀区	2236	850	1386	2710	1150	1560	18170	9087	9083
平坝区	396	139	257	271	113	158	4423	2176	2247
普定县									
镇宁布依族苗族自治县									
关岭布依族苗族自治县									
紫云苗族布依族自治县									
毕节市	**8061**	**3270**	**4791**	**2562**	**1157**	**1405**	**32645**	**16733**	**15912**
七星关区	8061	3270	4791	2562	1157	1405	32645	16733	15912
大方县									
黔西县									
金沙县									
织金县									
纳雍县									
威宁彝族回族苗族自治县									
赫章县									

7-9a　续表 7　　　　单位：人

现住地	为子女就学			养老/康养			其他		
	小计	男	女	小计	男	女	小计	男	女
铜仁市	**6369**	**2421**	**3948**	**2090**	**885**	**1205**	**28003**	**14425**	**13578**
碧江区	5656	2161	3495	1777	743	1034	24725	12711	12014
万山区	713	260	453	313	142	171	3278	1714	1564
江口县									
玉屏侗族自治县									
石阡县									
思南县									
印江土家族苗族自治县									
德江县									
沿河土家族自治县									
松桃苗族自治县									
黔西南布依族苗族自治州	**4768**	**1951**	**2817**	**3509**	**1535**	**1974**	**28804**	**14561**	**14243**
兴义市	3944	1654	2290	3037	1339	1698	25408	12800	12608
兴仁市	824	297	527	472	196	276	3396	1761	1635
普安县									
晴隆县									
贞丰县									
望谟县									
册亨县									
安龙县									
黔东南苗族侗族自治州	**3535**	**1162**	**2373**	**3629**	**1484**	**2145**	**33496**	**17036**	**16460**
凯里市	3535	1162	2373	3629	1484	2145	33496	17036	16460
黄平县									
施秉县									
三穗县									
镇远县									
岑巩县									
天柱县									
锦屏县									
剑河县									
台江县									
黎平县									
榕江县									
从江县									
雷山县									
麻江县									
丹寨县									
黔南布依族苗族自治州	**2922**	**1279**	**1643**	**3036**	**1283**	**1753**	**13905**	**7062**	**6843**
都匀市	1370	598	772	2396	1012	1384	10437	5307	5130
福泉市	1552	681	871	640	271	369	3468	1755	1713
荔波县									
贵定县									
瓮安县									
独山县									
平塘县									
罗甸县									
长顺县									
龙里县									
惠水县									
三都水族自治县									

7-9b 全省按现住地、性别、迁移原因分的户口登记地在本省其他乡镇街道的人口(镇)

单位：人

现住地	合计			工作就业		
	合计	男	女	小计	男	女
贵州	**3574517**	**1740811**	**1833706**	**760828**	**419022**	**341806**
贵阳市	**361648**	**176878**	**184770**	**72875**	**41050**	**31825**
南明区						
云岩区						
花溪区	102344	47022	55322	8636	4824	3812
乌当区	7712	4091	3621	2909	1656	1253
白云区	776	368	408	285	178	107
观山湖区	8234	4240	3994	3005	1652	1353
开阳县	99934	49364	50570	21744	12418	9326
息烽县	45322	21664	23658	13481	7227	6254
修文县	55762	28296	27466	17384	9945	7439
清镇市	41564	21833	19731	5431	3150	2281
六盘水市	**145650**	**71153**	**74497**	**37014**	**22072**	**14942**
钟山区	13727	6902	6825	4222	3220	1002
六枝特区	6396	2983	3413	1287	612	675
水城县	96206	46902	49304	24477	14062	10415
盘州市	29321	14366	14955	7028	4178	2850
遵义市	**657876**	**316595**	**341281**	**135337**	**73342**	**61995**
红花岗区	13462	6549	6913	3616	1905	1711
汇川区	5936	2686	3250	1228	653	575
播州区	16392	7693	8699	3281	1789	1492
桐梓县	96552	46656	49896	11096	6175	4921
绥阳县	60950	29741	31209	12099	6398	5701
正安县	56084	27151	28933	11827	6471	5356
道真仡佬族苗族自治县	50537	22767	27770	7445	4065	3380
务川仡佬族苗族自治县	64513	31024	33489	11862	6304	5558
凤冈县	60812	28841	31971	16486	8727	7759
湄潭县	66578	31894	34684	16178	8487	7691
余庆县	35518	16739	18779	8543	4489	4054
习水县	111143	55162	55981	27688	15626	12062
赤水市	4259	1850	2409	941	464	477
仁怀市	15140	7842	7298	3047	1789	1258
安顺市	**182951**	**89574**	**93377**	**38048**	**20737**	**17311**
西秀区	7542	3728	3814	1825	1015	810
平坝区	33037	17494	15543	8380	4952	3428
普定县	41599	19980	21619	7483	3810	3673
镇宁布依族苗族自治县	40068	19281	20787	7512	4094	3418
关岭布依族苗族自治县	34906	16801	18105	6791	3713	3078
紫云苗族布依族自治县	25799	12290	13509	6057	3153	2904
毕节市	**702590**	**342744**	**359846**	**123903**	**68137**	**55766**
七星关区	9393	4288	5105	1916	1006	910
大方县	103436	49610	53826	16237	9015	7222
黔西县	129681	63331	66350	20617	11640	8977
金沙县	87815	43162	44653	15727	8907	6820
织金县	109097	53523	55574	20647	11403	9244
纳雍县	85090	41571	43519	19515	10705	8810
威宁彝族回族苗族自治县	137987	67849	70138	20067	10558	9509
赫章县	40091	19410	20681	9177	4903	4274

7-9b 续表 1

单位：人

现住地	合计			工作就业		
	合计	男	女	小计	男	女
铜仁市	**387932**	**189063**	**198869**	**83047**	**44067**	**38980**
碧江区	324	168	156	37	22	15
万山区						
江口县	30286	15078	15208	5418	3111	2307
玉屏侗族自治县	23791	11864	11927	5172	2824	2348
石阡县	35726	17785	17941	8322	4366	3956
思南县	66941	32428	34513	16620	8671	7949
印江土家族苗族自治县	48445	22828	25617	11217	5963	5254
德江县	73677	36257	37420	14145	7623	6522
沿河土家族自治县	51968	25313	26655	10689	5727	4962
松桃苗族自治县	56774	27342	29432	11427	5760	5667
黔西南布依族苗族自治州	**174553**	**85847**	**88706**	**42294**	**23583**	**18711**
兴义市	11578	5737	5841	3443	1899	1544
兴仁市	4543	2190	2353	1659	907	752
普安县	13785	6774	7011	5182	2825	2357
晴隆县	24642	12201	12441	4914	2742	2172
贞丰县	37974	18527	19447	8134	4386	3748
望谟县	23398	12051	11347	6793	4075	2718
册亨县	21936	10973	10963	4804	2623	2181
安龙县	36697	17394	19303	7365	4126	3239
黔东南苗族侗族自治州	**476055**	**234817**	**241238**	**107531**	**58197**	**49334**
凯里市	4831	2357	2474	1598	921	677
黄平县	23154	11009	12145	3831	2126	1705
施秉县	18973	9124	9849	3737	2042	1695
三穗县	33125	15935	17190	6453	3453	3000
镇远县	30859	14902	15957	5844	3181	2663
岑巩县	36286	17470	18816	8395	4382	4013
天柱县	43754	21757	21997	9699	4930	4769
锦屏县	33715	16024	17691	6863	3678	3185
剑河县	34106	17387	16719	8472	4662	3810
台江县	18092	9178	8914	4132	2393	1739
黎平县	62184	30470	31714	14595	7811	6784
榕江县	36654	18323	18331	9680	5202	4478
从江县	33546	17404	16142	7627	4302	3325
雷山县	20273	10379	9894	4432	2521	1911
麻江县	17457	8506	8951	5755	3036	2719
丹寨县	29046	14592	14454	6418	3557	2861
黔南布依族苗族自治州	**485262**	**234140**	**251122**	**120779**	**67837**	**52942**
都匀市	8428	3685	4743	704	411	293
福泉市	12766	6579	6187	3946	2438	1508
荔波县	24518	11957	12561	8694	4677	4017
贵定县	43634	18825	24809	9742	5289	4453
瓮安县	105884	51688	54196	24289	13876	10413
独山县	27176	13367	13809	8432	4490	3942
平塘县	20119	9545	10574	6059	3050	3009
罗甸县	47236	23359	23877	12272	6934	5338
长顺县	19694	9251	10443	4461	2448	2013
龙里县	60300	31742	28558	20284	12226	8058
惠水县	77433	34808	42625	13837	7607	6230
三都水族自治县	38074	19334	18740	8059	4391	3668

7-9b 续表 2　　单位：人

现住地	学习培训			随同离开/投亲靠友			拆迁/搬家		
	小计	男	女	小计	男	女	小计	男	女
贵　州	**759087**	**372478**	**386609**	**442807**	**215705**	**227102**	**789423**	**412200**	**377223**
贵阳市	**138818**	**67073**	**71745**	**43984**	**21401**	**22583**	**45173**	**23898**	**21275**
南明区									
云岩区									
花溪区	84407	37873	46534	1997	988	1009	2334	1222	1112
乌当区	1966	1166	800	1131	566	565	301	171	130
白云区	30	15	15	212	97	115	64	30	34
观山湖区	871	596	275	853	433	420	1702	890	812
开阳县	9537	5001	4536	23066	11034	12032	23310	12418	10892
息烽县	6137	3092	3045	3778	1887	1891	7232	3683	3549
修文县	8702	4530	4172	10316	5137	5179	7765	4184	3581
清镇市	27168	14800	12368	2631	1259	1372	2465	1300	1165
六盘水市	**29864**	**14034**	**15830**	**31389**	**15082**	**16307**	**19980**	**10589**	**9391**
钟山区	681	354	327	4408	1772	2636	1133	613	520
六枝特区	383	201	182	740	371	369	2648	1332	1316
水城县	18415	8499	9916	21924	10837	11087	14060	7507	6553
盘州市	10385	4980	5405	4317	2102	2215	2139	1137	1002
遵义市	**109050**	**56496**	**52554**	**86748**	**41661**	**45087**	**141458**	**72557**	**68901**
红花岗区	1210	618	592	1358	686	672	3852	2096	1756
汇川区	313	174	139	616	302	314	1187	646	541
播州区	2216	1166	1050	2489	1247	1242	3630	1883	1747
桐梓县	10620	5306	5314	12727	6022	6705	34016	17724	16292
绥阳县	11364	5904	5460	7531	3699	3832	14113	7139	6974
正安县	8162	4381	3781	9908	4659	5249	11847	6008	5839
道真仡佬族苗族自治县	10138	5299	4839	6894	3232	3662	7578	3566	4012
务川仡佬族苗族自治县	14455	7617	6838	9451	4617	4834	10547	5321	5226
凤冈县	12149	6338	5811	8087	3842	4245	8423	4124	4299
湄潭县	9919	4978	4941	7683	3652	4031	13650	6937	6713
余庆县	8007	4182	3825	4495	2146	2349	6360	3172	3188
习水县	19221	9819	9402	12438	6058	6380	20067	10617	9450
赤水市	271	137	134	572	259	313	1314	646	668
仁怀市	1005	577	428	2499	1240	1259	4874	2678	2196
安顺市	**34673**	**18176**	**16497**	**23243**	**11654**	**11589**	**42017**	**22001**	**20016**
西秀区	363	186	177	1257	649	608	1939	1037	902
平坝区	10512	6587	3925	3736	1832	1904	3327	1748	1579
普定县	4584	2210	2374	5648	2811	2837	13687	7090	6597
镇宁布依族苗族自治县	5277	2560	2717	5169	2620	2549	9885	5145	4740
关岭布依族苗族自治县	8006	3854	4152	5292	2679	2613	7923	4157	3766
紫云苗族布依族自治县	5931	2779	3152	2141	1063	1078	5256	2824	2432
毕节市	**149108**	**70341**	**78767**	**86874**	**42886**	**43988**	**183323**	**97610**	**85713**
七星关区	2754	1224	1530	1171	566	605	1548	813	735
大方县	30674	13992	16682	11842	6036	5806	22608	12066	10542
黔西县	17305	8384	8921	22962	11150	11812	36213	19733	16480
金沙县	15904	7915	7989	12682	6011	6671	20291	11122	9169
织金县	23967	11574	12393	15369	7781	7588	26835	14286	12549
纳雍县	20414	9881	10533	10318	5178	5140	13404	6992	6412
威宁彝族回族苗族自治县	28619	12866	15753	8263	4021	4242	56140	29310	26830
赫章县	9471	4505	4966	4267	2143	2124	6284	3288	2996

7-9b 续表 3

单位：人

现住地	学习培训			随同离开/投亲靠友			拆迁/搬家		
	小计	男	女	小计	男	女	小计	男	女
铜仁市	**87730**	**45041**	**42689**	**38319**	**18156**	**20163**	**72283**	**37159**	**35124**
碧江区	5	4	1	25	12	13	104	62	42
万山区									
江口县	3889	2138	1751	3829	1822	2007	9764	5108	4656
玉屏侗族自治县	1199	650	549	2026	976	1050	7889	4156	3733
石阡县	10883	6243	4640	3775	1761	2014	5295	2666	2629
思南县	16866	8572	8294	5996	2846	3150	6643	3327	3316
印江土家族苗族自治县	9304	4727	4577	5370	2566	2804	10421	5238	5183
德江县	16170	7902	8268	10500	4861	5639	12561	6635	5926
沿河土家族自治县	15819	8111	7708	3906	1931	1975	8185	4156	4029
松桃苗族自治县	13595	6694	6901	2892	1381	1511	11421	5811	5610
黔西南布依族苗族自治州	**28489**	**13687**	**14802**	**17785**	**8754**	**9031**	**51773**	**26719**	**25054**
兴义市	2018	1027	991	1135	572	563	2587	1337	1250
兴仁市	452	198	254	579	309	270	739	383	356
普安县	1819	805	1014	1955	986	969	2409	1219	1190
晴隆县	2915	1387	1528	1699	839	860	10542	5346	5196
贞丰县	9159	4633	4526	5400	2630	2770	8980	4621	4359
望谟县	2927	1434	1493	1519	698	821	7728	4091	3637
册亨县	848	448	400	1368	653	715	10365	5349	5016
安龙县	8351	3755	4596	4130	2067	2063	8423	4373	4050
黔东南苗族侗族自治州	**78891**	**41594**	**37297**	**56097**	**27710**	**28387**	**136112**	**70635**	**65477**
凯里市	363	184	179	978	481	497	594	336	258
黄平县	5798	2818	2980	2545	1235	1310	5942	3057	2885
施秉县	3189	1538	1651	1899	922	977	6392	3267	3125
三穗县	4934	2628	2306	4476	2161	2315	10524	5418	5106
镇远县	4764	2449	2315	3790	1877	1913	11192	5802	5390
岑巩县	6718	3665	3053	2980	1507	1473	7917	3974	3943
天柱县	8019	4505	3514	7505	3631	3874	10424	5488	4936
锦屏县	4739	2490	2249	4645	2255	2390	11432	5592	5840
剑河县	6760	3877	2883	4072	2054	2018	7409	3974	3435
台江县	2493	1282	1211	1805	911	894	5180	2720	2460
黎平县	9403	4968	4435	8549	4221	4328	20433	10453	9980
榕江县	5300	2740	2560	3360	1691	1669	5559	2969	2590
从江县	4860	2639	2221	1618	797	821	14750	7730	7020
雷山县	3469	1892	1577	2342	1153	1189	6018	3314	2704
麻江县	2931	1617	1314	2802	1414	1388	1893	991	902
丹寨县	5151	2302	2849	2731	1400	1331	10453	5550	4903
黔南布依族苗族自治州	**102464**	**46036**	**56428**	**58368**	**28401**	**29967**	**97304**	**51032**	**46272**
都匀市	6460	2700	3760	170	79	91	357	184	173
福泉市	658	343	315	2542	1224	1318	2473	1400	1073
荔波县	3397	1454	1943	4121	2089	2032	3499	1814	1685
贵定县	10867	3174	7693	4223	1975	2248	10443	5253	5190
瓮安县	16297	8407	7890	18034	8579	9455	16330	8820	7510
独山县	3917	2124	1793	3209	1551	1658	5511	2863	2648
平塘县	2032	1149	883	2164	1067	1097	4556	2283	2273
罗甸县	8185	4319	3866	6136	3078	3058	9982	5090	4892
长顺县	5142	2327	2815	1810	864	946	3889	1999	1890
龙里县	3381	1918	1463	5854	2893	2961	16156	8598	7558
惠水县	34298	14102	20196	6682	3318	3364	10474	5451	5023
三都水族自治县	7830	4019	3811	3423	1684	1739	13634	7277	6357

7-9b 续表 4

单位：人

现住地	寄挂户口			婚姻嫁娶			照料孙子女		
	小计	男	女	小计	男	女	小计	男	女
贵　州	**21148**	**10504**	**10644**	**150532**	**18082**	**132450**	**75270**	**21873**	**53397**
贵阳市	**1924**	**973**	**951**	**14503**	**2424**	**12079**	**5947**	**1819**	**4128**
南明区									
云岩区									
花溪区	599	303	296	1066	187	879	117	38	79
乌当区	71	29	42	689	187	502	39	7	32
白云区	11	3	8	120	18	102	1		1
观山湖区	129	69	60	645	126	519	43	11	32
开阳县	380	203	177	4243	476	3767	2836	865	1971
息烽县	160	77	83	3055	486	2569	1804	560	1244
修文县	377	199	178	3263	680	2583	1048	323	725
清镇市	197	90	107	1422	264	1158	59	15	44
六盘水市	**808**	**414**	**394**	**8062**	**1024**	**7038**	**2083**	**600**	**1483**
钟山区	205	95	110	1762	230	1532	78	20	58
六枝特区	50	28	22	430	51	379	89	22	67
水城县	369	194	175	4558	544	4014	1740	515	1225
盘州市	184	97	87	1312	199	1113	176	43	133
遵义市	**3978**	**1966**	**2012**	**29629**	**3507**	**26122**	**18366**	**5756**	**12610**
红花岗区	276	143	133	1073	135	938	121	38	83
汇川区	207	104	103	853	93	760	68	26	42
播州区	321	170	151	1912	255	1657	249	72	177
桐梓县	615	299	316	5139	627	4512	1505	511	994
绥阳县	272	132	140	2034	233	1801	1649	559	1090
正安县	356	160	196	1899	254	1645	1964	612	1352
道真仡佬族苗族自治县	148	69	79	1349	159	1190	2479	782	1697
务川仡佬族苗族自治县	190	90	100	2068	229	1839	2263	658	1605
凤冈县	103	56	47	2203	204	1999	2413	770	1643
湄潭县	368	173	195	3320	430	2890	1450	470	980
余庆县	143	70	73	1807	231	1576	1128	314	814
习水县	627	306	321	4620	524	4096	2888	889	1999
赤水市	42	23	19	500	59	441	52	16	36
仁怀市	310	171	139	852	74	778	137	39	98
安顺市	**1702**	**831**	**871**	**10297**	**1058**	**9239**	**3099**	**891**	**2208**
西秀区	150	65	85	831	111	720	50	18	32
平坝区	605	291	314	2756	326	2430	271	89	182
普定县	371	181	190	1852	188	1664	657	201	456
镇宁布依族苗族自治县	282	144	138	2195	247	1948	818	227	591
关岭布依族苗族自治县	171	89	82	1416	104	1312	914	260	654
紫云苗族布依族自治县	123	61	62	1247	82	1165	389	96	293
毕节市	**5099**	**2509**	**2590**	**35173**	**4305**	**30868**	**8620**	**2666**	**5954**
七星关区	241	121	120	620	55	565	112	31	81
大方县	611	291	320	5800	631	5169	1035	294	741
黔西县	1054	493	561	9045	1210	7835	1509	500	1009
金沙县	1047	527	520	6283	940	5343	1177	359	818
织金县	867	428	439	5602	678	4924	2000	604	1396
纳雍县	438	233	205	3222	318	2904	1349	434	915
威宁彝族回族苗族自治县	577	275	302	3217	325	2892	558	184	374
赫章县	264	141	123	1384	148	1236	880	260	620

7–9b　续表 5　　　　单位：人

现住地	寄挂户口			婚姻嫁娶			照料孙子女		
	小计	男	女	小计	男	女	小计	男	女
铜仁市	**1481**	**742**	**739**	**9120**	**1036**	**8084**	**8850**	**2480**	**6370**
碧江区	34	16	18	20		20	3	2	1
万山区									
江口县	151	75	76	1140	96	1044	743	174	569
玉屏侗族自治县	114	61	53	928	82	846	400	92	308
石阡县	132	60	72	1066	138	928	1032	278	754
思南县	299	165	134	1371	180	1191	1727	469	1258
印江土家族苗族自治县	139	67	72	1148	132	1016	1724	510	1214
德江县	347	168	179	1293	176	1117	1170	342	828
沿河土家族自治县	136	64	72	1146	150	996	1121	319	802
松桃苗族自治县	129	66	63	1008	82	926	930	294	636
黔西南布依族苗族自治州	**1463**	**716**	**747**	**8877**	**1237**	**7640**	**2814**	**833**	**1981**
兴义市	267	115	152	837	117	720	100	35	65
兴仁市	106	54	52	476	53	423	35	11	24
普安县	93	55	38	646	94	552	185	44	141
晴隆县	160	79	81	738	76	662	275	74	201
贞丰县	215	112	103	1859	215	1644	794	252	542
望谟县	212	100	112	814	99	715	588	175	413
册亨县	125	49	76	547	56	491	396	110	286
安龙县	285	152	133	2960	527	2433	441	132	309
黔东南苗族侗族自治州	**1689**	**868**	**821**	**14675**	**1076**	**13599**	**13020**	**3339**	**9681**
凯里市	113	54	59	401	51	350	72	12	60
黄平县	125	69	56	940	96	844	571	136	435
施秉县	82	42	40	736	73	663	501	139	362
三穗县	128	57	71	1312	101	1211	1422	370	1052
镇远县	102	58	44	1582	172	1410	546	121	425
岑巩县	99	43	56	838	52	786	1362	284	1078
天柱县	179	82	97	1048	68	980	1008	290	718
锦屏县	84	47	37	988	69	919	1296	333	963
剑河县	81	42	39	615	36	579	1468	401	1067
台江县	121	60	61	489	16	473	444	118	326
黎平县	232	125	107	1639	71	1568	1593	370	1223
榕江县	91	48	43	1283	112	1171	664	194	470
从江县	53	31	22	507	35	472	515	149	366
雷山县	67	36	31	771	28	743	538	142	396
麻江县	90	53	37	1058	72	986	457	117	340
丹寨县	42	21	21	468	24	444	563	163	400
黔南布依族苗族自治州	**3004**	**1485**	**1519**	**20196**	**2415**	**17781**	**12471**	**3489**	**8982**
都匀市	86	52	34	229	27	202	12	4	8
福泉市	101	51	50	941	88	853	226	68	158
荔波县	57	29	28	874	133	741	847	249	598
贵定县	239	116	123	2224	352	1872	603	181	422
瓮安县	478	237	241	4475	563	3912	3811	1205	2606
独山县	186	85	101	1387	137	1250	508	129	379
平塘县	95	46	49	715	85	630	642	156	486
罗甸县	167	82	85	1296	137	1159	2677	664	2013
长顺县	255	124	131	1110	114	996	452	119	333
龙里县	808	413	395	2695	350	2345	825	249	576
惠水县	418	194	224	3125	345	2780	1291	322	969
三都水族自治县	114	56	58	1125	84	1041	577	143	434

7-9b 续表 6

单位：人

现住地	为子女就学			养老/康养			其他		
	小计	男	女	小计	男	女	小计	男	女
贵州	**121968**	**43381**	**78587**	**34194**	**15514**	**18680**	**419260**	**212052**	**207208**
贵阳市	**8934**	**3682**	**5252**	**3879**	**1726**	**2153**	**25611**	**12832**	**12779**
南明区									
云岩区									
花溪区	65	34	31	129	66	63	2994	1487	1507
乌当区	19	9	10	136	65	71	451	235	216
白云区	2		2	18	9	9	33	18	15
观山湖区	17	4	13	125	44	81	844	415	429
开阳县	5476	2306	3170	1524	655	869	7818	3988	3830
息烽县	1580	608	972	1109	477	632	6986	3567	3419
修文县	1727	702	1025	742	370	372	4438	2226	2212
清镇市	48	19	29	96	40	56	2047	896	1151
六盘水市	**4627**	**1378**	**3249**	**1533**	**747**	**786**	**10290**	**5213**	**5077**
钟山区	263	103	160	74	38	36	901	457	444
六枝特区	112	33	79	33	21	12	624	312	312
水城县	3412	1048	2364	1290	611	679	5961	3085	2876
盘州市	840	194	646	136	77	59	2804	1359	1445
遵义市	**34519**	**12470**	**22049**	**8156**	**3607**	**4549**	**90635**	**45233**	**45402**
红花岗区	191	74	117	110	64	46	1655	790	865
汇川区	93	35	58	70	35	35	1301	618	683
播州区	453	162	291	139	70	69	1702	879	823
桐梓县	2442	1058	1384	797	348	449	17595	8586	9009
绥阳县	1951	790	1161	747	360	387	9190	4527	4663
正安县	3342	1209	2133	858	368	490	5921	3029	2892
道真仡佬族苗族自治县	7613	2223	5390	1275	536	739	5618	2836	2782
务川仡佬族苗族自治县	5396	1972	3424	681	336	345	7600	3880	3720
凤冈县	4398	1561	2837	702	298	404	5848	2921	2927
湄潭县	2600	1076	1524	985	437	548	10425	5254	5171
余庆县	1487	467	1020	597	251	346	2951	1417	1534
习水县	4355	1768	2587	1097	458	639	18142	9097	9045
赤水市	101	32	69	36	12	24	430	202	228
仁怀市	97	43	54	62	34	28	2257	1197	1060
安顺市	**4432**	**1487**	**2945**	**1647**	**744**	**903**	**23793**	**11995**	**11798**
西秀区	61	16	45	74	37	37	992	594	398
平坝区	361	140	221	348	160	188	2741	1369	1372
普定县	945	356	589	530	248	282	5842	2885	2957
镇宁布依族苗族自治县	1321	420	901	266	119	147	7343	3705	3638
关岭布依族苗族自治县	1057	323	734	249	96	153	3087	1526	1561
紫云苗族布依族自治县	687	232	455	180	84	96	3788	1916	1872
毕节市	**16447**	**6326**	**10121**	**4250**	**1932**	**2318**	**89793**	**46032**	**43761**
七星关区	127	27	100	69	44	25	835	401	434
大方县	2902	1022	1880	512	266	246	11215	5997	5218
黔西县	2282	905	1377	985	398	587	17709	8918	8791
金沙县	2226	886	1340	761	361	400	11717	6134	5583
织金县	4046	1628	2418	657	290	367	9107	4851	4256
纳雍县	2105	821	1284	578	279	299	13747	6730	7017
威宁彝族回族苗族自治县	1220	491	729	296	124	172	19030	9695	9335
赫章县	1539	546	993	392	170	222	6433	3306	3127

7-9b　续表 7　　　　单位：人

现住地	为子女就学			养老/康养			其　他		
	小计	男	女	小计	男	女	小计	男	女
铜仁市	**18264**	**6124**	**12140**	**3364**	**1446**	**1918**	**65474**	**32812**	**32662**
碧江区				4	2	2	92	48	44
万山区									
江口县	1344	517	827	260	102	158	3748	1935	1813
玉屏侗族自治县	374	140	234	203	80	123	5486	2803	2683
石阡县	1426	407	1019	279	120	159	3516	1746	1770
思南县	2895	979	1916	585	257	328	13939	6962	6977
印江土家族苗族自治县	4190	1240	2950	709	302	407	4223	2083	2140
德江县	2689	1027	1662	557	252	305	14245	7271	6974
沿河土家族自治县	3774	1235	2539	345	144	201	6847	3476	3371
松桃苗族自治县	1572	579	993	422	187	235	13378	6488	6890
黔西南布依族苗族自治州	**2896**	**1052**	**1844**	**1386**	**734**	**652**	**16776**	**8532**	**8244**
兴义市	88	26	62	288	214	74	815	395	420
兴仁市	31	8	23	17	9	8	449	258	191
普安县	130	41	89	79	40	39	1287	665	622
晴隆县	435	156	279	147	86	61	2817	1416	1401
贞丰县	837	310	527	235	110	125	2361	1258	1103
望谟县	275	114	161	258	113	145	2284	1152	1132
册亨县	293	95	198	100	42	58	3090	1548	1542
安龙县	807	302	505	262	120	142	3673	1840	1833
黔东南苗族侗族自治州	**14933**	**4553**	**10380**	**4483**	**2023**	**2460**	**48624**	**24822**	**23802**
凯里市	167	42	125	40	23	17	505	253	252
黄平县	1059	329	730	241	107	134	2102	1036	1066
施秉县	812	272	540	257	125	132	1368	704	664
三穗县	1269	468	801	420	175	245	2187	1104	1083
镇远县	940	238	702	215	87	128	1884	917	967
岑巩县	1702	366	1336	401	186	215	5874	3011	2863
天柱县	1045	352	693	495	208	287	4332	2203	2129
锦屏县	1102	327	775	288	118	170	2278	1115	1163
剑河县	1537	416	1121	554	253	301	3138	1672	1466
台江县	489	144	345	67	26	41	2872	1508	1364
黎平县	1892	549	1343	372	175	197	3476	1727	1749
榕江县	1056	390	666	331	163	168	9330	4814	4516
从江县	393	123	270	157	76	81	3066	1522	1544
雷山县	743	252	491	215	121	94	1678	920	758
麻江县	311	114	197	204	80	124	1956	1012	944
丹寨县	416	171	245	226	100	126	2578	1304	1274
黔南布依族苗族自治州	**16916**	**6309**	**10607**	**5496**	**2555**	**2941**	**48264**	**24581**	**23683**
都匀市	10	2	8	19	15	4	381	211	170
福泉市	395	173	222	186	111	75	1298	683	615
荔波县	464	182	282	230	95	135	2335	1235	1100
贵定县	773	295	478	431	189	242	4089	2001	2088
瓮安县	8326	3234	5092	2228	997	1231	11616	5770	5846
独山县	488	178	310	415	238	177	3123	1572	1551
平塘县	987	278	709	172	81	91	2697	1350	1347
罗甸县	1639	533	1106	473	242	231	4409	2280	2129
长顺县	622	219	403	120	60	60	1833	977	856
龙里县	1133	467	666	473	212	261	8691	4416	4275
惠水县	1683	604	1079	529	226	303	5096	2639	2457
三都水族自治县	396	144	252	220	89	131	2696	1447	1249

7–9c　全省按现住地、性别、迁移原因分的户口登记地在本省其他乡镇街道的人口(乡村)

单位：人

现住地	合计			工作就业		
	合计	男	女	小计	男	女
贵　州	**1465838**	**702512**	**763326**	**309103**	**196992**	**112111**
贵阳市	**231855**	**116515**	**115340**	**68098**	**43574**	**24524**
南明区	22860	12510	10350	12143	7537	4606
云岩区						
花溪区	32883	15711	17172	9835	6591	3244
乌当区	34255	17538	16717	11340	6830	4510
白云区	14210	7267	6943	4231	2654	1577
观山湖区	37243	18978	18265	12838	8341	4497
开阳县	10518	4712	5806	2243	1525	718
息烽县	9121	3378	5743	1579	1042	537
修文县	21461	10401	11060	4617	3004	1613
清镇市	49304	26020	23284	9272	6050	3222
六盘水市	**127312**	**61432**	**65880**	**30608**	**20099**	**10509**
钟山区	13264	6049	7215	1211	863	348
六枝特区	16703	7776	8927	4044	2545	1499
水城县	50661	24535	26126	11342	7609	3733
盘州市	46684	23072	23612	14011	9082	4929
遵义市	**268521**	**129997**	**138524**	**51639**	**33163**	**18476**
红花岗区	19535	9438	10097	4005	2756	1249
汇川区	10366	4857	5509	1790	1292	498
播州区	39706	18385	21321	6922	4499	2423
桐梓县	24391	12015	12376	5443	3551	1892
绥阳县	16932	8305	8627	3078	1837	1241
正安县	28374	13913	14461	4802	2879	1923
道真仡佬族苗族自治县	12113	5575	6538	2456	1465	991
务川仡佬族苗族自治县	5188	2643	2545	1385	950	435
凤冈县	9311	4321	4990	1427	853	574
湄潭县	16718	7996	8722	3777	2205	1572
余庆县	12537	5953	6584	2978	1746	1232
习水县	30441	15149	15292	6569	4182	2387
赤水市	10989	5407	5582	1378	865	513
仁怀市	31920	16040	15880	5629	4083	1546
安顺市	**97766**	**45021**	**52745**	**17437**	**11088**	**6349**
西秀区	31464	15178	16286	6795	4348	2447
平坝区	20001	8542	11459	2706	1750	956
普定县	14385	6459	7926	1875	1198	677
镇宁布依族苗族自治县	11122	5270	5852	1915	1214	701
关岭布依族苗族自治县	7999	3628	4371	1513	987	526
紫云苗族布依族自治县	12795	5944	6851	2633	1591	1042
毕节市	**202337**	**90146**	**112191**	**37022**	**24012**	**13010**
七星关区	29385	12843	16542	3073	1867	1206
大方县	32566	14366	18200	5723	3475	2248
黔西县	31409	13454	17955	4101	2866	1235
金沙县	21979	10840	11139	4977	3880	1097
织金县	21288	9082	12206	3880	2726	1154
纳雍县	19034	8388	10646	4789	2771	2018
威宁彝族回族苗族自治县	19112	8270	10842	3694	2140	1554
赫章县	27564	12903	14661	6785	4287	2498

7-9c 续表 1

单位：人

现住地	合计			工作就业		
	合计	男	女	小计	男	女
铜仁市	**115156**	**55265**	**59891**	**21904**	**13314**	**8590**
碧江区	16356	6479	9877	2382	1386	996
万山区	6905	3333	3572	1664	931	733
江口县	8552	4361	4191	1583	972	611
玉屏侗族自治县	5545	2725	2820	1388	876	512
石阡县	8411	4283	4128	2673	1806	867
思南县	15132	7485	7647	3299	1943	1356
印江土家族苗族自治县	12152	6011	6141	1837	1142	695
德江县	17830	8711	9119	2363	1375	988
沿河土家族自治县	10055	5075	4980	2262	1415	847
松桃苗族自治县	14218	6802	7416	2453	1468	985
黔西南布依族苗族自治州	**115661**	**55559**	**60102**	**18320**	**11734**	**6586**
兴义市	26165	12360	13805	4446	2696	1750
兴仁市	9366	4179	5187	1659	1112	547
普安县	11498	5525	5973	2604	1634	970
晴隆县	13098	6671	6427	2282	1551	731
贞丰县	8929	4359	4570	2118	1431	687
望谟县	15482	7716	7766	1791	1103	688
册亨县	19343	9563	9780	1305	775	530
安龙县	11780	5186	6594	2115	1432	683
黔东南苗族侗族自治州	**176302**	**86535**	**89767**	**34369**	**20593**	**13776**
凯里市	21631	10611	11020	3574	2345	1229
黄平县	9395	4418	4977	1686	1046	640
施秉县	5700	2782	2918	858	531	327
三穗县	7190	3408	3782	1336	792	544
镇远县	3462	1459	2003	737	467	270
岑巩县	10873	5308	5565	1020	584	436
天柱县	9966	4775	5191	1835	1045	790
锦屏县	7304	3764	3540	1846	1146	700
剑河县	15716	7959	7757	4200	2468	1732
台江县	7927	3743	4184	1403	850	553
黎平县	32533	16274	16259	6496	3611	2885
榕江县	15521	7907	7614	4452	2605	1847
从江县	10388	5020	5368	2396	1470	926
雷山县	12178	6410	5768	1236	842	394
麻江县	3510	1329	2181	723	460	263
丹寨县	3008	1368	1640	571	331	240
黔南布依族苗族自治州	**130928**	**62042**	**68886**	**29706**	**19415**	**10291**
都匀市	17177	8790	8387	4599	2881	1718
福泉市	10806	5503	5303	3597	2558	1039
荔波县	11502	6043	5459	1909	1344	565
贵定县	12625	3803	8822	1564	1178	386
瓮安县	17047	8805	8242	4056	2647	1409
独山县	12130	5729	6401	2508	1413	1095
平塘县	11904	5631	6273	2270	1313	957
罗甸县	5718	2893	2825	1655	1102	553
长顺县	5713	2461	3252	1142	761	381
龙里县	11680	5859	5821	3334	2250	1084
惠水县	10309	4563	5746	1935	1312	623
三都水族自治县	4317	1962	2355	1137	656	481

7-9c 续表 2 单位：人

现住地	学习培训			随同离开/投亲靠友			拆迁/搬家		
	小计	男	女	小计	男	女	小计	男	女
贵州	**226341**	**113241**	**113100**	**152308**	**75427**	**76881**	**295069**	**154544**	**140525**
贵阳市	**39204**	**21972**	**17232**	**30225**	**15251**	**14974**	**25574**	**13595**	**11979**
南明区	1126	543	583	4028	2007	2021	1792	902	890
云岩区									
花溪区	2445	1201	1244	4154	2165	1989	3753	1986	1767
乌当区	6192	3360	2832	4749	2383	2366	3479	1809	1670
白云区	3971	1959	2012	1818	899	919	1256	738	518
观山湖区	10924	4719	6205	3310	1692	1618	2605	1370	1235
开阳县	272	130	142	1273	644	629	1848	964	884
息烽县	252	122	130	1305	665	640	817	431	386
修文县	3086	1819	1267	3348	1705	1643	2711	1538	1173
清镇市	10936	8119	2817	6240	3091	3149	7313	3857	3456
六盘水市	**23686**	**11815**	**11871**	**17714**	**8714**	**9000**	**13800**	**7446**	**6354**
钟山区	7748	3649	4099	593	284	309	663	382	281
六枝特区	965	511	454	2302	1140	1162	2663	1475	1188
水城县	11716	5901	5815	6933	3465	3468	5837	3127	2710
盘州市	3257	1754	1503	7886	3825	4061	4637	2462	2175
遵义市	**44676**	**22781**	**21895**	**28059**	**13677**	**14382**	**54198**	**28268**	**25930**
红花岗区	1252	712	540	2098	1003	1095	4503	2355	2148
汇川区	187	104	83	931	496	435	2635	1368	1267
播州区	5496	2799	2697	4303	2104	2199	8027	4260	3767
桐梓县	3126	1464	1662	3150	1514	1636	5272	2818	2454
绥阳县	1471	789	682	2146	1000	1146	4059	2121	1938
正安县	5999	3031	2968	3147	1578	1569	5902	3011	2891
道真仡佬族苗族自治县	2405	1155	1250	1521	713	808	2017	959	1058
务川仡佬族苗族自治县	562	291	271	534	268	266	893	460	433
凤冈县	2536	1316	1220	1041	464	577	1057	564	493
湄潭县	2401	1340	1061	1669	827	842	3478	1718	1760
余庆县	2464	1174	1290	1397	683	714	1915	994	921
习水县	5835	3142	2693	2867	1407	1460	5490	2908	2582
赤水市	2515	1295	1220	1312	635	677	2877	1477	1400
仁怀市	8427	4169	4258	1943	985	958	6073	3255	2818
安顺市	**6406**	**3122**	**3284**	**12255**	**6177**	**6078**	**21556**	**11547**	**10009**
西秀区	1333	670	663	4406	2191	2215	7383	3931	3452
平坝区	892	421	471	2459	1240	1219	4184	2226	1958
普定县	2678	1234	1444	1635	818	817	2830	1494	1336
镇宁布依族苗族自治县	384	189	195	883	439	444	2234	1245	989
关岭布依族苗族自治县	476	254	222	993	533	460	1673	880	793
紫云苗族布依族自治县	643	354	289	1879	956	923	3252	1771	1481
毕节市	**10652**	**4794**	**5858**	**22428**	**10900**	**11528**	**42916**	**22793**	**20123**
七星关区	1081	550	531	3091	1544	1547	7666	4037	3629
大方县	1799	852	947	4321	2167	2154	7174	3878	3296
黔西县	875	426	449	3791	1839	1952	7380	3912	3468
金沙县	727	376	351	2648	1209	1439	4994	2804	2190
织金县	825	395	430	2126	1022	1104	4428	2291	2137
纳雍县	1139	602	537	2334	1113	1221	3056	1603	1453
威宁彝族回族苗族自治县	604	292	312	1561	762	799	4457	2326	2131
赫章县	3602	1301	2301	2556	1244	1312	3761	1942	1819

7-9c　续表 3　　　　单位：人

现住地	学习培训			随同离开/投亲靠友			拆迁/搬家		
	小计	男	女	小计	男	女	小计	男	女
铜仁市	**29061**	**13677**	**15384**	**8571**	**4180**	**4391**	**19900**	**10225**	**9675**
碧江区	5585	1253	4332	754	362	392	4003	1973	2030
万山区	1095	572	523	663	304	359	1214	646	568
江口县	2190	1315	875	714	336	378	907	483	424
玉屏侗族自治县	1055	543	512	371	206	165	786	426	360
石阡县	248	133	115	745	355	390	1588	833	755
思南县	4146	2222	1924	1192	582	610	1904	975	929
印江土家族苗族自治县	4683	2379	2304	803	377	426	1783	905	878
德江县	5318	2593	2725	1302	641	661	3058	1592	1466
沿河土家族自治县	2619	1430	1189	747	385	362	1871	926	945
松桃苗族自治县	2122	1237	885	1280	632	648	2786	1466	1320
黔西南布依族苗族自治州	**15965**	**8188**	**7777**	**7728**	**3854**	**3874**	**38494**	**19776**	**18718**
兴义市	5839	3431	2408	1819	869	950	4399	2276	2123
兴仁市	338	184	154	880	429	451	2286	1182	1104
普安县	2510	1101	1409	1487	801	686	1811	898	913
晴隆县	278	131	147	546	270	276	7267	3776	3491
贞丰县	330	184	146	870	450	420	2184	1131	1053
望谟县	2410	1117	1293	606	298	308	6507	3399	3108
册亨县	3935	1878	2057	323	157	166	11368	5705	5663
安龙县	325	162	163	1197	580	617	2672	1409	1263
黔东南苗族侗族自治州	**32895**	**17282**	**15613**	**16061**	**8045**	**8016**	**49410**	**25788**	**23622**
凯里市	9559	4721	4838	1112	590	522	2447	1269	1178
黄平县	2983	1388	1595	744	352	392	1308	684	624
施秉县	380	238	142	446	238	208	2557	1295	1262
三穗县	262	145	117	809	407	402	2978	1541	1437
镇远县	111	63	48	380	202	178	637	331	306
岑巩县	1086	652	434	363	181	182	6781	3374	3407
天柱县	670	372	298	1500	749	751	2918	1524	1394
锦屏县	2069	1146	923	815	413	402	968	513	455
剑河县	1843	1056	787	1892	948	944	3818	1975	1843
台江县	2831	1228	1603	479	251	228	811	417	394
黎平县	4939	2807	2132	4284	2130	2154	9908	5198	4710
榕江县	3470	1989	1481	1364	690	674	2219	1184	1035
从江县	2039	1103	936	780	359	421	2234	1176	1058
雷山县	429	247	182	496	246	250	8489	4603	3886
麻江县	57	34	23	377	176	201	384	188	196
丹寨县	167	93	74	220	113	107	953	516	437
黔南布依族苗族自治州	**23796**	**9610**	**14186**	**9267**	**4629**	**4638**	**29221**	**15106**	**14115**
都匀市	3815	1906	1909	989	493	496	2889	1525	1364
福泉市	187	99	88	1379	682	697	1547	835	712
荔波县	675	385	290	409	217	192	7029	3615	3414
贵定县	7251	1302	5949	473	210	263	826	406	420
瓮安县	2872	1776	1096	2050	1012	1038	3077	1560	1517
独山县	1707	752	955	727	349	378	4736	2463	2273
平塘县	3953	1807	2146	749	390	359	1575	845	730
罗甸县	1102	566	536	357	182	175	862	449	413
长顺县	256	129	127	369	178	191	1153	591	562
龙里县	231	118	113	708	370	338	2678	1364	1314
惠水县	1639	711	928	740	379	361	1939	976	963
三都水族自治县	108	59	49	317	167	150	910	477	433

7-9c 续表 4 单位：人

现住地	寄挂户口			婚姻嫁娶			照料孙子女		
	小计	男	女	小计	男	女	小计	男	女
贵 州	**44132**	**22647**	**21485**	**201347**	**22182**	**179165**	**9420**	**2861**	**6559**
贵阳市	**4183**	**2145**	**2038**	**38945**	**6967**	**31978**	**891**	**280**	**611**
南明区	237	108	129	1697	509	1188	103	30	73
云岩区									
花溪区	781	404	377	8086	1466	6620	182	62	120
乌当区	459	223	236	4458	1166	3292	170	49	121
白云区	150	72	78	1884	503	1381	42	15	27
观山湖区	383	189	194	3671	833	2838	148	47	101
开阳县	509	267	242	2530	248	2282	46	13	33
息烽县	211	113	98	3751	387	3364	36	9	27
修文县	566	300	266	4724	738	3986	56	17	39
清镇市	887	469	418	8144	1117	7027	108	38	70
六盘水市	**2765**	**1506**	**1259**	**18441**	**2029**	**16412**	**755**	**232**	**523**
钟山区	283	194	89	1969	232	1737	11	3	8
六枝特区	480	271	209	3107	269	2838	123	44	79
水城县	967	529	438	6980	658	6322	312	99	213
盘州市	1035	512	523	6385	870	5515	309	86	223
遵义市	**8453**	**4490**	**3963**	**32919**	**3901**	**29018**	**2413**	**746**	**1667**
红花岗区	913	478	435	3313	457	2856	82	31	51
汇川区	567	290	277	1982	156	1826	16	3	13
播州区	1524	792	732	7215	763	6452	219	68	151
桐梓县	786	426	360	2944	409	2535	98	31	67
绥阳县	469	244	225	1382	132	1250	151	47	104
正安县	375	206	169	1583	236	1347	649	219	430
道真仡佬族苗族自治县	185	110	75	728	123	605	367	111	256
务川仡佬族苗族自治县	220	133	87	656	75	581	30	10	20
凤冈县	180	84	96	1344	136	1208	51	14	37
湄潭县	366	210	156	2015	261	1754	193	59	134
余庆县	265	145	120	1404	199	1205	195	47	148
习水县	898	477	421	3424	364	3060	192	55	137
赤水市	185	92	93	1167	198	969	97	30	67
仁怀市	1520	803	717	3762	392	3370	73	21	52
安顺市	**4116**	**2118**	**1998**	**17942**	**1842**	**16100**	**542**	**167**	**375**
西秀区	1238	646	592	5181	778	4403	120	45	75
平坝区	518	272	246	5200	569	4631	110	31	79
普定县	392	197	195	2370	193	2177	61	20	41
镇宁布依族苗族自治县	1277	645	632	1690	111	1579	33	10	23
关岭布依族苗族自治县	340	185	155	1556	92	1464	72	28	44
紫云苗族布依族自治县	351	173	178	1945	99	1846	146	33	113
毕节市	**9152**	**4609**	**4543**	**39558**	**2620**	**36938**	**720**	**239**	**481**
七星关区	2278	1141	1137	5411	250	5161	121	41	80
大方县	1303	650	653	6580	491	6089	139	42	97
黔西县	1417	713	704	7215	525	6690	102	31	71
金沙县	766	385	381	4319	408	3911	53	24	29
织金县	1102	542	560	5123	289	4834	67	25	42
纳雍县	534	262	272	3263	197	3066	62	21	41
威宁彝族回族苗族自治县	1134	589	545	3753	183	3570	31	9	22
赫章县	618	327	291	3894	277	3617	145	46	99

7–9c　续表 5　　　　单位：人

现住地	寄挂户口			婚姻嫁娶			照料孙子女		
	小计	男	女	小计	男	女	小计	男	女
铜仁市	**3352**	**1673**	**1679**	**8686**	**710**	**7976**	**872**	**238**	**634**
碧江区	489	254	235	490	42	448	102	29	73
万山区	160	96	64	621	65	556	63	17	46
江口县	235	116	119	708	81	627	99	24	75
玉屏侗族自治县	119	62	57	716	31	685	34	11	23
石阡县	361	192	169	1025	57	968	32	6	26
思南县	382	182	200	1158	105	1053	126	34	92
印江土家族苗族自治县	259	132	127	579	65	514	148	40	108
德江县	661	316	345	961	98	863	116	35	81
沿河土家族自治县	306	147	159	776	83	693	91	28	63
松桃苗族自治县	380	176	204	1652	83	1569	61	14	47
黔西南布依族苗族自治州	**4051**	**2007**	**2044**	**14646**	**1691**	**12955**	**535**	**182**	**353**
兴义市	1162	557	605	4831	742	4089	69	28	41
兴仁市	617	301	316	1868	142	1726	32	14	18
普安县	258	134	124	1261	157	1104	75	22	53
晴隆县	390	191	199	1019	79	940	29	8	21
贞丰县	356	181	175	1397	106	1291	58	21	37
望谟县	518	264	254	812	116	696	98	35	63
册亨县	272	124	148	517	69	448	117	34	83
安龙县	478	255	223	2941	280	2661	57	20	37
黔东南苗族侗族自治州	**4018**	**2004**	**2014**	**14080**	**795**	**13285**	**2036**	**575**	**1461**
凯里市	738	345	393	1927	158	1769	34	10	24
黄平县	400	211	189	1043	111	932	34	6	28
施秉县	124	63	61	552	41	511	23	7	16
三穗县	143	67	76	728	24	704	97	30	67
镇远县	153	73	80	913	53	860	13	4	9
岑巩县	139	66	73	644	42	602	33	7	26
天柱县	236	108	128	868	53	815	114	35	79
锦屏县	129	70	59	567	23	544	56	18	38
剑河县	166	87	79	452	13	439	453	134	319
台江县	142	69	73	380	10	370	71	23	48
黎平县	473	240	233	1361	67	1294	886	235	651
榕江县	378	177	201	1146	72	1074	128	36	92
从江县	400	237	163	1198	49	1149	33	7	26
雷山县	192	86	106	590	14	576	31	12	19
麻江县	96	47	49	1181	55	1126	15	6	9
丹寨县	109	58	51	530	10	520	15	5	10
黔南布依族苗族自治州	**4042**	**2095**	**1947**	**16130**	**1627**	**14503**	**656**	**202**	**454**
都匀市	713	367	346	1625	214	1411	63	25	38
福泉市	338	162	176	2052	278	1774	40	12	28
荔波县	87	49	38	672	60	612	58	15	43
贵定县	221	120	101	1313	135	1178	18	9	9
瓮安县	431	230	201	1651	199	1452	183	55	128
独山县	198	107	91	1048	66	982	59	15	44
平塘县	190	103	87	1230	148	1082	99	22	77
罗甸县	203	104	99	616	45	571	32	9	23
长顺县	349	170	179	1371	97	1274	25	11	14
龙里县	674	334	340	1714	191	1523	42	15	27
惠水县	462	253	209	2079	178	1901	24	12	12
三都水族自治县	176	96	80	759	16	743	13	2	11

7−9c 续表 6 单位：人

现住地	为子女就学			养老/康养			其他		
	小计	男	女	小计	男	女	小计	男	女
贵州	**12596**	**4012**	**8584**	**13636**	**8604**	**5032**	**201886**	**102002**	**99884**
贵阳市	**516**	**204**	**312**	**1546**	**797**	**749**	**22673**	**11730**	**10943**
南明区	44	13	31	131	55	76	1559	806	753
云岩区									
花溪区	82	33	49	247	119	128	3318	1684	1634
乌当区	93	36	57	428	196	232	2887	1486	1401
白云区	11	3	8	48	24	24	799	400	399
观山湖区	46	16	30	163	78	85	3155	1693	1462
开阳县	82	29	53	154	106	48	1561	786	775
息烽县	29	9	20	74	53	21	1067	547	520
修文县	18	11	7	126	72	54	2209	1197	1012
清镇市	111	54	57	175	94	81	6118	3131	2987
六盘水市	**2115**	**593**	**1522**	**1030**	**653**	**377**	**16398**	**8345**	**8053**
钟山区	11	2	9	22	15	7	753	425	328
六枝特区	190	65	125	183	136	47	2646	1320	1326
水城县	934	269	665	344	192	152	5296	2686	2610
盘州市	980	257	723	481	310	171	7703	3914	3789
遵义市	**3800**	**1206**	**2594**	**2830**	**1640**	**1190**	**39534**	**20125**	**19409**
红花岗区	191	80	111	121	56	65	3057	1510	1547
汇川区	34	12	22	183	102	81	2041	1034	1007
播州区	232	80	152	330	200	130	5438	2820	2618
桐梓县	89	27	62	150	84	66	3333	1691	1642
绥阳县	170	61	109	176	115	61	3830	1959	1871
正安县	986	324	662	437	208	229	4494	2221	2273
道真仡佬族苗族自治县	1024	267	757	286	134	152	1124	538	586
务川仡佬族苗族自治县	14	4	10	111	83	28	783	369	414
凤冈县	159	49	110	71	53	18	1445	788	657
湄潭县	246	91	155	203	112	91	2370	1173	1197
余庆县	250	62	188	151	88	63	1518	815	703
习水县	346	133	213	248	170	78	4572	2311	2261
赤水市	41	12	29	203	142	61	1214	661	553
仁怀市	18	4	14	160	93	67	4315	2235	2080
安顺市	**455**	**160**	**295**	**993**	**678**	**315**	**16064**	**8122**	**7942**
西秀区	91	23	68	440	295	145	4477	2251	2226
平坝区	86	40	46	121	80	41	3725	1913	1812
普定县	61	20	41	114	82	32	2369	1203	1166
镇宁布依族苗族自治县	39	6	33	128	95	33	2539	1316	1223
关岭布依族苗族自治县	34	13	21	98	65	33	1244	591	653
紫云苗族布依族自治县	144	58	86	92	61	31	1710	848	862
毕节市	**725**	**237**	**488**	**1660**	**1145**	**515**	**37504**	**18797**	**18707**
七星关区	49	13	36	445	320	125	6170	3080	3090
大方县	162	50	112	293	198	95	5072	2563	2509
黔西县	94	41	53	204	129	75	6230	2972	3258
金沙县	72	28	44	122	74	48	3301	1652	1649
织金县	43	8	35	136	95	41	3558	1689	1869
纳雍县	58	17	41	146	98	48	3653	1704	1949
威宁彝族回族苗族自治县	36	14	22	107	82	25	3735	1873	1862
赫章县	211	66	145	207	149	58	5785	3264	2521

7–9c 续表 7 单位：人

现住地	为子女就学			养老/康养			其他		
	小计	男	女	小计	男	女	小计	男	女
铜仁市	**1537**	**519**	**1018**	**1390**	**872**	**518**	**19883**	**9857**	**10026**
碧江区	143	54	89	87	46	41	2321	1080	1241
万山区	142	54	88	115	59	56	1168	589	579
江口县	266	115	151	50	31	19	1800	888	912
玉屏侗族自治县	118	42	76	147	94	53	811	434	377
石阡县	36	10	26	100	61	39	1603	830	773
思南县	67	17	50	255	155	100	2603	1270	1333
印江土家族苗族自治县	339	93	246	188	113	75	1533	765	768
德江县	235	90	145	194	115	79	3622	1856	1766
沿河土家族自治县	140	34	106	85	64	21	1158	563	595
松桃苗族自治县	51	10	41	169	134	35	3264	1582	1682
黔西南布依族苗族自治州	**513**	**196**	**317**	**1074**	**710**	**364**	**14335**	**7221**	**7114**
兴义市	52	22	30	126	81	45	3422	1658	1764
兴仁市	12	3	9	92	66	26	1582	746	836
普安县	104	32	72	164	122	42	1224	624	600
晴隆县	26	4	22	69	46	23	1192	615	577
贞丰县	98	45	53	302	213	89	1216	597	619
望谟县	83	41	42	115	52	63	2542	1291	1251
册亨县	89	33	56	108	68	40	1309	720	589
安龙县	49	16	33	98	62	36	1848	970	878
黔东南苗族侗族自治州	**2356**	**719**	**1637**	**1542**	**1022**	**520**	**19535**	**9712**	**9823**
凯里市	17	6	11	140	109	31	2083	1058	1025
黄平县	40	10	30	79	59	20	1078	551	527
施秉县	21	3	18	52	29	23	687	337	350
三穗县	55	13	42	104	67	37	678	322	356
镇远县	5		5	57	41	16	456	225	231
岑巩县	27	7	20	48	32	16	732	363	369
天柱县	101	34	67	137	85	52	1587	770	817
锦屏县	58	22	36	131	94	37	665	319	346
剑河县	839	237	602	136	63	73	1917	978	939
台江县	83	29	54	28	22	6	1699	844	855
黎平县	832	281	551	318	207	111	3036	1498	1538
榕江县	134	35	99	86	46	40	2144	1073	1071
从江县	38	15	23	98	64	34	1172	540	632
雷山县	74	17	57	47	39	8	594	304	290
麻江县	6	2	4	49	37	12	622	324	298
丹寨县	26	8	18	32	28	4	385	206	179
黔南布依族苗族自治州	**579**	**178**	**401**	**1571**	**1087**	**484**	**15960**	**8093**	**7867**
都匀市	25	6	19	382	279	103	2077	1094	983
福泉市	38	13	25	64	41	23	1564	823	741
荔波县	33	9	24	154	124	30	476	225	251
贵定县	13	1	12	62	42	20	884	400	484
瓮安县	320	108	212	189	117	72	2218	1101	1117
独山县	22	7	15	89	56	33	1036	501	535
平塘县	59	14	45	127	79	48	1652	910	742
罗甸县	24	6	18	117	65	52	750	365	385
长顺县	10	4	6	72	54	18	966	466	500
龙里县	18	5	13	217	164	53	2064	1048	1016
惠水县	15	4	11	79	54	25	1397	684	713
三都水族自治县	2	1	1	19	12	7	876	476	400

7-10 全省按现住地、性别、迁移原因分的户口登记地在外省的人口

单位：人

现住地	合计			工作就业		
	合计	男	女	小计	男	女
贵　州	**1146546**	**656454**	**490092**	**609863**	**410231**	**199632**
贵阳市	**441159**	**258888**	**182271**	**242296**	**160904**	**81392**
南明区	109637	64421	45216	63551	41065	22486
云岩区	84950	48941	36009	46665	29934	16731
花溪区	78794	46122	32672	36820	24931	11889
乌当区	19775	11538	8237	10021	6725	3296
白云区	35911	21285	14626	20259	13809	6450
观山湖区	68991	41536	27455	42892	28988	13904
开阳县	6598	3611	2987	3110	2166	944
息烽县	5296	2849	2447	2742	1867	875
修文县	8076	4848	3228	4581	3227	1354
清镇市	23131	13737	9394	11655	8192	3463
六盘水市	**81208**	**45093**	**36115**	**39248**	**26647**	**12601**
钟山区	32421	18083	14338	14503	9505	4998
六枝特区	9362	5238	4124	4539	3152	1387
水城县	11564	6793	4771	6723	4760	1963
盘州市	27861	14979	12882	13483	9230	4253
遵义市	**178723**	**97021**	**81702**	**83543**	**55628**	**27915**
红花岗区	45507	25080	20427	22444	14489	7955
汇川区	19506	10779	8727	10111	6664	3447
播州区	19326	10751	8575	8588	5905	2683
桐梓县	11299	6191	5108	4710	3477	1233
绥阳县	4591	2548	2043	2176	1492	684
正安县	4647	2489	2158	2243	1562	681
道真仡佬族苗族自治县	4090	2068	2022	1730	1192	538
务川仡佬族苗族自治县	3961	2295	1666	2228	1559	669
凤冈县	4272	2141	2131	1929	1212	717
湄潭县	5245	2802	2443	2071	1365	706
余庆县	4109	2462	1647	2410	1740	670
习水县	12689	6629	6060	5827	4099	1728
赤水市	17171	8678	8493	6455	3998	2457
仁怀市	22310	12108	10202	10621	6874	3747
安顺市	**59217**	**34672**	**24545**	**33114**	**22496**	**10618**
西秀区	31705	18469	13236	17326	11428	5898
平坝区	10437	6439	3998	6067	4395	1672
普定县	4807	2813	1994	2613	1863	750
镇宁布依族苗族自治县	4460	2544	1916	2555	1695	860
关岭布依族苗族自治县	3840	2267	1573	2258	1598	660
紫云苗族布依族自治县	3968	2140	1828	2295	1517	778
毕节市	**91699**	**51603**	**40096**	**49883**	**35277**	**14606**
七星关区	22722	11426	11296	10298	6649	3649
大方县	9364	5147	4217	5313	3846	1467
黔西县	11631	6697	4934	5971	4381	1590
金沙县	11167	7131	4036	6687	5346	1341
织金县	10721	6417	4304	6680	4935	1745
纳雍县	7703	4617	3086	4492	3254	1238
威宁彝族回族苗族自治县	12042	6547	5495	6732	4213	2519
赫章县	6349	3621	2728	3710	2653	1057

7-10　续表 1　　单位：人

现住地	合　计			工作就业		
	合计	男	女	小计	男	女
铜仁市	**65304**	**36138**	**29166**	**33243**	**21719**	**11524**
碧江区	19737	10575	9162	8587	5346	3241
万山区	4664	2701	1963	2786	1873	913
江口县	3186	1828	1358	1773	1236	537
玉屏侗族自治县	4774	2649	2125	2215	1485	730
石阡县	4238	2544	1694	2708	1917	791
思南县	6658	3833	2825	3539	2326	1213
印江土家族苗族自治县	3643	2119	1524	2133	1499	634
德江县	4372	2438	1934	2275	1430	845
沿河土家族自治县	5087	2766	2321	3001	1897	1104
松桃苗族自治县	8945	4685	4260	4226	2710	1516
黔西南布依族苗族自治州	**61538**	**36146**	**25392**	**35846**	**23995**	**11851**
兴义市	33189	19027	14162	18557	11937	6620
兴仁市	7028	4274	2754	4132	2844	1288
普安县	3849	2536	1313	2723	2081	642
晴隆县	2751	1738	1013	1845	1352	493
贞丰县	4467	2656	1811	2712	1855	857
望谟县	2437	1424	1013	1553	1012	541
册亨县	2296	1353	943	1355	905	450
安龙县	5521	3138	2383	2969	2009	960
黔东南苗族侗族自治州	**77671**	**43762**	**33909**	**42125**	**28180**	**13945**
凯里市	29828	17088	12740	15789	10387	5402
黄平县	2733	1650	1083	1540	1157	383
施秉县	1463	778	685	692	441	251
三穗县	3278	1738	1540	1684	1082	602
镇远县	3524	1900	1624	1878	1242	636
岑巩县	3556	1939	1617	2014	1355	659
天柱县	3960	2018	1942	1756	1130	626
锦屏县	2558	1509	1049	1459	1074	385
剑河县	2682	1525	1157	1680	1130	550
台江县	1626	1018	608	1099	778	321
黎平县	6678	3591	3087	3557	2322	1235
榕江县	4276	2540	1736	2370	1695	675
从江县	4661	2541	2120	2641	1692	949
雷山县	2478	1488	990	1678	1149	529
麻江县	2465	1401	1064	1226	871	355
丹寨县	1905	1038	867	1062	675	387
黔南布依族苗族自治州	**90027**	**53131**	**36896**	**50565**	**35385**	**15180**
都匀市	21324	12557	8767	10858	7502	3356
福泉市	7399	4513	2886	4414	3236	1178
荔波县	6358	4067	2291	4101	3042	1059
贵定县	6562	4002	2560	3689	2725	964
瓮安县	7760	4354	3406	3902	2772	1130
独山县	7018	4159	2859	4158	2930	1228
平塘县	3828	2122	1706	2046	1368	678
罗甸县	4910	2786	2124	2804	1842	962
长顺县	3112	1723	1389	1828	1248	580
龙里县	9400	5923	3477	6015	4263	1752
惠水县	9108	5120	3988	4863	3246	1617
三都水族自治县	3248	1805	1443	1887	1211	676

7-10 续表 2

单位：人

现住地	学习培训			随同离开/投亲靠友			拆迁/搬家		
	小计	男	女	小计	男	女	小计	男	女
贵 州	**76143**	**38486**	**37657**	**151327**	**73533**	**77794**	**89154**	**49949**	**39205**
贵阳市	**32820**	**17055**	**15765**	**59986**	**29083**	**30903**	**40798**	**23094**	**17704**
南明区	3975	2053	1922	14465	7219	7246	11789	6561	5228
云岩区	5277	2954	2323	14026	6796	7230	7830	4453	3377
花溪区	14312	7357	6955	9091	4377	4714	7555	4281	3274
乌当区	1383	681	702	2965	1463	1502	2345	1331	1014
白云区	2563	1137	1426	5641	2615	3026	3119	1818	1301
观山湖区	2481	1418	1063	7421	3542	3879	5092	2909	2183
开阳县	232	130	102	1147	566	581	395	214	181
息烽县	222	114	108	559	268	291	156	80	76
修文县	375	218	157	1083	523	560	320	189	131
清镇市	2000	993	1007	3588	1714	1874	2197	1258	939
六盘水市	**3731**	**1904**	**1827**	**15193**	**7123**	**8070**	**6103**	**3423**	**2680**
钟山区	1469	740	729	7094	3434	3660	3977	2265	1712
六枝特区	274	152	122	1333	628	705	666	372	294
水城县	557	273	284	1626	786	840	394	226	168
盘州市	1431	739	692	5140	2275	2865	1066	560	506
遵义市	**12080**	**5975**	**6105**	**22052**	**10664**	**11388**	**18888**	**10362**	**8526**
红花岗区	5708	2627	3081	5130	2477	2653	4543	2510	2033
汇川区	1239	596	643	2186	1072	1114	1522	857	665
播州区	744	396	348	2888	1400	1488	2487	1408	1079
桐梓县	255	120	135	1112	513	599	1559	864	695
绥阳县	185	97	88	497	240	257	428	249	179
正安县	208	112	96	695	345	350	247	118	129
道真仡佬族苗族自治县	282	143	139	586	286	300	152	80	72
务川仡佬族苗族自治县	200	113	87	532	259	273	107	66	41
凤冈县	326	174	152	588	267	321	161	96	65
湄潭县	316	163	153	638	330	308	392	201	191
余庆县	251	139	112	463	228	235	152	74	78
习水县	664	372	292	1216	601	615	882	460	422
赤水市	659	382	277	2372	1137	1235	3262	1671	1591
仁怀市	1043	541	502	3149	1509	1640	2994	1708	1286
安顺市	**2636**	**1346**	**1290**	**7958**	**3946**	**4012**	**4257**	**2389**	**1868**
西秀区	1599	790	809	4680	2345	2335	2849	1589	1260
平坝区	441	255	186	1249	598	651	544	310	234
普定县	174	86	88	526	262	264	344	185	159
镇宁布依族苗族自治县	140	69	71	583	290	293	168	100	68
关岭布依族苗族自治县	118	59	59	513	258	255	181	103	78
紫云苗族布依族自治县	164	87	77	407	193	214	171	102	69
毕节市	**4265**	**2155**	**2110**	**10139**	**4909**	**5230**	**3846**	**2157**	**1689**
七星关区	1997	952	1045	2734	1318	1416	1605	866	739
大方县	462	207	255	925	442	483	188	109	79
黔西县	327	191	136	1559	743	816	527	305	222
金沙县	224	121	103	1177	540	637	482	292	190
织金县	311	168	143	1131	562	569	265	142	123
纳雍县	231	121	110	696	345	351	166	85	81
威宁彝族回族苗族自治县	465	255	210	1262	638	624	466	268	198
赫章县	248	140	108	655	321	334	147	90	57

7-10　续表 3

单位：人

现 住 地	学习培训			随同离开/投亲靠友			拆迁/搬家		
	小计	男	女	小计	男	女	小计	男	女
铜仁市	**5334**	**2511**	**2823**	**5913**	**2929**	**2984**	**3043**	**1658**	**1385**
碧江区	2983	1234	1749	1589	802	787	1251	671	580
万山区	262	149	113	368	170	198	136	69	67
江口县	142	87	55	348	165	183	132	72	60
玉屏侗族自治县	193	108	85	511	250	261	516	296	220
石阡县	148	85	63	496	251	245	66	39	27
思南县	288	150	138	533	275	258	102	50	52
印江土家族苗族自治县	253	132	121	371	168	203	132	85	47
德江县	263	137	126	525	257	268	114	68	46
沿河土家族自治县	285	161	124	404	204	200	147	77	70
松桃苗族自治县	517	268	249	768	387	381	447	231	216
黔西南布依族苗族自治州	**3080**	**1544**	**1536**	**7912**	**3965**	**3947**	**3144**	**1801**	**1343**
兴义市	2005	991	1014	4317	2176	2141	2243	1246	997
兴仁市	235	118	117	1068	529	539	256	175	81
普安县	83	47	36	435	219	216	30	19	11
晴隆县	67	34	33	246	121	125	45	24	21
贞丰县	185	98	87	695	338	357	197	113	84
望谟县	171	91	80	169	91	78	79	46	33
册亨县	116	61	55	228	115	113	56	34	22
安龙县	218	104	114	754	376	378	238	144	94
黔东南苗族侗族自治州	**5591**	**2892**	**2699**	**10300**	**5081**	**5219**	**4134**	**2278**	**1856**
凯里市	3065	1545	1520	4120	2066	2054	1881	1058	823
黄平县	134	67	67	258	128	130	229	124	105
施秉县	68	44	24	218	108	110	114	63	51
三穗县	176	96	80	509	269	240	165	81	84
镇远县	120	63	57	508	239	269	261	145	116
岑巩县	209	104	105	324	157	167	167	70	97
天柱县	175	86	89	597	291	306	279	157	122
锦屏县	126	74	52	373	167	206	109	61	48
剑河县	172	91	81	341	155	186	47	25	22
台江县	84	43	41	101	51	50	30	18	12
黎平县	402	215	187	1139	551	588	326	172	154
榕江县	172	91	81	322	160	162	149	90	59
从江县	250	135	115	587	280	307	198	103	95
雷山县	180	110	70	234	121	113	26	15	11
麻江县	143	72	71	405	208	197	81	51	30
丹寨县	115	56	59	264	130	134	72	45	27
黔南布依族苗族自治州	**6606**	**3104**	**3502**	**11874**	**5833**	**6041**	**4941**	**2787**	**2154**
都匀市	2515	1093	1422	3120	1512	1608	1984	1134	850
福泉市	326	185	141	989	469	520	214	123	91
荔波县	246	132	114	812	417	395	213	118	95
贵定县	404	175	229	675	316	359	465	265	200
瓮安县	447	249	198	1214	559	655	307	167	140
独山县	355	182	173	1037	512	525	256	138	118
平塘县	185	108	77	536	274	262	117	60	57
罗甸县	237	122	115	707	348	359	165	87	78
长顺县	163	79	84	353	176	177	40	23	17
龙里县	236	138	98	763	379	384	729	420	309
惠水县	1376	579	797	1096	567	529	390	219	171
三都水族自治县	116	62	54	572	304	268	61	33	28

7-10 续表 4 单位：人

现住地	寄挂户口			婚姻嫁娶			照料孙子女		
	小计	男	女	小计	男	女	小计	男	女
贵州	**1452**	**791**	**661**	**87080**	**18971**	**68109**	**26212**	**8522**	**17690**
贵阳市	**233**	**142**	**91**	**16914**	**5619**	**11295**	**14831**	**4960**	**9871**
南明区	33	22	11	2738	906	1832	2873	975	1898
云岩区	40	23	17	2677	937	1740	2973	1000	1973
花溪区	48	27	21	2707	1131	1576	2382	765	1617
乌当区	16	11	5	1041	398	643	756	262	494
白云区	24	19	5	1313	480	833	994	322	672
观山湖区	30	18	12	1977	639	1338	4218	1437	2781
开阳县	7	4	3	993	179	814	126	39	87
息烽县	6	5	1	818	154	664	134	37	97
修文县	7	2	5	950	268	682	110	40	70
清镇市	22	11	11	1700	527	1173	265	83	182
六盘水市	**165**	**87**	**78**	**7424**	**1518**	**5906**	**1343**	**399**	**944**
钟山区	51	37	14	2060	622	1438	735	217	518
六枝特区	12	4	8	1040	174	866	149	40	109
水城县	12	9	3	1220	231	989	149	46	103
盘州市	90	37	53	3104	491	2613	310	96	214
遵义市	**337**	**174**	**163**	**19932**	**3771**	**16161**	**3301**	**1058**	**2243**
红花岗区	66	31	35	2783	687	2096	977	290	687
汇川区	40	21	19	1958	487	1471	723	250	473
播州区	37	20	17	2246	482	1764	285	98	187
桐梓县	27	13	14	1803	281	1522	74	31	43
绥阳县	14	7	7	620	87	533	26	9	17
正安县	13	7	6	699	93	606	42	13	29
道真仡佬族苗族自治县	8	3	5	723	98	625	69	19	50
务川仡佬族苗族自治县	3	2	1	447	85	362	46	14	32
凤冈县	9	7	2	653	94	559	69	25	44
湄潭县	14	9	5	720	146	574	50	17	33
余庆县	9	7	2	464	104	360	24	4	20
习水县	35	19	16	2390	285	2105	170	49	121
赤水市	30	16	14	2171	484	1687	434	141	293
仁怀市	32	12	20	2255	358	1897	312	98	214
安顺市	**102**	**55**	**47**	**5221**	**1471**	**3750**	**955**	**282**	**673**
西秀区	46	28	18	2119	791	1328	688	211	477
平坝区	34	16	18	1057	333	724	121	34	87
普定县	6	2	4	611	114	497	35	11	24
镇宁布依族苗族自治县	6	3	3	437	94	343	53	11	42
关岭布依族苗族自治县	1	1		435	71	364	34	9	25
紫云苗族布依族自治县	9	5	4	562	68	494	24	6	18
毕节市	**177**	**94**	**83**	**13275**	**1733**	**11542**	**966**	**279**	**687**
七星关区	48	24	24	3456	434	3022	449	130	319
大方县	21	8	13	1717	168	1549	60	10	50
黔西县	20	12	8	1805	304	1501	140	44	96
金沙县	22	13	9	1532	242	1290	68	21	47
织金县	18	6	12	1454	199	1255	78	18	60
纳雍县	10	7	3	977	144	833	49	19	30
威宁彝族回族苗族自治县	27	15	12	1381	143	1238	65	21	44
赫章县	11	9	2	953	99	854	57	16	41

7-10　续表 5　　单位：人

现 住 地	寄挂户口			婚姻嫁娶			照料孙子女		
	小计	男	女	小计	男	女	小计	男	女
铜仁市	**93**	**44**	**49**	**5482**	**785**	**4697**	**1029**	**326**	**703**
碧江区	27	14	13	957	184	773	510	173	337
万山区	5	1	4	387	42	345	86	28	58
江口县	8	4	4	369	49	320	30	7	23
玉屏侗族自治县	4	2	2	532	82	450	64	21	43
石阡县	4	2	2	458	71	387	40	14	26
思南县	7	4	3	532	57	475	65	20	45
印江土家族苗族自治县	5	1	4	354	62	292	49	11	38
德江县	7	6	1	341	67	274	26	8	18
沿河土家族自治县	7	1	6	587	112	475	66	16	50
松桃苗族自治县	19	9	10	965	59	906	93	28	65
黔西南布依族苗族自治州	**116**	**68**	**48**	**5369**	**1588**	**3781**	**924**	**295**	**629**
兴义市	33	17	16	2421	838	1583	681	223	458
兴仁市	41	25	16	661	208	453	58	14	44
普安县	5	4	1	381	73	308	30	7	23
晴隆县	9	6	3	276	49	227	14	3	11
贞丰县	14	9	5	423	101	322	42	19	23
望谟县	1		1	219	63	156	25	6	19
册亨县	10	5	5	175	41	134	29	10	19
安龙县	3	2	1	813	215	598	45	13	32
黔东南苗族侗族自治州	**115**	**66**	**49**	**6376**	**918**	**5458**	**1438**	**432**	**1006**
凯里市	25	13	12	1295	287	1008	830	258	572
黄平县	6	5	1	317	42	275	22	7	15
施秉县	5	4	1	200	30	170	27	11	16
三穗县	4	1	3	420	71	349	56	15	41
镇远县	5	3	2	489	73	416	23	6	17
岑巩县				360	36	324	38	6	32
天柱县	25	16	9	575	56	519	55	16	39
锦屏县	5	1	4	273	34	239	39	10	29
剑河县				196	17	179	41	10	31
台江县				95	16	79	17	3	14
黎平县	16	10	6	677	73	604	107	32	75
榕江县	4	2	2	398	58	340	33	11	22
从江县	4	2	2	413	50	363	65	19	46
雷山县	5	2	3	197	13	184	24	6	18
麻江县	11	7	4	305	42	263	42	15	27
丹寨县				166	20	146	19	7	12
黔南布依族苗族自治州	**114**	**61**	**53**	**7087**	**1568**	**5519**	**1425**	**491**	**934**
都匀市	17	6	11	828	274	554	495	206	289
福泉市	7	4	3	754	170	584	135	38	97
荔波县	6	4	2	421	96	325	85	28	57
贵定县	12	4	8	655	181	474	62	21	41
瓮安县	7	2	5	922	189	733	124	29	95
独山县	9	5	4	568	84	484	64	15	49
平塘县	9	7	2	452	75	377	49	14	35
罗甸县	12	9	3	400	80	320	95	31	64
长顺县	14	9	5	461	69	392	46	16	30
龙里县	11	6	5	660	176	484	86	26	60
惠水县	6	2	4	672	144	528	122	48	74
三都水族自治县	4	3	1	294	30	264	62	19	43

7-10 续表 6 单位：人

现住地	为子女就学			养老/康养			其他		
	小计	男	女	小计	男	女	小计	男	女
贵州	**5341**	**1614**	**3727**	**10214**	**4877**	**5337**	**89760**	**49480**	**40280**
贵阳市	**1182**	**478**	**704**	**4664**	**2054**	**2610**	**27435**	**15499**	**11936**
南明区	185	80	105	1085	471	614	8943	5069	3874
云岩区	287	129	158	1093	504	589	4082	2211	1871
花溪区	127	51	76	751	321	430	5001	2881	2120
乌当区	53	24	29	282	129	153	913	514	399
白云区	78	34	44	341	138	203	1579	913	666
观山湖区	207	81	126	793	356	437	3880	2148	1732
开阳县	88	33	55	64	31	33	436	249	187
息烽县	55	11	44	80	32	48	524	281	243
修文县	58	19	39	45	20	25	547	342	205
清镇市	44	16	28	130	52	78	1530	891	639
六盘水市	**525**	**120**	**405**	**656**	**310**	**346**	**6820**	**3562**	**3258**
钟山区	165	52	113	366	146	220	2001	1065	936
六枝特区	53	10	43	52	30	22	1244	676	568
水城县	107	25	82	69	36	33	707	401	306
盘州市	200	33	167	169	98	71	2868	1420	1448
遵义市	**1310**	**391**	**919**	**1873**	**888**	**985**	**15407**	**8110**	**7297**
红花岗区	214	82	132	434	187	247	3208	1700	1508
汇川区	89	30	59	284	124	160	1354	678	676
播州区	216	74	142	153	67	86	1682	901	781
桐梓县	58	22	36	70	35	35	1631	835	796
绥阳县	31	10	21	22	10	12	592	347	245
正安县	75	10	65	47	31	16	378	198	180
道真仡佬族苗族自治县	153	27	126	43	25	18	344	195	149
务川仡佬族苗族自治县	46	9	37	35	25	10	317	163	154
凤冈县	41	8	33	32	18	14	464	240	224
湄潭县	41	10	31	61	35	26	942	526	416
余庆县	45	13	32	30	19	11	261	134	127
习水县	150	42	108	131	71	60	1224	631	593
赤水市	81	28	53	443	196	247	1264	625	639
仁怀市	70	26	44	88	45	43	1746	937	809
安顺市	**174**	**51**	**123**	**449**	**215**	**234**	**4351**	**2421**	**1930**
西秀区	82	30	52	296	134	162	2020	1123	897
平坝区	32	7	25	68	28	40	824	463	361
普定县	22	6	16	10	5	5	466	279	187
镇宁布依族苗族自治县	11	2	9	15	8	7	492	272	220
关岭布依族苗族自治县	12	6	6	34	22	12	254	140	114
紫云苗族布依族自治县	15		15	26	18	8	295	144	151
毕节市	**516**	**130**	**386**	**417**	**257**	**160**	**8215**	**4612**	**3603**
七星关区	217	63	154	152	88	64	1766	902	864
大方县	47	5	42	31	16	15	600	336	264
黔西县	56	16	40	60	35	25	1166	666	500
金沙县	64	19	45	41	27	14	870	510	360
织金县	47	8	39	47	26	21	690	353	337
纳雍县	23	5	18	51	43	8	1008	594	414
威宁彝族回族苗族自治县	27	7	20	20	12	8	1597	975	622
赫章县	35	7	28	15	10	5	518	276	242

7-10　续表 7　　　　单位：人

现住地	为子女就学			养老/康养			其　他		
	小计	男	女	小计	男	女	小计	男	女
铜仁市	**480**	**124**	**356**	**349**	**204**	**145**	**10338**	**5838**	**4500**
碧江区	198	66	132	113	49	64	3522	2036	1486
万山区	16	3	13	11	5	6	607	361	246
江口县	24	5	19	13	4	9	347	199	148
玉屏侗族自治县	24	7	17	37	15	22	678	383	295
石阡县	18	4	14	25	17	8	275	144	131
思南县	42	9	33	25	20	5	1525	922	603
印江土家族苗族自治县	65	10	55	28	21	7	253	130	123
德江县	16	2	14	19	17	2	786	446	340
沿河土家族自治县	36	7	29	37	31	6	517	260	257
松桃苗族自治县	41	11	30	41	25	16	1828	957	871
黔西南布依族苗族自治州	**194**	**74**	**120**	**489**	**261**	**228**	**4464**	**2555**	**1909**
兴义市	139	56	83	339	156	183	2454	1387	1067
兴仁市	12	4	8	46	31	15	519	326	193
普安县	5		5	7	6	1	150	80	70
晴隆县	5	3	2	19	12	7	225	134	91
贞丰县	12	6	6	27	20	7	160	97	63
望谟县	2	1	1	8	4	4	210	110	100
册亨县	2	1	1	8	5	3	317	176	141
安龙县	17	3	14	35	27	8	429	245	184
黔东南苗族侗族自治州	**491**	**104**	**387**	**623**	**327**	**296**	**6478**	**3484**	**2994**
凯里市	151	44	107	319	156	163	2353	1274	1079
黄平县	25	1	24	22	13	9	180	106	74
施秉县	13	4	9	12	5	7	114	68	46
三穗县	34	10	24	42	22	20	188	91	97
镇远县	21	2	19	22	11	11	197	116	81
岑巩县	45	6	39	20	12	8	379	193	186
天柱县	28	7	21	56	34	22	414	225	189
锦屏县	23	5	18	9	6	3	142	77	65
剑河县	26	4	22	13	9	4	166	84	82
台江县	3		3	13	9	4	184	100	84
黎平县	60	7	53	22	13	9	372	196	176
榕江县	19	5	14	16	8	8	793	420	373
从江县	17	4	13	14	7	7	472	249	223
雷山县	6	1	5	12	6	6	116	65	51
麻江县	12	2	10	23	13	10	217	120	97
丹寨县	8	2	6	8	3	5	191	100	91
黔南布依族苗族自治州	**469**	**142**	**327**	**694**	**361**	**333**	**6252**	**3399**	**2853**
都匀市	64	23	41	337	177	160	1106	630	476
福泉市	33	10	23	48	23	25	479	255	224
荔波县	22	8	14	39	16	23	413	206	207
贵定县	30	5	25	46	26	20	524	284	240
瓮安县	140	35	105	48	24	24	649	328	321
独山县	29	7	22	17	7	10	525	279	246
平塘县	20	5	15	22	11	11	392	200	192
罗甸县	31	11	20	42	27	15	417	229	188
长顺县	14	2	12	6	4	2	187	97	90
龙里县	37	18	19	40	20	20	823	477	346
惠水县	41	15	26	43	21	22	499	279	220
三都水族自治县	8	3	5	6	5	1	238	135	103

7-10a 全省按现住地、性别、迁移原因分的户口登记地在外省的人口(城市)

单位：人

现住地	合计			工作就业		
	合计	男	女	小计	男	女
贵　州	**671502**	**382746**	**288756**	**348128**	**225385**	**122743**
贵阳市	**375826**	**219632**	**156194**	**205724**	**134975**	**70749**
南明区	105187	61313	43874	60176	38513	21663
云岩区	84950	48941	36009	46665	29934	16731
花溪区	60450	35649	24801	28029	18848	9181
乌当区	13576	7635	5941	6021	3961	2060
白云区	33873	19924	13949	18865	12790	6075
观山湖区	61742	36806	24936	38076	25573	12503
开阳县						
息烽县						
修文县						
清镇市	16048	9364	6684	7892	5356	2536
六盘水市	**49582**	**27348**	**22234**	**22624**	**14634**	**7990**
钟山区	30571	16964	13607	13464	8714	4750
六枝特区	5238	2850	2388	2116	1377	739
水城县						
盘州市	13773	7534	6239	7044	4543	2501
遵义市	**99291**	**53544**	**45747**	**45532**	**28525**	**17007**
红花岗区	42090	23008	19082	20450	12981	7469
汇川区	17047	9317	7730	8743	5537	3206
播州区	12661	6893	5768	4986	3175	1811
桐梓县						
绥阳县						
正安县						
道真仡佬族苗族自治县						
务川仡佬族苗族自治县						
凤冈县						
湄潭县						
余庆县						
习水县						
赤水市	11635	5823	5812	3732	2197	1535
仁怀市	15858	8503	7355	7621	4635	2986
安顺市	**27765**	**15763**	**12002**	**14284**	**9110**	**5174**
西秀区	24853	14091	10762	12937	8221	4716
平坝区	2912	1672	1240	1347	889	458
普定县						
镇宁布依族苗族自治县						
关岭布依族苗族自治县						
紫云苗族布依族自治县						
毕节市	**17887**	**9552**	**8335**	**8626**	**5542**	**3084**
七星关区	17887	9552	8335	8626	5542	3084
大方县						
黔西县						
金沙县						
织金县						
纳雍县						
威宁彝族回族苗族自治县						
赫章县						

7-10a　续表 1　　单位：人

现住地	合　计			工作就业		
	合计	男	女	小计	男	女
铜仁市	**22398**	**12274**	**10124**	**10349**	**6521**	**3828**
碧江区	18767	10073	8694	8113	5018	3095
万山区	3631	2201	1430	2236	1503	733
江口县						
玉屏侗族自治县						
石阡县						
思南县						
印江土家族苗族自治县						
德江县						
沿河土家族自治县						
松桃苗族自治县						
黔西南布依族苗族自治州	**31612**	**17938**	**13674**	**17163**	**10708**	**6455**
兴义市	27490	15535	11955	14945	9295	5650
兴仁市	4122	2403	1719	2218	1413	805
普安县						
晴隆县						
贞丰县						
望谟县						
册亨县						
安龙县						
黔东南苗族侗族自治州	**26662**	**15142**	**11520**	**13892**	**8932**	**4960**
凯里市	26662	15142	11520	13892	8932	4960
黄平县						
施秉县						
三穗县						
镇远县						
岑巩县						
天柱县						
锦屏县						
剑河县						
台江县						
黎平县						
榕江县						
从江县						
雷山县						
麻江县						
丹寨县						
黔南布依族苗族自治州	**20479**	**11553**	**8926**	**9934**	**6438**	**3496**
都匀市	17096	9650	7446	8150	5263	2887
福泉市	3383	1903	1480	1784	1175	609
荔波县						
贵定县						
瓮安县						
独山县						
平塘县						
罗甸县						
长顺县						
龙里县						
惠水县						
三都水族自治县						

7-10a 续表 2 单位：人

现住地	学习培训			随同离开/投亲靠友			拆迁/搬家		
	小计	男	女	小计	男	女	小计	男	女
贵 州	**47734**	**24184**	**23550**	**95596**	**46385**	**49211**	**69760**	**39177**	**30583**
贵阳市	**24326**	**12974**	**11352**	**52276**	**25310**	**26966**	**39219**	**22231**	**16988**
南明区	3895	2015	1880	13977	6995	6982	11756	6541	5215
云岩区	5277	2954	2323	14026	6796	7230	7830	4453	3377
花溪区	8620	4866	3754	7194	3430	3764	7333	4161	3172
乌当区	977	430	547	2155	1080	1075	2221	1270	951
白云区	2389	1041	1348	5448	2511	2937	3105	1810	1295
观山湖区	1829	1079	750	6758	3199	3559	5013	2867	2146
开阳县									
息烽县									
修文县									
清镇市	1339	589	750	2718	1299	1419	1961	1129	832
六盘水市	**2375**	**1227**	**1148**	**10166**	**4819**	**5347**	**5355**	**3009**	**2346**
钟山区	1341	668	673	6829	3327	3502	3963	2257	1706
六枝特区	210	115	95	765	365	400	620	347	273
水城县									
盘州市	824	444	380	2572	1127	1445	772	405	367
遵义市	**8239**	**3936**	**4303**	**13282**	**6397**	**6885**	**13126**	**7225**	**5901**
红花岗区	5533	2528	3005	4793	2318	2475	4404	2433	1971
汇川区	1190	575	615	1984	970	1014	1459	823	636
播州区	546	289	257	2110	1024	1086	2212	1256	956
桐梓县									
绥阳县									
正安县									
道真仡佬族苗族自治县									
务川仡佬族苗族自治县									
凤冈县									
湄潭县									
余庆县									
习水县									
赤水市	567	332	235	1840	878	962	2649	1370	1279
仁怀市	403	212	191	2555	1207	1348	2402	1343	1059
安顺市	**1589**	**782**	**807**	**4226**	**2087**	**2139**	**3019**	**1672**	**1347**
西秀区	1477	715	762	3833	1899	1934	2645	1460	1185
平坝区	112	67	45	393	188	205	374	212	162
普定县									
镇宁布依族苗族自治县									
关岭布依族苗族自治县									
紫云苗族布依族自治县									
毕节市	**1764**	**843**	**921**	**2069**	**1002**	**1067**	**1468**	**788**	**680**
七星关区	1764	843	921	2069	1002	1067	1468	788	680
大方县									
黔西县									
金沙县									
织金县									
纳雍县									
威宁彝族回族苗族自治县									
赫章县									

7-10a　续表 3

单位：人

现住地	学习培训			随同离开/投亲靠友			拆迁/搬家		
	小计	男	女	小计	男	女	小计	男	女
铜仁市	**3071**	**1319**	**1752**	**1761**	**880**	**881**	**1320**	**706**	**614**
碧江区	2843	1187	1656	1501	759	742	1211	650	561
万山区	228	132	96	260	121	139	109	56	53
江口县									
玉屏侗族自治县									
石阡县									
思南县									
印江土家族苗族自治县									
德江县									
沿河土家族自治县									
松桃苗族自治县									
黔西南布依族苗族自治州	**1894**	**905**	**989**	**4588**	**2319**	**2269**	**2336**	**1327**	**1009**
兴义市	1735	829	906	3837	1944	1893	2119	1182	937
兴仁市	159	76	83	751	375	376	217	145	72
普安县									
晴隆县									
贞丰县									
望谟县									
册亨县									
安龙县									
黔东南苗族侗族自治州	**2463**	**1299**	**1164**	**3835**	**1925**	**1910**	**1862**	**1045**	**817**
凯里市	2463	1299	1164	3835	1925	1910	1862	1045	817
黄平县									
施秉县									
三穗县									
镇远县									
岑巩县									
天柱县									
锦屏县									
剑河县									
台江县									
黎平县									
榕江县									
从江县									
雷山县									
麻江县									
丹寨县									
黔南布依族苗族自治州	**2013**	**899**	**1114**	**3393**	**1646**	**1747**	**2055**	**1174**	**881**
都匀市	1752	747	1005	2864	1391	1473	1915	1095	820
福泉市	261	152	109	529	255	274	140	79	61
荔波县									
贵定县									
瓮安县									
独山县									
平塘县									
罗甸县									
长顺县									
龙里县									
惠水县									
三都水族自治县									

7-10a 续表 4

单位：人

现住地	寄挂户口			婚姻嫁娶			照料孙子女		
	小计	男	女	小计	男	女	小计	男	女
贵 州	**526**	**288**	**238**	**28897**	**8790**	**20107**	**21603**	**7151**	**14452**
贵阳市	**171**	**107**	**64**	**11124**	**3771**	**7353**	**14064**	**4713**	**9351**
南明区	33	22	11	2572	818	1754	2836	963	1873
云岩区	40	23	17	2677	937	1740	2973	1000	1973
花溪区	30	16	14	1955	781	1174	2150	693	1457
乌当区	13	9	4	586	185	401	706	242	464
白云区	19	15	4	1124	386	738	985	321	664
观山湖区	25	15	10	1554	422	1132	4174	1420	2754
开阳县									
息烽县									
修文县									
清镇市	11	7	4	656	242	414	240	74	166
六盘水市	**45**	**22**	**23**	**2893**	**798**	**2095**	**1113**	**335**	**778**
钟山区	27	17	10	1775	537	1238	727	216	511
六枝特区	5	1	4	469	112	357	126	37	89
水城县									
盘州市	13	4	9	649	149	500	260	82	178
遵义市	**129**	**65**	**64**	**6936**	**1796**	**5140**	**2600**	**844**	**1756**
红花岗区	56	26	30	2262	582	1680	965	289	676
汇川区	27	15	12	1410	403	1007	710	248	462
播州区	11	8	3	941	246	695	251	90	161
桐梓县									
绥阳县									
正安县									
道真仡佬族苗族自治县									
务川仡佬族苗族自治县									
凤冈县									
湄潭县									
余庆县									
习水县									
赤水市	17	11	6	1228	341	887	391	132	259
仁怀市	18	5	13	1095	224	871	283	85	198
安顺市	**40**	**21**	**19**	**1568**	**629**	**939**	**708**	**219**	**489**
西秀区	33	19	14	1324	528	796	657	203	454
平坝区	7	2	5	244	101	143	51	16	35
普定县									
镇宁布依族苗族自治县									
关岭布依族苗族自治县									
紫云苗族布依族自治县									
毕节市	**23**	**10**	**13**	**1667**	**325**	**1342**	**437**	**130**	**307**
七星关区	23	10	13	1667	325	1342	437	130	307
大方县									
黔西县									
金沙县									
织金县									
纳雍县									
威宁彝族回族苗族自治县									
赫章县									

7-10a 续表 5

单位：人

现住地	寄挂户口			婚姻嫁娶			照料孙子女		
	小计	男	女	小计	男	女	小计	男	女
铜仁市	**29**	**15**	**14**	**987**	**190**	**797**	**571**	**193**	**378**
碧江区	27	14	13	828	162	666	493	167	326
万山区	2	1	1	159	28	131	78	26	52
江口县									
玉屏侗族自治县									
石阡县									
思南县									
印江土家族苗族自治县									
德江县									
沿河土家族自治县									
松桃苗族自治县									
黔西南布依族苗族自治州	**54**	**31**	**23**	**1791**	**727**	**1064**	**711**	**231**	**480**
兴义市	20	11	9	1506	608	898	663	219	444
兴仁市	34	20	14	285	119	166	48	12	36
普安县									
晴隆县									
贞丰县									
望谟县									
册亨县									
安龙县									
黔东南苗族侗族自治州	**23**	**12**	**11**	**1058**	**263**	**795**	**821**	**258**	**563**
凯里市	23	12	11	1058	263	795	821	258	563
黄平县									
施秉县									
三穗县									
镇远县									
岑巩县									
天柱县									
锦屏县									
剑河县									
台江县									
黎平县									
榕江县									
从江县									
雷山县									
麻江县									
丹寨县									
黔南布依族苗族自治州	**12**	**5**	**7**	**873**	**291**	**582**	**578**	**228**	**350**
都匀市	9	4	5	578	214	364	489	205	284
福泉市	3	1	2	295	77	218	89	23	66
荔波县									
贵定县									
瓮安县									
独山县									
平塘县									
罗甸县									
长顺县									
龙里县									
惠水县									
三都水族自治县									

7-10a 续表 6 单位：人

现住地	为子女就学			养老/康养			其他		
	小计	男	女	小计	男	女	小计	男	女
贵州	**2746**	**995**	**1751**	**7448**	**3288**	**4160**	**49064**	**27103**	**21961**
贵阳市	**953**	**402**	**551**	**4364**	**1916**	**2448**	**23605**	**13233**	**10372**
南明区	184	79	105	1080	469	611	8678	4898	3780
云岩区	287	129	158	1093	504	589	4082	2211	1871
花溪区	118	46	72	716	305	411	4305	2503	1802
乌当区	46	22	24	254	115	139	597	321	276
白云区	75	33	42	334	134	200	1529	883	646
观山湖区	203	79	124	774	346	428	3336	1806	1530
开阳县									
息烽县									
修文县									
清镇市	40	14	26	113	43	70	1078	611	467
六盘水市	**330**	**81**	**249**	**498**	**208**	**290**	**4183**	**2215**	**1968**
钟山区	160	52	108	361	144	217	1924	1032	892
六枝特区	47	10	37	42	22	20	838	464	374
水城县									
盘州市	123	19	104	95	42	53	1421	719	702
遵义市	**595**	**222**	**373**	**1098**	**467**	**631**	**7754**	**4067**	**3687**
红花岗区	205	79	126	419	176	243	3003	1596	1407
汇川区	76	27	49	276	118	158	1172	601	571
播州区	188	67	121	127	57	70	1289	681	608
桐梓县									
绥阳县									
正安县									
道真仡佬族苗族自治县									
务川仡佬族苗族自治县									
凤冈县									
湄潭县									
余庆县									
习水县									
赤水市	69	28	41	203	80	123	939	454	485
仁怀市	57	21	36	73	36	37	1351	735	616
安顺市	**87**	**29**	**58**	**269**	**111**	**158**	**1975**	**1103**	**872**
西秀区	78	27	51	242	104	138	1627	915	712
平坝区	9	2	7	27	7	20	348	188	160
普定县									
镇宁布依族苗族自治县									
关岭布依族苗族自治县									
紫云苗族布依族自治县									
毕节市	**198**	**60**	**138**	**111**	**56**	**55**	**1524**	**796**	**728**
七星关区	198	60	138	111	56	55	1524	796	728
大方县									
黔西县									
金沙县									
织金县									
纳雍县									
威宁彝族回族苗族自治县									
赫章县									

7-10a　续表 7　　　　单位：人

现 住 地	为子女就学			养老/康养			其　他		
	小计	男	女	小计	男	女	小计	男	女
铜仁市	**209**	**68**	**141**	**111**	**50**	**61**	**3990**	**2332**	**1658**
碧江区	195	66	129	105	48	57	3451	2002	1449
万山区	14	2	12	6	2	4	539	330	209
江口县									
玉屏侗族自治县									
石阡县									
思南县									
印江土家族苗族自治县									
德江县									
沿河土家族自治县									
松桃苗族自治县									
黔西南布依族苗族自治州	**142**	**58**	**84**	**339**	**151**	**188**	**2594**	**1481**	**1113**
兴义市	132	55	77	318	142	176	2215	1250	965
兴仁市	10	3	7	21	9	12	379	231	148
普安县									
晴隆县									
贞丰县									
望谟县									
册亨县									
安龙县									
黔东南苗族侗族自治州	**148**	**43**	**105**	**307**	**145**	**162**	**2253**	**1220**	**1033**
凯里市	148	43	105	307	145	162	2253	1220	1033
黄平县									
施秉县									
三穗县									
镇远县									
岑巩县									
天柱县									
锦屏县									
剑河县									
台江县									
黎平县									
榕江县									
从江县									
雷山县									
麻江县									
丹寨县									
黔南布依族苗族自治州	**84**	**32**	**52**	**351**	**184**	**167**	**1186**	**656**	**530**
都匀市	62	23	39	324	170	154	953	538	415
福泉市	22	9	13	27	14	13	233	118	115
荔波县									
贵定县									
瓮安县									
独山县									
平塘县									
罗甸县									
长顺县									
龙里县									
惠水县									
三都水族自治县									

7-10b 全省按现住地、性别、迁移原因分的户口登记地在外省的人口(镇)

单位：人

现住地	合计			工作就业		
	合计	男	女	小计	男	女
贵州	**275269**	**154340**	**120929**	**144166**	**94225**	**49941**
贵阳市	**30488**	**16869**	**13619**	**14232**	**9354**	**4878**
南明区						
云岩区						
花溪区	11126	5697	5429	3931	2481	1450
乌当区	1313	860	453	858	600	258
白云区	32	17	15	10	7	3
观山湖区	1268	756	512	806	512	294
开阳县	5120	2757	2363	2288	1506	782
息烽县	3914	2162	1752	2095	1352	743
修文县	5359	3129	2230	3000	1987	1013
清镇市	2356	1491	865	1244	909	335
六盘水市	**13178**	**7393**	**5785**	**7277**	**4845**	**2432**
钟山区	1086	633	453	593	450	143
六枝特区	828	414	414	436	258	178
水城县	7226	4173	3053	4149	2803	1346
盘州市	4038	2173	1865	2099	1334	765
遵义市	**42313**	**22183**	**20130**	**17966**	**11635**	**6331**
红花岗区	1019	560	459	524	347	177
汇川区	734	339	395	299	187	112
播州区	1727	941	786	797	543	254
桐梓县	7125	3660	3465	2281	1459	822
绥阳县	2802	1556	1246	1192	771	421
正安县	2811	1493	1318	1385	921	464
道真仡佬族苗族自治县	2731	1325	1406	1075	702	373
务川仡佬族苗族自治县	2978	1588	1390	1543	986	557
凤冈县	3259	1664	1595	1517	918	599
湄潭县	3879	2078	1801	1507	950	557
余庆县	2626	1513	1113	1461	1006	455
习水县	7809	4060	3749	3394	2204	1190
赤水市	1307	619	688	456	305	151
仁怀市	1506	787	719	535	336	199
安顺市	**17379**	**10213**	**7166**	**10124**	**6760**	**3364**
西秀区	1447	918	529	858	596	262
平坝区	4847	3141	1706	3211	2343	868
普定县	2802	1539	1263	1349	844	505
镇宁布依族苗族自治县	3231	1801	1430	1779	1119	660
关岭布依族苗族自治县	2630	1493	1137	1486	956	530
紫云苗族布依族自治县	2422	1321	1101	1441	902	539
毕节市	**44187**	**24975**	**19212**	**24285**	**15996**	**8289**
七星关区	1489	727	762	761	431	330
大方县	5306	2877	2429	3010	1978	1032
黔西县	7772	4386	3386	3743	2527	1216
金沙县	6293	3551	2742	3143	2153	990
织金县	7006	4013	2993	4164	2794	1370
纳雍县	5106	3082	2024	2891	2033	858
威宁彝族回族苗族自治县	8656	4960	3696	5215	3215	2000
赫章县	2559	1379	1180	1358	865	493

7-10b　续表 1　　　　　　　　　　　　　　　　　　　　　单位：人

现住地	合计			工作就业		
	合计	男	女	小计	男	女
铜仁市	**29140**	**16179**	**12961**	**15168**	**9389**	**5779**
碧江区	33	20	13	14	8	6
万山区						
江口县	2046	1107	939	1030	655	375
玉屏侗族自治县	3634	2006	1628	1604	1004	600
石阡县	2534	1429	1105	1539	955	584
思南县	5367	3140	2227	2822	1786	1036
印江土家族苗族自治县	2499	1398	1101	1356	875	481
德江县	3378	1885	1493	1763	1079	684
沿河土家族自治县	3618	1996	1622	2187	1339	848
松桃苗族自治县	6031	3198	2833	2853	1688	1165
黔西南布依族苗族自治州	**17012**	**10158**	**6854**	**10531**	**7002**	**3529**
兴义市	2106	1328	778	1454	1032	422
兴仁市	1231	785	446	846	581	265
普安县	2050	1314	736	1453	1027	426
晴隆县	1560	895	665	996	629	367
贞丰县	3195	1833	1362	1875	1199	676
望谟县	1811	1084	727	1198	782	416
册亨县	1586	937	649	907	594	313
安龙县	3473	1982	1491	1802	1158	644
黔东南苗族侗族自治州	**33599**	**18754**	**14845**	**18311**	**11771**	**6540**
凯里市	767	469	298	506	357	149
黄平县	1822	1088	734	963	693	270
施秉县	1110	598	512	546	331	215
三穗县	2429	1281	1148	1242	751	491
镇远县	2952	1672	1280	1677	1093	584
岑巩县	2560	1384	1176	1416	906	510
天柱县	2727	1465	1262	1271	778	493
锦屏县	1605	915	690	856	590	266
剑河县	1698	926	772	1010	643	367
台江县	1081	685	396	728	514	214
黎平县	4350	2394	1956	2447	1568	879
榕江县	2510	1396	1114	1138	709	429
从江县	3071	1682	1389	1739	1047	692
雷山县	1489	832	657	979	604	375
麻江县	1926	1136	790	981	678	303
丹寨县	1502	831	671	812	509	303
黔南布依族苗族自治州	**47973**	**27616**	**20357**	**26272**	**17473**	**8799**
都匀市	1092	565	527	252	187	65
福泉市	1382	752	630	748	479	269
荔波县	3776	2214	1562	2148	1407	741
贵定县	4853	2838	2015	2481	1708	773
瓮安县	5826	3175	2651	2779	1887	892
独山县	4864	2902	1962	2860	1961	899
平塘县	2325	1315	1010	1275	813	462
罗甸县	4362	2524	1838	2545	1657	888
长顺县	2020	1086	934	1146	720	426
龙里县	7649	4766	2883	4756	3269	1487
惠水县	7364	4085	3279	3852	2485	1367
三都水族自治县	2460	1394	1066	1430	900	530

7-10b 续表 2

单位：人

现住地	学习培训			随同离开/投亲靠友			拆迁/搬家		
	小计	男	女	小计	男	女	小计	男	女
贵　州	**20862**	**10356**	**10506**	**35186**	**17271**	**17915**	**15024**	**8383**	**6641**
贵阳市	**6886**	**3191**	**3695**	**3641**	**1779**	**1862**	**1019**	**565**	**454**
南明区									
云岩区									
花溪区	5554	2408	3146	833	419	414	95	48	47
乌当区	46	31	15	196	102	94	3	2	1
白云区				9	5	4	1		1
观山湖区	43	32	11	162	76	86	48	26	22
开阳县	219	122	97	996	486	510	379	205	174
息烽县	200	105	95	412	201	211	141	74	67
修文县	291	168	123	806	387	419	288	171	117
清镇市	533	325	208	227	103	124	64	39	25
六盘水市	**695**	**330**	**365**	**2194**	**1015**	**1179**	**472**	**268**	**204**
钟山区	27	12	15	227	91	136	10	6	4
六枝特区	31	16	15	123	53	70	30	16	14
水城县	397	185	212	1119	528	591	332	191	141
盘州市	240	117	123	725	343	382	100	55	45
遵义市	**2307**	**1206**	**1101**	**5260**	**2566**	**2694**	**4071**	**2225**	**1846**
红花岗区	38	18	20	120	58	62	88	47	41
汇川区	17	9	8	85	46	39	38	18	20
播州区	79	40	39	273	147	126	143	83	60
桐梓县	173	86	87	789	371	418	1348	744	604
绥阳县	138	71	67	293	148	145	379	227	152
正安县	130	64	66	464	231	233	147	67	80
道真仡佬族苗族自治县	233	117	116	403	190	213	117	63	54
务川仡佬族苗族自治县	178	98	80	461	216	245	81	44	37
凤冈县	267	141	126	449	206	243	143	83	60
湄潭县	248	120	128	438	221	217	344	178	166
余庆县	180	99	81	327	161	166	131	62	69
习水县	540	300	240	791	388	403	705	376	329
赤水市	33	16	17	116	54	62	120	56	64
仁怀市	53	27	26	251	129	122	287	177	110
安顺市	**784**	**417**	**367**	**2251**	**1109**	**1142**	**939**	**538**	**401**
西秀区	40	25	15	239	125	114	81	55	26
平坝区	268	157	111	547	268	279	108	60	48
普定县	127	64	63	336	163	173	308	163	145
镇宁布依族苗族自治县	111	51	60	478	234	244	152	90	62
关岭布依族苗族自治县	102	50	52	410	204	206	164	95	69
紫云苗族布依族自治县	136	70	66	241	115	126	126	75	51
毕节市	**1897**	**1018**	**879**	**5532**	**2725**	**2807**	**2002**	**1152**	**850**
七星关区	92	51	41	231	122	109	72	39	33
大方县	381	169	212	584	294	290	156	89	67
黔西县	273	164	109	1171	561	610	484	280	204
金沙县	172	93	79	947	435	512	401	244	157
织金县	258	145	113	893	454	439	246	133	113
纳雍县	176	88	88	514	255	259	142	73	69
威宁彝族回族苗族自治县	381	216	165	901	466	435	400	232	168
赫章县	164	92	72	291	138	153	101	62	39

7-10b　续表 3　　单位：人

现住地	学习培训			随同离开/投亲靠友			拆迁/搬家		
	小计	男	女	小计	男	女	小计	男	女
铜仁市	**1725**	**930**	**795**	**2913**	**1424**	**1489**	**1426**	**794**	**632**
碧江区	2	2		4	2	2	1	1	
万山区									
江口县	100	62	38	288	136	152	124	68	56
玉屏侗族自治县	163	88	75	430	206	224	449	260	189
石阡县	123	72	51	378	190	188	54	31	23
思南县	235	121	114	428	223	205	98	49	49
印江土家族苗族自治县	207	109	98	292	136	156	118	78	40
德江县	216	114	102	428	202	226	103	60	43
沿河土家族自治县	235	133	102	287	147	140	129	67	62
松桃苗族自治县	444	229	215	378	182	196	350	180	170
黔西南布依族苗族自治州	**716**	**384**	**332**	**2177**	**1102**	**1075**	**645**	**389**	**256**
兴义市	84	54	30	202	101	101	51	31	20
兴仁市	29	15	14	156	84	72	30	22	8
普安县	54	34	20	265	137	128	20	12	8
晴隆县	44	22	22	175	89	86	31	16	15
贞丰县	150	79	71	569	277	292	185	107	78
望谟县	125	70	55	127	65	62	67	39	28
册亨县	54	27	27	173	86	87	50	32	18
安龙县	176	83	93	510	263	247	211	130	81
黔东南苗族侗族自治州	**1983**	**1046**	**937**	**4610**	**2268**	**2342**	**1910**	**1036**	**874**
凯里市	40	24	16	110	56	54	9	5	4
黄平县	98	49	49	192	99	93	223	120	103
施秉县	56	34	22	170	85	85	106	58	48
三穗县	151	84	67	399	208	191	133	64	69
镇远县	112	61	51	430	206	224	239	132	107
岑巩县	180	91	89	242	116	126	139	62	77
天柱县	150	76	74	440	217	223	240	134	106
锦屏县	105	59	46	241	116	125	103	57	46
剑河县	124	67	57	257	110	147	41	22	19
台江县	56	28	28	71	36	35	26	16	10
黎平县	277	142	135	734	359	375	200	109	91
榕江县	117	63	54	174	88	86	138	82	56
从江县	195	104	91	391	182	209	153	78	75
雷山县	83	47	36	193	100	93	24	15	9
麻江县	130	65	65	335	176	159	74	44	30
丹寨县	109	52	57	231	114	117	62	38	24
黔南布依族苗族自治州	**3869**	**1834**	**2035**	**6608**	**3283**	**3325**	**2540**	**1416**	**1124**
都匀市	654	287	367	56	25	31	28	16	12
福泉市	45	23	22	262	113	149	42	25	17
荔波县	184	98	86	620	319	301	186	103	83
贵定县	305	145	160	582	280	302	449	256	193
瓮安县	373	202	171	976	449	527	271	148	123
独山县	273	139	134	811	402	409	162	84	78
平塘县	94	64	30	354	185	169	88	47	41
罗甸县	218	112	106	639	321	318	156	83	73
长顺县	145	70	75	270	135	135	31	17	14
龙里县	211	123	88	674	333	341	697	398	299
惠水县	1268	515	753	893	468	425	385	217	168
三都水族自治县	99	56	43	471	253	218	45	22	23

7-10b 续表 4

单位：人

现住地	寄挂户口			婚姻嫁娶			照料孙子女		
	小计	男	女	小计	男	女	小计	男	女
贵　州	**344**	**200**	**144**	**22838**	**5215**	**17623**	**3842**	**1148**	**2694**
贵阳市	**17**	**10**	**7**	**1807**	**555**	**1252**	**550**	**171**	**379**
南明区									
云岩区									
花溪区	3	2	1	114	52	62	163	52	111
乌当区				66	33	33	7	2	5
白云区				11	5	6			
观山湖区	1	1		79	32	47	11	2	9
开阳县	4	2	2	601	131	470	124	38	86
息烽县	3	3		355	103	252	132	36	96
修文县	5	2	3	405	140	265	105	39	66
清镇市	1		1	176	59	117	8	2	6
六盘水市	**13**	**8**	**5**	**1113**	**269**	**844**	**155**	**44**	**111**
钟山区	2		2	162	51	111	8	1	7
六枝特区				95	17	78	6		6
水城县	5	4	1	524	127	397	125	40	85
盘州市	6	4	2	332	74	258	16	3	13
遵义市	**60**	**35**	**25**	**5517**	**1023**	**4494**	**555**	**172**	**383**
红花岗区	1		1	133	30	103	7		7
汇川区	2	1	1	188	35	153	7	1	6
播州区				298	67	231	14	2	12
桐梓县	15	7	8	964	196	768	66	28	38
绥阳县	5	4	1	315	61	254	22	9	13
正安县	3	3		332	58	274	36	10	26
道真仡佬族苗族自治县	5	2	3	434	58	376	56	15	41
务川仡佬族苗族自治县	2	1	1	321	69	252	45	14	31
凤冈县	2	2		364	64	300	65	24	41
湄潭县	8	6	2	420	104	316	44	16	28
余庆县	2	1	1	260	57	203	14	1	13
习水县	9	5	4	1057	166	891	156	44	112
赤水市	2	2		254	34	220	6		6
仁怀市	4	1	3	177	24	153	17	8	9
安顺市	**30**	**15**	**15**	**1264**	**359**	**905**	**200**	**49**	**151**
西秀区	1	1		95	45	50	12	4	8
平坝区	21	10	11	268	94	174	54	11	43
普定县	3	1	2	247	62	185	34	11	23
镇宁布依族苗族自治县	2	1	1	230	71	159	50	10	40
关岭布依族苗族自治县	1	1		201	45	156	34	9	25
紫云苗族布依族自治县	2	1	1	223	42	181	16	4	12
毕节市	**67**	**41**	**26**	**4596**	**915**	**3681**	**469**	**136**	**333**
七星关区	3	3		233	31	202	5		5
大方县	6	5	1	661	98	563	52	9	43
黔西县	12	7	5	945	229	716	130	41	89
金沙县	15	9	6	802	176	626	62	19	43
织金县	7	3	4	737	148	589	75	18	57
纳雍县	4	2	2	497	110	387	43	17	26
威宁彝族回族苗族自治县	13	7	6	459	77	382	56	18	38
赫章县	7	5	2	262	46	216	46	14	32

7-10b　续表 5　　单位：人

现住地	寄挂户口			婚姻嫁娶			照料孙子女		
	小计	男	女	小计	男	女	小计	男	女
铜仁市	**25**	**12**	**13**	**1736**	**379**	**1357**	**405**	**115**	**290**
碧江区				5	2	3			
万山区									
江口县	6	3	3	214	36	178	26	6	20
玉屏侗族自治县	3	1	2	270	59	211	60	19	41
石阡县	1	1		175	52	123	37	13	24
思南县	4	3	1	219	43	176	62	20	42
印江土家族苗族自治县	3	1	2	181	49	132	46	11	35
德江县	1		1	151	42	109	24	7	17
沿河土家族自治县	2		2	258	69	189	63	14	49
松桃苗族自治县	5	3	2	263	27	236	87	25	62
黔西南布依族苗族自治州	**25**	**13**	**12**	**1318**	**410**	**908**	**177**	**58**	**119**
兴义市				189	44	145	12	3	9
兴仁市	1		1	86	33	53	5	1	4
普安县	4	3	1	114	34	80	22	7	15
晴隆县	1	1		109	24	85	12	3	9
贞丰县	10	6	4	240	69	171	37	16	21
望谟县	1		1	124	50	74	23	6	17
册亨县	7	2	5	75	22	53	29	10	19
安龙县	1	1		381	134	247	37	12	25
黔东南苗族侗族自治州	**54**	**34**	**20**	**2307**	**436**	**1871**	**524**	**151**	**373**
凯里市	1		1	54	5	49	6		6
黄平县	1	1		142	21	121	20	7	13
施秉县	4	3	1	98	18	80	26	10	16
三穗县	3		3	227	55	172	53	15	38
镇远县	4	3	1	262	66	196	22	6	16
岑巩县				167	26	141	37	6	31
天柱县	13	10	3	194	36	158	50	15	35
锦屏县	2		2	136	24	112	35	9	26
剑河县				93	12	81	30	7	23
台江县				46	10	36	12	2	10
黎平县	13	9	4	316	49	267	70	21	49
榕江县	3	2	1	147	34	113	30	10	20
从江县	2	2		114	22	92	54	19	35
雷山县	2	1	1	90	10	80	21	4	17
麻江县	6	3	3	135	30	105	40	14	26
丹寨县				86	18	68	18	6	12
黔南布依族苗族自治州	**53**	**32**	**21**	**3180**	**869**	**2311**	**807**	**252**	**555**
都匀市				44	13	31	3	1	2
福泉市	1	1		130	39	91	36	11	25
荔波县	5	3	2	194	72	122	83	28	55
贵定县	11	4	7	431	140	291	59	21	38
瓮安县	6	2	4	607	135	472	121	29	92
独山县	5	4	1	239	59	180	62	14	48
平塘县	2	2		151	37	114	40	10	30
罗甸县	8	7	1	247	61	186	94	31	63
长顺县	7	5	2	221	48	173	43	16	27
龙里县	6	2	4	384	132	252	85	26	59
惠水县	1	1		383	107	276	119	46	73
三都水族自治县	1	1		149	26	123	62	19	43

7-10b 续表 6 单位：人

现住地	为子女就学			养老/康养			其他		
	小计	男	女	小计	男	女	小计	男	女
贵州	**2212**	**535**	**1677**	**1800**	**904**	**896**	**28995**	**16103**	**12892**
贵阳市	**200**	**66**	**134**	**208**	**89**	**119**	**1928**	**1089**	**839**
南明区									
云岩区									
花溪区	3	2	1	23	8	15	407	225	182
乌当区				2	1	1	135	89	46
白云区				1		1			
观山湖区	2	1	1	9	6	3	107	68	39
开阳县	83	33	50	56	25	31	370	209	161
息烽县	54	11	43	73	29	44	449	248	201
修文县	58	19	39	38	17	21	363	199	164
清镇市				6	3	3	97	51	46
六盘水市	**121**	**27**	**94**	**70**	**37**	**33**	**1068**	**550**	**518**
钟山区	4		4	5	2	3	48	20	28
六枝特区	2		2				105	54	51
水城县	82	21	61	56	28	28	437	246	191
盘州市	33	6	27	9	7	2	478	230	248
遵义市	**631**	**152**	**479**	**517**	**257**	**260**	**5429**	**2912**	**2517**
红花岗区	7	2	5	7	5	2	94	53	41
汇川区	11	3	8	3	3		84	36	48
播州区	17	5	12	11	4	7	95	50	45
桐梓县	50	20	30	49	24	25	1390	725	665
绥阳县	31	10	21	17	8	9	410	247	163
正安县	65	8	57	25	15	10	224	116	108
道真仡佬族苗族自治县	135	24	111	29	15	14	244	139	105
务川仡佬族苗族自治县	45	8	37	20	11	9	282	141	141
凤冈县	40	7	33	26	12	14	386	207	179
湄潭县	38	10	28	46	26	20	786	447	339
余庆县	38	11	27	18	11	7	195	104	91
习水县	136	41	95	83	40	43	938	496	442
赤水市	8		8	178	81	97	134	71	63
仁怀市	10	3	7	5	2	3	167	80	87
安顺市	**71**	**14**	**57**	**128**	**65**	**63**	**1588**	**887**	**701**
西秀区	2	1	1	36	17	19	83	49	34
平坝区	15	2	13	37	18	19	318	178	140
普定县	20	5	15	8	4	4	370	222	148
镇宁布依族苗族自治县	11	2	9	12	6	6	406	217	189
关岭布依族苗族自治县	10	4	6	21	12	9	201	117	84
紫云苗族布依族自治县	13		13	14	8	6	210	104	106
毕节市	**280**	**65**	**215**	**196**	**119**	**77**	**4863**	**2808**	**2055**
七星关区	12	3	9	10	9	1	70	38	32
大方县	39	4	35	14	5	9	403	226	177
黔西县	55	15	40	49	26	23	910	536	374
金沙县	59	19	40	32	21	11	660	382	278
织金县	43	8	35	39	21	18	544	289	255
纳雍县	21	5	16	26	23	3	792	476	316
威宁彝族回族苗族自治县	24	6	18	14	7	7	1193	716	477
赫章县	27	5	22	12	7	5	291	145	146

7-10b　续表 7　　　　　　　　　　　　　　　　　　　　　　　　　　　　　　　单位：人

现 住 地	为子女就学			养老/康养			其　他		
	小计	男	女	小计	男	女	小计	男	女
铜仁市	**233**	**52**	**181**	**133**	**72**	**61**	**5376**	**3012**	**2364**
碧江区							7	5	2
万山区									
江口县	19	3	16	11	4	7	228	134	94
玉屏侗族自治县	19	7	12	30	10	20	606	352	254
石阡县	16	4	12	14	8	6	197	103	94
思南县	40	9	31	16	13	3	1443	873	570
印江土家族苗族自治县	54	9	45	22	15	7	220	115	105
德江县	14	2	12	3	2	1	675	377	298
沿河土家族自治县	35	7	28	15	9	6	407	211	196
松桃苗族自治县	36	11	25	22	11	11	1593	842	751
黔西南布依族苗族自治州	**30**	**8**	**22**	**67**	**38**	**29**	**1326**	**754**	**572**
兴义市	3		3	6	5	1	105	58	47
兴仁市	2	1	1	4	3	1	72	45	27
普安县	3		3	5	5		110	55	55
晴隆县	2	1	1	13	6	7	177	104	73
贞丰县	3	2	1	13	6	7	113	72	41
望谟县				6	2	4	140	70	70
册亨县	2	1	1	6	3	3	283	160	123
安龙县	15	3	12	14	8	6	326	190	136
黔东南苗族侗族自治州	**293**	**48**	**245**	**218**	**102**	**116**	**3389**	**1862**	**1527**
凯里市	3	1	2	3	3		35	18	17
黄平县	24	1	23	11	6	5	148	91	57
施秉县	12	4	8	10	4	6	82	51	31
三穗县	33	9	24	34	16	18	154	79	75
镇远县	20	1	19	15	5	10	171	99	72
岑巩县	44	6	38	14	6	8	321	165	156
天柱县	23	6	17	40	19	21	306	174	132
锦屏县	18	3	15	6	3	3	103	54	49
剑河县	17	3	14	9	5	4	117	57	60
台江县	3		3	7	4	3	132	75	57
黎平县	44	2	42	13	7	6	236	128	108
榕江县	16	5	11	13	5	8	734	398	336
从江县	13	3	10	13	7	6	397	218	179
雷山县	6	1	5	6	2	4	85	48	37
麻江县	11	2	9	19	9	10	195	115	80
丹寨县	6	1	5	5	1	4	173	92	81
黔南布依族苗族自治州	**353**	**103**	**250**	**263**	**125**	**138**	**4028**	**2229**	**1799**
都匀市	1		1				54	36	18
福泉市	11	1	10	8	3	5	99	57	42
荔波县	18	7	11	35	15	20	303	162	141
贵定县	29	5	24	41	23	18	465	256	209
瓮安县	129	31	98	39	16	23	525	276	249
独山县	23	6	17	12	4	8	417	229	188
平塘县	16	4	12	16	6	10	289	147	142
罗甸县	30	11	19	38	23	15	387	218	169
长顺县	13	2	11	3	1	2	141	72	69
龙里县	36	18	18	31	15	16	769	450	319
惠水县	39	15	24	36	16	20	388	215	173
三都水族自治县	8	3	5	4	3	1	191	111	80

7-10c 全省按现住地、性别、迁移原因分的户口登记地在外省的人口(乡村)

单位：人

现住地	合计			工作就业		
	合计	男	女	小计	男	女
贵　州	**199775**	**119368**	**80407**	**117569**	**90621**	**26948**
贵阳市	**34845**	**22387**	**12458**	**22340**	**16575**	**5765**
南明区	4450	3108	1342	3375	2552	823
云岩区						
花溪区	7218	4776	2442	4860	3602	1258
乌当区	4886	3043	1843	3142	2164	978
白云区	2006	1344	662	1384	1012	372
观山湖区	5981	3974	2007	4010	2903	1107
开阳县	1478	854	624	822	660	162
息烽县	1382	687	695	647	515	132
修文县	2717	1719	998	1581	1240	341
清镇市	4727	2882	1845	2519	1927	592
六盘水市	**18448**	**10352**	**8096**	**9347**	**7168**	**2179**
钟山区	764	486	278	446	341	105
六枝特区	3296	1974	1322	1987	1517	470
水城县	4338	2620	1718	2574	1957	617
盘州市	10050	5272	4778	4340	3353	987
遵义市	**37119**	**21294**	**15825**	**20045**	**15468**	**4577**
红花岗区	2398	1512	886	1470	1161	309
汇川区	1725	1123	602	1069	940	129
播州区	4938	2917	2021	2805	2187	618
桐梓县	4174	2531	1643	2429	2018	411
绥阳县	1789	992	797	984	721	263
正安县	1836	996	840	858	641	217
道真仡佬族苗族自治县	1359	743	616	655	490	165
务川仡佬族苗族自治县	983	707	276	685	573	112
凤冈县	1013	477	536	412	294	118
湄潭县	1366	724	642	564	415	149
余庆县	1483	949	534	949	734	215
习水县	4880	2569	2311	2433	1895	538
赤水市	4229	2236	1993	2267	1496	771
仁怀市	4946	2818	2128	2465	1903	562
安顺市	**14073**	**8696**	**5377**	**8706**	**6626**	**2080**
西秀区	5405	3460	1945	3531	2611	920
平坝区	2678	1626	1052	1509	1163	346
普定县	2005	1274	731	1264	1019	245
镇宁布依族苗族自治县	1229	743	486	776	576	200
关岭布依族苗族自治县	1210	774	436	772	642	130
紫云苗族布依族自治县	1546	819	727	854	615	239
毕节市	**29625**	**17076**	**12549**	**16972**	**13739**	**3233**
七星关区	3346	1147	2199	911	676	235
大方县	4058	2270	1788	2303	1868	435
黔西县	3859	2311	1548	2228	1854	374
金沙县	4874	3580	1294	3544	3193	351
织金县	3715	2404	1311	2516	2141	375
纳雍县	2597	1535	1062	1601	1221	380
威宁彝族回族苗族自治县	3386	1587	1799	1517	998	519
赫章县	3790	2242	1548	2352	1788	564

7-10c 续表 1 单位：人

现住地	合计			工作就业		
	合计	男	女	小计	男	女
铜仁市	**13766**	**7685**	**6081**	**7726**	**5809**	**1917**
碧江区	937	482	455	460	320	140
万山区	1033	500	533	550	370	180
江口县	1140	721	419	743	581	162
玉屏侗族自治县	1140	643	497	611	481	130
石阡县	1704	1115	589	1169	962	207
思南县	1291	693	598	717	540	177
印江土家族苗族自治县	1144	721	423	777	624	153
德江县	994	553	441	512	351	161
沿河土家族自治县	1469	770	699	814	558	256
松桃苗族自治县	2914	1487	1427	1373	1022	351
黔西南布依族苗族自治州	**12914**	**8050**	**4864**	**8152**	**6285**	**1867**
兴义市	3593	2164	1429	2158	1610	548
兴仁市	1675	1086	589	1068	850	218
普安县	1799	1222	577	1270	1054	216
晴隆县	1191	843	348	849	723	126
贞丰县	1272	823	449	837	656	181
望谟县	626	340	286	355	230	125
册亨县	710	416	294	448	311	137
安龙县	2048	1156	892	1167	851	316
黔东南苗族侗族自治州	**17410**	**9866**	**7544**	**9922**	**7477**	**2445**
凯里市	2399	1477	922	1391	1098	293
黄平县	911	562	349	577	464	113
施秉县	353	180	173	146	110	36
三穗县	849	457	392	442	331	111
镇远县	572	228	344	201	149	52
岑巩县	996	555	441	598	449	149
天柱县	1233	553	680	485	352	133
锦屏县	953	594	359	603	484	119
剑河县	984	599	385	670	487	183
台江县	545	333	212	371	264	107
黎平县	2328	1197	1131	1110	754	356
榕江县	1766	1144	622	1232	986	246
从江县	1590	859	731	902	645	257
雷山县	989	656	333	699	545	154
麻江县	539	265	274	245	193	52
丹寨县	403	207	196	250	166	84
黔南布依族苗族自治州	**21575**	**13962**	**7613**	**14359**	**11474**	**2885**
都匀市	3136	2342	794	2456	2052	404
福泉市	2634	1858	776	1882	1582	300
荔波县	2582	1853	729	1953	1635	318
贵定县	1709	1164	545	1208	1017	191
瓮安县	1934	1179	755	1123	885	238
独山县	2154	1257	897	1298	969	329
平塘县	1503	807	696	771	555	216
罗甸县	548	262	286	259	185	74
长顺县	1092	637	455	682	528	154
龙里县	1751	1157	594	1259	994	265
惠水县	1744	1035	709	1011	761	250
三都水族自治县	788	411	377	457	311	146

7-10c 续表 2 单位：人

现住地	学习培训			随同离开/投亲靠友			拆迁/搬家		
	小计	男	女	小计	男	女	小计	男	女
贵州	**7547**	**3946**	**3601**	**20545**	**9877**	**10668**	**4370**	**2389**	**1981**
贵阳市	**1608**	**890**	**718**	**4069**	**1994**	**2075**	**560**	**298**	**262**
南明区	80	38	42	488	224	264	33	20	13
云岩区									
花溪区	138	83	55	1064	528	536	127	72	55
乌当区	360	220	140	614	281	333	121	59	62
白云区	174	96	78	184	99	85	13	8	5
观山湖区	609	307	302	501	267	234	31	16	15
开阳县	13	8	5	151	80	71	16	9	7
息烽县	22	9	13	147	67	80	15	6	9
修文县	84	50	34	277	136	141	32	18	14
清镇市	128	79	49	643	312	331	172	90	82
六盘水市	**661**	**347**	**314**	**2833**	**1289**	**1544**	**276**	**146**	**130**
钟山区	101	60	41	38	16	22	4	2	2
六枝特区	33	21	12	445	210	235	16	9	7
水城县	160	88	72	507	258	249	62	35	27
盘州市	367	178	189	1843	805	1038	194	100	94
遵义市	**1534**	**833**	**701**	**3510**	**1701**	**1809**	**1691**	**912**	**779**
红花岗区	137	81	56	217	101	116	51	30	21
汇川区	32	12	20	117	56	61	25	16	9
播州区	119	67	52	505	229	276	132	69	63
桐梓县	82	34	48	323	142	181	211	120	91
绥阳县	47	26	21	204	92	112	49	22	27
正安县	78	48	30	231	114	117	100	51	49
道真仡佬族苗族自治县	49	26	23	183	96	87	35	17	18
务川仡佬族苗族自治县	22	15	7	71	43	28	26	22	4
凤冈县	59	33	26	139	61	78	18	13	5
湄潭县	68	43	25	200	109	91	48	23	25
余庆县	71	40	31	136	67	69	21	12	9
习水县	124	72	52	425	213	212	177	84	93
赤水市	59	34	25	416	205	211	493	245	248
仁怀市	587	302	285	343	173	170	305	188	117
安顺市	**263**	**147**	**116**	**1481**	**750**	**731**	**299**	**179**	**120**
西秀区	82	50	32	608	321	287	123	74	49
平坝区	61	31	30	309	142	167	62	38	24
普定县	47	22	25	190	99	91	36	22	14
镇宁布依族苗族自治县	29	18	11	105	56	49	16	10	6
关岭布依族苗族自治县	16	9	7	103	54	49	17	8	9
紫云苗族布依族自治县	28	17	11	166	78	88	45	27	18
毕节市	**604**	**294**	**310**	**2538**	**1182**	**1356**	**376**	**217**	**159**
七星关区	141	58	83	434	194	240	65	39	26
大方县	81	38	43	341	148	193	32	20	12
黔西县	54	27	27	388	182	206	43	25	18
金沙县	52	28	24	230	105	125	81	48	33
织金县	53	23	30	238	108	130	19	9	10
纳雍县	55	33	22	182	90	92	24	12	12
威宁彝族回族苗族自治县	84	39	45	361	172	189	66	36	30
赫章县	84	48	36	364	183	181	46	28	18

7－10c　续表 3　　单位：人

现 住 地	学习培训			随同离开/投亲靠友			拆迁/搬家		
	小计	男	女	小计	男	女	小计	男	女
铜仁市	**538**	**262**	**276**	**1239**	**625**	**614**	**297**	**158**	**139**
碧江区	138	45	93	84	41	43	39	20	19
万山区	34	17	17	108	49	59	27	13	14
江口县	42	25	17	60	29	31	8	4	4
玉屏侗族自治县	30	20	10	81	44	37	67	36	31
石阡县	25	13	12	118	61	57	12	8	4
思南县	53	29	24	105	52	53	4	1	3
印江土家族苗族自治县	46	23	23	79	32	47	14	7	7
德江县	47	23	24	97	55	42	11	8	3
沿河土家族自治县	50	28	22	117	57	60	18	10	8
松桃苗族自治县	73	39	34	390	205	185	97	51	46
黔西南布依族苗族自治州	**470**	**255**	**215**	**1147**	**544**	**603**	**163**	**85**	**78**
兴义市	186	108	78	278	131	147	73	33	40
兴仁市	47	27	20	161	70	91	9	8	1
普安县	29	13	16	170	82	88	10	7	3
晴隆县	23	12	11	71	32	39	14	8	6
贞丰县	35	19	16	126	61	65	12	6	6
望谟县	46	21	25	42	26	16	12	7	5
册亨县	62	34	28	55	29	26	6	2	4
安龙县	42	21	21	244	113	131	27	14	13
黔东南苗族侗族自治州	**1145**	**547**	**598**	**1855**	**888**	**967**	**362**	**197**	**165**
凯里市	562	222	340	175	85	90	10	8	2
黄平县	36	18	18	66	29	37	6	4	2
施秉县	12	10	2	48	23	25	8	5	3
三穗县	25	12	13	110	61	49	32	17	15
镇远县	8	2	6	78	33	45	22	13	9
岑巩县	29	13	16	82	41	41	28	8	20
天柱县	25	10	15	157	74	83	39	23	16
锦屏县	21	15	6	132	51	81	6	4	2
剑河县	48	24	24	84	45	39	6	3	3
台江县	28	15	13	30	15	15	4	2	2
黎平县	125	73	52	405	192	213	126	63	63
榕江县	55	28	27	148	72	76	11	8	3
从江县	55	31	24	196	98	98	45	25	20
雷山县	97	63	34	41	21	20	2		2
麻江县	13	7	6	70	32	38	7	7	
丹寨县	6	4	2	33	16	17	10	7	3
黔南布依族苗族自治州	**724**	**371**	**353**	**1873**	**904**	**969**	**346**	**197**	**149**
都匀市	109	59	50	200	96	104	41	23	18
福泉市	20	10	10	198	101	97	32	19	13
荔波县	62	34	28	192	98	94	27	15	12
贵定县	99	30	69	93	36	57	16	9	7
瓮安县	74	47	27	238	110	128	36	19	17
独山县	82	43	39	226	110	116	94	54	40
平塘县	91	44	47	182	89	93	29	13	16
罗甸县	19	10	9	68	27	41	9	4	5
长顺县	18	9	9	83	41	42	9	6	3
龙里县	25	15	10	89	46	43	32	22	10
惠水县	108	64	44	203	99	104	5	2	3
三都水族自治县	17	6	11	101	51	50	16	11	5

7-10c 续表 4

单位：人

现住地	寄挂户口			婚姻嫁娶			照料孙子女		
	小计	男	女	小计	男	女	小计	男	女
贵　州	**582**	**303**	**279**	**35345**	**4966**	**30379**	**767**	**223**	**544**
贵阳市	**45**	**25**	**20**	**3983**	**1293**	**2690**	**217**	**76**	**141**
南明区				166	88	78	37	12	25
云岩区									
花溪区	15	9	6	638	298	340	69	20	49
乌当区	3	2	1	389	180	209	43	18	25
白云区	5	4	1	178	89	89	9	1	8
观山湖区	4	2	2	344	185	159	33	15	18
开阳县	3	2	1	392	48	344	2	1	1
息烽县	3	2	1	463	51	412	2	1	1
修文县	2		2	545	128	417	5	1	4
清镇市	10	4	6	868	226	642	17	7	10
六盘水市	**107**	**57**	**50**	**3418**	**451**	**2967**	**75**	**20**	**55**
钟山区	22	20	2	123	34	89			
六枝特区	7	3	4	476	45	431	17	3	14
水城县	7	5	2	696	104	592	24	6	18
盘州市	71	29	42	2123	268	1855	34	11	23
遵义市	**148**	**74**	**74**	**7479**	**952**	**6527**	**146**	**42**	**104**
红花岗区	9	5	4	388	75	313	5	1	4
汇川区	11	5	6	360	49	311	6	1	5
播州区	26	12	14	1007	169	838	20	6	14
桐梓县	12	6	6	839	85	754	8	3	5
绥阳县	9	3	6	305	26	279	4		4
正安县	10	4	6	367	35	332	6	3	3
道真仡佬族苗族自治县	3	1	2	289	40	249	13	4	9
务川仡佬族苗族自治县	1	1		126	16	110	1		1
凤冈县	7	5	2	289	30	259	4	1	3
湄潭县	6	3	3	300	42	258	6	1	5
余庆县	7	6	1	204	47	157	10	3	7
习水县	26	14	12	1333	119	1214	14	5	9
赤水市	11	3	8	689	109	580	37	9	28
仁怀市	10	6	4	983	110	873	12	5	7
安顺市	**32**	**19**	**13**	**2389**	**483**	**1906**	**47**	**14**	**33**
西秀区	12	8	4	700	218	482	19	4	15
平坝区	6	4	2	545	138	407	16	7	9
普定县	3	1	2	364	52	312	1		1
镇宁布依族苗族自治县	4	2	2	207	23	184	3	1	2
关岭布依族苗族自治县				234	26	208			
紫云苗族布依族自治县	7	4	3	339	26	313	8	2	6
毕节市	**87**	**43**	**44**	**7012**	**493**	**6519**	**60**	**13**	**47**
七星关区	22	11	11	1556	78	1478	7		7
大方县	15	3	12	1056	70	986	8	1	7
黔西县	8	5	3	860	75	785	10	3	7
金沙县	7	4	3	730	66	664	6	2	4
织金县	11	3	8	717	51	666	3		3
纳雍县	6	5	1	480	34	446	6	2	4
威宁彝族回族苗族自治县	14	8	6	922	66	856	9	3	6
赫章县	4	4		691	53	638	11	2	9

7-10c 续表 5 单位：人

现住地	寄挂户口			婚姻嫁娶			照料孙子女		
	小计	男	女	小计	男	女	小计	男	女
铜仁市	**39**	**17**	**22**	**2759**	**216**	**2543**	**53**	**18**	**35**
碧江区				124	20	104	17	6	11
万山区	3		3	228	14	214	8	2	6
江口县	2	1	1	155	13	142	4	1	3
玉屏侗族自治县	1	1		262	23	239	4	2	2
石阡县	3	1	2	283	19	264	3	1	2
思南县	3	1	2	313	14	299	3		3
印江土家族苗族自治县	2		2	173	13	160	3		3
德江县	6	6		190	25	165	2	1	1
沿河土家族自治县	5	1	4	329	43	286	3	2	1
松桃苗族自治县	14	6	8	702	32	670	6	3	3
黔西南布依族苗族自治州	**37**	**24**	**13**	**2260**	**451**	**1809**	**36**	**6**	**30**
兴义市	13	6	7	726	186	540	6	1	5
兴仁市	6	5	1	290	56	234	5	1	4
普安县	1	1		267	39	228	8		8
晴隆县	8	5	3	167	25	142	2		2
贞丰县	4	3	1	183	32	151	5	3	2
望谟县				95	13	82	2		2
册亨县	3	3		100	19	81			
安龙县	2	1	1	432	81	351	8	1	7
黔东南苗族侗族自治州	**38**	**20**	**18**	**3011**	**219**	**2792**	**93**	**23**	**70**
凯里市	1	1		183	19	164	3		3
黄平县	5	4	1	175	21	154	2		2
施秉县	1	1		102	12	90	1	1	
三穗县	1	1		193	16	177	3		3
镇远县	1		1	227	7	220	1		1
岑巩县				193	10	183	1		1
天柱县	12	6	6	381	20	361	5	1	4
锦屏县	3	1	2	137	10	127	4	1	3
剑河县				103	5	98	11	3	8
台江县				49	6	43	5	1	4
黎平县	3	1	2	361	24	337	37	11	26
榕江县	1		1	251	24	227	3	1	2
从江县	2		2	299	28	271	11		11
雷山县	3	1	2	107	3	104	3	2	1
麻江县	5	4	1	170	12	158	2	1	1
丹寨县				80	2	78	1	1	
黔南布依族苗族自治州	**49**	**24**	**25**	**3034**	**408**	**2626**	**40**	**11**	**29**
都匀市	8	2	6	206	47	159	3		3
福泉市	3	2	1	329	54	275	10	4	6
荔波县	1	1		227	24	203	2		2
贵定县	1		1	224	41	183	3		3
瓮安县	1		1	315	54	261	3		3
独山县	4	1	3	329	25	304	2	1	1
平塘县	7	5	2	301	38	263	9	4	5
罗甸县	4	2	2	153	19	134	1		1
长顺县	7	4	3	240	21	219	3		3
龙里县	5	4	1	276	44	232	1		1
惠水县	5	1	4	289	37	252	3	2	1
三都水族自治县	3	2	1	145	4	141			

7-10c 续表 6 单位：人

现住地	为子女就学			养老/康养			其他		
	小计	男	女	小计	男	女	小计	男	女
贵州	**383**	**84**	**299**	**966**	**685**	**281**	**11701**	**6274**	**5427**
贵阳市	**29**	**10**	**19**	**92**	**49**	**43**	**1902**	**1177**	**725**
南明区	1	1		5	2	3	265	171	94
云岩区									
花溪区	6	3	3	12	8	4	289	153	136
乌当区	7	2	5	26	13	13	181	104	77
白云区	3	1	2	6	4	2	50	30	20
观山湖区	2	1	1	10	4	6	437	274	163
开阳县	5		5	8	6	2	66	40	26
息烽县	1		1	7	3	4	75	33	42
修文县				7	3	4	184	143	41
清镇市	4	2	2	11	6	5	355	229	126
六盘水市	**74**	**12**	**62**	**88**	**65**	**23**	**1569**	**797**	**772**
钟山区	1		1				29	13	16
六枝特区	4		4	10	8	2	301	158	143
水城县	25	4	21	13	8	5	270	155	115
盘州市	44	8	36	65	49	16	969	471	498
遵义市	**84**	**17**	**67**	**258**	**164**	**94**	**2224**	**1131**	**1093**
红花岗区	2	1	1	8	6	2	111	51	60
汇川区	2		2	5	3	2	98	41	57
播州区	11	2	9	15	6	9	298	170	128
桐梓县	8	2	6	21	11	10	241	110	131
绥阳县				5	2	3	182	100	82
正安县	10	2	8	22	16	6	154	82	72
道真仡佬族苗族自治县	18	3	15	14	10	4	100	56	44
务川仡佬族苗族自治县	1	1		15	14	1	35	22	13
凤冈县	1	1		6	6		78	33	45
湄潭县	3		3	15	9	6	156	79	77
余庆县	7	2	5	12	8	4	66	30	36
习水县	14	1	13	48	31	17	286	135	151
赤水市	4		4	62	35	27	191	100	91
仁怀市	3	2	1	10	7	3	228	122	106
安顺市	**16**	**8**	**8**	**52**	**39**	**13**	**788**	**431**	**357**
西秀区	2	2		18	13	5	310	159	151
平坝区	8	3	5	4	3	1	158	97	61
普定县	2	1	1	2	1	1	96	57	39
镇宁布依族苗族自治县				3	2	1	86	55	31
关岭布依族苗族自治县	2	2		13	10	3	53	23	30
紫云苗族布依族自治县	2		2	12	10	2	85	40	45
毕节市	**38**	**5**	**33**	**110**	**82**	**28**	**1828**	**1008**	**820**
七星关区	7		7	31	23	8	172	68	104
大方县	8	1	7	17	11	6	197	110	87
黔西县	1	1		11	9	2	256	130	126
金沙县	5		5	9	6	3	210	128	82
织金县	4		4	8	5	3	146	64	82
纳雍县	2		2	25	20	5	216	118	98
威宁彝族回族苗族自治县	3	1	2	6	5	1	404	259	145
赫章县	8	2	6	3	3		227	131	96

7-10c 续表 7 单位：人

现住地	为子女就学			养老/康养			其他		
	小计	男	女	小计	男	女	小计	男	女
铜仁市	**38**	**4**	**34**	**105**	**82**	**23**	**972**	**494**	**478**
碧江区	3		3	8	1	7	64	29	35
万山区	2	1	1	5	3	2	68	31	37
江口县	5	2	3	2		2	119	65	54
玉屏侗族自治县	5		5	7	5	2	72	31	41
石阡县	2		2	11	9	2	78	41	37
思南县	2		2	9	7	2	82	49	33
印江土家族苗族自治县	11	1	10	6	6		33	15	18
德江县	2		2	16	15	1	111	69	42
沿河土家族自治县	1		1	22	22		110	49	61
松桃苗族自治县	5		5	19	14	5	235	115	120
黔西南布依族苗族自治州	**22**	**8**	**14**	**83**	**72**	**11**	**544**	**320**	**224**
兴义市	4	1	3	15	9	6	134	79	55
兴仁市				21	19	2	68	50	18
普安县	2		2	2	1	1	40	25	15
晴隆县	3	2	1	6	6		48	30	18
贞丰县	9	4	5	14	14		47	25	22
望谟县	2	1	1	2	2		70	40	30
册亨县				2	2		34	16	18
安龙县	2		2	21	19	2	103	55	48
黔东南苗族侗族自治州	**50**	**13**	**37**	**98**	**80**	**18**	**836**	**402**	**434**
凯里市				9	8	1	65	36	29
黄平县	1		1	11	7	4	32	15	17
施秉县	1		1	2	1	1	32	17	15
三穗县	1	1		8	6	2	34	12	22
镇远县	1	1		7	6	1	26	17	9
岑巩县	1		1	6	6		58	28	30
天柱县	5	1	4	16	15	1	108	51	57
锦屏县	5	2	3	3	3		39	23	16
剑河县	9	1	8	4	4		49	27	22
台江县				6	5	1	52	25	27
黎平县	16	5	11	9	6	3	136	68	68
榕江县	3		3	3	3		59	22	37
从江县	4	1	3	1		1	75	31	44
雷山县				6	4	2	31	17	14
麻江县	1		1	4	4		22	5	17
丹寨县	2	1	1	3	2	1	18	8	10
黔南布依族苗族自治州	**32**	**7**	**25**	**80**	**52**	**28**	**1038**	**514**	**524**
都匀市	1		1	13	7	6	99	56	43
福泉市				13	6	7	147	80	67
荔波县	4	1	3	4	1	3	110	44	66
贵定县	1		1	5	3	2	59	28	31
瓮安县	11	4	7	9	8	1	124	52	72
独山县	6	1	5	5	3	2	108	50	58
平塘县	4	1	3	6	5	1	103	53	50
罗甸县	1		1	4	4		30	11	19
长顺县	1		1	3	3		46	25	21
龙里县	1		1	9	5	4	54	27	27
惠水县	2		2	7	5	2	111	64	47
三都水族自治县				2	2		47	24	23

第一部分　全部数据资料

第八卷　住房

8−1　各地区按住房间数分的家庭户户数

单位：户

地　区	家庭户户数	住房间数				
		一间	二间	三间	四间	五间
贵　州	**12004270**	**696820**	**2085941**	**3753185**	**2056119**	**1116022**
贵阳市	**1846732**	**206973**	**551427**	**641220**	**196586**	**81444**
南明区	370276	47759	148218	134742	27087	6965
云岩区	385478	78238	148746	122166	25797	5943
花溪区	251130	23474	72101	87437	25908	11687
乌当区	101833	6316	29356	38625	11096	4990
白云区	128022	12186	42023	45732	13067	4742
观山湖区	181619	19149	43868	78275	24527	6604
开阳县	119179	4438	14124	40485	20763	13438
息烽县	73045	4243	12907	23850	12437	6886
修文县	82422	3689	12513	24567	14643	7566
清镇市	153728	7481	27571	45341	21261	12623
六盘水市	**948929**	**81464**	**199642**	**320900**	**134715**	**70443**
钟山区	203703	17411	56981	87567	19818	7785
六枝特区	164905	8408	28587	52875	30286	16486
水城县	214337	8038	27247	54554	36989	27366
盘州市	365984	47607	86827	125904	47622	18806
遵义市	**2095198**	**76611**	**296840**	**767567**	**379157**	**195293**
红花岗区	293330	14760	64578	135383	36601	14760
汇川区	196775	9376	32515	85254	28431	13008
播州区	232612	6683	28003	87634	37460	22174
桐梓县	162260	4101	17842	53204	29122	18023
绥阳县	120922	2782	14638	43463	27444	13526
正安县	139587	5259	21344	48143	31118	14427
道真仡佬族苗族自治县	86101	3023	14140	33473	21814	6081
务川仡佬族苗族自治县	103612	3325	13665	31754	22744	11528
凤冈县	104075	2987	11778	32843	20262	12320
湄潭县	127004	3060	15868	43438	23555	13772
余庆县	76752	2296	9240	19576	18171	10303
习水县	176999	4692	19714	52919	34475	22366
赤水市	86961	4536	16968	44591	12891	4029
仁怀市	188208	9731	16547	55892	35069	18976
安顺市	**741003**	**41726**	**129664**	**237230**	**130085**	**69170**
西秀区	259920	14600	55877	92907	36474	18303
平坝区	98382	5933	17486	29339	16163	9983
普定县	122786	10971	23570	41786	22043	9421
镇宁布依族苗族自治县	90375	4131	13236	30495	18285	9393
关岭布依族苗族自治县	83133	3399	9988	23466	20070	9995
紫云苗族布依族自治县	86407	2692	9507	19237	17050	12075
毕节市	**2068492**	**114685**	**327056**	**477769**	**377234**	**230986**
七星关区	386597	25706	70447	105714	68418	32670
大方县	281462	15177	45013	58459	52384	28889
黔西县	225015	11186	38407	55795	43919	23329
金沙县	167271	7089	23806	37094	30660	18295
织金县	264704	23926	50764	64585	45156	25301
纳雍县	216562	12639	31365	42672	38988	26296
威宁彝族回族苗族自治县	342532	11360	45978	78945	67044	52429
赫章县	184349	7602	21276	34505	30665	23777

注：本表数据为居住在普通住宅的家庭户。

8-1 续表 1 单位：户

地　　区	家庭户户　数	住房间数				
		一间	二间	三间	四间	五间
铜仁市	**1084661**	**32863**	**155446**	**327424**	**193071**	**119147**
碧江区	117690	4595	25172	59598	13566	4963
万山区	51997	3127	10748	18224	9256	3626
江口县	63807	3165	11438	19048	10808	5598
玉屏侗族自治县	47458	1266	6759	16573	7326	3812
石阡县	100285	2038	10036	21797	20786	17490
思南县	159112	3085	18545	43534	32383	22408
印江土家族苗族自治县	105567	3949	18295	33665	20909	10169
德江县	129926	2596	15151	27409	23871	17096
沿河土家族自治县	153068	3849	18228	35656	27511	20093
松桃苗族自治县	155751	5193	21074	51920	26655	13892
黔西南布依族苗族自治州	**917611**	**34509**	**103627**	**263285**	**201089**	**108638**
兴义市	297542	19158	43255	108366	59190	27517
兴仁市	132924	3354	15423	41826	31198	14943
普安县	75685	2731	9512	18130	13357	7457
晴隆县	73230	2114	7020	15399	13495	9802
贞丰县	96381	2202	8645	22646	25987	13910
望谟县	70126	1258	4818	12756	13121	10044
册亨县	61747	1652	6213	20373	18139	7536
安龙县	109976	2040	8741	23789	26602	17429
黔东南苗族侗族自治州	**1214215**	**68665**	**181836**	**380443**	**245836**	**119110**
凯里市	229250	26714	53776	89556	27306	9984
黄平县	82742	2683	11101	26658	15798	9534
施秉县	41180	1290	4405	11705	8740	6053
三穗县	56378	3788	7958	14987	10515	5372
镇远县	65474	2527	7461	13510	13082	7834
岑巩县	57452	2238	8073	17934	12522	5134
天柱县	102958	8492	17076	29743	22608	8381
锦屏县	53471	1933	5993	16858	11621	5711
剑河县	62798	3605	8109	22206	13397	6597
台江县	37791	1312	4755	12500	8014	3847
黎平县	128205	4928	13578	34135	27968	15712
榕江县	85139	1492	11233	23164	22532	10427
从江县	84763	2821	8074	22027	25450	13119
雷山县	39572	1525	5293	11889	9882	4713
麻江县	43103	1569	7503	15290	8750	3894
丹寨县	43939	1748	7448	18281	7651	2798
黔南布依族苗族自治州	**1087429**	**39324**	**140403**	**337347**	**198346**	**121791**
都匀市	161809	5223	30942	65271	23129	10917
福泉市	92104	3545	11883	29036	15336	10431
荔波县	49703	2874	4952	12498	10670	7704
贵定县	77908	2536	12135	22781	12998	9178
瓮安县	134064	4600	21206	57643	25858	10203
独山县	86281	2760	9535	22115	14215	11091
平塘县	75765	2149	5692	14041	14830	12890
罗甸县	84230	3859	8767	21218	18098	11443
长顺县	61287	1432	4932	15358	11234	8007
龙里县	65676	2973	9746	20315	9927	5796
惠水县	112124	4988	11137	31436	19928	12325
三都水族自治县	86478	2385	9476	25635	22123	11806

8-1　续表 2　　单位：户

地　　区	住房间数				
	六间	七间	八间	九间	十间及以上
贵　州	**1082377**	**246432**	**462442**	**124379**	**380553**
贵阳市	**71053**	**18052**	**32839**	**8626**	**38512**
南明区	2785	736	821	225	938
云岩区	2440	595	804	182	567
花溪区	12616	2983	6176	1945	6803
乌当区	5187	1033	2209	533	2488
白云区	4515	778	2050	595	2334
观山湖区	4279	982	1668	379	1888
开阳县	10209	3286	5176	1408	5852
息烽县	5715	1455	2401	489	2662
修文县	9234	1926	3827	782	3675
清镇市	14073	4278	7707	2088	11305
六盘水市	**67250**	**14524**	**27841**	**8306**	**23844**
钟山区	5891	1650	2849	692	3059
六枝特区	13872	3002	5658	1458	4273
水城县	24121	6844	13063	3753	12362
盘州市	23366	3028	6271	2403	4150
遵义市	**179326**	**40604**	**77651**	**20130**	**62019**
红花岗区	12128	2523	5607	1722	5268
汇川区	12059	2763	5785	1593	5991
播州区	21645	5409	10731	2967	9906
桐梓县	18674	4406	7856	2121	6911
绥阳县	11171	1839	3559	760	1740
正安县	12107	2150	3149	539	1351
道真仡佬族苗族自治县	4359	717	1409	285	800
务川仡佬族苗族自治县	11363	2286	3834	899	2214
凤冈县	10708	2500	5269	1291	4117
湄潭县	11776	3328	6359	1569	4279
余庆县	8797	2117	3240	1000	2012
习水县	21242	4443	8690	2162	6296
赤水市	2421	603	471	117	334
仁怀市	20876	5520	11692	3105	10800
安顺市	**71788**	**13393**	**24088**	**7761**	**16098**
西秀区	22305	3652	7111	3118	5573
平坝区	10483	2161	3263	1066	2505
普定县	8656	1397	2714	710	1518
镇宁布依族苗族自治县	8994	1237	2569	661	1374
关岭布依族苗族自治县	8904	1771	3119	675	1746
紫云苗族布依族自治县	12446	3175	5312	1531	3382
毕节市	**224813**	**62312**	**113695**	**29900**	**110042**
七星关区	35498	8201	17546	4174	18223
大方县	33243	8437	18695	4143	17022
黔西县	24261	5583	10722	2794	9019
金沙县	18118	5786	11075	3454	11894
织金县	24218	6996	11237	2993	9528
纳雍县	24665	7881	13852	3876	14328
威宁彝族回族苗族自治县	42103	11348	16680	4343	12302
赫章县	22707	8080	13888	4123	17726

8-1 续表 3 单位：户

地 区	住房间数				
	六间	七间	八间	九间	十间及以上
铜仁市	**122723**	**25216**	**55036**	**15517**	**38218**
碧江区	4760	1024	1737	560	1715
万山区	3636	564	1245	436	1135
江口县	6871	1382	2789	1001	1707
玉屏侗族自治县	5553	1029	2143	994	2003
石阡县	13547	3322	5799	1658	3812
思南县	19425	4243	8713	2208	4568
印江土家族苗族自治县	10156	1668	3999	864	1893
德江县	17104	4248	9491	3032	9928
沿河土家族自治县	22738	4450	10932	2569	7042
松桃苗族自治县	18933	3286	8188	2195	4415
黔西南布依族苗族自治州	**110573**	**20267**	**40700**	**9357**	**25566**
兴义市	22652	3931	7336	2036	4101
兴仁市	16374	1965	4691	1021	2129
普安县	13705	1614	4618	882	3679
晴隆县	12945	2265	5230	1123	3837
贞丰县	11802	2299	5027	954	2909
望谟县	11738	3593	6084	1670	5044
册亨县	5041	968	1196	153	476
安龙县	16316	3632	6518	1518	3391
黔东南苗族侗族自治州	**115710**	**23495**	**42572**	**11542**	**25006**
凯里市	10119	1811	3938	1327	4719
黄平县	8740	1762	3270	1147	2049
施秉县	4440	1074	1611	599	1263
三穗县	6658	1397	2859	829	2015
镇远县	9986	2240	4427	1312	3095
岑巩县	6392	948	2366	656	1189
天柱县	9710	1072	3404	697	1775
锦屏县	5788	1465	2261	790	1051
剑河县	5382	1126	1365	431	580
台江县	3680	893	1587	303	900
黎平县	16102	4094	7392	1634	2662
榕江县	9882	1980	2893	596	940
从江县	8400	1808	1904	495	665
雷山县	3349	729	1187	245	760
麻江县	3595	571	1106	244	581
丹寨县	3487	525	1002	237	762
黔南布依族苗族自治州	**119141**	**28569**	**48020**	**13240**	**41248**
都匀市	12565	2272	4582	1482	5426
福泉市	9242	2632	4605	1155	4239
荔波县	5944	1873	1546	431	1211
贵定县	7961	2053	3804	1024	3438
瓮安县	7292	1915	2666	592	2089
独山县	12842	3084	5488	1368	3783
平塘县	12693	3104	4994	1548	3824
罗甸县	11283	2813	3657	1036	2056
长顺县	8566	2166	4534	1231	3827
龙里县	6620	1374	3191	759	4975
惠水县	15024	3382	6668	2021	5215
三都水族自治县	9109	1901	2285	593	1165

8–1a　各地区按住房间数分的家庭户户数(城市)

单位：户

地　　区	家庭户户　数	住房间数				
		一间	二间	三间	四间	五间
贵　州	**3129186**	**320152**	**903060**	**1377436**	**320804**	**87303**
贵阳市	**1336630**	**180908**	**477994**	**507537**	**111620**	**27314**
南明区	355555	45345	144790	131015	25563	5719
云岩区	385478	78238	148746	122166	25797	5943
花溪区	192197	21075	66212	76337	16270	5080
乌当区	63849	3333	23736	29769	5079	964
白云区	118536	11861	40724	43725	11575	3658
观山湖区	154311	16300	36120	74161	20821	3750
开阳县						
息烽县						
修文县						
清镇市	66704	4756	17666	30364	6515	2200
六盘水市	**302391**	**28280**	**80927**	**147326**	**28584**	**6959**
钟山区	170489	15270	49256	82552	14713	3665
六枝特区	47405	2993	13165	24570	3786	1156
水城县						
盘州市	84497	10017	18506	40204	10085	2138
遵义市	**560421**	**36118**	**120962**	**306211**	**61841**	**16348**
红花岗区	217355	13543	58158	114738	20683	5336
汇川区	135891	8609	28147	73087	15844	4734
播州区	87013	3706	15853	56162	7445	1617
桐梓县						
绥阳县						
正安县						
道真仡佬族苗族自治县						
务川仡佬族苗族自治县						
凤冈县						
湄潭县						
余庆县						
习水县						
赤水市	35513	1807	8322	23198	1838	166
仁怀市	84649	8453	10482	39026	16031	4495
安顺市	**164514**	**11308**	**48611**	**68323**	**18115**	**6542**
西秀区	142862	9765	43629	58599	15160	5306
平坝区	21652	1543	4982	9724	2955	1236
普定县						
镇宁布依族苗族自治县						
关岭布依族苗族自治县						
紫云苗族布依族自治县						
毕节市	**161385**	**9556**	**31341**	**67803**	**25285**	**8464**
七星关区	161385	9556	31341	67803	25285	8464
大方县						
黔西县						
金沙县						
织金县						
纳雍县						
威宁彝族回族苗族自治县						
赫章县						

注：本表数据为居住在普通住宅的家庭户。

8−1a 续表 1

单位：户

地 区	家庭户户 数	住房间数				
		一间	二间	三间	四间	五间
铜仁市	**107710**	**4708**	**25240**	**61046**	**10699**	**2248**
碧江区	86627	3284	19811	51303	7556	1700
万山区	21083	1424	5429	9743	3143	548
江口县						
玉屏侗族自治县						
石阡县						
思南县						
印江土家族苗族自治县						
德江县						
沿河土家族自治县						
松桃苗族自治县						
黔西南布依族苗族自治州	**205948**	**19154**	**42500**	**85008**	**35596**	**11378**
兴义市	169955	17570	34946	71191	27650	8876
兴仁市	35993	1584	7554	13817	7946	2502
普安县						
晴隆县						
贞丰县						
望谟县						
册亨县						
安龙县						
黔东南苗族侗族自治州	**161560**	**24113**	**44434**	**69766**	**13753**	**3446**
凯里市	161560	24113	44434	69766	13753	3446
黄平县						
施秉县						
三穗县						
镇远县						
岑巩县						
天柱县						
锦屏县						
剑河县						
台江县						
黎平县						
榕江县						
从江县						
雷山县						
麻江县						
丹寨县						
黔南布依族苗族自治州	**128627**	**6007**	**31051**	**64416**	**15311**	**4604**
都匀市	98176	4157	25486	48842	11692	3015
福泉市	30451	1850	5565	15574	3619	1589
荔波县						
贵定县						
瓮安县						
独山县						
平塘县						
罗甸县						
长顺县						
龙里县						
惠水县						
三都水族自治县						

8-1a 续表 2

单位：户

地 区	住房间数				
	六间	七间	八间	九间	十间及以上
贵 州	**53406**	**12852**	**21468**	**7188**	**25517**
贵阳市	**13964**	**3501**	**5575**	**1687**	**6530**
南明区	1700	458	420	114	431
云岩区	2440	595	804	182	567
花溪区	2878	890	1362	533	1560
乌当区	584	74	138	20	152
白云区	2909	548	1408	460	1668
观山湖区	1653	386	487	121	512
开阳县					
息烽县					
修文县					
清镇市	1800	550	956	257	1640
六盘水市	**4884**	**1064**	**1745**	**536**	**2086**
钟山区	2054	589	861	258	1271
六枝特区	781	214	268	100	372
水城县					
盘州市	2049	261	616	178	443
遵义市	**8204**	**2107**	**3430**	**1080**	**4120**
红花岗区	2214	556	863	318	946
汇川区	2295	569	941	310	1355
播州区	908	285	398	138	501
桐梓县					
绥阳县					
正安县					
道真仡佬族苗族自治县					
务川仡佬族苗族自治县					
凤冈县					
湄潭县					
余庆县					
习水县					
赤水市	95	66	10	1	10
仁怀市	2692	631	1218	313	1308
安顺市	**5963**	**1107**	**1828**	**920**	**1797**
西秀区	5225	970	1648	879	1681
平坝区	738	137	180	41	116
普定县					
镇宁布依族苗族自治县					
关岭布依族苗族自治县					
紫云苗族布依族自治县					
毕节市	**7231**	**1993**	**3753**	**1191**	**4768**
七星关区	7231	1993	3753	1191	4768
大方县					
黔西县					
金沙县					
织金县					
纳雍县					
威宁彝族回族苗族自治县					
赫章县					

8-1a 续表 3

单位：户

地 区	住房间数				
	六间	七间	八间	九间	十间及以上
铜仁市	**1443**	**368**	**599**	**269**	**1090**
碧江区	1136	309	488	191	849
万山区	307	59	111	78	241
江口县					
玉屏侗族自治县					
石阡县					
思南县					
印江土家族苗族自治县					
德江县					
沿河土家族自治县					
松桃苗族自治县					
黔西南布依族苗族自治州	**6323**	**1427**	**2248**	**736**	**1578**
兴义市	4760	1211	1802	591	1358
兴仁市	1563	216	446	145	220
普安县					
晴隆县					
贞丰县					
望谟县					
册亨县					
安龙县					
黔东南苗族侗族自治州	**2444**	**522**	**1086**	**375**	**1621**
凯里市	2444	522	1086	375	1621
黄平县					
施秉县					
三穗县					
镇远县					
岑巩县					
天柱县					
锦屏县					
剑河县					
台江县					
黎平县					
榕江县					
从江县					
雷山县					
麻江县					
丹寨县					
黔南布依族苗族自治州	**2950**	**763**	**1204**	**394**	**1927**
都匀市	2077	437	819	281	1370
福泉市	873	326	385	113	557
荔波县					
贵定县					
瓮安县					
独山县					
平塘县					
罗甸县					
长顺县					
龙里县					
惠水县					
三都水族自治县					

8-1b　各地区按住房间数分的家庭户户数(镇)

单位：户

地　区	家庭户户　数	住房间数				
		一间	二间	三间	四间	五间
贵　州	**2967906**	**175966**	**504561**	**1090025**	**497932**	**236272**
贵阳市	**166449**	**10937**	**34534**	**68726**	**20772**	**10071**
南明区						
云岩区						
花溪区	11119	1265	2357	2751	1565	849
乌当区	5979	552	1012	1332	1032	683
白云区	1097	71	560	449	16	1
观山湖区	7344	527	4388	1241	458	226
开阳县	59942	3093	8578	29653	7895	3862
息烽县	33906	2560	8298	16089	3148	1462
修文县	36154	2363	7212	14551	5079	2000
清镇市	10908	506	2129	2660	1579	988
六盘水市	**145235**	**13669**	**35662**	**47643**	**20819**	**9607**
钟山区	17846	1874	6611	2858	2343	1519
六枝特区	14956	1058	2744	4730	2777	1479
水城县	65662	4051	12855	26126	9787	4444
盘州市	46771	6686	13452	13929	5912	2165
遵义市	**557013**	**20790**	**79259**	**254228**	**92508**	**41682**
红花岗区	17723	438	2020	8095	3139	1403
汇川区	16905	283	1424	4552	3464	1944
播州区	26668	731	3060	9784	4524	2713
桐梓县	70939	1625	8027	36363	10811	5439
绥阳县	48095	1309	6213	24663	8480	3299
正安县	52528	2991	9267	24779	7547	3155
道真仡佬族苗族自治县	40847	1901	7477	19695	8626	1496
务川仡佬族苗族自治县	48922	2382	7324	21211	8679	3167
凤冈县	45751	2152	7408	21792	6195	3132
湄潭县	59186	1867	9991	29356	7814	4017
余庆县	33677	1476	4687	12096	5711	3262
习水县	67069	2614	9784	30993	12252	6078
赤水市	11555	687	1689	6413	1862	433
仁怀市	17148	334	888	4436	3404	2144
安顺市	**164618**	**12573**	**32330**	**58298**	**26166**	**12213**
西秀区	13293	1046	2017	4083	2663	1106
平坝区	23821	1817	5890	6107	3139	2122
普定县	42644	3493	8340	17883	6436	2442
镇宁布依族苗族自治县	31735	2541	6634	11789	4954	2218
关岭布依族苗族自治县	28070	2191	5271	10690	4688	1900
紫云苗族布依族自治县	25055	1485	4178	7746	4286	2425
毕节市	**644829**	**47088**	**109364**	**171642**	**118578**	**63146**
七星关区	25223	2325	4645	4331	4737	2882
大方县	91145	6715	15302	23246	17234	7555
黔西县	101580	6528	20086	31570	19021	8204
金沙县	78484	4310	13864	23014	14140	7532
织金县	107498	12585	22868	30987	16430	8047
纳雍县	83005	6840	12067	21340	15268	8007
威宁彝族回族苗族自治县	111890	4716	14858	24536	21821	16632
赫章县	46004	3069	5674	12618	9927	4287

注：本表数据为居住在普通住宅的家庭户。

8-1b 续表 1

单位：户

地　　区	家庭户户数	住房间数				
		一间	二间	三间	四间	五间
铜仁市	**322016**	**11050**	**55927**	**128483**	**53236**	**24435**
碧江区	1773	119	512	439	316	141
万山区						
江口县	24820	1406	5341	9281	3214	1304
玉屏侗族自治县	24506	690	4504	12185	2878	1124
石阡县	29527	1108	5043	10051	4628	2706
思南县	53725	1393	9115	20690	9229	4398
印江土家族苗族自治县	35545	1107	6581	17702	5896	1514
德江县	54967	1799	10142	17022	11323	5808
沿河土家族自治县	51229	1558	7762	17655	9665	5076
松桃苗族自治县	45924	1870	6927	23458	6087	2364
黔西南布依族苗族自治州	**196505**	**8102**	**25696**	**60642**	**41590**	**21107**
兴义市	22241	457	1668	5730	5656	3556
兴仁市	13054	576	1552	3023	3013	1806
普安县	21217	854	3005	7464	3845	1611
晴隆县	20849	1108	3141	6040	4061	2238
贞丰县	34839	1775	5688	12259	7437	3013
望谟县	23334	798	2267	5936	3802	2400
册亨县	19454	1094	3072	8353	4496	1258
安龙县	41517	1440	5303	11837	9280	5225
黔东南苗族侗族自治州	**369808**	**28454**	**66818**	**144196**	**61631**	**22121**
凯里市	9836	953	1861	2439	1658	724
黄平县	29618	1421	4997	13217	4307	2054
施秉县	15348	928	2418	6098	2282	1430
三穗县	25423	2816	4957	9320	3128	1164
镇远县	29418	2062	4758	7992	4222	2430
岑巩县	22681	1403	4784	9234	3496	1058
天柱县	40502	6217	7978	13843	6290	1763
锦屏县	22330	1309	3437	9158	4887	1261
剑河县	22460	2158	3725	10737	3588	1064
台江县	12874	636	1734	6600	2111	556
黎平县	47832	3474	7039	15735	9901	3747
榕江县	27718	715	6499	12752	4435	1294
从江县	18732	1570	3384	7936	3547	1046
雷山县	14153	1194	2591	4933	2947	1014
麻江县	15602	803	2912	7761	2132	794
丹寨县	15281	795	3744	6441	2700	722
黔南布依族苗族自治州	**401433**	**23303**	**64971**	**156167**	**62632**	**31890**
都匀市	5873	99	360	1355	1198	978
福泉市	14174	785	2601	4509	2622	1305
荔波县	20469	2304	2783	7483	3565	1523
贵定县	40988	1751	8864	15591	4954	3584
瓮安县	77631	3029	14337	42434	10021	3264
独山县	39595	1742	5742	12965	5963	4140
平塘县	24636	1507	2721	6643	5085	3290
罗甸县	41758	3163	5732	14610	8316	3526
长顺县	24298	955	2850	8834	3784	2348
龙里县	33950	2403	6987	13752	4480	1841
惠水县	48598	4093	7467	16859	7048	3595
三都水族自治县	29463	1472	4527	11132	5596	2496

8-1b 续表 2

单位：户

地 区	住房间数				
	六间	七间	八间	九间	十间及以上
贵 州	**212571**	**49269**	**89902**	**26857**	**84551**
贵阳市	**8706**	**2389**	**3997**	**1170**	**5147**
南明区					
云岩区					
花溪区	894	251	452	164	571
乌当区	588	206	252	69	253
白云区					
观山湖区	201	43	132	20	108
开阳县	2775	767	1249	390	1680
息烽县	1052	339	418	102	438
修文县	2077	497	943	271	1161
清镇市	1119	286	551	154	936
六盘水市	**8813**	**1703**	**3471**	**940**	**2908**
钟山区	1507	261	541	76	256
六枝特区	1129	231	372	100	336
水城县	3549	847	1716	479	1808
盘州市	2628	364	842	285	508
遵义市	**33899**	**7511**	**12862**	**3599**	**10675**
红花岗区	1256	278	532	138	424
汇川区	2273	428	1112	282	1143
播州区	2502	618	1150	392	1194
桐梓县	4464	960	1341	454	1455
绥阳县	2439	373	717	180	422
正安县	2662	524	790	176	637
道真仡佬族苗族自治县	878	164	272	99	239
务川仡佬族苗族自治县	3269	585	1106	291	908
凤冈县	2095	538	1101	341	997
湄潭县	2895	907	1252	231	856
余庆县	3282	698	1181	453	831
习水县	3142	718	868	195	425
赤水市	312	75	39	13	32
仁怀市	2430	645	1401	354	1112
安顺市	**11857**	**2284**	**4120**	**1338**	**3439**
西秀区	1309	182	460	144	283
平坝区	2308	509	805	278	846
普定县	2420	337	614	198	481
镇宁布依族苗族自治县	1852	291	669	223	564
关岭布依族苗族自治县	1795	318	613	180	424
紫云苗族布依族自治县	2173	647	959	315	841
毕节市	**55039**	**15449**	**27969**	**7498**	**29056**
七星关区	2829	597	1395	273	1209
大方县	7966	2113	4567	1180	5267
黔西县	7321	1687	3370	930	2863
金沙县	5835	1905	3446	1038	3400
织金县	7219	1902	3330	894	3236
纳雍县	7696	2344	4031	1138	4274
威宁彝族回族苗族自治县	12644	3539	5745	1496	5903
赫章县	3529	1362	2085	549	2904

8-1b 续表 3

单位：户

地 区	住房间数				
	六间	七间	八间	九间	十间及以上
铜仁市	**22984**	**4798**	**9646**	**3545**	**7912**
碧江区	149	24	42	12	19
万山区					
江口县	1930	383	819	426	716
玉屏侗族自治县	1471	306	540	262	546
石阡县	2463	621	1245	455	1207
思南县	4257	974	1959	505	1205
印江土家族苗族自治县	1325	221	547	198	454
德江县	4184	863	1511	719	1596
沿河土家族自治县	4509	948	2000	597	1459
松桃苗族自治县	2696	458	983	371	710
黔西南布依族苗族自治州	**19755**	**3999**	**7400**	**1987**	**6227**
兴义市	3156	473	864	253	428
兴仁市	1777	288	587	145	287
普安县	2461	248	887	187	655
晴隆县	2097	432	866	167	699
贞丰县	2356	400	929	202	780
望谟县	2928	1008	1533	558	2104
册亨县	699	122	196	38	126
安龙县	4281	1028	1538	437	1148
黔东南苗族侗族自治州	**22848**	**4438**	**9009**	**3042**	**7251**
凯里市	975	114	422	142	548
黄平县	1774	338	756	238	516
施秉县	902	280	388	172	450
三穗县	1755	329	854	284	816
镇远县	3615	767	1609	593	1370
岑巩县	1455	232	468	186	365
天柱县	2203	293	1007	206	702
锦屏县	1172	253	430	153	270
剑河县	712	140	138	71	127
台江县	546	113	278	87	213
黎平县	3961	868	1580	580	947
榕江县	1222	158	306	119	218
从江县	822	137	150	53	87
雷山县	629	208	252	83	302
麻江县	655	78	234	40	193
丹寨县	450	130	137	35	127
黔南布依族苗族自治州	**28670**	**6698**	**11428**	**3738**	**11936**
都匀市	1073	116	235	126	333
福泉市	974	227	502	132	517
荔波县	1383	416	392	158	462
贵定县	2609	601	1241	432	1361
瓮安县	2250	525	799	182	790
独山县	4363	1136	1703	481	1360
平塘县	2738	574	1000	297	781
罗甸县	3195	727	1114	442	933
长顺县	2232	475	1206	356	1258
龙里县	1818	442	646	173	1408
惠水县	3945	971	1846	701	2073
三都水族自治县	2090	488	744	258	660

8-1c　各地区按住房间数分的家庭户户数(乡村)

单位：户

地　区	家庭户户　数	住房间数				
		一间	二间	三间	四间	五间
贵　州	**5907178**	**200702**	**678320**	**1285724**	**1237383**	**792447**
贵阳市	**343653**	**15128**	**38899**	**64957**	**64194**	**44059**
南明区	14721	2414	3428	3727	1524	1246
云岩区						
花溪区	47814	1134	3532	8349	8073	5758
乌当区	32005	2431	4608	7524	4985	3343
白云区	8389	254	739	1558	1476	1083
观山湖区	19964	2322	3360	2873	3248	2628
开阳县	59237	1345	5546	10832	12868	9576
息烽县	39139	1683	4609	7761	9289	5424
修文县	46268	1326	5301	10016	9564	5566
清镇市	76116	2219	7776	12317	13167	9435
六盘水市	**501303**	**39515**	**83053**	**125931**	**85312**	**53877**
钟山区	15368	267	1114	2157	2762	2601
六枝特区	102544	4357	12678	23575	23723	13851
水城县	148675	3987	14392	28428	27202	22922
盘州市	234716	30904	54869	71771	31625	14503
遵义市	**977764**	**19703**	**96619**	**207128**	**224808**	**137263**
红花岗区	58252	779	4400	12550	12779	8021
汇川区	43979	484	2944	7615	9123	6330
播州区	118931	2246	9090	21688	25491	17844
桐梓县	91321	2476	9815	16841	18311	12584
绥阳县	72827	1473	8425	18800	18964	10227
正安县	87059	2268	12077	23364	23571	11272
道真仡佬族苗族自治县	45254	1122	6663	13778	13188	4585
务川仡佬族苗族自治县	54690	943	6341	10543	14065	8361
凤冈县	58324	835	4370	11051	14067	9188
湄潭县	67818	1193	5877	14082	15741	9755
余庆县	43075	820	4553	7480	12460	7041
习水县	109930	2078	9930	21926	22223	16288
赤水市	39893	2042	6957	14980	9191	3430
仁怀市	86411	944	5177	12430	15634	12337
安顺市	**411871**	**17845**	**48723**	**110609**	**85804**	**50415**
西秀区	103765	3789	10231	30225	18651	11891
平坝区	52909	2573	6614	13508	10069	6625
普定县	80142	7478	15230	23903	15607	6979
镇宁布依族苗族自治县	58640	1590	6602	18706	13331	7175
关岭布依族苗族自治县	55063	1208	4717	12776	15382	8095
紫云苗族布依族自治县	61352	1207	5329	11491	12764	9650
毕节市	**1262278**	**58041**	**186351**	**238324**	**233371**	**159376**
七星关区	199989	13825	34461	33580	38396	21324
大方县	190317	8462	29711	35213	35150	21334
黔西县	123435	4658	18321	24225	24898	15125
金沙县	88787	2779	9942	14080	16520	10763
织金县	157206	11341	27896	33598	28726	17254
纳雍县	133557	5799	19298	21332	23720	18289
威宁彝族回族苗族自治县	230642	6644	31120	54409	45223	35797
赫章县	138345	4533	15602	21887	20738	19490

注：本表数据为居住在普通住宅的家庭户。

8-1c 续表 1

单位：户

地 区	家庭户	住房间数				
	户 数	一间	二间	三间	四间	五间
铜仁市	**654935**	**17105**	**74279**	**137895**	**129136**	**92464**
碧江区	29290	1192	4849	7856	5694	3122
万山区	30914	1703	5319	8481	6113	3078
江口县	38987	1759	6097	9767	7594	4294
玉屏侗族自治县	22952	576	2255	4388	4448	2688
石阡县	70758	930	4993	11746	16158	14784
思南县	105387	1692	9430	22844	23154	18010
印江土家族苗族自治县	70022	2842	11714	15963	15013	8655
德江县	74959	797	5009	10387	12548	11288
沿河土家族自治县	101839	2291	10466	18001	17846	15017
松桃苗族自治县	109827	3323	14147	28462	20568	11528
黔西南布依族苗族自治州	**515158**	**7253**	**35431**	**117635**	**123903**	**76153**
兴义市	105346	1131	6641	31445	25884	15085
兴仁市	83877	1194	6317	24986	20239	10635
普安县	54468	1877	6507	10666	9512	5846
晴隆县	52381	1006	3879	9359	9434	7564
贞丰县	61542	427	2957	10387	18550	10897
望谟县	46792	460	2551	6820	9319	7644
册亨县	42293	558	3141	12020	13643	6278
安龙县	68459	600	3438	11952	17322	12204
黔东南苗族侗族自治州	**682847**	**16098**	**70584**	**166481**	**170452**	**93543**
凯里市	57854	1648	7481	17351	11895	5814
黄平县	53124	1262	6104	13441	11491	7480
施秉县	25832	362	1987	5607	6458	4623
三穗县	30955	972	3001	5667	7387	4208
镇远县	36056	465	2703	5518	8860	5404
岑巩县	34771	835	3289	8700	9026	4076
天柱县	62456	2275	9098	15900	16318	6618
锦屏县	31141	624	2556	7700	6734	4450
剑河县	40338	1447	4384	11469	9809	5533
台江县	24917	676	3021	5900	5903	3291
黎平县	80373	1454	6539	18400	18067	11965
榕江县	57421	777	4734	10412	18097	9133
从江县	66031	1251	4690	14091	21903	12073
雷山县	25419	331	2702	6956	6935	3699
麻江县	27501	766	4591	7529	6618	3100
丹寨县	28658	953	3704	11840	4951	2076
黔南布依族苗族自治州	**557369**	**10014**	**44381**	**116764**	**120403**	**85297**
都匀市	57760	967	5096	15074	10239	6924
福泉市	47479	910	3717	8953	9095	7537
荔波县	29234	570	2169	5015	7105	6181
贵定县	36920	785	3271	7190	8044	5594
瓮安县	56433	1571	6869	15209	15837	6939
独山县	46686	1018	3793	9150	8252	6951
平塘县	51129	642	2971	7398	9745	9600
罗甸县	42472	696	3035	6608	9782	7917
长顺县	36989	477	2082	6524	7450	5659
龙里县	31726	570	2759	6563	5447	3955
惠水县	63526	895	3670	14577	12880	8730
三都水族自治县	57015	913	4949	14503	16527	9310

8-1c　续表 2　　　　单位：户

地　区	住房间数				
	六间	七间	八间	九间	十间及以上
贵　州	**816400**	**184311**	**351072**	**90334**	**270485**
贵阳市	**48383**	**12162**	**23267**	**5769**	**26835**
南明区	1085	278	401	111	507
云岩区					
花溪区	8844	1842	4362	1248	4672
乌当区	4015	753	1819	444	2083
白云区	1606	230	642	135	666
观山湖区	2425	553	1049	238	1268
开阳县	7434	2519	3927	1018	4172
息烽县	4663	1116	1983	387	2224
修文县	7157	1429	2884	511	2514
清镇市	11154	3442	6200	1677	8729
六盘水市	**53553**	**11757**	**22625**	**6830**	**18850**
钟山区	2330	800	1447	358	1532
六枝特区	11962	2557	5018	1258	3565
水城县	20572	5997	11347	3274	10554
盘州市	18689	2403	4813	1940	3199
遵义市	**137223**	**30986**	**61359**	**15451**	**47224**
红花岗区	8658	1689	4212	1266	3898
汇川区	7491	1766	3732	1001	3493
播州区	18235	4506	9183	2437	8211
桐梓县	14210	3446	6515	1667	5456
绥阳县	8732	1466	2842	580	1318
正安县	9445	1626	2359	363	714
道真仡佬族苗族自治县	3481	553	1137	186	561
务川仡佬族苗族自治县	8094	1701	2728	608	1306
凤冈县	8613	1962	4168	950	3120
湄潭县	8881	2421	5107	1338	3423
余庆县	5515	1419	2059	547	1181
习水县	18100	3725	7822	1967	5871
赤水市	2014	462	422	103	292
仁怀市	15754	4244	9073	2438	8380
安顺市	**53968**	**10002**	**18140**	**5503**	**10862**
西秀区	15771	2500	5003	2095	3609
平坝区	7437	1515	2278	747	1543
普定县	6236	1060	2100	512	1037
镇宁布依族苗族自治县	7142	946	1900	438	810
关岭布依族苗族自治县	7109	1453	2506	495	1322
紫云苗族布依族自治县	10273	2528	4353	1216	2541
毕节市	**162543**	**44870**	**81973**	**21211**	**76218**
七星关区	25438	5611	12398	2710	12246
大方县	25277	6324	14128	2963	11755
黔西县	16940	3896	7352	1864	6156
金沙县	12283	3881	7629	2416	8494
织金县	16999	5094	7907	2099	6292
纳雍县	16969	5537	9821	2738	10054
威宁彝族回族苗族自治县	29459	7809	10935	2847	6399
赫章县	19178	6718	11803	3574	14822

8−1c 续表 3 单位：户

地 区	住房间数				
	六间	七间	八间	九间	十间及以上
铜仁市	**98296**	**20050**	**44791**	**11703**	**29216**
碧江区	3475	691	1207	357	847
万山区	3329	505	1134	358	894
江口县	4941	999	1970	575	991
玉屏侗族自治县	4082	723	1603	732	1457
石阡县	11084	2701	4554	1203	2605
思南县	15168	3269	6754	1703	3363
印江土家族苗族自治县	8831	1447	3452	666	1439
德江县	12920	3385	7980	2313	8332
沿河土家族自治县	18229	3502	8932	1972	5583
松桃苗族自治县	16237	2828	7205	1824	3705
黔西南布依族苗族自治州	**84495**	**14841**	**31052**	**6634**	**17761**
兴义市	14736	2247	4670	1192	2315
兴仁市	13034	1461	3658	731	1622
普安县	11244	1366	3731	695	3024
晴隆县	10848	1833	4364	956	3138
贞丰县	9446	1899	4098	752	2129
望谟县	8810	2585	4551	1112	2940
册亨县	4342	846	1000	115	350
安龙县	12035	2604	4980	1081	2243
黔东南苗族侗族自治州	**90418**	**18535**	**32477**	**8125**	**16134**
凯里市	6700	1175	2430	810	2550
黄平县	6966	1424	2514	909	1533
施秉县	3538	794	1223	427	813
三穗县	4903	1068	2005	545	1199
镇远县	6371	1473	2818	719	1725
岑巩县	4937	716	1898	470	824
天柱县	7507	779	2397	491	1073
锦屏县	4616	1212	1831	637	781
剑河县	4670	986	1227	360	453
台江县	3134	780	1309	216	687
黎平县	12141	3226	5812	1054	1715
榕江县	8660	1822	2587	477	722
从江县	7578	1671	1754	442	578
雷山县	2720	521	935	162	458
麻江县	2940	493	872	204	388
丹寨县	3037	395	865	202	635
黔南布依族苗族自治州	**87521**	**21108**	**35388**	**9108**	**27385**
都匀市	9415	1719	3528	1075	3723
福泉市	7395	2079	3718	910	3165
荔波县	4561	1457	1154	273	749
贵定县	5352	1452	2563	592	2077
瓮安县	5042	1390	1867	410	1299
独山县	8479	1948	3785	887	2423
平塘县	9955	2530	3994	1251	3043
罗甸县	8088	2086	2543	594	1123
长顺县	6334	1691	3328	875	2569
龙里县	4802	932	2545	586	3567
惠水县	11079	2411	4822	1320	3142
三都水族自治县	7019	1413	1541	335	505

8-2　各地区按人均住房建筑面积分的家庭户户数

单位：户

地　区	家庭户户　数	人均住房建筑面积(平方米)			
		8及以下	9-12	13-16	17-19
贵　州	**12004270**	**113581**	**256395**	**475123**	**249404**
贵阳市	**1846732**	**38383**	**77129**	**109613**	**63416**
南明区	370276	10868	19933	26749	16250
云岩区	385478	14911	27798	34840	16838
花溪区	251130	4598	9261	13668	8171
乌当区	101833	1084	2769	5204	3747
白云区	128022	2421	5997	8985	5126
观山湖区	181619	1917	4505	6644	4813
开阳县	119179	733	1610	3278	2128
息烽县	73045	307	1066	2140	1380
修文县	82422	629	1359	2717	1425
清镇市	153728	915	2831	5388	3538
六盘水市	**948929**	**13001**	**27663**	**45170**	**21931**
钟山区	203703	5979	10722	13452	7824
六枝特区	164905	1399	3422	6576	3897
水城县	214337	1106	3395	8516	4030
盘州市	365984	4517	10124	16626	6180
遵义市	**2095198**	**10594**	**27377**	**62524**	**44552**
红花岗区	293330	2405	5681	12339	9594
汇川区	196775	1777	3984	7247	5292
播州区	232612	504	1998	5797	5605
桐梓县	162260	215	1059	3961	2768
绥阳县	120922	305	854	2474	2027
正安县	139587	586	1560	3532	2630
道真仡佬族苗族自治县	86101	476	1320	2867	1367
务川仡佬族苗族自治县	103612	894	1542	2995	1776
凤冈县	104075	297	964	2443	1586
湄潭县	127004	259	954	2669	1965
余庆县	76752	125	424	1213	630
习水县	176999	573	2254	6310	4006
赤水市	86961	217	799	1725	1750
仁怀市	188208	1961	3984	6952	3556
安顺市	**741003**	**5460**	**12034**	**24550**	**12137**
西秀区	259920	2243	5186	9287	5004
平坝区	98382	837	1687	3238	1598
普定县	122786	502	1726	4028	1324
镇宁布依族苗族自治县	90375	749	1227	2693	1257
关岭布依族苗族自治县	83133	700	1184	2637	1623
紫云苗族布依族自治县	86407	429	1024	2667	1331
毕节市	**2068492**	**21891**	**54362**	**115005**	**44902**
七星关区	386597	4905	11519	22438	8749
大方县	281462	3452	8810	18653	4475
黔西县	225015	1428	4643	10735	4185
金沙县	167271	881	2869	6303	2356
织金县	264704	5114	9520	15551	5480
纳雍县	216562	2631	6736	13192	4592
威宁彝族回族苗族自治县	342532	1855	6271	19511	11297
赫章县	184349	1625	3994	8622	3768

注：本表数据为居住在普通住宅的家庭户。

8−2 续表 1

单位：户

地 区	家庭户	人均住房建筑面积(平方米)			
	户 数	8及以下	9−12	13−16	17−19
铜仁市	**1084661**	**2875**	**9310**	**23531**	**13436**
碧江区	117690	695	1968	4014	2596
万山区	51997	147	657	1601	582
江口县	63807	254	666	1586	734
玉屏侗族自治县	47458	77	266	897	556
石阡县	100285	211	754	1654	989
思南县	159112	220	945	2537	2011
印江土家族苗族自治县	105567	209	921	2754	1308
德江县	129926	155	918	2643	1343
沿河土家族自治县	153068	287	821	2043	1059
松桃苗族自治县	155751	620	1394	3802	2258
黔西南布依族苗族自治州	**917611**	**2088**	**7768**	**20763**	**12637**
兴义市	297542	938	3945	8466	5341
兴仁市	132924	225	938	2415	1595
普安县	75685	200	652	2080	952
晴隆县	73230	134	452	1679	738
贞丰县	96381	269	761	2073	1565
望谟县	70126	48	219	1045	558
册亨县	61747	94	263	1260	562
安龙县	109976	180	538	1745	1326
黔东南苗族侗族自治州	**1214215**	**14181**	**28925**	**48399**	**21862**
凯里市	229250	6716	11830	14432	6118
黄平县	82742	623	1310	2895	1517
施秉县	41180	245	644	1426	650
三穗县	56378	451	1337	2126	946
镇远县	65474	681	1095	1807	798
岑巩县	57452	263	726	1484	626
天柱县	102958	695	1168	2871	790
锦屏县	53471	413	817	1250	552
剑河县	62798	1090	1333	2165	975
台江县	37791	336	781	1576	811
黎平县	128205	1086	2340	4707	2029
榕江县	85139	576	2036	3869	2320
从江县	84763	286	968	2684	1865
雷山县	39572	306	948	2008	736
麻江县	43103	129	516	1321	579
丹寨县	43939	285	1076	1778	550
黔南布依族苗族自治州	**1087429**	**5108**	**11827**	**25568**	**14531**
都匀市	161809	386	1557	3734	2648
福泉市	92104	497	1435	2839	1483
荔波县	49703	352	714	1329	351
贵定县	77908	214	876	2242	1192
瓮安县	134064	648	1734	3485	2599
独山县	86281	151	527	1399	857
平塘县	75765	100	363	1002	501
罗甸县	84230	977	1067	1792	798
长顺县	61287	191	322	837	535
龙里县	65676	539	1093	1945	1114
惠水县	112124	858	1421	2627	1306
三都水族自治县	86478	195	718	2337	1147

8-2　续表 2　　　　单位：户

地　区	人均住房建筑面积(平方米)					
	20-29	30-39	40-49	50-59	60-69	70及以上
贵　州	**2156613**	**1944475**	**1682727**	**1046862**	**1230090**	**2849000**
贵阳市	**368622**	**300709**	**232846**	**143227**	**153017**	**359770**
南明区	81786	62171	43685	26128	27648	55058
云岩区	84475	64154	41744	25835	25286	49597
花溪区	51184	40316	31590	21238	19359	51745
乌当区	19584	15998	13479	7074	8836	24058
白云区	29581	22020	14327	8694	9504	21367
观山湖区	33633	30744	29794	13784	16210	39575
开阳县	19024	18160	15803	11163	13895	33385
息烽县	11036	11154	10455	7005	8018	20484
修文县	12268	12198	11422	7591	9194	23619
清镇市	26051	23794	20547	14715	15067	40882
六盘水市	**177441**	**156016**	**138801**	**79621**	**92998**	**196287**
钟山区	42449	33099	25594	17400	14118	33066
六枝特区	29283	26491	21828	16822	15161	40026
水城县	43389	35357	30647	19604	20270	48023
盘州市	62320	61069	60732	25795	43449	75172
遵义市	**368545**	**349020**	**294200**	**200065**	**221460**	**516861**
红花岗区	62844	52970	40975	26625	23915	55982
汇川区	36962	34022	27055	18561	17806	44069
播州区	41725	39558	32794	21664	23670	59297
桐梓县	27420	27271	22702	17384	17703	41777
绥阳县	19878	19391	18008	11611	15413	30961
正安县	21988	21589	18571	15251	13778	40102
道真仡佬族苗族自治县	15191	14753	12102	7942	10614	19469
务川仡佬族苗族自治县	17329	16206	14270	9550	11493	27557
凤冈县	16621	17344	14869	10079	13363	26509
湄潭县	18954	21065	19060	12834	16394	32850
余庆县	8004	9473	9814	7628	9823	29618
习水县	34631	30165	24755	16454	18112	39739
赤水市	13793	14409	13438	8624	10109	22097
仁怀市	33205	30804	25787	15858	19267	46834
安顺市	**118340**	**121412**	**106248**	**71862**	**82718**	**186242**
西秀区	41226	41609	35913	25991	28348	65113
平坝区	15115	16147	13855	9797	11230	24878
普定县	20553	22047	19637	10912	15679	26378
镇宁布依族苗族自治县	14243	14628	12580	9503	10005	23490
关岭布依族苗族自治县	13337	13197	12072	7437	8285	22661
紫云苗族布依族自治县	13866	13784	12191	8222	9171	23722
毕节市	**454100**	**354453**	**293586**	**166588**	**181252**	**382353**
七星关区	82119	61280	57697	28936	33572	75382
大方县	62645	50358	39519	21807	26345	45398
黔西县	44919	37832	34119	19749	21247	46158
金沙县	28604	26051	24065	15839	18139	42164
织金县	53536	44932	35162	22541	21848	51020
纳雍县	47996	36176	30459	16295	18090	40395
威宁彝族回族苗族自治县	94871	66718	46602	25653	24956	44798
赫章县	39410	31106	25963	15768	17055	37038

8-2 续表 3 单位：户

地　区	人均住房建筑面积(平方米)					
	20-29	30-39	40-49	50-59	60-69	70及以上
铜仁市	**155604**	**162787**	**156923**	**97054**	**140206**	**322935**
碧江区	24218	20254	16705	10907	11029	25304
万山区	10309	8151	7027	4907	5880	12736
江口县	9630	10026	9240	5490	8406	17775
玉屏侗族自治县	7263	7788	6905	4040	6460	13206
石阡县	12282	13696	15346	8245	15123	31985
思南县	19384	22151	24860	15302	19498	52204
印江土家族苗族自治县	16782	17981	16058	8748	14207	26599
德江县	17665	19369	17848	10515	19104	40366
沿河土家族自治县	14836	20016	19860	16023	22507	55616
松桃苗族自治县	23235	23355	23074	12877	17992	47144
黔西南布依族苗族自治州	**150795**	**151507**	**142584**	**77113**	**113979**	**238377**
兴义市	51736	51501	45199	21601	35585	73230
兴仁市	18948	23071	22515	11665	19429	32123
普安县	13072	13041	12172	5819	10658	17039
晴隆县	12462	12061	10760	7175	8871	18898
贞丰县	16088	16048	15468	8531	11495	24083
望谟县	8933	9547	10007	7201	8238	24330
册亨县	14873	9841	9257	4974	5717	14906
安龙县	14683	16397	17206	10147	13986	33768
黔东南苗族侗族自治州	**205591**	**187666**	**166715**	**104237**	**123090**	**313549**
凯里市	43268	37972	30231	17724	17225	43734
黄平县	13494	12879	11825	7010	8663	22526
施秉县	7556	6674	5870	4303	4157	9655
三穗县	8335	8004	7210	5207	5773	16989
镇远县	7298	7924	9389	5303	8431	22748
岑巩县	8241	8273	7792	5349	7135	17563
天柱县	15038	15371	13802	8243	14413	30567
锦屏县	7219	6883	6649	4718	5686	19284
剑河县	10512	8837	8165	5334	6754	17633
台江县	6844	5842	4883	3212	3691	9815
黎平县	21171	19535	18119	10814	12802	35602
榕江县	17009	14419	11870	7543	7339	18158
从江县	15476	13772	12503	7563	8462	21184
雷山县	8796	6510	5469	3656	3461	7682
麻江县	7046	7254	6526	4272	4568	10892
丹寨县	8288	7517	6412	3986	4530	9517
黔南布依族苗族自治州	**157575**	**160905**	**150824**	**107095**	**121370**	**332626**
都匀市	24249	24788	23695	16820	16702	47230
福泉市	16384	15226	12699	10067	9811	21663
荔波县	6013	6166	6203	4835	5643	18097
贵定县	13123	12853	10648	8981	7744	20035
瓮安县	22721	21725	18226	12925	16006	33995
独山县	10120	12902	12805	8611	10761	28148
平塘县	6135	8384	9508	6717	9611	33444
罗甸县	11277	10900	11824	6892	8671	30032
长顺县	7221	7925	8348	6399	7648	21861
龙里县	10315	10251	9126	5951	7027	18315
惠水县	14569	15495	15183	10439	12801	37425
三都水族自治县	15448	14290	12559	8458	8945	22381

8-2a　各地区按人均住房建筑面积分的家庭户户数(城市)

单位：户

地　　区	家庭户户　数	人均住房建筑面积(平方米)			
		8及以下	9-12	13-16	17-19
贵　州	**3129186**	**62063**	**127453**	**185607**	**112174**
贵阳市	**1336630**	**34203**	**67664**	**93481**	**54979**
南明区	355555	9818	18332	25562	15997
云岩区	385478	14911	27798	34840	16838
花溪区	192197	4247	8473	12211	7392
乌当区	63849	576	1700	3650	3430
白云区	118536	2362	5787	8688	4935
观山湖区	154311	1675	3747	5371	4170
开阳县					
息烽县					
修文县					
清镇市	66704	614	1827	3159	2217
六盘水市	**302391**	**8236**	**15464**	**19185**	**11907**
钟山区	170489	5229	9258	11528	7060
六枝特区	47405	918	2045	2900	2105
水城县					
盘州市	84497	2089	4161	4757	2742
遵义市	**560421**	**6226**	**14045**	**26527**	**20885**
红花岗区	217355	2276	5283	10897	8710
汇川区	135891	1724	3719	6290	4696
播州区	87013	262	1071	3139	4001
桐梓县					
绥阳县					
正安县					
道真仡佬族苗族自治县					
务川仡佬族苗族自治县					
凤冈县					
湄潭县					
余庆县					
习水县					
赤水市	35513	108	452	887	1136
仁怀市	84649	1856	3520	5314	2342
安顺市	**164514**	**2243**	**4865**	**7754**	**4118**
西秀区	142862	1900	4268	6788	3599
平坝区	21652	343	597	966	519
普定县					
镇宁布依族苗族自治县					
关岭布依族苗族自治县					
紫云苗族布依族自治县					
毕节市	**161385**	**2846**	**6391**	**10734**	**6005**
七星关区	161385	2846	6391	10734	6005
大方县					
黔西县					
金沙县					
织金县					
纳雍县					
威宁彝族回族苗族自治县					
赫章县					

注：本表数据为居住在普通住宅的家庭户。

8-2a 续表 1

单位：户

地　　区	家庭户户　数	人均住房建筑面积(平方米)			
		8及以下	9-12	13-16	17-19
铜仁市	**107710**	**719**	**2209**	**4339**	**2592**
碧江区	86627	631	1736	3336	2310
万山区	21083	88	473	1003	282
江口县					
玉屏侗族自治县					
石阡县					
思南县					
印江土家族苗族自治县					
德江县					
沿河土家族自治县					
松桃苗族自治县					
黔西南布依族苗族自治州	**205948**	**931**	**4188**	**7919**	**4030**
兴义市	169955	812	3564	6763	3646
兴仁市	35993	119	624	1156	384
普安县					
晴隆县					
贞丰县					
望谟县					
册亨县					
安龙县					
黔东南苗族侗族自治州	**161560**	**5963**	**10349**	**11441**	**4793**
凯里市	161560	5963	10349	11441	4793
黄平县					
施秉县					
三穗县					
镇远县					
岑巩县					
天柱县					
锦屏县					
剑河县					
台江县					
黎平县					
榕江县					
从江县					
雷山县					
麻江县					
丹寨县					
黔南布依族苗族自治州	**128627**	**696**	**2278**	**4227**	**2865**
都匀市	98176	320	1330	2911	2162
福泉市	30451	376	948	1316	703
荔波县					
贵定县					
瓮安县					
独山县					
平塘县					
罗甸县					
长顺县					
龙里县					
惠水县					
三都水族自治县					

8-2a　续表 2　　　　单位：户

地　　区	人均住房建筑面积(平方米)					
	20-29	30-39	40-49	50-59	60-69	70及以上
贵　州	**692035**	**555272**	**402427**	**251575**	**228441**	**512139**
贵阳市	**296631**	**230801**	**164611**	**96098**	**94915**	**203247**
南明区	79384	60435	42202	25332	26626	51867
云岩区	84475	64154	41744	25835	25286	49597
花溪区	44485	33311	24262	15393	12708	29715
乌当区	14999	11782	9030	4233	4200	10249
白云区	28613	21007	13078	7961	8338	17767
观山湖区	29817	27836	25670	11209	12784	32032
开阳县						
息烽县						
修文县						
清镇市	14858	12276	8625	6135	4973	12020
六盘水市	**66039**	**52617**	**38003**	**26061**	**20936**	**43943**
钟山区	37627	28751	21430	14078	11071	24457
六枝特区	11130	8479	5051	5275	2888	6614
水城县						
盘州市	17282	15387	11522	6708	6977	12872
遵义市	**134991**	**109034**	**74892**	**49114**	**37032**	**87675**
红花岗区	52983	41977	29748	19458	13157	32866
汇川区	30119	25795	18162	12668	9685	23033
播州区	23873	18605	10891	7967	4861	12343
桐梓县						
绥阳县						
正安县						
道真仡佬族苗族自治县						
务川仡佬族苗族自治县						
凤冈县						
湄潭县						
余庆县						
习水县						
赤水市	7405	6753	5540	3504	3450	6278
仁怀市	20611	15904	10551	5517	5879	13155
安顺市	**31546**	**29129**	**22191**	**17431**	**14171**	**31066**
西秀区	27217	25085	19128	15421	12331	27125
平坝区	4329	4044	3063	2010	1840	3941
普定县						
镇宁布依族苗族自治县						
关岭布依族苗族自治县						
紫云苗族布依族自治县						
毕节市	**37655**	**27449**	**20091**	**12374**	**10846**	**26994**
七星关区	37655	27449	20091	12374	10846	26994
大方县						
黔西县						
金沙县						
织金县						
纳雍县						
威宁彝族回族苗族自治县						
赫章县						

8-2a 续表 3

单位：户

地　　区	人均住房建筑面积(平方米)					
	20-29	30-39	40-49	50-59	60-69	70及以上
铜仁市	**26166**	**19106**	**14584**	**9612**	**8871**	**19512**
碧江区	19909	15752	12179	7777	7120	15877
万山区	6257	3354	2405	1835	1751	3635
江口县						
玉屏侗族自治县						
石阡县						
思南县						
印江土家族苗族自治县						
德江县						
沿河土家族自治县						
松桃苗族自治县						
黔西南布依族苗族自治州	**41487**	**38167**	**29283**	**15525**	**20339**	**44079**
兴义市	34867	31187	23656	12357	15777	37326
兴仁市	6620	6980	5627	3168	4562	6753
普安县						
晴隆县						
贞丰县						
望谟县						
册亨县						
安龙县						
黔东南苗族侗族自治州	**32537**	**27174**	**20641**	**12110**	**10442**	**26110**
凯里市	32537	27174	20641	12110	10442	26110
黄平县						
施秉县						
三穗县						
镇远县						
岑巩县						
天柱县						
锦屏县						
剑河县						
台江县						
黎平县						
榕江县						
从江县						
雷山县						
麻江县						
丹寨县						
黔南布依族苗族自治州	**24983**	**21795**	**18131**	**13250**	**10889**	**29513**
都匀市	17774	16393	14545	10183	8363	24195
福泉市	7209	5402	3586	3067	2526	5318
荔波县						
贵定县						
瓮安县						
独山县						
平塘县						
罗甸县						
长顺县						
龙里县						
惠水县						
三都水族自治县						

8-2b　各地区按人均住房建筑面积分的家庭户户数(镇)

单位：户

地　　区	家庭户户　数	人均住房建筑面积(平方米)			
		8及以下	9-12	13-16	17-19
贵　州	**2967906**	**33699**	**73330**	**131641**	**61921**
贵阳市	**166449**	**1977**	**4577**	**7621**	**4560**
南明区					
云岩区					
花溪区	11119	206	340	511	208
乌当区	5979	81	244	364	71
白云区	1097	37	122	135	123
观山湖区	7344	159	489	681	450
开阳县	59942	598	1268	2328	1570
息烽县	33906	254	772	1294	900
修文县	36154	553	1057	1783	930
清镇市	10908	89	285	525	308
六盘水市	**145235**	**2722**	**5738**	**9575**	**3539**
钟山区	17846	736	1429	1719	593
六枝特区	14956	217	450	957	400
水城县	65662	673	1793	3753	1498
盘州市	46771	1096	2066	3146	1048
遵义市	**557013**	**3334**	**9162**	**20975**	**14318**
红花岗区	17723	51	164	526	368
汇川区	16905	21	132	341	238
播州区	26668	99	303	800	550
桐梓县	70939	133	670	2429	1858
绥阳县	48095	214	519	1356	1281
正安县	52528	483	1232	2269	1711
道真仡佬族苗族自治县	40847	383	1083	2231	1032
务川仡佬族苗族自治县	48922	850	1344	2224	1340
凤冈县	45751	254	790	1667	1119
湄潭县	59186	219	756	1931	1463
余庆县	33677	92	304	756	415
习水县	67069	436	1573	3698	2399
赤水市	11555	60	149	313	246
仁怀市	17148	39	143	434	298
安顺市	**164618**	**2291**	**3986**	**6949**	**2877**
西秀区	13293	86	227	489	268
平坝区	23821	324	554	907	470
普定县	42644	263	825	1626	640
镇宁布依族苗族自治县	31735	646	902	1352	469
关岭布依族苗族自治县	28070	624	850	1318	581
紫云苗族布依族自治县	25055	348	628	1257	449
毕节市	**644829**	**11118**	**23028**	**36927**	**13298**
七星关区	25223	526	1144	1606	289
大方县	91145	1998	3961	6370	1702
黔西县	101580	930	2710	4993	1902
金沙县	78484	496	1733	3414	1254
织金县	107498	3887	5870	7126	2548
纳雍县	83005	1348	2972	4701	1646
威宁彝族回族苗族自治县	111890	1124	2790	5956	2866
赫章县	46004	809	1848	2761	1091

注：本表数据为居住在普通住宅的家庭户。

8-2b 续表 1

单位：户

地　区	家庭户户数	人均住房建筑面积(平方米)			
		8及以下	9-12	13-16	17-19
铜仁市	**322016**	**1463**	**4791**	**10481**	**5709**
碧江区	1773	12	39	71	32
万山区					
江口县	24820	189	474	953	387
玉屏侗族自治县	24506	45	168	527	274
石阡县	29527	172	601	1071	581
思南县	53725	185	781	1582	1103
印江土家族苗族自治县	35545	129	598	1573	888
德江县	54967	125	801	2038	1033
沿河土家族自治县	51229	238	672	1329	734
松桃苗族自治县	45924	368	657	1337	677
黔西南布依族苗族自治州	**196505**	**710**	**2039**	**5409**	**2608**
兴义市	22241	35	136	398	244
兴仁市	13054	47	101	241	179
普安县	21217	83	228	674	318
晴隆县	20849	100	278	782	279
贞丰县	34839	237	587	1211	602
望谟县	23334	28	115	453	226
册亨县	19454	54	149	547	193
安龙县	41517	126	445	1103	567
黔东南苗族侗族自治州	**369808**	**6230**	**12272**	**19539**	**7651**
凯里市	9836	361	446	635	201
黄平县	29618	439	682	1218	658
施秉县	15348	198	464	759	348
三穗县	25423	377	1040	1489	631
镇远县	29418	631	937	1307	541
岑巩县	22681	228	608	1045	360
天柱县	40502	653	975	1949	445
锦屏县	22330	346	644	832	338
剑河县	22460	774	825	1125	420
台江县	12874	196	356	611	270
黎平县	47832	871	1569	2566	934
榕江县	27718	440	1387	2112	1071
从江县	18732	234	560	1243	724
雷山县	14153	233	652	1068	346
麻江县	15602	65	304	572	191
丹寨县	15281	184	823	1008	173
黔南布依族苗族自治州	**401433**	**3854**	**7737**	**14165**	**7361**
都匀市	5873	4	21	46	33
福泉市	14174	70	295	732	415
荔波县	20469	322	604	886	239
贵定县	40988	173	668	1467	755
瓮安县	77631	602	1598	2989	2298
独山县	39595	131	423	874	543
平塘县	24636	81	302	695	258
罗甸县	41758	929	993	1492	619
长顺县	24298	143	256	566	319
龙里县	33950	492	975	1457	838
惠水县	48598	745	1119	1762	623
三都水族自治县	29463	162	483	1199	421

8-2b 续表 2 单位：户

地 区	人均住房建筑面积(平方米)					
	20-29	30-39	40-49	50-59	60-69	70及以上
贵 州	**607570**	**498873**	**387786**	**262775**	**276178**	**634133**
贵阳市	**33087**	**26947**	**20558**	**16427**	**14003**	**36692**
南明区						
云岩区						
花溪区	1695	1336	1237	1048	1014	3524
乌当区	892	721	718	403	606	1879
白云区	272	148	127	74	22	37
观山湖区	1817	705	711	1011	383	938
开阳县	12683	10697	7294	5917	4883	12704
息烽县	6474	5905	4667	3501	2980	7159
修文县	7028	5992	4675	3266	3077	7793
清镇市	2226	1443	1129	1207	1038	2658
六盘水市	**33227**	**22481**	**19616**	**10969**	**12017**	**25351**
钟山区	3100	2227	2213	1465	1194	3170
六枝特区	3442	2257	1939	1313	1070	2911
水城县	17763	10585	8518	5270	4899	10910
盘州市	8922	7412	6946	2921	4854	8360
遵义市	**119494**	**101234**	**72417**	**54333**	**49038**	**112708**
红花岗区	3410	3227	2377	1824	1669	4107
汇川区	2341	2638	2297	1661	2064	5172
播州区	4872	4666	3824	2481	2808	6265
桐梓县	16236	13620	9057	7697	5569	13670
绥阳县	10477	8765	6522	5115	4527	9319
正安县	11751	8987	5816	5848	3842	10589
道真仡佬族苗族自治县	9630	8262	5393	3569	3501	5763
务川仡佬族苗族自治县	11330	8820	6220	3953	4091	8750
凤冈县	10016	8890	6293	4289	4018	8415
湄潭县	11879	11188	8451	6360	5496	11443
余庆县	4725	4799	3977	3387	3459	11763
习水县	18022	12590	7855	5470	4869	10157
赤水市	1976	2041	1916	1046	1341	2467
仁怀市	2829	2741	2419	1633	1784	4828
安顺市	**29771**	**27746**	**22183**	**15365**	**17242**	**36208**
西秀区	2095	2158	1910	1262	1546	3252
平坝区	3669	3822	3016	2518	2759	5782
普定县	7933	7816	6649	3739	4974	8179
镇宁布依族苗族自治县	5566	5281	3845	3378	3194	7102
关岭布依族苗族自治县	5332	4564	3692	2264	2456	6389
紫云苗族布依族自治县	5176	4105	3071	2204	2313	5504
毕节市	**144753**	**106874**	**82676**	**53633**	**52950**	**119572**
七星关区	4990	3668	3646	1844	2359	5151
大方县	20745	15532	10967	7578	7487	14805
黔西县	19823	16621	14768	8961	9278	21594
金沙县	14659	12221	10077	7610	7693	19327
织金县	21719	17518	12781	8718	7932	19399
纳雍县	19325	13552	11212	6245	6853	15151
威宁彝族回族苗族自治县	31527	20467	13881	9147	7894	16238
赫章县	11965	7295	5344	3530	3454	7907

8-2b 续表 3　　　　单位：户

地　区	人均住房建筑面积(平方米)					
	20-29	30-39	40-49	50-59	60-69	70及以上
铜仁市	**59637**	**54953**	**41941**	**27809**	**36563**	**78669**
碧江区	303	247	236	188	193	452
万山区						
江口县	4773	4284	3279	1838	2957	5686
玉屏侗族自治县	4551	4342	3312	1970	3367	5950
石阡县	5594	4456	3753	2573	3252	7474
思南县	9315	8431	6782	5942	5703	13901
印江土家族苗族自治县	8228	7118	4770	2651	3533	6057
德江县	11044	10681	7126	3944	6599	11576
沿河土家族自治县	7655	8051	6744	4858	6304	14644
松桃苗族自治县	8174	7343	5939	3845	4655	12929
黔西南布依族苗族自治州	**38112**	**33024**	**28085**	**16572**	**22218**	**47728**
兴义市	2912	3542	3400	1639	3230	6705
兴仁市	1716	2040	1963	1235	1838	3694
普安县	3962	3863	3253	1512	2723	4601
晴隆县	4714	3723	2719	2040	2129	4085
贞丰县	7896	6039	4945	3063	3316	6943
望谟县	3567	3408	3181	2146	2805	7405
册亨县	6013	3559	2733	1282	1558	3366
安龙县	7332	6850	5891	3655	4619	10929
黔东南苗族侗族自治州	**76066**	**60375**	**46983**	**30218**	**33549**	**76925**
凯里市	1763	1505	1122	777	921	2105
黄平县	5565	5282	3888	2547	3016	6323
施秉县	3216	2520	2024	1459	1184	3176
三穗县	4986	4011	2904	2163	2195	5627
镇远县	4112	3714	3655	2346	2970	9205
岑巩县	4317	3816	3156	1791	2413	4947
天柱县	8101	7189	4903	2788	3992	9507
锦屏县	4472	3645	2814	2034	1898	5307
剑河县	4989	3376	2926	1813	2188	4024
台江县	2594	2092	1518	1072	1237	2928
黎平县	9810	7745	6575	3571	4255	9936
榕江县	7147	4621	3429	1940	2111	3460
从江县	5019	3062	2338	1253	1401	2898
雷山县	3568	2354	1684	1354	863	2031
麻江县	2888	2918	2311	1545	1791	3017
丹寨县	3519	2525	1736	1765	1114	2434
黔南布依族苗族自治州	**73423**	**65239**	**53327**	**37449**	**38598**	**100280**
都匀市	448	753	833	721	801	2213
福泉市	3130	2481	1826	1269	1316	2640
荔波县	3062	3327	2654	1884	2038	5453
贵定县	7581	6786	5127	4862	3819	9750
瓮安县	17280	14026	9980	7607	6305	14946
独山县	5204	6422	5868	3877	4757	11496
平塘县	3360	3448	3041	2189	2694	8568
罗甸县	8373	6625	5928	3130	3734	9935
长顺县	4245	3736	3263	2289	2545	6936
龙里县	6496	5939	4673	2790	3072	7218
惠水县	7551	6913	5952	4465	4775	14693
三都水族自治县	6693	4783	4182	2366	2742	6432

8-2c 各地区按人均住房建筑面积分的家庭户户数(乡村)

单位：户

地 区	家庭户户 数	人均住房建筑面积(平方米)			
		8及以下	9-12	13-16	17-19
贵 州	**5907178**	**17819**	**55612**	**157875**	**75309**
贵阳市	**343653**	**2203**	**4888**	**8511**	**3877**
南明区	14721	1050	1601	1187	253
云岩区					
花溪区	47814	145	448	946	571
乌当区	32005	427	825	1190	246
白云区	8389	22	88	162	68
观山湖区	19964	83	269	592	193
开阳县	59237	135	342	950	558
息烽县	39139	53	294	846	480
修文县	46268	76	302	934	495
清镇市	76116	212	719	1704	1013
六盘水市	**501303**	**2043**	**6461**	**16410**	**6485**
钟山区	15368	14	35	205	171
六枝特区	102544	264	927	2719	1392
水城县	148675	433	1602	4763	2532
盘州市	234716	1332	3897	8723	2390
遵义市	**977764**	**1034**	**4170**	**15022**	**9349**
红花岗区	58252	78	234	916	516
汇川区	43979	32	133	616	358
播州区	118931	143	624	1858	1054
桐梓县	91321	82	389	1532	910
绥阳县	72827	91	335	1118	746
正安县	87059	103	328	1263	919
道真仡佬族苗族自治县	45254	93	237	636	335
务川仡佬族苗族自治县	54690	44	198	771	436
凤冈县	58324	43	174	776	467
湄潭县	67818	40	198	738	502
余庆县	43075	33	120	457	215
习水县	109930	137	681	2612	1607
赤水市	39893	49	198	525	368
仁怀市	86411	66	321	1204	916
安顺市	**411871**	**926**	**3183**	**9847**	**5142**
西秀区	103765	257	691	2010	1137
平坝区	52909	170	536	1365	609
普定县	80142	239	901	2402	684
镇宁布依族苗族自治县	58640	103	325	1341	788
关岭布依族苗族自治县	55063	76	334	1319	1042
紫云苗族布依族自治县	61352	81	396	1410	882
毕节市	**1262278**	**7927**	**24943**	**67344**	**25599**
七星关区	199989	1533	3984	10098	2455
大方县	190317	1454	4849	12283	2773
黔西县	123435	498	1933	5742	2283
金沙县	88787	385	1136	2889	1102
织金县	157206	1227	3650	8425	2932
纳雍县	133557	1283	3764	8491	2946
威宁彝族回族苗族自治县	230642	731	3481	13555	8431
赫章县	138345	816	2146	5861	2677

注：本表数据为居住在普通住宅的家庭户。

8-2c 续表 1

单位：户

地　　区	家庭户户　数	人均住房建筑面积(平方米)			
		8及以下	9-12	13-16	17-19
铜仁市	**654935**	**693**	**2310**	**8711**	**5135**
碧江区	29290	52	193	607	254
万山区	30914	59	184	598	300
江口县	38987	65	192	633	347
玉屏侗族自治县	22952	32	98	370	282
石阡县	70758	39	153	583	408
思南县	105387	35	164	955	908
印江土家族苗族自治县	70022	80	323	1181	420
德江县	74959	30	117	605	310
沿河土家族自治县	101839	49	149	714	325
松桃苗族自治县	109827	252	737	2465	1581
黔西南布依族苗族自治州	**515158**	**447**	**1541**	**7435**	**5999**
兴义市	105346	91	245	1305	1451
兴仁市	83877	59	213	1018	1032
普安县	54468	117	424	1406	634
晴隆县	52381	34	174	897	459
贞丰县	61542	32	174	862	963
望谟县	46792	20	104	592	332
册亨县	42293	40	114	713	369
安龙县	68459	54	93	642	759
黔东南苗族侗族自治州	**682847**	**1988**	**6304**	**17419**	**9418**
凯里市	57854	392	1035	2356	1124
黄平县	53124	184	628	1677	859
施秉县	25832	47	180	667	302
三穗县	30955	74	297	637	315
镇远县	36056	50	158	500	257
岑巩县	34771	35	118	439	266
天柱县	62456	42	193	922	345
锦屏县	31141	67	173	418	214
剑河县	40338	316	508	1040	555
台江县	24917	140	425	965	541
黎平县	80373	215	771	2141	1095
榕江县	57421	136	649	1757	1249
从江县	66031	52	408	1441	1141
雷山县	25419	73	296	940	390
麻江县	27501	64	212	749	388
丹寨县	28658	101	253	770	377
黔南布依族苗族自治州	**557369**	**558**	**1812**	**7176**	**4305**
都匀市	57760	62	206	777	453
福泉市	47479	51	192	791	365
荔波县	29234	30	110	443	112
贵定县	36920	41	208	775	437
瓮安县	56433	46	136	496	301
独山县	46686	20	104	525	314
平塘县	51129	19	61	307	243
罗甸县	42472	48	74	300	179
长顺县	36989	48	66	271	216
龙里县	31726	47	118	488	276
惠水县	63526	113	302	865	683
三都水族自治县	57015	33	235	1138	726

8−2c　续表 2　　单位：户

地　　区	人均住房建筑面积(平方米)					
	20−29	30−39	40−49	50−59	60−69	70及以上
贵　州	**857008**	**890330**	**892514**	**532512**	**725471**	**1702728**
贵阳市	**38904**	**42961**	**47677**	**30702**	**44099**	**119831**
南明区	2402	1736	1483	796	1022	3191
云岩区						
花溪区	5004	5669	6091	4797	5637	18506
乌当区	3693	3495	3731	2438	4030	11930
白云区	696	865	1122	659	1144	3563
观山湖区	1999	2203	3413	1564	3043	6605
开阳县	6341	7463	8509	5246	9012	20681
息烽县	4562	5249	5788	3504	5038	13325
修文县	5240	6206	6747	4325	6117	15826
清镇市	8967	10075	10793	7373	9056	26204
六盘水市	**78175**	**80918**	**81182**	**42591**	**60045**	**126993**
钟山区	1722	2121	1951	1857	1853	5439
六枝特区	14711	15755	14838	10234	11203	30501
水城县	25626	24772	22129	14334	15371	37113
盘州市	36116	38270	42264	16166	31618	53940
遵义市	**114060**	**138752**	**146891**	**96618**	**135390**	**316478**
红花岗区	6451	7766	8850	5343	9089	19009
汇川区	4502	5589	6596	4232	6057	15864
播州区	12980	16287	18079	11216	16001	40689
桐梓县	11184	13651	13645	9687	12134	28107
绥阳县	9401	10626	11486	6496	10886	21642
正安县	10237	12602	12755	9403	9936	29513
道真仡佬族苗族自治县	5561	6491	6709	4373	7113	13706
务川仡佬族苗族自治县	5999	7386	8050	5597	7402	18807
凤冈县	6605	8454	8576	5790	9345	18094
湄潭县	7075	9877	10609	6474	10898	21407
余庆县	3279	4674	5837	4241	6364	17855
习水县	16609	17575	16900	10984	13243	29582
赤水市	4412	5615	5982	4074	5318	13352
仁怀市	9765	12159	12817	8708	11604	28851
安顺市	**57023**	**64537**	**61874**	**39066**	**51305**	**118968**
西秀区	11914	14366	14875	9308	14471	34736
平坝区	7117	8281	7776	5269	6631	15155
普定县	12620	14231	12988	7173	10705	18199
镇宁布依族苗族自治县	8677	9347	8735	6125	6811	16388
关岭布依族苗族自治县	8005	8633	8380	5173	5829	16272
紫云苗族布依族自治县	8690	9679	9120	6018	6858	18218
毕节市	**271692**	**220130**	**190819**	**100581**	**117456**	**235787**
七星关区	39474	30163	33960	14718	20367	43237
大方县	41900	34826	28552	14229	18858	30593
黔西县	25096	21211	19351	10788	11969	24564
金沙县	13945	13830	13988	8229	10446	22837
织金县	31817	27414	22381	13823	13916	31621
纳雍县	28671	22624	19247	10050	11237	25244
威宁彝族回族苗族自治县	63344	46251	32721	16506	17062	28560
赫章县	27445	23811	20619	12238	13601	29131

8-2c 续表 3 单位：户

地 区	人均住房建筑面积(平方米)					
	20-29	30-39	40-49	50-59	60-69	70及以上
铜仁市	**69801**	**88728**	**100398**	**59633**	**94772**	**224754**
碧江区	4006	4255	4290	2942	3716	8975
万山区	4052	4797	4622	3072	4129	9101
江口县	4857	5742	5961	3652	5449	12089
玉屏侗族自治县	2712	3446	3593	2070	3093	7256
石阡县	6688	9240	11593	5672	11871	24511
思南县	10069	13720	18078	9360	13795	38303
印江土家族苗族自治县	8554	10863	11288	6097	10674	20542
德江县	6621	8688	10722	6571	12505	28790
沿河土家族自治县	7181	11965	13116	11165	16203	40972
松桃苗族自治县	15061	16012	17135	9032	13337	34215
黔西南布依族苗族自治州	**71196**	**80316**	**85216**	**45016**	**71422**	**146570**
兴义市	13957	16772	18143	7605	16578	29199
兴仁市	10612	14051	14925	7262	13029	21676
普安县	9110	9178	8919	4307	7935	12438
晴隆县	7748	8338	8041	5135	6742	14813
贞丰县	8192	10009	10523	5468	8179	17140
望谟县	5366	6139	6826	5055	5433	16925
册亨县	8860	6282	6524	3692	4159	11540
安龙县	7351	9547	11315	6492	9367	22839
黔东南苗族侗族自治州	**96988**	**100117**	**99091**	**61909**	**79099**	**210514**
凯里市	8968	9293	8468	4837	5862	15519
黄平县	7929	7597	7937	4463	5647	16203
施秉县	4340	4154	3846	2844	2973	6479
三穗县	3349	3993	4306	3044	3578	11362
镇远县	3186	4210	5734	2957	5461	13543
岑巩县	3924	4457	4636	3558	4722	12616
天柱县	6937	8182	8899	5455	10421	21060
锦屏县	2747	3238	3835	2684	3788	13977
剑河县	5523	5461	5239	3521	4566	13609
台江县	4250	3750	3365	2140	2454	6887
黎平县	11361	11790	11544	7243	8547	25666
榕江县	9862	9798	8441	5603	5228	14698
从江县	10457	10710	10165	6310	7061	18286
雷山县	5228	4156	3785	2302	2598	5651
麻江县	4158	4336	4215	2727	2777	7875
丹寨县	4769	4992	4676	2221	3416	7083
黔南布依族苗族自治州	**59169**	**73871**	**79366**	**56396**	**71883**	**202833**
都匀市	6027	7642	8317	5916	7538	20822
福泉市	6045	7343	7287	5731	5969	13705
荔波县	2951	2839	3549	2951	3605	12644
贵定县	5542	6067	5521	4119	3925	10285
瓮安县	5441	7699	8246	5318	9701	19049
独山县	4916	6480	6937	4734	6004	16652
平塘县	2775	4936	6467	4528	6917	24876
罗甸县	2904	4275	5896	3762	4937	20097
长顺县	2976	4189	5085	4110	5103	14925
龙里县	3819	4312	4453	3161	3955	11097
惠水县	7018	8582	9231	5974	8026	22732
三都水族自治县	8755	9507	8377	6092	6203	15949

8-3 各地区按家庭户类别和住房间数分的家庭户户数

单位：户

地区	家庭户户数	一代户				
		一间	二间	三间	四间	五间及以上
贵州	**12004270**	**565219**	**1181590**	**1500125**	**748756**	**1056897**
贵阳市	**1846732**	**172892**	**303715**	**258775**	**67740**	**70319**
南明区	370276	39096	85687	61955	10488	4075
云岩区	385478	65591	80607	49524	8940	2958
花溪区	251130	19933	39672	34594	8122	9098
乌当区	101833	5251	14819	14572	3676	4719
白云区	128022	10148	22595	16014	3601	3319
观山湖区	181619	17140	23462	30213	7692	3748
开阳县	119179	3308	8074	16366	9256	16275
息烽县	73045	3510	7200	9356	4375	6040
修文县	82422	2764	6640	9147	4608	7257
清镇市	153728	6151	14959	17034	6982	12830
六盘水市	**948929**	**61526**	**102438**	**118977**	**44326**	**59719**
钟山区	203703	12805	24870	29015	5620	4549
六枝特区	164905	6414	16010	21065	10762	14009
水城县	214337	6451	15384	19715	12213	23836
盘州市	365984	35856	46174	49182	15731	17325
遵义市	**2095198**	**60844**	**167371**	**293671**	**147560**	**194319**
红花岗区	293330	12086	33364	47205	12242	13071
汇川区	196775	7735	17888	31896	9421	12106
播州区	232612	5419	14956	29259	13913	22774
桐梓县	162260	3141	10721	20450	10888	17829
绥阳县	120922	2248	9720	19993	11625	10828
正安县	139587	3640	13127	20307	14695	13313
道真仡佬族苗族自治县	86101	1841	7025	12604	8191	5135
务川仡佬族苗族自治县	103612	2066	8019	13188	10177	12723
凤冈县	104075	2331	6700	14365	8870	14123
湄潭县	127004	2606	10057	18920	10516	16149
余庆县	76752	1826	5482	8501	8117	9681
习水县	176999	3916	11627	20622	12915	21752
赤水市	86961	3834	10461	17701	4706	2891
仁怀市	188208	8155	8224	18660	11284	21944
安顺市	**741003**	**32614**	**72164**	**90070**	**40120**	**52685**
西秀区	259920	11415	30322	34887	10387	14117
平坝区	98382	4633	10252	10906	4266	6684
普定县	122786	9383	14438	17015	7627	7153
镇宁布依族苗族自治县	90375	2810	6896	11449	5757	6655
关岭布依族苗族自治县	83133	2508	5311	8793	6616	7529
紫云苗族布依族自治县	86407	1865	4945	7020	5467	10547
毕节市	**2068492**	**94665**	**200886**	**197334**	**135336**	**223813**
七星关区	386597	21357	41663	39813	24778	35038
大方县	281462	12932	31271	29371	22634	37066
黔西县	225015	9131	21881	22047	14815	21314
金沙县	167271	5904	13556	15073	11196	21088
织金县	264704	19275	29819	28123	17976	27519
纳雍县	216562	10442	21756	19778	15946	31135
威宁彝族回族苗族自治县	342532	9205	27219	28629	17640	26529
赫章县	184349	6419	13721	14500	10351	24124

注：本表数据为居住在普通住宅的家庭户。

8-3 续表 1

单位：户

地 区	家庭户 户数	一代户 一间	二间	三间	四间	五间及以上
铜仁市	**1084661**	**27885**	**98159**	**149061**	**84924**	**143243**
碧江区	117690	3676	12574	20809	4287	3991
万山区	51997	2545	6669	7780	3514	3503
江口县	63807	2607	7015	8679	4646	6799
玉屏侗族自治县	47458	1127	4446	7053	2602	4427
石阡县	100285	1705	6211	10339	9145	16313
思南县	159112	2735	13316	23005	15865	24674
印江土家族苗族自治县	105567	3483	11723	14829	9404	11337
德江县	129926	2362	9998	13964	11282	25341
沿河土家族自治县	153068	3213	13391	19695	13776	30814
松桃苗族自治县	155751	4432	12816	22908	10403	16044
黔西南布依族苗族自治州	**917611**	**29371**	**59250**	**104962**	**67197**	**91380**
兴义市	297542	17006	23295	41087	17391	16366
兴仁市	132924	2630	9281	17792	10790	12286
普安县	75685	2380	6119	7745	5210	10580
晴隆县	73230	1800	4764	7131	5729	13693
贞丰县	96381	1719	4951	9546	9749	11438
望谟县	70126	1031	2815	4908	4420	10398
册亨县	61747	1186	3211	7434	5627	4484
安龙县	109976	1619	4814	9319	8281	12135
黔东南苗族侗族自治州	**1214215**	**54465**	**96412**	**148817**	**88935**	**108374**
凯里市	229250	21920	27001	33775	8617	8537
黄平县	82742	1977	6500	11538	6366	9936
施秉县	41180	1068	2437	4791	3422	4888
三穗县	56378	3234	4308	5808	4441	6714
镇远县	65474	1780	4336	6303	5827	10141
岑巩县	57452	1888	4500	7477	5598	6207
天柱县	102958	7713	10930	13344	9478	9620
锦屏县	53471	1443	3385	7412	4655	6805
剑河县	62798	2306	4300	8909	5475	5858
台江县	37791	902	2501	5281	3149	4163
黎平县	128205	3479	6707	12326	9429	14142
榕江县	85139	988	5161	7896	7750	7608
从江县	84763	2099	3690	6603	6083	5076
雷山县	39572	1128	2673	4720	3346	3456
麻江县	43103	1313	4227	5827	2782	2599
丹寨县	43939	1227	3756	6807	2517	2624
黔南布依族苗族自治州	**1087429**	**30957**	**81195**	**138458**	**72618**	**113045**
都匀市	161809	4400	18439	28135	8514	11103
福泉市	92104	2829	6701	11710	5681	10220
荔波县	49703	2175	2599	4699	3722	5451
贵定县	77908	2060	7408	10485	4759	8213
瓮安县	134064	3797	12292	22355	10769	9892
独山县	86281	2329	5891	9965	5501	11452
平塘县	75765	1798	3451	6369	5658	11539
罗甸县	84230	2467	4687	8194	6527	10892
长顺县	61287	1037	2778	5735	3836	8241
龙里县	65676	2443	5105	7879	3279	6557
惠水县	112124	3707	6205	12414	6506	12088
三都水族自治县	86478	1915	5639	10518	7866	7397

8-3 续表 2

单位：户

地 区	二代户				
	一间	二间	三间	四间	五间及以上
贵 州	**122883**	**779261**	**1728730**	**925072**	**1476001**
贵阳市	**31294**	**207887**	**286737**	**87878**	**101868**
南明区	7888	52366	55637	12024	5289
云岩区	11549	57016	54222	11495	4142
花溪区	3297	27280	39503	11760	17141
乌当区	991	12188	18080	5019	6875
白云区	1890	16535	22401	6379	6449
观山湖区	1844	16463	34366	11201	6296
开阳县	1061	5305	18415	8135	14625
息烽县	681	4895	10563	5251	7495
修文县	866	5008	11731	6778	11442
清镇市	1227	10831	21819	9836	22114
六盘水市	**19086**	**86625**	**163190**	**66143**	**96936**
钟山区	4315	27545	45715	9947	9808
六枝特区	1850	10892	24491	13707	19022
水城县	1488	10404	27413	17777	38825
盘州市	11433	37784	65571	24712	29281
遵义市	**14550**	**110193**	**348798**	**156739**	**223869**
红花岗区	2427	25869	62906	15863	15521
汇川区	1513	12150	38558	12420	15828
播州区	1172	11325	43835	15629	27536
桐梓县	816	5974	23882	12435	23817
绥阳县	492	4213	17475	10616	12621
正安县	1479	7192	21026	11944	12993
道真仡佬族苗族自治县	1114	6298	15354	8983	5094
务川仡佬族苗族自治县	1205	4946	14220	9025	12401
凤冈县	612	4435	13900	7844	14092
湄潭县	421	5083	18729	9092	15734
余庆县	452	3369	8498	7021	10865
习水县	705	6748	23702	14617	25801
赤水市	639	5457	18318	4912	2889
仁怀市	1503	7134	28395	16338	28677
安顺市	**8503**	**49630**	**113690**	**61522**	**89127**
西秀区	2927	21686	43464	16864	25678
平坝区	1190	6130	14043	7692	12729
普定县	1496	8364	20935	11212	11981
镇宁布依族苗族自治县	1259	5541	14667	8565	10487
关岭布依族苗族自治县	860	4100	11278	9105	11178
紫云苗族布依族自治县	771	3809	9303	8084	17074
毕节市	**18719**	**111696**	**228431**	**185758**	**375337**
七星关区	4011	24874	51743	32810	54574
大方县	2148	12792	25576	25541	57242
黔西县	1885	14317	26514	20970	35091
金沙县	1127	9038	17551	14150	31608
织金县	4425	18772	30560	21596	37926
纳雍县	2046	8651	19263	18180	42620
威宁彝族回族苗族自治县	1963	16549	41278	37679	73783
赫章县	1114	6703	15946	14832	42493

8-3 续表 3

单位：户

地区	二代户				
	一间	二间	三间	四间	五间及以上
铜仁市	**4660**	**50505**	**141440**	**81937**	**160203**
碧江区	847	10731	28841	6358	6344
万山区	525	3528	8002	4026	4549
江口县	528	3896	8078	4485	8387
玉屏侗族自治县	120	1971	7355	3402	6701
石阡县	321	3392	8856	8513	18766
思南县	336	4597	16247	12477	25151
印江土家族苗族自治县	448	5840	15185	8764	11655
德江县	216	4750	11697	10283	26103
沿河土家族自治县	608	4528	14278	11935	30150
松桃苗族自治县	711	7272	22901	11694	22397
黔西南布依族苗族自治州	**4829**	**38820**	**123336**	**93560**	**138093**
兴义市	2008	17148	51386	27876	28210
兴仁市	677	5563	19539	15518	19437
普安县	337	3053	8298	6051	14400
晴隆县	300	2046	6856	5979	15736
贞丰县	465	3292	10516	11866	16105
望谟县	207	1713	5810	5940	16650
册亨县	444	2589	9783	7805	6463
安龙县	391	3416	11148	12525	21092
黔东南苗族侗族自治州	**13396**	**72761**	**171609**	**105015**	**136773**
凯里市	4520	22771	41123	12379	13349
黄平县	667	4011	11501	6583	10680
施秉县	208	1732	5339	3762	6316
三穗县	522	3136	6748	4300	7901
镇远县	723	2715	5595	5217	12020
岑巩县	330	3181	7840	4809	6587
天柱县	731	5469	12442	8959	9607
锦屏县	467	2204	6886	4739	6517
剑河县	1267	3280	9870	5729	6515
台江县	384	1941	5605	3497	4659
黎平县	1373	5745	15406	12085	18903
榕江县	471	4959	11505	10077	11132
从江县	652	3627	10952	11402	10343
雷山县	374	2245	5457	4297	4510
麻江县	239	2788	7135	3810	4031
丹寨县	468	2957	8205	3370	3703
黔南布依族苗族自治州	**7846**	**51144**	**151499**	**86520**	**153795**
都匀市	734	10626	27862	9753	14543
福泉市	662	4541	13490	6935	13887
荔波县	662	2047	6082	4767	7765
贵定县	433	4069	9522	5700	11423
瓮安县	769	7910	27278	10315	9334
独山县	380	3067	8864	5765	14794
平塘县	336	1984	6005	6465	16303
罗甸县	1332	3500	9603	7835	13047
长顺县	370	1865	7397	5083	12257
龙里县	503	3945	9254	4478	9570
惠水县	1227	4208	14155	8863	18398
三都水族自治县	438	3382	11987	10561	12474

8-3 续表 4

单位：户

地 区	三代户				
	一间	二间	三间	四间	五间及以上
贵 州	**8606**	**123285**	**511611**	**368452**	**827884**
贵阳市	**2765**	**39461**	**94202**	**39842**	**74467**
南明区	764	10047	16902	4495	2990
云岩区	1093	11027	18174	5260	3309
花溪区	242	5115	13107	5843	15202
乌当区	74	2332	5886	2311	4606
白云区	147	2872	7192	3006	4978
观山湖区	163	3915	13504	5499	5482
开阳县	69	737	5583	3241	7974
息烽县	52	803	3851	2725	5672
修文县	58	857	3618	3146	7916
清镇市	103	1756	6385	4316	16338
六盘水市	**847**	**10441**	**37970**	**23503**	**52504**
钟山区	289	4506	12649	4164	7231
六枝特区	143	1671	7189	5666	11226
水城县	99	1440	7256	6778	23372
盘州市	316	2824	10876	6895	10675
遵义市	**1194**	**18862**	**121104**	**71544**	**145965**
红花岗区	242	5208	24376	8066	12465
汇川区	123	2416	14296	6276	12252
播州区	92	1700	14124	7564	20818
桐梓县	141	1126	8590	5567	15285
绥阳县	41	688	5820	4982	8434
正安县	139	1009	6633	4325	6988
道真仡佬族苗族自治县	65	805	5369	4464	3237
务川仡佬族苗族自治县	54	689	4233	3390	6559
凤冈县	44	629	4435	3408	7549
湄潭县	31	712	5594	3793	8697
余庆县	17	385	2530	2914	6453
习水县	71	1303	8280	6607	16490
赤水市	63	1024	8265	3083	2019
仁怀市	71	1168	8559	7105	18719
安顺市	**601**	**7751**	**32652**	**27368**	**56920**
西秀区	254	3813	14192	8860	18949
平坝区	109	1091	4285	4052	9506
普定县	92	760	3779	3107	5091
镇宁布依族苗族自治县	62	786	4263	3855	6798
关岭布依族苗族自治县	31	565	3308	4169	7014
紫云苗族布依族自治县	53	736	2825	3325	9562
毕节市	**1294**	**14304**	**50889**	**54582**	**165015**
七星关区	336	3867	13840	10555	25656
大方县	96	944	3454	4135	15754
黔西县	169	2189	7068	7870	18408
金沙县	58	1200	4379	5133	15114
织金县	226	2146	5797	5429	14163
纳雍县	151	950	3572	4765	16619
威宁彝族回族苗族自治县	190	2167	8841	11437	37139
赫章县	68	841	3938	5258	22162

8-3 续表 5

单位：户

地　　区	三代户				
	一间	二间	三间	四间	五间及以上
铜仁市	**311**	**6658**	**36122**	**25489**	**69103**
碧江区	70	1836	9698	2817	4206
万山区	56	540	2366	1663	2454
江口县	29	519	2241	1640	3985
玉屏侗族自治县	18	330	2123	1284	4168
石阡县	12	424	2553	3043	10041
思南县	14	623	4190	3930	11178
印江土家族苗族自治县	18	723	3587	2649	5489
德江县	16	397	1720	2259	9029
沿河土家族自治县	28	306	1663	1775	6669
松桃苗族自治县	50	960	5981	4429	11884
黔西南布依族苗族自治州	**302**	**5442**	**33966**	**38604**	**79807**
兴义市	139	2748	15337	13215	21084
兴仁市	47	568	4394	4708	8924
普安县	14	334	2050	2046	6670
晴隆县	13	206	1379	1724	5509
贞丰县	18	395	2524	4203	8770
望谟县	20	282	1972	2647	10271
册亨县	22	405	3085	4525	4118
安龙县	29	504	3225	5536	14461
黔东南苗族侗族自治州	**786**	**12435**	**58515**	**49811**	**86027**
凯里市	271	3962	14370	6114	9445
黄平县	39	580	3546	2751	5602
施秉县	14	233	1555	1495	3629
三穗县	31	499	2361	1703	4226
镇远县	24	402	1584	1976	6393
岑巩县	18	385	2553	2028	3646
天柱县	47	664	3866	4032	5450
锦屏县	23	401	2506	2162	3538
剑河县	32	518	3343	2130	2977
台江县	26	307	1591	1332	2306
黎平县	74	1096	6188	6167	13366
榕江县	32	1088	3660	4553	7428
从江县	69	737	4320	7498	9744
雷山县	23	372	1683	2171	2866
麻江县	15	475	2251	2025	3075
丹寨县	48	716	3138	1674	2336
黔南布依族苗族自治州	**506**	**7931**	**46191**	**37709**	**98076**
都匀市	87	1840	8995	4656	10646
福泉市	51	632	3738	2631	7726
荔波县	37	300	1687	2111	5120
贵定县	43	652	2707	2448	7311
瓮安县	33	988	7838	4626	5216
独山县	50	564	3179	2814	10549
平塘县	12	253	1620	2604	10392
罗甸县	60	571	3348	3565	7720
长顺县	25	283	2175	2242	7381
龙里县	27	687	3096	2082	6167
惠水县	51	711	4755	4376	13273
三都水族自治县	30	450	3053	3554	6575

8-3　续表 6

单位：户

地　区	四代户				
	一间	二间	三间	四间	五间及以上
贵　州	**112**	**1805**	**12709**	**13829**	**51338**
贵阳市	**22**	**364**	**1505**	**1125**	**3869**
南明区	11	118	248	80	116
云岩区	5	96	245	101	122
花溪区	2	34	233	183	769
乌当区		17	87	90	240
白云区	1	21	125	81	267
观山湖区	2	28	192	135	274
开阳县		8	121	131	495
息烽县		9	80	86	400
修文县	1	8	71	111	394
清镇市		25	103	127	792
六盘水市	**5**	**138**	**763**	**742**	**3042**
钟山区	2	60	188	87	336
六枝特区	1	14	130	151	492
水城县		19	170	221	1474
盘州市	2	45	275	283	740
遵义市	**23**	**414**	**3990**	**3311**	**10852**
红花岗区	5	137	895	430	947
汇川区	5	61	504	314	1012
播州区		22	416	353	1704
桐梓县	3	21	281	231	1058
绥阳县	1	17	175	221	709
正安县	1	16	177	154	429
道真仡佬族苗族自治县	3	12	146	176	185
务川仡佬族苗族自治县		11	113	152	441
凤冈县		14	143	140	440
湄潭县	2	16	194	154	503
余庆县	1	4	47	119	468
习水县		36	315	335	1156
赤水市		26	306	190	175
仁怀市	2	21	278	342	1625
安顺市	**8**	**119**	**818**	**1074**	**3561**
西秀区	4	56	364	363	1315
平坝区	1	13	105	153	541
普定县		8	57	97	191
镇宁布依族苗族自治县		13	116	108	288
关岭布依族苗族自治县		12	87	179	489
紫云苗族布依族自治县	3	17	89	174	737
毕节市	**7**	**170**	**1115**	**1558**	**7575**
七星关区	2	43	318	275	1043
大方县	1	6	58	74	366
黔西县	1	20	166	264	894
金沙县		12	91	181	811
织金县		27	105	155	665
纳雍县		8	59	97	523
威宁彝族回族苗族自治县	2	43	197	288	1753
赫章县	1	11	121	224	1520

8-3 续表 7

单位：户

地　区	四代户				
	一间	二间	三间	四间	五间及以上
铜仁市	**7**	**124**	**801**	**720**	**3306**
碧江区	2	31	250	104	217
万山区	1	11	76	53	136
江口县	1	8	50	37	177
玉屏侗族自治县	1	12	42	38	238
石阡县		9	49	85	508
思南县		9	92	111	562
印江土家族苗族自治县		9	64	92	267
德江县	2	6	28	46	426
沿河土家族自治县		3	20	25	191
松桃苗族自治县		26	130	129	584
黔西南布依族苗族自治州	**7**	**115**	**1019**	**1726**	**5812**
兴义市	5	64	556	707	1909
兴仁市		11	101	182	476
普安县		6	37	50	305
晴隆县	1	4	33	63	263
贞丰县		7	60	169	588
望谟县		8	65	114	853
册亨县		8	70	181	305
安龙县	1	7	97	260	1113
黔东南苗族侗族自治州	**18**	**228**	**1501**	**2075**	**6241**
凯里市	3	42	287	196	567
黄平县		10	73	98	283
施秉县		3	20	61	207
三穗县	1	15	70	71	287
镇远县		8	28	62	339
岑巩县	2	7	64	87	245
天柱县	1	13	91	139	361
锦屏县		3	54	65	206
剑河县		11	84	63	131
台江县		6	23	36	82
黎平县	2	30	215	287	1180
榕江县	1	25	103	152	550
从江县	1	20	152	467	1219
雷山县		3	29	68	151
麻江县	2	13	77	133	286
丹寨县	5	19	131	90	147
黔南布依族苗族自治州	**15**	**133**	**1197**	**1498**	**7080**
都匀市	2	37	279	206	950
福泉市	3	9	97	89	469
荔波县		6	30	70	373
贵定县		6	66	91	511
瓮安县	1	16	172	148	315
独山县	1	13	107	135	860
平塘县	3	4	47	102	819
罗甸县		9	73	171	625
长顺县		6	51	73	450
龙里县		9	86	88	420
惠水县	3	13	112	183	875
三都水族自治县	2	5	77	142	413

8-3　续表 8　　　　单位：户

地　区	五代及以上户				
	一间	二间	三间	四间	五间及以上
贵　州			**10**	**10**	**85**
贵阳市			**1**	**1**	**3**
南明区					
云岩区			1	1	
花溪区					
乌当区					
白云区					1
观山湖区					
开阳县					
息烽县					1
修文县					1
清镇市					
六盘水市				**1**	**7**
钟山区					2
六枝特区					
水城县					2
盘州市				1	3
遵义市			**4**	**3**	**18**
红花岗区			1		4
汇川区					1
播州区				1	
桐梓县			1	1	2
绥阳县					3
正安县					
道真仡佬族苗族自治县					
务川仡佬族苗族自治县					
凤冈县					1
湄潭县			1		
余庆县					2
习水县				1	
赤水市			1		1
仁怀市					4
安顺市				**1**	**5**
西秀区					3
平坝区					1
普定县					
镇宁布依族苗族自治县					
关岭布依族苗族自治县				1	
紫云苗族布依族自治县					1
毕节市					**8**
七星关区					1
大方县					1
黔西县					1
金沙县					1
织金县					
纳雍县					1
威宁彝族回族苗族自治县					1
赫章县					2

8-3 续表 9

单位：户

地　区	五代及以上户				
	一间	二间	三间	四间	五间及以上
铜仁市				**1**	**2**
碧江区					1
万山区					
江口县					
玉屏侗族自治县					
石阡县					
思南县					
印江土家族苗族自治县					1
德江县				1	
沿河土家族自治县					
松桃苗族自治县					
黔西南布依族苗族自治州			**2**	**2**	**9**
兴义市				1	4
兴仁市					
普安县					
晴隆县					1
贞丰县					
望谟县			1		1
册亨县			1	1	
安龙县					3
黔东南苗族侗族自治州			**1**		**20**
凯里市			1		
黄平县					1
施秉县					
三穗县					2
镇远县					1
岑巩县					
天柱县					1
锦屏县					
剑河县					
台江县					
黎平县					5
榕江县					
从江县					9
雷山县					
麻江县					
丹寨县					1
黔南布依族苗族自治州			**2**	**1**	**13**
都匀市					2
福泉市			1		2
荔波县					
贵定县			1		
瓮安县					
独山县					1
平塘县				1	
罗甸县					4
长顺县					2
龙里县					1
惠水县					1
三都水族自治县					

8-3a 各地区按家庭户类别和住房间数分的家庭户户数(城市)

单位：户

地 区	家庭户户数	一代户				
		一间	二间	三间	四间	五间及以上
贵 州	**3129186**	**262699**	**472171**	**504981**	**96859**	**48944**
贵阳市	**1336630**	**151391**	**261897**	**206027**	**37982**	**15830**
南明区	355555	36969	84059	60680	10079	3138
云岩区	385478	65591	80607	49524	8940	2958
花溪区	192197	17841	36046	30332	5372	3112
乌当区	63849	2646	11607	10869	1668	497
白云区	118536	9875	21814	15186	3181	2300
观山湖区	154311	14641	18740	28706	6810	1969
开阳县						
息烽县						
修文县						
清镇市	66704	3828	9024	10730	1932	1856
六盘水市	**302391**	**20108**	**36024**	**50356**	**8503**	**3924**
钟山区	170489	11164	20979	27411	4413	1991
六枝特区	47405	1994	6507	8555	999	552
水城县						
盘州市	84497	6950	8538	14390	3091	1381
遵义市	**560421**	**29696**	**59689**	**98599**	**16335**	**7924**
红花岗区	217355	11083	29046	38049	5861	2496
汇川区	135891	7094	14866	25996	4525	2298
播州区	87013	2919	7001	15534	1881	879
桐梓县						
绥阳县						
正安县						
道真仡佬族苗族自治县						
务川仡佬族苗族自治县						
凤冈县						
湄潭县						
余庆县						
习水县						
赤水市	35513	1552	4686	8232	451	111
仁怀市	84649	7048	4090	10788	3617	2140
安顺市	**164514**	**8671**	**25956**	**25728**	**5090**	**3676**
西秀区	142862	7520	23475	22387	4387	3160
平坝区	21652	1151	2481	3341	703	516
普定县						
镇宁布依族苗族自治县						
关岭布依族苗族自治县						
紫云苗族布依族自治县						
毕节市	**161385**	**7542**	**14818**	**21368**	**6758**	**5763**
七星关区	161385	7542	14818	21368	6758	5763
大方县						
黔西县						
金沙县						
织金县						
纳雍县						
威宁彝族回族苗族自治县						
赫章县						

注：本表数据为居住在普通住宅的家庭户。

8－3a 续表 1 单位：户

地区	家庭户户数	一代户				
		一间	二间	三间	四间	五间及以上
铜仁市	**107710**	**3562**	**12092**	**20410**	**2992**	**1339**
碧江区	86627	2548	9304	17113	2073	1025
万山区	21083	1014	2788	3297	919	314
江口县						
玉屏侗族自治县						
石阡县						
思南县						
印江土家族苗族自治县						
德江县						
沿河土家族自治县						
松桃苗族自治县						
黔西南布依族苗族自治州	**205948**	**16775**	**21945**	**30269**	**9675**	**4929**
兴义市	169955	15647	17934	25664	7560	3829
兴仁市	35993	1128	4011	4605	2115	1100
普安县						
晴隆县						
贞丰县						
望谟县						
册亨县						
安龙县						
黔东南苗族侗族自治州	**161560**	**20077**	**22177**	**25934**	**4135**	**2010**
凯里市	161560	20077	22177	25934	4135	2010
黄平县						
施秉县						
三穗县						
镇远县						
岑巩县						
天柱县						
锦屏县						
剑河县						
台江县						
黎平县						
榕江县						
从江县						
雷山县						
麻江县						
丹寨县						
黔南布依族苗族自治州	**128627**	**4877**	**17573**	**26290**	**5389**	**3549**
都匀市	98176	3487	14921	20930	4285	2457
福泉市	30451	1390	2652	5360	1104	1092
荔波县						
贵定县						
瓮安县						
独山县						
平塘县						
罗甸县						
长顺县						
龙里县						
惠水县						
三都水族自治县						

8–3a　续表 2　　　　　　　　　　　　　　　　　　　单位：户

地　区	二代户				
	一间	二间	三间	四间	五间及以上
贵　州	**53226**	**364158**	**656347**	**152849**	**87102**
贵阳市	**27044**	**180781**	**225951**	**50723**	**23979**
南明区	7610	50823	53808	11238	3698
云岩区	11549	57016	54222	11495	4142
花溪区	3016	25391	34539	7380	4934
乌当区	627	10047	14115	2357	826
白云区	1847	16108	21518	5681	4589
观山湖区	1537	13924	32445	9411	2792
开阳县					
息烽县					
修文县					
清镇市	858	7472	15304	3161	2998
六盘水市	**7780**	**39174**	**77270**	**14597**	**7997**
钟山区	3859	24255	43125	7359	4078
六枝特区	944	5708	12112	1781	1048
水城县					
盘州市	2977	9211	22033	5457	2871
遵义市	**5967**	**51203**	**149908**	**29361**	**13815**
红花岗区	2239	24073	54508	9607	3820
汇川区	1400	11010	33867	7276	3906
播州区	743	7650	30228	3570	1439
桐梓县					
绥阳县					
正安县					
道真仡佬族苗族自治县					
务川仡佬族苗族自治县					
凤冈县					
湄潭县					
余庆县					
习水县					
赤水市	234	2997	9784	712	112
仁怀市	1351	5473	21521	8196	4538
安顺市	**2435**	**19317**	**32724**	**8492**	**7572**
西秀区	2082	17217	27732	7032	6554
平坝区	353	2100	4992	1460	1018
普定县					
镇宁布依族苗族自治县					
关岭布依族苗族自治县					
紫云苗族布依族自治县					
毕节市	**1856**	**14004**	**35705**	**13169**	**12450**
七星关区	1856	14004	35705	13169	12450
大方县					
黔西县					
金沙县					
织金县					
纳雍县					
威宁彝族回族苗族自治县					
赫章县					

8-3a 续表 3　　单位：户

地　　区	二代户				
	一间	二间	三间	四间	五间及以上
铜仁市	**1060**	**11262**	**30033**	**5140**	**2504**
碧江区	692	8992	25276	3716	1993
万山区	368	2270	4757	1424	511
江口县					
玉屏侗族自治县					
石阡县					
思南县					
印江土家族苗族自治县					
德江县					
沿河土家族自治县					
松桃苗族自治县					
黔西南布依族苗族自治州	**2227**	**17892**	**43106**	**18058**	**9813**
兴义市	1803	14649	35471	13566	7285
兴仁市	424	3243	7635	4492	2528
普安县					
晴隆县					
贞丰县					
望谟县					
册亨县					
安龙县					
黔东南苗族侗族自治州	**3822**	**19005**	**32487**	**6389**	**4025**
凯里市	3822	19005	32487	6389	4025
黄平县					
施秉县					
三穗县					
镇远县					
岑巩县					
天柱县					
锦屏县					
剑河县					
台江县					
黎平县					
榕江县					
从江县					
雷山县					
麻江县					
丹寨县					
黔南布依族苗族自治州	**1035**	**11520**	**29163**	**6920**	**4947**
都匀市	616	9002	21369	5173	3235
福泉市	419	2518	7794	1747	1712
荔波县					
贵定县					
瓮安县					
独山县					
平塘县					
罗甸县					
长顺县					
龙里县					
惠水县					
三都水族自治县					

8-3a　续表 4　　单位：户

地　　区	三代户				
	一间	二间	三间	四间	五间及以上
贵　州	**4187**	**65925**	**211531**	**68849**	**67582**
贵阳市	**2453**	**35001**	**74488**	**22387**	**17946**
南明区	755	9795	16296	4180	1947
云岩区	1093	11027	18174	5260	3309
花溪区	216	4744	11286	3411	4064
乌当区	60	2073	4727	1024	587
白云区	138	2782	6903	2642	3558
观山湖区	121	3431	12831	4493	2056
开阳县					
息烽县					
修文县					
清镇市	70	1149	4271	1377	2425
六盘水市	**390**	**5665**	**19407**	**5358**	**5148**
钟山区	245	3971	11836	2882	2540
六枝特区	55	945	3835	986	1250
水城县					
盘州市	90	749	3736	1490	1358
遵义市	**446**	**9853**	**55823**	**15393**	**12455**
红花岗区	217	4909	21397	4968	3611
汇川区	110	2219	12778	3841	3689
播州区	44	1194	10118	1910	1395
桐梓县					
绥阳县					
正安县					
道真仡佬族苗族自治县					
务川仡佬族苗族自治县					
凤冈县					
湄潭县					
余庆县					
习水县					
赤水市	21	627	4998	636	112
仁怀市	54	904	6532	4038	3648
安顺市	**201**	**3304**	**9680**	**4378**	**6515**
西秀区	162	2904	8309	3614	5644
平坝区	39	400	1371	764	871
普定县					
镇宁布依族苗族自治县					
关岭布依族苗族自治县					
紫云苗族布依族自治县					
毕节市	**157**	**2494**	**10493**	**5229**	**8790**
七星关区	157	2494	10493	5229	8790
大方县					
黔西县					
金沙县					
织金县					
纳雍县					
威宁彝族回族苗族自治县					
赫章县					

8—3a 续表 5

单位：户

地　　区	三代户				
	一间	二间	三间	四间	五间及以上
铜仁市	**85**	**1853**	**10338**	**2487**	**2053**
碧江区	43	1488	8702	1706	1572
万山区	42	365	1636	781	481
江口县					
玉屏侗族自治县					
石阡县					
思南县					
印江土家族苗族自治县					
德江县					
沿河土家族自治县					
松桃苗族自治县					
黔西南布依族苗族自治州	**149**	**2609**	**11349**	**7555**	**8236**
兴义市	117	2312	9805	6259	6839
兴仁市	32	297	1544	1296	1397
普安县					
晴隆县					
贞丰县					
望谟县					
册亨县					
安龙县					
黔东南苗族侗族自治州	**213**	**3215**	**11167**	**3144**	**3299**
凯里市	213	3215	11167	3144	3299
黄平县					
施秉县					
三穗县					
镇远县					
岑巩县					
天柱县					
锦屏县					
剑河县					
台江县					
黎平县					
榕江县					
从江县					
雷山县					
麻江县					
丹寨县					
黔南布依族苗族自治州	**93**	**1931**	**8786**	**2918**	**3140**
都匀市	54	1543	6423	2179	2160
福泉市	39	388	2363	739	980
荔波县					
贵定县					
瓮安县					
独山县					
平塘县					
罗甸县					
长顺县					
龙里县					
惠水县					
三都水族自治县					

8-3a　续表 6　　　　单位：户

地　区	四代户				
	一间	二间	三间	四间	五间及以上
贵　州	**40**	**806**	**4572**	**2245**	**4098**
贵阳市	**20**	**315**	**1070**	**527**	**815**
南明区	11	113	231	66	59
云岩区	5	96	245	101	122
花溪区	2	31	180	107	193
乌当区		9	58	30	22
白云区	1	20	118	71	203
观山湖区	1	25	179	107	92
开阳县					
息烽县					
修文县					
清镇市		21	59	45	124
六盘水市	**2**	**64**	**293**	**126**	**203**
钟山区	2	51	180	59	88
六枝特区		5	68	20	41
水城县					
盘州市		8	45	47	74
遵义市	**9**	**217**	**1879**	**752**	**1091**
红花岗区	4	130	783	247	302
汇川区	5	52	446	202	311
播州区		8	282	84	134
桐梓县					
绥阳县					
正安县					
道真仡佬族苗族自治县					
务川仡佬族苗族自治县					
凤冈县					
湄潭县					
余庆县					
习水县					
赤水市		12	183	39	13
仁怀市		15	185	180	331
安顺市	**1**	**34**	**191**	**155**	**394**
西秀区	1	33	171	127	351
平坝区		1	20	28	43
普定县					
镇宁布依族苗族自治县					
关岭布依族苗族自治县					
紫云苗族布依族自治县					
毕节市	**1**	**25**	**237**	**129**	**397**
七星关区	1	25	237	129	397
大方县					
黔西县					
金沙县					
织金县					
纳雍县					
威宁彝族回族苗族自治县					
赫章县					

8-3a 续表 7

单位：户

地 区	四代户				
	一间	二间	三间	四间	五间及以上
铜仁市	**1**	**33**	**265**	**80**	**120**
碧江区	1	27	212	61	82
万山区		6	53	19	38
江口县					
玉屏侗族自治县					
石阡县					
思南县					
印江土家族苗族自治县					
德江县					
沿河土家族自治县					
松桃苗族自治县					
黔西南布依族苗族自治州	**3**	**54**	**284**	**307**	**712**
兴义市	3	51	251	264	645
兴仁市		3	33	43	67
普安县					
晴隆县					
贞丰县					
望谟县					
册亨县					
安龙县					
黔东南苗族侗族自治州	**1**	**37**	**177**	**85**	**160**
凯里市	1	37	177	85	160
黄平县					
施秉县					
三穗县					
镇远县					
岑巩县					
天柱县					
锦屏县					
剑河县					
台江县					
黎平县					
榕江县					
从江县					
雷山县					
麻江县					
丹寨县					
黔南布依族苗族自治州	**2**	**27**	**176**	**84**	**206**
都匀市		20	120	55	147
福泉市	2	7	56	29	59
荔波县					
贵定县					
瓮安县					
独山县					
平塘县					
罗甸县					
长顺县					
龙里县					
惠水县					
三都水族自治县					

8-3a　续表 8

单位：户

地　　区	五代及以上户				
	一间	二间	三间	四间	五间及以上
贵　州			**5**	**2**	**8**
贵阳市			**1**	**1**	**1**
南明区					
云岩区			1	1	
花溪区					
乌当区					
白云区					1
观山湖区					
开阳县					
息烽县					
修文县					
清镇市					
六盘水市					**2**
钟山区					1
六枝特区					
水城县					
盘州市					1
遵义市			**2**		**4**
红花岗区			1		4
汇川区					
播州区					
桐梓县					
绥阳县					
正安县					
道真仡佬族苗族自治县					
务川仡佬族苗族自治县					
凤冈县					
湄潭县					
余庆县					
习水县					
赤水市			1		
仁怀市					
安顺市					
西秀区					
平坝区					
普定县					
镇宁布依族苗族自治县					
关岭布依族苗族自治县					
紫云苗族布依族自治县					
毕节市					
七星关区					
大方县					
黔西县					
金沙县					
织金县					
纳雍县					
威宁彝族回族苗族自治县					
赫章县					

8-3a 续表 9

单位：户

地 区	五代及以上户				
	一间	二间	三间	四间	五间及以上
铜仁市					**1**
碧江区					1
万山区					
江口县					
玉屏侗族自治县					
石阡县					
思南县					
印江土家族苗族自治县					
德江县					
沿河土家族自治县					
松桃苗族自治县					
黔西南布依族苗族自治州				**1**	
兴义市				1	
兴仁市					
普安县					
晴隆县					
贞丰县					
望谟县					
册亨县					
安龙县					
黔东南苗族侗族自治州			**1**		
凯里市			1		
黄平县					
施秉县					
三穗县					
镇远县					
岑巩县					
天柱县					
锦屏县					
剑河县					
台江县					
黎平县					
榕江县					
从江县					
雷山县					
麻江县					
丹寨县					
黔南布依族苗族自治州			**1**		
都匀市					
福泉市			1		
荔波县					
贵定县					
瓮安县					
独山县					
平塘县					
罗甸县					
长顺县					
龙里县					
惠水县					
三都水族自治县					

8-3b　各地区按家庭户类别和住房间数分的家庭户户数(镇)

单位：户

地　区	家庭户户　数	一代户				
		一间	二间	三间	四间	五间及以上
贵　州	**2967906**	**132258**	**258588**	**387225**	**154553**	**191632**
贵阳市	**166449**	**8323**	**17804**	**24474**	**6394**	**9045**
南明区						
云岩区						
花溪区	11119	1087	1455	1191	536	699
乌当区	5979	479	547	519	331	626
白云区	1097	54	339	250	10	
观山湖区	7344	418	2622	578	161	160
开阳县	59942	2183	4038	10128	2572	3914
息烽县	33906	2024	4147	5738	887	997
修文县	36154	1638	3413	4937	1387	1714
清镇市	10908	440	1243	1133	510	935
六盘水市	**145235**	**9808**	**16942**	**14951**	**5620**	**6452**
钟山区	17846	1407	3182	797	490	613
六枝特区	14956	731	1452	1626	802	930
水城县	65662	2989	5840	7358	2487	3003
盘州市	46771	4681	6468	5170	1841	1906
遵义市	**557013**	**14371**	**39318**	**87469**	**29736**	**33067**
红花岗区	17723	362	1228	2678	1045	1150
汇川区	16905	235	853	1838	1194	2152
播州区	26668	577	1672	3227	1526	2379
桐梓县	70939	1097	4108	12078	3096	3720
绥阳县	48095	960	3634	10011	2898	2136
正安县	52528	1789	4425	8080	2780	2606
道真仡佬族苗族自治县	40847	966	2476	5486	2127	884
务川仡佬族苗族自治县	48922	1276	3139	6742	2730	2778
凤冈县	45751	1601	3661	8218	2179	2757
湄潭县	59186	1505	5574	11200	2996	3762
余庆县	33677	1093	2394	4278	1977	2804
习水县	67069	2123	4645	9772	3380	2964
赤水市	11555	502	966	2204	594	329
仁怀市	17148	285	543	1657	1214	2646
安顺市	**164618**	**8956**	**16787**	**20049**	**6999**	**7697**
西秀区	13293	834	1113	1453	650	646
平坝区	23821	1350	3779	2512	777	1319
普定县	42644	2923	4504	6182	1788	1601
镇宁布依族苗族自治县	31735	1496	3092	4066	1429	1278
关岭布依族苗族自治县	28070	1440	2406	3479	1205	1196
紫云苗族布依族自治县	25055	913	1893	2357	1150	1657
毕节市	**644829**	**37385**	**58527**	**62908**	**36927**	**52562**
七星关区	25223	1900	2876	1797	1766	2770
大方县	91145	5453	8682	8825	5910	8160
黔西县	101580	5256	10528	11315	5562	6216
金沙县	78484	3452	6582	7924	4150	6395
织金县	107498	9743	11367	11339	5660	7736
纳雍县	83005	5257	7224	8386	5598	9075
威宁彝族回族苗族自治县	111890	3753	8303	8787	5572	8530
赫章县	46004	2571	2965	4535	2709	3680

注：本表数据为居住在普通住宅的家庭户。

8-3b 续表 1 单位：户

地　　区	家庭户户　数	一代户				
		一间	二间	三间	四间	五间及以上
铜仁市	**322016**	**8911**	**30811**	**50470**	**18872**	**22999**
碧江区	1773	87	266	180	99	107
万山区						
江口县	24820	1067	2631	3313	1062	1678
玉屏侗族自治县	24506	608	2854	4799	883	1106
石阡县	29527	841	2510	3561	1581	2588
思南县	53725	1139	5712	8942	3746	4567
印江土家族苗族自治县	35545	819	2715	5191	1633	1181
德江县	54967	1641	6097	7327	4109	4568
沿河土家族自治县	51229	1144	4534	7654	3640	5046
松桃苗族自治县	45924	1565	3492	9503	2119	2158
黔西南布依族苗族自治州	**196505**	**6268**	**13752**	**22064**	**12354**	**15317**
兴义市	22241	381	1012	2341	1781	2351
兴仁市	13054	459	937	1343	1043	1289
普安县	21217	710	1794	2840	1271	1681
晴隆县	20849	887	1816	2279	1305	2027
贞丰县	34839	1331	2925	4488	2393	1964
望谟县	23334	631	1231	2009	1038	2371
册亨县	19454	758	1409	2705	1054	648
安龙县	41517	1111	2628	4059	2469	2986
黔东南苗族侗族自治州	**369808**	**21106**	**30856**	**48169**	**18403**	**19702**
凯里市	9836	585	763	834	486	763
黄平县	29618	936	2566	4959	1491	1911
施秉县	15348	742	1127	2146	654	944
三穗县	25423	2372	2260	2699	915	1425
镇远县	29418	1373	2381	3046	1468	2966
岑巩县	22681	1130	2160	3083	1268	1292
天柱县	40502	5623	4303	4761	2127	2221
锦屏县	22330	903	1633	3379	1474	1108
剑河县	22460	1259	1658	3624	1033	646
台江县	12874	385	807	2604	753	623
黎平县	47832	2283	2995	4983	2689	2939
榕江县	27718	387	2717	3742	1341	1096
从江县	18732	1105	1277	1990	691	416
雷山县	14153	841	1107	1555	706	559
麻江县	15602	636	1497	2736	601	424
丹寨县	15281	546	1605	2028	706	369
黔南布依族苗族自治州	**401433**	**17130**	**33791**	**56671**	**19248**	**24791**
都匀市	5873	80	208	483	332	692
福泉市	14174	629	1426	1666	864	1055
荔波县	20469	1704	1259	2526	1026	1090
贵定县	40988	1354	5235	7073	1775	2864
瓮安县	77631	2343	7209	14433	3280	2555
独山县	39595	1433	3402	5646	2013	3668
平塘县	24636	1210	1459	2662	1714	2142
罗甸县	41758	1855	2657	4690	2085	2351
长顺县	24298	609	1515	2928	1124	2120
龙里县	33950	1937	3275	4734	1263	1643
惠水县	48598	2877	3817	6061	2089	3095
三都水族自治县	29463	1099	2329	3769	1683	1516

8-3b　续表 2　　单位：户

地　区	二代户				
	一间	二间	三间	四间	五间及以上
贵　州	**41344**	**214780**	**539532**	**239473**	**312896**
贵阳市	**2439**	**14358**	**33165**	**9507**	**12391**
南明区					
云岩区					
花溪区	163	754	1150	671	1146
乌当区	70	432	636	467	850
白云区	14	178	161	4	1
观山湖区	99	1462	486	182	265
开阳县	856	3991	14784	3631	4076
息烽县	499	3552	7417	1355	1372
修文县	683	3245	7359	2474	2962
清镇市	55	744	1172	723	1719
六盘水市	**3678**	**16567**	**25930**	**10654**	**12664**
钟山区	427	2923	1546	1178	1661
六枝特区	306	1119	2423	1354	1602
水城县	1000	6066	14505	4968	5766
盘州市	1945	6459	7456	3154	3635
遵义市	**6003**	**34573**	**122649**	**41335**	**44464**
红花岗区	73	683	3892	1307	1545
汇川区	44	479	2035	1528	2768
播州区	139	1192	4979	2046	3413
桐梓县	455	3334	17470	4886	5831
绥阳县	321	2170	10784	3557	2815
正安县	1111	4206	12275	3273	3213
道真仡佬族苗族自治县	892	4423	10181	4131	1326
务川仡佬族苗族自治县	1066	3679	10887	4055	3871
凤冈县	521	3294	10058	2685	3397
湄潭县	340	3829	13629	3268	3990
余庆县	370	2052	5963	2537	4117
习水县	458	4301	15380	5686	4653
赤水市	171	630	2986	779	315
仁怀市	42	301	2130	1597	3210
安顺市	**3455**	**13576**	**30305**	**13229**	**16122**
西秀区	186	760	1933	1304	1559
平坝区	436	1818	2739	1470	3018
普定县	544	3462	9840	3538	3331
镇宁布依族苗族自治县	1009	3111	6120	2405	2549
关岭布依族苗族自治县	727	2515	5596	2301	2195
紫云苗族布依族自治县	553	1910	4077	2211	3470
毕节市	**9130**	**45201**	**88766**	**61729**	**98564**
七星关区	403	1601	2078	2315	4610
大方县	1198	6067	12184	9302	15039
黔西县	1168	8282	16028	9515	11400
金沙县	825	6395	11848	6893	10654
织金县	2706	10249	16160	8354	11728
纳雍县	1475	4364	10889	7536	12999
威宁彝族回族苗族自治县	880	5823	13129	12665	25170
赫章县	475	2420	6450	5149	6964

8-3b 续表 3 单位：户

地　区	二代户				
	一间	二间	三间	四间	五间及以上
铜仁市	**2041**	**22376**	**62839**	**26311**	**34709**
碧江区	28	201	195	149	177
万山区					
江口县	324	2379	4514	1475	2548
玉屏侗族自治县	72	1402	5712	1458	1839
石阡县	258	2250	4855	2169	3688
思南县	246	2956	9253	4085	5832
印江土家族苗族自治县	277	3397	9869	2988	1848
德江县	150	3748	8555	5962	7689
沿河土家族自治县	396	2994	8912	5189	7709
松桃苗族自治县	290	3049	10974	2836	3379
黔西南布依族苗族自治州	**1748**	**10527**	**30069**	**20195**	**27023**
兴义市	72	558	2543	2711	3810
兴仁市	114	554	1366	1480	2373
普安县	138	1098	3731	1866	2735
晴隆县	210	1192	3086	2006	3026
贞丰县	428	2468	6307	3662	3434
望谟县	156	891	2873	1788	4740
册亨县	321	1441	4189	1996	957
安龙县	309	2325	5974	4686	5948
黔东南苗族侗族自治州	**7006**	**30637**	**70453**	**27509**	**27984**
凯里市	356	931	1169	752	1161
黄平县	466	2142	6261	1874	2296
施秉县	174	1144	3015	1039	1587
三穗县	416	2304	4761	1431	2211
镇远县	670	2047	3717	1801	4498
岑巩县	256	2331	4543	1500	1459
天柱县	569	3265	6597	2630	2404
锦屏县	389	1529	4168	2163	1424
剑河县	881	1747	5010	1718	1001
台江县	242	811	3129	943	734
黎平县	1134	3425	7543	4458	4627
榕江县	304	3042	6723	1970	1221
从江县	435	1746	4213	1524	877
雷山县	330	1249	2514	1408	1087
麻江县	163	1230	3890	976	717
丹寨县	221	1694	3200	1322	680
黔南布依族苗族自治州	**5844**	**26965**	**75356**	**29004**	**38975**
都匀市	18	131	579	484	1008
福泉市	149	1045	2226	1258	1553
荔波县	568	1314	3813	1770	1839
贵定县	357	3120	6607	2249	4012
瓮安县	659	6284	21361	4447	3162
独山县	275	1971	5388	2564	5139
平塘县	284	1118	3131	2381	3666
罗甸县	1253	2633	7180	3947	4114
长顺县	326	1139	4536	1810	3350
龙里县	444	3145	6656	2062	2724
惠水县	1164	3118	8104	3244	5352
三都水族自治县	347	1947	5775	2788	3056

8-3b　续表 4　　　　单位：户

地　　区	三代户				
	一间	二间	三间	四间	五间及以上
贵　州	**2331**	**30710**	**159316**	**100185**	**183841**
贵阳市	**174**	**2353**	**10872**	**4708**	**9492**
南明区					
云岩区					
花溪区	15	148	404	347	1280
乌当区	3	33	176	223	544
白云区	3	43	38	2	
观山湖区	10	302	173	114	288
开阳县	54	545	4645	1636	2561
息烽县	37	592	2872	870	1340
修文县	41	549	2218	1180	2170
清镇市	11	141	346	336	1309
六盘水市	**183**	**2116**	**6618**	**4412**	**7878**
钟山区	40	497	509	656	1777
六枝特区	21	171	670	603	1067
水城县	62	934	4173	2266	3837
盘州市	60	514	1266	887	1197
遵义市	**409**	**5263**	**42773**	**20462**	**30440**
红花岗区	3	105	1476	732	1235
汇川区	4	90	656	713	2097
播州区	15	189	1527	894	2572
桐梓县	72	576	6604	2702	4225
绥阳县	27	399	3758	1942	2279
正安县	91	626	4311	1427	2004
道真仡佬族苗族自治县	41	572	3910	2276	892
务川仡佬族苗族自治县	40	498	3494	1803	2494
凤冈县	30	440	3400	1284	1934
湄潭县	20	575	4365	1485	2262
余庆县	12	239	1824	1147	2587
习水县	33	819	5632	3030	3554
赤水市	14	91	1192	457	242
仁怀市	7	44	624	570	2063
安顺市	**161**	**1942**	**7773**	**5726**	**10814**
西秀区	25	142	672	679	1188
平坝区	31	291	829	856	2393
普定县	26	368	1837	1080	1507
镇宁布依族苗族自治县	36	427	1580	1087	1901
关岭布依族苗族自治县	24	346	1575	1140	1731
紫云苗族布依族自治县	19	368	1280	884	2094
毕节市	**570**	**5572**	**19546**	**19371**	**45038**
七星关区	22	165	442	635	1721
大方县	63	550	2196	1980	5306
黔西县	104	1265	4128	3827	6433
金沙县	33	878	3182	3002	5758
织金县	136	1232	3424	2357	4935
纳雍县	108	475	2027	2095	5248
威宁彝族回族苗族自治县	82	721	2558	3494	11781
赫章县	22	286	1589	1981	3856

8-3b 续表 5

单位：户

地　区	三代户				
	一间	二间	三间	四间	五间及以上
铜仁市	**96**	**2689**	**14893**	**7851**	**14907**
碧江区	4	45	61	66	94
万山区					
江口县	14	328	1424	665	1298
玉屏侗族自治县	9	241	1646	523	1236
石阡县	9	277	1612	853	2303
思南县	8	439	2449	1366	2746
印江土家族苗族自治县	11	464	2593	1230	1176
德江县	8	293	1124	1225	2321
沿河土家族自治县	18	231	1073	823	1779
松桃苗族自治县	15	371	2911	1100	1954
黔西南布依族苗族自治州	**85**	**1393**	**8287**	**8678**	**16985**
兴义市	4	96	810	1105	2385
兴仁市	3	60	309	468	1161
普安县	6	110	880	688	1558
晴隆县	10	129	661	717	1365
贞丰县	16	294	1436	1338	2157
望谟县	11	140	1020	939	3184
册亨县	15	218	1420	1394	787
安龙县	20	346	1751	2029	4388
黔东南苗族侗族自治州	**334**	**5226**	**24968**	**15086**	**19706**
凯里市	12	167	420	413	937
黄平县	19	284	1957	907	1406
施秉县	12	146	924	567	1027
三穗县	27	380	1808	752	1465
镇远县	19	323	1209	926	2785
岑巩县	16	287	1576	682	955
天柱县	24	400	2430	1480	1458
锦屏县	17	275	1577	1209	949
剑河县	18	316	2051	804	576
台江县	9	112	857	405	422
黎平县	57	608	3122	2630	3822
榕江县	23	729	2231	1078	938
从江县	29	350	1671	1248	875
雷山县	23	232	848	804	797
麻江县	4	182	1108	535	777
丹寨县	25	435	1179	646	517
黔南布依族苗族自治州	**319**	**4156**	**23586**	**13891**	**28581**
都匀市	1	20	270	356	1054
福泉市	6	128	601	485	992
荔波县	32	205	1127	750	1317
贵定县	40	503	1875	904	2775
瓮安县	26	830	6503	2230	1966
独山县	33	364	1868	1329	4034
平塘县	11	142	833	967	2680
罗甸县	55	435	2679	2175	3218
长顺县	20	194	1342	827	2264
龙里县	22	561	2295	1113	1853
惠水县	49	526	2638	1660	4401
三都水族自治县	24	248	1555	1095	2027

8-3b　续表 6　　单位：户

地　区	四代户				
	一间	二间	三间	四间	五间及以上
贵　州	**33**	**483**	**3949**	**3720**	**11035**
贵阳市	**1**	**19**	**215**	**163**	**551**
南明区					
云岩区					
花溪区			6	11	56
乌当区			1	11	31
白云区					
观山湖区		2	4	1	17
开阳县		4	96	56	172
息烽县		7	62	36	102
修文县	1	5	37	38	102
清镇市		1	9	10	71
六盘水市		**37**	**144**	**133**	**448**
钟山区		9	6	19	109
六枝特区		2	11	18	48
水城县		15	90	66	237
盘州市		11	37	30	54
遵义市	**7**	**105**	**1335**	**975**	**2252**
红花岗区		4	49	55	101
汇川区		2	23	29	164
播州区		7	51	58	205
桐梓县	1	9	210	127	336
绥阳县	1	10	110	83	199
正安县		10	113	67	121
道真仡佬族苗族自治县	2	6	118	92	46
务川仡佬族苗族自治县		8	88	91	183
凤冈县		13	116	47	116
湄潭县	2	13	161	65	144
余庆县	1	2	31	50	198
习水县		19	209	156	255
赤水市		2	31	32	18
仁怀市			25	23	166
安顺市	**1**	**25**	**171**	**212**	**617**
西秀区	1	2	25	30	91
平坝区		2	27	36	137
普定县		6	24	30	53
镇宁布依族苗族自治县		4	23	33	89
关岭布依族苗族自治县		4	40	42	108
紫云苗族布依族自治县		7	32	41	139
毕节市	**3**	**64**	**422**	**551**	**1991**
七星关区		3	14	21	84
大方县	1	3	41	42	142
黔西县		11	99	117	325
金沙县		9	60	95	349
织金县		20	64	59	229
纳雍县		4	38	39	168
威宁彝族回族苗族自治县	1	11	62	90	478
赫章县	1	3	44	88	216

8-3b 续表 7 单位：户

地　区	四代户				
	一间	二间	三间	四间	五间及以上
铜仁市	**2**	**51**	**281**	**201**	**705**
碧江区			3	2	9
万山区					
江口县	1	3	30	12	54
玉屏侗族自治县	1	7	28	14	68
石阡县		6	23	25	118
思南县		8	46	32	153
印江土家族苗族自治县		5	49	45	54
德江县		4	16	26	103
沿河土家族自治县		3	16	13	55
松桃苗族自治县		15	70	32	91
黔西南布依族苗族自治州	**1**	**24**	**221**	**363**	**1148**
兴义市		2	36	59	184
兴仁市		1	5	22	67
普安县		3	13	20	75
晴隆县	1	4	14	33	81
贞丰县		1	28	44	125
望谟县		5	34	37	235
册亨县		4	38	52	47
安龙县		4	53	96	334
黔东南苗族侗族自治州	**8**	**99**	**606**	**633**	**1313**
凯里市			16	7	64
黄平县		5	40	35	62
施秉县		1	13	22	64
三穗县	1	13	52	30	101
镇远县		7	20	27	134
岑巩县	1	6	32	46	58
天柱县	1	10	55	53	90
锦屏县			34	41	58
剑河县		4	52	33	29
台江县		4	10	10	14
黎平县		11	87	124	294
榕江县	1	11	56	46	62
从江县	1	11	62	84	127
雷山县		3	16	29	45
麻江县		3	27	20	76
丹寨县	3	10	34	26	35
黔南布依族苗族自治州	**10**	**59**	**554**	**489**	**2010**
都匀市		1	23	26	107
福泉市	1	2	16	15	56
荔波县		5	17	19	88
贵定县		6	36	26	177
瓮安县	1	14	137	64	127
独山县	1	5	63	57	341
平塘县	2	2	17	23	192
罗甸县		7	61	109	253
长顺县		2	28	23	141
龙里县		6	67	42	108
惠水县	3	6	56	55	283
三都水族自治县	2	3	33	30	137

8-3b 续表 8 单位：户

地区	五代及以上户				
	一间	二间	三间	四间	五间及以上
贵州			**3**	**1**	**18**
贵阳市					**1**
南明区					
云岩区					
花溪区					
乌当区					
白云区					
观山湖区					
开阳县					
息烽县					
修文县					1
清镇市					
六盘水市					
钟山区					
六枝特区					
水城县					
盘州市					
遵义市			**2**		**5**
红花岗区					
汇川区					1
播州区					
桐梓县			1		1
绥阳县					1
正安县					
道真仡佬族苗族自治县					
务川仡佬族苗族自治县					
凤冈县					
湄潭县			1		
余庆县					1
习水县					
赤水市					
仁怀市					1
安顺市					**1**
西秀区					
平坝区					1
普定县					
镇宁布依族苗族自治县					
关岭布依族苗族自治县					
紫云苗族布依族自治县					
毕节市					**2**
七星关区					
大方县					1
黔西县					1
金沙县					
织金县					
纳雍县					
威宁彝族回族苗族自治县					
赫章县					

8-3b 续表 9 单位：户

地区	五代及以上户				
	一间	二间	三间	四间	五间及以上
铜仁市				**1**	
碧江区					
万山区					
江口县					
玉屏侗族自治县					
石阡县					
思南县					
印江土家族苗族自治县					
德江县				1	
沿河土家族自治县					
松桃苗族自治县					
黔西南布依族苗族自治州			**1**		**2**
兴义市					
兴仁市					
普安县					
晴隆县					
贞丰县					
望谟县					1
册亨县			1		
安龙县					1
黔东南苗族侗族自治州					**4**
凯里市					
黄平县					1
施秉县					
三穗县					
镇远县					1
岑巩县					
天柱县					1
锦屏县					
剑河县					
台江县					
黎平县					1
榕江县					
从江县					
雷山县					
麻江县					
丹寨县					
黔南布依族苗族自治州					**3**
都匀市					
福泉市					1
荔波县					
贵定县					
瓮安县					
独山县					1
平塘县					
罗甸县					1
长顺县					
龙里县					
惠水县					
三都水族自治县					

8-3c　各地区按家庭户类别和住房间数分的家庭户户数(乡村)

单位：户

地　区	家庭户户　数	一代户				
		一间	二间	三间	四间	五间及以上
贵　州	**5907178**	**170262**	**450831**	**607919**	**497344**	**816321**
贵阳市	**343653**	**13178**	**24014**	**28274**	**23364**	**45444**
南明区	14721	2127	1628	1275	409	937
云岩区						
花溪区	47814	1005	2171	3071	2214	5287
乌当区	32005	2126	2665	3184	1677	3596
白云区	8389	219	442	578	410	1019
观山湖区	19964	2081	2100	929	721	1619
开阳县	59237	1125	4036	6238	6684	12361
息烽县	39139	1486	3053	3618	3488	5043
修文县	46268	1126	3227	4210	3221	5543
清镇市	76116	1883	4692	5171	4540	10039
六盘水市	**501303**	**31610**	**49472**	**53670**	**30203**	**49343**
钟山区	15368	234	709	807	717	1945
六枝特区	102544	3689	8051	10884	8961	12527
水城县	148675	3462	9544	12357	9726	20833
盘州市	234716	24225	31168	29622	10799	14038
遵义市	**977764**	**16777**	**68364**	**107603**	**101489**	**153328**
红花岗区	58252	641	3090	6478	5336	9425
汇川区	43979	406	2169	4062	3702	7656
播州区	118931	1923	6283	10498	10506	19516
桐梓县	91321	2044	6613	8372	7792	14109
绥阳县	72827	1288	6086	9982	8727	8692
正安县	87059	1851	8702	12227	11915	10707
道真仡佬族苗族自治县	45254	875	4549	7118	6064	4251
务川仡佬族苗族自治县	54690	790	4880	6446	7447	9945
凤冈县	58324	730	3039	6147	6691	11366
湄潭县	67818	1101	4483	7720	7520	12387
余庆县	43075	733	3088	4223	6140	6877
习水县	109930	1793	6982	10850	9535	18788
赤水市	39893	1780	4809	7265	3661	2451
仁怀市	86411	822	3591	6215	6453	17158
安顺市	**411871**	**14987**	**29421**	**44293**	**28031**	**41312**
西秀区	103765	3061	5734	11047	5350	10311
平坝区	52909	2132	3992	5053	2786	4849
普定县	80142	6460	9934	10833	5839	5552
镇宁布依族苗族自治县	58640	1314	3804	7383	4328	5377
关岭布依族苗族自治县	55063	1068	2905	5314	5411	6333
紫云苗族布依族自治县	61352	952	3052	4663	4317	8890
毕节市	**1262278**	**49738**	**127541**	**113058**	**91651**	**165488**
七星关区	199989	11915	23969	16648	16254	26505
大方县	190317	7479	22589	20546	16724	28906
黔西县	123435	3875	11353	10732	9253	15098
金沙县	88787	2452	6974	7149	7046	14693
织金县	157206	9532	18452	16784	12316	19783
纳雍县	133557	5185	14532	11392	10348	22060
威宁彝族回族苗族自治县	230642	5452	18916	19842	12068	17999
赫章县	138345	3848	10756	9965	7642	20444

注：本表数据为居住在普通住宅的家庭户。

8-3c 续表 1

单位：户

地　　区	家庭户户　数	一代户				
		一间	二间	三间	四间	五间及以上
铜仁市	**654935**	**15412**	**55256**	**78181**	**63060**	**118905**
碧江区	29290	1041	3004	3516	2115	2859
万山区	30914	1531	3881	4483	2595	3189
江口县	38987	1540	4384	5366	3584	5121
玉屏侗族自治县	22952	519	1592	2254	1719	3321
石阡县	70758	864	3701	6778	7564	13725
思南县	105387	1596	7604	14063	12119	20107
印江土家族苗族自治县	70022	2664	9008	9638	7771	10156
德江县	74959	721	3901	6637	7173	20773
沿河土家族自治县	101839	2069	8857	12041	10136	25768
松桃苗族自治县	109827	2867	9324	13405	8284	13886
黔西南布依族苗族自治州	**515158**	**6328**	**23553**	**52629**	**45168**	**71134**
兴义市	105346	978	4349	13082	8050	10186
兴仁市	83877	1043	4333	11844	7632	9897
普安县	54468	1670	4325	4905	3939	8899
晴隆县	52381	913	2948	4852	4424	11666
贞丰县	61542	388	2026	5058	7356	9474
望谟县	46792	400	1584	2899	3382	8027
册亨县	42293	428	1802	4729	4573	3836
安龙县	68459	508	2186	5260	5812	9149
黔东南苗族侗族自治州	**682847**	**13282**	**43379**	**74714**	**66397**	**86662**
凯里市	57854	1258	4061	7007	3996	5764
黄平县	53124	1041	3934	6579	4875	8025
施秉县	25832	326	1310	2645	2768	3944
三穗县	30955	862	2048	3109	3526	5289
镇远县	36056	407	1955	3257	4359	7175
岑巩县	34771	758	2340	4394	4330	4915
天柱县	62456	2090	6627	8583	7351	7399
锦屏县	31141	540	1752	4033	3181	5697
剑河县	40338	1047	2642	5285	4442	5212
台江县	24917	517	1694	2677	2396	3540
黎平县	80373	1196	3712	7343	6740	11203
榕江县	57421	601	2444	4154	6409	6512
从江县	66031	994	2413	4613	5392	4660
雷山县	25419	287	1566	3165	2640	2897
麻江县	27501	677	2730	3091	2181	2175
丹寨县	28658	681	2151	4779	1811	2255
黔南布依族苗族自治州	**557369**	**8950**	**29831**	**55497**	**47981**	**84705**
都匀市	57760	833	3310	6722	3897	7954
福泉市	47479	810	2623	4684	3713	8073
荔波县	29234	471	1340	2173	2696	4361
贵定县	36920	706	2173	3412	2984	5349
瓮安县	56433	1454	5083	7922	7489	7337
独山县	46686	896	2489	4319	3488	7784
平塘县	51129	588	1992	3707	3944	9397
罗甸县	42472	612	2030	3504	4442	8541
长顺县	36989	428	1263	2807	2712	6121
龙里县	31726	506	1830	3145	2016	4914
惠水县	63526	830	2388	6353	4417	8993
三都水族自治县	57015	816	3310	6749	6183	5881

8-3c　续表 2　　单位：户

地　　区	二代户				
	一间	二间	三间	四间	五间及以上
贵　州	**28313**	**200323**	**532851**	**532750**	**1076003**
贵阳市	**1811**	**12748**	**27621**	**27648**	**65498**
南明区	278	1543	1829	786	1591
云岩区					
花溪区	118	1135	3814	3709	11061
乌当区	294	1709	3329	2195	5199
白云区	29	249	722	694	1859
观山湖区	208	1077	1435	1608	3239
开阳县	205	1314	3631	4504	10549
息烽县	182	1343	3146	3896	6123
修文县	183	1763	4372	4304	8480
清镇市	314	2615	5343	5952	17397
六盘水市	**7628**	**30884**	**59990**	**40892**	**76275**
钟山区	29	367	1044	1410	4069
六枝特区	600	4065	9956	10572	16372
水城县	488	4338	12908	12809	33059
盘州市	6511	22114	36082	16101	22775
遵义市	**2580**	**24417**	**76241**	**86043**	**165590**
红花岗区	115	1113	4506	4949	10156
汇川区	69	661	2656	3616	9154
播州区	290	2483	8628	10013	22684
桐梓县	361	2640	6412	7549	17986
绥阳县	171	2043	6691	7059	9806
正安县	368	2986	8751	8671	9780
道真仡佬族苗族自治县	222	1875	5173	4852	3768
务川仡佬族苗族自治县	139	1267	3333	4970	8530
凤冈县	91	1141	3842	5159	10695
湄潭县	81	1254	5100	5824	11744
余庆县	82	1317	2535	4484	6748
习水县	247	2447	8322	8931	21148
赤水市	234	1830	5548	3421	2462
仁怀市	110	1360	4744	6545	20929
安顺市	**2613**	**16737**	**50661**	**39801**	**65433**
西秀区	659	3709	13799	8528	17565
平坝区	401	2212	6312	4762	8693
普定县	952	4902	11095	7674	8650
镇宁布依族苗族自治县	250	2430	8547	6160	7938
关岭布依族苗族自治县	133	1585	5682	6804	8983
紫云苗族布依族自治县	218	1899	5226	5873	13604
毕节市	**7733**	**52491**	**103960**	**110860**	**264323**
七星关区	1752	9269	13960	17326	37514
大方县	950	6725	13392	16239	42203
黔西县	717	6035	10486	11455	23691
金沙县	302	2643	5703	7257	20954
织金县	1719	8523	14400	13242	26198
纳雍县	571	4287	8374	10644	29621
威宁彝族回族苗族自治县	1083	10726	28149	25014	48613
赫章县	639	4283	9496	9683	35529

8-3c 续表 3

单位：户

地区	二代户				
	一间	二间	三间	四间	五间及以上
铜仁市	**1559**	**16867**	**48568**	**50486**	**122990**
碧江区	127	1538	3370	2493	4174
万山区	157	1258	3245	2602	4038
江口县	204	1517	3564	3010	5839
玉屏侗族自治县	48	569	1643	1944	4862
石阡县	63	1142	4001	6344	15078
思南县	90	1641	6994	8392	19319
印江土家族苗族自治县	171	2443	5316	5776	9807
德江县	66	1002	3142	4321	18414
沿河土家族自治县	212	1534	5366	6746	22441
松桃苗族自治县	421	4223	11927	8858	19018
黔西南布依族苗族自治州	**854**	**10401**	**50161**	**55307**	**101257**
兴义市	133	1941	13372	11599	17115
兴仁市	139	1766	10538	9546	14536
普安县	199	1955	4567	4185	11665
晴隆县	90	854	3770	3973	12710
贞丰县	37	824	4209	8204	12671
望谟县	51	822	2937	4152	11910
册亨县	123	1148	5594	5809	5506
安龙县	82	1091	5174	7839	15144
黔东南苗族侗族自治州	**2568**	**23119**	**68669**	**71117**	**104764**
凯里市	342	2835	7467	5238	8163
黄平县	201	1869	5240	4709	8384
施秉县	34	588	2324	2723	4729
三穗县	106	832	1987	2869	5690
镇远县	53	668	1878	3416	7522
岑巩县	74	850	3297	3309	5128
天柱县	162	2204	5845	6329	7203
锦屏县	78	675	2718	2576	5093
剑河县	386	1533	4860	4011	5514
台江县	142	1130	2476	2554	3925
黎平县	239	2320	7863	7627	14276
榕江县	167	1917	4782	8107	9911
从江县	217	1881	6739	9878	9466
雷山县	44	996	2943	2889	3423
麻江县	76	1558	3245	2834	3314
丹寨县	247	1263	5005	2048	3023
黔南布依族苗族自治州	**967**	**12659**	**46980**	**50596**	**109873**
都匀市	100	1493	5914	4096	10300
福泉市	94	978	3470	3930	10622
荔波县	94	733	2269	2997	5926
贵定县	76	949	2915	3451	7411
瓮安县	110	1626	5917	5868	6172
独山县	105	1096	3476	3201	9655
平塘县	52	866	2874	4084	12637
罗甸县	79	867	2423	3888	8933
长顺县	44	726	2861	3273	8907
龙里县	59	800	2598	2416	6846
惠水县	63	1090	6051	5619	13046
三都水族自治县	91	1435	6212	7773	9418

8-3c　续表 4　　　　单位：户

地　区	三代户				
	一间	二间	三间	四间	五间及以上
贵　州	**2088**	**26650**	**140764**	**199418**	**576461**
贵阳市	**138**	**2107**	**8842**	**12747**	**47029**
南明区	9	252	606	315	1043
云岩区					
花溪区	11	223	1417	2085	9858
乌当区	11	226	983	1064	3475
白云区	6	47	251	362	1420
观山湖区	32	182	500	892	3138
开阳县	15	192	938	1605	5413
息烽县	15	211	979	1855	4332
修文县	17	308	1400	1966	5746
清镇市	22	466	1768	2603	12604
六盘水市	**274**	**2660**	**11945**	**13733**	**39478**
钟山区	4	38	304	626	2914
六枝特区	67	555	2684	4077	8909
水城县	37	506	3083	4512	19535
盘州市	166	1561	5874	4518	8120
遵义市	**339**	**3746**	**22508**	**35689**	**103070**
红花岗区	22	194	1503	2366	7619
汇川区	9	107	862	1722	6466
播州区	33	317	2479	4760	16851
桐梓县	69	550	1986	2865	11060
绥阳县	14	289	2062	3040	6155
正安县	48	383	2322	2898	4984
道真仡佬族苗族自治县	24	233	1459	2188	2345
务川仡佬族苗族自治县	14	191	739	1587	4065
凤冈县	14	189	1035	2124	5615
湄潭县	11	137	1229	2308	6435
余庆县	5	146	706	1767	3866
习水县	38	484	2648	3577	12936
赤水市	28	306	2075	1990	1665
仁怀市	10	220	1403	2497	13008
安顺市	**239**	**2505**	**15199**	**17264**	**39591**
西秀区	67	767	5211	4567	12117
平坝区	39	400	2085	2432	6242
普定县	66	392	1942	2027	3584
镇宁布依族苗族自治县	26	359	2683	2768	4897
关岭布依族苗族自治县	7	219	1733	3029	5283
紫云苗族布依族自治县	34	368	1545	2441	7468
毕节市	**567**	**6238**	**20850**	**29982**	**111187**
七星关区	157	1208	2905	4691	15145
大方县	33	394	1258	2155	10448
黔西县	65	924	2940	4043	11975
金沙县	25	322	1197	2131	9356
织金县	90	914	2373	3072	9228
纳雍县	43	475	1545	2670	11371
威宁彝族回族苗族自治县	108	1446	6283	7943	25358
赫章县	46	555	2349	3277	18306

8-3c 续表 5

单位：户

地　区	三代户				
	一间	二间	三间	四间	五间及以上
铜仁市	**130**	**2116**	**10891**	**15151**	**52143**
碧江区	23	303	935	1045	2540
万山区	14	175	730	882	1973
江口县	15	191	817	975	2687
玉屏侗族自治县	9	89	477	761	2932
石阡县	3	147	941	2190	7738
思南县	6	184	1741	2564	8432
印江土家族苗族自治县	7	259	994	1419	4313
德江县	8	104	596	1034	6708
沿河土家族自治县	10	75	590	952	4890
松桃苗族自治县	35	589	3070	3329	9930
黔西南布依族苗族自治州	**68**	**1440**	**14330**	**22371**	**54586**
兴义市	18	340	4722	5851	11860
兴仁市	12	211	2541	2944	6366
普安县	8	224	1170	1358	5112
晴隆县	3	77	718	1007	4144
贞丰县	2	101	1088	2865	6613
望谟县	9	142	952	1708	7087
册亨县	7	187	1665	3131	3331
安龙县	9	158	1474	3507	10073
黔东南苗族侗族自治州	**239**	**3994**	**22380**	**31581**	**63022**
凯里市	46	580	2783	2557	5209
黄平县	20	296	1589	1844	4196
施秉县	2	87	631	928	2602
三穗县	4	119	553	951	2761
镇远县	5	79	375	1050	3608
岑巩县	2	98	977	1346	2691
天柱县	23	264	1436	2552	3992
锦屏县	6	126	929	953	2589
剑河县	14	202	1292	1326	2401
台江县	17	195	734	927	1884
黎平县	17	488	3066	3537	9544
榕江县	9	359	1429	3475	6490
从江县	40	387	2649	6250	8869
雷山县		140	835	1367	2069
麻江县	11	293	1143	1490	2298
丹寨县	23	281	1959	1028	1819
黔南布依族苗族自治州	**94**	**1844**	**13819**	**20900**	**66355**
都匀市	32	277	2302	2121	7432
福泉市	6	116	774	1407	5754
荔波县	5	95	560	1361	3803
贵定县	3	149	832	1544	4536
瓮安县	7	158	1335	2396	3250
独山县	17	200	1311	1485	6515
平塘县	1	111	787	1637	7712
罗甸县	5	136	669	1390	4502
长顺县	5	89	833	1415	5117
龙里县	5	126	801	969	4314
惠水县	2	185	2117	2716	8872
三都水族自治县	6	202	1498	2459	4548

8-3c　续表 6　　　　单位：户

地　区	四代户				
	一间	二间	三间	四间	五间及以上
贵　州	**39**	**516**	**4188**	**7864**	**36205**
贵阳市	**1**	**30**	**220**	**435**	**2503**
南明区		5	17	14	57
云岩区					
花溪区		3	47	65	520
乌当区		8	28	49	187
白云区		1	7	10	64
观山湖区	1	1	9	27	165
开阳县		4	25	75	323
息烽县		2	18	50	298
修文县		3	34	73	292
清镇市		3	35	72	597
六盘水市	**3**	**37**	**326**	**483**	**2391**
钟山区			2	9	139
六枝特区	1	7	51	113	403
水城县		4	80	155	1237
盘州市	2	26	193	206	612
遵义市	**7**	**92**	**776**	**1584**	**7509**
红花岗区	1	3	63	128	544
汇川区		7	35	83	537
播州区		7	83	211	1365
桐梓县	2	12	71	104	722
绥阳县		7	65	138	510
正安县	1	6	64	87	308
道真仡佬族苗族自治县	1	6	28	84	139
务川仡佬族苗族自治县		3	25	61	258
凤冈县		1	27	93	324
湄潭县		3	33	89	359
余庆县		2	16	69	270
习水县		17	106	179	901
赤水市		12	92	119	144
仁怀市	2	6	68	139	1128
安顺市	**6**	**60**	**456**	**707**	**2550**
西秀区	2	21	168	206	873
平坝区	1	10	58	89	361
普定县		2	33	67	138
镇宁布依族苗族自治县		9	93	75	199
关岭布依族苗族自治县		8	47	137	381
紫云苗族布依族自治县	3	10	57	133	598
毕节市	**3**	**81**	**456**	**878**	**5187**
七星关区	1	15	67	125	562
大方县		3	17	32	224
黔西县	1	9	67	147	569
金沙县		3	31	86	462
织金县		7	41	96	436
纳雍县		4	21	58	355
威宁彝族回族苗族自治县	1	32	135	198	1275
赫章县		8	77	136	1304

8-3c 续表 7

单位：户

地　　区	四代户				
	一间	二间	三间	四间	五间及以上
铜仁市	**4**	**40**	**255**	**439**	**2481**
碧江区	1	4	35	41	126
万山区	1	5	23	34	98
江口县		5	20	25	123
玉屏侗族自治县		5	14	24	170
石阡县		3	26	60	390
思南县		1	46	79	409
印江土家族苗族自治县		4	15	47	213
德江县	2	2	12	20	323
沿河土家族自治县			4	12	136
松桃苗族自治县		11	60	97	493
黔西南布依族苗族自治州	**3**	**37**	**514**	**1056**	**3952**
兴义市	2	11	269	384	1080
兴仁市		7	63	117	342
普安县		3	24	30	230
晴隆县			19	30	182
贞丰县		6	32	125	463
望谟县		3	31	77	618
册亨县		4	32	129	258
安龙县	1	3	44	164	779
黔东南苗族侗族自治州	**9**	**92**	**718**	**1357**	**4768**
凯里市	2	5	94	104	343
黄平县		5	33	63	221
施秉县		2	7	39	143
三穗县		2	18	41	186
镇远县		1	8	35	205
岑巩县	1	1	32	41	187
天柱县		3	36	86	271
锦屏县		3	20	24	148
剑河县		7	32	30	102
台江县		2	13	26	68
黎平县	2	19	128	163	886
榕江县		14	47	106	488
从江县		9	90	383	1092
雷山县			13	39	106
麻江县	2	10	50	113	210
丹寨县	2	9	97	64	112
黔南布依族苗族自治州	**3**	**47**	**467**	**925**	**4864**
都匀市	2	16	136	125	696
福泉市			25	45	354
荔波县		1	13	51	285
贵定县			30	65	334
瓮安县		2	35	84	188
独山县		8	44	78	519
平塘县	1	2	30	79	627
罗甸县		2	12	62	372
长顺县		4	23	50	309
龙里县		3	19	46	312
惠水县		7	56	128	592
三都水族自治县		2	44	112	276

8-3c 续表 8

单位：户

地 区	五代及以上户				
	一间	二间	三间	四间	五间及以上
贵 州			**2**	**7**	**59**
贵阳市					**1**
南明区					
云岩区					
花溪区					
乌当区					
白云区					
观山湖区					
开阳县					
息烽县					1
修文县					
清镇市					
六盘水市				**1**	**5**
钟山区					1
六枝特区					
水城县					2
盘州市				1	2
遵义市				**3**	**9**
红花岗区					
汇川区					
播州区				1	
桐梓县				1	1
绥阳县					2
正安县					
道真仡佬族苗族自治县					
务川仡佬族苗族自治县					
凤冈县					1
湄潭县					
余庆县					1
习水县				1	
赤水市					1
仁怀市					3
安顺市				**1**	**4**
西秀区					3
平坝区					
普定县					
镇宁布依族苗族自治县					
关岭布依族苗族自治县				1	
紫云苗族布依族自治县					1
毕节市					**6**
七星关区					1
大方县					
黔西县					
金沙县					1
织金县					
纳雍县					1
威宁彝族回族苗族自治县					1
赫章县					2

8—3c 续表 9 单位：户

地区	五代及以上户				
	一间	二间	三间	四间	五间及以上
铜仁市					**1**
碧江区					
万山区					
江口县					
玉屏侗族自治县					
石阡县					
思南县					
印江土家族苗族自治县					1
德江县					
沿河土家族自治县					
松桃苗族自治县					
黔西南布依族苗族自治州			**1**	**1**	**7**
兴义市					4
兴仁市					
普安县					
晴隆县					1
贞丰县					
望谟县			1		
册亨县				1	
安龙县					2
黔东南苗族侗族自治州					**16**
凯里市					
黄平县					
施秉县					
三穗县					2
镇远县					
岑巩县					
天柱县					
锦屏县					
剑河县					
台江县					
黎平县					4
榕江县					
从江县					9
雷山县					
麻江县					
丹寨县					1
黔南布依族苗族自治州			**1**	**1**	**10**
都匀市					2
福泉市					1
荔波县					
贵定县			1		
瓮安县					
独山县					
平塘县				1	
罗甸县					3
长顺县					2
龙里县					1
惠水县					1
三都水族自治县					

8–4 全省按户主的受教育程度分的家庭户住房状况

受教育程度	户 数 (户)	人 数 (人)	平均每户住房间数 (间/户)	人均住房建筑面积 (平方米/人)	人均住房间 数 (间/人)
总 计	**10207613**	**30642868**	**3.86**	**40.43**	**1.29**
未上过学	678796	1720502	3.58	40.58	1.41
学前教育	11243	25723	3.38	44.15	1.48
小 学	3490663	10789491	4.20	40.74	1.36
初 中	3824510	12175140	4.04	40.01	1.27
高 中	905699	2477379	3.21	39.59	1.17
大学专科	656030	1727126	3.06	41.60	1.16
大学本科	605187	1631873	3.01	41.31	1.12
硕士研究生	31334	84325	2.97	42.49	1.10
博士研究生	4151	11309	3.06	41.83	1.12

注：本表数据为居住在普通住宅的家庭户。

8–4a 全省按户主的受教育程度分的家庭户住房状况(城市)

受教育程度	户 数 (户)	人 数 (人)	平均每户住房间数 (间/户)	人均住房建筑面积 (平方米/人)	人均住房间 数 (间/人)
总 计	**2940179**	**8269498**	**2.85**	**35.46**	**1.02**
未上过学	57152	152489	2.83	33.91	1.06
学前教育	2228	4836	2.76	41.63	1.27
小 学	478544	1451715	3.02	32.89	0.99
初 中	1060216	3127679	2.87	32.97	0.97
高 中	501654	1317656	2.69	36.14	1.02
大学专科	402131	1044679	2.77	39.33	1.07
大学本科	406422	1083686	2.90	41.17	1.09
硕士研究生	28209	76687	2.97	42.50	1.09
博士研究生	3623	10071	3.10	42.23	1.11

注：本表数据为居住在普通住宅的家庭户。

8–4b 全省按户主的受教育程度分的家庭户住房状况(镇)

受教育程度	户 数 (户)	人 数 (人)	平均每户 住房间数 (间/户)	人均住房 建筑面积 (平方米/人)	人均住房 间 数 (间/人)
总 计	**2648858**	**8125168**	**3.74**	**39.47**	**1.22**
未上过学	145079	394776	3.46	37.55	1.27
学前教育	3866	7911	2.96	43.61	1.45
小 学	792188	2519709	3.94	38.60	1.24
初 中	1076386	3456847	3.88	39.16	1.21
高 中	254760	711514	3.39	40.98	1.21
大学专科	199440	538115	3.33	43.70	1.24
大学本科	174064	488700	3.19	40.83	1.14
硕士研究生	2621	6533	2.86	40.74	1.15
博士研究生	454	1063	2.72	36.15	1.16

注：本表数据为居住在普通住宅的家庭户。

8–4c 全省按户主的受教育程度分的家庭户住房状况(乡村)

受教育程度	户 数 (户)	人 数 (人)	平均每户 住房间数 (间/户)	人均住房 建筑面积 (平方米/人)	人均住房 间 数 (间/人)
总 计	**4618576**	**14248202**	**4.57**	**43.87**	**1.48**
未上过学	476565	1173237	3.71	42.46	1.50
学前教育	5149	12976	3.96	45.42	1.57
小 学	2219931	6818067	4.54	43.20	1.48
初 中	1687908	5590614	4.88	44.48	1.47
高 中	149285	448209	4.62	47.53	1.54
大学专科	54459	144332	4.21	50.25	1.59
大学本科	24701	59487	3.53	47.73	1.47
硕士研究生	504	1105	3.35	52.50	1.53
博士研究生	74	175	3.62	52.76	1.53

注：本表数据为居住在普通住宅的家庭户。

8-5　全省按户主受教育程度、人均住房建筑面积分的家庭户户数

单位：户

受教育程度	户　数	人均住房建筑面积(平方米)			
		8及以下	9-12	13-16	17-19
总　计	**10207613**	**110510**	**247654**	**453800**	**240068**
未上过学	678796	7247	15001	29608	11304
学前教育	11243	101	270	452	166
小　学	3490663	37181	77534	152744	72977
初　中	3824510	52044	110595	191062	96813
高　中	905699	8799	25655	43303	27299
大学专科	656030	3327	11206	21805	16457
大学本科	605187	1761	7144	14169	14236
硕士研究生	31334	46	220	570	720
博士研究生	4151	4	29	87	96

注：本表数据为居住在普通住宅的家庭户。

8-5　续表

单位：户

受教育程度	人均住房建筑面积(平方米)				
	20-29	30-39	40-49	50-59	60及以上
总　计	**2022173**	**1772745**	**1477986**	**902081**	**2980596**
未上过学	123870	108636	103415	57377	222338
学前教育	1731	1643	1456	1074	4350
小　学	666230	578586	522316	318502	1064593
初　中	798449	663784	523843	329807	1058113
高　中	187234	163107	123504	79251	247547
大学专科	123662	124159	99538	59972	195904
大学本科	114666	125905	98099	52796	176411
硕士研究生	5547	6131	5204	2846	10050
博士研究生	784	794	611	456	1290

8-5a 全省按户主受教育程度、人均住房建筑面积分的家庭户户数(城市)

单位：户

受教育程度	户　数	人均住房建筑面积(平方米)			
		8及以下	9-12	13-16	17-19
总　计	**2940179**	**61169**	**124926**	**181102**	**109576**
未上过学	57152	2539	4271	4795	1787
学前教育	2228	47	123	141	49
小　学	478544	19003	32728	41239	19076
初　中	1060216	30594	59616	82998	45374
高　中	501654	5664	15918	27013	19590
大学专科	402131	2202	7517	14736	12363
大学本科	406422	1078	4577	9649	10598
硕士研究生	28209	38	162	467	654
博士研究生	3623	4	14	64	85

注：本表数据为居住在普通住宅的家庭户。

8-5a 续表

单位：户

受教育程度	人均住房建筑面积(平方米)				
	20-29	30-39	40-49	50-59	60及以上
总　计	**671365**	**532068**	**379803**	**232873**	**647297**
未上过学	12237	7933	5950	4453	13187
学前教育	364	264	238	223	779
小　学	113333	74215	51344	35867	91739
初　中	267243	187260	119890	77628	189613
高　中	113595	95333	68587	41636	114318
大学专科	81802	78462	61497	35031	108521
大学本科	77084	82326	66934	35165	119011
硕士研究生	5039	5563	4787	2515	8984
博士研究生	668	712	576	355	1145

8–5b　全省按户主受教育程度、人均住房建筑面积分的家庭户户数(镇)

单位：户

受教育程度	户　数	人均住房建筑面积(平方米)			
		8及以下	9–12	13–16	17–19
总　计	**2648858**	**32956**	**71139**	**126805**	**60021**
未上过学	145079	3032	4594	7806	2605
学前教育	3866	36	87	148	62
小　学	792188	11395	22035	41560	18243
初　中	1076386	14626	31710	56303	26324
高　中	254760	2430	7702	11758	5876
大学专科	199440	874	2876	5390	3510
大学本科	174064	555	2068	3727	3329
硕士研究生	2621	8	53	91	61
博士研究生	454		14	22	11

注：本表数据为居住在普通住宅的家庭户。

8–5b　续表

单位：户

受教育程度	人均住房建筑面积(平方米)				
	20–29	30–39	40–49	50–59	60及以上
总　计	**576741**	**463631**	**350095**	**234975**	**732495**
未上过学	32406	22566	18722	11942	41406
学前教育	639	603	426	367	1498
小　学	180908	129888	102877	69575	215707
初　中	243842	188779	136379	93509	284914
高　中	50640	44428	33131	23642	75153
大学专科	34037	37531	30465	20056	64701
大学本科	33715	39267	27712	15513	48178
硕士研究生	449	499	355	278	827
博士研究生	105	70	28	93	111

8-5c　全省按户主受教育程度、人均住房建筑面积分的家庭户户数(乡村)

单位：户

受教育程度	户　数	人均住房建筑面积(平方米)			
		8及以下	9-12	13-16	17-19
总　计	**4618576**	**16385**	**51589**	**145893**	**70471**
未上过学	476565	1676	6136	17007	6912
学前教育	5149	18	60	163	55
小　学	2219931	6783	22771	69945	35658
初　中	1687908	6824	19269	51761	25115
高　中	149285	705	2035	4532	1833
大学专科	54459	251	813	1679	584
大学本科	24701	128	499	793	309
硕士研究生	504		5	12	5
博士研究生	74		1	1	

注：本表数据为居住在普通住宅的家庭户。

8-5c　续表

单位：户

受教育程度	人均住房建筑面积(平方米)				
	20-29	30-39	40-49	50-59	60及以上
总　计	**774067**	**777046**	**748088**	**434233**	**1600804**
未上过学	79227	78137	78743	40982	167745
学前教育	728	776	792	484	2073
小　学	371989	374483	368095	213060	757147
初　中	287364	287745	267574	158670	583586
高　中	22999	23346	21786	13973	58076
大学专科	7823	8166	7576	4885	22682
大学本科	3867	4312	3453	2118	9222
硕士研究生	59	69	62	53	239
博士研究生	11	12	7	8	34

第二部分 长表数据资料

第一卷 概要

1-1 各地区户数、

地区	户数			合计			
	合计	家庭户	集体户	合计	男	女	性别比(女=100)
贵 州	**1205192**	**1177921**	**27271**	**3646503**	**1866006**	**1780497**	**104.80**
贵阳市	**195401**	**185416**	**9985**	**575569**	**293905**	**281664**	**104.35**
南明区	37669	36618	1051	99324	49921	49403	101.05
云岩区	39615	38463	1152	104303	52546	51757	101.52
花溪区	29284	25691	3593	91903	46826	45077	103.88
乌当区	10856	10434	422	32755	16527	16228	101.84
白云区	13929	13019	910	44176	22590	21586	104.65
观山湖区	19218	18060	1158	59442	30568	28874	105.87
开阳县	12041	11893	148	34680	17900	16780	106.67
息烽县	7471	7401	70	22278	11531	10747	107.30
修文县	8446	8273	173	28238	14853	13385	110.97
清镇市	16872	15564	1308	58470	30643	27827	110.12
六盘水市	**95937**	**94030**	**1907**	**295474**	**152549**	**142925**	**106.73**
钟山区	20791	20183	608	65054	33002	32052	102.96
六枝特区	16283	16031	252	50471	25808	24663	104.64
水城县	21402	20977	425	73194	38548	34646	111.26
盘州市	37461	36839	622	106755	55191	51564	107.03
遵义市	**207670**	**204113**	**3557**	**621804**	**314209**	**307595**	**102.15**
红花岗区	29586	28684	902	90179	44965	45214	99.45
汇川区	19453	19225	228	58858	29604	29254	101.20
播州区	23043	22703	340	72087	36744	35343	103.96
桐梓县	15903	15695	208	48922	24859	24063	103.31
绥阳县	11519	11373	146	33251	16925	16326	103.67
正安县	13657	13511	146	37887	19091	18796	101.57
道真仡佬族苗族自治县	8239	8187	52	22861	11142	11719	95.08
务川仡佬族苗族自治县	10073	9902	171	28826	14537	14289	101.74
凤冈县	10072	9927	145	28304	14077	14227	98.95
湄潭县	12834	12660	174	35442	17572	17870	98.33
余庆县	7666	7498	168	21421	10687	10734	99.56
习水县	17711	17470	241	56836	29050	27786	104.55
赤水市	8969	8845	124	24556	12373	12183	101.56
仁怀市	18945	18433	512	62374	32583	29791	109.37
安顺市	**74765**	**73211**	**1554**	**236362**	**121353**	**115009**	**105.52**
西秀区	26146	25477	669	82641	41535	41106	101.04
平坝区	10409	10051	358	33129	17238	15891	108.48
普定县	12093	11944	149	37102	19241	17861	107.73
镇宁布依族苗族自治县	9073	8974	99	28306	14775	13531	109.19
关岭布依族苗族自治县	8283	8132	151	27227	14160	13067	108.36
紫云苗族布依族自治县	8761	8633	128	27957	14404	13553	106.28
毕节市	**202618**	**200047**	**2571**	**638581**	**330026**	**308555**	**106.96**
七星关区	37248	36614	634	117856	60161	57695	104.27
大方县	27560	27125	435	78584	40613	37971	106.96
黔西县	21896	21736	160	67593	34976	32617	107.23
金沙县	17236	16825	411	51913	27129	24784	109.46
织金县	25406	25168	238	73995	38568	35427	108.87
纳雍县	21244	21074	170	66352	34315	32037	107.11
威宁彝族回族苗族自治县	33770	33473	297	121061	62967	58094	108.39
赫章县	18258	18032	226	61227	31297	29930	104.57

人口数和性别比

单位：户、人

人口数								平均家庭户规模（人/户）
家庭户				集体户				
小计	男	女	性别比（女=100）	小计	男	女	性别比（女=100）	
3469141	**1770190**	**1698951**	**104.19**	**177362**	**95816**	**81546**	**117.50**	**2.95**
520996	**263842**	**257154**	**102.60**	**54573**	**30063**	**24510**	**122.66**	**2.81**
94024	46852	47172	99.32	5300	3069	2231	137.56	2.57
98393	49050	49343	99.41	5910	3496	2414	144.82	2.56
75753	38824	36929	105.13	16150	8002	8148	98.21	2.95
30239	15259	14980	101.86	2516	1268	1248	101.60	2.90
38159	19432	18727	103.76	6017	3158	2859	110.46	2.93
53215	26747	26468	101.05	6227	3821	2406	158.81	2.95
33835	17408	16427	105.97	845	492	353	139.38	2.84
21819	11277	10542	106.97	459	254	205	123.90	2.95
26381	13684	12697	107.77	1857	1169	688	169.91	3.19
49178	25309	23869	106.03	9292	5334	3958	134.77	3.16
284689	**146729**	**137960**	**106.36**	**10785**	**5820**	**4965**	**117.22**	**3.03**
62051	31555	30496	103.47	3003	1447	1556	92.99	3.07
49123	24997	24126	103.61	1348	811	537	151.02	3.06
70306	36924	33382	110.61	2888	1624	1264	128.48	3.35
103209	53253	49956	106.60	3546	1938	1608	120.52	2.80
596446	**300195**	**296251**	**101.33**	**25358**	**14014**	**11344**	**123.54**	**2.92**
84381	42262	42119	100.34	5798	2703	3095	87.33	2.94
56932	28537	28395	100.50	1926	1067	859	124.21	2.96
69082	35062	34020	103.06	3005	1682	1323	127.14	3.04
47248	23936	23312	102.68	1674	923	751	122.90	3.01
31894	16134	15760	102.37	1357	791	566	139.75	2.80
36607	18296	18311	99.92	1280	795	485	163.92	2.71
22569	10964	11605	94.48	292	178	114	156.14	2.76
27826	13919	13907	100.09	1000	618	382	161.78	2.81
27617	13703	13914	98.48	687	374	313	119.49	2.78
34389	17015	17374	97.93	1053	557	496	112.30	2.72
20481	10110	10371	97.48	940	577	363	158.95	2.73
54193	27547	26646	103.38	2643	1503	1140	131.84	3.10
23713	11853	11860	99.94	843	520	323	160.99	2.68
59514	30857	28657	107.68	2860	1726	1134	152.20	3.23
226177	**115758**	**110419**	**104.84**	**10185**	**5595**	**4590**	**121.90**	**3.09**
78327	39301	39026	100.70	4314	2234	2080	107.40	3.07
31448	16150	15298	105.57	1681	1088	593	183.47	3.13
35172	18180	16992	106.99	1930	1061	869	122.09	2.94
27786	14500	13286	109.14	520	275	245	112.24	3.10
26264	13634	12630	107.95	963	526	437	120.37	3.23
27180	13993	13187	106.11	777	411	366	112.30	3.15
619087	**319438**	**299649**	**106.60**	**19494**	**10588**	**8906**	**118.89**	**3.09**
113271	57906	55365	104.59	4585	2255	2330	96.78	3.09
75727	39206	36521	107.35	2857	1407	1450	97.03	2.79
65877	33943	31934	106.29	1716	1033	683	151.24	3.03
49733	25735	23998	107.24	2180	1394	786	177.35	2.96
72145	37360	34785	107.40	1850	1208	642	188.16	2.87
64584	33302	31282	106.46	1768	1013	755	134.17	3.06
118004	61471	56533	108.73	3057	1496	1561	95.84	3.53
59746	30515	29231	104.39	1481	782	699	111.87	3.31

1-1 续表

地　区	户　数			合　计			
	合计	家庭户	集体户	合计	男	女	性别比（女=100）
铜仁市	**105650**	**104033**	**1617**	**299500**	**151371**	**148129**	**102.19**
碧江区	11315	10988	327	36023	17772	18251	97.38
万山区	4896	4802	94	14352	7473	6879	108.63
江口县	6166	6094	72	17199	8784	8415	104.39
玉屏侗族自治县	4718	4654	64	14046	7313	6733	108.61
石阡县	9969	9865	104	28630	14481	14149	102.35
思南县	15336	15052	284	41564	20679	20885	99.01
印江土家族苗族自治县	10057	9967	90	26929	13391	13538	98.91
德江县	12244	12056	188	35334	17723	17611	100.64
沿河土家族自治县	15079	14951	128	39237	19837	19400	102.25
松桃苗族自治县	15870	15604	266	46186	23918	22268	107.41
黔西南布依族苗族自治州	**92544**	**91109**	**1435**	**290767**	**148596**	**142171**	**104.52**
兴义市	29643	28930	713	96195	48774	47421	102.85
兴仁市	13485	13284	201	40876	21090	19786	106.59
普安县	7555	7476	79	23371	12024	11347	105.97
晴隆县	7579	7513	66	22568	11565	11003	105.11
贞丰县	9700	9638	62	29788	15315	14473	105.82
望谟县	7144	7035	109	23548	12100	11448	105.70
册亨县	6325	6239	86	18975	9626	9349	102.96
安龙县	11113	10994	119	35446	18102	17344	104.37
黔东南苗族侗族自治州	**120770**	**118780**	**1990**	**357794**	**184868**	**172926**	**106.91**
凯里市	22342	21669	673	64931	33310	31621	105.34
黄平县	8092	7937	155	22458	11490	10968	104.76
施秉县	4028	3987	41	12020	6113	5907	103.49
三穗县	5526	5481	45	15960	8205	7755	105.80
镇远县	6685	6620	65	18493	9412	9081	103.64
岑巩县	5884	5765	119	16150	8323	7827	106.34
天柱县	9284	9256	28	24499	12805	11694	109.50
锦屏县	5506	5402	104	15414	7964	7450	106.90
剑河县	6334	6263	71	18274	9575	8699	110.07
台江县	3982	3862	120	12370	6370	6000	106.17
黎平县	13048	12860	188	39937	20398	19539	104.40
榕江县	8366	8291	75	27337	14243	13094	108.78
从江县	8605	8487	118	30390	15726	14664	107.24
雷山县	3965	3904	61	12107	6541	5566	117.52
麻江县	4390	4340	50	12824	6686	6138	108.93
丹寨县	4733	4656	77	14630	7707	6923	111.32
黔南布依族苗族自治州	**109837**	**107182**	**2655**	**330652**	**169129**	**161523**	**104.71**
都匀市	16335	15782	553	47792	24124	23668	101.93
福泉市	9266	9029	237	28258	14534	13724	105.90
荔波县	5153	5056	97	15406	8018	7388	108.53
贵定县	8006	7592	414	23937	11745	12192	96.33
瓮安县	13156	13029	127	38216	19477	18739	103.94
独山县	8442	8272	170	24885	12925	11960	108.07
平塘县	7590	7533	57	22164	11171	10993	101.62
罗甸县	8576	8459	117	24638	12550	12088	103.82
长顺县	6132	6067	65	18799	9740	9059	107.52
龙里县	7016	6748	268	22041	11676	10365	112.65
惠水县	11402	10971	431	37293	18968	18325	103.51
三都水族自治县	8763	8644	119	27223	14201	13022	109.05

单位：户、人

人口数								平均家庭户规模（人/户）
家庭户				集体户				
小计	男	女	性别比（女=100）	小计	男	女	性别比（女=100）	
284352	**143611**	**140741**	**102.04**	**15148**	**7760**	**7388**	**105.04**	**2.73**
32384	16282	16102	101.12	3639	1490	2149	69.33	2.95
13209	6843	6366	107.49	1143	630	513	122.81	2.75
16338	8320	8018	103.77	861	464	397	116.88	2.68
13760	7108	6652	106.86	286	205	81	253.09	2.96
27872	14019	13853	101.20	758	462	296	156.08	2.83
39597	19610	19987	98.11	1967	1069	898	119.04	2.63
26253	12960	13293	97.49	676	431	245	175.92	2.63
32983	16573	16410	100.99	2351	1150	1201	95.75	2.74
37957	19178	18779	102.12	1280	659	621	106.12	2.54
43999	22718	21281	106.75	2187	1200	987	121.58	2.82
278510	**142185**	**136325**	**104.30**	**12257**	**6411**	**5846**	**109.66**	**3.06**
90125	45921	44204	103.88	6070	2853	3217	88.69	3.12
39616	20392	19224	106.08	1260	698	562	124.20	2.98
22541	11493	11048	104.03	830	531	299	177.59	3.02
21823	11118	10705	103.86	745	447	298	150.00	2.90
29378	15006	14372	104.41	410	309	101	305.94	3.05
22000	11310	10690	105.80	1548	790	758	104.22	3.13
18474	9352	9122	102.52	501	274	227	120.70	2.96
34553	17593	16960	103.73	893	509	384	132.55	3.14
346433	**178533**	**167900**	**106.33**	**11361**	**6335**	**5026**	**126.04**	**2.92**
61693	31532	30161	104.55	3238	1778	1460	121.78	2.85
21562	11011	10551	104.36	896	479	417	114.87	2.72
11750	5989	5761	103.96	270	124	146	84.93	2.95
15740	8077	7663	105.40	220	128	92	139.13	2.87
18214	9268	8946	103.60	279	144	135	106.67	2.75
15450	7923	7527	105.26	700	400	300	133.33	2.68
24354	12710	11644	109.15	145	95	50	190.00	2.63
14824	7600	7224	105.20	590	364	226	161.06	2.74
17923	9382	8541	109.85	351	193	158	122.15	2.86
11732	6042	5690	106.19	638	328	310	105.81	3.04
38902	19787	19115	103.52	1035	611	424	144.10	3.03
26552	13794	12758	108.12	785	449	336	133.63	3.20
29729	15339	14390	106.59	661	387	274	141.24	3.50
11497	6161	5336	115.46	610	380	230	165.22	2.94
12517	6507	6010	108.27	307	179	128	139.84	2.88
13994	7411	6583	112.58	636	296	340	87.06	3.01
312451	**159899**	**152552**	**104.82**	**18201**	**9230**	**8971**	**102.89**	**2.92**
43572	22165	21407	103.54	4220	1959	2261	86.64	2.76
26896	13776	13120	105.00	1362	758	604	125.50	2.98
14749	7551	7198	104.90	657	467	190	245.79	2.92
21794	11055	10739	102.94	2143	690	1453	47.49	2.87
36748	18531	18217	101.72	1468	946	522	181.23	2.82
23890	12341	11549	106.86	995	584	411	142.09	2.89
21784	10987	10797	101.76	380	184	196	93.88	2.89
23956	12199	11757	103.76	682	351	331	106.04	2.83
18164	9386	8778	106.93	635	354	281	125.98	2.99
20461	10648	9813	108.51	1580	1028	552	186.23	3.03
34029	17496	16533	105.82	3264	1472	1792	82.14	3.10
26408	13764	12644	108.86	815	437	378	115.61	3.06

1-1a 各地区户数、

地区	户数			合计			
	合计	家庭户	集体户	合计	男	女	性别比(女=100)
贵州	**320607**	**308482**	**12125**	**953728**	**477931**	**475797**	**100.45**
贵阳市	**139857**	**133476**	**6381**	**392585**	**198350**	**194235**	**102.12**
南明区	36015	35069	946	94253	47140	47113	100.06
云岩区	39615	38463	1152	104303	52546	51757	101.52
花溪区	21152	19559	1593	60918	31171	29747	104.79
乌当区	6730	6475	255	19354	9457	9897	95.55
白云区	12782	11959	823	40203	20528	19675	104.34
观山湖区	16041	15160	881	48340	24696	23644	104.45
开阳县							
息烽县							
修文县							
清镇市	7522	6791	731	25214	12812	12402	103.31
六盘水市	**30958**	**29972**	**986**	**93598**	**47155**	**46443**	**101.53**
钟山区	17294	16841	453	52625	26484	26141	101.31
六枝特区	4848	4656	192	14888	7325	7563	96.85
水城县							
盘州市	8816	8475	341	26085	13346	12739	104.76
遵义市	**56797**	**55305**	**1492**	**177036**	**87937**	**89099**	**98.70**
红花岗区	22287	21454	833	68056	33521	34535	97.06
汇川区	13471	13263	208	41102	20340	20762	97.97
播州区	8944	8756	188	28822	14370	14452	99.43
桐梓县							
绥阳县							
正安县							
道真仡佬族苗族自治县							
务川仡佬族苗族自治县							
凤冈县							
湄潭县							
余庆县							
习水县							
赤水市	3595	3560	35	10224	4980	5244	94.97
仁怀市	8500	8272	228	28832	14726	14106	104.40
安顺市	**16823**	**16241**	**582**	**51305**	**25248**	**26057**	**96.90**
西秀区	14605	14054	551	44497	21849	22648	96.47
平坝区	2218	2187	31	6808	3399	3409	99.71
普定县							
镇宁布依族苗族自治县							
关岭布依族苗族自治县							
紫云苗族布依族自治县							
毕节市	**16145**	**15583**	**562**	**55639**	**28246**	**27393**	**103.11**
七星关区	16145	15583	562	55639	28246	27393	103.11
大方县							
黔西县							
金沙县							
织金县							
纳雍县							
威宁彝族回族苗族自治县							
赫章县							

人口数和性别比(城市)

单位：户、人

人口数								平均家庭户规模（人/户）
家庭户				集体户				
小计	男	女	性别比（女=100）	小计	男	女	性别比（女=100）	
881011	**440772**	**440239**	**100.12**	**72717**	**37159**	**35558**	**104.50**	**2.86**
358323	**179388**	**178935**	**100.25**	**34262**	**18962**	**15300**	**123.93**	**2.68**
89474	44476	44998	98.84	4779	2664	2115	125.96	2.55
98393	49050	49343	99.41	5910	3496	2414	144.82	2.56
53615	27223	26392	103.15	7303	3948	3355	117.68	2.74
18045	8913	9132	97.60	1309	544	765	71.11	2.79
34771	17697	17074	103.65	5432	2831	2601	108.84	2.91
43892	21954	21938	100.07	4448	2742	1706	160.73	2.90
20133	10075	10058	100.17	5081	2737	2344	116.77	2.96
88654	**44681**	**43973**	**101.61**	**4944**	**2474**	**2470**	**100.16**	**2.96**
50535	25534	25001	102.13	2090	950	1140	83.33	3.00
13913	6789	7124	95.30	975	536	439	122.10	2.99
24206	12358	11848	104.30	1879	988	891	110.89	2.86
167053	**83117**	**83936**	**99.02**	**9983**	**4820**	**5163**	**93.36**	**3.02**
62859	31243	31616	98.82	5197	2278	2919	78.04	2.93
39440	19485	19955	97.64	1662	855	807	105.95	2.97
27271	13586	13685	99.28	1551	784	767	102.22	3.11
9935	4818	5117	94.16	289	162	127	127.56	2.79
27548	13985	13563	103.11	1284	741	543	136.46	3.33
47689	**23500**	**24189**	**97.15**	**3616**	**1748**	**1868**	**93.58**	**2.94**
41038	20184	20854	96.79	3459	1665	1794	92.81	2.92
6651	3316	3335	99.43	157	83	74	112.16	3.04
51621	**26315**	**25306**	**103.99**	**4018**	**1931**	**2087**	**92.53**	**3.31**
51621	26315	25306	103.99	4018	1931	2087	92.53	3.31

1-1a 续表

地区	户数			合计			
	合计	家庭户	集体户	合计	男	女	性别比(女=100)
铜仁市	**10452**	**10089**	**363**	**34237**	**16765**	**17472**	**95.95**
碧江区	8513	8225	288	27797	13532	14265	94.86
万山区	1939	1864	75	6440	3233	3207	100.81
江口县							
玉屏侗族自治县							
石阡县							
思南县							
印江土家族苗族自治县							
德江县							
沿河土家族自治县							
松桃苗族自治县							
黔西南布依族苗族自治州	**21028**	**20353**	**675**	**67358**	**33651**	**33707**	**99.83**
兴义市	17144	16621	523	55226	27464	27762	98.93
兴仁市	3884	3732	152	12132	6187	5945	104.07
普安县							
晴隆县							
贞丰县							
望谟县							
册亨县							
安龙县							
黔东南苗族侗族自治州	**15494**	**15008**	**486**	**43840**	**21951**	**21889**	**100.28**
凯里市	15494	15008	486	43840	21951	21889	100.28
黄平县							
施秉县							
三穗县							
镇远县							
岑巩县							
天柱县							
锦屏县							
剑河县							
台江县							
黎平县							
榕江县							
从江县							
雷山县							
麻江县							
丹寨县							
黔南布依族苗族自治州	**13053**	**12455**	**598**	**38130**	**18628**	**19502**	**95.52**
都匀市	9954	9534	420	28405	13840	14565	95.02
福泉市	3099	2921	178	9725	4788	4937	96.98
荔波县							
贵定县							
瓮安县							
独山县							
平塘县							
罗甸县							
长顺县							
龙里县							
惠水县							
三都水族自治县							

单位：户、人

人口数								平均家庭户规模（人/户）
家庭户				集体户				
小计	男	女	性别比（女=100）	小计	男	女	性别比（女=100）	
30128	**14905**	**15223**	**97.91**	**4109**	**1860**	**2249**	**82.70**	**2.99**
24614	12174	12440	97.86	3183	1358	1825	74.41	2.99
5514	2731	2783	98.13	926	502	424	118.40	2.96
61837	**31236**	**30601**	**102.08**	**5521**	**2415**	**3106**	**77.75**	**3.04**
50562	25472	25090	101.52	4664	1992	2672	74.55	3.04
11275	5764	5511	104.59	857	423	434	97.47	3.02
41524	**20661**	**20863**	**99.03**	**2316**	**1290**	**1026**	**125.73**	**2.77**
41524	20661	20863	99.03	2316	1290	1026	125.73	2.77
34182	**16969**	**17213**	**98.58**	**3948**	**1659**	**2289**	**72.48**	**2.74**
25386	12596	12790	98.48	3019	1244	1775	70.08	2.66
8796	4373	4423	98.87	929	415	514	80.74	3.01

1-1b 各地区户数、

地区	户数			合计			
	合计	家庭户	集体户	合计	男	女	性别比(女=100)
贵州	**307745**	**298016**	**9729**	**974222**	**490706**	**483516**	**101.49**
贵阳市	**19813**	**17197**	**2616**	**65658**	**32739**	**32919**	**99.45**
南明区							
云岩区							
花溪区	3142	1249	1893	11985	5527	6458	85.58
乌当区	690	654	36	2256	1197	1059	113.03
白云区	101	101		224	112	112	100.00
观山湖区	779	745	34	2369	1216	1153	105.46
开阳县	6247	6130	117	19001	9494	9507	99.86
息烽县	3514	3458	56	10552	5268	5284	99.70
修文县	3795	3704	91	12808	6522	6286	103.75
清镇市	1545	1156	389	6463	3403	3060	111.21
六盘水市	**15184**	**14752**	**432**	**49311**	**25329**	**23982**	**105.62**
钟山区	1825	1821	4	5840	3067	2773	110.60
六枝特区	1509	1494	15	4858	2474	2384	103.78
水城县	6810	6572	238	23802	12301	11501	106.96
盘州市	5040	4865	175	14811	7487	7324	102.23
遵义市	**56559**	**55493**	**1066**	**175803**	**87013**	**88790**	**98.00**
红花岗区	1736	1714	22	5794	2978	2816	105.75
汇川区	1758	1751	7	5321	2692	2629	102.40
播州区	2735	2704	31	8604	4303	4301	100.05
桐梓县	7255	7134	121	23481	11674	11807	98.87
绥阳县	4794	4686	108	14903	7458	7445	100.17
正安县	5307	5228	79	15821	7794	8027	97.10
道真仡佬族苗族自治县	4075	4044	31	12208	5745	6463	88.89
务川仡佬族苗族自治县	5013	4875	138	15791	7817	7974	98.03
凤冈县	4370	4263	107	12945	6303	6642	94.90
湄潭县	6141	6003	138	17691	8679	9012	96.30
余庆县	3436	3346	90	10273	5002	5271	94.90
习水县	6920	6773	147	23780	11879	11901	99.82
赤水市	1231	1210	21	3445	1692	1753	96.52
仁怀市	1788	1762	26	5746	2997	2749	109.02
安顺市	**17600**	**16892**	**708**	**57264**	**29212**	**28052**	**104.14**
西秀区	1441	1411	30	4862	2477	2385	103.86
平坝区	2871	2587	284	9031	4825	4206	114.72
普定县	4307	4218	89	14272	7253	7019	103.33
镇宁布依族苗族自治县	3284	3206	78	10123	5068	5055	100.26
关岭布依族苗族自治县	2986	2861	125	9913	5034	4879	103.18
紫云苗族布依族自治县	2711	2609	102	9063	4555	4508	101.04
毕节市	**65968**	**64465**	**1503**	**215743**	**110024**	**105719**	**104.07**
七星关区	2606	2558	48	7970	3991	3979	100.30
大方县	9499	9124	375	29998	15185	14813	102.51
黔西县	10005	9896	109	32184	16303	15881	102.66
金沙县	8450	8144	306	26334	13426	12908	104.01
织金县	10692	10507	185	32385	16692	15693	106.37
纳雍县	8413	8292	121	27197	13982	13215	105.80
威宁彝族回族苗族自治县	11759	11503	256	44047	22592	21455	105.30
赫章县	4544	4441	103	15628	7853	7775	101.00

人口数和性别比(镇)

单位：户、人

人口数								平均家庭户规模(人/户)
家庭户				集体户				
小计	男	女	性别比(女=100)	小计	男	女	性别比(女=100)	
908972	**457591**	**451381**	**101.38**	**65250**	**33115**	**32135**	**103.05**	**3.05**
52243	**26291**	**25952**	**101.31**	**13415**	**6448**	**6967**	**92.55**	**3.04**
3934	2044	1890	108.15	8051	3483	4568	76.25	3.15
1992	1039	953	109.02	264	158	106	149.06	3.05
224	112	112	100.00					2.22
1943	940	1003	93.72	426	276	150	184.00	2.61
18407	9186	9221	99.62	594	308	286	107.69	3.00
10181	5083	5098	99.71	371	185	186	99.46	2.94
11832	5967	5865	101.74	976	555	421	131.83	3.19
3730	1920	1810	106.08	2733	1483	1250	118.64	3.23
46744	**23992**	**22752**	**105.45**	**2567**	**1337**	**1230**	**108.70**	**3.17**
5824	3058	2766	110.56	16	9	7	128.57	3.20
4824	2448	2376	103.03	34	26	8	325.00	3.23
22418	11577	10841	106.79	1384	724	660	109.70	3.41
13678	6909	6769	102.07	1133	578	555	104.14	2.81
167981	**82789**	**85192**	**97.18**	**7822**	**4224**	**3598**	**117.40**	**3.03**
5468	2781	2687	103.50	326	197	129	152.71	3.19
5246	2644	2602	101.61	75	48	27	177.78	3.00
8361	4165	4196	99.26	243	138	105	131.43	3.09
22458	11206	11252	99.59	1023	468	555	84.32	3.15
13857	6893	6964	98.98	1046	565	481	117.46	2.96
15238	7427	7811	95.08	583	367	216	169.91	2.91
12107	5680	6427	88.38	101	65	36	180.56	2.99
15030	7402	7628	97.04	761	415	346	119.94	3.08
12417	6024	6393	94.23	528	279	249	112.05	2.91
16829	8235	8594	95.82	862	444	418	106.22	2.80
9696	4660	5036	92.53	577	342	235	145.53	2.90
22276	11098	11178	99.28	1504	781	723	108.02	3.29
3376	1658	1718	96.51	69	34	35	97.14	2.79
5622	2916	2706	107.76	124	81	43	188.37	3.19
52899	**26908**	**25991**	**103.53**	**4365**	**2304**	**2061**	**111.79**	**3.13**
4639	2367	2272	104.18	223	110	113	97.35	3.29
7806	4028	3778	106.62	1225	797	428	186.21	3.02
13127	6666	6461	103.17	1145	587	558	105.20	3.11
9722	4892	4830	101.28	401	176	225	78.22	3.03
9159	4677	4482	104.35	754	357	397	89.92	3.20
8446	4278	4168	102.64	617	277	340	81.47	3.24
203982	**104193**	**99789**	**104.41**	**11761**	**5831**	**5930**	**98.33**	**3.16**
7590	3820	3770	101.33	380	171	209	81.82	2.97
27567	14061	13506	104.11	2431	1124	1307	86.00	3.02
30835	15598	15237	102.37	1349	705	644	109.47	3.12
24836	12652	12184	103.84	1498	774	724	106.91	3.05
31125	16004	15121	105.84	1260	688	572	120.28	2.96
25791	13235	12556	105.41	1406	747	659	113.35	3.11
41237	21272	19965	106.55	2810	1320	1490	88.59	3.58
15001	7551	7450	101.36	627	302	325	92.92	3.38

1-1b 续表

地区	户数			合计			
	合计	家庭户	集体户	合计	男	女	性别比(女=100)
铜仁市	**33034**	**32208**	**826**	**100413**	**49858**	**50555**	**98.62**
碧江区	139	139		360	189	171	110.53
万山区							
江口县	2524	2479	45	7679	3887	3792	102.51
玉屏侗族自治县	2393	2376	17	7099	3556	3543	100.37
石阡县	3070	2998	72	9387	4643	4744	97.87
思南县	5324	5092	232	16188	7999	8189	97.68
印江土家族苗族自治县	3660	3609	51	11366	5515	5851	94.26
德江县	5105	4989	116	16334	8045	8289	97.06
沿河土家族自治县	5334	5244	90	15471	7688	7783	98.78
松桃苗族自治县	5485	5282	203	16529	8336	8193	101.75
黔西南布依族苗族自治州	**20836**	**20443**	**393**	**66906**	**34026**	**32880**	**103.49**
兴义市	2355	2287	68	7628	3970	3658	108.53
兴仁市	1430	1406	24	4474	2291	2183	104.95
普安县	2257	2217	40	7038	3609	3429	105.25
晴隆县	2318	2279	39	7382	3751	3631	103.30
贞丰县	3620	3588	32	11242	5763	5479	105.18
望谟县	2355	2275	80	8637	4409	4228	104.28
册亨县	2108	2091	17	6263	3143	3120	100.74
安龙县	4393	4300	93	14242	7090	7152	99.13
黔东南苗族侗族自治州	**37277**	**36464**	**813**	**113705**	**57580**	**56125**	**102.59**
凯里市	988	983	5	3032	1578	1454	108.53
黄平县	3121	3055	66	8966	4521	4445	101.71
施秉县	1517	1487	30	4757	2310	2447	94.40
三穗县	2417	2386	31	7333	3626	3707	97.81
镇远县	3132	3078	54	9103	4513	4590	98.32
岑巩县	2428	2345	83	6972	3442	3530	97.51
天柱县	3316	3305	11	9465	4852	4613	105.18
锦屏县	2225	2169	56	6568	3333	3235	103.03
剑河县	2354	2297	57	7124	3673	3451	106.43
台江县	1422	1367	55	4188	2148	2040	105.29
黎平县	4969	4857	112	15636	7878	7758	101.55
榕江县	2582	2561	21	8500	4323	4177	103.50
从江县	1945	1865	80	6655	3432	3223	106.48
雷山县	1491	1452	39	4879	2556	2323	110.03
麻江县	1642	1600	42	4918	2509	2409	104.15
丹寨县	1728	1657	71	5609	2886	2723	105.99
黔南布依族苗族自治州	**41474**	**40102**	**1372**	**129419**	**64925**	**64494**	**100.67**
都匀市	626	600	26	2422	1181	1241	95.17
福泉市	1481	1476	5	4451	2226	2225	100.04
荔波县	2107	2058	49	6303	3141	3162	99.34
贵定县	4262	3988	274	12523	5945	6578	90.38
瓮安县	7681	7597	84	23675	11803	11872	99.42
独山县	3963	3850	113	12129	6267	5862	106.91
平塘县	2437	2431	6	7134	3536	3598	98.28
罗甸县	4273	4192	81	13325	6658	6667	99.87
长顺县	2493	2447	46	7925	4065	3860	105.31
龙里县	3802	3616	186	11800	6156	5644	109.07
惠水县	5271	4876	395	17895	8883	9012	98.57
三都水族自治县	3078	2971	107	9837	5064	4773	106.10

单位：户、人

人口数								平均家庭户规模（人/户）
家庭户				集体户				
小计	男	女	性别比（女=100）	小计	男	女	性别比（女=100）	
93155	**46078**	**47077**	**97.88**	**7258**	**3780**	**3478**	**108.68**	**2.89**
360	189	171	110.53					2.59
7141	3589	3552	101.04	538	298	240	124.17	2.88
6975	3465	3510	98.72	124	91	33	275.76	2.94
8876	4379	4497	97.38	511	264	247	106.88	2.96
14510	7090	7420	95.55	1678	909	769	118.21	2.85
11130	5358	5772	92.83	236	157	79	198.73	3.08
14775	7313	7462	98.00	1559	732	827	88.51	2.96
14454	7173	7281	98.52	1017	515	502	102.59	2.76
14934	7522	7412	101.48	1595	814	781	104.23	2.83
63184	**32011**	**31173**	**102.69**	**3722**	**2015**	**1707**	**118.04**	**3.09**
7143	3694	3449	107.10	485	276	209	132.06	3.12
4262	2166	2096	103.34	212	125	87	143.68	3.03
6693	3403	3290	103.43	345	206	139	148.20	3.02
6867	3480	3387	102.75	515	271	244	111.07	3.01
11047	5617	5430	103.44	195	146	49	297.96	3.08
7426	3808	3618	105.25	1211	601	610	98.52	3.26
6165	3079	3086	99.77	98	64	34	188.24	2.95
13581	6764	6817	99.22	661	326	335	97.31	3.16
108705	**54901**	**53804**	**102.04**	**5000**	**2679**	**2321**	**115.42**	**2.98**
2999	1556	1443	107.83	33	22	11	200.00	3.05
8487	4247	4240	100.17	479	274	205	133.66	2.78
4542	2218	2324	95.44	215	92	123	74.80	3.05
7200	3560	3640	97.80	133	66	67	98.51	3.02
8876	4405	4471	98.52	227	108	119	90.76	2.88
6465	3173	3292	96.39	507	269	238	113.03	2.76
9411	4816	4595	104.81	54	36	18	200.00	2.85
6331	3202	3129	102.33	237	131	106	123.58	2.92
6843	3509	3334	105.25	281	164	117	140.17	2.98
3934	2013	1921	104.79	254	135	119	113.45	2.88
15029	7536	7493	100.57	607	342	265	129.06	3.09
8225	4174	4051	103.04	275	149	126	118.25	3.21
6212	3172	3040	104.34	443	260	183	142.08	3.33
4477	2331	2146	108.62	402	225	177	127.12	3.08
4673	2377	2296	103.53	245	132	113	116.81	2.92
5001	2612	2389	109.33	608	274	334	82.04	3.02
120079	**60428**	**59651**	**101.30**	**9340**	**4497**	**4843**	**92.86**	**2.99**
2011	1031	980	105.20	411	150	261	57.47	3.35
4441	2218	2223	99.78	10	8	2	400.00	3.01
6006	2993	3013	99.34	297	148	149	99.33	2.92
11242	5587	5655	98.80	1281	358	923	38.79	2.82
22801	11327	11474	98.72	874	476	398	119.60	3.00
11340	5791	5549	104.36	789	476	313	152.08	2.95
7110	3521	3589	98.11	24	15	9	166.67	2.92
12888	6438	6450	99.81	437	220	217	101.38	3.07
7392	3779	3613	104.59	533	286	247	115.79	3.02
10842	5509	5333	103.30	958	647	311	208.04	3.00
14891	7549	7342	102.82	3004	1334	1670	79.88	3.05
9115	4685	4430	105.76	722	379	343	110.50	3.07

1－1c 各地区户数、

地区	户数						
				合计			
	合计	家庭户	集体户	合计	男	女	性别比(女=100)
贵州	**576840**	**571423**	**5417**	**1718553**	**897369**	**821184**	**109.28**
贵阳市	**35731**	**34743**	**988**	**117326**	**62816**	**54510**	**115.24**
南明区	1654	1549	105	5071	2781	2290	121.44
云岩区							
花溪区	4990	4883	107	19000	10128	8872	114.16
乌当区	3436	3305	131	11145	5873	5272	111.40
白云区	1046	959	87	3749	1950	1799	108.39
观山湖区	2398	2155	243	8733	4656	4077	114.20
开阳县	5794	5763	31	15679	8406	7273	115.58
息烽县	3957	3943	14	11726	6263	5463	114.64
修文县	4651	4569	82	15430	8331	7099	117.35
清镇市	7805	7617	188	26793	14428	12365	116.68
六盘水市	**49795**	**49306**	**489**	**152565**	**80065**	**72500**	**110.43**
钟山区	1672	1521	151	6589	3451	3138	109.97
六枝特区	9926	9881	45	30725	16009	14716	108.79
水城县	14592	14405	187	49392	26247	23145	113.40
盘州市	23605	23499	106	65859	34358	31501	109.07
遵义市	**94314**	**93315**	**999**	**268965**	**139259**	**129706**	**107.37**
红花岗区	5563	5516	47	16329	8466	7863	107.67
汇川区	4224	4211	13	12435	6572	5863	112.09
播州区	11364	11243	121	34661	18071	16590	108.93
桐梓县	8648	8561	87	25441	13185	12256	107.58
绥阳县	6725	6687	38	18348	9467	8881	106.60
正安县	8350	8283	67	22066	11297	10769	104.90
道真仡佬族苗族自治县	4164	4143	21	10653	5397	5256	102.68
务川仡佬族苗族自治县	5060	5027	33	13035	6720	6315	106.41
凤冈县	5702	5664	38	15359	7774	7585	102.49
湄潭县	6693	6657	36	17751	8893	8858	100.40
余庆县	4230	4152	78	11148	5685	5463	104.06
习水县	10791	10697	94	33056	17171	15885	108.10
赤水市	4143	4075	68	10887	5701	5186	109.93
仁怀市	8657	8399	258	27796	14860	12936	114.87
安顺市	**40342**	**40078**	**264**	**127793**	**66893**	**60900**	**109.84**
西秀区	10100	10012	88	33282	17209	16073	107.07
平坝区	5320	5277	43	17290	9014	8276	108.92
普定县	7786	7726	60	22830	11988	10842	110.57
镇宁布依族苗族自治县	5789	5768	21	18183	9707	8476	114.52
关岭布依族苗族自治县	5297	5271	26	17314	9126	8188	111.46
紫云苗族布依族自治县	6050	6024	26	18894	9849	9045	108.89
毕节市	**120505**	**119999**	**506**	**367199**	**191756**	**175443**	**109.30**
七星关区	18497	18473	24	54247	27924	26323	106.08
大方县	18061	18001	60	48586	25428	23158	109.80
黔西县	11891	11840	51	35409	18673	16736	111.57
金沙县	8786	8681	105	25579	13703	11876	115.38
织金县	14714	14661	53	41610	21876	19734	110.85
纳雍县	12831	12782	49	39155	20333	18822	108.03
威宁彝族回族苗族自治县	22011	21970	41	77014	40375	36639	110.20
赫章县	13714	13591	123	45599	23444	22155	105.82

人口数和性别比(乡村)

单位：户、人

人口数								平均家庭户规模(人/户)
家庭户				集体户				
小计	男	女	性别比(女=100)	小计	男	女	性别比(女=100)	
1679158	**871827**	**807331**	**107.99**	**39395**	**25542**	**13853**	**184.38**	**2.94**
110430	**58163**	**52267**	**111.28**	**6896**	**4653**	**2243**	**207.45**	**3.18**
4550	2376	2174	109.29	521	405	116	349.14	2.94
18204	9557	8647	110.52	796	571	225	253.78	3.73
10202	5307	4895	108.42	943	566	377	150.13	3.09
3164	1623	1541	105.32	585	327	258	126.74	3.30
7380	3853	3527	109.24	1353	803	550	146.00	3.42
15428	8222	7206	114.10	251	184	67	274.63	2.68
11638	6194	5444	113.78	88	69	19	363.16	2.95
14549	7717	6832	112.95	881	614	267	229.96	3.18
25315	13314	12001	110.94	1478	1114	364	306.04	3.32
149291	**78056**	**71235**	**109.58**	**3274**	**2009**	**1265**	**158.81**	**3.03**
5692	2963	2729	108.57	897	488	409	119.32	3.74
30386	15760	14626	107.75	339	249	90	276.67	3.08
47888	25347	22541	112.45	1504	900	604	149.01	3.32
65325	33986	31339	108.45	534	372	162	229.63	2.78
261412	**134289**	**127123**	**105.64**	**7553**	**4970**	**2583**	**192.41**	**2.80**
16054	8238	7816	105.40	275	228	47	485.11	2.91
12246	6408	5838	109.76	189	164	25	656.00	2.91
33450	17311	16139	107.26	1211	760	451	168.51	2.98
24790	12730	12060	105.56	651	455	196	232.14	2.90
18037	9241	8796	105.06	311	226	85	265.88	2.70
21369	10869	10500	103.51	697	428	269	159.11	2.58
10462	5284	5178	102.05	191	113	78	144.87	2.53
12796	6517	6279	103.79	239	203	36	563.89	2.55
15200	7679	7521	102.10	159	95	64	148.44	2.68
17560	8780	8780	100.00	191	113	78	144.87	2.64
10785	5450	5335	102.16	363	235	128	183.59	2.60
31917	16449	15468	106.34	1139	722	417	173.14	2.98
10402	5377	5025	107.00	485	324	161	201.24	2.55
26344	13956	12388	112.66	1452	904	548	164.96	3.14
125589	**65350**	**60239**	**108.48**	**2204**	**1543**	**661**	**233.43**	**3.13**
32650	16750	15900	105.35	632	459	173	265.32	3.26
16991	8806	8185	107.59	299	208	91	228.57	3.22
22045	11514	10531	109.33	785	474	311	152.41	2.85
18064	9608	8456	113.62	119	99	20	495.00	3.13
17105	8957	8148	109.93	209	169	40	422.50	3.25
18734	9715	9019	107.72	160	134	26	515.38	3.11
363484	**188930**	**174554**	**108.24**	**3715**	**2826**	**889**	**317.89**	**3.03**
54060	27771	26289	105.64	187	153	34	450.00	2.93
48160	25145	23015	109.25	426	283	143	197.90	2.68
35042	18345	16697	109.87	367	328	39	841.03	2.96
24897	13083	11814	110.74	682	620	62	1000.00	2.87
41020	21356	19664	108.60	590	520	70	742.86	2.80
38793	20067	18726	107.16	362	266	96	277.08	3.03
76767	40199	36568	109.93	247	176	71	247.89	3.49
44745	22964	21781	105.43	854	480	374	128.34	3.29

1-1c 续表

地区	户数			合计			
	合计	家庭户	集体户	合计	男	女	性别比(女=100)
铜仁市	**62164**	**61736**	**428**	**164850**	**84748**	**80102**	**105.80**
碧江区	2663	2624	39	7866	4051	3815	106.19
万山区	2957	2938	19	7912	4240	3672	115.47
江口县	3642	3615	27	9520	4897	4623	105.93
玉屏侗族自治县	2325	2278	47	6947	3757	3190	117.77
石阡县	6899	6867	32	19243	9838	9405	104.60
思南县	10012	9960	52	25376	12680	12696	99.87
印江土家族苗族自治县	6397	6358	39	15563	7876	7687	102.46
德江县	7139	7067	72	19000	9678	9322	103.82
沿河土家族自治县	9745	9707	38	23766	12149	11617	104.58
松桃苗族自治县	10385	10322	63	29657	15582	14075	110.71
黔西南布依族苗族自治州	**50680**	**50313**	**367**	**156503**	**80919**	**75584**	**107.06**
兴义市	10144	10022	122	33341	17340	16001	108.37
兴仁市	8171	8146	25	24270	12612	11658	108.18
普安县	5298	5259	39	16333	8415	7918	106.28
晴隆县	5261	5234	27	15186	7814	7372	106.00
贞丰县	6080	6050	30	18546	9552	8994	106.20
望谟县	4789	4760	29	14911	7691	7220	106.52
册亨县	4217	4148	69	12712	6483	6229	104.08
安龙县	6720	6694	26	21204	11012	10192	108.05
黔东南苗族侗族自治州	**67999**	**67308**	**691**	**200249**	**105337**	**94912**	**110.98**
凯里市	5860	5678	182	18059	9781	8278	118.16
黄平县	4971	4882	89	13492	6969	6523	106.84
施秉县	2511	2500	11	7263	3803	3460	109.91
三穗县	3109	3095	14	8627	4579	4048	113.12
镇远县	3553	3542	11	9390	4899	4491	109.08
岑巩县	3456	3420	36	9178	4881	4297	113.59
天柱县	5968	5951	17	15034	7953	7081	112.31
锦屏县	3281	3233	48	8846	4631	4215	109.87
剑河县	3980	3966	14	11150	5902	5248	112.46
台江县	2560	2495	65	8182	4222	3960	106.62
黎平县	8079	8003	76	24301	12520	11781	106.27
榕江县	5784	5730	54	18837	9920	8917	111.25
从江县	6660	6622	38	23735	12294	11441	107.46
雷山县	2474	2452	22	7228	3985	3243	122.88
麻江县	2748	2740	8	7906	4177	3729	112.01
丹寨县	3005	2999	6	9021	4821	4200	114.79
黔南布依族苗族自治州	**55310**	**54625**	**685**	**163103**	**85576**	**77527**	**110.38**
都匀市	5755	5648	107	16965	9103	7862	115.78
福泉市	4686	4632	54	14082	7520	6562	114.60
荔波县	3046	2998	48	9103	4877	4226	115.40
贵定县	3744	3604	140	11414	5800	5614	103.31
瓮安县	5475	5432	43	14541	7674	6867	111.75
独山县	4479	4422	57	12756	6658	6098	109.18
平塘县	5153	5102	51	15030	7635	7395	103.25
罗甸县	4303	4267	36	11313	5892	5421	108.69
长顺县	3639	3620	19	10874	5675	5199	109.16
龙里县	3214	3132	82	10241	5520	4721	116.92
惠水县	6131	6095	36	19398	10085	9313	108.29
三都水族自治县	5685	5673	12	17386	9137	8249	110.76

单位：户、人

人口数								平均家庭户规模（人/户）
家庭户				集体户				
小计	男	女	性别比（女=100）	小计	男	女	性别比（女=100）	
161069	**82628**	**78441**	**105.34**	**3781**	**2120**	**1661**	**127.63**	**2.61**
7410	3919	3491	112.26	456	132	324	40.74	2.82
7695	4112	3583	114.76	217	128	89	143.82	2.62
9197	4731	4466	105.93	323	166	157	105.73	2.54
6785	3643	3142	115.95	162	114	48	237.50	2.98
18996	9640	9356	103.04	247	198	49	404.08	2.77
25087	12520	12567	99.63	289	160	129	124.03	2.52
15123	7602	7521	101.08	440	274	166	165.06	2.38
18208	9260	8948	103.49	792	418	374	111.76	2.58
23503	12005	11498	104.41	263	144	119	121.01	2.42
29065	15196	13869	109.57	592	386	206	187.38	2.82
153489	**78938**	**74551**	**105.88**	**3014**	**1981**	**1033**	**191.77**	**3.05**
32420	16755	15665	106.96	921	585	336	174.11	3.23
24079	12462	11617	107.27	191	150	41	365.85	2.96
15848	8090	7758	104.28	485	325	160	203.13	3.01
14956	7638	7318	104.37	230	176	54	325.93	2.86
18331	9389	8942	105.00	215	163	52	313.46	3.03
14574	7502	7072	106.08	337	189	148	127.70	3.06
12309	6273	6036	103.93	403	210	193	108.81	2.97
20972	10829	10143	106.76	232	183	49	373.47	3.13
196204	**102971**	**93233**	**110.44**	**4045**	**2366**	**1679**	**140.92**	**2.92**
17170	9315	7855	118.59	889	466	423	110.17	3.02
13075	6764	6311	107.18	417	205	212	96.70	2.68
7208	3771	3437	109.72	55	32	23	139.13	2.88
8540	4517	4023	112.28	87	62	25	248.00	2.76
9338	4863	4475	108.67	52	36	16	225.00	2.64
8985	4750	4235	112.16	193	131	62	211.29	2.63
14943	7894	7049	111.99	91	59	32	184.38	2.51
8493	4398	4095	107.40	353	233	120	194.17	2.63
11080	5873	5207	112.79	70	29	41	70.73	2.79
7798	4029	3769	106.90	384	193	191	101.05	3.13
23873	12251	11622	105.41	428	269	159	169.18	2.98
18327	9620	8707	110.49	510	300	210	142.86	3.20
23517	12167	11350	107.20	218	127	91	139.56	3.55
7020	3830	3190	120.06	208	155	53	292.45	2.86
7844	4130	3714	111.20	62	47	15	313.33	2.86
8993	4799	4194	114.43	28	22	6	366.67	3.00
158190	**82502**	**75688**	**109.00**	**4913**	**3074**	**1839**	**167.16**	**2.90**
16175	8538	7637	111.80	790	565	225	251.11	2.86
13659	7185	6474	110.98	423	335	88	380.68	2.95
8743	4558	4185	108.91	360	319	41	778.05	2.92
10552	5468	5084	107.55	862	332	530	62.64	2.93
13947	7204	6743	106.84	594	470	124	379.03	2.57
12550	6550	6000	109.17	206	108	98	110.20	2.84
14674	7466	7208	103.58	356	169	187	90.37	2.88
11068	5761	5307	108.55	245	131	114	114.91	2.59
10772	5607	5165	108.56	102	68	34	200.00	2.98
9619	5139	4480	114.71	622	381	241	158.09	3.07
19138	9947	9191	108.23	260	138	122	113.11	3.14
17293	9079	8214	110.53	93	58	35	165.71	3.05

1-2 各地区分性别、

地区	人口数			居住本乡、镇、街道，户口在本乡、镇、街道		
	合计	男	女	小计	男	女
贵州	**3646503**	**1866006**	**1780497**	**2613906**	**1350726**	**1263180**
贵阳市	**575569**	**293905**	**281664**	**274406**	**139319**	**135087**
南明区	99324	49921	49403	37982	18371	19611
云岩区	104303	52546	51757	39633	19261	20372
花溪区	91903	46826	45077	41875	21370	20505
乌当区	32755	16527	16228	16159	8276	7883
白云区	44176	22590	21586	16636	8236	8400
观山湖区	59442	30568	28874	27130	13562	13568
开阳县	34680	17900	16780	23590	12446	11144
息烽县	22278	11531	10747	16614	8869	7745
修文县	28238	14853	13385	20270	10764	9506
清镇市	58470	30643	27827	34517	18164	16353
六盘水市	**295474**	**152549**	**142925**	**213212**	**111742**	**101470**
钟山区	65054	33002	32052	28986	15032	13954
六枝特区	50471	25808	24663	40267	20880	19387
水城县	73194	38548	34646	58256	31217	27039
盘州市	106755	55191	51564	85703	44613	41090
遵义市	**621804**	**314209**	**307595**	**424459**	**217189**	**207270**
红花岗区	90179	44965	45214	43796	22238	21558
汇川区	58858	29604	29254	33765	17297	16468
播州区	72087	36744	35343	47414	24648	22766
桐梓县	48922	24859	24063	37074	19055	18019
绥阳县	33251	16925	16326	27017	13845	13172
正安县	37887	19091	18796	30115	15278	14837
道真仡佬族苗族自治县	22861	11142	11719	16993	8463	8530
务川仡佬族苗族自治县	28826	14537	14289	22452	11330	11122
凤冈县	28304	14077	14227	22405	11251	11154
湄潭县	35442	17572	17870	27557	13759	13798
余庆县	21421	10687	10734	16754	8427	8327
习水县	56836	29050	27786	42492	21952	20540
赤水市	24556	12373	12183	17161	8737	8424
仁怀市	62374	32583	29791	39464	20909	18555
安顺市	**236362**	**121353**	**115009**	**182606**	**95122**	**87484**
西秀区	82641	41535	41106	56488	28762	27726
平坝区	33129	17238	15891	24414	12885	11529
普定县	37102	19241	17861	31749	16625	15124
镇宁布依族苗族自治县	28306	14775	13531	23082	12299	10783
关岭布依族苗族自治县	27227	14160	13067	22791	12020	10771
紫云苗族布依族自治县	27957	14404	13553	24082	12531	11551
毕节市	**638581**	**330026**	**308555**	**528414**	**276189**	**252225**
七星关区	117856	60161	57695	88898	46067	42831
大方县	78584	40613	37971	66712	35101	31611
黔西县	67593	34976	32617	51879	27372	24507
金沙县	51913	27129	24784	41089	21633	19456
织金县	73995	38568	35427	61657	32431	29226
纳雍县	66352	34315	32037	56922	29634	27288
威宁彝族回族苗族自治县	121061	62967	58094	106442	55756	50686
赫章县	61227	31297	29930	54815	28195	26620

户口登记状况的人口

单位：人

居住本乡、镇、街道，户口在外乡、镇、街道，离开户口登记地半年以上			居住本乡、镇、街道，户口待定			原住本乡、镇、街道，现在港澳台或国外工作学习		
小计	男	女	小计	男	女	小计	男	女
1020243	**509073**	**511170**	**10739**	**5184**	**5555**	**1615**	**1023**	**592**
298932	**153513**	**145419**	**1853**	**895**	**958**	**378**	**178**	**200**
60939	31357	29582	311	154	157	92	39	53
64136	33022	31114	409	201	208	125	62	63
49620	25252	24368	371	188	183	37	16	21
16457	8184	8273	122	60	62	17	7	10
27332	14259	13073	184	82	102	24	13	11
32129	16917	15212	152	77	75	31	12	19
11026	5422	5604	52	24	28	12	8	4
5635	2646	2989	23	11	12	6	5	1
7894	4050	3844	63	36	27	11	3	8
23764	12404	11360	166	62	104	23	13	10
81113	**40244**	**40869**	**1046**	**492**	**554**	**103**	**71**	**32**
35849	17854	17995	193	99	94	26	17	9
9985	4830	5155	197	81	116	22	17	5
14677	7214	7463	240	102	138	21	15	6
20602	10346	10256	416	210	206	34	22	12
195754	**96216**	**99538**	**1280**	**593**	**687**	**311**	**211**	**100**
46179	22630	23549	158	69	89	46	28	18
24937	12231	12706	124	55	69	32	21	11
24538	12026	12512	98	42	56	37	28	9
11686	5726	5960	138	63	75	24	15	9
6150	3027	3123	56	35	21	28	18	10
7673	3753	3920	71	39	32	28	21	7
5825	2653	3172	25	11	14	18	15	3
6312	3183	3129	54	20	34	8	4	4
5829	2788	3041	57	27	30	13	11	2
7804	3777	4027	70	30	40	11	6	5
4630	2237	2393	27	14	13	10	9	1
14146	6998	7148	174	86	88	24	14	10
7342	3611	3731	42	18	24	11	7	4
22703	11576	11127	186	84	102	21	14	7
52607	**25670**	**26937**	**1066**	**506**	**560**	**83**	**55**	**28**
25708	12540	13168	406	204	202	39	29	10
8605	4299	4306	99	47	52	11	7	4
5196	2540	2656	149	70	79	8	6	2
5047	2391	2656	169	81	88	8	4	4
4284	2077	2207	144	58	86	8	5	3
3767	1823	1944	99	46	53	9	4	5
107380	**52400**	**54980**	**2532**	**1268**	**1264**	**255**	**169**	**86**
28161	13667	14494	744	393	351	53	34	19
11544	5355	6189	289	133	156	39	24	15
15497	7501	7996	199	90	109	18	13	5
10632	5395	5237	161	85	76	31	16	15
11922	5934	5988	379	179	200	37	24	13
9033	4470	4563	371	191	180	26	20	6
14307	7044	7263	280	141	139	32	26	6
6284	3034	3250	109	56	53	19	12	7

1-2 续表

地区	人口数			居住本乡、镇、街道，户口在本乡、镇、街道		
	合计	男	女	小计	男	女
铜仁市	**299500**	**151371**	**148129**	**239448**	**121821**	**117627**
碧江区	36023	17772	18251	19750	9890	9860
万山区	14352	7473	6879	10932	5723	5209
江口县	17199	8784	8415	13517	6960	6557
玉屏侗族自治县	14046	7313	6733	11291	5910	5381
石阡县	28630	14481	14149	24924	12568	12356
思南县	41564	20679	20885	35890	17912	17978
印江土家族苗族自治县	26929	13391	13538	21468	10734	10734
德江县	35334	17723	17611	27835	14078	13757
沿河土家族自治县	39237	19837	19400	33993	17271	16722
松桃苗族自治县	46186	23918	22268	39848	20775	19073
黔西南布依族苗族自治州	**290767**	**148596**	**142171**	**228382**	**117511**	**110871**
兴义市	96195	48774	47421	62534	32091	30443
兴仁市	40876	21090	19786	34621	18020	16601
普安县	23371	12024	11347	20900	10678	10222
晴隆县	22568	11565	11003	18776	9634	9142
贞丰县	29788	15315	14473	25651	13215	12436
望谟县	23548	12100	11448	20228	10354	9874
册亨县	18975	9626	9349	14829	7572	7257
安龙县	35446	18102	17344	30843	15947	14896
黔东南苗族侗族自治州	**357794**	**184868**	**172926**	**270018**	**141016**	**129002**
凯里市	64931	33310	31621	35068	18281	16787
黄平县	22458	11490	10968	19374	9984	9390
施秉县	12020	6113	5907	9631	4970	4661
三穗县	15960	8205	7755	12219	6388	5831
镇远县	18493	9412	9081	15076	7752	7324
岑巩县	16150	8323	7827	11554	6076	5478
天柱县	24499	12805	11694	20666	10895	9771
锦屏县	15414	7964	7450	11421	5923	5498
剑河县	18274	9575	8699	13545	7183	6362
台江县	12370	6370	6000	10102	5250	4852
黎平县	39937	20398	19539	30788	15858	14930
榕江县	27337	14243	13094	23351	12235	11116
从江县	30390	15726	14664	25987	13475	12512
雷山县	12107	6541	5566	8984	4895	4089
麻江县	12824	6686	6138	10749	5692	5057
丹寨县	14630	7707	6923	11503	6159	5344
黔南布依族苗族自治州	**330652**	**169129**	**161523**	**252961**	**130817**	**122144**
都匀市	47792	24124	23668	32584	16673	15911
福泉市	28258	14534	13724	21320	11048	10272
荔波县	15406	8018	7388	11525	5970	5555
贵定县	23937	11745	12192	18337	9445	8892
瓮安县	38216	19477	18739	26132	13410	12722
独山县	24885	12925	11960	20853	10873	9980
平塘县	22164	11171	10993	19109	9722	9387
罗甸县	24638	12550	12088	19494	10033	9461
长顺县	18799	9740	9059	16484	8633	7851
龙里县	22041	11676	10365	14655	7699	6956
惠水县	37293	18968	18325	29291	15209	14082
三都水族自治县	27223	14201	13022	23177	12102	11075

单位：人

居住本乡、镇、街道，户口在外乡、镇、街道，离开户口登记地半年以上			居住本乡、镇、街道，户口待定			原住本乡、镇、街道，现在港澳台或国外工作学习		
小计	男	女	小计	男	女	小计	男	女
59087	**29035**	**30052**	**843**	**421**	**422**	**122**	**94**	**28**
16104	7801	8303	161	78	83	8	3	5
3359	1725	1634	56	21	35	5	4	1
3624	1793	1831	45	25	20	13	6	7
2696	1373	1323	52	24	28	7	6	1
3613	1859	1754	79	43	36	14	11	3
5602	2723	2879	52	27	25	20	17	3
5348	2597	2751	105	53	52	8	7	1
7428	3597	3831	57	36	21	14	12	2
5170	2525	2645	61	29	32	13	12	1
6143	3042	3101	175	85	90	20	16	4
61540	**30671**	**30869**	**751**	**353**	**398**	**94**	**61**	**33**
33356	16534	16822	269	128	141	36	21	15
6128	3019	3109	117	46	71	10	5	5
2406	1308	1098	56	31	25	9	7	2
3748	1908	1840	38	19	19	6	4	2
4062	2056	2006	71	40	31	4	4	
3255	1719	1536	62	25	37	3	2	1
4090	2026	2064	50	24	26	6	4	2
4495	2101	2394	88	40	48	20	14	6
86798	**43356**	**43442**	**821**	**384**	**437**	**157**	**112**	**45**
29698	14941	14757	148	77	71	17	11	6
3023	1470	1553	49	25	24	12	11	1
2364	1128	1236	18	10	8	7	5	2
3687	1788	1899	37	19	18	17	10	7
3368	1635	1733	39	19	20	10	6	4
4555	2220	2335	30	17	13	11	10	1
3770	1879	1891	48	20	28	15	11	4
3958	2021	1937	26	12	14	9	8	1
4678	2365	2313	44	23	21	7	4	3
2230	1109	1121	34	7	27	4	4	
9038	4487	4551	91	40	51	20	13	7
3908	1971	1937	66	29	37	12	8	4
4313	2210	2103	83	38	45	7	3	4
3094	1630	1464	24	12	12	5	4	1
2031	973	1058	42	19	23	2	2	
3083	1529	1554	42	17	25	2	2	
77032	**37968**	**39064**	**547**	**272**	**275**	**112**	**72**	**40**
15101	7392	7709	82	43	39	25	16	9
6915	3471	3444	20	12	8	3	3	
3844	2031	1813	31	13	18	6	4	2
5545	2279	3266	43	14	29	12	7	5
12030	6036	5994	42	23	19	12	8	4
3988	2025	1963	34	21	13	10	6	4
3024	1432	1592	20	10	10	11	7	4
5102	2495	2607	35	17	18	7	5	2
2271	1079	1192	40	26	14	4	2	2
7310	3938	3372	72	37	35	4	2	2
7901	3711	4190	90	41	49	11	7	4
4001	2079	1922	38	15	23	7	5	2

1-2a 各地区分性别、

地区	人口数			居住本乡、镇、街道，户口在本乡、镇、街道		
	合计	男	女	小计	男	女
贵州	**953728**	**477931**	**475797**	**397586**	**197599**	**199987**
贵阳市	**392585**	**198350**	**194235**	**150111**	**73150**	**76961**
南明区	94253	47140	47113	35394	17030	18364
云岩区	104303	52546	51757	39633	19261	20372
花溪区	60918	31171	29747	23928	11752	12176
乌当区	19354	9457	9897	7189	3527	3662
白云区	40203	20528	19675	14134	6930	7204
观山湖区	48340	24696	23644	20258	9923	10335
开阳县						
息烽县						
修文县						
清镇市	25214	12812	12402	9575	4727	4848
六盘水市	**93598**	**47155**	**46443**	**39843**	**20385**	**19458**
钟山区	52625	26484	26141	19243	9834	9409
六枝特区	14888	7325	7563	7251	3632	3619
水城县						
盘州市	26085	13346	12739	13349	6919	6430
遵义市	**177036**	**87937**	**89099**	**66781**	**33491**	**33290**
红花岗区	68056	33521	34535	24492	12189	12303
汇川区	41102	20340	20762	17453	8744	8709
播州区	28822	14370	14452	9800	4931	4869
桐梓县						
绥阳县						
正安县						
道真仡佬族苗族自治县						
务川仡佬族苗族自治县						
凤冈县						
湄潭县						
余庆县						
习水县						
赤水市	10224	4980	5244	4726	2287	2439
仁怀市	28832	14726	14106	10310	5340	4970
安顺市	**51305**	**25248**	**26057**	**26165**	**13027**	**13138**
西秀区	44497	21849	22648	22486	11149	11337
平坝区	6808	3399	3409	3679	1878	1801
普定县						
镇宁布依族苗族自治县						
关岭布依族苗族自治县						
紫云苗族布依族自治县						
毕节市	**55639**	**28246**	**27393**	**29927**	**15509**	**14418**
七星关区	55639	28246	27393	29927	15509	14418
大方县						
黔西县						
金沙县						
织金县						
纳雍县						
威宁彝族回族苗族自治县						
赫章县						

户口登记状况的人口(城市)

单位：人

居住本乡、镇、街道，户口在外乡、镇、街道，离开户口登记地半年以上			居住本乡、镇、街道，户口待定			原住本乡、镇、街道，现在港澳台或国外工作学习		
小计	男	女	小计	男	女	小计	男	女
552504	**278546**	**273958**	**3167**	**1558**	**1609**	**471**	**228**	**243**
240768	**124393**	**116375**	**1389**	**663**	**726**	**317**	**144**	**173**
58469	29925	28544	298	146	152	92	39	53
64136	33022	31114	409	201	208	125	62	63
36724	19290	17434	233	116	117	33	13	20
12089	5895	6194	65	31	34	11	4	7
25880	13510	12370	168	76	92	21	12	9
27918	14693	13225	133	68	65	31	12	19
15552	8058	7494	83	25	58	4	2	2
53471	**26627**	**26844**	**259**	**128**	**131**	**25**	**15**	**10**
33200	16554	16646	164	86	78	18	10	8
7599	3677	3922	34	13	21	4	3	1
12672	6396	6276	61	29	32	3	2	1
109812	**54243**	**55569**	**383**	**174**	**209**	**60**	**29**	**31**
43399	21254	22145	135	63	72	30	15	15
23531	11540	11991	97	44	53	21	12	9
18968	9418	9550	49	19	30	5	2	3
5473	2682	2791	24	11	13	1		1
18441	9349	9092	78	37	41	3		3
24935	**12115**	**12820**	**183**	**91**	**92**	**22**	**15**	**7**
21826	10601	11225	163	84	79	22	15	7
3109	1514	1595	20	7	13			
25302	**12507**	**12795**	**400**	**223**	**177**	**10**	**7**	**3**
25302	12507	12795	400	223	177	10	7	3

1-2a 续表

地区	人口数			居住本乡、镇、街道，户口在本乡、镇、街道		
	合计	男	女	小计	男	女
铜仁市	**34237**	**16765**	**17472**	**16219**	**7895**	**8324**
碧江区	27797	13532	14265	12498	6047	6451
万山区	6440	3233	3207	3721	1848	1873
江口县						
玉屏侗族自治县						
石阡县						
思南县						
印江土家族苗族自治县						
德江县						
沿河土家族自治县						
松桃苗族自治县						
黔西南布依族苗族自治州	**67358**	**33651**	**33707**	**32241**	**16222**	**16019**
兴义市	55226	27464	27762	24961	12435	12526
兴仁市	12132	6187	5945	7280	3787	3493
普安县						
晴隆县						
贞丰县						
望谟县						
册亨县						
安龙县						
黔东南苗族侗族自治州	**43840**	**21951**	**21889**	**16088**	**7990**	**8098**
凯里市	43840	21951	21889	16088	7990	8098
黄平县						
施秉县						
三穗县						
镇远县						
岑巩县						
天柱县						
锦屏县						
剑河县						
台江县						
黎平县						
榕江县						
从江县						
雷山县						
麻江县						
丹寨县						
黔南布依族苗族自治州	**38130**	**18628**	**19502**	**20211**	**9930**	**10281**
都匀市	28405	13840	14565	14930	7306	7624
福泉市	9725	4788	4937	5281	2624	2657
荔波县						
贵定县						
瓮安县						
独山县						
平塘县						
罗甸县						
长顺县						
龙里县						
惠水县						
三都水族自治县						

单位：人

居住本乡、镇、街道，户口在外乡、镇、街道，离开户口登记地半年以上			居住本乡、镇、街道，户口待定			原住本乡、镇、街道，现在港澳台或国外工作学习		
小计	男	女	小计	男	女	小计	男	女
17835	**8782**	**9053**	**176**	**86**	**90**	**7**	**2**	**5**
15146	7410	7736	147	73	74	6	2	4
2689	1372	1317	29	13	16	1		1
34899	**17320**	**17579**	**202**	**101**	**101**	**16**	**8**	**8**
30086	14937	15149	165	84	81	14	8	6
4813	2383	2430	37	17	20	2		2
27643	**13904**	**13739**	**104**	**54**	**50**	**5**	**3**	**2**
27643	13904	13739	104	54	50	5	3	2
17839	**8655**	**9184**	**71**	**38**	**33**	**9**	**5**	**4**
13410	6500	6910	57	30	27	8	4	4
4429	2155	2274	14	8	6	1	1	

1-2b 各地区分性别、

地区	人口数			居住本乡、镇、街道，户口在本乡、镇、街道		
	合计	男	女	小计	男	女
贵州	**974222**	**490706**	**483516**	**636667**	**324442**	**312225**
贵阳市	**65658**	**32739**	**32919**	**30789**	**15731**	**15058**
南明区						
云岩区						
花溪区	11985	5527	6458	2720	1409	1311
乌当区	2256	1197	1059	1471	765	706
白云区	224	112	112	146	78	68
观山湖区	2369	1216	1153	1701	893	808
开阳县	19001	9494	9507	8906	4506	4400
息烽县	10552	5268	5284	5828	2946	2882
修文县	12808	6522	6286	7114	3605	3509
清镇市	6463	3403	3060	2903	1529	1374
六盘水市	**49311**	**25329**	**23982**	**34203**	**17835**	**16368**
钟山区	5840	3067	2773	4450	2357	2093
六枝特区	4858	2474	2384	4164	2130	2034
水城县	23802	12301	11501	13919	7417	6502
盘州市	14811	7487	7324	11670	5931	5739
遵义市	**175803**	**87013**	**88790**	**114174**	**57171**	**57003**
红花岗区	5794	2978	2816	4606	2366	2240
汇川区	5321	2692	2629	4802	2455	2347
播州区	8604	4303	4301	6993	3568	3425
桐梓县	23481	11674	11807	13827	7021	6806
绥阳县	14903	7458	7445	9898	5022	4876
正安县	15821	7794	8027	10764	5335	5429
道真仡佬族苗族自治县	12208	5745	6463	7523	3615	3908
务川仡佬族苗族自治县	15791	7817	7974	9919	4906	5013
凤冈县	12945	6303	6642	7740	3807	3933
湄潭县	17691	8679	9012	11399	5610	5789
余庆县	10273	5002	5271	6890	3405	3485
习水县	23780	11879	11901	12634	6365	6269
赤水市	3445	1692	1753	2933	1471	1462
仁怀市	5746	2997	2749	4246	2225	2021
安顺市	**57264**	**29212**	**28052**	**38413**	**19906**	**18507**
西秀区	4862	2477	2385	3898	1997	1901
平坝区	9031	4825	4206	5544	2928	2616
普定县	14272	7253	7019	10258	5273	4985
镇宁布依族苗族自治县	10123	5068	5055	5989	3114	2875
关岭布依族苗族自治县	9913	5034	4879	6340	3321	3019
紫云苗族布依族自治县	9063	4555	4508	6384	3273	3111
毕节市	**215743**	**110024**	**105719**	**149232**	**77180**	**72052**
七星关区	7970	3991	3979	6932	3514	3418
大方县	29998	15185	14813	20839	10863	9976
黔西县	32184	16303	15881	19254	9928	9326
金沙县	26334	13426	12908	17866	9261	8605
织金县	32385	16692	15693	21978	11493	10485
纳雍县	27197	13982	13215	19489	10106	9383
威宁彝族回族苗族自治县	44047	22592	21455	31037	16055	14982
赫章县	15628	7853	7775	11837	5960	5877

户口登记状况的人口(镇)

单位：人

居住本乡、镇、街道，户口在外乡、镇、街道，离开户口登记地半年以上			居住本乡、镇、街道，户口待定			原住本乡、镇、街道，现在港澳台或国外工作学习		
小计	男	女	小计	男	女	小计	男	女
334743	**164842**	**169901**	**2529**	**1242**	**1287**	**283**	**180**	**103**
34733	**16945**	**17788**	**122**	**56**	**66**	**14**	**7**	**7**
9220	4099	5121	42	17	25	3	2	1
779	428	351	5	3	2	1	1	
77	34	43				1		1
666	322	344	2	1	1			
10067	4974	5093	27	13	14	1	1	
4712	2316	2396	11	5	6	1	1	
5663	2903	2760	26	13	13	5	1	4
3549	1869	1680	9	4	5	2	1	1
14937	**7403**	**7534**	**158**	**82**	**76**	**13**	**9**	**4**
1365	697	668	20	9	11	5	4	1
676	332	344	17	11	6	1	1	
9806	4850	4956	76	34	42	1		1
3090	1524	1566	45	28	17	6	4	2
61226	**29638**	**31588**	**347**	**168**	**179**	**56**	**36**	**20**
1186	612	574	2		2			
507	229	278	9	5	4	3	3	
1597	729	868	8	2	6	6	4	2
9587	4619	4968	58	28	30	9	6	3
4973	2418	2555	28	17	11	4	1	3
5024	2439	2585	21	12	9	12	8	4
4659	2117	2542	22	10	12	4	3	1
5839	2902	2937	30	8	22	3	1	2
5171	2478	2693	32	16	16	2	2	
6263	3054	3209	26	13	13	3	2	1
3367	1588	1779	14	7	7	2	2	
11064	5471	5593	76	41	35	6	2	4
508	219	289	4	2	2			
1481	763	718	17	7	10	2	2	
18602	**9196**	**9406**	**237**	**103**	**134**	**12**	**7**	**5**
948	476	472	15	3	12	1	1	
3458	1883	1575	26	12	14	3	2	1
3960	1953	2007	52	25	27	2	2	
4076	1925	2151	56	29	27	2		2
3523	1694	1829	48	18	30	2	1	1
2637	1265	1372	40	16	24	2	1	1
65666	**32420**	**33246**	**775**	**378**	**397**	**70**	**46**	**24**
1003	462	541	34	14	20	1	1	
9030	4261	4769	117	51	66	12	10	2
12813	6317	6496	113	55	58	4	3	1
8369	4111	4258	83	44	39	16	10	6
10238	5121	5117	157	73	84	12	5	7
7536	3788	3748	165	83	82	7	5	2
12911	6477	6434	87	51	36	12	9	3
3766	1883	1883	19	7	12	6	3	3

1-2b 续表

地区	人口数			居住本乡、镇、街道，户口在本乡、镇、街道		
	合计	男	女	小计	男	女
铜仁市	**100413**	**49858**	**50555**	**67559**	**33666**	**33893**
碧江区	360	189	171	348	184	164
万山区						
江口县	7679	3887	3792	4790	2425	2365
玉屏侗族自治县	7099	3556	3543	4827	2405	2422
石阡县	9387	4643	4744	6435	3170	3265
思南县	16188	7999	8189	11623	5750	5873
印江土家族苗族自治县	11366	5515	5851	6946	3388	3558
德江县	16334	8045	8289	10080	4990	5090
沿河土家族自治县	15471	7688	7783	11041	5516	5525
松桃苗族自治县	16529	8336	8193	11469	5838	5631
黔西南布依族苗族自治州	**66906**	**34026**	**32880**	**50428**	**25729**	**24699**
兴义市	7628	3970	3658	6485	3404	3081
兴仁市	4474	2291	2183	3959	2038	1921
普安县	7038	3609	3429	5755	2879	2876
晴隆县	7382	3751	3631	4907	2522	2385
贞丰县	11242	5763	5479	7950	4107	3843
望谟县	8637	4409	4228	6600	3312	3288
册亨县	6263	3143	3120	4037	2038	1999
安龙县	14242	7090	7152	10735	5429	5306
黔东南苗族侗族自治州	**113705**	**57580**	**56125**	**69795**	**35633**	**34162**
凯里市	3032	1578	1454	2572	1343	1229
黄平县	8966	4521	4445	6677	3374	3303
施秉县	4757	2310	2447	2888	1421	1467
三穗县	7333	3626	3707	4307	2158	2149
镇远县	9103	4513	4590	6050	3007	3043
岑巩县	6972	3442	3530	3508	1768	1740
天柱县	9465	4852	4613	6450	3323	3127
锦屏县	6568	3333	3235	3405	1768	1637
剑河县	7124	3673	3451	3898	2003	1895
台江县	4188	2148	2040	2576	1333	1243
黎平县	15636	7878	7758	9585	4871	4714
榕江县	8500	4323	4177	5814	2981	2833
从江县	6655	3432	3223	3185	1621	1564
雷山县	4879	2556	2323	2917	1556	1361
麻江县	4918	2509	2409	3211	1663	1548
丹寨县	5609	2886	2723	2752	1443	1309
黔南布依族苗族自治州	**129419**	**64925**	**64494**	**82074**	**41591**	**40483**
都匀市	2422	1181	1241	1897	980	917
福泉市	4451	2226	2225	3167	1581	1586
荔波县	6303	3141	3162	3830	1906	1924
贵定县	12523	5945	6578	8128	4091	4037
瓮安县	23675	11803	11872	13248	6666	6582
独山县	12129	6267	5862	9197	4726	4471
平塘县	7134	3536	3598	5102	2535	2567
罗甸县	13325	6658	6667	8661	4373	4288
长顺县	7925	4065	3860	6170	3201	2969
龙里县	11800	6156	5644	5643	2861	2782
惠水县	17895	8883	9012	10838	5532	5306
三都水族自治县	9837	5064	4773	6193	3139	3054

单位：人

居住本乡、镇、街道，户口在外乡、镇、街道，离开户口登记地半年以上			居住本乡、镇、街道，户口待定			原住本乡、镇、街道，现在港澳台或国外工作学习		
小计	男	女	小计	男	女	小计	男	女
32533	**16011**	**16522**	**295**	**163**	**132**	**26**	**18**	**8**
12	5	7						
2863	1449	1414	20	11	9	6	2	4
2234	1133	1101	35	15	20	3	3	
2931	1463	1468	16	7	9	5	3	2
4541	2236	2305	20	9	11	4	4	
4370	2101	2269	50	26	24			
6224	3031	3193	25	20	5	5	4	1
4401	2155	2246	26	15	11	3	2	1
4957	2438	2519	103	60	43			
16302	**8212**	**8090**	**157**	**71**	**86**	**19**	**14**	**5**
1106	554	552	31	8	23	6	4	2
507	249	258	6	3	3	2	1	1
1264	714	550	19	16	3			
2467	1225	1242	8	4	4			
3268	1645	1623	22	9	13	2	2	
2019	1090	929	17	6	11	1	1	
2195	1090	1105	29	13	16	2	2	
3476	1645	1831	25	12	13	6	4	2
43637	**21797**	**21840**	**227**	**119**	**108**	**46**	**31**	**15**
452	230	222	7	4	3	1	1	
2270	1134	1136	12	6	6	7	7	
1861	883	978	6	5	1	2	1	1
2995	1449	1546	27	16	11	4	3	1
3036	1497	1539	14	8	6	3	1	2
3446	1660	1786	15	11	4	3	3	
2996	1519	1477	17	9	8	2	1	1
3151	1559	1592	11	6	5	1		1
3210	1662	1548	11	6	5	5	2	3
1601	813	788	10	1	9	1	1	
6008	2984	3024	34	18	16	9	5	4
2661	1332	1329	21	7	14	4	3	1
3459	1806	1653	10	5	5	1		1
1952	992	960	8	6	2	2	2	
1692	838	854	14	7	7	1	1	
2847	1439	1408	10	4	6			
47107	**23220**	**23887**	**211**	**102**	**109**	**27**	**12**	**15**
521	199	322	2	2		2		2
1284	645	639						
2457	1229	1228	13	5	8	3	1	2
4364	1846	2518	27	6	21	4	2	2
10402	5125	5277	23	11	12	2	1	1
2906	1523	1383	21	16	5	5	2	3
2026	999	1027	6	2	4			
4637	2270	2367	24	12	12	3	3	
1734	852	882	20	12	8	1		1
6128	3281	2847	29	14	15			
7024	3334	3690	27	14	13	6	3	3
3624	1917	1707	19	8	11	1		1

1-2c 各地区分性别、

地区	人口数			居住本乡、镇、街道，户口在本乡、镇、街道		
	合计	男	女	小计	男	女
贵州	**1718553**	**897369**	**821184**	**1579653**	**828685**	**750968**
贵阳市	**117326**	**62816**	**54510**	**93506**	**50438**	**43068**
南明区	5071	2781	2290	2588	1341	1247
云岩区						
花溪区	19000	10128	8872	15227	8209	7018
乌当区	11145	5873	5272	7499	3984	3515
白云区	3749	1950	1799	2356	1228	1128
观山湖区	8733	4656	4077	5171	2746	2425
开阳县	15679	8406	7273	14684	7940	6744
息烽县	11726	6263	5463	10786	5923	4863
修文县	15430	8331	7099	13156	7159	5997
清镇市	26793	14428	12365	22039	11908	10131
六盘水市	**152565**	**80065**	**72500**	**139166**	**73522**	**65644**
钟山区	6589	3451	3138	5293	2841	2452
六枝特区	30725	16009	14716	28852	15118	13734
水城县	49392	26247	23145	44337	23800	20537
盘州市	65859	34358	31501	60684	31763	28921
遵义市	**268965**	**139259**	**129706**	**243504**	**126527**	**116977**
红花岗区	16329	8466	7863	14698	7683	7015
汇川区	12435	6572	5863	11510	6098	5412
播州区	34661	18071	16590	30621	16149	14472
桐梓县	25441	13185	12256	23247	12034	11213
绥阳县	18348	9467	8881	17119	8823	8296
正安县	22066	11297	10769	19351	9943	9408
道真仡佬族苗族自治县	10653	5397	5256	9470	4848	4622
务川仡佬族苗族自治县	13035	6720	6315	12533	6424	6109
凤冈县	15359	7774	7585	14665	7444	7221
湄潭县	17751	8893	8858	16158	8149	8009
余庆县	11148	5685	5463	9864	5022	4842
习水县	33056	17171	15885	29858	15587	14271
赤水市	10887	5701	5186	9502	4979	4523
仁怀市	27796	14860	12936	24908	13344	11564
安顺市	**127793**	**66893**	**60900**	**118028**	**62189**	**55839**
西秀区	33282	17209	16073	30104	15616	14488
平坝区	17290	9014	8276	15191	8079	7112
普定县	22830	11988	10842	21491	11352	10139
镇宁布依族苗族自治县	18183	9707	8476	17093	9185	7908
关岭布依族苗族自治县	17314	9126	8188	16451	8699	7752
紫云苗族布依族自治县	18894	9849	9045	17698	9258	8440
毕节市	**367199**	**191756**	**175443**	**349255**	**183500**	**165755**
七星关区	54247	27924	26323	52039	27044	24995
大方县	48586	25428	23158	45873	24238	21635
黔西县	35409	18673	16736	32625	17444	15181
金沙县	25579	13703	11876	23223	12372	10851
织金县	41610	21876	19734	39679	20938	18741
纳雍县	39155	20333	18822	37433	19528	17905
威宁彝族回族苗族自治县	77014	40375	36639	75405	39701	35704
赫章县	45599	23444	22155	42978	22235	20743

户口登记状况的人口(乡村)

单位：人

居住本乡、镇、街道，户口在外乡、镇、街道，离开户口登记地半年以上			居住本乡、镇、街道，户口待定			原住本乡、镇、街道，现在港澳台或国外工作学习		
小计	男	女	小计	男	女	小计	男	女
132996	**65685**	**67311**	**5043**	**2384**	**2659**	**861**	**615**	**246**
23431	**12175**	**11256**	**342**	**176**	**166**	**47**	**27**	**20**
2470	1432	1038	13	8	5			
3676	1863	1813	96	55	41	1	1	
3589	1861	1728	52	26	26	5	2	3
1375	715	660	16	6	10	2	1	1
3545	1902	1643	17	8	9			
959	448	511	25	11	14	11	7	4
923	330	593	12	6	6	5	4	1
2231	1147	1084	37	23	14	6	2	4
4663	2477	2186	74	33	41	17	10	7
12705	**6214**	**6491**	**629**	**282**	**347**	**65**	**47**	**18**
1284	603	681	9	4	5	3	3	
1710	821	889	146	57	89	17	13	4
4871	2364	2507	164	68	96	20	15	5
4840	2426	2414	310	153	157	25	16	9
24716	**12335**	**12381**	**550**	**251**	**299**	**195**	**146**	**49**
1594	764	830	21	6	15	16	13	3
899	462	437	18	6	12	8	6	2
3973	1879	2094	41	21	20	26	22	4
2099	1107	992	80	35	45	15	9	6
1177	609	568	28	18	10	24	17	7
2649	1314	1335	50	27	23	16	13	3
1166	536	630	3	1	2	14	12	2
473	281	192	24	12	12	5	3	2
658	310	348	25	11	14	11	9	2
1541	723	818	44	17	27	8	4	4
1263	649	614	13	7	6	8	7	1
3082	1527	1555	98	45	53	18	12	6
1361	710	651	14	5	9	10	7	3
2781	1464	1317	91	40	51	16	12	4
9070	**4359**	**4711**	**646**	**312**	**334**	**49**	**33**	**16**
2934	1463	1471	228	117	111	16	13	3
2038	902	1136	53	28	25	8	5	3
1236	587	649	97	45	52	6	4	2
971	466	505	113	52	61	6	4	2
761	383	378	96	40	56	6	4	2
1130	558	572	59	30	29	7	3	4
16412	**7473**	**8939**	**1357**	**667**	**690**	**175**	**116**	**59**
1856	698	1158	310	156	154	42	26	16
2514	1094	1420	172	82	90	27	14	13
2684	1184	1500	86	35	51	14	10	4
2263	1284	979	78	41	37	15	6	9
1684	813	871	222	106	116	25	19	6
1497	682	815	206	108	98	19	15	4
1396	567	829	193	90	103	20	17	3
2518	1151	1367	90	49	41	13	9	4

1-2c 续表

地区	人口数			居住本乡、镇、街道，户口在本乡、镇、街道		
	合计	男	女	小计	男	女
铜仁市	**164850**	**84748**	**80102**	**155670**	**80260**	**75410**
碧江区	7866	4051	3815	6904	3659	3245
万山区	7912	4240	3672	7211	3875	3336
江口县	9520	4897	4623	8727	4535	4192
玉屏侗族自治县	6947	3757	3190	6464	3505	2959
石阡县	19243	9838	9405	18489	9398	9091
思南县	25376	12680	12696	24267	12162	12105
印江土家族苗族自治县	15563	7876	7687	14522	7346	7176
德江县	19000	9678	9322	17755	9088	8667
沿河土家族自治县	23766	12149	11617	22952	11755	11197
松桃苗族自治县	29657	15582	14075	28379	14937	13442
黔西南布依族苗族自治州	**156503**	**80919**	**75584**	**145713**	**75560**	**70153**
兴义市	33341	17340	16001	31088	16252	14836
兴仁市	24270	12612	11658	23382	12195	11187
普安县	16333	8415	7918	15145	7799	7346
晴隆县	15186	7814	7372	13869	7112	6757
贞丰县	18546	9552	8994	17701	9108	8593
望谟县	14911	7691	7220	13628	7042	6586
册亨县	12712	6483	6229	10792	5534	5258
安龙县	21204	11012	10192	20108	10518	9590
黔东南苗族侗族自治州	**200249**	**105337**	**94912**	**184135**	**97393**	**86742**
凯里市	18059	9781	8278	16408	8948	7460
黄平县	13492	6969	6523	12697	6610	6087
施秉县	7263	3803	3460	6743	3549	3194
三穗县	8627	4579	4048	7912	4230	3682
镇远县	9390	4899	4491	9026	4745	4281
岑巩县	9178	4881	4297	8046	4308	3738
天柱县	15034	7953	7081	14216	7572	6644
锦屏县	8846	4631	4215	8016	4155	3861
剑河县	11150	5902	5248	9647	5180	4467
台江县	8182	4222	3960	7526	3917	3609
黎平县	24301	12520	11781	21203	10987	10216
榕江县	18837	9920	8917	17537	9254	8283
从江县	23735	12294	11441	22802	11854	10948
雷山县	7228	3985	3243	6067	3339	2728
麻江县	7906	4177	3729	7538	4029	3509
丹寨县	9021	4821	4200	8751	4716	4035
黔南布依族苗族自治州	**163103**	**85576**	**77527**	**150676**	**79296**	**71380**
都匀市	16965	9103	7862	15757	8387	7370
福泉市	14082	7520	6562	12872	6843	6029
荔波县	9103	4877	4226	7695	4064	3631
贵定县	11414	5800	5614	10209	5354	4855
瓮安县	14541	7674	6867	12884	6744	6140
独山县	12756	6658	6098	11656	6147	5509
平塘县	15030	7635	7395	14007	7187	6820
罗甸县	11313	5892	5421	10833	5660	5173
长顺县	10874	5675	5199	10314	5432	4882
龙里县	10241	5520	4721	9012	4838	4174
惠水县	19398	10085	9313	18453	9677	8776
三都水族自治县	17386	9137	8249	16984	8963	8021

单位：人

居住本乡、镇、街道，户口在外乡、镇、街道，离开户口登记地半年以上			居住本乡、镇、街道，户口待定			原住本乡、镇、街道，现在港澳台或国外工作学习		
小计	男	女	小计	男	女	小计	男	女
8719	**4242**	**4477**	**372**	**172**	**200**	**89**	**74**	**15**
946	386	560	14	5	9	2	1	1
670	353	317	27	8	19	4	4	
761	344	417	25	14	11	7	4	3
462	240	222	17	9	8	4	3	1
682	396	286	63	36	27	9	8	1
1061	487	574	32	18	14	16	13	3
978	496	482	55	27	28	8	7	1
1204	566	638	32	16	16	9	8	1
769	370	399	35	14	21	10	10	
1186	604	582	72	25	47	20	16	4
10339	**5139**	**5200**	**392**	**181**	**211**	**59**	**39**	**20**
2164	1043	1121	73	36	37	16	9	7
808	387	421	74	26	48	6	4	2
1142	594	548	37	15	22	9	7	2
1281	683	598	30	15	15	6	4	2
794	411	383	49	31	18	2	2	
1236	629	607	45	19	26	2	1	1
1895	936	959	21	11	10	4	2	2
1019	456	563	63	28	35	14	10	4
15518	**7655**	**7863**	**490**	**211**	**279**	**106**	**78**	**28**
1603	807	796	37	19	18	11	7	4
753	336	417	37	19	18	5	4	1
503	245	258	12	5	7	5	4	1
692	339	353	10	3	7	13	7	6
332	138	194	25	11	14	7	5	2
1109	560	549	15	6	9	8	7	1
774	360	414	31	11	20	13	10	3
807	462	345	15	6	9	8	8	
1468	703	765	33	17	16	2	2	
629	296	333	24	6	18	3	3	
3030	1503	1527	57	22	35	11	8	3
1247	639	608	45	22	23	8	5	3
854	404	450	73	33	40	6	3	3
1142	638	504	16	6	10	3	2	1
339	135	204	28	12	16	1	1	
236	90	146	32	13	19	2	2	
12086	**6093**	**5993**	**265**	**132**	**133**	**76**	**55**	**21**
1170	693	477	23	11	12	15	12	3
1202	671	531	6	4	2	2	2	
1387	802	585	18	8	10	3	3	
1181	433	748	16	8	8	8	5	3
1628	911	717	19	12	7	10	7	3
1082	502	580	13	5	8	5	4	1
998	433	565	14	8	6	11	7	4
465	225	240	11	5	6	4	2	2
537	227	310	20	14	6	3	2	1
1182	657	525	43	23	20	4	2	2
877	377	500	63	27	36	5	4	1
377	162	215	19	7	12	6	5	1

1−3 各地区分年龄、性别的人口

单位：人

地区	合计			0岁		
	合计	男	女	小计	男	女
贵州	**3646503**	**1866006**	**1780497**	**48097**	**25376**	**22721**
贵阳市	**575569**	**293905**	**281664**	**6283**	**3273**	**3010**
南明区	99324	49921	49403	868	463	405
云岩区	104303	52546	51757	1027	499	528
花溪区	91903	46826	45077	910	504	406
乌当区	32755	16527	16228	365	195	170
白云区	44176	22590	21586	463	250	213
观山湖区	59442	30568	28874	690	356	334
开阳县	34680	17900	16780	478	250	228
息烽县	22278	11531	10747	298	159	139
修文县	28238	14853	13385	458	245	213
清镇市	58470	30643	27827	726	352	374
六盘水市	**295474**	**152549**	**142925**	**5043**	**2712**	**2331**
钟山区	65054	33002	32052	778	417	361
六枝特区	50471	25808	24663	751	413	338
水城县	73194	38548	34646	1275	691	584
盘州市	106755	55191	51564	2239	1191	1048
遵义市	**621804**	**314209**	**307595**	**7566**	**3993**	**3573**
红花岗区	90179	44965	45214	881	453	428
汇川区	58858	29604	29254	646	344	302
播州区	72087	36744	35343	984	527	457
桐梓县	48922	24859	24063	578	299	279
绥阳县	33251	16925	16326	430	255	175
正安县	37887	19091	18796	481	263	218
道真仡佬族苗族自治县	22861	11142	11719	255	142	113
务川仡佬族苗族自治县	28826	14537	14289	402	201	201
凤冈县	28304	14077	14227	411	203	208
湄潭县	35442	17572	17870	425	233	192
余庆县	21421	10687	10734	239	132	107
习水县	56836	29050	27786	718	367	351
赤水市	24556	12373	12183	237	109	128
仁怀市	62374	32583	29791	879	465	414
安顺市	**236362**	**121353**	**115009**	**3164**	**1626**	**1538**
西秀区	82641	41535	41106	959	485	474
平坝区	33129	17238	15891	461	234	227
普定县	37102	19241	17861	526	276	250
镇宁布依族苗族自治县	28306	14775	13531	370	202	168
关岭布依族苗族自治县	27227	14160	13067	407	192	215
紫云苗族布依族自治县	27957	14404	13553	441	237	204
毕节市	**638581**	**330026**	**308555**	**9472**	**5010**	**4462**
七星关区	117856	60161	57695	1794	952	842
大方县	78584	40613	37971	1223	632	591
黔西县	67593	34976	32617	988	517	471
金沙县	51913	27129	24784	622	340	282
织金县	73995	38568	35427	1158	599	559
纳雍县	66352	34315	32037	1016	561	455
威宁彝族回族苗族自治县	121061	62967	58094	1761	934	827
赫章县	61227	31297	29930	910	475	435

1-3 续表 1 单位：人

地区	合计			0岁		
	合计	男	女	小计	男	女
铜仁市	**299500**	**151371**	**148129**	**3628**	**1910**	**1718**
碧江区	36023	17772	18251	305	166	139
万山区	14352	7473	6879	170	90	80
江口县	17199	8784	8415	208	108	100
玉屏侗族自治县	14046	7313	6733	157	77	80
石阡县	28630	14481	14149	377	204	173
思南县	41564	20679	20885	467	237	230
印江土家族苗族自治县	26929	13391	13538	345	174	171
德江县	35334	17723	17611	400	224	176
沿河土家族自治县	39237	19837	19400	557	282	275
松桃苗族自治县	46186	23918	22268	642	348	294
黔西南布依族苗族自治州	**290767**	**148596**	**142171**	**3954**	**2062**	**1892**
兴义市	96195	48774	47421	1182	611	571
兴仁市	40876	21090	19786	589	317	272
普安县	23371	12024	11347	342	180	162
晴隆县	22568	11565	11003	312	159	153
贞丰县	29788	15315	14473	433	216	217
望谟县	23548	12100	11448	300	156	144
册亨县	18975	9626	9349	250	136	114
安龙县	35446	18102	17344	546	287	259
黔东南苗族侗族自治州	**357794**	**184868**	**172926**	**4870**	**2631**	**2239**
凯里市	64931	33310	31621	797	421	376
黄平县	22458	11490	10968	270	143	127
施秉县	12020	6113	5907	131	68	63
三穗县	15960	8205	7755	203	125	78
镇远县	18493	9412	9081	199	106	93
岑巩县	16150	8323	7827	240	128	112
天柱县	24499	12805	11694	327	182	145
锦屏县	15414	7964	7450	186	95	91
剑河县	18274	9575	8699	242	133	109
台江县	12370	6370	6000	150	78	72
黎平县	39937	20398	19539	603	320	283
榕江县	27337	14243	13094	428	238	190
从江县	30390	15726	14664	595	325	270
雷山县	12107	6541	5566	155	79	76
麻江县	12824	6686	6138	171	101	70
丹寨县	14630	7707	6923	173	89	84
黔南布依族苗族自治州	**330652**	**169129**	**161523**	**4117**	**2159**	**1958**
都匀市	47792	24124	23668	448	246	202
福泉市	28258	14534	13724	392	201	191
荔波县	15406	8018	7388	215	110	105
贵定县	23937	11745	12192	241	117	124
瓮安县	38216	19477	18739	461	252	209
独山县	24885	12925	11960	297	156	141
平塘县	22164	11171	10993	324	164	160
罗甸县	24638	12550	12088	332	170	162
长顺县	18799	9740	9059	268	127	141
龙里县	22041	11676	10365	268	141	127
惠水县	37293	18968	18325	514	277	237
三都水族自治县	27223	14201	13022	357	198	159

1-3 续表 2

单位：人

地 区	1-4岁			5-9岁			10-14岁		
	小计	男	女	小计	男	女	小计	男	女
贵 州	**235928**	**125441**	**110487**	**308195**	**165141**	**143054**	**285132**	**152005**	**133127**
贵阳市	**33454**	**17686**	**15768**	**38328**	**20465**	**17863**	**29460**	**15605**	**13855**
南明区	4772	2540	2232	5502	2945	2557	4565	2409	2156
云岩区	5438	2909	2529	6170	3313	2857	4712	2502	2210
花溪区	4938	2647	2291	5423	2838	2585	4236	2258	1978
乌当区	2074	1074	1000	2291	1228	1063	1711	901	810
白云区	2574	1339	1235	3006	1589	1417	2301	1222	1079
观山湖区	3903	2073	1830	4187	2262	1925	2988	1605	1383
开阳县	2360	1222	1138	2823	1526	1297	2114	1130	984
息烽县	1584	793	791	1796	981	815	1536	825	711
修文县	2055	1092	963	2524	1340	1184	1908	1006	902
清镇市	3756	1997	1759	4606	2443	2163	3389	1747	1642
六盘水市	**23536**	**12492**	**11044**	**27341**	**14799**	**12542**	**22363**	**12099**	**10264**
钟山区	4543	2410	2133	5624	3113	2511	4984	2688	2296
六枝特区	3518	1855	1663	4969	2641	2328	5423	2923	2500
水城县	5588	2970	2618	7202	3861	3341	5959	3203	2756
盘州市	9887	5257	4630	9546	5184	4362	5997	3285	2712
遵义市	**38048**	**20020**	**18028**	**47480**	**25180**	**22300**	**45420**	**24159**	**21261**
红花岗区	5331	2795	2536	5936	3203	2733	5319	2806	2513
汇川区	3533	1862	1671	4211	2245	1966	3683	1975	1708
播州区	4844	2586	2258	5635	3016	2619	4844	2568	2276
桐梓县	2813	1475	1338	3800	1954	1846	4009	2060	1949
绥阳县	2091	1074	1017	2745	1449	1296	2341	1253	1088
正安县	2225	1163	1062	3074	1657	1417	3410	1850	1560
道真仡佬族苗族自治县	1137	612	525	1584	841	743	2013	1077	936
务川仡佬族苗族自治县	1895	1023	872	2507	1332	1175	2288	1232	1056
凤冈县	1716	916	800	2142	1119	1023	2275	1234	1041
湄潭县	1997	1052	945	2299	1229	1070	2620	1371	1249
余庆县	1199	619	580	1473	812	661	1923	1037	886
习水县	3683	1920	1763	5286	2757	2529	4799	2551	2248
赤水市	1225	623	602	1704	911	793	1881	961	920
仁怀市	4359	2300	2059	5084	2655	2429	4015	2184	1831
安顺市	**15403**	**8295**	**7108**	**21356**	**11359**	**9997**	**20171**	**10651**	**9520**
西秀区	4996	2714	2282	6378	3359	3019	5743	2976	2767
平坝区	2123	1157	966	2947	1607	1340	2398	1280	1118
普定县	2526	1368	1158	3751	1950	1801	3713	1934	1779
镇宁布依族苗族自治县	1801	956	845	2602	1431	1171	2518	1331	1187
关岭布依族苗族自治县	1884	1027	857	2849	1521	1328	2895	1534	1361
紫云苗族布依族自治县	2073	1073	1000	2829	1491	1338	2904	1596	1308
毕节市	**44927**	**23771**	**21156**	**63869**	**33779**	**30090**	**64460**	**33832**	**30628**
七星关区	9080	4804	4276	12191	6460	5731	11942	6253	5689
大方县	5464	2893	2571	8200	4349	3851	8254	4316	3938
黔西县	4726	2506	2220	6542	3377	3165	5768	3021	2747
金沙县	2720	1487	1233	4306	2229	2077	5313	2787	2526
织金县	5277	2802	2475	7809	4173	3636	7621	3976	3645
纳雍县	4820	2533	2287	7334	3936	3398	7479	3933	3546
威宁彝族回族苗族自治县	8337	4409	3928	11108	5885	5223	11565	6137	5428
赫章县	4503	2337	2166	6379	3370	3009	6518	3409	3109

1-3　续表 3　　　　单位：人

地　区	1-4岁			5-9岁			10-14岁		
	小计	男	女	小计	男	女	小计	男	女
铜仁市	**17668**	**9445**	**8223**	**24892**	**13520**	**11372**	**24763**	**13237**	**11526**
碧江区	2089	1137	952	2735	1513	1222	2508	1339	1169
万山区	770	410	360	1138	621	517	1066	568	498
江口县	1009	548	461	1501	798	703	1423	739	684
玉屏侗族自治县	803	440	363	1288	744	544	1058	561	497
石阡县	1649	912	737	2286	1236	1050	2088	1138	950
思南县	2326	1213	1113	3313	1788	1525	3456	1892	1564
印江土家族苗族自治县	1484	765	719	2172	1164	1008	2320	1271	1049
德江县	2177	1115	1062	3020	1636	1384	3079	1657	1422
沿河土家族自治县	2432	1327	1105	3528	1933	1595	4120	2165	1955
松桃苗族自治县	2929	1578	1351	3911	2087	1824	3645	1907	1738
黔西南布依族苗族自治州	**19289**	**10348**	**8941**	**25796**	**13955**	**11841**	**25555**	**13586**	**11969**
兴义市	6274	3386	2888	7905	4307	3598	6849	3616	3233
兴仁市	2848	1489	1359	3795	2116	1679	4058	2195	1863
普安县	1603	844	759	2102	1105	997	2186	1137	1049
晴隆县	1460	768	692	2281	1248	1033	2517	1300	1217
贞丰县	2069	1119	950	2722	1470	1252	2961	1616	1345
望谟县	1386	768	618	1794	956	838	2495	1295	1200
册亨县	1288	682	606	1775	954	821	1585	869	716
安龙县	2361	1292	1069	3422	1799	1623	2904	1558	1346
黔东南苗族侗族自治州	**22814**	**12273**	**10541**	**31580**	**17202**	**14378**	**28855**	**15902**	**12953**
凯里市	3932	2089	1843	4920	2689	2231	4342	2419	1923
黄平县	1186	636	550	1772	958	814	1935	1011	924
施秉县	765	419	346	1022	540	482	1028	587	441
三穗县	936	516	420	1575	855	720	1638	864	774
镇远县	1056	544	512	1597	872	725	1457	797	660
岑巩县	1044	586	458	1399	786	613	1261	708	553
天柱县	1544	813	731	2231	1269	962	1916	1051	865
锦屏县	903	497	406	1309	717	592	1264	694	570
剑河县	1132	634	498	1875	1077	798	1805	1060	745
台江县	736	421	315	1113	566	547	1156	628	528
黎平县	2892	1517	1375	3735	1967	1768	3305	1811	1494
榕江县	1790	932	858	2664	1421	1243	2260	1236	1024
从江县	2593	1387	1206	3150	1699	1451	2330	1275	1055
雷山县	713	385	328	913	523	390	907	505	402
麻江县	813	455	358	1048	572	476	915	502	413
丹寨县	779	442	337	1257	691	566	1336	754	582
黔南布依族苗族自治州	**20789**	**11111**	**9678**	**27553**	**14882**	**12671**	**24085**	**12934**	**11151**
都匀市	2412	1284	1128	2883	1582	1301	2393	1335	1058
福泉市	1808	964	844	2415	1256	1159	1927	952	975
荔波县	1022	541	481	1230	690	540	991	543	448
贵定县	1417	734	683	1829	997	832	1646	829	817
瓮安县	2591	1367	1224	3196	1691	1505	2947	1554	1393
独山县	1563	840	723	2009	1111	898	1676	928	748
平塘县	1548	854	694	2024	1074	950	1923	1049	874
罗甸县	1601	861	740	2413	1349	1064	2169	1160	1009
长顺县	1308	688	620	1733	963	770	1556	872	684
龙里县	1333	681	652	1786	939	847	1420	737	683
惠水县	2444	1330	1114	3155	1658	1497	2772	1497	1275
三都水族自治县	1742	967	775	2880	1572	1308	2665	1478	1187

1-3 续表 4

单位：人

地区	15-19岁			20-24岁			25-29岁		
	小计	男	女	小计	男	女	小计	男	女
贵州	**251646**	**129893**	**121753**	**227496**	**111826**	**115670**	**221678**	**110553**	**111125**
贵阳市	**34396**	**18196**	**16200**	**53631**	**26244**	**27387**	**45744**	**22815**	**22929**
南明区	4238	2250	1988	8198	3926	4272	8753	4368	4385
云岩区	4974	2699	2275	8773	4367	4406	9947	4869	5078
花溪区	6717	3578	3139	14214	6676	7538	7104	3646	3458
乌当区	2059	1054	1005	2359	1069	1290	2423	1171	1252
白云区	3978	2087	1891	4433	1974	2459	3485	1766	1719
观山湖区	3699	2026	1673	4870	2493	2377	5341	2685	2656
开阳县	1315	672	643	1606	837	769	2034	964	1070
息烽县	1023	522	501	797	387	410	1271	624	647
修文县	1647	875	772	1339	645	694	1745	903	842
清镇市	4746	2433	2313	7042	3870	3172	3641	1819	1822
六盘水市	**18259**	**9629**	**8630**	**18750**	**9287**	**9463**	**16884**	**8412**	**8472**
钟山区	4163	2256	1907	4850	2255	2595	4228	2010	2218
六枝特区	3650	1918	1732	2379	1170	1209	2180	1079	1101
水城县	5238	2768	2470	5308	2716	2592	4111	2183	1928
盘州市	5208	2687	2521	6213	3146	3067	6365	3140	3225
遵义市	**37809**	**19695**	**18114**	**32186**	**15773**	**16413**	**38663**	**18881**	**19782**
红花岗区	5166	2642	2524	6973	3141	3832	6741	3260	3481
汇川区	2939	1550	1389	3251	1566	1685	4271	2085	2186
播州区	4353	2340	2013	3597	1759	1838	4684	2289	2395
桐梓县	3482	1701	1781	2125	1086	1039	2755	1446	1309
绥阳县	2070	1088	982	1440	725	715	1729	828	901
正安县	2373	1255	1118	1417	693	724	1726	825	901
道真仡佬族苗族自治县	1350	691	659	891	451	440	994	461	533
务川仡佬族苗族自治县	1941	1069	872	1554	752	802	1668	765	903
凤冈县	1687	896	791	1198	603	595	1582	766	816
湄潭县	2185	1092	1093	1546	748	798	1868	885	983
余庆县	1212	651	561	635	313	322	911	415	496
习水县	3793	1912	1881	2427	1234	1193	3694	1801	1893
赤水市	1330	714	616	871	425	446	1245	616	629
仁怀市	3928	2094	1834	4261	2277	1984	4795	2439	2356
安顺市	**15852**	**8077**	**7775**	**13864**	**7084**	**6780**	**14901**	**7530**	**7371**
西秀区	5667	2834	2833	5399	2590	2809	5686	2801	2885
平坝区	1872	960	912	2038	1128	910	2148	1114	1034
普定县	2690	1415	1275	2168	1143	1025	2203	1117	1086
镇宁布依族苗族自治县	1746	924	822	1544	842	702	1745	893	852
关岭布依族苗族自治县	2023	1000	1023	1309	669	640	1615	849	766
紫云苗族布依族自治县	1854	944	910	1406	712	694	1504	756	748
毕节市	**52884**	**26479**	**26405**	**39159**	**19591**	**19568**	**33368**	**17128**	**16240**
七星关区	9325	4745	4580	7599	3675	3924	5854	2915	2939
大方县	5967	2922	3045	4192	2039	2153	3874	1951	1923
黔西县	4317	2188	2129	3291	1656	1635	3402	1687	1715
金沙县	3939	1973	1966	2167	1132	1035	2136	1085	1051
织金县	5279	2689	2590	3868	1963	1905	3281	1699	1582
纳雍县	5772	2926	2846	3785	1865	1920	3224	1656	1568
威宁彝族回族苗族自治县	12611	6282	6329	10366	5329	5037	8247	4379	3868
赫章县	5674	2754	2920	3891	1932	1959	3350	1756	1594

1−3　续表 5　　　　　　　　　　　　　　　　　　　　单位：人

地　区	15−19岁			20−24岁			25−29岁		
	小计	男	女	小计	男	女	小计	男	女
铜仁市	**25785**	**13255**	**12530**	**17346**	**8376**	**8970**	**16767**	**8137**	**8630**
碧江区	3273	1574	1699	3267	1385	1882	2447	1150	1297
万山区	1443	754	689	874	444	430	878	447	431
江口县	1105	576	529	696	335	361	937	437	500
玉屏侗族自治县	780	430	350	734	398	336	764	408	356
石阡县	1934	1042	892	1517	756	761	1605	811	794
思南县	3892	2032	1860	1963	948	1015	2156	1038	1118
印江土家族苗族自治县	2082	1089	993	1280	611	669	1388	657	731
德江县	3504	1794	1710	2277	1102	1175	1885	858	1027
沿河土家族自治县	3825	1950	1875	2162	1064	1098	1946	950	996
松桃苗族自治县	3947	2014	1933	2576	1333	1243	2761	1381	1380
黔西南布依族苗族自治州	**22493**	**11390**	**11103**	**16879**	**8057**	**8822**	**17252**	**8650**	**8602**
兴义市	7889	4057	3832	6407	2888	3519	6960	3412	3548
兴仁市	3185	1603	1582	2156	1086	1070	2154	1091	1063
普安县	1801	896	905	1333	662	671	1144	584	560
晴隆县	1843	890	953	1175	579	596	1075	544	531
贞丰县	2091	1076	1015	1632	804	828	1679	871	808
望谟县	2342	1151	1191	1330	659	671	1201	624	577
册亨县	1280	638	642	994	490	504	1036	506	530
安龙县	2062	1079	983	1852	889	963	2003	1018	985
黔东南苗族侗族自治州	**22437**	**12240**	**10197**	**16210**	**8267**	**7943**	**18605**	**9266**	**9339**
凯里市	4417	2444	1973	3761	1838	1923	4313	2098	2215
黄平县	1692	851	841	952	476	476	955	487	468
施秉县	784	403	381	476	229	247	541	264	277
三穗县	917	498	419	619	306	313	734	395	339
镇远县	1072	560	512	682	334	348	768	359	409
岑巩县	1070	623	447	697	336	361	833	375	458
天柱县	997	563	434	744	398	346	1090	562	528
锦屏县	983	533	450	546	296	250	786	389	397
剑河县	1086	623	463	709	373	336	882	426	456
台江县	1133	557	576	672	331	341	537	286	251
黎平县	2095	1152	943	1541	789	752	2021	1005	1016
榕江县	1847	1045	802	1414	745	669	1418	704	714
从江县	1765	984	781	1527	788	739	1655	831	824
雷山县	730	414	316	628	354	274	664	357	307
麻江县	693	364	329	515	280	235	673	331	342
丹寨县	1156	626	530	727	394	333	735	397	338
黔南布依族苗族自治州	**21731**	**10932**	**10799**	**19471**	**9147**	**10324**	**19494**	**9734**	**9760**
都匀市	3437	1712	1725	3597	1582	2015	3001	1531	1470
福泉市	1423	714	709	1582	759	823	1945	977	968
荔波县	848	433	415	731	389	342	912	434	478
贵定县	1831	676	1155	1784	630	1154	1384	704	680
瓮安县	2245	1235	1010	1605	810	795	2221	1076	1145
独山县	1393	736	657	1030	552	478	1477	773	704
平塘县	1427	714	713	985	472	513	1108	528	580
罗甸县	1597	839	758	1031	528	503	1146	543	603
长顺县	1224	634	590	936	446	490	974	485	489
龙里县	1310	674	636	1353	696	657	1748	887	861
惠水县	2810	1392	1418	3528	1589	1939	2112	1071	1041
三都水族自治县	2186	1173	1013	1309	694	615	1466	725	741

1-3 续表 6 单位：人

地　　区	30-34岁			35-39岁			40-44岁		
	小计	男	女	小计	男	女	小计	男	女
贵　州	**258156**	**131366**	**126790**	**216389**	**113596**	**102793**	**234298**	**123551**	**110747**
贵阳市	**52685**	**26839**	**25846**	**41068**	**21293**	**19775**	**39498**	**20714**	**18784**
南明区	9852	4906	4946	7594	3946	3648	7006	3626	3380
云岩区	10986	5589	5397	7846	4040	3806	7201	3691	3510
花溪区	7845	4050	3795	5880	3062	2818	6036	3240	2796
乌当区	3113	1553	1560	2397	1213	1184	2345	1198	1147
白云区	4106	2130	1976	3236	1730	1506	3062	1609	1453
观山湖区	6389	3273	3116	5054	2544	2510	4258	2263	1995
开阳县	2359	1170	1189	2253	1194	1059	2161	1134	1027
息烽县	1463	727	736	1394	707	687	1645	862	783
修文县	2258	1179	1079	1877	982	895	1933	1052	881
清镇市	4314	2262	2052	3537	1875	1662	3851	2039	1812
六盘水市	**22075**	**11308**	**10767**	**18476**	**9842**	**8634**	**20880**	**11156**	**9724**
钟山区	5644	2746	2898	4473	2259	2214	5011	2573	2438
六枝特区	2941	1474	1467	2660	1364	1296	3236	1697	1539
水城县	4867	2695	2172	4118	2362	1756	4960	2755	2205
盘州市	8623	4393	4230	7225	3857	3368	7673	4131	3542
遵义市	**42398**	**21190**	**21208**	**33340**	**16909**	**16431**	**39991**	**20247**	**19744**
红花岗区	7681	3847	3834	5841	2939	2902	6250	3158	3092
汇川区	4753	2335	2418	3696	1837	1859	4128	2049	2079
播州区	5434	2736	2698	4160	2145	2015	4717	2438	2279
桐梓县	2797	1432	1365	2359	1222	1137	3320	1707	1613
绥阳县	1977	1004	973	1692	869	823	1841	933	908
正安县	2017	984	1033	1881	938	943	2399	1205	1194
道真仡佬族苗族自治县	1243	543	700	1093	507	586	1627	755	872
务川仡佬族苗族自治县	1662	783	879	1374	702	672	1682	833	849
凤冈县	1398	656	742	1249	595	654	1834	889	945
湄潭县	1937	909	1028	1634	769	865	2287	1118	1169
余庆县	1092	518	574	964	417	547	1302	631	671
习水县	3949	2092	1857	2609	1377	1232	3150	1661	1489
赤水市	1524	761	763	1099	573	526	1438	755	683
仁怀市	4934	2590	2344	3689	2019	1670	4016	2115	1901
安顺市	**15808**	**8143**	**7665**	**13614**	**7321**	**6293**	**15318**	**8213**	**7105**
西秀区	5913	2917	2996	4866	2506	2360	5398	2877	2521
平坝区	2345	1230	1115	1914	1035	879	2266	1199	1067
普定县	2251	1170	1081	2030	1086	944	2441	1301	1140
镇宁布依族苗族自治县	1937	1038	899	1727	981	746	1914	1048	866
关岭布依族苗族自治县	1713	907	806	1488	832	656	1575	853	722
紫云苗族布依族自治县	1649	881	768	1589	881	708	1724	935	789
毕节市	**40263**	**20948**	**19315**	**34038**	**18768**	**15270**	**39416**	**21215**	**18201**
七星关区	7596	3771	3825	6359	3374	2985	6760	3517	3243
大方县	4926	2581	2345	4516	2473	2043	4848	2630	2218
黔西县	4490	2275	2215	4173	2300	1873	4640	2518	2122
金沙县	3469	1749	1720	2794	1482	1312	3603	1985	1618
织金县	4381	2262	2119	4074	2287	1787	4833	2695	2138
纳雍县	3813	2007	1806	3451	1939	1512	4009	2207	1802
威宁彝族回族苗族自治县	7984	4349	3635	5868	3346	2522	7438	3967	3471
赫章县	3604	1954	1650	2803	1567	1236	3285	1696	1589

1-3 续表 7 单位：人

地 区	30-34岁			35-39岁			40-44岁		
	小计	男	女	小计	男	女	小计	男	女
铜仁市	**18596**	**9154**	**9442**	**16716**	**8466**	**8250**	**16489**	**8347**	**8142**
碧江区	2985	1441	1544	2514	1288	1226	2130	1056	1074
万山区	944	489	455	717	386	331	715	377	338
江口县	1211	610	601	987	506	481	957	498	459
玉屏侗族自治县	1076	559	517	864	441	423	820	429	391
石阡县	1550	744	806	1492	744	748	1677	858	819
思南县	2074	970	1104	1773	863	910	2055	986	1069
印江土家族苗族自治县	1491	696	795	1432	665	767	1436	702	734
德江县	2091	1039	1052	1979	994	985	2167	1099	1068
沿河土家族自治县	2113	1053	1060	2176	1081	1095	2110	1052	1058
松桃苗族自治县	3061	1553	1508	2782	1498	1284	2422	1290	1132
黔西南布依族苗族自治州	**20836**	**10610**	**10226**	**18238**	**9611**	**8627**	**18345**	**9872**	**8473**
兴义市	8295	4167	4128	6835	3452	3383	6198	3306	2892
兴仁市	2800	1395	1405	2438	1306	1132	2598	1380	1218
普安县	1439	707	732	1419	785	634	1395	751	644
晴隆县	1362	728	634	1241	669	572	1301	731	570
贞丰县	1856	939	917	1643	873	770	1707	913	794
望谟县	1330	753	577	1387	778	609	1529	843	686
册亨县	1281	664	617	1227	669	558	1364	739	625
安龙县	2473	1257	1216	2048	1079	969	2253	1209	1044
黔东南苗族侗族自治州	**23448**	**11799**	**11649**	**21542**	**11220**	**10322**	**22426**	**11926**	**10500**
凯里市	5507	2773	2734	4907	2541	2366	4639	2467	2172
黄平县	1050	525	525	1101	589	512	1095	577	518
施秉县	674	327	347	748	370	378	638	320	318
三穗县	1023	498	525	953	490	463	918	471	447
镇远县	1096	525	571	1044	522	522	1169	604	565
岑巩县	1057	545	512	888	448	440	877	434	443
天柱县	1597	765	832	1353	752	601	1429	813	616
锦屏县	918	452	466	848	428	420	885	484	401
剑河县	1167	578	589	1080	523	557	1256	666	590
台江县	666	335	331	721	373	348	1015	533	482
黎平县	2379	1169	1210	2134	1089	1045	2336	1198	1138
榕江县	1784	921	863	1682	868	814	1645	896	749
从江县	1886	997	889	1649	872	777	1813	971	842
雷山县	879	481	398	784	456	328	845	481	364
麻江县	807	410	397	735	395	340	880	484	396
丹寨县	958	498	460	915	504	411	986	527	459
黔南布依族苗族自治州	**22047**	**11375**	**10672**	**19357**	**10166**	**9191**	**21935**	**11861**	**10074**
都匀市	3653	1903	1750	2778	1445	1333	3031	1590	1441
福泉市	2067	1095	972	1794	932	862	2147	1137	1010
荔波县	1110	560	550	1076	595	481	1186	664	522
贵定县	1435	752	683	1359	694	665	1560	866	694
瓮安县	2746	1338	1408	2437	1235	1202	2533	1336	1197
独山县	1623	821	802	1356	730	626	1405	752	653
平塘县	1116	565	551	969	471	498	1272	659	613
罗甸县	1346	675	671	1277	677	600	1754	955	799
长顺县	1126	578	548	1125	603	522	1317	716	601
龙里县	1862	1004	858	1420	756	664	1596	897	699
惠水县	2234	1182	1052	2042	1108	934	2360	1316	1044
三都水族自治县	1729	902	827	1724	920	804	1774	973	801

1-3 续表 8

单位：人

地　　区	45-49岁			50-54岁			55-59岁		
	小计	男	女	小计	男	女	小计	男	女
贵　州	**288221**	**152205**	**136016**	**278922**	**142325**	**136597**	**217003**	**108679**	**108324**
贵阳市	**47122**	**25050**	**22072**	**42312**	**21914**	**20398**	**33443**	**16786**	**16657**
南明区	8479	4426	4053	7581	3791	3790	6675	3287	3388
云岩区	8137	4224	3913	7275	3575	3700	6607	3163	3444
花溪区	7070	3711	3359	6163	3263	2900	4472	2301	2171
乌当区	2844	1522	1322	2421	1242	1179	1875	966	909
白云区	3647	1943	1704	3203	1679	1524	2263	1193	1070
观山湖区	4564	2440	2124	3955	2023	1932	3124	1490	1634
开阳县	3201	1721	1480	3268	1721	1547	2437	1288	1149
息烽县	2113	1166	947	1977	1056	921	1468	760	708
修文县	2438	1362	1076	2233	1223	1010	1669	877	792
清镇市	4629	2535	2094	4236	2341	1895	2853	1461	1392
六盘水市	**24286**	**12892**	**11394**	**21421**	**10863**	**10558**	**15892**	**7849**	**8043**
钟山区	6041	3107	2934	4861	2485	2376	3107	1567	1540
六枝特区	3624	1920	1704	3665	1879	1786	3037	1513	1524
水城县	5854	3214	2640	5376	2710	2666	3544	1731	1813
盘州市	8767	4651	4116	7519	3789	3730	6204	3038	3166
遵义市	**54977**	**28054**	**26923**	**52883**	**26460**	**26423**	**41208**	**20275**	**20933**
红花岗区	7992	4092	3900	7273	3594	3679	5824	2890	2934
汇川区	5533	2851	2682	5095	2567	2528	3778	1859	1919
播州区	6234	3253	2981	6091	3094	2997	4557	2260	2297
桐梓县	4337	2299	2038	4059	2087	1972	3300	1671	1629
绥阳县	2672	1385	1287	2912	1442	1470	2522	1254	1268
正安县	3085	1472	1613	3087	1505	1582	2657	1307	1350
道真仡佬族苗族自治县	2227	1020	1207	1990	905	1085	1464	670	794
务川仡佬族苗族自治县	2279	1147	1132	2219	1069	1150	1823	861	962
凤冈县	2691	1317	1374	2549	1230	1319	2111	1003	1108
湄潭县	3321	1640	1681	3435	1675	1760	2791	1378	1413
余庆县	2218	1109	1109	2077	1068	1009	1666	804	862
习水县	4765	2493	2272	4788	2431	2357	3522	1732	1790
赤水市	2434	1209	1225	2358	1192	1166	1865	909	956
仁怀市	5189	2767	2422	4950	2601	2349	3328	1677	1651
安顺市	**17894**	**9559**	**8335**	**17395**	**9004**	**8391**	**13466**	**6776**	**6690**
西秀区	6772	3541	3231	6368	3255	3113	4998	2462	2536
平坝区	2765	1521	1244	2543	1305	1238	1884	944	940
普定县	2654	1439	1215	2613	1377	1236	1924	967	957
镇宁布依族苗族自治县	2021	1082	939	2092	1080	1012	1501	785	716
关岭布依族苗族自治县	1773	963	810	1837	941	896	1546	794	752
紫云苗族布依族自治县	1909	1013	896	1942	1046	896	1613	824	789
毕节市	**46156**	**24896**	**21260**	**46059**	**23565**	**22494**	**33522**	**16921**	**16601**
七星关区	8073	4251	3822	8222	4218	4004	6228	3096	3132
大方县	5575	3096	2479	5694	2932	2762	4109	2080	2029
黔西县	5236	2908	2328	5435	2841	2594	3958	2043	1915
金沙县	4653	2580	2073	4693	2472	2221	3246	1713	1533
织金县	5400	2997	2403	5347	2848	2499	4043	2029	2014
纳雍县	4430	2383	2047	4374	2175	2199	3245	1611	1634
威宁彝族回族苗族自治县	8416	4441	3975	8012	3968	4044	5570	2778	2792
赫章县	4373	2240	2133	4282	2111	2171	3123	1571	1552

1-3　续表 9　　　　单位：人

地　区	45-49岁			50-54岁			55-59岁		
	小计	男	女	小计	男	女	小计	男	女
铜仁市	**22212**	**11337**	**10875**	**21723**	**10719**	**11004**	**18086**	**8888**	**9198**
碧江区	2688	1329	1359	2430	1204	1226	2110	1028	1082
万山区	1097	579	518	1072	560	512	980	514	466
江口县	1304	717	587	1355	690	665	1252	634	618
玉屏侗族自治县	1189	655	534	1149	581	568	994	492	502
石阡县	2410	1210	1200	2337	1145	1192	1928	912	1016
思南县	3169	1569	1600	3303	1569	1734	2696	1250	1446
印江土家族苗族自治县	2124	1047	1077	2081	1011	1070	1675	815	860
德江县	2523	1268	1255	2425	1198	1227	1808	889	919
沿河土家族自治县	2589	1333	1256	2568	1209	1359	2056	1021	1035
松桃苗族自治县	3119	1630	1489	3003	1552	1451	2587	1333	1254
黔西南布依族苗族自治州	**20506**	**10841**	**9665**	**21613**	**11214**	**10399**	**16832**	**8509**	**8323**
兴义市	7055	3693	3362	6794	3520	3274	5332	2681	2651
兴仁市	2722	1449	1273	3066	1600	1466	2370	1201	1169
普安县	1704	937	767	1890	997	893	1331	669	662
晴隆县	1519	814	705	1620	824	796	1261	630	631
贞丰县	1995	1024	971	2293	1187	1106	1812	923	889
望谟县	1634	894	740	1758	924	834	1299	676	623
册亨县	1350	691	659	1507	795	712	1116	550	566
安龙县	2527	1339	1188	2685	1367	1318	2311	1179	1132
黔东南苗族侗族自治州	**28858**	**15343**	**13515**	**29208**	**14845**	**14363**	**24011**	**12094**	**11917**
凯里市	5468	2897	2571	5014	2492	2522	3813	1925	1888
黄平县	1910	1028	882	2034	1058	976	1538	782	756
施秉县	972	495	477	1028	514	514	821	434	387
三穗县	1194	644	550	1194	591	603	1065	516	549
镇远县	1583	854	729	1685	888	797	1335	677	658
岑巩县	1189	615	574	1266	611	655	1150	559	591
天柱县	1773	993	780	2024	1029	995	1910	938	972
锦屏县	1203	632	571	1362	720	642	1139	558	581
剑河县	1482	794	688	1469	743	726	1175	589	586
台江县	946	516	430	899	466	433	655	355	300
黎平县	3200	1675	1525	3324	1679	1645	3108	1568	1540
榕江县	2229	1164	1065	2270	1144	1126	1768	913	855
从江县	2533	1294	1239	2459	1235	1224	1896	945	951
雷山县	1079	581	498	967	525	442	816	412	404
麻江县	1074	598	476	1033	557	476	916	460	456
丹寨县	1023	563	460	1180	593	587	906	463	443
黔南布依族苗族自治州	**26210**	**14233**	**11977**	**26308**	**13741**	**12567**	**20543**	**10581**	**9962**
都匀市	3960	2136	1824	4006	2069	1937	3459	1764	1695
福泉市	2291	1229	1062	2343	1265	1078	1603	849	754
荔波县	1302	722	580	1324	710	614	972	490	482
贵定县	1882	1027	855	1870	993	877	1471	761	710
瓮安县	3221	1663	1558	3060	1535	1525	2456	1240	1216
独山县	2046	1120	926	2257	1193	1064	1678	857	821
平塘县	1652	901	751	1864	953	911	1489	757	732
罗甸县	1967	1061	906	1986	1015	971	1450	726	724
长顺县	1408	801	607	1349	706	643	1091	570	521
龙里县	1917	1109	808	1761	973	788	1184	647	537
惠水县	2674	1458	1216	2527	1322	1205	2142	1114	1028
三都水族自治县	1890	1006	884	1961	1007	954	1548	806	742

1-3 续表 10

单位：人

地　区	60-64岁			65-69岁			70-74岁		
	小计	男	女	小计	男	女	小计	男	女
贵　州	**144662**	**71852**	**72810**	**160262**	**77724**	**82538**	**115598**	**55554**	**60044**
贵阳市	**22772**	**11213**	**11559**	**20611**	**9653**	**10958**	**14657**	**7042**	**7615**
南明区	4741	2290	2451	3725	1667	2058	2717	1311	1406
云岩区	4757	2265	2492	3889	1836	2053	2679	1258	1421
花溪区	2981	1448	1533	2791	1216	1575	2191	1057	1134
乌当区	1231	595	636	1270	600	670	857	431	426
白云区	1232	622	610	1152	509	643	823	397	426
观山湖区	2124	1019	1105	1778	837	941	1120	527	593
开阳县	1593	844	749	1751	878	873	1333	627	706
息烽县	929	492	437	1123	555	568	818	406	412
修文县	1056	551	505	1242	634	608	794	384	410
清镇市	2128	1087	1041	1890	921	969	1325	644	681
六盘水市	**10956**	**5414**	**5542**	**10547**	**5039**	**5508**	**7750**	**3703**	**4047**
钟山区	1868	928	940	1707	726	981	1487	670	817
六枝特区	2238	1111	1127	2254	1079	1175	1590	765	825
水城县	2207	1065	1142	2744	1357	1387	2044	983	1061
盘州市	4643	2310	2333	3842	1877	1965	2629	1285	1344
遵义市	**23799**	**12026**	**11773**	**32998**	**16211**	**16787**	**23863**	**11690**	**12173**
红花岗区	3309	1645	1664	3808	1800	2008	2695	1268	1427
汇川区	2139	1069	1070	2674	1225	1449	1997	971	1026
播州区	2689	1363	1326	3543	1717	1826	2640	1268	1372
桐梓县	1957	983	974	2837	1431	1406	1825	866	959
绥阳县	1605	801	804	2079	1028	1051	1435	736	699
正安县	1656	817	839	2470	1258	1212	1875	949	926
道真仡佬族苗族自治县	941	467	474	1472	744	728	1179	580	599
务川仡佬族苗族自治县	1026	512	514	1577	815	762	1280	655	625
凤冈县	974	507	467	1703	848	855	1261	613	648
湄潭县	1384	726	658	2139	1059	1080	1635	784	851
余庆县	859	443	416	1318	641	677	1048	502	546
习水县	1957	1006	951	3042	1525	1517	2035	1019	1016
赤水市	1129	572	557	1642	792	850	1082	552	530
仁怀市	2174	1115	1059	2694	1328	1366	1876	927	949
安顺市	**10306**	**4986**	**5320**	**10136**	**4798**	**5338**	**7510**	**3499**	**4011**
西秀区	3617	1713	1904	3437	1561	1876	2771	1273	1498
平坝区	1466	711	755	1447	664	783	1068	492	576
普定县	1471	727	744	1602	786	816	1035	507	528
镇宁布依族苗族自治县	1382	668	714	1195	578	617	933	412	521
关岭布依族苗族自治县	1228	618	610	1190	595	595	806	395	411
紫云苗族布依族自治县	1142	549	593	1265	614	651	897	420	477
毕节市	**23563**	**11891**	**11672**	**25970**	**12818**	**13152**	**17119**	**8360**	**8759**
七星关区	4232	2123	2109	4588	2234	2354	3181	1565	1616
大方县	2802	1388	1414	3546	1762	1784	2220	1099	1121
黔西县	2809	1445	1364	3080	1511	1569	1865	901	964
金沙县	1659	844	815	2500	1272	1228	1770	891	879
织金县	3078	1586	1492	3496	1660	1836	2087	1002	1085
纳雍县	2414	1218	1196	2771	1349	1422	1899	909	990
威宁彝族回族苗族自治县	4266	2124	2142	3586	1822	1764	2473	1193	1280
赫章县	2303	1163	1140	2403	1208	1195	1624	800	824

1-3　续表 11　　单位：人

地　区	60–64岁			65–69岁			70–74岁		
	小计	男	女	小计	男	女	小计	男	女
铜仁市	**11499**	**5716**	**5783**	**16016**	**7920**	**8096**	**12174**	**5957**	**6217**
碧江区	1191	560	631	1298	625	673	952	458	494
万山区	552	269	283	650	333	317	545	277	268
江口县	801	419	382	904	440	464	693	354	339
玉屏侗族自治县	530	254	276	698	305	393	516	236	280
石阡县	1209	607	602	1759	866	893	1269	608	661
思南县	1566	771	795	2708	1337	1371	2140	1028	1112
印江土家族苗族自治县	1020	507	513	1705	865	840	1293	617	676
德江县	1250	616	634	1784	865	919	1308	623	685
沿河土家族自治县	1391	719	672	1953	969	984	1557	771	786
松桃苗族自治县	1989	994	995	2557	1315	1242	1901	985	916
黔西南布依族苗族自治州	**12647**	**6247**	**6400**	**11122**	**5304**	**5818**	**8015**	**3753**	**4262**
兴义市	3763	1858	1905	3132	1490	1642	2134	1011	1123
兴仁市	1706	833	873	1649	811	838	1133	554	579
普安县	1113	543	570	1012	501	511	681	334	347
晴隆县	1072	536	536	982	473	509	650	295	355
贞丰县	1382	683	699	1259	606	653	898	430	468
望谟县	1041	527	514	923	408	515	730	299	431
册亨县	891	417	474	691	309	382	519	217	302
安龙县	1679	850	829	1474	706	768	1270	613	657
黔东南苗族侗族自治州	**14673**	**7236**	**7437**	**17325**	**8459**	**8866**	**13086**	**6307**	**6779**
凯里市	2161	1059	1102	2496	1165	1331	1903	862	1041
黄平县	941	484	457	1451	708	743	1100	508	592
施秉县	524	262	262	676	326	350	523	268	255
三穗县	724	359	365	858	420	438	641	308	333
镇远县	917	457	460	1018	488	530	757	375	382
岑巩县	726	340	386	931	463	468	615	317	298
天柱县	1376	682	694	1475	713	762	1190	594	596
锦屏县	819	418	401	856	435	421	615	297	318
剑河县	606	292	314	840	397	443	622	314	308
台江县	439	203	236	564	269	295	406	200	206
黎平县	1849	914	935	1916	971	945	1455	706	749
榕江县	1090	550	540	1069	538	531	775	368	407
从江县	968	465	503	1139	574	565	961	456	505
雷山县	440	207	233	564	282	282	485	255	230
麻江县	509	259	250	774	368	406	537	252	285
丹寨县	584	285	299	698	342	356	501	227	274
黔南布依族苗族自治州	**14447**	**7123**	**7324**	**15537**	**7522**	**8015**	**11424**	**5243**	**6181**
都匀市	2384	1171	1213	2280	1054	1226	1671	764	907
福泉市	1168	608	560	1356	696	660	866	418	448
荔波县	524	255	269	709	335	374	497	233	264
贵定县	1147	581	566	1131	552	579	876	401	475
瓮安县	1608	806	802	1945	955	990	1378	655	723
独山县	1205	592	613	1411	706	705	980	438	542
平塘县	990	473	517	1191	578	613	925	428	497
罗甸县	981	469	512	1194	545	649	1017	450	567
长顺县	961	466	495	819	408	411	651	285	366
龙里县	868	450	418	823	416	407	625	327	298
惠水县	1617	765	852	1614	774	840	1136	502	634
三都水族自治县	994	487	507	1064	503	561	802	342	460

1-3 续表 12

单位：人

地　　区	75-79岁			80-84岁			85-89岁		
	小计	男	女	小计	男	女	小计	男	女
贵　州	**78926**	**36482**	**42444**	**49179**	**21701**	**27478**	**20231**	**8319**	**11912**
贵阳市	**9731**	**4552**	**5179**	**6491**	**2881**	**3610**	**2951**	**1295**	**1656**
南明区	1867	864	1003	1320	538	782	653	279	374
云岩区	1742	840	902	1287	549	738	620	264	356
花溪区	1447	661	786	976	438	538	385	173	212
乌当区	558	258	300	369	167	202	149	68	81
白云区	592	275	317	382	173	209	190	81	109
观山湖区	707	307	400	437	235	202	190	84	106
开阳县	824	390	434	489	224	265	219	92	127
息烽县	533	263	270	326	153	173	155	82	73
修文县	554	266	288	314	153	161	150	61	89
清镇市	907	428	479	591	251	340	240	111	129
六盘水市	**5407**	**2558**	**2849**	**3774**	**1734**	**2040**	**1376**	**582**	**794**
钟山区	943	450	493	525	250	275	172	71	101
六枝特区	1150	518	632	805	326	479	309	125	184
水城县	1417	695	722	912	415	497	319	121	198
盘州市	1897	895	1002	1532	743	789	576	265	311
遵义市	**15874**	**7502**	**8372**	**8584**	**3998**	**4586**	**3650**	**1537**	**2113**
红花岗区	1661	783	878	949	442	507	431	168	263
汇川区	1270	619	651	805	391	414	344	160	184
播州区	1723	774	949	881	409	472	373	161	212
桐梓县	1383	633	750	743	327	416	339	142	197
绥阳县	924	465	459	504	233	271	181	80	101
正安县	1159	535	624	603	293	310	234	97	137
道真仡佬族苗族自治县	815	384	431	416	213	203	135	63	72
务川仡佬族苗族自治县	952	439	513	468	242	226	185	91	94
凤冈县	857	395	462	456	207	249	173	66	107
湄潭县	1036	516	520	580	247	333	259	110	149
余庆县	661	320	341	397	163	234	185	78	107
习水县	1445	675	770	722	316	406	328	132	196
赤水市	817	388	429	422	216	206	190	81	109
仁怀市	1171	576	595	638	299	339	293	108	185
安顺市	**5224**	**2367**	**2857**	**3221**	**1384**	**1837**	**1309**	**514**	**795**
西秀区	1886	897	989	1164	520	644	478	193	285
平坝区	746	354	392	428	181	247	203	90	113
普定县	729	336	393	510	245	265	190	72	118
镇宁布依族苗族自治县	667	283	384	411	166	245	141	58	83
关岭布依族苗族自治县	572	259	313	324	137	187	141	56	85
紫云苗族布依族自治县	624	238	386	384	135	249	156	45	111
毕节市	**11972**	**5655**	**6317**	**8400**	**3778**	**4622**	**2979**	**1254**	**1725**
七星关区	2284	1102	1182	1728	780	948	606	247	359
大方县	1499	738	761	1111	502	609	421	175	246
黔西县	1412	644	768	946	428	518	384	166	218
金沙县	1187	563	624	736	355	381	308	149	159
织金县	1456	676	780	1060	454	606	343	134	209
纳雍县	1254	557	697	842	384	458	318	134	184
威宁彝族回族苗族自治县	1733	833	900	1225	576	649	388	169	219
赫章县	1147	542	605	752	299	453	211	80	131

1-3　续表 13　　单位：人

地　区	75-79岁			80-84岁			85-89岁		
	小计	男	女	小计	男	女	小计	男	女
铜仁市	**8228**	**3918**	**4310**	**4318**	**1965**	**2353**	**1956**	**842**	**1114**
碧江区	520	241	279	327	144	183	179	91	88
万山区	354	175	179	250	112	138	99	50	49
江口县	470	205	265	235	111	124	119	49	70
玉屏侗族自治县	305	162	143	199	97	102	97	32	65
石阡县	882	409	473	433	181	252	188	81	107
思南县	1460	711	749	670	307	363	299	137	162
印江土家族苗族自治县	902	435	467	453	204	249	193	81	112
德江县	960	433	527	443	211	232	195	78	117
沿河土家族自治县	1191	551	640	621	278	343	248	97	151
松桃苗族自治县	1184	596	588	687	320	367	339	146	193
黔西南布依族苗族自治州	**5714**	**2408**	**3306**	**3666**	**1455**	**2211**	**1435**	**540**	**895**
兴义市	1542	672	870	1045	415	630	430	173	257
兴仁市	803	329	474	539	245	294	189	62	127
普安县	437	212	225	303	130	173	100	37	63
晴隆县	472	218	254	298	114	184	89	35	54
贞丰县	623	260	363	462	191	271	202	88	114
望谟县	594	227	367	321	109	212	104	41	63
册亨县	445	164	281	233	85	148	105	39	66
安龙县	798	326	472	465	166	299	216	65	151
黔东南苗族侗族自治州	**8798**	**4060**	**4738**	**5888**	**2580**	**3308**	**2467**	**960**	**1507**
凯里市	1227	552	675	836	374	462	361	157	204
黄平县	731	356	375	490	215	275	214	89	125
施秉县	306	138	168	241	107	134	94	30	64
三穗县	355	174	181	265	118	147	127	49	78
镇远县	533	239	294	352	141	211	133	51	82
岑巩县	478	258	220	270	125	145	117	48	69
天柱县	734	339	395	517	248	269	205	80	125
锦屏县	389	170	219	275	103	172	100	33	67
剑河县	436	192	244	270	120	150	118	32	86
台江县	272	127	145	203	83	120	75	38	37
黎平县	1002	428	574	702	309	393	271	110	161
榕江县	631	310	321	381	174	207	151	66	85
从江县	670	310	360	464	191	273	247	89	158
雷山县	285	139	146	169	74	95	65	25	40
麻江县	398	168	230	214	90	124	92	28	64
丹寨县	351	160	191	239	108	131	97	35	62
黔南布依族苗族自治州	**7978**	**3462**	**4516**	**4837**	**1926**	**2911**	**2108**	**795**	**1313**
都匀市	1193	500	693	782	304	478	322	113	209
福泉市	566	254	312	346	149	197	165	66	99
荔波县	340	151	189	257	104	153	120	47	73
贵定县	563	237	326	340	126	214	122	56	66
瓮安县	815	392	423	467	220	247	217	93	124
独山县	734	323	411	462	195	267	223	83	140
平塘县	697	286	411	406	155	251	206	74	132
罗甸县	755	318	437	416	155	261	149	37	112
长顺县	509	221	288	272	110	162	117	47	70
龙里县	396	171	225	240	112	128	102	49	53
惠水县	851	351	500	488	176	312	205	74	131
三都水族自治县	559	258	301	361	120	241	160	56	104

1-3 续表 14

单位：人

地 区	90-94岁			95-99岁			100岁及以上		
	小计	男	女	小计	男	女	小计	男	女
贵 州	**5491**	**2104**	**3387**	**857**	**274**	**583**	**136**	**39**	**97**
贵阳市	**804**	**343**	**461**	**111**	**38**	**73**	**17**	**8**	**9**
南明区	193	82	111	23	6	17	2	1	1
云岩区	190	77	113	41	14	27	5	3	2
花溪区	106	53	53	14	3	11	4	3	1
乌当区	41	20	21	3	2	1			
白云区	44	20	24	4	2	2			
观山湖区	54	22	32	8	4	4	2		2
开阳县	55	13	42	5	2	3	2	1	1
息烽县	26	10	16	3	1	2			
修文县	38	20	18	5	3	2	1		1
清镇市	57	26	31	5	1	4	1		1
六盘水市	**375**	**153**	**222**	**66**	**21**	**45**	**17**	**5**	**12**
钟山区	38	17	21	6	4	2	1		1
六枝特区	78	32	46	8	4	4	6	2	4
水城县	117	43	74	27	9	18	7	1	6
盘州市	142	61	81	25	4	21	3	2	1
遵义市	**926**	**359**	**567**	**124**	**44**	**80**	**17**	**6**	**11**
红花岗区	109	36	73	8	2	6	1	1	
汇川区	95	37	58	16	6	10	1	1	
播州区	92	39	53	9	2	7	3		3
桐梓县	92	33	59	10	5	5	2		2
绥阳县	56	22	34	4	1	3	1		1
正安县	45	20	25	10	4	6	3	1	2
道真仡佬族苗族自治县	30	15	15	5	1	4			
务川仡佬族苗族自治县	38	11	27	5	2	3	1	1	
凤冈县	32	12	20	5	2	3			
湄潭县	54	25	29	10	6	4			
余庆县	36	13	23	6	1	5			
习水县	111	44	67	12	4	8	1	1	
赤水市	55	13	42	6	1	5	2		2
仁怀市	81	39	42	18	7	11	2	1	1
安顺市	**372**	**144**	**228**	**71**	**21**	**50**	**7**	**2**	**5**
西秀区	122	53	69	22	7	15	1	1	
平坝区	61	29	32	6	3	3			
普定县	66	22	44	7	3	4	2		2
镇宁布依族苗族自治县	42	13	29	15	3	12	2	1	1
关岭布依族苗族自治县	42	16	26	8	2	6	2		2
紫云苗族布依族自治县	39	11	28	13	3	10			
毕节市	**840**	**323**	**517**	**129**	**37**	**92**	**16**	**7**	**9**
七星关区	179	70	109	31	8	23	4	1	3
大方县	121	46	75	17	6	11	5	3	2
黔西县	106	35	71	22	7	15	3	2	1
金沙县	86	38	48	6	3	3			
织金县	89	35	54	15	2	13			
纳雍县	91	29	62	10	3	7	1		1
威宁彝族回族苗族自治县	91	41	50	16	5	11			
赫章县	77	29	48	12	3	9	3	1	2

1-3 续表 15 单位：人

地区	90—94岁			95—99岁			100岁及以上		
	小计	男	女	小计	男	女	小计	男	女
铜仁市	**551**	**238**	**313**	**78**	**23**	**55**	**9**	**1**	**8**
碧江区	66	41	25	9	2	7			
万山区	37	17	20	1	1				
江口县	28	9	19	4	1	3			
玉屏侗族自治县	25	12	13						
石阡县	36	16	20	2	1	1	2		2
思南县	69	30	39	9	3	6			
印江土家族苗族自治县	44	13	31	8	2	6	1		1
德江县	50	20	30	9	4	5			
沿河土家族自治县	73	26	47	18	6	12	3		3
松桃苗族自治县	123	54	69	18	3	15	3	1	2
黔西南布依族苗族自治州	**480**	**155**	**325**	**86**	**26**	**60**	**14**	**3**	**11**
兴义市	144	51	93	25	7	18	5	1	4
兴仁市	66	22	44	11	6	5	1		1
普安县	32	11	21	2	2		2		2
晴隆县	30	8	22	6	1	5	2	1	1
贞丰县	54	22	32	14	3	11	1	1	
望谟县	43	8	35	7	4	3			
册亨县	29	11	18	7	1	6	2		2
安龙县	82	22	60	14	2	12	1		1
黔东南苗族侗族自治州	**585**	**222**	**363**	**88**	**33**	**55**	**20**	**3**	**17**
凯里市	102	43	59	12	5	7	3		3
黄平县	30	7	23	9	2	7	2		2
施秉县	23	10	13	4	2	2	1		1
三穗县	20	8	12	1		1			
镇远县	34	16	18	3	2	1	3	1	2
岑巩县	33	13	20	7	4	3	2	1	1
天柱县	57	17	40	10	4	6			
锦屏县	25	12	13	3	1	2			
剑河县	21	8	13	1	1				
台江县	12	5	7						
黎平县	54	17	37	11	3	8	4	1	3
榕江县	38	9	29	3	1	2			
从江县	70	33	37	17	5	12	3		3
雷山县	17	4	13	2	2				
麻江县	24	12	12	1		1	2		2
丹寨县	25	8	17	4	1	3			
黔南布依族苗族自治州	**558**	**167**	**391**	**104**	**31**	**73**	**19**	**4**	**15**
都匀市	87	34	53	12	4	8	3	1	2
福泉市	48	10	38	5	2	3	1	1	
荔波县	34	10	24	4	2	2	2		2
贵定县	41	11	30	5		5	3	1	2
瓮安县	56	18	38	9	5	4	2	1	1
独山县	46	14	32	14	5	9			
平塘县	39	12	27	8	4	4	1		1
罗甸县	34	14	20	19	3	16	4		4
长顺县	45	12	33	10	2	8			
龙里县	25	10	15	4		4			
惠水县	58	9	49	8	3	5	2		2
三都水族自治县	45	13	32	6	1	5	1		1

1-3a 各地区分年龄、性别的人口(城市)

单位：人

地区	合计			0岁		
	合计	男	女	小计	男	女
贵州	**953728**	**477931**	**475797**	**9794**	**5164**	**4630**
贵阳市	**392585**	**198350**	**194235**	**3802**	**1969**	**1833**
南明区	94253	47140	47113	810	433	377
云岩区	104303	52546	51757	1027	499	528
花溪区	60918	31171	29747	582	320	262
乌当区	19354	9457	9897	175	87	88
白云区	40203	20528	19675	431	234	197
观山湖区	48340	24696	23644	541	281	260
开阳县						
息烽县						
修文县						
清镇市	25214	12812	12402	236	115	121
六盘水市	**93598**	**47155**	**46443**	**1150**	**626**	**524**
钟山区	52625	26484	26141	597	320	277
六枝特区	14888	7325	7563	176	93	83
水城县						
盘州市	26085	13346	12739	377	213	164
遵义市	**177036**	**87937**	**89099**	**1749**	**918**	**831**
红花岗区	68056	33521	34535	585	308	277
汇川区	41102	20340	20762	387	186	201
播州区	28822	14370	14452	322	174	148
桐梓县						
绥阳县						
正安县						
道真仡佬族苗族自治县						
务川仡佬族苗族自治县						
凤冈县						
湄潭县						
余庆县						
习水县						
赤水市	10224	4980	5244	104	49	55
仁怀市	28832	14726	14106	351	201	150
安顺市	**51305**	**25248**	**26057**	**486**	**241**	**245**
西秀区	44497	21849	22648	413	207	206
平坝区	6808	3399	3409	73	34	39
普定县						
镇宁布依族苗族自治县						
关岭布依族苗族自治县						
紫云苗族布依族自治县						
毕节市	**55639**	**28246**	**27393**	**707**	**393**	**314**
七星关区	55639	28246	27393	707	393	314
大方县						
黔西县						
金沙县						
织金县						
纳雍县						
威宁彝族回族苗族自治县						
赫章县						

1-3a 续表 1

单位：人

地 区	合 计			0岁		
	合计	男	女	小计	男	女
铜仁市	**34237**	**16765**	**17472**	**296**	**163**	**133**
碧江区	27797	13532	14265	231	123	108
万山区	6440	3233	3207	65	40	25
江口县						
玉屏侗族自治县						
石阡县						
思南县						
印江土家族苗族自治县						
德江县						
沿河土家族自治县						
松桃苗族自治县						
黔西南布依族苗族自治州	**67358**	**33651**	**33707**	**772**	**420**	**352**
兴义市	55226	27464	27762	606	320	286
兴仁市	12132	6187	5945	166	100	66
普安县						
晴隆县						
贞丰县						
望谟县						
册亨县						
安龙县						
黔东南苗族侗族自治州	**43840**	**21951**	**21889**	**494**	**256**	**238**
凯里市	43840	21951	21889	494	256	238
黄平县						
施秉县						
三穗县						
镇远县						
岑巩县						
天柱县						
锦屏县						
剑河县						
台江县						
黎平县						
榕江县						
从江县						
雷山县						
麻江县						
丹寨县						
黔南布依族苗族自治州	**38130**	**18628**	**19502**	**338**	**178**	**160**
都匀市	28405	13840	14565	214	123	91
福泉市	9725	4788	4937	124	55	69
荔波县						
贵定县						
瓮安县						
独山县						
平塘县						
罗甸县						
长顺县						
龙里县						
惠水县						
三都水族自治县						

1-3a 续表 2

单位：人

地区	1-4岁			5-9岁			10-14岁		
	小计	男	女	小计	男	女	小计	男	女
贵　州	**58287**	**31054**	**27233**	**66668**	**35851**	**30817**	**55596**	**29732**	**25864**
贵阳市	**21392**	**11361**	**10031**	**23744**	**12679**	**11065**	**18562**	**9874**	**8688**
南明区	4471	2375	2096	5158	2765	2393	4261	2248	2013
云岩区	5438	2909	2529	6170	3313	2857	4712	2502	2210
花溪区	3260	1747	1513	3437	1786	1651	2793	1514	1279
乌当区	1188	618	570	1273	696	577	995	531	464
白云区	2354	1233	1121	2684	1429	1255	2035	1072	963
观山湖区	3207	1698	1509	3371	1819	1552	2436	1324	1112
开阳县									
息烽县									
修文县									
清镇市	1474	781	693	1651	871	780	1330	683	647
六盘水市	**7213**	**3855**	**3358**	**7962**	**4352**	**3610**	**6735**	**3661**	**3074**
钟山区	3742	2013	1729	4558	2527	2031	3997	2170	1827
六枝特区	1032	518	514	1214	654	560	1299	702	597
水城县									
盘州市	2439	1324	1115	2190	1171	1019	1439	789	650
遵义市	**11309**	**5922**	**5387**	**12720**	**6788**	**5932**	**10740**	**5702**	**5038**
红花岗区	3957	2073	1884	4416	2368	2048	3956	2068	1888
汇川区	2396	1269	1127	2828	1513	1315	2421	1297	1124
播州区	2139	1117	1022	2310	1263	1047	1953	1026	927
桐梓县									
绥阳县									
正安县									
道真仡佬族苗族自治县									
务川仡佬族苗族自治县									
凤冈县									
湄潭县									
余庆县									
习水县									
赤水市	563	279	284	697	374	323	647	328	319
仁怀市	2254	1184	1070	2469	1270	1199	1763	983	780
安顺市	**2945**	**1592**	**1353**	**3506**	**1852**	**1654**	**3118**	**1640**	**1478**
西秀区	2471	1336	1135	2887	1521	1366	2681	1408	1273
平坝区	474	256	218	619	331	288	437	232	205
普定县									
镇宁布依族苗族自治县									
关岭布依族苗族自治县									
紫云苗族布依族自治县									
毕节市	**4135**	**2226**	**1909**	**5084**	**2745**	**2339**	**4665**	**2531**	**2134**
七星关区	4135	2226	1909	5084	2745	2339	4665	2531	2134
大方县									
黔西县									
金沙县									
织金县									
纳雍县									
威宁彝族回族苗族自治县									
赫章县									

1-3a　续表 3　　　　单位：人

地　　区	1-4岁			5-9岁			10-14岁		
	小计	男	女	小计	男	女	小计	男	女
铜仁市	**2032**	**1107**	**925**	**2619**	**1428**	**1191**	**2460**	**1311**	**1149**
碧江区	1683	926	757	2092	1151	941	1990	1074	916
万山区	349	181	168	527	277	250	470	237	233
江口县									
玉屏侗族自治县									
石阡县									
思南县									
印江土家族苗族自治县									
德江县									
沿河土家族自治县									
松桃苗族自治县									
黔西南布依族苗族自治州	**4482**	**2448**	**2034**	**5351**	**2937**	**2414**	**4628**	**2473**	**2155**
兴义市	3613	1972	1641	4342	2364	1978	3627	1919	1708
兴仁市	869	476	393	1009	573	436	1001	554	447
普安县									
晴隆县									
贞丰县									
望谟县									
册亨县									
安龙县									
黔东南苗族侗族自治州	**2790**	**1468**	**1322**	**3323**	**1803**	**1520**	**2769**	**1503**	**1266**
凯里市	2790	1468	1322	3323	1803	1520	2769	1503	1266
黄平县									
施秉县									
三穗县									
镇远县									
岑巩县									
天柱县									
锦屏县									
剑河县									
台江县									
黎平县									
榕江县									
从江县									
雷山县									
麻江县									
丹寨县									
黔南布依族苗族自治州	**1989**	**1075**	**914**	**2359**	**1267**	**1092**	**1919**	**1037**	**882**
都匀市	1390	745	645	1598	873	725	1273	707	566
福泉市	599	330	269	761	394	367	646	330	316
荔波县									
贵定县									
瓮安县									
独山县									
平塘县									
罗甸县									
长顺县									
龙里县									
惠水县									
三都水族自治县									

1–3a 续表 4 单位：人

地区	15–19岁			20–24岁			25–29岁		
	小计	男	女	小计	男	女	小计	男	女
贵州	**66011**	**34247**	**31764**	**76440**	**35706**	**40734**	**76279**	**36782**	**39497**
贵阳市	**23451**	**12476**	**10975**	**35555**	**17279**	**18276**	**34238**	**16946**	**17292**
南明区	3995	2126	1869	7852	3739	4113	8302	4120	4182
云岩区	4974	2699	2275	8773	4367	4406	9947	4869	5078
花溪区	4484	2485	1999	6357	3123	3234	5068	2596	2472
乌当区	1017	492	525	1586	651	935	1478	690	788
白云区	3488	1846	1642	4196	1853	2343	3276	1664	1612
观山湖区	2664	1427	1237	3553	1824	1729	4471	2224	2247
开阳县									
息烽县									
修文县									
清镇市	2829	1401	1428	3238	1722	1516	1696	783	913
六盘水市	**6081**	**3277**	**2804**	**5994**	**2771**	**3223**	**6119**	**2838**	**3281**
钟山区	2714	1492	1222	3932	1772	2160	3606	1690	1916
六枝特区	1399	738	661	624	291	333	788	359	429
水城县									
盘州市	1968	1047	921	1438	708	730	1725	789	936
遵义市	**11121**	**5778**	**5343**	**12779**	**5934**	**6845**	**14857**	**7067**	**7790**
红花岗区	4212	2090	2122	5893	2579	3314	5433	2603	2830
汇川区	2274	1207	1067	2493	1157	1336	3369	1602	1767
播州区	2259	1191	1068	1712	816	896	2376	1096	1280
桐梓县									
绥阳县									
正安县									
道真仡佬族苗族自治县									
务川仡佬族苗族自治县									
凤冈县									
湄潭县									
余庆县									
习水县									
赤水市	552	293	259	431	207	224	711	326	385
仁怀市	1824	997	827	2250	1175	1075	2968	1440	1528
安顺市	**3861**	**1934**	**1927**	**3650**	**1625**	**2025**	**3686**	**1760**	**1926**
西秀区	3565	1783	1782	3312	1472	1840	3124	1490	1634
平坝区	296	151	145	338	153	185	562	270	292
普定县									
镇宁布依族苗族自治县									
关岭布依族苗族自治县									
紫云苗族布依族自治县									
毕节市	**5015**	**2544**	**2471**	**4584**	**2165**	**2419**	**3579**	**1737**	**1842**
七星关区	5015	2544	2471	4584	2165	2419	3579	1737	1842
大方县									
黔西县									
金沙县									
织金县									
纳雍县									
威宁彝族回族苗族自治县									
赫章县									

1-3a　续表 5　　　　单位：人

地　区	15-19岁			20-24岁			25-29岁		
	小计	男	女	小计	男	女	小计	男	女
铜仁市	**3763**	**1844**	**1919**	**3064**	**1315**	**1749**	**2460**	**1130**	**1330**
碧江区	2797	1354	1443	2578	1082	1496	1955	888	1067
万山区	966	490	476	486	233	253	505	242	263
江口县									
玉屏侗族自治县									
石阡县									
思南县									
印江土家族苗族自治县									
德江县									
沿河土家族自治县									
松桃苗族自治县									
黔西南布依族苗族自治州	**6545**	**3255**	**3290**	**4999**	**2087**	**2912**	**5349**	**2502**	**2847**
兴义市	5368	2675	2693	4279	1742	2537	4480	2099	2381
兴仁市	1177	580	597	720	345	375	869	403	466
普安县									
晴隆县									
贞丰县									
望谟县									
册亨县									
安龙县									
黔东南苗族侗族自治州	**3105**	**1685**	**1420**	**2526**	**1179**	**1347**	**3350**	**1554**	**1796**
凯里市	3105	1685	1420	2526	1179	1347	3350	1554	1796
黄平县									
施秉县									
三穗县									
镇远县									
岑巩县									
天柱县									
锦屏县									
剑河县									
台江县									
黎平县									
榕江县									
从江县									
雷山县									
麻江县									
丹寨县									
黔南布依族苗族自治州	**3069**	**1454**	**1615**	**3289**	**1351**	**1938**	**2641**	**1248**	**1393**
都匀市	2213	1053	1160	2560	1033	1527	1849	877	972
福泉市	856	401	455	729	318	411	792	371	421
荔波县									
贵定县									
瓮安县									
独山县									
平塘县									
罗甸县									
长顺县									
龙里县									
惠水县									
三都水族自治县									

1-3a 续表 6

单位：人

地区	30-34岁			35-39岁			40-44岁		
	小计	男	女	小计	男	女	小计	男	女
贵 州	**91955**	**45286**	**46669**	**70962**	**35875**	**35087**	**67434**	**34470**	**32964**
贵阳市	**39723**	**20023**	**19700**	**30014**	**15411**	**14603**	**27635**	**14302**	**13333**
南明区	9419	4668	4751	7199	3716	3483	6573	3387	3186
云岩区	10986	5589	5397	7846	4040	3806	7201	3691	3510
花溪区	5749	2920	2829	4271	2191	2080	4324	2283	2041
乌当区	2094	998	1096	1616	814	802	1439	707	732
白云区	3798	1973	1825	2933	1562	1371	2781	1451	1330
观山湖区	5492	2786	2706	4420	2216	2204	3562	1882	1680
开阳县									
息烽县									
修文县									
清镇市	2185	1089	1096	1729	872	857	1755	901	854
六盘水市	**8638**	**4121**	**4517**	**6974**	**3464**	**3510**	**7373**	**3756**	**3617**
钟山区	4867	2328	2539	3852	1919	1933	4062	2040	2022
六枝特区	1147	538	609	912	425	487	1109	545	564
水城县									
盘州市	2624	1255	1369	2210	1120	1090	2202	1171	1031
遵义市	**16942**	**8260**	**8682**	**12580**	**6276**	**6304**	**12828**	**6391**	**6437**
红花岗区	6288	3084	3204	4778	2377	2401	4874	2422	2452
汇川区	3822	1839	1983	2824	1384	1440	3057	1474	1583
播州区	2949	1409	1540	2169	1057	1112	2173	1108	1065
桐梓县									
绥阳县									
正安县									
道真仡佬族苗族自治县									
务川仡佬族苗族自治县									
凤冈县									
湄潭县									
余庆县									
习水县									
赤水市	844	419	425	612	300	312	673	346	327
仁怀市	3039	1509	1530	2197	1158	1039	2051	1041	1010
安顺市	**4329**	**2074**	**2255**	**3446**	**1727**	**1719**	**3581**	**1831**	**1750**
西秀区	3679	1747	1932	2984	1492	1492	3085	1576	1509
平坝区	650	327	323	462	235	227	496	255	241
普定县									
镇宁布依族苗族自治县									
关岭布依族苗族自治县									
紫云苗族布依族自治县									
毕节市	**4861**	**2350**	**2511**	**3767**	**1951**	**1816**	**3514**	**1793**	**1721**
七星关区	4861	2350	2511	3767	1951	1816	3514	1793	1721
大方县									
黔西县									
金沙县									
织金县									
纳雍县									
威宁彝族回族苗族自治县									
赫章县									

1-3a　续表 7　　　　单位：人

地　　区	30-34岁			35-39岁			40-44岁		
	小计	男	女	小计	男	女	小计	男	女
铜仁市	**3035**	**1439**	**1596**	**2501**	**1249**	**1252**	**2074**	**1017**	**1057**
碧江区	2490	1172	1318	2131	1059	1072	1735	855	880
万山区	545	267	278	370	190	180	339	162	177
江口县									
玉屏侗族自治县									
石阡县									
思南县									
印江土家族苗族自治县									
德江县									
沿河土家族自治县									
松桃苗族自治县									
黔西南布依族苗族自治州	**6869**	**3348**	**3521**	**5410**	**2710**	**2700**	**4492**	**2346**	**2146**
兴义市	5666	2768	2898	4475	2229	2246	3709	1938	1771
兴仁市	1203	580	623	935	481	454	783	408	375
普安县									
晴隆县									
贞丰县									
望谟县									
册亨县									
安龙县									
黔东南苗族侗族自治州	**4297**	**2073**	**2224**	**3701**	**1847**	**1854**	**3211**	**1645**	**1566**
凯里市	4297	2073	2224	3701	1847	1854	3211	1645	1566
黄平县									
施秉县									
三穗县									
镇远县									
岑巩县									
天柱县									
锦屏县									
剑河县									
台江县									
黎平县									
榕江县									
从江县									
雷山县									
麻江县									
丹寨县									
黔南布依族苗族自治州	**3261**	**1598**	**1663**	**2569**	**1240**	**1329**	**2726**	**1389**	**1337**
都匀市	2453	1200	1253	1899	926	973	1934	989	945
福泉市	808	398	410	670	314	356	792	400	392
荔波县									
贵定县									
瓮安县									
独山县									
平塘县									
罗甸县									
长顺县									
龙里县									
惠水县									
三都水族自治县									

1-3a 续表 8

单位：人

地区	45-49岁			50-54岁			55-59岁		
	小计	男	女	小计	男	女	小计	男	女
贵州	**78107**	**40149**	**37958**	**67850**	**34002**	**33848**	**53532**	**26239**	**27293**
贵阳市	**31740**	**16565**	**15175**	**27775**	**13990**	**13785**	**23045**	**11296**	**11749**
南明区	7977	4129	3848	7115	3516	3599	6384	3113	3271
云岩区	8137	4224	3913	7275	3575	3700	6607	3163	3444
花溪区	5072	2643	2429	4307	2233	2074	3250	1641	1609
乌当区	1570	813	757	1303	632	671	1085	527	558
白云区	3292	1750	1542	2913	1514	1399	2073	1096	977
观山湖区	3732	1987	1745	3221	1615	1606	2558	1210	1348
开阳县									
息烽县									
修文县									
清镇市	1960	1019	941	1641	905	736	1088	546	542
六盘水市	**8354**	**4275**	**4079**	**6684**	**3363**	**3321**	**4737**	**2369**	**2368**
钟山区	4908	2475	2433	3931	1986	1945	2603	1318	1285
六枝特区	1231	624	607	1117	541	576	895	448	447
水城县									
盘州市	2215	1176	1039	1636	836	800	1239	603	636
遵义市	**15775**	**7909**	**7866**	**13545**	**6683**	**6862**	**9988**	**4860**	**5128**
红花岗区	6052	3068	2984	5211	2530	2681	4153	2047	2106
汇川区	3904	1952	1952	3438	1703	1735	2553	1247	1306
播州区	2445	1220	1225	2049	1025	1024	1353	660	693
桐梓县									
绥阳县									
正安县									
道真仡佬族苗族自治县									
务川仡佬族苗族自治县									
凤冈县									
湄潭县									
余庆县									
习水县									
赤水市	1014	471	543	939	453	486	736	334	402
仁怀市	2360	1198	1162	1908	972	936	1193	572	621
安顺市	**4410**	**2209**	**2201**	**3800**	**1909**	**1891**	**3144**	**1514**	**1630**
西秀区	3839	1920	1919	3267	1640	1627	2729	1323	1406
平坝区	571	289	282	533	269	264	415	191	224
普定县									
镇宁布依族苗族自治县									
关岭布依族苗族自治县									
紫云苗族布依族自治县									
毕节市	**3872**	**2033**	**1839**	**3453**	**1779**	**1674**	**2623**	**1264**	**1359**
七星关区	3872	2033	1839	3453	1779	1674	2623	1264	1359
大方县									
黔西县									
金沙县									
织金县									
纳雍县									
威宁彝族回族苗族自治县									
赫章县									

1-3a　续表 9　　　　单位：人

地　　区	45-49岁			50-54岁			55-59岁		
	小计	男	女	小计	男	女	小计	男	女
铜仁市	**2478**	**1212**	**1266**	**2218**	**1095**	**1123**	**1866**	**905**	**961**
碧江区	2016	972	1044	1785	871	914	1509	717	792
万山区	462	240	222	433	224	209	357	188	169
江口县									
玉屏侗族自治县									
石阡县									
思南县									
印江土家族苗族自治县									
德江县									
沿河土家族自治县									
松桃苗族自治县									
黔西南布依族苗族自治州	**4686**	**2439**	**2247**	**4253**	**2173**	**2080**	**3213**	**1605**	**1608**
兴义市	3885	2018	1867	3436	1752	1684	2629	1306	1323
兴仁市	801	421	380	817	421	396	584	299	285
普安县									
晴隆县									
贞丰县									
望谟县									
册亨县									
安龙县									
黔东南苗族侗族自治州	**3717**	**1916**	**1801**	**3236**	**1577**	**1659**	**2515**	**1238**	**1277**
凯里市	3717	1916	1801	3236	1577	1659	2515	1238	1277
黄平县									
施秉县									
三穗县									
镇远县									
岑巩县									
天柱县									
锦屏县									
剑河县									
台江县									
黎平县									
榕江县									
从江县									
雷山县									
麻江县									
丹寨县									
黔南布依族苗族自治州	**3075**	**1591**	**1484**	**2886**	**1433**	**1453**	**2401**	**1188**	**1213**
都匀市	2288	1185	1103	2197	1084	1113	1970	967	1003
福泉市	787	406	381	689	349	340	431	221	210
荔波县									
贵定县									
瓮安县									
独山县									
平塘县									
罗甸县									
长顺县									
龙里县									
惠水县									
三都水族自治县									

1-3a 续表 10

单位：人

地区	60-64岁			65-69岁			70-74岁		
	小计	男	女	小计	男	女	小计	男	女
贵 州	**34094**	**16519**	**17575**	**29870**	**13594**	**16276**	**21681**	**10195**	**11486**
贵阳市	**15912**	**7625**	**8287**	**13197**	**6023**	**7174**	**9498**	**4542**	**4956**
南明区	4605	2221	2384	3584	1607	1977	2622	1260	1362
云岩区	4757	2265	2492	3889	1836	2053	2679	1258	1421
花溪区	2208	1063	1145	1979	846	1133	1605	769	836
乌当区	723	332	391	714	331	383	505	264	241
白云区	1112	555	557	996	441	555	734	353	381
观山湖区	1753	820	933	1438	677	761	886	427	459
开阳县									
息烽县									
修文县									
清镇市	754	369	385	597	285	312	467	211	256
六盘水市	**2841**	**1400**	**1441**	**2386**	**1052**	**1334**	**1959**	**869**	**1090**
钟山区	1498	748	750	1280	542	738	1151	502	649
六枝特区	514	238	276	430	183	247	394	169	225
水城县									
盘州市	829	414	415	676	327	349	414	198	216
遵义市	**5492**	**2717**	**2775**	**5654**	**2579**	**3075**	**4026**	**1892**	**2134**
红花岗区	2320	1143	1177	2270	1059	1211	1683	790	893
汇川区	1378	679	699	1421	620	801	1116	532	584
播州区	689	339	350	793	354	439	531	256	275
桐梓县									
绥阳县									
正安县									
道真仡佬族苗族自治县									
务川仡佬族苗族自治县									
凤冈县									
湄潭县									
余庆县									
习水县									
赤水市	460	231	229	501	234	267	298	140	158
仁怀市	645	325	320	669	312	357	398	174	224
安顺市	**2148**	**1023**	**1125**	**1767**	**774**	**993**	**1463**	**678**	**785**
西秀区	1879	887	992	1533	674	859	1301	603	698
平坝区	269	136	133	234	100	134	162	75	87
普定县									
镇宁布依族苗族自治县									
关岭布依族苗族自治县									
紫云苗族布依族自治县									
毕节市	**1641**	**824**	**817**	**1566**	**748**	**818**	**1015**	**477**	**538**
七星关区	1641	824	817	1566	748	818	1015	477	538
大方县									
黔西县									
金沙县									
织金县									
纳雍县									
威宁彝族回族苗族自治县									
赫章县									

1-3a　续表 11　　单位：人

地　区	60—64岁			65—69岁			70—74岁		
	小计	男	女	小计	男	女	小计	男	女
铜仁市	**954**	**446**	**508**	**964**	**464**	**500**	**650**	**304**	**346**
碧江区	829	383	446	802	384	418	539	250	289
万山区	125	63	62	162	80	82	111	54	57
江口县									
玉屏侗族自治县									
石阡县									
思南县									
印江土家族苗族自治县									
德江县									
沿河土家族自治县									
松桃苗族自治县									
黔西南布依族苗族自治州	**2174**	**1053**	**1121**	**1659**	**757**	**902**	**1047**	**498**	**549**
兴义市	1782	869	913	1349	613	736	830	390	440
兴仁市	392	184	208	310	144	166	217	108	109
普安县									
晴隆县									
贞丰县									
望谟县									
册亨县									
安龙县									
黔东南苗族侗族自治州	**1320**	**646**	**674**	**1271**	**565**	**706**	**921**	**425**	**496**
凯里市	1320	646	674	1271	565	706	921	425	496
黄平县									
施秉县									
三穗县									
镇远县									
岑巩县									
天柱县									
锦屏县									
剑河县									
台江县									
黎平县									
榕江县									
从江县									
雷山县									
麻江县									
丹寨县									
黔南布依族苗族自治州	**1612**	**785**	**827**	**1406**	**632**	**774**	**1102**	**510**	**592**
都匀市	1317	635	682	1107	489	618	893	409	484
福泉市	295	150	145	299	143	156	209	101	108
荔波县									
贵定县									
瓮安县									
独山县									
平塘县									
罗甸县									
长顺县									
龙里县									
惠水县									
三都水族自治县									

1-3a 续表 12

单位：人

地区	75-79岁			80-84岁			85-89岁		
	小计	男	女	小计	男	女	小计	男	女
贵州	**14104**	**6480**	**7624**	**9550**	**4170**	**5380**	**4136**	**1802**	**2334**
贵阳市	**6261**	**2898**	**3363**	**4351**	**1901**	**2450**	**2007**	**889**	**1118**
南明区	1807	834	973	1280	522	758	626	273	353
云岩区	1742	840	902	1287	549	738	620	264	356
花溪区	1081	498	583	708	326	382	286	135	151
乌当区	296	129	167	203	94	109	77	42	35
白云区	532	243	289	356	163	193	175	75	100
观山湖区	511	217	294	324	172	152	148	65	83
开阳县									
息烽县									
修文县									
清镇市	292	137	155	193	75	118	75	35	40
六盘水市	**1276**	**599**	**677**	**790**	**361**	**429**	**262**	**111**	**151**
钟山区	745	367	378	412	199	213	133	58	75
六枝特区	304	133	171	215	87	128	74	32	42
水城县									
盘州市	227	99	128	163	75	88	55	21	34
遵义市	**2518**	**1164**	**1354**	**1547**	**725**	**822**	**662**	**285**	**377**
红花岗区	1024	475	549	602	289	313	276	118	158
汇川区	675	331	344	480	228	252	197	90	107
播州区	323	129	194	198	85	113	59	33	26
桐梓县									
绥阳县									
正安县									
道真仡佬族苗族自治县									
务川仡佬族苗族自治县									
凤冈县									
湄潭县									
余庆县									
习水县									
赤水市	233	111	122	130	60	70	62	22	40
仁怀市	263	118	145	137	63	74	68	22	46
安顺市	**958**	**437**	**521**	**649**	**275**	**374**	**278**	**116**	**162**
西秀区	858	389	469	579	246	333	241	102	139
平坝区	100	48	52	70	29	41	37	14	23
普定县									
镇宁布依族苗族自治县									
关岭布依族苗族自治县									
紫云苗族布依族自治县									
毕节市	**768**	**351**	**417**	**536**	**220**	**316**	**191**	**89**	**102**
七星关区	768	351	417	536	220	316	191	89	102
大方县									
黔西县									
金沙县									
织金县									
纳雍县									
威宁彝族回族苗族自治县									
赫章县									

1-3a 续表 13 单位：人

地 区	75-79岁			80-84岁			85-89岁		
	小计	男	女	小计	男	女	小计	男	女
铜仁市	**363**	**151**	**212**	**259**	**100**	**159**	**129**	**56**	**73**
碧江区	283	118	165	201	79	122	105	47	58
万山区	80	33	47	58	21	37	24	9	15
江口县									
玉屏侗族自治县									
石阡县									
思南县									
印江土家族苗族自治县									
德江县									
沿河土家族自治县									
松桃苗族自治县									
黔西南布依族苗族自治州	**683**	**303**	**380**	**472**	**185**	**287**	**196**	**82**	**114**
兴义市	539	248	291	380	148	232	161	68	93
兴仁市	144	55	89	92	37	55	35	14	21
普安县									
晴隆县									
贞丰县									
望谟县									
册亨县									
安龙县									
黔东南苗族侗族自治州	**587**	**253**	**334**	**439**	**190**	**249**	**196**	**94**	**102**
凯里市	587	253	334	439	190	249	196	94	102
黄平县									
施秉县									
三穗县									
镇远县									
岑巩县									
天柱县									
锦屏县									
剑河县									
台江县									
黎平县									
榕江县									
从江县									
雷山县									
麻江县									
丹寨县									
黔南布依族苗族自治州	**690**	**324**	**366**	**507**	**213**	**294**	**215**	**80**	**135**
都匀市	572	271	301	427	172	255	186	69	117
福泉市	118	53	65	80	41	39	29	11	18
荔波县									
贵定县									
瓮安县									
独山县									
平塘县									
罗甸县									
长顺县									
龙里县									
惠水县									
三都水族自治县									

1-3a 续表 14

单位：人

地区	90-94岁			95-99岁			100岁及以上		
	小计	男	女	小计	男	女	小计	男	女
贵 州	**1181**	**537**	**644**	**173**	**65**	**108**	**24**	**12**	**12**
贵阳市	**582**	**264**	**318**	**89**	**30**	**59**	**12**	**7**	**5**
南明区	188	81	107	23	6	17	2	1	1
云岩区	190	77	113	41	14	27	5	3	2
花溪区	84	46	38	10	3	7	3	3	
乌当区	16	9	7	1		1			
白云区	40	19	21	4	2	2			
观山湖区	43	21	22	7	4	3	2		2
开阳县									
息烽县									
修文县									
清镇市	21	11	10	3	1	2			
六盘水市	**62**	**31**	**31**	**6**	**4**	**2**	**2**		**2**
钟山区	32	15	17	5	3	2			
六枝特区	12	6	6	1	1		1		1
水城县									
盘州市	18	10	8				1		1
遵义市	**176**	**75**	**101**	**26**	**10**	**16**	**2**	**2**	
红花岗区	66	27	39	6	2	4	1	1	
汇川区	57	25	32	11	4	7	1	1	
播州区	17	11	6	3	1	2			
桐梓县									
绥阳县									
正安县									
道真仡佬族苗族自治县									
务川仡佬族苗族自治县									
凤冈县									
湄潭县									
余庆县									
习水县									
赤水市	16	3	13	1		1			
仁怀市	20	9	11	5	3	2			
安顺市	**69**	**33**	**36**	**10**	**3**	**7**	**1**	**1**	
西秀区	59	29	30	10	3	7	1	1	
平坝区	10	4	6						
普定县									
镇宁布依族苗族自治县									
关岭布依族苗族自治县									
紫云苗族布依族自治县									
毕节市	**55**	**23**	**32**	**8**	**3**	**5**			
七星关区	55	23	32	8	3	5			
大方县									
黔西县									
金沙县									
织金县									
纳雍县									
威宁彝族回族苗族自治县									
赫章县									

1-3a　续表 15　　　　单位：人

地　区	90-94岁			95-99岁			100岁及以上		
	小计	男	女	小计	男	女	小计	男	女
铜仁市	**46**	**28**	**18**	**6**	**1**	**5**			
碧江区	40	26	14	6	1	5			
万山区	6	2	4						
江口县									
玉屏侗族自治县									
石阡县									
思南县									
印江土家族苗族自治县									
德江县									
沿河土家族自治县									
松桃苗族自治县									
黔西南布依族苗族自治州	**62**	**23**	**39**	**14**	**6**	**8**	**2**	**1**	**1**
兴义市	56	20	36	12	5	7	2	1	1
兴仁市	6	3	3	2	1	1			
普安县									
晴隆县									
贞丰县									
望谟县									
册亨县									
安龙县									
黔东南苗族侗族自治州	**63**	**30**	**33**	**7**	**4**	**3**	**2**		**2**
凯里市	63	30	33	7	4	3	2		2
黄平县									
施秉县									
三穗县									
镇远县									
岑巩县									
天柱县									
锦屏县									
剑河县									
台江县									
黎平县									
榕江县									
从江县									
雷山县									
麻江县									
丹寨县									
黔南布依族苗族自治州	**66**	**30**	**36**	**7**	**4**	**3**	**3**	**1**	**2**
都匀市	55	28	27	7	4	3	3	1	2
福泉市	11	2	9						
荔波县									
贵定县									
瓮安县									
独山县									
平塘县									
罗甸县									
长顺县									
龙里县									
惠水县									
三都水族自治县									

1-3b 各地区分年龄、性别的人口(镇)

单位：人

地　区	合　计			0岁		
	合计	男	女	小计	男	女
贵　州	**974222**	**490706**	**483516**	**11814**	**6254**	**5560**
贵阳市	**65658**	**32739**	**32919**	**657**	**339**	**318**
南明区						
云岩区						
花溪区	11985	5527	6458	43	31	12
乌当区	2256	1197	1059	41	26	15
白云区	224	112	112	3	1	2
观山湖区	2369	1216	1153	22	12	10
开阳县	19001	9494	9507	198	95	103
息烽县	10552	5268	5284	136	65	71
修文县	12808	6522	6286	158	85	73
清镇市	6463	3403	3060	56	24	32
六盘水市	**49311**	**25329**	**23982**	**808**	**429**	**379**
钟山区	5840	3067	2773	77	40	37
六枝特区	4858	2474	2384	80	40	40
水城县	23802	12301	11501	348	189	159
盘州市	14811	7487	7324	303	160	143
遵义市	**175803**	**87013**	**88790**	**2028**	**1088**	**940**
红花岗区	5794	2978	2816	53	28	25
汇川区	5321	2692	2629	77	51	26
播州区	8604	4303	4301	123	62	61
桐梓县	23481	11674	11807	230	122	108
绥阳县	14903	7458	7445	172	106	66
正安县	15821	7794	8027	176	93	83
道真仡佬族苗族自治县	12208	5745	6463	125	68	57
务川仡佬族苗族自治县	15791	7817	7974	204	93	111
凤冈县	12945	6303	6642	181	91	90
湄潭县	17691	8679	9012	177	103	74
余庆县	10273	5002	5271	105	61	44
习水县	23780	11879	11901	288	158	130
赤水市	3445	1692	1753	34	11	23
仁怀市	5746	2997	2749	83	41	42
安顺市	**57264**	**29212**	**28052**	**741**	**386**	**355**
西秀区	4862	2477	2385	60	28	32
平坝区	9031	4825	4206	113	57	56
普定县	14272	7253	7019	169	90	79
镇宁布依族苗族自治县	10123	5068	5055	132	70	62
关岭布依族苗族自治县	9913	5034	4879	133	62	71
紫云苗族布依族自治县	9063	4555	4508	134	79	55
毕节市	**215743**	**110024**	**105719**	**2833**	**1477**	**1356**
七星关区	7970	3991	3979	113	49	64
大方县	29998	15185	14813	399	193	206
黔西县	32184	16303	15881	432	226	206
金沙县	26334	13426	12908	290	163	127
织金县	32385	16692	15693	469	233	236
纳雍县	27197	13982	13215	383	210	173
威宁彝族回族苗族自治县	44047	22592	21455	566	298	268
赫章县	15628	7853	7775	181	105	76

1-3b 续表 1

单位：人

地区	合计			0岁		
	合计	男	女	小计	男	女
铜仁市	**100413**	**49858**	**50555**	**1085**	**568**	**517**
碧江区	360	189	171	3	1	2
万山区						
江口县	7679	3887	3792	76	39	37
玉屏侗族自治县	7099	3556	3543	71	32	39
石阡县	9387	4643	4744	104	52	52
思南县	16188	7999	8189	171	83	88
印江土家族苗族自治县	11366	5515	5851	124	66	58
德江县	16334	8045	8289	161	94	67
沿河土家族自治县	15471	7688	7783	177	100	77
松桃苗族自治县	16529	8336	8193	198	101	97
黔西南布依族苗族自治州	**66906**	**34026**	**32880**	**866**	**454**	**412**
兴义市	7628	3970	3658	96	52	44
兴仁市	4474	2291	2183	73	40	33
普安县	7038	3609	3429	93	47	46
晴隆县	7382	3751	3631	84	46	38
贞丰县	11242	5763	5479	157	72	85
望谟县	8637	4409	4228	90	48	42
册亨县	6263	3143	3120	72	43	29
安龙县	14242	7090	7152	201	106	95
黔东南苗族侗族自治州	**113705**	**57580**	**56125**	**1357**	**757**	**600**
凯里市	3032	1578	1454	41	26	15
黄平县	8966	4521	4445	96	56	40
施秉县	4757	2310	2447	53	26	27
三穗县	7333	3626	3707	89	58	31
镇远县	9103	4513	4590	84	48	36
岑巩县	6972	3442	3530	91	47	44
天柱县	9465	4852	4613	112	69	43
锦屏县	6568	3333	3235	64	31	33
剑河县	7124	3673	3451	87	47	40
台江县	4188	2148	2040	44	26	18
黎平县	15636	7878	7758	211	112	99
榕江县	8500	4323	4177	110	62	48
从江县	6655	3432	3223	97	51	46
雷山县	4879	2556	2323	64	34	30
麻江县	4918	2509	2409	53	32	21
丹寨县	5609	2886	2723	61	32	29
黔南布依族苗族自治州	**129419**	**64925**	**64494**	**1439**	**756**	**683**
都匀市	2422	1181	1241	28	13	15
福泉市	4451	2226	2225	58	26	32
荔波县	6303	3141	3162	77	36	41
贵定县	12523	5945	6578	110	50	60
瓮安县	23675	11803	11872	228	127	101
独山县	12129	6267	5862	133	70	63
平塘县	7134	3536	3598	84	37	47
罗甸县	13325	6658	6667	170	86	84
长顺县	7925	4065	3860	115	54	61
龙里县	11800	6156	5644	120	69	51
惠水县	17895	8883	9012	214	130	84
三都水族自治县	9837	5064	4773	102	58	44

1-3b 续表 2

单位：人

地 区	1-4岁			5-9岁			10-14岁		
	小计	男	女	小计	男	女	小计	男	女
贵 州	**66317**	**35507**	**30810**	**87060**	**46803**	**40257**	**81279**	**43035**	**38244**
贵阳市	**3955**	**2071**	**1884**	**4655**	**2490**	**2165**	**3555**	**1865**	**1690**
南明区									
云岩区									
花溪区	287	156	131	296	158	138	214	120	94
乌当区	143	71	72	173	97	76	128	67	61
白云区	9	4	5	5	2	3	12	10	2
观山湖区	118	68	50	123	66	57	103	46	57
开阳县	1378	694	684	1696	891	805	1315	713	602
息烽县	786	397	389	842	467	375	700	369	331
修文县	956	533	423	1184	630	554	848	420	428
清镇市	278	148	130	336	179	157	235	120	115
六盘水市	**4004**	**2138**	**1866**	**5038**	**2745**	**2293**	**4056**	**2157**	**1899**
钟山区	354	187	167	520	301	219	493	267	226
六枝特区	348	194	154	553	291	262	642	342	300
水城县	1944	1056	888	2558	1383	1175	2050	1098	952
盘州市	1358	701	657	1407	770	637	871	450	421
遵义市	**11607**	**6134**	**5473**	**15170**	**8009**	**7161**	**14750**	**7788**	**6962**
红花岗区	371	191	180	405	224	181	398	213	185
汇川区	361	184	177	452	250	202	410	218	192
播州区	604	335	269	756	393	363	652	341	311
桐梓县	1365	745	620	1869	950	919	1913	969	944
绥阳县	962	478	484	1246	655	591	1019	540	479
正安县	1073	571	502	1495	811	684	1612	875	737
道真仡佬族苗族自治县	730	388	342	1046	545	501	1285	676	609
务川仡佬族苗族自治县	1201	644	557	1606	870	736	1401	749	652
凤冈县	888	482	406	1064	556	508	1047	575	472
湄潭县	1061	544	517	1185	620	565	1292	694	598
余庆县	694	350	344	803	420	383	966	512	454
习水县	1688	890	798	2422	1278	1144	1971	1021	950
赤水市	204	109	95	323	175	148	359	178	181
仁怀市	405	223	182	498	262	236	425	227	198
安顺市	**3892**	**2090**	**1802**	**5349**	**2896**	**2453**	**5197**	**2722**	**2475**
西秀区	304	161	143	420	225	195	370	182	188
平坝区	513	285	228	691	375	316	592	331	261
普定县	955	504	451	1444	784	660	1616	851	765
镇宁布依族苗族自治县	703	359	344	913	506	407	799	408	391
关岭布依族苗族自治县	721	404	317	1002	547	455	962	491	471
紫云苗族布依族自治县	696	377	319	879	459	420	858	459	399
毕节市	**15095**	**8108**	**6987**	**20631**	**11071**	**9560**	**20262**	**10684**	**9578**
七星关区	663	353	310	900	503	397	922	468	454
大方县	2172	1160	1012	2947	1559	1388	2900	1539	1361
黔西县	2308	1248	1060	3071	1599	1472	2585	1367	1218
金沙县	1453	795	658	2156	1142	1014	2498	1328	1170
织金县	2331	1243	1088	3309	1793	1516	3018	1616	1402
纳雍县	1942	1019	923	2934	1649	1285	2947	1549	1398
威宁彝族回族苗族自治县	3128	1687	1441	3783	2019	1764	3791	2011	1780
赫章县	1098	603	495	1531	807	724	1601	806	795

1-3b 续表 3 单位：人

地区	1-4岁			5-9岁			10-14岁		
	小计	男	女	小计	男	女	小计	男	女
铜仁市	**6631**	**3542**	**3089**	**8773**	**4727**	**4046**	**8735**	**4609**	**4126**
碧江区	16	8	8	34	19	15	31	14	17
万山区									
江口县	482	277	205	738	401	337	716	377	339
玉屏侗族自治县	420	230	190	648	367	281	574	286	288
石阡县	626	338	288	751	416	335	741	395	346
思南县	995	523	472	1364	713	651	1333	737	596
印江土家族苗族自治县	770	393	377	1056	565	491	1074	574	500
德江县	1162	605	557	1475	785	690	1474	787	687
沿河土家族自治县	1078	580	498	1399	760	639	1634	859	775
松桃苗族自治县	1082	588	494	1308	701	607	1158	580	578
黔西南布依族苗族自治州	**4697**	**2522**	**2175**	**5948**	**3217**	**2731**	**5918**	**3119**	**2799**
兴义市	535	294	241	715	403	312	601	339	262
兴仁市	335	173	162	364	207	157	370	199	171
普安县	532	293	239	626	334	292	604	310	294
晴隆县	496	258	238	756	419	337	735	362	373
贞丰县	862	470	392	1052	577	475	1055	571	484
望谟县	514	286	228	542	274	268	1019	524	495
册亨县	472	250	222	561	298	263	486	264	222
安龙县	951	498	453	1332	705	627	1048	550	498
黔东南苗族侗族自治州	**7665**	**4188**	**3477**	**10417**	**5693**	**4724**	**9303**	**5046**	**4257**
凯里市	187	98	89	296	165	131	276	149	127
黄平县	530	282	248	754	415	339	743	400	343
施秉县	339	174	165	420	221	199	391	221	170
三穗县	491	264	227	712	374	338	783	417	366
镇远县	545	274	271	828	463	365	709	382	327
岑巩县	527	315	212	646	354	292	548	293	255
天柱县	646	340	306	885	503	382	792	414	378
锦屏县	433	250	183	616	345	271	575	313	262
剑河县	492	280	212	754	435	319	633	385	248
台江县	246	141	105	390	210	180	392	227	165
黎平县	1139	606	533	1473	776	697	1274	673	601
榕江县	534	278	256	853	461	392	656	357	299
从江县	536	288	248	599	327	272	447	225	222
雷山县	351	197	154	367	209	158	331	180	151
麻江县	333	199	134	416	216	200	322	179	143
丹寨县	336	202	134	408	219	189	431	231	200
黔南布依族苗族自治州	**8771**	**4714**	**4057**	**11079**	**5955**	**5124**	**9503**	**5045**	**4458**
都匀市	126	73	53	147	85	62	105	58	47
福泉市	336	166	170	411	227	184	337	155	182
荔波县	487	265	222	487	279	208	387	205	182
贵定县	718	369	349	867	471	396	770	383	387
瓮安县	1718	928	790	2140	1129	1011	1998	1047	951
独山县	767	406	361	918	511	407	732	396	336
平塘县	570	319	251	669	343	326	588	327	261
罗甸县	942	513	429	1441	793	648	1267	669	598
长顺县	566	311	255	687	387	300	651	363	288
龙里县	740	373	367	945	502	443	707	377	330
惠水县	1124	606	518	1382	711	671	1153	620	533
三都水族自治县	677	385	292	985	517	468	808	445	363

1-3b 续表 4　　单位：人

地　区	15-19岁			20-24岁			25-29岁		
	小计	男	女	小计	男	女	小计	男	女
贵　州	**80039**	**40143**	**39896**	**62006**	**29579**	**32427**	**62864**	**29475**	**33389**
贵阳市	**5338**	**2730**	**2608**	**10927**	**4977**	**5950**	**4195**	**1993**	**2202**
南明区									
云岩区									
花溪区	1359	616	743	6656	2878	3778	571	264	307
乌当区	226	137	89	137	66	71	189	100	89
白云区	1		1	5	3	2	7	2	5
观山湖区	445	285	160	102	44	58	124	60	64
开阳县	935	472	463	978	482	496	1296	592	704
息烽县	580	290	290	400	173	227	743	347	396
修文县	950	476	474	677	317	360	927	443	484
清镇市	842	454	388	1972	1014	958	338	185	153
六盘水市	**3681**	**1866**	**1815**	**3154**	**1469**	**1685**	**2982**	**1467**	**1515**
钟山区	352	195	157	365	186	179	312	149	163
六枝特区	291	151	140	230	102	128	232	118	114
水城县	1848	948	900	1767	805	962	1576	785	791
盘州市	1190	572	618	792	376	416	862	415	447
遵义市	**12533**	**6455**	**6078**	**8145**	**3952**	**4193**	**11599**	**5203**	**6396**
红花岗区	420	260	160	325	160	165	424	201	223
汇川区	210	117	93	232	117	115	281	125	156
播州区	426	231	195	409	197	212	559	243	316
桐梓县	1993	976	1017	1096	537	559	1562	749	813
绥阳县	1281	663	618	700	352	348	950	415	535
正安县	951	488	463	637	293	344	905	386	519
道真仡佬族苗族自治县	784	416	368	472	226	246	608	265	343
务川仡佬族苗族自治县	1189	651	538	861	417	444	1103	454	649
凤冈县	891	448	443	576	273	303	968	433	535
湄潭县	1359	688	671	851	401	450	1117	507	610
余庆县	695	367	328	332	153	179	550	231	319
习水县	1850	890	960	1180	581	599	2051	941	1110
赤水市	117	58	59	112	49	63	128	62	66
仁怀市	367	202	165	362	196	166	393	191	202
安顺市	**4702**	**2277**	**2425**	**3454**	**1847**	**1607**	**4074**	**1955**	**2119**
西秀区	363	179	184	323	171	152	366	180	186
平坝区	803	415	388	825	523	302	606	314	292
普定县	1166	593	573	787	408	379	934	451	483
镇宁布依族苗族自治县	668	316	352	530	273	257	787	346	441
关岭布依族苗族自治县	931	432	499	467	227	240	787	382	405
紫云苗族布依族自治县	771	342	429	522	245	277	594	282	312
毕节市	**21651**	**10558**	**11093**	**13637**	**6674**	**6963**	**13039**	**6282**	**6757**
七星关区	770	350	420	409	193	216	335	160	175
大方县	3224	1521	1703	1921	896	1025	1743	806	937
黔西县	2606	1300	1306	1703	812	891	1919	914	1005
金沙县	2467	1225	1242	1158	608	550	1283	592	691
织金县	2633	1319	1314	1801	927	874	1784	863	921
纳雍县	2644	1317	1327	1502	720	782	1540	748	792
威宁彝族回族苗族自治县	5651	2723	2928	4094	2019	2075	3450	1713	1737
赫章县	1656	803	853	1049	499	550	985	486	499

1−3b 续表 5

单位：人

地区	15−19岁			20−24岁			25−29岁		
	小计	男	女	小计	男	女	小计	男	女
铜仁市	**9939**	**5098**	**4841**	**5791**	**2730**	**3061**	**6678**	**3019**	**3659**
碧江区	18	14	4	7	5	2	14	8	6
万山区									
江口县	567	303	264	326	150	176	465	199	266
玉屏侗族自治县	360	185	175	378	185	193	419	217	202
石阡县	725	369	356	454	212	242	661	310	351
思南县	2052	1084	968	796	372	424	1043	465	578
印江土家族苗族自治县	855	458	397	602	276	326	751	334	417
德江县	1757	900	857	1312	598	714	1130	471	659
沿河土家族自治县	1707	851	856	930	435	495	983	453	530
松桃苗族自治县	1898	934	964	986	497	489	1212	562	650
黔西南布依族苗族自治州	**4799**	**2358**	**2441**	**3779**	**1794**	**1985**	**4504**	**2161**	**2343**
兴义市	432	218	214	418	209	209	507	238	269
兴仁市	326	162	164	245	116	129	277	140	137
普安县	475	240	235	398	180	218	448	222	226
晴隆县	703	334	369	380	184	196	417	195	222
贞丰县	711	357	354	655	316	339	821	414	407
望谟县	886	424	462	518	248	270	599	288	311
册亨县	274	123	151	327	162	165	456	210	246
安龙县	992	500	492	838	379	459	979	454	525
黔东南苗族侗族自治州	**7644**	**4014**	**3630**	**4892**	**2377**	**2515**	**6796**	**3192**	**3604**
凯里市	102	55	47	127	68	59	172	86	86
黄平县	673	360	313	404	186	218	490	221	269
施秉县	353	160	193	193	81	112	267	121	146
三穗县	456	245	211	310	142	168	398	195	203
镇远县	595	295	300	349	160	189	478	215	263
岑巩县	517	271	246	304	125	179	464	189	275
天柱县	385	212	173	345	185	160	511	260	251
锦屏县	399	202	197	233	129	104	384	184	200
剑河县	452	240	212	278	132	146	460	200	260
台江县	302	138	164	213	102	111	213	101	112
黎平县	942	505	437	598	294	304	910	453	457
榕江县	606	342	264	417	216	201	537	240	297
从江县	565	317	248	354	175	179	456	212	244
雷山县	370	212	158	245	127	118	351	173	178
麻江县	347	172	175	187	94	93	334	157	177
丹寨县	580	288	292	335	161	174	371	185	186
黔南布依族苗族自治州	**9752**	**4787**	**4965**	**8227**	**3759**	**4468**	**8997**	**4203**	**4794**
都匀市	329	142	187	224	80	144	183	86	97
福泉市	143	75	68	236	106	130	344	149	195
荔波县	454	214	240	269	132	137	474	199	275
贵定县	1202	404	798	857	302	555	804	377	427
瓮安县	1524	781	743	1084	540	544	1560	726	834
独山县	857	456	401	547	294	253	826	419	407
平塘县	342	180	162	359	160	199	482	211	271
罗甸县	966	509	457	569	275	294	807	358	449
长顺县	698	351	347	396	187	209	496	224	272
龙里县	550	315	235	796	415	381	1115	542	573
惠水县	1688	820	868	2390	1020	1370	1186	574	612
三都水族自治县	999	540	459	500	248	252	720	338	382

1-3b 续表 6 单位：人

地 区	30-34岁			35-39岁			40-44岁		
	小计	男	女	小计	男	女	小计	男	女
贵 州	**75074**	**36292**	**38782**	**63123**	**32046**	**31077**	**66284**	**34238**	**32046**
贵阳市	**4750**	**2295**	**2455**	**4175**	**2122**	**2053**	**4047**	**2073**	**1974**
南明区									
云岩区									
花溪区	471	239	232	345	190	155	329	172	157
乌当区	155	86	69	129	59	70	157	81	76
白云区	11	6	5	12	9	3	10	5	5
观山湖区	173	88	85	105	44	61	131	67	64
开阳县	1566	738	828	1533	771	762	1378	705	673
息烽县	870	403	467	824	408	416	861	423	438
修文县	1158	562	596	983	503	480	909	481	428
清镇市	346	173	173	244	138	106	272	139	133
六盘水市	**3911**	**1947**	**1964**	**3031**	**1642**	**1389**	**3613**	**1963**	**1650**
钟山区	370	182	188	288	157	131	533	283	250
六枝特区	299	139	160	240	126	114	308	165	143
水城县	1960	1003	957	1497	837	660	1739	947	792
盘州市	1282	623	659	1006	522	484	1033	568	465
遵义市	**12887**	**6031**	**6856**	**10261**	**4940**	**5321**	**12456**	**6148**	**6308**
红花岗区	412	215	197	345	165	180	429	229	200
汇川区	335	147	188	302	155	147	385	193	192
播州区	581	284	297	475	243	232	623	317	306
桐梓县	1673	795	878	1364	673	691	1783	891	892
绥阳县	1109	541	568	958	477	481	927	468	459
正安县	1128	516	612	1011	479	532	1190	594	596
道真仡佬族苗族自治县	835	333	502	704	316	388	953	420	533
务川仡佬族苗族自治县	1176	518	658	941	462	479	1080	526	554
凤冈县	927	399	528	777	361	416	958	457	501
湄潭县	1287	592	695	1001	466	535	1245	596	649
余庆县	657	296	361	592	230	362	724	353	371
习水县	2193	1120	1073	1358	681	677	1557	796	761
赤水市	197	74	123	155	82	73	229	115	114
仁怀市	377	201	176	278	150	128	373	193	180
安顺市	**4291**	**2168**	**2123**	**3788**	**1977**	**1811**	**3860**	**2013**	**1847**
西秀区	343	172	171	278	150	128	318	180	138
平坝区	602	329	273	525	288	237	605	316	289
普定县	1000	495	505	921	458	463	1001	525	476
镇宁布依族苗族自治县	858	428	430	734	378	356	720	355	365
关岭布依族苗族自治县	798	391	407	663	348	315	615	324	291
紫云苗族布依族自治县	690	353	337	667	355	312	601	313	288
毕节市	**16491**	**8168**	**8323**	**13368**	**7132**	**6236**	**14115**	**7414**	**6701**
七星关区	404	185	219	442	213	229	458	224	234
大方县	2282	1162	1120	1960	1021	939	1920	995	925
黔西县	2678	1253	1425	2314	1234	1080	2310	1198	1112
金沙县	2146	1023	1123	1623	818	805	1867	979	888
织金县	2488	1218	1270	2040	1098	942	2227	1194	1033
纳雍县	1889	949	940	1668	899	769	1735	959	776
威宁彝族回族苗族自治县	3405	1769	1636	2387	1344	1043	2740	1452	1288
赫章县	1199	609	590	934	505	429	858	413	445

1-3b　续表 7　　　　单位：人

地　区	30-34岁			35-39岁			40-44岁		
	小计	男	女	小计	男	女	小计	男	女
铜仁市	**7924**	**3695**	**4229**	**7042**	**3426**	**3616**	**6573**	**3247**	**3326**
碧江区	15	5	10	16	7	9	24	12	12
万山区									
江口县	693	344	349	553	278	275	485	244	241
玉屏侗族自治县	638	320	318	484	244	240	460	219	241
石阡县	719	316	403	672	328	344	686	352	334
思南县	1140	521	619	915	439	476	995	480	515
印江土家族苗族自治县	866	376	490	803	358	445	767	370	397
德江县	1307	633	674	1164	561	603	1181	591	590
沿河土家族自治县	1157	527	630	1139	535	604	991	479	512
松桃苗族自治县	1389	653	736	1296	676	620	984	500	484
黔西南布依族苗族自治州	**5542**	**2763**	**2779**	**4696**	**2460**	**2236**	**4516**	**2407**	**2109**
兴义市	602	321	281	492	248	244	473	263	210
兴仁市	334	158	176	298	156	142	360	189	171
普安县	581	273	308	578	300	278	429	232	197
晴隆县	571	284	287	490	264	226	497	274	223
贞丰县	986	484	502	828	428	400	704	365	339
望谟县	672	370	302	558	307	251	586	315	271
册亨县	550	276	274	473	247	226	506	277	229
安龙县	1246	597	649	979	510	469	961	492	469
黔东南苗族侗族自治州	**8963**	**4171**	**4792**	**7994**	**3954**	**4040**	**7982**	**4145**	**3837**
凯里市	208	102	106	230	121	109	215	126	89
黄平县	556	254	302	569	273	296	556	288	268
施秉县	354	152	202	365	161	204	310	146	164
三穗县	583	251	332	526	267	259	483	230	253
镇远县	702	318	384	575	266	309	682	334	348
岑巩县	616	299	317	464	225	239	456	225	231
天柱县	786	341	445	653	347	306	680	370	310
锦屏县	502	226	276	454	219	235	443	233	210
剑河县	582	291	291	529	251	278	540	281	259
台江县	296	139	157	295	140	155	391	206	185
黎平县	1179	530	649	1055	530	525	1050	536	514
榕江县	723	346	377	663	309	354	578	318	260
从江县	610	306	304	448	226	222	431	249	182
雷山县	414	212	202	398	207	191	360	193	167
麻江县	415	203	212	361	183	178	395	204	191
丹寨县	437	201	236	409	229	180	412	206	206
黔南布依族苗族自治州	**10315**	**5054**	**5261**	**8768**	**4393**	**4375**	**9122**	**4828**	**4294**
都匀市	170	97	73	104	51	53	121	56	65
福泉市	355	185	170	325	174	151	360	191	169
荔波县	603	282	321	514	262	252	515	281	234
贵定县	888	452	436	832	400	432	874	471	403
瓮安县	2022	924	1098	1780	869	911	1747	870	877
独山县	953	472	481	757	392	365	760	390	370
平塘县	505	245	260	440	198	242	472	247	225
罗甸县	927	438	489	815	414	401	965	515	450
长顺县	564	291	273	541	266	275	596	319	277
龙里县	1219	603	616	934	482	452	936	518	418
惠水县	1311	664	647	1055	543	512	1148	631	517
三都水族自治县	798	401	397	671	342	329	628	339	289

1-3b 续表 8

单位：人

地 区	45-49岁			50-54岁			55-59岁		
	小计	男	女	小计	男	女	小计	男	女
贵 州	**76347**	**39915**	**36432**	**69515**	**34968**	**34547**	**52082**	**25963**	**26119**
贵阳市	**5075**	**2700**	**2375**	**4494**	**2337**	**2157**	**3056**	**1553**	**1503**
南明区									
云岩区									
花溪区	404	195	209	347	185	162	218	118	100
乌当区	203	105	98	188	102	86	114	67	47
白云区	20	11	9	25	7	18	30	18	12
观山湖区	157	74	83	178	95	83	165	76	89
开阳县	1799	954	845	1576	801	775	1080	538	542
息烽县	1041	564	477	855	441	414	587	287	300
修文县	1063	575	488	938	490	448	634	316	318
清镇市	388	222	166	387	216	171	228	133	95
六盘水市	**3954**	**2160**	**1794**	**3250**	**1625**	**1625**	**2367**	**1159**	**1208**
钟山区	635	359	276	488	271	217	266	129	137
六枝特区	359	191	168	324	169	155	265	123	142
水城县	1830	1022	808	1490	713	777	1020	508	512
盘州市	1130	588	542	948	472	476	816	399	417
遵义市	**15746**	**7871**	**7875**	**13637**	**6645**	**6992**	**10688**	**5117**	**5571**
红花岗区	505	252	253	461	234	227	375	191	184
汇川区	488	264	224	483	233	250	324	161	163
播州区	777	413	364	677	320	357	550	275	275
桐梓县	2098	1082	1016	1697	843	854	1438	724	714
绥阳县	1215	620	595	1224	600	624	959	466	493
正安县	1272	608	664	1093	521	572	944	447	497
道真仡佬族苗族自治县	1265	559	706	926	407	519	677	282	395
务川仡佬族苗族自治县	1280	638	642	1095	516	579	841	412	429
凤冈县	1286	633	653	983	466	517	797	380	417
湄潭县	1637	803	834	1564	776	788	1259	605	654
余庆县	1079	546	533	941	468	473	694	325	369
习水县	1981	997	984	1737	866	871	1210	570	640
赤水市	322	162	160	311	159	152	282	126	156
仁怀市	541	294	247	445	236	209	338	153	185
安顺市	**4130**	**2206**	**1924**	**3737**	**1904**	**1833**	**2899**	**1458**	**1441**
西秀区	384	206	178	377	189	188	259	134	125
平坝区	756	425	331	610	317	293	432	221	211
普定县	1014	534	480	894	446	448	676	324	352
镇宁布依族苗族自治县	756	397	359	723	364	359	508	265	243
关岭布依族苗族自治县	613	333	280	572	286	286	536	266	270
紫云苗族布依族自治县	607	311	296	561	302	259	488	248	240
毕节市	**15378**	**8196**	**7182**	**14393**	**7302**	**7091**	**10284**	**5147**	**5137**
七星关区	511	272	239	558	285	273	384	197	187
大方县	2024	1108	916	1920	995	925	1344	691	653
黔西县	2428	1303	1125	2293	1174	1119	1654	824	830
金沙县	2251	1170	1081	2278	1156	1122	1510	775	735
织金县	2397	1303	1094	2202	1151	1051	1623	815	808
纳雍县	1862	987	875	1653	818	835	1289	625	664
威宁彝族回族苗族自治县	2816	1507	1309	2551	1253	1298	1815	906	909
赫章县	1089	546	543	938	470	468	665	314	351

1-3b　续表 9　　单位：人

地　区	45-49岁			50-54岁			55-59岁		
	小计	男	女	小计	男	女	小计	男	女
铜仁市	**7818**	**3968**	**3850**	**6867**	**3358**	**3509**	**5167**	**2589**	**2578**
碧江区	47	27	20	29	15	14	24	15	9
万山区									
江口县	563	300	263	514	261	253	504	250	254
玉屏侗族自治县	631	344	287	574	268	306	487	241	246
石阡县	815	406	409	715	361	354	505	244	261
思南县	1275	639	636	1228	590	638	882	438	444
印江土家族苗族自治县	996	484	512	832	393	439	605	293	312
德江县	1221	604	617	1005	489	516	663	328	335
沿河土家族自治县	1115	580	535	919	443	476	656	333	323
松桃苗族自治县	1155	584	571	1051	538	513	841	447	394
黔西南布依族苗族自治州	**4697**	**2513**	**2184**	**4842**	**2471**	**2371**	**3628**	**1890**	**1738**
兴义市	609	328	281	569	298	271	478	245	233
兴仁市	299	163	136	352	183	169	233	122	111
普安县	550	309	241	563	295	268	351	176	175
晴隆县	476	256	220	508	261	247	393	198	195
贞丰县	718	373	345	796	401	395	603	320	283
望谟县	589	322	267	574	294	280	426	239	187
册亨县	476	251	225	474	241	233	325	162	163
安龙县	980	511	469	1006	498	508	819	428	391
黔东南苗族侗族自治州	**9376**	**4901**	**4475**	**8848**	**4489**	**4359**	**6958**	**3489**	**3469**
凯里市	268	144	124	257	132	125	164	81	83
黄平县	811	423	388	810	422	388	575	278	297
施秉县	387	205	182	379	183	196	296	154	142
三穗县	602	300	302	501	238	263	398	196	202
镇远县	821	431	390	800	412	388	594	290	304
岑巩县	521	254	267	544	269	275	424	194	230
天柱县	709	380	329	733	367	366	641	306	335
锦屏县	580	295	285	561	293	268	426	214	212
剑河县	587	321	266	504	255	249	395	193	202
台江县	369	195	174	330	178	152	224	134	90
黎平县	1247	658	589	1180	601	579	1061	542	519
榕江县	699	362	337	639	316	323	484	243	241
从江县	554	286	268	471	242	229	369	194	175
雷山县	431	226	205	348	181	167	281	141	140
麻江县	380	207	173	371	180	191	318	161	157
丹寨县	410	214	196	420	220	200	308	168	140
黔南布依族苗族自治州	**10173**	**5400**	**4773**	**9447**	**4837**	**4610**	**7035**	**3561**	**3474**
都匀市	183	107	76	190	99	91	145	75	70
福泉市	386	205	181	339	183	156	209	102	107
荔波县	495	255	240	479	239	240	367	180	187
贵定县	1000	516	484	929	473	456	737	375	362
瓮安县	2016	1024	992	1675	831	844	1287	636	651
独山县	998	541	457	1111	580	531	750	392	358
平塘县	565	295	270	615	312	303	420	211	209
罗甸县	991	522	469	959	492	467	730	344	386
长顺县	595	344	251	517	271	246	385	202	183
龙里县	1041	585	456	897	457	440	604	334	270
惠水县	1197	629	568	1072	565	507	912	462	450
三都水族自治县	706	377	329	664	335	329	489	248	241

1-3b 续表 10 单位：人

地　　区	60-64岁			65-69岁			70-74岁		
	小计	男	女	小计	男	女	小计	男	女
贵　州	**31073**	**15313**	**15760**	**33950**	**16207**	**17743**	**23710**	**11184**	**12526**
贵阳市	**1844**	**930**	**914**	**1859**	**856**	**1003**	**1353**	**632**	**721**
南明区									
云岩区									
花溪区	118	57	61	123	52	71	83	45	38
乌当区	83	38	45	72	38	34	37	18	19
白云区	16	9	7	23	6	17	13	8	5
观山湖区	96	49	47	90	36	54	96	38	58
开阳县	633	325	308	617	290	327	464	203	261
息烽县	362	178	184	369	168	201	285	142	143
修文县	402	209	193	409	195	214	263	120	143
清镇市	134	65	69	156	71	85	112	58	54
六盘水市	**1443**	**702**	**741**	**1526**	**710**	**816**	**1064**	**502**	**562**
钟山区	192	85	107	237	100	137	176	93	83
六枝特区	174	95	79	209	99	110	137	58	79
水城县	511	244	267	655	307	348	432	197	235
盘州市	566	278	288	425	204	221	319	154	165
遵义市	**5488**	**2750**	**2738**	**7176**	**3483**	**3693**	**5087**	**2440**	**2647**
红花岗区	206	101	105	289	143	146	158	76	82
汇川区	185	92	93	307	145	162	211	97	114
播州区	333	167	166	438	213	225	303	141	162
桐梓县	785	395	390	1021	494	527	671	325	346
绥阳县	587	284	303	633	305	328	427	217	210
正安县	533	252	281	704	356	348	506	236	270
道真仡佬族苗族自治县	367	174	193	532	248	284	409	191	218
务川仡佬族苗族自治县	391	186	205	481	239	242	385	195	190
凤冈县	337	175	162	456	212	244	345	162	183
湄潭县	606	314	292	751	372	379	595	281	314
余庆县	325	172	153	396	185	211	308	142	166
习水县	539	282	257	684	340	344	433	207	226
赤水市	112	57	55	219	103	116	142	81	61
仁怀市	182	99	83	265	128	137	194	89	105
安顺市	**1962**	**950**	**1012**	**1894**	**894**	**1000**	**1380**	**648**	**732**
西秀区	181	90	91	183	79	104	149	67	82
平坝区	324	161	163	316	130	186	299	135	164
普定县	435	199	236	509	255	254	308	146	162
镇宁布依族苗族自治县	395	196	199	301	145	156	255	119	136
关岭布依族苗族自治县	349	171	178	320	162	158	187	96	91
紫云苗族布依族自治县	278	133	145	265	123	142	182	85	97
毕节市	**6683**	**3347**	**3336**	**7099**	**3447**	**3652**	**4463**	**2146**	**2317**
七星关区	306	148	158	293	142	151	203	103	100
大方县	782	394	388	956	457	499	604	281	323
黔西县	1117	563	554	1128	542	586	641	308	333
金沙县	750	374	376	1009	509	500	689	348	341
织金县	1127	578	549	1205	574	631	704	329	375
纳雍县	869	437	432	952	463	489	594	279	315
威宁彝族回族苗族自治县	1237	613	624	1015	486	529	684	326	358
赫章县	495	240	255	541	274	267	344	172	172

1-3b　续表 11　　　　单位：人

地　　区	60-64岁			65-69岁			70-74岁		
	小计	男	女	小计	男	女	小计	男	女
铜仁市	**2732**	**1339**	**1393**	**3312**	**1512**	**1800**	**2341**	**1121**	**1220**
碧江区	13	7	6	23	9	14	21	8	13
万山区									
江口县	281	149	132	278	116	162	203	101	102
玉屏侗族自治县	225	115	110	273	108	165	210	91	119
石阡县	276	128	148	355	162	193	255	120	135
思南县	421	197	224	608	278	330	418	198	220
印江土家族苗族自治县	293	142	151	380	169	211	261	122	139
德江县	342	164	178	378	176	202	245	106	139
沿河土家族自治县	371	185	186	432	208	224	326	160	166
松桃苗族自治县	510	252	258	585	286	299	402	215	187
黔西南布依族苗族自治州	**2558**	**1258**	**1300**	**2200**	**1081**	**1119**	**1523**	**694**	**829**
兴义市	309	148	161	295	152	143	186	86	100
兴仁市	160	72	88	163	96	67	101	40	61
普安县	251	128	123	237	120	117	156	77	79
晴隆县	273	139	134	242	114	128	159	76	83
贞丰县	427	215	212	327	160	167	204	98	106
望谟县	294	144	150	263	132	131	209	89	120
册亨县	250	120	130	201	81	120	141	60	81
安龙县	594	292	302	472	226	246	367	168	199
黔东南苗族侗族自治州	**3901**	**1905**	**1996**	**4172**	**1987**	**2185**	**3174**	**1491**	**1683**
凯里市	108	48	60	142	70	72	124	57	67
黄平县	301	157	144	392	197	195	296	126	170
施秉县	164	82	82	169	75	94	120	60	60
三穗县	262	110	152	279	137	142	208	100	108
镇远县	345	176	169	347	159	188	284	140	144
岑巩县	214	98	116	248	115	133	160	76	84
天柱县	443	231	212	424	196	228	322	158	164
锦屏县	248	121	127	262	122	140	169	76	93
剑河县	153	69	84	241	107	134	189	85	104
台江县	104	50	54	121	53	68	100	40	60
黎平县	625	309	316	606	296	310	451	215	236
榕江县	307	152	155	252	124	128	183	80	103
从江县	167	76	91	173	89	84	145	76	69
雷山县	130	62	68	150	69	81	136	62	74
麻江县	158	82	76	206	105	101	134	56	78
丹寨县	172	82	90	160	73	87	153	84	69
黔南布依族苗族自治州	**4462**	**2132**	**2330**	**4712**	**2237**	**2475**	**3325**	**1510**	**1815**
都匀市	110	48	62	96	46	50	59	24	35
福泉市	153	75	78	184	99	85	127	60	67
荔波县	187	88	99	207	99	108	122	56	66
贵定县	543	263	280	536	254	282	397	197	200
瓮安县	738	362	376	897	420	477	617	294	323
独山县	492	225	267	614	317	297	377	165	212
平塘县	234	107	127	299	144	155	196	83	113
罗甸县	443	202	241	447	182	265	385	168	217
长顺县	348	168	180	273	131	142	197	89	108
龙里县	352	183	169	337	161	176	242	121	121
惠水县	561	266	295	554	250	304	386	166	220
三都水族自治县	301	145	156	268	134	134	220	87	133

1-3b 续表 12 单位：人

地区	75-79岁			80-84岁			85-89岁		
	小计	男	女	小计	男	女	小计	男	女
贵州	**16278**	**7378**	**8900**	**9867**	**4270**	**5597**	**4203**	**1658**	**2545**
贵阳市	**909**	**424**	**485**	**508**	**245**	**263**	**235**	**82**	**153**
南明区									
云岩区									
花溪区	61	29	32	31	16	15	19	3	16
乌当区	43	23	20	21	9	12	13	4	9
白云区	9	5	4	9	4	5	4	2	2
观山湖区	71	29	42	47	28	19	19	10	9
开阳县	305	140	165	164	68	96	69	17	52
息烽县	160	78	82	93	44	49	46	20	26
修文县	186	88	98	103	56	47	45	16	29
清镇市	74	32	42	40	20	20	20	10	10
六盘水市	**689**	**328**	**361**	**501**	**230**	**271**	**190**	**73**	**117**
钟山区	111	50	61	54	26	28	17	7	10
六枝特区	79	36	43	57	22	35	20	8	12
水城县	293	140	153	193	88	105	72	24	48
盘州市	206	102	104	197	94	103	81	34	47
遵义市	**3531**	**1610**	**1921**	**1933**	**904**	**1029**	**835**	**344**	**491**
红花岗区	109	55	54	62	27	35	29	11	18
汇川区	156	76	80	78	46	32	36	19	17
播州区	188	77	111	81	38	43	40	9	31
桐梓县	518	241	277	251	102	149	107	42	65
绥阳县	269	145	124	189	88	101	59	30	29
正安县	340	149	191	174	85	89	62	24	38
道真仡佬族苗族自治县	298	134	164	131	70	61	54	23	31
务川仡佬族苗族自治县	307	121	186	157	82	75	72	35	37
凤冈县	242	106	136	139	60	79	68	28	40
湄潭县	343	160	183	231	98	133	109	46	63
余庆县	205	99	106	124	55	69	65	30	35
习水县	338	144	194	180	78	102	91	29	62
赤水市	104	45	59	62	35	27	24	9	15
仁怀市	114	58	56	74	40	34	19	9	10
安顺市	**990**	**434**	**556**	**593**	**250**	**343**	**243**	**98**	**145**
西秀区	103	49	54	49	22	27	27	10	17
平坝区	215	111	104	123	53	70	54	24	30
普定县	215	94	121	156	71	85	54	19	35
镇宁布依族苗族自治县	178	75	103	101	42	59	45	20	25
关岭布依族苗族自治县	143	61	82	75	30	45	30	17	13
紫云苗族布依族自治县	136	44	92	89	32	57	33	8	25
毕节市	**3135**	**1476**	**1659**	**2122**	**969**	**1153**	**796**	**335**	**461**
七星关区	144	76	68	92	44	48	39	20	19
大方县	433	205	228	300	135	165	121	52	69
黔西县	474	210	264	339	153	186	140	59	81
金沙县	488	227	261	271	129	142	109	49	60
织金县	515	238	277	375	156	219	106	33	73
纳雍县	387	174	213	259	122	137	118	48	70
威宁彝族回族苗族自治县	459	235	224	324	166	158	118	53	65
赫章县	235	111	124	162	64	98	45	21	24

1-3b　续表 13　　单位：人

地　区	75-79岁			80-84岁			85-89岁		
	小计	男	女	小计	男	女	小计	男	女
铜仁市	**1637**	**764**	**873**	**841**	**335**	**506**	**405**	**166**	**239**
碧江区	18	11	7	2	2		3	1	2
万山区									
江口县	119	53	66	66	26	40	39	15	24
玉屏侗族自治县	116	55	61	82	34	48	39	12	27
石阡县	182	73	109	88	32	56	47	23	24
思南县	312	146	166	151	59	92	67	30	37
印江土家族苗族自治县	189	86	103	97	38	59	36	15	21
德江县	216	98	118	91	37	54	40	15	25
沿河土家族自治县	249	114	135	121	52	69	67	26	41
松桃苗族自治县	236	128	108	143	55	88	67	29	38
黔西南布依族苗族自治州	**1097**	**453**	**644**	**663**	**262**	**401**	**319**	**117**	**202**
兴义市	159	67	92	98	40	58	40	18	22
兴仁市	87	34	53	55	27	28	30	11	19
普安县	77	37	40	60	23	37	18	8	10
晴隆县	101	50	51	65	23	42	27	11	16
贞丰县	160	64	96	102	45	57	58	25	33
望谟县	159	55	104	93	37	56	33	11	22
册亨县	112	38	74	64	24	40	29	11	18
安龙县	242	108	134	126	43	83	84	22	62
黔东南苗族侗族自治州	**2095**	**914**	**1181**	**1388**	**570**	**818**	**601**	**230**	**371**
凯里市	56	26	30	43	18	25	8	3	5
黄平县	199	94	105	128	51	77	73	35	38
施秉县	90	50	40	72	24	48	24	10	14
三穗县	116	51	65	83	33	50	44	15	29
镇远县	182	82	100	118	42	76	45	17	28
岑巩县	119	52	67	68	28	40	30	10	20
天柱县	185	78	107	138	70	68	54	21	33
锦屏县	112	38	74	71	27	44	29	12	17
剑河县	132	54	78	74	34	40	33	9	24
台江县	80	32	48	58	25	33	19	10	9
黎平县	304	122	182	224	82	142	87	31	56
榕江县	144	70	74	74	31	43	33	13	20
从江县	110	46	64	69	30	39	37	11	26
雷山县	69	31	38	56	28	28	20	9	11
麻江县	103	45	58	43	15	28	34	12	22
丹寨县	94	43	51	69	32	37	31	12	19
黔南布依族苗族自治州	**2195**	**975**	**1220**	**1318**	**505**	**813**	**579**	**213**	**366**
都匀市	48	19	29	34	18	16	14	4	10
福泉市	71	26	45	52	17	35	18	3	15
荔波县	76	32	44	56	21	35	37	12	25
贵定县	233	106	127	142	46	96	58	28	30
瓮安县	337	159	178	196	90	106	85	36	49
独山县	270	132	138	170	68	102	76	32	44
平塘县	145	64	81	86	32	54	50	18	32
罗甸县	280	110	170	146	53	93	56	10	46
长顺县	167	65	102	84	27	57	31	10	21
龙里县	128	58	70	84	39	45	41	19	22
惠水县	289	130	159	175	65	110	73	25	48
三都水族自治县	151	74	77	93	29	64	40	16	24

1-3b 续表 14

单位：人

地区	90-94岁			95-99岁			100岁及以上		
	小计	男	女	小计	男	女	小计	男	女
贵州	**1127**	**412**	**715**	**179**	**60**	**119**	**31**	**6**	**25**
贵阳市	**64**	**22**	**42**	**6**	**3**	**3**	**1**		**1**
南明区									
云岩区									
花溪区	9	3	6				1		1
乌当区	3	2	1	1	1				
白云区									
观山湖区	4	1	3						
开阳县	19	4	15	2	1	1			
息烽县	11	4	7	1		1			
修文县	13	6	7	2	1	1			
清镇市	5	2	3						
六盘水市	**36**	**14**	**22**	**11**	**3**	**8**	**2**		**2**
钟山区									
六枝特区	8	4	4	2	1	1	1		1
水城县	15	6	9	3	1	2	1		1
盘州市	13	4	9	6	1	5			
遵义市	**217**	**90**	**127**	**25**	**10**	**15**	**4**	**1**	**3**
红花岗区	17	2	15	1		1			
汇川区	7	2	5	1		1			
播州区	7	4	3	1		1	1		1
桐梓县	38	16	22	7	3	4	2		2
绥阳县	16	8	8	1		1			
正安县	12	8	4	3	2	1			
道真仡佬族苗族自治县	6	3	3	1	1				
务川仡佬族苗族自治县	17	7	10	2	1	1	1	1	
凤冈县	13	5	8	2	1	1			
湄潭县	17	11	6	4	2	2			
余庆县	16	7	9	2		2			
习水县	29	10	19						
赤水市	9	2	7						
仁怀市	13	5	8						
安顺市	**74**	**31**	**43**	**11**	**8**	**3**	**3**		**3**
西秀区	4	2	2	1	1				
平坝区	25	13	12	2	2				
普定县	14	5	9	3	1	2	1		1
镇宁布依族苗族自治县	15	5	10	1	1		1		1
关岭布依族苗族自治县	5	2	3	3	2	1	1		1
紫云苗族布依族自治县	11	4	7	1	1				
毕节市	**224**	**76**	**148**	**37**	**13**	**24**	**7**	**2**	**5**
七星关区	19	5	14	4	1	3	1		1
大方县	34	10	24	8	3	5	4	2	2
黔西县	36	11	25	8	5	3			
金沙县	36	15	21	2	1	1			
织金县	26	10	16	5	1	4			
纳雍县	25	9	16	4	1	3	1		1
威宁彝族回族苗族自治县	30	11	19	3	1	2			
赫章县	18	5	13	3		3	1		1

1-3b　续表 15　　　　单位：人

地　　区	90-94岁			95-99岁			100岁及以上		
	小计	男	女	小计	男	女	小计	男	女
铜仁市	**102**	**40**	**62**	**19**	**5**	**14**	**1**		**1**
碧江区	2	1	1						
万山区									
江口县	9	4	5	2		2			
玉屏侗族自治县	10	3	7						
石阡县	10	6	4						
思南县	20	7	13	2		2			
印江土家族苗族自治县	5	2	3	3	1	2	1		1
德江县	9	3	6	1		1			
沿河土家族自治县	14	5	9	6	3	3			
松桃苗族自治县	23	9	14	5	1	4			
黔西南布依族苗族自治州	**95**	**27**	**68**	**17**	**5**	**12**	**2**		**2**
兴义市	11	3	8	2		2	1		1
兴仁市	11	3	8	1		1			
普安县	9	4	5	1	1		1		1
晴隆县	8	3	5	1		1			
贞丰县	13	7	6	3	1	2			
望谟县	11	1	10	2	1	1			
册亨县	10	4	6	4	1	3			
安龙县	22	2	20	3	1	2			
黔东南苗族侗族自治州	**149**	**60**	**89**	**25**	**6**	**19**	**5**	**1**	**4**
凯里市	6	3	3	1		1	1		1
黄平县	6	2	4	3	1	2	1		1
施秉县	8	3	5	2	1	1	1		1
三穗县	8	3	5	1		1			
镇远县	18	8	10	1		1	1	1	
岑巩县	9	3	6	2		2			
天柱县	19	4	15	2		2			
锦屏县	7	3	4						
剑河县	9	4	5						
台江县	1	1							
黎平县	16	7	9	3		3	1		1
榕江县	7	3	4	1		1			
从江县	12	5	7	5	1	4			
雷山县	5	1	4	2	2				
麻江县	8	7	1						
丹寨县	10	3	7	2	1	1			
黔南布依族苗族自治州	**166**	**52**	**114**	**28**	**7**	**21**	**6**	**2**	**4**
都匀市	6		6						
福泉市	7	2	5						
荔波县	9	4	5	1		1			
贵定县	22	7	15	2		2	2	1	1
瓮安县	22	8	14	3	1	2	1	1	
独山县	15	5	10	6	4	2			
平塘县	11	2	9	2	1	1			
罗甸县	10	5	5	6		6	3		3
长顺县	15	5	10	3		3			
龙里县	10	3	7	2		2			
惠水县	24	6	18	1		1			
三都水族自治县	15	5	10	2	1	1			

1—3c 各地区分年龄、性别的人口(乡村)

单位：人

地　区	合　计			0岁		
	合计	男	女	小计	男	女
贵　州	**1718553**	**897369**	**821184**	**26489**	**13958**	**12531**
贵阳市	**117326**	**62816**	**54510**	**1824**	**965**	**859**
南明区	5071	2781	2290	58	30	28
云岩区						
花溪区	19000	10128	8872	285	153	132
乌当区	11145	5873	5272	149	82	67
白云区	3749	1950	1799	29	15	14
观山湖区	8733	4656	4077	127	63	64
开阳县	15679	8406	7273	280	155	125
息烽县	11726	6263	5463	162	94	68
修文县	15430	8331	7099	300	160	140
清镇市	26793	14428	12365	434	213	221
六盘水市	**152565**	**80065**	**72500**	**3085**	**1657**	**1428**
钟山区	6589	3451	3138	104	57	47
六枝特区	30725	16009	14716	495	280	215
水城县	49392	26247	23145	927	502	425
盘州市	65859	34358	31501	1559	818	741
遵义市	**268965**	**139259**	**129706**	**3789**	**1987**	**1802**
红花岗区	16329	8466	7863	243	117	126
汇川区	12435	6572	5863	182	107	75
播州区	34661	18071	16590	539	291	248
桐梓县	25441	13185	12256	348	177	171
绥阳县	18348	9467	8881	258	149	109
正安县	22066	11297	10769	305	170	135
道真仡佬族苗族自治县	10653	5397	5256	130	74	56
务川仡佬族苗族自治县	13035	6720	6315	198	108	90
凤冈县	15359	7774	7585	230	112	118
湄潭县	17751	8893	8858	248	130	118
余庆县	11148	5685	5463	134	71	63
习水县	33056	17171	15885	430	209	221
赤水市	10887	5701	5186	99	49	50
仁怀市	27796	14860	12936	445	223	222
安顺市	**127793**	**66893**	**60900**	**1937**	**999**	**938**
西秀区	33282	17209	16073	486	250	236
平坝区	17290	9014	8276	275	143	132
普定县	22830	11988	10842	357	186	171
镇宁布依族苗族自治县	18183	9707	8476	238	132	106
关岭布依族苗族自治县	17314	9126	8188	274	130	144
紫云苗族布依族自治县	18894	9849	9045	307	158	149
毕节市	**367199**	**191756**	**175443**	**5932**	**3140**	**2792**
七星关区	54247	27924	26323	974	510	464
大方县	48586	25428	23158	824	439	385
黔西县	35409	18673	16736	556	291	265
金沙县	25579	13703	11876	332	177	155
织金县	41610	21876	19734	689	366	323
纳雍县	39155	20333	18822	633	351	282
威宁彝族回族苗族自治县	77014	40375	36639	1195	636	559
赫章县	45599	23444	22155	729	370	359

1-3c 续表 1

单位：人

地区	合计			0岁		
	合计	男	女	小计	男	女
铜仁市	**164850**	**84748**	**80102**	**2247**	**1179**	**1068**
碧江区	7866	4051	3815	71	42	29
万山区	7912	4240	3672	105	50	55
江口县	9520	4897	4623	132	69	63
玉屏侗族自治县	6947	3757	3190	86	45	41
石阡县	19243	9838	9405	273	152	121
思南县	25376	12680	12696	296	154	142
印江土家族苗族自治县	15563	7876	7687	221	108	113
德江县	19000	9678	9322	239	130	109
沿河土家族自治县	23766	12149	11617	380	182	198
松桃苗族自治县	29657	15582	14075	444	247	197
黔西南布依族苗族自治州	**156503**	**80919**	**75584**	**2316**	**1188**	**1128**
兴义市	33341	17340	16001	480	239	241
兴仁市	24270	12612	11658	350	177	173
普安县	16333	8415	7918	249	133	116
晴隆县	15186	7814	7372	228	113	115
贞丰县	18546	9552	8994	276	144	132
望谟县	14911	7691	7220	210	108	102
册亨县	12712	6483	6229	178	93	85
安龙县	21204	11012	10192	345	181	164
黔东南苗族侗族自治州	**200249**	**105337**	**94912**	**3019**	**1618**	**1401**
凯里市	18059	9781	8278	262	139	123
黄平县	13492	6969	6523	174	87	87
施秉县	7263	3803	3460	78	42	36
三穗县	8627	4579	4048	114	67	47
镇远县	9390	4899	4491	115	58	57
岑巩县	9178	4881	4297	149	81	68
天柱县	15034	7953	7081	215	113	102
锦屏县	8846	4631	4215	122	64	58
剑河县	11150	5902	5248	155	86	69
台江县	8182	4222	3960	106	52	54
黎平县	24301	12520	11781	392	208	184
榕江县	18837	9920	8917	318	176	142
从江县	23735	12294	11441	498	274	224
雷山县	7228	3985	3243	91	45	46
麻江县	7906	4177	3729	118	69	49
丹寨县	9021	4821	4200	112	57	55
黔南布依族苗族自治州	**163103**	**85576**	**77527**	**2340**	**1225**	**1115**
都匀市	16965	9103	7862	206	110	96
福泉市	14082	7520	6562	210	120	90
荔波县	9103	4877	4226	138	74	64
贵定县	11414	5800	5614	131	67	64
瓮安县	14541	7674	6867	233	125	108
独山县	12756	6658	6098	164	86	78
平塘县	15030	7635	7395	240	127	113
罗甸县	11313	5892	5421	162	84	78
长顺县	10874	5675	5199	153	73	80
龙里县	10241	5520	4721	148	72	76
惠水县	19398	10085	9313	300	147	153
三都水族自治县	17386	9137	8249	255	140	115

1-3c 续表 2 单位：人

地区	1-4岁			5-9岁			10-14岁		
	小计	男	女	小计	男	女	小计	男	女
贵 州	**111324**	**58880**	**52444**	**154467**	**82487**	**71980**	**148257**	**79238**	**69019**
贵阳市	**8107**	**4254**	**3853**	**9929**	**5296**	**4633**	**7343**	**3866**	**3477**
南明区	301	165	136	344	180	164	304	161	143
云岩区									
花溪区	1391	744	647	1690	894	796	1229	624	605
乌当区	743	385	358	845	435	410	588	303	285
白云区	211	102	109	317	158	159	254	140	114
观山湖区	578	307	271	693	377	316	449	235	214
开阳县	982	528	454	1127	635	492	799	417	382
息烽县	798	396	402	954	514	440	836	456	380
修文县	1099	559	540	1340	710	630	1060	586	474
清镇市	2004	1068	936	2619	1393	1226	1824	944	880
六盘水市	**12319**	**6499**	**5820**	**14341**	**7702**	**6639**	**11572**	**6281**	**5291**
钟山区	447	210	237	546	285	261	494	251	243
六枝特区	2138	1143	995	3202	1696	1506	3482	1879	1603
水城县	3644	1914	1730	4644	2478	2166	3909	2105	1804
盘州市	6090	3232	2858	5949	3243	2706	3687	2046	1641
遵义市	**15132**	**7964**	**7168**	**19590**	**10383**	**9207**	**19930**	**10669**	**9261**
红花岗区	1003	531	472	1115	611	504	965	525	440
汇川区	776	409	367	931	482	449	852	460	392
播州区	2101	1134	967	2569	1360	1209	2239	1201	1038
桐梓县	1448	730	718	1931	1004	927	2096	1091	1005
绥阳县	1129	596	533	1499	794	705	1322	713	609
正安县	1152	592	560	1579	846	733	1798	975	823
道真仡佬族苗族自治县	407	224	183	538	296	242	728	401	327
务川仡佬族苗族自治县	694	379	315	901	462	439	887	483	404
凤冈县	828	434	394	1078	563	515	1228	659	569
湄潭县	936	508	428	1114	609	505	1328	677	651
余庆县	505	269	236	670	392	278	957	525	432
习水县	1995	1030	965	2864	1479	1385	2828	1530	1298
赤水市	458	235	223	684	362	322	875	455	420
仁怀市	1700	893	807	2117	1123	994	1827	974	853
安顺市	**8566**	**4613**	**3953**	**12501**	**6611**	**5890**	**11856**	**6289**	**5567**
西秀区	2221	1217	1004	3071	1613	1458	2692	1386	1306
平坝区	1136	616	520	1637	901	736	1369	717	652
普定县	1571	864	707	2307	1166	1141	2097	1083	1014
镇宁布依族苗族自治县	1098	597	501	1689	925	764	1719	923	796
关岭布依族苗族自治县	1163	623	540	1847	974	873	1933	1043	890
紫云苗族布依族自治县	1377	696	681	1950	1032	918	2046	1137	909
毕节市	**25697**	**13437**	**12260**	**38154**	**19963**	**18191**	**39533**	**20617**	**18916**
七星关区	4282	2225	2057	6207	3212	2995	6355	3254	3101
大方县	3292	1733	1559	5253	2790	2463	5354	2777	2577
黔西县	2418	1258	1160	3471	1778	1693	3183	1654	1529
金沙县	1267	692	575	2150	1087	1063	2815	1459	1356
织金县	2946	1559	1387	4500	2380	2120	4603	2360	2243
纳雍县	2878	1514	1364	4400	2287	2113	4532	2384	2148
威宁彝族回族苗族自治县	5209	2722	2487	7325	3866	3459	7774	4126	3648
赫章县	3405	1734	1671	4848	2563	2285	4917	2603	2314

1-3c　续表 3　　　　单位：人

地　　区	1-4岁			5-9岁			10-14岁		
	小计	男	女	小计	男	女	小计	男	女
铜仁市	**9005**	**4796**	**4209**	**13500**	**7365**	**6135**	**13568**	**7317**	**6251**
碧江区	390	203	187	609	343	266	487	251	236
万山区	421	229	192	611	344	267	596	331	265
江口县	527	271	256	763	397	366	707	362	345
玉屏侗族自治县	383	210	173	640	377	263	484	275	209
石阡县	1023	574	449	1535	820	715	1347	743	604
思南县	1331	690	641	1949	1075	874	2123	1155	968
印江土家族苗族自治县	714	372	342	1116	599	517	1246	697	549
德江县	1015	510	505	1545	851	694	1605	870	735
沿河土家族自治县	1354	747	607	2129	1173	956	2486	1306	1180
松桃苗族自治县	1847	990	857	2603	1386	1217	2487	1327	1160
黔西南布依族苗族自治州	**10110**	**5378**	**4732**	**14497**	**7801**	**6696**	**15009**	**7994**	**7015**
兴义市	2126	1120	1006	2848	1540	1308	2621	1358	1263
兴仁市	1644	840	804	2422	1336	1086	2687	1442	1245
普安县	1071	551	520	1476	771	705	1582	827	755
晴隆县	964	510	454	1525	829	696	1782	938	844
贞丰县	1207	649	558	1670	893	777	1906	1045	861
望谟县	872	482	390	1252	682	570	1476	771	705
册亨县	816	432	384	1214	656	558	1099	605	494
安龙县	1410	794	616	2090	1094	996	1856	1008	848
黔东南苗族侗族自治州	**12359**	**6617**	**5742**	**17840**	**9706**	**8134**	**16783**	**9353**	**7430**
凯里市	955	523	432	1301	721	580	1297	767	530
黄平县	656	354	302	1018	543	475	1192	611	581
施秉县	426	245	181	602	319	283	637	366	271
三穗县	445	252	193	863	481	382	855	447	408
镇远县	511	270	241	769	409	360	748	415	333
岑巩县	517	271	246	753	432	321	713	415	298
天柱县	898	473	425	1346	766	580	1124	637	487
锦屏县	470	247	223	693	372	321	689	381	308
剑河县	640	354	286	1121	642	479	1172	675	497
台江县	490	280	210	723	356	367	764	401	363
黎平县	1753	911	842	2262	1191	1071	2031	1138	893
榕江县	1256	654	602	1811	960	851	1604	879	725
从江县	2057	1099	958	2551	1372	1179	1883	1050	833
雷山县	362	188	174	546	314	232	576	325	251
麻江县	480	256	224	632	356	276	593	323	270
丹寨县	443	240	203	849	472	377	905	523	382
黔南布依族苗族自治州	**10029**	**5322**	**4707**	**14115**	**7660**	**6455**	**12663**	**6852**	**5811**
都匀市	896	466	430	1138	624	514	1015	570	445
福泉市	873	468	405	1243	635	608	944	467	477
荔波县	535	276	259	743	411	332	604	338	266
贵定县	699	365	334	962	526	436	876	446	430
瓮安县	873	439	434	1056	562	494	949	507	442
独山县	796	434	362	1091	600	491	944	532	412
平塘县	978	535	443	1355	731	624	1335	722	613
罗甸县	659	348	311	972	556	416	902	491	411
长顺县	742	377	365	1046	576	470	905	509	396
龙里县	593	308	285	841	437	404	713	360	353
惠水县	1320	724	596	1773	947	826	1619	877	742
三都水族自治县	1065	582	483	1895	1055	840	1857	1033	824

1-3c 续表 4

单位：人

地区	15-19岁			20-24岁			25-29岁		
	小计	男	女	小计	男	女	小计	男	女
贵 州	**105596**	**55503**	**50093**	**89050**	**46541**	**42509**	**82535**	**44296**	**38239**
贵阳市	**5607**	**2990**	**2617**	**7149**	**3988**	**3161**	**7311**	**3876**	**3435**
南明区	243	124	119	346	187	159	451	248	203
云岩区									
花溪区	874	477	397	1201	675	526	1465	786	679
乌当区	816	425	391	636	352	284	756	381	375
白云区	489	241	248	232	118	114	202	100	102
观山湖区	590	314	276	1215	625	590	746	401	345
开阳县	380	200	180	628	355	273	738	372	366
息烽县	443	232	211	397	214	183	528	277	251
修文县	697	399	298	662	328	334	818	460	358
清镇市	1075	578	497	1832	1134	698	1607	851	756
六盘水市	**8497**	**4486**	**4011**	**9602**	**5047**	**4555**	**7783**	**4107**	**3676**
钟山区	1097	569	528	553	297	256	310	171	139
六枝特区	1960	1029	931	1525	777	748	1160	602	558
水城县	3390	1820	1570	3541	1911	1630	2535	1398	1137
盘州市	2050	1068	982	3983	2062	1921	3778	1936	1842
遵义市	**14155**	**7462**	**6693**	**11262**	**5887**	**5375**	**12207**	**6611**	**5596**
红花岗区	534	292	242	755	402	353	884	456	428
汇川区	455	226	229	526	292	234	621	358	263
播州区	1668	918	750	1476	746	730	1749	950	799
桐梓县	1489	725	764	1029	549	480	1193	697	496
绥阳县	789	425	364	740	373	367	779	413	366
正安县	1422	767	655	780	400	380	821	439	382
道真仡佬族苗族自治县	566	275	291	419	225	194	386	196	190
务川仡佬族苗族自治县	752	418	334	693	335	358	565	311	254
凤冈县	796	448	348	622	330	292	614	333	281
湄潭县	826	404	422	695	347	348	751	378	373
余庆县	517	284	233	303	160	143	361	184	177
习水县	1943	1022	921	1247	653	594	1643	860	783
赤水市	661	363	298	328	169	159	406	228	178
仁怀市	1737	895	842	1649	906	743	1434	808	626
安顺市	**7289**	**3866**	**3423**	**6760**	**3612**	**3148**	**7141**	**3815**	**3326**
西秀区	1739	872	867	1764	947	817	2196	1131	1065
平坝区	773	394	379	875	452	423	980	530	450
普定县	1524	822	702	1381	735	646	1269	666	603
镇宁布依族苗族自治县	1078	608	470	1014	569	445	958	547	411
关岭布依族苗族自治县	1092	568	524	842	442	400	828	467	361
紫云苗族布依族自治县	1083	602	481	884	467	417	910	474	436
毕节市	**26218**	**13377**	**12841**	**20938**	**10752**	**10186**	**16750**	**9109**	**7641**
七星关区	3540	1851	1689	2606	1317	1289	1940	1018	922
大方县	2743	1401	1342	2271	1143	1128	2131	1145	986
黔西县	1711	888	823	1588	844	744	1483	773	710
金沙县	1472	748	724	1009	524	485	853	493	360
织金县	2646	1370	1276	2067	1036	1031	1497	836	661
纳雍县	3128	1609	1519	2283	1145	1138	1684	908	776
威宁彝族回族苗族自治县	6960	3559	3401	6272	3310	2962	4797	2666	2131
赫章县	4018	1951	2067	2842	1433	1409	2365	1270	1095

1-3c　续表 5　　　　单位：人

地　区	15-19岁			20-24岁			25-29岁		
	小计	男	女	小计	男	女	小计	男	女
铜仁市	**12083**	**6313**	**5770**	**8491**	**4331**	**4160**	**7629**	**3988**	**3641**
碧江区	458	206	252	682	298	384	478	254	224
万山区	477	264	213	388	211	177	373	205	168
江口县	538	273	265	370	185	185	472	238	234
玉屏侗族自治县	420	245	175	356	213	143	345	191	154
石阡县	1209	673	536	1063	544	519	944	501	443
思南县	1840	948	892	1167	576	591	1113	573	540
印江土家族苗族自治县	1227	631	596	678	335	343	637	323	314
德江县	1747	894	853	965	504	461	755	387	368
沿河土家族自治县	2118	1099	1019	1232	629	603	963	497	466
松桃苗族自治县	2049	1080	969	1590	836	754	1549	819	730
黔西南布依族苗族自治州	**11149**	**5777**	**5372**	**8101**	**4176**	**3925**	**7399**	**3987**	**3412**
兴义市	2089	1164	925	1710	937	773	1973	1075	898
兴仁市	1682	861	821	1191	625	566	1008	548	460
普安县	1326	656	670	935	482	453	696	362	334
晴隆县	1140	556	584	795	395	400	658	349	309
贞丰县	1380	719	661	977	488	489	858	457	401
望谟县	1456	727	729	812	411	401	602	336	266
册亨县	1006	515	491	667	328	339	580	296	284
安龙县	1070	579	491	1014	510	504	1024	564	460
黔东南苗族侗族自治州	**11688**	**6541**	**5147**	**8792**	**4711**	**4081**	**8459**	**4520**	**3939**
凯里市	1210	704	506	1108	591	517	791	458	333
黄平县	1019	491	528	548	290	258	465	266	199
施秉县	431	243	188	283	148	135	274	143	131
三穗县	461	253	208	309	164	145	336	200	136
镇远县	477	265	212	333	174	159	290	144	146
岑巩县	553	352	201	393	211	182	369	186	183
天柱县	612	351	261	399	213	186	579	302	277
锦屏县	584	331	253	313	167	146	402	205	197
剑河县	634	383	251	431	241	190	422	226	196
台江县	831	419	412	459	229	230	324	185	139
黎平县	1153	647	506	943	495	448	1111	552	559
榕江县	1241	703	538	997	529	468	881	464	417
从江县	1200	667	533	1173	613	560	1199	619	580
雷山县	360	202	158	383	227	156	313	184	129
麻江县	346	192	154	328	186	142	339	174	165
丹寨县	576	338	238	392	233	159	364	212	152
黔南布依族苗族自治州	**8910**	**4691**	**4219**	**7955**	**4037**	**3918**	**7856**	**4283**	**3573**
都匀市	895	517	378	813	469	344	969	568	401
福泉市	424	238	186	617	335	282	809	457	352
荔波县	394	219	175	462	257	205	438	235	203
贵定县	629	272	357	927	328	599	580	327	253
瓮安县	721	454	267	521	270	251	661	350	311
独山县	536	280	256	483	258	225	651	354	297
平塘县	1085	534	551	626	312	314	626	317	309
罗甸县	631	330	301	462	253	209	339	185	154
长顺县	526	283	243	540	259	281	478	261	217
龙里县	760	359	401	557	281	276	633	345	288
惠水县	1122	572	550	1138	569	569	926	497	429
三都水族自治县	1187	633	554	809	446	363	746	387	359

1-3c 续表 6

单位：人

地 区	30-34岁			35-39岁			40-44岁		
	小计	男	女	小计	男	女	小计	男	女
贵 州	**91127**	**49788**	**41339**	**82304**	**45675**	**36629**	**100580**	**54843**	**45737**
贵阳市	**8212**	**4521**	**3691**	**6879**	**3760**	**3119**	**7816**	**4339**	**3477**
南明区	433	238	195	395	230	165	433	239	194
云岩区									
花溪区	1625	891	734	1264	681	583	1383	785	598
乌当区	864	469	395	652	340	312	749	410	339
白云区	297	151	146	291	159	132	271	153	118
观山湖区	724	399	325	529	284	245	565	314	251
开阳县	793	432	361	720	423	297	783	429	354
息烽县	593	324	269	570	299	271	784	439	345
修文县	1100	617	483	894	479	415	1024	571	453
清镇市	1783	1000	783	1564	865	699	1824	999	825
六盘水市	**9526**	**5240**	**4286**	**8471**	**4736**	**3735**	**9894**	**5437**	**4457**
钟山区	407	236	171	333	183	150	416	250	166
六枝特区	1495	797	698	1508	813	695	1819	987	832
水城县	2907	1692	1215	2621	1525	1096	3221	1808	1413
盘州市	4717	2515	2202	4009	2215	1794	4438	2392	2046
遵义市	**12569**	**6899**	**5670**	**10499**	**5693**	**4806**	**14707**	**7708**	**6999**
红花岗区	981	548	433	718	397	321	947	507	440
汇川区	596	349	247	570	298	272	686	382	304
播州区	1904	1043	861	1516	845	671	1921	1013	908
桐梓县	1124	637	487	995	549	446	1537	816	721
绥阳县	868	463	405	734	392	342	914	465	449
正安县	889	468	421	870	459	411	1209	611	598
道真仡佬族苗族自治县	408	210	198	389	191	198	674	335	339
务川仡佬族苗族自治县	486	265	221	433	240	193	602	307	295
凤冈县	471	257	214	472	234	238	876	432	444
湄潭县	650	317	333	633	303	330	1042	522	520
余庆县	435	222	213	372	187	185	578	278	300
习水县	1756	972	784	1251	696	555	1593	865	728
赤水市	483	268	215	332	191	141	536	294	242
仁怀市	1518	880	638	1214	711	503	1592	881	711
安顺市	**7188**	**3901**	**3287**	**6380**	**3617**	**2763**	**7877**	**4369**	**3508**
西秀区	1891	998	893	1604	864	740	1995	1121	874
平坝区	1093	574	519	927	512	415	1165	628	537
普定县	1251	675	576	1109	628	481	1440	776	664
镇宁布依族苗族自治县	1079	610	469	993	603	390	1194	693	501
关岭布依族苗族自治县	915	516	399	825	484	341	960	529	431
紫云苗族布依族自治县	959	528	431	922	526	396	1123	622	501
毕节市	**18911**	**10430**	**8481**	**16903**	**9685**	**7218**	**21787**	**12008**	**9779**
七星关区	2331	1236	1095	2150	1210	940	2788	1500	1288
大方县	2644	1419	1225	2556	1452	1104	2928	1635	1293
黔西县	1812	1022	790	1859	1066	793	2330	1320	1010
金沙县	1323	726	597	1171	664	507	1736	1006	730
织金县	1893	1044	849	2034	1189	845	2606	1501	1105
纳雍县	1924	1058	866	1783	1040	743	2274	1248	1026
威宁彝族回族苗族自治县	4579	2580	1999	3481	2002	1479	4698	2515	2183
赫章县	2405	1345	1060	1869	1062	807	2427	1283	1144

1-3c　续表 7　　　　单位：人

地　区	30-34岁			35-39岁			40-44岁		
	小计	男	女	小计	男	女	小计	男	女
铜仁市	**7637**	**4020**	**3617**	**7173**	**3791**	**3382**	**7842**	**4083**	**3759**
碧江区	480	264	216	367	222	145	371	189	182
万山区	399	222	177	347	196	151	376	215	161
江口县	518	266	252	434	228	206	472	254	218
玉屏侗族自治县	438	239	199	380	197	183	360	210	150
石阡县	831	428	403	820	416	404	991	506	485
思南县	934	449	485	858	424	434	1060	506	554
印江土家族苗族自治县	625	320	305	629	307	322	669	332	337
德江县	784	406	378	815	433	382	986	508	478
沿河土家族自治县	956	526	430	1037	546	491	1119	573	546
松桃苗族自治县	1672	900	772	1486	822	664	1438	790	648
黔西南布依族苗族自治州	**8425**	**4499**	**3926**	**8132**	**4441**	**3691**	**9337**	**5119**	**4218**
兴义市	2027	1078	949	1868	975	893	2016	1105	911
兴仁市	1263	657	606	1205	669	536	1455	783	672
普安县	858	434	424	841	485	356	966	519	447
晴隆县	791	444	347	751	405	346	804	457	347
贞丰县	870	455	415	815	445	370	1003	548	455
望谟县	658	383	275	829	471	358	943	528	415
册亨县	731	388	343	754	422	332	858	462	396
安龙县	1227	660	567	1069	569	500	1292	717	575
黔东南苗族侗族自治州	**10188**	**5555**	**4633**	**9847**	**5419**	**4428**	**11233**	**6136**	**5097**
凯里市	1002	598	404	976	573	403	1213	696	517
黄平县	494	271	223	532	316	216	539	289	250
施秉县	320	175	145	383	209	174	328	174	154
三穗县	440	247	193	427	223	204	435	241	194
镇远县	394	207	187	469	256	213	487	270	217
岑巩县	441	246	195	424	223	201	421	209	212
天柱县	811	424	387	700	405	295	749	443	306
锦屏县	416	226	190	394	209	185	442	251	191
剑河县	585	287	298	551	272	279	716	385	331
台江县	370	196	174	426	233	193	624	327	297
黎平县	1200	639	561	1079	559	520	1286	662	624
榕江县	1061	575	486	1019	559	460	1067	578	489
从江县	1276	691	585	1201	646	555	1382	722	660
雷山县	465	269	196	386	249	137	485	288	197
麻江县	392	207	185	374	212	162	485	280	205
丹寨县	521	297	224	506	275	231	574	321	253
黔南布依族苗族自治州	**8471**	**4723**	**3748**	**8020**	**4533**	**3487**	**10087**	**5644**	**4443**
都匀市	1030	606	424	775	468	307	976	545	431
福泉市	904	512	392	799	444	355	995	546	449
荔波县	507	278	229	562	333	229	671	383	288
贵定县	547	300	247	527	294	233	686	395	291
瓮安县	724	414	310	657	366	291	786	466	320
独山县	670	349	321	599	338	261	645	362	283
平塘县	611	320	291	529	273	256	800	412	388
罗甸县	419	237	182	462	263	199	789	440	349
长顺县	562	287	275	584	337	247	721	397	324
龙里县	643	401	242	486	274	212	660	379	281
惠水县	923	518	405	987	565	422	1212	685	527
三都水族自治县	931	501	430	1053	578	475	1146	634	512

1-3c 续表 8 单位：人

地区	45-49岁			50-54岁			55-59岁		
	小计	男	女	小计	男	女	小计	男	女
贵州	**133767**	**72141**	**61626**	**141557**	**73355**	**68202**	**111389**	**56477**	**54912**
贵阳市	**10307**	**5785**	**4522**	**10043**	**5587**	**4456**	**7342**	**3937**	**3405**
南明区	502	297	205	466	275	191	291	174	117
云岩区									
花溪区	1594	873	721	1509	845	664	1004	542	462
乌当区	1071	604	467	930	508	422	676	372	304
白云区	335	182	153	265	158	107	160	79	81
观山湖区	675	379	296	556	313	243	401	204	197
开阳县	1402	767	635	1692	920	772	1357	750	607
息烽县	1072	602	470	1122	615	507	881	473	408
修文县	1375	787	588	1295	733	562	1035	561	474
清镇市	2281	1294	987	2208	1220	988	1537	782	755
六盘水市	**11978**	**6457**	**5521**	**11487**	**5875**	**5612**	**8788**	**4321**	**4467**
钟山区	498	273	225	442	228	214	238	120	118
六枝特区	2034	1105	929	2224	1169	1055	1877	942	935
水城县	4024	2192	1832	3886	1997	1889	2524	1223	1301
盘州市	5422	2887	2535	4935	2481	2454	4149	2036	2113
遵义市	**23456**	**12274**	**11182**	**25701**	**13132**	**12569**	**20532**	**10298**	**10234**
红花岗区	1435	772	663	1601	830	771	1296	652	644
汇川区	1141	635	506	1174	631	543	901	451	450
播州区	3012	1620	1392	3365	1749	1616	2654	1325	1329
桐梓县	2239	1217	1022	2362	1244	1118	1862	947	915
绥阳县	1457	765	692	1688	842	846	1563	788	775
正安县	1813	864	949	1994	984	1010	1713	860	853
道真仡佬族苗族自治县	962	461	501	1064	498	566	787	388	399
务川仡佬族苗族自治县	999	509	490	1124	553	571	982	449	533
凤冈县	1405	684	721	1566	764	802	1314	623	691
湄潭县	1684	837	847	1871	899	972	1532	773	759
余庆县	1139	563	576	1136	600	536	972	479	493
习水县	2784	1496	1288	3051	1565	1486	2312	1162	1150
赤水市	1098	576	522	1108	580	528	847	449	398
仁怀市	2288	1275	1013	2597	1393	1204	1797	952	845
安顺市	**9354**	**5144**	**4210**	**9858**	**5191**	**4667**	**7423**	**3804**	**3619**
西秀区	2549	1415	1134	2724	1426	1298	2010	1005	1005
平坝区	1438	807	631	1400	719	681	1037	532	505
普定县	1640	905	735	1719	931	788	1248	643	605
镇宁布依族苗族自治县	1265	685	580	1369	716	653	993	520	473
关岭布依族苗族自治县	1160	630	530	1265	655	610	1010	528	482
紫云苗族布依族自治县	1302	702	600	1381	744	637	1125	576	549
毕节市	**26906**	**14667**	**12239**	**28213**	**14484**	**13729**	**20615**	**10510**	**10105**
七星关区	3690	1946	1744	4211	2154	2057	3221	1635	1586
大方县	3551	1988	1563	3774	1937	1837	2765	1389	1376
黔西县	2808	1605	1203	3142	1667	1475	2304	1219	1085
金沙县	2402	1410	992	2415	1316	1099	1736	938	798
织金县	3003	1694	1309	3145	1697	1448	2420	1214	1206
纳雍县	2568	1396	1172	2721	1357	1364	1956	986	970
威宁彝族回族苗族自治县	5600	2934	2666	5461	2715	2746	3755	1872	1883
赫章县	3284	1694	1590	3344	1641	1703	2458	1257	1201

1-3c　续表 9　　　　单位：人

地　区	45-49岁			50-54岁			55-59岁		
	小计	男	女	小计	男	女	小计	男	女
铜仁市	**11916**	**6157**	**5759**	**12638**	**6266**	**6372**	**11053**	**5394**	**5659**
碧江区	625	330	295	616	318	298	577	296	281
万山区	635	339	296	639	336	303	623	326	297
江口县	741	417	324	841	429	412	748	384	364
玉屏侗族自治县	558	311	247	575	313	262	507	251	256
石阡县	1595	804	791	1622	784	838	1423	668	755
思南县	1894	930	964	2075	979	1096	1814	812	1002
印江土家族苗族自治县	1128	563	565	1249	618	631	1070	522	548
德江县	1302	664	638	1420	709	711	1145	561	584
沿河土家族自治县	1474	753	721	1649	766	883	1400	688	712
松桃苗族自治县	1964	1046	918	1952	1014	938	1746	886	860
黔西南布依族苗族自治州	**11123**	**5889**	**5234**	**12518**	**6570**	**5948**	**9991**	**5014**	**4977**
兴义市	2561	1347	1214	2789	1470	1319	2225	1130	1095
兴仁市	1622	865	757	1897	996	901	1553	780	773
普安县	1154	628	526	1327	702	625	980	493	487
晴隆县	1043	558	485	1112	563	549	868	432	436
贞丰县	1277	651	626	1497	786	711	1209	603	606
望谟县	1045	572	473	1184	630	554	873	437	436
册亨县	874	440	434	1033	554	479	791	388	403
安龙县	1547	828	719	1679	869	810	1492	751	741
黔东南苗族侗族自治州	**15765**	**8526**	**7239**	**17124**	**8779**	**8345**	**14538**	**7367**	**7171**
凯里市	1483	837	646	1521	783	738	1134	606	528
黄平县	1099	605	494	1224	636	588	963	504	459
施秉县	585	290	295	649	331	318	525	280	245
三穗县	592	344	248	693	353	340	667	320	347
镇远县	762	423	339	885	476	409	741	387	354
岑巩县	668	361	307	722	342	380	726	365	361
天柱县	1064	613	451	1291	662	629	1269	632	637
锦屏县	623	337	286	801	427	374	713	344	369
剑河县	895	473	422	965	488	477	780	396	384
台江县	577	321	256	569	288	281	431	221	210
黎平县	1953	1017	936	2144	1078	1066	2047	1026	1021
榕江县	1530	802	728	1631	828	803	1284	670	614
从江县	1979	1008	971	1988	993	995	1527	751	776
雷山县	648	355	293	619	344	275	535	271	264
麻江县	694	391	303	662	377	285	598	299	299
丹寨县	613	349	264	760	373	387	598	295	303
黔南布依族苗族自治州	**12962**	**7242**	**5720**	**13975**	**7471**	**6504**	**11107**	**5832**	**5275**
都匀市	1489	844	645	1619	886	733	1344	722	622
福泉市	1118	618	500	1315	733	582	963	526	437
荔波县	807	467	340	845	471	374	605	310	295
贵定县	882	511	371	941	520	421	734	386	348
瓮安县	1205	639	566	1385	704	681	1169	604	565
独山县	1048	579	469	1146	613	533	928	465	463
平塘县	1087	606	481	1249	641	608	1069	546	523
罗甸县	976	539	437	1027	523	504	720	382	338
长顺县	813	457	356	832	435	397	706	368	338
龙里县	876	524	352	864	516	348	580	313	267
惠水县	1477	829	648	1455	757	698	1230	652	578
三都水族自治县	1184	629	555	1297	672	625	1059	558	501

1-3c 续表 10

单位：人

地 区	60-64岁			65-69岁			70-74岁		
	小计	男	女	小计	男	女	小计	男	女
贵 州	**79495**	**40020**	**39475**	**96442**	**47923**	**48519**	**70207**	**34175**	**36032**
贵阳市	**5016**	**2658**	**2358**	**5555**	**2774**	**2781**	**3806**	**1868**	**1938**
南明区	136	69	67	141	60	81	95	51	44
云岩区									
花溪区	655	328	327	689	318	371	503	243	260
乌当区	425	225	200	484	231	253	315	149	166
白云区	104	58	46	133	62	71	76	36	40
观山湖区	275	150	125	250	124	126	138	62	76
开阳县	960	519	441	1134	588	546	869	424	445
息烽县	567	314	253	754	387	367	533	264	269
修文县	654	342	312	833	439	394	531	264	267
清镇市	1240	653	587	1137	565	572	746	375	371
六盘水市	**6672**	**3312**	**3360**	**6635**	**3277**	**3358**	**4727**	**2332**	**2395**
钟山区	178	95	83	190	84	106	160	75	85
六枝特区	1550	778	772	1615	797	818	1059	538	521
水城县	1696	821	875	2089	1050	1039	1612	786	826
盘州市	3248	1618	1630	2741	1346	1395	1896	933	963
遵义市	**12819**	**6559**	**6260**	**20168**	**10149**	**10019**	**14750**	**7358**	**7392**
红花岗区	783	401	382	1249	598	651	854	402	452
汇川区	576	298	278	946	460	486	670	342	328
播州区	1667	857	810	2312	1150	1162	1806	871	935
桐梓县	1172	588	584	1816	937	879	1154	541	613
绥阳县	1018	517	501	1446	723	723	1008	519	489
正安县	1123	565	558	1766	902	864	1369	713	656
道真仡佬族苗族自治县	574	293	281	940	496	444	770	389	381
务川仡佬族苗族自治县	635	326	309	1096	576	520	895	460	435
凤冈县	637	332	305	1247	636	611	916	451	465
湄潭县	778	412	366	1388	687	701	1040	503	537
余庆县	534	271	263	922	456	466	740	360	380
习水县	1418	724	694	2358	1185	1173	1602	812	790
赤水市	557	284	273	922	455	467	642	331	311
仁怀市	1347	691	656	1760	888	872	1284	664	620
安顺市	**6196**	**3013**	**3183**	**6475**	**3130**	**3345**	**4667**	**2173**	**2494**
西秀区	1557	736	821	1721	808	913	1321	603	718
平坝区	873	414	459	897	434	463	607	282	325
普定县	1036	528	508	1093	531	562	727	361	366
镇宁布依族苗族自治县	987	472	515	894	433	461	678	293	385
关岭布依族苗族自治县	879	447	432	870	433	437	619	299	320
紫云苗族布依族自治县	864	416	448	1000	491	509	715	335	380
毕节市	**15239**	**7720**	**7519**	**17305**	**8623**	**8682**	**11641**	**5737**	**5904**
七星关区	2285	1151	1134	2729	1344	1385	1963	985	978
大方县	2020	994	1026	2590	1305	1285	1616	818	798
黔西县	1692	882	810	1952	969	983	1224	593	631
金沙县	909	470	439	1491	763	728	1081	543	538
织金县	1951	1008	943	2291	1086	1205	1383	673	710
纳雍县	1545	781	764	1819	886	933	1305	630	675
威宁彝族回族苗族自治县	3029	1511	1518	2571	1336	1235	1789	867	922
赫章县	1808	923	885	1862	934	928	1280	628	652

1-3c　续表 11　　　　单位：人

地　区	60-64岁			65-69岁			70-74岁		
	小计	男	女	小计	男	女	小计	男	女
铜仁市	**7813**	**3931**	**3882**	**11740**	**5944**	**5796**	**9183**	**4532**	**4651**
碧江区	349	170	179	473	232	241	392	200	192
万山区	427	206	221	488	253	235	434	223	211
江口县	520	270	250	626	324	302	490	253	237
玉屏侗族自治县	305	139	166	425	197	228	306	145	161
石阡县	933	479	454	1404	704	700	1014	488	526
思南县	1145	574	571	2100	1059	1041	1722	830	892
印江土家族苗族自治县	727	365	362	1325	696	629	1032	495	537
德江县	908	452	456	1406	689	717	1063	517	546
沿河土家族自治县	1020	534	486	1521	761	760	1231	611	620
松桃苗族自治县	1479	742	737	1972	1029	943	1499	770	729
黔西南布依族苗族自治州	**7915**	**3936**	**3979**	**7263**	**3466**	**3797**	**5445**	**2561**	**2884**
兴义市	1672	841	831	1488	725	763	1118	535	583
兴仁市	1154	577	577	1176	571	605	815	406	409
普安县	862	415	447	775	381	394	525	257	268
晴隆县	799	397	402	740	359	381	491	219	272
贞丰县	955	468	487	932	446	486	694	332	362
望谟县	747	383	364	660	276	384	521	210	311
册亨县	641	297	344	490	228	262	378	157	221
安龙县	1085	558	527	1002	480	522	903	445	458
黔东南苗族侗族自治州	**9452**	**4685**	**4767**	**11882**	**5907**	**5975**	**8991**	**4391**	**4600**
凯里市	733	365	368	1083	530	553	858	380	478
黄平县	640	327	313	1059	511	548	804	382	422
施秉县	360	180	180	507	251	256	403	208	195
三穗县	462	249	213	579	283	296	433	208	225
镇远县	572	281	291	671	329	342	473	235	238
岑巩县	512	242	270	683	348	335	455	241	214
天柱县	933	451	482	1051	517	534	868	436	432
锦屏县	571	297	274	594	313	281	446	221	225
剑河县	453	223	230	599	290	309	433	229	204
台江县	335	153	182	443	216	227	306	160	146
黎平县	1224	605	619	1310	675	635	1004	491	513
榕江县	783	398	385	817	414	403	592	288	304
从江县	801	389	412	966	485	481	816	380	436
雷山县	310	145	165	414	213	201	349	193	156
麻江县	351	177	174	568	263	305	403	196	207
丹寨县	412	203	209	538	269	269	348	143	205
黔南布依族苗族自治州	**8373**	**4206**	**4167**	**9419**	**4653**	**4766**	**6997**	**3223**	**3774**
都匀市	957	488	469	1077	519	558	719	331	388
福泉市	720	383	337	873	454	419	530	257	273
荔波县	337	167	170	502	236	266	375	177	198
贵定县	604	318	286	595	298	297	479	204	275
瓮安县	870	444	426	1048	535	513	761	361	400
独山县	713	367	346	797	389	408	603	273	330
平塘县	756	366	390	892	434	458	729	345	384
罗甸县	538	267	271	747	363	384	632	282	350
长顺县	613	298	315	546	277	269	454	196	258
龙里县	516	267	249	486	255	231	383	206	177
惠水县	1056	499	557	1060	524	536	750	336	414
三都水族自治县	693	342	351	796	369	427	582	255	327

1-3c 续表 12

单位：人

地区	75-79岁			80-84岁			85-89岁		
	小计	男	女	小计	男	女	小计	男	女
贵州	**48544**	**22624**	**25920**	**29762**	**13261**	**16501**	**11892**	**4859**	**7033**
贵阳市	**2561**	**1230**	**1331**	**1632**	**735**	**897**	**709**	**324**	**385**
南明区	60	30	30	40	16	24	27	6	21
云岩区									
花溪区	305	134	171	237	96	141	80	35	45
乌当区	219	106	113	145	64	81	59	22	37
白云区	51	27	24	17	6	11	11	4	7
观山湖区	125	61	64	66	35	31	23	9	14
开阳县	519	250	269	325	156	169	150	75	75
息烽县	373	185	188	233	109	124	109	62	47
修文县	368	178	190	211	97	114	105	45	60
清镇市	541	259	282	358	156	202	145	66	79
六盘水市	**3442**	**1631**	**1811**	**2483**	**1143**	**1340**	**924**	**398**	**526**
钟山区	87	33	54	59	25	34	22	6	16
六枝特区	767	349	418	533	217	316	215	85	130
水城县	1124	555	569	719	327	392	247	97	150
盘州市	1464	694	770	1172	574	598	440	210	230
遵义市	**9825**	**4728**	**5097**	**5104**	**2369**	**2735**	**2153**	**908**	**1245**
红花岗区	528	253	275	285	126	159	126	39	87
汇川区	439	212	227	247	117	130	111	51	60
播州区	1212	568	644	602	286	316	274	119	155
桐梓县	865	392	473	492	225	267	232	100	132
绥阳县	655	320	335	315	145	170	122	50	72
正安县	819	386	433	429	208	221	172	73	99
道真仡佬族苗族自治县	517	250	267	285	143	142	81	40	41
务川仡佬族苗族自治县	645	318	327	311	160	151	113	56	57
凤冈县	615	289	326	317	147	170	105	38	67
湄潭县	693	356	337	349	149	200	150	64	86
余庆县	456	221	235	273	108	165	120	48	72
习水县	1107	531	576	542	238	304	237	103	134
赤水市	480	232	248	230	121	109	104	50	54
仁怀市	794	400	394	427	196	231	206	77	129
安顺市	**3276**	**1496**	**1780**	**1979**	**859**	**1120**	**788**	**300**	**488**
西秀区	925	459	466	536	252	284	210	81	129
平坝区	431	195	236	235	99	136	112	52	60
普定县	514	242	272	354	174	180	136	53	83
镇宁布依族苗族自治县	489	208	281	310	124	186	96	38	58
关岭布依族苗族自治县	429	198	231	249	107	142	111	39	72
紫云苗族布依族自治县	488	194	294	295	103	192	123	37	86
毕节市	**8069**	**3828**	**4241**	**5742**	**2589**	**3153**	**1992**	**830**	**1162**
七星关区	1372	675	697	1100	516	584	376	138	238
大方县	1066	533	533	811	367	444	300	123	177
黔西县	938	434	504	607	275	332	244	107	137
金沙县	699	336	363	465	226	239	199	100	99
织金县	941	438	503	685	298	387	237	101	136
纳雍县	867	383	484	583	262	321	200	86	114
威宁彝族回族苗族自治县	1274	598	676	901	410	491	270	116	154
赫章县	912	431	481	590	235	355	166	59	107

1-3c 续表 13 单位：人

地区	75-79岁			80-84岁			85-89岁		
	小计	男	女	小计	男	女	小计	男	女
铜仁市	**6228**	**3003**	**3225**	**3218**	**1530**	**1688**	**1422**	**620**	**802**
碧江区	219	112	107	124	63	61	71	43	28
万山区	274	142	132	192	91	101	75	41	34
江口县	351	152	199	169	85	84	80	34	46
玉屏侗族自治县	189	107	82	117	63	54	58	20	38
石阡县	700	336	364	345	149	196	141	58	83
思南县	1148	565	583	519	248	271	232	107	125
印江土家族苗族自治县	713	349	364	356	166	190	157	66	91
德江县	744	335	409	352	174	178	155	63	92
沿河土家族自治县	942	437	505	500	226	274	181	71	110
松桃苗族自治县	948	468	480	544	265	279	272	117	155
黔西南布依族苗族自治州	**3934**	**1652**	**2282**	**2531**	**1008**	**1523**	**920**	**341**	**579**
兴义市	844	357	487	567	227	340	229	87	142
兴仁市	572	240	332	392	181	211	124	37	87
普安县	360	175	185	243	107	136	82	29	53
晴隆县	371	168	203	233	91	142	62	24	38
贞丰县	463	196	267	360	146	214	144	63	81
望谟县	435	172	263	228	72	156	71	30	41
册亨县	333	126	207	169	61	108	76	28	48
安龙县	556	218	338	339	123	216	132	43	89
黔东南苗族侗族自治州	**6116**	**2893**	**3223**	**4061**	**1820**	**2241**	**1670**	**636**	**1034**
凯里市	584	273	311	354	166	188	157	60	97
黄平县	532	262	270	362	164	198	141	54	87
施秉县	216	88	128	169	83	86	70	20	50
三穗县	239	123	116	182	85	97	83	34	49
镇远县	351	157	194	234	99	135	88	34	54
岑巩县	359	206	153	202	97	105	87	38	49
天柱县	549	261	288	379	178	201	151	59	92
锦屏县	277	132	145	204	76	128	71	21	50
剑河县	304	138	166	196	86	110	85	23	62
台江县	192	95	97	145	58	87	56	28	28
黎平县	698	306	392	478	227	251	184	79	105
榕江县	487	240	247	307	143	164	118	53	65
从江县	560	264	296	395	161	234	210	78	132
雷山县	216	108	108	113	46	67	45	16	29
麻江县	295	123	172	171	75	96	58	16	42
丹寨县	257	117	140	170	76	94	66	23	43
黔南布依族苗族自治州	**5093**	**2163**	**2930**	**3012**	**1208**	**1804**	**1314**	**502**	**812**
都匀市	573	210	363	321	114	207	122	40	82
福泉市	377	175	202	214	91	123	118	52	66
荔波县	264	119	145	201	83	118	83	35	48
贵定县	330	131	199	198	80	118	64	28	36
瓮安县	478	233	245	271	130	141	132	57	75
独山县	464	191	273	292	127	165	147	51	96
平塘县	552	222	330	320	123	197	156	56	100
罗甸县	475	208	267	270	102	168	93	27	66
长顺县	342	156	186	188	83	105	86	37	49
龙里县	268	113	155	156	73	83	61	30	31
惠水县	562	221	341	313	111	202	132	49	83
三都水族自治县	408	184	224	268	91	177	120	40	80

1–3c　续表 14　　　　单位：人

地　区	90–94岁			95–99岁			100岁及以上		
	小计	男	女	小计	男	女	小计	男	女
贵　州	**3183**	**1155**	**2028**	**505**	**149**	**356**	**81**	**21**	**60**
贵阳市	**158**	**57**	**101**	**16**	**5**	**11**	**4**	**1**	**3**
南明区	5	1	4						
云岩区									
花溪区	13	4	9	4		4			
乌当区	22	9	13	1	1				
白云区	4	1	3						
观山湖区	7		7	1		1			
开阳县	36	9	27	3	1	2	2	1	1
息烽县	15	6	9	2	1	1			
修文县	25	14	11	3	2	1	1		1
清镇市	31	13	18	2		2	1		1
六盘水市	**277**	**108**	**169**	**49**	**14**	**35**	**13**	**5**	**8**
钟山区	6	2	4	1	1		1		1
六枝特区	58	22	36	5	2	3	4	2	2
水城县	102	37	65	24	8	16	6	1	5
盘州市	111	47	64	19	3	16	2	2	
遵义市	**533**	**194**	**339**	**73**	**24**	**49**	**11**	**3**	**8**
红花岗区	26	7	19	1		1			
汇川区	31	10	21	4	2	2			
播州区	68	24	44	5	1	4	2		2
桐梓县	54	17	37	3	2	1			
绥阳县	40	14	26	3	1	2	1		1
正安县	33	12	21	7	2	5	3	1	2
道真仡佬族苗族自治县	24	12	12	4		4			
务川仡佬族苗族自治县	21	4	17	3	1	2			
凤冈县	19	7	12	3	1	2			
湄潭县	37	14	23	6	4	2			
余庆县	20	6	14	4	1	3			
习水县	82	34	48	12	4	8	1	1	
赤水市	30	8	22	5	1	4	2		2
仁怀市	48	25	23	13	4	9	2	1	1
安顺市	**229**	**80**	**149**	**50**	**10**	**40**	**3**	**1**	**2**
西秀区	59	22	37	11	3	8			
平坝区	26	12	14	4	1	3			
普定县	52	17	35	4	2	2	1		1
镇宁布依族苗族自治县	27	8	19	14	2	12	1	1	
关岭布依族苗族自治县	37	14	23	5		5	1		1
紫云苗族布依族自治县	28	7	21	12	2	10			
毕节市	**561**	**224**	**337**	**84**	**21**	**63**	**9**	**5**	**4**
七星关区	105	42	63	19	4	15	3	1	2
大方县	87	36	51	9	3	6	1	1	
黔西县	70	24	46	14	2	12	3	2	1
金沙县	50	23	27	4	2	2			
织金县	63	25	38	10	1	9			
纳雍县	66	20	46	6	2	4			
威宁彝族回族苗族自治县	61	30	31	13	4	9			
赫章县	59	24	35	9	3	6	2	1	1

1–3c　续表 15　　单位：人

地　区	90–94岁			95–99岁			100岁及以上		
	小计	男	女	小计	男	女	小计	男	女
铜仁市	**403**	**170**	**233**	**53**	**17**	**36**	**8**	**1**	**7**
碧江区	24	14	10	3	1	2			
万山区	31	15	16	1	1				
江口县	19	5	14	2	1	1			
玉屏侗族自治县	15	9	6						
石阡县	26	10	16	2	1	1	2		2
思南县	49	23	26	7	3	4			
印江土家族苗族自治县	39	11	28	5	1	4			
德江县	41	17	24	8	4	4			
沿河土家族自治县	59	21	38	12	3	9	3		3
松桃苗族自治县	100	45	55	13	2	11	3	1	2
黔西南布依族苗族自治州	**323**	**105**	**218**	**55**	**15**	**40**	**10**	**2**	**8**
兴义市	77	28	49	11	2	9	2		2
兴仁市	49	16	33	8	5	3	1		1
普安县	23	7	16	1	1		1		1
晴隆县	22	5	17	5	1	4	2	1	1
贞丰县	41	15	26	11	2	9	1	1	
望谟县	32	7	25	5	3	2			
册亨县	19	7	12	3		3	2		2
安龙县	60	20	40	11	1	10	1		1
黔东南苗族侗族自治州	**373**	**132**	**241**	**56**	**23**	**33**	**13**	**2**	**11**
凯里市	33	10	23	4	1	3			
黄平县	24	5	19	6	1	5	1		1
施秉县	15	7	8	2	1	1			
三穗县	12	5	7						
镇远县	16	8	8	2	2		2		2
岑巩县	24	10	14	5	4	1	2	1	1
天柱县	38	13	25	8	4	4			
锦屏县	18	9	9	3	1	2			
剑河县	12	4	8	1	1				
台江县	11	4	7						
黎平县	38	10	28	8	3	5	3	1	2
榕江县	31	6	25	2	1	1			
从江县	58	28	30	12	4	8	3		3
雷山县	12	3	9						
麻江县	16	5	11	1		1	2		2
丹寨县	15	5	10	2		2			
黔南布依族苗族自治州	**326**	**85**	**241**	**69**	**20**	**49**	**10**	**1**	**9**
都匀市	26	6	20	5		5			
福泉市	30	6	24	5	2	3	1	1	
荔波县	25	6	19	3	2	1	2		2
贵定县	19	4	15	3		3	1		1
瓮安县	34	10	24	6	4	2	1		1
独山县	31	9	22	8	1	7			
平塘县	28	10	18	6	3	3	1		1
罗甸县	24	9	15	13	3	10	1		1
长顺县	30	7	23	7	2	5			
龙里县	15	7	8	2		2			
惠水县	34	3	31	7	3	4	2		2
三都水族自治县	30	8	22	4		4	1		1

1-4 全省分年龄、性别的人口

单位：人、%

年龄	人口数			占总人口比重			性别比
	合计	男	女	合计	男	女	(女=100)
总计	**3646503**	**1866006**	**1780497**	**100.00**	**51.17**	**48.83**	**104.80**
0-4岁	**284025**	**150817**	**133208**	**7.79**	**4.14**	**3.65**	**113.22**
0	48097	25376	22721	1.32	0.70	0.62	111.69
1	54662	29034	25628	1.50	0.80	0.70	113.29
2	58464	30908	27556	1.60	0.85	0.76	112.16
3	65263	34789	30474	1.79	0.95	0.84	114.16
4	57539	30710	26829	1.58	0.84	0.74	114.47
5-9岁	**308195**	**165141**	**143054**	**8.45**	**4.53**	**3.92**	**115.44**
5	55634	29901	25733	1.53	0.82	0.71	116.20
6	60754	32484	28270	1.67	0.89	0.78	114.91
7	61723	33071	28652	1.69	0.91	0.79	115.42
8	67050	35924	31126	1.84	0.99	0.85	115.41
9	63034	33761	29273	1.73	0.93	0.80	115.33
10-14岁	**285132**	**152005**	**133127**	**7.82**	**4.17**	**3.65**	**114.18**
10	61347	32709	28638	1.68	0.90	0.79	114.22
11	61567	32768	28799	1.69	0.90	0.79	113.78
12	56505	30306	26199	1.55	0.83	0.72	115.68
13	53404	28477	24927	1.46	0.78	0.68	114.24
14	52309	27745	24564	1.43	0.76	0.67	112.95
15-19岁	**251646**	**129893**	**121753**	**6.90**	**3.56**	**3.34**	**106.69**
15	49098	26066	23032	1.35	0.71	0.63	113.17
16	54944	28654	26290	1.51	0.79	0.72	108.99
17	54561	27978	26583	1.50	0.77	0.73	105.25
18	47952	24427	23525	1.32	0.67	0.65	103.83
19	45091	22768	22323	1.24	0.62	0.61	101.99
20-24岁	**227496**	**111826**	**115670**	**6.24**	**3.07**	**3.17**	**96.68**
20	45285	22335	22950	1.24	0.61	0.63	97.32
21	44634	21908	22726	1.22	0.60	0.62	96.40
22	48993	24201	24792	1.34	0.66	0.68	97.62
23	44957	22064	22893	1.23	0.61	0.63	96.38
24	43627	21318	22309	1.20	0.58	0.61	95.56
25-29岁	**221678**	**110553**	**111125**	**6.08**	**3.03**	**3.05**	**99.49**
25	45008	22290	22718	1.23	0.61	0.62	98.12
26	42657	21027	21630	1.17	0.58	0.59	97.21
27	45285	22494	22791	1.24	0.62	0.63	98.70
28	44815	22308	22507	1.23	0.61	0.62	99.12
29	43913	22434	21479	1.20	0.62	0.59	104.45

1-4　续表 1　　单位：人、%

年　龄	人　口　数			占总人口比重			性别比
	合计	男	女	合计	男	女	(女=100)
30–34岁	**258156**	**131366**	**126790**	**7.08**	**3.60**	**3.48**	**103.61**
30	52407	26622	25785	1.44	0.73	0.71	103.25
31	52158	26208	25950	1.43	0.72	0.71	100.99
32	51428	25953	25475	1.41	0.71	0.70	101.88
33	54966	28151	26815	1.51	0.77	0.74	104.98
34	47197	24432	22765	1.29	0.67	0.62	107.32
35–39岁	**216389**	**113596**	**102793**	**5.93**	**3.12**	**2.82**	**110.51**
35	42192	21978	20214	1.16	0.60	0.55	108.73
36	42506	22225	20281	1.17	0.61	0.56	109.59
37	40463	21254	19209	1.11	0.58	0.53	110.65
38	47748	25442	22306	1.31	0.70	0.61	114.06
39	43480	22697	20783	1.19	0.62	0.57	109.21
40–44岁	**234298**	**123551**	**110747**	**6.43**	**3.39**	**3.04**	**111.56**
40	42030	21980	20050	1.15	0.60	0.55	109.63
41	44930	23847	21083	1.23	0.65	0.58	113.11
42	46066	24305	21761	1.26	0.67	0.60	111.69
43	46926	24933	21993	1.29	0.68	0.60	113.37
44	54346	28486	25860	1.49	0.78	0.71	110.15
45–49岁	**288221**	**152205**	**136016**	**7.90**	**4.17**	**3.73**	**111.90**
45	57513	30482	27031	1.58	0.84	0.74	112.77
46	61760	32617	29143	1.69	0.89	0.80	111.92
47	57671	30460	27211	1.58	0.84	0.75	111.94
48	55143	28945	26198	1.51	0.79	0.72	110.49
49	56134	29701	26433	1.54	0.81	0.72	112.36
50–54岁	**278922**	**142325**	**136597**	**7.65**	**3.90**	**3.75**	**104.19**
50	59360	30735	28625	1.63	0.84	0.78	107.37
51	55014	28094	26920	1.51	0.77	0.74	104.36
52	62149	31613	30536	1.70	0.87	0.84	103.53
53	47343	24022	23321	1.30	0.66	0.64	103.01
54	55056	27861	27195	1.51	0.76	0.75	102.45
55–59岁	**217003**	**108679**	**108324**	**5.95**	**2.98**	**2.97**	**100.33**
55	53512	26941	26571	1.47	0.74	0.73	101.39
56	52341	26081	26260	1.44	0.72	0.72	99.32
57	54640	27495	27145	1.50	0.75	0.74	101.29
58	38840	19427	19413	1.07	0.53	0.53	100.07
59	17670	8735	8935	0.48	0.24	0.25	97.76
60–64岁	**144662**	**71852**	**72810**	**3.97**	**1.97**	**2.00**	**98.68**
60	22541	11145	11396	0.62	0.31	0.31	97.80
61	23005	11632	11373	0.63	0.32	0.31	102.28
62	31672	15912	15760	0.87	0.44	0.43	100.96
63	34924	17312	17612	0.96	0.47	0.48	98.30
64	32520	15851	16669	0.89	0.43	0.46	95.09

1-4 续表 2

单位：人、%

年 龄	人口数			占总人口比重			性别比
	合计	男	女	合计	男	女	(女=100)
65-69岁	**160262**	**77724**	**82538**	**4.39**	**2.13**	**2.26**	**94.17**
65	34935	17254	17681	0.96	0.47	0.48	97.58
66	36056	17312	18744	0.99	0.47	0.51	92.36
67	33032	15880	17152	0.91	0.44	0.47	92.58
68	32034	15596	16438	0.88	0.43	0.45	94.88
69	24205	11682	12523	0.66	0.32	0.34	93.28
70-74岁	**115598**	**55554**	**60044**	**3.17**	**1.52**	**1.65**	**92.52**
70	24504	11794	12710	0.67	0.32	0.35	92.79
71	25752	12615	13137	0.71	0.35	0.36	96.03
72	22440	10765	11675	0.62	0.30	0.32	92.21
73	22326	10665	11661	0.61	0.29	0.32	91.46
74	20576	9715	10861	0.56	0.27	0.30	89.45
75-79岁	**78926**	**36482**	**42444**	**2.16**	**1.00**	**1.16**	**85.95**
75	16113	7509	8604	0.44	0.21	0.24	87.27
76	17299	8224	9075	0.47	0.23	0.25	90.62
77	16502	7641	8861	0.45	0.21	0.24	86.23
78	15155	6799	8356	0.42	0.19	0.23	81.37
79	13857	6309	7548	0.38	0.17	0.21	83.59
80-84岁	**49179**	**21701**	**27478**	**1.35**	**0.60**	**0.75**	**78.98**
80	11886	5340	6546	0.33	0.15	0.18	81.58
81	10338	4595	5743	0.28	0.13	0.16	80.01
82	10862	4816	6046	0.30	0.13	0.17	79.66
83	8778	3822	4956	0.24	0.10	0.14	77.12
84	7315	3128	4187	0.20	0.09	0.11	74.71
85-89岁	**20231**	**8319**	**11912**	**0.55**	**0.23**	**0.33**	**69.84**
85	5650	2338	3312	0.15	0.06	0.09	70.59
86	4430	1792	2638	0.12	0.05	0.07	67.93
87	4226	1822	2404	0.12	0.05	0.07	75.79
88	3294	1306	1988	0.09	0.04	0.05	65.69
89	2631	1061	1570	0.07	0.03	0.04	67.58
90-94岁	**5491**	**2104**	**3387**	**0.15**	**0.06**	**0.09**	**62.12**
90	2075	777	1298	0.06	0.02	0.04	59.86
91	1211	478	733	0.03	0.01	0.02	65.21
92	1105	420	685	0.03	0.01	0.02	61.31
93	685	273	412	0.02	0.01	0.01	66.26
94	415	156	259	0.01		0.01	60.23
95-99岁	**857**	**274**	**583**	**0.02**	**0.01**	**0.02**	**47.00**
95	304	98	206	0.01		0.01	47.57
96	183	64	119	0.01			53.78
97	184	53	131	0.01			40.46
98	106	32	74				43.24
99	80	27	53				50.94
100岁及以上	**136**	**39**	**97**				**40.21**

1-4a 全省分年龄、性别的人口(城市)

单位：人、%

年 龄	人 口 数			占总人口比重			性别比
	合计	男	女	合计	男	女	(女=100)
总 计	**953728**	**477931**	**475797**	**100.00**	**50.11**	**49.89**	**100.45**
0-4岁	**68081**	**36218**	**31863**	**7.14**	**3.80**	**3.34**	**113.67**
0	9794	5164	4630	1.03	0.54	0.49	111.53
1	13388	7180	6208	1.40	0.75	0.65	115.66
2	14441	7648	6793	1.51	0.80	0.71	112.59
3	16523	8748	7775	1.73	0.92	0.82	112.51
4	13935	7478	6457	1.46	0.78	0.68	115.81
5-9岁	**66668**	**35851**	**30817**	**6.99**	**3.76**	**3.23**	**116.34**
5	12564	6830	5734	1.32	0.72	0.60	119.11
6	13625	7251	6374	1.43	0.76	0.67	113.76
7	13548	7290	6258	1.42	0.76	0.66	116.49
8	14307	7696	6611	1.50	0.81	0.69	116.41
9	12624	6784	5840	1.32	0.71	0.61	116.16
10-14岁	**55596**	**29732**	**25864**	**5.83**	**3.12**	**2.71**	**114.96**
10	12354	6647	5707	1.30	0.70	0.60	116.47
11	11844	6386	5458	1.24	0.67	0.57	117.00
12	10987	5893	5094	1.15	0.62	0.53	115.69
13	10377	5432	4945	1.09	0.57	0.52	109.85
14	10034	5374	4660	1.05	0.56	0.49	115.32
15-19岁	**66011**	**34247**	**31764**	**6.92**	**3.59**	**3.33**	**107.82**
15	10761	5731	5030	1.13	0.60	0.53	113.94
16	14488	7700	6788	1.52	0.81	0.71	113.44
17	15139	7885	7254	1.59	0.83	0.76	108.70
18	12627	6535	6092	1.32	0.69	0.64	107.27
19	12996	6396	6600	1.36	0.67	0.69	96.91
20-24岁	**76440**	**35706**	**40734**	**8.01**	**3.74**	**4.27**	**87.66**
20	14896	6982	7914	1.56	0.73	0.83	88.22
21	15300	7085	8215	1.60	0.74	0.86	86.24
22	16686	7784	8902	1.75	0.82	0.93	87.44
23	14996	7072	7924	1.57	0.74	0.83	89.25
24	14562	6783	7779	1.53	0.71	0.82	87.20
25-29岁	**76279**	**36782**	**39497**	**8.00**	**3.86**	**4.14**	**93.13**
25	15279	7343	7936	1.60	0.77	0.83	92.53
26	14611	6954	7657	1.53	0.73	0.80	90.82
27	15528	7574	7954	1.63	0.79	0.83	95.22
28	15274	7285	7989	1.60	0.76	0.84	91.19
29	15587	7626	7961	1.63	0.80	0.83	95.79

1-4a 续表 1

单位：人、%

年 龄	人口数			占总人口比重			性别比
	合计	男	女	合计	男	女	(女=100)
30-34岁	**91955**	**45286**	**46669**	**9.64**	**4.75**	**4.89**	**97.04**
30	18489	9155	9334	1.94	0.96	0.98	98.08
31	18625	8990	9635	1.95	0.94	1.01	93.31
32	18322	8959	9363	1.92	0.94	0.98	95.69
33	19530	9689	9841	2.05	1.02	1.03	98.46
34	16989	8493	8496	1.78	0.89	0.89	99.96
35-39岁	**70962**	**35875**	**35087**	**7.44**	**3.76**	**3.68**	**102.25**
35	14683	7386	7297	1.54	0.77	0.77	101.22
36	14290	7162	7128	1.50	0.75	0.75	100.48
37	13427	6848	6579	1.41	0.72	0.69	104.09
38	15227	7780	7447	1.60	0.82	0.78	104.47
39	13335	6699	6636	1.40	0.70	0.70	100.95
40-44岁	**67434**	**34470**	**32964**	**7.07**	**3.61**	**3.46**	**104.57**
40	12558	6339	6219	1.32	0.66	0.65	101.93
41	13146	6727	6419	1.38	0.71	0.67	104.80
42	13282	6903	6379	1.39	0.72	0.67	108.21
43	13491	6889	6602	1.41	0.72	0.69	104.35
44	14957	7612	7345	1.57	0.80	0.77	103.64
45-49岁	**78107**	**40149**	**37958**	**8.19**	**4.21**	**3.98**	**105.77**
45	16063	8262	7801	1.68	0.87	0.82	105.91
46	16901	8563	8338	1.77	0.90	0.87	102.70
47	15712	8066	7646	1.65	0.85	0.80	105.49
48	14686	7587	7099	1.54	0.80	0.74	106.87
49	14745	7671	7074	1.55	0.80	0.74	108.44
50-54岁	**67850**	**34002**	**33848**	**7.11**	**3.57**	**3.55**	**100.45**
50	15338	7754	7584	1.61	0.81	0.80	102.24
51	13900	7064	6836	1.46	0.74	0.72	103.34
52	14886	7429	7457	1.56	0.78	0.78	99.62
53	11016	5468	5548	1.16	0.57	0.58	98.56
54	12710	6287	6423	1.33	0.66	0.67	97.88
55-59岁	**53532**	**26239**	**27293**	**5.61**	**2.75**	**2.86**	**96.14**
55	12900	6428	6472	1.35	0.67	0.68	99.32
56	12813	6232	6581	1.34	0.65	0.69	94.70
57	13837	6751	7086	1.45	0.71	0.74	95.27
58	9192	4500	4692	0.96	0.47	0.49	95.91
59	4790	2328	2462	0.50	0.24	0.26	94.56
60-64岁	**34094**	**16519**	**17575**	**3.57**	**1.73**	**1.84**	**93.99**
60	6161	2985	3176	0.65	0.31	0.33	93.99
61	5799	2860	2939	0.61	0.30	0.31	97.31
62	7342	3591	3751	0.77	0.38	0.39	95.73
63	7834	3776	4058	0.82	0.40	0.43	93.05
64	6958	3307	3651	0.73	0.35	0.38	90.58

1-4a　续表 2　　单位：人、%

年　龄	人　口　数			占总人口比重			性别比
	合计	男	女	合计	男	女	(女=100)
65-69岁	**29870**	**13594**	**16276**	**3.13**	**1.43**	**1.71**	**83.52**
65	6950	3301	3649	0.73	0.35	0.38	90.46
66	6934	3134	3800	0.73	0.33	0.40	82.47
67	5903	2629	3274	0.62	0.28	0.34	80.30
68	5667	2547	3120	0.59	0.27	0.33	81.63
69	4416	1983	2433	0.46	0.21	0.26	81.50
70-74岁	**21681**	**10195**	**11486**	**2.27**	**1.07**	**1.20**	**88.76**
70	4603	2141	2462	0.48	0.22	0.26	86.96
71	4838	2263	2575	0.51	0.24	0.27	87.88
72	4213	1969	2244	0.44	0.21	0.24	87.75
73	4154	1953	2201	0.44	0.20	0.23	88.73
74	3873	1869	2004	0.41	0.20	0.21	93.26
75-79岁	**14104**	**6480**	**7624**	**1.48**	**0.68**	**0.80**	**84.99**
75	2875	1381	1494	0.30	0.14	0.16	92.44
76	3091	1443	1648	0.32	0.15	0.17	87.56
77	2918	1318	1600	0.31	0.14	0.17	82.38
78	2727	1228	1499	0.29	0.13	0.16	81.92
79	2493	1110	1383	0.26	0.12	0.15	80.26
80-84岁	**9550**	**4170**	**5380**	**1.00**	**0.44**	**0.56**	**77.51**
80	2328	1022	1306	0.24	0.11	0.14	78.25
81	2048	923	1125	0.21	0.10	0.12	82.04
82	2090	909	1181	0.22	0.10	0.12	76.97
83	1679	747	932	0.18	0.08	0.10	80.15
84	1405	569	836	0.15	0.06	0.09	68.06
85-89岁	**4136**	**1802**	**2334**	**0.43**	**0.19**	**0.24**	**77.21**
85	1107	461	646	0.12	0.05	0.07	71.36
86	955	390	565	0.10	0.04	0.06	69.03
87	950	438	512	0.10	0.05	0.05	85.55
88	639	287	352	0.07	0.03	0.04	81.53
89	485	226	259	0.05	0.02	0.03	87.26
90-94岁	**1181**	**537**	**644**	**0.12**	**0.06**	**0.07**	**83.39**
90	430	171	259	0.05	0.02	0.03	66.02
91	282	135	147	0.03	0.01	0.02	91.84
92	229	111	118	0.02	0.01	0.01	94.07
93	140	73	67	0.01	0.01	0.01	108.96
94	100	47	53	0.01		0.01	88.68
95-99岁	**173**	**65**	**108**	**0.02**	**0.01**	**0.01**	**60.19**
95	58	22	36	0.01			61.11
96	35	14	21				66.67
97	43	14	29				48.28
98	19	9	10				90.00
99	18	6	12				50.00
100岁及以上	**24**	**12**	**12**				**100.00**

1-4b 全省分年龄、性别的人口(镇)

单位：人、%

年 龄	人 口 数			占总人口比重			性别比
	合计	男	女	合计	男	女	(女=100)
总 计	**974222**	**490706**	**483516**	**100.00**	**50.37**	**49.63**	**101.49**
0-4岁	**78131**	**41761**	**36370**	**8.02**	**4.29**	**3.73**	**114.82**
0	11814	6254	5560	1.21	0.64	0.57	112.48
1	14876	7912	6964	1.53	0.81	0.71	113.61
2	16334	8697	7637	1.68	0.89	0.78	113.88
3	19116	10270	8846	1.96	1.05	0.91	116.10
4	15991	8628	7363	1.64	0.89	0.76	117.18
5-9岁	**87060**	**46803**	**40257**	**8.94**	**4.80**	**4.13**	**116.26**
5	15339	8189	7150	1.57	0.84	0.73	114.53
6	16940	9164	7776	1.74	0.94	0.80	117.85
7	17593	9420	8173	1.81	0.97	0.84	115.26
8	19033	10217	8816	1.95	1.05	0.90	115.89
9	18155	9813	8342	1.86	1.01	0.86	117.63
10-14岁	**81279**	**43035**	**38244**	**8.34**	**4.42**	**3.93**	**112.53**
10	17429	9215	8214	1.79	0.95	0.84	112.19
11	17456	9223	8233	1.79	0.95	0.85	112.02
12	16100	8637	7463	1.65	0.89	0.77	115.73
13	15222	8063	7159	1.56	0.83	0.73	112.63
14	15072	7897	7175	1.55	0.81	0.74	110.06
15-19岁	**80039**	**40143**	**39896**	**8.22**	**4.12**	**4.10**	**100.62**
15	14170	7376	6794	1.45	0.76	0.70	108.57
16	17335	8727	8608	1.78	0.90	0.88	101.38
17	18662	9216	9446	1.92	0.95	0.97	97.57
18	16345	8110	8235	1.68	0.83	0.85	98.48
19	13527	6714	6813	1.39	0.69	0.70	98.55
20-24岁	**62006**	**29579**	**32427**	**6.36**	**3.04**	**3.33**	**91.22**
20	12768	6183	6585	1.31	0.63	0.68	93.90
21	12303	5886	6417	1.26	0.60	0.66	91.73
22	13080	6365	6715	1.34	0.65	0.69	94.79
23	12072	5617	6455	1.24	0.58	0.66	87.02
24	11783	5528	6255	1.21	0.57	0.64	88.38
25-29岁	**62864**	**29475**	**33389**	**6.45**	**3.03**	**3.43**	**88.28**
25	12193	5752	6441	1.25	0.59	0.66	89.30
26	11956	5499	6457	1.23	0.56	0.66	85.16
27	13021	6041	6980	1.34	0.62	0.72	86.55
28	12920	6055	6865	1.33	0.62	0.70	88.20
29	12774	6128	6646	1.31	0.63	0.68	92.21

1-4b　续表 1　　　　单位：人、%

年　龄	人　口　数			占总人口比重			性别比
	合计	男	女	合计	男	女	(女=100)
30-34岁	**75074**	**36292**	**38782**	**7.71**	**3.73**	**3.98**	**93.58**
30	15286	7289	7997	1.57	0.75	0.82	91.15
31	14990	7092	7898	1.54	0.73	0.81	89.79
32	14958	7192	7766	1.54	0.74	0.80	92.61
33	16180	7893	8287	1.66	0.81	0.85	95.25
34	13660	6826	6834	1.40	0.70	0.70	99.88
35-39岁	**63123**	**32046**	**31077**	**6.48**	**3.29**	**3.19**	**103.12**
35	12174	6152	6022	1.25	0.63	0.62	102.16
36	12413	6276	6137	1.27	0.64	0.63	102.26
37	11888	5985	5903	1.22	0.61	0.61	101.39
38	14015	7220	6795	1.44	0.74	0.70	106.25
39	12633	6413	6220	1.30	0.66	0.64	103.10
40-44岁	**66284**	**34238**	**32046**	**6.80**	**3.51**	**3.29**	**106.84**
40	12112	6134	5978	1.24	0.63	0.61	102.61
41	12922	6703	6219	1.33	0.69	0.64	107.78
42	13090	6756	6334	1.34	0.69	0.65	106.66
43	13142	6856	6286	1.35	0.70	0.65	109.07
44	15018	7789	7229	1.54	0.80	0.74	107.75
45-49岁	**76347**	**39915**	**36432**	**7.84**	**4.10**	**3.74**	**109.56**
45	15590	8173	7417	1.60	0.84	0.76	110.19
46	16656	8690	7966	1.71	0.89	0.82	109.09
47	15341	8077	7264	1.57	0.83	0.75	111.19
48	14410	7473	6937	1.48	0.77	0.71	107.73
49	14350	7502	6848	1.47	0.77	0.70	109.55
50-54岁	**69515**	**34968**	**34547**	**7.14**	**3.59**	**3.55**	**101.22**
50	15076	7786	7290	1.55	0.80	0.75	106.80
51	13526	6747	6779	1.39	0.69	0.70	99.53
52	15579	7792	7787	1.60	0.80	0.80	100.06
53	11596	5811	5785	1.19	0.60	0.59	100.45
54	13738	6832	6906	1.41	0.70	0.71	98.93
55-59岁	**52082**	**25963**	**26119**	**5.35**	**2.66**	**2.68**	**99.40**
55	13055	6500	6555	1.34	0.67	0.67	99.16
56	12849	6397	6452	1.32	0.66	0.66	99.15
57	13067	6524	6543	1.34	0.67	0.67	99.71
58	9183	4604	4579	0.94	0.47	0.47	100.55
59	3928	1938	1990	0.40	0.20	0.20	97.39
60-64岁	**31073**	**15313**	**15760**	**3.19**	**1.57**	**1.62**	**97.16**
60	4646	2312	2334	0.48	0.24	0.24	99.06
61	5057	2548	2509	0.52	0.26	0.26	101.55
62	7063	3528	3535	0.72	0.36	0.36	99.80
63	7430	3651	3779	0.76	0.37	0.39	96.61
64	6877	3274	3603	0.71	0.34	0.37	90.87

1-4b 续表 2

单位：人、%

年 龄	人 口 数			占总人口比重			性别比
	合计	男	女	合计	男	女	(女=100)
65-69岁	**33950**	**16207**	**17743**	**3.48**	**1.66**	**1.82**	**91.34**
65	7570	3662	3908	0.78	0.38	0.40	93.71
66	7697	3599	4098	0.79	0.37	0.42	87.82
67	6840	3302	3538	0.70	0.34	0.36	93.33
68	6780	3207	3573	0.70	0.33	0.37	89.76
69	5063	2437	2626	0.52	0.25	0.27	92.80
70-74岁	**23710**	**11184**	**12526**	**2.43**	**1.15**	**1.29**	**89.29**
70	5073	2392	2681	0.52	0.25	0.28	89.22
71	5200	2515	2685	0.53	0.26	0.28	93.67
72	4581	2170	2411	0.47	0.22	0.25	90.00
73	4605	2161	2444	0.47	0.22	0.25	88.42
74	4251	1946	2305	0.44	0.20	0.24	84.43
75-79岁	**16278**	**7378**	**8900**	**1.67**	**0.76**	**0.91**	**82.90**
75	3318	1549	1769	0.34	0.16	0.18	87.56
76	3626	1693	1933	0.37	0.17	0.20	87.58
77	3372	1522	1850	0.35	0.16	0.19	82.27
78	3145	1381	1764	0.32	0.14	0.18	78.29
79	2817	1233	1584	0.29	0.13	0.16	77.84
80-84岁	**9867**	**4270**	**5597**	**1.01**	**0.44**	**0.57**	**76.29**
80	2409	1072	1337	0.25	0.11	0.14	80.18
81	2108	925	1183	0.22	0.09	0.12	78.19
82	2213	963	1250	0.23	0.10	0.13	77.04
83	1672	713	959	0.17	0.07	0.10	74.35
84	1465	597	868	0.15	0.06	0.09	68.78
85-89岁	**4203**	**1658**	**2545**	**0.43**	**0.17**	**0.26**	**65.15**
85	1176	451	725	0.12	0.05	0.07	62.21
86	913	369	544	0.09	0.04	0.06	67.83
87	900	357	543	0.09	0.04	0.06	65.75
88	661	256	405	0.07	0.03	0.04	63.21
89	553	225	328	0.06	0.02	0.03	68.60
90-94岁	**1127**	**412**	**715**	**0.12**	**0.04**	**0.07**	**57.62**
90	425	165	260	0.04	0.02	0.03	63.46
91	238	88	150	0.02	0.01	0.02	58.67
92	248	86	162	0.03	0.01	0.02	53.09
93	139	45	94	0.01		0.01	47.87
94	77	28	49	0.01		0.01	57.14
95-99岁	**179**	**60**	**119**	**0.02**	**0.01**	**0.01**	**50.42**
95	65	26	39	0.01			66.67
96	33	12	21				57.14
97	45	8	37				21.62
98	25	10	15				66.67
99	11	4	7				57.14
100岁及以上	**31**	**6**	**25**				**24.00**

1−4c　全省分年龄、性别的人口(乡村)

单位：人、%

年　龄	人　口　数			占总人口比重			性别比
	合计	男	女	合计	男	女	(女=100)
总　计	**1718553**	**897369**	**821184**	**100.00**	**52.22**	**47.78**	**109.28**
0−4岁	**137813**	**72838**	**64975**	**8.02**	**4.24**	**3.78**	**112.10**
0	26489	13958	12531	1.54	0.81	0.73	111.39
1	26398	13942	12456	1.54	0.81	0.72	111.93
2	27689	14563	13126	1.61	0.85	0.76	110.95
3	29624	15771	13853	1.72	0.92	0.81	113.85
4	27613	14604	13009	1.61	0.85	0.76	112.26
5−9岁	**154467**	**82487**	**71980**	**8.99**	**4.80**	**4.19**	**114.60**
5	27731	14882	12849	1.61	0.87	0.75	115.82
6	30189	16069	14120	1.76	0.94	0.82	113.80
7	30582	16361	14221	1.78	0.95	0.83	115.05
8	33710	18011	15699	1.96	1.05	0.91	114.73
9	32255	17164	15091	1.88	1.00	0.88	113.74
10−14岁	**148257**	**79238**	**69019**	**8.63**	**4.61**	**4.02**	**114.81**
10	31564	16847	14717	1.84	0.98	0.86	114.47
11	32267	17159	15108	1.88	1.00	0.88	113.58
12	29418	15776	13642	1.71	0.92	0.79	115.64
13	27805	14982	12823	1.62	0.87	0.75	116.84
14	27203	14474	12729	1.58	0.84	0.74	113.71
15−19岁	**105596**	**55503**	**50093**	**6.14**	**3.23**	**2.91**	**110.80**
15	24167	12959	11208	1.41	0.75	0.65	115.62
16	23121	12227	10894	1.35	0.71	0.63	112.24
17	20760	10877	9883	1.21	0.63	0.58	110.06
18	18980	9782	9198	1.10	0.57	0.54	106.35
19	18568	9658	8910	1.08	0.56	0.52	108.40
20−24岁	**89050**	**46541**	**42509**	**5.18**	**2.71**	**2.47**	**109.49**
20	17621	9170	8451	1.03	0.53	0.49	108.51
21	17031	8937	8094	0.99	0.52	0.47	110.42
22	19227	10052	9175	1.12	0.58	0.53	109.56
23	17889	9375	8514	1.04	0.55	0.50	110.11
24	17282	9007	8275	1.01	0.52	0.48	108.85
25−29岁	**82535**	**44296**	**38239**	**4.80**	**2.58**	**2.23**	**115.84**
25	17536	9195	8341	1.02	0.54	0.49	110.24
26	16090	8574	7516	0.94	0.50	0.44	114.08
27	16736	8879	7857	0.97	0.52	0.46	113.01
28	16621	8968	7653	0.97	0.52	0.45	117.18
29	15552	8680	6872	0.90	0.51	0.40	126.31

1-4c 续表 1 单位：人、%

年龄	人口数			占总人口比重			性别比
	合计	男	女	合计	男	女	(女=100)
30-34岁	**91127**	**49788**	**41339**	**5.30**	**2.90**	**2.41**	**120.44**
30	18632	10178	8454	1.08	0.59	0.49	120.39
31	18543	10126	8417	1.08	0.59	0.49	120.30
32	18148	9802	8346	1.06	0.57	0.49	117.45
33	19256	10569	8687	1.12	0.61	0.51	121.66
34	16548	9113	7435	0.96	0.53	0.43	122.57
35-39岁	**82304**	**45675**	**36629**	**4.79**	**2.66**	**2.13**	**124.70**
35	15335	8440	6895	0.89	0.49	0.40	122.41
36	15803	8787	7016	0.92	0.51	0.41	125.24
37	15148	8421	6727	0.88	0.49	0.39	125.18
38	18506	10442	8064	1.08	0.61	0.47	129.49
39	17512	9585	7927	1.02	0.56	0.46	120.92
40-44岁	**100580**	**54843**	**45737**	**5.85**	**3.19**	**2.66**	**119.91**
40	17360	9507	7853	1.01	0.55	0.46	121.06
41	18862	10417	8445	1.10	0.61	0.49	123.35
42	19694	10646	9048	1.15	0.62	0.53	117.66
43	20293	11188	9105	1.18	0.65	0.53	122.88
44	24371	13085	11286	1.42	0.76	0.66	115.94
45-49岁	**133767**	**72141**	**61626**	**7.78**	**4.20**	**3.59**	**117.06**
45	25860	14047	11813	1.50	0.82	0.69	118.91
46	28203	15364	12839	1.64	0.89	0.75	119.67
47	26618	14317	12301	1.55	0.83	0.72	116.39
48	26047	13885	12162	1.52	0.81	0.71	114.17
49	27039	14528	12511	1.57	0.85	0.73	116.12
50-54岁	**141557**	**73355**	**68202**	**8.24**	**4.27**	**3.97**	**107.56**
50	28946	15195	13751	1.68	0.88	0.80	110.50
51	27588	14283	13305	1.61	0.83	0.77	107.35
52	31684	16392	15292	1.84	0.95	0.89	107.19
53	24731	12743	11988	1.44	0.74	0.70	106.30
54	28608	14742	13866	1.66	0.86	0.81	106.32
55-59岁	**111389**	**56477**	**54912**	**6.48**	**3.29**	**3.20**	**102.85**
55	27557	14013	13544	1.60	0.82	0.79	103.46
56	26679	13452	13227	1.55	0.78	0.77	101.70
57	27736	14220	13516	1.61	0.83	0.79	105.21
58	20465	10323	10142	1.19	0.60	0.59	101.78
59	8952	4469	4483	0.52	0.26	0.26	99.69
60-64岁	**79495**	**40020**	**39475**	**4.63**	**2.33**	**2.30**	**101.38**
60	11734	5848	5886	0.68	0.34	0.34	99.35
61	12149	6224	5925	0.71	0.36	0.34	105.05
62	17267	8793	8474	1.00	0.51	0.49	103.76
63	19660	9885	9775	1.14	0.58	0.57	101.13
64	18685	9270	9415	1.09	0.54	0.55	98.46

1-4c　续表 2　　　　单位：人、%

年龄	人口数			占总人口比重			性别比
	合计	男	女	合计	男	女	(女=100)
65-69岁	**96442**	**47923**	**48519**	**5.61**	**2.79**	**2.82**	**98.77**
65	20415	10291	10124	1.19	0.60	0.59	101.65
66	21425	10579	10846	1.25	0.62	0.63	97.54
67	20289	9949	10340	1.18	0.58	0.60	96.22
68	19587	9842	9745	1.14	0.57	0.57	101.00
69	14726	7262	7464	0.86	0.42	0.43	97.29
70-74岁	**70207**	**34175**	**36032**	**4.09**	**1.99**	**2.10**	**94.85**
70	14828	7261	7567	0.86	0.42	0.44	95.96
71	15714	7837	7877	0.91	0.46	0.46	99.49
72	13646	6626	7020	0.79	0.39	0.41	94.39
73	13567	6551	7016	0.79	0.38	0.41	93.37
74	12452	5900	6552	0.72	0.34	0.38	90.05
75-79岁	**48544**	**22624**	**25920**	**2.82**	**1.32**	**1.51**	**87.28**
75	9920	4579	5341	0.58	0.27	0.31	85.73
76	10582	5088	5494	0.62	0.30	0.32	92.61
77	10212	4801	5411	0.59	0.28	0.31	88.73
78	9283	4190	5093	0.54	0.24	0.30	82.27
79	8547	3966	4581	0.50	0.23	0.27	86.57
80-84岁	**29762**	**13261**	**16501**	**1.73**	**0.77**	**0.96**	**80.36**
80	7149	3246	3903	0.42	0.19	0.23	83.17
81	6182	2747	3435	0.36	0.16	0.20	79.97
82	6559	2944	3615	0.38	0.17	0.21	81.44
83	5427	2362	3065	0.32	0.14	0.18	77.06
84	4445	1962	2483	0.26	0.11	0.14	79.02
85-89岁	**11892**	**4859**	**7033**	**0.69**	**0.28**	**0.41**	**69.09**
85	3367	1426	1941	0.20	0.08	0.11	73.47
86	2562	1033	1529	0.15	0.06	0.09	67.56
87	2376	1027	1349	0.14	0.06	0.08	76.13
88	1994	763	1231	0.12	0.04	0.07	61.98
89	1593	610	983	0.09	0.04	0.06	62.05
90-94岁	**3183**	**1155**	**2028**	**0.19**	**0.07**	**0.12**	**56.95**
90	1220	441	779	0.07	0.03	0.05	56.61
91	691	255	436	0.04	0.01	0.03	58.49
92	628	223	405	0.04	0.01	0.02	55.06
93	406	155	251	0.02	0.01	0.01	61.75
94	238	81	157	0.01		0.01	51.59
95-99岁	**505**	**149**	**356**	**0.03**	**0.01**	**0.02**	**41.85**
95	181	50	131	0.01		0.01	38.17
96	115	38	77	0.01			49.35
97	96	31	65	0.01			47.69
98	62	13	49				26.53
99	51	17	34				50.00
100岁及以上	**81**	**21**	**60**				**35.00**

第二部分 长表数据资料

第二卷 民族

2–1 全省各民族分性别、行业的人口

单位：人

民族	人口数			农、林、牧、渔业			采矿业		
	合计	男	女	小计	男	女	小计	男	女
总　计	**1481582**	**872810**	**608772**	**396549**	**198446**	**198103**	**22406**	**19837**	**2569**
汉　族	984683	584672	400011	245221	122935	122286	18286	16339	1947
蒙古族	1681	1073	608	314	188	126	30	28	2
回　族	8540	4861	3679	3366	1757	1609	69	62	7
藏　族	89	44	45	9	2	7	3	3	
维吾尔族	36	23	13	1	1				
苗　族	155830	90090	65740	52920	26116	26804	1000	833	167
彝　族	32619	18862	13757	10859	5352	5507	1204	1036	168
壮　族	2461	1221	1240	346	131	215	18	13	5
布依族	103779	58605	45174	35605	17678	17927	505	423	82
朝鲜族	38	24	14	2	1	1			
满　族	1134	698	436	104	59	45	55	43	12
侗　族	57839	34609	23230	13086	6881	6205	227	186	41
瑶　族	1752	1007	745	589	313	276	18	16	2
白　族	7326	4415	2911	1543	845	698	190	159	31
土家族	55848	32673	23175	11854	5749	6105	163	135	28
哈尼族	94	33	61	19	1	18	1	1	
哈萨克族	4	2	2						
傣　族	65	19	46	13	1	12	1	1	
黎　族	5199	3098	2101	1544	839	705	59	51	8
傈僳族	23	7	16	3		3			
佤　族	26	9	17	8		8			
畲　族	1647	970	677	614	315	299	15	13	2
高山族	12	10	2	2	1	1			
拉祜族	19	3	16	4		4			
水　族	14570	8242	6328	5987	2907	3080	76	68	8
东乡族	62	35	27	10	4	6			
纳西族	21	11	10				1		1
景颇族	37	15	22	5		5			
柯尔克孜族									
土　族	302	179	123	74	41	33	3	3	
达斡尔族	4	2	2				2	1	1
仫佬族	1771	1027	744	386	181	205	16	12	4
羌　族	89	47	42	9	4	5	1		1
布朗族	10	3	7	4	2	2			
撒拉族	5	1	4						
毛南族	1143	651	492	401	176	225	2	1	1
仡佬族	19498	11544	7954	4718	2403	2315	94	76	18
锡伯族	15	10	5						
阿昌族	6	6							
普米族	6	4	2	1		1			
塔吉克族									
怒　族	3	1	2	1	1				
乌孜别克族									
俄罗斯族	3	3							
鄂温克族									
德昂族	1	1							
保安族									
裕固族									
京　族	52	37	15	7	6	1			
塔塔尔族									
独龙族	3	3		1	1		1	1	
鄂伦春族									
赫哲族	1	1							
门巴族									
珞巴族	2	1	1						
基诺族	3	1	2						
未定族称人口	23069	13868	9201	6896	3544	3352	360	328	32
入　籍	162	89	73	23	11	12	6	5	1

2-1　续表 1　　　　单位：人

民　族	制造业			电力、热力、燃气及水生产和供应业			建筑业		
	小计	男	女	小计	男	女	小计	男	女
总　计	**137172**	**86942**	**50230**	**13392**	**9992**	**3400**	**230164**	**188838**	**41326**
汉　族	91585	59271	32314	9620	7207	2413	147928	122701	25227
蒙古族	142	104	38	22	15	7	250	219	31
回　族	468	299	169	94	69	25	666	545	121
藏　族	3	1	2				14	8	6
维吾尔族	2	1	1	1	1		3	1	2
苗　族	14286	8585	5701	963	732	231	27698	21833	5865
彝　族	2652	1627	1025	245	180	65	4833	3934	899
壮　族	315	163	152	43	27	16	303	214	89
布依族	11006	6576	4430	758	562	196	13968	11294	2674
朝鲜族	7	5	2						
满　族	121	86	35	20	14	6	119	105	14
侗　族	5737	3493	2244	600	441	159	10129	8399	1730
瑶　族	154	93	61	14	8	6	263	208	55
白　族	570	382	188	95	79	16	976	809	167
土家族	4374	2680	1694	449	330	119	11604	9231	2373
哈尼族	11	5	6	1		1	17	11	6
哈萨克族									
傣　族	7	2	5				8	3	5
黎　族	462	295	167	62	45	17	662	541	121
傈僳族	2	1	1	1		1	1	1	
佤　族	5	2	3				2	1	1
畲　族	167	98	69	11	9	2	306	256	50
高山族	6	6							
拉祜族	3	2	1				2		2
水　族	1431	856	575	78	50	28	2009	1605	404
东乡族	8	5	3	2	2		13	12	1
纳西族							3	1	2
景颇族	4	1	3	1	1		5	3	2
柯尔克孜族									
土　族	17	7	10	1	1		39	35	4
达斡尔族									
仫佬族	117	60	57	24	18	6	386	317	69
羌　族	5	4	1	1	1		8	7	1
布朗族	1		1				1	1	
撒拉族							1		1
毛南族	98	64	34	9	8	1	205	184	21
仡佬族	1414	908	506	172	111	61	3909	3194	715
锡伯族	2	2		1	1				
阿昌族							6	6	
普米族	3	3							
塔吉克族									
怒　族									
乌孜别克族									
俄罗斯族									
鄂温克族									
德昂族									
保安族									
裕固族									
京　族	9	9		2	2		3	3	
塔塔尔族									
独龙族							1	1	
鄂伦春族									
赫哲族									
门巴族									
珞巴族									
基诺族				1	1				
未定族称人口	1962	1239	723	100	76	24	3797	3134	663
入　籍	16	7	9	1	1		26	21	5

2-1 续表 2 单位：人

民 族	批发和零售业			交通运输、仓储和邮政业			住宿和餐饮业		
	小计	男	女	小计	男	女	小计	男	女
总 计	**170575**	**79904**	**90671**	**71888**	**60906**	**10982**	**72757**	**30800**	**41957**
汉 族	126714	60826	65888	52110	44336	7774	51459	22303	29156
蒙古族	190	91	99	76	64	12	91	47	44
回 族	594	298	296	338	290	48	692	333	359
藏 族	16	6	10	3	3		8	3	5
维吾尔族	3	2	1				12	9	3
苗 族	12207	5312	6895	5686	4711	975	5902	2358	3544
彝 族	2573	1098	1475	1290	1071	219	1451	592	859
壮 族	346	132	214	111	82	29	140	46	94
布依族	8854	3744	5110	4146	3503	643	4517	1758	2759
朝鲜族	3	2	1	2	2		7	4	3
满 族	138	76	62	44	36	8	27	14	13
侗 族	5878	2666	3212	2446	2086	360	2677	1017	1660
瑶 族	140	57	83	67	54	13	68	32	36
白 族	800	370	430	399	341	58	334	143	191
土家族	5925	2527	3398	2241	1852	389	2493	951	1542
哈尼族	14	5	9	7	3	4	8	1	7
哈萨克族	1		1				1		1
傣 族	8	1	7	2	1	1	5	1	4
黎 族	508	237	271	190	158	32	240	103	137
傈僳族	5	1	4	3	2	1	4	1	3
佤 族	4	2	2						
畲 族	118	50	68	68	58	10	59	26	33
高山族	3	3							
拉祜族	2	1	1				4		4
水 族	1057	456	601	553	457	96	506	194	312
东乡族	7	2	5	2	2		6	3	3
纳西族	2	1	1	1	1				
景颇族	5	1	4	3	2	1	4	2	2
柯尔克孜族									
土 族	35	16	19	19	17	2	9	5	4
达斡尔族							1	1	
仫佬族	174	74	100	87	73	14	78	30	48
羌 族	15	6	9	1	1		7	4	3
布朗族									
撒拉族							4	1	3
毛南族	98	40	58	40	32	8	33	11	22
仡佬族	1827	789	1038	688	576	112	831	336	495
锡伯族	2	2					2		2
阿昌族									
普米族	2	1	1						
塔吉克族									
怒 族									
乌孜别克族									
俄罗斯族	1	1					1	1	
鄂温克族									
德昂族									
保安族									
裕固族									
京 族	3	2	1	3	2	1	1	1	
塔塔尔族									
独龙族									
鄂伦春族									
赫哲族									
门巴族									
珞巴族									
基诺族	1		1						
未定族称人口	2284	996	1288	1254	1085	169	1066	468	598
入 籍	18	10	8	8	5	3	9	1	8

2-1 续表 3

单位：人

民族	信息传输、软件和信息技术服务业			金融业			房地产业		
	小计	男	女	小计	男	女	小计	男	女
总计	**12448**	**8265**	**4183**	**15783**	**7815**	**7968**	**21497**	**13037**	**8460**
汉族	9029	5995	3034	11076	5360	5716	16517	10129	6388
蒙古族	17	13	4	29	17	12	28	21	7
回族	74	45	29	115	62	53	83	58	25
藏族	1	1					2	2	
维吾尔族							1		1
苗族	980	662	318	1176	632	544	1369	776	593
彝族	152	96	56	217	114	103	306	184	122
壮族	24	14	10	48	23	25	30	15	15
布依族	709	448	261	902	463	439	1052	575	477
朝鲜族	1	1					3	2	1
满族	15	10	5	33	13	20	28	16	12
侗族	508	340	168	707	348	359	579	348	231
瑶族	13	10	3	16	9	7	19	11	8
白族	66	45	21	108	46	62	90	58	32
土家族	439	301	138	695	372	323	661	415	246
哈尼族				3	1	2	2		2
哈萨克族									
傣族	1		1				1	1	
黎族	30	21	9	53	24	29	53	25	28
傈僳族									
佤族	1	1		1		1			
畲族	11	8	3	10	5	5	5	2	3
高山族									
拉祜族									
水族	75	48	27	108	69	39	110	71	39
东乡族							4	1	3
纳西族							1	1	
景颇族				1		1	1	1	
柯尔克孜族									
土族	2		2	4	1	3	11	6	5
达斡尔族									
仫佬族	10	7	3	31	18	13	20	9	11
羌族				5	2	3	5	2	3
布朗族									
撒拉族									
毛南族	7	5	2	11	6	5	11	7	4
仡佬族	161	104	57	283	144	139	296	183	113
锡伯族	2	2							
阿昌族									
普米族									
塔吉克族									
怒族									
乌孜别克族									
俄罗斯族	1	1							
鄂温克族									
德昂族				1	1				
保安族									
裕固族									
京族	4	4		1		1			
塔塔尔族									
独龙族									
鄂伦春族									
赫哲族				1	1				
门巴族									
珞巴族									
基诺族									
未定族称人口	114	82	32	146	83	63	204	115	89
入籍	1	1		2	1	1	5	3	2

2–1　续表 4　　　　　　　　　　　　　　　　　　　　　　　　　　　　单位：人

民　族	租赁和商务服务业			科学研究和技术服务业			水利、环境和公共设施管理业		
	小计	男	女	小计	男	女	小计	男	女
总　计	**31070**	**20003**	**11067**	**10936**	**7830**	**3106**	**13957**	**7580**	**6377**
汉　族	21751	14109	7642	8007	5722	2285	8448	4580	3868
蒙古族	53	33	20	22	15	7	18	11	7
回　族	154	91	63	48	40	8	51	27	24
藏　族	3	1	2	3	2	1			
维吾尔族	1		1						
苗　族	2688	1737	951	877	645	232	1820	970	850
彝　族	538	352	186	147	114	33	370	179	191
壮　族	61	35	26	28	18	10	15	6	9
布依族	1918	1230	688	503	340	163	1257	686	571
朝鲜族	1	1		3	2	1			
满　族	43	26	17	19	15	4	12	9	3
侗　族	1205	774	431	389	274	115	571	327	244
瑶　族	23	8	15	10	7	3	21	8	13
白　族	142	89	53	59	39	20	77	46	31
土家族	1474	882	592	445	313	132	588	329	259
哈尼族	1	1		1		1			
哈萨克族									
傣　族	2		2	1		1			
黎　族	82	56	26	34	25	9	76	42	34
傈僳族							1	1	
佤　族	2	1	1	1	1				
畲　族	21	11	10	9	8	1	7	6	1
高山族									
拉祜族							1		1
水　族	133	94	39	38	26	12	224	133	91
东乡族	1		1				1	1	
纳西族	3	3							
景颇族	2	1	1						
柯尔克孜族									
土　族	5	2	3	3	3		5	2	3
达斡尔族									
仫佬族	35	30	5	19	15	4	14	8	6
羌　族	3	1	2	1	1				
布朗族	1		1				1		1
撒拉族									
毛南族	10	5	5	2		2	23	17	6
仡佬族	350	199	151	152	116	36	126	77	49
锡伯族	1		1	1	1				
阿昌族									
普米族									
塔吉克族									
怒　族									
乌孜别克族									
俄罗斯族									
鄂温克族									
德昂族									
保安族									
裕固族									
京　族	2	1	1	1	1				
塔塔尔族									
独龙族									
鄂伦春族									
赫哲族									
门巴族									
珞巴族	1		1						
基诺族									
未定族称人口	357	228	129	109	84	25	229	114	115
入　籍	3	2	1	4	3	1	1	1	

2-1 续表 5 单位：人

民　族	居民服务、修理和其他服务业			教　育			卫生和社会工作		
	小计	男	女	小计	男	女	小计	男	女
总　计	**54108**	**27551**	**26557**	**74827**	**30611**	**44216**	**35170**	**11718**	**23452**
汉　族	37947	19525	18422	47049	18388	28661	23212	7682	15530
蒙古族	68	38	30	131	51	80	45	17	28
回　族	168	86	82	605	250	355	251	84	167
藏　族	2		2	7	1	6	5	1	4
维吾尔族	1	1		2	1	1	3	2	1
苗　族	4903	2428	2475	7507	3400	4107	3128	1102	2026
彝　族	1009	500	509	1543	652	891	746	224	522
壮　族	95	42	53	177	63	114	79	25	54
布依族	3436	1639	1797	5299	2268	3031	2075	659	1416
朝鲜族				1		1	4	2	2
满　族	35	18	17	98	35	63	58	30	28
侗　族	1845	910	935	3817	1691	2126	1839	605	1234
瑶　族	63	26	37	84	32	52	29	9	20
白　族	277	154	123	598	245	353	258	92	166
土家族	1970	973	997	4021	1786	2235	1722	608	1114
哈尼族	3	2	1	1	1		3	1	2
哈萨克族									
傣　族	6	4	2	3	1	2	3	1	2
黎　族	190	112	78	351	178	173	129	41	88
傈僳族				2		2			
佤　族				1		1	1	1	
畲　族	63	31	32	51	17	34	33	6	27
高山族							1		1
拉祜族				1		1	1		1
水　族	369	184	185	588	269	319	198	71	127
东乡族	4	1	3	3	1	2			
纳西族				5	3	2	1		1
景颇族							2	1	1
柯尔克孜族									
土　族	15	7	8	21	10	11	10	6	4
达斡尔族	1		1						
仫佬族	71	30	41	121	51	70	63	19	44
羌　族	1		1	8	3	5	5	3	2
布朗族							1		1
撒拉族									
毛南族	31	12	19	58	25	33	25	5	20
仡佬族	584	299	285	1467	637	830	681	234	447
锡伯族				2	1	1			
阿昌族									
普米族									
塔吉克族									
怒　族									
乌孜别克族									
俄罗斯族									
鄂温克族									
德昂族									
保安族									
裕固族									
京　族	1	1		5	3	2			
塔塔尔族									
独龙族									
鄂伦春族									
赫哲族									
门巴族									
珞巴族				1	1				
基诺族	1		1						
未定族称人口	946	526	420	1184	541	643	551	185	366
入　籍	3	2	1	15	6	9	8	2	6

2-1　续表 6　　　　单位：人

民　族	文化、体育和娱乐业			公共管理、社会保障和社会组织			国际组织		
	小计	男	女	小计	男	女	小计	男	女
总　计	**8915**	**4851**	**4064**	**87964**	**57881**	**30083**	**4**	**3**	**1**
汉　族	6388	3478	2910	52334	33784	18550	2	2	
蒙古族	15	8	7	140	93	47			
回　族	50	26	24	654	439	215			
藏　族	1	1		9	9				
维吾尔族				6	4	2			
苗　族	692	387	305	10027	6871	3156	1		1
彝　族	171	86	85	2313	1471	842			
壮　族	22	12	10	260	160	100			
布依族	515	289	226	6754	4470	2284			
朝鲜族	2	1	1	2	1	1			
满　族	20	9	11	145	84	61			
侗　族	347	198	149	5252	3625	1627			
瑶　族	13	4	9	148	102	46			
白　族	38	17	21	706	456	250			
土家族	270	157	113	4459	3081	1378	1	1	
哈尼族				2		2			
哈萨克族				2	2				
傣　族				4	2	2			
黎　族	22	9	13	452	296	156			
傈僳族	1		1						
佤　族									
畲　族	10	4	6	69	47	22			
高山族									
拉祜族	1		1						
水　族	69	31	38	961	653	308			
东乡族	1	1							
纳西族	2		2	2	1	1			
景颇族	2	1	1	2	1	1			
柯尔克孜族									
土　族	1	1		28	16	12			
达斡尔族									
仫佬族	11	6	5	108	69	39			
羌　族				14	8	6			
布朗族				1		1			
撒拉族									
毛南族	7	2	5	72	51	21			
仡佬族	105	49	56	1640	1109	531			
锡伯族				2	1	1			
阿昌族									
普米族									
塔吉克族									
怒　族				2		2			
乌孜别克族									
俄罗斯族									
鄂温克族									
德昂族									
保安族									
裕固族									
京　族				10	2	8			
塔塔尔族									
独龙族									
鄂伦春族									
赫哲族									
门巴族									
珞巴族									
基诺族									
未定族称人口	138	73	65	1372	967	405			
入　籍	1	1		12	6	6			

2-2 全省各民族分性别、职业的人口

单位：人

民　族	人口数			党的机关、国家机关、群众团体和社会组织、企事业单位负责人		
	合计	男	女	小计	男	女
总　计	**1481582**	**872810**	**608772**	**28906**	**21211**	**7695**
汉　族	984683	584672	400011	21078	15391	5687
蒙古族	1681	1073	608	49	37	12
回　族	8540	4861	3679	193	139	54
藏　族	89	44	45			
维吾尔族	36	23	13	1	1	
苗　族	155830	90090	65740	2012	1540	472
彝　族	32619	18862	13757	531	367	164
壮　族	2461	1221	1240	62	34	28
布依族	103779	58605	45174	1515	1054	461
朝鲜族	38	24	14	4	2	2
满　族	1134	698	436	50	36	14
侗　族	57839	34609	23230	1029	801	228
瑶　族	1752	1007	745	19	15	4
白　族	7326	4415	2911	176	125	51
土家族	55848	32673	23175	1086	849	237
哈尼族	94	33	61	1	1	
哈萨克族	4	2	2			
傣　族	65	19	46			
黎　族	5199	3098	2101	123	92	31
傈僳族	23	7	16			
佤　族	26	9	17			
畲　族	1647	970	677	20	15	5
高山族	12	10	2			
拉祜族	19	3	16			
水　族	14570	8242	6328	195	149	46
东乡族	62	35	27	1		1
纳西族	21	11	10	2	2	
景颇族	37	15	22	1	1	
柯尔克孜族						
土　族	302	179	123	9	7	2
达斡尔族	4	2	2			
仫佬族	1771	1027	744	38	25	13
羌　族	89	47	42	6	6	
布朗族	10	3	7			
撒拉族	5	1	4			
毛南族	1143	651	492	19	13	6
仡佬族	19498	11544	7954	351	254	97
锡伯族	15	10	5			
阿昌族	6	6				
普米族	6	4	2			
塔吉克族						
怒　族	3	1	2			
乌孜别克族						
俄罗斯族	3	3		1	1	
鄂温克族						
德昂族	1	1				
保安族						
裕固族						
京　族	52	37	15	1	1	
塔塔尔族						
独龙族	3	3				
鄂伦春族						
赫哲族	1	1				
门巴族						
珞巴族	2	1	1			
基诺族	3	1	2			
未定族称人口	23069	13868	9201	329	253	76
入　籍	162	89	73	4		4

2-2　续表 1　　　　单位：人

民　族	专业技术人员			办事人员和有关人员			社会生产服务和生活服务人员		
	小计	男	女	小计	男	女	小计	男	女
总　计	**139361**	**63735**	**75626**	**108721**	**70569**	**38152**	**447347**	**241969**	**205378**
汉　族	92303	41944	50359	73284	47067	26217	320805	176179	144626
蒙古族	243	118	125	180	110	70	526	309	217
回　族	1048	466	582	760	502	258	2054	1139	915
藏　族	18	7	11	13	11	2	30	14	16
维吾尔族	7	2	5	7	5	2	17	13	4
苗　族	12537	5972	6565	9629	6498	3131	36370	18908	17462
彝　族	2677	1188	1489	2282	1477	805	8040	4119	3921
壮　族	335	142	193	266	146	120	860	396	464
布依族	8777	3920	4857	6762	4410	2352	26230	13505	12725
朝鲜族	6	3	3	11	6	5	10	9	1
满　族	244	117	127	218	129	89	303	182	121
侗　族	6623	3021	3602	4861	3259	1602	16279	8507	7772
瑶　族	157	65	92	127	80	47	410	210	200
白　族	1017	448	569	727	491	236	2276	1260	1016
土家族	6877	3266	3611	4753	3200	1553	15466	7835	7631
哈尼族	7	5	2	5	1	4	37	10	27
哈萨克族				3	2	1	1		1
傣　族	8	4	4	7	2	5	22	7	15
黎　族	554	261	293	461	298	163	1386	746	640
傈僳族	2		2				15	4	11
佤　族	3	2	1	1		1	5	3	2
畲　族	100	38	62	89	55	34	369	206	163
高山族	1		1	2	2		5	5	
拉祜族	3		3				8	2	6
水　族	965	496	469	741	480	261	3252	1711	1541
东乡族	4	3	1	1	1		26	10	16
纳西族	10	4	6	6	3	3	1	1	
景颇族	4	2	2	6	4	2	14	5	9
柯尔克孜族									
土　族	36	22	14	37	20	17	97	54	43
达斡尔族	1		1	1	1		2	1	1
仫佬族	215	99	116	151	95	56	477	244	233
羌　族	16	6	10	17	9	8	31	14	17
布朗族	1		1	2		2	2	1	1
撒拉族							4	1	3
毛南族	100	38	62	58	41	17	254	129	125
仡佬族	2481	1148	1333	1872	1217	655	4905	2510	2395
锡伯族	4	1	3	4	3	1	5	4	1
阿昌族									
普米族							2	1	1
塔吉克族									
怒　族	1		1	1		1			
乌孜别克族									
俄罗斯族				2	2				
鄂温克族									
德昂族							1	1	
保安族									
裕固族									
京　族	9	6	3	11	4	7	15	12	3
塔塔尔族									
独龙族							1	1	
鄂伦春族									
赫哲族	1	1							
门巴族									
珞巴族	2	1	1						
基诺族							3	1	2
未定族称人口	1934	906	1028	1347	927	420	6687	3677	3010
入　籍	30	13	17	16	11	5	44	23	21

2−2 续表 2 单位：人

民　　族	农、林、牧、渔业生产及辅助人员			生产制造及有关人员			不便分类的其他从业人员		
	小计	男	女	小计	男	女	小计	男	女
总　计	**400608**	**201402**	**199206**	**353360**	**271895**	**81465**	**3279**	**2029**	**1250**
汉　族	246587	123860	122727	228694	179017	49677	1932	1214	718
蒙古族	313	185	128	368	313	55	2	1	1
回　族	3355	1754	1601	1120	855	265	10	6	4
藏　族	9	2	7	19	10	9			
维吾尔族	1	1		3	1	2			
苗　族	53891	26845	27046	40991	30096	10895	400	231	169
彝　族	10926	5423	5503	8123	6260	1863	40	28	12
壮　族	361	142	219	576	360	216	1	1	
布依族	36231	18131	18100	24002	17427	6575	262	158	104
朝鲜族	2	1	1	5	3	2			
满　族	107	63	44	208	169	39	4	2	2
侗　族	13525	7263	6262	15352	11650	3702	170	108	62
瑶　族	610	324	286	425	311	114	4	2	2
白　族	1551	858	693	1565	1224	341	14	9	5
土家族	12177	5911	6266	15188	11426	3762	301	186	115
哈尼族	21	2	19	23	14	9			
哈萨克族									
傣　族	15	1	14	13	5	8			
黎　族	1543	844	699	1123	851	272	9	6	3
傈僳族	3		3	3	3				
佤　族	9		9	8	4	4			
畲　族	610	313	297	456	342	114	3	1	2
高山族	2	1	1	2	2				
拉祜族	4		4	4	1	3			
水　族	6116	3025	3091	3278	2365	913	23	16	7
东乡族	9	3	6	21	18	3			
纳西族				2	1	1			
景颇族	5		5	6	2	4	1	1	
柯尔克孜族									
土　族	77	42	35	45	34	11	1		1
达斡尔族									
仫佬族	381	176	205	506	387	119	3	1	2
羌　族	8	4	4	9	6	3	2	2	
布朗族	4	1	3	1	1				
撒拉族				1		1			
毛南族	417	189	228	290	240	50	5	1	4
仡佬族	4724	2404	2320	5103	3976	1127	62	35	27
锡伯族				2	2				
阿昌族				6	6				
普米族	1		1	3	3				
塔吉克族									
怒　族	1	1							
乌孜别克族									
俄罗斯族									
鄂温克族									
德昂族									
保安族									
裕固族									
京　族	8	6	2	8	8				
塔塔尔族									
独龙族	1	1		1	1				
鄂伦春族									
赫哲族									
门巴族									
珞巴族									
基诺族									
未定族称人口	6981	3615	3366	5761	4470	1291	30	20	10
入　籍	22	11	11	46	31	15			

2-3　全省各民族分性别、主要生活来源的15岁及以上人口

单位：人

民　族	15岁及以上人口			劳动收入		
	合计	男	女	小计	男	女
总　计	**2769151**	**1398043**	**1371108**	**1493729**	**883601**	**610128**
汉　族	1824794	925174	899620	991319	590990	400329
蒙古族	3138	1704	1434	1698	1087	611
回　族	14804	7458	7346	8524	4860	3664
藏　族	176	70	106	86	40	46
维吾尔族	61	35	26	35	22	13
苗　族	299013	149176	149837	158846	92248	66598
彝　族	61113	30388	30725	32958	19122	13836
壮　族	4689	2007	2682	2504	1247	1257
布依族	189250	93616	95634	104545	59300	45245
朝鲜族	67	39	28	39	24	15
满　族	2067	1094	973	1114	684	430
侗　族	113864	58136	55728	58395	35151	23244
瑶　族	3250	1669	1581	1766	1019	747
白　族	13562	7085	6477	7442	4499	2943
土家族	112606	55710	56896	55969	32854	23115
哈尼族	173	50	123	98	35	63
哈萨克族	4	2	2	4	2	2
傣　族	112	25	87	64	19	45
黎　族	9188	4721	4467	5248	3130	2118
傈僳族	50	15	35	23	7	16
佤　族	60	16	44	29	9	20
畲　族	2958	1493	1465	1712	1019	693
高山族	14	11	3	11	9	2
拉祜族	34	3	31	19	3	16
水　族	25556	12979	12577	14823	8430	6393
东乡族	114	49	65	60	35	25
纳西族	31	15	16	21	11	10
景颇族	58	21	37	36	14	22
柯尔克孜族						
土　族	528	266	262	294	176	118
达斡尔族	8	5	3	4	2	2
仫佬族	3170	1634	1536	1776	1032	744
羌　族	145	78	67	85	46	39
布朗族	14	4	10	10	3	7
撒拉族	5	1	4	5	1	4
毛南族	2024	998	1026	1153	662	491
仡佬族	37980	19263	18717	19487	11616	7871
锡伯族	26	14	12	15	10	5
阿昌族	8	6	2	6	6	
普米族	9	6	3	6	4	2
塔吉克族						
怒　族	5	2	3	3	1	2
乌孜别克族	1	1				
俄罗斯族	4	4		3	3	
鄂温克族						
德昂族	3	3		1	1	
保安族	1		1			
裕固族						
京　族	100	54	46	53	37	16
塔塔尔族						
独龙族	7	4	3	4	3	1
鄂伦春族						
赫哲族	1	1		1	1	
门巴族						
珞巴族	7	4	3	2	1	1
基诺族	4	1	3	3	1	2
未定族称人口	43997	22813	21184	23272	14038	9234
入　籍	298	120	178	158	87	71

2−3 续表 1　　　　单位：人

民　族	离退休金/养老金			最低生活保障金			失业保险金		
	小计	男	女	小计	男	女	小计	男	女
总　计	**140783**	**67678**	**73105**	**72125**	**40379**	**31746**	**613**	**380**	**233**
汉　族	115658	54217	61441	43008	24420	18588	487	305	182
蒙古族	101	42	59	65	44	21			
回　族	809	362	447	232	123	109	3	2	1
藏　族	6	1	5	3	2	1			
维吾尔族									
苗　族	7196	3895	3301	9716	5229	4487	32	16	16
彝　族	1374	757	617	2547	1349	1198	8	6	2
壮　族	296	147	149	85	50	35			
布依族	5425	2855	2570	5504	3040	2464	36	22	14
朝鲜族	9	5	4						
满　族	334	139	195	22	10	12	3	3	
侗　族	3609	1950	1659	3034	1791	1243	9	7	2
瑶　族	62	32	30	98	53	45			
白　族	377	211	166	349	197	152	2	2	
土家族	2764	1528	1236	3273	1794	1479	10	3	7
哈尼族	1	1		1		1			
哈萨克族									
傣　族	6	1	5						
黎　族	190	103	87	189	112	77	1	1	
傈僳族	1		1						
佤　族	4	2	2						
畲　族	38	19	19	70	40	30			
高山族									
拉祜族									
水　族	463	253	210	979	543	436	2	1	1
东乡族	3	1	2	2	1	1			
纳西族	6	4	2						
景颇族	9	1	8						
柯尔克孜族									
土　族	13	6	7	3	2	1			
达斡尔族	2	2							
仫佬族	126	64	62	68	35	33	1	1	
羌　族	9	5	4	6	2	4			
布朗族									
撒拉族									
毛南族	73	39	34	47	34	13			
仡佬族	1074	587	487	898	501	397	12	7	5
锡伯族	6	1	5						
阿昌族									
普米族									
塔吉克族									
怒　族									
乌孜别克族									
俄罗斯族	1	1							
鄂温克族									
德昂族									
保安族									
裕固族									
京　族	6	1	5	6	2	4			
塔塔尔族									
独龙族									
鄂伦春族									
赫哲族									
门巴族									
珞巴族	1	1							
基诺族	1		1						
未定族称人口	726	444	282	1919	1004	915	7	4	3
入　籍	4	1	3	1	1				

2-3　续表 2　　　　单位：人

民　族	财产性收入			家庭其他成员供养			其　他		
	小计	男	女	小计	男	女	小计	男	女
总　计	**22845**	**12452**	**10393**	**857260**	**303572**	**553688**	**181796**	**89981**	**91815**
汉　族	16478	8966	7512	540064	187532	352532	117780	58744	59036
蒙古族	15	7	8	1044	419	625	215	105	110
回　族	135	73	62	4157	1570	2587	944	468	476
藏　族	3	2	1	59	15	44	19	10	9
维吾尔族				18	7	11	8	6	2
苗　族	2126	1158	968	99194	36013	63181	21903	10617	11286
彝　族	468	249	219	19346	6755	12591	4412	2150	2262
壮　族	38	18	20	1476	447	1029	290	98	192
布依族	1251	679	572	61434	22364	39070	11055	5356	5699
朝鲜族				14	7	7	5	3	2
满　族	7	6	1	446	171	275	141	81	60
侗　族	676	378	298	40583	15098	25485	7558	3761	3797
瑶　族	36	19	17	992	396	596	296	150	146
白　族	80	49	31	4427	1652	2775	885	475	410
土家族	791	435	356	41891	15350	26541	7908	3746	4162
哈尼族	1		1	63	12	51	9	2	7
哈萨克族									
傣　族				36	3	33	6	2	4
黎　族	49	28	21	3076	1133	1943	435	214	221
傈僳族	1		1	21	7	14	4	1	3
佤　族				20	5	15	7		7
畲　族	8	2	6	944	324	620	186	89	97
高山族	1	1		2	1	1			
拉祜族				15		15			
水　族	117	64	53	7625	2941	4684	1547	747	800
东乡族				40	8	32	9	4	5
纳西族				4		4			
景颇族				11	4	7	2	2	
柯尔克孜族									
土　族	4	4		178	59	119	36	19	17
达斡尔族				2	1	1			
仫佬族	21	10	11	970	379	591	208	113	95
羌　族	1		1	37	19	18	7	6	1
布朗族				3	1	2	1		1
撒拉族									
毛南族	8	3	5	648	220	428	95	40	55
仡佬族	296	155	141	13792	5168	8624	2421	1229	1192
锡伯族				5	3	2			
阿昌族				2		2			
普米族				3	2	1			
塔吉克族									
怒　族				2	1	1			
乌孜别克族							1	1	
俄罗斯族									
鄂温克族									
德昂族				1	1		1	1	
保安族				1		1			
裕固族									
京　族	1		1	30	13	17	4	1	3
塔塔尔族									
独龙族				3	1	2			
鄂伦春族									
赫哲族									
门巴族									
珞巴族				2	1	1	2	1	1
基诺族									
未定族称人口	231	146	85	14475	5443	9032	3367	1734	1633
入　籍	2		2	104	26	78	29	5	24

2-4 全省各民族分性别、婚姻状况的15岁及以上人口

单位：人

民族	15岁及以上人口			未婚		
	合计	男	女	小计	男	女
总计	**2769151**	**1398043**	**1371108**	**572640**	**340596**	**232044**
汉族	1824794	925174	899620	348191	207065	141126
蒙古族	3138	1704	1434	944	532	412
回族	14804	7458	7346	4076	2236	1840
藏族	176	70	106	56	26	30
维吾尔族	61	35	26	32	21	11
苗族	299013	149176	149837	69126	41991	27135
彝族	61113	30388	30725	16502	9780	6722
壮族	4689	2007	2682	912	542	370
布依族	189250	93616	95634	43142	25975	17167
朝鲜族	67	39	28	23	16	7
满族	2067	1094	973	465	269	196
侗族	113864	58136	55728	23774	14839	8935
瑶族	3250	1669	1581	688	463	225
白族	13562	7085	6477	3673	2080	1593
土家族	112606	55710	56896	29404	16252	13152
哈尼族	173	50	123	53	31	22
哈萨克族	4	2	2	1	1	
傣族	112	25	87	20	7	13
黎族	9188	4721	4467	2397	1390	1007
傈僳族	50	15	35	12	9	3
佤族	60	16	44	9	5	4
畲族	2958	1493	1465	612	374	238
高山族	14	11	3	3	3	
拉祜族	34	3	31	6	2	4
水族	25556	12979	12577	6328	3894	2434
东乡族	114	49	65	22	15	7
纳西族	31	15	16	5	2	3
景颇族	58	21	37	18	11	7
柯尔克孜族						
土族	528	266	262	133	64	69
达斡尔族	8	5	3	1		1
仫佬族	3170	1634	1536	739	473	266
羌族	145	78	67	27	21	6
布朗族	14	4	10	3	3	
撒拉族	5	1	4			
毛南族	2024	998	1026	452	264	188
仡佬族	37980	19263	18717	8874	5051	3823
锡伯族	26	14	12	8	6	2
阿昌族	8	6	2			
普米族	9	6	3	5	4	1
塔吉克族						
怒族	5	2	3			
乌孜别克族	1	1				
俄罗斯族	4	4				
鄂温克族						
德昂族	3	3		2	2	
保安族	1		1	1		1
裕固族						
京族	100	54	46	27	18	9
塔塔尔族						
独龙族	7	4	3			
鄂伦春族						
赫哲族	1	1				
门巴族						
珞巴族	7	4	3	4	2	2
基诺族	4	1	3	1		1
未定族称人口	43997	22813	21184	11779	6817	4962
入籍	298	120	178	90	40	50

2-4　续表　　　　单位：人

民　族	有配偶			离　婚			丧　偶		
	小计	男	女	小计	男	女	小计	男	女
总　计	**1927469**	**956829**	**970640**	**82923**	**49093**	**33830**	**186119**	**51525**	**134594**
汉　族	1297292	650311	646981	61152	35168	25984	118159	32630	85529
蒙古族	1986	1075	911	87	53	34	121	44	77
回　族	9757	4874	4883	332	165	167	639	183	456
藏　族	113	43	70	3	1	2	4		4
维吾尔族	26	13	13	2	1	1	1		1
苗　族	201593	97060	104533	6240	4122	2118	22054	6003	16051
彝　族	38951	18657	20294	1532	1033	499	4128	918	3210
壮　族	3421	1337	2084	133	69	64	223	59	164
布依族	124877	60403	64474	4898	3052	1846	16333	4186	12147
朝鲜族	38	18	20	3	3		3	2	1
满　族	1421	763	658	91	38	53	90	24	66
侗　族	78799	38893	39906	2942	1903	1039	8349	2501	5848
瑶　族	2269	1097	1172	59	36	23	234	73	161
白　族	8904	4627	4277	358	218	140	627	160	467
土家族	73812	35785	38027	2190	1299	891	7200	2374	4826
哈尼族	119	18	101	1	1				
哈萨克族	3	1	2						
傣　族	89	16	73	3	2	1			
黎　族	6094	3042	3052	219	143	76	478	146	332
傈僳族	36	5	31	1	1		1		1
佤　族	46	10	36	2	1	1	3		3
畲　族	2055	1003	1052	82	64	18	209	52	157
高山族	10	8	2				1		1
拉祜族	27	1	26				1		1
水　族	16687	8190	8497	561	372	189	1980	523	1457
东乡族	73	27	46	5	4	1	14	3	11
纳西族	24	11	13	1	1		1	1	
景颇族	31	7	24	6	3	3	3		3
柯尔克孜族									
土　族	344	183	161	13	8	5	38	11	27
达斡尔族	7	5	2						
仫佬族	2145	1047	1098	90	56	34	196	58	138
羌　族	106	55	51	4	1	3	8	1	7
布朗族	11	1	10						
撒拉族	5	1	4						
毛南族	1330	650	680	47	33	14	195	51	144
仡佬族	26042	12971	13071	801	451	350	2263	790	1473
锡伯族	15	8	7	1		1	2		2
阿昌族	8	6	2						
普米族	3	1	2	1	1				
塔吉克族									
怒　族	5	2	3						
乌孜别克族	1	1							
俄罗斯族	4	4							
鄂温克族									
德昂族	1	1							
保安族									
裕固族									
京　族	65	35	30	3	1	2	5		5
塔塔尔族									
独龙族	6	4	2				1		1
鄂伦春族									
赫哲族	1	1							
门巴族									
珞巴族	3	2	1						
基诺族	2	1	1	1		1			
未定族称人口	28614	14477	14137	1051	787	264	2553	732	1821
入　籍	198	78	120	8	2	6	2		2

2-5 全省各民族分性别、初婚年龄的人口

单位：人

民族	合计			15岁以下		
	合计	男	女	小计	男	女
总计	**2196511**	**1057447**	**1139064**	**7544**	**1341**	**6203**
汉族	1476603	718109	758494	4515	805	3710
蒙古族	2194	1172	1022	2		2
回族	10728	5222	5506	38	4	34
藏族	120	44	76	2	1	1
维吾尔族	29	14	15			
苗族	229887	107185	122702	1413	239	1174
彝族	44611	20608	24003	260	37	223
壮族	3777	1465	2312	13	3	10
布依族	146108	67641	78467	469	91	378
朝鲜族	44	23	21			
满族	1602	825	777	2		2
侗族	90090	43297	46793	218	43	175
瑶族	2562	1206	1356	16	5	11
白族	9889	5005	4884	45	9	36
土家族	83202	39458	43744	219	41	178
哈尼族	120	19	101	1		1
哈萨克族	3	1	2			
傣族	92	18	74			
黎族	6791	3331	3460	21	7	14
傈僳族	38	6	32	1		1
佤族	51	11	40	1		1
畲族	2346	1119	1227	16	2	14
高山族	11	8	3			
拉祜族	28	1	27			
水族	19228	9085	10143	64	12	52
东乡族	92	34	58	1	1	
纳西族	26	13	13			
景颇族	40	10	30			
柯尔克孜族						
土族	395	202	193			
达斡尔族	7	5	2			
仫佬族	2431	1161	1270	5	2	3
羌族	118	57	61			
布朗族	11	1	10			
撒拉族	5	1	4	1		1
毛南族	1572	734	838	3		3
仡佬族	29106	14212	14894	57	10	47
锡伯族	18	8	10			
阿昌族	8	6	2			
普米族	4	2	2			
塔吉克族						
怒族	5	2	3			
乌孜别克族	1	1				
俄罗斯族	4	4				
鄂温克族						
德昂族	1	1				
保安族						
裕固族						
京族	73	36	37			
塔塔尔族						
独龙族	7	4	3			
鄂伦春族						
赫哲族	1	1				
门巴族						
珞巴族	3	2	1			
基诺族	3	1	2			
未定族称人口	32218	15996	16222	160	29	131
入籍	208	80	128	1		1

2–5　续表 1　　　　　　　　　　　　　　　　　　　　　　　　　　单位：人

民　族	15岁			16岁		
	小计	男	女	小计	男	女
总　计	**27432**	**6149**	**21283**	**46411**	**11411**	**35000**
汉　族	16914	3746	13168	29271	7070	22201
蒙古族	26	9	17	46	11	35
回　族	151	35	116	282	71	211
藏　族	1		1	2		2
维吾尔族	1		1	1		1
苗　族	4577	990	3587	6991	1657	5334
彝　族	923	195	728	1425	322	1103
壮　族	51	7	44	73	21	52
布依族	1644	422	1222	2761	798	1963
朝鲜族				1		1
满　族	10	2	8	19	3	16
侗　族	876	223	653	1629	449	1180
瑶　族	41	11	30	57	15	42
白　族	115	31	84	203	60	143
土家族	789	167	622	1356	329	1027
哈尼族	5		5	6		6
哈萨克族						
傣　族	4		4	1		1
黎　族	115	27	88	202	57	145
傈僳族				2		2
佤　族	1		1	2		2
畲　族	32	7	25	44	11	33
高山族						
拉祜族				1		1
水　族	255	58	197	449	113	336
东乡族	1		1	1		1
纳西族						
景颇族						
柯尔克孜族						
土　族	1		1	7	3	4
达斡尔族						
仫佬族	32	10	22	47	17	30
羌　族						
布朗族						
撒拉族						
毛南族	15	2	13	27	6	21
仡佬族	215	53	162	401	107	294
锡伯族						
阿昌族						
普米族						
塔吉克族						
怒　族						
乌孜别克族						
俄罗斯族						
鄂温克族						
德昂族						
保安族						
裕固族						
京　族	1		1	1	1	
塔塔尔族						
独龙族				1		1
鄂伦春族						
赫哲族						
门巴族						
珞巴族						
基诺族						
未定族称人口	631	154	477	1098	289	809
入　籍	5		5	4	1	3

2-5 续表 2

单位：人

民 族	17岁			18岁			19岁		
	小计	男	女	小计	男	女	小计	男	女
总 计	**76889**	**21179**	**55710**	**116544**	**35630**	**80914**	**176987**	**61173**	**115814**
汉 族	49519	13476	36043	76084	23087	52997	116934	40174	76760
蒙古族	73	26	47	87	30	57	175	79	96
回 族	415	105	310	635	197	438	852	319	533
藏 族	1		1	4	1	3	16	2	14
维吾尔族	1		1	3	1	2			
苗 族	10686	2948	7738	14979	4653	10326	20880	7354	13526
彝 族	2164	557	1607	3113	966	2147	4366	1526	2840
壮 族	122	32	90	150	31	119	250	62	188
布依族	4669	1397	3272	7087	2280	4807	11094	3987	7107
朝鲜族	2		2				1		1
满 族	30	10	20	58	19	39	73	20	53
侗 族	2746	762	1984	4463	1292	3171	6913	2304	4609
瑶 族	99	31	68	129	42	87	197	62	135
白 族	355	102	253	526	159	367	819	300	519
土家族	2238	608	1630	3770	1084	2686	6122	1995	4127
哈尼族	6		6	7		7	8	1	7
哈萨克族				1		1			
傣 族	2		2	7	1	6	7	1	6
黎 族	309	109	200	417	158	259	607	237	370
傈僳族	1		1				5		5
佤 族	3		3	2		2	3	1	2
畲 族	92	30	62	135	54	81	178	65	113
高山族									
拉祜族	1		1	1		1	1		1
水 族	844	239	605	1208	393	815	1740	582	1158
东乡族	1		1	9	5	4	6		6
纳西族							1		1
景颇族	1		1	1		1	2		2
柯尔克孜族									
土 族	11	3	8	16	7	9	17	6	11
达斡尔族	1	1							
仫佬族	79	16	63	104	33	71	165	54	111
羌 族	2	1	1	6		6	5	1	4
布朗族				1	1		1		1
撒拉族	1		1				1		1
毛南族	50	14	36	62	16	46	137	39	98
仡佬族	655	184	471	1109	336	773	2052	690	1362
锡伯族									
阿昌族							1		1
普米族				1		1			
塔吉克族									
怒 族									
乌孜别克族									
俄罗斯族									
鄂温克族									
德昂族									
保安族									
裕固族									
京 族				3		3	3	2	1
塔塔尔族									
独龙族									
鄂伦春族									
赫哲族									
门巴族									
珞巴族				1		1			
基诺族							1		1
未定族称人口	1703	525	1178	2355	783	1572	3337	1307	2030
入 籍	7	3	4	10	1	9	17	3	14

2–5　续表 3　　　　单位：人

民　族	20岁			21岁			22岁		
	小计	男	女	小计	男	女	小计	男	女
总　计	**229913**	**85891**	**144022**	**234749**	**103134**	**131615**	**237373**	**117854**	**119519**
汉　族	154174	57526	96648	159358	70181	89177	162838	81693	81145
蒙古族	196	91	105	226	112	114	218	120	98
回　族	1104	464	640	1119	534	585	1077	539	538
藏　族	7	1	6	9	1	8	5	1	4
维吾尔族	1		1	2		2	4	2	2
苗　族	25047	9435	15612	23545	10476	13069	22319	11081	11238
彝　族	4929	1784	3145	4606	2098	2508	4328	2143	2185
壮　族	319	82	237	331	106	225	311	105	206
布依族	14656	5490	9166	15200	6473	8727	15527	7207	8320
朝鲜族	4	2	2	1	1		3	1	2
满　族	98	41	57	98	47	51	135	56	79
侗　族	8943	3192	5751	9283	3951	5332	9600	4570	5030
瑶　族	286	85	201	270	124	146	263	137	126
白　族	995	402	593	1034	479	555	1012	516	496
土家族	8660	3190	5470	9368	3980	5388	9708	4604	5104
哈尼族	12	2	10	10	2	8	14	3	11
哈萨克族									
傣　族	8	1	7	7	2	5	10	3	7
黎　族	760	318	442	705	315	390	680	342	338
傈僳族	3		3	2		2	5	1	4
佤　族	6		6	3		3	9	5	4
畲　族	237	89	148	250	111	139	247	129	118
高山族	1		1						
拉祜族	1		1	3		3	2		2
水　族	2205	845	1360	2059	873	1186	1965	972	993
东乡族	13	1	12	16	5	11	7	5	2
纳西族	1		1	2	1	1			
景颇族	4		4	3		3	3		3
柯尔克孜族									
土　族	41	18	23	38	12	26	40	19	21
达斡尔族									
仫佬族	231	82	149	246	110	136	233	99	134
羌　族	7	1	6	10	6	4	7	1	6
布朗族				2		2			
撒拉族	1	1							
毛南族	149	50	99	162	70	92	166	77	89
仡佬族	2978	1063	1915	3269	1411	1858	3562	1761	1801
锡伯族				2		2			
阿昌族				3	3				
普米族							1	1	
塔吉克族									
怒　族	1		1	1		1			
乌孜别克族									
俄罗斯族									
鄂温克族									
德昂族									
保安族									
裕固族									
京　族	8	6	2	3	2	1	5	1	4
塔塔尔族									
独龙族				1	1		2	1	1
鄂伦春族									
赫哲族									
门巴族									
珞巴族									
基诺族	1	1							
未定族称人口	3812	1626	2186	3482	1638	1844	3050	1654	1396
入　籍	14	2	12	20	9	11	17	5	12

2-5 续表 4

单位：人

民族	23岁			24岁			25岁		
	小计	男	女	小计	男	女	小计	男	女
总计	**203079**	**103491**	**99588**	**175052**	**93989**	**81063**	**146750**	**82784**	**63966**
汉族	138476	71297	67179	118881	64376	54505	99537	56569	42968
蒙古族	185	107	78	200	117	83	157	87	70
回族	959	488	471	860	458	402	730	410	320
藏族	14	3	11	11	6	5	8	3	5
维吾尔族	4	3	1	1		1	5	3	2
苗族	18866	9587	9279	16271	8937	7334	13768	7832	5936
彝族	3499	1805	1694	3031	1658	1373	2437	1438	999
壮族	328	138	190	311	109	202	296	130	166
布依族	13738	6485	7253	12022	5935	6087	10209	5285	4924
朝鲜族	3		3	6	4	2	4	3	1
满族	142	69	73	149	58	91	148	83	65
侗族	8582	4250	4332	7611	3939	3672	6417	3594	2823
瑶族	217	108	109	168	92	76	173	92	81
白族	828	467	361	785	435	350	726	417	309
土家族	8743	4347	4396	7439	3894	3545	6154	3384	2770
哈尼族	13	2	11	6	2	4	7	2	5
哈萨克族							1	1	
傣族	8	1	7	8	2	6	6		6
黎族	590	298	292	492	255	237	411	232	179
傈僳族	3		3	3	1	2	6	2	4
佤族	2	1	1				3		3
畲族	212	94	118	188	103	85	148	82	66
高山族	1	1		1	1		1	1	
拉祜族	2		2	4		4	4	1	3
水族	1613	830	783	1401	780	621	1148	659	489
东乡族	8	3	5	6	2	4	6	2	4
纳西族	3		3	3	1	2	5	2	3
景颇族	3	1	2	3	1	2	4		4
柯尔克孜族									
土族	35	17	18	39	20	19	26	14	12
达斡尔族				1		1	1	1	
仫佬族	236	98	138	201	104	97	152	83	69
羌族	8	4	4	16	8	8	20	12	8
布朗族				1		1	2		2
撒拉族							1		1
毛南族	150	67	83	126	63	63	121	69	52
仡佬族	3108	1495	1613	2631	1347	1284	2175	1216	959
锡伯族	2	1	1	2		2	2		2
阿昌族									
普米族									
塔吉克族									
怒族							1		1
乌孜别克族	1	1							
俄罗斯族				2	2				
鄂温克族									
德昂族									
保安族									
裕固族									
京族	11	3	8	10	6	4	4	2	2
塔塔尔族									
独龙族				1	1				
鄂伦春族									
赫哲族									
门巴族									
珞巴族									
基诺族									
未定族称人口	2473	1418	1055	2140	1263	877	1710	1063	647
入籍	13	2	11	21	9	12	16	10	6

2–5 续表 5

单位：人

民 族	26岁			27岁			28岁		
	小计	男	女	小计	男	女	小计	男	女
总 计	**117002**	**70255**	**46747**	**90899**	**56970**	**33929**	**69250**	**45195**	**24055**
汉 族	79017	47953	31064	61428	38868	22560	46669	30813	15856
蒙古族	137	75	62	118	84	34	96	53	43
回 族	639	379	260	480	295	185	340	217	123
藏 族	6	1	5	8	3	5	5	3	2
维吾尔族				1	1		1	1	
苗 族	11021	6587	4434	8502	5264	3238	6679	4263	2416
彝 族	2074	1252	822	1634	1047	587	1231	773	458
壮 族	269	131	138	224	106	118	128	68	60
布依族	8199	4522	3677	6518	3680	2838	5013	2973	2040
朝鲜族	6	3	3	3	3		4	3	1
满 族	152	96	56	116	67	49	77	47	30
侗 族	5266	3132	2134	4022	2543	1479	3145	2059	1086
瑶 族	131	79	52	102	54	48	97	58	39
白 族	562	341	221	439	284	155	362	249	113
土家族	4692	2756	1936	3572	2295	1277	2542	1689	853
哈尼族	5		5	3	1	2	4	1	3
哈萨克族									
傣 族				3		3	3	2	1
黎 族	367	225	142	268	162	106	205	145	60
傈僳族	1		1	2		2			
佤 族	2		2	6	2	4	2		2
畲 族	114	59	55	90	47	43	78	42	36
高山族	4	3	1						
拉祜族	4		4						
水 族	918	536	382	730	464	266	583	386	197
东乡族	1	1		2	2		1	1	
纳西族	1	1		3	3		1		1
景颇族	4	1	3	1		1	3	2	1
柯尔克孜族									
土 族	24	16	8	22	12	10	20	11	9
达斡尔族	1	1					3	2	1
仫佬族	158	93	65	128	80	48	90	62	28
羌 族	7	3	4	8	6	2	3	2	1
布朗族	1		1	1		1			
撒拉族									
毛南族	78	48	30	81	52	29	61	36	25
仡佬族	1746	1070	676	1275	817	458	936	638	298
锡伯族	1		1				1	1	
阿昌族				2	2		1	1	
普米族									
塔吉克族									
怒 族									
乌孜别克族									
俄罗斯族				1	1				
鄂温克族									
德昂族	1	1							
保安族									
裕固族									
京 族	8	5	3	3		3	5	3	2
塔塔尔族									
独龙族				1	1				
鄂伦春族									
赫哲族	1	1							
门巴族									
珞巴族	1	1							
基诺族									
未定族称人口	1369	876	493	1094	720	374	849	582	267
入 籍	14	7	7	8	4	4	12	9	3

2−5 续表 6 单位：人

民族	29岁			30岁			31岁		
	小计	男	女	小计	男	女	小计	男	女
总计	**52282**	**35258**	**17024**	**39468**	**26615**	**12853**	**29705**	**20193**	**9512**
汉族	34889	23843	11046	26420	18028	8392	20047	13709	6338
蒙古族	62	39	23	44	27	17	31	23	8
回族	260	176	84	185	127	58	149	101	48
藏族	5	3	2	5	5		2	2	
维吾尔族	3	2	1						
苗族	5226	3500	1726	4065	2676	1389	2961	1981	980
彝族	991	642	349	811	538	273	556	378	178
壮族	154	89	65	103	62	41	67	36	31
布依族	3878	2396	1482	2886	1756	1130	2218	1422	796
朝鲜族	1		1	1	1				
满族	76	50	26	52	41	11	29	22	7
侗族	2308	1596	712	1717	1191	526	1320	906	414
瑶族	80	53	27	48	31	17	21	14	7
白族	252	158	94	216	155	61	128	96	32
土家族	1911	1258	653	1316	877	439	968	646	322
哈尼族	1	1		1		1	2		2
哈萨克族				1		1			
傣族	6	3	3				3		3
黎族	163	109	54	95	69	26	82	63	19
傈僳族	1		1	1		1	1	1	
佤族				1	1		1		1
畲族	52	34	18	41	24	17	35	24	11
高山族	1	1							
拉祜族	1		1				1		1
水族	452	291	161	340	220	120	245	161	84
东乡族	1		1	5	2	3	1	1	
纳西族	1		1	2	2		1	1	
景颇族	1		1	2	1	1	1		1
柯尔克孜族									
土族	17	13	4	10	9	1	3	3	
达斡尔族									
仫佬族	77	43	34	55	40	15	38	27	11
羌族	5	2	3	4	3	1	2	2	
布朗族	1		1	1		1			
撒拉族									
毛南族	38	27	11	27	19	8	28	20	8
仡佬族	704	472	232	525	360	165	388	278	110
锡伯族	1	1		3	3		1	1	
阿昌族									
普米族				1		1			
塔吉克族									
怒族	1	1							
乌孜别克族									
俄罗斯族				1	1				
鄂温克族									
德昂族									
保安族									
裕固族									
京族				1		1	1	1	
塔塔尔族									
独龙族	1		1						
鄂伦春族									
赫哲族									
门巴族									
珞巴族									
基诺族									
未定族称人口	654	452	202	479	345	134	372	272	100
入籍	7	3	4	3	1	2	2	2	

2-5 续表 7 单位：人

民 族	32岁			33岁			34岁		
	小计	男	女	小计	男	女	小计	男	女
总 计	**22642**	**15366**	**7276**	**17543**	**11807**	**5736**	**14082**	**9493**	**4589**
汉 族	15325	10574	4751	11748	7979	3769	9534	6464	3070
蒙古族	23	19	4	18	13	5	16	13	3
回 族	98	65	33	76	53	23	67	46	21
藏 族	2	1	1	3	3		1	1	
维吾尔族				1	1				
苗 族	2301	1519	782	1827	1199	628	1476	997	479
彝 族	403	274	129	333	229	104	246	174	72
壮 族	56	30	26	39	20	19	36	21	15
布依族	1657	1029	628	1338	823	515	1011	626	385
朝鲜族				1	1				
满 族	17	10	7	25	17	8	10	6	4
侗 族	1009	697	312	748	507	241	603	400	203
瑶 族	40	28	12	25	16	9	17	12	5
白 族	101	70	31	59	41	18	64	42	22
土家族	707	443	264	578	381	197	448	295	153
哈尼族	4	1	3						
哈萨克族									
傣 族	1		1	2		2	1		1
黎 族	62	42	20	47	30	17	35	22	13
傈僳族									
佤 族	1	1							
畲 族	28	22	6	19	13	6	19	14	5
高山族									
拉祜族									
水 族	207	128	79	172	124	48	120	87	33
东乡族	2	2							
纳西族									
景颇族							1	1	
柯尔克孜族									
土 族	4	3	1	4	3	1	3	3	
达斡尔族									
仫佬族	28	20	8	25	18	7	18	13	5
羌 族	4	1	3				1	1	
布朗族									
撒拉族									
毛南族	16	11	5	22	17	5	13	8	5
仡佬族	269	186	83	204	144	60	164	124	40
锡伯族	2	1	1						
阿昌族	1		1						
普米族				1	1				
塔吉克族									
怒 族									
乌孜别克族									
俄罗斯族									
鄂温克族									
德昂族									
保安族									
裕固族									
京 族				1	1		1	1	
塔塔尔族									
独龙族									
鄂伦春族									
赫哲族									
门巴族									
珞巴族							1	1	
基诺族									
未定族称人口	269	186	83	222	170	52	174	120	54
入 籍	5	3	2	5	3	2	2	1	1

2-5 续表 8 单位：人

民　族	35岁			36岁			37岁		
	小计	男	女	小计	男	女	小计	男	女
总　计	**11099**	**7503**	**3596**	**8796**	**5813**	**2983**	**7239**	**4818**	**2421**
汉　族	7587	5181	2406	5905	3944	1961	5012	3416	1596
蒙古族	13	8	5	11	7	4	6	4	2
回　族	43	26	17	29	21	8	28	18	10
藏　族	1	1		2	2				
维吾尔族									
苗　族	1127	749	378	965	623	342	725	459	266
彝　族	216	148	68	167	104	63	134	85	49
壮　族	25	13	12	19	8	11	25	13	12
布依族	773	480	293	657	419	238	469	284	185
朝鲜族	1		1						
满　族	14	10	4	12	8	4	14	10	4
侗　族	459	313	146	403	267	136	283	172	111
瑶　族	19	12	7	11	9	2	8	5	3
白　族	55	41	14	29	20	9	34	24	10
土家族	359	229	130	262	160	102	219	133	86
哈尼族				2		2			
哈萨克族									
傣　族							1	1	
黎　族	26	21	5	25	13	12	19	14	5
傈僳族							1	1	
佤　族									
畲　族	19	14	5	9	6	3	12	7	5
高山族									
拉祜族									
水　族	87	62	25	66	49	17	66	46	20
东乡族				2		2	1		1
纳西族									
景颇族							2	2	
柯尔克孜族									
土　族	1	1					1		1
达斡尔族									
仫佬族	13	7	6	11	9	2	10	7	3
羌　族	1	1		1	1				
布朗族									
撒拉族									
毛南族	7	4	3	9	5	4	2	1	1
仡佬族	110	81	29	96	66	30	85	60	25
锡伯族									
阿昌族									
普米族									
塔吉克族									
怒　族				1	1				
乌孜别克族									
俄罗斯族									
鄂温克族									
德昂族									
保安族									
裕固族									
京　族	2	1	1						
塔塔尔族									
独龙族									
鄂伦春族									
赫哲族									
门巴族									
珞巴族									
基诺族									
未定族称人口	141	100	41	100	70	30	82	56	26
入　籍				2	1	1			

2–5　续表 9　　　　单位：人

民　族	38岁			39岁			40岁及以上		
	小计	男	女	小计	男	女	小计	男	女
总　计	**5982**	**3955**	**2027**	**5114**	**3330**	**1784**	**26685**	**16850**	**9835**
汉　族	4152	2784	1368	3527	2354	1173	18842	12199	6643
蒙古族	3	3		4	3	1	21	12	9
回　族	21	15	6	12	9	3	79	50	29
藏　族									
维吾尔族									
苗　族	596	373	223	476	281	195	2598	1525	1073
彝　族	123	73	50	120	67	53	491	295	196
壮　族	10	5	5	12	4	8	55	33	22
布依族	405	234	171	353	216	137	1657	931	726
朝鲜族	1	1					1		1
满　族	8	5	3	7	6	1	31	22	9
侗　族	239	160	79	217	135	82	1070	650	420
瑶　族	7	5	2	7	4	3	33	22	11
白　族	30	21	9	21	17	4	94	69	25
土家族	157	102	55	167	113	54	738	458	280
哈尼族							3	1	2
哈萨克族									
傣　族	1		1				3	1	2
黎　族	16	11	5	12	8	4	60	42	18
傈僳族									
佤　族				3		3			
畲　族	9	8	1	8	4	4	34	24	10
高山族							2	1	1
拉祜族							2		2
水　族	49	36	13	45	29	16	197	110	87
东乡族				1	1				
纳西族							2	2	
景颇族							1	1	
柯尔克孜族									
土　族	2	1	1	5	3	2	8	5	3
达斡尔族									
仫佬族	9	7	2	8	4	4	32	23	9
羌　族	1	1							
布朗族									
撒拉族									
毛南族	3	1	2	4	3	1	15	9	6
仡佬族	64	48	16	49	36	13	279	159	120
锡伯族							1		1
阿昌族									
普米族									
塔吉克族									
怒　族									
乌孜别克族									
俄罗斯族									
鄂温克族									
德昂族									
保安族									
裕固族									
京　族							2	1	1
塔塔尔族									
独龙族									
鄂伦春族									
赫哲族									
门巴族									
珞巴族									
基诺族				1		1			
未定族称人口	76	61	15	55	33	22	331	204	127
入　籍							3	1	2

2-6 全省按民族、生育孩次分的育龄妇女人数

(2019.11.1-2020.10.31)

单位：人

民族	合计	生男孩的妇女人数	生女孩的妇女人数	一孩			二孩		
				小计	男	女	小计	男	女
总计	**48984**	**26050**	**22934**	**19010**	**10094**	**8916**	**20839**	**10911**	**9928**
汉族	30821	16291	14530	12054	6392	5662	13156	6835	6321
蒙古族	76	33	43	33	15	18	29	10	19
回族	300	160	140	131	69	62	110	58	52
藏族	4	1	3	2	1	1	2		2
维吾尔族	1		1	1		1			
苗族	6335	3384	2951	2316	1224	1092	2532	1357	1175
彝族	1261	686	575	477	258	219	466	251	215
壮族	163	93	70	54	29	25	81	48	33
布依族	3338	1770	1568	1360	729	631	1494	774	720
朝鲜族	1		1	1		1			
满族	33	17	16	17	11	6	13	5	8
侗族	2070	1093	977	743	397	346	991	497	494
瑶族	83	44	39	32	16	16	31	16	15
白族	282	151	131	116	61	55	111	58	53
土家族	1932	1039	893	801	422	379	831	436	395
哈尼族	14	7	7	5	3	2	8	4	4
哈萨克族									
傣族	12	5	7	5	3	2	6	2	4
黎族	199	109	90	67	28	39	89	52	37
傈僳族	5	2	3	4	1	3	1	1	
佤族	4	1	3	2		2	2	1	1
畲族	50	31	19	11	4	7	33	22	11
高山族									
拉祜族	5	3	2	2	1	1	3	2	1
水族	487	277	210	199	106	93	190	112	78
东乡族	2	1	1				2	1	1
纳西族	1	1					1	1	
景颇族									
柯尔克孜族									
土族	8	5	3	6	3	3	1	1	
达斡尔族									
仫佬族	63	43	20	23	15	8	28	17	11
羌族	3	2	1	1	1		2	1	1
布朗族	3		3				3		3
撒拉族									
毛南族	28	14	14	10	6	4	18	8	10
仡佬族	612	345	267	255	150	105	286	152	134
锡伯族	1	1					1	1	
阿昌族	1	1		1	1				
普米族									
塔吉克族									
怒族	1	1							
乌孜别克族									
俄罗斯族									
鄂温克族									
德昂族									
保安族									
裕固族									
京族	4	3	1	2	1	1	2	2	
塔塔尔族									
独龙族	1	1							
鄂伦春族									
赫哲族									
门巴族									
珞巴族									
基诺族									
未定族称人口	769	426	343	274	143	131	311	182	129
入籍	11	9	2	5	4	1	5	4	1

2-6 续表 单位：人

民 族	三 孩			四 孩			五孩及以上		
	小计	男	女	小计	男	女	小计	男	女
总 计	**6742**	**3728**	**3014**	**1721**	**952**	**769**	**672**	**365**	**307**
汉 族	4216	2306	1910	1027	565	462	368	193	175
蒙古族	10	5	5	4	3	1			
回 族	41	23	18	8	5	3	10	5	5
藏 族									
维吾尔族									
苗 族	982	522	460	335	179	156	170	102	68
彝 族	226	129	97	59	31	28	33	17	16
壮 族	26	15	11	2	1	1			
布依族	378	213	165	86	44	42	20	10	10
朝鲜族									
满 族	3	1	2						
侗 族	278	161	117	45	32	13	13	6	7
瑶 族	18	10	8	2	2				
白 族	38	21	17	10	8	2	7	3	4
土家族	233	141	92	51	32	19	16	8	8
哈尼族	1		1						
哈萨克族									
傣 族				1		1			
黎 族	32	21	11	9	6	3	2	2	
傈僳族									
佤 族									
畲 族	5	4	1	1	1				
高山族									
拉祜族									
水 族	60	35	25	27	15	12	11	9	2
东乡族									
纳西族									
景颇族									
柯尔克孜族									
土 族	1	1							
达斡尔族									
仫佬族	11	10	1				1	1	
羌 族									
布朗族									
撒拉族									
毛南族									
仡佬族	51	32	19	16	9	7	4	2	2
锡伯族									
阿昌族									
普米族									
塔吉克族									
怒 族	1	1							
乌孜别克族									
俄罗斯族									
鄂温克族									
德昂族									
保安族									
裕固族									
京 族									
塔塔尔族									
独龙族	1	1							
鄂伦春族									
赫哲族									
门巴族									
珞巴族									
基诺族									
未定族称人口	130	76	54	38	19	19	16	6	10
入 籍							1	1	

2-7 全省各民族15-64岁妇女平均活产子女数和平均存活子女数

单位：人、%

民 族	15-64岁妇女人数	活产子女总数			存活子女总数			存活子女数占活产子女数的百分比	妇女平均活产子女数	妇女平均存活子女数
		小计	男	女	小计	男	女			
总 计	**1142625**	**1865196**	**1008469**	**856727**	**1804252**	**970746**	**833506**	**96.73**	**1.63**	**1.58**
汉 族	747238	1221829	658320	563509	1181876	633786	548090	96.73	1.64	1.58
蒙古族	1305	1738	930	808	1682	893	789	96.78	1.33	1.29
回 族	6512	10657	5657	5000	10333	5472	4861	96.96	1.64	1.59
藏 族	101	115	65	50	111	63	48	96.52	1.14	1.10
维吾尔族	26	20	7	13	17	7	10	85.00	0.77	0.65
苗 族	126039	216092	117434	98658	208784	112880	95904	96.62	1.71	1.66
彝 族	26735	47971	25524	22447	46135	24357	21778	96.17	1.79	1.73
壮 族	2431	3588	1946	1642	3490	1884	1606	97.27	1.48	1.44
布依族	77726	120041	65451	54590	115949	62921	53028	96.59	1.54	1.49
朝鲜族	27	30	14	16	29	13	16	96.67	1.11	1.07
满 族	827	985	543	442	944	511	433	95.84	1.19	1.14
侗 族	46032	72468	40055	32413	70315	38682	31633	97.03	1.57	1.53
瑶 族	1349	2107	1176	931	2034	1132	902	96.54	1.56	1.51
白 族	5778	8972	4835	4137	8675	4647	4028	96.69	1.55	1.50
土家族	47787	71846	39251	32595	69517	37733	31784	96.76	1.50	1.45
哈尼族	120	182	94	88	180	92	88	98.90	1.52	1.50
哈萨克族	2	1		1	1		1	100.00	0.50	0.50
傣 族	83	121	70	51	118	68	50	97.52	1.46	1.42
黎 族	3870	6234	3372	2862	6110	3299	2811	98.01	1.61	1.58
傈僳族	33	49	25	24	49	25	24	100.00	1.48	1.48
佤 族	43	65	35	30	65	35	30	100.00	1.51	1.51
畲 族	1167	1846	1010	836	1791	975	816	97.02	1.58	1.53
高山族	2	3	2	1	3	2	1	100.00	1.50	1.50
拉祜族	31	45	27	18	40	24	16	88.89	1.45	1.29
水 族	10585	18508	10304	8204	18051	10005	8046	97.53	1.75	1.71
东乡族	52	84	51	33	81	49	32	96.43	1.62	1.56
纳西族	16	17	12	5	17	12	5	100.00	1.06	1.06
景颇族	34	46	24	22	45	23	22	97.83	1.35	1.32
柯尔克孜族										
土 族	229	305	169	136	292	160	132	95.74	1.33	1.28
达斡尔族	3	3		3	3		3	100.00	1.00	1.00
仫佬族	1298	1989	1055	934	1939	1025	914	97.49	1.53	1.49
羌 族	60	87	53	34	86	53	33	98.85	1.45	1.43
布朗族	10	17	8	9	17	8	9	100.00	1.70	1.70
撒拉族	4	8	5	3	8	5	3	100.00	2.00	2.00
毛南族	811	1128	584	544	1090	560	530	96.63	1.39	1.34
仡佬族	15884	23238	12673	10565	22636	12288	10348	97.41	1.46	1.43
锡伯族	11	11	7	4	11	7	4	100.00	1.00	1.00
阿昌族	2	7	1	6	4	1	3	57.14	3.50	2.00
普米族	3	5	4	1	5	4	1	100.00	1.67	1.67
塔吉克族										
怒 族	3	6	4	2	6	4	2	100.00	2.00	2.00
乌孜别克族										
俄罗斯族										
鄂温克族										
德昂族										
保安族	1									
裕固族										
京 族	38	52	28	24	50	27	23	96.15	1.37	1.32
塔塔尔族										
独龙族	3	9	5	4	7	4	3	77.78	3.00	2.33
鄂伦春族										
赫哲族										
门巴族										
珞巴族	3	3	1	2	3	1	2	100.00	1.00	1.00
基诺族	3	2	1	1	2	1	1	100.00	0.67	0.67
未定族称人口	18138	32439	17515	14924	31426	16886	14540	96.88	1.79	1.73
入 籍	170	227	122	105	225	122	103	99.12	1.34	1.32

第二部分 长表数据资料

第三卷 教育

3-1　全省分学业完成情况、性别、受教育程度的3岁及以上人口

单位：人

学业完成情况	合计			小学		
	合计	男	女	小计	男	女
总　计	**3033142**	**1619954**	**1413188**	**1166785**	**584985**	**581800**
在　校	787226	406614	380612	380251	203372	176879
毕　业	1945786	1056574	889212	598303	293159	305144
肄　业	72269	37373	34896	50832	23399	27433
辍　学	74799	38749	36050	51797	24209	27588
其　他	153062	80644	72418	85602	40846	44756

3-1　续表 1

单位：人

学业完成情况	初中			高中			大学专科		
	小计	男	女	小计	男	女	小计	男	女
总　计	**1064531**	**611840**	**452691**	**370258**	**201263**	**168995**	**214174**	**111699**	**102475**
在　校	170226	90902	79324	145126	72161	72965	41996	19099	22897
毕　业	806096	466642	339454	211102	120489	90613	166562	89417	77145
肄　业	17822	11650	6172	2615	1735	880	609	374	235
辍　学	19987	12634	7353	2728	1730	998	228	133	95
其　他	50400	30012	20388	8687	5148	3539	4779	2676	2103

3-1　续表 2

单位：人

学业完成情况	大学本科			硕士研究生			博士研究生		
	小计	男	女	小计	男	女	小计	男	女
总　计	**206394**	**104777**	**101617**	**9967**	**4758**	**5209**	**1033**	**632**	**401**
在　校	47052	20034	27018	2352	928	1424	223	118	105
毕　业	155408	82568	72840	7510	3787	3723	805	512	293
肄　业	383	211	172	8	4	4			
辍　学	59	43	16						
其　他	3492	1921	1571	97	39	58	5	2	3

3-1a 全省分学业完成情况、性别、受教育程度的3岁及以上人口(城市)

单位：人

学业完成情况	合计			小学		
	合计	男	女	小计	男	女
总 计	**849885**	**428704**	**421181**	**188190**	**88644**	**99546**
在 校	191463	97520	93943	76117	40879	35238
毕 业	613217	309208	304009	91866	39449	52417
肄 业	8187	3895	4292	4244	1658	2586
辍 学	14012	6893	7119	7947	3329	4618
其 他	23006	11188	11818	8016	3329	4687

3-1a 续表 1

单位：人

学业完成情况	初中			高中			大学专科		
	小计	男	女	小计	男	女	小计	男	女
总 计	**270804**	**141026**	**129778**	**157022**	**82221**	**74801**	**108427**	**54198**	**54229**
在 校	32371	17392	14979	43267	22358	20909	16175	7097	9078
毕 业	221503	114330	107173	109204	57322	51882	90275	46077	44198
肄 业	2804	1582	1222	718	422	296	235	137	98
辍 学	5011	2930	2081	951	571	380	82	50	32
其 他	9115	4792	4323	2882	1548	1334	1660	837	823

3-1a 续表 2

单位：人

学业完成情况	大学本科			硕士研究生			博士研究生		
	小计	男	女	小计	男	女	小计	男	女
总 计	**116408**	**58130**	**58278**	**8162**	**3953**	**4209**	**872**	**532**	**340**
在 校	21741	9013	12728	1617	687	930	175	94	81
毕 业	93209	48360	44849	6467	3234	3233	693	436	257
肄 业	178	92	86	8	4	4			
辍 学	21	13	8						
其 他	1259	652	607	70	28	42	4	2	2

3–1b　全省分学业完成情况、性别、受教育程度的3岁及以上人口(镇)

单位：人

学业完成情况	合计			小学		
	合计	男	女	小计	男	女
总　计	**823872**	**426599**	**397273**	**286352**	**138302**	**148050**
在　校	235960	120646	115314	107487	57454	50033
毕　业	512125	267892	244233	138144	62880	75264
肄　业	15043	7511	7532	9630	4169	5461
辍　学	18084	8961	9123	11584	5071	6513
其　他	42660	21589	21071	19507	8728	10779

3–1b　续表 1

单位：人

学业完成情况	初中			高中			大学专科		
	小计	男	女	小计	男	女	小计	男	女
总　计	**295369**	**160542**	**134827**	**114244**	**60882**	**53362**	**64246**	**34407**	**29839**
在　校	48406	25602	22804	53104	25678	27426	11770	5593	6177
毕　业	220995	120108	100887	56242	32275	23967	50175	27535	22640
肄　业	4312	2653	1659	761	497	264	199	113	86
辍　学	5585	3307	2278	825	533	292	76	40	36
其　他	16071	8872	7199	3312	1899	1413	2026	1126	900

3–1b　续表 2

单位：人

学业完成情况	大学本科			硕士研究生			博士研究生		
	小计	男	女	小计	男	女	小计	男	女
总　计	**62279**	**31839**	**30440**	**1268**	**561**	**707**	**114**	**66**	**48**
在　校	14662	6161	8501	502	149	353	29	9	20
毕　业	45735	24633	21102	749	404	345	85	57	28
肄　业	141	79	62						
辍　学	14	10	4						
其　他	1727	956	771	17	8	9			

3–1c 全省分学业完成情况、性别、受教育程度的3岁及以上人口(乡村)

单位：人

学业完成情况	合计			小学		
	合计	男	女	小计	男	女
总　计	**1359385**	**764651**	**594734**	**692243**	**358039**	**334204**
在　校	359803	188448	171355	196647	105039	91608
毕　业	820444	479474	340970	368293	190830	177463
肄　业	49039	25967	23072	36958	17572	19386
辍　学	42703	22895	19808	32266	15809	16457
其　他	87396	47867	39529	58079	28789	29290

3–1c　续表 1

单位：人

学业完成情况	初中			高中			大学专科		
	小计	男	女	小计	男	女	小计	男	女
总　计	**498358**	**310272**	**188086**	**98992**	**58160**	**40832**	**41501**	**23094**	**18407**
在　校	89449	47908	41541	48755	24125	24630	14051	6409	7642
毕　业	363598	232204	131394	45656	30892	14764	26112	15805	10307
肄　业	10706	7415	3291	1136	816	320	175	124	51
辍　学	9391	6397	2994	952	626	326	70	43	27
其　他	25214	16348	8866	2493	1701	792	1093	713	380

3–1c　续表 2

单位：人

学业完成情况	大学本科			硕士研究生			博士研究生		
	小计	男	女	小计	男	女	小计	男	女
总　计	**27707**	**14808**	**12899**	**537**	**244**	**293**	**47**	**34**	**13**
在　校	10649	4860	5789	233	92	141	19	15	4
毕　业	16464	9575	6889	294	149	145	27	19	8
肄　业	64	40	24						
辍　学	24	20	4						
其　他	506	313	193	10	3	7	1		1

3−2　全省分年龄、性别、学业完成情况的3岁及以上各种受教育程度人口

单位：人

年　龄	合　　计								
	合　　计			在　　校			毕　　业		
	合计	男	女	小计	男	女	小计	男	女
总　计	**3033142**	**1619954**	**1413188**	**787226**	**406614**	**380612**	**1945786**	**1056574**	**889212**
3									
4									
5−9岁	**229836**	**123130**	**106706**	**225858**	**120915**	**104943**	**2778**	**1570**	**1208**
5	3823	2098	1725	3699	2032	1667	66	34	32
6	37368	19895	17473	36714	19550	17164	441	224	217
7	59916	32168	27748	58921	31592	27329	707	421	286
8	66237	35492	30745	65083	34849	30234	809	470	339
9	62492	33477	29015	61441	32892	28549	755	421	334
10−14岁	**283565**	**151187**	**132378**	**277159**	**147544**	**129615**	**4779**	**2742**	**2037**
10	60965	32522	28443	59883	31923	27960	765	431	334
11	61200	32563	28637	60085	31945	28140	795	447	348
12	56221	30158	26063	54987	29449	25538	932	550	382
13	53164	28356	24808	51860	27589	24271	998	595	403
14	52015	27588	24427	50344	26638	23706	1289	719	570
15−19岁	**251143**	**129581**	**121562**	**210123**	**105281**	**104842**	**36221**	**21470**	**14751**
15	49005	26006	22999	46803	24623	22180	1842	1158	684
16	54862	28608	26254	49691	25410	24281	4536	2801	1735
17	54459	27917	26542	46667	23253	23414	6864	4114	2750
18	47837	24352	23485	36908	17906	19002	9642	5689	3953
19	44980	22698	22282	30054	14089	15965	13337	7708	5629
20−24岁	**226682**	**111425**	**115257**	**70079**	**30905**	**39174**	**144427**	**73827**	**70600**
20	45136	22256	22880	25774	11444	14330	17486	9745	7741
21	44487	21830	22657	20311	8851	11460	22070	11772	10298
22	48822	24120	24702	14122	6201	7921	32007	16450	15557
23	44784	21975	22809	6758	3013	3745	35293	17470	17823
24	43453	21244	22209	3114	1396	1718	37571	18390	19181
25−29岁	**220728**	**110164**	**110564**	**3015**	**1423**	**1592**	**202451**	**100716**	**101735**
25	44833	22209	22624	1481	721	760	40365	19861	20504
26	42498	20949	21549	730	312	418	38900	19169	19731
27	45096	22419	22677	398	183	215	41605	20618	20987
28	44594	22225	22369	254	122	132	41203	20478	20725
29	43707	22362	21345	152	85	67	40378	20590	19788
30−34岁	**255978**	**130704**	**125274**	**418**	**211**	**207**	**235236**	**119894**	**115342**
30	52108	26513	25595	139	74	65	48127	24400	23727
31	51787	26083	25704	96	47	49	47588	23948	23640
32	50991	25839	25152	78	38	40	46912	23705	23207
33	54438	27987	26451	56	31	25	49980	25693	24287
34	46654	24282	22372	49	21	28	42629	22148	20481
35−39岁	**212544**	**112627**	**99917**	**195**	**102**	**93**	**191288**	**101498**	**89790**
35	41645	21820	19825	39	22	17	37861	19847	18014
36	41850	22063	19787	46	31	15	37915	19994	17921
37	39733	21064	18669	40	14	26	35748	19006	16742
38	46824	25224	21600	35	15	20	41925	22590	19335
39	42492	22456	20036	35	20	15	37839	20061	17778
40−44岁	**225362**	**121636**	**103726**	**111**	**68**	**43**	**198114**	**107545**	**90569**
40	40833	21716	19117	27	20	7	36236	19332	16904
41	43491	23533	19958	25	12	13	38361	20857	17504
42	44341	23949	20392	22	12	10	38930	21196	17734
43	44976	24515	20461	15	8	7	39399	21587	17812
44	51721	27923	23798	22	16	6	45188	24573	20615
45−49岁	**270837**	**148537**	**122300**	**82**	**54**	**28**	**233802**	**129233**	**104569**
45	54717	29907	24810	12	6	6	47547	26073	21474
46	58477	31924	26553	19	14	5	50699	27861	22838
47	54167	29702	24465	22	12	10	46864	25947	20917
48	51440	28190	23250	16	11	5	44307	24528	19779
49	52036	28814	23222	13	11	2	44385	24824	19561
50岁及以上	**856467**	**480963**	**375504**	**186**	**111**	**75**	**696690**	**398079**	**298611**

3-2 续表 1 单位：人

年龄	合计								
	肄业			辍学			其他		
	小计	男	女	小计	男	女	小计	男	女
总计	**72269**	**37373**	**34896**	**74799**	**38749**	**36050**	**153062**	**80644**	**72418**
3									
4									
5-9岁	**162**	**85**	**77**	**38**	**23**	**15**	**1000**	**537**	**463**
5	4	4					54	28	26
6	23	11	12	6	4	2	184	106	78
7	46	24	22	8	4	4	234	127	107
8	54	26	28	12	5	7	279	142	137
9	35	20	15	12	10	2	249	134	115
10-14岁	**255**	**154**	**101**	**155**	**88**	**67**	**1217**	**659**	**558**
10	56	30	26	9	5	4	252	133	119
11	50	32	18	12	6	6	258	133	125
12	42	24	18	19	9	10	241	126	115
13	40	23	17	41	24	17	225	125	100
14	67	45	22	74	44	30	241	142	99
15-19岁	**937**	**578**	**359**	**1176**	**747**	**429**	**2686**	**1505**	**1181**
15	72	50	22	83	55	28	205	120	85
16	107	70	37	174	121	53	354	206	148
17	206	127	79	226	138	88	496	285	211
18	253	157	96	312	184	128	722	416	306
19	299	174	125	381	249	132	909	478	431
20-24岁	**2263**	**1301**	**962**	**2523**	**1532**	**991**	**7390**	**3860**	**3530**
20	383	222	161	399	234	165	1094	611	483
21	431	265	166	473	282	191	1202	660	542
22	479	271	208	568	357	211	1646	841	805
23	499	286	213	538	330	208	1696	876	820
24	471	257	214	545	329	216	1752	872	880
25-29岁	**2674**	**1526**	**1148**	**3057**	**1763**	**1294**	**9531**	**4736**	**4795**
25	511	317	194	607	362	245	1869	948	921
26	514	289	225	559	317	242	1795	862	933
27	552	318	234	599	336	263	1942	964	978
28	537	288	249	648	371	277	1952	966	986
29	560	314	246	644	377	267	1973	996	977
30-34岁	**3905**	**2122**	**1783**	**4487**	**2365**	**2122**	**11932**	**6112**	**5820**
30	719	412	307	762	405	357	2361	1222	1139
31	783	401	382	886	465	421	2434	1222	1212
32	766	427	339	877	483	394	2358	1186	1172
33	848	444	404	1033	528	505	2521	1291	1230
34	789	438	351	929	484	445	2258	1191	1067
35-39岁	**4420**	**2394**	**2026**	**5331**	**2812**	**2519**	**11310**	**5821**	**5489**
35	720	404	316	918	484	434	2107	1063	1044
36	840	454	386	993	528	465	2056	1056	1000
37	823	435	388	994	499	495	2128	1110	1018
38	1005	553	452	1277	692	585	2582	1374	1208
39	1032	548	484	1149	609	540	2437	1218	1219
40-44岁	**6165**	**3139**	**3026**	**7077**	**3641**	**3436**	**13895**	**7243**	**6652**
40	996	504	492	1202	635	567	2372	1225	1147
41	1130	585	545	1318	707	611	2657	1372	1285
42	1238	629	609	1358	666	692	2793	1446	1347
43	1295	671	624	1478	762	716	2789	1487	1302
44	1506	750	756	1721	871	850	3284	1713	1571
45-49岁	**8658**	**4444**	**4214**	**9899**	**5042**	**4857**	**18396**	**9764**	**8632**
45	1692	917	775	1935	983	952	3531	1928	1603
46	1757	873	884	1980	1008	972	4022	2168	1854
47	1785	902	883	1973	1004	969	3523	1837	1686
48	1663	828	835	1984	1019	965	3470	1804	1666
49	1761	924	837	2027	1028	999	3850	2027	1823
50岁及以上	**42830**	**21630**	**21200**	**41056**	**20736**	**20320**	**75705**	**40407**	**35298**

3-2 续表 2 单位：人

年龄	小学								
	合计			在校			毕业		
	合计	男	女	小计	男	女	小计	男	女
总计	**1166785**	**584985**	**581800**	**380251**	**203372**	**176879**	**598303**	**293159**	**305144**
3									
4									
5-9岁	**228488**	**122368**	**106120**	**224636**	**120225**	**104411**	**2677**	**1513**	**1164**
5	3823	2098	1725	3699	2032	1667	66	34	32
6	37165	19788	17377	36532	19453	17079	425	216	209
7	59642	32009	27633	58677	31455	27222	683	404	279
8	65840	35274	30566	64714	34643	30071	785	459	326
9	62018	33199	28819	61014	32642	28372	718	400	318
10-14岁	**158214**	**84650**	**73564**	**155089**	**82893**	**72196**	**2190**	**1251**	**939**
10	60124	32062	28062	59094	31493	27601	724	409	315
11	58691	31216	27475	57690	30669	27021	704	391	313
12	30311	16598	13713	29670	16220	13450	445	269	176
13	6899	3659	3240	6624	3498	3126	195	114	81
14	2189	1115	1074	2011	1013	998	122	68	54
15-19岁	**2365**	**1221**	**1144**	**353**	**173**	**180**	**1553**	**806**	**747**
15	296	150	146	169	78	91	75	39	36
16	313	166	147	85	42	43	156	78	78
17	388	189	199	47	30	17	270	128	142
18	532	275	257	27	13	14	410	208	202
19	836	441	395	25	10	15	642	353	289
20-24岁	**7615**	**3711**	**3904**	**54**	**25**	**29**	**6212**	**3003**	**3209**
20	1012	475	537	26	10	16	798	372	426
21	1210	594	616	11	4	7	1013	489	524
22	1608	819	789	7	4	3	1292	653	639
23	1799	853	946	5	2	3	1460	683	777
24	1986	970	1016	5	5		1649	806	843
25-29岁	**14382**	**6514**	**7868**	**11**	**4**	**7**	**11889**	**5367**	**6522**
25	2386	1123	1263	1	1		1972	899	1073
26	2480	1116	1364	1		1	2043	931	1112
27	2898	1318	1580	2		2	2420	1107	1313
28	3227	1430	1797	5	3	2	2659	1183	1476
29	3391	1527	1864	2		2	2795	1247	1548
30-34岁	**29542**	**12537**	**17005**	**4**	**3**	**1**	**24054**	**10189**	**13865**
30	4652	1992	2660	2	2		3805	1623	2182
31	5320	2217	3103	1		1	4323	1808	2515
32	5702	2405	3297				4677	1965	2712
33	7054	2979	4075	1	1		5716	2412	3304
34	6814	2944	3870				5533	2381	3152
35-39岁	**44504**	**19582**	**24922**	**10**	**4**	**6**	**35695**	**15626**	**20069**
35	6959	2980	3979				5650	2415	3235
36	7731	3392	4339	3	1	2	6241	2749	3492
37	8278	3631	4647	2		2	6625	2887	3738
38	10663	4789	5874	2	2		8527	3794	4733
39	10873	4790	6083	3	1	2	8652	3781	4871
40-44岁	**73583**	**33182**	**40401**	**10**	**5**	**5**	**58281**	**26391**	**31890**
40	11507	5005	6502	1	1		9203	4008	5195
41	13143	5975	7168	3	1	2	10354	4718	5636
42	14472	6468	8004	3	1	2	11455	5192	6263
43	15627	7181	8446	1		1	12342	5664	6678
44	18834	8553	10281	2	2		14927	6809	8118
45-49岁	**111210**	**51569**	**59641**	**15**	**9**	**6**	**87016**	**40458**	**46558**
45	20586	9429	11157	4	3	1	16231	7416	8815
46	23196	10682	12514	3	3		18170	8359	9811
47	22227	10291	11936	4	1	3	17420	8087	9333
48	21667	10016	11651	2		2	16895	7858	9037
49	23534	11151	12383	2	2		18300	8738	9562
50岁及以上	**496882**	**249651**	**247231**	**69**	**31**	**38**	**368736**	**188555**	**180181**

3-2 续表 3

单位：人

年 龄	小学								
	肄业			辍学			其他		
	小计	男	女	小计	男	女	小计	男	女
总 计	**50832**	**23399**	**27433**	**51797**	**24209**	**27588**	**85602**	**40846**	**44756**
3									
4									
5-9岁	**161**	**85**	**76**	**38**	**23**	**15**	**976**	**522**	**454**
5	4	4					54	28	26
6	23	11	12	6	4	2	179	104	75
7	46	24	22	8	4	4	228	122	106
8	53	26	27	12	5	7	276	141	135
9	35	20	15	12	10	2	239	127	112
10-14岁	**140**	**84**	**56**	**54**	**28**	**26**	**741**	**394**	**347**
10	54	29	25	9	5	4	243	126	117
11	50	32	18	10	5	5	237	119	118
12	23	15	8	12	6	6	161	88	73
13	9	5	4	12	7	5	59	35	24
14	4	3	1	11	5	6	41	26	15
15-19岁	**78**	**39**	**39**	**101**	**63**	**38**	**280**	**140**	**140**
15	7	5	2	11	10	1	34	18	16
16	9	8	1	17	11	6	46	27	19
17	11	6	5	13	6	7	47	19	28
18	18	12	6	17	8	9	60	34	26
19	33	8	25	43	28	15	93	42	51
20-24岁	**285**	**143**	**142**	**318**	**181**	**137**	**746**	**359**	**387**
20	34	18	16	43	21	22	111	54	57
21	47	26	21	38	24	14	101	51	50
22	66	34	32	86	44	42	157	84	73
23	73	36	37	85	52	33	176	80	96
24	65	29	36	66	40	26	201	90	111
25-29岁	**537**	**256**	**281**	**633**	**305**	**328**	**1312**	**582**	**730**
25	92	54	38	100	58	42	221	111	110
26	95	44	51	110	53	57	231	88	143
27	100	43	57	112	49	63	264	119	145
28	128	57	71	146	67	79	289	120	169
29	122	58	64	165	78	87	307	144	163
30-34岁	**1305**	**581**	**724**	**1573**	**672**	**901**	**2606**	**1092**	**1514**
30	195	90	105	230	98	132	420	179	241
31	223	98	125	289	118	171	484	193	291
32	239	103	136	276	123	153	510	214	296
33	315	130	185	407	172	235	615	264	351
34	333	160	173	371	161	210	577	242	335
35-39岁	**2198**	**1004**	**1194**	**2700**	**1267**	**1433**	**3901**	**1681**	**2220**
35	296	135	161	405	176	229	608	254	354
36	386	185	201	463	201	262	638	256	382
37	425	195	230	492	227	265	734	322	412
38	524	239	285	693	346	347	917	408	509
39	567	250	317	647	317	330	1004	441	563
40-44岁	**3933**	**1717**	**2216**	**4578**	**2075**	**2503**	**6781**	**2994**	**3787**
40	583	241	342	691	309	382	1029	446	583
41	708	320	388	805	376	429	1273	560	713
42	786	333	453	861	360	501	1367	582	785
43	857	394	463	1017	487	530	1410	636	774
44	999	429	570	1204	543	661	1702	770	932
45-49岁	**6246**	**2830**	**3416**	**7294**	**3372**	**3922**	**10639**	**4900**	**5739**
45	1145	537	608	1339	608	731	1867	865	1002
46	1256	542	714	1452	682	770	2315	1096	1219
47	1297	596	701	1474	680	794	2032	927	1105
48	1194	513	681	1486	686	800	2090	959	1131
49	1354	642	712	1543	716	827	2335	1053	1282
50岁及以上	**35949**	**16660**	**19289**	**34508**	**16223**	**18285**	**57620**	**28182**	**29438**

3-2　续表 4　　　　单位：人

年　龄	初　　中								
	合　计			在　校			毕　业		
	合计	男	女	小计	男	女	小计	男	女
总　计	**1064531**	**611840**	**452691**	**170226**	**90902**	**79324**	**806096**	**466642**	**339454**
3									
4									
5-9岁	**1345**	**760**	**585**	**1220**	**689**	**531**	**100**	**56**	**44**
5									
6	203	107	96	182	97	85	16	8	8
7	274	159	115	244	137	107	24	17	7
8	396	218	178	368	206	162	24	11	13
9	472	276	196	426	249	177	36	20	16
10-14岁	**122944**	**65373**	**57571**	**119716**	**63523**	**56193**	**2549**	**1467**	**1082**
10	840	459	381	788	429	359	41	22	19
11	2508	1347	1161	2394	1276	1118	91	56	35
12	25898	13552	12346	25305	13221	12084	487	281	206
13	45900	24493	21407	44885	23896	20989	792	475	317
14	47798	25522	22276	46344	24701	21643	1138	633	505
15-19岁	**78122**	**44158**	**33964**	**48891**	**26478**	**22413**	**26472**	**15990**	**10482**
15	31175	17167	14008	29234	15937	13297	1669	1058	611
16	16425	9276	7149	11996	6526	5470	4021	2502	1519
17	10347	5951	4396	4319	2260	2059	5514	3371	2143
18	9555	5608	3947	2098	1117	981	6783	4069	2714
19	10620	6156	4464	1244	638	606	8485	4990	3495
20-24岁	**76806**	**42094**	**34712**	**257**	**130**	**127**	**69511**	**37961**	**31550**
20	11944	6874	5070	124	68	56	10692	6144	4548
21	13302	7491	5811	62	27	35	12018	6744	5274
22	16658	9249	7409	35	17	18	15105	8362	6743
23	16970	9028	7942	20	11	9	15382	8145	7237
24	17932	9452	8480	16	7	9	16314	8566	7748
25-29岁	**102353**	**53421**	**48932**	**32**	**19**	**13**	**93446**	**48548**	**44898**
25	19494	10308	9186	13	8	5	17733	9339	8394
26	19476	10192	9284	6	3	3	17808	9279	8529
27	20987	10776	10211	4	4		19160	9778	9382
28	21394	11081	10313	6	3	3	19547	10080	9467
29	21002	11064	9938	3	1	2	19198	10072	9126
30-34岁	**125758**	**65835**	**59923**	**21**	**11**	**10**	**114541**	**59595**	**54946**
30	25661	13379	12282	5	3	2	23468	12162	11306
31	25528	13248	12280	4	2	2	23203	11989	11214
32	25167	13054	12113	2	2		22893	11781	11112
33	26762	14145	12617	3	1	2	24414	12852	11562
34	22640	12009	10631	7	3	4	20563	10811	9752
35-39岁	**103268**	**56487**	**46781**	**21**	**8**	**13**	**93308**	**50793**	**42515**
35	20214	10821	9393	3	2	1	18310	9748	8562
36	20400	10982	9418	2		2	18462	9866	8596
37	19043	10402	8641	6	2	4	17197	9368	7829
38	22816	12762	10054	2		2	20536	11413	9123
39	20795	11520	9275	8	4	4	18803	10398	8405
40-44岁	**101287**	**58633**	**42654**	**18**	**12**	**6**	**91229**	**52537**	**38692**
40	19134	10703	8431	5	5		17222	9558	7664
41	19916	11525	8391	1		1	17947	10340	7607
42	19774	11478	8296	5	2	3	17761	10246	7515
43	19862	11702	8160	6	4	2	17920	10521	7399
44	22601	13225	9376	1	1		20379	11872	8507
45-49岁	**111371**	**67906**	**43465**	**16**	**8**	**8**	**100394**	**60909**	**39485**
45	23766	14293	9473	2		2	21352	12734	8618
46	24905	14997	9908	5	3	2	22535	13500	9035
47	22070	13519	8551	3	1	2	19960	12213	7747
48	20651	12637	8014	5	3	2	18612	11344	7268
49	19979	12460	7519	1	1		17935	11118	6817
50岁及以上	**241277**	**157173**	**84104**	**34**	**24**	**10**	**214546**	**138786**	**75760**

3-2 续表 5

单位：人

年龄	初中								
	肄业			辍学			其他		
	小计	男	女	小计	男	女	小计	男	女
总计	**17822**	**11650**	**6172**	**19987**	**12634**	**7353**	**50400**	**30012**	**20388**
3									
4									
5-9岁	**1**		**1**				**24**	**15**	**9**
5									
6							5	2	3
7							6	5	1
8	1		1				3	1	2
9							10	7	3
10-14岁	**112**	**67**	**45**	**98**	**57**	**41**	**469**	**259**	**210**
10	2	1	1				9	7	2
11				2	1	1	21	14	7
12	19	9	10	7	3	4	80	38	42
13	31	18	13	28	16	12	164	88	76
14	60	39	21	61	37	24	195	112	83
15-19岁	**503**	**323**	**180**	**695**	**462**	**233**	**1561**	**905**	**656**
15	55	38	17	68	43	25	149	91	58
16	65	41	24	112	78	34	231	129	102
17	106	69	37	129	83	46	279	168	111
18	120	75	45	172	112	60	382	235	147
19	157	100	57	214	146	68	520	282	238
20-24岁	**1287**	**744**	**543**	**1540**	**947**	**593**	**4211**	**2312**	**1899**
20	223	122	101	237	148	89	668	392	276
21	225	141	84	291	174	117	706	405	301
22	264	148	116	321	202	119	933	520	413
23	285	169	116	336	208	128	947	495	452
24	290	164	126	355	215	140	957	500	457
25-29岁	**1549**	**905**	**644**	**1893**	**1156**	**737**	**5433**	**2793**	**2640**
25	307	190	117	391	243	148	1050	528	522
26	307	185	122	350	212	138	1005	513	492
27	325	192	133	373	221	152	1125	581	544
28	292	157	135	402	237	165	1147	604	543
29	318	181	137	377	243	134	1106	567	539
30-34岁	**2029**	**1206**	**823**	**2509**	**1434**	**1075**	**6658**	**3589**	**3069**
30	406	251	155	442	253	189	1340	710	630
31	431	235	196	515	287	228	1375	735	640
32	416	260	156	525	308	217	1331	703	628
33	412	239	173	553	313	240	1380	740	640
34	364	221	143	474	273	201	1232	701	531
35-39岁	**1877**	**1161**	**716**	**2382**	**1386**	**996**	**5680**	**3139**	**2541**
35	340	217	123	449	266	183	1112	588	524
36	372	218	154	484	299	185	1080	599	481
37	344	201	143	448	237	211	1048	594	454
38	413	265	148	534	314	220	1331	770	561
39	408	260	148	467	270	197	1109	588	521
40-44岁	**2004**	**1261**	**743**	**2326**	**1456**	**870**	**5710**	**3367**	**2343**
40	364	227	137	479	306	173	1064	607	457
41	390	245	145	480	308	172	1098	632	466
42	404	264	140	459	285	174	1145	681	464
43	390	242	148	429	255	174	1117	680	437
44	456	283	173	479	302	177	1286	767	519
45-49岁	**2178**	**1448**	**730**	**2453**	**1558**	**895**	**6330**	**3983**	**2347**
45	490	336	154	563	352	211	1359	871	488
46	447	297	150	498	307	191	1420	890	530
47	433	268	165	462	291	171	1212	746	466
48	438	295	143	476	316	160	1120	679	441
49	370	252	118	454	292	162	1219	797	422
50岁及以上	**6282**	**4535**	**1747**	**6091**	**4178**	**1913**	**14324**	**9650**	**4674**

3-2　续表 6　　　　　　　　　　　　　　　　　　　　　　　　　　　　　　单位：人

年　龄	高　中								
	合　计			在　校			毕　业		
	合计	男	女	小计	男	女	小计	男	女
总　计	**370258**	**201263**	**168995**	**145126**	**72161**	**72965**	**211102**	**120489**	**90613**
3									
4									
5–9岁	**3**	**2**	**1**	**2**	**1**	**1**	**1**	**1**	
5									
6									
7									
8	1		1	1		1			
9	2	2		1	1		1	1	
10–14岁	**2402**	**1162**	**1240**	**2349**	**1126**	**1223**	**40**	**24**	**16**
10	1	1		1	1				
11	1		1	1		1			
12	11	7	4	11	7	4			
13	365	204	161	351	195	156	11	6	5
14	2024	950	1074	1985	923	1062	29	18	11
15–19岁	**142739**	**71704**	**71035**	**134753**	**67029**	**67724**	**6792**	**3989**	**2803**
15	17192	8513	8679	17067	8435	8632	91	59	32
16	37251	18730	18521	36783	18441	18342	334	206	128
17	41708	20799	20909	40487	20088	20399	948	557	391
18	30232	15126	15106	27767	13677	14090	2093	1236	857
19	16356	8536	7820	12649	6388	6261	3326	1931	1395
20–24岁	**35763**	**19511**	**16252**	**7946**	**3965**	**3981**	**25598**	**14263**	**11335**
20	9296	4964	4332	4831	2362	2469	4065	2367	1698
21	6713	3740	2973	1736	884	852	4536	2590	1946
22	7034	3833	3201	841	435	406	5710	3121	2589
23	6499	3594	2905	370	197	173	5682	3142	2540
24	6221	3380	2841	168	87	81	5605	3043	2562
25–29岁	**30781**	**16374**	**14407**	**44**	**24**	**20**	**28643**	**15180**	**13463**
25	6382	3345	3037	17	9	8	5929	3081	2848
26	5694	3003	2691	9	4	5	5295	2795	2500
27	6264	3370	2894	11	5	6	5828	3121	2707
28	6212	3287	2925	3	3		5806	3060	2746
29	6229	3369	2860	4	3	1	5785	3123	2662
30–34岁	**32841**	**17869**	**14972**	**9**	**2**	**7**	**30958**	**16770**	**14188**
30	7064	3878	3186	4	2	2	6671	3636	3035
31	6950	3702	3248	1		1	6537	3464	3073
32	6566	3588	2978				6215	3382	2833
33	6753	3601	3152	1		1	6361	3382	2979
34	5508	3100	2408	3		3	5174	2906	2268
35–39岁	**20934**	**11775**	**9159**	**9**	**6**	**3**	**19683**	**11013**	**8670**
35	4730	2653	2077				4445	2484	1961
36	4261	2370	1891	3	3		4013	2216	1797
37	3865	2179	1686	1	1		3635	2032	1603
38	4400	2505	1895	3		3	4141	2347	1794
39	3678	2068	1610	2	2		3449	1934	1515
40–44岁	**18760**	**10815**	**7945**	**8**	**5**	**3**	**17769**	**10187**	**7582**
40	3505	2030	1475	1		1	3328	1917	1411
41	3662	2047	1615	2	1	1	3472	1926	1546
42	3707	2186	1521	2	2		3495	2052	1443
43	3711	2125	1586	1	1		3515	1999	1516
44	4175	2427	1748	2	1	1	3959	2293	1666
45–49岁	**20737**	**12322**	**8415**	**1**	**1**		**19634**	**11617**	**8017**
45	4336	2542	1794				4099	2386	1713
46	4374	2551	1823				4145	2410	1735
47	4263	2528	1735				4024	2378	1646
48	3980	2412	1568	1	1		3782	2285	1497
49	3784	2289	1495				3584	2158	1426
50岁及以上	**65298**	**39729**	**25569**	**5**	**2**	**3**	**61984**	**37445**	**24539**

3-2 续表 7

单位：人

年龄	高中								
	肄业			辍学			其他		
	小计	男	女	小计	男	女	小计	男	女
总计	**2615**	**1735**	**880**	**2728**	**1730**	**998**	**8687**	**5148**	**3539**
3									
4									
5-9岁									
5									
6									
7									
8									
9									
10-14岁	**3**	**3**		**3**	**3**		**7**	**6**	**1**
10									
11									
12									
13				1	1		2	2	
14	3	3		2	2		5	4	1
15-19岁	**328**	**200**	**128**	**350**	**208**	**142**	**516**	**278**	**238**
15	10	7	3	4	2	2	20	10	10
16	32	20	12	45	32	13	57	31	26
17	82	50	32	80	46	34	111	58	53
18	107	65	42	112	60	52	153	88	65
19	97	58	39	109	68	41	175	91	84
20-24岁	**486**	**304**	**182**	**562**	**342**	**220**	**1171**	**637**	**534**
20	105	70	35	104	57	47	191	108	83
21	116	76	40	124	74	50	201	116	85
22	99	61	38	132	93	39	252	123	129
23	92	53	39	98	56	42	257	146	111
24	74	44	30	104	62	42	270	144	126
25-29岁	**391**	**250**	**141**	**475**	**265**	**210**	**1228**	**655**	**573**
25	72	47	25	100	52	48	264	156	108
26	65	37	28	87	45	42	238	122	116
27	85	56	29	99	54	45	241	134	107
28	84	53	31	95	64	31	224	107	117
29	85	57	28	94	50	44	261	136	125
30-34岁	**361**	**222**	**139**	**367**	**237**	**130**	**1146**	**638**	**508**
30	68	46	22	83	52	31	238	142	96
31	91	52	39	77	55	22	244	131	113
32	65	41	24	67	46	21	219	119	100
33	82	52	30	65	37	28	244	130	114
34	55	31	24	75	47	28	201	116	85
35-39岁	**213**	**144**	**69**	**223**	**144**	**79**	**806**	**468**	**338**
35	48	31	17	58	39	19	179	99	80
36	55	36	19	41	25	16	149	90	59
37	27	18	9	44	29	15	158	99	59
38	43	33	10	47	30	17	166	95	71
39	40	26	14	33	21	12	154	85	69
40-44岁	**155**	**113**	**42**	**161**	**103**	**58**	**667**	**407**	**260**
40	30	25	5	26	17	9	120	71	49
41	22	12	10	32	23	9	134	85	49
42	36	24	12	36	20	16	138	88	50
43	34	25	9	31	19	12	130	81	49
44	33	27	6	36	24	12	145	82	63
45-49岁	**177**	**127**	**50**	**147**	**107**	**40**	**778**	**470**	**308**
45	43	34	9	31	21	10	163	101	62
46	39	26	13	28	17	11	162	98	64
47	41	27	14	36	32	4	162	91	71
48	25	16	9	22	17	5	150	93	57
49	29	24	5	30	20	10	141	87	54
50岁及以上	**501**	**372**	**129**	**440**	**321**	**119**	**2368**	**1589**	**779**

3-2 续表 8 单位：人

年 龄	大学专科								
	合 计			在 校			毕 业		
	合计	男	女	小计	男	女	小计	男	女
总 计	**214174**	**111699**	**102475**	**41996**	**19099**	**22897**	**166562**	**89417**	**77145**
3									
4									
5–9岁									
5									
6									
7									
8									
9									
10–14岁	**4**	**2**	**2**	**4**	**2**	**2**			
10									
11									
12	1	1		1	1				
13									
14	3	1	2	3	1	2			
15–19岁	**16264**	**7465**	**8799**	**14909**	**6803**	**8106**	**1201**	**579**	**622**
15	313	163	150	307	163	144	5		5
16	767	382	385	741	366	375	23	13	10
17	1471	726	745	1338	666	672	108	46	62
18	4125	1917	2208	3774	1746	2028	305	151	154
19	9588	4277	5311	8749	3862	4887	760	369	391
20–24岁	**53063**	**23732**	**29331**	**26128**	**11789**	**14339**	**25914**	**11449**	**14465**
20	12505	5609	6896	10750	4827	5923	1642	726	916
21	11977	5367	6610	8241	3719	4522	3545	1558	1987
22	11204	5017	6187	4606	2080	2526	6340	2823	3517
23	9121	4080	5041	1797	817	980	7093	3139	3954
24	8256	3659	4597	734	346	388	7294	3203	4091
25–29岁	**31681**	**15098**	**16583**	**674**	**338**	**336**	**30093**	**14317**	**15776**
25	7528	3431	4097	341	168	173	6980	3162	3818
26	6573	3086	3487	148	67	81	6224	2921	3303
27	6350	3055	3295	88	47	41	6082	2914	3168
28	5657	2728	2929	61	37	24	5437	2628	2809
29	5573	2798	2775	36	19	17	5370	2692	2678
30–34岁	**28543**	**14583**	**13960**	**109**	**60**	**49**	**27514**	**14032**	**13482**
30	6090	3033	3057	40	22	18	5836	2901	2935
31	5736	2878	2858	19	12	7	5537	2778	2759
32	5834	2962	2872	25	13	12	5626	2849	2777
33	5909	3076	2833	14	7	7	5718	2969	2749
34	4974	2634	2340	11	6	5	4797	2535	2262
35–39岁	**18710**	**10482**	**8228**	**66**	**34**	**32**	**18082**	**10131**	**7951**
35	4173	2278	1895	17	11	6	4026	2190	1836
36	4005	2212	1793	14	11	3	3875	2135	1740
37	3545	2018	1527	14	4	10	3406	1951	1455
38	3873	2239	1634	12	4	8	3760	2177	1583
39	3114	1735	1379	9	4	5	3015	1678	1337
40–44岁	**15919**	**9385**	**6534**	**36**	**22**	**14**	**15406**	**9065**	**6341**
40	3081	1815	1266	11	8	3	2967	1742	1225
41	3291	1892	1399	9	3	6	3185	1826	1359
42	3203	1870	1333	4	3	1	3112	1814	1298
43	2999	1822	1177	1		1	2923	1773	1150
44	3345	1986	1359	11	8	3	3219	1910	1309
45–49岁	**15962**	**9462**	**6500**	**27**	**19**	**8**	**15455**	**9145**	**6310**
45	3377	1979	1398	3	2	1	3269	1912	1357
46	3424	2078	1346	8	6	2	3321	2008	1313
47	3328	1926	1402	9	5	4	3227	1866	1361
48	3035	1788	1247	3	2	1	2952	1732	1220
49	2798	1691	1107	4	4		2686	1627	1059
50岁及以上	**34028**	**21490**	**12538**	**43**	**32**	**11**	**32897**	**20699**	**12198**

3-2 续表 9 单位：人

年龄	大学专科								
	肄业			辍学			其他		
	小计	男	女	小计	男	女	小计	男	女
总计	**609**	**374**	**235**	**228**	**133**	**95**	**4779**	**2676**	**2103**
3									
4									
5-9岁									
5									
6									
7									
8									
9									
10-14岁									
10									
11									
12									
13									
14									
15-19岁	**27**	**15**	**12**	**28**	**14**	**14**	**99**	**54**	**45**
15							1		1
16	1	1					2	2	
17	7	2	5	4	3	1	14	9	5
18	7	4	3	11	4	7	28	12	16
19	12	8	4	13	7	6	54	31	23
20-24岁	**155**	**92**	**63**	**80**	**45**	**35**	**786**	**357**	**429**
20	19	12	7	11	6	5	83	38	45
21	40	20	20	16	7	9	135	63	72
22	38	26	12	23	13	10	197	75	122
23	33	18	15	12	8	4	186	98	88
24	25	16	9	18	11	7	185	83	102
25-29岁	**97**	**61**	**36**	**39**	**25**	**14**	**778**	**357**	**421**
25	25	17	8	12	7	5	170	77	93
26	23	14	9	8	4	4	170	80	90
27	20	14	6	12	10	2	148	70	78
28	13	7	6	3	1	2	143	55	88
29	16	9	7	4	3	1	147	75	72
30-34岁	**108**	**62**	**46**	**31**	**18**	**13**	**781**	**411**	**370**
30	26	13	13	5	2	3	183	95	88
31	18	9	9	4	4		158	75	83
32	24	13	11	7	5	2	152	82	70
33	14	8	6	7	5	2	156	87	69
34	26	19	7	8	2	6	132	72	60
35-39岁	**67**	**42**	**25**	**19**	**8**	**11**	**476**	**267**	**209**
35	18	10	8	5	2	3	107	65	42
36	13	7	6	3	1	2	100	58	42
37	16	11	5	6	2	4	103	50	53
38	13	8	5	3	2	1	85	48	37
39	7	6	1	2	1	1	81	46	35
40-44岁	**45**	**28**	**17**	**11**	**6**	**5**	**421**	**264**	**157**
40	12	7	5	6	3	3	85	55	30
41	7	5	2	1		1	89	58	31
42	6	3	3	2	1	1	79	49	30
43	10	7	3				65	42	23
44	10	6	4	2	2		103	60	43
45-49岁	**38**	**26**	**12**	**4**	**4**		**438**	**268**	**170**
45	8	7	1	1	1		96	57	39
46	7	3	4	2	2		86	59	27
47	10	7	3	1	1		81	47	34
48	6	4	2				74	50	24
49	7	5	2				101	55	46
50岁及以上	**72**	**48**	**24**	**16**	**13**	**3**	**1000**	**698**	**302**

3-2 续表 10 单位：人

年 龄	大学本科								
	合 计			在 校			毕 业		
	合计	男	女	小计	男	女	小计	男	女
总 计	**206394**	**104777**	**101617**	**47052**	**20034**	**27018**	**155408**	**82568**	**72840**
3									
4									
5-9岁									
5									
6									
7									
8									
9									
10-14岁	**1**		**1**	**1**		**1**			
10									
11									
12									
13									
14	1		1	1		1			
15-19岁	**11643**	**5029**	**6614**	**11209**	**4795**	**6414**	**201**	**105**	**96**
15	29	13	16	26	10	16	2	2	
16	106	54	52	86	35	51	2	2	
17	544	252	292	475	209	266	24	12	12
18	3392	1426	1966	3241	1353	1888	51	25	26
19	7572	3284	4288	7381	3188	4193	122	64	58
20-24岁	**51942**	**21845**	**30097**	**34376**	**14509**	**19867**	**17024**	**7106**	**9918**
20	10366	4330	6036	10033	4174	5859	286	135	151
21	11227	4621	6606	10205	4201	6004	956	390	566
22	12054	5107	6947	8386	3574	4812	3544	1487	2057
23	9853	4224	5629	4089	1809	2280	5614	2342	3272
24	8442	3563	4879	1663	751	912	6624	2752	3872
25-29岁	**38905**	**17743**	**21162**	**1203**	**579**	**624**	**36838**	**16762**	**20076**
25	8378	3722	4656	661	331	330	7542	3308	4234
26	7719	3354	4365	280	120	160	7269	3166	4103
27	8079	3707	4372	125	59	66	7773	3577	4196
28	7661	3537	4124	85	39	46	7409	3402	4007
29	7068	3423	3645	52	30	22	6845	3309	3536
30-34岁	**36624**	**18624**	**18000**	**136**	**74**	**62**	**35667**	**18126**	**17541**
30	8108	4006	4102	44	25	19	7867	3878	3989
31	7715	3792	3923	29	16	13	7497	3682	3815
32	7177	3586	3591	30	16	14	6983	3493	3490
33	7394	3892	3502	18	11	7	7228	3798	3430
34	6230	3348	2882	15	6	9	6092	3275	2817
35-39岁	**23332**	**13320**	**10012**	**52**	**29**	**23**	**22781**	**12984**	**9797**
35	5190	2897	2293	11	4	7	5067	2827	2240
36	5047	2896	2151	13	8	5	4931	2826	2105
37	4652	2644	2008	11	5	6	4545	2583	1962
38	4723	2720	2003	9	5	4	4622	2654	1968
39	3720	2163	1557	8	7	1	3616	2094	1522
40-44岁	**14778**	**8994**	**5784**	**23**	**14**	**9**	**14421**	**8752**	**5669**
40	3338	2014	1324	7	4	3	3252	1961	1291
41	3247	1955	1292	6	4	2	3180	1913	1267
42	2983	1819	1164	3	2	1	2913	1767	1146
43	2615	1592	1023	2	1	1	2542	1539	1003
44	2595	1614	981	5	3	2	2534	1572	962
45-49岁	**10901**	**6845**	**4056**	**17**	**12**	**5**	**10654**	**6677**	**3977**
45	2521	1574	947	2		2	2467	1537	930
46	2439	1520	919	2	1	1	2390	1489	901
47	2142	1354	788	5	4	1	2097	1320	777
48	1982	1255	727	4	4		1942	1228	714
49	1817	1142	675	4	3	1	1758	1103	655
50岁及以上	**18268**	**12377**	**5891**	**35**	**22**	**13**	**17822**	**12056**	**5766**

3-2 续表 11 单位：人

年 龄	大学本科								
	肄 业			辍 学			其 他		
	小计	男	女	小计	男	女	小计	男	女
总 计	**383**	**211**	**172**	**59**	**43**	**16**	**3492**	**1921**	**1571**
3									
4									
5—9岁									
5									
6									
7									
8									
9									
10—14岁									
10									
11									
12									
13									
14									
15—19岁	**1**	**1**		**2**		**2**	**230**	**128**	**102**
15							1	1	
16							18	17	1
17							45	31	14
18	1	1					99	47	52
19				2		2	67	32	35
20—24岁	**50**	**18**	**32**	**23**	**17**	**6**	**469**	**195**	**274**
20	2		2	4	2	2	41	19	22
21	3	2	1	4	3	1	59	25	34
22	12	2	10	6	5	1	106	39	67
23	16	10	6	7	6	1	127	57	70
24	17	4	13	2	1	1	136	55	81
25—29岁	**98**	**54**	**44**	**17**	**12**	**5**	**749**	**336**	**413**
25	15	9	6	4	2	2	156	72	84
26	24	9	15	4	3	1	142	56	86
27	21	13	8	3	2	1	157	56	101
28	19	14	5	2	2		146	80	66
29	19	9	10	4	3	1	148	72	76
30—34岁	**101**	**51**	**50**	**7**	**4**	**3**	**713**	**369**	**344**
30	23	12	11	2		2	172	91	81
31	20	7	13	1	1		168	86	82
32	22	10	12	2	1	1	140	66	74
33	25	15	10	1	1		122	67	55
34	11	7	4	1	1		111	59	52
35—39岁	**61**	**40**	**21**	**7**	**7**		**431**	**260**	**171**
35	16	10	6	1	1		95	55	40
36	13	7	6	2	2		88	53	35
37	11	10	1	4	4		81	42	39
38	12	8	4				80	53	27
39	9	5	4				87	57	30
40—44岁	**28**	**20**	**8**	**1**	**1**		**305**	**207**	**98**
40	7	4	3				72	45	27
41	3	3					58	35	23
42	6	5	1				61	45	16
43	4	3	1	1	1		66	48	18
44	8	5	3				48	34	14
45—49岁	**18**	**12**	**6**	**1**	**1**		**211**	**143**	**68**
45	5	2	3	1	1		46	34	12
46	8	5	3				39	25	14
47	4	4					36	26	10
48							36	23	13
49	1	1					54	35	19
50岁及以上	**26**	**15**	**11**	**1**	**1**		**384**	**283**	**101**

3–2　续表 12　　　　　　　　　　　　　　　　　　　　　　　　　　单位：人

年　龄	硕士研究生								
	合　计			在　校			毕　业		
	合计	男	女	小计	男	女	小计	男	女
总　计	**9967**	**4758**	**5209**	**2352**	**928**	**1424**	**7510**	**3787**	**3723**
3									
4									
5–9岁									
5									
6									
7									
8									
9									
10–14岁									
10									
11									
12									
13									
14									
15–19岁	**9**	**4**	**5**	**8**	**3**	**5**	**1**	**1**	
15									
16									
17	1		1	1		1			
18	1		1	1		1			
19	7	4	3	6	3	3	1	1	
20–24岁	**1452**	**516**	**936**	**1284**	**474**	**810**	**161**	**42**	**119**
20	12	4	8	9	3	6	3	1	2
21	56	17	39	54	16	38	2	1	1
22	259	93	166	243	89	154	15	4	11
23	528	189	339	466	172	294	59	17	42
24	597	213	384	512	194	318	82	19	63
25–29岁	**2466**	**937**	**1529**	**939**	**401**	**538**	**1497**	**525**	**972**
25	639	267	372	427	192	235	204	71	133
26	520	178	342	258	103	155	255	73	182
27	480	179	301	145	57	88	328	119	209
28	408	147	261	68	26	42	336	121	215
29	419	166	253	41	23	18	374	141	233
30–34岁	**2427**	**1115**	**1312**	**90**	**32**	**58**	**2308**	**1070**	**1238**
30	494	202	292	31	12	19	454	185	269
31	490	219	271	25	8	17	460	209	251
32	492	218	274	16	4	12	470	212	258
33	511	260	251	10	5	5	497	252	245
34	440	216	224	8	3	5	427	212	215
35–39岁	**1577**	**843**	**734**	**19**	**10**	**9**	**1539**	**824**	**715**
35	341	169	172	2	2		332	164	168
36	359	182	177	7	6	1	350	175	175
37	298	157	141	5	1	4	289	153	136
38	305	176	129	3	1	2	299	175	124
39	274	159	115	2		2	269	157	112
40–44岁	**863**	**508**	**355**	**8**	**5**	**3**	**844**	**499**	**345**
40	233	125	108	2	2		229	122	107
41	194	111	83	2	1	1	187	108	79
42	157	99	58				154	98	56
43	136	78	58	3	1	2	132	77	55
44	143	95	48	1	1		142	94	48
45–49岁	**555**	**365**	**190**	**4**	**3**	**1**	**550**	**361**	**189**
45	110	77	33				109	76	33
46	119	79	40	1	1		118	78	40
47	120	74	46	1	1		119	73	46
48	111	71	40	1	1		110	70	40
49	95	64	31	1		1	94	64	30
50岁及以上	**618**	**470**	**148**				**610**	**465**	**145**

3-2 续表 13 单位：人

年 龄	硕士研究生								
	肄 业			辍 学			其 他		
	小计	男	女	小计	男	女	小计	男	女
总 计	**8**	**4**	**4**				**97**	**39**	**58**
3									
4									
5—9岁									
5									
6									
7									
8									
9									
10—14岁									
10									
11									
12									
13									
14									
15—19岁									
15									
16									
17									
18									
19									
20—24岁							**7**		**7**
20									
21									
22							1		1
23							3		3
24							3		3
25—29岁	**2**		**2**				**28**	**11**	**17**
25							8	4	4
26							7	2	5
27	1		1				6	3	3
28	1		1				3		3
29							4	2	2
30—34岁	**1**		**1**				**28**	**13**	**15**
30	1		1				8	5	3
31							5	2	3
32							6	2	4
33							4	3	1
34							5	1	4
35—39岁	**4**	**3**	**1**				**15**	**6**	**9**
35	2	1	1				5	2	3
36	1	1					1		1
37							4	3	1
38							3		3
39	1	1					2	1	1
40—44岁							**11**	**4**	**7**
40							2	1	1
41							5	2	3
42							3	1	2
43							1		1
44									
45—49岁	**1**	**1**							
45	1	1							
46									
47									
48									
49									
50岁及以上							**8**	**5**	**3**

3-2　续表 14　　　　单位：人

年龄	博士研究生								
	合计			在校			毕业		
	合计	男	女	小计	男	女	小计	男	女
总计	**1033**	**632**	**401**	**223**	**118**	**105**	**805**	**512**	**293**
3									
4									
5-9岁									
5									
6									
7									
8									
9									
10-14岁									
10									
11									
12									
13									
14									
15-19岁	**1**		**1**				**1**		**1**
15									
16									
17									
18									
19	1		1				1		1
20-24岁	**41**	**16**	**25**	**34**	**13**	**21**	**7**	**3**	**4**
20	1		1	1		1			
21	2		2	2		2			
22	5	2	3	4	2	2	1		1
23	14	7	7	11	5	6	3	2	1
24	19	7	12	16	6	10	3	1	2
25-29岁	**160**	**77**	**83**	**112**	**58**	**54**	**45**	**17**	**28**
25	26	13	13	21	12	9	5	1	4
26	36	20	16	28	15	13	6	4	2
27	38	14	24	23	11	12	14	2	12
28	35	15	20	26	11	15	9	4	5
29	25	15	10	14	9	5	11	6	5
30-34岁	**243**	**141**	**102**	**49**	**29**	**20**	**194**	**112**	**82**
30	39	23	16	13	8	5	26	15	11
31	48	27	21	17	9	8	31	18	13
32	53	26	27	5	3	2	48	23	25
33	55	34	21	9	6	3	46	28	18
34	48	31	17	5	3	2	43	28	15
35-39岁	**219**	**138**	**81**	**18**	**11**	**7**	**200**	**127**	**73**
35	38	22	16	6	3	3	31	19	12
36	47	29	18	4	2	2	43	27	16
37	52	33	19	1	1		51	32	19
38	44	33	11	4	3	1	40	30	10
39	38	21	17	3	2	1	35	19	16
40-44岁	**172**	**119**	**53**	**8**	**5**	**3**	**164**	**114**	**50**
40	35	24	11				35	24	11
41	38	28	10	2	2		36	26	10
42	45	29	16	5	2	3	40	27	13
43	26	15	11	1	1		25	14	11
44	28	23	5				28	23	5
45-49岁	**101**	**68**	**33**	**2**	**2**		**99**	**66**	**33**
45	21	13	8	1	1		20	12	8
46	20	17	3				20	17	3
47	17	10	7				17	10	7
48	14	11	3				14	11	3
49	29	17	12	1	1		28	16	12
50岁及以上	**96**	**73**	**23**				**95**	**73**	**22**

3-2 续表 15

单位：人

年 龄	博士研究生								
	肄 业			辍 学			其 他		
	小计	男	女	小计	男	女	小计	男	女
总 计							**5**	**2**	**3**
3									
4									
5-9岁									
5									
6									
7									
8									
9									
10-14岁									
10									
11									
12									
13									
14									
15-19岁									
15									
16									
17									
18									
19									
20-24岁									
20									
21									
22									
23									
24									
25-29岁							**3**	**2**	**1**
25									
26							2	1	1
27							1	1	
28									
29									
30-34岁									
30									
31									
32									
33									
34									
35-39岁							**1**		**1**
35							1		1
36									
37									
38									
39									
40-44岁									
40									
41									
42									
43									
44									
45-49岁									
45									
46									
47									
48									
49									
50岁及以上							**1**		**1**

3-2a　全省分年龄、性别、学业完成情况的3岁及以上各种受教育程度人口(城市)

单位：人

年　龄	合　计								
	合　计			在　校			毕　业		
	合计	男	女	小计	男	女	小计	男	女
总　计	**849885**	**428704**	**421181**	**191463**	**97520**	**93943**	**613217**	**309208**	**304009**
3									
4									
5-9岁	**49558**	**26574**	**22984**	**48456**	**25966**	**22490**	**831**	**468**	**363**
5	724	403	321	688	388	300	23	8	15
6	9052	4745	4307	8859	4633	4226	146	82	64
7	13212	7139	6073	12937	6983	5954	212	129	83
8	14093	7586	6507	13777	7415	6362	234	130	104
9	12477	6701	5776	12195	6547	5648	216	119	97
10-14岁	**55149**	**29496**	**25653**	**53465**	**28541**	**24924**	**1349**	**776**	**573**
10	12242	6585	5657	11927	6426	5501	228	120	108
11	11731	6319	5412	11432	6140	5292	234	136	98
12	10905	5850	5055	10574	5646	4928	280	180	100
13	10312	5403	4909	9985	5218	4767	270	153	117
14	9959	5339	4620	9547	5111	4436	337	187	150
15-19岁	**65917**	**34187**	**31730**	**57930**	**29488**	**28442**	**7170**	**4188**	**2982**
15	10739	5718	5021	10387	5513	4874	286	166	120
16	14467	7687	6780	13655	7166	6489	715	455	260
17	15127	7878	7249	13697	7044	6653	1277	747	530
18	12605	6520	6085	10477	5251	5226	1911	1128	783
19	12979	6384	6595	9714	4514	5200	2981	1692	1289
20-24岁	**76316**	**35634**	**40682**	**29506**	**12509**	**16997**	**44558**	**21876**	**22682**
20	14870	6962	7908	10258	4413	5845	4297	2357	1940
21	15276	7072	8204	8613	3595	5018	6277	3256	3021
22	16663	7774	8889	6201	2607	3594	9964	4898	5066
23	14965	7052	7913	3025	1295	1730	11395	5456	5939
24	14542	6774	7768	1409	599	810	12625	5909	6716
25-29岁	**76164**	**36719**	**39445**	**1559**	**729**	**830**	**71586**	**34477**	**37109**
25	15250	7324	7926	695	348	347	13942	6659	7283
26	14596	6946	7650	390	162	228	13660	6509	7151
27	15504	7558	7946	245	106	139	14684	7158	7526
28	15248	7274	7974	141	68	73	14497	6907	7590
29	15566	7617	7949	88	45	43	14803	7244	7559
30-34岁	**91733**	**45198**	**46535**	**267**	**126**	**141**	**87311**	**42934**	**44377**
30	18455	9137	9318	88	41	47	17596	8672	8924
31	18593	8975	9618	66	30	36	17667	8508	9159
32	18280	8945	9335	51	28	23	17425	8501	8924
33	19479	9666	9813	32	16	16	18542	9201	9341
34	16926	8475	8451	30	11	19	16081	8052	8029
35-39岁	**70607**	**35781**	**34826**	**116**	**60**	**56**	**66612**	**33771**	**32841**
35	14626	7371	7255	25	14	11	13857	6978	6879
36	14235	7148	7087	22	16	6	13464	6758	6706
37	13352	6821	6531	24	8	16	12563	6430	6133
38	15150	7766	7384	28	12	16	14287	7327	6960
39	13244	6675	6569	17	10	7	12441	6278	6163
40-44岁	**66698**	**34300**	**32398**	**45**	**27**	**18**	**62307**	**32093**	**30214**
40	12468	6324	6144	10	6	4	11707	5945	5762
41	13026	6693	6333	9	5	4	12172	6245	5927
42	13136	6864	6272	9	6	3	12279	6417	5862
43	13343	6852	6491	8	4	4	12437	6411	6026
44	14725	7567	7158	9	6	3	13712	7075	6637
45-49岁	**76712**	**39853**	**36859**	**37**	**25**	**12**	**70764**	**36864**	**33900**
45	15833	8218	7615	4	2	2	14644	7599	7045
46	16638	8503	8135	7	5	2	15382	7897	7485
47	15455	8005	7450	11	7	4	14279	7428	6851
48	14388	7526	6862	7	5	2	13313	6991	6322
49	14398	7601	6797	8	6	2	13146	6949	6197
50岁及以上	**221031**	**110962**	**110069**	**82**	**49**	**33**	**200729**	**101761**	**98968**

3－2a 续表 1 单位：人

年 龄	合计								
	肄业			辍学			其他		
	小计	男	女	小计	男	女	小计	男	女
总 计	**8187**	**3895**	**4292**	**14012**	**6893**	**7119**	**23006**	**11188**	**11818**
3									
4									
5－9岁	**52**	**24**	**28**	**15**	**9**	**6**	**204**	**107**	**97**
5	2	2					11	5	6
6	8	3	5	1	1		38	26	12
7	14	6	8	6	2	4	43	19	24
8	15	6	9	4	2	2	63	33	30
9	13	7	6	4	4		49	24	25
10－14岁	**75**	**44**	**31**	**39**	**19**	**20**	**221**	**116**	**105**
10	20	9	11	3	1	2	64	29	35
11	20	15	5	1	1		44	27	17
12	10	4	6	4	2	2	37	18	19
13	8	5	3	10	5	5	39	22	17
14	17	11	6	21	10	11	37	20	17
15－19岁	**132**	**82**	**50**	**309**	**212**	**97**	**376**	**217**	**159**
15	5	2	3	26	19	7	35	18	17
16	16	10	6	48	36	12	33	20	13
17	30	18	12	57	40	17	66	29	37
18	37	23	14	74	46	28	106	72	34
19	44	29	15	104	71	33	136	78	58
20－24岁	**347**	**206**	**141**	**621**	**394**	**227**	**1284**	**649**	**635**
20	59	35	24	97	61	36	159	96	63
21	65	43	22	122	80	42	199	98	101
22	62	31	31	137	88	49	299	150	149
23	87	52	35	139	87	52	319	162	157
24	74	45	29	126	78	48	308	143	165
25－29岁	**439**	**239**	**200**	**748**	**432**	**316**	**1832**	**842**	**990**
25	81	41	40	159	96	63	373	180	193
26	86	55	31	131	73	58	329	147	182
27	93	54	39	148	83	65	334	157	177
28	76	35	41	158	91	67	376	173	203
29	103	54	49	152	89	63	420	185	235
30－34岁	**713**	**391**	**322**	**1096**	**573**	**523**	**2346**	**1174**	**1172**
30	132	73	59	195	102	93	444	249	195
31	148	80	68	213	115	98	499	242	257
32	130	74	56	222	127	95	452	215	237
33	173	99	74	243	119	124	489	231	258
34	130	65	65	223	110	113	462	237	225
35－39岁	**616**	**334**	**282**	**1249**	**638**	**611**	**2014**	**978**	**1036**
35	113	64	49	215	118	97	416	197	219
36	129	67	62	243	127	116	377	180	197
37	119	66	53	256	119	137	390	198	192
38	126	68	58	291	158	133	418	201	217
39	129	69	60	244	116	128	413	202	211
40－44岁	**757**	**361**	**396**	**1527**	**789**	**738**	**2062**	**1030**	**1032**
40	138	67	71	261	133	128	352	173	179
41	146	70	76	296	164	132	403	209	194
42	136	71	65	288	139	149	424	231	193
43	155	71	84	330	171	159	413	195	218
44	182	82	100	352	182	170	470	222	248
45－49岁	**1009**	**491**	**518**	**2073**	**1027**	**1046**	**2829**	**1446**	**1383**
45	184	92	92	404	213	191	597	312	285
46	219	95	124	436	198	238	594	308	286
47	218	100	118	416	207	209	531	263	268
48	178	88	90	382	195	187	508	247	261
49	210	116	94	435	214	221	599	316	283
50岁及以上	**4047**	**1723**	**2324**	**6335**	**2800**	**3535**	**9838**	**4629**	**5209**

3-2a　续表 2　　　　单位：人

年　龄	小学								
	合　计			在　校			毕　业		
	合计	男	女	小计	男	女	小计	男	女
总　计	**188190**	**88644**	**99546**	**76117**	**40879**	**35238**	**91866**	**39449**	**52417**
3									
4									
5-9岁	**49191**	**26373**	**22818**	**48124**	**25782**	**22342**	**802**	**455**	**347**
5	724	403	321	688	388	300	23	8	15
6	8989	4717	4272	8803	4608	4195	142	81	61
7	13130	7094	6036	12860	6940	5920	207	127	80
8	13988	7527	6461	13678	7358	6320	228	128	100
9	12360	6632	5728	12095	6488	5607	202	111	91
10-14岁	**28671**	**15474**	**13197**	**27897**	**15044**	**12853**	**580**	**330**	**250**
10	12051	6487	5564	11756	6338	5418	211	111	100
11	11125	5969	5156	10866	5823	5043	201	110	91
12	4449	2477	1972	4312	2393	1919	108	71	37
13	764	388	376	716	359	357	36	23	13
14	282	153	129	247	131	116	24	15	9
15-19岁	**363**	**221**	**142**	**51**	**29**	**22**	**246**	**147**	**99**
15	36	20	16	13	6	7	15	8	7
16	39	29	10	10	7	3	22	15	7
17	67	37	30	11	7	4	45	24	21
18	87	51	36	11	6	5	64	37	27
19	134	84	50	6	3	3	100	63	37
20-24岁	**1021**	**583**	**438**	**17**	**9**	**8**	**851**	**480**	**371**
20	127	71	56	10	4	6	104	58	46
21	155	92	63	3	2	1	133	75	58
22	224	133	91	1		1	183	106	77
23	233	130	103				190	104	86
24	282	157	125	3	3		241	137	104
25-29岁	**2283**	**1160**	**1123**	**3**	**1**	**2**	**1986**	**1020**	**966**
25	367	199	168				314	167	147
26	368	199	169	1		1	320	178	142
27	439	216	223				395	198	197
28	527	272	255	2	1	1	450	232	218
29	582	274	308				507	245	262
30-34岁	**4879**	**2223**	**2656**				**4177**	**1912**	**2265**
30	785	371	414				659	312	347
31	876	412	464				746	355	391
32	921	423	498				800	369	431
33	1143	503	640				985	437	548
34	1154	514	640				987	439	548
35-39岁	**6822**	**2886**	**3936**	**3**	**2**	**1**	**5765**	**2416**	**3349**
35	1104	471	633				955	406	549
36	1258	536	722	2	1	1	1070	455	615
37	1248	530	718				1045	442	603
38	1565	657	908	1	1		1303	529	774
39	1647	692	955				1392	584	808
40-44岁	**11032**	**4732**	**6300**	**2**	**2**		**9246**	**3976**	**5270**
40	1691	709	982				1438	607	831
41	1952	842	1110				1620	695	925
42	2150	929	1221	1	1		1819	793	1026
43	2421	1052	1369				2019	876	1143
44	2818	1200	1618	1	1		2350	1005	1345
45-49岁	**16889**	**7498**	**9391**	**1**	**1**		**13971**	**6206**	**7765**
45	3199	1447	1752				2655	1190	1465
46	3630	1535	2095				3009	1288	1721
47	3330	1460	1870				2738	1192	1546
48	3179	1451	1728				2658	1224	1434
49	3551	1605	1946	1	1		2911	1312	1599
50岁及以上	**67039**	**27494**	**39545**	**19**	**9**	**10**	**54242**	**22507**	**31735**

3-2a 续表 3 单位：人

年 龄	小学								
	肄业			辍学			其他		
	小计	男	女	小计	男	女	小计	男	女
总 计	**4244**	**1658**	**2586**	**7947**	**3329**	**4618**	**8016**	**3329**	**4687**
3									
4									
5–9岁	**52**	**24**	**28**	**15**	**9**	**6**	**198**	**103**	**95**
5	2	2					11	5	6
6	8	3	5	1	1		35	24	11
7	14	6	8	6	2	4	43	19	24
8	15	6	9	4	2	2	63	33	30
9	13	7	6	4	4		46	22	24
10–14岁	**47**	**29**	**18**	**14**	**8**	**6**	**133**	**63**	**70**
10	19	9	10	3	1	2	62	28	34
11	20	15	5	1	1		37	20	17
12	5	3	2	2	2		22	8	14
13	1		1	5	3	2	6	3	3
14	2	2		3	1	2	6	4	2
15–19岁	**8**	**3**	**5**	**28**	**22**	**6**	**30**	**20**	**10**
15				3	3		5	3	2
16				4	4		3	3	
17	2	2		5	2	3	4	2	2
18	3	1	2	3	2	1	6	5	1
19	3		3	13	11	2	12	7	5
20–24岁	**27**	**18**	**9**	**56**	**36**	**20**	**70**	**40**	**30**
20	2	2		5	2	3	6	5	1
21	4	3	1	8	8		7	4	3
22	9	5	4	15	9	6	16	13	3
23	5	4	1	19	12	7	19	10	9
24	7	4	3	9	5	4	22	8	14
25–29岁	**45**	**22**	**23**	**117**	**60**	**57**	**132**	**57**	**75**
25	8	4	4	21	15	6	24	13	11
26	8	5	3	20	11	9	19	5	14
27	9	2	7	18	8	10	17	8	9
28	11	6	5	28	15	13	36	18	18
29	9	5	4	30	11	19	36	13	23
30–34岁	**132**	**58**	**74**	**300**	**127**	**173**	**270**	**126**	**144**
30	24	10	14	48	21	27	54	28	26
31	21	12	9	53	23	30	56	22	34
32	19	8	11	48	21	27	54	25	29
33	30	13	17	74	29	45	54	24	30
34	38	15	23	77	33	44	52	27	25
35–39岁	**180**	**85**	**95**	**500**	**225**	**275**	**374**	**158**	**216**
35	19	9	10	64	29	35	66	27	39
36	34	19	15	85	36	49	67	25	42
37	38	17	21	97	42	55	68	29	39
38	43	21	22	135	69	66	83	37	46
39	46	19	27	119	49	70	90	40	50
40–44岁	**351**	**143**	**208**	**842**	**374**	**468**	**591**	**237**	**354**
40	60	26	34	114	41	73	79	35	44
41	67	28	39	149	66	83	116	53	63
42	61	24	37	157	66	91	112	45	67
43	74	28	46	201	101	100	127	47	80
44	89	37	52	221	100	121	157	57	100
45–49岁	**554**	**238**	**316**	**1349**	**597**	**752**	**1014**	**456**	**558**
45	93	46	47	254	118	136	197	93	104
46	125	38	87	284	116	168	212	93	119
47	113	49	64	279	129	150	200	90	110
48	92	42	50	239	103	136	190	82	108
49	131	63	68	293	131	162	215	98	117
50岁及以上	**2848**	**1038**	**1810**	**4726**	**1871**	**2855**	**5204**	**2069**	**3135**

3-2a 续表 4 单位：人

年 龄	初中								
	合 计			在 校			毕 业		
	合计	男	女	小计	男	女	小计	男	女
总 计	**270804**	**141026**	**129778**	**32371**	**17392**	**14979**	**221503**	**114330**	**107173**
3									
4									
5-9岁	**366**	**200**	**166**	**332**	**184**	**148**	**28**	**12**	**16**
5									
6	63	28	35	56	25	31	4	1	3
7	82	45	37	77	43	34	5	2	3
8	105	59	46	99	57	42	6	2	4
9	116	68	48	100	59	41	13	7	6
10-14岁	**25794**	**13707**	**12087**	**24902**	**13193**	**11709**	**752**	**436**	**316**
10	191	98	93	171	88	83	17	9	8
11	605	350	255	565	317	248	33	26	7
12	6456	3373	3083	6262	3253	3009	172	109	63
13	9455	4971	4484	9180	4816	4364	230	129	101
14	9087	4915	4172	8724	4719	4005	300	163	137
15-19岁	**11623**	**6780**	**4843**	**7017**	**3951**	**3066**	**4156**	**2539**	**1617**
15	4533	2603	1930	4256	2438	1818	228	137	91
16	2112	1219	893	1485	819	666	571	361	210
17	1560	916	644	639	345	294	842	525	317
18	1571	964	607	401	218	183	1060	668	392
19	1847	1078	769	236	131	105	1455	848	607
20-24岁	**14400**	**7757**	**6643**	**64**	**37**	**27**	**13287**	**7096**	**6191**
20	2103	1223	880	33	20	13	1901	1098	803
21	2496	1423	1073	17	9	8	2308	1310	998
22	3096	1713	1383	4	2	2	2857	1565	1292
23	3192	1635	1557	7	4	3	2936	1491	1445
24	3513	1763	1750	3	2	1	3285	1632	1653
25-29岁	**22047**	**11071**	**10976**	**11**	**6**	**5**	**20571**	**10318**	**10253**
25	4022	2109	1913	7	4	3	3729	1957	1772
26	4251	2134	2117				3987	1991	1996
27	4393	2202	2191	1	1		4111	2057	2054
28	4656	2305	2351	1		1	4340	2152	2188
29	4725	2321	2404	2	1	1	4404	2161	2243
30-34岁	**31115**	**15334**	**15781**	**7**	**2**	**5**	**28968**	**14188**	**14780**
30	6062	2991	3071	1		1	5683	2777	2906
31	6119	2955	3164				5675	2720	2955
32	6242	3045	3197	1	1		5798	2801	2997
33	6821	3415	3406	1	1		6351	3175	3176
34	5871	2928	2943	4		4	5461	2715	2746
35-39岁	**26489**	**13226**	**13263**	**9**	**3**	**6**	**24528**	**12202**	**12326**
35	5215	2576	2639	1	1		4839	2379	2460
36	5156	2523	2633				4765	2319	2446
37	4970	2517	2453	2		2	4576	2314	2262
38	5779	2922	2857	2		2	5359	2708	2651
39	5369	2688	2681	4	2	2	4989	2482	2507
40-44岁	**26779**	**13745**	**13034**	**7**	**4**	**3**	**24843**	**12691**	**12152**
40	4941	2430	2511	2	2		4571	2231	2340
41	5162	2647	2515	1		1	4756	2419	2337
42	5233	2742	2491	2	1	1	4844	2517	2327
43	5428	2837	2591	1		1	5055	2644	2411
44	6015	3089	2926	1	1		5617	2880	2737
45-49岁	**31170**	**16493**	**14677**	**7**	**3**	**4**	**28881**	**15213**	**13668**
45	6494	3415	3079	1		1	6000	3147	2853
46	6894	3613	3281	3	2	1	6407	3342	3065
47	6220	3263	2957	1		1	5792	3036	2756
48	5890	3107	2783	1		1	5464	2869	2595
49	5672	3095	2577	1	1		5218	2819	2399
50岁及以上	**81021**	**42713**	**38308**	**15**	**9**	**6**	**75489**	**39635**	**35854**

3-2a 续表 5 单位：人

年 龄	初中								
	肄业			辍学			其他		
	小计	男	女	小计	男	女	小计	男	女
总 计	**2804**	**1582**	**1222**	**5011**	**2930**	**2081**	**9115**	**4792**	**4323**
3									
4									
5-9岁							**6**	**4**	**2**
5									
6							3	2	1
7									
8									
9							3	2	1
10-14岁	**28**	**15**	**13**	**24**	**10**	**14**	**88**	**53**	**35**
10	1		1				2	1	1
11							7	7	
12	5	1	4	2		2	15	10	5
13	7	5	2	5	2	3	33	19	14
14	15	9	6	17	8	9	31	16	15
15-19岁	**61**	**40**	**21**	**185**	**131**	**54**	**204**	**119**	**85**
15	4	2	2	21	15	6	24	11	13
16	5	3	2	31	23	8	20	13	7
17	15	9	6	34	23	11	30	14	16
18	13	10	3	37	27	10	60	41	19
19	24	16	8	62	43	19	70	40	30
20-24岁	**156**	**86**	**70**	**374**	**241**	**133**	**519**	**297**	**222**
20	30	13	17	59	40	19	80	52	28
21	31	20	11	65	42	23	75	42	33
22	27	15	12	86	56	30	122	75	47
23	40	22	18	85	52	33	124	66	58
24	28	16	12	79	51	28	118	62	56
25-29岁	**217**	**115**	**102**	**437**	**261**	**176**	**811**	**371**	**440**
25	43	22	21	96	60	36	147	66	81
26	43	28	15	79	47	32	142	68	74
27	41	26	15	84	45	39	156	73	83
28	33	12	21	98	54	44	184	87	97
29	57	27	30	80	55	25	182	77	105
30-34岁	**335**	**203**	**132**	**650**	**359**	**291**	**1155**	**582**	**573**
30	65	42	23	115	63	52	198	109	89
31	72	41	31	130	73	57	242	121	121
32	66	41	25	146	86	60	231	116	115
33	78	45	33	147	78	69	244	116	128
34	54	34	20	112	59	53	240	120	120
35-39岁	**304**	**172**	**132**	**647**	**360**	**287**	**1001**	**489**	**512**
35	62	37	25	118	69	49	195	90	105
36	64	31	33	144	85	59	183	88	95
37	63	36	27	136	65	71	193	102	91
38	56	31	25	137	80	57	225	103	122
39	59	37	22	112	61	51	205	106	99
40-44岁	**326**	**163**	**163**	**608**	**362**	**246**	**995**	**525**	**470**
40	59	26	33	134	82	52	175	89	86
41	66	34	32	137	88	49	202	106	96
42	60	36	24	112	61	51	215	127	88
43	65	33	32	115	64	51	192	96	96
44	76	34	42	110	67	43	211	107	104
45-49岁	**368**	**198**	**170**	**664**	**387**	**277**	**1250**	**692**	**558**
45	71	29	42	135	84	51	287	155	132
46	77	47	30	139	74	65	268	148	120
47	84	41	43	127	69	58	216	117	99
48	72	38	34	133	85	48	220	115	105
49	64	43	21	130	75	55	259	157	102
50岁及以上	**1009**	**590**	**419**	**1422**	**819**	**603**	**3086**	**1660**	**1426**

3-2a 续表 6

单位：人

年龄	高中 合计 合计	高中 合计 男	高中 合计 女	在校 小计	在校 男	在校 女	毕业 小计	毕业 男	毕业 女
总计	**157022**	**82221**	**74801**	**43267**	**22358**	**20909**	**109204**	**57322**	**51882**
3									
4									
5-9岁	**1**	**1**					**1**	**1**	
5									
6									
7									
8									
9	1	1					1	1	
10-14岁	**683**	**315**	**368**	**665**	**304**	**361**	**17**	**10**	**7**
10									
11	1		1	1		1			
12									
13	93	44	49	89	43	46	4	1	3
14	589	271	318	575	261	314	13	9	4
15-19岁	**43080**	**22442**	**20638**	**40683**	**21086**	**19597**	**2149**	**1210**	**939**
15	6060	3044	3016	6011	3018	2993	40	21	19
16	12064	6331	5733	11916	6237	5679	114	74	40
17	12825	6613	6212	12444	6406	6038	324	174	150
18	8074	4244	3830	7352	3840	3512	644	357	287
19	4057	2210	1847	2960	1585	1375	1027	584	443
20-24岁	**12079**	**6632**	**5447**	**1882**	**951**	**931**	**9661**	**5380**	**4281**
20	2569	1439	1130	1115	570	545	1361	809	552
21	2179	1210	969	425	205	220	1638	936	702
22	2461	1325	1136	208	105	103	2156	1174	982
23	2389	1328	1061	95	52	43	2177	1213	964
24	2481	1330	1151	39	19	20	2329	1248	1081
25-29岁	**13398**	**6914**	**6484**	**19**	**8**	**11**	**12770**	**6574**	**6196**
25	2624	1353	1271	6	3	3	2494	1279	1215
26	2430	1255	1175	4	2	2	2317	1197	1120
27	2746	1454	1292	5		5	2627	1388	1239
28	2719	1336	1383	2	2		2608	1275	1333
29	2879	1516	1363	2	1	1	2724	1435	1289
30-34岁	**15759**	**8102**	**7657**	**6**	**1**	**5**	**15128**	**7756**	**7372**
30	3245	1750	1495	2	1	1	3135	1684	1451
31	3309	1649	1660	1		1	3168	1572	1596
32	3165	1664	1501				3059	1604	1455
33	3286	1599	1687	1		1	3132	1519	1613
34	2754	1440	1314	2		2	2634	1377	1257
35-39岁	**10967**	**5669**	**5298**	**5**	**3**	**2**	**10507**	**5427**	**5080**
35	2377	1243	1134				2270	1187	1083
36	2191	1116	1075				2101	1069	1032
37	2045	1055	990	1	1		1967	1009	958
38	2372	1235	1137	2		2	2274	1186	1088
39	1982	1020	962	2	2		1895	976	919
40-44岁	**10445**	**5604**	**4841**	**5**	**3**	**2**	**10085**	**5376**	**4709**
40	1933	1059	874				1872	1022	850
41	1985	1056	929	1		1	1929	1014	915
42	2079	1150	929	1	1		1993	1091	902
43	2110	1084	1026	1	1		2036	1044	992
44	2338	1255	1083	2	1	1	2255	1205	1050
45-49岁	**11994**	**6479**	**5515**				**11557**	**6235**	**5322**
45	2518	1361	1157				2433	1306	1127
46	2500	1301	1199				2408	1249	1159
47	2532	1392	1140				2438	1344	1094
48	2231	1222	1009				2143	1175	968
49	2213	1203	1010				2135	1161	974
50岁及以上	**38616**	**20063**	**18553**	**2**	**2**		**37329**	**19353**	**17976**

3−2a　续表 7　　　　单位：人

年　龄	高				中				
	肄　业			辍　学			其　他		
	小计	男	女	小计	男	女	小计	男	女
总　计	**718**	**422**	**296**	**951**	**571**	**380**	**2882**	**1548**	**1334**
3									
4									
5−9岁									
5									
6									
7									
8									
9									
10−14岁				**1**	**1**				
10									
11									
12									
13									
14				1	1				
15−19岁	**56**	**36**	**20**	**84**	**52**	**32**	**108**	**58**	**50**
15	1		1	2	1	1	6	4	2
16	11	7	4	13	9	4	10	4	6
17	11	7	4	16	14	2	30	12	18
18	18	10	8	29	14	15	31	23	8
19	15	12	3	24	14	10	31	15	16
20−24岁	**100**	**63**	**37**	**161**	**98**	**63**	**275**	**140**	**135**
20	21	17	4	29	17	12	43	26	17
21	22	15	7	42	28	14	52	26	26
22	13	4	9	29	17	12	55	25	30
23	24	13	11	28	17	11	65	33	32
24	20	14	6	33	19	14	60	30	30
25−29岁	**104**	**63**	**41**	**165**	**94**	**71**	**340**	**175**	**165**
25	20	11	9	34	19	15	70	41	29
26	20	15	5	28	12	16	61	29	32
27	23	13	10	36	22	14	55	31	24
28	19	10	9	31	22	9	59	27	32
29	22	14	8	36	19	17	95	47	48
30−34岁	**130**	**74**	**56**	**136**	**83**	**53**	**359**	**188**	**171**
30	16	10	6	28	17	11	64	38	26
31	32	18	14	30	19	11	78	40	38
32	19	12	7	26	19	7	61	29	32
33	43	26	17	21	11	10	89	43	46
34	20	8	12	31	17	14	67	38	29
35−39岁	**71**	**40**	**31**	**94**	**50**	**44**	**290**	**149**	**141**
35	13	6	7	29	18	11	65	32	33
36	19	10	9	14	6	8	57	31	26
37	5	4	1	20	12	8	52	29	23
38	18	11	7	18	8	10	60	30	30
39	16	9	7	13	6	7	56	27	29
40−44岁	**43**	**30**	**13**	**74**	**50**	**24**	**238**	**145**	**93**
40	9	7	2	11	8	3	41	22	19
41	7	3	4	10	10		38	29	9
42	9	7	2	19	12	7	57	39	18
43	9	6	3	14	6	8	50	27	23
44	9	7	2	20	14	6	52	28	24
45−49岁	**64**	**41**	**23**	**58**	**41**	**17**	**315**	**162**	**153**
45	13	12	1	13	9	4	59	34	25
46	13	8	5	13	8	5	66	36	30
47	15	6	9	10	9	1	69	33	36
48	12	7	5	10	7	3	66	33	33
49	11	8	3	12	8	4	55	26	29
50岁及以上	**150**	**75**	**75**	**178**	**102**	**76**	**957**	**531**	**426**

3-2a　续表 8　　　　　　　　　　　　　　　　　　　　　　　单位：人

年　龄	大学专科								
	合　计			在　校			毕　业		
	合计	男	女	小计	男	女	小计	男	女
总　计	**108427**	**54198**	**54229**	**16175**	**7097**	**9078**	**90275**	**46077**	**44198**
3									
4									
5-9岁									
5									
6									
7									
8									
9									
10-14岁									
10									
11									
12									
13									
14									
15-19岁	**6188**	**2767**	**3421**	**5621**	**2504**	**3117**	**523**	**239**	**284**
15	96	47	49	93	47	46	3		3
16	235	100	135	229	97	132	6	3	3
17	509	235	274	451	217	234	52	16	36
18	1545	716	829	1406	652	754	123	56	67
19	3803	1669	2134	3442	1491	1951	339	164	175
20-24岁	**22551**	**9975**	**12576**	**10201**	**4415**	**5786**	**12042**	**5411**	**6631**
20	5291	2288	3003	4477	1946	2531	782	328	454
21	4993	2168	2825	3232	1398	1834	1705	746	959
22	4684	2069	2615	1672	711	961	2936	1323	1613
23	3924	1814	2110	611	268	343	3241	1503	1738
24	3659	1636	2023	209	92	117	3378	1511	1867
25-29岁	**15625**	**7368**	**8257**	**223**	**110**	**113**	**15097**	**7115**	**7982**
25	3475	1598	1877	99	54	45	3313	1518	1795
26	3115	1439	1676	52	21	31	2997	1388	1609
27	3181	1541	1640	39	17	22	3078	1487	1591
28	2886	1333	1553	17	11	6	2818	1303	1515
29	2968	1457	1511	16	7	9	2891	1419	1472
30-34岁	**15974**	**7778**	**8196**	**57**	**28**	**29**	**15558**	**7572**	**7986**
30	3259	1586	1673	20	8	12	3156	1535	1621
31	3245	1564	1681	11	7	4	3159	1521	1638
32	3256	1562	1694	16	8	8	3171	1520	1651
33	3294	1625	1669	7	3	4	3219	1590	1629
34	2920	1441	1479	3	2	1	2853	1406	1447
35-39岁	**10434**	**5459**	**4975**	**29**	**13**	**16**	**10195**	**5333**	**4862**
35	2375	1213	1162	9	6	3	2306	1173	1133
36	2182	1127	1055	3	3		2139	1103	1036
37	1941	1022	919	7	2	5	1883	994	889
38	2206	1192	1014	8	2	6	2170	1173	997
39	1730	905	825	2		2	1697	890	807
40-44岁	**8713**	**4714**	**3999**	**7**	**2**	**5**	**8551**	**4629**	**3922**
40	1719	921	798	3	1	2	1675	897	778
41	1764	913	851	1		1	1736	900	836
42	1715	912	803				1692	902	790
43	1689	946	743				1660	930	730
44	1826	1022	804	3	1	2	1788	1000	788
45-49岁	**9043**	**4864**	**4179**	**12**	**7**	**5**	**8849**	**4764**	**4085**
45	1918	1010	908	2	1	1	1874	986	888
46	1949	1071	878	2	1	1	1911	1048	863
47	1881	998	883	5	3	2	1842	979	863
48	1692	902	790	2	1	1	1667	889	778
49	1603	883	720	1	1		1555	862	693
50岁及以上	**19899**	**11273**	**8626**	**25**	**18**	**7**	**19460**	**11014**	**8446**

3−2a 续表 9

单位：人

年 龄	大学专科								
	肄 业			辍 学			其 他		
	小计	男	女	小计	男	女	小计	男	女
总 计	**235**	**137**	**98**	**82**	**50**	**32**	**1660**	**837**	**823**
3									
4									
5−9岁									
5									
6									
7									
8									
9									
10−14岁									
10									
11									
12									
13									
14									
15−19岁	**7**	**3**	**4**	**11**	**7**	**4**	**26**	**14**	**12**
15									
16									
17	2		2	2	1	1	2	1	1
18	3	2	1	5	3	2	8	3	5
19	2	1	1	4	3	1	16	10	6
20−24岁	**44**	**29**	**15**	**23**	**14**	**9**	**241**	**106**	**135**
20	6	3	3	2	1	1	24	10	14
21	6	4	2	6	2	4	44	18	26
22	10	6	4	5	4	1	61	25	36
23	11	8	3	6	5	1	55	30	25
24	11	8	3	4	2	2	57	23	34
25−29岁	**26**	**17**	**9**	**20**	**11**	**9**	**259**	**115**	**144**
25	3		3	6	2	4	54	24	30
26	5	5		1		1	60	25	35
27	8	6	2	9	7	2	47	24	23
28	4	2	2	1		1	46	17	29
29	6	4	2	3	2	1	52	25	27
30−34岁	**57**	**27**	**30**	**8**	**4**	**4**	**294**	**147**	**147**
30	11	4	7	2	1	1	70	38	32
31	9	4	5				66	32	34
32	15	8	7	2	1	1	52	25	27
33	9	5	4	1	1		58	26	32
34	13	6	7	3	1	2	48	26	22
35−39岁	**31**	**20**	**11**	**7**	**2**	**5**	**172**	**91**	**81**
35	8	5	3	3	1	2	49	28	21
36	6	4	2				34	17	17
37	10	6	4	3		3	38	20	18
38	4	2	2	1	1		23	14	9
39	3	3					28	12	16
40−44岁	**25**	**16**	**9**	**3**	**3**		**127**	**64**	**63**
40	8	6	2	2	2		31	15	16
41	4	3	1				23	10	13
42	4	2	2				19	8	11
43	5	3	2				24	13	11
44	4	2	2	1	1		30	18	12
45−49岁	**18**	**10**	**8**	**1**	**1**		**163**	**82**	**81**
45	5	4	1	1	1		36	18	18
46	3	1	2				33	21	12
47	5	3	2				29	13	16
48	2	1	1				21	11	10
49	3	1	2				44	19	25
50岁及以上	**27**	**15**	**12**	**9**	**8**	**1**	**378**	**218**	**160**

3–2a　续表 10　　单位：人

年　龄	大学本科								
	合　计			在　校			毕　业		
	合计	男	女	小计	男	女	小计	男	女
总　计	**116408**	**58130**	**58278**	**21741**	**9013**	**12728**	**93209**	**48360**	**44849**
3									
4									
5–9岁									
5									
6									
7									
8									
9									
10–14岁	**1**		**1**	**1**		**1**			
10									
11									
12									
13									
14	1		1	1		1			
15–19岁	**4656**	**1973**	**2683**	**4552**	**1915**	**2637**	**95**	**52**	**43**
15	14	4	10	14	4	10			
16	17	8	9	15	6	9	2	2	
17	166	77	89	152	69	83	14	8	6
18	1328	545	783	1307	535	772	20	10	10
19	3131	1339	1792	3064	1301	1763	59	32	27
20–24岁	**25260**	**10309**	**14951**	**16467**	**6749**	**9718**	**8590**	**3479**	**5111**
20	4772	1939	2833	4616	1872	2744	148	63	85
21	5407	2165	3242	4892	1968	2924	491	188	303
22	6021	2468	3553	4148	1724	2424	1824	729	1095
23	4869	2011	2858	2006	850	1156	2801	1132	1669
24	4191	1726	2465	805	335	470	3326	1367	1959
25–29岁	**20846**	**9433**	**11413**	**562**	**260**	**302**	**19965**	**9032**	**10933**
25	4316	1867	2449	289	142	147	3946	1688	2258
26	4029	1774	2255	133	49	84	3842	1702	2140
27	4342	1994	2348	67	32	35	4211	1937	2274
28	4112	1895	2217	47	24	23	4008	1842	2166
29	4047	1903	2144	26	13	13	3958	1863	2095
30–34岁	**21722**	**10708**	**11014**	**83**	**43**	**40**	**21333**	**10514**	**10819**
30	4656	2249	2407	29	13	16	4559	2198	2361
31	4578	2187	2391	19	10	9	4490	2145	2345
32	4225	2044	2181	17	12	5	4149	2009	2140
33	4453	2278	2175	8	4	4	4390	2243	2147
34	3810	1950	1860	10	4	6	3745	1919	1826
35–39岁	**14308**	**7699**	**6609**	**34**	**19**	**15**	**14081**	**7578**	**6503**
35	3225	1707	1518	7	2	5	3170	1679	1491
36	3084	1660	1424	7	5	2	3037	1634	1403
37	2847	1541	1306	8	3	5	2801	1520	1281
38	2921	1581	1340	8	5	3	2884	1556	1328
39	2231	1210	1021	4	4		2189	1189	1000
40–44岁	**8785**	**4950**	**3835**	**10**	**7**	**3**	**8661**	**4878**	**3783**
40	1933	1072	861	4	2	2	1903	1057	846
41	1951	1111	840	2	2		1927	1097	830
42	1774	1017	757	1	1		1753	1003	750
43	1551	852	699	2	1	1	1527	838	689
44	1576	898	678	1	1		1551	883	668
45–49岁	**7021**	**4133**	**2888**	**11**	**9**	**2**	**6918**	**4066**	**2852**
45	1580	902	678				1560	889	671
46	1539	897	642	1	1		1522	885	637
47	1370	820	550	4	3	1	1348	806	542
48	1284	772	512	3	3		1270	763	507
49	1248	742	506	3	2	1	1218	723	495
50岁及以上	**13809**	**8925**	**4884**	**21**	**11**	**10**	**13566**	**8761**	**4805**

3−2a　续表 11　　　　单位：人

年龄	大学本科								
	肄业			辍学			其他		
	小计	男	女	小计	男	女	小计	男	女
总计	**178**	**92**	**86**	**21**	**13**	**8**	**1259**	**652**	**607**
3									
4									
5−9岁									
5									
6									
7									
8									
9									
10−14岁									
10									
11									
12									
13									
14									
15−19岁				**1**		**1**	**8**	**6**	**2**
15									
16									
17									
18							1		1
19				1		1	7	6	1
20−24岁	**20**	**10**	**10**	**7**	**5**	**2**	**176**	**66**	**110**
20				2	1	1	6	3	3
21	2	1	1	1		1	21	8	13
22	3	1	2	2	2		44	12	32
23	7	5	2	1	1		54	23	31
24	8	3	5	1	1		51	20	31
25−29岁	**45**	**22**	**23**	**9**	**6**	**3**	**265**	**113**	**152**
25	7	4	3	2		2	72	33	39
26	10	2	8	3	3		41	18	23
27	11	7	4	1	1		52	17	35
28	8	5	3				49	24	25
29	9	4	5	3	2	1	51	21	30
30−34岁	**58**	**29**	**29**	**2**		**2**	**246**	**122**	**124**
30	15	7	8	2		2	51	31	20
31	14	5	9				55	27	28
32	11	5	6				48	18	30
33	13	10	3				42	21	21
34	5	2	3				50	25	25
35−39岁	**26**	**14**	**12**	**1**	**1**		**166**	**87**	**79**
35	9	6	3	1	1		38	19	19
36	5	2	3				35	19	16
37	3	3					35	15	20
38	5	3	2				24	17	7
39	4		4				34	17	17
40−44岁	**12**	**9**	**3**				**102**	**56**	**46**
40	2	2					24	11	13
41	2	2					20	10	10
42	2	2					18	11	7
43	2	1	1				20	12	8
44	4	2	2				20	12	8
45−49岁	**4**	**3**	**1**	**1**	**1**		**87**	**54**	**33**
45	1		1	1	1		18	12	6
46	1	1					15	10	5
47	1	1					17	10	7
48							11	6	5
49	1	1					26	16	10
50岁及以上	**13**	**5**	**8**				**209**	**148**	**61**

3–2a 续表 12 单位：人

年 龄	硕士研究生								
	合 计			在 校			毕 业		
	合计	男	女	小计	男	女	小计	男	女
总 计	**8162**	**3953**	**4209**	**1617**	**687**	**930**	**6467**	**3234**	**3233**
3									
4									
5–9岁									
5									
6									
7									
8									
9									
10–14岁									
10									
11									
12									
13									
14									
15–19岁	**7**	**4**	**3**	**6**	**3**	**3**	**1**	**1**	
15									
16									
17									
18									
19	7	4	3	6	3	3	1	1	
20–24岁	**977**	**369**	**608**	**852**	**341**	**511**	**122**	**28**	**94**
20	7	2	5	6	1	5	1	1	
21	45	14	31	43	13	30	2	1	1
22	175	66	109	167	65	102	7	1	6
23	348	131	217	298	119	179	48	12	36
24	402	156	246	338	143	195	64	13	51
25–29岁	**1845**	**712**	**1133**	**658**	**299**	**359**	**1163**	**404**	**759**
25	429	189	240	282	137	145	141	49	92
26	375	129	246	178	79	99	193	49	144
27	375	138	237	115	45	70	253	90	163
28	321	121	200	52	21	31	266	100	166
29	345	135	210	31	17	14	310	116	194
30–34岁	**2071**	**930**	**1141**	**71**	**27**	**44**	**1977**	**894**	**1083**
30	416	171	245	26	12	14	382	154	228
31	422	185	237	20	6	14	400	179	221
32	426	184	242	12	4	8	408	178	230
33	434	216	218	7	3	4	425	212	213
34	373	174	199	6	2	4	362	171	191
35–39岁	**1408**	**735**	**673**	**19**	**10**	**9**	**1375**	**718**	**657**
35	298	144	154	2	2		292	140	152
36	325	163	162	7	6	1	316	156	160
37	263	134	129	5	1	4	254	130	124
38	270	152	118	3	1	2	264	151	113
39	252	142	110	2		2	249	141	108
40–44岁	**792**	**453**	**339**	**7**	**4**	**3**	**776**	**446**	**330**
40	219	112	107	1	1		216	110	106
41	181	101	80	2	1	1	175	99	76
42	145	89	56				142	88	54
43	122	70	52	3	1	2	119	69	50
44	125	81	44	1	1		124	80	44
45–49岁	**502**	**321**	**181**	**4**	**3**	**1**	**497**	**317**	**180**
45	104	71	33				103	70	33
46	106	69	37	1	1		105	68	37
47	106	62	44	1	1		105	61	44
48	100	62	38	1	1		99	61	38
49	86	57	29	1		1	85	57	28
50岁及以上	**560**	**429**	**131**				**556**	**426**	**130**

3–2a 续表 13 单位：人

年龄	硕士研究生								
	肄业			辍学			其他		
	小计	男	女	小计	男	女	小计	男	女
总计	**8**	**4**	**4**				**70**	**28**	**42**
3									
4									
5–9岁									
5									
6									
7									
8									
9									
10–14岁									
10									
11									
12									
13									
14									
15–19岁									
15									
16									
17									
18									
19									
20–24岁							**3**		**3**
20									
21									
22							1		1
23							2		2
24									
25–29岁	**2**		**2**				**22**	**9**	**13**
25							6	3	3
26							4	1	3
27	1		1				6	3	3
28	1		1				2		2
29							4	2	2
30–34岁	**1**		**1**				**22**	**9**	**13**
30	1		1				7	5	2
31							2		2
32							6	2	4
33							2	1	1
34							5	1	4
35–39岁	**4**	**3**	**1**				**10**	**4**	**6**
35	2	1	1				2	1	1
36	1	1					1		1
37							4	3	1
38							3		3
39	1	1							
40–44岁							**9**	**3**	**6**
40							2	1	1
41							4	1	3
42							3	1	2
43									
44									
45–49岁	**1**	**1**							
45	1	1							
46									
47									
48									
49									
50岁及以上							**4**	**3**	**1**

3-2a　续表 14　　　　单位：人

年　龄	博士研究生								
	合　计			在　校			毕　业		
	合计	男	女	小计	男	女	小计	男	女
总　计	**872**	**532**	**340**	**175**	**94**	**81**	**693**	**436**	**257**
3									
4									
5-9岁									
5									
6									
7									
8									
9									
10-14岁									
10									
11									
12									
13									
14									
15-19岁									
15									
16									
17									
18									
19									
20-24岁	**28**	**9**	**19**	**23**	**7**	**16**	**5**	**2**	**3**
20	1		1	1		1			
21	1		1	1		1			
22	2		2	1		1	1		1
23	10	3	7	8	2	6	2	1	1
24	14	6	8	12	5	7	2	1	1
25-29岁	**120**	**61**	**59**	**83**	**45**	**38**	**34**	**14**	**20**
25	17	9	8	12	8	4	5	1	4
26	28	16	12	22	11	11	4	4	
27	28	13	15	18	11	7	9	1	8
28	27	12	15	20	9	11	7	3	4
29	20	11	9	11	6	5	9	5	4
30-34岁	**213**	**123**	**90**	**43**	**25**	**18**	**170**	**98**	**72**
30	32	19	13	10	7	3	22	12	10
31	44	23	21	15	7	8	29	16	13
32	45	23	22	5	3	2	40	20	20
33	48	30	18	8	5	3	40	25	15
34	44	28	16	5	3	2	39	25	14
35-39岁	**179**	**107**	**72**	**17**	**10**	**7**	**161**	**97**	**64**
35	32	17	15	6	3	3	25	14	11
36	39	23	16	3	1	2	36	22	14
37	38	22	16	1	1		37	21	16
38	37	27	10	4	3	1	33	24	9
39	33	18	15	3	2	1	30	16	14
40-44岁	**152**	**102**	**50**	**7**	**5**	**2**	**145**	**97**	**48**
40	32	21	11				32	21	11
41	31	23	8	2	2		29	21	8
42	40	25	15	4	2	2	36	23	13
43	22	11	11	1	1		21	10	11
44	27	22	5				27	22	5
45-49岁	**93**	**65**	**28**	**2**	**2**		**91**	**63**	**28**
45	20	12	8	1	1		19	11	8
46	20	17	3				20	17	3
47	16	10	6				16	10	6
48	12	10	2				12	10	2
49	25	16	9	1	1		24	15	9
50岁及以上	**87**	**65**	**22**				**87**	**65**	**22**

3-2a 续表 15

单位：人

年 龄	博士研究生								
	肄 业			辍 学			其 他		
	小计	男	女	小计	男	女	小计	男	女
总 计							**4**	**2**	**2**
3									
4									
5-9岁									
5									
6									
7									
8									
9									
10-14岁									
10									
11									
12									
13									
14									
15-19岁									
15									
16									
17									
18									
19									
20-24岁									
20									
21									
22									
23									
24									
25-29岁							**3**	**2**	**1**
25									
26							2	1	1
27							1	1	
28									
29									
30-34岁									
30									
31									
32									
33									
34									
35-39岁							**1**		**1**
35							1		1
36									
37									
38									
39									
40-44岁									
40									
41									
42									
43									
44									
45-49岁									
45									
46									
47									
48									
49									
50岁及以上									

3–2b　全省分年龄、性别、学业完成情况的3岁及以上各种受教育程度人口(镇)

单位：人

年　龄	合　　计								
	合　　计			在　　校			毕　　业		
	合计	男	女	小计	男	女	小计	男	女
总　计	**823872**	**426599**	**397273**	**235960**	**120646**	**115314**	**512125**	**267892**	**244233**
3									
4									
5–9岁	**65346**	**35130**	**30216**	**64108**	**34433**	**29675**	**864**	**489**	**375**
5	944	508	436	914	488	426	17	11	6
6	10458	5606	4852	10258	5516	4742	133	59	74
7	17112	9178	7934	16802	8995	7807	214	127	87
8	18822	10106	8716	18459	9901	8558	256	151	105
9	18010	9732	8278	17675	9533	8142	244	141	103
10–14岁	**80834**	**42804**	**38030**	**78967**	**41715**	**37252**	**1349**	**795**	**554**
10	17330	9171	8159	17003	8980	8023	241	146	95
11	17352	9167	8185	17036	8990	8046	202	117	85
12	16012	8589	7423	15620	8372	7248	283	155	128
13	15156	8030	7126	14750	7778	6972	298	190	108
14	14984	7847	7137	14558	7595	6963	325	187	138
15–19岁	**79896**	**40052**	**39844**	**70157**	**34337**	**35820**	**8308**	**4862**	**3446**
15	14140	7358	6782	13673	7064	6609	378	237	141
16	17318	8717	8601	16175	8010	8165	955	578	377
17	18628	9196	9432	16802	8113	8689	1548	912	636
18	16314	8087	8227	13658	6560	7098	2256	1305	951
19	13496	6694	6802	9849	4590	5259	3171	1830	1341
20–24岁	**61809**	**29468**	**32341**	**21730**	**9697**	**12033**	**36573**	**17916**	**18657**
20	12731	6162	6569	8005	3568	4437	4188	2290	1898
21	12276	5870	6406	6370	2816	3554	5300	2713	2587
22	13031	6337	6694	4373	1976	2397	7879	3946	3933
23	12031	5591	6440	2039	915	1124	9238	4296	4942
24	11740	5508	6232	943	422	521	9968	4671	5297
25–29岁	**62638**	**29390**	**33248**	**767**	**345**	**422**	**56931**	**26575**	**30356**
25	12151	5735	6416	415	187	228	10833	5048	5785
26	11916	5479	6437	188	81	107	10808	4959	5849
27	12972	6026	6946	70	30	40	11885	5517	6368
28	12880	6039	6841	57	23	34	11787	5486	6301
29	12719	6111	6608	37	24	13	11618	5565	6053
30–34岁	**74546**	**36128**	**38418**	**86**	**38**	**48**	**68075**	**32963**	**35112**
30	15216	7261	7955	26	12	14	13961	6647	7314
31	14897	7064	7833	11	5	6	13613	6458	7155
32	14854	7167	7687	18	5	13	13546	6535	7011
33	16053	7851	8202	18	11	7	14651	7171	7480
34	13526	6785	6741	13	5	8	12304	6152	6152
35–39岁	**62226**	**31795**	**30431**	**45**	**24**	**21**	**55870**	**28591**	**27279**
35	12054	6112	5942	10	6	4	10884	5508	5376
36	12258	6235	6023	14	8	6	11052	5626	5426
37	11716	5926	5790	7	3	4	10570	5381	5189
38	13802	7174	6628	5	1	4	12283	6390	5893
39	12396	6348	6048	9	6	3	11081	5686	5395
40–44岁	**64363**	**33805**	**30558**	**35**	**21**	**14**	**56674**	**29956**	**26718**
40	11856	6069	5787	8	6	2	10497	5369	5128
41	12634	6632	6002	11	6	5	11171	5896	5275
42	12691	6671	6020	6	3	3	11233	5964	5269
43	12705	6773	5932	1		1	11129	5981	5148
44	14477	7660	6817	9	6	3	12644	6746	5898
45–49岁	**72747**	**39140**	**33607**	**25**	**15**	**10**	**63389**	**34360**	**29029**
45	15045	8057	6988	3	1	2	13103	7016	6087
46	15953	8531	7422	8	5	3	13985	7531	6454
47	14626	7935	6691	6	3	3	12772	6987	5785
48	13636	7324	6312	5	3	2	11880	6460	5420
49	13487	7293	6194	3	3		11649	6366	5283
50岁及以上	**199467**	**108887**	**90580**	**40**	**21**	**19**	**164092**	**91385**	**72707**

3-2b 续表 1

单位：人

年 龄	合计								
	肄业			辍学			其他		
	小计	男	女	小计	男	女	小计	男	女
总 计	**15043**	**7511**	**7532**	**18084**	**8961**	**9123**	**42660**	**21589**	**21071**
3									
4									
5-9岁	**37**	**24**	**13**	**12**	**6**	**6**	**325**	**178**	**147**
5	1	1					12	8	4
6	5	3	2	1		1	61	28	33
7	12	7	5	2	2		82	47	35
8	11	7	4	6	3	3	90	44	46
9	8	6	2	3	1	2	80	51	29
10-14岁	**49**	**27**	**22**	**45**	**26**	**19**	**424**	**241**	**183**
10	12	5	7	4	2	2	70	38	32
11	8	5	3	6	3	3	100	52	48
12	8	6	2	6	4	2	95	52	43
13	7	4	3	14	8	6	87	50	37
14	14	7	7	15	9	6	72	49	23
15-19岁	**194**	**122**	**72**	**323**	**208**	**115**	**914**	**523**	**391**
15	10	8	2	23	16	7	56	33	23
16	23	18	5	39	28	11	126	83	43
17	40	26	14	67	42	25	171	103	68
18	62	32	30	88	52	36	250	138	112
19	59	38	21	106	70	36	311	166	145
20-24岁	**545**	**310**	**235**	**689**	**396**	**293**	**2272**	**1149**	**1123**
20	90	53	37	114	62	52	334	189	145
21	101	58	43	128	74	54	377	209	168
22	124	74	50	149	94	55	506	247	259
23	115	64	51	134	71	63	505	245	260
24	115	61	54	164	95	69	550	259	291
25-29岁	**692**	**384**	**308**	**925**	**524**	**401**	**3323**	**1562**	**1761**
25	125	82	43	170	104	66	608	314	294
26	132	61	71	148	90	58	640	288	352
27	150	85	65	174	87	87	693	307	386
28	145	75	70	206	117	89	685	338	347
29	140	81	59	227	126	101	697	315	382
30-34岁	**960**	**486**	**474**	**1292**	**628**	**664**	**4133**	**2013**	**2120**
30	174	83	91	209	95	114	846	424	422
31	190	94	96	242	118	124	841	389	452
32	196	97	99	268	139	129	826	391	435
33	204	104	100	304	147	157	876	418	458
34	196	108	88	269	129	140	744	391	353
35-39岁	**1108**	**571**	**537**	**1535**	**781**	**754**	**3668**	**1828**	**1840**
35	198	108	90	270	141	129	692	349	343
36	194	95	99	315	164	151	683	342	341
37	203	96	107	267	126	141	669	320	349
38	265	142	123	363	181	182	886	460	426
39	248	130	118	320	169	151	738	357	381
40-44岁	**1404**	**692**	**712**	**1898**	**933**	**965**	**4352**	**2203**	**2149**
40	236	121	115	325	166	159	790	407	383
41	236	119	117	358	196	162	858	415	443
42	281	129	152	368	167	201	803	408	395
43	313	158	155	393	184	209	869	450	419
44	338	165	173	454	220	234	1032	523	509
45-49岁	**1900**	**980**	**920**	**2305**	**1119**	**1186**	**5128**	**2666**	**2462**
45	407	223	184	519	261	258	1013	556	457
46	397	199	198	441	214	227	1122	582	540
47	392	209	183	467	224	243	989	512	477
48	369	175	194	446	214	232	936	472	464
49	335	174	161	432	206	226	1068	544	524
50岁及以上	**8154**	**3915**	**4239**	**9060**	**4340**	**4720**	**18121**	**9226**	**8895**

3-2b 续表 2

单位：人

年 龄	小 学								
	合 计			在 校			毕 业		
	合计	男	女	小计	男	女	小计	男	女
总 计	**286352**	**138302**	**148050**	**107487**	**57454**	**50033**	**138144**	**62880**	**75264**
3									
4									
5-9岁	**64915**	**34881**	**30034**	**63726**	**34215**	**29511**	**829**	**466**	**363**
5	944	508	436	914	488	426	17	11	6
6	10398	5571	4827	10202	5482	4720	131	58	73
7	17027	9131	7896	16729	8958	7771	206	120	86
8	18704	10038	8666	18353	9839	8514	247	146	101
9	17842	9633	8209	17528	9448	8080	228	131	97
10-14岁	**44536**	**23718**	**20818**	**43615**	**23179**	**20436**	**630**	**383**	**247**
10	17088	9039	8049	16773	8855	7918	230	140	90
11	16717	8822	7895	16426	8660	7766	184	106	78
12	8420	4622	3798	8220	4504	3716	131	80	51
13	1727	913	814	1654	865	789	52	35	17
14	584	322	262	542	295	247	33	22	11
15-19岁	**590**	**303**	**287**	**101**	**43**	**58**	**367**	**202**	**165**
15	70	36	34	41	18	23	16	9	7
16	82	40	42	24	10	14	38	20	18
17	97	52	45	17	10	7	62	37	25
18	135	66	69	9	4	5	105	50	55
19	206	109	97	10	1	9	146	86	60
20-24岁	**1793**	**893**	**900**	**22**	**9**	**13**	**1450**	**719**	**731**
20	221	103	118	4	1	3	171	82	89
21	280	144	136	6	1	5	235	120	115
22	354	191	163	5	3	2	276	150	126
23	411	185	226	5	2	3	334	142	192
24	527	270	257	2	2		434	225	209
25-29岁	**3706**	**1605**	**2101**	**3**	**1**	**2**	**3049**	**1312**	**1737**
25	586	285	301	1	1		490	227	263
26	631	265	366				525	232	293
27	770	322	448				640	270	370
28	830	350	480	1		1	693	294	399
29	889	383	506	1		1	701	289	412
30-34岁	**7834**	**3088**	**4746**	**2**	**2**		**6422**	**2518**	**3904**
30	1237	497	740	1	1		1023	411	612
31	1431	526	905				1176	432	744
32	1477	601	876				1211	488	723
33	1908	752	1156	1	1		1547	608	939
34	1781	712	1069				1465	579	886
35-39岁	**11521**	**4704**	**6817**	**1**	**1**		**9287**	**3729**	**5558**
35	1818	726	1092				1478	582	896
36	2052	845	1207				1657	679	978
37	2203	876	1327				1772	696	1076
38	2760	1152	1608				2213	906	1307
39	2688	1105	1583	1	1		2167	866	1301
40-44岁	**18148**	**7724**	**10424**	**1**	**1**		**14544**	**6206**	**8338**
40	2918	1157	1761				2350	915	1435
41	3264	1432	1832				2598	1136	1462
42	3555	1509	2046				2888	1251	1637
43	3873	1659	2214				3079	1312	1767
44	4538	1967	2571	1	1		3629	1592	2037
45-49岁	**25968**	**11419**	**14549**	**4**	**1**	**3**	**20676**	**9120**	**11556**
45	4900	2118	2782	1		1	3890	1666	2224
46	5558	2388	3170	1	1		4466	1914	2552
47	5208	2346	2862	1		1	4164	1883	2281
48	5025	2216	2809	1		1	3977	1769	2208
49	5277	2351	2926				4179	1888	2291
50岁及以上	**107341**	**49967**	**57374**	**12**	**2**	**10**	**80890**	**38225**	**42665**

3-2b 续表 3 单位：人

年龄	小学								
	肄业			辍学			其他		
	小计	男	女	小计	男	女	小计	男	女
总计	**9630**	**4169**	**5461**	**11584**	**5071**	**6513**	**19507**	**8728**	**10779**
3									
4									
5-9岁	**37**	**24**	**13**	**12**	**6**	**6**	**311**	**170**	**141**
5	1	1					12	8	4
6	5	3	2	1		1	59	28	31
7	12	7	5	2	2		78	44	34
8	11	7	4	6	3	3	87	43	44
9	8	6	2	3	1	2	75	47	28
10-14岁	**23**	**12**	**11**	**16**	**9**	**7**	**252**	**135**	**117**
10	12	5	7	4	2	2	69	37	32
11	8	5	3	4	2	2	95	49	46
12	1	1		4	2	2	64	35	29
13	2	1	1	4	3	1	15	9	6
14							9	5	4
15-19岁	**15**	**6**	**9**	**23**	**13**	**10**	**84**	**39**	**45**
15				4	3	1	9	6	3
16	2	2		4	2	2	14	6	8
17	2	1	1	2	2		14	2	12
18	3		3	6	3	3	12	9	3
19	8	3	5	7	3	4	35	16	19
20-24岁	**49**	**29**	**20**	**77**	**41**	**36**	**195**	**95**	**100**
20	11	7	4	9	2	7	26	11	15
21	6	4	2	10	7	3	23	12	11
22	11	6	5	23	11	12	39	21	18
23	11	8	3	18	10	8	43	23	20
24	10	4	6	17	11	6	64	28	36
25-29岁	**102**	**54**	**48**	**178**	**80**	**98**	**374**	**158**	**216**
25	13	9	4	24	10	14	58	38	20
26	19	7	12	23	10	13	64	16	48
27	22	11	11	35	14	21	73	27	46
28	25	12	13	35	15	20	76	29	47
29	23	15	8	61	31	30	103	48	55
30-34岁	**283**	**114**	**169**	**415**	**165**	**250**	**712**	**289**	**423**
30	41	12	29	66	26	40	106	47	59
31	45	20	25	71	24	47	139	50	89
32	52	20	32	77	33	44	137	60	77
33	74	29	45	105	44	61	181	70	111
34	71	33	38	96	38	58	149	62	87
35-39岁	**463**	**195**	**268**	**739**	**345**	**394**	**1031**	**434**	**597**
35	70	31	39	112	53	59	158	60	98
36	70	31	39	139	55	84	186	80	106
37	91	35	56	138	60	78	202	85	117
38	114	48	66	188	93	95	245	105	140
39	118	50	68	162	84	78	240	104	136
40-44岁	**783**	**318**	**465**	**1117**	**471**	**646**	**1703**	**728**	**975**
40	120	47	73	173	79	94	275	116	159
41	125	54	71	199	98	101	342	144	198
42	148	51	97	202	75	127	317	132	185
43	191	86	105	250	100	150	353	161	192
44	199	80	119	293	119	174	416	175	241
45-49岁	**1239**	**541**	**698**	**1597**	**681**	**916**	**2452**	**1076**	**1376**
45	254	114	140	322	142	180	433	196	237
46	253	108	145	300	131	169	538	234	304
47	260	120	140	324	134	190	459	209	250
48	242	97	145	322	134	188	483	216	267
49	230	102	128	329	140	189	539	221	318
50岁及以上	**6636**	**2876**	**3760**	**7410**	**3260**	**4150**	**12393**	**5604**	**6789**

3-2b　续表 4

单位：人

年　龄	初中								
	合　计			在　校			毕　业		
	合计	男	女	小计	男	女	小计	男	女
总　计	**295369**	**160542**	**134827**	**48406**	**25602**	**22804**	**220995**	**120108**	**100887**
3									
4									
5-9岁	**429**	**248**	**181**	**380**	**217**	**163**	**35**	**23**	**12**
5									
6	60	35	25	56	34	22	2	1	1
7	85	47	38	73	37	36	8	7	1
8	117	68	49	105	62	43	9	5	4
9	167	98	69	146	84	62	16	10	6
10-14岁	**35471**	**18667**	**16804**	**34539**	**18128**	**16411**	**709**	**405**	**304**
10	242	132	110	230	125	105	11	6	5
11	635	345	290	610	330	280	18	11	7
12	7588	3965	3623	7396	3866	3530	152	75	77
13	13305	7044	6261	12978	6845	6133	242	152	90
14	13701	7181	6520	13325	6962	6363	286	161	125
15-19岁	**19927**	**11128**	**8799**	**13382**	**7209**	**6173**	**5851**	**3477**	**2374**
15	8452	4599	3853	8049	4344	3705	339	212	127
16	4142	2322	1820	3196	1731	1465	835	517	318
17	2484	1427	1057	1139	609	530	1212	729	483
18	2320	1328	992	643	345	298	1512	887	625
19	2529	1452	1077	355	180	175	1953	1132	821
20-24岁	**18621**	**9716**	**8905**	**77**	**32**	**45**	**16650**	**8661**	**7989**
20	2816	1601	1215	35	16	19	2473	1392	1081
21	3105	1679	1426	17	4	13	2747	1483	1264
22	3911	2083	1828	15	6	9	3497	1855	1642
23	4254	2097	2157	4	3	1	3850	1902	1948
24	4535	2256	2279	6	3	3	4083	2029	2054
25-29岁	**28379**	**13689**	**14690**	**7**	**5**	**2**	**25619**	**12252**	**13367**
25	4983	2472	2511	1	1		4465	2183	2282
26	5214	2516	2698	3	2	1	4707	2245	2462
27	5926	2814	3112				5365	2541	2824
28	6094	2914	3180	3	2	1	5496	2591	2905
29	6162	2973	3189				5586	2692	2894
30-34岁	**36869**	**17763**	**19106**	**4**	**2**	**2**	**33348**	**15977**	**17371**
30	7419	3541	3878	1		1	6733	3198	3535
31	7358	3525	3833	1		1	6639	3168	3471
32	7413	3559	3854	1	1		6686	3206	3480
33	7926	3802	4124				7188	3433	3755
34	6753	3336	3417	1	1		6102	2972	3130
35-39岁	**31094**	**15788**	**15306**	**4**	**2**	**2**	**27946**	**14122**	**13824**
35	5964	2994	2970	1	1		5343	2653	2690
36	6069	3019	3050	2		2	5452	2691	2761
37	5733	2873	2860				5194	2607	2587
38	7028	3647	3381				6264	3223	3041
39	6300	3255	3045	1	1		5693	2948	2745
40-44岁	**30238**	**16272**	**13966**	**3**	**1**	**2**	**27001**	**14466**	**12535**
40	5735	2959	2776	1	1		5118	2610	2508
41	6018	3198	2820				5404	2864	2540
42	5932	3186	2746	2		2	5301	2836	2465
43	5873	3246	2627				5235	2898	2337
44	6680	3683	2997				5943	3258	2685
45-49岁	**32314**	**18586**	**13728**	**5**	**2**	**3**	**29014**	**16597**	**12417**
45	7057	3985	3072	1		1	6297	3508	2789
46	7232	4107	3125	2	1	1	6515	3678	2837
47	6479	3796	2683	1	1		5814	3398	2416
48	5773	3310	2463	1		1	5209	2993	2216
49	5773	3388	2385				5179	3020	2159
50岁及以上	**62027**	**38685**	**23342**	**5**	**4**	**1**	**54822**	**34128**	**20694**

3-2b 续表 5

单位：人

年龄	初中								
	肄业			辍学			其他		
	小计	男	女	小计	男	女	小计	男	女
总计	**4312**	**2653**	**1659**	**5585**	**3307**	**2278**	**16071**	**8872**	**7199**
3									
4									
5-9岁							**14**	**8**	**6**
5									
6							2		2
7							4	3	1
8							3	1	2
9							5	4	1
10-14岁	**25**	**14**	**11**	**28**	**16**	**12**	**170**	**104**	**66**
10							1	1	
11				2	1	1	5	3	2
12	7	5	2	2	2		31	17	14
13	5	3	2	9	4	5	71	40	31
14	13	6	7	15	9	6	62	43	19
15-19岁	**102**	**67**	**35**	**168**	**115**	**53**	**424**	**260**	**164**
15	8	6	2	18	13	5	38	24	14
16	15	12	3	21	16	5	75	46	29
17	20	14	6	37	26	11	76	49	27
18	30	15	15	39	24	15	96	57	39
19	29	20	9	53	36	17	139	84	55
20-24岁	**294**	**164**	**130**	**413**	**233**	**180**	**1187**	**626**	**561**
20	46	30	16	69	41	28	193	122	71
21	50	28	22	75	42	33	216	122	94
22	62	31	31	77	48	29	260	143	117
23	58	29	29	84	44	40	258	119	139
24	78	46	32	108	58	50	260	120	140
25-29岁	**386**	**218**	**168**	**585**	**353**	**232**	**1782**	**861**	**921**
25	74	48	26	116	76	40	327	164	163
26	72	40	32	97	64	33	335	165	170
27	84	46	38	105	54	51	372	173	199
28	77	40	37	136	78	58	382	203	179
29	79	44	35	131	81	50	366	156	210
30-34岁	**503**	**273**	**230**	**756**	**388**	**368**	**2258**	**1123**	**1135**
30	98	51	47	116	51	65	471	241	230
31	106	53	53	156	83	73	456	221	235
32	103	55	48	162	87	75	461	210	251
33	97	58	39	171	86	85	470	225	245
34	99	56	43	151	81	70	400	226	174
35-39岁	**538**	**311**	**227**	**718**	**381**	**337**	**1888**	**972**	**916**
35	103	64	39	141	75	66	376	201	175
36	100	52	48	159	97	62	356	179	177
37	94	49	45	115	56	59	330	161	169
38	128	78	50	156	75	81	480	271	209
39	113	68	45	147	78	69	346	160	186
40-44岁	**542**	**322**	**220**	**725**	**430**	**295**	**1967**	**1053**	**914**
40	100	65	35	143	83	60	373	200	173
41	101	59	42	144	89	55	369	186	183
42	114	67	47	154	86	68	361	197	164
43	110	63	47	134	77	57	394	208	186
44	117	68	49	150	95	55	470	262	208
45-49岁	**575**	**378**	**197**	**668**	**407**	**261**	**2052**	**1202**	**850**
45	133	94	39	188	113	75	438	270	168
46	120	77	43	131	76	55	464	275	189
47	115	77	38	132	81	51	417	239	178
48	115	70	45	116	73	43	332	174	158
49	92	60	32	101	64	37	401	244	157
50岁及以上	**1347**	**906**	**441**	**1524**	**984**	**540**	**4329**	**2663**	**1666**

3-2b 续表 6 单位：人

年龄	高中								
	合计			在校			毕业		
	合计	男	女	小计	男	女	小计	男	女
总计	**114244**	**60882**	**53362**	**53104**	**25678**	**27426**	**56242**	**32275**	**23967**
3									
4									
5-9岁	**2**	**1**	**1**	**2**	**1**	**1**			
5									
6									
7									
8	1		1	1		1			
9	1	1		1	1				
10-14岁	**825**	**419**	**406**	**811**	**408**	**403**	**10**	**7**	**3**
10									
11									
12	4	2	2	4	2	2			
13	124	73	51	118	68	50	4	3	1
14	697	344	353	689	338	351	6	4	2
15-19岁	**51527**	**25083**	**26444**	**49443**	**23848**	**25595**	**1731**	**1023**	**708**
15	5534	2676	2858	5505	2658	2847	19	14	5
16	12848	6229	6619	12736	6164	6572	75	39	36
17	15498	7446	8052	15178	7270	7908	247	135	112
18	11740	5729	6011	11098	5346	5752	538	320	218
19	5907	3003	2904	4926	2410	2516	852	515	337
20-24岁	**10421**	**5560**	**4861**	**2821**	**1406**	**1415**	**6881**	**3734**	**3147**
20	2917	1480	1437	1743	821	922	1063	600	463
21	1914	1054	860	591	329	262	1181	637	544
22	1975	1085	890	293	158	135	1512	820	692
23	1836	999	837	135	69	66	1561	851	710
24	1779	942	837	59	29	30	1564	826	738
25-29岁	**8954**	**4638**	**4316**	**16**	**11**	**5**	**8157**	**4223**	**3934**
25	1829	923	906	6	3	3	1668	833	835
26	1638	841	797	4	2	2	1494	769	725
27	1857	981	876	3	3		1679	884	795
28	1799	936	863	1	1		1642	856	786
29	1831	957	874	2	2		1674	881	793
30-34岁	**9732**	**5162**	**4570**	**2**		**2**	**9030**	**4774**	**4256**
30	2087	1085	1002	1		1	1932	995	937
31	2060	1058	1002				1925	988	937
32	1912	994	918				1766	910	856
33	2053	1126	927				1907	1045	862
34	1620	899	721	1		1	1500	836	664
35-39岁	**6129**	**3443**	**2686**	**3**	**2**	**1**	**5682**	**3179**	**2503**
35	1370	740	630				1275	686	589
36	1249	710	539	2	2		1162	655	507
37	1123	637	486				1045	587	458
38	1287	742	545	1		1	1186	684	502
39	1100	614	486				1014	567	447
40-44岁	**5407**	**3102**	**2305**	**2**	**1**	**1**	**4999**	**2866**	**2133**
40	993	548	445	1		1	920	505	415
41	1082	585	497	1	1		987	533	454
42	1039	620	419				969	584	385
43	1073	640	433				1001	594	407
44	1220	709	511				1122	650	472
45-49岁	**5736**	**3464**	**2272**	**1**	**1**		**5316**	**3192**	**2124**
45	1168	688	480				1067	623	444
46	1243	766	477				1153	711	442
47	1142	669	473				1059	620	439
48	1166	715	451	1	1		1085	657	428
49	1017	626	391				952	581	371
50岁及以上	**15511**	**10010**	**5501**	**3**		**3**	**14436**	**9277**	**5159**

3-2b 续表 7

单位：人

年 龄	高中								
	肄业			辍学			其他		
	小计	男	女	小计	男	女	小计	男	女
总 计	**761**	**497**	**264**	**825**	**533**	**292**	**3312**	**1899**	**1413**
3									
4									
5-9岁									
5									
6									
7									
8									
9									
10-14岁	**1**	**1**		**1**	**1**		**2**	**2**	
10									
11									
12									
13				1	1		1	1	
14	1	1					1	1	
15-19岁	**72**	**46**	**26**	**122**	**75**	**47**	**159**	**91**	**68**
15	2	2		1		1	7	2	5
16	5	3	2	14	10	4	18	13	5
17	17	11	6	27	13	14	29	17	12
18	27	16	11	40	24	16	37	23	14
19	21	14	7	40	28	12	68	36	32
20-24岁	**142**	**90**	**52**	**167**	**105**	**62**	**410**	**225**	**185**
20	27	13	14	30	15	15	54	31	23
21	33	22	11	38	23	15	71	43	28
22	37	29	8	42	32	10	91	46	45
23	27	17	10	27	14	13	86	48	38
24	18	9	9	30	21	9	108	57	51
25-29岁	**133**	**77**	**56**	**149**	**81**	**68**	**499**	**246**	**253**
25	22	16	6	26	14	12	107	57	50
26	22	7	15	25	15	10	93	48	45
27	33	22	11	30	16	14	112	56	56
28	30	15	15	33	22	11	93	42	51
29	26	17	9	35	14	21	94	43	51
30-34岁	**107**	**63**	**44**	**106**	**67**	**39**	**487**	**258**	**229**
30	20	13	7	26	18	8	108	59	49
31	28	16	12	12	8	4	95	46	49
32	27	17	10	26	17	9	93	50	43
33	19	10	9	24	15	9	103	56	47
34	13	7	6	18	9	9	88	47	41
35-39岁	**60**	**36**	**24**	**68**	**49**	**19**	**316**	**177**	**139**
35	12	7	5	15	12	3	68	35	33
36	16	9	7	15	10	5	54	34	20
37	9	4	5	11	8	3	58	38	20
38	12	9	3	17	12	5	71	37	34
39	11	7	4	10	7	3	65	33	32
40-44岁	**54**	**37**	**17**	**50**	**30**	**20**	**302**	**168**	**134**
40	9	7	2	7	4	3	56	32	24
41	8	5	3	14	9	5	72	37	35
42	13	7	6	10	5	5	47	24	23
43	9	6	3	9	7	2	54	33	21
44	15	12	3	10	5	5	73	42	31
45-49岁	**62**	**44**	**18**	**39**	**30**	**9**	**318**	**197**	**121**
45	16	12	4	9	6	3	76	47	29
46	15	9	6	9	6	3	66	40	26
47	12	8	4	11	9	2	60	32	28
48	9	6	3	8	7	1	63	44	19
49	10	9	1	2	2		53	34	19
50岁及以上	**130**	**103**	**27**	**123**	**95**	**28**	**819**	**535**	**284**

3-2b 续表 8 单位：人

年 龄	大学专科								
	合 计			在 校			毕 业		
	合计	男	女	小计	男	女	小计	男	女
总 计	**64246**	**34407**	**29839**	**11770**	**5593**	**6177**	**50175**	**27535**	**22640**
3									
4									
5-9岁									
5									
6									
7									
8									
9									
10-14岁	**2**		**2**	**2**		**2**			
10									
11									
12									
13									
14	2		2	2		2			
15-19岁	**4262**	**1982**	**2280**	**3915**	**1827**	**2088**	**303**	**133**	**170**
15	77	40	37	74	40	34	2		2
16	202	96	106	193	92	101	7	2	5
17	355	176	179	325	163	162	21	8	13
18	1078	511	567	981	468	513	85	39	46
19	2550	1159	1391	2342	1064	1278	188	84	104
20-24岁	**14922**	**6698**	**8224**	**7558**	**3611**	**3947**	**6991**	**2915**	**4076**
20	3362	1594	1768	2926	1402	1524	396	172	224
21	3360	1574	1786	2412	1167	1245	883	375	508
22	3191	1422	1769	1408	661	747	1688	728	960
23	2605	1081	1524	558	259	299	1958	776	1182
24	2404	1027	1377	254	122	132	2066	864	1202
25-29岁	**9486**	**4305**	**5181**	**211**	**106**	**105**	**8890**	**4021**	**4869**
25	2260	1002	1258	116	56	60	2066	907	1159
26	1987	897	1090	44	23	21	1857	837	1020
27	1894	845	1049	20	10	10	1798	801	997
28	1679	777	902	19	8	11	1588	738	850
29	1666	784	882	12	9	3	1581	738	843
30-34岁	**8309**	**4212**	**4097**	**25**	**12**	**13**	**7922**	**4011**	**3911**
30	1849	877	972	8	4	4	1758	837	921
31	1607	795	812	5	4	1	1531	755	776
32	1701	855	846	4	2	2	1626	813	813
33	1771	935	836	4	1	3	1695	891	804
34	1381	750	631	4	1	3	1312	715	597
35-39岁	**5838**	**3286**	**2552**	**21**	**10**	**11**	**5578**	**3154**	**2424**
35	1256	690	566	5	3	2	1200	658	542
36	1263	682	581	5	3	2	1210	655	555
37	1126	647	479	4	1	3	1074	624	450
38	1176	696	480	3	1	2	1122	673	449
39	1017	571	446	4	2	2	972	544	428
40-44岁	**5384**	**3287**	**2097**	**16**	**10**	**6**	**5150**	**3145**	**2005**
40	1004	617	387	2	2		957	588	369
41	1139	688	451	7	3	4	1087	656	431
42	1110	673	437	2	2		1063	643	420
43	974	612	362	1		1	942	592	350
44	1157	697	460	4	3	1	1101	666	435
45-49岁	**5300**	**3324**	**1976**	**11**	**8**	**3**	**5073**	**3187**	**1886**
45	1107	699	408	1	1		1061	670	391
46	1118	724	394	4	3	1	1074	697	377
47	1132	675	457	3	1	2	1089	653	436
48	1043	656	387	1	1		1003	630	373
49	900	570	330	2	2		846	537	309
50岁及以上	**10743**	**7313**	**3430**	**11**	**9**	**2**	**10268**	**6969**	**3299**

3−2b 续表 9

单位：人

年 龄	大学专科								
	肄 业			辍 学			其 他		
	小计	男	女	小计	男	女	小计	男	女
总 计	**199**	**113**	**86**	**76**	**40**	**36**	**2026**	**1126**	**900**
3									
4									
5−9岁									
5									
6									
7									
8									
9									
10−14岁									
10									
11									
12									
13									
14									
15−19岁	**4**	**2**	**2**	**10**	**5**	**5**	**30**	**15**	**15**
15							1		1
16	1	1					1	1	
17	1		1	1	1		7	4	3
18	1		1	3	1	2	8	3	5
19	1	1		6	3	3	13	7	6
20−24岁	**48**	**24**	**24**	**26**	**13**	**13**	**299**	**135**	**164**
20	4	3	1	4	3	1	32	14	18
21	12	4	8	5	2	3	48	26	22
22	13	8	5	6	2	4	76	23	53
23	14	7	7	2	1	1	73	38	35
24	5	2	3	9	5	4	70	34	36
25−29岁	**36**	**17**	**19**	**9**	**7**	**2**	**340**	**154**	**186**
25	10	6	4	2	2		66	31	35
26	9	3	6	3	1	2	74	33	41
27	4	2	2	3	3		69	29	40
28	6	3	3	1	1		65	27	38
29	7	3	4				66	34	32
30−34岁	**34**	**20**	**14**	**13**	**7**	**6**	**315**	**162**	**153**
30	9	3	6	1		1	73	33	40
31	7	4	3	3	3		61	29	32
32	7	3	4	1	1		63	36	27
33	3	2	1	4	2	2	65	39	26
34	8	8		4	1	3	53	25	28
35−39岁	**22**	**12**	**10**	**8**	**4**	**4**	**209**	**106**	**103**
35	8	4	4	2	1	1	41	24	17
36	4	1	3	1	1		43	22	21
37	3	3		2	1	1	43	18	25
38	5	3	2	2	1	1	44	18	26
39	2	1	1	1		1	38	24	14
40−44岁	**10**	**5**	**5**	**6**	**2**	**4**	**202**	**125**	**77**
40	2		2	2		2	41	27	14
41	2	1	1	1		1	42	28	14
42	2	1	1	2	1	1	41	26	15
43	1	1					30	19	11
44	3	2	1	1	1		48	25	23
45−49岁	**14**	**10**	**4**	**1**	**1**		**201**	**118**	**83**
45	2	2					43	26	17
46	4	2	2	1	1		35	21	14
47	2	1	1				38	20	18
48	3	2	1				36	23	13
49	3	3					49	28	21
50岁及以上	**31**	**23**	**8**	**3**	**1**	**2**	**430**	**311**	**119**

3-2b　续表 10　　　　　　　　　　　　　　　　　　　　单位：人

年　龄	大学本科								
	合　计			在　校			毕　业		
	合计	男	女	小计	男	女	小计	男	女
总　计	**62279**	**31839**	**30440**	**14662**	**6161**	**8501**	**45735**	**24633**	**21102**
3									
4									
5—9岁									
5									
6									
7									
8									
9									
10—14岁									
10									
11									
12									
13									
14									
15—19岁	**3588**	**1556**	**2032**	**3314**	**1410**	**1904**	**56**	**27**	**29**
15	7	7		4	4		2	2	
16	44	30	14	26	13	13			
17	193	95	98	142	61	81	6	3	3
18	1040	453	587	926	397	529	16	9	7
19	2304	971	1333	2216	935	1281	32	13	19
20—24岁	**15709**	**6500**	**9209**	**10935**	**4548**	**6387**	**4576**	**1877**	**2699**
20	3414	1384	2030	3297	1328	1969	84	44	40
21	3610	1417	2193	3337	1313	2024	254	98	156
22	3535	1534	2001	2591	1127	1464	902	392	510
23	2796	1187	1609	1217	545	672	1527	620	907
24	2354	978	1376	493	235	258	1809	723	1086
25—29岁	**11706**	**5021**	**6685**	**337**	**161**	**176**	**11005**	**4697**	**6308**
25	2357	1009	1348	192	95	97	2107	885	1222
26	2358	935	1423	85	41	44	2191	865	1326
27	2456	1037	1419	26	9	17	2355	1002	1353
28	2415	1046	1369	20	8	12	2319	995	1324
29	2120	994	1126	14	8	6	2033	950	1083
30—34岁	**11516**	**5757**	**5759**	**35**	**17**	**18**	**11089**	**5545**	**5544**
30	2569	1240	1329	9	7	2	2466	1185	1281
31	2385	1132	1253	1		1	2293	1090	1203
32	2294	1127	1167	11	2	9	2202	1087	1115
33	2334	1205	1129	9	6	3	2258	1167	1091
34	1934	1053	881	5	2	3	1870	1016	854
35—39岁	**7480**	**4466**	**3014**	**16**	**9**	**7**	**7218**	**4301**	**2917**
35	1607	940	667	4	2	2	1552	908	644
36	1592	959	633	5	3	2	1538	926	612
37	1492	866	626	3	2	1	1446	840	606
38	1517	913	604	1		1	1464	880	584
39	1272	788	484	3	2	1	1218	747	471
40—44岁	**5113**	**3362**	**1751**	**12**	**7**	**5**	**4910**	**3217**	**1693**
40	1193	776	417	3	2	1	1140	740	400
41	1113	715	398	3	2	1	1078	694	384
42	1041	671	370	2	1	1	998	638	360
43	899	608	291				860	577	283
44	867	592	275	4	2	2	834	568	266
45—49岁	**3370**	**2302**	**1068**	**4**	**3**	**1**	**3251**	**2219**	**1032**
45	806	560	246				781	542	239
46	791	538	253	1		1	766	523	243
47	650	437	213	1	1		631	421	210
48	616	417	199	1	1		593	401	192
49	507	350	157	1	1		480	332	148
50岁及以上	**3797**	**2875**	**922**	**9**	**6**	**3**	**3630**	**2750**	**880**

3-2b 续表 11 单位：人

年 龄	大学本科								
	肄 业			辍 学			其 他		
	小计	男	女	小计	男	女	小计	男	女
总 计	**141**	**79**	**62**	**14**	**10**	**4**	**1727**	**956**	**771**
3									
4									
5-9岁									
5									
6									
7									
8									
9									
10-14岁									
10									
11									
12									
13									
14									
15-19岁	**1**	**1**					**217**	**118**	**99**
15							1	1	
16							18	17	1
17							45	31	14
18	1	1					97	46	51
19							56	23	33
20-24岁	**12**	**3**	**9**	**6**	**4**	**2**	**180**	**68**	**112**
20	2		2	2	1	1	29	11	18
21							19	6	13
22	1		1	1	1		40	14	26
23	5	3	2	3	2	1	44	17	27
24	4		4				48	20	28
25-29岁	**35**	**18**	**17**	**4**	**3**	**1**	**325**	**142**	**183**
25	6	3	3	2	2		50	24	26
26	10	4	6				72	25	47
27	7	4	3	1		1	67	22	45
28	7	5	2	1	1		68	37	31
29	5	2	3				68	34	34
30-34岁	**33**	**16**	**17**	**2**	**1**	**1**	**357**	**178**	**179**
30	6	4	2				88	44	44
31	4	1	3				87	41	46
32	7	2	5	2	1	1	72	35	37
33	11	5	6				56	27	29
34	5	4	1				54	31	23
35-39岁	**25**	**17**	**8**	**2**	**2**		**219**	**137**	**82**
35	5	2	3				46	28	18
36	4	2	2	1	1		44	27	17
37	6	5	1	1	1		36	18	18
38	6	4	2				46	29	17
39	4	4					47	35	12
40-44岁	**15**	**10**	**5**				**176**	**128**	**48**
40	5	2	3				45	32	13
41							32	19	13
42	4	3	1				37	29	8
43	2	2					37	29	8
44	4	3	1				25	19	6
45-49岁	**10**	**7**	**3**				**105**	**73**	**32**
45	2	1	1				23	17	6
46	5	3	2				19	12	7
47	3	3					15	12	3
48							22	15	7
49							26	17	9
50岁及以上	**10**	**7**	**3**				**148**	**112**	**36**

3-2b　续表 12　　　　　　　　　　　　　　　　　　　　　　　　　　　单位：人

年　龄	硕士研究生								
	合　计			在　校			毕　业		
	合计	男	女	小计	男	女	小计	男	女
总　计	**1268**	**561**	**707**	**502**	**149**	**353**	**749**	**404**	**345**
3									
4									
5-9岁									
5									
6									
7									
8									
9									
10-14岁									
10									
11									
12									
13									
14									
15-19岁	**2**		**2**	**2**		**2**			
15									
16									
17	1		1	1		1			
18	1		1	1		1			
19									
20-24岁	**332**	**96**	**236**	**308**	**87**	**221**	**23**	**9**	**14**
20	1		1				1		1
21	6	2	4	6	2	4			
22	62	20	42	58	19	39	4	1	3
23	127	40	87	119	36	83	7	4	3
24	136	34	102	125	30	95	11	4	7
25-29岁	**384**	**127**	**257**	**177**	**58**	**119**	**204**	**68**	**136**
25	131	44	87	94	31	63	37	13	24
26	83	23	60	48	11	37	33	11	22
27	62	26	36	17	8	9	45	18	27
28	60	16	44	11	4	7	48	12	36
29	48	18	30	7	4	3	41	14	27
30-34岁	**266**	**136**	**130**	**14**	**3**	**11**	**248**	**130**	**118**
30	52	20	32	4		4	48	20	28
31	53	25	28	3		3	47	23	24
32	51	29	22	2		2	49	29	20
33	56	29	27	3	2	1	52	26	26
34	54	33	21	2	1	1	52	32	20
35-39岁	**133**	**84**	**49**				**128**	**82**	**46**
35	34	18	16				31	17	14
36	27	15	12				27	15	12
37	26	17	9				26	17	9
38	29	20	9				29	20	9
39	17	14	3				15	13	2
40-44岁	**58**	**45**	**13**	**1**	**1**		**55**	**43**	**12**
40	11	10	1	1	1		10	9	1
41	11	9	2				10	8	2
42	11	9	2				11	9	2
43	10	5	5				9	5	4
44	15	12	3				15	12	3
45-49岁	**51**	**42**	**9**				**51**	**42**	**9**
45	6	6					6	6	
46	11	8	3				11	8	3
47	14	12	2				14	12	2
48	11	9	2				11	9	2
49	9	7	2				9	7	2
50岁及以上	**42**	**31**	**11**				**40**	**30**	**10**

3-2b 续表 13

单位：人

年龄	硕士研究生								
	肄业			辍学			其他		
	小计	男	女	小计	男	女	小计	男	女
总计							**17**	**8**	**9**
3									
4									
5-9岁									
5									
6									
7									
8									
9									
10-14岁									
10									
11									
12									
13									
14									
15-19岁									
15									
16									
17									
18									
19									
20-24岁							**1**		**1**
20									
21									
22									
23							1		1
24									
25-29岁							**3**	**1**	**2**
25									
26							2	1	1
27									
28							1		1
29									
30-34岁							**4**	**3**	**1**
30									
31							3	2	1
32									
33							1	1	
34									
35-39岁							**5**	**2**	**3**
35							3	1	2
36									
37									
38									
39							2	1	1
40-44岁							**2**	**1**	**1**
40									
41							1	1	
42									
43							1		1
44									
45-49岁									
45									
46									
47									
48									
49									
50岁及以上							**2**	**1**	**1**

3-2b　续表 14　　　　单位：人

年　龄	博士研究生								
	合　计			在　校			毕　业		
	合计	男	女	小计	男	女	小计	男	女
总　计	**114**	**66**	**48**	**29**	**9**	**20**	**85**	**57**	**28**
3									
4									
5-9岁									
5									
6									
7									
8									
9									
10-14岁									
10									
11									
12									
13									
14									
15-19岁									
15									
16									
17									
18									
19									
20-24岁	**11**	**5**	**6**	**9**	**4**	**5**	**2**	**1**	**1**
20									
21	1		1	1		1			
22	3	2	1	3	2	1			
23	2	2		1	1		1	1	
24	5	1	4	4	1	3	1		1
25-29岁	**23**	**5**	**18**	**16**	**3**	**13**	**7**	**2**	**5**
25	5		5	5		5			
26	5	2	3	4	2	2	1		1
27	7	1	6	4		4	3	1	2
28	3		3	2		2	1		1
29	3	2	1	1	1		2	1	1
30-34岁	**20**	**10**	**10**	**4**	**2**	**2**	**16**	**8**	**8**
30	3	1	2	2		2	1	1	
31	3	3		1	1		2	2	
32	6	2	4				6	2	4
33	5	2	3	1	1		4	1	3
34	3	2	1				3	2	1
35-39岁	**31**	**24**	**7**				**31**	**24**	**7**
35	5	4	1				5	4	1
36	6	5	1				6	5	1
37	13	10	3				13	10	3
38	5	4	1				5	4	1
39	2	1	1				2	1	1
40-44岁	**15**	**13**	**2**				**15**	**13**	**2**
40	2	2					2	2	
41	7	5	2				7	5	2
42	3	3					3	3	
43	3	3					3	3	
44									
45-49岁	**8**	**3**	**5**				**8**	**3**	**5**
45	1	1					1	1	
46									
47	1		1				1		1
48	2	1	1				2	1	1
49	4	1	3				4	1	3
50岁及以上	**6**	**6**					**6**	**6**	

3-2b 续表 15

单位：人

年龄	博士研究生								
	肄业			辍学			其他		
	小计	男	女	小计	男	女	小计	男	女
总计									
3									
4									
5-9岁									
5									
6									
7									
8									
9									
10-14岁									
10									
11									
12									
13									
14									
15-19岁									
15									
16									
17									
18									
19									
20-24岁									
20									
21									
22									
23									
24									
25-29岁									
25									
26									
27									
28									
29									
30-34岁									
30									
31									
32									
33									
34									
35-39岁									
35									
36									
37									
38									
39									
40-44岁									
40									
41									
42									
43									
44									
45-49岁									
45									
46									
47									
48									
49									
50岁及以上									

3-2c　全省分年龄、性别、学业完成情况的3岁及以上各种受教育程度人口(乡村)

单位：人

年龄	合计								
	合计			在校			毕业		
	合计	男	女	小计	男	女	小计	男	女
总计	**1359385**	**764651**	**594734**	**359803**	**188448**	**171355**	**820444**	**479474**	**340970**
3									
4									
5-9岁	**114932**	**61426**	**53506**	**113294**	**60516**	**52778**	**1083**	**613**	**470**
5	2155	1187	968	2097	1156	941	26	15	11
6	17858	9544	8314	17597	9401	8196	162	83	79
7	29592	15851	13741	29182	15614	13568	281	165	116
8	33322	17800	15522	32847	17533	15314	319	189	130
9	32005	17044	14961	31571	16812	14759	295	161	134
10-14岁	**147582**	**78887**	**68695**	**144727**	**77288**	**67439**	**2081**	**1171**	**910**
10	31393	16766	14627	30953	16517	14436	296	165	131
11	32117	17077	15040	31617	16815	14802	359	194	165
12	29304	15719	13585	28793	15431	13362	369	215	154
13	27696	14923	12773	27125	14593	12532	430	252	178
14	27072	14402	12670	26239	13932	12307	627	345	282
15-19岁	**105330**	**55342**	**49988**	**82036**	**41456**	**40580**	**20743**	**12420**	**8323**
15	24126	12930	11196	22743	12046	10697	1178	755	423
16	23077	12204	10873	19861	10234	9627	2866	1768	1098
17	20704	10843	9861	16168	8096	8072	4039	2455	1584
18	18918	9745	9173	12773	6095	6678	5475	3256	2219
19	18505	9620	8885	10491	4985	5506	7185	4186	2999
20-24岁	**88557**	**46323**	**42234**	**18843**	**8699**	**10144**	**63296**	**34035**	**29261**
20	17535	9132	8403	7511	3463	4048	9001	5098	3903
21	16935	8888	8047	5328	2440	2888	10493	5803	4690
22	19128	10009	9119	3548	1618	1930	14164	7606	6558
23	17788	9332	8456	1694	803	891	14660	7718	6942
24	17171	8962	8209	762	375	387	14978	7810	7168
25-29岁	**81926**	**44055**	**37871**	**689**	**349**	**340**	**73934**	**39664**	**34270**
25	17432	9150	8282	371	186	185	15590	8154	7436
26	15986	8524	7462	152	69	83	14432	7701	6731
27	16620	8835	7785	83	47	36	15036	7943	7093
28	16466	8912	7554	56	31	25	14919	8085	6834
29	15422	8634	6788	27	16	11	13957	7781	6176
30-34岁	**89699**	**49378**	**40321**	**65**	**47**	**18**	**79850**	**43997**	**35853**
30	18437	10115	8322	25	21	4	16570	9081	7489
31	18297	10044	8253	19	12	7	16308	8982	7326
32	17857	9727	8130	9	5	4	15941	8669	7272
33	18906	10470	8436	6	4	2	16787	9321	7466
34	16202	9022	7180	6	5	1	14244	7944	6300
35-39岁	**79711**	**45051**	**34660**	**34**	**18**	**16**	**68806**	**39136**	**29670**
35	14965	8337	6628	4	2	2	13120	7361	5759
36	15357	8680	6677	10	7	3	13399	7610	5789
37	14665	8317	6348	9	3	6	12615	7195	5420
38	17872	10284	7588	2	2		15355	8873	6482
39	16852	9433	7419	9	4	5	14317	8097	6220
40-44岁	**94301**	**53531**	**40770**	**31**	**20**	**11**	**79133**	**45496**	**33637**
40	16509	9323	7186	9	8	1	14032	8018	6014
41	17831	10208	7623	5	1	4	15018	8716	6302
42	18514	10414	8100	7	3	4	15418	8815	6603
43	18928	10890	8038	6	4	2	15833	9195	6638
44	22519	12696	9823	4	4		18832	10752	8080
45-49岁	**121378**	**69544**	**51834**	**20**	**14**	**6**	**99649**	**58009**	**41640**
45	23839	13632	10207	5	3	2	19800	11458	8342
46	25886	14890	10996	4	4		21332	12433	8899
47	24086	13762	10324	5	2	3	19813	11532	8281
48	23416	13340	10076	4	3	1	19114	11077	8037
49	24151	13920	10231	2	2		19590	11509	8081
50岁及以上	**435969**	**261114**	**174855**	**64**	**41**	**23**	**331869**	**204933**	**126936**

3—2c 续表 1 单位：人

年 龄	合计								
	肄业			辍学			其他		
	小计	男	女	小计	男	女	小计	男	女
总 计	**49039**	**25967**	**23072**	**42703**	**22895**	**19808**	**87396**	**47867**	**39529**
3									
4									
5—9岁	**73**	**37**	**36**	**11**	**8**	**3**	**471**	**252**	**219**
5	1	1					31	15	16
6	10	5	5	4	3	1	85	52	33
7	20	11	9				109	61	48
8	28	13	15	2		2	126	65	61
9	14	7	7	5	5		120	59	61
10—14岁	**131**	**83**	**48**	**71**	**43**	**28**	**572**	**302**	**270**
10	24	16	8	2	2		118	66	52
11	22	12	10	5	2	3	114	54	60
12	24	14	10	9	3	6	109	56	53
13	25	14	11	17	11	6	99	53	46
14	36	27	9	38	25	13	132	73	59
15—19岁	**611**	**374**	**237**	**544**	**327**	**217**	**1396**	**765**	**631**
15	57	40	17	34	20	14	114	69	45
16	68	42	26	87	57	30	195	103	92
17	136	83	53	102	56	46	259	153	106
18	154	102	52	150	86	64	366	206	160
19	196	107	89	171	108	63	462	234	228
20—24岁	**1371**	**785**	**586**	**1213**	**742**	**471**	**3834**	**2062**	**1772**
20	234	134	100	188	111	77	601	326	275
21	265	164	101	223	128	95	626	353	273
22	293	166	127	282	175	107	841	444	397
23	297	170	127	265	172	93	872	469	403
24	282	151	131	255	156	99	894	470	424
25—29岁	**1543**	**903**	**640**	**1384**	**807**	**577**	**4376**	**2332**	**2044**
25	305	194	111	278	162	116	888	454	434
26	296	173	123	280	154	126	826	427	399
27	309	179	130	277	166	111	915	500	415
28	316	178	138	284	163	121	891	455	436
29	317	179	138	265	162	103	856	496	360
30—34岁	**2232**	**1245**	**987**	**2099**	**1164**	**935**	**5453**	**2925**	**2528**
30	413	256	157	358	208	150	1071	549	522
31	445	227	218	431	232	199	1094	591	503
32	440	256	184	387	217	170	1080	580	500
33	471	241	230	486	262	224	1156	642	514
34	463	265	198	437	245	192	1052	563	489
35—39岁	**2696**	**1489**	**1207**	**2547**	**1393**	**1154**	**5628**	**3015**	**2613**
35	409	232	177	433	225	208	999	517	482
36	517	292	225	435	237	198	996	534	462
37	501	273	228	471	254	217	1069	592	477
38	614	343	271	623	353	270	1278	713	565
39	655	349	306	585	324	261	1286	659	627
40—44岁	**4004**	**2086**	**1918**	**3652**	**1919**	**1733**	**7481**	**4010**	**3471**
40	622	316	306	616	336	280	1230	645	585
41	748	396	352	664	347	317	1396	748	648
42	821	429	392	702	360	342	1566	807	759
43	827	442	385	755	407	348	1507	842	665
44	986	503	483	915	469	446	1782	968	814
45—49岁	**5749**	**2973**	**2776**	**5521**	**2896**	**2625**	**10439**	**5652**	**4787**
45	1101	602	499	1012	509	503	1921	1060	861
46	1141	579	562	1103	596	507	2306	1278	1028
47	1175	593	582	1090	573	517	2003	1062	941
48	1116	565	551	1156	610	546	2026	1085	941
49	1216	634	582	1160	608	552	2183	1167	1016
50岁及以上	**30629**	**15992**	**14637**	**25661**	**13596**	**12065**	**47746**	**26552**	**21194**

3-2c　续表 2　　　　　　　　　　　　　　　　　　　　　　　　　　单位：人

年　龄	小　学								
	合　计			在　校			毕　业		
	合计	男	女	小计	男	女	小计	男	女
总　计	**692243**	**358039**	**334204**	**196647**	**105039**	**91608**	**368293**	**190830**	**177463**
3									
4									
5-9岁	**114382**	**61114**	**53268**	**112786**	**60228**	**52558**	**1046**	**592**	**454**
5	2155	1187	968	2097	1156	941	26	15	11
6	17778	9500	8278	17527	9363	8164	152	77	75
7	29485	15784	13701	29088	15557	13531	270	157	113
8	33148	17709	15439	32683	17446	15237	310	185	125
9	31816	16934	14882	31391	16706	14685	288	158	130
10-14岁	**85007**	**45458**	**39549**	**83577**	**44670**	**38907**	**980**	**538**	**442**
10	30985	16536	14449	30565	16300	14265	283	158	125
11	30849	16425	14424	30398	16186	14212	319	175	144
12	17442	9499	7943	17138	9323	7815	206	118	88
13	4408	2358	2050	4254	2274	1980	107	56	51
14	1323	640	683	1222	587	635	65	31	34
15-19岁	**1412**	**697**	**715**	**201**	**101**	**100**	**940**	**457**	**483**
15	190	94	96	115	54	61	44	22	22
16	192	97	95	51	25	26	96	43	53
17	224	100	124	19	13	6	163	67	96
18	310	158	152	7	3	4	241	121	120
19	496	248	248	9	6	3	396	204	192
20-24岁	**4801**	**2235**	**2566**	**15**	**7**	**8**	**3911**	**1804**	**2107**
20	664	301	363	12	5	7	523	232	291
21	775	358	417	2	1	1	645	294	351
22	1030	495	535	1	1		833	397	436
23	1155	538	617				936	437	499
24	1177	543	634				974	444	530
25-29岁	**8393**	**3749**	**4644**	**5**	**2**	**3**	**6854**	**3035**	**3819**
25	1433	639	794				1168	505	663
26	1481	652	829				1198	521	677
27	1689	780	909	2		2	1385	639	746
28	1870	808	1062	2	2		1516	657	859
29	1920	870	1050	1		1	1587	713	874
30-34岁	**16829**	**7226**	**9603**	**2**	**1**	**1**	**13455**	**5759**	**7696**
30	2630	1124	1506	1	1		2123	900	1223
31	3013	1279	1734	1		1	2401	1021	1380
32	3304	1381	1923				2666	1108	1558
33	4003	1724	2279				3184	1367	1817
34	3879	1718	2161				3081	1363	1718
35-39岁	**26161**	**11992**	**14169**	**6**	**1**	**5**	**20643**	**9481**	**11162**
35	4037	1783	2254				3217	1427	1790
36	4421	2011	2410	1		1	3514	1615	1899
37	4827	2225	2602	2		2	3808	1749	2059
38	6338	2980	3358	1	1		5011	2359	2652
39	6538	2993	3545	2		2	5093	2331	2762
40-44岁	**44403**	**20726**	**23677**	**7**	**2**	**5**	**34491**	**16209**	**18282**
40	6898	3139	3759	1	1		5415	2486	2929
41	7927	3701	4226	3	1	2	6136	2887	3249
42	8767	4030	4737	2		2	6748	3148	3600
43	9333	4470	4863	1		1	7244	3476	3768
44	11478	5386	6092				8948	4212	4736
45-49岁	**68353**	**32652**	**35701**	**10**	**7**	**3**	**52369**	**25132**	**27237**
45	12487	5864	6623	3	3		9686	4560	5126
46	14008	6759	7249	2	2		10695	5157	5538
47	13689	6485	7204	3	1	2	10518	5012	5506
48	13463	6349	7114	1		1	10260	4865	5395
49	14706	7195	7511	1	1		11210	5538	5672
50岁及以上	**322502**	**172190**	**150312**	**38**	**20**	**18**	**233604**	**127823**	**105781**

3–2c 续表 3

单位：人

年 龄	小 学								
	肄 业			辍 学			其 他		
	小计	男	女	小计	男	女	小计	男	女
总 计	**36958**	**17572**	**19386**	**32266**	**15809**	**16457**	**58079**	**28789**	**29290**
3									
4									
5–9岁	**72**	**37**	**35**	**11**	**8**	**3**	**467**	**249**	**218**
5	1	1					31	15	16
6	10	5	5	4	3	1	85	52	33
7	20	11	9				107	59	48
8	27	13	14	2		2	126	65	61
9	14	7	7	5	5		118	58	60
10–14岁	**70**	**43**	**27**	**24**	**11**	**13**	**356**	**196**	**160**
10	23	15	8	2	2		112	61	51
11	22	12	10	5	2	3	105	50	55
12	17	11	6	6	2	4	75	45	30
13	6	4	2	3	1	2	38	23	15
14	2	1	1	8	4	4	26	17	9
15–19岁	**55**	**30**	**25**	**50**	**28**	**22**	**166**	**81**	**85**
15	7	5	2	4	4		20	9	11
16	7	6	1	9	5	4	29	18	11
17	7	3	4	6	2	4	29	15	14
18	12	11	1	8	3	5	42	20	22
19	22	5	17	23	14	9	46	19	27
20–24岁	**209**	**96**	**113**	**185**	**104**	**81**	**481**	**224**	**257**
20	21	9	12	29	17	12	79	38	41
21	37	19	18	20	9	11	71	35	36
22	46	23	23	48	24	24	102	50	52
23	57	24	33	48	30	18	114	47	67
24	48	21	27	40	24	16	115	54	61
25–29岁	**390**	**180**	**210**	**338**	**165**	**173**	**806**	**367**	**439**
25	71	41	30	55	33	22	139	60	79
26	68	32	36	67	32	35	148	67	81
27	69	30	39	59	27	32	174	84	90
28	92	39	53	83	37	46	177	73	104
29	90	38	52	74	36	38	168	83	85
30–34岁	**890**	**409**	**481**	**858**	**380**	**478**	**1624**	**677**	**947**
30	130	68	62	116	51	65	260	104	156
31	157	66	91	165	71	94	289	121	168
32	168	75	93	151	69	82	319	129	190
33	211	88	123	228	99	129	380	170	210
34	224	112	112	198	90	108	376	153	223
35–39岁	**1555**	**724**	**831**	**1461**	**697**	**764**	**2496**	**1089**	**1407**
35	207	95	112	229	94	135	384	167	217
36	282	135	147	239	110	129	385	151	234
37	296	143	153	257	125	132	464	208	256
38	367	170	197	370	184	186	589	266	323
39	403	181	222	366	184	182	674	297	377
40–44岁	**2799**	**1256**	**1543**	**2619**	**1230**	**1389**	**4487**	**2029**	**2458**
40	403	168	235	404	189	215	675	295	380
41	516	238	278	457	212	245	815	363	452
42	577	258	319	502	219	283	938	405	533
43	592	280	312	566	286	280	930	428	502
44	711	312	399	690	324	366	1129	538	591
45–49岁	**4453**	**2051**	**2402**	**4348**	**2094**	**2254**	**7173**	**3368**	**3805**
45	798	377	421	763	348	415	1237	576	661
46	878	396	482	868	435	433	1565	769	796
47	924	427	497	871	417	454	1373	628	745
48	860	374	486	925	449	476	1417	661	756
49	993	477	516	921	445	476	1581	734	847
50岁及以上	**26465**	**12746**	**13719**	**22372**	**11092**	**11280**	**40023**	**20509**	**19514**

3-2c 续表 4 单位：人

年 龄	初中								
	合计			在校			毕业		
	合计	男	女	小计	男	女	小计	男	女
总 计	**498358**	**310272**	**188086**	**89449**	**47908**	**41541**	**363598**	**232204**	**131394**
3									
4									
5-9岁	**550**	**312**	**238**	**508**	**288**	**220**	**37**	**21**	**16**
5									
6	80	44	36	70	38	32	10	6	4
7	107	67	40	94	57	37	11	8	3
8	174	91	83	164	87	77	9	4	5
9	189	110	79	180	106	74	7	3	4
10-14岁	**61679**	**32999**	**28680**	**60275**	**32202**	**28073**	**1088**	**626**	**462**
10	407	229	178	387	216	171	13	7	6
11	1268	652	616	1219	629	590	40	19	21
12	11854	6214	5640	11647	6102	5545	163	97	66
13	23140	12478	10662	22727	12235	10492	320	194	126
14	25010	13426	11584	24295	13020	11275	552	309	243
15-19岁	**46572**	**26250**	**20322**	**28492**	**15318**	**13174**	**16465**	**9974**	**6491**
15	18190	9965	8225	16929	9155	7774	1102	709	393
16	10171	5735	4436	7315	3976	3339	2615	1624	991
17	6303	3608	2695	2541	1306	1235	3460	2117	1343
18	5664	3316	2348	1054	554	500	4211	2514	1697
19	6244	3626	2618	653	327	326	5077	3010	2067
20-24岁	**43785**	**24621**	**19164**	**116**	**61**	**55**	**39574**	**22204**	**17370**
20	7025	4050	2975	56	32	24	6318	3654	2664
21	7701	4389	3312	28	14	14	6963	3951	3012
22	9651	5453	4198	16	9	7	8751	4942	3809
23	9524	5296	4228	9	4	5	8596	4752	3844
24	9884	5433	4451	7	2	5	8946	4905	4041
25-29岁	**51927**	**28661**	**23266**	**14**	**8**	**6**	**47256**	**25978**	**21278**
25	10489	5727	4762	5	3	2	9539	5199	4340
26	10011	5542	4469	3	1	2	9114	5043	4071
27	10668	5760	4908	3	3		9684	5180	4504
28	10644	5862	4782	2	1	1	9711	5337	4374
29	10115	5770	4345	1		1	9208	5219	3989
30-34岁	**57774**	**32738**	**25036**	**10**	**7**	**3**	**52225**	**29430**	**22795**
30	12180	6847	5333	3	3		11052	6187	4865
31	12051	6768	5283	3	2	1	10889	6101	4788
32	11512	6450	5062				10409	5774	4635
33	12015	6928	5087	2		2	10875	6244	4631
34	10016	5745	4271	2	2		9000	5124	3876
35-39岁	**45685**	**27473**	**18212**	**8**	**3**	**5**	**40834**	**24469**	**16365**
35	9035	5251	3784	1		1	8128	4716	3412
36	9175	5440	3735				8245	4856	3389
37	8340	5012	3328	4	2	2	7427	4447	2980
38	10009	6193	3816				8913	5482	3431
39	9126	5577	3549	3	1	2	8121	4968	3153
40-44岁	**44270**	**28616**	**15654**	**8**	**7**	**1**	**39385**	**25380**	**14005**
40	8458	5314	3144	2	2		7533	4717	2816
41	8736	5680	3056				7787	5057	2730
42	8609	5550	3059	1	1		7616	4893	2723
43	8561	5619	2942	5	4	1	7630	4979	2651
44	9906	6453	3453				8819	5734	3085
45-49岁	**47887**	**32827**	**15060**	**4**	**3**	**1**	**42499**	**29099**	**13400**
45	10215	6893	3322				9055	6079	2976
46	10779	7277	3502				9613	6480	3133
47	9371	6460	2911	1		1	8354	5779	2575
48	8988	6220	2768	3	3		7939	5482	2457
49	8534	5977	2557				7538	5279	2259
50岁及以上	**98229**	**75775**	**22454**	**14**	**11**	**3**	**84235**	**65023**	**19212**

3–2c 续表 5 单位：人

年 龄	初中								
	肄业			辍学			其他		
	小计	男	女	小计	男	女	小计	男	女
总 计	**10706**	**7415**	**3291**	**9391**	**6397**	**2994**	**25214**	**16348**	**8866**
3									
4									
5–9岁	**1**		**1**				**4**	**3**	**1**
5									
6									
7							2	2	
8	1		1						
9							2	1	1
10–14岁	**59**	**38**	**21**	**46**	**31**	**15**	**211**	**102**	**109**
10	1	1					6	5	1
11							9	4	5
12	7	3	4	3	1	2	34	11	23
13	19	10	9	14	10	4	60	29	31
14	32	24	8	29	20	9	102	53	49
15–19岁	**340**	**216**	**124**	**342**	**216**	**126**	**933**	**526**	**407**
15	43	30	13	29	15	14	87	56	31
16	45	26	19	60	39	21	136	70	66
17	71	46	25	58	34	24	173	105	68
18	77	50	27	96	61	35	226	137	89
19	104	64	40	99	67	32	311	158	153
20–24岁	**837**	**494**	**343**	**753**	**473**	**280**	**2505**	**1389**	**1116**
20	147	79	68	109	67	42	395	218	177
21	144	93	51	151	90	61	415	241	174
22	175	102	73	158	98	60	551	302	249
23	187	118	69	167	112	55	565	310	255
24	184	102	82	168	106	62	579	318	261
25–29岁	**946**	**572**	**374**	**871**	**542**	**329**	**2840**	**1561**	**1279**
25	190	120	70	179	107	72	576	298	278
26	192	117	75	174	101	73	528	280	248
27	200	120	80	184	122	62	597	335	262
28	182	105	77	168	105	63	581	314	267
29	182	110	72	166	107	59	558	334	224
30–34岁	**1191**	**730**	**461**	**1103**	**687**	**416**	**3245**	**1884**	**1361**
30	243	158	85	211	139	72	671	360	311
31	253	141	112	229	131	98	677	393	284
32	247	164	83	217	135	82	639	377	262
33	237	136	101	235	149	86	666	399	267
34	211	131	80	211	133	78	592	355	237
35–39岁	**1035**	**678**	**357**	**1017**	**645**	**372**	**2791**	**1678**	**1113**
35	175	116	59	190	122	68	541	297	244
36	208	135	73	181	117	64	541	332	209
37	187	116	71	197	116	81	525	331	194
38	229	156	73	241	159	82	626	396	230
39	236	155	81	208	131	77	558	322	236
40–44岁	**1136**	**776**	**360**	**993**	**664**	**329**	**2748**	**1789**	**959**
40	205	136	69	202	141	61	516	318	198
41	223	152	71	199	131	68	527	340	187
42	230	161	69	193	138	55	569	357	212
43	215	146	69	180	114	66	531	376	155
44	263	181	82	219	140	79	605	398	207
45–49岁	**1235**	**872**	**363**	**1121**	**764**	**357**	**3028**	**2089**	**939**
45	286	213	73	240	155	85	634	446	188
46	250	173	77	228	157	71	688	467	221
47	234	150	84	203	141	62	579	390	189
48	251	187	64	227	158	69	568	390	178
49	214	149	65	223	153	70	559	396	163
50岁及以上	**3926**	**3039**	**887**	**3145**	**2375**	**770**	**6909**	**5327**	**1582**

3-2c　续表 6　　　　单位：人

年　龄	高中								
	合　计			在　校			毕　业		
	合计	男	女	小计	男	女	小计	男	女
总　计	**98992**	**58160**	**40832**	**48755**	**24125**	**24630**	**45656**	**30892**	**14764**
3									
4									
5-9岁									
5									
6									
7									
8									
9									
10-14岁	**894**	**428**	**466**	**873**	**414**	**459**	**13**	**7**	**6**
10	1	1		1	1				
11									
12	7	5	2	7	5	2			
13	148	87	61	144	84	60	3	2	1
14	738	335	403	721	324	397	10	5	5
15-19岁	**48132**	**24179**	**23953**	**44627**	**22095**	**22532**	**2912**	**1756**	**1156**
15	5598	2793	2805	5551	2759	2792	32	24	8
16	12339	6170	6169	12131	6040	6091	145	93	52
17	13385	6740	6645	12865	6412	6453	377	248	129
18	10418	5153	5265	9317	4491	4826	911	559	352
19	6392	3323	3069	4763	2393	2370	1447	832	615
20-24岁	**13263**	**7319**	**5944**	**3243**	**1608**	**1635**	**9056**	**5149**	**3907**
20	3810	2045	1765	1973	971	1002	1641	958	683
21	2620	1476	1144	720	350	370	1717	1017	700
22	2598	1423	1175	340	172	168	2042	1127	915
23	2274	1267	1007	140	76	64	1944	1078	866
24	1961	1108	853	70	39	31	1712	969	743
25-29岁	**8429**	**4822**	**3607**	**9**	**5**	**4**	**7716**	**4383**	**3333**
25	1929	1069	860	5	3	2	1767	969	798
26	1626	907	719	1		1	1484	829	655
27	1661	935	726	3	2	1	1522	849	673
28	1694	1015	679				1556	929	627
29	1519	896	623				1387	807	580
30-34岁	**7350**	**4605**	**2745**	**1**	**1**		**6800**	**4240**	**2560**
30	1732	1043	689	1	1		1604	957	647
31	1581	995	586				1444	904	540
32	1489	930	559				1390	868	522
33	1414	876	538				1322	818	504
34	1134	761	373				1040	693	347
35-39岁	**3838**	**2663**	**1175**	**1**	**1**		**3494**	**2407**	**1087**
35	983	670	313				900	611	289
36	821	544	277	1	1		750	492	258
37	697	487	210				623	436	187
38	741	528	213				681	477	204
39	596	434	162				540	391	149
40-44岁	**2908**	**2109**	**799**	**1**	**1**		**2685**	**1945**	**740**
40	579	423	156				536	390	146
41	595	406	189				556	379	177
42	589	416	173	1	1		533	377	156
43	528	401	127				478	361	117
44	617	463	154				582	438	144
45-49岁	**3007**	**2379**	**628**				**2761**	**2190**	**571**
45	650	493	157				599	457	142
46	631	484	147				584	450	134
47	589	467	122				527	414	113
48	583	475	108				554	453	101
49	554	460	94				497	416	81
50岁及以上	**11171**	**9656**	**1515**				**10219**	**8815**	**1404**

3-2c 续表 7 单位：人

年 龄	高中								
	肄业			辍学			其他		
	小计	男	女	小计	男	女	小计	男	女
总 计	**1136**	**816**	**320**	**952**	**626**	**326**	**2493**	**1701**	**792**
3									
4									
5-9岁									
5									
6									
7									
8									
9									
10-14岁	**2**	**2**		**1**	**1**		**5**	**4**	**1**
10									
11									
12									
13							1	1	
14	2	2		1	1		4	3	1
15-19岁	**200**	**118**	**82**	**144**	**81**	**63**	**249**	**129**	**120**
15	7	5	2	1	1		7	4	3
16	16	10	6	18	13	5	29	14	15
17	54	32	22	37	19	18	52	29	23
18	62	39	23	43	22	21	85	42	43
19	61	32	29	45	26	19	76	40	36
20-24岁	**244**	**151**	**93**	**234**	**139**	**95**	**486**	**272**	**214**
20	57	40	17	45	25	20	94	51	43
21	61	39	22	44	23	21	78	47	31
22	49	28	21	61	44	17	106	52	54
23	41	23	18	43	25	18	106	65	41
24	36	21	15	41	22	19	102	57	45
25-29岁	**154**	**110**	**44**	**161**	**90**	**71**	**389**	**234**	**155**
25	30	20	10	40	19	21	87	58	29
26	23	15	8	34	18	16	84	45	39
27	29	21	8	33	16	17	74	47	27
28	35	28	7	31	20	11	72	38	34
29	37	26	11	23	17	6	72	46	26
30-34岁	**124**	**85**	**39**	**125**	**87**	**38**	**300**	**192**	**108**
30	32	23	9	29	17	12	66	45	21
31	31	18	13	35	28	7	71	45	26
32	19	12	7	15	10	5	65	40	25
33	20	16	4	20	11	9	52	31	21
34	22	16	6	26	21	5	46	31	15
35-39岁	**82**	**68**	**14**	**61**	**45**	**16**	**200**	**142**	**58**
35	23	18	5	14	9	5	46	32	14
36	20	17	3	12	9	3	38	25	13
37	13	10	3	13	9	4	48	32	16
38	13	13		12	10	2	35	28	7
39	13	10	3	10	8	2	33	25	8
40-44岁	**58**	**46**	**12**	**37**	**23**	**14**	**127**	**94**	**33**
40	12	11	1	8	5	3	23	17	6
41	7	4	3	8	4	4	24	19	5
42	14	10	4	7	3	4	34	25	9
43	16	13	3	8	6	2	26	21	5
44	9	8	1	6	5	1	20	12	8
45-49岁	**51**	**42**	**9**	**50**	**36**	**14**	**145**	**111**	**34**
45	14	10	4	9	6	3	28	20	8
46	11	9	2	6	3	3	30	22	8
47	14	13	1	15	14	1	33	26	7
48	4	3	1	4	3	1	21	16	5
49	8	7	1	16	10	6	33	27	6
50岁及以上	**221**	**194**	**27**	**139**	**124**	**15**	**592**	**523**	**69**

3-2c　续表 8　　单位：人

年　龄	大学专科								
	合　　计			在　　校			毕　　业		
	合计	男	女	小计	男	女	小计	男	女
总　计	**41501**	**23094**	**18407**	**14051**	**6409**	**7642**	**26112**	**15805**	**10307**
3									
4									
5-9岁									
5									
6									
7									
8									
9									
10-14岁	**2**	**2**		**2**	**2**				
10									
11									
12	1	1		1	1				
13									
14	1	1		1	1				
15-19岁	**5814**	**2716**	**3098**	**5373**	**2472**	**2901**	**375**	**207**	**168**
15	140	76	64	140	76	64			
16	330	186	144	319	177	142	10	8	2
17	607	315	292	562	286	276	35	22	13
18	1502	690	812	1387	626	761	97	56	41
19	3235	1449	1786	2965	1307	1658	233	121	112
20-24岁	**15590**	**7059**	**8531**	**8369**	**3763**	**4606**	**6881**	**3123**	**3758**
20	3852	1727	2125	3347	1479	1868	464	226	238
21	3624	1625	1999	2597	1154	1443	957	437	520
22	3329	1526	1803	1526	708	818	1716	772	944
23	2592	1185	1407	628	290	338	1894	860	1034
24	2193	996	1197	271	132	139	1850	828	1022
25-29岁	**6570**	**3425**	**3145**	**240**	**122**	**118**	**6106**	**3181**	**2925**
25	1793	831	962	126	58	68	1601	737	864
26	1471	750	721	52	23	29	1370	696	674
27	1275	669	606	29	20	9	1206	626	580
28	1092	618	474	25	18	7	1031	587	444
29	939	557	382	8	3	5	898	535	363
30-34岁	**4260**	**2593**	**1667**	**27**	**20**	**7**	**4034**	**2449**	**1585**
30	982	570	412	12	10	2	922	529	393
31	884	519	365	3	1	2	847	502	345
32	877	545	332	5	3	2	829	516	313
33	844	516	328	3	3		804	488	316
34	673	443	230	4	3	1	632	414	218
35-39岁	**2438**	**1737**	**701**	**16**	**11**	**5**	**2309**	**1644**	**665**
35	542	375	167	3	2	1	520	359	161
36	560	403	157	6	5	1	526	377	149
37	478	349	129	3	1	2	449	333	116
38	491	351	140	1	1		468	331	137
39	367	259	108	3	2	1	346	244	102
40-44岁	**1822**	**1384**	**438**	**13**	**10**	**3**	**1705**	**1291**	**414**
40	358	277	81	6	5	1	335	257	78
41	388	291	97	1		1	362	270	92
42	378	285	93	2	1	1	357	269	88
43	336	264	72				321	251	70
44	362	267	95	4	4		330	244	86
45-49岁	**1619**	**1274**	**345**	**4**	**4**		**1533**	**1194**	**339**
45	352	270	82				334	256	78
46	357	283	74	2	2		336	263	73
47	315	253	62	1	1		296	234	62
48	300	230	70				282	213	69
49	295	238	57	1	1		285	228	57
50岁及以上	**3386**	**2904**	**482**	**7**	**5**	**2**	**3169**	**2716**	**453**

3-2c 续表 9

单位：人

年龄	大学专科								
	肄业			辍学			其他		
	小计	男	女	小计	男	女	小计	男	女
总计	**175**	**124**	**51**	**70**	**43**	**27**	**1093**	**713**	**380**
3									
4									
5-9岁									
5									
6									
7									
8									
9									
10-14岁									
10									
11									
12									
13									
14									
15-19岁	**16**	**10**	**6**	**7**	**2**	**5**	**43**	**25**	**18**
15									
16							1	1	
17	4	2	2	1	1		5	4	1
18	3	2	1	3		3	12	6	6
19	9	6	3	3	1	2	25	14	11
20-24岁	**63**	**39**	**24**	**31**	**18**	**13**	**246**	**116**	**130**
20	9	6	3	5	2	3	27	14	13
21	22	12	10	5	3	2	43	19	24
22	15	12	3	12	7	5	60	27	33
23	8	3	5	4	2	2	58	30	28
24	9	6	3	5	4	1	58	26	32
25-29岁	**35**	**27**	**8**	**10**	**7**	**3**	**179**	**88**	**91**
25	12	11	1	4	3	1	50	22	28
26	9	6	3	4	3	1	36	22	14
27	8	6	2				32	17	15
28	3	2	1	1		1	32	11	21
29	3	2	1	1	1		29	16	13
30-34岁	**17**	**15**	**2**	**10**	**7**	**3**	**172**	**102**	**70**
30	6	6		2	1	1	40	24	16
31	2	1	1	1	1		31	14	17
32	2	2		4	3	1	37	21	16
33	2	1	1	2	2		33	22	11
34	5	5		1		1	31	21	10
35-39岁	**14**	**10**	**4**	**4**	**2**	**2**	**95**	**70**	**25**
35	2	1	1				17	13	4
36	3	2	1	2		2	23	19	4
37	3	2	1	1	1		22	12	10
38	4	3	1				18	16	2
39	2	2		1	1		15	10	5
40-44岁	**10**	**7**	**3**	**2**	**1**	**1**	**92**	**75**	**17**
40	2	1	1	2	1	1	13	13	
41	1	1					24	20	4
42							19	15	4
43	4	3	1				11	10	1
44	3	2	1				25	17	8
45-49岁	**6**	**6**		**2**	**2**		**74**	**68**	**6**
45	1	1					17	13	4
46				1	1		18	17	1
47	3	3		1	1		14	14	
48	1	1					17	16	1
49	1	1					8	8	
50岁及以上	**14**	**10**	**4**	**4**	**4**		**192**	**169**	**23**

3-2c　续表 10　　　单位：人

年龄	大学本科								
	合计			在校			毕业		
	合计	男	女	小计	男	女	小计	男	女
总计	**27707**	**14808**	**12899**	**10649**	**4860**	**5789**	**16464**	**9575**	**6889**
3									
4									
5—9岁									
5									
6									
7									
8									
9									
10—14岁									
10									
11									
12									
13									
14									
15—19岁	**3399**	**1500**	**1899**	**3343**	**1470**	**1873**	**50**	**26**	**24**
15	8	2	6	8	2	6			
16	45	16	29	45	16	29			
17	185	80	105	181	79	102	4	1	3
18	1024	428	596	1008	421	587	15	6	9
19	2137	974	1163	2101	952	1149	31	19	12
20—24岁	**10973**	**5036**	**5937**	**6974**	**3212**	**3762**	**3858**	**1750**	**2108**
20	2180	1007	1173	2120	974	1146	54	28	26
21	2210	1039	1171	1976	920	1056	211	104	107
22	2498	1105	1393	1647	723	924	818	366	452
23	2188	1026	1162	866	414	452	1286	590	696
24	1897	859	1038	365	181	184	1489	662	827
25—29岁	**6353**	**3289**	**3064**	**304**	**158**	**146**	**5868**	**3033**	**2835**
25	1705	846	859	180	94	86	1489	735	754
26	1332	645	687	62	30	32	1236	599	637
27	1281	676	605	32	18	14	1207	638	569
28	1134	596	538	18	7	11	1082	565	517
29	901	526	375	12	9	3	854	496	358
30—34岁	**3386**	**2159**	**1227**	**18**	**14**	**4**	**3245**	**2067**	**1178**
30	883	517	366	6	5	1	842	495	347
31	752	473	279	9	6	3	714	447	267
32	658	415	243	2	2		632	397	235
33	607	409	198	1	1		580	388	192
34	486	345	141				477	340	137
35—39岁	**1544**	**1155**	**389**	**2**	**1**	**1**	**1482**	**1105**	**377**
35	358	250	108				345	240	105
36	371	277	94	1		1	356	266	90
37	313	237	76				298	223	75
38	285	226	59				274	218	56
39	217	165	52	1	1		209	158	51
40—44岁	**880**	**682**	**198**	**1**		**1**	**850**	**657**	**193**
40	212	166	46				209	164	45
41	183	129	54	1		1	175	122	53
42	168	131	37				162	126	36
43	165	132	33				155	124	31
44	152	124	28				149	121	28
45—49岁	**510**	**410**	**100**	**2**		**2**	**485**	**392**	**93**
45	135	112	23	2		2	126	106	20
46	109	85	24				102	81	21
47	122	97	25				118	93	25
48	82	66	16				79	64	15
49	62	50	12				60	48	12
50岁及以上	**662**	**577**	**85**	**5**	**5**		**626**	**545**	**81**

3-2c 续表 11

单位：人

年龄	大学本科								
	肄业			辍学			其他		
	小计	男	女	小计	男	女	小计	男	女
总计	**64**	**40**	**24**	**24**	**20**	**4**	**506**	**313**	**193**
3									
4									
5-9岁									
5									
6									
7									
8									
9									
10-14岁									
10									
11									
12									
13									
14									
15-19岁				**1**		**1**	**5**	**4**	**1**
15									
16									
17									
18							1	1	
19				1		1	4	3	1
20-24岁	**18**	**5**	**13**	**10**	**8**	**2**	**113**	**61**	**52**
20							6	5	1
21	1	1		3	3		19	11	8
22	8	1	7	3	2	1	22	13	9
23	4	2	2	3	3		29	17	12
24	5	1	4	1		1	37	15	22
25-29岁	**18**	**14**	**4**	**4**	**3**	**1**	**159**	**81**	**78**
25	2	2					34	15	19
26	4	3	1	1		1	29	13	16
27	3	2	1	1	1		38	17	21
28	4	4		1	1		29	19	10
29	5	3	2	1	1		29	17	12
30-34岁	**10**	**6**	**4**	**3**	**3**		**110**	**69**	**41**
30	2	1	1				33	16	17
31	2	1	1	1	1		26	18	8
32	4	3	1				20	13	7
33	1		1	1	1		24	19	5
34	1	1		1	1		7	3	4
35-39岁	**10**	**9**	**1**	**4**	**4**		**46**	**36**	**10**
35	2	2					11	8	3
36	4	3	1	1	1		9	7	2
37	2	2		3	3		10	9	1
38	1	1					10	7	3
39	1	1					6	5	1
40-44岁	**1**	**1**		**1**	**1**		**27**	**23**	**4**
40							3	2	1
41	1	1					6	6	
42							6	5	1
43				1	1		9	7	2
44							3	3	
45-49岁	**4**	**2**	**2**				**19**	**16**	**3**
45	2	1	1				5	5	
46	2	1	1				5	3	2
47							4	4	
48							3	2	1
49							2	2	
50岁及以上	**3**	**3**		**1**	**1**		**27**	**23**	**4**

3-2c 续表 12

单位：人

年 龄	硕士研究生								
	合 计			在 校			毕 业		
	合计	男	女	小计	男	女	小计	男	女
总 计	**537**	**244**	**293**	**233**	**92**	**141**	**294**	**149**	**145**
3									
4									
5-9岁									
5									
6									
7									
8									
9									
10-14岁									
10									
11									
12									
13									
14									
15-19岁									
15									
16									
17									
18									
19									
20-24岁	**143**	**51**	**92**	**124**	**46**	**78**	**16**	**5**	**11**
20	4	2	2	3	2	1	1		1
21	5	1	4	5	1	4			
22	22	7	15	18	5	13	4	2	2
23	53	18	35	49	17	32	4	1	3
24	59	23	36	49	21	28	7	2	5
25-29岁	**237**	**98**	**139**	**104**	**44**	**60**	**130**	**53**	**77**
25	79	34	45	51	24	27	26	9	17
26	62	26	36	32	13	19	29	13	16
27	43	15	28	13	4	9	30	11	19
28	27	10	17	5	1	4	22	9	13
29	26	13	13	3	2	1	23	11	12
30-34岁	**90**	**49**	**41**	**5**	**2**	**3**	**83**	**46**	**37**
30	26	11	15	1		1	24	11	13
31	15	9	6	2	2		13	7	6
32	15	5	10	2		2	13	5	8
33	21	15	6				20	14	6
34	13	9	4				13	9	4
35-39岁	**36**	**24**	**12**				**36**	**24**	**12**
35	9	7	2				9	7	2
36	7	4	3				7	4	3
37	9	6	3				9	6	3
38	6	4	2				6	4	2
39	5	3	2				5	3	2
40-44岁	**13**	**10**	**3**				**13**	**10**	**3**
40	3	3					3	3	
41	2	1	1				2	1	1
42	1	1					1	1	
43	4	3	1				4	3	1
44	3	2	1				3	2	1
45-49岁	**2**	**2**					**2**	**2**	
45									
46	2	2					2	2	
47									
48									
49									
50岁及以上	**16**	**10**	**6**				**14**	**9**	**5**

3－2c 续表 13

单位：人

年 龄	硕士研究生								
	肄 业			辍 学			其 他		
	小计	男	女	小计	男	女	小计	男	女
总 计							**10**	**3**	**7**
3									
4									
5－9岁									
5									
6									
7									
8									
9									
10－14岁									
10									
11									
12									
13									
14									
15－19岁									
15									
16									
17									
18									
19									
20－24岁							**3**		**3**
20									
21									
22									
23									
24							3		3
25－29岁							**3**	**1**	**2**
25							2	1	1
26							1		1
27									
28									
29									
30－34岁							**2**	**1**	**1**
30							1		1
31									
32									
33							1	1	
34									
35－39岁									
35									
36									
37									
38									
39									
40－44岁									
40									
41									
42									
43									
44									
45－49岁									
45									
46									
47									
48									
49									
50岁及以上							**2**	**1**	**1**

3-2c　续表 14　　　　　　　　　　　　　　　　　　　　　　单位：人

年　龄	博士研究生								
	合　计			在　校			毕　业		
	合计	男	女	小计	男	女	小计	男	女
总　计	**47**	**34**	**13**	**19**	**15**	**4**	**27**	**19**	**8**
3									
4									
5-9岁									
5									
6									
7									
8									
9									
10-14岁									
10									
11									
12									
13									
14									
15-19岁	**1**		**1**				**1**		**1**
15									
16									
17									
18									
19	1		1				1		1
20-24岁	**2**	**2**		**2**	**2**				
20									
21									
22									
23	2	2		2	2				
24									
25-29岁	**17**	**11**	**6**	**13**	**10**	**3**	**4**	**1**	**3**
25	4	4		4	4				
26	3	2	1	2	2		1		1
27	3		3	1		1	2		2
28	5	3	2	4	2	2	1	1	
29	2	2		2	2				
30-34岁	**10**	**8**	**2**	**2**	**2**		**8**	**6**	**2**
30	4	3	1	1	1		3	2	1
31	1	1		1	1				
32	2	1	1				2	1	1
33	2	2					2	2	
34	1	1					1	1	
35-39岁	**9**	**7**	**2**	**1**	**1**		**8**	**6**	**2**
35	1	1					1	1	
36	2	1	1	1	1		1		1
37	1	1					1	1	
38	2	2					2	2	
39	3	2	1				3	2	1
40-44岁	**5**	**4**	**1**	**1**		**1**	**4**	**4**	
40	1	1					1	1	
41									
42	2	1	1	1		1	1	1	
43	1	1					1	1	
44	1	1					1	1	
45-49岁									
45									
46									
47									
48									
49									
50岁及以上	**3**	**2**	**1**				**2**	**2**	

3–2c 续表 15 单位：人

年 龄	博士研究生								
	肄 业			辍 学			其 他		
	小计	男	女	小计	男	女	小计	男	女
总 计							**1**		**1**
3									
4									
5–9岁									
5									
6									
7									
8									
9									
10–14岁									
10									
11									
12									
13									
14									
15–19岁									
15									
16									
17									
18									
19									
20–24岁									
20									
21									
22									
23									
24									
25–29岁									
25									
26									
27									
28									
29									
30–34岁									
30									
31									
32									
33									
34									
35–39岁									
35									
36									
37									
38									
39									
40–44岁									
40									
41									
42									
43									
44									
45–49岁									
45									
46									
47									
48									
49									
50岁及以上							**1**		**1**

第二部分 长表数据资料

第四卷 就业

4-1　各地区分性别、年龄的就业人口

单位：人

地　　区 性　　别	合计	16-19岁	20-24岁	25-29岁	30-34岁	35-39岁	40-44岁
贵　州	**1480345**	**23559**	**102459**	**156041**	**193834**	**167694**	**183393**
贵阳市	**248613**	**3380**	**21062**	**33750**	**40422**	**32213**	**30778**
南明区	46460	621	4498	6881	7806	6161	5581
云岩区	45041	556	4167	7308	8388	6126	5457
花溪区	35245	622	3088	4843	5889	4480	4587
乌当区	14266	168	1020	1781	2382	1877	1858
白云区	18058	267	1664	2524	3093	2449	2290
观山湖区	28059	438	2801	4286	5172	4147	3446
开阳县	16317	107	943	1450	1763	1777	1754
息烽县	10927	98	498	990	1196	1155	1420
修文县	12953	262	842	1288	1728	1459	1569
清镇市	21287	241	1541	2399	3005	2582	2816
六盘水市	**120594**	**2128**	**9450**	**11772**	**16460**	**14329**	**16363**
钟山区	26414	384	1964	2939	4298	3496	3907
六枝特区	17808	340	1133	1477	2118	1968	2419
水城县	30658	929	2939	2970	3698	3285	4026
盘州市	45714	475	3414	4386	6346	5580	6011
遵义市	**258443**	**2653**	**15378**	**26995**	**31488**	**25534**	**31213**
红花岗区	36260	302	2517	4650	5599	4309	4692
汇川区	25450	254	1720	3109	3659	2903	3230
播州区	32763	268	1989	3417	4258	3363	3936
桐梓县	19571	282	1134	1883	2082	1808	2569
绥阳县	13658	134	715	1173	1428	1321	1443
正安县	16207	147	764	1256	1573	1480	1996
道真仡佬族苗族自治县	8145	41	358	629	788	728	1067
务川仡佬族苗族自治县	10288	105	528	964	1094	939	1230
凤冈县	12304	86	571	1064	1046	971	1467
湄潭县	15399	142	762	1270	1377	1240	1818
余庆县	10146	36	327	629	822	755	1093
习水县	20641	228	1231	2536	2770	1920	2349
赤水市	11105	88	497	961	1204	882	1200
仁怀市	26506	540	2265	3454	3788	2915	3123
安顺市	**95780**	**1849**	**6939**	**10403**	**11832**	**10597**	**12052**
西秀区	34325	482	2505	4053	4527	3843	4339
平坝区	13133	190	890	1434	1676	1437	1685
普定县	15595	356	1273	1560	1735	1604	1985
镇宁布依族苗族自治县	12717	324	925	1268	1508	1432	1542
关岭布依族苗族自治县	10566	252	671	1151	1272	1161	1251
紫云苗族布依族自治县	9444	245	675	937	1114	1120	1250
毕节市	**238788**	**6167**	**17704**	**22469**	**29607**	**25989**	**30158**
七星关区	37652	750	2642	3748	5353	4610	4765
大方县	27038	468	1601	2303	3302	3180	3488
黔西县	25898	435	1541	2179	3099	3052	3403
金沙县	20190	333	1063	1397	2474	2056	2680
织金县	28357	674	1932	2306	3270	3172	3787
纳雍县	23693	596	1688	2211	2883	2721	3196
威宁彝族回族苗族自治县	53126	2256	5407	6050	6465	4971	6235
赫章县	22834	655	1830	2275	2761	2227	2604

4-1 续表 1 单位：人

地区 性别	合计	16-19岁	20-24岁	25-29岁	30-34岁	35-39岁	40-44岁
铜仁市	**112481**	**1413**	**6788**	**11003**	**13129**	**12245**	**12285**
碧江区	12976	119	955	1646	2147	1816	1500
万山区	5579	109	469	649	713	530	552
江口县	6895	68	338	614	889	729	739
玉屏侗族自治县	5726	65	362	529	771	651	641
石阡县	12541	164	709	1155	1179	1202	1369
思南县	16157	157	784	1484	1517	1345	1602
印江土家族苗族自治县	9435	111	570	864	987	996	1024
德江县	13750	153	728	1202	1507	1460	1672
沿河土家族自治县	14303	228	834	1241	1527	1632	1603
松桃苗族自治县	15119	239	1039	1619	1892	1884	1583
黔西南布依族苗族自治州	**125573**	**2444**	**8929**	**13043**	**16675**	**15088**	**15331**
兴义市	42075	672	3235	5243	6527	5545	5119
兴仁市	18131	345	1139	1631	2286	2059	2209
普安县	10118	184	696	875	1159	1230	1177
晴隆县	8968	180	558	810	1098	1034	1085
贞丰县	13216	335	978	1292	1529	1393	1482
望谟县	9086	275	687	915	1073	1145	1216
册亨县	8072	136	578	808	1033	1001	1141
安龙县	15907	317	1058	1469	1970	1681	1902
黔东南苗族侗族自治州	**140229**	**1750**	**7770**	**12654**	**17332**	**16465**	**17500**
凯里市	28042	344	1889	3125	4243	3871	3677
黄平县	9289	125	485	666	805	857	872
施秉县	5714	72	254	413	548	617	546
三穗县	6208	77	309	506	784	759	734
镇远县	6875	78	312	501	749	741	906
岑巩县	6093	52	329	556	780	672	693
天柱县	9119	81	323	694	1137	1024	1089
锦屏县	5421	26	232	511	637	619	679
剑河县	6525	82	298	580	817	790	927
台江县	4369	57	267	343	451	516	737
黎平县	14352	116	729	1300	1709	1562	1808
榕江县	10262	194	634	898	1252	1276	1296
从江县	10399	206	740	1049	1341	1199	1314
雷山县	4822	59	316	447	647	558	628
麻江县	5974	60	267	482	630	607	754
丹寨县	6765	121	386	583	802	797	840
黔南布依族苗族自治州	**139844**	**1775**	**8439**	**13952**	**16889**	**15234**	**17713**
都匀市	22494	258	1384	2363	3045	2355	2614
福泉市	12755	100	714	1341	1566	1369	1716
荔波县	7186	57	400	716	900	897	998
贵定县	10573	138	626	1022	1092	1087	1292
瓮安县	14223	92	711	1394	1839	1637	1784
独山县	10924	136	582	1039	1247	1107	1174
平塘县	9622	120	532	805	881	824	1087
罗甸县	9776	172	565	852	1060	1039	1448
长顺县	6902	96	414	642	824	820	995
龙里县	9498	163	789	1239	1373	1073	1208
惠水县	14148	231	977	1407	1660	1580	1882
三都水族自治县	11743	212	745	1132	1402	1446	1515

4-1　续表 2　　　　　　　　　　　　　　　　　　　　　　　　单位：人

地　区 性　别	合计	16-19岁	20-24岁	25-29岁	30-34岁	35-39岁	40-44岁
男	**872038**	**15016**	**60454**	**90955**	**114049**	**99454**	**106707**
贵　州	**872038**	**15016**	**60454**	**90955**	**114049**	**99454**	**106707**
贵阳市	**147003**	**2132**	**11673**	**18958**	**23503**	**18774**	**17912**
南明区	26898	390	2367	3745	4374	3562	3175
云岩区	25902	330	2135	3929	4779	3493	3097
花溪区	21249	416	1827	2804	3480	2612	2718
乌当区	8296	95	572	991	1342	1084	1038
白云区	11097	178	962	1477	1899	1508	1375
观山湖区	16279	261	1542	2377	2925	2312	2005
开阳县	9820	70	580	849	1060	1096	1043
息烽县	6351	72	277	556	687	645	806
修文县	7935	169	491	797	1067	873	955
清镇市	13176	151	920	1433	1890	1589	1700
六盘水市	**72461**	**1348**	**5745**	**7081**	**10025**	**8767**	**9804**
钟山区	15522	255	1130	1627	2453	2007	2248
六枝特区	10582	199	682	878	1271	1174	1418
水城县	18603	592	1874	1868	2385	2095	2433
盘州市	27754	302	2059	2708	3916	3491	3705
遵义市	**150718**	**1677**	**9069**	**15761**	**18522**	**14927**	**17644**
红花岗区	21165	192	1415	2626	3244	2482	2638
汇川区	14674	160	974	1742	2055	1629	1755
播州区	19028	181	1152	2015	2518	1977	2227
桐梓县	11762	170	683	1205	1230	1084	1506
绥阳县	7824	80	436	681	850	757	806
正安县	9168	93	435	722	905	872	1123
道真仡佬族苗族自治县	4765	30	210	367	456	443	627
务川仡佬族苗族自治县	6002	71	324	565	660	580	691
凤冈县	6930	59	340	629	582	539	799
湄潭县	8585	93	442	730	774	672	975
余庆县	5586	25	195	349	460	386	578
习水县	12497	115	737	1488	1764	1171	1409
赤水市	6492	58	292	557	705	529	693
仁怀市	16240	350	1434	2085	2319	1806	1817
安顺市	**56198**	**1176**	**4257**	**6131**	**6899**	**6312**	**6961**
西秀区	19646	294	1485	2288	2479	2153	2485
平坝区	7852	133	543	880	1018	881	949
普定县	9247	227	787	950	1042	967	1153
镇宁布依族苗族自治县	7410	212	584	745	912	878	895
关岭布依族苗族自治县	6363	165	437	707	780	724	732
紫云苗族布依族自治县	5680	145	421	561	668	709	747
毕节市	**141732**	**3846**	**10880**	**13582**	**17661**	**16000**	**17750**
七星关区	22512	498	1621	2212	3071	2787	2792
大方县	16322	308	1028	1423	2055	1985	2098
黔西县	15787	265	1003	1314	1875	1922	2077
金沙县	12543	208	665	860	1508	1311	1680
织金县	17010	445	1204	1393	1959	1961	2302
纳雍县	13962	386	1017	1335	1695	1677	1896
威宁彝族回族苗族自治县	30462	1327	3248	3674	3853	3019	3474
赫章县	13134	409	1094	1371	1645	1338	1431

4−1 续表 3　　　　单位：人

地区 性别	合计	16−19岁	20−24岁	25−29岁	30−34岁	35−39岁	40−44岁
铜仁市	**66794**	**916**	**3986**	**6518**	**7855**	**7321**	**7154**
碧江区	7647	71	522	879	1233	1086	861
万山区	3413	78	277	378	425	330	330
江口县	4310	47	200	357	551	450	445
玉屏侗族自治县	3488	45	228	326	461	378	379
石阡县	7178	109	401	703	674	683	776
思南县	9175	106	454	878	867	772	873
印江土家族苗族自治县	5707	71	354	523	605	581	614
德江县	7940	94	422	687	911	869	968
沿河土家族自治县	8282	147	500	752	909	965	909
松桃苗族自治县	9654	148	628	1035	1219	1207	999
黔西南布依族苗族自治州	**71465**	**1549**	**5130**	**7432**	**9490**	**8618**	**8790**
兴义市	24106	450	1841	2939	3714	3083	2936
兴仁市	10154	203	665	933	1264	1181	1243
普安县	5835	121	416	505	642	718	673
晴隆县	5203	118	331	472	656	601	651
贞丰县	7378	194	549	756	856	807	831
望谟县	5292	177	397	518	663	687	717
册亨县	4482	81	317	434	574	576	651
安龙县	9015	205	614	875	1121	965	1088
黔东南苗族侗族自治州	**83450**	**1177**	**4651**	**7355**	**10099**	**9730**	**10300**
凯里市	16448	231	1058	1709	2434	2285	2157
黄平县	5472	85	296	415	469	514	507
施秉县	3218	58	151	243	305	340	294
三穗县	3660	61	186	312	420	443	413
镇远县	4145	50	169	288	440	436	521
岑巩县	3616	38	182	303	473	400	392
天柱县	5475	58	191	420	645	635	680
锦屏县	3302	18	143	307	374	364	402
剑河县	3940	57	185	329	483	444	553
台江县	2674	34	153	219	279	316	443
黎平县	8608	67	445	763	988	916	1031
榕江县	6250	130	418	534	753	737	789
从江县	6379	132	467	625	810	724	817
雷山县	2964	42	201	270	404	353	385
麻江县	3430	35	167	276	363	355	442
丹寨县	3869	81	239	342	459	468	474
黔南布依族苗族自治州	**82217**	**1195**	**5063**	**8137**	**9995**	**9005**	**10392**
都匀市	12923	169	801	1374	1749	1333	1466
福泉市	7795	75	435	841	994	848	1026
荔波县	4219	42	246	380	501	548	591
贵定县	6181	101	375	598	661	621	765
瓮安县	8725	61	458	835	1124	1040	1103
独山县	6385	91	364	643	718	651	678
平塘县	5395	85	306	459	507	443	602
罗甸县	5644	122	337	456	604	610	838
长顺县	4158	62	236	373	501	501	597
龙里县	5947	108	484	742	864	657	749
惠水县	8357	145	614	822	993	949	1129
三都水族自治县	6488	134	407	614	779	804	848

4-1　续表 4　　　　单位：人

地　区 性　别	合计	16-19岁	20-24岁	25-29岁	30-34岁	35-39岁	40-44岁
女	**608307**	**8543**	**42005**	**65086**	**79785**	**68240**	**76686**
贵　州	**608307**	**8543**	**42005**	**65086**	**79785**	**68240**	**76686**
贵阳市	**101610**	**1248**	**9389**	**14792**	**16919**	**13439**	**12866**
南明区	19562	231	2131	3136	3432	2599	2406
云岩区	19139	226	2032	3379	3609	2633	2360
花溪区	13996	206	1261	2039	2409	1868	1869
乌当区	5970	73	448	790	1040	793	820
白云区	6961	89	702	1047	1194	941	915
观山湖区	11780	177	1259	1909	2247	1835	1441
开阳县	6497	37	363	601	703	681	711
息烽县	4576	26	221	434	509	510	614
修文县	5018	93	351	491	661	586	614
清镇市	8111	90	621	966	1115	993	1116
六盘水市	**48133**	**780**	**3705**	**4691**	**6435**	**5562**	**6559**
钟山区	10892	129	834	1312	1845	1489	1659
六枝特区	7226	141	451	599	847	794	1001
水城县	12055	337	1065	1102	1313	1190	1593
盘州市	17960	173	1355	1678	2430	2089	2306
遵义市	**107725**	**976**	**6309**	**11234**	**12966**	**10607**	**13569**
红花岗区	15095	110	1102	2024	2355	1827	2054
汇川区	10776	94	746	1367	1604	1274	1475
播州区	13735	87	837	1402	1740	1386	1709
桐梓县	7809	112	451	678	852	724	1063
绥阳县	5834	54	279	492	578	564	637
正安县	7039	54	329	534	668	608	873
道真仡佬族苗族自治县	3380	11	148	262	332	285	440
务川仡佬族苗族自治县	4286	34	204	399	434	359	539
凤冈县	5374	27	231	435	464	432	668
湄潭县	6814	49	320	540	603	568	843
余庆县	4560	11	132	280	362	369	515
习水县	8144	113	494	1048	1006	749	940
赤水市	4613	30	205	404	499	353	507
仁怀市	10266	190	831	1369	1469	1109	1306
安顺市	**39582**	**673**	**2682**	**4272**	**4933**	**4285**	**5091**
西秀区	14679	188	1020	1765	2048	1690	1854
平坝区	5281	57	347	554	658	556	736
普定县	6348	129	486	610	693	637	832
镇宁布依族苗族自治县	5307	112	341	523	596	554	647
关岭布依族苗族自治县	4203	87	234	444	492	437	519
紫云苗族布依族自治县	3764	100	254	376	446	411	503
毕节市	**97056**	**2321**	**6824**	**8887**	**11946**	**9989**	**12408**
七星关区	15140	252	1021	1536	2282	1823	1973
大方县	10716	160	573	880	1247	1195	1390
黔西县	10111	170	538	865	1224	1130	1326
金沙县	7647	125	398	537	966	745	1000
织金县	11347	229	728	913	1311	1211	1485
纳雍县	9731	210	671	876	1188	1044	1300
威宁彝族回族苗族自治县	22664	929	2159	2376	2612	1952	2761
赫章县	9700	246	736	904	1116	889	1173

4-1 续表 5 单位：人

地区 性别	合计	16-19岁	20-24岁	25-29岁	30-34岁	35-39岁	40-44岁
铜仁市	**45687**	**497**	**2802**	**4485**	**5274**	**4924**	**5131**
碧江区	5329	48	433	767	914	730	639
万山区	2166	31	192	271	288	200	222
江口县	2585	21	138	257	338	279	294
玉屏侗族自治县	2238	20	134	203	310	273	262
石阡县	5363	55	308	452	505	519	593
思南县	6982	51	330	606	650	573	729
印江土家族苗族自治县	3728	40	216	341	382	415	410
德江县	5810	59	306	515	596	591	704
沿河土家族自治县	6021	81	334	489	618	667	694
松桃苗族自治县	5465	91	411	584	673	677	584
黔西南布依族苗族自治州	**54108**	**895**	**3799**	**5611**	**7185**	**6470**	**6541**
兴义市	17969	222	1394	2304	2813	2462	2183
兴仁市	7977	142	474	698	1022	878	966
普安县	4283	63	280	370	517	512	504
晴隆县	3765	62	227	338	442	433	434
贞丰县	5838	141	429	536	673	586	651
望谟县	3794	98	290	397	410	458	499
册亨县	3590	55	261	374	459	425	490
安龙县	6892	112	444	594	849	716	814
黔东南苗族侗族自治州	**56779**	**573**	**3119**	**5299**	**7233**	**6735**	**7200**
凯里市	11594	113	831	1416	1809	1586	1520
黄平县	3817	40	189	251	336	343	365
施秉县	2496	14	103	170	243	277	252
三穗县	2548	16	123	194	364	316	321
镇远县	2730	28	143	213	309	305	385
岑巩县	2477	14	147	253	307	272	301
天柱县	3644	23	132	274	492	389	409
锦屏县	2119	8	89	204	263	255	277
剑河县	2585	25	113	251	334	346	374
台江县	1695	23	114	124	172	200	294
黎平县	5744	49	284	537	721	646	777
榕江县	4012	64	216	364	499	539	507
从江县	4020	74	273	424	531	475	497
雷山县	1858	17	115	177	243	205	243
麻江县	2544	25	100	206	267	252	312
丹寨县	2896	40	147	241	343	329	366
黔南布依族苗族自治州	**57627**	**580**	**3376**	**5815**	**6894**	**6229**	**7321**
都匀市	9571	89	583	989	1296	1022	1148
福泉市	4960	25	279	500	572	521	690
荔波县	2967	15	154	336	399	349	407
贵定县	4392	37	251	424	431	466	527
瓮安县	5498	31	253	559	715	597	681
独山县	4539	45	218	396	529	456	496
平塘县	4227	35	226	346	374	381	485
罗甸县	4132	50	228	396	456	429	610
长顺县	2744	34	178	269	323	319	398
龙里县	3551	55	305	497	509	416	459
惠水县	5791	86	363	585	667	631	753
三都水族自治县	5255	78	338	518	623	642	667

4-1　续表 6　　　　单位：人

地　区 性　别	45-49岁	50-54岁	55-59岁	60-64岁	65-69岁	70-74岁	75岁及以　上
贵　州	**219519**	**189058**	**122214**	**52112**	**44218**	**17834**	**8410**
贵阳市	**35775**	**27026**	**15096**	**4410**	**3028**	**1104**	**569**
南明区	6659	4806	2646	492	215	53	41
云岩区	5835	4165	2419	397	159	44	20
花溪区	5186	3757	1920	474	266	91	42
乌当区	2177	1577	872	264	188	66	36
白云区	2664	1891	868	173	117	44	14
观山湖区	3536	2530	1253	261	131	34	24
开阳县	2614	2448	1582	771	682	280	146
息烽县	1798	1531	1020	451	458	205	107
修文县	1972	1641	1082	454	415	167	74
清镇市	3334	2680	1434	673	397	120	65
六盘水市	**18649**	**14632**	**8901**	**3924**	**2586**	**932**	**468**
钟山区	4597	2983	1223	330	185	78	30
六枝特区	2648	2337	1596	808	627	227	110
水城县	4626	3921	2286	857	715	262	144
盘州市	6778	5391	3796	1929	1059	365	184
遵义市	**41556**	**35305**	**22724**	**8880**	**10165**	**4573**	**1979**
红花岗区	5749	4318	2444	689	677	234	80
汇川区	4150	3268	1706	514	562	276	99
播州区	5082	4385	2836	1220	1218	539	252
桐梓县	3259	2770	1884	747	769	258	126
绥阳县	2059	2019	1567	705	719	276	99
正安县	2524	2307	1782	823	927	463	165
道真仡佬族苗族自治县	1473	1238	728	314	437	223	121
务川仡佬族苗族自治县	1596	1418	1002	416	553	313	130
凤冈县	2139	1886	1335	493	763	342	141
湄潭县	2564	2440	1742	623	828	431	162
余庆县	1820	1592	1160	513	728	447	224
习水县	3386	2891	1692	630	673	224	111
赤水市	1913	1709	1106	431	641	303	170
仁怀市	3842	3064	1740	762	670	244	99
安顺市	**13678**	**11954**	**7762**	**4030**	**2991**	**1150**	**543**
西秀区	5247	4311	2689	1068	805	316	140
平坝区	2013	1661	1037	518	391	145	56
普定县	2133	1970	1282	736	618	240	103
镇宁布依族苗族自治县	1620	1557	1008	736	462	203	132
关岭布依族苗族自治县	1396	1276	922	583	416	145	70
紫云苗族布依族自治县	1269	1179	824	389	299	101	42
毕节市	**34565**	**31756**	**20381**	**9419**	**7104**	**2348**	**1121**
七星关区	5459	4782	3030	1180	882	310	141
大方县	4000	3757	2433	1067	981	287	171
黔西县	3834	3639	2282	1127	900	286	121
金沙县	3480	3221	1909	588	639	245	105
织金县	4170	3836	2538	1290	997	262	123
纳雍县	3394	3108	2000	874	719	229	74
威宁彝族回族苗族自治县	6863	6408	4111	2312	1303	484	261
赫章县	3365	3005	2078	981	683	245	125

4-1 续表 7

单位：人

地区 性别	45-49岁	50-54岁	55-59岁	60-64岁	65-69岁	70-74岁	75岁及以上
铜仁市	**16282**	**14240**	**10252**	**4915**	**5768**	**2804**	**1357**
碧江区	1820	1400	926	258	224	105	60
万山区	837	680	541	191	183	82	43
江口县	988	916	715	352	317	161	69
玉屏侗族自治县	915	774	539	204	178	70	27
石阡县	1943	1698	1273	625	738	338	148
思南县	2405	2282	1668	812	1171	654	276
印江土家族苗族自治县	1484	1284	883	374	519	221	118
德江县	1947	1723	1113	665	876	449	255
沿河土家族自治县	1971	1747	1282	732	863	431	212
松桃苗族自治县	1972	1736	1312	702	699	293	149
黔西南布依族苗族自治州	**16581**	**15996**	**11123**	**5270**	**3291**	**1229**	**573**
兴义市	5528	4657	3046	1306	776	285	136
兴仁市	2263	2423	1732	925	695	285	139
普安县	1392	1480	942	529	314	109	31
晴隆县	1248	1220	863	472	298	72	30
贞丰县	1702	1882	1364	654	385	149	71
望谟县	1244	1203	770	291	166	63	38
册亨县	1106	1090	760	256	104	39	20
安龙县	2098	2041	1646	837	553	227	108
黔东南苗族侗族自治州	**21759**	**19365**	**13459**	**5146**	**4298**	**1835**	**896**
凯里市	4223	3307	1864	603	514	253	129
黄平县	1571	1566	1052	457	497	225	111
施秉县	858	845	629	334	336	159	103
三穗县	913	810	615	304	245	108	44
镇远县	1158	1066	687	296	248	98	35
岑巩县	926	842	617	246	248	86	46
天柱县	1309	1318	1092	476	363	152	61
锦屏县	864	894	578	213	123	38	7
剑河县	1064	898	600	190	178	76	25
台江县	668	580	381	150	125	65	29
黎平县	2324	2069	1624	565	383	115	48
榕江县	1633	1462	1013	356	176	45	27
从江县	1733	1428	952	237	136	51	13
雷山县	764	588	444	136	124	77	34
麻江县	888	762	644	290	328	157	105
丹寨县	863	930	667	293	274	130	79
黔南布依族苗族自治州	**20674**	**18784**	**12516**	**6118**	**4987**	**1859**	**904**
都匀市	3352	2942	2041	889	767	300	184
福泉市	1830	1722	1011	574	515	200	97
荔波县	1099	997	651	208	176	60	27
贵定县	1541	1439	984	587	471	198	96
瓮安县	2241	1843	1253	595	548	210	76
独山县	1652	1667	1041	569	480	154	76
平塘县	1400	1422	1082	552	550	245	122
罗甸县	1536	1416	862	355	307	109	55
长顺县	1025	903	610	339	163	42	29
龙里县	1403	1095	610	287	165	66	27
惠水县	2014	1764	1269	669	481	147	67
三都水族自治县	1581	1574	1102	494	364	128	48

4-1 续表 8

单位：人

地区 性别	45-49岁	50-54岁	55-59岁	60-64岁	65-69岁	70-74岁	75岁及以上
男	**127403**	**111662**	**75128**	**30469**	**25560**	**10418**	**4763**
贵州	**127403**	**111662**	**75128**	**30469**	**25560**	**10418**	**4763**
贵阳市	**20949**	**16954**	**10654**	**2742**	**1775**	**658**	**319**
南明区	3791	2970	2013	322	132	36	21
云岩区	3337	2551	1840	267	96	33	15
花溪区	3033	2417	1406	304	150	59	23
乌当区	1264	968	613	157	116	36	20
白云区	1593	1254	632	116	71	22	10
观山湖区	2061	1569	930	171	89	24	13
开阳县	1562	1498	988	458	387	157	72
息烽县	1060	934	622	266	253	112	61
修文县	1200	1038	671	274	250	109	41
清镇市	2048	1755	939	407	231	70	43
六盘水市	**11018**	**8663**	**5329**	**2293**	**1560**	**555**	**273**
钟山区	2667	1896	856	213	114	40	16
六枝特区	1552	1402	968	465	375	139	59
水城县	2719	2222	1264	492	431	148	80
盘州市	4080	3143	2241	1123	640	228	118
遵义市	**23567**	**20824**	**13953**	**5236**	**5812**	**2590**	**1136**
红花岗区	3254	2648	1668	437	381	135	45
汇川区	2374	1993	1149	315	316	151	61
播州区	2871	2568	1722	705	669	289	134
桐梓县	1952	1672	1138	455	455	142	70
绥阳县	1157	1134	910	390	401	163	59
正安县	1333	1273	1041	479	520	273	99
道真仡佬族苗族自治县	828	701	438	193	267	135	70
务川仡佬族苗族自治县	895	803	586	238	323	188	78
凤冈县	1157	1031	766	300	442	206	80
湄潭县	1381	1364	1010	357	470	226	91
余庆县	993	916	662	283	389	231	119
习水县	2004	1781	1050	376	416	120	66
赤水市	1082	1009	693	235	350	184	105
仁怀市	2286	1931	1120	473	413	147	59
安顺市	**7928**	**7040**	**4630**	**2266**	**1646**	**654**	**298**
西秀区	2954	2550	1650	616	425	190	77
平坝区	1226	973	623	296	213	86	31
普定县	1282	1156	743	415	334	136	55
镇宁布依族苗族自治县	908	869	579	392	259	103	74
关岭布依族苗族自治县	807	763	550	329	243	86	40
紫云苗族布依族自治县	751	729	485	218	172	53	21
毕节市	**20249**	**18153**	**11896**	**5488**	**4106**	**1455**	**666**
七星关区	3223	2888	1881	713	527	209	90
大方县	2412	2153	1403	599	559	195	104
黔西县	2315	2168	1392	675	526	180	75
金沙县	2171	1973	1230	338	372	163	64
织金县	2525	2246	1452	758	535	159	71
纳雍县	1975	1727	1147	526	406	129	46
威宁彝族回族苗族自治县	3784	3348	2235	1290	783	276	151
赫章县	1844	1650	1156	589	398	144	65

4-1 续表 9 单位：人

地区 性别	45-49岁	50-54岁	55-59岁	60-64岁	65-69岁	70-74岁	75岁及以上
铜仁市	**9507**	**8391**	**6343**	**2904**	**3426**	**1667**	**806**
碧江区	1049	875	647	172	142	68	42
万山区	490	427	354	119	117	61	27
江口县	627	569	476	225	200	120	43
玉屏侗族自治县	562	462	354	123	106	43	21
石阡县	1085	941	731	352	438	200	85
思南县	1350	1278	939	467	664	360	167
印江土家族苗族自治县	874	776	562	214	339	122	72
德江县	1102	989	656	374	488	251	129
沿河土家族自治县	1129	965	749	418	474	243	122
松桃苗族自治县	1239	1109	875	440	458	199	98
黔西南布依族苗族自治州	**9322**	**9059**	**6361**	**2937**	**1823**	**678**	**276**
兴义市	3126	2764	1874	727	426	163	63
兴仁市	1268	1352	938	489	385	160	73
普安县	812	852	534	298	183	64	17
晴隆县	715	681	477	277	169	40	15
贞丰县	922	1026	742	369	208	84	34
望谟县	717	670	444	166	86	33	17
册亨县	597	606	422	143	58	14	9
安龙县	1165	1108	930	468	308	120	48
黔东南苗族侗族自治州	**12767**	**11585**	**8379**	**3125**	**2602**	**1146**	**534**
凯里市	2437	1984	1256	364	308	145	80
黄平县	904	912	618	266	292	122	72
施秉县	462	462	371	186	190	101	55
三穗县	552	467	364	191	152	73	26
镇远县	697	685	450	179	152	58	20
岑巩县	527	508	391	155	153	63	31
天柱县	801	782	631	275	215	97	45
锦屏县	512	539	382	146	81	30	4
剑河县	642	556	385	116	115	58	17
台江县	412	348	247	83	81	47	12
黎平县	1356	1269	1044	364	257	79	29
榕江县	964	877	650	228	121	33	16
从江县	1032	881	596	160	93	35	7
雷山县	452	358	266	84	72	55	22
麻江县	514	451	357	160	164	90	56
丹寨县	503	506	371	168	156	60	42
黔南布依族苗族自治州	**12096**	**10993**	**7583**	**3478**	**2810**	**1015**	**455**
都匀市	1919	1720	1272	485	394	155	86
福泉市	1087	1056	627	343	303	110	50
荔波县	650	592	387	124	105	36	17
贵定县	896	836	585	336	260	102	45
瓮安县	1350	1110	811	358	316	116	43
独山县	942	979	607	318	274	84	36
平塘县	799	808	614	303	285	136	48
罗甸县	871	813	510	205	183	61	34
长顺县	633	536	381	198	98	23	19
龙里县	893	700	416	171	104	46	13
惠水县	1174	1011	754	371	283	78	34
三都水族自治县	882	832	619	266	205	68	30

4-1　续表 10　　单位：人

地　区 性　别	45-49岁	50-54岁	55-59岁	60-64岁	65-69岁	70-74岁	75岁及以　上
女	**92116**	**77396**	**47086**	**21643**	**18658**	**7416**	**3647**
贵　州	**92116**	**77396**	**47086**	**21643**	**18658**	**7416**	**3647**
贵阳市	**14826**	**10072**	**4442**	**1668**	**1253**	**446**	**250**
南明区	2868	1836	633	170	83	17	20
云岩区	2498	1614	579	130	63	11	5
花溪区	2153	1340	514	170	116	32	19
乌当区	913	609	259	107	72	30	16
白云区	1071	637	236	57	46	22	4
观山湖区	1475	961	323	90	42	10	11
开阳县	1052	950	594	313	295	123	74
息烽县	738	597	398	185	205	93	46
修文县	772	603	411	180	165	58	33
清镇市	1286	925	495	266	166	50	22
六盘水市	**7631**	**5969**	**3572**	**1631**	**1026**	**377**	**195**
钟山区	1930	1087	367	117	71	38	14
六枝特区	1096	935	628	343	252	88	51
水城县	1907	1699	1022	365	284	114	64
盘州市	2698	2248	1555	806	419	137	66
遵义市	**17989**	**14481**	**8771**	**3644**	**4353**	**1983**	**843**
红花岗区	2495	1670	776	252	296	99	35
汇川区	1776	1275	557	199	246	125	38
播州区	2211	1817	1114	515	549	250	118
桐梓县	1307	1098	746	292	314	116	56
绥阳县	902	885	657	315	318	113	40
正安县	1191	1034	741	344	407	190	66
道真仡佬族苗族自治县	645	537	290	121	170	88	51
务川仡佬族苗族自治县	701	615	416	178	230	125	52
凤冈县	982	855	569	193	321	136	61
湄潭县	1183	1076	732	266	358	205	71
余庆县	827	676	498	230	339	216	105
习水县	1382	1110	642	254	257	104	45
赤水市	831	700	413	196	291	119	65
仁怀市	1556	1133	620	289	257	97	40
安顺市	**5750**	**4914**	**3132**	**1764**	**1345**	**496**	**245**
西秀区	2293	1761	1039	452	380	126	63
平坝区	787	688	414	222	178	59	25
普定县	851	814	539	321	284	104	48
镇宁布依族苗族自治县	712	688	429	344	203	100	58
关岭布依族苗族自治县	589	513	372	254	173	59	30
紫云苗族布依族自治县	518	450	339	171	127	48	21
毕节市	**14316**	**13603**	**8485**	**3931**	**2998**	**893**	**455**
七星关区	2236	1894	1149	467	355	101	51
大方县	1588	1604	1030	468	422	92	67
黔西县	1519	1471	890	452	374	106	46
金沙县	1309	1248	679	250	267	82	41
织金县	1645	1590	1086	532	462	103	52
纳雍县	1419	1381	853	348	313	100	28
威宁彝族回族苗族自治县	3079	3060	1876	1022	520	208	110
赫章县	1521	1355	922	392	285	101	60

4-1 续表 11

单位：人

地区 性别	45-49岁	50-54岁	55-59岁	60-64岁	65-69岁	70-74岁	75岁及以上
铜仁市	**6775**	**5849**	**3909**	**2011**	**2342**	**1137**	**551**
碧江区	771	525	279	86	82	37	18
万山区	347	253	187	72	66	21	16
江口县	361	347	239	127	117	41	26
玉屏侗族自治县	353	312	185	81	72	27	6
石阡县	858	757	542	273	300	138	63
思南县	1055	1004	729	345	507	294	109
印江土家族苗族自治县	610	508	321	160	180	99	46
德江县	845	734	457	291	388	198	126
沿河土家族自治县	842	782	533	314	389	188	90
松桃苗族自治县	733	627	437	262	241	94	51
黔西南布依族苗族自治州	**7259**	**6937**	**4762**	**2333**	**1468**	**551**	**297**
兴义市	2402	1893	1172	579	350	122	73
兴仁市	995	1071	794	436	310	125	66
普安县	580	628	408	231	131	45	14
晴隆县	533	539	386	195	129	32	15
贞丰县	780	856	622	285	177	65	37
望谟县	527	533	326	125	80	30	21
册亨县	509	484	338	113	46	25	11
安龙县	933	933	716	369	245	107	60
黔东南苗族侗族自治州	**8992**	**7780**	**5080**	**2021**	**1696**	**689**	**362**
凯里市	1786	1323	608	239	206	108	49
黄平县	667	654	434	191	205	103	39
施秉县	396	383	258	148	146	58	48
三穗县	361	343	251	113	93	35	18
镇远县	461	381	237	117	96	40	15
岑巩县	399	334	226	91	95	23	15
天柱县	508	536	461	201	148	55	16
锦屏县	352	355	196	67	42	8	3
剑河县	422	342	215	74	63	18	8
台江县	256	232	134	67	44	18	17
黎平县	968	800	580	201	126	36	19
榕江县	669	585	363	128	55	12	11
从江县	701	547	356	77	43	16	6
雷山县	312	230	178	52	52	22	12
麻江县	374	311	287	130	164	67	49
丹寨县	360	424	296	125	118	70	37
黔南布依族苗族自治州	**8578**	**7791**	**4933**	**2640**	**2177**	**844**	**449**
都匀市	1433	1222	769	404	373	145	98
福泉市	743	666	384	231	212	90	47
荔波县	449	405	264	84	71	24	10
贵定县	645	603	399	251	211	96	51
瓮安县	891	733	442	237	232	94	33
独山县	710	688	434	251	206	70	40
平塘县	601	614	468	249	265	109	74
罗甸县	665	603	352	150	124	48	21
长顺县	392	367	229	141	65	19	10
龙里县	510	395	194	116	61	20	14
惠水县	840	753	515	298	198	69	33
三都水族自治县	699	742	483	228	159	60	18

4−1a　各地区分性别、年龄的就业人口(城市)

单位：人

地　区 性　别	合计	16−19岁	20−24岁	25−29岁	30−34岁	35−39岁	40−44岁
贵　州	**396547**	**4703**	**32174**	**55859**	**70589**	**55303**	**52165**
贵阳市	**171082**	**2268**	**15565**	**25759**	**30859**	**23746**	**21479**
南明区	43695	573	4246	6531	7477	5828	5216
云岩区	45041	556	4167	7308	8388	6126	5457
花溪区	25221	439	2184	3623	4419	3299	3340
乌当区	8258	75	544	1122	1640	1294	1147
白云区	16411	228	1524	2383	2872	2223	2071
观山湖区	23529	316	2222	3632	4508	3693	2933
开阳县							
息烽县							
修文县							
清镇市	8927	81	678	1160	1555	1283	1315
六盘水市	**36843**	**355**	**2494**	**4227**	**6422**	**5242**	**5607**
钟山区	21714	248	1510	2556	3767	3022	3196
六枝特区	4913	40	272	537	819	635	807
水城县							
盘州市	10216	67	712	1134	1836	1585	1604
遵义市	**74055**	**781**	**5715**	**10747**	**12928**	**9715**	**9950**
红花岗区	26636	224	1956	3775	4571	3488	3624
汇川区	17818	174	1286	2503	3000	2251	2390
播州区	12688	93	923	1735	2331	1749	1814
桐梓县							
绥阳县							
正安县							
道真仡佬族苗族自治县							
务川仡佬族苗族自治县							
凤冈县							
湄潭县							
余庆县							
习水县							
赤水市	4266	26	246	563	672	488	544
仁怀市	12647	264	1304	2171	2354	1739	1578
安顺市	**20519**	**205**	**1423**	**2633**	**3311**	**2680**	**2799**
西秀区	17678	174	1249	2242	2836	2332	2421
平坝区	2841	31	174	391	475	348	378
普定县							
镇宁布依族苗族自治县							
关岭布依族苗族自治县							
紫云苗族布依族自治县							
毕节市	**17955**	**258**	**1301**	**2304**	**3447**	**2724**	**2401**
七星关区	17955	258	1301	2304	3447	2724	2401
大方县							
黔西县							
金沙县							
织金县							
纳雍县							
威宁彝族回族苗族自治县							
赫章县							

4-1a 续表 1 单位：人

地区 性别	合计	16-19岁	20-24岁	25-29岁	30-34岁	35-39岁	40-44岁
铜仁市	**12480**	**141**	**1006**	**1728**	**2230**	**1822**	**1491**
碧江区	10094	86	742	1352	1823	1558	1242
万山区	2386	55	264	376	407	264	249
江口县							
玉屏侗族自治县							
石阡县							
思南县							
印江土家族苗族自治县							
德江县							
沿河土家族自治县							
松桃苗族自治县							
黔西南布依族苗族自治州	**28119**	**369**	**2264**	**3979**	**5352**	**4318**	**3617**
兴义市	23048	300	1896	3351	4400	3557	2988
兴仁市	5071	69	368	628	952	761	629
普安县							
晴隆县							
贞丰县							
望谟县							
册亨县							
安龙县							
黔东南苗族侗族自治州	**19530**	**201**	**1408**	**2485**	**3387**	**2966**	**2563**
凯里市	19530	201	1408	2485	3387	2966	2563
黄平县							
施秉县							
三穗县							
镇远县							
岑巩县							
天柱县							
锦屏县							
剑河县							
台江县							
黎平县							
榕江县							
从江县							
雷山县							
麻江县							
丹寨县							
黔南布依族苗族自治州	**15964**	**125**	**998**	**1997**	**2653**	**2090**	**2258**
都匀市	12066	99	757	1459	2055	1590	1627
福泉市	3898	26	241	538	598	500	631
荔波县							
贵定县							
瓮安县							
独山县							
平塘县							
罗甸县							
长顺县							
龙里县							
惠水县							
三都水族自治县							

4-1a　续表 2　　单位：人

地　区 性　别	合计	16-19岁	20-24岁	25-29岁	30-34岁	35-39岁	40-44岁
男	**229885**	**2880**	**17319**	**30405**	**39746**	**31639**	**29694**
贵　州	**229885**	**2880**	**17319**	**30405**	**39746**	**31639**	**29694**
贵阳市	**99663**	**1395**	**8332**	**14072**	**17577**	**13629**	**12312**
南明区	25160	357	2221	3526	4169	3350	2957
云岩区	25902	330	2135	3929	4779	3493	3097
花溪区	15028	286	1242	2054	2564	1894	1936
乌当区	4649	35	279	587	870	737	622
白云区	10075	153	880	1389	1766	1359	1238
观山湖区	13475	183	1188	1969	2506	2047	1684
开阳县							
息烽县							
修文县							
清镇市	5374	51	387	618	923	749	778
六盘水市	**21790**	**220**	**1353**	**2329**	**3672**	**3076**	**3278**
钟山区	12545	158	839	1386	2109	1707	1793
六枝特区	2844	20	134	290	458	363	460
水城县							
盘州市	6401	42	380	653	1105	1006	1025
遵义市	**42795**	**479**	**3163**	**5905**	**7288**	**5528**	**5505**
红花岗区	15440	137	1050	2087	2599	1990	2013
汇川区	10069	108	697	1343	1630	1239	1259
播州区	7277	48	508	946	1310	980	1028
桐梓县							
绥阳县							
正安县							
道真仡佬族苗族自治县							
务川仡佬族苗族自治县							
凤冈县							
湄潭县							
余庆县							
习水县							
赤水市	2493	19	135	297	388	279	318
仁怀市	7516	167	773	1232	1361	1040	887
安顺市	**11555**	**119**	**778**	**1402**	**1762**	**1493**	**1551**
西秀区	9917	98	687	1186	1485	1285	1348
平坝区	1638	21	91	216	277	208	203
普定县							
镇宁布依族苗族自治县							
关岭布依族苗族自治县							
紫云苗族布依族自治县							
毕节市	**10653**	**162**	**760**	**1279**	**1911**	**1619**	**1409**
七星关区	10653	162	760	1279	1911	1619	1409
大方县							
黔西县							
金沙县							
织金县							
纳雍县							
威宁彝族回族苗族自治县							
赫章县							

4－1a 续表 3 单位：人

地区 性别	合计	16－19岁	20－24岁	25－29岁	30－34岁	35－39岁	40－44岁
铜仁市	**7221**	**81**	**520**	**906**	**1252**	**1067**	**849**
碧江区	5808	47	379	696	1022	904	710
万山区	1413	34	141	210	230	163	139
江口县							
玉屏侗族自治县							
石阡县							
思南县							
印江土家族苗族自治县							
德江县							
沿河土家族自治县							
松桃苗族自治县							
黔西南布依族苗族自治州	**15980**	**235**	**1183**	**2135**	**2973**	**2392**	**2058**
兴义市	13097	189	972	1796	2452	1964	1699
兴仁市	2883	46	211	339	521	428	359
普安县							
晴隆县							
贞丰县							
望谟县							
册亨县							
安龙县							
黔东南苗族侗族自治州	**11131**	**121**	**720**	**1295**	**1852**	**1700**	**1457**
凯里市	11131	121	720	1295	1852	1700	1457
黄平县							
施秉县							
三穗县							
镇远县							
岑巩县							
天柱县							
锦屏县							
剑河县							
台江县							
黎平县							
榕江县							
从江县							
雷山县							
麻江县							
丹寨县							
黔南布依族苗族自治州	**9097**	**68**	**510**	**1082**	**1459**	**1135**	**1275**
都匀市	6790	53	386	772	1102	858	911
福泉市	2307	15	124	310	357	277	364
荔波县							
贵定县							
瓮安县							
独山县							
平塘县							
罗甸县							
长顺县							
龙里县							
惠水县							
三都水族自治县							

4-1a　续表 4　　　　单位：人

地　区 性　别	合计	16–19岁	20–24岁	25–29岁	30–34岁	35–39岁	40–44岁
女	**166662**	**1823**	**14855**	**25454**	**30843**	**23664**	**22471**
贵　州	**166662**	**1823**	**14855**	**25454**	**30843**	**23664**	**22471**
贵阳市	**71419**	**873**	**7233**	**11687**	**13282**	**10117**	**9167**
南明区	18535	216	2025	3005	3308	2478	2259
云岩区	19139	226	2032	3379	3609	2633	2360
花溪区	10193	153	942	1569	1855	1405	1404
乌当区	3609	40	265	535	770	557	525
白云区	6336	75	644	994	1106	864	833
观山湖区	10054	133	1034	1663	2002	1646	1249
开阳县							
息烽县							
修文县							
清镇市	3553	30	291	542	632	534	537
六盘水市	**15053**	**135**	**1141**	**1898**	**2750**	**2166**	**2329**
钟山区	9169	90	671	1170	1658	1315	1403
六枝特区	2069	20	138	247	361	272	347
水城县							
盘州市	3815	25	332	481	731	579	579
遵义市	**31260**	**302**	**2552**	**4842**	**5640**	**4187**	**4445**
红花岗区	11196	87	906	1688	1972	1498	1611
汇川区	7749	66	589	1160	1370	1012	1131
播州区	5411	45	415	789	1021	769	786
桐梓县							
绥阳县							
正安县							
道真仡佬族苗族自治县							
务川仡佬族苗族自治县							
凤冈县							
湄潭县							
余庆县							
习水县							
赤水市	1773	7	111	266	284	209	226
仁怀市	5131	97	531	939	993	699	691
安顺市	**8964**	**86**	**645**	**1231**	**1549**	**1187**	**1248**
西秀区	7761	76	562	1056	1351	1047	1073
平坝区	1203	10	83	175	198	140	175
普定县							
镇宁布依族苗族自治县							
关岭布依族苗族自治县							
紫云苗族布依族自治县							
毕节市	**7302**	**96**	**541**	**1025**	**1536**	**1105**	**992**
七星关区	7302	96	541	1025	1536	1105	992
大方县							
黔西县							
金沙县							
织金县							
纳雍县							
威宁彝族回族苗族自治县							
赫章县							

4-1a 续表 5

单位：人

地区 性别	合计	16-19岁	20-24岁	25-29岁	30-34岁	35-39岁	40-44岁
铜仁市	**5259**	**60**	**486**	**822**	**978**	**755**	**642**
碧江区	4286	39	363	656	801	654	532
万山区	973	21	123	166	177	101	110
江口县							
玉屏侗族自治县							
石阡县							
思南县							
印江土家族苗族自治县							
德江县							
沿河土家族自治县							
松桃苗族自治县							
黔西南布依族苗族自治州	**12139**	**134**	**1081**	**1844**	**2379**	**1926**	**1559**
兴义市	9951	111	924	1555	1948	1593	1289
兴仁市	2188	23	157	289	431	333	270
普安县							
晴隆县							
贞丰县							
望谟县							
册亨县							
安龙县							
黔东南苗族侗族自治州	**8399**	**80**	**688**	**1190**	**1535**	**1266**	**1106**
凯里市	8399	80	688	1190	1535	1266	1106
黄平县							
施秉县							
三穗县							
镇远县							
岑巩县							
天柱县							
锦屏县							
剑河县							
台江县							
黎平县							
榕江县							
从江县							
雷山县							
麻江县							
丹寨县							
黔南布依族苗族自治州	**6867**	**57**	**488**	**915**	**1194**	**955**	**983**
都匀市	5276	46	371	687	953	732	716
福泉市	1591	11	117	228	241	223	267
荔波县							
贵定县							
瓮安县							
独山县							
平塘县							
罗甸县							
长顺县							
龙里县							
惠水县							
三都水族自治县							

4-1a 续表 6

单位：人

地 区 性 别	45–49岁	50–54岁	55–59岁	60–64岁	65–69岁	70–74岁	75岁及以 上
贵 州	**57922**	**40161**	**20452**	**4049**	**2062**	**723**	**385**
贵阳市	**23755**	**16647**	**8655**	**1447**	**624**	**177**	**101**
南明区	6244	4467	2446	427	168	40	32
云岩区	5835	4165	2419	397	159	44	20
花溪区	3766	2570	1247	202	87	28	17
乌当区	1182	766	391	51	33	8	5
白云区	2389	1701	765	133	81	30	11
观山湖区	2931	2057	999	144	69	16	9
开阳县							
息烽县							
修文县							
清镇市	1408	921	388	93	27	11	7
六盘水市	**6173**	**3899**	**1724**	**403**	**171**	**95**	**31**
钟山区	3767	2346	950	204	94	42	12
六枝特区	851	581	297	40	17	12	5
水城县							
盘州市	1555	972	477	159	60	41	14
遵义市	**11564**	**7803**	**3623**	**645**	**404**	**122**	**58**
红花岗区	4274	2878	1411	235	157	27	16
汇川区	2927	2078	921	153	81	35	19
播州区	1933	1290	589	117	75	31	8
桐梓县							
绥阳县							
正安县							
道真仡佬族苗族自治县							
务川仡佬族苗族自治县							
凤冈县							
湄潭县							
余庆县							
习水县							
赤水市	752	574	297	48	41	11	4
仁怀市	1678	983	405	92	50	18	11
安顺市	**3291**	**2291**	**1284**	**305**	**178**	**64**	**55**
西秀区	2874	1950	1105	248	138	57	52
平坝区	417	341	179	57	40	7	3
普定县							
镇宁布依族苗族自治县							
关岭布依族苗族自治县							
紫云苗族布依族自治县							
毕节市	**2473**	**1710**	**916**	**222**	**124**	**47**	**28**
七星关区	2473	1710	916	222	124	47	28
大方县							
黔西县							
金沙县							
织金县							
纳雍县							
威宁彝族回族苗族自治县							
赫章县							

4-1a 续表 7

单位：人

地区 性别	45-49岁	50-54岁	55-59岁	60-64岁	65-69岁	70-74岁	75岁及以上
铜仁市	**1732**	**1266**	**776**	**148**	**89**	**35**	**16**
碧江区	1377	1028	626	132	82	32	14
万山区	355	238	150	16	7	3	2
江口县							
玉屏侗族自治县							
石阡县							
思南县							
印江土家族苗族自治县							
德江县							
沿河土家族自治县							
松桃苗族自治县							
黔西南布依族苗族自治州	**3565**	**2590**	**1402**	**408**	**183**	**52**	**20**
兴义市	2936	2038	1107	299	128	35	13
兴仁市	629	552	295	109	55	17	7
普安县							
晴隆县							
贞丰县							
望谟县							
册亨县							
安龙县							
黔东南苗族侗族自治州	**2900**	**2089**	**1065**	**231**	**142**	**59**	**34**
凯里市	2900	2089	1065	231	142	59	34
黄平县							
施秉县							
三穗县							
镇远县							
岑巩县							
天柱县							
锦屏县							
剑河县							
台江县							
黎平县							
榕江县							
从江县							
雷山县							
麻江县							
丹寨县							
黔南布依族苗族自治州	**2469**	**1866**	**1007**	**240**	**147**	**72**	**42**
都匀市	1871	1432	811	181	98	57	29
福泉市	598	434	196	59	49	15	13
荔波县							
贵定县							
瓮安县							
独山县							
平塘县							
罗甸县							
长顺县							
龙里县							
惠水县							
三都水族自治县							

4-1a 续表 8

单位：人

地 区 性 别	45-49岁	50-54岁	55-59岁	60-64岁	65-69岁	70-74岁	75岁及以 上
男	**33157**	**25265**	**15164**	**2654**	**1290**	**445**	**227**
贵 州	**33157**	**25265**	**15164**	**2654**	**1290**	**445**	**227**
贵阳市	**13675**	**10475**	**6645**	**964**	**399**	**125**	**63**
南明区	3523	2740	1881	283	109	29	15
云岩区	3337	2551	1840	267	96	33	15
花溪区	2186	1672	976	134	52	21	11
乌当区	671	472	311	34	23	5	3
白云区	1429	1127	569	89	52	16	8
观山湖区	1704	1264	767	94	49	14	6
开阳县							
息烽县							
修文县							
清镇市	825	649	301	63	18	7	5
六盘水市	**3614**	**2519**	**1274**	**263**	**111**	**57**	**24**
钟山区	2135	1481	706	140	61	22	8
六枝特区	480	367	226	22	12	8	4
水城县							
盘州市	999	671	342	101	38	27	12
遵义市	**6527**	**4890**	**2690**	**455**	**263**	**72**	**30**
红花岗区	2417	1797	1055	176	95	15	9
汇川区	1636	1289	690	103	48	16	11
播州区	1079	803	426	76	50	21	2
桐梓县							
绥阳县							
正安县							
道真仡佬族苗族自治县							
务川仡佬族苗族自治县							
凤冈县							
湄潭县							
余庆县							
习水县							
赤水市	418	358	214	29	31	7	
仁怀市	977	643	305	71	39	13	8
安顺市	**1804**	**1425**	**878**	**189**	**93**	**35**	**26**
西秀区	1562	1219	763	153	74	32	25
平坝区	242	206	115	36	19	3	1
普定县							
镇宁布依族苗族自治县							
关岭布依族苗族自治县							
紫云苗族布依族自治县							
毕节市	**1468**	**1113**	**658**	**142**	**83**	**28**	**21**
七星关区	1468	1113	658	142	83	28	21
大方县							
黔西县							
金沙县							
织金县							
纳雍县							
威宁彝族回族苗族自治县							
赫章县							

4-1a 续表 9 单位：人

地 区 性 别	45-49岁	50-54岁	55-59岁	60-64岁	65-69岁	70-74岁	75岁及以 上
铜仁市	**985**	**800**	**558**	**105**	**62**	**25**	**11**
碧江区	782	642	447	91	55	23	10
万山区	203	158	111	14	7	2	1
江口县							
玉屏侗族自治县							
石阡县							
思南县							
印江土家族苗族自治县							
德江县							
沿河土家族自治县							
松桃苗族自治县							
黔西南布依族苗族自治州	**2041**	**1611**	**964**	**239**	**112**	**27**	**10**
兴义市	1681	1275	787	183	76	17	6
兴仁市	360	336	177	56	36	10	4
普安县							
晴隆县							
贞丰县							
望谟县							
册亨县							
安龙县							
黔东南苗族侗族自治州	**1641**	**1285**	**765**	**151**	**85**	**37**	**22**
凯里市	1641	1285	765	151	85	37	22
黄平县							
施秉县							
三穗县							
镇远县							
岑巩县							
天柱县							
锦屏县							
剑河县							
台江县							
黎平县							
榕江县							
从江县							
雷山县							
麻江县							
丹寨县							
黔南布依族苗族自治州	**1402**	**1147**	**732**	**146**	**82**	**39**	**20**
都匀市	1045	870	595	107	49	30	12
福泉市	357	277	137	39	33	9	8
荔波县							
贵定县							
瓮安县							
独山县							
平塘县							
罗甸县							
长顺县							
龙里县							
惠水县							
三都水族自治县							

4-1a　续表 10　　　　单位：人

地　区 性　别	45-49岁	50-54岁	55-59岁	60-64岁	65-69岁	70-74岁	75岁及以　上
女	**24765**	**14896**	**5288**	**1395**	**772**	**278**	**158**
贵　州	**24765**	**14896**	**5288**	**1395**	**772**	**278**	**158**
贵阳市	**10080**	**6172**	**2010**	**483**	**225**	**52**	**38**
南明区	2721	1727	565	144	59	11	17
云岩区	2498	1614	579	130	63	11	5
花溪区	1580	898	271	68	35	7	6
乌当区	511	294	80	17	10	3	2
白云区	960	574	196	44	29	14	3
观山湖区	1227	793	232	50	20	2	3
开阳县							
息烽县							
修文县							
清镇市	583	272	87	30	9	4	2
六盘水市	**2559**	**1380**	**450**	**140**	**60**	**38**	**7**
钟山区	1632	865	244	64	33	20	4
六枝特区	371	214	71	18	5	4	1
水城县							
盘州市	556	301	135	58	22	14	2
遵义市	**5037**	**2913**	**933**	**190**	**141**	**50**	**28**
红花岗区	1857	1081	356	59	62	12	7
汇川区	1291	789	231	50	33	19	8
播州区	854	487	163	41	25	10	6
桐梓县							
绥阳县							
正安县							
道真仡佬族苗族自治县							
务川仡佬族苗族自治县							
凤冈县							
湄潭县							
余庆县							
习水县							
赤水市	334	216	83	19	10	4	4
仁怀市	701	340	100	21	11	5	3
安顺市	**1487**	**866**	**406**	**116**	**85**	**29**	**29**
西秀区	1312	731	342	95	64	25	27
平坝区	175	135	64	21	21	4	2
普定县							
镇宁布依族苗族自治县							
关岭布依族苗族自治县							
紫云苗族布依族自治县							
毕节市	**1005**	**597**	**258**	**80**	**41**	**19**	**7**
七星关区	1005	597	258	80	41	19	7
大方县							
黔西县							
金沙县							
织金县							
纳雍县							
威宁彝族回族苗族自治县							
赫章县							

4-1a 续表 11

单位：人

地 区 性 别	45-49岁	50-54岁	55-59岁	60-64岁	65-69岁	70-74岁	75岁及以上
铜仁市	**747**	**466**	**218**	**43**	**27**	**10**	**5**
碧江区	595	386	179	41	27	9	4
万山区	152	80	39	2		1	1
江口县							
玉屏侗族自治县							
石阡县							
思南县							
印江土家族苗族自治县							
德江县							
沿河土家族自治县							
松桃苗族自治县							
黔西南布依族苗族自治州	**1524**	**979**	**438**	**169**	**71**	**25**	**10**
兴义市	1255	763	320	116	52	18	7
兴仁市	269	216	118	53	19	7	3
普安县							
晴隆县							
贞丰县							
望谟县							
册亨县							
安龙县							
黔东南苗族侗族自治州	**1259**	**804**	**300**	**80**	**57**	**22**	**12**
凯里市	1259	804	300	80	57	22	12
黄平县							
施秉县							
三穗县							
镇远县							
岑巩县							
天柱县							
锦屏县							
剑河县							
台江县							
黎平县							
榕江县							
从江县							
雷山县							
麻江县							
丹寨县							
黔南布依族苗族自治州	**1067**	**719**	**275**	**94**	**65**	**33**	**22**
都匀市	826	562	216	74	49	27	17
福泉市	241	157	59	20	16	6	5
荔波县							
贵定县							
瓮安县							
独山县							
平塘县							
罗甸县							
长顺县							
龙里县							
惠水县							
三都水族自治县							

4-1b 各地区分性别、年龄的就业人口(镇)

单位：人

地区 性别	合计	16-19岁	20-24岁	25-29岁	30-34岁	35-39岁	40-44岁
贵 州	**375116**	**5232**	**25010**	**43242**	**55333**	**48165**	**51212**
贵阳市	**24082**	**208**	**1794**	**2898**	**3534**	**3247**	**3224**
南明区							
云岩区							
花溪区	2204	36	251	282	359	285	257
乌当区	1055	11	90	144	131	110	126
白云区	53			4	9	7	5
观山湖区	809	21	59	106	140	83	113
开阳县	8235	45	547	903	1136	1182	1107
息烽县	4703	35	241	566	693	663	716
修文县	5235	41	398	662	835	732	710
清镇市	1788	19	208	231	231	185	190
六盘水市	**19379**	**358**	**1579**	**2097**	**2847**	**2389**	**2863**
钟山区	2242	54	168	188	241	218	395
六枝特区	1733	32	115	166	218	191	244
水城县	9502	215	874	1139	1458	1192	1396
盘州市	5902	57	422	604	930	788	828
遵义市	**67849**	**586**	**4007**	**7873**	**9288**	**7691**	**9500**
红花岗区	2500	24	171	288	308	277	349
汇川区	2223	17	129	192	229	213	297
播州区	3737	27	212	391	439	377	505
桐梓县	8655	90	534	1024	1219	1011	1305
绥阳县	5628	50	313	640	800	737	699
正安县	6359	49	373	656	873	784	980
道真仡佬族苗族自治县	3973	22	189	385	517	450	589
务川仡佬族苗族自治县	5288	35	304	629	768	629	778
凤冈县	5245	36	288	674	694	614	754
湄潭县	7069	60	411	763	938	761	966
余庆县	4428	17	181	381	503	474	613
习水县	9037	92	643	1493	1583	1027	1184
赤水市	1413	19	64	89	141	116	186
仁怀市	2294	48	195	268	276	221	295
安顺市	**22136**	**423**	**1717**	**2851**	**3106**	**2868**	**2975**
西秀区	1954	48	187	253	237	214	245
平坝区	3106	48	277	415	408	363	405
普定县	5669	124	451	659	769	717	811
镇宁布依族苗族自治县	4314	66	292	567	643	585	570
关岭布依族苗族自治县	3616	57	236	555	552	488	466
紫云苗族布依族自治县	3477	80	274	402	497	501	478
毕节市	**77873**	**1819**	**5897**	**8637**	**11925**	**10013**	**10493**
七星关区	2377	38	167	226	278	309	328
大方县	9650	141	581	1017	1509	1371	1346
黔西县	11720	167	770	1259	1855	1680	1664
金沙县	9923	166	563	841	1526	1180	1350
织金县	11878	220	858	1251	1844	1539	1672
纳雍县	9433	168	642	1045	1418	1284	1348
威宁彝族回族苗族自治县	17605	812	1894	2354	2619	1912	2160
赫章县	5287	107	422	644	876	738	625

4-1b 续表 1

单位：人

地区 性别	合计	16-19岁	20-24岁	25-29岁	30-34岁	35-39岁	40-44岁
铜仁市	**37234**	**363**	**2245**	**4457**	**5713**	**5226**	**4913**
碧江区	121	1	6	9	8	9	16
万山区							
江口县	2937	31	155	310	525	409	371
玉屏侗族自治县	2927	33	178	297	458	387	352
石阡县	3949	38	231	492	575	554	549
思南县	5930	49	348	736	851	692	773
印江土家族苗族自治县	4139	45	276	501	600	563	564
德江县	5867	46	340	700	922	838	862
沿河土家族自治县	5635	63	344	660	852	847	752
松桃苗族自治县	5729	57	367	752	922	927	674
黔西南布依族苗族自治州	**29238**	**500**	**2094**	**3428**	**4510**	**3892**	**3717**
兴义市	3492	60	268	392	487	409	398
兴仁市	2094	32	126	204	267	261	310
普安县	3240	37	207	376	488	501	365
晴隆县	3015	50	196	326	465	408	412
贞丰县	4960	103	404	623	809	686	584
望谟县	3545	69	274	457	564	474	481
册亨县	2774	39	188	347	434	368	397
安龙县	6118	110	431	703	996	785	770
黔东南苗族侗族自治州	**45079**	**374**	**2355**	**4630**	**6704**	**6150**	**6324**
凯里市	1247	14	71	119	155	167	164
黄平县	3674	34	198	335	411	425	439
施秉县	2116	19	101	191	290	301	254
三穗县	2800	29	163	265	454	413	388
镇远县	3696	30	185	343	513	430	563
岑巩县	2875	24	154	311	473	370	376
天柱县	3543	22	141	334	568	502	505
锦屏县	2524	9	107	268	358	347	354
剑河县	2711	23	134	304	426	403	406
台江县	1439	13	78	127	196	195	267
黎平县	5950	32	300	603	865	800	852
榕江县	3363	36	181	346	526	512	477
从江县	2550	28	175	323	463	350	330
雷山县	1805	14	107	228	310	280	264
麻江县	2218	12	99	236	332	294	337
丹寨县	2568	35	161	297	364	361	348
黔南布依族苗族自治州	**52246**	**601**	**3322**	**6371**	**7706**	**6689**	**7203**
都匀市	1136	13	69	134	145	91	114
福泉市	2015	21	128	232	271	247	293
荔波县	2982	21	143	386	488	422	442
贵定县	5025	48	312	574	650	628	684
瓮安县	8545	57	473	990	1346	1184	1211
独山县	5337	70	310	587	733	611	633
平塘县	3222	31	191	361	413	377	406
罗甸县	5083	101	332	600	717	650	773
长顺县	2924	33	166	346	423	390	461
龙里县	5414	77	472	810	897	711	720
惠水县	6512	75	459	804	999	834	945
三都水族自治县	4051	54	267	547	624	544	521

4-1b 续表 2

单位：人

地区 性别	合计	16-19岁	20-24岁	25-29岁	30-34岁	35-39岁	40-44岁
男	**219457**	**3283**	**14185**	**24001**	**31429**	**28057**	**29753**
贵　州	**219457**	**3283**	**14185**	**24001**	**31429**	**28057**	**29753**
贵阳市	**14370**	**134**	**975**	**1631**	**2044**	**1916**	**1866**
南明区							
云岩区							
花溪区	1294	26	147	156	211	175	149
乌当区	628	9	48	92	83	56	72
白云区	34			2	6	5	4
观山湖区	433	12	26	54	77	38	59
开阳县	4975	30	317	507	667	710	652
息烽县	2716	23	115	301	375	369	387
修文县	3181	25	217	380	485	440	429
清镇市	1109	9	105	139	140	123	114
六盘水市	**11666**	**224**	**927**	**1244**	**1714**	**1456**	**1758**
钟山区	1445	39	104	116	147	138	247
六枝特区	1010	18	65	100	123	113	146
水城县	5701	131	527	672	891	743	840
盘州市	3510	36	231	356	553	462	525
遵义市	**39427**	**352**	**2262**	**4334**	**5235**	**4374**	**5429**
红花岗区	1478	17	100	164	188	151	203
汇川区	1304	14	75	109	124	130	171
播州区	2132	18	117	221	258	223	290
桐梓县	5234	57	302	609	681	593	779
绥阳县	3249	27	192	337	452	412	407
正安县	3576	28	194	344	483	442	559
道真仡佬族苗族自治县	2331	17	104	212	273	271	344
务川仡佬族苗族自治县	3091	25	177	335	436	383	443
凤冈县	2944	20	150	368	358	329	417
湄潭县	4008	39	221	413	514	412	515
余庆县	2470	10	102	197	265	219	337
习水县	5350	44	359	808	960	595	695
赤水市	835	8	34	52	68	75	102
仁怀市	1425	28	135	165	175	139	167
安顺市	**13046**	**261**	**1013**	**1613**	**1820**	**1696**	**1717**
西秀区	1172	34	114	154	139	123	146
平坝区	1920	33	162	248	264	224	231
普定县	3301	74	264	384	436	416	468
镇宁布依族苗族自治县	2484	47	177	294	379	340	318
关岭布依族苗族自治县	2136	35	137	308	318	288	272
紫云苗族布依族自治县	2033	38	159	225	284	305	282
毕节市	**46000**	**1117**	**3476**	**4928**	**6880**	**6058**	**6140**
七星关区	1394	27	97	133	156	174	184
大方县	5813	85	367	580	931	831	775
黔西县	7016	106	452	714	1036	1033	990
金沙县	5956	102	330	458	876	719	821
织金县	7071	144	524	697	1049	925	995
纳雍县	5547	115	370	601	807	757	821
威宁彝族回族苗族自治县	10229	477	1099	1394	1535	1185	1223
赫章县	2974	61	237	351	490	434	331

4-1b 续表 3 单位：人

地区 性别	合计	16-19岁	20-24岁	25-29岁	30-34岁	35-39岁	40-44岁
铜仁市	**21818**	**223**	**1195**	**2426**	**3226**	**3006**	**2851**
碧江区	82	1	4	5	3	6	9
万山区							
江口县	1792	22	85	166	309	245	210
玉屏侗族自治县	1724	23	102	177	263	212	191
石阡县	2252	22	121	270	296	301	323
思南县	3392	30	180	393	472	390	427
印江土家族苗族自治县	2442	26	152	272	334	315	338
德江县	3436	25	168	367	544	500	517
沿河土家族自治县	3263	40	191	366	466	478	429
松桃苗族自治县	3435	34	192	410	539	559	407
黔西南布依族苗族自治州	**16581**	**315**	**1149**	**1859**	**2495**	**2209**	**2130**
兴义市	2020	39	157	210	294	225	230
兴仁市	1158	17	72	117	139	145	168
普安县	1842	24	114	206	256	278	212
晴隆县	1720	38	108	169	258	233	246
贞丰县	2832	59	223	354	445	396	329
望谟县	2048	49	146	238	335	278	279
册亨县	1539	25	105	176	235	205	234
安龙县	3422	64	224	389	533	449	432
黔东南苗族侗族自治州	**26167**	**247**	**1266**	**2539**	**3614**	**3472**	**3664**
凯里市	758	11	49	69	87	105	102
黄平县	2144	22	107	186	229	235	259
施秉县	1148	13	48	106	142	145	130
三穗县	1562	19	86	146	213	244	208
镇远县	2101	17	89	181	280	233	307
岑巩县	1619	16	63	154	262	214	212
天柱县	2074	16	80	199	289	297	301
锦屏县	1461	5	59	143	188	189	201
剑河县	1616	18	72	159	249	224	243
台江县	896	9	40	72	113	113	165
黎平县	3505	18	161	348	459	459	483
榕江县	1976	27	115	191	297	268	295
从江县	1517	17	102	174	259	202	219
雷山县	1066	11	56	121	177	162	158
麻江县	1276	5	54	129	183	166	193
丹寨县	1448	23	85	161	187	216	188
黔南布依族苗族自治州	**30382**	**410**	**1922**	**3427**	**4401**	**3870**	**4198**
都匀市	633	10	36	79	94	47	55
福泉市	1224	15	71	132	166	164	175
荔波县	1635	15	74	175	251	242	254
贵定县	2898	37	182	300	389	344	396
瓮安县	5187	41	291	569	774	735	720
独山县	3086	41	190	346	415	347	351
平塘县	1782	22	99	179	226	188	229
罗甸县	2894	71	188	299	389	375	450
长顺县	1722	23	86	174	249	221	278
龙里县	3292	58	284	459	525	425	434
惠水县	3793	41	286	431	581	483	564
三都水族自治县	2236	36	135	284	342	299	292

4-1b　续表 4　　　　单位：人

地　区 性　别	合计	16-19岁	20-24岁	25-29岁	30-34岁	35-39岁	40-44岁
女	**155659**	**1949**	**10825**	**19241**	**23904**	**20108**	**21459**
贵　州	**155659**	**1949**	**10825**	**19241**	**23904**	**20108**	**21459**
贵阳市	**9712**	**74**	**819**	**1267**	**1490**	**1331**	**1358**
南明区							
云岩区							
花溪区	910	10	104	126	148	110	108
乌当区	427	2	42	52	48	54	54
白云区	19			2	3	2	1
观山湖区	376	9	33	52	63	45	54
开阳县	3260	15	230	396	469	472	455
息烽县	1987	12	126	265	318	294	329
修文县	2054	16	181	282	350	292	281
清镇市	679	10	103	92	91	62	76
六盘水市	**7713**	**134**	**652**	**853**	**1133**	**933**	**1105**
钟山区	797	15	64	72	94	80	148
六枝特区	723	14	50	66	95	78	98
水城县	3801	84	347	467	567	449	556
盘州市	2392	21	191	248	377	326	303
遵义市	**28422**	**234**	**1745**	**3539**	**4053**	**3317**	**4071**
红花岗区	1022	7	71	124	120	126	146
汇川区	919	3	54	83	105	83	126
播州区	1605	9	95	170	181	154	215
桐梓县	3421	33	232	415	538	418	526
绥阳县	2379	23	121	303	348	325	292
正安县	2783	21	179	312	390	342	421
道真仡佬族苗族自治县	1642	5	85	173	244	179	245
务川仡佬族苗族自治县	2197	10	127	294	332	246	335
凤冈县	2301	16	138	306	336	285	337
湄潭县	3061	21	190	350	424	349	451
余庆县	1958	7	79	184	238	255	276
习水县	3687	48	284	685	623	432	489
赤水市	578	11	30	37	73	41	84
仁怀市	869	20	60	103	101	82	128
安顺市	**9090**	**162**	**704**	**1238**	**1286**	**1172**	**1258**
西秀区	782	14	73	99	98	91	99
平坝区	1186	15	115	167	144	139	174
普定县	2368	50	187	275	333	301	343
镇宁布依族苗族自治县	1830	19	115	273	264	245	252
关岭布依族苗族自治县	1480	22	99	247	234	200	194
紫云苗族布依族自治县	1444	42	115	177	213	196	196
毕节市	**31873**	**702**	**2421**	**3709**	**5045**	**3955**	**4353**
七星关区	983	11	70	93	122	135	144
大方县	3837	56	214	437	578	540	571
黔西县	4704	61	318	545	819	647	674
金沙县	3967	64	233	383	650	461	529
织金县	4807	76	334	554	795	614	677
纳雍县	3886	53	272	444	611	527	527
威宁彝族回族苗族自治县	7376	335	795	960	1084	727	937
赫章县	2313	46	185	293	386	304	294

4-1b 续表 5 单位：人

地区 性别	合计	16-19岁	20-24岁	25-29岁	30-34岁	35-39岁	40-44岁
铜仁市	**15416**	**140**	**1050**	**2031**	**2487**	**2220**	**2062**
碧江区	39		2	4	5	3	7
万山区							
江口县	1145	9	70	144	216	164	161
玉屏侗族自治县	1203	10	76	120	195	175	161
石阡县	1697	16	110	222	279	253	226
思南县	2538	19	168	343	379	302	346
印江土家族苗族自治县	1697	19	124	229	266	248	226
德江县	2431	21	172	333	378	338	345
沿河土家族自治县	2372	23	153	294	386	369	323
松桃苗族自治县	2294	23	175	342	383	368	267
黔西南布依族苗族自治州	**12657**	**185**	**945**	**1569**	**2015**	**1683**	**1587**
兴义市	1472	21	111	182	193	184	168
兴仁市	936	15	54	87	128	116	142
普安县	1398	13	93	170	232	223	153
晴隆县	1295	12	88	157	207	175	166
贞丰县	2128	44	181	269	364	290	255
望谟县	1497	20	128	219	229	196	202
册亨县	1235	14	83	171	199	163	163
安龙县	2696	46	207	314	463	336	338
黔东南苗族侗族自治州	**18912**	**127**	**1089**	**2091**	**3090**	**2678**	**2660**
凯里市	489	3	22	50	68	62	62
黄平县	1530	12	91	149	182	190	180
施秉县	968	6	53	85	148	156	124
三穗县	1238	10	77	119	241	169	180
镇远县	1595	13	96	162	233	197	256
岑巩县	1256	8	91	157	211	156	164
天柱县	1469	6	61	135	279	205	204
锦屏县	1063	4	48	125	170	158	153
剑河县	1095	5	62	145	177	179	163
台江县	543	4	38	55	83	82	102
黎平县	2445	14	139	255	406	341	369
榕江县	1387	9	66	155	229	244	182
从江县	1033	11	73	149	204	148	111
雷山县	739	3	51	107	133	118	106
麻江县	942	7	45	107	149	128	144
丹寨县	1120	12	76	136	177	145	160
黔南布依族苗族自治州	**21864**	**191**	**1400**	**2944**	**3305**	**2819**	**3005**
都匀市	503	3	33	55	51	44	59
福泉市	791	6	57	100	105	83	118
荔波县	1347	6	69	211	237	180	188
贵定县	2127	11	130	274	261	284	288
瓮安县	3358	16	182	421	572	449	491
独山县	2251	29	120	241	318	264	282
平塘县	1440	9	92	182	187	189	177
罗甸县	2189	30	144	301	328	275	323
长顺县	1202	10	80	172	174	169	183
龙里县	2122	19	188	351	372	286	286
惠水县	2719	34	173	373	418	351	381
三都水族自治县	1815	18	132	263	282	245	229

4-1b　续表 6　　　　单位：人

地　区 性　别	45-49岁	50-54岁	55-59岁	60-64岁	65-69岁	70-74岁	75岁及以　上
贵　州	**56940**	**44923**	**26490**	**8664**	**6504**	**2271**	**1130**
贵阳市	**3899**	**2910**	**1445**	**435**	**296**	**120**	**72**
南明区							
云岩区							
花溪区	315	239	117	36	17	8	2
乌当区	165	145	75	31	16	7	4
白云区	13	10	4			1	
观山湖区	113	109	43	16	5	1	
开阳县	1390	1036	531	162	115	39	42
息烽县	834	536	271	72	43	27	6
修文县	788	586	281	81	78	28	15
清镇市	281	249	123	37	22	9	3
六盘水市	**3006**	**2180**	**1279**	**397**	**281**	**68**	**35**
钟山区	450	325	116	43	32	10	2
六枝特区	274	213	151	63	51	9	6
水城县	1418	995	546	123	113	21	12
盘州市	864	647	466	168	85	28	15
遵义市	**11513**	**8504**	**5110**	**1509**	**1435**	**585**	**248**
红花岗区	398	309	212	72	70	13	9
汇川区	374	328	192	78	100	57	17
播州区	621	474	344	142	135	57	13
桐梓县	1493	1014	609	158	132	44	22
绥阳县	875	734	451	152	109	50	18
正安县	1014	733	498	159	145	63	32
道真仡佬族苗族自治县	815	533	258	70	82	35	28
务川仡佬族苗族自治县	851	643	382	105	100	51	13
凤冈县	969	629	364	96	86	27	14
湄潭县	1185	998	619	150	143	53	22
余庆县	852	657	408	129	127	58	28
习水县	1424	963	433	91	76	20	8
赤水市	244	220	168	45	70	36	15
仁怀市	398	269	172	62	60	21	9
安顺市	**3067**	**2420**	**1480**	**584**	**401**	**170**	**74**
西秀区	283	248	139	42	35	16	7
平坝区	501	336	183	72	55	26	17
普定县	792	611	371	159	120	66	19
镇宁布依族苗族自治县	586	503	279	122	61	27	13
关岭布依族苗族自治县	451	351	260	105	75	13	7
紫云苗族布依族自治县	454	371	248	84	55	22	11
毕节市	**11032**	**9139**	**5252**	**1828**	**1288**	**382**	**168**
七星关区	345	334	185	81	61	17	8
大方县	1376	1177	671	211	172	53	25
黔西县	1707	1372	740	262	195	36	13
金沙县	1614	1441	767	197	182	66	30
织金县	1710	1381	789	302	232	51	29
纳雍县	1362	1077	662	209	161	50	7
威宁彝族回族苗族自治县	2137	1814	1119	453	204	84	43
赫章县	781	543	319	113	81	25	13

4-1b 续表 7 单位：人

地区 性别	45-49岁	50-54岁	55-59岁	60-64岁	65-69岁	70-74岁	75岁及以上
铜仁市	**5734**	**4270**	**2548**	**730**	**636**	**246**	**153**
碧江区	30	17	14	5	4	1	1
万山区							
江口县	436	303	242	69	54	24	8
玉屏侗族自治县	481	372	230	66	46	16	11
石阡县	645	461	260	66	52	21	5
思南县	934	773	460	115	126	47	26
印江土家族苗族自治县	699	489	276	56	47	14	9
德江县	915	644	328	109	93	41	29
沿河土家族自治县	856	606	351	128	103	42	31
松桃苗族自治县	738	605	387	116	111	40	33
黔西南布依族苗族自治州	**3768**	**3414**	**2218**	**908**	**546**	**161**	**82**
兴义市	483	416	314	114	106	32	13
兴仁市	240	275	169	88	79	25	18
普安县	453	422	223	94	60	12	2
晴隆县	390	372	229	96	50	14	7
贞丰县	581	582	367	133	58	20	10
望谟县	464	385	221	84	48	16	8
册亨县	386	299	197	76	24	11	8
安龙县	771	663	498	223	121	31	16
黔东南苗族侗族自治州	**7188**	**5800**	**3542**	**979**	**658**	**237**	**138**
凯里市	206	180	90	39	32	8	2
黄平县	663	580	346	93	87	37	26
施秉县	332	276	189	74	56	14	19
三穗县	456	315	188	66	41	18	4
镇远县	647	545	287	76	49	22	6
岑巩县	428	373	214	61	58	21	12
天柱县	508	458	312	92	66	20	15
锦屏县	421	375	205	43	25	10	2
剑河县	446	323	178	28	21	12	7
台江县	240	187	104	19	8	1	4
黎平县	954	747	507	168	85	23	14
榕江县	515	429	247	69	18	4	3
从江县	410	265	159	25	13	7	2
雷山县	287	169	111	13	13	8	1
麻江县	324	254	198	59	48	13	12
丹寨县	351	324	207	54	38	19	9
黔南布依族苗族自治州	**7733**	**6286**	**3616**	**1294**	**963**	**302**	**160**
都匀市	161	156	113	70	48	13	9
福泉市	317	250	116	64	48	21	7
荔波县	412	332	209	66	42	13	6
贵定县	761	642	390	149	124	43	20
瓮安县	1389	947	558	167	146	54	23
独山县	793	781	408	170	179	36	26
平塘县	481	442	266	98	93	42	21
罗甸县	749	632	337	114	53	15	10
长顺县	436	344	184	91	33	5	12
龙里县	766	560	285	65	33	12	6
惠水县	906	731	462	149	97	38	13
三都水族自治县	562	469	288	91	67	10	7

4-1b 续表 8 单位：人

地区 性别	45-49岁	50-54岁	55-59岁	60-64岁	65-69岁	70-74岁	75岁及以上
男	**33354**	**27083**	**17141**	**5231**	**3891**	**1384**	**665**
贵州	**33354**	**27083**	**17141**	**5231**	**3891**	**1384**	**665**
贵阳市	**2347**	**1901**	**995**	**277**	**179**	**70**	**35**
南明区							
云岩区							
花溪区	168	147	76	22	12	4	1
乌当区	97	89	48	19	9	4	2
白云区	9	4	3			1	
观山湖区	55	71	27	11	3		
开阳县	851	675	357	107	65	22	15
息烽县	503	360	191	46	27	15	4
修文县	486	385	201	55	49	19	10
清镇市	178	170	92	17	14	5	3
六盘水市	**1831**	**1294**	**758**	**226**	**178**	**37**	**19**
钟山区	307	229	67	24	20	6	1
六枝特区	161	124	80	41	30	6	3
水城县	852	571	324	67	68	10	5
盘州市	511	370	287	94	60	15	10
遵义市	**6608**	**5188**	**3331**	**944**	**860**	**352**	**158**
红花岗区	217	192	143	46	39	11	7
汇川区	219	190	123	50	56	30	13
播州区	362	262	203	79	65	28	6
桐梓县	906	647	421	110	88	27	14
绥阳县	497	446	290	85	62	31	11
正安县	553	420	318	97	81	37	20
道真仡佬族苗族自治县	471	321	174	46	56	21	21
务川仡佬族苗族自治县	491	380	257	60	60	35	9
凤冈县	537	372	245	67	53	20	8
湄潭县	671	610	390	94	88	28	13
余庆县	481	396	261	81	72	31	18
习水县	815	641	302	58	56	13	4
赤水市	149	139	102	27	43	26	10
仁怀市	239	172	102	44	41	14	4
安顺市	**1815**	**1446**	**945**	**343**	**235**	**101**	**41**
西秀区	167	142	89	28	20	12	4
平坝区	321	204	128	47	34	14	10
普定县	474	359	226	86	69	37	8
镇宁布依族苗族自治县	335	287	174	74	37	14	8
关岭布依族苗族自治县	266	218	172	59	47	11	5
紫云苗族布依族自治县	252	236	156	49	28	13	6
毕节市	**6526**	**5396**	**3271**	**1105**	**743**	**258**	**102**
七星关区	206	194	119	51	36	12	5
大方县	845	697	422	124	104	36	16
黔西县	1015	856	489	172	119	27	7
金沙县	961	887	509	119	109	47	18
织金县	1036	845	497	179	130	33	17
纳雍县	798	617	393	137	94	31	6
威宁彝族回族苗族自治县	1231	978	662	257	106	56	26
赫章县	434	322	180	66	45	16	7

4-1b 续表 9　　单位：人

地　区 性　别	45-49岁	50-54岁	55-59岁	60-64岁	65-69岁	70-74岁	75岁及以上
铜仁市	**3406**	**2624**	**1761**	**440**	**395**	**156**	**109**
碧江区	22	11	12	5	2	1	1
万山区							
江口县	269	206	174	47	35	20	4
玉屏侗族自治县	297	211	161	40	28	9	10
石阡县	366	285	180	37	35	14	2
思南县	545	459	312	67	73	28	16
印江土家族苗族自治县	417	312	193	36	33	8	6
德江县	538	399	214	63	58	21	22
沿河土家族自治县	505	356	242	76	63	27	24
松桃苗族自治县	447	385	273	69	68	28	24
黔西南布依族苗族自治州	**2165**	**1938**	**1355**	**519**	**317**	**94**	**36**
兴义市	281	249	183	62	62	22	6
兴仁市	140	152	95	45	45	14	9
普安县	269	249	130	58	36	9	1
晴隆县	220	213	139	56	29	9	2
贞丰县	331	327	235	86	34	10	3
望谟县	273	214	147	45	28	11	5
册亨县	217	165	116	45	10	3	3
安龙县	434	369	310	122	73	16	7
黔东南苗族侗族自治州	**4145**	**3567**	**2378**	**618**	**422**	**150**	**85**
凯里市	118	110	54	24	22	5	2
黄平县	380	361	219	58	55	17	16
施秉县	190	156	120	45	32	10	11
三穗县	257	183	122	39	28	14	3
镇远县	369	341	200	42	28	11	3
岑巩县	229	230	143	39	33	17	7
天柱县	305	275	193	57	40	12	10
锦屏县	239	230	149	31	19	7	1
剑河县	270	203	132	17	15	9	5
台江县	156	124	84	11	7	1	1
黎平县	554	475	347	114	61	17	9
榕江县	298	254	168	43	15	3	2
从江县	234	168	110	18	10	4	
雷山县	169	108	77	11	10	5	1
麻江县	185	156	126	36	27	7	9
丹寨县	192	193	134	33	20	11	5
黔南布依族苗族自治州	**4511**	**3729**	**2347**	**759**	**562**	**166**	**80**
都匀市	98	82	61	35	24	6	6
福泉市	190	154	75	41	28	10	3
荔波县	231	192	128	35	27	8	3
贵定县	429	374	255	91	68	24	9
瓮安县	842	590	386	110	91	26	12
独山县	451	461	257	90	107	18	12
平塘县	268	261	171	55	52	25	7
罗甸县	414	380	210	71	33	8	6
长顺县	275	209	125	56	18	4	4
龙里县	478	343	213	38	22	9	4
惠水县	511	438	292	87	50	21	8
三都水族自治县	324	245	174	50	42	7	6

4-1b　续表 10　　单位：人

地　区 性　别	45-49岁	50-54岁	55-59岁	60-64岁	65-69岁	70-74岁	75岁及以上
女	**23586**	**17840**	**9349**	**3433**	**2613**	**887**	**465**
贵　州	**23586**	**17840**	**9349**	**3433**	**2613**	**887**	**465**
贵阳市	**1552**	**1009**	**450**	**158**	**117**	**50**	**37**
南明区							
云岩区							
花溪区	147	92	41	14	5	4	1
乌当区	68	56	27	12	7	3	2
白云区	4	6	1				
观山湖区	58	38	16	5	2	1	
开阳县	539	361	174	55	50	17	27
息烽县	331	176	80	26	16	12	2
修文县	302	201	80	26	29	9	5
清镇市	103	79	31	20	8	4	
六盘水市	**1175**	**886**	**521**	**171**	**103**	**31**	**16**
钟山区	143	96	49	19	12	4	1
六枝特区	113	89	71	22	21	3	3
水城县	566	424	222	56	45	11	7
盘州市	353	277	179	74	25	13	5
遵义市	**4905**	**3316**	**1779**	**565**	**575**	**233**	**90**
红花岗区	181	117	69	26	31	2	2
汇川区	155	138	69	28	44	27	4
播州区	259	212	141	63	70	29	7
桐梓县	587	367	188	48	44	17	8
绥阳县	378	288	161	67	47	19	7
正安县	461	313	180	62	64	26	12
道真仡佬族苗族自治县	344	212	84	24	26	14	7
务川仡佬族苗族自治县	360	263	125	45	40	16	4
凤冈县	432	257	119	29	33	7	6
湄潭县	514	388	229	56	55	25	9
余庆县	371	261	147	48	55	27	10
习水县	609	322	131	33	20	7	4
赤水市	95	81	66	18	27	10	5
仁怀市	159	97	70	18	19	7	5
安顺市	**1252**	**974**	**535**	**241**	**166**	**69**	**33**
西秀区	116	106	50	14	15	4	3
平坝区	180	132	55	25	21	12	7
普定县	318	252	145	73	51	29	11
镇宁布依族苗族自治县	251	216	105	48	24	13	5
关岭布依族苗族自治县	185	133	88	46	28	2	2
紫云苗族布依族自治县	202	135	92	35	27	9	5
毕节市	**4506**	**3743**	**1981**	**723**	**545**	**124**	**66**
七星关区	139	140	66	30	25	5	3
大方县	531	480	249	87	68	17	9
黔西县	692	516	251	90	76	9	6
金沙县	653	554	258	78	73	19	12
织金县	674	536	292	123	102	18	12
纳雍县	564	460	269	72	67	19	1
威宁彝族回族苗族自治县	906	836	457	196	98	28	17
赫章县	347	221	139	47	36	9	6

4-1b 续表 11 单位：人

地 区 性 别	45-49岁	50-54岁	55-59岁	60-64岁	65-69岁	70-74岁	75岁及以上
铜仁市	**2328**	**1646**	**787**	**290**	**241**	**90**	**44**
碧江区	8	6	2		2		
万山区							
江口县	167	97	68	22	19	4	4
玉屏侗族自治县	184	161	69	26	18	7	1
石阡县	279	176	80	29	17	7	3
思南县	389	314	148	48	53	19	10
印江土家族苗族自治县	282	177	83	20	14	6	3
德江县	377	245	114	46	35	20	7
沿河土家族自治县	351	250	109	52	40	15	7
松桃苗族自治县	291	220	114	47	43	12	9
黔西南布依族苗族自治州	**1603**	**1476**	**863**	**389**	**229**	**67**	**46**
兴义市	202	167	131	52	44	10	7
兴仁市	100	123	74	43	34	11	9
普安县	184	173	93	36	24	3	1
晴隆县	170	159	90	40	21	5	5
贞丰县	250	255	132	47	24	10	7
望谟县	191	171	74	39	20	5	3
册亨县	169	134	81	31	14	8	5
安龙县	337	294	188	101	48	15	9
黔东南苗族侗族自治州	**3043**	**2233**	**1164**	**361**	**236**	**87**	**53**
凯里市	88	70	36	15	10	3	
黄平县	283	219	127	35	32	20	10
施秉县	142	120	69	29	24	4	8
三穗县	199	132	66	27	13	4	1
镇远县	278	204	87	34	21	11	3
岑巩县	199	143	71	22	25	4	5
天柱县	203	183	119	35	26	8	5
锦屏县	182	145	56	12	6	3	1
剑河县	176	120	46	11	6	3	2
台江县	84	63	20	8	1		3
黎平县	400	272	160	54	24	6	5
榕江县	217	175	79	26	3	1	1
从江县	176	97	49	7	3	3	2
雷山县	118	61	34	2	3	3	
麻江县	139	98	72	23	21	6	3
丹寨县	159	131	73	21	18	8	4
黔南布依族苗族自治州	**3222**	**2557**	**1269**	**535**	**401**	**136**	**80**
都匀市	63	74	52	35	24	7	3
福泉市	127	96	41	23	20	11	4
荔波县	181	140	81	31	15	5	3
贵定县	332	268	135	58	56	19	11
瓮安县	547	357	172	57	55	28	11
独山县	342	320	151	80	72	18	14
平塘县	213	181	95	43	41	17	14
罗甸县	335	252	127	43	20	7	4
长顺县	161	135	59	35	15	1	8
龙里县	288	217	72	27	11	3	2
惠水县	395	293	170	62	47	17	5
三都水族自治县	238	224	114	41	25	3	1

4-1c 各地区分性别、年龄的就业人口(乡村)

单位：人

地 区 性 别	合计	16-19岁	20-24岁	25-29岁	30-34岁	35-39岁	40-44岁
贵 州	**708682**	**13624**	**45275**	**56940**	**67912**	**64226**	**80016**
贵阳市	**53449**	**904**	**3703**	**5093**	**6029**	**5220**	**6075**
南明区	2765	48	252	350	329	333	365
云岩区							
花溪区	7820	147	653	938	1111	896	990
乌当区	4953	82	386	515	611	473	585
白云区	1594	39	140	137	212	219	214
观山湖区	3721	101	520	548	524	371	400
开阳县	8082	62	396	547	627	595	647
息烽县	6224	63	257	424	503	492	704
修文县	7718	221	444	626	893	727	859
清镇市	10572	141	655	1008	1219	1114	1311
六盘水市	**64372**	**1415**	**5377**	**5448**	**7191**	**6698**	**7893**
钟山区	2458	82	286	195	290	256	316
六枝特区	11162	268	746	774	1081	1142	1368
水城县	21156	714	2065	1831	2240	2093	2630
盘州市	29596	351	2280	2648	3580	3207	3579
遵义市	**116539**	**1286**	**5656**	**8375**	**9272**	**8128**	**11763**
红花岗区	7124	54	390	587	720	544	719
汇川区	5409	63	305	414	430	439	543
播州区	16338	148	854	1291	1488	1237	1617
桐梓县	10916	192	600	859	863	797	1264
绥阳县	8030	84	402	533	628	584	744
正安县	9848	98	391	600	700	696	1016
道真仡佬族苗族自治县	4172	19	169	244	271	278	478
务川仡佬族苗族自治县	5000	70	224	335	326	310	452
凤冈县	7059	50	283	390	352	357	713
湄潭县	8330	82	351	507	439	479	852
余庆县	5718	19	146	248	319	281	480
习水县	11604	136	588	1043	1187	893	1165
赤水市	5426	43	187	309	391	278	470
仁怀市	11565	228	766	1015	1158	955	1250
安顺市	**53125**	**1221**	**3799**	**4919**	**5415**	**5049**	**6278**
西秀区	14693	260	1069	1558	1454	1297	1673
平坝区	7186	111	439	628	793	726	902
普定县	9926	232	822	901	966	887	1174
镇宁布依族苗族自治县	8403	258	633	701	865	847	972
关岭布依族苗族自治县	6950	195	435	596	720	673	785
紫云苗族布依族自治县	5967	165	401	535	617	619	772
毕节市	**142960**	**4090**	**10506**	**11528**	**14235**	**13252**	**17264**
七星关区	17320	454	1174	1218	1628	1577	2036
大方县	17388	327	1020	1286	1793	1809	2142
黔西县	14178	268	771	920	1244	1372	1739
金沙县	10267	167	500	556	948	876	1330
织金县	16479	454	1074	1055	1426	1633	2115
纳雍县	14260	428	1046	1166	1465	1437	1848
威宁彝族回族苗族自治县	35521	1444	3513	3696	3846	3059	4075
赫章县	17547	548	1408	1631	1885	1489	1979

4-1c 续表 1 单位：人

地区 性别	合计	16-19岁	20-24岁	25-29岁	30-34岁	35-39岁	40-44岁
铜仁市	**62767**	**909**	**3537**	**4818**	**5186**	**5197**	**5881**
碧江区	2761	32	207	285	316	249	242
万山区	3193	54	205	273	306	266	303
江口县	3958	37	183	304	364	320	368
玉屏侗族自治县	2799	32	184	232	313	264	289
石阡县	8592	126	478	663	604	648	820
思南县	10227	108	436	748	666	653	829
印江土家族苗族自治县	5296	66	294	363	387	433	460
德江县	7883	107	388	502	585	622	810
沿河土家族自治县	8668	165	490	581	675	785	851
松桃苗族自治县	9390	182	672	867	970	957	909
黔西南布依族苗族自治州	**68216**	**1575**	**4571**	**5636**	**6813**	**6878**	**7997**
兴义市	15535	312	1071	1500	1640	1579	1733
兴仁市	10966	244	645	799	1067	1037	1270
普安县	6878	147	489	499	671	729	812
晴隆县	5953	130	362	484	633	626	673
贞丰县	8256	232	574	669	720	707	898
望谟县	5541	206	413	458	509	671	735
册亨县	5298	97	390	461	599	633	744
安龙县	9789	207	627	766	974	896	1132
黔东南苗族侗族自治州	**75620**	**1175**	**4007**	**5539**	**7241**	**7349**	**8613**
凯里市	7265	129	410	521	701	738	950
黄平县	5615	91	287	331	394	432	433
施秉县	3598	53	153	222	258	316	292
三穗县	3408	48	146	241	330	346	346
镇远县	3179	48	127	158	236	311	343
岑巩县	3218	28	175	245	307	302	317
天柱县	5576	59	182	360	569	522	584
锦屏县	2897	17	125	243	279	272	325
剑河县	3814	59	164	276	391	387	521
台江县	2930	44	189	216	255	321	470
黎平县	8402	84	429	697	844	762	956
榕江县	6899	158	453	552	726	764	819
从江县	7849	178	565	726	878	849	984
雷山县	3017	45	209	219	337	278	364
麻江县	3756	48	168	246	298	313	417
丹寨县	4197	86	225	286	438	436	492
黔南布依族苗族自治州	**71634**	**1049**	**4119**	**5584**	**6530**	**6455**	**8252**
都匀市	9292	146	558	770	845	674	873
福泉市	6842	53	345	571	697	622	792
荔波县	4204	36	257	330	412	475	556
贵定县	5548	90	314	448	442	459	608
瓮安县	5678	35	238	404	493	453	573
独山县	5587	66	272	452	514	496	541
平塘县	6400	89	341	444	468	447	681
罗甸县	4693	71	233	252	343	389	675
长顺县	3978	63	248	296	401	430	534
龙里县	4084	86	317	429	476	362	488
惠水县	7636	156	518	603	661	746	937
三都水族自治县	7692	158	478	585	778	902	994

4-1c　续表 2　　　　单位：人

地　区 性　别	合计	16-19岁	20-24岁	25-29岁	30-34岁	35-39岁	40-44岁
男	**422696**	**8853**	**28950**	**36549**	**42874**	**39758**	**47260**
贵　州	**422696**	**8853**	**28950**	**36549**	**42874**	**39758**	**47260**
贵阳市	**32970**	**603**	**2366**	**3255**	**3882**	**3229**	**3734**
南明区	1738	33	146	219	205	212	218
云岩区							
花溪区	4927	104	438	594	705	543	633
乌当区	3019	51	245	312	389	291	344
白云区	988	25	82	86	127	144	133
观山湖区	2371	66	328	354	342	227	262
开阳县	4845	40	263	342	393	386	391
息烽县	3635	49	162	255	312	276	419
修文县	4754	144	274	417	582	433	526
清镇市	6693	91	428	676	827	717	808
六盘水市	**39005**	**904**	**3465**	**3508**	**4639**	**4235**	**4768**
钟山区	1532	58	187	125	197	162	208
六枝特区	6728	161	483	488	690	698	812
水城县	12902	461	1347	1196	1494	1352	1593
盘州市	17843	224	1448	1699	2258	2023	2155
遵义市	**68496**	**846**	**3644**	**5522**	**5999**	**5025**	**6710**
红花岗区	4247	38	265	375	457	341	422
汇川区	3301	38	202	290	301	260	325
播州区	9619	115	527	848	950	774	909
桐梓县	6528	113	381	596	549	491	727
绥阳县	4575	53	244	344	398	345	399
正安县	5592	65	241	378	422	430	564
道真仡佬族苗族自治县	2434	13	106	155	183	172	283
务川仡佬族苗族自治县	2911	46	147	230	224	197	248
凤冈县	3986	39	190	261	224	210	382
湄潭县	4577	54	221	317	260	260	460
余庆县	3116	15	93	152	195	167	241
习水县	7147	71	378	680	804	576	714
赤水市	3164	31	123	208	249	175	273
仁怀市	7299	155	526	688	783	627	763
安顺市	**31597**	**796**	**2466**	**3116**	**3317**	**3123**	**3693**
西秀区	8557	162	684	948	855	745	991
平坝区	4294	79	290	416	477	449	515
普定县	5946	153	523	566	606	551	685
镇宁布依族苗族自治县	4926	165	407	451	533	538	577
关岭布依族苗族自治县	4227	130	300	399	462	436	460
紫云苗族布依族自治县	3647	107	262	336	384	404	465
毕节市	**85079**	**2567**	**6644**	**7375**	**8870**	**8323**	**10201**
七星关区	10465	309	764	800	1004	994	1199
大方县	10509	223	661	843	1124	1154	1323
黔西县	8771	159	551	600	839	889	1087
金沙县	6587	106	335	402	632	592	859
织金县	9939	301	680	696	910	1036	1307
纳雍县	8415	271	647	734	888	920	1075
威宁彝族回族苗族自治县	20233	850	2149	2280	2318	1834	2251
赫章县	10160	348	857	1020	1155	904	1100

4-1c 续表 3

单位：人

地区 性别	合计	16-19岁	20-24岁	25-29岁	30-34岁	35-39岁	40-44岁
铜仁市	**37755**	**612**	**2271**	**3186**	**3377**	**3248**	**3454**
碧江区	1757	23	139	178	208	176	142
万山区	2000	44	136	168	195	167	191
江口县	2518	25	115	191	242	205	235
玉屏侗族自治县	1764	22	126	149	198	166	188
石阡县	4926	87	280	433	378	382	453
思南县	5783	76	274	485	395	382	446
印江土家族苗族自治县	3265	45	202	251	271	266	276
德江县	4504	69	254	320	367	369	451
沿河土家族自治县	5019	107	309	386	443	487	480
松桃苗族自治县	6219	114	436	625	680	648	592
黔西南布依族苗族自治州	**38904**	**999**	**2798**	**3438**	**4022**	**4017**	**4602**
兴义市	8989	222	712	933	968	894	1007
兴仁市	6113	140	382	477	604	608	716
普安县	3993	97	302	299	386	440	461
晴隆县	3483	80	223	303	398	368	405
贞丰县	4546	135	326	402	411	411	502
望谟县	3244	128	251	280	328	409	438
册亨县	2943	56	212	258	339	371	417
安龙县	5593	141	390	486	588	516	656
黔东南苗族侗族自治州	**46152**	**809**	**2665**	**3521**	**4633**	**4558**	**5179**
凯里市	4559	99	289	345	495	480	598
黄平县	3328	63	189	229	240	279	248
施秉县	2070	45	103	137	163	195	164
三穗县	2098	42	100	166	207	199	205
镇远县	2044	33	80	107	160	203	214
岑巩县	1997	22	119	149	211	186	180
天柱县	3401	42	111	221	356	338	379
锦屏县	1841	13	84	164	186	175	201
剑河县	2324	39	113	170	234	220	310
台江县	1778	25	113	147	166	203	278
黎平县	5103	49	284	415	529	457	548
榕江县	4274	103	303	343	456	469	494
从江县	4862	115	365	451	551	522	598
雷山县	1898	31	145	149	227	191	227
麻江县	2154	30	113	147	180	189	249
丹寨县	2421	58	154	181	272	252	286
黔南布依族苗族自治州	**42738**	**717**	**2631**	**3628**	**4135**	**4000**	**4919**
都匀市	5500	106	379	523	553	428	500
福泉市	4264	45	240	399	471	407	487
荔波县	2584	27	172	205	250	306	337
贵定县	3283	64	193	298	272	277	369
瓮安县	3538	20	167	266	350	305	383
独山县	3299	50	174	297	303	304	327
平塘县	3613	63	207	280	281	255	373
罗甸县	2750	51	149	157	215	235	388
长顺县	2436	39	150	199	252	280	319
龙里县	2655	50	200	283	339	232	315
惠水县	4564	104	328	391	412	466	565
三都水族自治县	4252	98	272	330	437	505	556

4-1c　续表 4　　　　单位：人

地　区 性　别	合计	16-19岁	20-24岁	25-29岁	30-34岁	35-39岁	40-44岁
女	**285986**	**4771**	**16325**	**20391**	**25038**	**24468**	**32756**
贵　州	**285986**	**4771**	**16325**	**20391**	**25038**	**24468**	**32756**
贵阳市	**20479**	**301**	**1337**	**1838**	**2147**	**1991**	**2341**
南明区	1027	15	106	131	124	121	147
云岩区							
花溪区	2893	43	215	344	406	353	357
乌当区	1934	31	141	203	222	182	241
白云区	606	14	58	51	85	75	81
观山湖区	1350	35	192	194	182	144	138
开阳县	3237	22	133	205	234	209	256
息烽县	2589	14	95	169	191	216	285
修文县	2964	77	170	209	311	294	333
清镇市	3879	50	227	332	392	397	503
六盘水市	**25367**	**511**	**1912**	**1940**	**2552**	**2463**	**3125**
钟山区	926	24	99	70	93	94	108
六枝特区	4434	107	263	286	391	444	556
水城县	8254	253	718	635	746	741	1037
盘州市	11753	127	832	949	1322	1184	1424
遵义市	**48043**	**440**	**2012**	**2853**	**3273**	**3103**	**5053**
红花岗区	2877	16	125	212	263	203	297
汇川区	2108	25	103	124	129	179	218
播州区	6719	33	327	443	538	463	708
桐梓县	4388	79	219	263	314	306	537
绥阳县	3455	31	158	189	230	239	345
正安县	4256	33	150	222	278	266	452
道真仡佬族苗族自治县	1738	6	63	89	88	106	195
务川仡佬族苗族自治县	2089	24	77	105	102	113	204
凤冈县	3073	11	93	129	128	147	331
湄潭县	3753	28	130	190	179	219	392
余庆县	2602	4	53	96	124	114	239
习水县	4457	65	210	363	383	317	451
赤水市	2262	12	64	101	142	103	197
仁怀市	4266	73	240	327	375	328	487
安顺市	**21528**	**425**	**1333**	**1803**	**2098**	**1926**	**2585**
西秀区	6136	98	385	610	599	552	682
平坝区	2892	32	149	212	316	277	387
普定县	3980	79	299	335	360	336	489
镇宁布依族苗族自治县	3477	93	226	250	332	309	395
关岭布依族苗族自治县	2723	65	135	197	258	237	325
紫云苗族布依族自治县	2320	58	139	199	233	215	307
毕节市	**57881**	**1523**	**3862**	**4153**	**5365**	**4929**	**7063**
七星关区	6855	145	410	418	624	583	837
大方县	6879	104	359	443	669	655	819
黔西县	5407	109	220	320	405	483	652
金沙县	3680	61	165	154	316	284	471
织金县	6540	153	394	359	516	597	808
纳雍县	5845	157	399	432	577	517	773
威宁彝族回族苗族自治县	15288	594	1364	1416	1528	1225	1824
赫章县	7387	200	551	611	730	585	879

4-1c 续表 5 单位：人

地区 性别	合计	16-19岁	20-24岁	25-29岁	30-34岁	35-39岁	40-44岁
铜仁市	**25012**	**297**	**1266**	**1632**	**1809**	**1949**	**2427**
碧江区	1004	9	68	107	108	73	100
万山区	1193	10	69	105	111	99	112
江口县	1440	12	68	113	122	115	133
玉屏侗族自治县	1035	10	58	83	115	98	101
石阡县	3666	39	198	230	226	266	367
思南县	4444	32	162	263	271	271	383
印江土家族苗族自治县	2031	21	92	112	116	167	184
德江县	3379	38	134	182	218	253	359
沿河土家族自治县	3649	58	181	195	232	298	371
松桃苗族自治县	3171	68	236	242	290	309	317
黔西南布依族苗族自治州	**29312**	**576**	**1773**	**2198**	**2791**	**2861**	**3395**
兴义市	6546	90	359	567	672	685	726
兴仁市	4853	104	263	322	463	429	554
普安县	2885	50	187	200	285	289	351
晴隆县	2470	50	139	181	235	258	268
贞丰县	3710	97	248	267	309	296	396
望谟县	2297	78	162	178	181	262	297
册亨县	2355	41	178	203	260	262	327
安龙县	4196	66	237	280	386	380	476
黔东南苗族侗族自治州	**29468**	**366**	**1342**	**2018**	**2608**	**2791**	**3434**
凯里市	2706	30	121	176	206	258	352
黄平县	2287	28	98	102	154	153	185
施秉县	1528	8	50	85	95	121	128
三穗县	1310	6	46	75	123	147	141
镇远县	1135	15	47	51	76	108	129
岑巩县	1221	6	56	96	96	116	137
天柱县	2175	17	71	139	213	184	205
锦屏县	1056	4	41	79	93	97	124
剑河县	1490	20	51	106	157	167	211
台江县	1152	19	76	69	89	118	192
黎平县	3299	35	145	282	315	305	408
榕江县	2625	55	150	209	270	295	325
从江县	2987	63	200	275	327	327	386
雷山县	1119	14	64	70	110	87	137
麻江县	1602	18	55	99	118	124	168
丹寨县	1776	28	71	105	166	184	206
黔南布依族苗族自治州	**28896**	**332**	**1488**	**1956**	**2395**	**2455**	**3333**
都匀市	3792	40	179	247	292	246	373
福泉市	2578	8	105	172	226	215	305
荔波县	1620	9	85	125	162	169	219
贵定县	2265	26	121	150	170	182	239
瓮安县	2140	15	71	138	143	148	190
独山县	2288	16	98	155	211	192	214
平塘县	2787	26	134	164	187	192	308
罗甸县	1943	20	84	95	128	154	287
长顺县	1542	24	98	97	149	150	215
龙里县	1429	36	117	146	137	130	173
惠水县	3072	52	190	212	249	280	372
三都水族自治县	3440	60	206	255	341	397	438

4-1c　续表 6　　　　单位：人

地　区 性　别	45-49岁	50-54岁	55-59岁	60-64岁	65-69岁	70-74岁	75岁及以　上
贵　州	**104657**	**103974**	**75272**	**39399**	**35652**	**14840**	**6895**
贵阳市	**8121**	**7469**	**4996**	**2528**	**2108**	**807**	**396**
南明区	415	339	200	65	47	13	9
云岩区							
花溪区	1105	948	556	236	162	55	23
乌当区	830	666	406	182	139	51	27
白云区	262	180	99	40	36	13	3
观山湖区	492	364	211	101	57	17	15
开阳县	1224	1412	1051	609	567	241	104
息烽县	964	995	749	379	415	178	101
修文县	1184	1055	801	373	337	139	59
清镇市	1645	1510	923	543	348	100	55
六盘水市	**9470**	**8553**	**5898**	**3124**	**2134**	**769**	**402**
钟山区	380	312	157	83	59	26	16
六枝特区	1523	1543	1148	705	559	206	99
水城县	3208	2926	1740	734	602	241	132
盘州市	4359	3772	2853	1602	914	296	155
遵义市	**18479**	**18998**	**13991**	**6726**	**8326**	**3866**	**1673**
红花岗区	1077	1131	821	382	450	194	55
汇川区	849	862	593	283	381	184	63
播州区	2528	2621	1903	961	1008	451	231
桐梓县	1766	1756	1275	589	637	214	104
绥阳县	1184	1285	1116	553	610	226	81
正安县	1510	1574	1284	664	782	400	133
道真仡佬族苗族自治县	658	705	470	244	355	188	93
务川仡佬族苗族自治县	745	775	620	311	453	262	117
凤冈县	1170	1257	971	397	677	315	127
湄潭县	1379	1442	1123	473	685	378	140
余庆县	968	935	752	384	601	389	196
习水县	1962	1928	1259	539	597	204	103
赤水市	917	915	641	338	530	256	151
仁怀市	1766	1812	1163	608	560	205	79
安顺市	**7320**	**7243**	**4998**	**3141**	**2412**	**916**	**414**
西秀区	2090	2113	1445	778	632	243	81
平坝区	1095	984	675	389	296	112	36
普定县	1341	1359	911	577	498	174	84
镇宁布依族苗族自治县	1034	1054	729	614	401	176	119
关岭布依族苗族自治县	945	925	662	478	341	132	63
紫云苗族布依族自治县	815	808	576	305	244	79	31
毕节市	**21060**	**20907**	**14213**	**7369**	**5692**	**1919**	**925**
七星关区	2641	2738	1929	877	697	246	105
大方县	2624	2580	1762	856	809	234	146
黔西县	2127	2267	1542	865	705	250	108
金沙县	1866	1780	1142	391	457	179	75
织金县	2460	2455	1749	988	765	211	94
纳雍县	2032	2031	1338	665	558	179	67
威宁彝族回族苗族自治县	4726	4594	2992	1859	1099	400	218
赫章县	2584	2462	1759	868	602	220	112

4-1c 续表 7

单位：人

地区 性别	45-49岁	50-54岁	55-59岁	60-64岁	65-69岁	70-74岁	75岁及以上
铜仁市	**8816**	**8704**	**6928**	**4037**	**5043**	**2523**	**1188**
碧江区	413	355	286	121	138	72	45
万山区	482	442	391	175	176	79	41
江口县	552	613	473	283	263	137	61
玉屏侗族自治县	434	402	309	138	132	54	16
石阡县	1298	1237	1013	559	686	317	143
思南县	1471	1509	1208	697	1045	607	250
印江土家族苗族自治县	785	795	607	318	472	207	109
德江县	1032	1079	785	556	783	408	226
沿河土家族自治县	1115	1141	931	604	760	389	181
松桃苗族自治县	1234	1131	925	586	588	253	116
黔西南布依族苗族自治州	**9248**	**9992**	**7503**	**3954**	**2562**	**1016**	**471**
兴义市	2109	2203	1625	893	542	218	110
兴仁市	1394	1596	1268	728	561	243	114
普安县	939	1058	719	435	254	97	29
晴隆县	858	848	634	376	248	58	23
贞丰县	1121	1300	997	521	327	129	61
望谟县	780	818	549	207	118	47	30
册亨县	720	791	563	180	80	28	12
安龙县	1327	1378	1148	614	432	196	92
黔东南苗族侗族自治州	**11671**	**11476**	**8852**	**3936**	**3498**	**1539**	**724**
凯里市	1117	1038	709	333	340	186	93
黄平县	908	986	706	364	410	188	85
施秉县	526	569	440	260	280	145	84
三穗县	457	495	427	238	204	90	40
镇远县	511	521	400	220	199	76	29
岑巩县	498	469	403	185	190	65	34
天柱县	801	860	780	384	297	132	46
锦屏县	443	519	373	170	98	28	5
剑河县	618	575	422	162	157	64	18
台江县	428	393	277	131	117	64	25
黎平县	1370	1322	1117	397	298	92	34
榕江县	1118	1033	766	287	158	41	24
从江县	1323	1163	793	212	123	44	11
雷山县	477	419	333	123	111	69	33
麻江县	564	508	446	231	280	144	93
丹寨县	512	606	460	239	236	111	70
黔南布依族苗族自治州	**10472**	**10632**	**7893**	**4584**	**3877**	**1485**	**702**
都匀市	1320	1354	1117	638	621	230	146
福泉市	915	1038	699	451	418	164	77
荔波县	687	665	442	142	134	47	21
贵定县	780	797	594	438	347	155	76
瓮安县	852	896	695	428	402	156	53
独山县	859	886	633	399	301	118	50
平塘县	919	980	816	454	457	203	101
罗甸县	787	784	525	241	254	94	45
长顺县	589	559	426	248	130	37	17
龙里县	637	535	325	222	132	54	21
惠水县	1108	1033	807	520	384	109	54
三都水族自治县	1019	1105	814	403	297	118	41

4-1c 续表 8 单位：人

地区 性别	45-49岁	50-54岁	55-59岁	60-64岁	65-69岁	70-74岁	75岁及以上
男	**60892**	**59314**	**42823**	**22584**	**20379**	**8589**	**3871**
贵 州	**60892**	**59314**	**42823**	**22584**	**20379**	**8589**	**3871**
贵阳市	**4927**	**4578**	**3014**	**1501**	**1197**	**463**	**221**
南明区	268	230	132	39	23	7	6
云岩区							
花溪区	679	598	354	148	86	34	11
乌当区	496	407	254	104	84	27	15
白云区	155	123	60	27	19	5	2
观山湖区	302	234	136	66	37	10	7
开阳县	711	823	631	351	322	135	57
息烽县	557	574	431	220	226	97	57
修文县	714	653	470	219	201	90	31
清镇市	1045	936	546	327	199	58	35
六盘水市	**5573**	**4850**	**3297**	**1804**	**1271**	**461**	**230**
钟山区	225	186	83	49	33	12	7
六枝特区	911	911	662	402	333	125	52
水城县	1867	1651	940	425	363	138	75
盘州市	2570	2102	1612	928	542	186	96
遵义市	**10432**	**10746**	**7932**	**3837**	**4689**	**2166**	**948**
红花岗区	620	659	470	215	247	109	29
汇川区	519	514	336	162	212	105	37
播州区	1430	1503	1093	550	554	240	126
桐梓县	1046	1025	717	345	367	115	56
绥阳县	660	688	620	305	339	132	48
正安县	780	853	723	382	439	236	79
道真仡佬族苗族自治县	357	380	264	147	211	114	49
务川仡佬族苗族自治县	404	423	329	178	263	153	69
凤冈县	620	659	521	233	389	186	72
湄潭县	710	754	620	263	382	198	78
余庆县	512	520	401	202	317	200	101
习水县	1189	1140	748	318	360	107	62
赤水市	515	512	377	179	276	151	95
仁怀市	1070	1116	713	358	333	120	47
安顺市	**4309**	**4169**	**2807**	**1734**	**1318**	**518**	**231**
西秀区	1225	1189	798	435	331	146	48
平坝区	663	563	380	213	160	69	20
普定县	808	797	517	329	265	99	47
镇宁布依族苗族自治县	573	582	405	318	222	89	66
关岭布依族苗族自治县	541	545	378	270	196	75	35
紫云苗族布依族自治县	499	493	329	169	144	40	15
毕节市	**12255**	**11644**	**7967**	**4241**	**3280**	**1169**	**543**
七星关区	1549	1581	1104	520	408	169	64
大方县	1567	1456	981	475	455	159	88
黔西县	1300	1312	903	503	407	153	68
金沙县	1210	1086	721	219	263	116	46
织金县	1489	1401	955	579	405	126	54
纳雍县	1177	1110	754	389	312	98	40
威宁彝族回族苗族自治县	2553	2370	1573	1033	677	220	125
赫章县	1410	1328	976	523	353	128	58

4-1c 续表 9 单位：人

地区 性别	45-49岁	50-54岁	55-59岁	60-64岁	65-69岁	70-74岁	75岁及以上
铜仁市	**5116**	**4967**	**4024**	**2359**	**2969**	**1486**	**686**
碧江区	245	222	188	76	85	44	31
万山区	287	269	243	105	110	59	26
江口县	358	363	302	178	165	100	39
玉屏侗族自治县	265	251	193	83	78	34	11
石阡县	719	656	551	315	403	186	83
思南县	805	819	627	400	591	332	151
印江土家族苗族自治县	457	464	369	178	306	114	66
德江县	564	590	442	311	430	230	107
沿河土家族自治县	624	609	507	342	411	216	98
松桃苗族自治县	792	724	602	371	390	171	74
黔西南布依族苗族自治州	**5116**	**5510**	**4042**	**2179**	**1394**	**557**	**230**
兴义市	1164	1240	904	482	288	124	51
兴仁市	768	864	666	388	304	136	60
普安县	543	603	404	240	147	55	16
晴隆县	495	468	338	221	140	31	13
贞丰县	591	699	507	283	174	74	31
望谟县	444	456	297	121	58	22	12
册亨县	380	441	306	98	48	11	6
安龙县	731	739	620	346	235	104	41
黔东南苗族侗族自治州	**6981**	**6733**	**5236**	**2356**	**2095**	**959**	**427**
凯里市	678	589	437	189	201	103	56
黄平县	524	551	399	208	237	105	56
施秉县	272	306	251	141	158	91	44
三穗县	295	284	242	152	124	59	23
镇远县	328	344	250	137	124	47	17
岑巩县	298	278	248	116	120	46	24
天柱县	496	507	438	218	175	85	35
锦屏县	273	309	233	115	62	23	3
剑河县	372	353	253	99	100	49	12
台江县	256	224	163	72	74	46	11
黎平县	802	794	697	250	196	62	20
榕江县	666	623	482	185	106	30	14
从江县	798	713	486	142	83	31	7
雷山县	283	250	189	73	62	50	21
麻江县	329	295	231	124	137	83	47
丹寨县	311	313	237	135	136	49	37
黔南布依族苗族自治州	**6183**	**6117**	**4504**	**2573**	**2166**	**810**	**355**
都匀市	776	768	616	343	321	119	68
福泉市	540	625	415	263	242	91	39
荔波县	419	400	259	89	78	28	14
贵定县	467	462	330	245	192	78	36
瓮安县	508	520	425	248	225	90	31
独山县	491	518	350	228	167	66	24
平塘县	531	547	443	248	233	111	41
罗甸县	457	433	300	134	150	53	28
长顺县	358	327	256	142	80	19	15
龙里县	415	357	203	133	82	37	9
惠水县	663	573	462	284	233	57	26
三都水族自治县	558	587	445	216	163	61	24

4-1c　续表 10　　单位：人

地　区 性　别	45-49岁	50-54岁	55-59岁	60-64岁	65-69岁	70-74岁	75岁及以上
女	**43765**	**44660**	**32449**	**16815**	**15273**	**6251**	**3024**
贵　州	**43765**	**44660**	**32449**	**16815**	**15273**	**6251**	**3024**
贵阳市	**3194**	**2891**	**1982**	**1027**	**911**	**344**	**175**
南明区	147	109	68	26	24	6	3
云岩区							
花溪区	426	350	202	88	76	21	12
乌当区	334	259	152	78	55	24	12
白云区	107	57	39	13	17	8	1
观山湖区	190	130	75	35	20	7	8
开阳县	513	589	420	258	245	106	47
息烽县	407	421	318	159	189	81	44
修文县	470	402	331	154	136	49	28
清镇市	600	574	377	216	149	42	20
六盘水市	**3897**	**3703**	**2601**	**1320**	**863**	**308**	**172**
钟山区	155	126	74	34	26	14	9
六枝特区	612	632	486	303	226	81	47
水城县	1341	1275	800	309	239	103	57
盘州市	1789	1670	1241	674	372	110	59
遵义市	**8047**	**8252**	**6059**	**2889**	**3637**	**1700**	**725**
红花岗区	457	472	351	167	203	85	26
汇川区	330	348	257	121	169	79	26
播州区	1098	1118	810	411	454	211	105
桐梓县	720	731	558	244	270	99	48
绥阳县	524	597	496	248	271	94	33
正安县	730	721	561	282	343	164	54
道真仡佬族苗族自治县	301	325	206	97	144	74	44
务川仡佬族苗族自治县	341	352	291	133	190	109	48
凤冈县	550	598	450	164	288	129	55
湄潭县	669	688	503	210	303	180	62
余庆县	456	415	351	182	284	189	95
习水县	773	788	511	221	237	97	41
赤水市	402	403	264	159	254	105	56
仁怀市	696	696	450	250	227	85	32
安顺市	**3011**	**3074**	**2191**	**1407**	**1094**	**398**	**183**
西秀区	865	924	647	343	301	97	33
平坝区	432	421	295	176	136	43	16
普定县	533	562	394	248	233	75	37
镇宁布依族苗族自治县	461	472	324	296	179	87	53
关岭布依族苗族自治县	404	380	284	208	145	57	28
紫云苗族布依族自治县	316	315	247	136	100	39	16
毕节市	**8805**	**9263**	**6246**	**3128**	**2412**	**750**	**382**
七星关区	1092	1157	825	357	289	77	41
大方县	1057	1124	781	381	354	75	58
黔西县	827	955	639	362	298	97	40
金沙县	656	694	421	172	194	63	29
织金县	971	1054	794	409	360	85	40
纳雍县	855	921	584	276	246	81	27
威宁彝族回族苗族自治县	2173	2224	1419	826	422	180	93
赫章县	1174	1134	783	345	249	92	54

4-1c 续表 11 单位：人

地区 性别	45-49岁	50-54岁	55-59岁	60-64岁	65-69岁	70-74岁	75岁及以上
铜仁市	**3700**	**3737**	**2904**	**1678**	**2074**	**1037**	**502**
碧江区	168	133	98	45	53	28	14
万山区	195	173	148	70	66	20	15
江口县	194	250	171	105	98	37	22
玉屏侗族自治县	169	151	116	55	54	20	5
石阡县	579	581	462	244	283	131	60
思南县	666	690	581	297	454	275	99
印江土家族苗族自治县	328	331	238	140	166	93	43
德江县	468	489	343	245	353	178	119
沿河土家族自治县	491	532	424	262	349	173	83
松桃苗族自治县	442	407	323	215	198	82	42
黔西南布依族苗族自治州	**4132**	**4482**	**3461**	**1775**	**1168**	**459**	**241**
兴义市	945	963	721	411	254	94	59
兴仁市	626	732	602	340	257	107	54
普安县	396	455	315	195	107	42	13
晴隆县	363	380	296	155	108	27	10
贞丰县	530	601	490	238	153	55	30
望谟县	336	362	252	86	60	25	18
册亨县	340	350	257	82	32	17	6
安龙县	596	639	528	268	197	92	51
黔东南苗族侗族自治州	**4690**	**4743**	**3616**	**1580**	**1403**	**580**	**297**
凯里市	439	449	272	144	139	83	37
黄平县	384	435	307	156	173	83	29
施秉县	254	263	189	119	122	54	40
三穗县	162	211	185	86	80	31	17
镇远县	183	177	150	83	75	29	12
岑巩县	200	191	155	69	70	19	10
天柱县	305	353	342	166	122	47	11
锦屏县	170	210	140	55	36	5	2
剑河县	246	222	169	63	57	15	6
台江县	172	169	114	59	43	18	14
黎平县	568	528	420	147	102	30	14
榕江县	452	410	284	102	52	11	10
从江县	525	450	307	70	40	13	4
雷山县	194	169	144	50	49	19	12
麻江县	235	213	215	107	143	61	46
丹寨县	201	293	223	104	100	62	33
黔南布依族苗族自治州	**4289**	**4515**	**3389**	**2011**	**1711**	**675**	**347**
都匀市	544	586	501	295	300	111	78
福泉市	375	413	284	188	176	73	38
荔波县	268	265	183	53	56	19	7
贵定县	313	335	264	193	155	77	40
瓮安县	344	376	270	180	177	66	22
独山县	368	368	283	171	134	52	26
平塘县	388	433	373	206	224	92	60
罗甸县	330	351	225	107	104	41	17
长顺县	231	232	170	106	50	18	2
龙里县	222	178	122	89	50	17	12
惠水县	445	460	345	236	151	52	28
三都水族自治县	461	518	369	187	134	57	17

4-2　各地区分性别、受教育程度的就业人口

单位：人

地　区 性　别	合　计	未上过学	学前教育	小　学	初　中	高　中	大学专科	大学本科	硕　士 研究生	博　士 研究生
贵　州	**1480345**	**73842**	**622**	**414811**	**578052**	**139962**	**129431**	**135700**	**7123**	**802**
贵阳市	**248613**	**3279**	**44**	**39248**	**83525**	**37438**	**36982**	**43012**	**4485**	**600**
南明区	46460	367	8	4265	13374	9256	8999	9268	833	90
云岩区	45041	459	15	4357	11287	7552	8469	11395	1339	168
花溪区	35245	523	1	4780	13480	5732	4764	5094	665	206
乌当区	14266	216	2	1954	5185	2195	2198	2261	233	22
白云区	18058	173	2	2580	7189	2896	2662	2395	149	12
观山湖区	28059	171	1	2633	6712	3831	5098	8379	1138	96
开阳县	16317	418	5	5363	6447	1689	1371	997	26	1
息烽县	10927	217	9	3572	4606	964	785	756	18	
修文县	12953	278	1	3944	6122	1115	689	788	15	1
清镇市	21287	457		5800	9123	2208	1947	1679	69	4
六盘水市	**120594**	**5943**	**21**	**36390**	**48224**	**11029**	**9678**	**8993**	**294**	**22**
钟山区	26414	683	9	4835	8921	4147	3741	3874	193	11
六枝特区	17808	1155	2	5974	6975	1287	1184	1213	17	1
水城县	30658	2454	4	12070	12027	1612	1336	1104	44	7
盘州市	45714	1651	6	13511	20301	3983	3417	2802	40	3
遵义市	**258443**	**7772**	**98**	**66442**	**116678**	**25322**	**20605**	**20632**	**806**	**88**
红花岗区	36260	364	6	4960	16796	5477	4262	4104	257	34
汇川区	25450	642	4	4250	10180	3228	3011	3786	306	43
播州区	32763	548	10	6764	17348	3419	2466	2166	41	1
桐梓县	19571	768	15	5962	9741	1143	927	1002	12	1
绥阳县	13658	664	8	4019	6445	1088	803	617	13	1
正安县	16207	589	4	6062	6597	938	968	1035	14	
道真仡佬族苗族自治县	8145	257		2477	3346	743	671	644	7	
务川仡佬族苗族自治县	10288	712	14	3640	3701	636	786	790	9	
凤冈县	12304	801	2	4148	4914	783	803	836	17	
湄潭县	15399	403	7	4277	7552	1172	1043	928	16	1
余庆县	10146	462	19	3460	3949	816	764	669	7	
习水县	20641	528	4	5928	9572	1857	1386	1335	31	
赤水市	11105	320	1	3572	4392	1146	931	732	10	1
仁怀市	26506	714	4	6923	12145	2876	1784	1988	66	6
安顺市	**95780**	**6124**	**30**	**27541**	**40161**	**7465**	**7230**	**6972**	**240**	**17**
西秀区	34325	1502	10	7324	14378	3400	3695	3831	174	11
平坝区	13133	448	2	3321	6242	1205	1041	838	33	3
普定县	15595	839	3	5242	7190	994	720	594	13	
镇宁布依族苗族自治县	12717	1152	9	4549	5081	683	686	550	5	2
关岭布依族苗族自治县	10566	889	3	3916	3929	616	555	650	7	1
紫云苗族布依族自治县	9444	1294	3	3189	3341	567	533	509	8	
毕节市	**238788**	**24862**	**129**	**85130**	**84935**	**15103**	**13703**	**14648**	**262**	**16**
七星关区	37652	1823	12	11069	14885	3019	2813	3888	137	6
大方县	27038	1733	13	9767	10658	1820	1522	1493	32	
黔西县	25898	1668	33	10303	9131	1679	1565	1508	9	2
金沙县	20190	609	9	6339	9115	1668	1267	1175	7	1
织金县	28357	3713	17	10800	9009	1718	1512	1562	25	1
纳雍县	23693	3241	22	7746	8493	1420	1493	1262	14	2
威宁彝族回族苗族自治县	53126	9673	15	19780	16257	2607	2292	2477	24	1
赫章县	22834	2402	8	9326	7387	1172	1239	1283	14	3

4-2 续表 1　　　　单位：人

地区 性别	合计	未上过学	学前教育	小学	初中	高中	大学专科	大学本科	硕士研究生	博士研究生
铜仁市	**112481**	**5469**	**66**	**32492**	**45146**	**9948**	**10113**	**9023**	**206**	**18**
碧江区	12976	199	5	2386	4802	1624	1763	2067	119	11
万山区	5579	132		1526	2441	529	440	504	7	
江口县	6895	354		2177	2647	544	645	527	1	
玉屏侗族自治县	5726	59	1	1207	2864	650	572	363	9	1
石阡县	12541	663	15	4142	4734	1042	1066	863	15	1
思南县	16157	1117	7	5402	6073	1181	1315	1048	12	2
印江土家族苗族自治县	9435	384	8	2616	4023	866	813	716	9	
德江县	13750	1046		4056	5437	1133	1192	872	13	1
沿河土家族自治县	14303	1109	9	4589	5547	945	1037	1056	11	
松桃苗族自治县	15119	406	21	4391	6578	1434	1270	1007	10	2
黔西南布依族苗族自治州	**125573**	**6012**	**73**	**42770**	**48146**	**9272**	**9464**	**9572**	**252**	**12**
兴义市	42075	894	10	11250	16369	4507	4106	4724	204	11
兴仁市	18131	993	20	6657	7264	1018	1126	1043	10	
普安县	10118	787	2	3395	3939	662	659	668	6	
晴隆县	8968	867	2	3526	2956	477	555	580	5	
贞丰县	13216	414	13	5223	5260	742	860	698	6	
望谟县	9086	993	4	3484	2814	412	759	616	3	1
册亨县	8072	589	15	3397	2718	396	484	468	5	
安龙县	15907	475	7	5838	6826	1058	915	775	13	
黔东南苗族侗族自治州	**140229**	**7760**	**78**	**41746**	**54783**	**12514**	**11478**	**11604**	**247**	**19**
凯里市	28042	836	6	5351	10184	3836	3635	4013	168	13
黄平县	9289	445	4	3426	3686	580	585	561	2	
施秉县	5714	441	2	1891	2190	460	402	322	6	
三穗县	6208	205	1	1948	2565	525	454	507	3	
镇远县	6875	270	3	2061	2858	675	516	486	5	1
岑巩县	6093	237	1	1720	2483	581	461	605	5	
天柱县	9119	159	4	2284	4765	771	557	576	3	
锦屏县	5421	135	2	1218	2471	550	512	525	7	1
剑河县	6525	720	1	1927	2267	533	501	570	6	
台江县	4369	439	1	1162	1784	347	381	250	4	1
黎平县	14352	776	11	4568	5995	990	1020	981	11	
榕江县	10262	822	5	3565	3996	731	666	474	3	
从江县	10399	1190	20	4262	3373	499	623	429	3	
雷山县	4822	409	5	1377	1764	427	387	444	8	1
麻江县	5974	351	3	2418	1900	497	358	441	5	1
丹寨县	6765	325	9	2568	2502	512	420	420	8	1
黔南布依族苗族自治州	**139844**	**6621**	**83**	**43052**	**56454**	**11871**	**10178**	**11244**	**331**	**10**
都匀市	22494	708	21	4909	8788	2662	2196	3023	179	8
福泉市	12755	352	6	3918	5441	1121	924	979	14	
荔波县	7186	174	2	2335	2779	645	584	658	9	
贵定县	10573	629	7	3540	4191	740	776	673	17	
瓮安县	14223	260	5	3695	6590	1379	1177	1090	26	1
独山县	10924	397	1	3338	4874	985	712	608	9	
平塘县	9622	558	6	3771	3641	464	545	632	5	
罗甸县	9776	1003	7	3475	3201	641	694	750	4	1
长顺县	6902	579	3	2103	2852	524	394	439	8	
龙里县	9498	277	9	2560	4167	1003	742	722	18	
惠水县	14148	1144	5	4487	5784	986	819	895	28	
三都水族自治县	11743	540	11	4921	4146	721	615	775	14	

4-2　续表 2　　　　单位：人

地　区 性　别	合　计	未上过学	学前教育	小　学	初　中	高　中	大学专科	大学本科	硕　士 研究生	博　士 研究生
男	**872038**	**15507**	**179**	**222202**	**389023**	**92502**	**74705**	**73792**	**3613**	**515**
贵　州	**872038**	**15507**	**179**	**222202**	**389023**	**92502**	**74705**	**73792**	**3613**	**515**
贵阳市	**147003**	**847**	**19**	**22086**	**54500**	**23377**	**20436**	**23098**	**2264**	**376**
南明区	26898	116	5	2357	8455	5566	4974	4933	434	58
云岩区	25902	140	6	2497	7285	4682	4495	6067	634	96
花溪区	21249	141		2741	8867	3651	2689	2702	319	139
乌当区	8296	71	2	1078	3283	1307	1233	1182	123	17
白云区	11097	58	1	1505	4701	1913	1533	1300	80	6
观山湖区	16279	41		1485	4269	2364	2778	4680	605	57
开阳县	9820	71	2	2912	4376	1104	812	530	13	
息烽县	6351	35	3	1884	2959	631	435	394	10	
修文县	7935	61		2259	4097	710	384	415	9	
清镇市	13176	113		3368	6208	1449	1103	895	37	3
六盘水市	**72461**	**1327**	**5**	**19281**	**33757**	**7427**	**5630**	**4866**	**155**	**13**
钟山区	15522	192	3	2640	5815	2639	2121	1998	108	6
六枝特区	10582	230		3289	4821	884	701	644	12	1
水城县	18603	609	2	6657	8766	1124	800	622	19	4
盘州市	27754	296		6695	14355	2780	2008	1602	16	2
遵义市	**150718**	**1126**	**27**	**33032**	**76229**	**16739**	**11987**	**11149**	**369**	**60**
红花岗区	21165	65	2	2508	10434	3512	2413	2098	112	21
汇川区	14674	74	3	2227	6516	2037	1680	1975	133	29
播州区	19028	69	4	3250	10846	2248	1440	1151	19	1
桐梓县	11762	84	1	3083	6702	756	563	566	6	1
绥阳县	7824	102	1	1951	4210	737	473	343	6	1
正安县	9168	58	2	2738	4527	649	569	617	8	
道真仡佬族苗族自治县	4765	33		1174	2235	535	415	369	4	
务川仡佬族苗族自治县	6002	120	2	1834	2618	482	492	448	6	
凤冈县	6930	130		1998	3318	559	461	456	8	
湄潭县	8585	61	3	2014	4613	769	611	503	10	1
余庆县	5586	80	7	1668	2469	519	450	387	6	
习水县	12497	68	1	3024	6591	1239	852	708	14	
赤水市	6492	90	1	1908	2785	776	527	397	7	1
仁怀市	16240	92		3655	8365	1921	1041	1131	30	5
安顺市	**56198**	**1063**	**7**	**14922**	**27370**	**4930**	**4105**	**3666**	**122**	**13**
西秀区	19646	250	2	3633	9468	2179	2058	1958	89	9
平坝区	7852	75		1719	4200	786	592	459	19	2
普定县	9247	159	1	2885	4808	673	401	315	5	
镇宁布依族苗族自治县	7410	223	4	2460	3536	473	414	296	3	1
关岭布依族苗族自治县	6363	118		2216	2894	443	325	364	2	1
紫云苗族布依族自治县	5680	238		2009	2464	376	315	274	4	
毕节市	**141732**	**6609**	**48**	**49436**	**58747**	**10313**	**8223**	**8189**	**153**	**14**
七星关区	22512	405	4	6229	10010	2007	1632	2142	77	6
大方县	16322	416	1	5528	7342	1261	927	828	19	
黔西县	15787	369	20	6202	6340	1149	907	795	4	1
金沙县	12543	120	2	3537	6305	1147	780	647	4	1
织金县	17010	803	5	6759	6431	1214	904	880	14	
纳雍县	13962	768	9	4583	5946	981	924	742	7	2
威宁彝族回族苗族自治县	30462	3166	6	11522	11198	1752	1386	1413	18	1
赫章县	13134	562	1	5076	5175	802	763	742	10	3

4-2 续表 3

单位：人

地区 性别	合计	未上过学	学前教育	小学	初中	高中	大学专科	大学本科	硕士研究生	博士研究生
铜仁市	**66794**	**981**	**21**	**16792**	**30874**	**6895**	**5927**	**5181**	**113**	**10**
碧江区	7647	71	4	1324	3110	1034	944	1094	61	5
万山区	3413	33		844	1660	360	241	273	2	
江口县	4310	100		1308	1806	390	394	312		
玉屏侗族自治县	3488	12		608	1878	444	335	204	6	1
石阡县	7178	102	2	1989	3182	734	646	511	11	1
思南县	9175	170	1	2655	4123	835	764	619	8	
印江土家族苗族自治县	5707	78	2	1342	2754	613	498	414	6	
德江县	7940	132		1973	3784	796	717	527	10	1
沿河土家族自治县	8282	162	2	2275	3893	691	615	638	6	
松桃苗族自治县	9654	121	10	2474	4684	998	773	589	3	2
黔西南布依族苗族自治州	**71465**	**957**	**13**	**21276**	**32158**	**6214**	**5514**	**5202**	**121**	**10**
兴义市	24106	165	2	5593	10582	2920	2290	2453	92	9
兴仁市	10154	115	3	3167	4905	700	670	589	5	
普安县	5835	120		1749	2740	461	363	398	4	
晴隆县	5203	119	1	1909	2121	341	368	341	3	
贞丰县	7378	57	2	2343	3543	508	527	393	5	
望谟县	5292	202	1	1941	2031	292	464	358	2	1
册亨县	4482	116	2	1778	1794	253	279	259	1	
安龙县	9015	63	2	2796	4442	739	553	411	9	
黔东南苗族侗族自治州	**83450**	**1412**	**20**	**22325**	**37434**	**8682**	**6978**	**6441**	**146**	**12**
凯里市	16448	119	1	2774	6697	2515	2127	2114	93	8
黄平县	5472	77		1793	2487	412	377	325	1	
施秉县	3218	80	1	968	1423	332	243	167	4	
三穗县	3660	36		995	1702	370	275	279	3	
镇远县	4145	52	1	1137	1929	456	301	265	3	1
岑巩县	3616	39		892	1677	388	267	349	4	
天柱县	5475	19	2	1054	3135	557	357	349	2	
锦屏县	3302	7		594	1670	389	339	296	6	1
剑河县	3940	124	1	1137	1640	387	312	335	4	
台江县	2674	93		624	1282	270	253	149	2	1
黎平县	8608	126	3	2422	4210	702	591	548	6	
榕江县	6250	165	1	2043	2810	538	400	291	2	
从江县	6379	300	8	2593	2493	353	399	231	2	
雷山县	2964	66	1	767	1297	312	261	254	6	
麻江县	3430	62	1	1309	1261	344	210	242	1	
丹寨县	3869	47		1223	1721	357	266	247	7	1
黔南布依族苗族自治州	**82217**	**1185**	**19**	**23052**	**37954**	**7925**	**5905**	**6000**	**170**	**7**
都匀市	12923	145	5	2534	5597	1719	1233	1586	98	6
福泉市	7795	81	3	2113	3765	753	544	534	2	
荔波县	4219	31	1	1149	1901	456	348	326	7	
贵定县	6181	129	2	2000	2783	470	421	370	6	
瓮安县	8725	54		2076	4326	949	680	627	13	
独山县	6385	65		1663	3257	663	421	310	6	
平塘县	5395	92		1903	2424	322	302	350	2	
罗甸县	5644	176	1	1972	2249	430	393	418	4	1
长顺县	4158	92	1	1205	2021	351	240	245	3	
龙里县	5947	85	3	1535	2864	651	449	353	7	
惠水县	8357	163		2484	4072	661	499	464	14	
三都水族自治县	6488	72	3	2418	2695	500	375	417	8	

4-2 续表 4

单位：人

地区 性别	合计	未上过学	学前教育	小学	初中	高中	大学专科	大学本科	硕士研究生	博士研究生
女	**608307**	**58335**	**443**	**192609**	**189029**	**47460**	**54726**	**61908**	**3510**	**287**
贵州	**608307**	**58335**	**443**	**192609**	**189029**	**47460**	**54726**	**61908**	**3510**	**287**
贵阳市	**101610**	**2432**	**25**	**17162**	**29025**	**14061**	**16546**	**19914**	**2221**	**224**
南明区	19562	251	3	1908	4919	3690	4025	4335	399	32
云岩区	19139	319	9	1860	4002	2870	3974	5328	705	72
花溪区	13996	382	1	2039	4613	2081	2075	2392	346	67
乌当区	5970	145		876	1902	888	965	1079	110	5
白云区	6961	115	1	1075	2488	983	1129	1095	69	6
观山湖区	11780	130	1	1148	2443	1467	2320	3699	533	39
开阳县	6497	347	3	2451	2071	585	559	467	13	1
息烽县	4576	182	6	1688	1647	333	350	362	8	
修文县	5018	217	1	1685	2025	405	305	373	6	1
清镇市	8111	344		2432	2915	759	844	784	32	1
六盘水市	**48133**	**4616**	**16**	**17109**	**14467**	**3602**	**4048**	**4127**	**139**	**9**
钟山区	10892	491	6	2195	3106	1508	1620	1876	85	5
六枝特区	7226	925	2	2685	2154	403	483	569	5	
水城县	12055	1845	2	5413	3261	488	536	482	25	3
盘州市	17960	1355	6	6816	5946	1203	1409	1200	24	1
遵义市	**107725**	**6646**	**71**	**33410**	**40449**	**8583**	**8618**	**9483**	**437**	**28**
红花岗区	15095	299	4	2452	6362	1965	1849	2006	145	13
汇川区	10776	568	1	2023	3664	1191	1331	1811	173	14
播州区	13735	479	6	3514	6502	1171	1026	1015	22	
桐梓县	7809	684	14	2879	3039	387	364	436	6	
绥阳县	5834	562	7	2068	2235	351	330	274	7	
正安县	7039	531	2	3324	2070	289	399	418	6	
道真仡佬族苗族自治县	3380	224		1303	1111	208	256	275	3	
务川仡佬族苗族自治县	4286	592	12	1806	1083	154	294	342	3	
凤冈县	5374	671	2	2150	1596	224	342	380	9	
湄潭县	6814	342	4	2263	2939	403	432	425	6	
余庆县	4560	382	12	1792	1480	297	314	282	1	
习水县	8144	460	3	2904	2981	618	534	627	17	
赤水市	4613	230		1664	1607	370	404	335	3	
仁怀市	10266	622	4	3268	3780	955	743	857	36	1
安顺市	**39582**	**5061**	**23**	**12619**	**12791**	**2535**	**3125**	**3306**	**118**	**4**
西秀区	14679	1252	8	3691	4910	1221	1637	1873	85	2
平坝区	5281	373	2	1602	2042	419	449	379	14	1
普定县	6348	680	2	2357	2382	321	319	279	8	
镇宁布依族苗族自治县	5307	929	5	2089	1545	210	272	254	2	1
关岭布依族苗族自治县	4203	771	3	1700	1035	173	230	286	5	
紫云苗族布依族自治县	3764	1056	3	1180	877	191	218	235	4	
毕节市	**97056**	**18253**	**81**	**35694**	**26188**	**4790**	**5480**	**6459**	**109**	**2**
七星关区	15140	1418	8	4840	4875	1012	1181	1746	60	
大方县	10716	1317	12	4239	3316	559	595	665	13	
黔西县	10111	1299	13	4101	2791	530	658	713	5	1
金沙县	7647	489	7	2802	2810	521	487	528	3	
织金县	11347	2910	12	4041	2578	504	608	682	11	1
纳雍县	9731	2473	13	3163	2547	439	569	520	7	
威宁彝族回族苗族自治县	22664	6507	9	8258	5059	855	906	1064	6	
赫章县	9700	1840	7	4250	2212	370	476	541	4	

4-2 续表 5　　　　单位：人

地区 性别	合计	未上过学	学前教育	小学	初中	高中	大学专科	大学本科	硕士研究生	博士研究生
铜仁市	**45687**	**4488**	**45**	**15700**	**14272**	**3053**	**4186**	**3842**	**93**	**8**
碧江区	5329	128	1	1062	1692	590	819	973	58	6
万山区	2166	99		682	781	169	199	231	5	
江口县	2585	254		869	841	154	251	215	1	
玉屏侗族自治县	2238	47	1	599	986	206	237	159	3	
石阡县	5363	561	13	2153	1552	308	420	352	4	
思南县	6982	947	6	2747	1950	346	551	429	4	2
印江土家族苗族自治县	3728	306	6	1274	1269	253	315	302	3	
德江县	5810	914		2083	1653	337	475	345	3	
沿河土家族自治县	6021	947	7	2314	1654	254	422	418	5	
松桃苗族自治县	5465	285	11	1917	1894	436	497	418	7	
黔西南布依族苗族自治州	**54108**	**5055**	**60**	**21494**	**15988**	**3058**	**3950**	**4370**	**131**	**2**
兴义市	17969	729	8	5657	5787	1587	1816	2271	112	2
兴仁市	7977	878	17	3490	2359	318	456	454	5	
普安县	4283	667	2	1646	1199	201	296	270	2	
晴隆县	3765	748	1	1617	835	136	187	239	2	
贞丰县	5838	357	11	2880	1717	234	333	305	1	
望谟县	3794	791	3	1543	783	120	295	258	1	
册亨县	3590	473	13	1619	924	143	205	209	4	
安龙县	6892	412	5	3042	2384	319	362	364	4	
黔东南苗族侗族自治州	**56779**	**6348**	**58**	**19421**	**17349**	**3832**	**4500**	**5163**	**101**	**7**
凯里市	11594	717	5	2577	3487	1321	1508	1899	75	5
黄平县	3817	368	4	1633	1199	168	208	236	1	
施秉县	2496	361	1	923	767	128	159	155	2	
三穗县	2548	169	1	953	863	155	179	228		
镇远县	2730	218	2	924	929	219	215	221	2	
岑巩县	2477	198	1	828	806	193	194	256	1	
天柱县	3644	140	2	1230	1630	214	200	227	1	
锦屏县	2119	128	2	624	801	161	173	229	1	
剑河县	2585	596		790	627	146	189	235	2	
台江县	1695	346	1	538	502	77	128	101	2	
黎平县	5744	650	8	2146	1785	288	429	433	5	
榕江县	4012	657	4	1522	1186	193	266	183	1	
从江县	4020	890	12	1669	880	146	224	198	1	
雷山县	1858	343	4	610	467	115	126	190	2	1
麻江县	2544	289	2	1109	639	153	148	199	4	1
丹寨县	2896	278	9	1345	781	155	154	173	1	
黔南布依族苗族自治州	**57627**	**5436**	**64**	**20000**	**18500**	**3946**	**4273**	**5244**	**161**	**3**
都匀市	9571	563	16	2375	3191	943	963	1437	81	2
福泉市	4960	271	3	1805	1676	368	380	445	12	
荔波县	2967	143	1	1186	878	189	236	332	2	
贵定县	4392	500	5	1540	1408	270	355	303	11	
瓮安县	5498	206	5	1619	2264	430	497	463	13	1
独山县	4539	332	1	1675	1617	322	291	298	3	
平塘县	4227	466	6	1868	1217	142	243	282	3	
罗甸县	4132	827	6	1503	952	211	301	332		
长顺县	2744	487	2	898	831	173	154	194	5	
龙里县	3551	192	6	1025	1303	352	293	369	11	
惠水县	5791	981	5	2003	1712	325	320	431	14	
三都水族自治县	5255	468	8	2503	1451	221	240	358	6	

4-2a　各地区分性别、受教育程度的就业人口(城市)

单位：人

地区 性别	合计	未上过学	学前教育	小学	初中	高中	大学专科	大学本科	硕士研究生	博士研究生
贵州	**396547**	**3489**	**63**	**45901**	**131437**	**64763**	**65800**	**78271**	**6130**	**693**
贵阳市	**171082**	**1317**	**29**	**15930**	**47697**	**30323**	**31957**	**39028**	**4264**	**537**
南明区	43695	322	8	3671	11876	8945	8792	9164	828	89
云岩区	45041	459	15	4357	11287	7552	8469	11395	1339	168
花溪区	25221	189	1	2243	8167	4852	4349	4694	577	149
乌当区	8258	42	2	572	1937	1590	1857	2031	206	21
白云区	16411	138	2	2193	6294	2758	2548	2322	144	12
观山湖区	23529	109	1	1648	4603	3241	4585	8125	1122	95
开阳县										
息烽县										
修文县										
清镇市	8927	58		1246	3533	1385	1357	1297	48	3
六盘水市	**36843**	**494**	**10**	**5334**	**12678**	**6012**	**5908**	**6165**	**228**	**14**
钟山区	21714	299	9	3299	6848	3775	3546	3739	188	11
六枝特区	4913	82		686	1874	639	757	861	13	1
水城县										
盘州市	10216	113	1	1349	3956	1598	1605	1565	27	2
遵义市	**74055**	**389**	**4**	**7872**	**31211**	**12303**	**10340**	**11204**	**649**	**83**
红花岗区	26636	123	1	2693	11252	4627	3817	3837	252	34
汇川区	17818	130	3	1847	6426	2757	2752	3558	302	43
播州区	12688	35		1014	6224	2088	1664	1627	35	1
桐梓县										
绥阳县										
正安县										
道真仡佬族苗族自治县										
务川仡佬族苗族自治县										
凤冈县										
湄潭县										
余庆县										
习水县										
赤水市	4266	13		586	1685	705	694	574	8	1
仁怀市	12647	88		1732	5624	2126	1413	1608	52	4
安顺市	**20519**	**260**	**3**	**2715**	**7153**	**2769**	**3530**	**3895**	**182**	**12**
西秀区	17678	221	3	2290	6081	2376	3088	3440	168	11
平坝区	2841	39		425	1072	393	442	455	14	1
普定县										
镇宁布依族苗族自治县										
关岭布依族苗族自治县										
紫云苗族布依族自治县										
毕节市	**17955**	**263**	**5**	**2901**	**6767**	**2126**	**2272**	**3480**	**135**	**6**
七星关区	17955	263	5	2901	6767	2126	2272	3480	135	6
大方县										
黔西县										
金沙县										
织金县										
纳雍县										
威宁彝族回族苗族自治县										
赫章县										

4-2a 续表 1

单位：人

地区 性别	合计	未上过学	学前教育	小学	初中	高中	大学专科	大学本科	硕士研究生	博士研究生
铜仁市	**12480**	**107**	**4**	**1945**	**4289**	**1703**	**1924**	**2378**	**121**	**9**
碧江区	10094	93	4	1477	3351	1430	1636	1980	114	9
万山区	2386	14		468	938	273	288	398	7	
江口县										
玉屏侗族自治县										
石阡县										
思南县										
印江土家族苗族自治县										
德江县										
沿河土家族自治县										
松桃苗族自治县										
黔西南布依族苗族自治州	**28119**	**294**	**3**	**4809**	**9972**	**3822**	**4147**	**4858**	**203**	**11**
兴义市	23048	210	2	3689	7977	3342	3473	4149	195	11
兴仁市	5071	84	1	1120	1995	480	674	709	8	
普安县										
晴隆县										
贞丰县										
望谟县										
册亨县										
安龙县										
黔东南苗族侗族自治州	**19530**	**251**	**2**	**2449**	**6327**	**3208**	**3312**	**3803**	**165**	**13**
凯里市	19530	251	2	2449	6327	3208	3312	3803	165	13
黄平县										
施秉县										
三穗县										
镇远县										
岑巩县										
天柱县										
锦屏县										
剑河县										
台江县										
黎平县										
榕江县										
从江县										
雷山县										
麻江县										
丹寨县										
黔南布依族苗族自治州	**15964**	**114**	**3**	**1946**	**5343**	**2497**	**2410**	**3460**	**183**	**8**
都匀市	12066	81	2	1272	3862	1953	1902	2813	173	8
福泉市	3898	33	1	674	1481	544	508	647	10	
荔波县										
贵定县										
瓮安县										
独山县										
平塘县										
罗甸县										
长顺县										
龙里县										
惠水县										
三都水族自治县										

4-2a 续表 2 单位：人

地区 性别	合计	未上过学	学前教育	小学	初中	高中	大学专科	大学本科	硕士研究生	博士研究生
男	**229885**	**904**	**26**	**24587**	**82260**	**40444**	**36547**	**41595**	**3082**	**440**
贵州	**229885**	**904**	**26**	**24587**	**82260**	**40444**	**36547**	**41595**	**3082**	**440**
贵阳市	**99663**	**413**	**14**	**8978**	**30450**	**18719**	**17582**	**21013**	**2160**	**334**
南明区	25160	105	5	2008	7436	5370	4867	4881	431	57
云岩区	25902	140	6	2497	7285	4682	4495	6067	634	96
花溪区	15028	65		1274	5293	3064	2450	2504	280	98
乌当区	4649	11	2	283	1171	945	1038	1071	111	17
白云区	10075	43	1	1280	4114	1810	1476	1266	79	6
观山湖区	13475	24		905	2878	1968	2509	4535	599	57
开阳县										
息烽县										
修文县										
清镇市	5374	25		731	2273	880	747	689	26	3
六盘水市	**21790**	**126**	**3**	**2839**	**8212**	**3885**	**3358**	**3233**	**126**	**8**
钟山区	12545	83	3	1743	4296	2390	1996	1922	106	6
六枝特区	2844	18		356	1168	422	431	440	8	1
水城县										
盘州市	6401	25		740	2748	1073	931	871	12	1
遵义市	**42795**	**77**	**2**	**4022**	**18883**	**7768**	**5837**	**5864**	**287**	**55**
红花岗区	15440	25		1384	6860	2933	2155	1951	111	21
汇川区	10069	20	2	924	3888	1694	1532	1849	131	29
播州区	7277	7		523	3611	1301	953	864	17	1
桐梓县										
绥阳县										
正安县										
道真仡佬族苗族自治县										
务川仡佬族苗族自治县										
凤冈县										
湄潭县										
余庆县										
习水县										
赤水市	2493	8		309	1001	466	388	315	5	1
仁怀市	7516	17		882	3523	1374	809	885	23	3
安顺市	**11555**	**52**		**1364**	**4364**	**1711**	**1953**	**2008**	**94**	**9**
西秀区	9917	43		1129	3718	1460	1716	1755	87	9
平坝区	1638	9		235	646	251	237	253	7	
普定县										
镇宁布依族苗族自治县										
关岭布依族苗族自治县										
紫云苗族布依族自治县										
毕节市	**10653**	**68**	**3**	**1698**	**4268**	**1337**	**1286**	**1910**	**77**	**6**
七星关区	10653	68	3	1698	4268	1337	1286	1910	77	6
大方县										
黔西县										
金沙县										
织金县										
纳雍县										
威宁彝族回族苗族自治县										
赫章县										

4-2a 续表 3

单位：人

地 区 性 别	合 计	未上过学	学前教育	小 学	初 中	高 中	大学专科	大学本科	硕 士 研究生	博 士 研究生
铜仁市	**7221**	**39**	**3**	**1040**	**2726**	**1068**	**1026**	**1252**	**62**	**5**
碧江区	5808	35	3	787	2112	893	870	1043	60	5
万山区	1413	4		253	614	175	156	209	2	
江口县										
玉屏侗族自治县										
石阡县										
思南县										
印江土家族苗族自治县										
德江县										
沿河土家族自治县										
松桃苗族自治县										
黔西南布依族苗族自治州	**15980**	**60**		**2412**	**6208**	**2393**	**2269**	**2539**	**90**	**9**
兴义市	13097	48		1872	4942	2091	1890	2159	86	9
兴仁市	2883	12		540	1266	302	379	380	4	
普安县										
晴隆县										
贞丰县										
望谟县										
册亨县										
安龙县										
黔东南苗族侗族自治州	**11131**	**42**		**1209**	**3896**	**2012**	**1898**	**1975**	**91**	**8**
凯里市	11131	42		1209	3896	2012	1898	1975	91	8
黄平县										
施秉县										
三穗县										
镇远县										
岑巩县										
天柱县										
锦屏县										
剑河县										
台江县										
黎平县										
榕江县										
从江县										
雷山县										
麻江县										
丹寨县										
黔南布依族苗族自治州	**9097**	**27**	**1**	**1025**	**3253**	**1551**	**1338**	**1801**	**95**	**6**
都匀市	6790	21		637	2293	1223	1053	1463	94	6
福泉市	2307	6	1	388	960	328	285	338	1	
荔波县										
贵定县										
瓮安县										
独山县										
平塘县										
罗甸县										
长顺县										
龙里县										
惠水县										
三都水族自治县										

4-2a　续表 4　　　　单位：人

地　区 性　别	合　计	未上过学	学前教育	小　学	初　中	高　中	大学专科	大学本科	硕　士 研究生	博　士 研究生
女	**166662**	**2585**	**37**	**21314**	**49177**	**24319**	**29253**	**36676**	**3048**	**253**
贵　州	**166662**	**2585**	**37**	**21314**	**49177**	**24319**	**29253**	**36676**	**3048**	**253**
贵阳市	**71419**	**904**	**15**	**6952**	**17247**	**11604**	**14375**	**18015**	**2104**	**203**
南明区	18535	217	3	1663	4440	3575	3925	4283	397	32
云岩区	19139	319	9	1860	4002	2870	3974	5328	705	72
花溪区	10193	124	1	969	2874	1788	1899	2190	297	51
乌当区	3609	31		289	766	645	819	960	95	4
白云区	6336	95	1	913	2180	948	1072	1056	65	6
观山湖区	10054	85	1	743	1725	1273	2076	3590	523	38
开阳县										
息烽县										
修文县										
清镇市	3553	33		515	1260	505	610	608	22	
六盘水市	**15053**	**368**	**7**	**2495**	**4466**	**2127**	**2550**	**2932**	**102**	**6**
钟山区	9169	216	6	1556	2552	1385	1550	1817	82	5
六枝特区	2069	64		330	706	217	326	421	5	
水城县										
盘州市	3815	88	1	609	1208	525	674	694	15	1
遵义市	**31260**	**312**	**2**	**3850**	**12328**	**4535**	**4503**	**5340**	**362**	**28**
红花岗区	11196	98	1	1309	4392	1694	1662	1886	141	13
汇川区	7749	110	1	923	2538	1063	1220	1709	171	14
播州区	5411	28		491	2613	787	711	763	18	
桐梓县										
绥阳县										
正安县										
道真仡佬族苗族自治县										
务川仡佬族苗族自治县										
凤冈县										
湄潭县										
余庆县										
习水县										
赤水市	1773	5		277	684	239	306	259	3	
仁怀市	5131	71		850	2101	752	604	723	29	1
安顺市	**8964**	**208**	**3**	**1351**	**2789**	**1058**	**1577**	**1887**	**88**	**3**
西秀区	7761	178	3	1161	2363	916	1372	1685	81	2
平坝区	1203	30		190	426	142	205	202	7	1
普定县										
镇宁布依族苗族自治县										
关岭布依族苗族自治县										
紫云苗族布依族自治县										
毕节市	**7302**	**195**	**2**	**1203**	**2499**	**789**	**986**	**1570**	**58**	
七星关区	7302	195	2	1203	2499	789	986	1570	58	
大方县										
黔西县										
金沙县										
织金县										
纳雍县										
威宁彝族回族苗族自治县										
赫章县										

4-2a 续表 5 单位：人

地区 性别	合计	未上过学	学前教育	小学	初中	高中	大学专科	大学本科	硕士研究生	博士研究生
铜仁市	**5259**	**68**	**1**	**905**	**1563**	**635**	**898**	**1126**	**59**	**4**
碧江区	4286	58	1	690	1239	537	766	937	54	4
万山区	973	10		215	324	98	132	189	5	
江口县										
玉屏侗族自治县										
石阡县										
思南县										
印江土家族苗族自治县										
德江县										
沿河土家族自治县										
松桃苗族自治县										
黔西南布依族苗族自治州	**12139**	**234**	**3**	**2397**	**3764**	**1429**	**1878**	**2319**	**113**	**2**
兴义市	9951	162	2	1817	3035	1251	1583	1990	109	2
兴仁市	2188	72	1	580	729	178	295	329	4	
普安县										
晴隆县										
贞丰县										
望谟县										
册亨县										
安龙县										
黔东南苗族侗族自治州	**8399**	**209**	**2**	**1240**	**2431**	**1196**	**1414**	**1828**	**74**	**5**
凯里市	8399	209	2	1240	2431	1196	1414	1828	74	5
黄平县										
施秉县										
三穗县										
镇远县										
岑巩县										
天柱县										
锦屏县										
剑河县										
台江县										
黎平县										
榕江县										
从江县										
雷山县										
麻江县										
丹寨县										
黔南布依族苗族自治州	**6867**	**87**	**2**	**921**	**2090**	**946**	**1072**	**1659**	**88**	**2**
都匀市	5276	60	2	635	1569	730	849	1350	79	2
福泉市	1591	27		286	521	216	223	309	9	
荔波县										
贵定县										
瓮安县										
独山县										
平塘县										
罗甸县										
长顺县										
龙里县										
惠水县										
三都水族自治县										

4-2b 各地区分性别、受教育程度的就业人口(镇)

单位：人

地区 性别	合计	未上过学	学前教育	小学	初中	高中	大学专科	大学本科	硕士研究生	博士研究生
贵州	**375116**	**11719**	**102**	**84048**	**155707**	**38971**	**41143**	**42631**	**714**	**81**
贵阳市	**24082**	**249**	**2**	**4302**	**10879**	**3221**	**2726**	**2514**	**136**	**53**
南明区										
云岩区										
花溪区	2204	51		394	1135	222	110	172	69	51
乌当区	1055	17		174	646	126	69	22	1	
白云区	53	1		12	22	8	7	3		
观山湖区	809	6		79	419	151	103	50	1	
开阳县	8235	63	1	1532	3397	1268	1107	843	23	1
息烽县	4703	27	1	738	1916	675	661	668	17	
修文县	5235	53		991	2467	602	476	631	14	1
清镇市	1788	31		382	877	169	193	125	11	
六盘水市	**19379**	**813**	**4**	**5516**	**8346**	**1781**	**1478**	**1392**	**43**	**6**
钟山区	2242	119		582	1077	247	121	96		
六枝特区	1733	94		581	766	110	100	82		
水城县	9502	431	3	2985	3723	843	728	746	37	6
盘州市	5902	169	1	1368	2780	581	529	468	6	
遵义市	**67849**	**1242**	**12**	**13602**	**31613**	**6935**	**7110**	**7224**	**108**	**3**
红花岗区	2500	32		349	1479	281	223	134	2	
汇川区	2223	132		521	1140	152	135	143		
播州区	3737	68		755	2044	354	283	233		
桐梓县	8655	122	1	1597	4571	771	741	841	10	1
绥阳县	5628	105	2	994	2669	702	638	506	11	1
正安县	6359	74		1572	2714	541	661	785	12	
道真仡佬族苗族自治县	3973	51		768	1679	453	500	516	6	
务川仡佬族苗族自治县	5288	194	1	1332	2033	416	630	674	8	
凤冈县	5245	123	1	1039	2219	474	629	745	15	
湄潭县	7069	68	2	1217	3370	769	835	792	15	1
余庆县	4428	94	4	884	1851	501	545	544	5	
习水县	9037	82		1455	4019	1249	1067	1142	23	
赤水市	1413	26	1	456	653	118	100	59		
仁怀市	2294	71		663	1172	154	123	110	1	
安顺市	**22136**	**874**	**2**	**5276**	**9347**	**2178**	**2224**	**2184**	**48**	**3**
西秀区	1954	81		453	1004	175	146	93	2	
平坝区	3106	69		688	1371	374	326	260	17	1
普定县	5669	160	1	1331	2608	550	515	493	11	
镇宁布依族苗族自治县	4314	143		1028	1765	404	511	457	5	1
关岭布依族苗族自治县	3616	135	1	875	1363	349	375	510	7	1
紫云苗族布依族自治县	3477	286		901	1236	326	351	371	6	
毕节市	**77873**	**4881**	**22**	**20627**	**29608**	**6930**	**7336**	**8370**	**97**	**2**
七星关区	2377	104	1	741	1132	151	134	113	1	
大方县	9650	287	4	2470	3877	941	959	1087	25	
黔西县	11720	343	4	3219	4573	1090	1191	1295	5	
金沙县	9923	144		2180	4493	1123	942	1035	5	1
织金县	11878	857	2	3451	4133	1050	1073	1289	22	1
纳雍县	9433	716	8	2329	3720	828	945	877	10	
威宁彝族回族苗族自治县	17605	2136	2	4977	5802	1319	1463	1886	20	
赫章县	5287	294	1	1260	1878	428	629	788	9	

4–2b 续表 1　　单位：人

地区 性别	合计	未上过学	学前教育	小学	初中	高中	大学专科	大学本科	硕士研究生	博士研究生
铜仁市	**37234**	**558**	**14**	**6408**	**14781**	**4538**	**5683**	**5183**	**63**	**6**
碧江区	121	4	1	34	67	6	6	3		
万山区										
江口县	2937	64		567	1115	310	482	398	1	
玉屏侗族自治县	2927	20		427	1320	418	431	301	9	1
石阡县	3949	40	2	633	1421	500	683	663	7	
思南县	5930	92		1061	2317	652	982	814	10	2
印江土家族苗族自治县	4139	26	1	630	1661	555	631	627	8	
德江县	5867	125		962	2367	730	918	752	12	1
沿河土家族自治县	5635	125	2	1079	2309	545	739	829	7	
松桃苗族自治县	5729	62	8	1015	2204	822	811	796	9	2
黔西南布依族苗族自治州	**29238**	**989**	**22**	**7919**	**11387**	**2440**	**3198**	**3247**	**35**	**1**
兴义市	3492	81		1031	1673	263	201	239	4	
兴仁市	2094	111	3	617	917	131	155	160		
普安县	3240	121		718	1207	312	408	471	3	
晴隆县	3015	191		837	1012	257	325	388	5	
贞丰县	4960	69	7	1326	1891	443	629	590	5	
望谟县	3545	180	2	989	1159	245	531	436	2	1
册亨县	2774	136	8	859	909	189	317	352	4	
安龙县	6118	100	2	1542	2619	600	632	611	12	
黔东南苗族侗族自治州	**45079**	**947**	**6**	**9033**	**18163**	**5143**	**5674**	**6053**	**55**	**5**
凯里市	1247	42		267	632	126	101	78	1	
黄平县	3674	70	1	937	1430	346	441	447	2	
施秉县	2116	73		412	790	263	303	270	5	
三穗县	2800	25		569	1131	310	354	409	2	
镇远县	3696	58		661	1602	489	439	442	5	
岑巩县	2875	60		486	1110	365	351	499	4	
天柱县	3543	23		515	1757	436	380	429	3	
锦屏县	2524	30		385	1024	322	358	401	3	1
剑河县	2711	94	1	477	949	314	374	498	4	
台江县	1439	51	1	260	553	169	240	163	1	1
黎平县	5950	143	3	1324	2647	565	614	648	6	
榕江县	3363	57		681	1424	408	448	344	1	
从江县	2550	81		625	845	244	417	336	2	
雷山县	1805	60		279	595	228	278	358	6	1
麻江县	2218	28		510	769	273	264	370	3	1
丹寨县	2568	52		645	905	285	312	361	7	1
黔南布依族苗族自治州	**52246**	**1166**	**18**	**11365**	**21583**	**5805**	**5714**	**6464**	**129**	**2**
都匀市	1136	25		284	630	117	39	38	3	
福泉市	2015	32		468	876	226	208	202	3	
荔波县	2982	26		500	1069	359	441	579	8	
贵定县	5025	118		1159	2003	536	621	571	17	
瓮安县	8545	49	1	1468	3931	1057	1005	1007	26	1
独山县	5337	84	1	1165	2363	663	540	514	7	
平塘县	3222	80		823	1249	238	349	481	2	
罗甸县	5083	280	2	1320	1797	480	561	638	4	1
长顺县	2924	121		597	1233	311	284	372	6	
龙里县	5414	69	7	1026	2327	729	601	641	14	
惠水县	6512	205	1	1395	2722	710	655	797	27	
三都水族自治县	4051	77	6	1160	1383	379	410	624	12	

4–2b　续表 2　　　　单位：人

地区 性别	合　计	未上过学	学前教育	小　学	初　中	高　中	大学专科	大学本科	硕　士 研究生	博　士 研究生
男	**219457**	**2574**	**27**	**44006**	**99728**	**25502**	**23839**	**23336**	**391**	**54**
贵　州	**219457**	**2574**	**27**	**44006**	**99728**	**25502**	**23839**	**23336**	**391**	**54**
贵阳市	**14370**	**66**		**2403**	**6962**	**2032**	**1514**	**1288**	**70**	**35**
南明区										
云岩区										
花溪区	1294	13		214	708	157	62	70	35	35
乌当区	628	5		97	404	76	35	11		
白云区	34			8	15	7	4			
观山湖区	433	2		39	237	83	48	24		
开阳县	4975	13		828	2238	794	645	446	11	
息烽县	2716	6		400	1155	435	358	352	10	
修文县	3181	15		589	1614	366	269	320	8	
清镇市	1109	12		228	591	114	93	65	6	
六盘水市	**11666**	**178**	**2**	**2977**	**5640**	**1202**	**866**	**778**	**19**	**4**
钟山区	1445	30		343	785	162	74	51		
六枝特区	1010	20		322	493	76	60	39		
水城县	5701	97	2	1639	2543	565	423	412	16	4
盘州市	3510	31		673	1819	399	309	276	3	
遵义市	**39427**	**189**	**6**	**6707**	**19894**	**4498**	**4104**	**3970**	**56**	**3**
红花岗区	1478	6		193	913	176	117	72	1	
汇川区	1304	14		283	746	111	77	73		
播州区	2132	8		353	1257	236	152	126		
桐梓县	5234	19		872	2958	484	437	459	4	1
绥阳县	3249	16	1	474	1655	456	368	273	5	1
正安县	3576	6		657	1721	356	370	459	7	
道真仡佬族苗族自治县	2331	6		363	1051	306	309	293	3	
务川仡佬族苗族自治县	3091	30		669	1326	305	381	374	6	
凤冈县	2944	23		481	1361	321	341	409	8	
湄潭县	4008	13	2	574	2033	469	481	426	9	1
余庆县	2470	21	2	427	1105	299	309	303	4	
习水县	5350	14		755	2543	789	634	606	9	
赤水市	835	6	1	259	405	74	59	31		
仁怀市	1425	7		347	820	116	69	66		
安顺市	**13046**	**169**	**1**	**2916**	**6096**	**1426**	**1260**	**1151**	**25**	**2**
西秀区	1172	19		246	661	119	82	44	1	
平坝区	1920	19		372	930	246	194	147	11	1
普定县	3301	36	1	719	1631	361	291	257	5	
镇宁布依族苗族自治县	2484	26		543	1119	266	290	237	3	
关岭布依族苗族自治县	2136	19		487	915	236	203	273	2	1
紫云苗族布依族自治县	2033	50		549	840	198	200	193	3	
毕节市	**46000**	**1333**	**4**	**11746**	**19529**	**4567**	**4202**	**4562**	**56**	**1**
七星关区	1394	21		397	736	104	78	58		
大方县	5813	88		1393	2534	623	565	597	13	
黔西县	7016	83		1921	2981	701	663	666	1	
金沙县	5956	34		1154	2914	745	550	555	3	1
织金县	7071	203	1	2102	2747	703	597	706	12	
纳雍县	5547	150	2	1307	2485	546	552	500	5	
威宁彝族回族苗族自治县	10229	684	1	2837	3950	860	835	1047	15	
赫章县	2974	70		635	1182	285	362	433	7	

4-2b 续表 3 单位：人

地区 性别	合计	未上过学	学前教育	小学	初中	高中	大学专科	大学本科	硕士研究生	博士研究生
铜仁市	**21818**	**108**	**3**	**3026**	**9302**	**3007**	**3342**	**2988**	**38**	**4**
碧江区	82	1	1	24	47	5	3	1		
万山区										
江口县	1792	16		320	720	218	287	231		
玉屏侗族自治县	1724	4		198	828	272	248	167	6	1
石阡县	2252	7		288	846	328	398	380	5	
思南县	3392	16		472	1430	428	566	473	7	
印江土家族苗族自治县	2442	4		296	1023	368	388	358	5	
德江县	3436	19		414	1522	491	540	440	9	1
沿河土家族自治县	3263	21		478	1468	367	437	489	3	
松桃苗族自治县	3435	20	2	536	1418	530	475	449	3	2
黔西南布依族苗族自治州	**16581**	**162**	**5**	**3895**	**7223**	**1619**	**1879**	**1774**	**23**	**1**
兴义市	2020	16		513	1078	174	123	113	3	
兴仁市	1158	8	1	294	562	98	99	96		
普安县	1842	15		365	764	208	216	272	2	
晴隆县	1720	37		427	659	173	205	216	3	
贞丰县	2832	12	2	618	1212	277	386	321	4	
望谟县	2048	34	1	508	779	168	309	247	1	1
册亨县	1539	26	1	436	571	125	179	200	1	
安龙县	3422	14		734	1598	396	362	309	9	
黔东南苗族侗族自治州	**26167**	**142**	**1**	**4404**	**11320**	**3407**	**3429**	**3425**	**36**	**3**
凯里市	758	2		131	406	95	77	47		
黄平县	2144	11		482	887	232	270	261	1	
施秉县	1148	18		187	449	178	175	138	3	
三穗县	1562	4		247	681	198	205	225	2	
镇远县	2101	9		319	969	311	249	241	3	
岑巩县	1619	11		222	675	222	198	288	3	
天柱县	2074	3		227	1052	288	237	265	2	
锦屏县	1461	1		179	614	209	233	222	2	1
剑河县	1616	13	1	231	627	212	239	291	2	
台江县	896	9		130	382	125	156	93		1
黎平县	3505	21		666	1716	382	353	363	4	
榕江县	1976	8		332	899	274	260	203		
从江县	1517	15		339	557	158	262	185	1	
雷山县	1066	9		141	378	155	178	199	6	
麻江县	1276	3		267	470	184	152	200		
丹寨县	1448	5		304	558	184	185	204	7	1
黔南布依族苗族自治州	**30382**	**227**	**5**	**5932**	**13762**	**3744**	**3243**	**3400**	**68**	**1**
都匀市	633	9		134	382	68	18	20	2	
福泉市	1224	7		232	598	152	125	109	1	
荔波县	1635	3		228	621	239	248	289	7	
贵定县	2898	36		639	1277	322	317	301	6	
瓮安县	5187	10		832	2502	698	560	572	13	
独山县	3086	11		559	1518	422	307	264	5	
平塘县	1782	16		414	749	160	192	250	1	
罗甸县	2894	50	1	692	1175	314	311	346	4	1
长顺县	1722	14		330	813	185	173	205	2	
龙里县	3292	28	3	596	1525	474	362	297	7	
惠水县	3793	37		728	1755	461	387	412	13	
三都水族自治县	2236	6	1	548	847	249	243	335	7	

4-2b　续表 4　　　　单位：人

地　区 性　别	合　计	未上过学	学前教育	小　学	初　中	高　中	大学专科	大学本科	硕　士 研究生	博　士 研究生
女	**155659**	**9145**	**75**	**40042**	**55979**	**13469**	**17304**	**19295**	**323**	**27**
贵　州	**155659**	**9145**	**75**	**40042**	**55979**	**13469**	**17304**	**19295**	**323**	**27**
贵阳市	**9712**	**183**	**2**	**1899**	**3917**	**1189**	**1212**	**1226**	**66**	**18**
南明区										
云岩区										
花溪区	910	38		180	427	65	48	102	34	16
乌当区	427	12		77	242	50	34	11	1	
白云区	19	1		4	7	1	3	3		
观山湖区	376	4		40	182	68	55	26	1	
开阳县	3260	50	1	704	1159	474	462	397	12	1
息烽县	1987	21	1	338	761	240	303	316	7	
修文县	2054	38		402	853	236	207	311	6	1
清镇市	679	19		154	286	55	100	60	5	
六盘水市	**7713**	**635**	**2**	**2539**	**2706**	**579**	**612**	**614**	**24**	**2**
钟山区	797	89		239	292	85	47	45		
六枝特区	723	74		259	273	34	40	43		
水城县	3801	334	1	1346	1180	278	305	334	21	2
盘州市	2392	138	1	695	961	182	220	192	3	
遵义市	**28422**	**1053**	**6**	**6895**	**11719**	**2437**	**3006**	**3254**	**52**	
红花岗区	1022	26		156	566	105	106	62	1	
汇川区	919	118		238	394	41	58	70		
播州区	1605	60		402	787	118	131	107		
桐梓县	3421	103	1	725	1613	287	304	382	6	
绥阳县	2379	89	1	520	1014	246	270	233	6	
正安县	2783	68		915	993	185	291	326	5	
道真仡佬族苗族自治县	1642	45		405	628	147	191	223	3	
务川仡佬族苗族自治县	2197	164	1	663	707	111	249	300	2	
凤冈县	2301	100	1	558	858	153	288	336	7	
湄潭县	3061	55		643	1337	300	354	366	6	
余庆县	1958	73	2	457	746	202	236	241	1	
习水县	3687	68		700	1476	460	433	536	14	
赤水市	578	20		197	248	44	41	28		
仁怀市	869	64		316	352	38	54	44	1	
安顺市	**9090**	**705**	**1**	**2360**	**3251**	**752**	**964**	**1033**	**23**	**1**
西秀区	782	62		207	343	56	64	49	1	
平坝区	1186	50		316	441	128	132	113	6	
普定县	2368	124		612	977	189	224	236	6	
镇宁布依族苗族自治县	1830	117		485	646	138	221	220	2	1
关岭布依族苗族自治县	1480	116	1	388	448	113	172	237	5	
紫云苗族布依族自治县	1444	236		352	396	128	151	178	3	
毕节市	**31873**	**3548**	**18**	**8881**	**10079**	**2363**	**3134**	**3808**	**41**	**1**
七星关区	983	83	1	344	396	47	56	55	1	
大方县	3837	199	4	1077	1343	318	394	490	12	
黔西县	4704	260	4	1298	1592	389	528	629	4	
金沙县	3967	110		1026	1579	378	392	480	2	
织金县	4807	654	1	1349	1386	347	476	583	10	1
纳雍县	3886	566	6	1022	1235	282	393	377	5	
威宁彝族回族苗族自治县	7376	1452	1	2140	1852	459	628	839	5	
赫章县	2313	224	1	625	696	143	267	355	2	

4-2b 续表 5　　单位：人

地区 性别	合计	未上过学	学前教育	小学	初中	高中	大学专科	大学本科	硕士研究生	博士研究生
铜仁市	**15416**	**450**	**11**	**3382**	**5479**	**1531**	**2341**	**2195**	**25**	**2**
碧江区	39	3		10	20	1	3	2		
万山区										
江口县	1145	48		247	395	92	195	167	1	
玉屏侗族自治县	1203	16		229	492	146	183	134	3	
石阡县	1697	33	2	345	575	172	285	283	2	
思南县	2538	76		589	887	224	416	341	3	2
印江土家族苗族自治县	1697	22	1	334	638	187	243	269	3	
德江县	2431	106		548	845	239	378	312	3	
沿河土家族自治县	2372	104	2	601	841	178	302	340	4	
松桃苗族自治县	2294	42	6	479	786	292	336	347	6	
黔西南布依族苗族自治州	**12657**	**827**	**17**	**4024**	**4164**	**821**	**1319**	**1473**	**12**	
兴义市	1472	65		518	595	89	78	126	1	
兴仁市	936	103	2	323	355	33	56	64		
普安县	1398	106		353	443	104	192	199	1	
晴隆县	1295	154		410	353	84	120	172	2	
贞丰县	2128	57	5	708	679	166	243	269	1	
望谟县	1497	146	1	481	380	77	222	189	1	
册亨县	1235	110	7	423	338	64	138	152	3	
安龙县	2696	86	2	808	1021	204	270	302	3	
黔东南苗族侗族自治州	**18912**	**805**	**5**	**4629**	**6843**	**1736**	**2245**	**2628**	**19**	**2**
凯里市	489	40		136	226	31	24	31	1	
黄平县	1530	59	1	455	543	114	171	186	1	
施秉县	968	55		225	341	85	128	132	2	
三穗县	1238	21		322	450	112	149	184		
镇远县	1595	49		342	633	178	190	201	2	
岑巩县	1256	49		264	435	143	153	211	1	
天柱县	1469	20		288	705	148	143	164	1	
锦屏县	1063	29		206	410	113	125	179	1	
剑河县	1095	81		246	322	102	135	207	2	
台江县	543	42	1	130	171	44	84	70	1	
黎平县	2445	122	3	658	931	183	261	285	2	
榕江县	1387	49		349	525	134	188	141	1	
从江县	1033	66		286	288	86	155	151	1	
雷山县	739	51		138	217	73	100	159		1
麻江县	942	25		243	299	89	112	170	3	1
丹寨县	1120	47		341	347	101	127	157		
黔南布依族苗族自治州	**21864**	**939**	**13**	**5433**	**7821**	**2061**	**2471**	**3064**	**61**	**1**
都匀市	503	16		150	248	49	21	18	1	
福泉市	791	25		236	278	74	83	93	2	
荔波县	1347	23		272	448	120	193	290	1	
贵定县	2127	82		520	726	214	304	270	11	
瓮安县	3358	39	1	636	1429	359	445	435	13	1
独山县	2251	73	1	606	845	241	233	250	2	
平塘县	1440	64		409	500	78	157	231	1	
罗甸县	2189	230	1	628	622	166	250	292		
长顺县	1202	107		267	420	126	111	167	4	
龙里县	2122	41	4	430	802	255	239	344	7	
惠水县	2719	168	1	667	967	249	268	385	14	
三都水族自治县	1815	71	5	612	536	130	167	289	5	

4-2c 各地区分性别、受教育程度的就业人口(乡村)

单位：人

地区 性别	合计	未上过学	学前教育	小学	初中	高中	大学专科	大学本科	硕士研究生	博士研究生
贵州	**708682**	**58634**	**457**	**284862**	**290908**	**36228**	**22488**	**14798**	**279**	**28**
贵阳市	**53449**	**1713**	**13**	**19016**	**24949**	**3894**	**2299**	**1470**	**85**	**10**
南明区	2765	45		594	1498	311	207	104	5	1
云岩区										
花溪区	7820	283		2143	4178	658	305	228	19	6
乌当区	4953	157		1208	2602	479	272	208	26	1
白云区	1594	34		375	873	130	107	70	5	
观山湖区	3721	56		906	1690	439	410	204	15	1
开阳县	8082	355	4	3831	3050	421	264	154	3	
息烽县	6224	190	8	2834	2690	289	124	88	1	
修文县	7718	225	1	2953	3655	513	213	157	1	
清镇市	10572	368		4172	4713	654	397	257	10	1
六盘水市	**64372**	**4636**	**7**	**25540**	**27200**	**3236**	**2292**	**1436**	**23**	**2**
钟山区	2458	265		954	996	125	74	39	5	
六枝特区	11162	979	2	4707	4335	538	327	270	4	
水城县	21156	2023	1	9085	8304	769	608	358	7	1
盘州市	29596	1369	4	10794	13565	1804	1283	769	7	1
遵义市	**116539**	**6141**	**82**	**44968**	**53854**	**6084**	**3155**	**2204**	**49**	**2**
红花岗区	7124	209	5	1918	4065	569	222	133	3	
汇川区	5409	380	1	1882	2614	319	124	85	4	
播州区	16338	445	10	4995	9080	977	519	306	6	
桐梓县	10916	646	14	4365	5170	372	186	161	2	
绥阳县	8030	559	6	3025	3776	386	165	111	2	
正安县	9848	515	4	4490	3883	397	307	250	2	
道真仡佬族苗族自治县	4172	206		1709	1667	290	171	128	1	
务川仡佬族苗族自治县	5000	518	13	2308	1668	220	156	116	1	
凤冈县	7059	678	1	3109	2695	309	174	91	2	
湄潭县	8330	335	5	3060	4182	403	208	136	1	
余庆县	5718	368	15	2576	2098	315	219	125	2	
习水县	11604	446	4	4473	5553	608	319	193	8	
赤水市	5426	281		2530	2054	323	137	99	2	
仁怀市	11565	555	4	4528	5349	596	248	270	13	2
安顺市	**53125**	**4990**	**25**	**19550**	**23661**	**2518**	**1476**	**893**	**10**	**2**
西秀区	14693	1200	7	4581	7293	849	461	298	4	
平坝区	7186	340	2	2208	3799	438	273	123	2	1
普定县	9926	679	2	3911	4582	444	205	101	2	
镇宁布依族苗族自治县	8403	1009	9	3521	3316	279	175	93		1
关岭布依族苗族自治县	6950	754	2	3041	2566	267	180	140		
紫云苗族布依族自治县	5967	1008	3	2288	2105	241	182	138	2	
毕节市	**142960**	**19718**	**102**	**61602**	**48560**	**6047**	**4095**	**2798**	**30**	**8**
七星关区	17320	1456	6	7427	6986	742	407	295	1	
大方县	17388	1446	9	7297	6781	879	563	406	7	
黔西县	14178	1325	29	7084	4558	589	374	213	4	2
金沙县	10267	465	9	4159	4622	545	325	140	2	
织金县	16479	2856	15	7349	4876	668	439	273	3	
纳雍县	14260	2525	14	5417	4773	592	548	385	4	2
威宁彝族回族苗族自治县	35521	7537	13	14803	10455	1288	829	591	4	1
赫章县	17547	2108	7	8066	5509	744	610	495	5	3

4-2c 续表 1 单位：人

地区 性别	合计	未上过学	学前教育	小学	初中	高中	大学专科	大学本科	硕士研究生	博士研究生
铜仁市	**62767**	**4804**	**48**	**24139**	**26076**	**3707**	**2506**	**1462**	**22**	**3**
碧江区	2761	102		875	1384	188	121	84	5	2
万山区	3193	118		1058	1503	256	152	106		
江口县	3958	290		1610	1532	234	163	129		
玉屏侗族自治县	2799	39	1	780	1544	232	141	62		
石阡县	8592	623	13	3509	3313	542	383	200	8	1
思南县	10227	1025	7	4341	3756	529	333	234	2	
印江土家族苗族自治县	5296	358	7	1986	2362	311	182	89	1	
德江县	7883	921		3094	3070	403	274	120	1	
沿河土家族自治县	8668	984	7	3510	3238	400	298	227	4	
松桃苗族自治县	9390	344	13	3376	4374	612	459	211	1	
黔西南布依族苗族自治州	**68216**	**4729**	**48**	**30042**	**26787**	**3010**	**2119**	**1467**	**14**	
兴义市	15535	603	8	6530	6719	902	432	336	5	
兴仁市	10966	798	16	4920	4352	407	297	174	2	
普安县	6878	666	2	2677	2732	350	251	197	3	
晴隆县	5953	676	2	2689	1944	220	230	192		
贞丰县	8256	345	6	3897	3369	299	231	108	1	
望谟县	5541	813	2	2495	1655	167	228	180	1	
册亨县	5298	453	7	2538	1809	207	167	116	1	
安龙县	9789	375	5	4296	4207	458	283	164	1	
黔东南苗族侗族自治州	**75620**	**6562**	**70**	**30264**	**30293**	**4163**	**2492**	**1748**	**27**	**1**
凯里市	7265	543	4	2635	3225	502	222	132	2	
黄平县	5615	375	3	2489	2256	234	144	114		
施秉县	3598	368	2	1479	1400	197	99	52	1	
三穗县	3408	180	1	1379	1434	215	100	98	1	
镇远县	3179	212	3	1400	1256	186	77	44		1
岑巩县	3218	177	1	1234	1373	216	110	106	1	
天柱县	5576	136	4	1769	3008	335	177	147		
锦屏县	2897	105	2	833	1447	228	154	124	4	
剑河县	3814	626		1450	1318	219	127	72	2	
台江县	2930	388		902	1231	178	141	87	3	
黎平县	8402	633	8	3244	3348	425	406	333	5	
榕江县	6899	765	5	2884	2572	323	218	130	2	
从江县	7849	1109	20	3637	2528	255	206	93	1	
雷山县	3017	349	5	1098	1169	199	109	86	2	
麻江县	3756	323	3	1908	1131	224	94	71	2	
丹寨县	4197	273	9	1923	1597	227	108	59	1	
黔南布依族苗族自治州	**71634**	**5341**	**62**	**29741**	**29528**	**3569**	**2054**	**1320**	**19**	
都匀市	9292	602	19	3353	4296	592	255	172	3	
福泉市	6842	287	5	2776	3084	351	208	130	1	
荔波县	4204	148	2	1835	1710	286	143	79	1	
贵定县	5548	511	7	2381	2188	204	155	102		
瓮安县	5678	211	4	2227	2659	322	172	83		
独山县	5587	313		2173	2511	322	172	94	2	
平塘县	6400	478	6	2948	2392	226	196	151	3	
罗甸县	4693	723	5	2155	1404	161	133	112		
长顺县	3978	458	3	1506	1619	213	110	67	2	
龙里县	4084	208	2	1534	1840	274	141	81	4	
惠水县	7636	939	4	3092	3062	276	164	98	1	
三都水族自治县	7692	463	5	3761	2763	342	205	151	2	

4−2c　续表 2　　　　单位：人

地　区 性　别	合　计	未上过学	学前教育	小　学	初　中	高　中	大学专科	大学本科	硕　士 研究生	博　士 研究生
男	**422696**	**12029**	**126**	**153609**	**207035**	**26556**	**14319**	**8861**	**140**	**21**
贵　州	**422696**	**12029**	**126**	**153609**	**207035**	**26556**	**14319**	**8861**	**140**	**21**
贵阳市	**32970**	**368**	**5**	**10705**	**17088**	**2626**	**1340**	**797**	**34**	**7**
南明区	1738	11		349	1019	196	107	52	3	1
云岩区										
花溪区	4927	63		1253	2866	430	177	128	4	6
乌当区	3019	55		698	1708	286	160	100	12	
白云区	988	15		217	572	96	53	34	1	
观山湖区	2371	15		541	1154	313	221	121	6	
开阳县	4845	58	2	2084	2138	310	167	84	2	
息烽县	3635	29	3	1484	1804	196	77	42		
修文县	4754	46		1670	2483	344	115	95	1	
清镇市	6693	76		2409	3344	455	263	141	5	
六盘水市	**39005**	**1023**		**13465**	**19905**	**2340**	**1406**	**855**	**10**	**1**
钟山区	1532	79		554	734	87	51	25	2	
六枝特区	6728	192		2611	3160	386	210	165	4	
水城县	12902	512		5018	6223	559	377	210	3	
盘州市	17843	240		5282	9788	1308	768	455	1	1
遵义市	**68496**	**860**	**19**	**22303**	**37452**	**4473**	**2046**	**1315**	**26**	**2**
红花岗区	4247	34	2	931	2661	403	141	75		
汇川区	3301	40	1	1020	1882	232	71	53	2	
播州区	9619	54	4	2374	5978	711	335	161	2	
桐梓县	6528	65	1	2211	3744	272	126	107	2	
绥阳县	4575	86		1477	2555	281	105	70	1	
正安县	5592	52	2	2081	2806	293	199	158	1	
道真仡佬族苗族自治县	2434	27		811	1184	229	106	76	1	
务川仡佬族苗族自治县	2911	90	2	1165	1292	177	111	74		
凤冈县	3986	107		1517	1957	238	120	47		
湄潭县	4577	48	1	1440	2580	300	130	77	1	
余庆县	3116	59	5	1241	1364	220	141	84	2	
习水县	7147	54	1	2269	4048	450	218	102	5	
赤水市	3164	76		1340	1379	236	80	51	2	
仁怀市	7299	68		2426	4022	431	163	180	7	2
安顺市	**31597**	**842**	**6**	**10642**	**16910**	**1793**	**892**	**507**	**3**	**2**
西秀区	8557	188	2	2258	5089	600	260	159	1	
平坝区	4294	47		1112	2624	289	161	59	1	1
普定县	5946	123		2166	3177	312	110	58		
镇宁布依族苗族自治县	4926	197	4	1917	2417	207	124	59		1
关岭布依族苗族自治县	4227	99		1729	1979	207	122	91		
紫云苗族布依族自治县	3647	188		1460	1624	178	115	81	1	
毕节市	**85079**	**5208**	**41**	**35992**	**34950**	**4409**	**2735**	**1717**	**20**	**7**
七星关区	10465	316	1	4134	5006	566	268	174		
大方县	10509	328	1	4135	4808	638	362	231	6	
黔西县	8771	286	20	4281	3359	448	244	129	3	1
金沙县	6587	86	2	2383	3391	402	230	92	1	
织金县	9939	600	4	4657	3684	511	307	174	2	
纳雍县	8415	618	7	3276	3461	435	372	242	2	2
威宁彝族回族苗族自治县	20233	2482	5	8685	7248	892	551	366	3	1
赫章县	10160	492	1	4441	3993	517	401	309	3	3

4-2c 续表 3

单位：人

地　　区 性　　别	合　计	未上过学	学前教育	小　学	初　中	高　中	大学专科	大学本科	硕　士 研究生	博　士 研究生
铜仁市	**37755**	**834**	**15**	**12726**	**18846**	**2820**	**1559**	**941**	**13**	**1**
碧江区	1757	35		513	951	136	71	50	1	
万山区	2000	29		591	1046	185	85	64		
江口县	2518	84		988	1086	172	107	81		
玉屏侗族自治县	1764	8		410	1050	172	87	37		
石阡县	4926	95	2	1701	2336	406	248	131	6	1
思南县	5783	154	1	2183	2693	407	198	146	1	
印江土家族苗族自治县	3265	74	2	1046	1731	245	110	56	1	
德江县	4504	113		1559	2262	305	177	87	1	
沿河土家族自治县	5019	141	2	1797	2425	324	178	149	3	
松桃苗族自治县	6219	101	8	1938	3266	468	298	140		
黔西南布依族苗族自治州	**38904**	**735**	**8**	**14969**	**18727**	**2202**	**1366**	**889**	**8**	
兴义市	8989	101	2	3208	4562	655	277	181	3	
兴仁市	6113	95	2	2333	3077	300	192	113	1	
普安县	3993	105		1384	1976	253	147	126	2	
晴隆县	3483	82	1	1482	1462	168	163	125		
贞丰县	4546	45		1725	2331	231	141	72	1	
望谟县	3244	168		1433	1252	124	155	111	1	
册亨县	2943	90	1	1342	1223	128	100	59		
安龙县	5593	49	2	2062	2844	343	191	102		
黔东南苗族侗族自治州	**46152**	**1228**	**19**	**16712**	**22218**	**3263**	**1651**	**1041**	**19**	**1**
凯里市	4559	75	1	1434	2395	408	152	92	2	
黄平县	3328	66		1311	1600	180	107	64		
施秉县	2070	62	1	781	974	154	68	29	1	
三穗县	2098	32		748	1021	172	70	54	1	
镇远县	2044	43	1	818	960	145	52	24		1
岑巩县	1997	28		670	1002	166	69	61	1	
天柱县	3401	16	2	827	2083	269	120	84		
锦屏县	1841	6		415	1056	180	106	74	4	
剑河县	2324	111		906	1013	175	73	44	2	
台江县	1778	84		494	900	145	97	56	2	
黎平县	5103	105	3	1756	2494	320	238	185	2	
榕江县	4274	157	1	1711	1911	264	140	88	2	
从江县	4862	285	8	2254	1936	195	137	46	1	
雷山县	1898	57	1	626	919	157	83	55		
麻江县	2154	59	1	1042	791	160	58	42	1	
丹寨县	2421	42		919	1163	173	81	43		
黔南布依族苗族自治州	**42738**	**931**	**13**	**16095**	**20939**	**2630**	**1324**	**799**	**7**	
都匀市	5500	115	5	1763	2922	428	162	103	2	
福泉市	4264	68	2	1493	2207	273	134	87		
荔波县	2584	28	1	921	1280	217	100	37		
贵定县	3283	93	2	1361	1506	148	104	69		
瓮安县	3538	44		1244	1824	251	120	55		
独山县	3299	54		1104	1739	241	114	46	1	
平塘县	3613	76		1489	1675	162	110	100	1	
罗甸县	2750	126		1280	1074	116	82	72		
长顺县	2436	78	1	875	1208	166	67	40	1	
龙里县	2655	57		939	1339	177	87	56		
惠水县	4564	126		1756	2317	200	112	52	1	
三都水族自治县	4252	66	2	1870	1848	251	132	82	1	

4-2c　续表 4　　　　单位：人

地　区 性　别	合　计	未上过学	学前教育	小　学	初　中	高　中	大学专科	大学本科	硕　士 研究生	博　士 研究生
女	**285986**	**46605**	**331**	**131253**	**83873**	**9672**	**8169**	**5937**	**139**	**7**
贵　州	**285986**	**46605**	**331**	**131253**	**83873**	**9672**	**8169**	**5937**	**139**	**7**
贵阳市	**20479**	**1345**	**8**	**8311**	**7861**	**1268**	**959**	**673**	**51**	**3**
南明区	1027	34		245	479	115	100	52	2	
云岩区										
花溪区	2893	220		890	1312	228	128	100	15	
乌当区	1934	102		510	894	193	112	108	14	1
白云区	606	19		158	301	34	54	36	4	
观山湖区	1350	41		365	536	126	189	83	9	1
开阳县	3237	297	2	1747	912	111	97	70	1	
息烽县	2589	161	5	1350	886	93	47	46	1	
修文县	2964	179	1	1283	1172	169	98	62		
清镇市	3879	292		1763	1369	199	134	116	5	1
六盘水市	**25367**	**3613**	**7**	**12075**	**7295**	**896**	**886**	**581**	**13**	**1**
钟山区	926	186		400	262	38	23	14	3	
六枝特区	4434	787	2	2096	1175	152	117	105		
水城县	8254	1511	1	4067	2081	210	231	148	4	1
盘州市	11753	1129	4	5512	3777	496	515	314	6	
遵义市	**48043**	**5281**	**63**	**22665**	**16402**	**1611**	**1109**	**889**	**23**	
红花岗区	2877	175	3	987	1404	166	81	58	3	
汇川区	2108	340		862	732	87	53	32	2	
播州区	6719	391	6	2621	3102	266	184	145	4	
桐梓县	4388	581	13	2154	1426	100	60	54		
绥阳县	3455	473	6	1548	1221	105	60	41	1	
正安县	4256	463	2	2409	1077	104	108	92	1	
道真仡佬族苗族自治县	1738	179		898	483	61	65	52		
务川仡佬族苗族自治县	2089	428	11	1143	376	43	45	42	1	
凤冈县	3073	571	1	1592	738	71	54	44	2	
湄潭县	3753	287	4	1620	1602	103	78	59		
余庆县	2602	309	10	1335	734	95	78	41		
习水县	4457	392	3	2204	1505	158	101	91	3	
赤水市	2262	205		1190	675	87	57	48		
仁怀市	4266	487	4	2102	1327	165	85	90	6	
安顺市	**21528**	**4148**	**19**	**8908**	**6751**	**725**	**584**	**386**	**7**	
西秀区	6136	1012	5	2323	2204	249	201	139	3	
平坝区	2892	293	2	1096	1175	149	112	64	1	
普定县	3980	556	2	1745	1405	132	95	43	2	
镇宁布依族苗族自治县	3477	812	5	1604	899	72	51	34		
关岭布依族苗族自治县	2723	655	2	1312	587	60	58	49		
紫云苗族布依族自治县	2320	820	3	828	481	63	67	57	1	
毕节市	**57881**	**14510**	**61**	**25610**	**13610**	**1638**	**1360**	**1081**	**10**	**1**
七星关区	6855	1140	5	3293	1980	176	139	121	1	
大方县	6879	1118	8	3162	1973	241	201	175	1	
黔西县	5407	1039	9	2803	1199	141	130	84	1	1
金沙县	3680	379	7	1776	1231	143	95	48	1	
织金县	6540	2256	11	2692	1192	157	132	99	1	
纳雍县	5845	1907	7	2141	1312	157	176	143	2	
威宁彝族回族苗族自治县	15288	5055	8	6118	3207	396	278	225	1	
赫章县	7387	1616	6	3625	1516	227	209	186	2	

4-2c 续表 5 单位：人

地区 性别	合计	未上过学	学前教育	小学	初中	高中	大学专科	大学本科	硕士研究生	博士研究生
铜仁市	**25012**	**3970**	**33**	**11413**	**7230**	**887**	**947**	**521**	**9**	**2**
碧江区	1004	67		362	433	52	50	34	4	2
万山区	1193	89		467	457	71	67	42		
江口县	1440	206		622	446	62	56	48		
玉屏侗族自治县	1035	31	1	370	494	60	54	25		
石阡县	3666	528	11	1808	977	136	135	69	2	
思南县	4444	871	6	2158	1063	122	135	88	1	
印江土家族苗族自治县	2031	284	5	940	631	66	72	33		
德江县	3379	808		1535	808	98	97	33		
沿河土家族自治县	3649	843	5	1713	813	76	120	78	1	
松桃苗族自治县	3171	243	5	1438	1108	144	161	71	1	
黔西南布依族苗族自治州	**29312**	**3994**	**40**	**15073**	**8060**	**808**	**753**	**578**	**6**	
兴义市	6546	502	6	3322	2157	247	155	155	2	
兴仁市	4853	703	14	2587	1275	107	105	61	1	
普安县	2885	561	2	1293	756	97	104	71	1	
晴隆县	2470	594	1	1207	482	52	67	67		
贞丰县	3710	300	6	2172	1038	68	90	36		
望谟县	2297	645	2	1062	403	43	73	69		
册亨县	2355	363	6	1196	586	79	67	57	1	
安龙县	4196	326	3	2234	1363	115	92	62	1	
黔东南苗族侗族自治州	**29468**	**5334**	**51**	**13552**	**8075**	**900**	**841**	**707**	**8**	
凯里市	2706	468	3	1201	830	94	70	40		
黄平县	2287	309	3	1178	656	54	37	50		
施秉县	1528	306	1	698	426	43	31	23		
三穗县	1310	148	1	631	413	43	30	44		
镇远县	1135	169	2	582	296	41	25	20		
岑巩县	1221	149	1	564	371	50	41	45		
天柱县	2175	120	2	942	925	66	57	63		
锦屏县	1056	99	2	418	391	48	48	50		
剑河县	1490	515		544	305	44	54	28		
台江县	1152	304		408	331	33	44	31	1	
黎平县	3299	528	5	1488	854	105	168	148	3	
榕江县	2625	608	4	1173	661	59	78	42		
从江县	2987	824	12	1383	592	60	69	47		
雷山县	1119	292	4	472	250	42	26	31	2	
麻江县	1602	264	2	866	340	64	36	29	1	
丹寨县	1776	231	9	1004	434	54	27	16	1	
黔南布依族苗族自治州	**28896**	**4410**	**49**	**13646**	**8589**	**939**	**730**	**521**	**12**	
都匀市	3792	487	14	1590	1374	164	93	69	1	
福泉市	2578	219	3	1283	877	78	74	43	1	
荔波县	1620	120	1	914	430	69	43	42	1	
贵定县	2265	418	5	1020	682	56	51	33		
瓮安县	2140	167	4	983	835	71	52	28		
独山县	2288	259		1069	772	81	58	48	1	
平塘县	2787	402	6	1459	717	64	86	51	2	
罗甸县	1943	597	5	875	330	45	51	40		
长顺县	1542	380	2	631	411	47	43	27	1	
龙里县	1429	151	2	595	501	97	54	25	4	
惠水县	3072	813	4	1336	745	76	52	46		
三都水族自治县	3440	397	3	1891	915	91	73	69	1	

4-3　全省分年龄、性别、受教育程度的就业人口

单位：人

年龄组 性　别	合　计	未上过学	学前教育	小　学	初　中	高　中	大学专科	大学本科	硕　士 研究生	博　士 研究生
总　计	**1480345**	**73842**	**622**	**414811**	**578052**	**139962**	**129431**	**135700**	**7123**	**802**
16-19岁	23559	18	8	831	15576	5600	1100	425	1	
20-24岁	102459	93	7	4088	46765	18371	20521	12487	119	8
25-29岁	156041	277	16	8768	67121	21507	24388	32506	1401	57
30-34岁	193834	999	13	19643	89180	24574	23303	33667	2256	199
35-39岁	167694	2207	25	31978	77670	16131	15963	21995	1525	200
40-44岁	183393	5583	50	55047	78625	14905	14139	14050	829	165
45-49岁	219519	10817	83	81935	85583	16013	14180	10283	528	97
50-54岁	189058	14478	98	85333	61416	10927	9677	6798	287	44
55-59岁	122214	12378	106	55184	37580	8275	5364	3147	152	28
60-64岁	52112	9593	88	28762	10355	2576	506	211	18	3
65-69岁	44218	9972	66	27297	5876	738	188	76	5	
70-74岁	17834	4687	33	11177	1647	195	71	23	1	
75岁及以上	8410	2740	29	4768	658	150	31	32	1	1
男	**872038**	**15507**	**179**	**222202**	**389023**	**92502**	**74705**	**73792**	**3613**	**515**
16-19岁	15016	11	5	505	10479	3297	501	217	1	
20-24岁	60454	42	5	2514	31690	11589	9345	5234	32	3
25-29岁	90955	90	9	4974	44014	13523	12703	15115	501	26
30-34岁	114049	235	5	10079	56320	15515	13094	17630	1058	113
35-39岁	99454	507	11	16165	49069	10308	9653	12786	825	130
40-44岁	106707	1117	8	27532	50626	9445	8732	8646	486	115
45-49岁	127403	2287	22	41752	57166	10502	8743	6513	350	68
50-54岁	111662	2859	21	44721	44537	8143	6519	4620	211	31
55-59岁	75128	2156	26	29021	29183	7056	4770	2761	130	25
60-64岁	30469	2036	26	16805	8810	2190	416	168	15	3
65-69岁	25560	2141	21	17406	5136	646	148	59	3	
70-74岁	10418	1220	9	7505	1438	167	58	20	1	
75岁及以上	4763	806	11	3223	555	121	23	23		1
女	**608307**	**58335**	**443**	**192609**	**189029**	**47460**	**54726**	**61908**	**3510**	**287**
16-19岁	8543	7	3	326	5097	2303	599	208		
20-24岁	42005	51	2	1574	15075	6782	11176	7253	87	5
25-29岁	65086	187	7	3794	23107	7984	11685	17391	900	31
30-34岁	79785	764	8	9564	32860	9059	10209	16037	1198	86
35-39岁	68240	1700	14	15813	28601	5823	6310	9209	700	70
40-44岁	76686	4466	42	27515	27999	5460	5407	5404	343	50
45-49岁	92116	8530	61	40183	28417	5511	5437	3770	178	29
50-54岁	77396	11619	77	40612	16879	2784	3158	2178	76	13
55-59岁	47086	10222	80	26163	8397	1219	594	386	22	3
60-64岁	21643	7557	62	11957	1545	386	90	43	3	
65-69岁	18658	7831	45	9891	740	92	40	17	2	
70-74岁	7416	3467	24	3672	209	28	13	3		
75岁及以上	3647	1934	18	1545	103	29	8	9	1	

4-3a 全省分年龄、性别、受教育程度的就业人口(城市)

单位：人

年龄组 性别	合计	未上过学	学前教育	小学	初中	高中	大学专科	大学本科	硕士 研究生	博士 研究生
总计	**396547**	**3489**	**63**	**45901**	**131437**	**64763**	**65800**	**78271**	**6130**	**693**
16-19岁	4703	2	2	113	2503	1593	416	73	1	
20-24岁	32174	13	4	518	8850	6919	9539	6238	87	6
25-29岁	55859	28	3	1349	14393	9474	12067	17406	1095	44
30-34岁	70589	84	4	3092	21364	11610	12711	19626	1922	176
35-39岁	55303	175	5	4586	18988	8192	8575	13259	1361	162
40-44岁	52165	415	9	7756	19434	8028	7413	8202	762	146
45-49岁	57922	787	13	11532	21897	8876	7725	6526	477	89
50-54岁	40161	813	12	9504	14762	5680	4580	4500	269	41
55-59岁	20452	508	4	4349	7140	3608	2460	2223	134	26
60-64岁	4049	303	3	1543	1288	559	203	129	18	3
65-69岁	2062	222	3	1017	563	132	71	51	3	
70-74岁	723	78	1	376	176	52	25	15		
75岁及以上	385	61		166	79	40	15	23	1	
男	**229885**	**904**	**26**	**24587**	**82260**	**40444**	**36547**	**41595**	**3082**	**440**
16-19岁	2880	1	2	80	1692	883	182	39	1	
20-24岁	17319	10	2	370	5709	4208	4429	2569	20	2
25-29岁	30405	16	3	871	9062	5711	6240	8089	391	22
30-34岁	39746	39	2	1779	13017	6944	6914	10074	878	99
35-39岁	31639	38	2	2384	11268	4881	4932	7315	719	100
40-44岁	29694	108	2	3845	11487	4783	4250	4686	435	98
45-49岁	33157	193	5	5840	13159	5359	4353	3876	307	65
50-54岁	25265	203	4	5085	9916	4079	2882	2871	197	28
55-59岁	15164	130	3	2474	5341	3032	2138	1907	116	23
60-64岁	2654	83	1	915	990	399	148	100	15	3
65-69岁	1290	46		623	429	98	52	39	3	
70-74岁	445	16		230	131	38	18	12		
75岁及以上	227	21		91	59	29	9	18		
女	**166662**	**2585**	**37**	**21314**	**49177**	**24319**	**29253**	**36676**	**3048**	**253**
16-19岁	1823	1		33	811	710	234	34		
20-24岁	14855	3	2	148	3141	2711	5110	3669	67	4
25-29岁	25454	12		478	5331	3763	5827	9317	704	22
30-34岁	30843	45	2	1313	8347	4666	5797	9552	1044	77
35-39岁	23664	137	3	2202	7720	3311	3643	5944	642	62
40-44岁	22471	307	7	3911	7947	3245	3163	3516	327	48
45-49岁	24765	594	8	5692	8738	3517	3372	2650	170	24
50-54岁	14896	610	8	4419	4846	1601	1698	1629	72	13
55-59岁	5288	378	1	1875	1799	576	322	316	18	3
60-64岁	1395	220	2	628	298	160	55	29	3	
65-69岁	772	176	3	394	134	34	19	12		
70-74岁	278	62	1	146	45	14	7	3		
75岁及以上	158	40		75	20	11	6	5	1	

4-3b　全省分年龄、性别、受教育程度的就业人口(镇)

单位：人

年龄组 性　别	合　计	未上过学	学前教育	小　学	初　中	高　中	大学专科	大学本科	硕　士 研究生	博　士 研究生
总　计	**375116**	**11719**	**102**	**84048**	**155707**	**38971**	**41143**	**42631**	**714**	**81**
16-19岁	5232	5	3	197	3176	1315	262	274		
20-24岁	25010	24		900	10703	4739	5383	3243	16	2
25-29岁	43242	54	6	2059	17695	6040	7267	9927	187	7
30-34岁	55333	212	2	4796	25112	7147	6936	10865	248	15
35-39岁	48165	456	8	7793	22631	4709	5161	7248	129	30
40-44岁	51212	1112	6	12886	22891	4278	4987	4982	55	15
45-49岁	56940	2038	16	18011	24160	4492	4903	3263	49	8
50-54岁	44923	2443	20	17163	16370	3061	3890	1960	14	2
55-59岁	26490	1940	19	10099	9266	2293	2068	788	15	2
60-64岁	8664	1343	10	4369	2094	617	176	55		
65-69岁	6504	1284	5	3787	1164	175	70	18	1	
70-74岁	2271	509	4	1387	289	47	32	3		
75岁及以上	1130	299	3	601	156	58	8	5		
男	**219457**	**2574**	**27**	**44006**	**99728**	**25502**	**23839**	**23336**	**391**	**54**
16-19岁	3283	3	1	124	2129	785	103	138		
20-24岁	14185	12		574	7077	2961	2271	1282	7	1
25-29岁	24001	17	2	1194	11120	3741	3567	4295	63	2
30-34岁	31429	54		2418	15042	4471	3803	5501	132	8
35-39岁	28057	125	2	3810	13574	3012	3079	4349	83	23
40-44岁	29753	220		6323	14011	2707	3149	3288	42	13
45-49岁	33354	435	3	9011	15490	2983	3151	2237	41	3
50-54岁	27083	503	5	8922	11361	2199	2629	1451	11	2
55-59岁	17141	367	4	5375	6891	1910	1850	730	12	2
60-64岁	5231	324	6	2511	1693	502	150	45		
65-69岁	3891	291	2	2408	977	145	54	14		
70-74岁	1384	128	1	947	239	40	26	3		
75岁及以上	665	95	1	389	124	46	7	3		
女	**155659**	**9145**	**75**	**40042**	**55979**	**13469**	**17304**	**19295**	**323**	**27**
16-19岁	1949	2	2	73	1047	530	159	136		
20-24岁	10825	12		326	3626	1778	3112	1961	9	1
25-29岁	19241	37	4	865	6575	2299	3700	5632	124	5
30-34岁	23904	158	2	2378	10070	2676	3133	5364	116	7
35-39岁	20108	331	6	3983	9057	1697	2082	2899	46	7
40-44岁	21459	892	6	6563	8880	1571	1838	1694	13	2
45-49岁	23586	1603	13	9000	8670	1509	1752	1026	8	5
50-54岁	17840	1940	15	8241	5009	862	1261	509	3	
55-59岁	9349	1573	15	4724	2375	383	218	58	3	
60-64岁	3433	1019	4	1858	401	115	26	10		
65-69岁	2613	993	3	1379	187	30	16	4	1	
70-74岁	887	381	3	440	50	7	6			
75岁及以上	465	204	2	212	32	12	1	2		

4−3c　全省分年龄、性别、受教育程度的就业人口(乡村)

单位：人

年龄组 性别	合计	未上过学	学前教育	小学	初中	高中	大学专科	大学本科	硕士 研究生	博士 研究生
总　计	**708682**	**58634**	**457**	**284862**	**290908**	**36228**	**22488**	**14798**	**279**	**28**
16−19岁	13624	11	3	521	9897	2692	422	78		
20−24岁	45275	56	3	2670	27212	6713	5599	3006	16	
25−29岁	56940	195	7	5360	35033	5993	5054	5173	119	6
30−34岁	67912	703	7	11755	42704	5817	3656	3176	86	8
35−39岁	64226	1576	12	19599	36051	3230	2227	1488	35	8
40−44岁	80016	4056	35	34405	36300	2599	1739	866	12	4
45−49岁	104657	7992	54	52392	39526	2645	1552	494	2	
50−54岁	103974	11222	66	58666	30284	2186	1207	338	4	1
55−59岁	75272	9930	83	40736	21174	2374	836	136	3	
60−64岁	39399	7947	75	22850	6973	1400	127	27		
65−69岁	35652	8466	58	22493	4149	431	47	7	1	
70−74岁	14840	4100	28	9414	1182	96	14	5	1	
75岁及以上	6895	2380	26	4001	423	52	8	4		1
男	**422696**	**12029**	**126**	**153609**	**207035**	**26556**	**14319**	**8861**	**140**	**21**
16−19岁	8853	7	2	301	6658	1629	216	40		
20−24岁	28950	20	3	1570	18904	4420	2645	1383	5	
25−29岁	36549	57	4	2909	23832	4071	2896	2731	47	2
30−34岁	42874	142	3	5882	28261	4100	2377	2055	48	6
35−39岁	39758	344	7	9971	24227	2415	1642	1122	23	7
40−44岁	47260	789	6	17364	25128	1955	1333	672	9	4
45−49岁	60892	1659	14	26901	28517	2160	1239	400	2	
50−54岁	59314	2153	12	30714	23260	1865	1008	298	3	1
55−59岁	42823	1659	19	21172	16951	2114	782	124	2	
60−64岁	22584	1629	19	13379	6127	1289	118	23		
65−69岁	20379	1804	19	14375	3730	403	42	6		
70−74岁	8589	1076	8	6328	1068	89	14	5	1	
75岁及以上	3871	690	10	2743	372	46	7	2		1
女	**285986**	**46605**	**331**	**131253**	**83873**	**9672**	**8169**	**5937**	**139**	**7**
16−19岁	4771	4	1	220	3239	1063	206	38		
20−24岁	16325	36		1100	8308	2293	2954	1623	11	
25−29岁	20391	138	3	2451	11201	1922	2158	2442	72	4
30−34岁	25038	561	4	5873	14443	1717	1279	1121	38	2
35−39岁	24468	1232	5	9628	11824	815	585	366	12	1
40−44岁	32756	3267	29	17041	11172	644	406	194	3	
45−49岁	43765	6333	40	25491	11009	485	313	94		
50−54岁	44660	9069	54	27952	7024	321	199	40	1	
55−59岁	32449	8271	64	19564	4223	260	54	12	1	
60−64岁	16815	6318	56	9471	846	111	9	4		
65−69岁	15273	6662	39	8118	419	28	5	1	1	
70−74岁	6251	3024	20	3086	114	7				
75岁及以上	3024	1690	16	1258	51	6	1	2		

4-4 各地区分性别、行业大类的就业人口

单位：人

地区 性别	合计	农、林、牧、渔业						采矿业	
		小计	农业	林业	畜牧业	渔业	农、林、牧、渔专业及辅助性活动	小计	煤炭开采和洗选业
贵　州	**1480345**	**396329**	**318916**	**5869**	**65672**	**1411**	**4461**	**22405**	**16898**
贵阳市	**248613**	**24144**	**20777**	**265**	**2717**	**152**	**233**	**1557**	**264**
南明区	46460	667	607	17	27	7	9	112	18
云岩区	45041	192	112	18	31	7	24	68	13
花溪区	35245	2102	1900	35	95	52	20	73	11
乌当区	14266	1518	1308	52	118	15	25	52	1
白云区	18058	638	543	14	59	4	18	84	12
观山湖区	28059	850	690	42	68	12	38	140	66
开阳县	16317	6044	5398	8	607	15	16	435	4
息烽县	10927	3881	3287	18	549	14	13	100	28
修文县	12953	3987	3412	30	514	14	17	137	58
清镇市	21287	4265	3520	31	649	12	53	356	53
六盘水市	**120594**	**29746**	**22114**	**240**	**7225**	**51**	**116**	**9279**	**8806**
钟山区	26414	1645	1390	11	233	1	10	1150	1044
六枝特区	17808	5111	3795	46	1228	20	22	372	311
水城县	30658	9938	7218	86	2591	12	31	1557	1424
盘州市	45714	13052	9711	97	3173	18	53	6200	6027
遵义市	**258443**	**71545**	**54916**	**948**	**13093**	**215**	**2373**	**1682**	**868**
红花岗区	36260	3749	3124	40	497	29	59	148	22
汇川区	25450	3743	2906	8	790	7	32	87	57
播州区	32763	9166	7667	17	1344	24	114	300	147
桐梓县	19571	6705	5164	116	1391	21	13	210	174
绥阳县	13658	5655	4032	7	1604	10	2	74	36
正安县	16207	6344	5245	36	1038	10	15	95	29
道真仡佬族苗族自治县	8145	2803	2325	19	441	6	12	16	1
务川仡佬族苗族自治县	10288	3372	2608	9	712	12	31	149	53
凤冈县	12304	5125	4233	17	772	17	86	21	3
湄潭县	15399	6263	3958	25	376	12	1892	20	4
余庆县	10146	4580	3921	16	620	20	3	46	1
习水县	20641	5204	3519	29	1577	13	66	331	309
赤水市	11105	3485	2492	602	343	29	19	132	3
仁怀市	26506	5351	3722	7	1588	5	29	53	29
安顺市	**95780**	**27865**	**25004**	**192**	**2433**	**87**	**149**	**867**	**649**
西秀区	34325	7532	7156	47	265	18	46	355	288
平坝区	13133	3579	3366	28	159	9	17	186	138
普定县	15595	5399	4710	21	634	11	23	204	162
镇宁布依族苗族自治县	12717	5094	4802	17	225	31	19	20	7
关岭布依族苗族自治县	10566	3378	2575	25	752	5	21	75	53
紫云苗族布依族自治县	9444	2883	2395	54	398	13	23	27	1
毕节市	**238788**	**94231**	**72396**	**642**	**20538**	**132**	**523**	**5584**	**4882**
七星关区	37652	10005	7890	26	1983	20	86	140	43
大方县	27038	10187	7786	67	2286	24	24	684	637
黔西县	25898	9118	6601	56	2388	21	52	944	889
金沙县	20190	5812	4940	15	821	9	27	1730	1680
织金县	28357	9912	6248	95	3435	28	106	1087	916
纳雍县	23693	8831	6760	94	1853	20	104	530	453
威宁彝族回族苗族自治县	53126	30634	24842	160	5531	5	96	251	127
赫章县	22834	9732	7329	129	2241	5	28	218	137

4−4 续表 1　　　　单位：人

地区 性别	合计	农、林、牧、渔业						采矿业	
		小计	农业	林业	畜牧业	渔业	农、林、牧、渔专业及辅助性活动	小计	煤炭开采和洗选业
铜仁市	**112481**	**28139**	**23295**	**343**	**4162**	**123**	**216**	**457**	**12**
碧江区	12976	933	806	13	83	6	25	22	2
万山区	5579	1178	1042	3	126	1	6	59	
江口县	6895	1490	1287	25	140	15	23	9	
玉屏侗族自治县	5726	944	713	13	179	3	36	62	
石阡县	12541	4354	3751	43	531	12	17	17	1
思南县	16157	5347	4246	62	991	17	31	34	2
印江土家族苗族自治县	9435	2240	1971	60	193	13	3	26	1
德江县	13750	4389	3329	37	970	24	29	28	
沿河土家族自治县	14303	3842	3137	58	622	13	12	27	
松桃苗族自治县	15119	3422	3013	29	327	19	34	173	6
黔西南布依族苗族自治州	**125573**	**41518**	**32768**	**876**	**7490**	**152**	**232**	**1563**	**1168**
兴义市	42075	8707	7333	241	1074	41	18	227	150
兴仁市	18131	7762	6638	22	1068	15	19	379	334
普安县	10118	4437	3360	44	988	16	29	432	411
晴隆县	8968	2715	1878	56	733	12	36	165	142
贞丰县	13216	5308	4183	21	1063	19	22	161	64
望谟县	9086	2680	2147	112	365	18	38	28	1
册亨县	8072	3285	2361	329	521	16	58	30	
安龙县	15907	6624	4868	51	1678	15	12	141	66
黔东南苗族侗族自治州	**140229**	**37948**	**31528**	**1748**	**4138**	**258**	**276**	**418**	**24**
凯里市	28042	3357	2889	61	366	16	25	108	7
黄平县	9289	3648	3262	24	319	27	16	18	
施秉县	5714	2863	2697	18	130	9	9	13	
三穗县	6208	1522	1173	31	287	10	21	9	1
镇远县	6875	1681	1320	29	305	10	17	36	3
岑巩县	6093	1395	1118	92	156	13	16	6	
天柱县	9119	2785	2354	34	368	16	13	88	
锦屏县	5421	1021	765	99	130	21	6	17	1
剑河县	6525	1764	1480	72	176	23	13	15	1
台江县	4369	1141	927	75	111	7	21	2	
黎平县	14352	4359	3536	499	296	16	12	19	1
榕江县	10262	2553	2029	209	228	16	71	26	3
从江县	10399	3413	2558	375	423	46	11	13	1
雷山县	4822	1489	1132	80	266	3	8	7	
麻江县	5974	2451	2183	12	233	9	14	24	1
丹寨县	6765	2506	2105	38	344	16	3	17	5
黔南布依族苗族自治州	**139844**	**41193**	**36118**	**615**	**3876**	**241**	**343**	**998**	**225**
都匀市	22494	5007	4566	32	376	11	22	71	2
福泉市	12755	3735	3113	26	553	12	31	279	73
荔波县	7186	1887	1360	68	289	20	150	62	51
贵定县	10573	3635	3368	30	217	13	7	107	23
瓮安县	14223	3457	2970	19	412	46	10	247	56
独山县	10924	3328	3048	98	170	9	3	40	2
平塘县	9622	3747	3364	22	349	3	9	38	8
罗甸县	9776	3099	2343	156	504	40	56	31	1
长顺县	6902	1737	1426	14	269	13	15	24	2
龙里县	9498	1427	1158	12	234	9	14	26	4
惠水县	14148	4347	4052	23	197	50	25	49	1
三都水族自治县	11743	5787	5350	115	306	15	1	24	2

4-4　续表 2　　　　单位：人

地　区 性　别	合计	农、林、牧、渔业						采矿业	
		小计	农业	林业	畜牧业	渔业	农、林、牧、渔专业及辅助性活动	小计	煤炭开采和洗选业
男	**872038**	**198309**	**154530**	**4455**	**35642**	**1065**	**2617**	**19836**	**15140**
贵　州	**872038**	**198309**	**154530**	**4455**	**35642**	**1065**	**2617**	**19836**	**15140**
贵阳市	**147003**	**12897**	**10836**	**190**	**1612**	**107**	**152**	**1267**	**218**
南明区	26898	367	328	8	18	6	7	83	15
云岩区	25902	112	62	13	19	5	13	41	7
花溪区	21249	1215	1070	30	64	37	14	67	10
乌当区	8296	852	712	38	80	7	15	44	1
白云区	11097	355	294	8	42	2	9	71	10
观山湖区	16279	488	384	29	39	9	27	110	51
开阳县	9820	3232	2840	5	365	12	10	375	4
息烽县	6351	1905	1564	17	307	9	8	81	23
修文县	7935	2096	1739	22	313	10	12	116	51
清镇市	13176	2275	1843	20	365	10	37	279	46
六盘水市	**72461**	**14192**	**10192**	**179**	**3704**	**37**	**80**	**8339**	**7932**
钟山区	15522	853	686	9	149	1	8	1001	914
六枝特区	10582	2496	1767	33	672	11	13	332	275
水城县	18603	4858	3403	65	1360	10	20	1405	1293
盘州市	27754	5985	4336	72	1523	15	39	5601	5450
遵义市	**150718**	**35138**	**26196**	**695**	**6924**	**169**	**1154**	**1475**	**770**
红花岗区	21165	1933	1581	25	273	21	33	127	20
汇川区	14674	1888	1438	6	418	7	19	73	49
播州区	19028	4354	3546	12	713	19	64	248	119
桐梓县	11762	3281	2409	90	758	16	8	198	163
绥阳县	7824	2831	1985	6	830	8	2	68	32
正安县	9168	3007	2401	27	560	7	12	82	23
道真仡佬族苗族自治县	4765	1386	1131	16	227	4	8	14	1
务川仡佬族苗族自治县	6002	1648	1202	7	411	11	17	135	53
凤冈县	6930	2524	2043	13	413	14	41	18	3
湄潭县	8585	3034	1912	17	205	10	890	17	3
余庆县	5586	2231	1905	14	294	16	2	39	1
习水县	12497	2473	1606	22	806	10	29	292	273
赤水市	6492	1805	1184	433	153	22	13	116	3
仁怀市	16240	2743	1853	7	863	4	16	48	27
安顺市	**56198**	**14093**	**12337**	**155**	**1434**	**64**	**103**	**777**	**587**
西秀区	19646	3697	3457	42	153	12	33	304	246
平坝区	7852	1801	1667	22	98	5	9	174	132
普定县	9247	2676	2268	18	366	9	15	187	151
镇宁布依族苗族自治县	7410	2674	2489	13	136	23	13	18	6
关岭布依族苗族自治县	6363	1757	1287	14	438	4	14	70	51
紫云苗族布依族自治县	5680	1488	1169	46	243	11	19	24	1
毕节市	**141732**	**47834**	**35678**	**540**	**11150**	**107**	**359**	**4962**	**4325**
七星关区	22512	5081	3877	22	1119	17	46	130	41
大方县	16322	5142	3793	61	1250	20	18	587	546
黔西县	15787	4805	3369	50	1332	15	39	854	804
金沙县	12543	3019	2508	6	483	7	15	1510	1462
织金县	17010	4979	2964	83	1820	22	90	958	812
纳雍县	13962	4393	3229	81	1005	17	61	484	415
威宁彝族回族苗族自治县	30462	15637	12543	124	2899	5	66	235	119
赫章县	13134	4778	3395	113	1242	4	24	204	126

4−4　续表 3

单位：人

地　区 性　别	合计	农、林、牧、渔业						采矿业	
		小计	农业	林业	畜牧业	渔业	农、林、牧、渔专业及辅助性活动	小计	煤炭开采和洗选业
铜仁市	**66794**	**13938**	**11198**	**263**	**2236**	**99**	**142**	**377**	**10**
碧江区	7647	569	481	11	54	4	19	18	1
万山区	3413	629	553		72	1	3	48	
江口县	4310	843	705	24	87	12	15	9	
玉屏侗族自治县	3488	514	364	10	113	3	24	47	
石阡县	7178	2006	1692	31	263	11	9	15	1
思南县	9175	2478	1941	45	461	14	17	27	2
印江土家族苗族自治县	5707	1118	948	49	109	10	2	23	1
德江县	7940	2106	1522	31	515	21	17	23	
沿河土家族自治县	8282	1743	1329	40	356	9	9	21	
松桃苗族自治县	9654	1932	1663	22	206	14	27	146	5
黔西南布依族苗族自治州	**71465**	**20140**	**15326**	**571**	**3977**	**104**	**162**	**1413**	**1073**
兴义市	24106	4235	3424	153	614	29	15	201	135
兴仁市	10154	3746	3126	19	578	12	11	344	308
普安县	5835	2153	1559	39	517	13	25	391	373
晴隆县	5203	1316	866	41	376	8	25	154	133
贞丰县	7378	2522	1957	17	525	11	12	150	62
望谟县	5292	1316	1008	77	196	13	22	24	
册亨县	4482	1639	1108	201	279	9	42	23	
安龙县	9015	3213	2278	24	892	9	10	126	62
黔东南苗族侗族自治州	**83450**	**19534**	**15458**	**1348**	**2360**	**189**	**179**	**359**	**23**
凯里市	16448	1733	1448	38	218	12	17	86	7
黄平县	5472	1883	1650	20	185	18	10	16	
施秉县	3218	1499	1404	12	70	9	4	12	
三穗县	3660	807	588	27	169	9	14	9	1
镇远县	4145	913	689	26	182	9	7	36	3
岑巩县	3616	743	560	67	96	7	13	6	
天柱县	5475	1423	1167	32	201	13	10	69	
锦屏县	3302	527	352	88	69	16	2	14	1
剑河县	3940	916	718	61	111	16	10	13	1
台江县	2674	581	427	59	73	6	16	2	
黎平县	8608	2360	1773	379	190	12	6	18	1
榕江县	6250	1244	892	161	132	12	47	25	3
从江县	6379	1707	1160	282	227	31	7	12	
雷山县	2964	783	581	60	132	3	7	5	
麻江县	3430	1196	1034	7	142	5	8	20	1
丹寨县	3869	1219	1015	29	163	11	1	16	5
黔南布依族苗族自治州	**82217**	**20543**	**17309**	**514**	**2245**	**189**	**286**	**867**	**202**
都匀市	12923	2476	2211	25	211	11	18	62	2
福泉市	7795	1894	1541	24	302	9	18	234	62
荔波县	4219	967	611	49	153	16	138	56	47
贵定县	6181	1824	1649	26	134	12	3	95	22
瓮安县	8725	1818	1517	15	248	32	6	216	51
独山县	6385	1658	1450	85	111	9	3	36	2
平塘县	5395	1724	1508	17	190	2	7	34	7
罗甸县	5644	1593	1097	133	284	29	50	25	1
长顺县	4158	860	666	13	158	10	13	22	2
龙里县	5947	765	602	12	135	7	9	21	3
惠水县	8357	2168	1960	17	131	39	21	42	1
三都水族自治县	6488	2796	2497	98	188	13		24	2

4–4　续表 4　　　　单位：人

地区 性别	合计	农、林、牧、渔业						采矿业	
		小计	农业	林业	畜牧业	渔业	农、林、牧、渔专业及辅助性活动	小计	煤炭开采和洗选业
女	**608307**	**198020**	**164386**	**1414**	**30030**	**346**	**1844**	**2569**	**1758**
贵　州	**608307**	**198020**	**164386**	**1414**	**30030**	**346**	**1844**	**2569**	**1758**
贵阳市	**101610**	**11247**	**9941**	**75**	**1105**	**45**	**81**	**290**	**46**
南明区	19562	300	279	9	9	1	2	29	3
云岩区	19139	80	50	5	12	2	11	27	6
花溪区	13996	887	830	5	31	15	6	6	1
乌当区	5970	666	596	14	38	8	10	8	
白云区	6961	283	249	6	17	2	9	13	2
观山湖区	11780	362	306	13	29	3	11	30	15
开阳县	6497	2812	2558	3	242	3	6	60	
息烽县	4576	1976	1723	1	242	5	5	19	5
修文县	5018	1891	1673	8	201	4	5	21	7
清镇市	8111	1990	1677	11	284	2	16	77	7
六盘水市	**48133**	**15554**	**11922**	**61**	**3521**	**14**	**36**	**940**	**874**
钟山区	10892	792	704	2	84		2	149	130
六枝特区	7226	2615	2028	13	556	9	9	40	36
水城县	12055	5080	3815	21	1231	2	11	152	131
盘州市	17960	7067	5375	25	1650	3	14	599	577
遵义市	**107725**	**36407**	**28720**	**253**	**6169**	**46**	**1219**	**207**	**98**
红花岗区	15095	1816	1543	15	224	8	26	21	2
汇川区	10776	1855	1468	2	372		13	14	8
播州区	13735	4812	4121	5	631	5	50	52	28
桐梓县	7809	3424	2755	26	633	5	5	12	11
绥阳县	5834	2824	2047	1	774	2		6	4
正安县	7039	3337	2844	9	478	3	3	13	6
道真仡佬族苗族自治县	3380	1417	1194	3	214	2	4	2	
务川仡佬族苗族自治县	4286	1724	1406	2	301	1	14	14	
凤冈县	5374	2601	2190	4	359	3	45	3	
湄潭县	6814	3229	2046	8	171	2	1002	3	1
余庆县	4560	2349	2016	2	326	4	1	7	
习水县	8144	2731	1913	7	771	3	37	39	36
赤水市	4613	1680	1308	169	190	7	6	16	
仁怀市	10266	2608	1869		725	1	13	5	2
安顺市	**39582**	**13772**	**12667**	**37**	**999**	**23**	**46**	**90**	**62**
西秀区	14679	3835	3699	5	112	6	13	51	42
平坝区	5281	1778	1699	6	61	4	8	12	6
普定县	6348	2723	2442	3	268	2	8	17	11
镇宁布依族苗族自治县	5307	2420	2313	4	89	8	6	2	1
关岭布依族苗族自治县	4203	1621	1288	11	314	1	7	5	2
紫云苗族布依族自治县	3764	1395	1226	8	155	2	4	3	
毕节市	**97056**	**46397**	**36718**	**102**	**9388**	**25**	**164**	**622**	**557**
七星关区	15140	4924	4013	4	864	3	40	10	2
大方县	10716	5045	3993	6	1036	4	6	97	91
黔西县	10111	4313	3232	6	1056	6	13	90	85
金沙县	7647	2793	2432	9	338	2	12	220	218
织金县	11347	4933	3284	12	1615	6	16	129	104
纳雍县	9731	4438	3531	13	848	3	43	46	38
威宁彝族回族苗族自治县	22664	14997	12299	36	2632		30	16	8
赫章县	9700	4954	3934	16	999	1	4	14	11

4-4　续表 5　　　　单位：人

地区 性别	合计	农、林、牧、渔业						采矿业	
		小计	农业	林业	畜牧业	渔业	农、林、牧、渔专业及辅助性活动	小计	煤炭开采和洗选业
铜仁市	**45687**	**14201**	**12097**	**80**	**1926**	**24**	**74**	**80**	**2**
碧江区	5329	364	325	2	29	2	6	4	1
万山区	2166	549	489	3	54		3	11	
江口县	2585	647	582	1	53	3	8		
玉屏侗族自治县	2238	430	349	3	66		12	15	
石阡县	5363	2348	2059	12	268	1	8	2	
思南县	6982	2869	2305	17	530	3	14	7	
印江土家族苗族自治县	3728	1122	1023	11	84	3	1	3	
德江县	5810	2283	1807	6	455	3	12	5	
沿河土家族自治县	6021	2099	1808	18	266	4	3	6	
松桃苗族自治县	5465	1490	1350	7	121	5	7	27	1
黔西南布依族苗族自治州	**54108**	**21378**	**17442**	**305**	**3513**	**48**	**70**	**150**	**95**
兴义市	17969	4472	3909	88	460	12	3	26	15
兴仁市	7977	4016	3512	3	490	3	8	35	26
普安县	4283	2284	1801	5	471	3	4	41	38
晴隆县	3765	1399	1012	15	357	4	11	11	9
贞丰县	5838	2786	2226	4	538	8	10	11	2
望谟县	3794	1364	1139	35	169	5	16	4	1
册亨县	3590	1646	1253	128	242	7	16	7	
安龙县	6892	3411	2590	27	786	6	2	15	4
黔东南苗族侗族自治州	**56779**	**18414**	**16070**	**400**	**1778**	**69**	**97**	**59**	**1**
凯里市	11594	1624	1441	23	148	4	8	22	
黄平县	3817	1765	1612	4	134	9	6	2	
施秉县	2496	1364	1293	6	60		5	1	
三穗县	2548	715	585	4	118	1	7		
镇远县	2730	768	631	3	123	1	10		
岑巩县	2477	652	558	25	60	6	3		
天柱县	3644	1362	1187	2	167	3	3	19	
锦屏县	2119	494	413	11	61	5	4	3	
剑河县	2585	848	762	11	65	7	3	2	
台江县	1695	560	500	16	38	1	5		
黎平县	5744	1999	1763	120	106	4	6	1	
榕江县	4012	1309	1137	48	96	4	24	1	
从江县	4020	1706	1398	93	196	15	4	1	1
雷山县	1858	706	551	20	134		1	2	
麻江县	2544	1255	1149	5	91	4	6	4	
丹寨县	2896	1287	1090	9	181	5	2	1	
黔南布依族苗族自治州	**57627**	**20650**	**18809**	**101**	**1631**	**52**	**57**	**131**	**23**
都匀市	9571	2531	2355	7	165		4	9	
福泉市	4960	1841	1572	2	251	3	13	45	11
荔波县	2967	920	749	19	136	4	12	6	4
贵定县	4392	1811	1719	4	83	1	4	12	1
瓮安县	5498	1639	1453	4	164	14	4	31	5
独山县	4539	1670	1598	13	59			4	
平塘县	4227	2023	1856	5	159	1	2	4	1
罗甸县	4132	1506	1246	23	220	11	6	6	
长顺县	2744	877	760	1	111	3	2	2	
龙里县	3551	662	556		99	2	5	5	1
惠水县	5791	2179	2092	6	66	11	4	7	
三都水族自治县	5255	2991	2853	17	118	2	1		

4-4　续表 6　　　　　　　　　　　　　　　　　　　　　　　　　　　　　　　单位：人

地　区 性　别	采矿业						制造业		
	石油和天然气开采业	黑色金属矿采选业	有色金属矿采选业	非金属矿采选业	开采专业及辅助性活　动	其　他采矿业	小计	农副食品加工业	食　品制造业
贵　州	**193**	**539**	**699**	**3139**	**565**	**372**	**136961**	**9569**	**5173**
贵阳市	**27**	**51**	**249**	**767**	**67**	**132**	**22239**	**1294**	**1136**
南明区	7	8	4	49	16	10	2441	113	327
云岩区	6	3	6	24	7	9	2216	143	143
花溪区	1	2	4	36	9	10	4487	190	122
乌当区	2	2	5	30	3	9	1916	147	117
白云区		1	26	36	6	3	2620	128	70
观山湖区	1	4	5	30	9	25	1936	114	55
开阳县	4	5	5	408	4	5	1342	114	49
息烽县		6	1	63	2		1384	112	38
修文县	1	12	6	34	2	24	1655	106	104
清镇市	5	8	187	57	9	37	2242	127	111
六盘水市	**5**	**51**	**30**	**271**	**81**	**35**	**10050**	**596**	**413**
钟山区	3	35	5	48	9	6	1943	130	81
六枝特区		3	1	35	17	5	1741	119	68
水城县	1	12	16	55	37	12	3197	133	74
盘州市	1	1	8	133	18	12	3169	214	190
遵义市	**127**	**85**	**144**	**347**	**71**	**40**	**26192**	**1616**	**913**
红花岗区	2	70	9	28	8	9	3213	224	142
汇川区		1	3	13	9	4	2520	164	132
播州区		4	45	94	2	8	3226	219	108
桐梓县	1	2	1	31	1		1333	77	42
绥阳县	1		10	27			1192	63	55
正安县	35	2		22	6	1	1169	103	52
道真仡佬族苗族自治县	1		2	10	1	1	471	80	30
务川仡佬族苗族自治县			72	21		3	603	56	25
凤冈县	2		1	15			1018	126	38
湄潭县		1		13	2		1300	142	96
余庆县				45			656	62	49
习水县	2	2		8	4	6	2346	94	56
赤水市	83			3	35	8	1040	60	40
仁怀市		3	1	17	3		6105	146	48
安顺市	**4**	**6**	**13**	**169**	**20**	**6**	**11137**	**812**	**325**
西秀区	1	1	1	50	13	1	3762	335	148
平坝区		1	1	42	3	1	1796	92	51
普定县	1	1	10	26	3	1	1741	148	45
镇宁布依族苗族自治县			1	11	1		1683	85	30
关岭布依族苗族自治县	1	3		17		1	1260	97	18
紫云苗族布依族自治县	1			23		2	895	55	33
毕节市	**5**	**55**	**31**	**355**	**221**	**35**	**18758**	**1764**	**724**
七星关区		1	1	86	5	4	3319	206	109
大方县	2			41	4		2127	334	82
黔西县	1	4	1	20	23	6	2100	227	125
金沙县		1	1	31	11	6	1796	172	115
织金县		4	14	44	108	1	2243	319	67
纳雍县	1	6		29	40	1	2155	185	83
威宁彝族回族苗族自治县	1	11	13	62	26	11	3211	197	58
赫章县		28	1	42	4	6	1807	124	85

4-4 续表 7

单位：人

地区 性别	采矿业						制造业		
	石油和天然气开采业	黑色金属矿采选业	有色金属矿采选业	非金属矿采选业	开采专业及辅助性活动	其他采矿业	小计	农副食品加工业	食品制造业
铜仁市	**1**	**216**	**8**	**177**	**25**	**18**	**9207**	**885**	**384**
碧江区		2	1	9	3	5	951	94	43
万山区		52	1	4	1	1	564	31	9
江口县		2		6		1	607	64	20
玉屏侗族自治县		41		18		3	884	81	11
石阡县				13	3		742	77	25
思南县		1		26	4	1	1096	144	82
印江土家族苗族自治县				24	1		685	47	42
德江县	1	4	1	15	6	1	1094	80	68
沿河土家族自治县			4	22	1		1063	121	45
松桃苗族自治县		114	1	40	6	6	1521	146	39
黔西南布依族苗族自治州	**4**	**7**	**114**	**217**	**26**	**27**	**11364**	**957**	**328**
兴义市	3	3	19	40	3	9	3463	263	110
兴仁市		2	11	20	11	1	1687	178	56
普安县		1	3	12	5		735	41	25
晴隆县			5	9	4	5	934	82	19
贞丰县		1	43	42	2	9	1347	134	42
望谟县	1			26			1008	70	13
册亨县			22	6		2	859	47	13
安龙县			11	62	1	1	1331	142	50
黔东南苗族侗族自治州	**4**	**13**	**35**	**299**	**27**	**16**	**13416**	**737**	**361**
凯里市	4	5	16	51	18	7	2188	138	89
黄平县				13	2	3	683	55	12
施秉县			3	8	1	1	310	18	9
三穗县				8			886	46	19
镇远县			8	25			649	38	31
岑巩县				6			602	19	13
天柱县		2	4	80		2	874	53	19
锦屏县			1	14		1	809	45	9
剑河县				14			579	61	35
台江县				1	1		538	17	13
黎平县		1	1	15	1		1575	51	32
榕江县				21	2		1097	56	20
从江县				12			1055	40	16
雷山县			1	5		1	304	24	7
麻江县		5	1	14	2	1	484	32	19
丹寨县				12			783	44	18
黔南布依族苗族自治州	**16**	**55**	**75**	**537**	**27**	**63**	**14598**	**908**	**589**
都匀市		5	18	34	1	11	1540	107	67
福泉市	3	11	2	144	14	32	1456	75	58
荔波县				10	1		561	57	30
贵定县	7	3	39	32	2	1	1083	73	137
瓮安县	1	10	5	165		10	1414	58	43
独山县	1	6	7	18	1	5	1620	111	32
平塘县		4	1	25			802	33	31
罗甸县	1	3	1	23	2		1048	45	38
长顺县	1			20		1	842	70	16
龙里县	2	1		12	6	1	1293	73	34
惠水县		1		45		2	1859	150	89
三都水族自治县		11	2	9			1080	56	14

4-4　续表 8　　　　单位：人

地　区 性　别	采矿业						制造业		
	石油和天然气开采业	黑色金属矿采选业	有色金属矿采选业	非金属矿采选业	开采专业及辅助性活　动	其　他采矿业	小计	农副食品加工业	食　品制造业
男	**165**	**450**	**583**	**2729**	**470**	**299**	**86803**	**5343**	**2474**
贵　州	**165**	**450**	**583**	**2729**	**470**	**299**	**86803**	**5343**	**2474**
贵阳市	**20**	**41**	**197**	**644**	**47**	**100**	**15002**	**755**	**575**
南明区	5	6	2	36	11	8	1580	65	169
云岩区	4	2	5	17	2	4	1499	83	71
花溪区	1	2	2	34	9	9	3021	109	52
乌当区	1	1	4	26	3	8	1178	72	67
白云区		1	25	28	4	3	1838	81	31
观山湖区	1	4	5	27	7	15	1304	78	25
开阳县	3	5	5	351	2	5	920	66	24
息烽县		4	1	51	2		948	59	17
修文县	1	10	5	27	1	21	1137	68	58
清镇市	4	6	143	47	6	27	1577	74	61
六盘水市	**4**	**42**	**24**	**237**	**72**	**28**	**6583**	**336**	**190**
钟山区	3	29	4	39	7	5	1353	72	37
六枝特区		3	1	33	16	4	1148	76	36
水城县	1	9	13	47	34	8	2042	74	36
盘州市		1	6	118	15	11	2040	114	81
遵义市	**115**	**70**	**128**	**304**	**55**	**33**	**16795**	**898**	**412**
红花岗区	2	56	9	25	8	7	2107	116	67
汇川区		1	2	11	6	4	1681	95	59
播州区		4	39	80		6	2207	128	54
桐梓县	1	2	1	30	1		812	45	14
绥阳县	1		10	25			719	39	27
正安县	33	1		21	3	1	677	49	27
道真仡佬族苗族自治县	1		1	9	1	1	282	42	15
务川仡佬族苗族自治县			64	16		2	364	24	13
凤冈县	2		1	12			613	78	17
湄潭县		1		12	1		784	76	38
余庆县				38			377	35	23
习水县	1	2		8	3	5	1512	59	20
赤水市	74			2	30	7	634	30	15
仁怀市		3	1	15	2		4026	82	23
安顺市	**4**	**6**	**11**	**147**	**17**	**5**	**7061**	**487**	**162**
西秀区	1	1	1	44	10	1	2374	192	75
平坝区		1		37	3	1	1148	48	27
普定县	1	1	9	22	3		1107	98	20
镇宁布依族苗族自治县			1	10	1		1010	51	16
关岭布依族苗族自治县	1	3		14		1	820	58	9
紫云苗族布依族自治县	1			20		2	602	40	15
毕节市	**4**	**51**	**30**	**320**	**200**	**32**	**11730**	**924**	**370**
七星关区		1	1	78	5	4	2144	120	63
大方县	2			36	3		1360	167	46
黔西县		4	1	18	22	5	1355	122	65
金沙县		1	1	30	10	6	1061	99	63
织金县		3	14	36	93		1383	151	32
纳雍县	1	6		24	37	1	1360	97	42
威宁彝族回族苗族自治县	1	10	12	57	26	10	2019	100	23
赫章县		26	1	41	4	6	1048	68	36

4-4 续表 9 单位：人

地区 性别	采矿业						制造业		
	石油和天然气开采业	黑色金属矿采选业	有色金属矿采选业	非金属矿采选业	开采专业及辅助性活动	其他采矿业	小计	农副食品加工业	食品制造业
铜仁市	**1**	**175**	**3**	**156**	**16**	**16**	**5576**	**490**	**183**
碧江区		2	1	8	1	5	549	52	20
万山区		41	1	4	1	1	357	21	7
江口县		2		6		1	388	35	13
玉屏侗族自治县		29		15		3	527	53	3
石阡县				11	3		459	46	15
思南县		1		23	1		660	73	43
印江土家族苗族自治县				22			412	25	15
德江县	1	4	1	10	6	1	657	43	25
沿河土家族自治县				20	1		628	64	19
松桃苗族自治县		96		37	3	5	939	78	23
黔西南布依族苗族自治州	**3**	**7**	**95**	**192**	**22**	**21**	**6880**	**537**	**149**
兴义市	2	3	19	34	1	7	2148	151	56
兴仁市		2	8	15	10	1	973	102	24
普安县		1	1	11	5		451	23	15
晴隆县			5	9	3	4	559	40	7
贞丰县		1	40	39	2	6	807	74	19
望谟县	1			23			605	38	5
册亨县			16	5		2	478	27	5
安龙县			6	56	1	1	859	82	18
黔东南苗族侗族自治州	**3**	**12**	**28**	**262**	**20**	**11**	**8176**	**416**	**157**
凯里市	3	4	11	45	12	4	1397	81	39
黄平县				12	2	2	419	31	5
施秉县			3	8	1		170	12	5
三穗县				8			531	24	5
镇远县			8	25			402	20	13
岑巩县				6			323	12	5
天柱县		2	2	63		2	555	29	8
锦屏县			1	11		1	517	28	2
剑河县				12			344	28	18
台江县				1	1		307	8	4
黎平县		1	1	14	1		932	29	17
榕江县				20	2		629	34	8
从江县				12			682	26	9
雷山县			1	3		1	201	14	3
麻江县		5	1	11	1	1	298	19	9
丹寨县				11			469	21	7
黔南布依族苗族自治州	**11**	**46**	**67**	**467**	**21**	**53**	**9000**	**500**	**276**
都匀市		4	14	32		10	970	54	35
福泉市	2	9	1	124	10	26	1003	46	28
荔波县				8	1		355	36	13
贵定县	6	2	36	26	2	1	633	40	63
瓮安县		8	5	143		9	930	33	19
独山县	1	4	7	17	1	4	936	58	14
平塘县		4	1	22			463	19	12
罗甸县	1	2	1	18	2		558	22	17
长顺县	1			18		1	482	34	9
龙里县		1		11	5	1	845	47	16
惠水县		1		39		1	1178	76	42
三都水族自治县		11	2	9			647	35	8

4-4　续表 10

单位：人

地　区 性　别	采矿业						制造业		
	石油和天然气开采业	黑色金属矿采选业	有色金属矿采选业	非金属矿采选业	开采专业及辅助性活　动	其　他采矿业	小计	农副食品加工业	食　品制造业
女	**28**	**89**	**116**	**410**	**95**	**73**	**50158**	**4226**	**2699**
贵　州	**28**	**89**	**116**	**410**	**95**	**73**	**50158**	**4226**	**2699**
贵阳市	**7**	**10**	**52**	**123**	**20**	**32**	**7237**	**539**	**561**
南明区	2	2	2	13	5	2	861	48	158
云岩区	2	1	1	7	5	5	717	60	72
花溪区			2	2		1	1466	81	70
乌当区	1	1	1	4		1	738	75	50
白云区			1	8	2		782	47	39
观山湖区				3	2	10	632	36	30
开阳县	1			57	2		422	48	25
息烽县		2		12			436	53	21
修文县		2	1	7	1	3	518	38	46
清镇市	1	2	44	10	3	10	665	53	50
六盘水市	**1**	**9**	**6**	**34**	**9**	**7**	**3467**	**260**	**223**
钟山区		6	1	9	2	1	590	58	44
六枝特区				2	1	1	593	43	32
水城县		3	3	8	3	4	1155	59	38
盘州市	1		2	15	3	1	1129	100	109
遵义市	**12**	**15**	**16**	**43**	**16**	**7**	**9397**	**718**	**501**
红花岗区		14		3		2	1106	108	75
汇川区			1	2	3		839	69	73
播州区			6	14	2	2	1019	91	54
桐梓县				1			521	32	28
绥阳县				2			473	24	28
正安县	2	1		1	3		492	54	25
道真仡佬族苗族自治县			1	1			189	38	15
务川仡佬族苗族自治县			8	5		1	239	32	12
凤冈县				3			405	48	21
湄潭县				1	1		516	66	58
余庆县				7			279	27	26
习水县	1				1	1	834	35	36
赤水市	9			1	5	1	406	30	25
仁怀市				2	1		2079	64	25
安顺市			**2**	**22**	**3**	**1**	**4076**	**325**	**163**
西秀区				6	3		1388	143	73
平坝区			1	5			648	44	24
普定县			1	4		1	634	50	25
镇宁布依族苗族自治县				1			673	34	14
关岭布依族苗族自治县				3			440	39	9
紫云苗族布依族自治县				3			293	15	18
毕节市	**1**	**4**	**1**	**35**	**21**	**3**	**7028**	**840**	**354**
七星关区				8			1175	86	46
大方县				5	1		767	167	36
黔西县	1			2	1	1	745	105	60
金沙县				1	1		735	73	52
织金县		1		8	15	1	860	168	35
纳雍县				5	3		795	88	41
威宁彝族回族苗族自治县		1	1	5		1	1192	97	35
赫章县		2		1			759	56	49

4-4 续表 11 单位：人

地区 性别	采矿业						制造业		
	石油和天然气开采业	黑色金属矿采选业	有色金属矿采选业	非金属矿采选业	开采专业及辅助性活动	其他采矿业	小计	农副食品加工业	食品制造业
铜仁市		**41**	**5**	**21**	**9**	**2**	**3631**	**395**	**201**
碧江区				1	2		402	42	23
万山区		11					207	10	2
江口县							219	29	7
玉屏侗族自治县		12		3			357	28	8
石阡县				2			283	31	10
思南县				3	3	1	436	71	39
印江土家族苗族自治县				2	1		273	22	27
德江县				5			437	37	43
沿河土家族自治县			4	2			435	57	26
松桃苗族自治县		18	1	3	3	1	582	68	16
黔西南布依族苗族自治州	**1**		**19**	**25**	**4**	**6**	**4484**	**420**	**179**
兴义市	1			6	2	2	1315	112	54
兴仁市			3	5	1		714	76	32
普安县			2	1			284	18	10
晴隆县					1	1	375	42	12
贞丰县			3	3		3	540	60	23
望谟县				3			403	32	8
册亨县			6	1			381	20	8
安龙县			5	6			472	60	32
黔东南苗族侗族自治州	**1**	**1**	**7**	**37**	**7**	**5**	**5240**	**321**	**204**
凯里市	1	1	5	6	6	3	791	57	50
黄平县				1		1	264	24	7
施秉县						1	140	6	4
三穗县							355	22	14
镇远县							247	18	18
岑巩县							279	7	8
天柱县			2	17			319	24	11
锦屏县				3			292	17	7
剑河县				2			235	33	17
台江县							231	9	9
黎平县				1			643	22	15
榕江县				1			468	22	12
从江县							373	14	7
雷山县				2			103	10	4
麻江县				3	1		186	13	10
丹寨县				1			314	23	11
黔南布依族苗族自治州	**5**	**9**	**8**	**70**	**6**	**10**	**5598**	**408**	**313**
都匀市		1	4	2	1	1	570	53	32
福泉市	1	2	1	20	4	6	453	29	30
荔波县				2			206	21	17
贵定县	1	1	3	6			450	33	74
瓮安县	1	2		22		1	484	25	24
独山县		2		1		1	684	53	18
平塘县				3			339	14	19
罗甸县		1		5			490	23	21
长顺县				2			360	36	7
龙里县	2			1	1		448	26	18
惠水县				6		1	681	74	47
三都水族自治县							433	21	6

4-4　续表 12　　　　单位：人

地　区 性　别	制造业								
	酒、饮料和精制茶制造业	烟　草制品业	纺织业	纺织服装、服饰业	皮革、毛皮、羽毛及其制品和制鞋业	木材加工和木、竹、藤、棕、草制品业	家　具制造业	造纸和纸制品业	印刷和记录媒介复制业
贵　州	**11167**	**1349**	**4039**	**6584**	**5557**	**6155**	**4460**	**2042**	**1214**
贵阳市	**830**	**371**	**302**	**296**	**238**	**420**	**572**	**258**	**463**
南明区	89	131	42	38	14	49	131	34	86
云岩区	91	89	47	51	15	30	68	16	159
花溪区	77	119	49	29	80	124	144	39	36
乌当区	51	4	16	16	6	7	20	51	60
白云区	163	4	20	11	11	53	62	6	50
观山湖区	94	8	30	39	43	30	35	5	41
开阳县	54	9	18	35	25	31	35	10	17
息烽县	32	3	23	25	14	13	8	6	3
修文县	119	3	20	21	9	37	27	79	5
清镇市	60	1	37	31	21	46	42	12	6
六盘水市	**344**	**22**	**525**	**434**	**559**	**389**	**282**	**103**	**39**
钟山区	56	2	49	31	51	22	47	11	17
六枝特区	44	6	139	91	108	85	59	22	5
水城县	82	6	156	211	281	140	78	38	10
盘州市	162	8	181	101	119	142	98	32	7
遵义市	**7405**	**311**	**489**	**798**	**760**	**702**	**920**	**675**	**253**
红花岗区	144	67	85	66	40	92	109	166	44
汇川区	237	134	34	35	25	49	49	38	25
播州区	273	21	56	68	80	53	108	118	36
桐梓县	47		61	97	89	29	39	16	5
绥阳县	40		42	83	52	42	38	32	9
正安县	83	6	24	31	48	48	54	15	14
道真仡佬族苗族自治县	17	5	15	14	16	16	25	3	4
务川仡佬族苗族自治县	30	3	12	44	38	26	24	8	7
凤冈县	52	19	34	112	39	36	37	12	4
湄潭县	131	52	32	31	53	61	42	33	16
余庆县	51	1	16	40	34	38	34	14	3
习水县	1182		26	92	134	30	36	54	8
赤水市	59	1	20	17	16	140	287	116	
仁怀市	5059	2	32	68	96	42	38	50	78
安顺市	**286**	**19**	**419**	**569**	**464**	**386**	**339**	**138**	**51**
西秀区	84	13	89	119	94	78	79	31	18
平坝区	53	1	26	27	26	67	27	20	7
普定县	44	3	115	112	124	86	47	15	8
镇宁布依族苗族自治县	42		102	178	102	61	89	43	6
关岭布依族苗族自治县	30		61	104	98	36	33	16	7
紫云苗族布依族自治县	33	2	26	29	20	58	64	13	5
毕节市	**900**	**281**	**788**	**1126**	**1354**	**643**	**557**	**171**	**88**
七星关区	121	204	100	215	270	141	115	43	24
大方县	118	10	97	115	88	69	61	8	12
黔西县	102	5	76	140	163	55	82	23	11
金沙县	273	22	40	68	120	58	33	18	6
织金县	96	9	146	216	179	108	81	13	8
纳雍县	73	15	107	106	134	92	55	28	12
威宁彝族回族苗族自治县	61	13	138	152	234	89	68	19	10
赫章县	56	3	84	114	166	31	62	19	5

4-4 续表 13

单位：人

地区 性别	制造业								
	酒、饮料和精制茶制造业	烟草制品业	纺织业	纺织服装、服饰业	皮革、毛皮、羽毛及其制品和制鞋业	木材加工和木、竹、藤、棕、草制品业	家具制造业	造纸和纸制品业	印刷和记录媒介复制业
铜仁市	**345**	**63**	**311**	**726**	**534**	**447**	**235**	**82**	**43**
碧江区	18	20	41	53	127	20	21	14	9
万山区	4	4	18	61	45	22	12	7	3
江口县	44		13	39	72	40	12	3	1
玉屏侗族自治县	12	1	13	58	44	23	7	5	2
石阡县	34	1	34	67	22	20	41	1	1
思南县	66	9	43	72	24	75	23	6	6
印江土家族苗族自治县	51	8	25	41	41	38	15	2	2
德江县	31	2	32	51	39	69	35	15	6
沿河土家族自治县	54	7	30	116	66	49	31	14	5
松桃苗族自治县	31	11	62	168	54	91	38	15	8
黔西南布依族苗族自治州	**365**	**141**	**357**	**758**	**608**	**691**	**513**	**149**	**92**
兴义市	153	79	79	138	116	196	189	46	57
兴仁市	45	35	81	153	94	76	75	16	7
普安县	63		46	46	63	52	23	16	1
晴隆县	29	8	24	100	102	45	35	8	7
贞丰县	33	4	53	108	33	64	59	19	11
望谟县	7	1	21	78	95	54	37	11	4
册亨县	5		24	83	59	141	32	4	1
安龙县	30	14	29	52	46	63	63	29	4
黔东南苗族侗族自治州	**280**	**34**	**380**	**986**	**619**	**1737**	**479**	**176**	**93**
凯里市	64	12	52	113	42	94	66	9	22
黄平县	15	1	35	58	19	43	34	22	2
施秉县	9	11	6	29	11	11	6	1	1
三穗县	4	1	25	145	56	128	36	17	4
镇远县	49	2	13	24	20	41	10	11	5
岑巩县	6	3	15	44	25	35	9	16	6
天柱县	9	1	20	60	123	88	43	7	2
锦屏县	8		15	24	42	181	33	14	6
剑河县	7	1	15	30	19	113	18	11	11
台江县	7		7	29	8	31	16	4	1
黎平县	31	1	41	121	108	324	72	22	6
榕江县	9		29	100	80	332	28	10	4
从江县	16		41	55	29	182	30	5	4
雷山县	20		10	30	9	25	13	5	6
麻江县	7	1	17	27	10	25	27	4	6
丹寨县	19		39	97	18	84	38	18	7
黔南布依族苗族自治州	**412**	**107**	**468**	**891**	**421**	**740**	**563**	**290**	**92**
都匀市	73	9	56	46	17	64	44	10	13
福泉市	18	1	49	45	34	34	20	23	7
荔波县	3	1	32	18	15	81	18	2	4
贵定县	38	89	46	91	53	33	28	19	1
瓮安县	42	2	29	95	79	25	28	11	11
独山县	14	2	53	95	36	47	65	15	4
平塘县	12	1	42	77	24	63	34	35	8
罗甸县	11		47	51	47	38	23	19	6
长顺县	26		25	34	18	37	27	23	2
龙里县	74		15	53	50	89	90	93	21
惠水县	82	2	30	112	34	65	106	31	7
三都水族自治县	19		44	174	14	164	80	9	8

4-4　续表 14　　　　　　　　　　　　　　　　　　　　　　　　　　单位：人

地　区 性　别	制造业								
	酒、饮料和精制茶制造业	烟　草制品业	纺织业	纺织服装、服饰业	皮革、毛皮、羽毛及其制品和制鞋业	木材加工和木、竹、藤、棕、草制品业	家　具制造业	造纸和纸制品业	印刷和记录媒介复制业
男	**7221**	**896**	**1963**	**2582**	**2981**	**4437**	**3190**	**1140**	**727**
贵　州	**7221**	**896**	**1963**	**2582**	**2981**	**4437**	**3190**	**1140**	**727**
贵阳市	**507**	**250**	**157**	**128**	**132**	**315**	**418**	**155**	**289**
南明区	46	76	24	18	9	29	92	22	55
云岩区	55	66	25	23	7	22	50	11	103
花溪区	42	87	26	10	46	91	105	25	24
乌当区	29	3	7	7	4	5	17	30	36
白云区	101	1	10	7	4	46	46	4	32
观山湖区	53	5	17	15	24	23	25	2	23
开阳县	37	6	9	13	13	24	23	6	9
息烽县	18	3	10	11	8	13	7	3	3
修文县	85	2	8	9	6	27	22	46	2
清镇市	41	1	21	15	11	35	31	6	2
六盘水市	**201**	**14**	**267**	**195**	**297**	**292**	**208**	**61**	**25**
钟山区	35	1	24	11	24	17	31	7	10
六枝特区	26	3	62	41	64	65	45	15	2
水城县	47	3	82	99	142	108	59	22	7
盘州市	93	7	99	44	67	102	73	17	6
遵义市	**4991**	**214**	**240**	**319**	**367**	**522**	**644**	**346**	**125**
红花岗区	104	51	37	29	20	71	84	78	21
汇川区	179	88	21	14	12	40	36	18	15
播州区	201	16	24	36	42	40	69	62	15
桐梓县	32		28	37	46	25	29	10	4
绥阳县	28		26	43	31	31	29	16	6
正安县	54	5	10	14	20	35	34	11	7
道真仡佬族苗族自治县	13	4	6	4	7	15	19	1	2
务川仡佬族苗族自治县	17	2	9	19	20	19	22	5	5
凤冈县	30	15	19	22	16	29	26	5	2
湄潭县	80	31	14	12	32	44	32	20	6
余庆县	22		5	11	15	26	23	9	3
习水县	823		17	39	45	29	26	15	6
赤水市	47		9	7	6	83	186	77	
仁怀市	3361	2	15	32	55	35	29	19	33
安顺市	**165**	**14**	**196**	**263**	**257**	**293**	**234**	**83**	**31**
西秀区	49	10	42	58	50	59	54	23	9
平坝区	28	1	13	8	17	53	16	10	4
普定县	25	2	53	49	68	68	35	7	4
镇宁布依族苗族自治县	27		42	80	58	43	65	24	4
关岭布依族苗族自治县	18		33	55	57	28	22	10	6
紫云苗族布依族自治县	18	1	13	13	7	42	42	9	4
毕节市	**559**	**188**	**394**	**427**	**774**	**529**	**403**	**107**	**50**
七星关区	81	135	52	74	146	115	90	33	17
大方县	82	5	49	43	50	56	47	2	7
黔西县	67	4	38	55	89	46	53	12	5
金沙县	152	17	15	24	72	52	25	9	1
织金县	54	8	72	77	109	90	56	7	5
纳雍县	46	8	58	52	81	77	38	18	5
威宁彝族回族苗族自治县	45	10	76	69	144	66	49	13	6
赫章县	32	1	34	33	83	27	45	13	4

4-4 续表 15 单位：人

地区 性别	制造业								
	酒、饮料和精制茶制造业	烟草制品业	纺织业	纺织服装、服饰业	皮革、毛皮、羽毛及其制品和制鞋业	木材加工和木、竹、藤、棕、草制品业	家具制造业	造纸和纸制品业	印刷和记录媒介复制业
铜仁市	**205**	**39**	**138**	**261**	**250**	**354**	**165**	**44**	**27**
碧江区	11	12	14	22	53	17	11	8	4
万山区	3	1	9	32	23	18	11	4	3
江口县	25		5	12	38	36	9	2	1
玉屏侗族自治县	10		7	23	10	17	4	3	1
石阡县	20		16	16	11	16	27		
思南县	39	8	22	21	11	57	18	5	3
印江土家族苗族自治县	26	5	10	11	18	35	12	2	2
德江县	19	1	11	16	22	51	21	7	4
沿河土家族自治县	35	5	16	47	35	35	24	7	3
松桃苗族自治县	17	7	28	61	29	72	28	6	6
黔西南布依族苗族自治州	**222**	**76**	**167**	**288**	**320**	**452**	**355**	**95**	**61**
兴义市	103	40	39	52	62	128	131	28	37
兴仁市	26	19	37	54	53	58	50	7	6
普安县	33		24	22	27	37	18	11	
晴隆县	15	7	12	37	66	32	25	5	5
贞丰县	20	1	20	36	17	46	41	11	8
望谟县	4	1	10	34	47	37	24	10	2
册亨县	2		11	35	23	70	21	1	1
安龙县	19	8	14	18	25	44	45	22	2
黔东南苗族侗族自治州	**151**	**24**	**187**	**350**	**370**	**1142**	**361**	**101**	**57**
凯里市	33	10	25	35	23	68	51	7	13
黄平县	10	1	15	22	12	29	23	11	1
施秉县	6	6	3	4	7	10	4		
三穗县	4	1	14	47	33	95	32	12	3
镇远县	23	1	8	10	13	35	8	6	5
岑巩县	4	2	6	19	11	23	6	6	4
天柱县	4	1	12	19	77	72	32	3	2
锦屏县	4		8	8	27	124	26	9	3
剑河县	2		8	11	12	59	12	8	7
台江县	4		3	9	5	22	8	2	1
黎平县	18	1	19	41	59	226	54	13	4
榕江县	4		11	38	49	165	23	7	2
从江县	11		24	26	22	124	23	3	3
雷山县	10		2	12	6	20	12	3	4
麻江县	4	1	10	12	4	17	19	3	2
丹寨县	10		19	37	10	53	28	8	3
黔南布依族苗族自治州	**220**	**77**	**217**	**351**	**214**	**538**	**402**	**148**	**62**
都匀市	32	5	30	17	8	48	31	7	6
福泉市	14	1	28	21	22	26	12	12	5
荔波县	1	1	10	4	8	55	16	2	2
贵定县	19	63	26	38	21	26	22	8	1
瓮安县	23	2	12	38	35	22	20	8	8
独山县	9	2	22	34	18	38	47	11	3
平塘县	5	1	15	30	8	46	25	10	7
罗甸县	7		19	14	26	30	19	7	5
长顺县	14		13	10	12	26	18	9	1
龙里县	47		8	28	27	59	63	51	15
惠水县	37	2	14	40	20	51	73	20	3
三都水族自治县	12		20	77	9	111	56	3	6

4-4 续表 16

单位：人

地 区 性 别	制造业								
	酒、饮料和精制茶制造业	烟 草制品业	纺织业	纺织服装、服饰业	皮革、毛皮、羽毛及其制品和制鞋业	木材加工和木、竹、藤、棕、草制品业	家 具制造业	造纸和纸制品业	印刷和记录媒介复制业
女	**3946**	**453**	**2076**	**4002**	**2576**	**1718**	**1270**	**902**	**487**
贵 州	**3946**	**453**	**2076**	**4002**	**2576**	**1718**	**1270**	**902**	**487**
贵阳市	**323**	**121**	**145**	**168**	**106**	**105**	**154**	**103**	**174**
南明区	43	55	18	20	5	20	39	12	31
云岩区	36	23	22	28	8	8	18	5	56
花溪区	35	32	23	19	34	33	39	14	12
乌当区	22	1	9	9	2	2	3	21	24
白云区	62	3	10	4	7	7	16	2	18
观山湖区	41	3	13	24	19	7	10	3	18
开阳县	17	3	9	22	12	7	12	4	8
息烽县	14		13	14	6		1	3	
修文县	34	1	12	12	3	10	5	33	3
清镇市	19		16	16	10	11	11	6	4
六盘水市	**143**	**8**	**258**	**239**	**262**	**97**	**74**	**42**	**14**
钟山区	21	1	25	20	27	5	16	4	7
六枝特区	18	3	77	50	44	20	14	7	3
水城县	35	3	74	112	139	32	19	16	3
盘州市	69	1	82	57	52	40	25	15	1
遵义市	**2414**	**97**	**249**	**479**	**393**	**180**	**276**	**329**	**128**
红花岗区	40	16	48	37	20	21	25	88	23
汇川区	58	46	13	21	13	9	13	20	10
播州区	72	5	32	32	38	13	39	56	21
桐梓县	15		33	60	43	4	10	6	1
绥阳县	12		16	40	21	11	9	16	3
正安县	29	1	14	17	28	13	20	4	7
道真仡佬族苗族自治县	4	1	9	10	9	1	6	2	2
务川仡佬族苗族自治县	13	1	3	25	18	7	2	3	2
凤冈县	22	4	15	90	23	7	11	7	2
湄潭县	51	21	18	19	21	17	10	13	10
余庆县	29	1	11	29	19	12	11	5	
习水县	359		9	53	89	1	10	39	2
赤水市	12	1	11	10	10	57	101	39	
仁怀市	1698		17	36	41	7	9	31	45
安顺市	**121**	**5**	**223**	**306**	**207**	**93**	**105**	**55**	**20**
西秀区	35	3	47	61	44	19	25	8	9
平坝区	25		13	19	9	14	11	10	3
普定县	19	1	62	63	56	18	12	8	4
镇宁布依族苗族自治县	15		60	98	44	18	24	19	2
关岭布依族苗族自治县	12		28	49	41	8	11	6	1
紫云苗族布依族自治县	15	1	13	16	13	16	22	4	1
毕节市	**341**	**93**	**394**	**699**	**580**	**114**	**154**	**64**	**38**
七星关区	40	69	48	141	124	26	25	10	7
大方县	36	5	48	72	38	13	14	6	5
黔西县	35	1	38	85	74	9	29	11	6
金沙县	121	5	25	44	48	6	8	9	5
织金县	42	1	74	139	70	18	25	6	3
纳雍县	27	7	49	54	53	15	17	10	7
威宁彝族回族苗族自治县	16	3	62	83	90	23	19	6	4
赫章县	24	2	50	81	83	4	17	6	1

4-4 续表 17　　单位：人

地区 性别	制造业								
	酒、饮料和精制茶制造业	烟草制品业	纺织业	纺织服装、服饰业	皮革、毛皮、羽毛及其制品和制鞋业	木材加工和木、竹、藤、棕、草制品业	家具制造业	造纸和纸制品业	印刷和记录媒介复制业
铜仁市	**140**	**24**	**173**	**465**	**284**	**93**	**70**	**38**	**16**
碧江区	7	8	27	31	74	3	10	6	5
万山区	1	3	9	29	22	4	1	3	
江口县	19		8	27	34	4	3	1	
玉屏侗族自治县	2	1	6	35	34	6	3	2	1
石阡县	14	1	18	51	11	4	14	1	1
思南县	27	1	21	51	13	18	5	1	3
印江土家族苗族自治县	25	3	15	30	23	3	3		
德江县	12	1	21	35	17	18	14	8	2
沿河土家族自治县	19	2	14	69	31	14	7	7	2
松桃苗族自治县	14	4	34	107	25	19	10	9	2
黔西南布依族苗族自治州	**143**	**65**	**190**	**470**	**288**	**239**	**158**	**54**	**31**
兴义市	50	39	40	86	54	68	58	18	20
兴仁市	19	16	44	99	41	18	25	9	1
普安县	30		22	24	36	15	5	5	1
晴隆县	14	1	12	63	36	13	10	3	2
贞丰县	13	3	33	72	16	18	18	8	3
望谟县	3		11	44	48	17	13	1	2
册亨县	3		13	48	36	71	11	3	
安龙县	11	6	15	34	21	19	18	7	2
黔东南苗族侗族自治州	**129**	**10**	**193**	**636**	**249**	**595**	**118**	**75**	**36**
凯里市	31	2	27	78	19	26	15	2	9
黄平县	5		20	36	7	14	11	11	1
施秉县	3	5	3	25	4	1	2	1	1
三穗县			11	98	23	33	4	5	1
镇远县	26	1	5	14	7	6	2	5	
岑巩县	2	1	9	25	14	12	3	10	2
天柱县	5		8	41	46	16	11	4	
锦屏县	4		7	16	15	57	7	5	3
剑河县	5	1	7	19	7	54	6	3	4
台江县	3		4	20	3	9	8	2	
黎平县	13		22	80	49	98	18	9	2
榕江县	5		18	62	31	167	5	3	2
从江县	5		17	29	7	58	7	2	1
雷山县	10		8	18	3	5	1	2	2
麻江县	3		7	15	6	8	8	1	4
丹寨县	9		20	60	8	31	10	10	4
黔南布依族苗族自治州	**192**	**30**	**251**	**540**	**207**	**202**	**161**	**142**	**30**
都匀市	41	4	26	29	9	16	13	3	7
福泉市	4		21	24	12	8	8	11	2
荔波县	2		22	14	7	26	2		2
贵定县	19	26	20	53	32	7	6	11	
瓮安县	19		17	57	44	3	8	3	3
独山县	5		31	61	18	9	18	4	1
平塘县	7		27	47	16	17	9	25	1
罗甸县	4		28	37	21	8	4	12	1
长顺县	12		12	24	6	11	9	14	1
龙里县	27		7	25	23	30	27	42	6
惠水县	45		16	72	14	14	33	11	4
三都水族自治县	7		24	97	5	53	24	6	2

4-4　续表 18　　　　单位：人

地　区 性　别	制造业								
	文教、工美、体育和娱乐用品制造业	石油、煤炭及其他燃料加工业	化学原料和化学制品制造业	医　药制造业	化学纤维制造业	橡胶和塑　料制品业	非金属矿　物制品业	黑色金属冶炼和压延加工业	有色金属冶炼和压延加工业
贵　州	**4046**	**603**	**4544**	**1906**	**80**	**4809**	**14721**	**1993**	**2513**
贵阳市	**238**	**66**	**1583**	**871**	**8**	**1221**	**2291**	**315**	**782**
南明区	45	8	82	116		91	129	87	31
云岩区	39	7	79	150		209	98	18	18
花溪区	41	13	136	106	1	143	321	86	32
乌当区	20	2	39	136		56	87	4	6
白云区	11	8	81	84	3	104	257	30	302
观山湖区	37	5	49	56		124	187	9	40
开阳县	19	6	393	5	4	43	131	8	6
息烽县	10		584	18		89	159	4	4
修文县	5	8	8	121		235	336	57	7
清镇市	11	9	132	79		127	586	12	336
六盘水市	**287**	**296**	**189**	**57**	**24**	**287**	**1398**	**527**	**187**
钟山区	36	43	26	10	2	49	273	435	18
六枝特区	36	10	52	18	1	58	249	12	7
水城县	132	33	46	7	14	97	502	64	134
盘州市	83	210	65	22	7	83	374	16	28
遵义市	**514**	**43**	**481**	**162**	**10**	**500**	**2306**	**305**	**626**
红花岗区	33	5	57	52	1	88	261	68	101
汇川区	29	4	54	24		40	201	30	28
播州区	51	4	88	26	1	91	578	95	352
桐梓县	27	1	75	5	1	21	218	9	21
绥阳县	42	2	19	6		36	157	46	4
正安县	205	1	18	6		29	127	21	9
道真仡佬族苗族自治县	8	1	6	3	1	5	51	2	2
务川仡佬族苗族自治县	21		6	4		13	76	4	84
凤冈县	24	1	20	6		39	109	11	4
湄潭县	14	2	23	9		46	84	9	13
余庆县	16	6	87	2		7	64	2	1
习水县	16	12	14	8		37	201	5	2
赤水市	14	2	9	3	1	10	55	2	
仁怀市	14	2	5	8	5	38	124	1	5
安顺市	**277**	**15**	**277**	**192**	**11**	**572**	**1223**	**61**	**97**
西秀区	49	2	109	145	2	102	309	15	60
平坝区	27	1	31	9		195	291	15	12
普定县	56	6	26	11	7	75	199	12	11
镇宁布依族苗族自治县	71		50	8	1	64	123	11	4
关岭布依族苗族自治县	57	5	10	18	1	110	147	6	8
紫云苗族布依族自治县	17	1	51	1		26	154	2	2
毕节市	**546**	**75**	**260**	**110**	**10**	**582**	**2215**	**205**	**71**
七星关区	54	5	35	19	3	97	498	27	19
大方县	44	10	24	20	2	69	310	12	4
黔西县	53	10	58	12		72	200	2	3
金沙县	45	7	43	9		36	210	5	5
织金县	93	5	13	10	1	42	235	8	8
纳雍县	99	18	31	9	2	96	185	16	7
威宁彝族回族苗族自治县	117	4	27	17		118	365	63	20
赫章县	41	16	29	14	2	52	212	72	5

4-4 续表 19　　　　单位：人

地　区 性　别	制造业								
	文教、工美、体育和娱乐用品制造业	石油、煤炭及其他燃料加工业	化学原料和化学制品制造业	医　药制造业	化学纤维制造业	橡胶和塑　料制品业	非金属矿　物制品业	黑色金属冶炼和压延加工业	有色金属冶炼和压延加工业
铜仁市	**280**	**22**	**167**	**52**	**7**	**305**	**1087**	**177**	**77**
碧江区	17	2	12	4		37	87	17	6
万山区	37	1	19	4		13	74	2	13
江口县	15	1	11	4	3	33	70	6	
玉屏侗族自治县	14	1	62	3	1	57	67	70	24
石阡县	35		2	3	2	8	111	2	1
思南县	28	1	13	12		26	147	14	2
印江土家族苗族自治县	20	4	10	1	1	13	92	4	6
德江县	29		7	5		38	125	6	7
沿河土家族自治县	37		11	7		32	140	12	9
松桃苗族自治县	48	12	20	9		48	174	44	9
黔西南布依族苗族自治州	**602**	**27**	**215**	**146**		**501**	**1085**	**188**	**232**
兴义市	235	19	109	94		147	341	146	31
兴仁市	70	2	28	13		69	146	8	58
普安县	25		5	2		30	66	3	3
晴隆县	16		14	11		47	132	15	5
贞丰县	77	2	29	7		46	153	2	122
望谟县	96		6	8		44	38	2	
册亨县	51	1	10	1		31	35	1	4
安龙县	32	3	14	10		87	174	11	9
黔东南苗族侗族自治州	**808**	**25**	**300**	**113**	**5**	**345**	**1380**	**95**	**174**
凯里市	121	4	40	58	1	43	380	11	89
黄平县	47		14	3		13	87	2	3
施秉县	41	2	5			10	23	2	
三穗县	29		4	2		32	86	6	15
镇远县	47		14	6		24	72	31	6
岑巩县	7		22	6		13	85	3	3
天柱县	35	2	44	8		25	59	1	4
锦屏县	67	2	17	6		14	134	5	1
剑河县	59	3	7	2		20	40	5	2
台江县	74	4	11		1	10	24	1	38
黎平县	67		36	4	1	43	97	12	3
榕江县	55		22	4		18	40	6	4
从江县	66	3	7	2	1	38	93	6	2
雷山县	35	1	1	1		5	20		1
麻江县	14	3	51	4		15	72	1	1
丹寨县	44	1	5	7	1	22	68	3	2
黔南布依族苗族自治州	**494**	**34**	**1072**	**203**	**5**	**496**	**1736**	**120**	**267**
都匀市	37	7	34	60	1	65	221	22	6
福泉市	32	12	485	5		58	188	5	11
荔波县	21	1	7	5		20	62	4	2
贵定县	17	3	19	6		26	168	2	11
瓮安县	50	1	334	10	2	48	128	8	4
独山县	91	2	23	7		40	135	41	52
平塘县	48		18	4		24	84	8	2
罗甸县	54	1	10	24		25	93	10	156
长顺县	32	2	34	8		28	105	1	3
龙里县	12	2	29	53		40	263	4	3
惠水县	41		75	17	2	100	236	7	11
三都水族自治县	59	3	4	4		22	53	8	6

4-4　续表 20　　　　　　　　　　　　　　　　　　　　　　　　单位：人

地区 性别	制造业								
	文教、工美、体育和娱乐用品制造业	石油、煤炭及其他燃料加工业	化学原料和化学制品制造业	医药制造业	化学纤维制造业	橡胶和塑料制品业	非金属矿物制品业	黑色金属冶炼和压延加工业	有色金属冶炼和压延加工业
男	**2008**	**410**	**3129**	**968**	**56**	**3006**	**11077**	**1542**	**1902**
贵　州	**2008**	**410**	**3129**	**968**	**56**	**3006**	**11077**	**1542**	**1902**
贵阳市	**138**	**43**	**1101**	**435**	**3**	**860**	**1731**	**249**	**627**
南明区	25	5	50	63		63	97	74	24
云岩区	18	7	50	81		168	76	13	12
花溪区	25	7	99	51		91	243	64	26
乌当区	11	1	24	69		29	73	3	4
白云区	8	5	63	33	1	77	186	26	242
观山湖区	25	3	30	28		79	141	6	31
开阳县	10	3	275	4	2	31	109	6	5
息烽县	7		416	10		51	113	3	4
修文县	3	6	5	53		196	251	43	6
清镇市	6	6	89	43		75	442	11	273
六盘水市	**170**	**205**	**127**	**31**	**18**	**195**	**1043**	**403**	**138**
钟山区	18	30	20	6	2	34	213	332	13
六枝特区	22	4	37	10	1	38	188	9	5
水城县	76	21	28	4	8	65	374	48	100
盘州市	54	150	42	11	7	58	268	14	20
遵义市	**222**	**28**	**304**	**93**	**8**	**294**	**1774**	**231**	**474**
红花岗区	17	3	41	27	1	48	209	46	81
汇川区	10	3	28	14		28	160	22	20
播州区	24	2	57	13	1	61	427	77	265
桐梓县	10	1	59	1	1	8	181	6	15
绥阳县	24	2	14	5		21	101	31	
正安县	79	1	10	4		11	100	19	6
道真仡佬族苗族自治县	3	1	4	2	1	5	40	2	2
务川仡佬族苗族自治县	9		3	2		8	55	3	66
凤冈县	11	1	12	4		29	83	9	4
湄潭县	6	1	13	5		28	64	6	8
余庆县	11	3	42	1		2	52	2	1
习水县	9	7	11	6		22	152	5	1
赤水市	5	1	6	3	1	5	40	2	
仁怀市	4	2	4	6	3	18	110	1	5
安顺市	**159**	**9**	**183**	**86**	**6**	**353**	**896**	**45**	**76**
西秀区	25	1	66	70	1	60	222	11	50
平坝区	11		20	3		128	205	11	8
普定县	36	5	20	3	3	50	153	11	8
镇宁布依族苗族自治县	37		38	3	1	35	81	6	3
关岭布依族苗族自治县	40	2	7	6	1	65	117	4	5
紫云苗族布依族自治县	10	1	32	1		15	118	2	2
毕节市	**317**	**47**	**164**	**65**	**8**	**349**	**1723**	**158**	**57**
七星关区	32	5	20	14	2	59	390	23	15
大方县	29	5	14	10	2	42	237	10	3
黔西县	35	6	41	5		52	159	2	3
金沙县	26	3	26	7		16	165	4	5
织金县	56	4	10	8	1	31	186	7	7
纳雍县	54	11	20	6	2	55	141	14	7
威宁彝族回族苗族自治县	67	3	18	12		65	284	50	12
赫章县	18	10	15	3	1	29	161	48	5

4-4 续表 21 单位：人

地区 性别	制造业								
	文教、工美、体育和娱乐用品制造业	石油、煤炭及其他燃料加工业	化学原料和化学制品制造业	医药制造业	化学纤维制造业	橡胶和塑料制品业	非金属矿物制品业	黑色金属冶炼和压延加工业	有色金属冶炼和压延加工业
铜仁市	**122**	**14**	**111**	**33**	**4**	**177**	**839**	**150**	**57**
碧江区	10		7	4		21	68	15	5
万山区	12	1	18	1		7	57	2	9
江口县	7	1	8	4	1	17	53	6	
玉屏侗族自治县	4	1	43	2		40	55	57	17
石阡县	16		2	3	2	5	87	2	1
思南县	17	1	7	6		11	109	11	1
印江土家族苗族自治县	9	3	5		1	4	77	3	5
德江县	7		7	3		25	93	6	5
沿河土家族自治县	20		4	5		14	101	10	6
松桃苗族自治县	20	7	10	5		33	139	38	8
黔西南布依族苗族自治州	**297**	**22**	**147**	**67**		**285**	**776**	**140**	**188**
兴义市	119	16	81	38		86	245	107	23
兴仁市	33	1	18	9		33	96	5	48
普安县	11		3	2		21	47	3	1
晴隆县	8		9	6		22	101	12	3
贞丰县	34	2	17	2		26	104	1	104
望谟县	51		4	5		29	28	2	
册亨县	24	1	6			20	21	1	2
安龙县	17	2	9	5		48	134	9	7
黔东南苗族侗族自治州	**352**	**19**	**198**	**60**	**5**	**203**	**1014**	**75**	**146**
凯里市	57	4	29	32	1	27	275	8	75
黄平县	23		8	2		5	64	2	1
施秉县	9	1	3			7	14	1	
三穗县	16		3	1		20	60	4	12
镇远县	22		9	2		13	55	28	6
岑巩县	6		12	3		6	57	3	2
天柱县	17	2	30	4		18	46	1	3
锦屏县	19	2	11	3		5	121	3	1
剑河县	31	3	6	1		14	31	4	2
台江县	22	2	9		1	4	15	1	33
黎平县	21		26	1	1	21	68	8	3
榕江县	30		11	3		11	29	5	3
从江县	27	1	5		1	24	72	4	1
雷山县	22	1	1			3	16		1
麻江县	8	2	32	3		10	41	1	1
丹寨县	22	1	3	5	1	15	50	2	2
黔南布依族苗族自治州	**231**	**23**	**794**	**98**	**4**	**290**	**1281**	**91**	**139**
都匀市	16	4	24	35	1	42	161	16	3
福泉市	10	10	378	2		30	143	5	7
荔波县	10	1	4	2		13	54	2	1
贵定县	10	2	13	1		14	110	2	7
瓮安县	19	1	256	7	1	31	96	7	3
独山县	25	2	13	3		21	110	32	47
平塘县	23		8	3		14	64	2	1
罗甸县	36	1	3	12		15	62	7	53
长顺县	17	1	21	3		16	69	1	2
龙里县	11		23	21		20	199	4	2
惠水县	25		48	8	2	64	175	6	10
三都水族自治县	29	1	3	1		10	38	7	3

4-4　续表 22　　　　单位：人

地区 性别	制造业								
	文教、工美、体育和娱乐用品制造业	石油、煤炭及其他燃料加工业	化学原料和化学制品制造业	医药制造业	化学纤维制造业	橡胶和塑料制品业	非金属矿物制品业	黑色金属冶炼和压延加工业	有色金属冶炼和压延加工业
女	**2038**	**193**	**1415**	**938**	**24**	**1803**	**3644**	**451**	**611**
贵　州	**2038**	**193**	**1415**	**938**	**24**	**1803**	**3644**	**451**	**611**
贵阳市	**100**	**23**	**482**	**436**	**5**	**361**	**560**	**66**	**155**
南明区	20	3	32	53		28	32	13	7
云岩区	21		29	69		41	22	5	6
花溪区	16	6	37	55	1	52	78	22	6
乌当区	9	1	15	67		27	14	1	2
白云区	3	3	18	51	2	27	71	4	60
观山湖区	12	2	19	28		45	46	3	9
开阳县	9	3	118	1	2	12	22	2	1
息烽县	3		168	8		38	46	1	
修文县	2	2	3	68		39	85	14	1
清镇市	5	3	43	36		52	144	1	63
六盘水市	**117**	**91**	**62**	**26**	**6**	**92**	**355**	**124**	**49**
钟山区	18	13	6	4		15	60	103	5
六枝特区	14	6	15	8		20	61	3	2
水城县	56	12	18	3	6	32	128	16	34
盘州市	29	60	23	11		25	106	2	8
遵义市	**292**	**15**	**177**	**69**	**2**	**206**	**532**	**74**	**152**
红花岗区	16	2	16	25		40	52	22	20
汇川区	19	1	26	10		12	41	8	8
播州区	27	2	31	13		30	151	18	87
桐梓县	17		16	4		13	37	3	6
绥阳县	18		5	1		15	56	15	4
正安县	126		8	2		18	27	2	3
道真仡佬族苗族自治县	5		2	1			11		
务川仡佬族苗族自治县	12		3	2		5	21	1	18
凤冈县	13		8	2		10	26	2	
湄潭县	8	1	10	4		18	20	3	5
余庆县	5	3	45	1		5	12		
习水县	7	5	3	2		15	49		1
赤水市	9	1	3			5	15		
仁怀市	10		1	2	2	20	14		
安顺市	**118**	**6**	**94**	**106**	**5**	**219**	**327**	**16**	**21**
西秀区	24	1	43	75	1	42	87	4	10
平坝区	16	1	11	6		67	86	4	4
普定县	20	1	6	8	4	25	46	1	3
镇宁布依族苗族自治县	34		12	5		29	42	5	1
关岭布依族苗族自治县	17	3	3	12		45	30	2	3
紫云苗族布依族自治县	7		19			11	36		
毕节市	**229**	**28**	**96**	**45**	**2**	**233**	**492**	**47**	**14**
七星关区	22		15	5	1	38	108	4	4
大方县	15	5	10	10		27	73	2	1
黔西县	18	4	17	7		20	41		
金沙县	19	4	17	2		20	45	1	
织金县	37	1	3	2		11	49	1	1
纳雍县	45	7	11	3		41	44	2	
威宁彝族回族苗族自治县	50	1	9	5		53	81	13	8
赫章县	23	6	14	11	1	23	51	24	

4-4 续表 23　　　　单位：人

地　区 性　别	制造业								
	文教、工美、体育和娱乐用品制造业	石油、煤炭及其他燃料加工业	化学原料和化学制品制造业	医　药制造业	化学纤维制造业	橡胶和塑　料制品业	非金属矿　物制品业	黑色金属冶炼和压延加工业	有色金属冶炼和压延加工业
铜仁市	**158**	**8**	**56**	**19**	**3**	**128**	**248**	**27**	**20**
碧江区	7	2	5			16	19	2	1
万山区	25		1	3		6	17		4
江口县	8		3		2	16	17		
玉屏侗族自治县	10		19	1	1	17	12	13	7
石阡县	19					3	24		
思南县	11		6	6		15	38	3	1
印江土家族苗族自治县	11	1	5	1		9	15	1	1
德江县	22			2		13	32		2
沿河土家族自治县	17		7	2		18	39	2	3
松桃苗族自治县	28	5	10	4		15	35	6	1
黔西南布依族苗族自治州	**305**	**5**	**68**	**79**		**216**	**309**	**48**	**44**
兴义市	116	3	28	56		61	96	39	8
兴仁市	37	1	10	4		36	50	3	10
普安县	14		2			9	19		2
晴隆县	8		5	5		25	31	3	2
贞丰县	43		12	5		20	49	1	18
望谟县	45		2	3		15	10		
册亨县	27		4	1		11	14		2
安龙县	15	1	5	5		39	40	2	2
黔东南苗族侗族自治州	**456**	**6**	**102**	**53**		**142**	**366**	**20**	**28**
凯里市	64		11	26		16	105	3	14
黄平县	24		6	1		8	23		2
施秉县	32	1	2			3	9	1	
三穗县	13		1	1		12	26	2	3
镇远县	25		5	4		11	17	3	
岑巩县	1		10	3		7	28		1
天柱县	18		14	4		7	13		1
锦屏县	48		6	3		9	13	2	
剑河县	28		1	1		6	9	1	
台江县	52	2	2			6	9		5
黎平县	46		10	3		22	29	4	
榕江县	25		11	1		7	11	1	1
从江县	39	2	2	2		14	21	2	1
雷山县	13			1		2	4		
麻江县	6	1	19	1		5	31		
丹寨县	22		2	2		7	18	1	
黔南布依族苗族自治州	**263**	**11**	**278**	**105**	**1**	**206**	**455**	**29**	**128**
都匀市	21	3	10	25		23	60	6	3
福泉市	22	2	107	3		28	45		4
荔波县	11		3	3		7	8	2	1
贵定县	7	1	6	5		12	58		4
瓮安县	31		78	3	1	17	32	1	1
独山县	66		10	4		19	25	9	5
平塘县	25		10	1		10	20	6	1
罗甸县	18		7	12		10	31	3	103
长顺县	15	1	13	5		12	36		1
龙里县	1	2	6	32		20	64		1
惠水县	16		27	9		36	61	1	1
三都水族自治县	30	2	1	3		12	15	1	3

4-4　续表 24　　　　　　　　　　单位：人

地　　区 性　　别	制造业 金　属 制品业	 通用设备 制造业	 专用设备 制造业	 汽　车 制造业	 铁路、船舶、 航空航天和 其他运输 设备制造业	 电气机械 和器材 制造业	 计算机、 通信和其 他电子设 备制造业	 仪器仪表 制造业	 其　他 制造业
贵　州	**9770**	**5394**	**2916**	**1909**	**2771**	**4785**	**10763**	**479**	**1632**
贵阳市	**1230**	**1451**	**648**	**696**	**1325**	**889**	**1295**	**161**	**163**
南明区	127	88	118	45	53	81	79	24	17
云岩区	123	75	91	73	66	70	62	16	20
花溪区	302	792	137	189	391	295	275	15	43
乌当区	57	148	68	80	114	49	442	32	22
白云区	92	62	56	55	533	94	166	46	12
观山湖区	99	131	81	186	145	115	72	12	14
开阳县	94	41	16	13	9	63	44	4	2
息烽县	70	39	11	18	3	40	25	1	2
修文县	155	32	27	11	1	35	22	3	14
清镇市	111	43	43	26	10	47	108	8	17
六盘水市	**805**	**295**	**239**	**94**	**42**	**228**	**812**	**31**	**82**
钟山区	135	50	57	6	15	29	88	5	10
六枝特区	175	70	45	22	6	49	124	5	16
水城县	258	94	49	27	10	82	331	5	27
盘州市	237	81	88	39	11	68	269	16	29
遵义市	**1648**	**757**	**386**	**299**	**285**	**848**	**1415**	**57**	**194**
红花岗区	505	118	52	36	101	142	272	15	36
汇川区	160	261	57	61	136	269	116	16	24
播州区	318	95	43	39	19	98	127	2	29
桐梓县	46	38	37	31	5	58	193	3	7
绥阳县	96	32	18	16	13	59	161	4	5
正安县	78	20	22	23	4	18	70	3	11
道真仡佬族苗族自治县	15	11	8	4		12	83		23
务川仡佬族苗族自治县	31	9	11	2	2	10	40	3	4
凤冈县	107	32	4	14	1	41	52	1	7
湄潭县	99	44	33	39	1	59	71	4	15
余庆县	53	5	12	11	1	10	27		7
习水县	65	31	17	9	1	34	118	4	11
赤水市	26	30	18	1	1	19	60	1	9
仁怀市	49	31	54	13		19	25	1	6
安顺市	**1037**	**632**	**267**	**168**	**888**	**317**	**817**	**34**	**153**
西秀区	347	225	88	41	740	76	175	6	80
平坝区	125	120	76	16	106	79	249	9	13
普定县	163	70	37	16	28	47	145	5	11
镇宁布依族苗族自治县	210	139	22	26	5	37	103	7	30
关岭布依族苗族自治县	99	57	32	57	3	50	54	4	7
紫云苗族布依族自治县	93	21	12	12	6	28	91	3	12
毕节市	**1332**	**537**	**374**	**207**	**55**	**636**	**2192**	**47**	**241**
七星关区	292	62	71	29	10	153	281	9	19
大方县	150	60	27	26	5	65	228	4	11
黔西县	147	75	64	29	7	48	149	4	51
金沙县	111	34	51	15	4	75	183		6
织金县	149	61	14	29	6	31	178	1	11
纳雍县	163	80	41	34	3	75	179	6	35
威宁彝族回族苗族自治县	138	119	74	32	13	132	788	17	74
赫章县	182	46	32	13	7	57	206	6	34

4-4 续表 25

单位：人

地区 性别	制造业								
	金属制品业	通用设备制造业	专用设备制造业	汽车制造业	铁路、船舶、航空航天和其他运输设备制造业	电气机械和器材制造业	计算机、通信和其他电子设备制造业	仪器仪表制造业	其他制造业
铜仁市	**707**	**379**	**197**	**69**	**23**	**334**	**727**	**41**	**231**
碧江区	44	71	29	5	4	29	82	8	13
万山区	25	21	22	26		15	37		22
江口县	23	55	18	1	2	3	24	3	10
玉屏侗族自治县	41	22	10	1	1	75	60	3	82
石阡县	77	23	8	3	2	16	83	2	20
思南县	83	47	26	2	6	34	59	4	11
印江土家族苗族自治县	55	16	13	6		9	71	3	20
德江县	199	27	21	6	2	93	40	4	8
沿河土家族自治县	57	33	15	5	4	21	102	7	18
松桃苗族自治县	103	64	35	14	2	39	169	7	27
黔西南布依族苗族自治州	**767**	**338**	**188**	**97**	**47**	**418**	**1059**	**32**	**142**
兴义市	220	53	44	33	20	107	291	8	34
兴仁市	130	34	29	10	4	50	142	4	16
普安县	49	30	9	10	5	29	67	1	13
晴隆县	47	31	13	12	6	25	59	3	21
贞丰县	81	52	16	9	5	38	78	4	9
望谟县	73	41	33	4		30	183	4	24
册亨县	43	34	20	3		43	145	5	16
安龙县	124	63	24	16	7	96	94	3	9
黔东南苗族侗族自治州	**1153**	**384**	**299**	**139**	**22**	**496**	**1264**	**29**	**197**
凯里市	175	55	36	30	3	63	224	5	21
黄平县	49	31	15	5	1	19	66		13
施秉县	22	28	12	4	1	9	29		4
三穗县	80	25	16	5		20	62	1	11
镇远县	63	11	7	11		23	61	2	19
岑巩县	46	41	29	3		8	59	1	76
天柱县	64	17	16	18	1	17	112	3	11
锦屏县	41	12	18	5	1	20	66	1	2
剑河县	62	6	9	2	1	2	16		4
台江县	28	14	6	8	1	126	45	1	7
黎平县	218	33	60	17	2	53	106	5	4
榕江县	62	12	24	5	8	23	116	5	13
从江县	93	36	31	4	1	69	173	3	2
雷山县	28	7	8	3	2	6	24		6
麻江县	51	21	6	7		24	25	2	4
丹寨县	71	35	6	12		14	80		
黔南布依族苗族自治州	**1091**	**621**	**318**	**140**	**84**	**619**	**1182**	**47**	**229**
都匀市	88	79	62	9	13	47	119	9	68
福泉市	54	40	38	13	2	20	60	7	11
荔波县	41	7	6	6	2	28	72	1	5
贵定县	72	23	5	7	3	21	56		4
瓮安县	112	43	19	21	8	39	122	5	15
独山县	121	128	26	10	9	202	203	5	11
平塘县	71	13	14	9	4	43	84	1	
罗甸县	80	29	14	5	3	58	75	1	61
长顺县	114	33	24	2	6	42	103	3	21
龙里县	91	49	36	17	6	17	48	3	15
惠水县	169	126	61	26	25	81	112	10	17
三都水族自治县	78	51	13	15	3	21	128	2	1

4-4 续表 26

单位：人

地区 性别	制造业								
	金属制品业	通用设备制造业	专用设备制造业	汽车制造业	铁路、船舶、航空航天和其他运输设备制造业	电气机械和器材制造业	计算机、通信和其他电子设备制造业	仪器仪表制造业	其他制造业
男	**7350**	**3797**	**1907**	**1321**	**1966**	**3003**	**6009**	**330**	**906**
贵州	**7350**	**3797**	**1907**	**1321**	**1966**	**3003**	**6009**	**330**	**906**
贵阳市	**966**	**1024**	**422**	**506**	**950**	**610**	**763**	**119**	**104**
南明区	97	67	70	29	38	54	49	19	9
云岩区	103	55	58	56	50	49	43	13	15
花溪区	243	534	100	119	264	198	170	11	29
乌当区	46	102	41	62	87	28	239	22	13
白云区	73	47	38	46	391	67	89	38	7
观山湖区	70	96	49	151	102	79	50	7	8
开阳县	71	32	10	10	7	45	30	1	1
息烽县	57	34	8	10	3	37	15	1	2
修文县	109	25	19	7		19	14	1	10
清镇市	97	32	29	16	8	34	64	6	10
六盘水市	**616**	**221**	**161**	**72**	**31**	**158**	**471**	**18**	**53**
钟山区	109	42	43	5	12	21	60	1	6
六枝特区	134	51	30	17	3	34	77	5	13
水城县	188	64	27	20	7	57	203	2	13
盘州市	185	64	61	30	9	46	131	10	21
遵义市	**1295**	**554**	**258**	**192**	**203**	**518**	**671**	**37**	**139**
红花岗区	410	82	35	19	72	93	129	11	28
汇川区	128	195	44	35	95	165	58	12	18
播州区	259	76	29	32	13	70	67	2	20
桐梓县	39	26	18	16	4	27	91	2	5
绥阳县	71	26	13	11	10	32	62	2	3
正安县	60	13	15	16	3	9	32	2	5
道真仡佬族苗族自治县	9	9	4	3		10	30		21
务川仡佬族苗族自治县	21	8	3	1	2	3	13	1	2
凤冈县	73	26	3	10		27	30	1	5
湄潭县	76	30	22	25	1	28	40	3	7
余庆县	38	5	7	8	1	7	17		5
习水县	50	17	11	7	1	20	62		10
赤水市	22	19	10	1	1	12	20		5
仁怀市	39	22	44	8		15	20	1	5
安顺市	**775**	**437**	**169**	**106**	**624**	**206**	**418**	**21**	**78**
西秀区	274	155	45	22	504	44	80	4	37
平坝区	92	88	57	12	86	54	113	4	9
普定县	118	47	29	13	22	31	65	3	4
镇宁布依族苗族自治县	145	90	9	18	4	20	62	4	20
关岭布依族苗族自治县	71	45	21	35	3	37	35	3	3
紫云苗族布依族自治县	75	12	8	6	5	20	63	3	5
毕节市	**1004**	**361**	**244**	**140**	**37**	**381**	**1255**	**33**	**133**
七星关区	224	38	48	17	6	91	154	8	6
大方县	120	41	19	15	5	46	143	2	8
黔西县	117	56	51	21	4	34	90	3	26
金沙县	81	21	30	12	2	34	69		4
织金县	124	44	7	20	3	21	105		6
纳雍县	114	61	26	23	3	39	101	4	21
威宁彝族回族苗族自治县	101	71	46	23	12	82	473	13	44
赫章县	123	29	17	9	2	34	120	3	18

4-4 续表 27

单位：人

地区 性别	制造业								
	金属制品业	通用设备制造业	专用设备制造业	汽车制造业	铁路、船舶、航空航天和其他运输设备制造业	电气机械和器材制造业	计算机、通信和其他电子设备制造业	仪器仪表制造业	其他制造业
铜仁市	**514**	**249**	**138**	**46**	**16**	**210**	**413**	**25**	**99**
碧江区	35	49	20	2	2	13	44	6	6
万山区	14	16	17	20		13	20		5
江口县	19	45	9	1	1	3	12	1	9
玉屏侗族自治县	24	15	8		1	45	34	3	23
石阡县	57	17	5	3	1	11	48	1	14
思南县	63	22	18	1	5	20	35	2	8
印江土家族苗族自治县	46	8	8	4		4	40	2	11
德江县	133	17	15	5	2	59	20	2	4
沿河土家族自治县	47	19	8	2	2	14	61	4	8
松桃苗族自治县	76	41	30	8	2	28	99	4	11
黔西南布依族苗族自治州	**549**	**235**	**132**	**63**	**33**	**264**	**613**	**20**	**87**
兴义市	167	38	30	20	13	65	171	4	21
兴仁市	84	23	20	6	4	34	65	3	11
普安县	32	22	7	9	4	24	39	1	6
晴隆县	33	19	10	8	2	12	37	1	13
贞丰县	54	34	12	5	4	27	37	3	4
望谟县	48	29	20	3		17	114	4	16
册亨县	32	21	15	2		27	93	2	11
安龙县	99	49	18	10	6	58	57	2	5
黔东南苗族侗族自治州	**818**	**278**	**171**	**99**	**16**	**321**	**742**	**19**	**96**
凯里市	130	40	23	21	3	43	133	3	16
黄平县	37	26	11	2		13	42		9
施秉县	17	18	8	4	1	5	18		3
三穗县	54	20	12	3		11	31		7
镇远县	50	7	5	6		12	29	1	8
岑巩县	34	22	19	3		4	24		23
天柱县	52	11	8	9	1	11	66	3	4
锦屏县	27	8	10	3	1	17	30		1
剑河县	43	6	7	1	1	2	11		4
台江县	18	10	3	4	1	79	28	1	6
黎平县	135	25	17	15	1	32	70	3	2
榕江县	50	9	18	5	4	13	75	4	6
从江县	64	26	17	4	1	48	106	2	2
雷山县	24	5	6	3	2	4	19		2
麻江县	36	16	3	6		15	13	2	3
丹寨县	47	29	4	10		12	47		
黔南布依族苗族自治州	**813**	**438**	**212**	**97**	**56**	**335**	**663**	**38**	**117**
都匀市	68	54	35	6	7	32	79	8	41
福泉市	41	29	25	8	2	14	33	5	7
荔波县	30	4	5	5	2	19	42	1	4
贵定县	53	16	5	5	1	9	30		2
瓮安县	88	34	13	14	5	25	76	5	10
独山县	89	76	17	8	6	78	109	5	8
平塘县	58	12	7	5	4	28	44	1	
罗甸县	56	21	7	4	2	30	46		22
长顺县	91	20	19	2	3	21	44	1	2
龙里县	60	35	27	11	5	13	30	3	9
惠水县	124	98	48	19	16	54	57	7	11
三都水族自治县	55	39	4	10	3	12	73	2	1

4-4 续表 28

单位：人

地区 性别	制造业								
	金属制品业	通用设备制造业	专用设备制造业	汽车制造业	铁路、船舶、航空航天和其他运输设备制造业	电气机械和器材制造业	计算机、通信和其他电子设备制造业	仪器仪表制造业	其他制造业
女	**2420**	**1597**	**1009**	**588**	**805**	**1782**	**4754**	**149**	**726**
贵州	**2420**	**1597**	**1009**	**588**	**805**	**1782**	**4754**	**149**	**726**
贵阳市	**264**	**427**	**226**	**190**	**375**	**279**	**532**	**42**	**59**
南明区	30	21	48	16	15	27	30	5	8
云岩区	20	20	33	17	16	21	19	3	5
花溪区	59	258	37	70	127	97	105	4	14
乌当区	11	46	27	18	27	21	203	10	9
白云区	19	15	18	9	142	27	77	8	5
观山湖区	29	35	32	35	43	36	22	5	6
开阳县	23	9	6	3	2	18	14	3	1
息烽县	13	5	3	8		3	10		
修文县	46	7	8	4	1	16	8	2	4
清镇市	14	11	14	10	2	13	44	2	7
六盘水市	**189**	**74**	**78**	**22**	**11**	**70**	**341**	**13**	**29**
钟山区	26	8	14	1	3	8	28	4	4
六枝特区	41	19	15	5	3	15	47		3
水城县	70	30	22	7	3	25	128	3	14
盘州市	52	17	27	9	2	22	138	6	8
遵义市	**353**	**203**	**128**	**107**	**82**	**330**	**744**	**20**	**55**
红花岗区	95	36	17	17	29	49	143	4	8
汇川区	32	66	13	26	41	104	58	4	6
播州区	59	19	14	7	6	28	60		9
桐梓县	7	12	19	15	1	31	102	1	2
绥阳县	25	6	5	5	3	27	99	2	2
正安县	18	7	7	7	1	9	38	1	6
道真仡佬族苗族自治县	6	2	4	1		2	53		2
务川仡佬族苗族自治县	10	1	8	1		7	27	2	2
凤冈县	34	6	1	4	1	14	22		2
湄潭县	23	14	11	14		31	31	1	8
余庆县	15		5	3		3	10		2
习水县	15	14	6	2		14	56	4	1
赤水市	4	11	8			7	40	1	4
仁怀市	10	9	10	5		4	5		1
安顺市	**262**	**195**	**98**	**62**	**264**	**111**	**399**	**13**	**75**
西秀区	73	70	43	19	236	32	95	2	43
平坝区	33	32	19	4	20	25	136	5	4
普定县	45	23	8	3	6	16	80	2	7
镇宁布依族苗族自治县	65	49	13	8	1	17	41	3	10
关岭布依族苗族自治县	28	12	11	22		13	19	1	4
紫云苗族布依族自治县	18	9	4	6	1	8	28		7
毕节市	**328**	**176**	**130**	**67**	**18**	**255**	**937**	**14**	**108**
七星关区	68	24	23	12	4	62	127	1	13
大方县	30	19	8	11		19	85	2	3
黔西县	30	19	13	8	3	14	59	1	25
金沙县	30	13	21	3	2	41	114		2
织金县	25	17	7	9	3	10	73	1	5
纳雍县	49	19	15	11		36	78	2	14
威宁彝族回族苗族自治县	37	48	28	9	1	50	315	4	30
赫章县	59	17	15	4	5	23	86	3	16

4-4 续表 29

单位：人

地　区 性　别	制造业								
	金　属 制品业	通用设备 制造业	专用设备 制造业	汽　车 制造业	铁路、船舶、 航空航天和 其他运输 设备制造业	电气机械 和器材 制造业	计算机、 通信和其 他电子设 备制造业	仪器仪表 制造业	其　他 制造业
铜仁市	**193**	**130**	**59**	**23**	**7**	**124**	**314**	**16**	**132**
碧江区	9	22	9	3	2	16	38	2	7
万山区	11	5	5	6		2	17		17
江口县	4	10	9		1		12	2	1
玉屏侗族自治县	17	7	2	1		30	26		59
石阡县	20	6	3		1	5	35	1	6
思南县	20	25	8	1	1	14	24	2	3
印江土家族苗族自治县	9	8	5	2		5	31	1	9
德江县	66	10	6	1		34	20	2	4
沿河土家族自治县	10	14	7	3	2	7	41	3	10
松桃苗族自治县	27	23	5	6		11	70	3	16
黔西南布依族苗族自治州	**218**	**103**	**56**	**34**	**14**	**154**	**446**	**12**	**55**
兴义市	53	15	14	13	7	42	120	4	13
兴仁市	46	11	9	4		16	77	1	5
普安县	17	8	2	1	1	5	28		7
晴隆县	14	12	3	4	4	13	22	2	8
贞丰县	27	18	4	4	1	11	41	1	5
望谟县	25	12	13	1		13	69		8
册亨县	11	13	5	1		16	52	3	5
安龙县	25	14	6	6	1	38	37	1	4
黔东南苗族侗族自治州	**335**	**106**	**128**	**40**	**6**	**175**	**522**	**10**	**101**
凯里市	45	15	13	9		20	91	2	5
黄平县	12	5	4	3	1	6	24		4
施秉县	5	10	4			4	11		1
三穗县	26	5	4	2		9	31	1	4
镇远县	13	4	2	5		11	32	1	11
岑巩县	12	19	10			4	35	1	53
天柱县	12	6	8	9		6	46		7
锦屏县	14	4	8	2		3	36	1	1
剑河县	19		2	1			5		
台江县	10	4	3	4		47	17		1
黎平县	83	8	43	2	1	21	36	2	2
榕江县	12	3	6		4	10	41	1	7
从江县	29	10	14			21	67	1	
雷山县	4	2	2			2	5		4
麻江县	15	5	3	1		9	12		1
丹寨县	24	6	2	2		2	33		
黔南布依族苗族自治州	**278**	**183**	**106**	**43**	**28**	**284**	**519**	**9**	**112**
都匀市	20	25	27	3	6	15	40	1	27
福泉市	13	11	13	5		6	27	2	4
荔波县	11	3	1	1		9	30		1
贵定县	19	7		2	2	12	26		2
瓮安县	24	9	6	7	3	14	46		5
独山县	32	52	9	2	3	124	94		3
平塘县	13	1	7	4		15	40		
罗甸县	24	8	7	1	1	28	29	1	39
长顺县	23	13	5		3	21	59	2	19
龙里县	31	14	9	6	1	4	18		6
惠水县	45	28	13	7	9	27	55	3	6
三都水族自治县	23	12	9	5		9	55		

4-4　续表 30　　单位：人

地区 性别	制造业		电力、热力、燃气及水生产和供应业				建筑业		
	废弃资源综合利用业	金属制品、机械和设备修理业	小计	电力、热力生产和供应业	燃气生产和供应业	水的生产和供应业	小计	房屋建筑业	土木工程建筑业
贵　州	**2389**	**1629**	**13391**	**9303**	**1587**	**2501**	**230061**	**147293**	**22200**
贵阳市	**312**	**514**	**2933**	**1847**	**562**	**524**	**33689**	**17303**	**4759**
南明区	3	163	726	553	69	104	5897	2327	1094
云岩区	80	70	577	321	141	115	5745	2204	994
花溪区	61	99	263	140	46	77	4776	2773	582
乌当区	33	26	114	54	26	34	1507	668	363
白云区	11	35	133	68	29	36	3578	2372	242
观山湖区	29	51	363	251	56	56	3733	2096	530
开阳县	30	14	106	74	15	17	2229	1316	363
息烽县	17	13	89	48	16	25	1271	721	206
修文县	26	22	90	42	33	15	1762	1001	149
清镇市	22	21	472	296	131	45	3191	1825	236
六盘水市	**251**	**213**	**1483**	**1150**	**136**	**197**	**18355**	**12399**	**1653**
钟山区	81	78	425	301	54	70	3233	1673	389
六枝特区	17	23	210	157	32	21	3142	2117	210
水城县	44	32	194	123	23	48	5679	4283	507
盘州市	109	80	654	569	27	58	6301	4326	547
遵义市	**322**	**192**	**2364**	**1578**	**270**	**516**	**40068**	**25821**	**4266**
红花岗区	45	46	463	307	63	93	5144	3024	422
汇川区	67	21	295	204	27	64	3821	2097	422
播州区	2	28	241	152	26	63	4845	2988	524
桐梓县	17	18	184	127	12	45	3774	2344	677
绥阳县	16	4	89	63	14	12	1948	1283	204
正安县	15	11	97	50	18	29	2825	2096	198
道真仡佬族苗族自治县	5	6	81	63	9	9	1608	955	367
务川仡佬族苗族自治县	6	4	66	46	1	19	2262	1772	135
凤冈县	29	7	57	30	9	18	1807	1262	133
湄潭县	33	13	83	42	12	29	1713	1061	137
余庆县		3	99	83	2	14	1229	610	352
习水县	34	15	268	204	17	47	4139	2949	320
赤水市	10	13	167	114	33	20	1411	981	68
仁怀市	43	3	174	93	27	54	3542	2399	307
安顺市	**228**	**63**	**798**	**584**	**77**	**137**	**12744**	**7738**	**970**
西秀区	75	28	367	270	42	55	3837	2288	262
平坝区	14	11	78	52	5	21	1731	1016	157
普定县	56	13	73	33	16	24	2671	1650	206
镇宁布依族苗族自治县	32	2	77	58	3	16	1583	946	95
关岭布依族苗族自治县	33	2	155	134	8	13	1467	816	143
紫云苗族布依族自治县	18	7	48	37	3	8	1455	1022	107
毕节市	**478**	**189**	**1407**	**1025**	**133**	**249**	**32895**	**22111**	**2646**
七星关区	60	28	259	199	18	42	5535	3514	445
大方县	48	14	149	113	11	25	4146	2963	258
黔西县	63	44	165	105	19	41	3202	1922	238
金沙县	13	19	249	182	21	46	2435	1550	155
织金县	88	18	121	84	14	23	4341	3059	220
纳雍县	162	24	157	124	16	17	3275	2165	250
威宁彝族回族苗族自治县	23	31	179	115	22	42	6576	4741	641
赫章县	21	11	128	103	12	13	3385	2197	439

4-4 续表 31　　单位：人

地区 性别	制造业		电力、热力、燃气及水生产和供应业				建筑业		
	废弃资源综合利用业	金属制品、机械和设备修理业	小计	电力、热力生产和供应业	燃气生产和供应业	水的生产和供应业	小计	房屋建筑业	土木工程建筑业
铜仁市	**163**	**107**	**690**	**423**	**65**	**202**	**23973**	**16991**	**1502**
碧江区	15	9	93	56	8	29	2154	1270	137
万山区	11	6	25	14	1	10	1142	782	45
江口县	12	5	53	34	4	15	1164	679	110
玉屏侗族自治县	21	12	88	67	3	18	1072	751	83
石阡县	11	10	59	37	9	13	3171	2364	245
思南县	22	9	75	45	8	22	3502	2612	148
印江土家族苗族自治县	21	8	48	27	4	17	2228	1684	199
德江县	26	23	94	53	6	35	2690	1871	176
沿河土家族自治县	2	13	64	38	9	17	3547	2694	159
松桃苗族自治县	22	12	91	52	13	26	3303	2284	200
黔西南布依族苗族自治州	**234**	**87**	**1324**	**1050**	**77**	**197**	**18701**	**12545**	**1328**
兴义市	64	41	782	650	38	94	6886	4184	605
兴仁市	45	13	88	42	20	26	2269	1573	115
普安县	5	7	135	113	5	17	1488	1057	113
晴隆县	16	2	46	40	3	3	1738	1321	91
贞丰县	50	7	108	82	4	22	1604	1071	88
望谟县	29	2	24	18		6	1469	1084	73
册亨县	6	1	37	25	2	10	862	608	70
安龙县	19	14	104	80	5	19	2385	1647	173
黔东南苗族侗族自治州	**193**	**113**	**1372**	**1007**	**135**	**230**	**25298**	**17015**	**2454**
凯里市	81	47	366	247	44	75	4863	3007	340
黄平县	5	14	55	41	2	12	1701	1051	235
施秉县	6		27	19	2	6	740	468	64
三穗县	10	1	60	39	7	14	980	635	102
镇远县	1	7	167	151	5	11	1250	879	141
岑巩县	4	5	64	53	7	4	1420	1052	126
天柱县	6	6	54	45	7	2	1475	1090	55
锦屏县	13	7	85	76	3	6	909	540	130
剑河县	10	8	53	40	7	6	1149	690	225
台江县	4	2	32	24	3	5	1157	976	41
黎平县	3	2	74	57	1	16	2548	1740	143
榕江县	7	5	72	46	7	19	2117	1373	309
从江县	7		122	93	12	17	1967	1505	182
雷山县	6	1	46	30	6	10	1029	723	152
麻江县	6	2	52	25	12	15	961	583	166
丹寨县	24	6	43	21	10	12	1032	703	43
黔南布依族苗族自治州	**208**	**151**	**1020**	**639**	**132**	**249**	**24338**	**15370**	**2622**
都匀市	57	30	281	212	27	42	3498	1590	571
福泉市	24	27	89	50	13	26	2419	1623	284
荔波县	4	6	57	40	5	12	1288	676	332
贵定县	23	9	56	23	10	23	1953	1127	298
瓮安县	1	21	90	60	13	17	2845	1885	304
独山县	25	15	61	29	11	21	1689	1012	187
平塘县	9	6	58	40	3	15	1609	1184	71
罗甸县	22	2	72	44	5	23	1640	1117	114
长顺县		3	53	30	8	15	1484	1071	75
龙里县	3	10	67	34	14	19	2350	1746	184
惠水县	21	14	89	47	19	23	2270	1326	149
三都水族自治县	19	8	47	30	4	13	1293	1013	53

4-4 续表 32

单位：人

地区 性别	制造业		电力、热力、燃气及水生产和供应业				建筑业		
	废弃资源综合利用业	金属制品、机械和设备修理业	小计	电力、热力生产和供应业	燃气生产和供应业	水的生产和供应业	小计	房屋建筑业	土木工程建筑业
男	**1718**	**1444**	**9992**	**7139**	**1138**	**1715**	**188750**	**117679**	**19174**
贵州	**1718**	**1444**	**9992**	**7139**	**1138**	**1715**	**188750**	**117679**	**19174**
贵阳市	**231**	**439**	**2116**	**1362**	**402**	**352**	**27459**	**13909**	**3819**
南明区	2	140	490	382	42	66	4737	1849	839
云岩区	56	60	410	223	108	79	4571	1724	764
花溪区	45	85	192	112	29	51	3823	2173	469
乌当区	25	22	87	46	21	20	1259	546	315
白云区	9	29	104	54	24	26	2868	1882	186
观山湖区	19	40	248	176	36	36	2893	1631	404
开阳县	25	13	87	63	12	12	1901	1100	312
息烽县	12	13	54	33	7	14	1120	624	184
修文县	19	18	67	29	26	12	1565	862	134
清镇市	19	19	377	244	97	36	2722	1518	212
六盘水市	**178**	**188**	**1139**	**897**	**111**	**131**	**14846**	**9753**	**1437**
钟山区	51	66	321	235	43	43	2620	1343	320
六枝特区	14	21	172	130	26	16	2543	1660	185
水城县	29	29	159	100	20	39	4598	3393	445
盘州市	84	72	487	432	22	33	5085	3357	487
遵义市	**245**	**177**	**1750**	**1210**	**190**	**350**	**33432**	**20950**	**3750**
红花岗区	34	43	359	250	42	67	4252	2440	361
汇川区	49	20	208	150	21	37	3117	1643	363
播州区	2	23	177	113	21	43	4100	2447	469
桐梓县	16	16	130	99	4	27	3237	1976	591
绥阳县	11	4	73	50	13	10	1612	1035	180
正安县	15	11	69	40	12	17	2328	1700	168
道真仡佬族苗族自治县	3	5	59	49	4	6	1354	766	339
务川仡佬族苗族自治县	5	4	47	31	1	15	1731	1327	115
凤冈县	19	7	38	24	4	10	1470	997	117
湄潭县	23	13	69	36	10	23	1457	870	122
余庆县		3	76	65	2	9	1051	511	301
习水县	29	13	193	151	11	31	3522	2442	293
赤水市	8	13	117	80	25	12	1223	839	65
仁怀市	31	2	135	72	20	43	2978	1957	266
安顺市	**171**	**58**	**615**	**464**	**55**	**96**	**10643**	**6241**	**856**
西秀区	56	26	271	202	31	38	3223	1843	234
平坝区	13	9	66	45	4	17	1511	853	144
普定县	44	13	53	28	9	16	2208	1329	177
镇宁布依族苗族自治县	22	2	61	46	2	13	1288	741	79
关岭布依族苗族自治县	23	1	126	114	6	6	1229	678	128
紫云苗族布依族自治县	13	7	38	29	3	6	1184	797	94
毕节市	**354**	**175**	**1104**	**808**	**107**	**189**	**27717**	**18150**	**2354**
七星关区	40	26	203	155	15	33	4685	2904	393
大方县	41	14	121	93	10	18	3550	2483	231
黔西县	52	42	124	80	14	30	2755	1593	217
金沙县	11	16	182	129	18	35	2135	1324	139
织金县	65	17	94	62	14	18	3604	2451	204
纳雍县	113	23	120	98	12	10	2697	1736	218
威宁彝族回族苗族自治县	16	26	150	101	15	34	5481	3872	576
赫章县	16	11	110	90	9	11	2810	1787	376

4-4 续表 33 单位：人

地区 性别	制造业		电力、热力、燃气及水生产和供应业				建筑业		
	废弃资源综合利用业	金属制品、机械和设备修理业	小计	电力、热力生产和供应业	燃气生产和供应业	水的生产和供应业	小计	房屋建筑业	土木工程建筑业
铜仁市	**110**	**93**	**505**	**320**	**45**	**140**	**19457**	**13488**	**1321**
碧江区	9	9	64	37	6	21	1764	1013	113
万山区	7	6	20	12	1	7	953	649	39
江口县	11	4	39	26	2	11	1028	594	101
玉屏侗族自治县	14	10	66	50	2	14	918	640	69
石阡县	8	9	48	32	5	11	2480	1788	218
思南县	15	8	56	34	6	16	2727	2003	129
印江土家族苗族自治县	15	6	37	22	3	12	1832	1347	178
德江县	16	18	65	40	4	21	2078	1400	157
沿河土家族自治县	1	12	44	27	6	11	2806	2081	134
松桃苗族自治县	14	11	66	40	10	16	2871	1973	183
黔西南布依族苗族自治州	**161**	**79**	**967**	**803**	**48**	**116**	**14646**	**9537**	**1129**
兴义市	40	37	559	485	22	52	5466	3215	510
兴仁市	32	12	67	35	15	17	1794	1215	98
普安县	3	6	90	81	4	5	1167	810	93
晴隆县	10	2	36	33	1	2	1279	932	77
贞丰县	38	6	86	70	2	14	1261	825	75
望谟县	22	1	16	13		3	1114	803	61
册亨县	3	1	30	21		9	652	450	64
安龙县	13	14	83	65	4	14	1913	1287	151
黔东南苗族侗族自治州	**129**	**99**	**1027**	**778**	**90**	**159**	**20625**	**13431**	**2170**
凯里市	49	43	248	173	28	47	3890	2314	285
黄平县	4	10	45	35	2	8	1377	825	203
施秉县	4		22	14	2	6	615	381	54
三穗县	6	1	45	31	6	8	849	542	90
镇远县	1	6	126	112	4	10	1028	712	128
岑巩县	3	4	49	42	4	3	1143	832	109
天柱县	4	6	41	35	5	1	1241	901	52
锦屏县	9	7	71	67	1	3	765	434	117
剑河县	6	6	44	33	5	6	935	543	194
台江县	2	2	28	20	3	5	904	749	38
黎平县	1	1	55	43	1	11	2077	1375	127
榕江县	7	5	49	34	3	12	1752	1083	282
从江县	6		102	81	9	12	1608	1194	166
雷山县	5	1	30	22	2	6	846	570	140
麻江县	4	2	39	21	8	10	814	476	147
丹寨县	18	5	33	15	7	11	781	500	38
黔南布依族苗族自治州	**139**	**136**	**769**	**497**	**90**	**182**	**19925**	**12220**	**2338**
都匀市	36	29	208	160	18	30	2806	1217	499
福泉市	15	24	68	39	9	20	2066	1360	252
荔波县	3	5	46	34	2	10	1075	533	306
贵定县	18	8	41	20	5	16	1667	954	263
瓮安县	1	18	70	46	9	15	2336	1492	277
独山县	18	13	49	22	11	16	1438	810	179
平塘县	6	5	45	33	3	9	1322	952	66
罗甸县	13	2	54	34	3	17	1252	837	98
长顺县		3	42	25	5	12	1204	857	61
龙里县	3	8	47	23	10	14	1885	1369	163
惠水县	14	14	69	40	13	16	1825	1033	128
三都水族自治县	12	7	30	21	2	7	1049	806	46

4-4　续表 34　　　　单位：人

地　区 性　别	制造业		电力、热力、燃气及水生产和供应业				建筑业		
	废弃资源综　合利用业	金属制品、机械和设备修理业	小计	电力、热力生产和供应业	燃气生产和供应业	水的生产和供应业	小计	房　屋建筑业	土木工程建筑业
女	**671**	**185**	**3399**	**2164**	**449**	**786**	**41311**	**29614**	**3026**
贵　州	**671**	**185**	**3399**	**2164**	**449**	**786**	**41311**	**29614**	**3026**
贵阳市	**81**	**75**	**817**	**485**	**160**	**172**	**6230**	**3394**	**940**
南明区	1	23	236	171	27	38	1160	478	255
云岩区	24	10	167	98	33	36	1174	480	230
花溪区	16	14	71	28	17	26	953	600	113
乌当区	8	4	27	8	5	14	248	122	48
白云区	2	6	29	14	5	10	710	490	56
观山湖区	10	11	115	75	20	20	840	465	126
开阳县	5	1	19	11	3	5	328	216	51
息烽县	5		35	15	9	11	151	97	22
修文县	7	4	23	13	7	3	197	139	15
清镇市	3	2	95	52	34	9	469	307	24
六盘水市	**73**	**25**	**344**	**253**	**25**	**66**	**3509**	**2646**	**216**
钟山区	30	12	104	66	11	27	613	330	69
六枝特区	3	2	38	27	6	5	599	457	25
水城县	15	3	35	23	3	9	1081	890	62
盘州市	25	8	167	137	5	25	1216	969	60
遵义市	**77**	**15**	**614**	**368**	**80**	**166**	**6636**	**4871**	**516**
红花岗区	11	3	104	57	21	26	892	584	61
汇川区	18	1	87	54	6	27	704	454	59
播州区		5	64	39	5	20	745	541	55
桐梓县	1	2	54	28	8	18	537	368	86
绥阳县	5		16	13	1	2	336	248	24
正安县			28	10	6	12	497	396	30
道真仡佬族苗族自治县	2	1	22	14	5	3	254	189	28
务川仡佬族苗族自治县	1		19	15		4	531	445	20
凤冈县	10		19	6	5	8	337	265	16
湄潭县	10		14	6	2	6	256	191	15
余庆县			23	18		5	178	99	51
习水县	5	2	75	53	6	16	617	507	27
赤水市	2		50	34	8	8	188	142	3
仁怀市	12	1	39	21	7	11	564	442	41
安顺市	**57**	**5**	**183**	**120**	**22**	**41**	**2101**	**1497**	**114**
西秀区	19	2	96	68	11	17	614	445	28
平坝区	1	2	12	7	1	4	220	163	13
普定县	12		20	5	7	8	463	321	29
镇宁布依族苗族自治县	10		16	12	1	3	295	205	16
关岭布依族苗族自治县	10	1	29	20	2	7	238	138	15
紫云苗族布依族自治县	5		10	8		2	271	225	13
毕节市	**124**	**14**	**303**	**217**	**26**	**60**	**5178**	**3961**	**292**
七星关区	20	2	56	44	3	9	850	610	52
大方县	7		28	20	1	7	596	480	27
黔西县	11	2	41	25	5	11	447	329	21
金沙县	2	3	67	53	3	11	300	226	16
织金县	23	1	27	22		5	737	608	16
纳雍县	49	1	37	26	4	7	578	429	32
威宁彝族回族苗族自治县	7	5	29	14	7	8	1095	869	65
赫章县	5		18	13	3	2	575	410	63

4-4 续表 35 单位：人

地区 性别	制造业		电力、热力、燃气及水生产和供应业				建筑业		
	废弃资源综合利用业	金属制品、机械和设备修理业	小计	电力、热力生产和供应业	燃气生产和供应业	水的生产和供应业	小计	房屋建筑业	土木工程建筑业
铜仁市	**53**	**14**	**185**	**103**	**20**	**62**	**4516**	**3503**	**181**
碧江区	6		29	19	2	8	390	257	24
万山区	4		5	2		3	189	133	6
江口县	1	1	14	8	2	4	136	85	9
玉屏侗族自治县	7	2	22	17	1	4	154	111	14
石阡县	3	1	11	5	4	2	691	576	27
思南县	7	1	19	11	2	6	775	609	19
印江土家族苗族自治县	6	2	11	5	1	5	396	337	21
德江县	10	5	29	13	2	14	612	471	19
沿河土家族自治县	1	1	20	11	3	6	741	613	25
松桃苗族自治县	8	1	25	12	3	10	432	311	17
黔西南布依族苗族自治州	**73**	**8**	**357**	**247**	**29**	**81**	**4055**	**3008**	**199**
兴义市	24	4	223	165	16	42	1420	969	95
兴仁市	13	1	21	7	5	9	475	358	17
普安县	2	1	45	32	1	12	321	247	20
晴隆县	6		10	7	2	1	459	389	14
贞丰县	12	1	22	12	2	8	343	246	13
望谟县	7	1	8	5		3	355	281	12
册亨县	3		7	4	2	1	210	158	6
安龙县	6		21	15	1	5	472	360	22
黔东南苗族侗族自治州	**64**	**14**	**345**	**229**	**45**	**71**	**4673**	**3584**	**284**
凯里市	32	4	118	74	16	28	973	693	55
黄平县	1	4	10	6		4	324	226	32
施秉县	2		5	5			125	87	10
三穗县	4		15	8	1	6	131	93	12
镇远县		1	41	39	1	1	222	167	13
岑巩县	1	1	15	11	3	1	277	220	17
天柱县	2		13	10	2	1	234	189	3
锦屏县	4		14	9	2	3	144	106	13
剑河县	4	2	9	7	2		214	147	31
台江县	2		4	4			253	227	3
黎平县	2	1	19	14		5	471	365	16
榕江县			23	12	4	7	365	290	27
从江县	1		20	12	3	5	359	311	16
雷山县	1		16	8	4	4	183	153	12
麻江县	2		13	4	4	5	147	107	19
丹寨县	6	1	10	6	3	1	251	203	5
黔南布依族苗族自治州	**69**	**15**	**251**	**142**	**42**	**67**	**4413**	**3150**	**284**
都匀市	21	1	73	52	9	12	692	373	72
福泉市	9	3	21	11	4	6	353	263	32
荔波县	1	1	11	6	3	2	213	143	26
贵定县	5	1	15	3	5	7	286	173	35
瓮安县		3	20	14	4	2	509	393	27
独山县	7	2	12	7		5	251	202	8
平塘县	3	1	13	7		6	287	232	5
罗甸县	9		18	10	2	6	388	280	16
长顺县			11	5	3	3	280	214	14
龙里县		2	20	11	4	5	465	377	21
惠水县	7		20	7	6	7	445	293	21
三都水族自治县	7	1	17	9	2	6	244	207	7

4-4 续表 36 单位：人

地 区 性 别	建筑业		批发和零售业			交通运输、仓储和邮政业			
	建筑安装业	建筑装饰、装修和其他建筑业	小计	批发业	零售业	小计	铁路运输业	道路运输业	水上运输业
贵 州	**9456**	**51112**	**170482**	**35014**	**135468**	**71871**	**3062**	**47679**	**204**
贵阳市	**1832**	**9795**	**41425**	**11245**	**30180**	**17302**	**1218**	**11056**	**47**
南明区	325	2151	10299	2678	7621	4295	582	2556	4
云岩区	403	2144	8747	2455	6292	3311	152	2045	4
花溪区	219	1202	6406	1851	4555	2879	234	1718	7
乌当区	65	411	2070	626	1444	945	22	598	5
白云区	168	796	2707	658	2049	1157	70	810	3
观山湖区	212	895	4655	1633	3022	1467	61	947	9
开阳县	110	440	1681	194	1487	803	16	619	
息烽县	86	258	932	162	770	529	43	358	
修文县	70	542	1458	409	1049	680	10	511	5
清镇市	174	956	2470	579	1891	1236	28	894	10
六盘水市	**505**	**3798**	**12743**	**2340**	**10403**	**6407**	**526**	**4199**	**8**
钟山区	115	1056	4461	1006	3455	2051	365	1194	2
六枝特区	95	720	1913	246	1667	923	27	577	3
水城县	133	756	2306	412	1894	1285	27	821	1
盘州市	162	1266	4063	676	3387	2148	107	1607	2
遵义市	**1711**	**8270**	**32006**	**6252**	**25754**	**12099**	**294**	**8302**	**45**
红花岗区	300	1398	6942	1691	5251	2465	134	1644	7
汇川区	259	1043	3519	784	2735	1409	32	947	
播州区	233	1100	4341	850	3491	1775	47	1302	7
桐梓县	89	664	2005	361	1644	864	52	519	
绥阳县	69	392	1231	190	1041	468	2	340	1
正安县	78	453	1460	219	1241	472	2	344	1
道真仡佬族苗族自治县	43	243	755	97	658	279	3	193	1
务川仡佬族苗族自治县	42	313	945	190	755	322		223	
凤冈县	79	333	1183	165	1018	400	2	279	1
湄潭县	114	401	1705	291	1414	687	10	479	1
余庆县	23	244	980	180	800	352		272	
习水县	153	717	2175	351	1824	878	6	652	4
赤水市	60	302	1083	142	941	454	2	319	19
仁怀市	169	667	3682	741	2941	1274	2	789	3
安顺市	**620**	**3416**	**10621**	**2256**	**8365**	**4337**	**89**	**2830**	**11**
西秀区	195	1092	4745	1213	3532	1646	66	1146	3
平坝区	116	442	1323	288	1035	576	14	381	2
普定县	113	702	1552	199	1353	759	1	464	
镇宁布依族苗族自治县	64	478	1064	238	826	468	3	312	3
关岭布依族苗族自治县	67	441	1109	209	900	348		245	1
紫云苗族布依族自治县	65	261	828	109	719	540	5	282	2
毕节市	**1191**	**6947**	**20560**	**3198**	**17362**	**9833**	**129**	**6803**	**26**
七星关区	293	1283	4481	825	3656	1808	17	1275	1
大方县	153	772	2272	289	1983	1042	11	750	2
黔西县	194	848	2621	455	2166	1200	21	892	6
金沙县	115	615	1962	309	1653	892	2	715	2
织金县	99	963	2626	196	2430	1545	14	1026	6
纳雍县	130	730	2116	318	1798	1005	15	609	3
威宁彝族回族苗族自治县	118	1076	2885	571	2314	1460	47	892	4
赫章县	89	660	1597	235	1362	881	2	644	2

4-4 续表 37 单位：人

地区 性别	建筑业		批发和零售业			交通运输、仓储和邮政业			
	建筑安装业	建筑装饰、装修和其他建筑业	小计	批发业	零售业	小计	铁路运输业	道路运输业	水上运输业
铜仁市	**937**	**4543**	**11727**	**2571**	**9156**	**4184**	**121**	**2641**	**22**
碧江区	134	613	1825	625	1200	560	4	393	2
万山区	39	276	541	93	448	216	2	146	1
江口县	60	315	917	368	549	260	1	154	
玉屏侗族自治县	43	195	599	120	479	354	59	203	2
石阡县	154	408	1020	133	887	292	4	204	3
思南县	89	653	1473	323	1150	498	18	311	3
印江土家族苗族自治县	96	249	1070	79	991	329	8	224	
德江县	82	561	1407	170	1237	640	11	355	1
沿河土家族自治县	93	601	1321	189	1132	481	5	298	9
松桃苗族自治县	147	672	1554	471	1083	554	9	353	1
黔西南布依族苗族自治州	**840**	**3988**	**12602**	**2807**	**9795**	**5035**	**150**	**3305**	**17**
兴义市	369	1728	5442	1288	4154	2299	115	1505	12
兴仁市	93	488	1567	351	1216	606	12	384	
普安县	51	267	690	92	598	237	1	172	1
晴隆县	45	281	710	145	565	296	5	198	
贞丰县	104	341	1297	313	984	446	1	288	
望谟县	49	263	712	142	570	362	3	210	1
册亨县	21	163	661	175	486	233	6	141	2
安龙县	108	457	1523	301	1222	556	7	407	1
黔东南苗族侗族自治州	**873**	**4956**	**15039**	**2472**	**12567**	**5899**	**306**	**4013**	**24**
凯里市	205	1311	4299	783	3516	1764	188	1131	6
黄平县	45	370	869	195	674	326	10	224	
施秉县	46	162	420	66	354	170	8	107	2
三穗县	53	190	785	139	646	246	6	164	1
镇远县	43	187	748	101	647	329	46	221	5
岑巩县	52	190	653	104	549	217	6	143	1
天柱县	66	264	966	127	839	359	4	256	
锦屏县	38	201	562	65	497	269	1	176	2
剑河县	44	190	655	99	556	291	2	207	6
台江县	27	113	357	62	295	116	2	82	
黎平县	29	636	1609	261	1348	550		404	
榕江县	79	356	1000	143	857	411	17	298	1
从江县	37	243	874	162	712	293	10	217	
雷山县	22	132	321	53	268	134		95	
麻江县	39	173	448	73	375	196	5	148	
丹寨县	48	238	473	39	434	228	1	140	
黔南布依族苗族自治州	**947**	**5399**	**13759**	**1873**	**11886**	**6775**	**229**	**4530**	**4**
都匀市	219	1118	2669	402	2267	1373	105	904	
福泉市	92	420	1059	153	906	723	22	543	
荔波县	22	258	730	76	654	268		200	
贵定县	81	447	839	37	802	458	27	311	
瓮安县	65	591	1626	224	1402	835	4	662	
独山县	81	409	1145	162	983	519	43	314	
平塘县	15	339	880	115	765	284	2	199	
罗甸县	78	331	865	118	747	333		206	2
长顺县	37	301	695	99	596	255		186	
龙里县	81	339	836	151	685	799	20	377	
惠水县	141	654	1543	268	1275	555	5	399	2
三都水族自治县	35	192	872	68	804	373	1	229	

4–4　续表 38　　　　单位：人

地区 性别	建筑业		批发和零售业			交通运输、仓储和邮政业			
	建筑安装业	建筑装饰、装修和其他建筑业	小计	批发业	零售业	小计	铁路运输业	道路运输业	水上运输业
男	**8545**	**43352**	**79851**	**20932**	**58919**	**60895**	**2288**	**42922**	**157**
贵　州	**8545**	**43352**	**79851**	**20932**	**58919**	**60895**	**2288**	**42922**	**157**
贵阳市	**1591**	**8140**	**20557**	**6797**	**13760**	**14264**	**876**	**9710**	**33**
南明区	282	1767	5060	1596	3464	3486	431	2186	4
云岩区	343	1740	4317	1456	2861	2650	104	1753	3
花溪区	191	990	3366	1175	2191	2320	175	1487	6
乌当区	58	340	1005	383	622	802	15	544	3
白云区	143	657	1318	413	905	972	47	729	1
观山湖区	168	690	2400	948	1452	1147	40	784	6
开阳县	95	394	731	122	609	726	10	583	
息烽县	78	234	427	105	322	458	28	331	
修文县	68	501	727	236	491	610	7	479	2
清镇市	165	827	1206	363	843	1093	19	834	8
六盘水市	**454**	**3202**	**5834**	**1444**	**4390**	**5415**	**423**	**3739**	**6**
钟山区	94	863	2013	607	1406	1715	307	1036	2
六枝特区	87	611	882	158	724	802	21	536	2
水城县	120	640	1116	253	863	1084	21	740	
盘州市	153	1088	1823	426	1397	1814	74	1427	2
遵义市	**1567**	**7165**	**14781**	**3802**	**10979**	**10368**	**229**	**7544**	**38**
红花岗区	274	1177	3331	1023	2308	2064	98	1459	7
汇川区	233	878	1661	490	1171	1181	25	848	
播州区	209	975	1964	515	1449	1548	40	1196	5
桐梓县	82	588	919	207	712	750	43	473	
绥阳县	63	334	542	119	423	415	2	320	
正安县	69	391	611	139	472	420	1	321	1
道真仡佬族苗族自治县	41	208	310	58	252	230	3	170	1
务川仡佬族苗族自治县	34	255	426	125	301	272		207	
凤冈县	72	284	502	91	411	349	2	262	1
湄潭县	105	360	740	158	582	573	8	422	1
余庆县	22	217	417	105	312	295		230	
习水县	147	640	909	208	701	764	5	595	4
赤水市	58	261	440	84	356	399	1	297	15
仁怀市	158	597	2009	480	1529	1108	1	744	3
安顺市	**572**	**2974**	**4999**	**1365**	**3634**	**3667**	**64**	**2540**	**9**
西秀区	180	966	2260	743	1517	1381	49	998	3
平坝区	113	401	662	192	470	513	8	357	2
普定县	103	599	685	115	570	653	1	432	
镇宁布依族苗族自治县	59	409	479	133	346	400	2	284	2
关岭布依族苗族自治县	59	364	534	115	419	294		220	1
紫云苗族布依族自治县	58	235	379	67	312	426	4	249	1
毕节市	**1103**	**6110**	**9634**	**1925**	**7709**	**8531**	**82**	**6316**	**21**
七星关区	271	1117	2144	474	1670	1584	10	1172	
大方县	142	694	1118	186	932	912	8	702	2
黔西县	185	760	1240	289	951	1062	14	834	4
金沙县	110	562	921	197	724	826	2	677	2
织金县	93	856	1186	123	1063	1322	11	941	5
纳雍县	113	630	985	183	802	858	10	575	3
威宁彝族回族苗族自治县	112	921	1357	332	1025	1198	27	821	3
赫章县	77	570	683	141	542	769		594	2

4–4 续表 39

单位：人

地区 性别	建筑业		批发和零售业			交通运输、仓储和邮政业			
	建筑安装业	建筑装饰、装修和其他建筑业	小计	批发业	零售业	小计	铁路运输业	道路运输业	水上运输业
铜仁市	**857**	**3791**	**5257**	**1463**	**3794**	**3559**	**73**	**2419**	**16**
碧江区	119	519	861	354	507	478	1	354	1
万山区	38	227	270	65	205	187		136	1
江口县	57	276	442	201	241	223	1	144	
玉屏侗族自治县	40	169	257	75	182	293	41	182	1
石阡县	143	331	436	78	358	248	2	190	1
思南县	80	515	641	167	474	420	8	282	2
印江土家族苗族自治县	92	215	484	57	427	303	3	212	
德江县	72	449	600	107	493	515	9	325	1
沿河土家族自治县	84	507	533	94	439	409	4	270	8
松桃苗族自治县	132	583	733	265	468	483	4	324	1
黔西南布依族苗族自治州	**746**	**3234**	**5816**	**1541**	**4275**	**4226**	**118**	**2938**	**16**
兴义市	336	1405	2532	727	1805	1925	95	1302	11
兴仁市	78	403	697	183	514	506	5	347	
普安县	43	221	330	62	268	205	1	161	1
晴隆县	40	230	319	73	246	253	4	177	
贞丰县	88	273	616	163	453	373	1	262	
望谟县	42	208	331	73	258	295	2	192	1
册亨县	18	120	305	88	217	194	4	130	2
安龙县	101	374	686	172	514	475	6	367	1
黔东南苗族侗族自治州	**802**	**4222**	**6853**	**1496**	**5357**	**5080**	**228**	**3635**	**17**
凯里市	186	1105	1989	460	1529	1511	143	1010	4
黄平县	40	309	397	113	284	278	4	203	
施秉县	42	138	160	35	125	145	6	95	2
三穗县	50	167	349	83	266	201	4	144	
镇远县	41	147	338	73	265	269	36	191	2
岑巩县	47	155	280	53	227	188	2	136	1
天柱县	63	225	442	77	365	313	3	233	
锦屏县	35	179	245	36	209	222	1	163	1
剑河县	38	160	306	55	251	258	2	191	6
台江县	23	94	167	34	133	99	2	78	
黎平县	29	546	748	166	582	483		362	
榕江县	74	313	442	96	346	385	15	285	1
从江县	33	215	446	109	337	236	7	183	
雷山县	21	115	155	35	120	114		91	
麻江县	36	155	189	51	138	174	3	135	
丹寨县	44	199	200	20	180	204		135	
黔南布依族苗族自治州	**853**	**4514**	**6120**	**1099**	**5021**	**5785**	**195**	**4081**	**1**
都匀市	196	894	1174	219	955	1186	90	815	
福泉市	84	370	451	86	365	639	17	503	
荔波县	21	215	322	43	279	236		181	
贵定县	70	380	341	26	315	385	23	266	
瓮安县	58	509	699	137	562	724	4	598	
独山县	77	372	524	87	437	445	39	280	
平塘县	14	290	404	73	331	236	2	174	
罗甸县	69	248	394	64	330	289		188	
长顺县	32	254	337	70	267	230		171	
龙里县	72	281	370	94	276	602	16	319	
惠水县	128	536	718	164	554	498	3	375	1
三都水族自治县	32	165	386	36	350	315	1	211	

4-4　续表 40　　　　单位：人

地　区 性　别	建筑业		批发和零售业			交通运输、仓储和邮政业			
	建　筑 安装业	建筑装饰、装修和其他建筑业	小计	批发业	零售业	小计	铁　路 运输业	道　路 运输业	水　上 运输业
女	**911**	**7760**	**90631**	**14082**	**76549**	**10976**	**774**	**4757**	**47**
贵　州	**911**	**7760**	**90631**	**14082**	**76549**	**10976**	**774**	**4757**	**47**
贵阳市	**241**	**1655**	**20868**	**4448**	**16420**	**3038**	**342**	**1346**	**14**
南明区	43	384	5239	1082	4157	809	151	370	
云岩区	60	404	4430	999	3431	661	48	292	1
花溪区	28	212	3040	676	2364	559	59	231	1
乌当区	7	71	1065	243	822	143	7	54	2
白云区	25	139	1389	245	1144	185	23	81	2
观山湖区	44	205	2255	685	1570	320	21	163	3
开阳县	15	46	950	72	878	77	6	36	
息烽县	8	24	505	57	448	71	15	27	
修文县	2	41	731	173	558	70	3	32	3
清镇市	9	129	1264	216	1048	143	9	60	2
六盘水市	**51**	**596**	**6909**	**896**	**6013**	**992**	**103**	**460**	**2**
钟山区	21	193	2448	399	2049	336	58	158	
六枝特区	8	109	1031	88	943	121	6	41	1
水城县	13	116	1190	159	1031	201	6	81	1
盘州市	9	178	2240	250	1990	334	33	180	
遵义市	**144**	**1105**	**17225**	**2450**	**14775**	**1731**	**65**	**758**	**7**
红花岗区	26	221	3611	668	2943	401	36	185	
汇川区	26	165	1858	294	1564	228	7	99	
播州区	24	125	2377	335	2042	227	7	106	2
桐梓县	7	76	1086	154	932	114	9	46	
绥阳县	6	58	689	71	618	53		20	1
正安县	9	62	849	80	769	52	1	23	
道真仡佬族苗族自治县	2	35	445	39	406	49		23	
务川仡佬族苗族自治县	8	58	519	65	454	50		16	
凤冈县	7	49	681	74	607	51		17	
湄潭县	9	41	965	133	832	114	2	57	
余庆县	1	27	563	75	488	57		42	
习水县	6	77	1266	143	1123	114	1	57	
赤水市	2	41	643	58	585	55	1	22	4
仁怀市	11	70	1673	261	1412	166	1	45	
安顺市	**48**	**442**	**5622**	**891**	**4731**	**670**	**25**	**290**	**2**
西秀区	15	126	2485	470	2015	265	17	148	
平坝区	3	41	661	96	565	63	6	24	
普定县	10	103	867	84	783	106		32	
镇宁布依族苗族自治县	5	69	585	105	480	68	1	28	1
关岭布依族苗族自治县	8	77	575	94	481	54		25	
紫云苗族布依族自治县	7	26	449	42	407	114	1	33	1
毕节市	**88**	**837**	**10926**	**1273**	**9653**	**1302**	**47**	**487**	**5**
七星关区	22	166	2337	351	1986	224	7	103	1
大方县	11	78	1154	103	1051	130	3	48	
黔西县	9	88	1381	166	1215	138	7	58	2
金沙县	5	53	1041	112	929	66		38	
织金县	6	107	1440	73	1367	223	3	85	1
纳雍县	17	100	1131	135	996	147	5	34	
威宁彝族回族苗族自治县	6	155	1528	239	1289	262	20	71	1
赫章县	12	90	914	94	820	112	2	50	

4-4 续表 41 单位：人

地区 性别	建筑业		批发和零售业			交通运输、仓储和邮政业			
	建筑安装业	建筑装饰、装修和其他建筑业	小计	批发业	零售业	小计	铁路运输业	道路运输业	水上运输业
铜仁市	**80**	**752**	**6470**	**1108**	**5362**	**625**	**48**	**222**	**6**
碧江区	15	94	964	271	693	82	3	39	1
万山区	1	49	271	28	243	29	2	10	
江口县	3	39	475	167	308	37		10	
玉屏侗族自治县	3	26	342	45	297	61	18	21	1
石阡县	11	77	584	55	529	44	2	14	2
思南县	9	138	832	156	676	78	10	29	1
印江土家族苗族自治县	4	34	586	22	564	26	5	12	
德江县	10	112	807	63	744	125	2	30	
沿河土家族自治县	9	94	788	95	693	72	1	28	1
松桃苗族自治县	15	89	821	206	615	71	5	29	
黔西南布依族苗族自治州	**94**	**754**	**6786**	**1266**	**5520**	**809**	**32**	**367**	**1**
兴义市	33	323	2910	561	2349	374	20	203	1
兴仁市	15	85	870	168	702	100	7	37	
普安县	8	46	360	30	330	32		11	
晴隆县	5	51	391	72	319	43	1	21	
贞丰县	16	68	681	150	531	73		26	
望谟县	7	55	381	69	312	67	1	18	
册亨县	3	43	356	87	269	39	2	11	
安龙县	7	83	837	129	708	81	1	40	
黔东南苗族侗族自治州	**71**	**734**	**8186**	**976**	**7210**	**819**	**78**	**378**	**7**
凯里市	19	206	2310	323	1987	253	45	121	2
黄平县	5	61	472	82	390	48	6	21	
施秉县	4	24	260	31	229	25	2	12	
三穗县	3	23	436	56	380	45	2	20	1
镇远县	2	40	410	28	382	60	10	30	3
岑巩县	5	35	373	51	322	29	4	7	
天柱县	3	39	524	50	474	46	1	23	
锦屏县	3	22	317	29	288	47		13	1
剑河县	6	30	349	44	305	33		16	
台江县	4	19	190	28	162	17		4	
黎平县		90	861	95	766	67		42	
榕江县	5	43	558	47	511	26	2	13	
从江县	4	28	428	53	375	57	3	34	
雷山县	1	17	166	18	148	20		4	
麻江县	3	18	259	22	237	22	2	13	
丹寨县	4	39	273	19	254	24	1	5	
黔南布依族苗族自治州	**94**	**885**	**7639**	**774**	**6865**	**990**	**34**	**449**	**3**
都匀市	23	224	1495	183	1312	187	15	89	
福泉市	8	50	608	67	541	84	5	40	
荔波县	1	43	408	33	375	32		19	
贵定县	11	67	498	11	487	73	4	45	
瓮安县	7	82	927	87	840	111		64	
独山县	4	37	621	75	546	74	4	34	
平塘县	1	49	476	42	434	48		25	
罗甸县	9	83	471	54	417	44		18	2
长顺县	5	47	358	29	329	25		15	
龙里县	9	58	466	57	409	197	4	58	
惠水县	13	118	825	104	721	57	2	24	1
三都水族自治县	3	27	486	32	454	58		18	

4-4 续表 42

单位：人

地区 性别	交通运输、仓储和邮政业					住宿和餐饮业		
	航空运输业	管道运输业	多式联运和运输代理业	装卸搬运和仓储业	邮政业	小计	住宿业	餐饮业
贵州	**1056**	**25**	**853**	**10969**	**8023**	**72616**	**9486**	**63130**
贵阳市	**649**	**7**	**273**	**2123**	**1929**	**16155**	**2240**	**13915**
南明区	254		54	492	353	3590	576	3014
云岩区	177		71	493	369	3248	446	2802
花溪区	98	2	45	374	401	2528	324	2204
乌当区	40	2	11	109	158	843	123	720
白云区	13		8	117	136	1231	150	1081
观山湖区	56	3	38	157	196	1666	310	1356
开阳县	2		12	81	73	616	46	570
息烽县	1		6	75	46	498	46	452
修文县	3		4	84	63	640	117	523
清镇市	5		24	141	134	1295	102	1193
六盘水市	**56**	**3**	**50**	**1014**	**551**	**6048**	**679**	**5369**
钟山区	32		14	279	165	1957	263	1694
六枝特区	5	1	9	215	86	871	70	801
水城县	11		5	291	129	1213	117	1096
盘州市	8	2	22	229	171	2007	229	1778
遵义市	**118**	**3**	**192**	**1705**	**1440**	**12624**	**1672**	**10952**
红花岗区	34	1	28	333	284	2484	430	2054
汇川区	31		27	245	127	1516	186	1330
播州区	7		24	174	214	1495	166	1329
桐梓县	1		22	142	128	926	120	806
绥阳县	6		13	42	64	522	59	463
正安县	3		1	73	48	590	49	541
道真仡佬族苗族自治县			5	42	35	309	20	289
务川仡佬族苗族自治县			5	61	33	391	55	336
凤冈县			3	48	67	425	43	382
湄潭县	6		8	90	93	711	89	622
余庆县			2	35	43	346	41	305
习水县	5		9	114	88	952	135	817
赤水市	1	2	6	52	53	678	102	576
仁怀市	24		39	254	163	1279	177	1102
安顺市	**32**	**2**	**73**	**795**	**505**	**5305**	**668**	**4637**
西秀区	28		46	180	177	2231	332	1899
平坝区	3		8	87	81	777	74	703
普定县	1		3	219	71	764	42	722
镇宁布依族苗族自治县			6	70	74	577	73	504
关岭布依族苗族自治县			6	38	58	545	112	433
紫云苗族布依族自治县		2	4	201	44	411	35	376
毕节市	**66**	**5**	**72**	**1853**	**879**	**9069**	**933**	**8136**
七星关区	18	2	27	291	177	1724	203	1521
大方县	25		1	153	100	1034	101	933
黔西县	7		10	143	121	1084	89	995
金沙县	2	2	2	93	74	890	97	793
织金县	1		6	378	114	1163	126	1037
纳雍县	2		7	302	67	873	68	805
威宁彝族回族苗族自治县	6	1	11	363	136	1527	168	1359
赫章县	5		8	130	90	774	81	693

4−4 续表 43

单位：人

地区 性别	交通运输、仓储和邮政业					住宿和餐饮业		
	航空运输业	管道运输业	多式联运和运输代理业	装卸搬运和仓储业	邮政业	小计	住宿业	餐饮业
铜仁市	**26**		**62**	**792**	**520**	**5091**	**662**	**4429**
碧江区	5		11	72	73	694	88	606
万山区	3		8	21	35	341	64	277
江口县	1		9	59	36	403	75	328
玉屏侗族自治县	5		7	48	30	265	28	237
石阡县	4		2	26	49	434	64	370
思南县	2		7	94	63	629	62	567
印江土家族苗族自治县	1		8	47	41	485	84	401
德江县	2		2	210	59	503	44	459
沿河土家族自治县	1		1	109	58	613	66	547
松桃苗族自治县	2		7	106	76	724	87	637
黔西南布依族苗族自治州	**32**	**3**	**53**	**961**	**514**	**5358**	**667**	**4691**
兴义市	26	1	19	406	215	2435	385	2050
兴仁市			5	125	80	697	64	633
普安县	1	1	1	38	22	309	26	283
晴隆县		1	9	62	21	286	34	252
贞丰县	1		10	94	52	452	55	397
望谟县	3		2	103	40	286	19	267
册亨县	1		3	58	22	263	31	232
安龙县			4	75	62	630	53	577
黔东南苗族侗族自治州	**48**		**47**	**766**	**695**	**6629**	**1034**	**5595**
凯里市	9		26	201	203	1772	335	1437
黄平县	3		3	42	44	316	28	288
施秉县	1		1	41	10	194	22	172
三穗县	2		4	35	34	314	40	274
镇远县				22	35	419	96	323
岑巩县	5		2	41	19	259	30	229
天柱县			7	40	52	355	41	314
锦屏县				53	37	282	53	229
剑河县	2		1	40	33	323	65	258
台江县				10	22	138	19	119
黎平县	17		1	67	61	609	97	512
榕江县				50	45	459	46	413
从江县	1		1	35	29	324	41	283
雷山县	8			7	24	366	68	298
麻江县				23	20	203	13	190
丹寨县			1	59	27	296	40	256
黔南布依族苗族自治州	**29**	**2**	**31**	**960**	**990**	**6337**	**931**	**5406**
都匀市	7	1		220	136	1203	150	1053
福泉市			7	87	64	535	67	468
荔波县	10		4	22	32	486	187	299
贵定县	1		1	34	84	494	61	433
瓮安县	1	1	3	103	61	615	54	561
独山县	1			108	53	411	92	319
平塘县				31	52	341	68	273
罗甸县	1		1	68	55	415	44	371
长顺县			3	35	31	334	32	302
龙里县	6		3	79	314	465	68	397
惠水县	2		9	73	65	693	65	628
三都水族自治县				100	43	345	43	302

4-4　续表 44

单位：人

地　区 性　别	交通运输、仓储和邮政业					住宿和餐饮业		
	航　空 运输业	管　道 运输业	多式联运 和运输 代理业	装卸搬运 和仓储业	邮政业	小计	住宿业	餐饮业
男	**689**	**20**	**697**	**8409**	**5713**	**30726**	**3385**	**27341**
贵　州	**689**	**20**	**697**	**8409**	**5713**	**30726**	**3385**	**27341**
贵阳市	**415**	**5**	**206**	**1644**	**1375**	**7646**	**812**	**6834**
南明区	170		42	387	266	1794	204	1590
云岩区	111		55	366	258	1661	167	1494
花溪区	59	2	33	280	278	1196	125	1071
乌当区	24	2	8	84	122	383	38	345
白云区	9		8	87	91	546	45	501
观山湖区	31	1	24	127	134	799	126	673
开阳县	2		9	70	52	246	17	229
息烽县	1		3	63	32	203	18	185
修文县	3		4	69	46	269	42	227
清镇市	5		20	111	96	549	30	519
六盘水市	**40**	**2**	**41**	**773**	**391**	**2448**	**242**	**2206**
钟山区	21		13	214	122	839	90	749
六枝特区	4	1	8	168	62	362	32	330
水城县	7		3	218	95	460	46	414
盘州市	8	1	17	173	112	787	74	713
遵义市	**74**	**3**	**156**	**1299**	**1025**	**5197**	**596**	**4601**
红花岗区	20	1	21	250	208	1099	173	926
汇川区	19		23	168	98	649	65	584
播州区	3		19	143	142	607	42	565
桐梓县			21	108	105	384	44	340
绥阳县	5		11	36	41	189	13	176
正安县	2		1	58	36	222	15	207
道真仡佬族苗族自治县			5	33	18	110	7	103
务川仡佬族苗族自治县			3	38	24	155	18	137
凤冈县			2	42	40	156	16	140
湄潭县	4		4	71	63	279	41	238
余庆县			2	32	31	131	12	119
习水县	4		7	93	56	419	58	361
赤水市		2	2	45	37	292	27	265
仁怀市	17		35	182	126	505	65	440
安顺市	**21**	**2**	**67**	**601**	**363**	**2307**	**240**	**2067**
西秀区	18		44	143	126	979	115	864
平坝区	2		8	72	64	340	28	312
普定县	1		3	160	56	310	11	299
镇宁布依族苗族自治县			3	55	54	245	21	224
关岭布依族苗族自治县			5	30	38	263	54	209
紫云苗族布依族自治县		2	4	141	25	170	11	159
毕节市	**41**	**4**	**65**	**1398**	**604**	**3837**	**359**	**3478**
七星关区	13	1	25	242	121	765	75	690
大方县	12			124	64	437	31	406
黔西县	5		9	110	86	487	29	458
金沙县	2	2	2	83	56	409	39	370
织金县	1		6	275	83	513	50	463
纳雍县	1		6	217	46	363	29	334
威宁彝族回族苗族自治县	3	1	9	245	89	569	72	497
赫章县	4		8	102	59	294	34	260

4–4 续表 45 单位：人

地区 性别	交通运输、仓储和邮政业					住宿和餐饮业		
	航空运输业	管道运输业	多式联运和运输代理业	装卸搬运和仓储业	邮政业	小计	住宿业	餐饮业
铜仁市	**22**		**56**	**594**	**379**	**1893**	**247**	**1646**
碧江区	4		9	57	52	308	35	273
万山区	3		8	15	24	134	25	109
江口县	1		7	41	29	155	28	127
玉屏侗族自治县	5		7	35	22	82	9	73
石阡县	4		1	18	32	148	18	130
思南县	2		7	71	48	210	19	191
印江土家族苗族自治县	1		7	41	39	189	34	155
德江县			2	139	39	196	18	178
沿河土家族自治县			1	89	37	187	23	164
松桃苗族自治县	2		7	88	57	284	38	246
黔西南布依族苗族自治州	**24**	**3**	**42**	**719**	**366**	**2157**	**238**	**1919**
兴义市	19	1	15	324	158	1007	128	879
兴仁市			5	92	57	275	25	250
普安县	1	1	1	28	11	128	13	115
晴隆县		1	8	45	18	93	16	77
贞丰县			5	71	34	191	17	174
望谟县	3		1	64	32	111	5	106
册亨县	1		3	37	17	100	11	89
安龙县			4	58	39	252	23	229
黔东南苗族侗族自治州	**32**		**36**	**612**	**520**	**2655**	**345**	**2310**
凯里市	6		21	170	157	783	120	663
黄平县	2		2	36	31	113	3	110
施秉县	1		1	33	7	66	6	60
三穗县	1		3	24	25	110	13	97
镇远县				17	23	167	32	135
岑巩县	3		2	32	12	81	8	73
天柱县			4	37	36	138	11	127
锦屏县				33	24	108	16	92
剑河县	1		1	32	25	119	19	100
台江县				5	14	50	8	42
黎平县	14			59	48	230	30	200
榕江县				43	41	191	19	172
从江县	1		1	21	23	141	10	131
雷山县	3			5	15	154	33	121
麻江县				19	17	76	4	72
丹寨县			1	46	22	128	13	115
黔南布依族苗族自治州	**20**	**1**	**28**	**769**	**690**	**2586**	**306**	**2280**
都匀市	5			162	114	535	49	486
福泉市			6	72	41	198	16	182
荔波县	8		4	20	23	202	75	127
贵定县	1			30	65	186	21	165
瓮安县		1	3	78	40	254	12	242
独山县				92	34	173	31	142
平塘县				25	35	135	21	114
罗甸县	1		1	57	42	163	10	153
长顺县			3	33	23	122	11	111
龙里县	4		3	67	193	184	26	158
惠水县	1		8	61	49	303	25	278
三都水族自治县				72	31	131	9	122

4-4 续表 46

单位：人

地区 性别	交通运输、仓储和邮政业					住宿和餐饮业		
	航空运输业	管道运输业	多式联运和运输代理业	装卸搬运和仓储业	邮政业	小计	住宿业	餐饮业
女	**367**	**5**	**156**	**2560**	**2310**	**41890**	**6101**	**35789**
贵州	**367**	**5**	**156**	**2560**	**2310**	**41890**	**6101**	**35789**
贵阳市	**234**	**2**	**67**	**479**	**554**	**8509**	**1428**	**7081**
南明区	84		12	105	87	1796	372	1424
云岩区	66		16	127	111	1587	279	1308
花溪区	39		12	94	123	1332	199	1133
乌当区	16		3	25	36	460	85	375
白云区	4			30	45	685	105	580
观山湖区	25	2	14	30	62	867	184	683
开阳县			3	11	21	370	29	341
息烽县			3	12	14	295	28	267
修文县				15	17	371	75	296
清镇市			4	30	38	746	72	674
六盘水市	**16**	**1**	**9**	**241**	**160**	**3600**	**437**	**3163**
钟山区	11		1	65	43	1118	173	945
六枝特区	1		1	47	24	509	38	471
水城县	4		2	73	34	753	71	682
盘州市		1	5	56	59	1220	155	1065
遵义市	**44**		**36**	**406**	**415**	**7427**	**1076**	**6351**
红花岗区	14		7	83	76	1385	257	1128
汇川区	12		4	77	29	867	121	746
播州区	4		5	31	72	888	124	764
桐梓县	1		1	34	23	542	76	466
绥阳县	1		2	6	23	333	46	287
正安县	1			15	12	368	34	334
道真仡佬族苗族自治县				9	17	199	13	186
务川仡佬族苗族自治县			2	23	9	236	37	199
凤冈县			1	6	27	269	27	242
湄潭县	2		4	19	30	432	48	384
余庆县				3	12	215	29	186
习水县	1		2	21	32	533	77	456
赤水市	1		4	7	16	386	75	311
仁怀市	7		4	72	37	774	112	662
安顺市	**11**		**6**	**194**	**142**	**2998**	**428**	**2570**
西秀区	10		2	37	51	1252	217	1035
平坝区	1			15	17	437	46	391
普定县				59	15	454	31	423
镇宁布依族苗族自治县			3	15	20	332	52	280
关岭布依族苗族自治县			1	8	20	282	58	224
紫云苗族布依族自治县				60	19	241	24	217
毕节市	**25**	**1**	**7**	**455**	**275**	**5232**	**574**	**4658**
七星关区	5	1	2	49	56	959	128	831
大方县	13		1	29	36	597	70	527
黔西县	2		1	33	35	597	60	537
金沙县				10	18	481	58	423
织金县				103	31	650	76	574
纳雍县	1		1	85	21	510	39	471
威宁彝族回族苗族自治县	3		2	118	47	958	96	862
赫章县	1			28	31	480	47	433

4-4 续表 47

单位：人

地区 性别	交通运输、仓储和邮政业					住宿和餐饮业		
	航空运输业	管道运输业	多式联运和运输代理业	装卸搬运和仓储业	邮政业	小计	住宿业	餐饮业
铜仁市	**4**		**6**	**198**	**141**	**3198**	**415**	**2783**
碧江区	1		2	15	21	386	53	333
万山区				6	11	207	39	168
江口县			2	18	7	248	47	201
玉屏侗族自治县				13	8	183	19	164
石阡县			1	8	17	286	46	240
思南县				23	15	419	43	376
印江土家族苗族自治县			1	6	2	296	50	246
德江县	2			71	20	307	26	281
沿河土家族自治县	1			20	21	426	43	383
松桃苗族自治县				18	19	440	49	391
黔西南布依族苗族自治州	**8**		**11**	**242**	**148**	**3201**	**429**	**2772**
兴义市	7		4	82	57	1428	257	1171
兴仁市				33	23	422	39	383
普安县				10	11	181	13	168
晴隆县			1	17	3	193	18	175
贞丰县	1		5	23	18	261	38	223
望谟县			1	39	8	175	14	161
册亨县				21	5	163	20	143
安龙县				17	23	378	30	348
黔东南苗族侗族自治州	**16**		**11**	**154**	**175**	**3974**	**689**	**3285**
凯里市	3		5	31	46	989	215	774
黄平县	1		1	6	13	203	25	178
施秉县				8	3	128	16	112
三穗县	1		1	11	9	204	27	177
镇远县				5	12	252	64	188
岑巩县	2			9	7	178	22	156
天柱县			3	3	16	217	30	187
锦屏县				20	13	174	37	137
剑河县	1			8	8	204	46	158
台江县				5	8	88	11	77
黎平县	3		1	8	13	379	67	312
榕江县				7	4	268	27	241
从江县				14	6	183	31	152
雷山县	5			2	9	212	35	177
麻江县				4	3	127	9	118
丹寨县				13	5	168	27	141
黔南布依族苗族自治州	**9**	**1**	**3**	**191**	**300**	**3751**	**625**	**3126**
都匀市	2	1		58	22	668	101	567
福泉市			1	15	23	337	51	286
荔波县	2			2	9	284	112	172
贵定县			1	4	19	308	40	268
瓮安县	1			25	21	361	42	319
独山县	1			16	19	238	61	177
平塘县				6	17	206	47	159
罗甸县				11	13	252	34	218
长顺县				2	8	212	21	191
龙里县	2			12	121	281	42	239
惠水县	1		1	12	16	390	40	350
三都水族自治县				28	12	214	34	180

4-4　续表 48　　　　单位：人

地　区 性　别	信息传输、软件和信息技术服务业				金融业				
	小计	电信、广播电视和卫星传输服务	互联网和相关服务	软件和信息技术服务业	小计	货币金融服务	资本市场服务	保险业	其他金融业
贵　州	**12446**	**5414**	**3314**	**3718**	**15783**	**8703**	**854**	**4868**	**1358**
贵阳市	**5216**	**1595**	**1331**	**2290**	**5533**	**2760**	**448**	**1609**	**716**
南明区	1279	366	386	527	1344	641	147	394	162
云岩区	1553	463	367	723	1665	799	132	485	249
花溪区	496	171	138	187	573	314	29	193	37
乌当区	248	80	65	103	269	138	24	68	39
白云区	307	83	64	160	268	141	16	93	18
观山湖区	977	264	207	506	883	442	70	196	175
开阳县	88	46	23	19	152	89	8	49	6
息烽县	62	35	20	7	89	58	2	23	6
修文县	62	32	14	16	101	54	7	35	5
清镇市	144	55	47	42	189	84	13	73	19
六盘水市	**742**	**411**	**190**	**141**	**1025**	**564**	**78**	**322**	**61**
钟山区	356	234	61	61	528	304	19	181	24
六枝特区	109	59	31	19	107	65	11	26	5
水城县	94	37	39	18	73	28	2	34	9
盘州市	183	81	59	43	317	167	46	81	23
遵义市	**1775**	**789**	**612**	**374**	**2722**	**1403**	**95**	**1006**	**218**
红花岗区	484	182	185	117	626	313	28	229	56
汇川区	341	151	103	87	652	330	20	234	68
播州区	207	73	85	49	258	103	8	128	19
桐梓县	100	35	50	15	125	62	1	56	6
绥阳县	44	31	6	7	90	43		46	1
正安县	69	45	18	6	89	54	3	25	7
道真仡佬族苗族自治县	42	20	10	12	88	51	2	34	1
务川仡佬族苗族自治县	31	19	8	4	75	48	4	22	1
凤冈县	65	26	30	9	86	54		30	2
湄潭县	93	32	43	18	100	50	4	38	8
余庆县	47	40	5	2	83	58		22	3
习水县	79	55	16	8	146	71	7	47	21
赤水市	73	29	23	21	119	64	11	40	4
仁怀市	100	51	30	19	185	102	7	55	21
安顺市	**655**	**334**	**180**	**141**	**880**	**507**	**44**	**253**	**76**
西秀区	367	197	100	70	511	271	36	159	45
平坝区	98	40	29	29	115	69	1	32	13
普定县	53	17	18	18	75	41	1	24	9
镇宁布依族苗族自治县	36	15	11	10	61	40	2	14	5
关岭布依族苗族自治县	54	36	14	4	61	47	4	7	3
紫云苗族布依族自治县	47	29	8	10	57	39		17	1
毕节市	**966**	**514**	**237**	**215**	**1242**	**798**	**31**	**346**	**67**
七星关区	371	205	66	100	413	239	19	128	27
大方县	79	45	23	11	133	97	1	31	4
黔西县	101	44	37	20	104	63		31	10
金沙县	84	53	21	10	134	94		33	7
织金县	81	46	21	14	161	102	3	52	4
纳雍县	77	42	25	10	99	72		22	5
威宁彝族回族苗族自治县	99	44	23	32	117	71	7	33	6
赫章县	74	35	21	18	81	60	1	16	4

4-4 续表 49 单位：人

地区 性别	信息传输、软件和信息技术服务业				金融业				
	小计	电信、广播电视和卫星传输服务	互联网和相关服务	软件和信息技术服务业	小计	货币金融服务	资本市场服务	保险业	其他金融业
铜仁市	**567**	**287**	**151**	**129**	**884**	**450**	**26**	**345**	**63**
碧江区	139	63	32	44	208	49	13	127	19
万山区	43	8	23	12	33	11	1	18	3
江口县	33	21	7	5	55	29	3	17	6
玉屏侗族自治县	37	22	11	4	47	25	2	16	4
石阡县	48	30	13	5	84	61		20	3
思南县	63	36	17	10	102	54	1	43	4
印江土家族苗族自治县	43	31	7	5	87	61		23	3
德江县	53	32	15	6	92	56	1	29	6
沿河土家族自治县	43	23	11	9	87	61	1	20	5
松桃苗族自治县	65	21	15	29	89	43	4	32	10
黔西南布依族苗族自治州	**712**	**352**	**222**	**138**	**957**	**570**	**33**	**311**	**43**
兴义市	443	225	133	85	607	349	26	203	29
兴仁市	54	27	16	11	71	42	2	22	5
普安县	27	13	10	4	39	23		16	
晴隆县	24	12	9	3	36	29		4	3
贞丰县	47	22	13	12	56	33	1	22	
望谟县	27	10	9	8	37	31	1	4	1
册亨县	27	16	7	4	31	20	1	9	1
安龙县	63	27	25	11	80	43	2	31	4
黔东南苗族侗族自治州	**938**	**553**	**241**	**144**	**1227**	**825**	**37**	**314**	**51**
凯里市	333	183	88	62	466	270	21	149	26
黄平县	35	18	6	11	44	29		13	2
施秉县	24	15	6	3	32	20	1	11	
三穗县	40	22	13	5	45	35		10	
镇远县	44	33	7	4	72	49		17	6
岑巩县	23	9	10	4	47	38		8	1
天柱县	72	38	25	9	64	41	4	18	1
锦屏县	38	26	9	3	60	47	2	10	1
剑河县	40	30	9	1	57	44	1	9	3
台江县	25	11	3	11	25	22	1	2	
黎平县	56	43	8	5	96	66	1	27	2
榕江县	37	24	8	5	59	44	1	12	2
从江县	52	37	10	5	41	31	1	8	1
雷山县	32	13	14	5	38	24	3	10	1
麻江县	32	26	2	4	44	37		5	2
丹寨县	55	25	23	7	37	28	1	5	3
黔南布依族苗族自治州	**875**	**579**	**150**	**146**	**1313**	**826**	**62**	**362**	**63**
都匀市	291	175	51	65	448	259	28	127	34
福泉市	58	48	5	5	100	54	1	45	
荔波县	43	32	8	3	65	39	13	9	4
贵定县	39	24	10	5	58	32	2	23	1
瓮安县	81	44	18	19	125	81	2	39	3
独山县	67	48	9	10	87	66	5	13	3
平塘县	39	31	1	7	68	53		12	3
罗甸县	55	42	9	4	83	60	5	18	
长顺县	38	31	1	6	56	39		14	3
龙里县	52	28	14	10	69	36	1	25	7
惠水县	72	46	16	10	79	54	2	20	3
三都水族自治县	40	30	8	2	75	53	3	17	2

4-4 续表 50

单位：人

地区 性别	信息传输、软件和信息技术服务业				金融业				
	小计	电信、广播电视和卫星传输服务	互联网和相关服务	软件和信息技术服务业	小计	货币金融服务	资本市场服务	保险业	其他金融业
男	**8264**	**3324**	**2322**	**2618**	**7815**	**4551**	**483**	**2048**	**733**
贵州	**8264**	**3324**	**2322**	**2618**	**7815**	**4551**	**483**	**2048**	**733**
贵阳市	**3390**	**904**	**910**	**1576**	**2627**	**1321**	**256**	**645**	**405**
南明区	807	214	248	345	629	294	85	152	98
云岩区	1030	250	278	502	775	380	72	185	138
花溪区	323	99	91	133	263	150	15	75	23
乌当区	168	45	42	81	138	72	12	30	24
白云区	203	50	45	108	122	64	12	37	9
观山湖区	626	146	133	347	430	207	42	91	90
开阳县	63	31	18	14	75	48	3	19	5
息烽县	40	19	17	4	45	32	1	11	1
修文县	42	20	9	13	48	29	5	11	3
清镇市	88	30	29	29	102	45	9	34	14
六盘水市	**505**	**263**	**134**	**108**	**490**	**281**	**46**	**134**	**29**
钟山区	233	145	40	48	247	148	9	79	11
六枝特区	75	40	20	15	52	30	7	11	4
水城县	71	25	33	13	38	14	1	17	6
盘州市	126	53	41	32	153	89	29	27	8
遵义市	**1232**	**509**	**458**	**265**	**1352**	**761**	**56**	**429**	**106**
红花岗区	327	109	138	80	314	166	15	104	29
汇川区	231	95	74	62	300	159	12	99	30
播州区	151	46	68	37	118	56	6	48	8
桐梓县	69	19	42	8	71	39		30	2
绥阳县	34	22	6	6	44	26		18	
正安县	49	33	11	5	48	34	1	10	3
道真仡佬族苗族自治县	27	12	8	7	39	27	2	10	
务川仡佬族苗族自治县	22	13	7	2	52	35	4	12	1
凤冈县	46	20	22	4	47	32		13	2
湄潭县	71	27	29	15	54	30	4	15	5
余庆县	36	31	3	2	44	35		7	2
习水县	51	34	10	7	75	36	4	23	12
赤水市	50	16	18	16	56	35	4	14	3
仁怀市	68	32	22	14	90	51	4	26	9
安顺市	**452**	**211**	**135**	**106**	**439**	**255**	**29**	**115**	**40**
西秀区	250	121	77	52	251	130	23	77	21
平坝区	65	22	21	22	59	37	1	15	6
普定县	39	11	14	14	41	23	1	10	7
镇宁布依族苗族自治县	30	11	10	9	30	20	1	5	4
关岭布依族苗族自治县	35	23	8	4	33	26	3	3	1
紫云苗族布依族自治县	33	23	5	5	25	19		5	1
毕节市	**658**	**338**	**166**	**154**	**688**	**458**	**19**	**172**	**39**
七星关区	256	143	40	73	218	128	10	63	17
大方县	53	29	16	8	70	53	1	15	1
黔西县	73	28	30	15	53	31		17	5
金沙县	50	30	12	8	70	54		11	5
织金县	64	35	16	13	103	68	2	30	3
纳雍县	49	23	19	7	56	46		8	2
威宁彝族回族苗族自治县	70	29	19	22	71	43	5	20	3
赫章县	43	21	14	8	47	35	1	8	3

4-4 续表 51 单位：人

地区 性别	信息传输、软件和信息技术服务业				金融业				
	小计	电信、广播电视和卫星传输服务	互联网和相关服务	软件和信息技术服务业	小计	货币金融服务	资本市场服务	保险业	其他金融业
铜仁市	**384**	**183**	**105**	**96**	**419**	**236**	**16**	**132**	**35**
碧江区	97	41	23	33	87	26	6	45	10
万山区	31	6	16	9	17	3	1	12	1
江口县	18	12	4	2	21	11	1	5	4
玉屏侗族自治县	23	13	7	3	20	12	2	5	1
石阡县	34	19	11	4	36	27		7	2
思南县	39	21	11	7	53	33	1	17	2
印江土家族苗族自治县	28	20	5	3	41	30		9	2
德江县	33	17	10	6	55	38		12	5
沿河土家族自治县	35	19	8	8	51	38	1	9	3
松桃苗族自治县	46	15	10	21	38	18	4	11	5
黔西南布依族苗族自治州	**487**	**232**	**155**	**100**	**486**	**310**	**17**	**141**	**18**
兴义市	303	147	94	62	304	191	12	91	10
兴仁市	36	16	12	8	38	20	1	13	4
普安县	19	9	6	4	17	11		6	
晴隆县	15	7	6	2	23	20		2	1
贞丰县	29	15	9	5	21	10	1	10	
望谟县	23	9	8	6	23	22	1		
册亨县	20	12	5	3	16	12		3	1
安龙县	42	17	15	10	44	24	2	16	2
黔东南苗族侗族自治州	**609**	**338**	**169**	**102**	**656**	**479**	**15**	**131**	**31**
凯里市	202	102	56	44	219	134	7	62	16
黄平县	18	7	5	6	29	20		8	1
施秉县	18	10	5	3	16	13		3	
三穗县	25	16	5	4	26	21		5	
镇远县	24	18	5	1	36	28		4	4
岑巩县	15	4	8	3	20	19		1	
天柱县	50	23	21	6	34	23	2	8	1
锦屏县	24	15	6	3	41	31	2	8	
剑河县	31	23	7	1	36	29	1	4	2
台江县	18	7	3	8	18	15	1	2	
黎平县	37	28	4	5	52	42		9	1
榕江县	23	14	7	2	41	32		8	1
从江县	36	25	7	4	21	18		2	1
雷山县	27	10	13	4	15	11	1	2	1
麻江县	21	17	1	3	28	25		2	1
丹寨县	40	19	16	5	24	18	1	3	2
黔南布依族苗族自治州	**547**	**346**	**90**	**111**	**658**	**450**	**29**	**149**	**30**
都匀市	192	109	31	52	218	136	13	54	15
福泉市	30	23	3	4	40	25		15	
荔波县	30	24	4	2	30	19	6	4	1
贵定县	22	13	7	2	23	13	1	8	1
瓮安县	55	29	9	17	59	42	2	13	2
独山县	35	24	5	6	55	44	2	8	1
平塘县	28	22		6	38	32		5	1
罗甸县	36	26	7	3	48	34	4	10	
长顺县	20	15	1	4	25	20		4	1
龙里县	34	18	9	7	30	16		10	4
惠水县	39	23	9	7	43	33		8	2
三都水族自治县	26	20	5	1	49	36	1	10	2

4-4　续表 52　　　　单位：人

地区 性别	信息传输、软件和信息技术服务业				金融业				
	小计	电信、广播电视和卫星传输服务	互联网和相关服务	软件和信息技术服务业	小计	货币金融服务	资本市场服务	保险业	其他金融业
女	**4182**	**2090**	**992**	**1100**	**7968**	**4152**	**371**	**2820**	**625**
贵州	**4182**	**2090**	**992**	**1100**	**7968**	**4152**	**371**	**2820**	**625**
贵阳市	**1826**	**691**	**421**	**714**	**2906**	**1439**	**192**	**964**	**311**
南明区	472	152	138	182	715	347	62	242	64
云岩区	523	213	89	221	890	419	60	300	111
花溪区	173	72	47	54	310	164	14	118	14
乌当区	80	35	23	22	131	66	12	38	15
白云区	104	33	19	52	146	77	4	56	9
观山湖区	351	118	74	159	453	235	28	105	85
开阳县	25	15	5	5	77	41	5	30	1
息烽县	22	16	3	3	44	26	1	12	5
修文县	20	12	5	3	53	25	2	24	2
清镇市	56	25	18	13	87	39	4	39	5
六盘水市	**237**	**148**	**56**	**33**	**535**	**283**	**32**	**188**	**32**
钟山区	123	89	21	13	281	156	10	102	13
六枝特区	34	19	11	4	55	35	4	15	1
水城县	23	12	6	5	35	14	1	17	3
盘州市	57	28	18	11	164	78	17	54	15
遵义市	**543**	**280**	**154**	**109**	**1370**	**642**	**39**	**577**	**112**
红花岗区	157	73	47	37	312	147	13	125	27
汇川区	110	56	29	25	352	171	8	135	38
播州区	56	27	17	12	140	47	2	80	11
桐梓县	31	16	8	7	54	23	1	26	4
绥阳县	10	9		1	46	17		28	1
正安县	20	12	7	1	41	20	2	15	4
道真仡佬族苗族自治县	15	8	2	5	49	24		24	1
务川仡佬族苗族自治县	9	6	1	2	23	13		10	
凤冈县	19	6	8	5	39	22		17	
湄潭县	22	5	14	3	46	20		23	3
余庆县	11	9	2		39	23		15	1
习水县	28	21	6	1	71	35	3	24	9
赤水市	23	13	5	5	63	29	7	26	1
仁怀市	32	19	8	5	95	51	3	29	12
安顺市	**203**	**123**	**45**	**35**	**441**	**252**	**15**	**138**	**36**
西秀区	117	76	23	18	260	141	13	82	24
平坝区	33	18	8	7	56	32		17	7
普定县	14	6	4	4	34	18		14	2
镇宁布依族苗族自治县	6	4	1	1	31	20	1	9	1
关岭布依族苗族自治县	19	13	6		28	21	1	4	2
紫云苗族布依族自治县	14	6	3	5	32	20		12	
毕节市	**308**	**176**	**71**	**61**	**554**	**340**	**12**	**174**	**28**
七星关区	115	62	26	27	195	111	9	65	10
大方县	26	16	7	3	63	44		16	3
黔西县	28	16	7	5	51	32		14	5
金沙县	34	23	9	2	64	40		22	2
织金县	17	11	5	1	58	34	1	22	1
纳雍县	28	19	6	3	43	26		14	3
威宁彝族回族苗族自治县	29	15	4	10	46	28	2	13	3
赫章县	31	14	7	10	34	25		8	1

4-4 续表 53　　　　单位：人

地区 性别	信息传输、软件和信息技术服务业				金融业				
	小计	电信、广播电视和卫星传输服务	互联网和相关服务	软件和信息技术服务业	小计	货币金融服务	资本市场服务	保险业	其他金融业
铜仁市	**183**	**104**	**46**	**33**	**465**	**214**	**10**	**213**	**28**
碧江区	42	22	9	11	121	23	7	82	9
万山区	12	2	7	3	16	8		6	2
江口县	15	9	3	3	34	18	2	12	2
玉屏侗族自治县	14	9	4	1	27	13		11	3
石阡县	14	11	2	1	48	34		13	1
思南县	24	15	6	3	49	21		26	2
印江土家族苗族自治县	15	11	2	2	46	31		14	1
德江县	20	15	5		37	18	1	17	1
沿河土家族自治县	8	4	3	1	36	23		11	2
松桃苗族自治县	19	6	5	8	51	25		21	5
黔西南布依族苗族自治州	**225**	**120**	**67**	**38**	**471**	**260**	**16**	**170**	**25**
兴义市	140	78	39	23	303	158	14	112	19
兴仁市	18	11	4	3	33	22	1	9	1
普安县	8	4	4		22	12		10	
晴隆县	9	5	3	1	13	9		2	2
贞丰县	18	7	4	7	35	23		12	
望谟县	4	1	1	2	14	9		4	1
册亨县	7	4	2	1	15	8	1	6	
安龙县	21	10	10	1	36	19		15	2
黔东南苗族侗族自治州	**329**	**215**	**72**	**42**	**571**	**346**	**22**	**183**	**20**
凯里市	131	81	32	18	247	136	14	87	10
黄平县	17	11	1	5	15	9		5	1
施秉县	6	5	1		16	7	1	8	
三穗县	15	6	8	1	19	14		5	
镇远县	20	15	2	3	36	21		13	2
岑巩县	8	5	2	1	27	19		7	1
天柱县	22	15	4	3	30	18	2	10	
锦屏县	14	11	3		19	16		2	1
剑河县	9	7	2		21	15		5	1
台江县	7	4		3	7	7			
黎平县	19	15	4		44	24	1	18	1
榕江县	14	10	1	3	18	12	1	4	1
从江县	16	12	3	1	20	13	1	6	
雷山县	5	3	1	1	23	13	2	8	
麻江县	11	9	1	1	16	12		3	1
丹寨县	15	6	7	2	13	10		2	1
黔南布依族苗族自治州	**328**	**233**	**60**	**35**	**655**	**376**	**33**	**213**	**33**
都匀市	99	66	20	13	230	123	15	73	19
福泉市	28	25	2	1	60	29	1	30	
荔波县	13	8	4	1	35	20	7	5	3
贵定县	17	11	3	3	35	19	1	15	
瓮安县	26	15	9	2	66	39		26	1
独山县	32	24	4	4	32	22	3	5	2
平塘县	11	9	1	1	30	21		7	2
罗甸县	19	16	2	1	35	26	1	8	
长顺县	18	16		2	31	19		10	2
龙里县	18	10	5	3	39	20	1	15	3
惠水县	33	23	7	3	36	21	2	12	1
三都水族自治县	14	10	3	1	26	17	2	7	

4-4　续表 54　　　　单位：人

地　区 性　别	房地产业		租赁和商务服务业			科学研究和技术服务业			
	小计	房地产业	小计	租赁业	商务服务业	小计	研究和试验发展	专业技术服务业	科技推广和应用服务业
贵　州	**21497**	**21497**	**31049**	**2322**	**28727**	**10936**	**918**	**8525**	**1493**
贵阳市	**8355**	**8355**	**10437**	**816**	**9621**	**5332**	**639**	**4075**	**618**
南明区	1957	1957	2186	116	2070	1090	105	858	127
云岩区	1886	1886	2548	113	2435	1307	123	1009	175
花溪区	1177	1177	1251	171	1080	578	200	332	46
乌当区	520	520	469	39	430	323	35	245	43
白云区	734	734	763	133	630	353	19	306	28
观山湖区	1150	1150	2217	100	2117	1352	135	1056	161
开阳县	196	196	201	14	187	83	3	72	8
息烽县	161	161	120	28	92	52		49	3
修文县	105	105	197	43	154	51	3	38	10
清镇市	469	469	485	59	426	143	16	110	17
六盘水市	**1197**	**1197**	**1594**	**109**	**1485**	**543**	**28**	**447**	**68**
钟山区	517	517	646	45	601	253	9	219	25
六枝特区	120	120	223	13	210	70	2	60	8
水城县	162	162	358	22	336	92	11	73	8
盘州市	398	398	367	29	338	128	6	95	27
遵义市	**4398**	**4398**	**4682**	**468**	**4214**	**1485**	**69**	**1248**	**168**
红花岗区	1230	1230	1069	89	980	415	31	356	28
汇川区	576	576	767	65	702	298	17	250	31
播州区	559	559	612	93	519	215	7	186	22
桐梓县	281	281	254	20	234	48	3	33	12
绥阳县	221	221	151	19	132	19		17	2
正安县	177	177	166	13	153	44	2	36	6
道真仡佬族苗族自治县	90	90	101	8	93	28		19	9
务川仡佬族苗族自治县	126	126	90	8	82	34		30	4
凤冈县	128	128	136	21	115	33	1	27	5
湄潭县	132	132	220	21	199	65	2	59	4
余庆县	66	66	115	8	107	39		29	10
习水县	368	368	373	43	330	70	2	59	9
赤水市	231	231	175	16	159	67		58	9
仁怀市	213	213	453	44	409	110	4	89	17
安顺市	**967**	**967**	**2043**	**148**	**1895**	**530**	**27**	**443**	**60**
西秀区	536	536	916	44	872	303	18	254	31
平坝区	168	168	335	29	306	89	4	73	12
普定县	91	91	270	20	250	54	1	47	6
镇宁布依族苗族自治县	68	68	239	25	214	39	3	32	4
关岭布依族苗族自治县	57	57	110	14	96	22		20	2
紫云苗族布依族自治县	47	47	173	16	157	23	1	17	5
毕节市	**1739**	**1739**	**3326**	**240**	**3086**	**715**	**36**	**589**	**90**
七星关区	538	538	635	33	602	221	17	174	30
大方县	235	235	381	27	354	82		77	5
黔西县	250	250	485	52	433	89	2	79	8
金沙县	165	165	342	29	313	53	1	35	17
织金县	164	164	334	21	313	38	1	36	1
纳雍县	120	120	253	13	240	66	2	56	8
威宁彝族回族苗族自治县	148	148	581	33	548	113	7	89	17
赫章县	119	119	315	32	283	53	6	43	4

4-4 续表 55　　　　单位：人

地区 性别	房地产业		租赁和商务服务业			科学研究和技术服务业			
	小计	房地产业	小计	租赁业	商务服务业	小计	研究和试验发展	专业技术服务业	科技推广和应用服务业
铜仁市	**945**	**945**	**3374**	**125**	**3249**	**640**	**42**	**390**	**208**
碧江区	264	264	1227	24	1203	211	17	150	44
万山区	92	92	184	13	171	27		20	7
江口县	76	76	294	9	285	60	1	20	39
玉屏侗族自治县	48	48	170	3	167	37	3	24	10
石阡县	51	51	124	2	122	29	3	23	3
思南县	130	130	267	25	242	85	7	35	43
印江土家族苗族自治县	86	86	166	10	156	22	4	16	2
德江县	69	69	150	15	135	27	2	23	2
沿河土家族自治县	48	48	230	9	221	27	1	21	5
松桃苗族自治县	81	81	562	15	547	115	4	58	53
黔西南布依族苗族自治州	**1064**	**1064**	**2194**	**117**	**2077**	**643**	**30**	**439**	**174**
兴义市	747	747	715	59	656	307	20	264	23
兴仁市	82	82	241	12	229	46	6	35	5
普安县	21	21	78	13	65	21		18	3
晴隆县	27	27	146	4	142	46	2	22	22
贞丰县	75	75	240	7	233	70		29	41
望谟县	15	15	235	5	230	33		14	19
册亨县	32	32	323	4	319	17		14	3
安龙县	65	65	216	13	203	103	2	43	58
黔东南苗族侗族自治州	**1117**	**1117**	**1866**	**119**	**1747**	**540**	**30**	**446**	**64**
凯里市	576	576	732	45	687	257	19	218	20
黄平县	39	39	102	7	95	32	1	21	10
施秉县	27	27	50		50	20	2	16	2
三穗县	50	50	50	2	48	16		12	4
镇远县	50	50	49		49	19	1	17	1
岑巩县	29	29	100	6	94	23	1	20	2
天柱县	70	70	204	9	195	18	2	15	1
锦屏县	46	46	56	10	46	11		10	1
剑河县	32	32	92	10	82	16		13	3
台江县	18	18	39	4	35	9	1	5	3
黎平县	65	65	62	3	59	32		29	3
榕江县	23	23	76	4	72	19	2	17	
从江县	54	54	68	3	65	16		14	2
雷山县	9	9	76	3	73	16	1	13	2
麻江县	17	17	55	11	44	13		9	4
丹寨县	12	12	55	2	53	23		17	6
黔南布依族苗族自治州	**1715**	**1715**	**1533**	**180**	**1353**	**508**	**17**	**448**	**43**
都匀市	427	427	354	26	328	157	6	140	11
福泉市	144	144	112	18	94	62	2	55	5
荔波县	113	113	119	6	113	13		12	1
贵定县	81	81	92	7	85	14	1	13	
瓮安县	194	194	216	25	191	61	1	55	5
独山县	85	85	138	27	111	41		35	6
平塘县	46	46	58	3	55	16	5	11	
罗甸县	124	124	75	9	66	16		11	5
长顺县	64	64	48	5	43	22		21	1
龙里县	248	248	133	27	106	42		36	6
惠水县	135	135	142	17	125	46	2	41	3
三都水族自治县	54	54	46	10	36	18		18	

4-4 续表 56

单位：人

地区 性别	房地产业		租赁和商务服务业			科学研究和技术服务业			
	小计	房地产业	小计	租赁业	商务服务业	小计	研究和试验发展	专业技术服务业	科技推广和应用服务业
男	**13037**	**13037**	**19992**	**1968**	**18024**	**7830**	**558**	**6302**	**970**
贵州	**13037**	**13037**	**19992**	**1968**	**18024**	**7830**	**558**	**6302**	**970**
贵阳市	**5056**	**5056**	**6383**	**688**	**5695**	**3667**	**373**	**2890**	**404**
南明区	1224	1224	1292	103	1189	731	66	589	76
云岩区	1171	1171	1454	90	1364	916	71	730	115
花溪区	712	712	836	150	686	396	116	249	31
乌当区	282	282	297	33	264	212	16	168	28
白云区	432	432	507	105	402	244	14	218	12
观山湖区	662	662	1325	77	1248	918	76	732	110
开阳县	121	121	134	14	120	60	3	52	5
息烽县	98	98	78	23	55	38		35	3
修文县	68	68	133	40	93	42	2	31	9
清镇市	286	286	327	53	274	110	9	86	15
六盘水市	**734**	**734**	**1085**	**87**	**998**	**428**	**20**	**357**	**51**
钟山区	313	313	433	32	401	197	8	172	17
六枝特区	66	66	150	12	138	63	2	53	8
水城县	106	106	256	20	236	70	7	58	5
盘州市	249	249	246	23	223	98	3	74	21
遵义市	**2686**	**2686**	**3118**	**406**	**2712**	**1122**	**44**	**967**	**111**
红花岗区	735	735	674	76	598	320	21	279	20
汇川区	350	350	490	55	435	210	10	182	18
播州区	330	330	422	81	341	167	5	147	15
桐梓县	176	176	180	18	162	35	3	23	9
绥阳县	131	131	98	15	83	15		13	2
正安县	104	104	110	13	97	37	2	31	4
道真仡佬族苗族自治县	57	57	65	7	58	25		16	9
务川仡佬族苗族自治县	83	83	64	7	57	23		19	4
凤冈县	84	84	91	18	73	27		24	3
湄潭县	81	81	158	20	138	56	1	53	2
余庆县	32	32	69	6	63	32		23	9
习水县	237	237	254	38	216	50		45	5
赤水市	151	151	130	13	117	52		48	4
仁怀市	135	135	313	39	274	73	2	64	7
安顺市	**589**	**589**	**1327**	**123**	**1204**	**395**	**18**	**331**	**46**
西秀区	322	322	557	31	526	217	12	181	24
平坝区	102	102	226	27	199	67	2	58	7
普定县	65	65	175	16	159	44	1	39	4
镇宁布依族苗族自治县	43	43	163	19	144	31	3	24	4
关岭布依族苗族自治县	33	33	83	14	69	16		14	2
紫云苗族布依族自治县	24	24	123	16	107	20		15	5
毕节市	**1108**	**1108**	**2296**	**212**	**2084**	**542**	**21**	**456**	**65**
七星关区	336	336	437	28	409	161	12	128	21
大方县	152	152	275	24	251	64		60	4
黔西县	163	163	346	50	296	71	1	64	6
金沙县	106	106	214	27	187	43	1	30	12
织金县	92	92	224	15	209	30		29	1
纳雍县	71	71	173	12	161	52	1	43	8
威宁彝族回族苗族自治县	106	106	405	27	378	85	5	71	9
赫章县	82	82	222	29	193	36	1	31	4

4−4 续表 57 单位：人

地区 性别	房地产业		租赁和商务服务业			科学研究和技术服务业			
	小计	房地产业	小计	租赁业	商务服务业	小计	研究和试验发展	专业技术服务业	科技推广和应用服务业
铜仁市	**551**	**551**	**2128**	**111**	**2017**	**432**	**31**	**281**	**120**
碧江区	152	152	716	20	696	154	16	107	31
万山区	58	58	123	12	111	22		15	7
江口县	45	45	204	9	195	29		13	16
玉屏侗族自治县	22	22	116	3	113	21	1	14	6
石阡县	28	28	72	1	71	23	2	18	3
思南县	71	71	159	22	137	50	4	24	22
印江土家族苗族自治县	46	46	121	9	112	14	3	10	1
德江县	47	47	104	12	92	21	1	18	2
沿河土家族自治县	30	30	145	8	137	23	1	18	4
松桃苗族自治县	52	52	368	15	353	75	3	44	28
黔西南布依族苗族自治州	**628**	**628**	**1405**	**90**	**1315**	**461**	**24**	**335**	**102**
兴义市	429	429	440	41	399	230	15	196	19
兴仁市	53	53	168	10	158	39	6	28	5
普安县	14	14	63	10	53	17		14	3
晴隆县	22	22	87	4	83	30	2	18	10
贞丰县	49	49	160	7	153	47		25	22
望谟县	9	9	148	5	143	20		10	10
册亨县	16	16	198	4	194	13		11	2
安龙县	36	36	141	9	132	65	1	33	31
黔东南苗族侗族自治州	**663**	**663**	**1221**	**104**	**1117**	**410**	**18**	**351**	**41**
凯里市	326	326	465	40	425	185	11	161	13
黄平县	25	25	67	4	63	22	1	16	5
施秉县	17	17	30		30	18	2	15	1
三穗县	29	29	32	1	31	11		9	2
镇远县	37	37	28		28	17		16	1
岑巩县	18	18	62	4	58	19	1	17	1
天柱县	49	49	122	9	113	16	1	14	1
锦屏县	23	23	40	10	30	9		9	
剑河县	17	17	69	9	60	13		11	2
台江县	9	9	27	4	23	4	1	3	
黎平县	39	39	45	2	43	25		23	2
榕江县	15	15	52	4	48	16	1	15	
从江县	37	37	49	3	46	13		11	2
雷山县	3	3	50	3	47	14		12	2
麻江县	11	11	41	9	32	10		7	3
丹寨县	8	8	42	2	40	18		12	6
黔南布依族苗族自治州	**1022**	**1022**	**1029**	**147**	**882**	**373**	**9**	**334**	**30**
都匀市	253	253	214	18	196	119	3	110	6
福泉市	85	85	68	15	53	36		32	4
荔波县	72	72	73	5	68	11		10	1
贵定县	53	53	63	6	57	11	1	10	
瓮安县	107	107	146	18	128	51	1	47	3
独山县	44	44	89	22	67	30		26	4
平塘县	23	23	39	3	36	11	3	8	
罗甸县	71	71	53	6	47	13		8	5
长顺县	41	41	35	5	30	15		14	1
龙里县	161	161	104	26	78	34		29	5
惠水县	82	82	108	15	93	28	1	26	1
三都水族自治县	30	30	37	8	29	14		14	

4-4 续表 58

单位：人

地 区 性 别	房地产业		租赁和商务服务业			科学研究和技术服务业			
	小计	房地产业	小计	租赁业	商 务 服务业	小计	研究和 试验发展	专业技术 服务业	科技推广 和应用 服务业
女	**8460**	**8460**	**11057**	**354**	**10703**	**3106**	**360**	**2223**	**523**
贵 州	**8460**	**8460**	**11057**	**354**	**10703**	**3106**	**360**	**2223**	**523**
贵阳市	**3299**	**3299**	**4054**	**128**	**3926**	**1665**	**266**	**1185**	**214**
南明区	733	733	894	13	881	359	39	269	51
云岩区	715	715	1094	23	1071	391	52	279	60
花溪区	465	465	415	21	394	182	84	83	15
乌当区	238	238	172	6	166	111	19	77	15
白云区	302	302	256	28	228	109	5	88	16
观山湖区	488	488	892	23	869	434	59	324	51
开阳县	75	75	67		67	23		20	3
息烽县	63	63	42	5	37	14		14	
修文县	37	37	64	3	61	9	1	7	1
清镇市	183	183	158	6	152	33	7	24	2
六盘水市	**463**	**463**	**509**	**22**	**487**	**115**	**8**	**90**	**17**
钟山区	204	204	213	13	200	56	1	47	8
六枝特区	54	54	73	1	72	7		7	
水城县	56	56	102	2	100	22	4	15	3
盘州市	149	149	121	6	115	30	3	21	6
遵义市	**1712**	**1712**	**1564**	**62**	**1502**	**363**	**25**	**281**	**57**
红花岗区	495	495	395	13	382	95	10	77	8
汇川区	226	226	277	10	267	88	7	68	13
播州区	229	229	190	12	178	48	2	39	7
桐梓县	105	105	74	2	72	13		10	3
绥阳县	90	90	53	4	49	4		4	
正安县	73	73	56		56	7		5	2
道真仡佬族苗族自治县	33	33	36	1	35	3		3	
务川仡佬族苗族自治县	43	43	26	1	25	11		11	
凤冈县	44	44	45	3	42	6	1	3	2
湄潭县	51	51	62	1	61	9	1	6	2
余庆县	34	34	46	2	44	7		6	1
习水县	131	131	119	5	114	20	2	14	4
赤水市	80	80	45	3	42	15		10	5
仁怀市	78	78	140	5	135	37	2	25	10
安顺市	**378**	**378**	**716**	**25**	**691**	**135**	**9**	**112**	**14**
西秀区	214	214	359	13	346	86	6	73	7
平坝区	66	66	109	2	107	22	2	15	5
普定县	26	26	95	4	91	10		8	2
镇宁布依族苗族自治县	25	25	76	6	70	8		8	
关岭布依族苗族自治县	24	24	27		27	6		6	
紫云苗族布依族自治县	23	23	50		50	3	1	2	
毕节市	**631**	**631**	**1030**	**28**	**1002**	**173**	**15**	**133**	**25**
七星关区	202	202	198	5	193	60	5	46	9
大方县	83	83	106	3	103	18		17	1
黔西县	87	87	139	2	137	18	1	15	2
金沙县	59	59	128	2	126	10		5	5
织金县	72	72	110	6	104	8	1	7	
纳雍县	49	49	80	1	79	14	1	13	
威宁彝族回族苗族自治县	42	42	176	6	170	28	2	18	8
赫章县	37	37	93	3	90	17	5	12	

4—4 续表 59

单位：人

地区 性别	房地产业		租赁和商务服务业			科学研究和技术服务业			
	小计	房地产业	小计	租赁业	商务服务业	小计	研究和试验发展	专业技术服务业	科技推广和应用服务业
铜仁市	**394**	**394**	**1246**	**14**	**1232**	**208**	**11**	**109**	**88**
碧江区	112	112	511	4	507	57	1	43	13
万山区	34	34	61	1	60	5		5	
江口县	31	31	90		90	31	1	7	23
玉屏侗族自治县	26	26	54		54	16	2	10	4
石阡县	23	23	52	1	51	6	1	5	
思南县	59	59	108	3	105	35	3	11	21
印江土家族苗族自治县	40	40	45	1	44	8	1	6	1
德江县	22	22	46	3	43	6	1	5	
沿河土家族自治县	18	18	85	1	84	4		3	1
松桃苗族自治县	29	29	194		194	40	1	14	25
黔西南布依族苗族自治州	**436**	**436**	**789**	**27**	**762**	**182**	**6**	**104**	**72**
兴义市	318	318	275	18	257	77	5	68	4
兴仁市	29	29	73	2	71	7		7	
普安县	7	7	15	3	12	4		4	
晴隆县	5	5	59		59	16		4	12
贞丰县	26	26	80		80	23		4	19
望谟县	6	6	87		87	13		4	9
册亨县	16	16	125		125	4		3	1
安龙县	29	29	75	4	71	38	1	10	27
黔东南苗族侗族自治州	**454**	**454**	**645**	**15**	**630**	**130**	**12**	**95**	**23**
凯里市	250	250	267	5	262	72	8	57	7
黄平县	14	14	35	3	32	10		5	5
施秉县	10	10	20		20	2		1	1
三穗县	21	21	18	1	17	5		3	2
镇远县	13	13	21		21	2	1	1	
岑巩县	11	11	38	2	36	4		3	1
天柱县	21	21	82		82	2	1	1	
锦屏县	23	23	16		16	2		1	1
剑河县	15	15	23	1	22	3		2	1
台江县	9	9	12		12	5		2	3
黎平县	26	26	17	1	16	7		6	1
榕江县	8	8	24		24	3	1	2	
从江县	17	17	19		19	3		3	
雷山县	6	6	26		26	2	1	1	
麻江县	6	6	14	2	12	3		2	1
丹寨县	4	4	13		13	5		5	
黔南布依族苗族自治州	**693**	**693**	**504**	**33**	**471**	**135**	**8**	**114**	**13**
都匀市	174	174	140	8	132	38	3	30	5
福泉市	59	59	44	3	41	26	2	23	1
荔波县	41	41	46	1	45	2		2	
贵定县	28	28	29	1	28	3		3	
瓮安县	87	87	70	7	63	10		8	2
独山县	41	41	49	5	44	11		9	2
平塘县	23	23	19		19	5	2	3	
罗甸县	53	53	22	3	19	3		3	
长顺县	23	23	13		13	7		7	
龙里县	87	87	29	1	28	8		7	1
惠水县	53	53	34	2	32	18	1	15	2
三都水族自治县	24	24	9	2	7	4		4	

4-4 续表 60 单位：人

地区 性别	水利、环境和公共设施管理业					居民服务、修理和其他服务业			
	小计	水利管理业	生态保护和环境治理业	公共设施管理业	土地管理业	小计	居民服务业	机动车、电子产品和日用产品修理业	其他服务业
贵州	**13953**	**788**	**1776**	**11268**	**121**	**53968**	**29427**	**14042**	**10499**
贵阳市	**2405**	**161**	**187**	**2026**	**31**	**12653**	**7726**	**2761**	**2166**
南明区	422	42	78	297	5	2443	1689	455	299
云岩区	434	38	25	360	11	2569	1631	431	507
花溪区	431	10	9	411	1	1773	926	526	321
乌当区	158	10	8	139	1	968	554	148	266
白云区	232	4	14	212	2	770	358	299	113
观山湖区	290	24	24	235	7	1234	674	216	344
开阳县	123	6	7	108	2	526	293	167	66
息烽县	60	15	6	38	1	342	220	93	29
修文县	103	5	5	93		466	263	132	71
清镇市	152	7	11	133	1	1562	1118	294	150
六盘水市	**1068**	**89**	**134**	**839**	**6**	**3892**	**2096**	**1166**	**630**
钟山区	172	22	14	135	1	1260	831	357	72
六枝特区	126	5	17	102	2	516	260	158	98
水城县	532	52	61	418	1	979	389	290	300
盘州市	238	10	42	184	2	1137	616	361	160
遵义市	**1816**	**104**	**172**	**1508**	**32**	**9379**	**5602**	**2459**	**1318**
红花岗区	406	14	14	373	5	1858	1074	378	406
汇川区	259	11	21	221	6	1128	701	264	163
播州区	165	7	24	131	3	1476	911	439	126
桐梓县	121	5	3	112	1	594	387	159	48
绥阳县	34	3		31		388	256	126	6
正安县	98	11	5	81	1	388	222	108	58
道真仡佬族苗族自治县	40	4	1	35		245	149	62	34
务川仡佬族苗族自治县	31	1	4	25	1	200	98	80	22
凤冈县	47	3	11	33		321	172	112	37
湄潭县	68	1	14	53		463	247	138	78
余庆县	23	4	3	16		239	144	91	4
习水县	161	17	41	90	13	668	391	178	99
赤水市	140	8	14	118		425	277	101	47
仁怀市	223	15	17	189	2	986	573	223	190
安顺市	**1091**	**37**	**72**	**973**	**9**	**3585**	**1904**	**940**	**741**
西秀区	328	13	22	292	1	1552	822	370	360
平坝区	144	2	11	125	6	548	284	140	124
普定县	123	5	7	110	1	491	237	151	103
镇宁布依族苗族自治县	141	8	13	119	1	365	192	97	76
关岭布依族苗族自治县	100	6	15	79		315	198	92	25
紫云苗族布依族自治县	255	3	4	248		314	171	90	53
毕节市	**2264**	**91**	**212**	**1953**	**8**	**7148**	**3468**	**1895**	**1785**
七星关区	409	14	42	353		1197	612	354	231
大方县	429	7	22	400		654	347	220	87
黔西县	336	16	25	289	6	1050	537	277	236
金沙县	106	5	17	84		695	403	211	81
织金县	183	2	5	176		1294	493	263	538
纳雍县	280	16	35	229		714	445	152	117
威宁彝族回族苗族自治县	264	20	46	197	1	846	381	249	216
赫章县	257	11	20	225	1	698	250	169	279

4-4 续表 61 单位：人

地区 性别	水利、环境和公共设施管理业					居民服务、修理和其他服务业			
	小计	水利管理业	生态保护和环境治理业	公共设施管理业	土地管理业	小计	居民服务业	机动车、电子产品和日用产品修理业	其他服务业
铜仁市	**1202**	**81**	**232**	**884**	**5**	**3936**	**2049**	**905**	**982**
碧江区	215	10	22	183		588	319	126	143
万山区	88	3	11	73	1	201	79	54	68
江口县	87	6	27	52	2	252	117	67	68
玉屏侗族自治县	86	11	15	59	1	257	104	61	92
石阡县	83	19	6	58		403	231	105	67
思南县	100	5	30	64	1	459	229	119	111
印江土家族苗族自治县	49	6	7	36		397	261	87	49
德江县	57	6	4	47		338	208	94	36
沿河土家族自治县	282	9	54	219		535	237	89	209
松桃苗族自治县	155	6	56	93		506	264	103	139
黔西南布依族苗族自治州	**1231**	**94**	**227**	**904**	**6**	**4238**	**1978**	**1215**	**1045**
兴义市	366	40	18	304	4	1670	889	518	263
兴仁市	70	2	13	54	1	550	300	179	71
普安县	48	5	4	39		228	84	103	41
晴隆县	197	12	36	149		421	125	85	211
贞丰县	108	10	17	80	1	329	163	102	64
望谟县	239	4	78	157		424	108	59	257
册亨县	103	11	34	58		226	102	46	78
安龙县	100	10	27	63		390	207	123	60
黔东南苗族侗族自治州	**1531**	**85**	**298**	**1131**	**17**	**4350**	**2228**	**1292**	**830**
凯里市	268	14	14	236	4	1329	723	334	272
黄平县	66	1	14	51		238	95	74	69
施秉县	38	4	6	28		135	86	34	15
三穗县	115	4	24	85	2	200	102	49	49
镇远县	66		2	58	6	216	131	72	13
岑巩县	62	7	2	51	2	237	101	68	68
天柱县	50	6	3	40	1	248	151	71	26
锦屏县	56	3	19	33	1	140	78	53	9
剑河县	167	4	113	50		218	91	68	59
台江县	62	1	5	56		97	38	35	24
黎平县	120	1	22	97		337	194	134	9
榕江县	146	32	51	63		231	117	83	31
从江县	42	1	18	23		270	92	83	95
雷山县	59	3	5	51		103	53	36	14
麻江县	36	4		31	1	168	70	55	43
丹寨县	178			178		183	106	43	34
黔南布依族苗族自治州	**1345**	**46**	**242**	**1050**	**7**	**4787**	**2376**	**1409**	**1002**
都匀市	180	7	32	139	2	1061	517	239	305
福泉市	110	8	12	89	1	545	257	173	115
荔波县	161		15	146		211	121	72	18
贵定县	59	3	7	48	1	341	187	98	56
瓮安县	74	1	3	70		536	280	203	53
独山县	59	2	3	54		309	139	109	61
平塘县	115	6	34	75		225	114	75	36
罗甸县	176	4	50	122		334	173	84	77
长顺县	32			31	1	231	76	60	95
龙里县	123	10	24	89		320	186	69	65
惠水县	69	3	7	57	2	463	209	152	102
三都水族自治县	187	2	55	130		211	117	75	19

4-4 续表 62

单位：人

地区 性别	水利、环境和公共设施管理业					居民服务、修理和其他服务业			
	小计	水利管理业	生态保护和环境治理业	公共设施管理业	土地管理业	小计	居民服务业	机动车、电子产品和日用产品修理业	其他服务业
男	**7578**	**598**	**1391**	**5510**	**79**	**27451**	**11346**	**11897**	**4208**
贵州	**7578**	**598**	**1391**	**5510**	**79**	**27451**	**11346**	**11897**	**4208**
贵阳市	**1371**	**115**	**129**	**1105**	**22**	**6101**	**2886**	**2322**	**893**
南明区	259	28	58	169	4	1019	546	380	93
云岩区	244	27	12	200	5	1198	583	359	256
花溪区	234	7	6	221		896	342	448	106
乌当区	91	7	6	77	1	505	244	123	138
白云区	120	3	8	107	2	385	102	245	38
观山湖区	170	16	16	132	6	536	209	178	149
开阳县	65	4	7	52	2	248	97	136	15
息烽县	42	14	3	24	1	169	71	82	16
修文县	61	4	5	52		254	110	115	29
清镇市	85	5	8	71	1	891	582	256	53
六盘水市	**531**	**72**	**104**	**351**	**4**	**2074**	**849**	**986**	**239**
钟山区	103	15	11	76	1	655	323	301	31
六枝特区	56	5	15	35	1	268	93	135	40
水城县	243	43	42	157	1	523	171	252	100
盘州市	129	9	36	83	1	628	262	298	68
遵义市	**932**	**79**	**129**	**705**	**19**	**4716**	**2134**	**2076**	**506**
红花岗区	203	13	8	178	4	906	404	315	187
汇川区	126	10	17	95	4	513	231	225	57
播州区	91	6	19	64	2	703	291	372	40
桐梓县	62	4	2	56		320	166	137	17
绥阳县	22	2		20		218	105	111	2
正安县	46	5	5	35	1	186	77	87	22
道真仡佬族苗族自治县	19	2	1	16		129	62	55	12
务川仡佬族苗族自治县	17	1	2	13	1	111	35	66	10
凤冈县	29	3	11	15		188	84	91	13
湄潭县	41	1	11	29		234	96	120	18
余庆县	19	3	3	13		122	52	68	2
习水县	85	11	28	40	6	373	171	148	54
赤水市	79	8	9	62		212	110	84	18
仁怀市	93	10	13	69	1	501	250	197	54
安顺市	**600**	**30**	**57**	**506**	**7**	**1906**	**825**	**800**	**281**
西秀区	173	11	16	145	1	793	334	309	150
平坝区	69	1	10	54	4	267	112	120	35
普定县	69	5	7	56	1	258	97	129	32
镇宁布依族苗族自治县	80	5	10	64	1	201	94	82	25
关岭布依族苗族自治县	65	5	10	50		205	105	84	16
紫云苗族布依族自治县	144	3	4	137		182	83	76	23
毕节市	**1216**	**75**	**172**	**966**	**3**	**4011**	**1580**	**1655**	**776**
七星关区	204	10	32	162		654	266	305	83
大方县	213	6	17	190		407	171	199	37
黔西县	197	13	23	159	2	631	261	242	128
金沙县	61	5	14	42		392	175	186	31
织金县	103	2	4	97		727	251	225	251
纳雍县	152	13	30	109		378	202	128	48
威宁彝族回族苗族自治县	157	18	38	101		473	154	220	99
赫章县	129	8	14	106	1	349	100	150	99

4-4 续表 63 单位：人

地区 性别	水利、环境和公共设施管理业					居民服务、修理和其他服务业			
	小计	水利管理业	生态保护和环境治理业	公共设施管理业	土地管理业	小计	居民服务业	机动车、电子产品和日用产品修理业	其他服务业
铜仁市	**673**	**55**	**178**	**436**	**4**	**1901**	**739**	**781**	**381**
碧江区	104	8	14	82		270	116	113	41
万山区	38	1	6	30	1	91	28	41	22
江口县	60	4	27	27	2	131	43	58	30
玉屏侗族自治县	48	8	11	28	1	127	36	51	40
石阡县	54	13	5	36		168	58	89	21
思南县	57		23	34		240	87	101	52
印江土家族苗族自治县	33	5	6	22		178	85	79	14
德江县	30	3	3	24		179	85	83	11
沿河土家族自治县	151	7	39	105		261	98	76	87
松桃苗族自治县	98	6	44	48		256	103	90	63
黔西南布依族苗族自治州	**644**	**68**	**177**	**394**	**5**	**2158**	**754**	**997**	**407**
兴义市	184	29	8	143	4	833	318	432	83
兴仁市	31		10	20	1	299	128	145	26
普安县	28	3	3	22		138	35	82	21
晴隆县	92	11	29	52		213	58	72	83
贞丰县	49	7	13	29		172	71	80	21
望谟县	142	4	65	73		202	39	49	114
册亨县	57	7	28	22		109	36	35	38
安龙县	61	7	21	33		192	69	102	21
黔东南苗族侗族自治州	**834**	**64**	**241**	**519**	**10**	**2202**	**768**	**1099**	**335**
凯里市	88	10	11	65	2	650	256	288	106
黄平县	33	1	13	19		121	32	64	25
施秉县	26	3	5	18		57	22	32	3
三穗县	66	3	20	42	1	95	35	39	21
镇远县	23		2	16	5	116	50	60	6
岑巩县	31	5	2	23	1	119	36	57	26
天柱县	30	6	3	20	1	128	60	61	7
锦屏县	29	3	13	13		71	24	45	2
剑河县	126	3	98	25		112	32	56	24
台江县	26	1	3	22		54	15	28	11
黎平县	79	1	18	60		180	54	120	6
榕江县	91	21	38	32		118	39	69	10
从江县	26	1	11	14		151	30	70	51
雷山县	33	2	4	27		60	24	28	8
麻江县	18	4		14		87	24	47	16
丹寨县	109			109		83	35	35	13
黔南布依族苗族自治州	**777**	**40**	**204**	**528**	**5**	**2382**	**811**	**1181**	**390**
都匀市	100	5	27	67	1	451	132	197	122
福泉市	57	8	9	39	1	296	104	148	44
荔波县	81		14	67		96	32	60	4
贵定县	36	3	6	27		167	65	85	17
瓮安县	38	1	1	36		282	104	165	13
独山县	31	1	1	29		142	34	89	19
平塘县	73	5	28	40		124	42	63	19
罗甸县	105	4	42	59		174	72	65	37
长顺县	21			20	1	125	28	51	46
龙里县	80	8	19	53		157	72	61	24
惠水县	42	3	7	30	2	253	79	133	41
三都水族自治县	113	2	50	61		115	47	64	4

4-4　续表 64　　　　　　　　　　　　　　　　　　　　　　　　　　单位：人

地　区 性　别	水利、环境和公共设施管理业					居民服务、修理和其他服务业			
	小计	水　利 管理业	生态保护 和环境 治理业	公共设施 管理业	土　地 管理业	小计	居　民 服务业	机动车、 电子产品 和日用产 品修理业	其　他 服务业
女	**6375**	**190**	**385**	**5758**	**42**	**26517**	**18081**	**2145**	**6291**
贵　州	**6375**	**190**	**385**	**5758**	**42**	**26517**	**18081**	**2145**	**6291**
贵阳市	**1034**	**46**	**58**	**921**	**9**	**6552**	**4840**	**439**	**1273**
南明区	163	14	20	128	1	1424	1143	75	206
云岩区	190	11	13	160	6	1371	1048	72	251
花溪区	197	3	3	190	1	877	584	78	215
乌当区	67	3	2	62		463	310	25	128
白云区	112	1	6	105		385	256	54	75
观山湖区	120	8	8	103	1	698	465	38	195
开阳县	58	2		56		278	196	31	51
息烽县	18	1	3	14		173	149	11	13
修文县	42	1		41		212	153	17	42
清镇市	67	2	3	62		671	536	38	97
六盘水市	**537**	**17**	**30**	**488**	**2**	**1818**	**1247**	**180**	**391**
钟山区	69	7	3	59		605	508	56	41
六枝特区	70		2	67	1	248	167	23	58
水城县	289	9	19	261		456	218	38	200
盘州市	109	1	6	101	1	509	354	63	92
遵义市	**884**	**25**	**43**	**803**	**13**	**4663**	**3468**	**383**	**812**
红花岗区	203	1	6	195	1	952	670	63	219
汇川区	133	1	4	126	2	615	470	39	106
播州区	74	1	5	67	1	773	620	67	86
桐梓县	59	1	1	56	1	274	221	22	31
绥阳县	12	1		11		170	151	15	4
正安县	52	6		46		202	145	21	36
道真仡佬族苗族自治县	21	2		19		116	87	7	22
务川仡佬族苗族自治县	14		2	12		89	63	14	12
凤冈县	18			18		133	88	21	24
湄潭县	27		3	24		229	151	18	60
余庆县	4	1		3		117	92	23	2
习水县	76	6	13	50	7	295	220	30	45
赤水市	61		5	56		213	167	17	29
仁怀市	130	5	4	120	1	485	323	26	136
安顺市	**491**	**7**	**15**	**467**	**2**	**1679**	**1079**	**140**	**460**
西秀区	155	2	6	147		759	488	61	210
平坝区	75	1	1	71	2	281	172	20	89
普定县	54			54		233	140	22	71
镇宁布依族苗族自治县	61	3	3	55		164	98	15	51
关岭布依族苗族自治县	35	1	5	29		110	93	8	9
紫云苗族布依族自治县	111			111		132	88	14	30
毕节市	**1048**	**16**	**40**	**987**	**5**	**3137**	**1888**	**240**	**1009**
七星关区	205	4	10	191		543	346	49	148
大方县	216	1	5	210		247	176	21	50
黔西县	139	3	2	130	4	419	276	35	108
金沙县	45		3	42		303	228	25	50
织金县	80		1	79		567	242	38	287
纳雍县	128	3	5	120		336	243	24	69
威宁彝族回族苗族自治县	107	2	8	96	1	373	227	29	117
赫章县	128	3	6	119		349	150	19	180

4-4 续表 65 单位：人

地区 性别	水利、环境和公共设施管理业					居民服务、修理和其他服务业			
	小计	水利管理业	生态保护和环境治理业	公共设施管理业	土地管理业	小计	居民服务业	机动车、电子产品和日用产品修理业	其他服务业
铜仁市	**529**	**26**	**54**	**448**	**1**	**2035**	**1310**	**124**	**601**
碧江区	111	2	8	101		318	203	13	102
万山区	50	2	5	43		110	51	13	46
江口县	27	2		25		121	74	9	38
玉屏侗族自治县	38	3	4	31		130	68	10	52
石阡县	29	6	1	22		235	173	16	46
思南县	43	5	7	30	1	219	142	18	59
印江土家族苗族自治县	16	1	1	14		219	176	8	35
德江县	27	3	1	23		159	123	11	25
沿河土家族自治县	131	2	15	114		274	139	13	122
松桃苗族自治县	57		12	45		250	161	13	76
黔西南布依族苗族自治州	**587**	**26**	**50**	**510**	**1**	**2080**	**1224**	**218**	**638**
兴义市	182	11	10	161		837	571	86	180
兴仁市	39	2	3	34		251	172	34	45
普安县	20	2	1	17		90	49	21	20
晴隆县	105	1	7	97		208	67	13	128
贞丰县	59	3	4	51	1	157	92	22	43
望谟县	97		13	84		222	69	10	143
册亨县	46	4	6	36		117	66	11	40
安龙县	39	3	6	30		198	138	21	39
黔东南苗族侗族自治州	**697**	**21**	**57**	**612**	**7**	**2148**	**1460**	**193**	**495**
凯里市	180	4	3	171	2	679	467	46	166
黄平县	33		1	32		117	63	10	44
施秉县	12	1	1	10		78	64	2	12
三穗县	49	1	4	43	1	105	67	10	28
镇远县	43			42	1	100	81	12	7
岑巩县	31	2		28	1	118	65	11	42
天柱县	20			20		120	91	10	19
锦屏县	27		6	20	1	69	54	8	7
剑河县	41	1	15	25		106	59	12	35
台江县	36		2	34		43	23	7	13
黎平县	41		4	37		157	140	14	3
榕江县	55	11	13	31		113	78	14	21
从江县	16		7	9		119	62	13	44
雷山县	26	1	1	24		43	29	8	6
麻江县	18			17	1	81	46	8	27
丹寨县	69			69		100	71	8	21
黔南布依族苗族自治州	**568**	**6**	**38**	**522**	**2**	**2405**	**1565**	**228**	**612**
都匀市	80	2	5	72	1	610	385	42	183
福泉市	53		3	50		249	153	25	71
荔波县	80		1	79		115	89	12	14
贵定县	23		1	21	1	174	122	13	39
瓮安县	36		2	34		254	176	38	40
独山县	28	1	2	25		167	105	20	42
平塘县	42	1	6	35		101	72	12	17
罗甸县	71		8	63		160	101	19	40
长顺县	11			11		106	48	9	49
龙里县	43	2	5	36		163	114	8	41
惠水县	27			27		210	130	19	61
三都水族自治县	74		5	69		96	70	11	15

4-4　续表 66　　　　单位：人

地　区 性　别	教育		卫生和社会工作			文化、体育和娱乐业				
	小计	教育	小计	卫生	社会工作	小计	新闻和出版业	广播、电视、电影和录音制作业	文化艺术业	体育
贵　州	**74582**	**74582**	**35168**	**34557**	**611**	**8885**	**646**	**780**	**1498**	**785**
贵阳市	**14520**	**14520**	**7491**	**7377**	**114**	**3019**	**350**	**396**	**480**	**341**
南明区	2462	2462	1769	1748	21	872	73	161	138	73
云岩区	3070	3070	2172	2145	27	902	166	91	134	97
花溪区	2539	2539	843	826	17	288	17	52	51	32
乌当区	871	871	483	472	11	148	24	18	20	27
白云区	1051	1051	388	380	8	154	6	16	18	9
观山湖区	1814	1814	738	719	19	326	56	46	69	46
开阳县	606	606	286	282	4	64		2	7	5
息烽县	419	419	209	208	1	66		1	22	3
修文县	626	626	210	207	3	79		3	8	13
清镇市	1062	1062	393	390	3	120	8	6	13	36
六盘水市	**5753**	**5753**	**2770**	**2742**	**28**	**542**	**38**	**46**	**49**	**44**
钟山区	1886	1886	1075	1064	11	255	28	28	20	24
六枝特区	873	873	407	401	6	61	2	5	11	3
水城县	1034	1034	343	340	3	66	1	5	10	9
盘州市	1960	1960	945	937	8	160	7	8	8	8
遵义市	**12367**	**12367**	**6618**	**6499**	**119**	**1630**	**61**	**96**	**273**	**135**
红花岗区	2186	2186	1147	1114	33	350	20	28	43	28
汇川区	1518	1518	1172	1159	13	347	21	24	57	39
播州区	1499	1499	659	642	17	170	3	14	24	10
桐梓县	767	767	309	305	4	106	2	2	16	6
绥阳县	582	582	268	263	5	62		5	15	7
正安县	697	697	406	402	4	57	2	1	15	3
道真仡佬族苗族自治县	423	423	224	220	4	39	3	3	7	3
务川仡佬族苗族自治县	617	617	258	254	4	38		2	12	2
凤冈县	563	563	283	279	4	30		2	6	3
湄潭县	695	695	343	340	3	79		2	9	5
余庆县	453	453	217	209	8	28		2	3	4
习水县	865	865	495	487	8	128	2	1	33	7
赤水市	415	415	285	276	9	61	2	1	10	2
仁怀市	1087	1087	552	549	3	135	6	9	23	16
安顺市	**4079**	**4079**	**1963**	**1916**	**47**	**431**	**24**	**38**	**36**	**48**
西秀区	1702	1702	913	884	29	248	16	21	24	24
平坝区	597	597	250	249	1	53	1	6	7	6
普定县	505	505	242	242		35	1	3	3	5
镇宁布依族苗族自治县	397	397	204	193	11	33	1	3	1	5
关岭布依族苗族自治县	489	489	183	179	4	26		2		3
紫云苗族布依族自治县	389	389	171	169	2	36	5	3	1	5
毕节市	**11124**	**11124**	**4490**	**4419**	**71**	**744**	**52**	**29**	**196**	**46**
七星关区	2456	2456	983	974	9	212	32	12	37	18
大方县	1259	1259	468	453	15	79	9	1	19	5
黔西县	1155	1155	630	624	6	96	3	4	20	5
金沙县	933	933	489	479	10	50	1		8	3
织金县	1182	1182	537	522	15	96		8	14	5
纳雍县	1044	1044	483	475	8	64	4	3	21	1
威宁彝族回族苗族自治县	2082	2082	552	544	8	108	3	1	73	1
赫章县	1013	1013	348	348		39			4	8

4–4 续表 67 单位：人

地 区 性 别	教育		卫生和社会工作			文化、体育和娱乐业				
	小计	教育	小计	卫生	社会工作	小计	新闻和出版业	广播、电视、电影和录音制作业	文化艺术业	体育
铜仁市	**6508**	**6508**	**2676**	**2580**	**96**	**449**	**27**	**18**	**89**	**28**
碧江区	1047	1047	470	448	22	94	7	3	26	8
万山区	307	307	116	106	10	28	1	1	3	1
江口县	372	372	166	162	4	32	4	2	4	2
玉屏侗族自治县	200	200	106	104	2	27	1	1	5	1
石阡县	588	588	265	258	7	30	8		5	4
思南县	842	842	367	363	4	61	3	4	11	3
印江土家族苗族自治县	517	517	235	208	27	36	1	2	4	1
德江县	849	849	339	331	8	49	1	2	5	3
沿河土家族自治县	873	873	274	271	3	38		1	12	3
松桃苗族自治县	913	913	338	329	9	54	1	2	14	2
黔西南布依族苗族自治州	**6682**	**6682**	**2667**	**2638**	**29**	**592**	**26**	**45**	**92**	**46**
兴义市	2693	2693	1282	1267	15	363	18	31	50	29
兴仁市	881	881	291	290	1	45		2	1	5
普安县	494	494	186	186		13	1	2	2	
晴隆县	415	415	127	125	2	17			8	1
贞丰县	620	620	242	239	3	56	4	4	5	6
望谟县	604	604	157	154	3	36		3	5	4
册亨县	312	312	140	138	2	23	1	2	7	
安龙县	663	663	242	239	3	39	2	1	14	1
黔东南苗族侗族自治州	**7239**	**7239**	**3500**	**3468**	**32**	**755**	**39**	**56**	**155**	**48**
凯里市	1776	1776	989	984	5	300	18	29	46	17
黄平县	400	400	162	160	2	26	2	3	2	1
施秉县	239	239	103	99	4	10	1		2	1
三穗县	281	281	172	172		28	4	1	5	
镇远县	334	334	172	171	1	39	4		12	9
岑巩县	344	344	176	175	1	22	1	2		1
天柱县	473	473	223	218	5	29	3	1	2	3
锦屏县	307	307	164	163	1	17	1		9	
剑河县	378	378	167	165	2	20		2	2	
台江县	195	195	81	80	1	17	1		4	3
黎平县	757	757	394	391	3	79		7	9	5
榕江县	464	464	175	175		56		1	6	6
从江县	478	478	174	171	3	46		3	23	
雷山县	256	256	127	126	1	35	2	1	24	1
麻江县	289	289	113	113		10		1	2	
丹寨县	268	268	108	105	3	21	2	5	7	1
黔南布依族苗族自治州	**6310**	**6310**	**2993**	**2918**	**75**	**723**	**29**	**56**	**128**	**49**
都匀市	1199	1199	726	699	27	210	13	27	35	9
福泉市	484	484	244	243	1	61	3	3	13	5
荔波县	385	385	145	143	2	41		3	14	2
贵定县	436	436	193	189	4	33	3	1	3	3
瓮安县	603	603	326	322	4	77	2	3	8	10
独山县	459	459	189	183	6	40	2	3	14	3
平塘县	457	457	193	190	3	28	5		8	
罗甸县	435	435	272	270	2	48		4	8	2
长顺县	305	305	118	115	3	21		2	2	4
龙里县	389	389	169	152	17	81		1	5	5
惠水县	725	725	268	262	6	45		1	3	2
三都水族自治县	433	433	150	150		38	1	8	15	4

4-4 续表 68

单位：人

地区 性别	教育		卫生和社会工作			文化、体育和娱乐业				
	小计	教育	小计	卫生	社会工作	小计	新闻和出版业	广播、电视、电影和录音制作业	文化艺术业	体育
男	**30477**	**30477**	**11718**	**11463**	**255**	**4834**	**340**	**443**	**786**	**465**
贵州	**30477**	**30477**	**11718**	**11463**	**255**	**4834**	**340**	**443**	**786**	**465**
贵阳市	**4974**	**4974**	**2132**	**2080**	**52**	**1617**	**191**	**220**	**229**	**187**
南明区	803	803	515	504	11	476	41	85	61	36
云岩区	1037	1037	641	630	11	498	89	49	65	59
花溪区	965	965	224	217	7	138	9	33	20	16
乌当区	293	293	141	136	5	77	13	11	10	14
白云区	310	310	103	99	4	85	5	9	13	3
观山湖区	551	551	206	194	12	167	30	24	31	24
开阳县	241	241	80	78	2	35		1	2	3
息烽县	136	136	64	64		32		1	11	3
修文县	264	264	52	52		41		2	6	8
清镇市	374	374	106	106		68	4	5	10	21
六盘水市	**2230**	**2230**	**897**	**884**	**13**	**293**	**20**	**21**	**30**	**28**
钟山区	667	667	333	331	2	130	12	15	8	15
六枝特区	330	330	129	126	3	41	2	2	8	2
水城县	478	478	123	122	1	43	1	2	8	6
盘州市	755	755	312	305	7	79	5	2	6	5
遵义市	**4876**	**4876**	**2351**	**2307**	**44**	**829**	**29**	**55**	**132**	**85**
红花岗区	703	703	350	342	8	183	8	18	20	16
汇川区	537	537	360	357	3	189	11	15	31	25
播州区	555	555	238	230	8	83	2	6	15	9
桐梓县	321	321	120	118	2	59	1	1	8	4
绥阳县	264	264	106	104	2	28		4	3	6
正安县	342	342	173	172	1	26	2	1	5	2
道真仡佬族苗族自治县	201	201	86	84	2	20	3	1	5	1
务川仡佬族苗族自治县	283	283	86	85	1	20		1	7	1
凤冈县	244	244	99	97	2	16		1	4	1
湄潭县	308	308	144	141	3	34		1	4	3
余庆县	163	163	74	72	2	14			1	2
习水县	354	354	187	184	3	59		1	15	5
赤水市	166	166	113	106	7	31	1	1	4	2
仁怀市	435	435	215	215		67	1	4	10	8
安顺市	**1667**	**1667**	**619**	**596**	**23**	**235**	**8**	**25**	**21**	**28**
西秀区	618	618	283	268	15	132	6	12	14	12
平坝区	234	234	68	68		34		6	4	5
普定县	219	219	81	81		19	1	2	2	2
镇宁布依族苗族自治县	173	173	72	67	5	14		3		4
关岭布依族苗族自治县	234	234	58	56	2	17				3
紫云苗族布依族自治县	189	189	57	56	1	19	1	2	1	2
毕节市	**4991**	**4991**	**1619**	**1594**	**25**	**436**	**26**	**21**	**118**	**26**
七星关区	1002	1002	340	337	3	123	17	8	22	11
大方县	547	547	176	171	5	39	1	1	9	1
黔西县	498	498	239	235	4	53	1	3	12	3
金沙县	378	378	201	199	2	29	1		5	2
织金县	519	519	179	175	4	60		7	10	3
纳雍县	501	501	165	162	3	42	4	2	17	
威宁彝族回族苗族自治县	1068	1068	197	193	4	64	2		40	1
赫章县	478	478	122	122		26			3	5

4-4 续表 69

单位：人

地区 性别	教育		卫生和社会工作			文化、体育和娱乐业				
	小计	教育	小计	卫生	社会工作	小计	新闻和出版业	广播、电视、电影和录音制作业	文化艺术业	体育
铜仁市	**2995**	**2995**	**1005**	**966**	**39**	**266**	**13**	**10**	**57**	**20**
碧江区	449	449	155	143	12	57	2		15	6
万山区	131	131	45	40	5	18			2	1
江口县	185	185	64	62	2	19	3	2	2	2
玉屏侗族自治县	70	70	45	45		18	1	1	4	1
石阡县	255	255	99	95	4	17	4		3	3
思南县	371	371	145	145		33	1	3	6	2
印江土家族苗族自治县	230	230	83	72	11	21	1	2	2	1
德江县	402	402	129	128	1	33	1	1	5	2
沿河土家族自治县	440	440	105	104	1	23			9	1
松桃苗族自治县	462	462	135	132	3	27		1	9	1
黔西南布依族苗族自治州	**2873**	**2873**	**929**	**914**	**15**	**347**	**17**	**24**	**51**	**30**
兴义市	992	992	433	425	8	217	12	15	32	19
兴仁市	438	438	106	106		25		1	1	4
普安县	213	213	51	51		6	1	1	1	
晴隆县	215	215	48	47	1	8			2	1
贞丰县	281	281	87	85	2	38	2	2	5	3
望谟县	309	309	64	62	2	21		2	2	2
册亨县	146	146	55	55		13	1	2	2	
安龙县	279	279	85	83	2	19	1	1	6	1
黔东南苗族侗族自治州	**3243**	**3243**	**1186**	**1173**	**13**	**435**	**23**	**36**	**82**	**29**
凯里市	721	721	312	310	2	169	8	19	23	11
黄平县	194	194	65	64	1	17	1	2	1	
施秉县	115	115	28	26	2	5	1		1	
三穗县	118	118	61	61		16	1	1	3	
镇远县	137	137	50	50		18	4		2	5
岑巩县	160	160	55	54	1	15	1	2		1
天柱县	230	230	71	70	1	19	3	1	2	
锦屏县	123	123	62	61	1	7			4	
剑河县	175	175	58	57	1	14		2	2	
台江县	103	103	27	26	1	10			2	2
黎平县	349	349	130	129	1	44		4	1	4
榕江县	215	215	62	62		38		1	5	5
从江县	241	241	71	70	1	28		2	16	
雷山县	121	121	51	51		22	2		16	1
麻江县	120	120	37	37		3			1	
丹寨县	121	121	46	45	1	10	2	2	3	
黔南布依族苗族自治州	**2628**	**2628**	**980**	**949**	**31**	**376**	**13**	**31**	**66**	**32**
都匀市	508	508	215	202	13	108	8	15	20	7
福泉市	187	187	73	73		24		2	8	2
荔波县	142	142	49	49		16		2	6	1
贵定县	145	145	65	63	2	15	1	1	1	1
瓮安县	253	253	109	107	2	41	1	1	5	5
独山县	173	173	60	58	2	22		2	7	3
平塘县	184	184	64	64		8	2		3	
罗甸县	212	212	85	83	2	36		3	4	2
长顺县	156	156	41	41		14		2	1	3
龙里县	161	161	51	46	5	42			2	4
惠水县	313	313	107	102	5	33		1	3	2
三都水族自治县	194	194	61	61		17	1	2	6	2

4-4　续表 70　　　　单位：人

地　区 性　别	教育		卫生和社会工作			文化、体育和娱乐业				
	小计	教育	小计	卫生	社会工作	小计	新闻和出版业	广播、电视、电影和录音制作业	文　化艺术业	体育
女	**44105**	**44105**	**23450**	**23094**	**356**	**4051**	**306**	**337**	**712**	**320**
贵　州	**44105**	**44105**	**23450**	**23094**	**356**	**4051**	**306**	**337**	**712**	**320**
贵阳市	**9546**	**9546**	**5359**	**5297**	**62**	**1402**	**159**	**176**	**251**	**154**
南明区	1659	1659	1254	1244	10	396	32	76	77	37
云岩区	2033	2033	1531	1515	16	404	77	42	69	38
花溪区	1574	1574	619	609	10	150	8	19	31	16
乌当区	578	578	342	336	6	71	11	7	10	13
白云区	741	741	285	281	4	69	1	7	5	6
观山湖区	1263	1263	532	525	7	159	26	22	38	22
开阳县	365	365	206	204	2	29		1	5	2
息烽县	283	283	145	144	1	34			11	
修文县	362	362	158	155	3	38		1	2	5
清镇市	688	688	287	284	3	52	4	1	3	15
六盘水市	**3523**	**3523**	**1873**	**1858**	**15**	**249**	**18**	**25**	**19**	**16**
钟山区	1219	1219	742	733	9	125	16	13	12	9
六枝特区	543	543	278	275	3	20		3	3	1
水城县	556	556	220	218	2	23		3	2	3
盘州市	1205	1205	633	632	1	81	2	6	2	3
遵义市	**7491**	**7491**	**4267**	**4192**	**75**	**801**	**32**	**41**	**141**	**50**
红花岗区	1483	1483	797	772	25	167	12	10	23	12
汇川区	981	981	812	802	10	158	10	9	26	14
播州区	944	944	421	412	9	87	1	8	9	1
桐梓县	446	446	189	187	2	47	1	1	8	2
绥阳县	318	318	162	159	3	34		1	12	1
正安县	355	355	233	230	3	31			10	1
道真仡佬族苗族自治县	222	222	138	136	2	19		2	2	2
务川仡佬族苗族自治县	334	334	172	169	3	18		1	5	1
凤冈县	319	319	184	182	2	14		1	2	2
湄潭县	387	387	199	199		45		1	5	2
余庆县	290	290	143	137	6	14		2	2	2
习水县	511	511	308	303	5	69	2		18	2
赤水市	249	249	172	170	2	30	1		6	
仁怀市	652	652	337	334	3	68	5	5	13	8
安顺市	**2412**	**2412**	**1344**	**1320**	**24**	**196**	**16**	**13**	**15**	**20**
西秀区	1084	1084	630	616	14	116	10	9	10	12
平坝区	363	363	182	181	1	19	1		3	1
普定县	286	286	161	161		16		1	1	3
镇宁布依族苗族自治县	224	224	132	126	6	19	1		1	1
关岭布依族苗族自治县	255	255	125	123	2	9		2		
紫云苗族布依族自治县	200	200	114	113	1	17	4	1		3
毕节市	**6133**	**6133**	**2871**	**2825**	**46**	**308**	**26**	**8**	**78**	**20**
七星关区	1454	1454	643	637	6	89	15	4	15	7
大方县	712	712	292	282	10	40	8		10	4
黔西县	657	657	391	389	2	43	2	1	8	2
金沙县	555	555	288	280	8	21			3	1
织金县	663	663	358	347	11	36		1	4	2
纳雍县	543	543	318	313	5	22		1	4	1
威宁彝族回族苗族自治县	1014	1014	355	351	4	44	1	1	33	
赫章县	535	535	226	226		13			1	3

4—4 续表 71　　　　单位：人

地区 性别	教育		卫生和社会工作			文化、体育和娱乐业				
	小计	教育	小计	卫生	社会工作	小计	新闻和出版业	广播、电视、电影和录音制作业	文化艺术业	体育
铜仁市	**3513**	**3513**	**1671**	**1614**	**57**	**183**	**14**	**8**	**32**	**8**
碧江区	598	598	315	305	10	37	5	3	11	2
万山区	176	176	71	66	5	10	1	1	1	
江口县	187	187	102	100	2	13	1		2	
玉屏侗族自治县	130	130	61	59	2	9			1	
石阡县	333	333	166	163	3	13	4		2	1
思南县	471	471	222	218	4	28	2	1	5	1
印江土家族苗族自治县	287	287	152	136	16	15			2	
德江县	447	447	210	203	7	16		1		1
沿河土家族自治县	433	433	169	167	2	15		1	3	2
松桃苗族自治县	451	451	203	197	6	27	1	1	5	1
黔西南布依族苗族自治州	**3809**	**3809**	**1738**	**1724**	**14**	**245**	**9**	**21**	**41**	**16**
兴义市	1701	1701	849	842	7	146	6	16	18	10
兴仁市	443	443	185	184	1	20		1		1
普安县	281	281	135	135		7		1	1	
晴隆县	200	200	79	78	1	9			6	
贞丰县	339	339	155	154	1	18	2	2		3
望谟县	295	295	93	92	1	15		1	3	2
册亨县	166	166	85	83	2	10			5	
安龙县	384	384	157	156	1	20	1		8	
黔东南苗族侗族自治州	**3996**	**3996**	**2314**	**2295**	**19**	**320**	**16**	**20**	**73**	**19**
凯里市	1055	1055	677	674	3	131	10	10	23	6
黄平县	206	206	97	96	1	9	1	1	1	1
施秉县	124	124	75	73	2	5			1	1
三穗县	163	163	111	111		12	3		2	
镇远县	197	197	122	121	1	21			10	4
岑巩县	184	184	121	121		7				
天柱县	243	243	152	148	4	10				3
锦屏县	184	184	102	102		10	1		5	
剑河县	203	203	109	108	1	6				
台江县	92	92	54	54		7	1		2	1
黎平县	408	408	264	262	2	35		3	8	1
榕江县	249	249	113	113		18			1	1
从江县	237	237	103	101	2	18		1	7	
雷山县	135	135	76	75	1	13		1	8	
麻江县	169	169	76	76		7		1	1	
丹寨县	147	147	62	60	2	11		3	4	1
黔南布依族苗族自治州	**3682**	**3682**	**2013**	**1969**	**44**	**347**	**16**	**25**	**62**	**17**
都匀市	691	691	511	497	14	102	5	12	15	2
福泉市	297	297	171	170	1	37	3	1	5	3
荔波县	243	243	96	94	2	25		1	8	1
贵定县	291	291	128	126	2	18	2		2	2
瓮安县	350	350	217	215	2	36	1	2	3	5
独山县	286	286	129	125	4	18	2	1	7	
平塘县	273	273	129	126	3	20	3		5	
罗甸县	223	223	187	187		12		1	4	
长顺县	149	149	77	74	3	7			1	1
龙里县	228	228	118	106	12	39		1	3	1
惠水县	412	412	161	160	1	12				
三都水族自治县	239	239	89	89		21		6	9	2

4-4　续表 72　　　　单位：人

地　区 性　别	娱乐业	公共管理、社会保障和社会组织							国际组织	
		小计	中国共产党机关	国家机构	人民政协、民主党派	社会保障	群众团体、社会团体和其他成员组织	基层群众自治组织	小计	国际组织
贵　州	**5176**	**87958**	**1571**	**66807**	**231**	**273**	**2592**	**16484**	**4**	**4**
贵阳市	**1452**	**14208**	**284**	**11504**	**39**	**75**	**486**	**1820**		
南明区	427	2609	62	2201	4	11	82	249		
云岩区	414	2831	43	2449	18	20	111	190		
花溪区	136	1782	10	1371		6	58	337		
乌当区	59	844	15	636	2	7	26	158		
白云区	105	890	17	698		1	18	156		
观山湖区	109	2268	87	1856	7	17	101	200		
开阳县	50	736	14	550	1	4	13	154		
息烽县	40	663	21	490	3	4	7	138		
修文县	55	544	5	437	3	1	11	87		
清镇市	57	1041	10	816	1	4	59	151		
六盘水市	**365**	**7357**	**69**	**4968**	**12**	**7**	**111**	**2190**		
钟山区	155	2601	49	2199	11	1	53	288		
六枝特区	40	913	10	702		4	13	184		
水城县	41	1556	9	726		1	12	808		
盘州市	129	2287	1	1341	1	1	33	910		
遵义市	**1065**	**12989**	**196**	**10281**	**24**	**27**	**321**	**2140**	**2**	**2**
红花岗区	231	1881	29	1545	5	3	46	253		
汇川区	206	1482	20	1236	6	3	69	148		
播州区	119	1554	12	1252	3		30	257		
桐梓县	80	864	28	591		2	30	213	1	1
绥阳县	35	620	7	506	1		8	98		
正安县	36	964	9	674	2	4	18	257		
道真仡佬族苗族自治县	23	503	2	447	1		6	47		
务川仡佬族苗族自治县	22	678	15	481	1		8	173		
凤冈县	19	576	7	488		3	19	59		
湄潭县	63	659	7	566		1	13	72		
余庆县	19	548	22	435	2	2	6	81		
习水县	85	995	14	716		5	30	230		
赤水市	46	663	12	542	2		11	96	1	1
仁怀市	81	1002	12	802	1	4	27	156		
安顺市	**285**	**5882**	**103**	**4289**	**12**	**19**	**205**	**1254**		
西秀区	163	2474	35	2063	3	6	78	289		
平坝区	33	690	14	553	2	6	25	90		
普定县	23	493	7	400		1	16	69		
镇宁布依族苗族自治县	23	568	19	431	2	4	12	100		
关岭布依族苗族自治县	21	812	13	423	3	2	10	361		
紫云苗族布依族自治县	22	845	15	419	2		64	345		
毕节市	**421**	**12693**	**193**	**8962**	**28**	**45**	**264**	**3201**		
七星关区	113	2946	29	2276	9	5	24	603		
大方县	45	1598	28	1156	5	14	32	363		
黔西县	64	1168	39	859	1	4	31	234		
金沙县	38	1373	5	864	2		47	455		
织金县	69	1249	4	1014		1	10	220		
纳雍县	35	1551	13	826	2	1	26	683		
威宁彝族回族苗族自治县	30	1493	30	1115	6	17	74	251		
赫章县	27	1315	45	852	3	3	20	392		

4-4 续表 73

单位：人

地区 性别	娱乐业	公共管理、社会保障和社会组织							国际组织	
		小计	中国共产党机关	国家机构	人民政协、民主党派	社会保障	群众团体、社会团体和其他成员组织	基层群众自治组织	小计	国际组织
铜仁市	**287**	**7831**	**159**	**5821**	**29**	**39**	**587**	**1196**	**1**	**1**
碧江区	50	1281	38	903	4	16	221	99		
万山区	22	394	8	288	1	7	23	67		
江口县	20	565	16	399	1	2	53	94		
玉屏侗族自治县	19	443	6	357	4	3	13	60		
石阡县	13	747	16	628	3		24	76		
思南县	40	1026	30	752	3	1	80	160	1	1
印江土家族苗族自治县	28	686	22	567	2	2	18	75		
德江县	38	882	1	634	2	3	11	231		
沿河土家族自治县	22	908	10	641	7	4	76	170		
松桃苗族自治县	35	899	12	652	2	1	68	164		
黔西南布依族苗族自治州	**383**	**7128**	**196**	**5486**	**10**	**29**	**236**	**1171**		
兴义市	235	2641	108	2186	4	6	41	296		
兴仁市	37	745	11	587	1	4	24	118		
普安县	8	500	14	414	2	1	11	58		
晴隆县	8	622	18	423	1	2	23	155		
贞丰县	37	650	7	400		5	27	211		
望谟县	24	710	10	523		1	46	130		
册亨县	13	608	7	490	1	3	31	76		
安龙县	21	652	21	463	1	7	33	127		
黔东南苗族侗族自治州	**457**	**11147**	**206**	**8611**	**39**	**20**	**207**	**2064**		
凯里市	190	2299	56	1961	12	8	42	220		
黄平县	18	529	26	323	6	5	13	156		
施秉县	6	299	5	257	2	1	9	25		
三穗县	18	409	1	320	1		5	82		
镇远县	14	535	18	412	2	2	6	95		
岑巩县	18	414	11	311		1	43	48		
天柱县	20	712	4	595	1		11	101		
锦屏县	7	572	10	457	4	1	9	91		
剑河县	16	509	13	403			12	81		
台江县	9	320	9	239	1		4	67		
黎平县	58	1011	10	818	4		19	160		
榕江县	43	1241	3	1102	3	1	7	125		
从江县	20	1097	11	514	1		4	567		
雷山县	7	375	22	307			9	37		
麻江县	7	378	7	284	2	1	6	78		
丹寨县	6	447		308			8	131		
黔南布依族苗族自治州	**461**	**8723**	**165**	**6885**	**38**	**12**	**175**	**1448**	**1**	**1**
都匀市	126	1799	52	1496	10	4	50	187		
福泉市	37	540	25	442		2	9	62		
荔波县	22	551	15	454	4	1	10	67		
贵定县	23	602		497	2	2	13	88		
瓮安县	54	801	1	657	1		4	138		
独山县	18	637	11	430	1	2	11	182		
平塘县	15	618	1	490	5		7	115		
罗甸县	34	655	7	544	2		12	90		
长顺县	13	542	14	322	2		7	197	1	1
龙里县	70	609	9	479	4		18	99		
惠水县	39	699	7	560	2	1	27	102		
三都水族自治县	10	670	23	514	5		7	121		

4-4　续表 74　　单位：人

地区 性别	娱乐业	公共管理、社会保障和社会组织							国际组织	
		小计	中国共产党机关	国家机构	人民政协、民主党派	社会保障	群众团体、社会团体和其他成员组织	基层群众自治组织	小计	国际组织
男	**2800**	**57877**	**1070**	**44540**	**163**	**126**	**1506**	**10472**	**3**	**3**
贵　州	**2800**	**57877**	**1070**	**44540**	**163**	**126**	**1506**	**10472**	**3**	**3**
贵阳市	**790**	**8477**	**174**	**7157**	**22**	**30**	**267**	**827**		
南明区	253	1546	40	1403	2	3	39	59		
云岩区	236	1677	26	1527	12	6	61	45		
花溪区	60	1062	5	832		3	35	187		
乌当区	29	482	10	388	2	3	13	66		
白云区	55	514	11	419			9	75		
观山湖区	58	1299	53	1103	3	10	47	83		
开阳县	29	480	9	375			8	88		
息烽县	17	413	13	313	1	3	4	79		
修文县	25	343	3	275	1	1	8	55		
清镇市	28	661	4	522	1	1	43	90		
六盘水市	**194**	**4398**	**42**	**3156**	**6**	**4**	**62**	**1128**		
钟山区	80	1496	30	1310	6	1	29	120		
六枝特区	27	615	8	468		2	7	130		
水城县	26	930	3	463			7	457		
盘州市	61	1357	1	915		1	19	421		
遵义市	**528**	**8566**	**142**	**6842**	**16**	**13**	**198**	**1355**	**2**	**2**
红花岗区	121	1178	22	996	3	1	25	131		
汇川区	107	910	14	781	4		33	78		
播州区	51	965	6	791	2		22	144		
桐梓县	45	637	23	415		2	26	171	1	1
绥阳县	15	415	6	339	1		6	63		
正安县	16	631	8	467	1	3	15	137		
道真仡佬族苗族自治县	10	352	1	314			3	34		
务川仡佬族苗族自治县	11	463	12	328	1		7	115		
凤冈县	10	389	2	324		1	14	48		
湄潭县	26	451	6	389			5	51		
余庆县	11	364	18	293	2	1	2	48		
习水县	38	688	7	490		4	17	170		
赤水市	23	425	8	362	1		5	49	1	1
仁怀市	44	698	9	553	1	1	18	116		
安顺市	**153**	**3807**	**65**	**2801**	**9**	**6**	**116**	**810**		
西秀区	88	1561	24	1314	3		37	183		
平坝区	19	446	8	360	2	2	17	57		
普定县	12	358	4	287		1	12	54		
镇宁布依族苗族自治县	7	398	9	296		1	8	84		
关岭布依族苗族自治县	14	491	9	258	3	2	7	212		
紫云苗族布依族自治县	13	553	11	286	1		35	220		
毕节市	**245**	**8818**	**137**	**6281**	**22**	**20**	**177**	**2181**		
七星关区	65	2045	20	1585	7		11	422		
大方县	27	1099	19	813	4	8	23	232		
黔西县	34	781	27	572	1	2	23	156		
金沙县	21	936	4	594	2		33	303		
织金县	40	870	2	698			5	165		
纳雍县	19	1063	9	601	2		17	434		
威宁彝族回族苗族自治县	21	1120	22	834	4	9	51	200		
赫章县	18	904	34	584	2	1	14	269		

4-4 续表 75　　单位：人

地区 性别	娱乐业	公共管理、社会保障和社会组织							国际组织	
		小计	中国共产党机关	国家机构	人民政协、民主党派	社会保障	群众团体、社会团体和其他成员组织	基层群众自治组织	小计	国际组织
铜仁市	**166**	**5477**	**115**	**4091**	**22**	**23**	**327**	**899**	**1**	**1**
碧江区	34	795	25	566	1	8	123	72		
万山区	15	241	6	178	1	4	9	43		
江口县	10	407	13	294	1	2	31	66		
玉屏侗族自治县	11	274	5	228	3	3	1	34		
石阡县	7	552	12	459	3		14	64		
思南县	21	737	18	550	3		55	111	1	1
印江土家族苗族自治县	15	514	18	421	2	2	11	60		
德江县	24	667		477	1	1	7	181		
沿河土家族自治县	13	647	8	451	5	2	42	139		
松桃苗族自治县	16	643	10	467	2	1	34	129		
黔西南布依族苗族自治州	**225**	**4802**	**134**	**3693**	**7**	**11**	**141**	**816**		
兴义市	139	1668	69	1389	3	1	18	188		
兴仁市	19	519	10	408	1	1	15	84		
普安县	3	354	11	290	1		8	44		
晴隆县	5	441	9	298	1	1	15	117		
贞丰县	26	439	6	284		4	16	129		
望谟县	15	519	9	382			30	98		
册亨县	8	418	5	330	1	2	17	63		
安龙县	10	444	15	312		2	22	93		
黔东南苗族侗族自治州	**265**	**7682**	**159**	**5883**	**34**	**11**	**107**	**1488**		
凯里市	108	1474	43	1256	9	5	20	141		
黄平县	13	353	17	222	6	4	8	96		
施秉县	3	199	4	168	2		6	19		
三穗县	11	280	1	216	1		3	59		
镇远县	7	380	15	294	2	1	4	64		
岑巩县	11	289	9	224		1	20	35		
天柱县	13	504	2	419	1		8	74		
锦屏县	3	404	10	321	4		5	64		
剑河县	10	354	10	273			6	65		
台江县	6	240	8	183	1		1	47		
黎平县	35	725	7	580	3		9	126		
榕江县	27	862	3	747	3		4	105		
从江县	10	772	8	355			2	407		
雷山县	3	280	17	227			4	32		
麻江县	2	248	5	190	2		4	47		
丹寨县	3	318		208			3	107		
黔南布依族苗族自治州	**234**	**5850**	**102**	**4636**	**25**	**8**	**111**	**968**		
都匀市	58	1128	32	956	6	2	31	101		
福泉市	12	346	12	290		1	5	38		
荔波县	7	360	11	303	3	1	6	36		
贵定县	11	409		342		1	5	61		
瓮安县	29	537		445			3	89		
独山县	10	445	9	302	1	2	7	124		
平塘县	3	440		346	4		3	87		
罗甸县	27	483	6	394			9	74		
长顺县	8	366	7	227	1		5	126		
龙里县	36	374	5	289	4		12	64		
惠水县	27	508	6	401	2	1	20	78		
三都水族自治县	6	454	14	341	4		5	90		

4-4　续表 76

单位：人

地区 性别	娱乐业	公共管理、社会保障和社会组织						国际组织	
		小计	中国共产党机关	国家机构	人民政协、民主党派	社会保障	群众团体、社会团体和其他成员组织	基层群众自治组织	小计	国际组织
女	**2376**	**30081**	**501**	**22267**	**68**	**147**	**1086**	**6012**	**1**	**1**
贵　州	**2376**	**30081**	**501**	**22267**	**68**	**147**	**1086**	**6012**	**1**	**1**
贵阳市	**662**	**5731**	**110**	**4347**	**17**	**45**	**219**	**993**		
南明区	174	1063	22	798	2	8	43	190		
云岩区	178	1154	17	922	6	14	50	145		
花溪区	76	720	5	539		3	23	150		
乌当区	30	362	5	248		4	13	92		
白云区	50	376	6	279		1	9	81		
观山湖区	51	969	34	753	4	7	54	117		
开阳县	21	256	5	175	1	4	5	66		
息烽县	23	250	8	177	2	1	3	59		
修文县	30	201	2	162	2		3	32		
清镇市	29	380	6	294		3	16	61		
六盘水市	**171**	**2959**	**27**	**1812**	**6**	**3**	**49**	**1062**		
钟山区	75	1105	19	889	5		24	168		
六枝特区	13	298	2	234		2	6	54		
水城县	15	626	6	263		1	5	351		
盘州市	68	930		426	1		14	489		
遵义市	**537**	**4423**	**54**	**3439**	**8**	**14**	**123**	**785**		
红花岗区	110	703	7	549	2	2	21	122		
汇川区	99	572	6	455	2	3	36	70		
播州区	68	589	6	461	1		8	113		
桐梓县	35	227	5	176			4	42		
绥阳县	20	205	1	167			2	35		
正安县	20	333	1	207	1	1	3	120		
道真仡佬族苗族自治县	13	151	1	133	1		3	13		
务川仡佬族苗族自治县	11	215	3	153			1	58		
凤冈县	9	187	5	164		2	5	11		
湄潭县	37	208	1	177		1	8	21		
余庆县	8	184	4	142		1	4	33		
习水县	47	307	7	226		1	13	60		
赤水市	23	238	4	180	1		6	47		
仁怀市	37	304	3	249		3	9	40		
安顺市	**132**	**2075**	**38**	**1488**	**3**	**13**	**89**	**444**		
西秀区	75	913	11	749		6	41	106		
平坝区	14	244	6	193		4	8	33		
普定县	11	135	3	113			4	15		
镇宁布依族苗族自治县	16	170	10	135	2	3	4	16		
关岭布依族苗族自治县	7	321	4	165			3	149		
紫云苗族布依族自治县	9	292	4	133	1		29	125		
毕节市	**176**	**3875**	**56**	**2681**	**6**	**25**	**87**	**1020**		
七星关区	48	901	9	691	2	5	13	181		
大方县	18	499	9	343	1	6	9	131		
黔西县	30	387	12	287		2	8	78		
金沙县	17	437	1	270			14	152		
织金县	29	379	2	316		1	5	55		
纳雍县	16	488	4	225		1	9	249		
威宁彝族回族苗族自治县	9	373	8	281	2	8	23	51		
赫章县	9	411	11	268	1	2	6	123		

4-4 续表 77

单位：人

地区 性别	娱乐业	公共管理、社会保障和社会组织							国际组织	
		小计	中国共产党机关	国家机构	人民政协、民主党派	社会保障	群众团体、社会团体和其他成员组织	基层群众自治组织	小计	国际组织
铜仁市	**121**	**2354**	**44**	**1730**	**7**	**16**	**260**	**297**		
碧江区	16	486	13	337	3	8	98	27		
万山区	7	153	2	110		3	14	24		
江口县	10	158	3	105			22	28		
玉屏侗族自治县	8	169	1	129	1		12	26		
石阡县	6	195	4	169			10	12		
思南县	19	289	12	202		1	25	49		
印江土家族苗族自治县	13	172	4	146			7	15		
德江县	14	215	1	157	1	2	4	50		
沿河土家族自治县	9	261	2	190	2	2	34	31		
松桃苗族自治县	19	256	2	185			34	35		
黔西南布依族苗族自治州	**158**	**2326**	**62**	**1793**	**3**	**18**	**95**	**355**		
兴义市	96	973	39	797	1	5	23	108		
兴仁市	18	226	1	179		3	9	34		
普安县	5	146	3	124	1	1	3	14		
晴隆县	3	181	9	125		1	8	38		
贞丰县	11	211	1	116		1	11	82		
望谟县	9	191	1	141		1	16	32		
册亨县	5	190	2	160		1	14	13		
安龙县	11	208	6	151	1	5	11	34		
黔东南苗族侗族自治州	**192**	**3465**	**47**	**2728**	**5**	**9**	**100**	**576**		
凯里市	82	825	13	705	3	3	22	79		
黄平县	5	176	9	101		1	5	60		
施秉县	3	100	1	89		1	3	6		
三穗县	7	129		104			2	23		
镇远县	7	155	3	118		1	2	31		
岑巩县	7	125	2	87			23	13		
天柱县	7	208	2	176			3	27		
锦屏县	4	168		136		1	4	27		
剑河县	6	155	3	130			6	16		
台江县	3	80	1	56			3	20		
黎平县	23	286	3	238	1		10	34		
榕江县	16	379		355		1	3	20		
从江县	10	325	3	159	1		2	160		
雷山县	4	95	5	80			5	5		
麻江县	5	130	2	94		1	2	31		
丹寨县	3	129		100			5	24		
黔南布依族苗族自治州	**227**	**2873**	**63**	**2249**	**13**	**4**	**64**	**480**	**1**	**1**
都匀市	68	671	20	540	4	2	19	86		
福泉市	25	194	13	152		1	4	24		
荔波县	15	191	4	151	1		4	31		
贵定县	12	193		155	2	1	8	27		
瓮安县	25	264	1	212	1		1	49		
独山县	8	192	2	128			4	58		
平塘县	12	178	1	144	1		4	28		
罗甸县	7	172	1	150	2		3	16		
长顺县	5	176	7	95	1		2	71	1	1
龙里县	34	235	4	190			6	35		
惠水县	12	191	1	159			7	24		
三都水族自治县	4	216	9	173	1		2	31		

4-4a 各地区分性别、行业大类的就业人口(城市)

单位：人

地区 性别	合计	农、林、牧、渔业						采矿业	
		小计	农业	林业	畜牧业	渔业	农、林、牧、渔专业及辅助性活动	小计	煤炭开采和洗选业
贵　州	**396547**	**8229**	**6315**	**309**	**1206**	**103**	**296**	**3611**	**2698**
贵阳市	**171082**	**1539**	**1053**	**111**	**216**	**35**	**124**	**425**	**102**
南明区	43695	173	116	17	26	7	7	92	18
云岩区	45041	192	112	18	31	7	24	68	13
花溪区	25221	233	174	10	33	4	12	41	8
乌当区	8258	174	118	17	19	6	14	24	1
白云区	16411	281	228	9	28	3	13	50	5
观山湖区	23529	307	196	35	40	4	32	106	52
开阳县									
息烽县									
修文县									
清镇市	8927	179	109	5	39	4	22	44	5
六盘水市	**36843**	**802**	**561**	**13**	**204**	**5**	**19**	**2538**	**2384**
钟山区	21714	344	239	7	88	1	9	513	422
六枝特区	4913	127	105	1	17	3	1	77	52
水城县									
盘州市	10216	331	217	5	99	1	9	1948	1910
遵义市	**74055**	**1303**	**987**	**59**	**200**	**21**	**36**	**232**	**39**
红花岗区	26636	270	171	17	57	10	15	124	20
汇川区	17818	366	308	4	46	2	6	25	6
播州区	12688	400	358	2	30	6	4	46	11
桐梓县									
绥阳县									
正安县									
道真仡佬族苗族自治县									
务川仡佬族苗族自治县									
凤冈县									
湄潭县									
余庆县									
习水县									
赤水市	4266	171	102	34	28	2	5	30	2
仁怀市	12647	96	48	2	39	1	6	7	
安顺市	**20519**	**1035**	**917**	**18**	**71**	**12**	**17**	**81**	**54**
西秀区	17678	813	717	16	55	9	16	65	42
平坝区	2841	222	200	2	16	3	1	16	12
普定县									
镇宁布依族苗族自治县									
关岭布依族苗族自治县									
紫云苗族布依族自治县									
毕节市	**17955**	**707**	**582**	**2**	**87**	**4**	**32**	**38**	**14**
七星关区	17955	707	582	2	87	4	32	38	14
大方县									
黔西县									
金沙县									
织金县									
纳雍县									
威宁彝族回族苗族自治县									
赫章县									

4-4a 续表 1　　　　单位：人

地区 性别	合计	农、林、牧、渔业						采矿业	
		小计	农业	林业	畜牧业	渔业	农、林、牧、渔专业及辅助性活动	小计	煤炭开采和洗选业
铜仁市	**12480**	**240**	**187**	**8**	**25**	**2**	**18**	**15**	**1**
碧江区	10094	193	150	6	19	2	16	11	1
万山区	2386	47	37	2	6		2	4	
江口县									
玉屏侗族自治县									
石阡县									
思南县									
印江土家族苗族自治县									
德江县									
沿河土家族自治县									
松桃苗族自治县									
黔西南布依族苗族自治州	**28119**	**1492**	**1214**	**55**	**193**	**16**	**14**	**171**	**97**
兴义市	23048	958	770	48	119	12	9	102	48
兴仁市	5071	534	444	7	74	4	5	69	49
普安县									
晴隆县									
贞丰县									
望谟县									
册亨县									
安龙县									
黔东南苗族侗族自治州	**19530**	**421**	**282**	**34**	**85**	**3**	**17**	**47**	**4**
凯里市	19530	421	282	34	85	3	17	47	4
黄平县									
施秉县									
三穗县									
镇远县									
岑巩县									
天柱县									
锦屏县									
剑河县									
台江县									
黎平县									
榕江县									
从江县									
雷山县									
麻江县									
丹寨县									
黔南布依族苗族自治州	**15964**	**690**	**532**	**9**	**125**	**5**	**19**	**64**	**3**
都匀市	12066	421	329	9	69	3	11	23	1
福泉市	3898	269	203		56	2	8	41	2
荔波县									
贵定县									
瓮安县									
独山县									
平塘县									
罗甸县									
长顺县									
龙里县									
惠水县									
三都水族自治县									

4-4a 续表 2

单位：人

地区 性别	合计	农、林、牧、渔业						采矿业	
		小计	农业	林业	畜牧业	渔业	农、林、牧、渔专业及辅助性活动	小计	煤炭开采和洗选业
男	**229885**	**4467**	**3183**	**212**	**802**	**77**	**193**	**3143**	**2391**
贵　州	**229885**	**4467**	**3183**	**212**	**802**	**77**	**193**	**3143**	**2391**
贵阳市	**99663**	**964**	**636**	**74**	**147**	**25**	**82**	**326**	**77**
南明区	25160	113	76	8	17	6	6	69	15
云岩区	25902	112	62	13	19	5	13	41	7
花溪区	15028	149	107	8	23	2	9	37	7
乌当区	4649	99	65	11	13	3	7	21	1
白云区	10075	177	139	5	24	2	7	40	4
观山湖区	13475	197	121	25	25	3	23	82	39
开阳县									
息烽县									
修文县									
清镇市	5374	117	66	4	26	4	17	36	4
六盘水市	**21790**	**424**	**269**	**11**	**127**	**4**	**13**	**2262**	**2133**
钟山区	12545	199	131	6	54	1	7	409	335
六枝特区	2844	69	55	1	11	2		69	46
水城县									
盘州市	6401	156	83	4	62	1	6	1784	1752
遵义市	**42795**	**725**	**504**	**45**	**137**	**15**	**24**	**202**	**33**
红花岗区	15440	170	100	12	40	7	11	110	18
汇川区	10069	192	146	3	37	2	4	19	4
播州区	7277	202	176	2	17	4	3	40	9
桐梓县									
绥阳县									
正安县									
道真仡佬族苗族自治县									
务川仡佬族苗族自治县									
凤冈县									
湄潭县									
余庆县									
习水县									
赤水市	2493	99	52	26	16	1	4	27	2
仁怀市	7516	62	30	2	27	1	2	6	
安顺市	**11555**	**486**	**404**	**14**	**49**	**10**	**9**	**66**	**41**
西秀区	9917	370	302	14	37	8	9	51	30
平坝区	1638	116	102		12	2		15	11
普定县									
镇宁布依族苗族自治县									
关岭布依族苗族自治县									
紫云苗族布依族自治县									
毕节市	**10653**	**375**	**290**	**2**	**62**	**3**	**18**	**34**	**13**
七星关区	10653	375	290	2	62	3	18	34	13
大方县									
黔西县									
金沙县									
织金县									
纳雍县									
威宁彝族回族苗族自治县									
赫章县									

4-4a 续表 3

单位：人

地区 性别	合计	农、林、牧、渔业						采矿业	
		小计	农业	林业	畜牧业	渔业	农、林、牧、渔专业及辅助性活动	小计	煤炭开采和洗选业
铜仁市	**7221**	**159**	**121**	**6**	**18**	**1**	**13**	**11**	
碧江区	5808	133	100	6	14	1	12	7	
万山区	1413	26	21		4		1	4	
江口县									
玉屏侗族自治县									
石阡县									
思南县									
印江土家族苗族自治县									
德江县									
沿河土家族自治县									
松桃苗族自治县									
黔西南布依族苗族自治州	**15980**	**749**	**554**	**36**	**135**	**12**	**12**	**150**	**87**
兴义市	13097	493	363	30	83	9	8	90	43
兴仁市	2883	256	191	6	52	3	4	60	44
普安县									
晴隆县									
贞丰县									
望谟县									
册亨县									
安龙县									
黔东南苗族侗族自治州	**11131**	**221**	**139**	**18**	**53**	**2**	**9**	**38**	**4**
凯里市	11131	221	139	18	53	2	9	38	4
黄平县									
施秉县									
三穗县									
镇远县									
岑巩县									
天柱县									
锦屏县									
剑河县									
台江县									
黎平县									
榕江县									
从江县									
雷山县									
麻江县									
丹寨县									
黔南布依族苗族自治州	**9097**	**364**	**266**	**6**	**74**	**5**	**13**	**54**	**3**
都匀市	6790	219	160	6	41	3	9	20	1
福泉市	2307	145	106		33	2	4	34	2
荔波县									
贵定县									
瓮安县									
独山县									
平塘县									
罗甸县									
长顺县									
龙里县									
惠水县									
三都水族自治县									

4-4a　续表 4

单位：人

地区 性别	合计	农、林、牧、渔业						采矿业	
		小计	农业	林业	畜牧业	渔业	农、林、牧、渔专业及辅助性活动	小计	煤炭开采和洗选业
女	**166662**	**3762**	**3132**	**97**	**404**	**26**	**103**	**468**	**307**
贵　州	**166662**	**3762**	**3132**	**97**	**404**	**26**	**103**	**468**	**307**
贵阳市	**71419**	**575**	**417**	**37**	**69**	**10**	**42**	**99**	**25**
南明区	18535	60	40	9	9	1	1	23	3
云岩区	19139	80	50	5	12	2	11	27	6
花溪区	10193	84	67	2	10	2	3	4	1
乌当区	3609	75	53	6	6	3	7	3	
白云区	6336	104	89	4	4	1	6	10	1
观山湖区	10054	110	75	10	15	1	9	24	13
开阳县									
息烽县									
修文县									
清镇市	3553	62	43	1	13		5	8	1
六盘水市	**15053**	**378**	**292**	**2**	**77**	**1**	**6**	**276**	**251**
钟山区	9169	145	108	1	34		2	104	87
六枝特区	2069	58	50		6	1	1	8	6
水城县									
盘州市	3815	175	134	1	37		3	164	158
遵义市	**31260**	**578**	**483**	**14**	**63**	**6**	**12**	**30**	**6**
红花岗区	11196	100	71	5	17	3	4	14	2
汇川区	7749	174	162	1	9		2	6	2
播州区	5411	198	182		13	2	1	6	2
桐梓县									
绥阳县									
正安县									
道真仡佬族苗族自治县									
务川仡佬族苗族自治县									
凤冈县									
湄潭县									
余庆县									
习水县									
赤水市	1773	72	50	8	12	1	1	3	
仁怀市	5131	34	18		12		4	1	
安顺市	**8964**	**549**	**513**	**4**	**22**	**2**	**8**	**15**	**13**
西秀区	7761	443	415	2	18	1	7	14	12
平坝区	1203	106	98	2	4	1	1	1	1
普定县									
镇宁布依族苗族自治县									
关岭布依族苗族自治县									
紫云苗族布依族自治县									
毕节市	**7302**	**332**	**292**		**25**	**1**	**14**	**4**	**1**
七星关区	7302	332	292		25	1	14	4	1
大方县									
黔西县									
金沙县									
织金县									
纳雍县									
威宁彝族回族苗族自治县									
赫章县									

4-4a 续表 5 单位：人

地区 性别	合计	农、林、牧、渔业						采矿业	
		小计	农业	林业	畜牧业	渔业	农、林、牧、渔专业及辅助性活动	小计	煤炭开采和洗选业
铜仁市	**5259**	**81**	**66**	**2**	**7**	**1**	**5**	**4**	**1**
碧江区	4286	60	50		5	1	4	4	1
万山区	973	21	16	2	2		1		
江口县									
玉屏侗族自治县									
石阡县									
思南县									
印江土家族苗族自治县									
德江县									
沿河土家族自治县									
松桃苗族自治县									
黔西南布依族苗族自治州	**12139**	**743**	**660**	**19**	**58**	**4**	**2**	**21**	**10**
兴义市	9951	465	407	18	36	3	1	12	5
兴仁市	2188	278	253	1	22	1	1	9	5
普安县									
晴隆县									
贞丰县									
望谟县									
册亨县									
安龙县									
黔东南苗族侗族自治州	**8399**	**200**	**143**	**16**	**32**	**1**	**8**	**9**	
凯里市	8399	200	143	16	32	1	8	9	
黄平县									
施秉县									
三穗县									
镇远县									
岑巩县									
天柱县									
锦屏县									
剑河县									
台江县									
黎平县									
榕江县									
从江县									
雷山县									
麻江县									
丹寨县									
黔南布依族苗族自治州	**6867**	**326**	**266**	**3**	**51**		**6**	**10**	
都匀市	5276	202	169	3	28		2	3	
福泉市	1591	124	97		23		4	7	
荔波县									
贵定县									
瓮安县									
独山县									
平塘县									
罗甸县									
长顺县									
龙里县									
惠水县									
三都水族自治县									

4-4a 续表 6　　　　单位：人

地区 性别	采矿业						制造业		
	石油和天然气开采业	黑色金属矿采选业	有色金属矿采选业	非金属矿采选业	开采专业及辅助性活动	其他采矿业	小计	农副食品加工业	食品制造业
贵州	**55**	**138**	**100**	**372**	**132**	**116**	**35113**	**1843**	**1625**
贵阳市	**19**	**23**	**41**	**130**	**49**	**61**	**13909**	**650**	**795**
南明区	7	8	4	31	14	10	2337	104	317
云岩区	6	3	6	24	7	9	2216	143	143
花溪区	1	2	4	11	8	7	3528	126	98
乌当区	2	2	2	6	2	9	1268	33	84
白云区		1	15	23	5	1	2320	103	66
观山湖区	1	4	4	19	5	21	1431	86	41
开阳县									
息烽县									
修文县									
清镇市	2	3	6	16	8	4	809	55	46
六盘水市	**4**	**38**	**6**	**67**	**31**	**8**	**2488**	**161**	**135**
钟山区	3	35	5	34	8	6	1616	98	71
六枝特区		2		11	10	2	293	17	15
水城县									
盘州市	1	1	1	22	13		579	46	49
遵义市	**25**	**63**	**22**	**51**	**17**	**15**	**9459**	**372**	**276**
红花岗区	2	57	7	23	6	9	2098	113	85
汇川区			3	5	7	4	1953	112	99
播州区		3	11	18	2	1	1162	80	54
桐梓县									
绥阳县									
正安县									
道真仡佬族苗族自治县									
务川仡佬族苗族自治县									
凤冈县									
湄潭县									
余庆县									
习水县									
赤水市	23			2	2	1	463	16	18
仁怀市		3	1	3			3783	51	20
安顺市	**1**	**1**	**1**	**18**	**5**	**1**	**2277**	**138**	**98**
西秀区	1	1	1	15	4	1	2046	120	93
平坝区				3	1		231	18	5
普定县									
镇宁布依族苗族自治县									
关岭布依族苗族自治县									
紫云苗族布依族自治县									
毕节市			**1**	**19**	**3**	**1**	**1564**	**104**	**66**
七星关区			1	19	3	1	1564	104	66
大方县									
黔西县									
金沙县									
织金县									
纳雍县									
威宁彝族回族苗族自治县									
赫章县									

4-4a 续表 7

单位：人

地 区 性 别	采矿业						制造业		
	石油和天然气开采业	黑色金属矿采选业	有色金属矿采选业	非金属矿采选业	开采专业及辅助性活动	其他采矿业	小计	农副食品加工业	食品制造业
铜仁市		**2**	**1**	**6**	**2**	**3**	**770**	**71**	**39**
碧江区				5	2	3	580	61	35
万山区		2	1	1			190	10	4
江口县									
玉屏侗族自治县									
石阡县									
思南县									
印江土家族苗族自治县									
德江县									
沿河土家族自治县									
松桃苗族自治县									
黔西南布依族苗族自治州	**3**	**3**	**24**	**25**	**9**	**10**	**2251**	**175**	**77**
兴义市	3	3	18	19	2	9	1753	124	55
兴仁市			6	6	7	1	498	51	22
普安县									
晴隆县									
贞丰县									
望谟县									
册亨县									
安龙县									
黔东南苗族侗族自治州	**3**	**2**		**24**	**10**	**4**	**1268**	**93**	**70**
凯里市	3	2		24	10	4	1268	93	70
黄平县									
施秉县									
三穗县									
镇远县									
岑巩县									
天柱县									
锦屏县									
剑河县									
台江县									
黎平县									
榕江县									
从江县									
雷山县									
麻江县									
丹寨县									
黔南布依族苗族自治州		**6**	**4**	**32**	**6**	**13**	**1127**	**79**	**69**
都匀市		1	3	14	1	3	721	55	41
福泉市		5	1	18	5	10	406	24	28
荔波县									
贵定县									
瓮安县									
独山县									
平塘县									
罗甸县									
长顺县									
龙里县									
惠水县									
三都水族自治县									

4-4a 续表 8

单位：人

地区 性别	采矿业						制造业		
	石油和天然气开采业	黑色金属矿采选业	有色金属矿采选业	非金属矿采选业	开采专业及辅助性活动	其他采矿业	小计	农副食品加工业	食品制造业
男	**45**	**118**	**89**	**312**	**97**	**91**	**22886**	**1068**	**770**
贵州	**45**	**118**	**89**	**312**	**97**	**91**	**22886**	**1068**	**770**
贵阳市	**14**	**18**	**35**	**104**	**34**	**44**	**9263**	**390**	**397**
南明区	5	6	2	23	10	8	1506	60	162
云岩区	4	2	5	17	2	4	1499	83	71
花溪区	1	2	2	11	8	6	2367	75	44
乌当区	1	1	2	6	2	8	786	15	51
白云区		1	15	16	3	1	1635	67	28
观山湖区	1	4	4	16	4	14	924	61	15
开阳县									
息烽县									
修文县									
清镇市	2	2	5	15	5	3	546	29	26
六盘水市	**3**	**32**	**5**	**56**	**26**	**7**	**1709**	**90**	**58**
钟山区	3	29	4	27	6	5	1114	54	32
六枝特区		2		10	9	2	203	9	9
水城县									
盘州市		1	1	19	11		392	27	17
遵义市	**23**	**56**	**21**	**44**	**12**	**13**	**6212**	**219**	**119**
红花岗区	2	50	7	20	6	7	1437	60	36
汇川区			2	5	4	4	1288	67	41
播州区		3	11	16		1	780	51	25
桐梓县									
绥阳县									
正安县									
道真仡佬族苗族自治县									
务川仡佬族苗族自治县									
凤冈县									
湄潭县									
余庆县									
习水县									
赤水市	21			1	2	1	289	10	6
仁怀市		3	1	2			2418	31	11
安顺市	**1**	**1**	**1**	**16**	**5**	**1**	**1442**	**69**	**47**
西秀区	1	1	1	13	4	1	1280	58	44
平坝区				3	1		162	11	3
普定县									
镇宁布依族苗族自治县									
关岭布依族苗族自治县									
紫云苗族布依族自治县									
毕节市			**1**	**16**	**3**	**1**	**998**	**60**	**35**
七星关区			1	16	3	1	998	60	35
大方县									
黔西县									
金沙县									
织金县									
纳雍县									
威宁彝族回族苗族自治县									
赫章县									

4-4a 续表 9 单位：人

地区 性别	采矿业						制造业		
	石油和天然气开采业	黑色金属矿采选业	有色金属矿采选业	非金属矿采选业	开采专业及辅助性活动	其他采矿业	小计	农副食品加工业	食品制造业
铜仁市		**2**	**1**	**5**		**3**	**451**	**39**	**20**
碧江区				4		3	334	32	17
万山区		2	1	1			117	7	3
江口县									
玉屏侗族自治县									
石阡县									
思南县									
印江土家族苗族自治县									
德江县									
沿河土家族自治县									
松桃苗族自治县									
黔西南布依族苗族自治州	**2**	**3**	**22**	**22**	**6**	**8**	**1342**	**103**	**33**
兴义市	2	3	18	17		7	1075	74	25
兴仁市			4	5	6	1	267	29	8
普安县									
晴隆县									
贞丰县									
望谟县									
册亨县									
安龙县									
黔东南苗族侗族自治州	**2**	**1**		**21**	**7**	**3**	**760**	**55**	**30**
凯里市	2	1		21	7	3	760	55	30
黄平县									
施秉县									
三穗县									
镇远县									
岑巩县									
天柱县									
锦屏县									
剑河县									
台江县									
黎平县									
榕江县									
从江县									
雷山县									
麻江县									
丹寨县									
黔南布依族苗族自治州		**5**	**3**	**28**	**4**	**11**	**709**	**43**	**31**
都匀市		1	2	13		3	423	26	20
福泉市		4	1	15	4	8	286	17	11
荔波县									
贵定县									
瓮安县									
独山县									
平塘县									
罗甸县									
长顺县									
龙里县									
惠水县									
三都水族自治县									

4-4a　续表 10　　　　单位：人

地区 性别	采矿业：石油和天然气开采业	采矿业：黑色金属矿采选业	采矿业：有色金属矿采选业	采矿业：非金属矿采选业	采矿业：开采专业及辅助性活动	采矿业：其他采矿业	制造业：小计	制造业：农副食品加工业	制造业：食品制造业
女	**10**	**20**	**11**	**60**	**35**	**25**	**12227**	**775**	**855**
贵　州	**10**	**20**	**11**	**60**	**35**	**25**	**12227**	**775**	**855**
贵阳市	**5**	**5**	**6**	**26**	**15**	**17**	**4646**	**260**	**398**
南明区	2	2	2	8	4	2	831	44	155
云岩区	2	1	1	7	5	5	717	60	72
花溪区			2			1	1161	51	54
乌当区	1	1				1	482	18	33
白云区				7	2		685	36	38
观山湖区				3	1	7	507	25	26
开阳县									
息烽县									
修文县									
清镇市		1	1	1	3	1	263	26	20
六盘水市	**1**	**6**	**1**	**11**	**5**	**1**	**779**	**71**	**77**
钟山区		6	1	7	2	1	502	44	39
六枝特区				1	1		90	8	6
水城县									
盘州市	1			3	2		187	19	32
遵义市	**2**	**7**	**1**	**7**	**5**	**2**	**3247**	**153**	**157**
红花岗区		7		3		2	661	53	49
汇川区			1		3		665	45	58
播州区				2	2		382	29	29
桐梓县									
绥阳县									
正安县									
道真仡佬族苗族自治县									
务川仡佬族苗族自治县									
凤冈县									
湄潭县									
余庆县									
习水县									
赤水市	2			1			174	6	12
仁怀市				1			1365	20	9
安顺市				**2**			**835**	**69**	**51**
西秀区				2			766	62	49
平坝区							69	7	2
普定县									
镇宁布依族苗族自治县									
关岭布依族苗族自治县									
紫云苗族布依族自治县									
毕节市				**3**			**566**	**44**	**31**
七星关区				3			566	44	31
大方县									
黔西县									
金沙县									
织金县									
纳雍县									
威宁彝族回族苗族自治县									
赫章县									

4－4a　续表 11　　　　单位：人

地　区 性　别	采矿业						制造业		
	石油和天然气开采业	黑色金属矿采选业	有色金属矿采选业	非金属矿采选业	开采专业及辅助性活　动	其　他采矿业	小计	农副食品加工业	食　品制造业
铜仁市				**1**	**2**		**319**	**32**	**19**
碧江区				1	2		246	29	18
万山区							73	3	1
江口县									
玉屏侗族自治县									
石阡县									
思南县									
印江土家族苗族自治县									
德江县									
沿河土家族自治县									
松桃苗族自治县									
黔西南布依族苗族自治州	**1**		**2**	**3**	**3**	**2**	**909**	**72**	**44**
兴义市	1			2	2	2	678	50	30
兴仁市			2	1	1		231	22	14
普安县									
晴隆县									
贞丰县									
望谟县									
册亨县									
安龙县									
黔东南苗族侗族自治州	**1**	**1**		**3**	**3**	**1**	**508**	**38**	**40**
凯里市	1	1		3	3	1	508	38	40
黄平县									
施秉县									
三穗县									
镇远县									
岑巩县									
天柱县									
锦屏县									
剑河县									
台江县									
黎平县									
榕江县									
从江县									
雷山县									
麻江县									
丹寨县									
黔南布依族苗族自治州		**1**	**1**	**4**	**2**	**2**	**418**	**36**	**38**
都匀市			1	1	1		298	29	21
福泉市		1		3	1	2	120	7	17
荔波县									
贵定县									
瓮安县									
独山县									
平塘县									
罗甸县									
长顺县									
龙里县									
惠水县									
三都水族自治县									

4-4a 续表 12 单位：人

地区 性别	制造业								
	酒、饮料和精制茶制造业	烟草制品业	纺织业	纺织服装、服饰业	皮革、毛皮、羽毛及其制品和制鞋业	木材加工和木、竹、藤、棕、草制品业	家具制造业	造纸和纸制品业	印刷和记录媒介复制业
贵州	**4793**	**835**	**639**	**822**	**565**	**704**	**1065**	**369**	**647**
贵阳市	**507**	**342**	**182**	**167**	**137**	**234**	**394**	**86**	**388**
南明区	87	126	42	36	13	48	123	32	84
云岩区	91	89	47	51	15	30	68	16	159
花溪区	46	112	29	21	68	86	93	12	32
乌当区	33	4	5	5	1	2	6	16	42
白云区	152	4	17	11	10	39	61	2	33
观山湖区	81	7	20	33	26	15	23	5	36
开阳县									
息烽县									
修文县									
清镇市	17		22	10	4	14	20	3	2
六盘水市	**78**	**5**	**60**	**58**	**60**	**45**	**67**	**22**	**21**
钟山区	49	2	26	27	38	17	43	11	17
六枝特区	4	3	17	18	13	7	7	7	2
水城县									
盘州市	25		17	13	9	21	17	4	2
遵义市	**3862**	**205**	**118**	**111**	**73**	**137**	**310**	**188**	**114**
红花岗区	111	64	51	46	25	46	80	27	33
汇川区	207	125	17	20	7	28	37	22	22
播州区	76	14	26	26	23	15	26	31	15
桐梓县									
绥阳县									
正安县									
道真仡佬族苗族自治县									
务川仡佬族苗族自治县									
凤冈县									
湄潭县									
余庆县									
习水县									
赤水市	20	1	9	4	4	36	155	96	
仁怀市	3448	1	15	15	14	12	12	12	44
安顺市	**52**	**10**	**42**	**50**	**36**	**29**	**43**	**16**	**13**
西秀区	42	9	38	42	32	24	38	14	12
平坝区	10	1	4	8	4	5	5	2	1
普定县									
镇宁布依族苗族自治县									
关岭布依族苗族自治县									
紫云苗族布依族自治县									
毕节市	**50**	**185**	**54**	**113**	**72**	**57**	**43**	**16**	**16**
七星关区	50	185	54	113	72	57	43	16	16
大方县									
黔西县									
金沙县									
织金县									
纳雍县									
威宁彝族回族苗族自治县									
赫章县									

4-4a 续表 13　　单位：人

地区 性别	制造业								
	酒、饮料和精制茶制造业	烟草制品业	纺织业	纺织服装、服饰业	皮革、毛皮、羽毛及其制品和制鞋业	木材加工和木、竹、藤、棕、草制品业	家具制造业	造纸和纸制品业	印刷和记录媒介复制业
铜仁市	**16**	**19**	**37**	**59**	**67**	**20**	**21**	**10**	**10**
碧江区	14	16	32	30	57	9	15	7	8
万山区	2	3	5	29	10	11	6	3	2
江口县									
玉屏侗族自治县									
石阡县									
思南县									
印江土家族苗族自治县									
德江县									
沿河土家族自治县									
松桃苗族自治县									
黔西南布依族苗族自治州	**116**	**52**	**89**	**144**	**82**	**76**	**123**	**25**	**53**
兴义市	101	47	46	88	60	61	93	22	51
兴仁市	15	5	43	56	22	15	30	3	2
普安县									
晴隆县									
贞丰县									
望谟县									
册亨县									
安龙县									
黔东南苗族侗族自治州	**55**	**10**	**34**	**81**	**18**	**66**	**41**	**2**	**19**
凯里市	55	10	34	81	18	66	41	2	19
黄平县									
施秉县									
三穗县									
镇远县									
岑巩县									
天柱县									
锦屏县									
剑河县									
台江县									
黎平县									
榕江县									
从江县									
雷山县									
麻江县									
丹寨县									
黔南布依族苗族自治州	**57**	**7**	**23**	**39**	**20**	**40**	**23**	**4**	**13**
都匀市	52	6	19	27	10	27	18	2	10
福泉市	5	1	4	12	10	13	5	2	3
荔波县									
贵定县									
瓮安县									
独山县									
平塘县									
罗甸县									
长顺县									
龙里县									
惠水县									
三都水族自治县									

4-4a 续表 14 单位：人

地区 性别	制造业								
	酒、饮料和精制茶制造业	烟草制品业	纺织业	纺织服装、服饰业	皮革、毛皮、羽毛及其制品和制鞋业	木材加工和木、竹、藤、棕、草制品业	家具制造业	造纸和纸制品业	印刷和记录媒介复制业
男	**3053**	**555**	**304**	**311**	**278**	**510**	**758**	**225**	**390**
贵州	**3053**	**555**	**304**	**311**	**278**	**510**	**758**	**225**	**390**
贵阳市	**298**	**231**	**97**	**76**	**77**	**166**	**286**	**55**	**245**
南明区	44	76	24	18	8	28	86	21	53
云岩区	55	66	25	23	7	22	50	11	103
花溪区	25	81	16	9	41	62	69	8	21
乌当区	19	3	2	3	1	1	5	9	25
白云区	97	1	8	7	4	33	45	2	22
观山湖区	47	4	11	13	15	12	15	2	20
开阳县									
息烽县									
修文县									
清镇市	11		11	3	1	8	16	2	1
六盘水市	**47**	**3**	**31**	**23**	**28**	**33**	**48**	**16**	**12**
钟山区	29	1	12	9	16	12	28	7	10
六枝特区	3	2	10	11	8	5	7	6	1
水城县									
盘州市	15		9	3	4	16	13	3	1
遵义市	**2504**	**143**	**52**	**45**	**36**	**101**	**213**	**105**	**56**
红花岗区	78	50	20	20	11	37	64	16	17
汇川区	152	83	11	7	2	21	28	7	13
播州区	50	9	10	9	13	13	15	13	6
桐梓县									
绥阳县									
正安县									
道真仡佬族苗族自治县									
务川仡佬族苗族自治县									
凤冈县									
湄潭县									
余庆县									
习水县									
赤水市	13		4	3	2	20	96	66	
仁怀市	2211	1	7	6	8	10	10	3	20
安顺市	**31**	**8**	**20**	**26**	**22**	**21**	**25**	**12**	**7**
西秀区	25	7	18	23	19	18	24	11	6
平坝区	6	1	2	3	3	3	1	1	1
普定县									
镇宁布依族苗族自治县									
关岭布依族苗族自治县									
紫云苗族布依族自治县									
毕节市	**35**	**122**	**28**	**36**	**34**	**45**	**34**	**12**	**12**
七星关区	35	122	28	36	34	45	34	12	12
大方县									
黔西县									
金沙县									
织金县									
纳雍县									
威宁彝族回族苗族自治县									
赫章县									

4-4a 续表 15

单位：人

地区 性别	制造业								
	酒、饮料和精制茶制造业	烟草制品业	纺织业	纺织服装、服饰业	皮革、毛皮、羽毛及其制品和制鞋业	木材加工和木、竹、藤、棕、草制品业	家具制造业	造纸和纸制品业	印刷和记录媒介复制业
铜仁市	**9**	**11**	**12**	**22**	**26**	**16**	**15**	**7**	**6**
碧江区	8	10	10	11	21	8	9	5	4
万山区	1	1	2	11	5	8	6	2	2
江口县									
玉屏侗族自治县									
石阡县									
思南县									
印江土家族苗族自治县									
德江县									
沿河土家族自治县									
松桃苗族自治县									
黔西南布依族苗族自治州	**75**	**26**	**41**	**43**	**36**	**50**	**92**	**14**	**36**
兴义市	67	22	25	26	25	35	70	13	34
兴仁市	8	4	16	17	11	15	22	1	2
普安县									
晴隆县									
贞丰县									
望谟县									
册亨县									
安龙县									
黔东南苗族侗族自治州	**28**	**8**	**14**	**23**	**8**	**49**	**30**	**1**	**11**
凯里市	28	8	14	23	8	49	30	1	11
黄平县									
施秉县									
三穗县									
镇远县									
岑巩县									
天柱县									
锦屏县									
剑河县									
台江县									
黎平县									
榕江县									
从江县									
雷山县									
麻江县									
丹寨县									
黔南布依族苗族自治州	**26**	**3**	**9**	**17**	**11**	**29**	**15**	**3**	**5**
都匀市	22	2	8	11	3	20	12	1	4
福泉市	4	1	1	6	8	9	3	2	1
荔波县									
贵定县									
瓮安县									
独山县									
平塘县									
罗甸县									
长顺县									
龙里县									
惠水县									
三都水族自治县									

4-4a　续表 16　　　　单位：人

地　区 性　别	制造业								
	酒、饮料和精制茶制造业	烟　草制品业	纺织业	纺织服装、服饰业	皮革、毛皮、羽毛及其制品和制鞋业	木材加工和木、竹、藤、棕、草制品业	家　具制造业	造纸和纸制品业	印刷和记录媒介复制业
女	**1740**	**280**	**335**	**511**	**287**	**194**	**307**	**144**	**257**
贵　州	**1740**	**280**	**335**	**511**	**287**	**194**	**307**	**144**	**257**
贵阳市	**209**	**111**	**85**	**91**	**60**	**68**	**108**	**31**	**143**
南明区	43	50	18	18	5	20	37	11	31
云岩区	36	23	22	28	8	8	18	5	56
花溪区	21	31	13	12	27	24	24	4	11
乌当区	14	1	3	2		1	1	7	17
白云区	55	3	9	4	6	6	16		11
观山湖区	34	3	9	20	11	3	8	3	16
开阳县									
息烽县									
修文县									
清镇市	6		11	7	3	6	4	1	1
六盘水市	**31**	**2**	**29**	**35**	**32**	**12**	**19**	**6**	**9**
钟山区	20	1	14	18	22	5	15	4	7
六枝特区	1	1	7	7	5	2		1	1
水城县									
盘州市	10		8	10	5	5	4	1	1
遵义市	**1358**	**62**	**66**	**66**	**37**	**36**	**97**	**83**	**58**
红花岗区	33	14	31	26	14	9	16	11	16
汇川区	55	42	6	13	5	7	9	15	9
播州区	26	5	16	17	10	2	11	18	9
桐梓县									
绥阳县									
正安县									
道真仡佬族苗族自治县									
务川仡佬族苗族自治县									
凤冈县									
湄潭县									
余庆县									
习水县									
赤水市	7	1	5	1	2	16	59	30	
仁怀市	1237		8	9	6	2	2	9	24
安顺市	**21**	**2**	**22**	**24**	**14**	**8**	**18**	**4**	**6**
西秀区	17	2	20	19	13	6	14	3	6
平坝区	4		2	5	1	2	4	1	
普定县									
镇宁布依族苗族自治县									
关岭布依族苗族自治县									
紫云苗族布依族自治县									
毕节市	**15**	**63**	**26**	**77**	**38**	**12**	**9**	**4**	**4**
七星关区	15	63	26	77	38	12	9	4	4
大方县									
黔西县									
金沙县									
织金县									
纳雍县									
威宁彝族回族苗族自治县									
赫章县									

4-4a 续表 17 单位：人

地 区 性 别	制造业								
	酒、饮料和精制茶制造业	烟 草制品业	纺织业	纺织服装、服饰业	皮革、毛皮、羽毛及其制品和制鞋业	木材加工和木、竹、藤、棕、草制品业	家 具制造业	造纸和纸制品业	印刷和记录媒介复制业
铜仁市	**7**	**8**	**25**	**37**	**41**	**4**	**6**	**3**	**4**
碧江区	6	6	22	19	36	1	6	2	4
万山区	1	2	3	18	5	3		1	
江口县									
玉屏侗族自治县									
石阡县									
思南县									
印江土家族苗族自治县									
德江县									
沿河土家族自治县									
松桃苗族自治县									
黔西南布依族苗族自治州	**41**	**26**	**48**	**101**	**46**	**26**	**31**	**11**	**17**
兴义市	34	25	21	62	35	26	23	9	17
兴仁市	7	1	27	39	11		8	2	
普安县									
晴隆县									
贞丰县									
望谟县									
册亨县									
安龙县									
黔东南苗族侗族自治州	**27**	**2**	**20**	**58**	**10**	**17**	**11**	**1**	**8**
凯里市	27	2	20	58	10	17	11	1	8
黄平县									
施秉县									
三穗县									
镇远县									
岑巩县									
天柱县									
锦屏县									
剑河县									
台江县									
黎平县									
榕江县									
从江县									
雷山县									
麻江县									
丹寨县									
黔南布依族苗族自治州	**31**	**4**	**14**	**22**	**9**	**11**	**8**	**1**	**8**
都匀市	30	4	11	16	7	7	6	1	6
福泉市	1		3	6	2	4	2		2
荔波县									
贵定县									
瓮安县									
独山县									
平塘县									
罗甸县									
长顺县									
龙里县									
惠水县									
三都水族自治县									

4-4a　续表 18　　　　单位：人

地区 性别	制造业								
	文教、工美、体育和娱乐用品制造业	石油、煤炭及其他燃料加工业	化学原料和化学制品制造业	医药制造业	化学纤维制造业	橡胶和塑料制品业	非金属矿物制品业	黑色金属冶炼和压延加工业	有色金属冶炼和压延加工业
贵　州	**544**	**174**	**1033**	**996**	**8**	**1095**	**2613**	**810**	**827**
贵阳市	**160**	**44**	**524**	**615**	**4**	**669**	**868**	**207**	**435**
南明区	45	8	81	111		86	103	83	30
云岩区	39	7	79	150		209	98	18	18
花溪区	20	12	108	91	1	103	135	78	26
乌当区	9	2	16	91		16	20	2	2
白云区	11	5	75	71	3	98	218	15	297
观山湖区	32	5	46	49		89	107	8	36
开阳县									
息烽县									
修文县									
清镇市	4	5	119	52		68	187	3	26
六盘水市	**39**	**92**	**45**	**24**	**2**	**52**	**296**	**421**	**21**
钟山区	26	41	24	8	2	36	192	418	18
六枝特区	2	2	3	9		10	35	1	3
水城县									
盘州市	11	49	18	7		6	69	2	
遵义市	**69**	**13**	**128**	**83**	**1**	**123**	**492**	**83**	**303**
红花岗区	19	3	50	40	1	56	160	57	95
汇川区	17	4	44	24		27	127	16	23
播州区	18	4	25	13		27	153	9	183
桐梓县									
绥阳县									
正安县									
道真仡佬族苗族自治县									
务川仡佬族苗族自治县									
凤冈县									
湄潭县									
余庆县									
习水县									
赤水市	9	2	5	2		2	20	1	
仁怀市	6		4	4		11	32		2
安顺市	**31**	**1**	**54**	**97**		**61**	**126**	**15**	**15**
西秀区	25	1	47	97		46	84	14	14
平坝区	6		7			15	42	1	1
普定县									
镇宁布依族苗族自治县									
关岭布依族苗族自治县									
紫云苗族布依族自治县									
毕节市	**13**	**3**	**19**	**12**		**38**	**243**	**8**	**11**
七星关区	13	3	19	12		38	243	8	11
大方县									
黔西县									
金沙县									
织金县									
纳雍县									
威宁彝族回族苗族自治县									
赫章县									

4-4a 续表 19　　单位：人

地区 性别	制造业								
	文教、工美、体育和娱乐用品制造业	石油、煤炭及其他燃料加工业	化学原料和化学制品制造业	医药制造业	化学纤维制造业	橡胶和塑料制品业	非金属矿物制品业	黑色金属冶炼和压延加工业	有色金属冶炼和压延加工业
铜仁市	**19**	**2**	**23**	**3**		**27**	**70**	**15**	**4**
碧江区	10	2	8	2		24	51	15	3
万山区	9		15	1		3	19		1
江口县									
玉屏侗族自治县									
石阡县									
思南县									
印江土家族苗族自治县									
德江县									
沿河土家族自治县									
松桃苗族自治县									
黔西南布依族苗族自治州	**113**	**12**	**72**	**72**		**81**	**211**	**49**	**21**
兴义市	95	12	55	67		68	171	49	13
兴仁市	18		17	5		13	40		8
普安县									
晴隆县									
贞丰县									
望谟县									
册亨县									
安龙县									
黔东南苗族侗族自治州	**85**	**1**	**23**	**54**		**17**	**168**	**3**	**9**
凯里市	85	1	23	54		17	168	3	9
黄平县									
施秉县									
三穗县									
镇远县									
岑巩县									
天柱县									
锦屏县									
剑河县									
台江县									
黎平县									
榕江县									
从江县									
雷山县									
麻江县									
丹寨县									
黔南布依族苗族自治州	**15**	**6**	**145**	**36**	**1**	**27**	**139**	**9**	**8**
都匀市	11	3	21	33	1	18	75	9	3
福泉市	4	3	124	3		9	64		5
荔波县									
贵定县									
瓮安县									
独山县									
平塘县									
罗甸县									
长顺县									
龙里县									
惠水县									
三都水族自治县									

4-4a　续表 20　　　　单位：人

地　　区 性　　别	制造业								
	文教、工美、体育和娱乐用品制造业	石油、煤炭及其他燃料加工业	化学原料和化学制品制造业	医　药制造业	化学纤维制造业	橡胶和塑　料制品业	非金属矿　物制品业	黑色金属冶炼和压延加工业	有色金属冶炼和压延加工业
男	**258**	**122**	**722**	**510**	**5**	**745**	**1948**	**620**	**660**
贵　州	**258**	**122**	**722**	**510**	**5**	**745**	**1948**	**620**	**660**
贵阳市	**92**	**28**	**361**	**312**	**1**	**471**	**645**	**162**	**346**
南明区	25	5	49	60		58	75	71	23
云岩区	18	7	50	81		168	76	13	12
花溪区	15	7	84	42		62	103	57	21
乌当区	3	1	8	47		10	19	1	2
白云区	8	3	59	26	1	74	158	12	238
观山湖区	20	3	29	26		55	77	5	28
开阳县									
息烽县									
修文县									
清镇市	3	2	82	30		44	137	3	22
六盘水市	**19**	**68**	**35**	**13**	**2**	**40**	**228**	**319**	**15**
钟山区	12	28	19	5	2	26	145	318	13
六枝特区		1	1	4		8	26		2
水城县									
盘州市	7	39	15	4		6	57	1	
遵义市	**24**	**8**	**81**	**47**	**1**	**82**	**380**	**57**	**240**
红花岗区	8	2	37	22	1	33	129	38	75
汇川区	5	3	21	14		20	101	10	17
播州区	5	2	16	7		20	107	8	146
桐梓县									
绥阳县									
正安县									
道真仡佬族苗族自治县									
务川仡佬族苗族自治县									
凤冈县									
湄潭县									
余庆县									
习水县									
赤水市	4	1	4	2		2	15	1	
仁怀市	2		3	2		7	28		2
安顺市	**15**		**30**	**45**		**35**	**93**	**12**	**13**
西秀区	12		26	45		27	62	11	12
平坝区	3		4			8	31	1	1
普定县									
镇宁布依族苗族自治县									
关岭布依族苗族自治县									
紫云苗族布依族自治县									
毕节市	**9**	**3**	**10**	**8**		**26**	**175**	**8**	**10**
七星关区	9	3	10	8		26	175	8	10
大方县									
黔西县									
金沙县									
织金县									
纳雍县									
威宁彝族回族苗族自治县									
赫章县									

4-4a 续表 21　　单位：人

地 区 性 别	制造业								
	文教、工美、体育和娱乐用品制造业	石油、煤炭及其他燃料加工业	化学原料和化学制品制造业	医 药制造业	化学纤维制造业	橡胶和塑 料制品业	非金属矿 物制品业	黑色金属冶炼和压延加工业	有色金属冶炼和压延加工业
铜仁市	**8**		**18**	**2**		**16**	**52**	**13**	**4**
碧江区	5		4	2		13	39	13	3
万山区	3		14			3	13		1
江口县									
玉屏侗族自治县									
石阡县									
思南县									
印江土家族苗族自治县									
德江县									
沿河土家族自治县									
松桃苗族自治县									
黔西南布依族苗族自治州	**47**	**10**	**52**	**32**		**48**	**155**	**40**	**18**
兴义市	39	10	40	29		40	130	40	11
兴仁市	8		12	3		8	25		7
普安县									
晴隆县									
贞丰县									
望谟县									
册亨县									
安龙县									
黔东南苗族侗族自治州	**38**	**1**	**16**	**30**		**12**	**124**	**2**	**8**
凯里市	38	1	16	30		12	124	2	8
黄平县									
施秉县									
三穗县									
镇远县									
岑巩县									
天柱县									
锦屏县									
剑河县									
台江县									
黎平县									
榕江县									
从江县									
雷山县									
麻江县									
丹寨县									
黔南布依族苗族自治州	**6**	**4**	**119**	**21**	**1**	**15**	**96**	**7**	**6**
都匀市	4	2	16	20	1	11	53	7	2
福泉市	2	2	103	1		4	43		4
荔波县									
贵定县									
瓮安县									
独山县									
平塘县									
罗甸县									
长顺县									
龙里县									
惠水县									
三都水族自治县									

4–4a 续表 22

单位：人

地区 性别	制造业								
	文教、工美、体育和娱乐用品制造业	石油、煤炭及其他燃料加工业	化学原料和化学制品制造业	医药制造业	化学纤维制造业	橡胶和塑料制品业	非金属矿物制品业	黑色金属冶炼和压延加工业	有色金属冶炼和压延加工业
女	**286**	**52**	**311**	**486**	**3**	**350**	**665**	**190**	**167**
贵州	**286**	**52**	**311**	**486**	**3**	**350**	**665**	**190**	**167**
贵阳市	**68**	**16**	**163**	**303**	**3**	**198**	**223**	**45**	**89**
南明区	20	3	32	51		28	28	12	7
云岩区	21		29	69		41	22	5	6
花溪区	5	5	24	49	1	41	32	21	5
乌当区	6	1	8	44		6	1	1	
白云区	3	2	16	45	2	24	60	3	59
观山湖区	12	2	17	23		34	30	3	8
开阳县									
息烽县									
修文县									
清镇市	1	3	37	22		24	50		4
六盘水市	**20**	**24**	**10**	**11**		**12**	**68**	**102**	**6**
钟山区	14	13	5	3		10	47	100	5
六枝特区	2	1	2	5		2	9	1	1
水城县									
盘州市	4	10	3	3			12	1	
遵义市	**45**	**5**	**47**	**36**		**41**	**112**	**26**	**63**
红花岗区	11	1	13	18		23	31	19	20
汇川区	12	1	23	10		7	26	6	6
播州区	13	2	9	6		7	46	1	37
桐梓县									
绥阳县									
正安县									
道真仡佬族苗族自治县									
务川仡佬族苗族自治县									
凤冈县									
湄潭县									
余庆县									
习水县									
赤水市	5	1	1				5		
仁怀市	4		1	2		4	4		
安顺市	**16**	**1**	**24**	**52**		**26**	**33**	**3**	**2**
西秀区	13	1	21	52		19	22	3	2
平坝区	3		3			7	11		
普定县									
镇宁布依族苗族自治县									
关岭布依族苗族自治县									
紫云苗族布依族自治县									
毕节市	**4**		**9**	**4**		**12**	**68**		**1**
七星关区	4		9	4		12	68		1
大方县									
黔西县									
金沙县									
织金县									
纳雍县									
威宁彝族回族苗族自治县									
赫章县									

4－4a 续表 23 单位：人

地区 性别	制造业								
	文教、工美、体育和娱乐用品制造业	石油、煤炭及其他燃料加工业	化学原料和化学制品制造业	医药制造业	化学纤维制造业	橡胶和塑料制品业	非金属矿物制品业	黑色金属冶炼和压延加工业	有色金属冶炼和压延加工业
铜仁市	**11**	**2**	**5**	**1**		**11**	**18**	**2**	
碧江区	5	2	4			11	12	2	
万山区	6		1	1			6		
江口县									
玉屏侗族自治县									
石阡县									
思南县									
印江土家族苗族自治县									
德江县									
沿河土家族自治县									
松桃苗族自治县									
黔西南布依族苗族自治州	**66**	**2**	**20**	**40**		**33**	**56**	**9**	**3**
兴义市	56	2	15	38		28	41	9	2
兴仁市	10		5	2		5	15		1
普安县									
晴隆县									
贞丰县									
望谟县									
册亨县									
安龙县									
黔东南苗族侗族自治州	**47**		**7**	**24**		**5**	**44**	**1**	**1**
凯里市	47		7	24		5	44	1	1
黄平县									
施秉县									
三穗县									
镇远县									
岑巩县									
天柱县									
锦屏县									
剑河县									
台江县									
黎平县									
榕江县									
从江县									
雷山县									
麻江县									
丹寨县									
黔南布依族苗族自治州	**9**	**2**	**26**	**15**		**12**	**43**	**2**	**2**
都匀市	7	1	5	13		7	22	2	1
福泉市	2	1	21	2		5	21		1
荔波县									
贵定县									
瓮安县									
独山县									
平塘县									
罗甸县									
长顺县									
龙里县									
惠水县									
三都水族自治县									

4-4a　续表 24　　　　单位：人

地　区 性　别	制造业 金　属 制品业	通用设备 制造业	专用设备 制造业	汽　车 制造业	铁路、船舶、 航空航天和 其他运输 设备制造业	电气机械 和器材 制造业	计算机、 通信和其 他电子设 备制造业	仪器仪表 制造业	其　他 制造业
贵　州	**2174**	**1950**	**980**	**643**	**2246**	**1316**	**1876**	**206**	**316**
贵阳市	**648**	**1180**	**514**	**454**	**1268**	**607**	**978**	**136**	**119**
南明区	119	84	116	45	53	81	77	24	15
云岩区	123	75	91	73	66	70	62	16	20
花溪区	192	726	126	170	382	232	233	13	33
乌当区	22	122	46	75	109	20	408	27	18
白云区	81	57	39	52	505	88	111	41	12
观山湖区	74	104	70	29	145	113	66	9	12
开阳县									
息烽县									
修文县									
清镇市	37	12	26	10	8	3	21	6	9
六盘水市	**193**	**76**	**100**	**7**	**17**	**45**	**78**	**8**	**16**
钟山区	117	43	51	3	13	22	36	4	10
六枝特区	35	19	16	2	1	8	15		1
水城县									
盘州市	41	14	33	2	3	15	27	4	5
遵义市	**702**	**370**	**129**	**102**	**197**	**404**	**198**	**29**	**61**
红花岗区	431	87	38	29	57	101	82	12	25
汇川区	106	210	46	50	134	253	58	14	21
播州区	145	45	23	22	5	43	32	2	12
桐梓县									
绥阳县									
正安县									
道真仡佬族苗族自治县									
务川仡佬族苗族自治县									
凤冈县									
湄潭县									
余庆县									
习水县									
赤水市	7	12	9		1	2	19	1	3
仁怀市	13	16	13	1		5	7		
安顺市	**217**	**155**	**62**	**22**	**727**	**30**	**55**	**7**	**25**
西秀区	202	141	56	22	687	28	46	5	24
平坝区	15	14	6		40	2	9	2	1
普定县									
镇宁布依族苗族自治县									
关岭布依族苗族自治县									
紫云苗族布依族自治县									
毕节市	**116**	**29**	**22**	**16**	**7**	**76**	**114**	**2**	**7**
七星关区	116	29	22	16	7	76	114	2	7
大方县									
黔西县									
金沙县									
织金县									
纳雍县									
威宁彝族回族苗族自治县									
赫章县									

4—4a　续表 25　　单位：人

地　区 性　别	制造业：金　属制品业	通用设备制造业	专用设备制造业	汽　车制造业	铁路、船舶、航空航天和其他运输设备制造业	电气机械和器材制造业	计算机、通信和其他电子设备制造业	仪器仪表制造业	其　他制造业
铜仁市	**33**	**31**	**32**	**8**	**4**	**29**	**63**	**8**	**7**
碧江区	22	28	26	5	4	21	43	8	6
万山区	11	3	6	3		8	20		1
江口县									
玉屏侗族自治县									
石阡县									
思南县									
印江土家族苗族自治县									
德江县									
沿河土家族自治县									
松桃苗族自治县									
黔西南布依族苗族自治州	**124**	**33**	**45**	**19**	**15**	**63**	**192**	**3**	**28**
兴义市	108	29	35	19	13	54	128	2	22
兴仁市	16	4	10		2	9	64	1	6
普安县									
晴隆县									
贞丰县									
望谟县									
册亨县									
安龙县									
黔东南苗族侗族自治州	**86**	**24**	**24**	**8**	**2**	**29**	**138**	**4**	**12**
凯里市	86	24	24	8	2	29	138	4	12
黄平县									
施秉县									
三穗县									
镇远县									
岑巩县									
天柱县									
锦屏县									
剑河县									
台江县									
黎平县									
榕江县									
从江县									
雷山县									
麻江县									
丹寨县									
黔南布依族苗族自治州	**55**	**52**	**52**	**7**	**9**	**33**	**60**	**9**	**41**
都匀市	37	41	37	3	9	27	48	7	40
福泉市	18	11	15	4		6	12	2	1
荔波县									
贵定县									
瓮安县									
独山县									
平塘县									
罗甸县									
长顺县									
龙里县									
惠水县									
三都水族自治县									

4-4a　续表 26　　单位：人

地　区 性　别	制造业 金　属 制品业	通用设备 制造业	专用设备 制造业	汽　车 制造业	铁路、船舶、 航空航天和 其他运输 设备制造业	电气机械 和器材 制造业	计算机、 通信和其 他电子设 备制造业	仪器仪表 制造业	其　他 制造业
男	**1692**	**1363**	**644**	**437**	**1572**	**866**	**1051**	**155**	**205**
贵　州	**1692**	**1363**	**644**	**437**	**1572**	**866**	**1051**	**155**	**205**
贵阳市	**508**	**805**	**335**	**321**	**907**	**412**	**579**	**106**	**77**
南明区	89	64	70	29	38	54	48	19	8
云岩区	103	55	58	56	50	49	43	13	15
花溪区	153	483	93	108	259	153	141	9	25
乌当区	18	82	28	59	84	12	223	21	10
白云区	64	42	24	43	368	63	62	34	7
观山湖区	49	71	44	20	102	78	46	6	6
开阳县									
息烽县									
修文县									
清镇市	32	8	18	6	6	3	16	4	6
六盘水市	**151**	**62**	**71**	**7**	**14**	**32**	**44**	**3**	**10**
钟山区	92	36	37	3	10	16	24	1	6
六枝特区	29	15	12	2	1	5	6		
水城县									
盘州市	30	11	22	2	3	11	14	2	4
遵义市	**568**	**268**	**85**	**62**	**136**	**257**	**92**	**20**	**46**
红花岗区	353	58	25	15	41	67	35	8	20
汇川区	82	155	34	28	93	151	32	10	16
播州区	118	36	14	19	1	32	13	2	7
桐梓县									
绥阳县									
正安县									
道真仡佬族苗族自治县									
务川仡佬族苗族自治县									
凤冈县									
湄潭县									
余庆县									
习水县									
赤水市	5	9	5		1	2	6		3
仁怀市	10	10	7			5	6		
安顺市	**161**	**108**	**37**	**13**	**491**	**17**	**26**	**5**	**12**
西秀区	150	96	32	13	457	15	20	4	11
平坝区	11	12	5		34	2	6	1	1
普定县									
镇宁布依族苗族自治县									
关岭布依族苗族自治县									
紫云苗族布依族自治县									
毕节市	**94**	**20**	**14**	**9**	**5**	**47**	**65**	**2**	**3**
七星关区	94	20	14	9	5	47	65	2	3
大方县									
黔西县									
金沙县									
织金县									
纳雍县									
威宁彝族回族苗族自治县									
赫章县									

4-4a 续表 27

单位：人

地区 性别	制造业								
	金属制品业	通用设备制造业	专用设备制造业	汽车制造业	铁路、船舶、航空航天和其他运输设备制造业	电气机械和器材制造业	计算机、通信和其他电子设备制造业	仪器仪表制造业	其他制造业
铜仁市	**21**	**25**	**25**	**4**	**2**	**16**	**33**	**6**	**4**
碧江区	17	22	19	2	2	10	24	6	3
万山区	4	3	6	2		6	9		1
江口县									
玉屏侗族自治县									
石阡县									
思南县									
印江土家族苗族自治县									
德江县									
沿河土家族自治县									
松桃苗族自治县									
黔西南布依族苗族自治州	**89**	**27**	**30**	**12**	**11**	**44**	**95**	**3**	**19**
兴义市	77	23	25	12	9	37	74	2	14
兴仁市	12	4	5		2	7	21	1	5
普安县									
晴隆县									
贞丰县									
望谟县									
册亨县									
安龙县									
黔东南苗族侗族自治州	**62**	**13**	**17**	**5**	**2**	**20**	**80**	**2**	**7**
凯里市	62	13	17	5	2	20	80	2	7
黄平县									
施秉县									
三穗县									
镇远县									
岑巩县									
天柱县									
锦屏县									
剑河县									
台江县									
黎平县									
榕江县									
从江县									
雷山县									
麻江县									
丹寨县									
黔南布依族苗族自治州	**38**	**35**	**30**	**4**	**4**	**21**	**37**	**8**	**27**
都匀市	25	27	18	2	4	16	28	7	26
福泉市	13	8	12	2		5	9	1	1
荔波县									
贵定县									
瓮安县									
独山县									
平塘县									
罗甸县									
长顺县									
龙里县									
惠水县									
三都水族自治县									

4-4a　续表 28

单位：人

地　区 性　别	制造业								
	金　属 制品业	通用设备 制造业	专用设备 制造业	汽　车 制造业	铁路、船舶、 航空航天和 其他运输 设备制造业	电气机械 和器材 制造业	计算机、 通信和其 他电子设 备制造业	仪器仪表 制造业	其　他 制造业
女	**482**	**587**	**336**	**206**	**674**	**450**	**825**	**51**	**111**
贵　州	**482**	**587**	**336**	**206**	**674**	**450**	**825**	**51**	**111**
贵阳市	**140**	**375**	**179**	**133**	**361**	**195**	**399**	**30**	**42**
南明区	30	20	46	16	15	27	29	5	7
云岩区	20	20	33	17	16	21	19	3	5
花溪区	39	243	33	62	123	79	92	4	8
乌当区	4	40	18	16	25	8	185	6	8
白云区	17	15	15	9	137	25	49	7	5
观山湖区	25	33	26	9	43	35	20	3	6
开阳县									
息烽县									
修文县									
清镇市	5	4	8	4	2		5	2	3
六盘水市	**42**	**14**	**29**		**3**	**13**	**34**	**5**	**6**
钟山区	25	7	14		3	6	12	3	4
六枝特区	6	4	4			3	9		1
水城县									
盘州市	11	3	11			4	13	2	1
遵义市	**134**	**102**	**44**	**40**	**61**	**147**	**106**	**9**	**15**
红花岗区	78	29	13	14	16	34	47	4	5
汇川区	24	55	12	22	41	102	26	4	5
播州区	27	9	9	3	4	11	19		5
桐梓县									
绥阳县									
正安县									
道真仡佬族苗族自治县									
务川仡佬族苗族自治县									
凤冈县									
湄潭县									
余庆县									
习水县									
赤水市	2	3	4				13	1	
仁怀市	3	6	6	1			1		
安顺市	**56**	**47**	**25**	**9**	**236**	**13**	**29**	**2**	**13**
西秀区	52	45	24	9	230	13	26	1	13
平坝区	4	2	1		6		3	1	
普定县									
镇宁布依族苗族自治县									
关岭布依族苗族自治县									
紫云苗族布依族自治县									
毕节市	**22**	**9**	**8**	**7**	**2**	**29**	**49**		**4**
七星关区	22	9	8	7	2	29	49		4
大方县									
黔西县									
金沙县									
织金县									
纳雍县									
威宁彝族回族苗族自治县									
赫章县									

4—4a 续表 29

单位：人

地　区 性　别	制造业								
	金　属 制品业	通用设备 制造业	专用设备 制造业	汽　车 制造业	铁路、船舶、 航空航天和 其他运输 设备制造业	电气机械 和器材 制造业	计算机、 通信和其 他电子设 备制造业	仪器仪表 制造业	其　他 制造业
铜仁市	**12**	**6**	**7**	**4**	**2**	**13**	**30**	**2**	**3**
碧江区	5	6	7	3	2	11	19	2	3
万山区	7			1		2	11		
江口县									
玉屏侗族自治县									
石阡县									
思南县									
印江土家族苗族自治县									
德江县									
沿河土家族自治县									
松桃苗族自治县									
黔西南布依族苗族自治州	**35**	**6**	**15**	**7**	**4**	**19**	**97**		**9**
兴义市	31	6	10	7	4	17	54		8
兴仁市	4		5			2	43		1
普安县									
晴隆县									
贞丰县									
望谟县									
册亨县									
安龙县									
黔东南苗族侗族自治州	**24**	**11**	**7**	**3**		**9**	**58**	**2**	**5**
凯里市	24	11	7	3		9	58	2	5
黄平县									
施秉县									
三穗县									
镇远县									
岑巩县									
天柱县									
锦屏县									
剑河县									
台江县									
黎平县									
榕江县									
从江县									
雷山县									
麻江县									
丹寨县									
黔南布依族苗族自治州	**17**	**17**	**22**	**3**	**5**	**12**	**23**	**1**	**14**
都匀市	12	14	19	1	5	11	20		14
福泉市	5	3	3	2		1	3	1	
荔波县									
贵定县									
瓮安县									
独山县									
平塘县									
罗甸县									
长顺县									
龙里县									
惠水县									
三都水族自治县									

4-4a 续表 30

单位：人

地区 性别	制造业		电力、热力、燃气及水生产和供应业				建筑业		
	废弃资源综合利用业	金属制品、机械和设备修理业	小计	电力、热力生产和供应业	燃气生产和供应业	水的生产和供应业	小计	房屋建筑业	土木工程建筑业
贵州	**657**	**742**	**5947**	**4119**	**834**	**994**	**53430**	**28379**	**5767**
贵阳市	**188**	**409**	**2364**	**1486**	**471**	**407**	**22606**	**10818**	**3412**
南明区	3	161	713	544	69	100	5288	1970	975
云岩区	80	70	577	321	141	115	5745	2204	994
花溪区	44	80	225	117	38	70	3091	1775	458
乌当区	16	16	82	44	22	16	743	289	164
白云区	11	32	125	67	28	30	3336	2210	230
观山湖区	24	40	328	236	47	45	3123	1664	487
开阳县									
息烽县									
修文县									
清镇市	10	10	314	157	126	31	1280	706	104
六盘水市	**105**	**139**	**773**	**588**	**88**	**97**	**4271**	**2323**	**371**
钟山区	78	75	385	268	52	65	2535	1286	220
六枝特区	3	18	83	49	23	11	667	407	41
水城县									
盘州市	24	46	305	271	13	21	1069	630	110
遵义市	**127**	**79**	**961**	**631**	**130**	**200**	**10460**	**6103**	**751**
红花岗区	37	37	392	271	50	71	3707	2045	268
汇川区	64	19	261	188	23	50	2611	1415	216
播州区	1	14	134	74	18	42	2109	1291	160
桐梓县									
绥阳县									
正安县									
道真仡佬族苗族自治县									
务川仡佬族苗族自治县									
凤冈县									
湄潭县									
余庆县									
习水县									
赤水市	2	7	96	61	24	11	555	364	18
仁怀市	23	2	78	37	15	26	1478	988	89
安顺市	**36**	**14**	**320**	**251**	**22**	**47**	**1961**	**1051**	**166**
西秀区	31	12	290	230	21	39	1643	892	128
平坝区	5	2	30	21	1	8	318	159	38
普定县									
镇宁布依族苗族自治县									
关岭布依族苗族自治县									
紫云苗族布依族自治县									
毕节市	**36**	**16**	**201**	**162**	**12**	**27**	**2540**	**1502**	**200**
七星关区	36	16	201	162	12	27	2540	1502	200
大方县									
黔西县									
金沙县									
织金县									
纳雍县									
威宁彝族回族苗族自治县									
赫章县									

4-4a 续表 31 单位：人

地区 性别	制造业		电力、热力、燃气及水生产和供应业				建筑业		
	废弃资源综合利用业	金属制品、机械和设备修理业	小计	电力、热力生产和供应业	燃气生产和供应业	水的生产和供应业	小计	房屋建筑业	土木工程建筑业
铜仁市	**14**	**9**	**86**	**54**	**6**	**26**	**2154**	**1270**	**147**
碧江区	10	8	79	49	6	24	1580	864	120
万山区	4	1	7	5		2	574	406	27
江口县									
玉屏侗族自治县									
石阡县									
思南县									
印江土家族苗族自治县									
德江县									
沿河土家族自治县									
松桃苗族自治县									
黔西南布依族苗族自治州	**59**	**27**	**646**	**515**	**43**	**88**	**4331**	**2560**	**323**
兴义市	41	24	591	493	27	71	3577	2012	295
兴仁市	18	3	55	22	16	17	754	548	28
普安县									
晴隆县									
贞丰县									
望谟县									
册亨县									
安龙县									
黔东南苗族侗族自治州	**61**	**31**	**324**	**225**	**39**	**60**	**2885**	**1596**	**193**
凯里市	61	31	324	225	39	60	2885	1596	193
黄平县									
施秉县									
三穗县									
镇远县									
岑巩县									
天柱县									
锦屏县									
剑河县									
台江县									
黎平县									
榕江县									
从江县									
雷山县									
麻江县									
丹寨县									
黔南布依族苗族自治州	**31**	**18**	**272**	**207**	**23**	**42**	**2222**	**1156**	**204**
都匀市	16	15	228	176	21	31	1492	624	171
福泉市	15	3	44	31	2	11	730	532	33
荔波县									
贵定县									
瓮安县									
独山县									
平塘县									
罗甸县									
长顺县									
龙里县									
惠水县									
三都水族自治县									

4-4a 续表 32

单位：人

地区 性别	制造业		电力、热力、燃气及水生产和供应业				建筑业		
	废弃资源综合利用业	金属制品、机械和设备修理业	小计	电力、热力生产和供应业	燃气生产和供应业	水的生产和供应业	小计	房屋建筑业	土木工程建筑业
男	**449**	**640**	**4243**	**3012**	**594**	**637**	**42950**	**22266**	**4644**
贵州	**449**	**640**	**4243**	**3012**	**594**	**637**	**42950**	**22266**	**4644**
贵阳市	**135**	**342**	**1679**	**1075**	**334**	**270**	**17944**	**8457**	**2645**
南明区	2	139	480	374	42	64	4232	1548	744
云岩区	56	60	410	223	108	79	4571	1724	764
花溪区	34	67	160	92	22	46	2476	1399	369
乌当区	12	12	62	36	17	9	590	220	133
白云区	9	26	97	53	23	21	2657	1740	177
观山湖区	14	30	223	164	30	29	2376	1275	365
开阳县									
息烽县									
修文县									
清镇市	8	8	247	133	92	22	1042	551	93
六盘水市	**68**	**119**	**570**	**445**	**69**	**56**	**3492**	**1855**	**318**
钟山区	48	63	286	206	41	39	2053	1022	186
六枝特区	3	17	63	38	19	6	560	324	37
水城县									
盘州市	17	39	221	201	9	11	879	509	95
遵义市	**92**	**73**	**687**	**472**	**89**	**126**	**8499**	**4810**	**627**
红花岗区	27	34	297	216	31	50	3024	1623	227
汇川区	46	18	179	135	17	27	2055	1076	167
播州区	1	12	94	55	13	26	1728	1014	142
桐梓县									
绥阳县									
正安县									
道真仡佬族苗族自治县									
务川仡佬族苗族自治县									
凤冈县									
湄潭县									
余庆县									
习水县									
赤水市	2	7	66	42	18	6	488	321	17
仁怀市	16	2	51	24	10	17	1204	776	74
安顺市	**28**	**13**	**230**	**182**	**16**	**32**	**1609**	**813**	**149**
西秀区	23	11	206	165	15	26	1339	687	113
平坝区	5	2	24	17	1	6	270	126	36
普定县									
镇宁布依族苗族自治县									
关岭布依族苗族自治县									
紫云苗族布依族自治县									
毕节市	**23**	**14**	**152**	**119**	**11**	**22**	**2111**	**1207**	**172**
七星关区	23	14	152	119	11	22	2111	1207	172
大方县									
黔西县									
金沙县									
织金县									
纳雍县									
威宁彝族回族苗族自治县									
赫章县									

4-4a 续表 33 单位：人

地区 性别	制造业		电力、热力、燃气及水生产和供应业				建筑业		
	废弃资源综合利用业	金属制品、机械和设备修理业	小计	电力、热力生产和供应业	燃气生产和供应业	水的生产和供应业	小计	房屋建筑业	土木工程建筑业
铜仁市	**10**	**9**	**60**	**37**	**5**	**18**	**1736**	**992**	**122**
碧江区	7	8	54	32	5	17	1270	665	98
万山区	3	1	6	5		1	466	327	24
江口县									
玉屏侗族自治县									
石阡县									
思南县									
印江土家族苗族自治县									
德江县									
沿河土家族自治县									
松桃苗族自治县									
黔西南布依族苗族自治州	**37**	**24**	**453**	**377**	**29**	**47**	**3441**	**1975**	**272**
兴义市	25	22	413	359	17	37	2847	1556	250
兴仁市	12	2	40	18	12	10	594	419	22
普安县									
晴隆县									
贞丰县									
望谟县									
册亨县									
安龙县									
黔东南苗族侗族自治州	**35**	**29**	**219**	**155**	**25**	**39**	**2304**	**1217**	**164**
凯里市	35	29	219	155	25	39	2304	1217	164
黄平县									
施秉县									
三穗县									
镇远县									
岑巩县									
天柱县									
锦屏县									
剑河县									
台江县									
黎平县									
榕江县									
从江县									
雷山县									
麻江县									
丹寨县									
黔南布依族苗族自治州	**21**	**17**	**193**	**150**	**16**	**27**	**1814**	**940**	**175**
都匀市	11	14	161	126	15	20	1202	501	144
福泉市	10	3	32	24	1	7	612	439	31
荔波县									
贵定县									
瓮安县									
独山县									
平塘县									
罗甸县									
长顺县									
龙里县									
惠水县									
三都水族自治县									

4–4a　续表 34　　　　　　　　　　　　　　　　　　　　　　　　　　　　　　　　　单位：人

地　区 性　别	制造业		电力、热力、燃气及水生产和供应业				建筑业		
	废弃资源综合利用业	金属制品、机械和设备修理业	小计	电力、热力生产和供应业	燃气生产和供应业	水的生产和供应业	小计	房屋建筑业	土木工程建筑业
女	**208**	**102**	**1704**	**1107**	**240**	**357**	**10480**	**6113**	**1123**
贵　州	**208**	**102**	**1704**	**1107**	**240**	**357**	**10480**	**6113**	**1123**
贵阳市	**53**	**67**	**685**	**411**	**137**	**137**	**4662**	**2361**	**767**
南明区	1	22	233	170	27	36	1056	422	231
云岩区	24	10	167	98	33	36	1174	480	230
花溪区	10	13	65	25	16	24	615	376	89
乌当区	4	4	20	8	5	7	153	69	31
白云区	2	6	28	14	5	9	679	470	53
观山湖区	10	10	105	72	17	16	747	389	122
开阳县									
息烽县									
修文县									
清镇市	2	2	67	24	34	9	238	155	11
六盘水市	**37**	**20**	**203**	**143**	**19**	**41**	**779**	**468**	**53**
钟山区	30	12	99	62	11	26	482	264	34
六枝特区		1	20	11	4	5	107	83	4
水城县									
盘州市	7	7	84	70	4	10	190	121	15
遵义市	**35**	**6**	**274**	**159**	**41**	**74**	**1961**	**1293**	**124**
红花岗区	10	3	95	55	19	21	683	422	41
汇川区	18	1	82	53	6	23	556	339	49
播州区		2	40	19	5	16	381	277	18
桐梓县									
绥阳县									
正安县									
道真仡佬族苗族自治县									
务川仡佬族苗族自治县									
凤冈县									
湄潭县									
余庆县									
习水县									
赤水市			30	19	6	5	67	43	1
仁怀市	7		27	13	5	9	274	212	15
安顺市	**8**	**1**	**90**	**69**	**6**	**15**	**352**	**238**	**17**
西秀区	8	1	84	65	6	13	304	205	15
平坝区			6	4		2	48	33	2
普定县									
镇宁布依族苗族自治县									
关岭布依族苗族自治县									
紫云苗族布依族自治县									
毕节市	**13**	**2**	**49**	**43**	**1**	**5**	**429**	**295**	**28**
七星关区	13	2	49	43	1	5	429	295	28
大方县									
黔西县									
金沙县									
织金县									
纳雍县									
威宁彝族回族苗族自治县									
赫章县									

4-4a 续表 35 单位：人

地区 性别	制造业		电力、热力、燃气及水生产和供应业				建筑业		
	废弃资源综合利用业	金属制品、机械和设备修理业	小计	电力、热力生产和供应业	燃气生产和供应业	水的生产和供应业	小计	房屋建筑业	土木工程建筑业
铜仁市	**4**		**26**	**17**	**1**	**8**	**418**	**278**	**25**
碧江区	3		25	17	1	7	310	199	22
万山区	1		1			1	108	79	3
江口县									
玉屏侗族自治县									
石阡县									
思南县									
印江土家族苗族自治县									
德江县									
沿河土家族自治县									
松桃苗族自治县									
黔西南布依族苗族自治州	**22**	**3**	**193**	**138**	**14**	**41**	**890**	**585**	**51**
兴义市	16	2	178	134	10	34	730	456	45
兴仁市	6	1	15	4	4	7	160	129	6
普安县									
晴隆县									
贞丰县									
望谟县									
册亨县									
安龙县									
黔东南苗族侗族自治州	**26**	**2**	**105**	**70**	**14**	**21**	**581**	**379**	**29**
凯里市	26	2	105	70	14	21	581	379	29
黄平县									
施秉县									
三穗县									
镇远县									
岑巩县									
天柱县									
锦屏县									
剑河县									
台江县									
黎平县									
榕江县									
从江县									
雷山县									
麻江县									
丹寨县									
黔南布依族苗族自治州	**10**	**1**	**79**	**57**	**7**	**15**	**408**	**216**	**29**
都匀市	5	1	67	50	6	11	290	123	27
福泉市	5		12	7	1	4	118	93	2
荔波县									
贵定县									
瓮安县									
独山县									
平塘县									
罗甸县									
长顺县									
龙里县									
惠水县									
三都水族自治县									

4-4a　续表 36

单位：人

地　区 性　别	建筑业		批发和零售业			交通运输、仓储和邮政业			
	建　筑 安装业	建筑装饰、装修和其他建筑业	小计	批发业	零售业	小计	铁　路 运输业	道　路 运输业	水　上 运输业
贵　州	**2933**	**16351**	**72260**	**17740**	**54520**	**26782**	**2134**	**16914**	**60**
贵阳市	**1280**	**7096**	**32920**	**9279**	**23641**	**12260**	**1112**	**7473**	**24**
南明区	297	2046	9871	2592	7279	3980	577	2339	4
云岩区	403	2144	8747	2455	6292	3311	152	2045	4
花溪区	133	725	4963	1389	3574	2005	230	1183	4
乌当区	28	262	1354	382	972	449	17	287	3
白云区	155	741	2563	626	1937	1035	65	719	3
观山湖区	187	785	3989	1465	2524	968	53	548	6
开阳县									
息烽县									
修文县									
清镇市	77	393	1433	370	1063	512	18	352	
六盘水市	**150**	**1427**	**6233**	**1314**	**4919**	**2735**	**430**	**1636**	**3**
钟山区	95	934	4083	968	3115	1831	365	1017	2
六枝特区	24	195	861	95	766	350	17	219	
水城县									
盘州市	31	298	1289	251	1038	554	48	400	1
遵义市	**544**	**3062**	**14403**	**3189**	**11214**	**4861**	**177**	**3153**	**21**
红花岗区	223	1171	5988	1496	4492	2026	126	1317	5
汇川区	145	835	2901	638	2263	1096	30	701	
播州区	81	577	2510	496	2014	866	18	627	
桐梓县									
绥阳县									
正安县									
道真仡佬族苗族自治县									
务川仡佬族苗族自治县									
凤冈县									
湄潭县									
余庆县									
习水县									
赤水市	19	154	597	76	521	238	1	153	16
仁怀市	76	325	2407	483	1924	635	2	355	
安顺市	**106**	**638**	**3477**	**762**	**2715**	**1147**	**60**	**764**	**2**
西秀区	83	540	3040	700	2340	1001	51	675	1
平坝区	23	98	437	62	375	146	9	89	1
普定县									
镇宁布依族苗族自治县									
关岭布依族苗族自治县									
紫云苗族布依族自治县									
毕节市	**182**	**656**	**2926**	**581**	**2345**	**1126**	**15**	**816**	
七星关区	182	656	2926	581	2345	1126	15	816	
大方县									
黔西县									
金沙县									
织金县									
纳雍县									
威宁彝族回族苗族自治县									
赫章县									

4-4a 续表 37

单位：人

地 区 性 别	建筑业		批发和零售业			交通运输、仓储和邮政业			
	建筑安装业	建筑装饰、装修和其他建筑业	小计	批发业	零售业	小计	铁路运输业	道路运输业	水上运输业
铜仁市	**121**	**616**	**1838**	**544**	**1294**	**515**	**5**	**352**	**2**
碧江区	108	488	1538	497	1041	422	4	297	1
万山区	13	128	300	47	253	93	1	55	1
江口县									
玉屏侗族自治县									
石阡县									
思南县									
印江土家族苗族自治县									
德江县									
沿河土家族自治县									
松桃苗族自治县									
黔西南布依族苗族自治州	**263**	**1185**	**4455**	**1035**	**3420**	**1597**	**53**	**1063**	**2**
兴义市	238	1032	3741	910	2831	1329	45	910	2
兴仁市	25	153	714	125	589	268	8	153	
普安县									
晴隆县									
贞丰县									
望谟县									
册亨县									
安龙县									
黔东南苗族侗族自治州	**144**	**952**	**3574**	**653**	**2921**	**1394**	**178**	**860**	**6**
凯里市	144	952	3574	653	2921	1394	178	860	6
黄平县									
施秉县									
三穗县									
镇远县									
岑巩县									
天柱县									
锦屏县									
剑河县									
台江县									
黎平县									
榕江县									
从江县									
雷山县									
麻江县									
丹寨县									
黔南布依族苗族自治州	**143**	**719**	**2434**	**383**	**2051**	**1147**	**104**	**797**	
都匀市	116	581	1962	301	1661	885	97	601	
福泉市	27	138	472	82	390	262	7	196	
荔波县									
贵定县									
瓮安县									
独山县									
平塘县									
罗甸县									
长顺县									
龙里县									
惠水县									
三都水族自治县									

4-4a　续表 38　　　　单位：人

地区 性别	建筑业		批发和零售业			交通运输、仓储和邮政业			
	建筑安装业	建筑装饰、装修和其他建筑业	小计	批发业	零售业	小计	铁路运输业	道路运输业	水上运输业
男	**2569**	**13471**	**34557**	**10640**	**23917**	**22038**	**1628**	**14689**	**48**
贵　州	**2569**	**13471**	**34557**	**10640**	**23917**	**22038**	**1628**	**14689**	**48**
贵阳市	**1086**	**5756**	**16434**	**5570**	**10864**	**9898**	**807**	**6440**	**17**
南明区	258	1682	4859	1538	3321	3224	426	2001	4
云岩区	343	1740	4317	1456	2861	2650	104	1753	3
花溪区	111	597	2581	881	1700	1610	173	1021	4
乌当区	26	211	658	221	437	370	12	248	1
白云区	130	610	1236	388	848	863	43	643	1
观山湖区	147	589	2093	855	1238	743	36	452	4
开阳县									
息烽县									
修文县									
清镇市	71	327	690	231	459	438	13	322	
六盘水市	**134**	**1185**	**2804**	**809**	**1995**	**2256**	**359**	**1394**	**3**
钟山区	80	765	1857	584	1273	1508	307	868	2
六枝特区	24	175	373	59	314	295	12	194	
水城县									
盘州市	30	245	574	166	408	453	40	332	1
遵义市	**480**	**2582**	**6803**	**1965**	**4838**	**4032**	**134**	**2787**	**19**
红花岗区	199	975	2859	914	1945	1684	94	1153	5
汇川区	124	688	1344	400	944	893	24	612	
播州区	70	502	1100	296	804	721	14	560	
桐梓县									
绥阳县									
正安县									
道真仡佬族苗族自治县									
务川仡佬族苗族自治县									
凤冈县									
湄潭县									
余庆县									
习水县									
赤水市	18	132	227	40	187	209	1	143	14
仁怀市	69	285	1273	315	958	525	1	319	
安顺市	**100**	**547**	**1601**	**457**	**1144**	**965**	**49**	**662**	**2**
西秀区	78	461	1407	419	988	840	43	582	1
平坝区	22	86	194	38	156	125	6	80	1
普定县									
镇宁布依族苗族自治县									
关岭布依族苗族自治县									
紫云苗族布依族自治县									
毕节市	**168**	**564**	**1318**	**337**	**981**	**968**	**9**	**730**	
七星关区	168	564	1318	337	981	968	9	730	
大方县									
黔西县									
金沙县									
织金县									
纳雍县									
威宁彝族回族苗族自治县									
赫章县									

4-4a 续表 39

单位：人

地区 性别	建筑业		批发和零售业			交通运输、仓储和邮政业			
	建筑安装业	建筑装饰、装修和其他建筑业	小计	批发业	零售业	小计	铁路运输业	道路运输业	水上运输业
铜仁市	**107**	**515**	**859**	**305**	**554**	**432**	**1**	**313**	**1**
碧江区	95	412	715	273	442	354	1	263	
万山区	12	103	144	32	112	78		50	1
江口县									
玉屏侗族自治县									
石阡县									
思南县									
印江土家族苗族自治县									
德江县									
沿河土家族自治县									
松桃苗族自治县									
黔西南布依族苗族自治州	**239**	**955**	**2065**	**599**	**1466**	**1318**	**43**	**900**	**2**
兴义市	215	826	1743	526	1217	1092	39	761	2
兴仁市	24	129	322	73	249	226	4	139	
普安县									
晴隆县									
贞丰县									
望谟县									
册亨县									
安龙县									
黔东南苗族侗族自治州	**128**	**795**	**1638**	**385**	**1253**	**1180**	**137**	**757**	**4**
凯里市	128	795	1638	385	1253	1180	137	757	4
黄平县									
施秉县									
三穗县									
镇远县									
岑巩县									
天柱县									
锦屏县									
剑河县									
台江县									
黎平县									
榕江县									
从江县									
雷山县									
麻江县									
丹寨县									
黔南布依族苗族自治州	**127**	**572**	**1035**	**213**	**822**	**989**	**89**	**706**	
都匀市	103	454	844	162	682	767	84	532	
福泉市	24	118	191	51	140	222	5	174	
荔波县									
贵定县									
瓮安县									
独山县									
平塘县									
罗甸县									
长顺县									
龙里县									
惠水县									
三都水族自治县									

4−4a　续表 40　　　　　　　　　　　　　　　　　　　　　　　　　　　　　　单位：人

地　区 性　别	建筑业		批发和零售业			交通运输、仓储和邮政业			
	建　筑 安装业	建筑装饰、装修和其他建筑业	小计	批发业	零售业	小计	铁　路 运输业	道　路 运输业	水　上 运输业
女	**364**	**2880**	**37703**	**7100**	**30603**	**4744**	**506**	**2225**	**12**
贵　州	**364**	**2880**	**37703**	**7100**	**30603**	**4744**	**506**	**2225**	**12**
贵阳市	**194**	**1340**	**16486**	**3709**	**12777**	**2362**	**305**	**1033**	**7**
南明区	39	364	5012	1054	3958	756	151	338	
云岩区	60	404	4430	999	3431	661	48	292	1
花溪区	22	128	2382	508	1874	395	57	162	
乌当区	2	51	696	161	535	79	5	39	2
白云区	25	131	1327	238	1089	172	22	76	2
观山湖区	40	196	1896	610	1286	225	17	96	2
开阳县									
息烽县									
修文县									
清镇市	6	66	743	139	604	74	5	30	
六盘水市	**16**	**242**	**3429**	**505**	**2924**	**479**	**71**	**242**	
钟山区	15	169	2226	384	1842	323	58	149	
六枝特区		20	488	36	452	55	5	25	
水城县									
盘州市	1	53	715	85	630	101	8	68	
遵义市	**64**	**480**	**7600**	**1224**	**6376**	**829**	**43**	**366**	**2**
红花岗区	24	196	3129	582	2547	342	32	164	
汇川区	21	147	1557	238	1319	203	6	89	
播州区	11	75	1410	200	1210	145	4	67	
桐梓县									
绥阳县									
正安县									
道真仡佬族苗族自治县									
务川仡佬族苗族自治县									
凤冈县									
湄潭县									
余庆县									
习水县									
赤水市	1	22	370	36	334	29		10	2
仁怀市	7	40	1134	168	966	110	1	36	
安顺市	**6**	**91**	**1876**	**305**	**1571**	**182**	**11**	**102**	
西秀区	5	79	1633	281	1352	161	8	93	
平坝区	1	12	243	24	219	21	3	9	
普定县									
镇宁布依族苗族自治县									
关岭布依族苗族自治县									
紫云苗族布依族自治县									
毕节市	**14**	**92**	**1608**	**244**	**1364**	**158**	**6**	**86**	
七星关区	14	92	1608	244	1364	158	6	86	
大方县									
黔西县									
金沙县									
织金县									
纳雍县									
威宁彝族回族苗族自治县									
赫章县									

4-4a 续表 41

单位：人

地区 性别	建筑业		批发和零售业			交通运输、仓储和邮政业			
	建筑安装业	建筑装饰、装修和其他建筑业	小计	批发业	零售业	小计	铁路运输业	道路运输业	水上运输业
铜仁市	**14**	**101**	**979**	**239**	**740**	**83**	**4**	**39**	**1**
碧江区	13	76	823	224	599	68	3	34	1
万山区	1	25	156	15	141	15	1	5	
江口县									
玉屏侗族自治县									
石阡县									
思南县									
印江土家族苗族自治县									
德江县									
沿河土家族自治县									
松桃苗族自治县									
黔西南布依族苗族自治州	**24**	**230**	**2390**	**436**	**1954**	**279**	**10**	**163**	
兴义市	23	206	1998	384	1614	237	6	149	
兴仁市	1	24	392	52	340	42	4	14	
普安县									
晴隆县									
贞丰县									
望谟县									
册亨县									
安龙县									
黔东南苗族侗族自治州	**16**	**157**	**1936**	**268**	**1668**	**214**	**41**	**103**	**2**
凯里市	16	157	1936	268	1668	214	41	103	2
黄平县									
施秉县									
三穗县									
镇远县									
岑巩县									
天柱县									
锦屏县									
剑河县									
台江县									
黎平县									
榕江县									
从江县									
雷山县									
麻江县									
丹寨县									
黔南布依族苗族自治州	**16**	**147**	**1399**	**170**	**1229**	**158**	**15**	**91**	
都匀市	13	127	1118	139	979	118	13	69	
福泉市	3	20	281	31	250	40	2	22	
荔波县									
贵定县									
瓮安县									
独山县									
平塘县									
罗甸县									
长顺县									
龙里县									
惠水县									
三都水族自治县									

4-4a 续表 42 单位：人

地区 性别	交通运输、仓储和邮政业					住宿和餐饮业		
	航空运输业	管道运输业	多式联运和运输代理业	装卸搬运和仓储业	邮政业	小计	住宿业	餐饮业
贵州	**802**	**12**	**428**	**3315**	**3117**	**27910**	**4242**	**23668**
贵阳市	**609**	**7**	**219**	**1365**	**1451**	**12014**	**1792**	**10222**
南明区	245		53	434	328	3390	546	2844
云岩区	177		71	493	369	3248	446	2802
花溪区	88	2	25	166	307	1764	249	1515
乌当区	28	2	8	20	84	474	76	398
白云区	13		7	102	126	1150	136	1014
观山湖区	54	3	36	98	170	1394	283	1111
开阳县								
息烽县								
修文县								
清镇市	4		19	52	67	594	56	538
六盘水市	**30**		**24**	**371**	**241**	**2744**	**347**	**2397**
钟山区	25		13	260	149	1664	225	1439
六枝特区	4		3	68	39	366	40	326
水城县								
盘州市	1		8	43	53	714	82	632
遵义市	**77**	**3**	**87**	**726**	**617**	**5207**	**840**	**4367**
红花岗区	22	1	24	297	234	2056	379	1677
汇川区	30		25	209	101	1225	172	1053
播州区	5		13	65	138	792	98	694
桐梓县								
绥阳县								
正安县								
道真仡佬族苗族自治县								
务川仡佬族苗族自治县								
凤冈县								
湄潭县								
余庆县								
习水县								
赤水市	1	2	2	31	32	373	60	313
仁怀市	19		23	124	112	761	131	630
安顺市	**27**		**36**	**135**	**123**	**1528**	**215**	**1313**
西秀区	25		35	110	104	1302	194	1108
平坝区	2		1	25	19	226	21	205
普定县								
镇宁布依族苗族自治县								
关岭布依族苗族自治县								
紫云苗族布依族自治县								
毕节市	**15**	**1**	**20**	**142**	**117**	**1133**	**162**	**971**
七星关区	15	1	20	142	117	1133	162	971
大方县								
黔西县								
金沙县								
织金县								
纳雍县								
威宁彝族回族苗族自治县								
赫章县								

4—4a 续表 43

单位：人

地 区 性 别	交通运输、仓储和邮政业					住宿和餐饮业		
	航 空 运输业	管 道 运输业	多式联运 和运输 代理业	装卸搬运 和仓储业	邮政业	小计	住宿业	餐饮业
铜仁市	**6**		**13**	**58**	**79**	**711**	**111**	**600**
碧江区	5		10	48	57	529	76	453
万山区	1		3	10	22	182	35	147
江口县								
玉屏侗族自治县								
石阡县								
思南县								
印江土家族苗族自治县								
德江县								
沿河土家族自治县								
松桃苗族自治县								
黔西南布依族苗族自治州	**23**	**1**	**11**	**252**	**192**	**2073**	**327**	**1746**
兴义市	23	1	10	195	143	1696	290	1406
兴仁市			1	57	49	377	37	340
普安县								
晴隆县								
贞丰县								
望谟县								
册亨县								
安龙县								
黔东南苗族侗族自治州	**8**		**16**	**159**	**167**	**1439**	**301**	**1138**
凯里市	8		16	159	167	1439	301	1138
黄平县								
施秉县								
三穗县								
镇远县								
岑巩县								
天柱县								
锦屏县								
剑河县								
台江县								
黎平县								
榕江县								
从江县								
雷山县								
麻江县								
丹寨县								
黔南布依族苗族自治州	**7**		**2**	**107**	**130**	**1061**	**147**	**914**
都匀市	7			81	99	837	106	731
福泉市			2	26	31	224	41	183
荔波县								
贵定县								
瓮安县								
独山县								
平塘县								
罗甸县								
长顺县								
龙里县								
惠水县								
三都水族自治县								

4-4a 续表 44

单位：人

地区 性别	交通运输、仓储和邮政业					住宿和餐饮业		
	航空运输业	管道运输业	多式联运和运输代理业	装卸搬运和仓储业	邮政业	小计	住宿业	餐饮业
男	**520**	**9**	**346**	**2523**	**2275**	**12866**	**1566**	**11300**
贵州	**520**	**9**	**346**	**2523**	**2275**	**12866**	**1566**	**11300**
贵阳市	**393**	**5**	**165**	**1034**	**1037**	**5955**	**672**	**5283**
南明区	164		41	337	251	1702	191	1511
云岩区	111		55	366	258	1661	167	1494
花溪区	55	2	17	122	216	891	103	788
乌当区	21	2	7	15	64	231	29	202
白云区	9		7	75	85	524	43	481
观山湖区	29	1	23	81	117	671	121	550
开阳县								
息烽县								
修文县								
清镇市	4		15	38	46	275	18	257
六盘水市	**20**		**21**	**283**	**176**	**1157**	**117**	**1040**
钟山区	16		12	196	107	729	78	651
六枝特区	3		3	52	31	165	16	149
水城县								
盘州市	1		6	35	38	263	23	240
遵义市	**47**	**3**	**73**	**520**	**449**	**2270**	**319**	**1951**
红花岗区	12	1	20	222	177	930	160	770
汇川区	19		21	139	78	540	63	477
播州区	2		10	48	87	325	29	296
桐梓县								
绥阳县								
正安县								
道真仡佬族苗族自治县								
务川仡佬族苗族自治县								
凤冈县								
湄潭县								
余庆县								
习水县								
赤水市		2	2	24	23	166	18	148
仁怀市	14		20	87	84	309	49	260
安顺市	**18**		**34**	**108**	**92**	**687**	**87**	**600**
西秀区	17		33	87	77	581	76	505
平坝区	1		1	21	15	106	11	95
普定县								
镇宁布依族苗族自治县								
关岭布依族苗族自治县								
紫云苗族布依族自治县								
毕节市	**11**		**19**	**116**	**83**	**519**	**54**	**465**
七星关区	11		19	116	83	519	54	465
大方县								
黔西县								
金沙县								
织金县								
纳雍县								
威宁彝族回族苗族自治县								
赫章县								

4-4a 续表 45 单位：人

地区 性别	交通运输、仓储和邮政业					住宿和餐饮业		
	航空运输业	管道运输业	多式联运和运输代理业	装卸搬运和仓储业	邮政业	小计	住宿业	餐饮业
铜仁市	**5**		**11**	**45**	**56**	**318**	**43**	**275**
碧江区	4		8	38	40	241	30	211
万山区	1		3	7	16	77	13	64
江口县								
玉屏侗族自治县								
石阡县								
思南县								
印江土家族苗族自治县								
德江县								
沿河土家族自治县								
松桃苗族自治县								
黔西南布依族苗族自治州	**16**	**1**	**10**	**201**	**145**	**871**	**119**	**752**
兴义市	16	1	9	156	108	725	104	621
兴仁市			1	45	37	146	15	131
普安县								
晴隆县								
贞丰县								
望谟县								
册亨县								
安龙县								
黔东南苗族侗族自治州	**5**		**12**	**133**	**132**	**633**	**111**	**522**
凯里市	5		12	133	132	633	111	522
黄平县								
施秉县								
三穗县								
镇远县								
岑巩县								
天柱县								
锦屏县								
剑河县								
台江县								
黎平县								
榕江县								
从江县								
雷山县								
麻江县								
丹寨县								
黔南布依族苗族自治州	**5**		**1**	**83**	**105**	**456**	**44**	**412**
都匀市	5			63	83	379	36	343
福泉市			1	20	22	77	8	69
荔波县								
贵定县								
瓮安县								
独山县								
平塘县								
罗甸县								
长顺县								
龙里县								
惠水县								
三都水族自治县								

4-4a 续表 46

单位：人

地 区 性 别	交通运输、仓储和邮政业					住宿和餐饮业		
	航空运输业	管道运输业	多式联运和运输代理业	装卸搬运和仓储业	邮政业	小计	住宿业	餐饮业
女	**282**	**3**	**82**	**792**	**842**	**15044**	**2676**	**12368**
贵　州	**282**	**3**	**82**	**792**	**842**	**15044**	**2676**	**12368**
贵阳市	**216**	**2**	**54**	**331**	**414**	**6059**	**1120**	**4939**
南明区	81		12	97	77	1688	355	1333
云岩区	66		16	127	111	1587	279	1308
花溪区	33		8	44	91	873	146	727
乌当区	7		1	5	20	243	47	196
白云区	4			27	41	626	93	533
观山湖区	25	2	13	17	53	723	162	561
开阳县								
息烽县								
修文县								
清镇市			4	14	21	319	38	281
六盘水市	**10**		**3**	**88**	**65**	**1587**	**230**	**1357**
钟山区	9		1	64	42	935	147	788
六枝特区	1			16	8	201	24	177
水城县								
盘州市			2	8	15	451	59	392
遵义市	**30**		**14**	**206**	**168**	**2937**	**521**	**2416**
红花岗区	10		4	75	57	1126	219	907
汇川区	11		4	70	23	685	109	576
播州区	3		3	17	51	467	69	398
桐梓县								
绥阳县								
正安县								
道真仡佬族苗族自治县								
务川仡佬族苗族自治县								
凤冈县								
湄潭县								
余庆县								
习水县								
赤水市	1			7	9	207	42	165
仁怀市	5		3	37	28	452	82	370
安顺市	**9**		**2**	**27**	**31**	**841**	**128**	**713**
西秀区	8		2	23	27	721	118	603
平坝区	1			4	4	120	10	110
普定县								
镇宁布依族苗族自治县								
关岭布依族苗族自治县								
紫云苗族布依族自治县								
毕节市	**4**	**1**	**1**	**26**	**34**	**614**	**108**	**506**
七星关区	4	1	1	26	34	614	108	506
大方县								
黔西县								
金沙县								
织金县								
纳雍县								
威宁彝族回族苗族自治县								
赫章县								

4-4a 续表 47

单位：人

地区 性别	交通运输、仓储和邮政业					住宿和餐饮业		
	航空运输业	管道运输业	多式联运和运输代理业	装卸搬运和仓储业	邮政业	小计	住宿业	餐饮业
铜仁市	**1**		**2**	**13**	**23**	**393**	**68**	**325**
碧江区	1		2	10	17	288	46	242
万山区				3	6	105	22	83
江口县								
玉屏侗族自治县								
石阡县								
思南县								
印江土家族苗族自治县								
德江县								
沿河土家族自治县								
松桃苗族自治县								
黔西南布依族苗族自治州	**7**		**1**	**51**	**47**	**1202**	**208**	**994**
兴义市	7		1	39	35	971	186	785
兴仁市				12	12	231	22	209
普安县								
晴隆县								
贞丰县								
望谟县								
册亨县								
安龙县								
黔东南苗族侗族自治州	**3**		**4**	**26**	**35**	**806**	**190**	**616**
凯里市	3		4	26	35	806	190	616
黄平县								
施秉县								
三穗县								
镇远县								
岑巩县								
天柱县								
锦屏县								
剑河县								
台江县								
黎平县								
榕江县								
从江县								
雷山县								
麻江县								
丹寨县								
黔南布依族苗族自治州	**2**		**1**	**24**	**25**	**605**	**103**	**502**
都匀市	2			18	16	458	70	388
福泉市			1	6	9	147	33	114
荔波县								
贵定县								
瓮安县								
独山县								
平塘县								
罗甸县								
长顺县								
龙里县								
惠水县								
三都水族自治县								

4-4a　续表 48　　　单位：人

地　区 性　别	信息传输、软件和信息技术服务业 小计	电信、广播电视和卫星传输服务	互联网和相关服务	软件和信息技术服务业	金融业 小计	货币金融服务	资本市场服务	保险业	其他金融业
贵　州	**8071**	**3131**	**2020**	**2920**	**10177**	**5301**	**692**	**3145**	**1039**
贵阳市	**4769**	**1403**	**1199**	**2167**	**4992**	**2488**	**419**	**1413**	**672**
南明区	1256	357	376	523	1325	632	143	389	161
云岩区	1553	463	367	723	1665	799	132	485	249
花溪区	421	154	105	162	528	294	26	180	28
乌当区	216	67	53	96	226	118	22	51	35
白云区	297	81	62	154	261	137	16	90	18
观山湖区	920	242	202	476	833	432	69	168	164
开阳县									
息烽县									
修文县									
清镇市	106	39	34	33	154	76	11	50	17
六盘水市	**497**	**306**	**101**	**90**	**820**	**475**	**65**	**244**	**36**
钟山区	333	217	56	60	506	295	17	172	22
六枝特区	78	43	25	10	89	58	9	20	2
水城县									
盘州市	86	46	20	20	225	122	39	52	12
遵义市	**998**	**420**	**321**	**257**	**1670**	**842**	**68**	**605**	**155**
红花岗区	422	164	151	107	587	294	27	214	52
汇川区	296	138	79	79	623	321	20	218	64
播州区	151	54	56	41	209	82	5	105	17
桐梓县									
绥阳县									
正安县									
道真仡佬族苗族自治县									
务川仡佬族苗族自治县									
凤冈县									
湄潭县									
余庆县									
习水县									
赤水市	54	21	16	17	101	58	9	30	4
仁怀市	75	43	19	13	150	87	7	38	18
安顺市	**344**	**198**	**78**	**68**	**550**	**308**	**35**	**157**	**50**
西秀区	312	180	73	59	472	255	34	141	42
平坝区	32	18	5	9	78	53	1	16	8
普定县									
镇宁布依族苗族自治县									
关岭布依族苗族自治县									
紫云苗族布依族自治县									
毕节市	**323**	**184**	**50**	**89**	**375**	**220**	**19**	**112**	**24**
七星关区	323	184	50	89	375	220	19	112	24
大方县									
黔西县									
金沙县									
织金县									
纳雍县									
威宁彝族回族苗族自治县									
赫章县									

4-4a 续表 49 单位：人

地区 性别	信息传输、软件和信息技术服务业				金融业				
	小计	电信、广播电视和卫星传输服务	互联网和相关服务	软件和信息技术服务业	小计	货币金融服务	资本市场服务	保险业	其他金融业
铜仁市	**161**	**63**	**47**	**51**	**221**	**55**	**13**	**131**	**22**
碧江区	129	58	29	42	197	47	12	119	19
万山区	32	5	18	9	24	8	1	12	3
江口县									
玉屏侗族自治县									
石阡县									
思南县									
印江土家族苗族自治县									
德江县									
沿河土家族自治县									
松桃苗族自治县									
黔西南布依族苗族自治州	**400**	**205**	**111**	**84**	**606**	**359**	**27**	**189**	**31**
兴义市	362	186	100	76	550	326	25	172	27
兴仁市	38	19	11	8	56	33	2	17	4
普安县									
晴隆县									
贞丰县									
望谟县									
册亨县									
安龙县									
黔东南苗族侗族自治州	**298**	**172**	**70**	**56**	**451**	**264**	**20**	**145**	**22**
凯里市	298	172	70	56	451	264	20	145	22
黄平县									
施秉县									
三穗县									
镇远县									
岑巩县									
天柱县									
锦屏县									
剑河县									
台江县									
黎平县									
榕江县									
从江县									
雷山县									
麻江县									
丹寨县									
黔南布依族苗族自治州	**281**	**180**	**43**	**58**	**492**	**290**	**26**	**149**	**27**
都匀市	244	147	41	56	414	246	25	116	27
福泉市	37	33	2	2	78	44	1	33	
荔波县									
贵定县									
瓮安县									
独山县									
平塘县									
罗甸县									
长顺县									
龙里县									
惠水县									
三都水族自治县									

4-4a　续表 50　　　　单位：人

地　区 性　别	信息传输、软件和信息技术服务业				金融业				
	小计	电信、广播电视和卫星传输服务	互联网和相关服务	软件和信息技术服务业	小计	货币金融服务	资本市场服务	保险业	其他金融业
男	**5273**	**1845**	**1382**	**2046**	**4823**	**2600**	**385**	**1290**	**548**
贵　州	**5273**	**1845**	**1382**	**2046**	**4823**	**2600**	**385**	**1290**	**548**
贵阳市	**3094**	**791**	**809**	**1494**	**2362**	**1183**	**242**	**558**	**379**
南明区	791	209	239	343	622	292	83	150	97
云岩区	1030	250	278	502	775	380	72	185	138
花溪区	277	89	70	118	244	143	14	69	18
乌当区	143	36	32	75	117	62	11	23	21
白云区	197	50	44	103	120	63	12	36	9
观山湖区	593	136	128	329	400	201	42	73	84
开阳县									
息烽县									
修文县									
清镇市	63	21	18	24	84	42	8	22	12
六盘水市	**320**	**185**	**66**	**69**	**383**	**233**	**37**	**98**	**15**
钟山区	213	130	36	47	236	143	8	75	10
六枝特区	53	29	15	9	39	25	5	7	2
水城县									
盘州市	54	26	15	13	108	65	24	16	3
遵义市	**675**	**253**	**239**	**183**	**787**	**425**	**38**	**252**	**72**
红花岗区	287	98	115	74	292	154	15	96	27
汇川区	194	84	55	55	287	155	12	91	29
播州区	106	32	44	30	90	42	4	37	7
桐梓县									
绥阳县									
正安县									
道真仡佬族苗族自治县									
务川仡佬族苗族自治县									
凤冈县									
湄潭县									
余庆县									
习水县									
赤水市	38	13	12	13	49	32	3	11	3
仁怀市	50	26	13	11	69	42	4	17	6
安顺市	**228**	**118**	**59**	**51**	**267**	**148**	**23**	**75**	**21**
西秀区	209	110	55	44	228	121	22	67	18
平坝区	19	8	4	7	39	27	1	8	3
普定县									
镇宁布依族苗族自治县									
关岭布依族苗族自治县									
紫云苗族布依族自治县									
毕节市	**220**	**125**	**32**	**63**	**197**	**117**	**10**	**56**	**14**
七星关区	220	125	32	63	197	117	10	56	14
大方县									
黔西县									
金沙县									
织金县									
纳雍县									
威宁彝族回族苗族自治县									
赫章县									

4-4a 续表 51 单位：人

地区 性别	信息传输、软件和信息技术服务业				金融业				
	小计	电信、广播电视和卫星传输服务	互联网和相关服务	软件和信息技术服务业	小计	货币金融服务	资本市场服务	保险业	其他金融业
铜仁市	**112**	**42**	**32**	**38**	**93**	**27**	**6**	**49**	**11**
碧江区	89	38	20	31	82	25	5	42	10
万山区	23	4	12	7	11	2	1	7	1
江口县									
玉屏侗族自治县									
石阡县									
思南县									
印江土家族苗族自治县									
德江县									
沿河土家族自治县									
松桃苗族自治县									
黔西南布依族苗族自治州	**275**	**131**	**79**	**65**	**299**	**190**	**12**	**84**	**13**
兴义市	248	118	72	58	269	175	11	73	10
兴仁市	27	13	7	7	30	15	1	11	3
普安县									
晴隆县									
贞丰县									
望谟县									
册亨县									
安龙县									
黔东南苗族侗族自治州	**175**	**94**	**42**	**39**	**207**	**129**	**7**	**58**	**13**
凯里市	175	94	42	39	207	129	7	58	13
黄平县									
施秉县									
三穗县									
镇远县									
岑巩县									
天柱县									
锦屏县									
剑河县									
台江县									
黎平县									
榕江县									
从江县									
雷山县									
麻江县									
丹寨县									
黔南布依族苗族自治州	**174**	**106**	**24**	**44**	**228**	**148**	**10**	**60**	**10**
都匀市	157	91	23	43	196	126	10	50	10
福泉市	17	15	1	1	32	22		10	
荔波县									
贵定县									
瓮安县									
独山县									
平塘县									
罗甸县									
长顺县									
龙里县									
惠水县									
三都水族自治县									

4-4a　续表 52　　　　　　单位：人

地　区 性　别	信息传输、软件和信息技术服务业				金融业				
	小计	电信、广播电视和卫星传输服务	互联网和相关服务	软件和信息技术服务业	小计	货币金融服务	资本市场服务	保险业	其他金融业
女	**2798**	**1286**	**638**	**874**	**5354**	**2701**	**307**	**1855**	**491**
贵　州	**2798**	**1286**	**638**	**874**	**5354**	**2701**	**307**	**1855**	**491**
贵阳市	**1675**	**612**	**390**	**673**	**2630**	**1305**	**177**	**855**	**293**
南明区	465	148	137	180	703	340	60	239	64
云岩区	523	213	89	221	890	419	60	300	111
花溪区	144	65	35	44	284	151	12	111	10
乌当区	73	31	21	21	109	56	11	28	14
白云区	100	31	18	51	141	74	4	54	9
观山湖区	327	106	74	147	433	231	27	95	80
开阳县									
息烽县									
修文县									
清镇市	43	18	16	9	70	34	3	28	5
六盘水市	**177**	**121**	**35**	**21**	**437**	**242**	**28**	**146**	**21**
钟山区	120	87	20	13	270	152	9	97	12
六枝特区	25	14	10	1	50	33	4	13	
水城县									
盘州市	32	20	5	7	117	57	15	36	9
遵义市	**323**	**167**	**82**	**74**	**883**	**417**	**30**	**353**	**83**
红花岗区	135	66	36	33	295	140	12	118	25
汇川区	102	54	24	24	336	166	8	127	35
播州区	45	22	12	11	119	40	1	68	10
桐梓县									
绥阳县									
正安县									
道真仡佬族苗族自治县									
务川仡佬族苗族自治县									
凤冈县									
湄潭县									
余庆县									
习水县									
赤水市	16	8	4	4	52	26	6	19	1
仁怀市	25	17	6	2	81	45	3	21	12
安顺市	**116**	**80**	**19**	**17**	**283**	**160**	**12**	**82**	**29**
西秀区	103	70	18	15	244	134	12	74	24
平坝区	13	10	1	2	39	26		8	5
普定县									
镇宁布依族苗族自治县									
关岭布依族苗族自治县									
紫云苗族布依族自治县									
毕节市	**103**	**59**	**18**	**26**	**178**	**103**	**9**	**56**	**10**
七星关区	103	59	18	26	178	103	9	56	10
大方县									
黔西县									
金沙县									
织金县									
纳雍县									
威宁彝族回族苗族自治县									
赫章县									

4-4a 续表 53 单位：人

地 区 性 别	信息传输、软件和信息技术服务业				金融业				
	小计	电信、广播电视和卫星传输服务	互联网和相关服务	软件和信息技术服务业	小计	货币金融服务	资本市场服务	保险业	其他金融业
铜仁市	**49**	**21**	**15**	**13**	**128**	**28**	**7**	**82**	**11**
碧江区	40	20	9	11	115	22	7	77	9
万山区	9	1	6	2	13	6		5	2
江口县									
玉屏侗族自治县									
石阡县									
思南县									
印江土家族苗族自治县									
德江县									
沿河土家族自治县									
松桃苗族自治县									
黔西南布依族苗族自治州	**125**	**74**	**32**	**19**	**307**	**169**	**15**	**105**	**18**
兴义市	114	68	28	18	281	151	14	99	17
兴仁市	11	6	4	1	26	18	1	6	1
普安县									
晴隆县									
贞丰县									
望谟县									
册亨县									
安龙县									
黔东南苗族侗族自治州	**123**	**78**	**28**	**17**	**244**	**135**	**13**	**87**	**9**
凯里市	123	78	28	17	244	135	13	87	9
黄平县									
施秉县									
三穗县									
镇远县									
岑巩县									
天柱县									
锦屏县									
剑河县									
台江县									
黎平县									
榕江县									
从江县									
雷山县									
麻江县									
丹寨县									
黔南布依族苗族自治州	**107**	**74**	**19**	**14**	**264**	**142**	**16**	**89**	**17**
都匀市	87	56	18	13	218	120	15	66	17
福泉市	20	18	1	1	46	22	1	23	
荔波县									
贵定县									
瓮安县									
独山县									
平塘县									
罗甸县									
长顺县									
龙里县									
惠水县									
三都水族自治县									

4–4a　续表 54　　　　单位：人

地　区 性　别	房地产业		租赁和商务服务业			科学研究和技术服务业			
	小计	房地产业	小计	租赁业	商　务 服务业	小计	研究和 试验发展	专业技术 服务业	科技推广 和应用 服务业
贵　州	**13288**	**13288**	**16151**	**1091**	**15060**	**7472**	**761**	**5865**	**846**
贵阳市	**7173**	**7173**	**8936**	**610**	**8326**	**4917**	**602**	**3750**	**565**
南明区	1866	1866	2135	110	2025	1072	101	847	124
云岩区	1886	1886	2548	113	2435	1307	123	1009	175
花溪区	976	976	880	126	754	520	188	295	37
乌当区	357	357	348	16	332	282	28	212	42
白云区	718	718	720	120	600	330	18	290	22
观山湖区	1033	1033	1989	91	1898	1306	132	1020	154
开阳县									
息烽县									
修文县									
清镇市	337	337	316	34	282	100	12	77	11
六盘水市	**821**	**821**	**905**	**63**	**842**	**331**	**11**	**283**	**37**
钟山区	479	479	609	43	566	237	8	207	22
六枝特区	89	89	123	7	116	44	1	39	4
水城县									
盘州市	253	253	173	13	160	50	2	37	11
遵义市	**2359**	**2359**	**2341**	**221**	**2120**	**894**	**55**	**749**	**90**
红花岗区	1130	1130	900	75	825	383	28	328	27
汇川区	528	528	640	53	587	272	17	229	26
播州区	453	453	421	62	359	139	6	116	17
桐梓县									
绥阳县									
正安县									
道真仡佬族苗族自治县									
务川仡佬族苗族自治县									
凤冈县									
湄潭县									
余庆县									
习水县									
赤水市	115	115	107	9	98	31		23	8
仁怀市	133	133	273	22	251	69	4	53	12
安顺市	**532**	**532**	**673**	**25**	**648**	**279**	**18**	**230**	**31**
西秀区	453	453	607	21	586	256	17	214	25
平坝区	79	79	66	4	62	23	1	16	6
普定县									
镇宁布依族苗族自治县									
关岭布依族苗族自治县									
紫云苗族布依族自治县									
毕节市	**469**	**469**	**459**	**25**	**434**	**186**	**15**	**145**	**26**
七星关区	469	469	459	25	434	186	15	145	26
大方县									
黔西县									
金沙县									
织金县									
纳雍县									
威宁彝族回族苗族自治县									
赫章县									

4-4a 续表 55

单位：人

地区 性别	房地产业		租赁和商务服务业			科学研究和技术服务业			
	小计	房地产业	小计	租赁业	商务服务业	小计	研究和试验发展	专业技术服务业	科技推广和应用服务业
铜仁市	**309**	**309**	**1216**	**34**	**1182**	**221**	**17**	**157**	**47**
碧江区	238	238	1099	21	1078	200	17	141	42
万山区	71	71	117	13	104	21		16	5
江口县									
玉屏侗族自治县									
石阡县									
思南县									
印江土家族苗族自治县									
德江县									
沿河土家族自治县									
松桃苗族自治县									
黔西南布依族苗族自治州	**653**	**653**	**649**	**48**	**601**	**263**	**19**	**222**	**22**
兴义市	596	596	494	42	452	241	19	204	18
兴仁市	57	57	155	6	149	22		18	4
普安县									
晴隆县									
贞丰县									
望谟县									
册亨县									
安龙县									
黔东南苗族侗族自治州	**537**	**537**	**632**	**34**	**598**	**224**	**18**	**187**	**19**
凯里市	537	537	632	34	598	224	18	187	19
黄平县									
施秉县									
三穗县									
镇远县									
岑巩县									
天柱县									
锦屏县									
剑河县									
台江县									
黎平县									
榕江县									
从江县									
雷山县									
麻江县									
丹寨县									
黔南布依族苗族自治州	**435**	**435**	**340**	**31**	**309**	**157**	**6**	**142**	**9**
都匀市	352	352	271	19	252	138	6	123	9
福泉市	83	83	69	12	57	19		19	
荔波县									
贵定县									
瓮安县									
独山县									
平塘县									
罗甸县									
长顺县									
龙里县									
惠水县									
三都水族自治县									

4-4a　续表 56　　　　单位：人

地　区 性　别	房地产业		租赁和商务服务业			科学研究和技术服务业			
	小计	房地产业	小计	租赁业	商　务 服务业	小计	研究和 试验发展	专业技术 服务业	科技推广 和应用 服务业
男	**7956**	**7956**	**9797**	**881**	**8916**	**5234**	**463**	**4212**	**559**
贵　州	**7956**	**7956**	**9797**	**881**	**8916**	**5234**	**463**	**4212**	**559**
贵阳市	**4347**	**4347**	**5317**	**499**	**4818**	**3357**	**351**	**2641**	**365**
南明区	1166	1166	1251	98	1153	723	66	582	75
云岩区	1171	1171	1454	90	1364	916	71	730	115
花溪区	603	603	567	107	460	347	108	217	22
乌当区	196	196	206	11	195	183	12	144	27
白云区	419	419	470	94	376	230	13	205	12
观山湖区	602	602	1163	70	1093	884	74	706	104
开阳县									
息烽县									
修文县									
清镇市	190	190	206	29	177	74	7	57	10
六盘水市	**490**	**490**	**604**	**49**	**555**	**260**	**9**	**224**	**27**
钟山区	286	286	403	31	372	186	7	163	16
六枝特区	52	52	83	7	76	38	1	33	4
水城县									
盘州市	152	152	118	11	107	36	1	28	7
遵义市	**1405**	**1405**	**1473**	**181**	**1292**	**652**	**37**	**559**	**56**
红花岗区	667	667	542	62	480	294	20	255	19
汇川区	320	320	402	43	359	187	10	161	16
播州区	265	265	277	52	225	109	5	91	13
桐梓县									
绥阳县									
正安县									
道真仡佬族苗族自治县									
务川仡佬族苗族自治县									
凤冈县									
湄潭县									
余庆县									
习水县									
赤水市	68	68	80	6	74	22		19	3
仁怀市	85	85	172	18	154	40	2	33	5
安顺市	**319**	**319**	**403**	**17**	**386**	**197**	**12**	**163**	**22**
西秀区	270	270	362	14	348	180	11	149	20
平坝区	49	49	41	3	38	17	1	14	2
普定县									
镇宁布依族苗族自治县									
关岭布依族苗族自治县									
紫云苗族布依族自治县									
毕节市	**287**	**287**	**318**	**21**	**297**	**130**	**10**	**102**	**18**
七星关区	287	287	318	21	297	130	10	102	18
大方县									
黔西县									
金沙县									
织金县									
纳雍县									
威宁彝族回族苗族自治县									
赫章县									

4—4a 续表 57

单位：人

地区 性别	房地产业		租赁和商务服务业			科学研究和技术服务业			
	小计	房地产业	小计	租赁业	商务服务业	小计	研究和试验发展	专业技术服务业	科技推广和应用服务业
铜仁市	**179**	**179**	**707**	**29**	**678**	**162**	**16**	**112**	**34**
碧江区	138	138	634	17	617	144	16	99	29
万山区	41	41	73	12	61	18		13	5
江口县									
玉屏侗族自治县									
石阡县									
思南县									
印江土家族苗族自治县									
德江县									
沿河土家族自治县									
松桃苗族自治县									
黔西南布依族苗族自治州	**372**	**372**	**390**	**32**	**358**	**194**	**15**	**160**	**19**
兴义市	334	334	283	27	256	176	15	146	15
兴仁市	38	38	107	5	102	18		14	4
普安县									
晴隆县									
贞丰县									
望谟县									
册亨县									
安龙县									
黔东南苗族侗族自治州	**308**	**308**	**389**	**29**	**360**	**164**	**10**	**142**	**12**
凯里市	308	308	389	29	360	164	10	142	12
黄平县									
施秉县									
三穗县									
镇远县									
岑巩县									
天柱县									
锦屏县									
剑河县									
台江县									
黎平县									
榕江县									
从江县									
雷山县									
麻江县									
丹寨县									
黔南布依族苗族自治州	**249**	**249**	**196**	**24**	**172**	**118**	**3**	**109**	**6**
都匀市	204	204	157	14	143	106	3	97	6
福泉市	45	45	39	10	29	12		12	
荔波县									
贵定县									
瓮安县									
独山县									
平塘县									
罗甸县									
长顺县									
龙里县									
惠水县									
三都水族自治县									

4-4a　续表 58

单位：人

地　区 性　别	房地产业		租赁和商务服务业			科学研究和技术服务业			
	小计	房地产业	小计	租赁业	商　务 服务业	小计	研究和 试验发展	专业技术 服务业	科技推广 和应用 服务业
女	**5332**	**5332**	**6354**	**210**	**6144**	**2238**	**298**	**1653**	**287**
贵　州	**5332**	**5332**	**6354**	**210**	**6144**	**2238**	**298**	**1653**	**287**
贵阳市	**2826**	**2826**	**3619**	**111**	**3508**	**1560**	**251**	**1109**	**200**
南明区	700	700	884	12	872	349	35	265	49
云岩区	715	715	1094	23	1071	391	52	279	60
花溪区	373	373	313	19	294	173	80	78	15
乌当区	161	161	142	5	137	99	16	68	15
白云区	299	299	250	26	224	100	5	85	10
观山湖区	431	431	826	21	805	422	58	314	50
开阳县									
息烽县									
修文县									
清镇市	147	147	110	5	105	26	5	20	1
六盘水市	**331**	**331**	**301**	**14**	**287**	**71**	**2**	**59**	**10**
钟山区	193	193	206	12	194	51	1	44	6
六枝特区	37	37	40		40	6		6	
水城县									
盘州市	101	101	55	2	53	14	1	9	4
遵义市	**954**	**954**	**868**	**40**	**828**	**242**	**18**	**190**	**34**
红花岗区	463	463	358	13	345	89	8	73	8
汇川区	208	208	238	10	228	85	7	68	10
播州区	188	188	144	10	134	30	1	25	4
桐梓县									
绥阳县									
正安县									
道真仡佬族苗族自治县									
务川仡佬族苗族自治县									
凤冈县									
湄潭县									
余庆县									
习水县									
赤水市	47	47	27	3	24	9		4	5
仁怀市	48	48	101	4	97	29	2	20	7
安顺市	**213**	**213**	**270**	**8**	**262**	**82**	**6**	**67**	**9**
西秀区	183	183	245	7	238	76	6	65	5
平坝区	30	30	25	1	24	6		2	4
普定县									
镇宁布依族苗族自治县									
关岭布依族苗族自治县									
紫云苗族布依族自治县									
毕节市	**182**	**182**	**141**	**4**	**137**	**56**	**5**	**43**	**8**
七星关区	182	182	141	4	137	56	5	43	8
大方县									
黔西县									
金沙县									
织金县									
纳雍县									
威宁彝族回族苗族自治县									
赫章县									

4-4a 续表 59 单位：人

地区 性别	房地产业		租赁和商务服务业			科学研究和技术服务业			
	小计	房地产业	小计	租赁业	商务服务业	小计	研究和试验发展	专业技术服务业	科技推广和应用服务业
铜仁市	**130**	**130**	**509**	**5**	**504**	**59**	**1**	**45**	**13**
碧江区	100	100	465	4	461	56	1	42	13
万山区	30	30	44	1	43	3		3	
江口县									
玉屏侗族自治县									
石阡县									
思南县									
印江土家族苗族自治县									
德江县									
沿河土家族自治县									
松桃苗族自治县									
黔西南布依族苗族自治州	**281**	**281**	**259**	**16**	**243**	**69**	**4**	**62**	**3**
兴义市	262	262	211	15	196	65	4	58	3
兴仁市	19	19	48	1	47	4		4	
普安县									
晴隆县									
贞丰县									
望谟县									
册亨县									
安龙县									
黔东南苗族侗族自治州	**229**	**229**	**243**	**5**	**238**	**60**	**8**	**45**	**7**
凯里市	229	229	243	5	238	60	8	45	7
黄平县									
施秉县									
三穗县									
镇远县									
岑巩县									
天柱县									
锦屏县									
剑河县									
台江县									
黎平县									
榕江县									
从江县									
雷山县									
麻江县									
丹寨县									
黔南布依族苗族自治州	**186**	**186**	**144**	**7**	**137**	**39**	**3**	**33**	**3**
都匀市	148	148	114	5	109	32	3	26	3
福泉市	38	38	30	2	28	7		7	
荔波县									
贵定县									
瓮安县									
独山县									
平塘县									
罗甸县									
长顺县									
龙里县									
惠水县									
三都水族自治县									

4-4a 续表 60

单位：人

地 区 性 别	水利、环境和公共设施管理业					居民服务、修理和其他服务业			
	小计	水 利 管理业	生态保护 和环境 治理业	公共设施 管理业	土 地 管理业	小计	居 民 服务业	机动车、 电子产品 和日用产 品修理业	其 他 服务业
贵 州	**3883**	**246**	**274**	**3314**	**49**	**20720**	**12795**	**4643**	**3282**
贵阳市	**1628**	**125**	**136**	**1340**	**27**	**9248**	**5914**	**1867**	**1467**
南明区	393	42	63	283	5	2310	1611	423	276
云岩区	434	38	25	360	11	2569	1631	431	507
花溪区	229	8	2	218	1	1248	705	382	161
乌当区	78	7	5	65	1	537	317	74	146
白云区	211	4	14	191	2	691	336	273	82
观山湖区	209	24	22	157	6	956	571	166	219
开阳县									
息烽县									
修文县									
清镇市	74	2	5	66	1	937	743	118	76
六盘水市	**256**	**27**	**19**	**208**	**2**	**1636**	**1046**	**465**	**125**
钟山区	148	22	9	116	1	1091	730	305	56
六枝特区	56	3	2	50	1	191	111	51	29
水城县									
盘州市	52	2	8	42		354	205	109	40
遵义市	**712**	**23**	**38**	**642**	**9**	**4036**	**2553**	**850**	**633**
红花岗区	287	4	11	268	4	1499	911	297	291
汇川区	205	7	10	187	1	879	568	199	112
播州区	55		9	44	2	789	544	170	75
桐梓县									
绥阳县									
正安县									
道真仡佬族苗族自治县									
务川仡佬族苗族自治县									
凤冈县									
湄潭县									
余庆县									
习水县									
赤水市	62	5	4	53		241	164	56	21
仁怀市	103	7	4	90	2	628	366	128	134
安顺市	**269**	**8**	**13**	**248**		**1061**	**602**	**245**	**214**
西秀区	230	8	11	211		927	525	216	186
平坝区	39		2	37		134	77	29	28
普定县									
镇宁布依族苗族自治县									
关岭布依族苗族自治县									
紫云苗族布依族自治县									
毕节市	**244**	**10**	**17**	**217**		**734**	**408**	**215**	**111**
七星关区	244	10	17	217		734	408	215	111
大方县									
黔西县									
金沙县									
织金县									
纳雍县									
威宁彝族回族苗族自治县									
赫章县									

4-4a 续表 61 单位：人

地区 性别	水利、环境和公共设施管理业					居民服务、修理和其他服务业			
	小计	水利管理业	生态保护和环境治理业	公共设施管理业	土地管理业	小计	居民服务业	机动车、电子产品和日用产品修理业	其他服务业
铜仁市	**185**	**7**	**14**	**163**	**1**	**593**	**320**	**125**	**148**
碧江区	134	7	9	118		479	276	96	107
万山区	51		5	45	1	114	44	29	41
江口县									
玉屏侗族自治县									
石阡县									
思南县									
印江土家族苗族自治县									
德江县									
沿河土家族自治县									
松桃苗族自治县									
黔西南布依族苗族自治州	**270**	**28**	**15**	**223**	**4**	**1401**	**828**	**380**	**193**
兴义市	241	28	11	198	4	1126	658	315	153
兴仁市	29		4	25		275	170	65	40
普安县									
晴隆县									
贞丰县									
望谟县									
册亨县									
安龙县									
黔东南苗族侗族自治州	**179**	**13**	**9**	**153**	**4**	**1137**	**637**	**281**	**219**
凯里市	179	13	9	153	4	1137	637	281	219
黄平县									
施秉县									
三穗县									
镇远县									
岑巩县									
天柱县									
锦屏县									
剑河县									
台江县									
黎平县									
榕江县									
从江县									
雷山县									
麻江县									
丹寨县									
黔南布依族苗族自治州	**140**	**5**	**13**	**120**	**2**	**874**	**487**	**215**	**172**
都匀市	87	5	12	68	2	667	370	158	139
福泉市	53		1	52		207	117	57	33
荔波县									
贵定县									
瓮安县									
独山县									
平塘县									
罗甸县									
长顺县									
龙里县									
惠水县									
三都水族自治县									

4-4a　续表 62

单位：人

地　区 性　别	水利、环境和公共设施管理业					居民服务、修理和其他服务业			
	小计	水　利 管理业	生态保护 和环境 治理业	公共设施 管理业	土　地 管理业	小计	居　民 服务业	机动车、 电子产品 和日用产 品修理业	其　他 服务业
男	**1993**	**173**	**178**	**1609**	**33**	**9680**	**4537**	**3879**	**1264**
贵　州	**1993**	**173**	**178**	**1609**	**33**	**9680**	**4537**	**3879**	**1264**
贵阳市	**938**	**86**	**90**	**744**	**18**	**4374**	**2176**	**1562**	**636**
南明区	241	28	47	162	4	947	514	352	81
云岩区	244	27	12	200	5	1198	583	359	256
花溪区	137	6	2	129		655	251	326	78
乌当区	46	5	4	36	1	273	135	60	78
白云区	109	3	8	96	2	354	99	227	28
观山湖区	123	16	14	88	5	409	178	134	97
开阳县									
息烽县									
修文县									
清镇市	38	1	3	33	1	538	416	104	18
六盘水市	**138**	**20**	**16**	**101**	**1**	**816**	**384**	**383**	**49**
钟山区	86	15	7	63	1	558	275	256	27
六枝特区	20	3	1	16		88	34	43	11
水城县									
盘州市	32	2	8	22		170	75	84	11
遵义市	**317**	**19**	**24**	**268**	**6**	**1770**	**840**	**707**	**223**
红花岗区	132	4	5	120	3	695	325	242	128
汇川区	91	6	7	77	1	388	186	165	37
播州区	31		8	22	1	303	144	143	16
桐梓县									
绥阳县									
正安县									
道真仡佬族苗族自治县									
务川仡佬族苗族自治县									
凤冈县									
湄潭县									
余庆县									
习水县									
赤水市	33	5	2	26		105	52	45	8
仁怀市	30	4	2	23	1	279	133	112	34
安顺市	**141**	**6**	**9**	**126**		**514**	**234**	**203**	**77**
西秀区	114	6	7	101		453	207	175	71
平坝区	27		2	25		61	27	28	6
普定县									
镇宁布依族苗族自治县									
关岭布依族苗族自治县									
紫云苗族布依族自治县									
毕节市	**109**	**7**	**9**	**93**		**365**	**151**	**181**	**33**
七星关区	109	7	9	93		365	151	181	33
大方县									
黔西县									
金沙县									
织金县									
纳雍县									
威宁彝族回族苗族自治县									
赫章县									

4-4a 续表 63

单位：人

地区 性别	水利、环境和公共设施管理业					居民服务、修理和其他服务业			
	小计	水利管理业	生态保护和环境治理业	公共设施管理业	土地管理业	小计	居民服务业	机动车、电子产品和日用产品修理业	其他服务业
铜仁市	**80**	**5**	**6**	**68**	**1**	**263**	**114**	**105**	**44**
碧江区	63	5	4	54		214	99	84	31
万山区	17		2	14	1	49	15	21	13
江口县									
玉屏侗族自治县									
石阡县									
思南县									
印江土家族苗族自治县									
德江县									
沿河土家族自治县									
松桃苗族自治县									
黔西南布依族苗族自治州	**141**	**18**	**7**	**112**	**4**	**662**	**287**	**319**	**56**
兴义市	128	18	5	101	4	536	225	265	46
兴仁市	13		2	11		126	62	54	10
普安县									
晴隆县									
贞丰县									
望谟县									
册亨县									
安龙县									
黔东南苗族侗族自治州	**63**	**9**	**7**	**45**	**2**	**543**	**216**	**241**	**86**
凯里市	63	9	7	45	2	543	216	241	86
黄平县									
施秉县									
三穗县									
镇远县									
岑巩县									
天柱县									
锦屏县									
剑河县									
台江县									
黎平县									
榕江县									
从江县									
雷山县									
麻江县									
丹寨县									
黔南布依族苗族自治州	**66**	**3**	**10**	**52**	**1**	**373**	**135**	**178**	**60**
都匀市	46	3	9	33	1	268	92	128	48
福泉市	20		1	19		105	43	50	12
荔波县									
贵定县									
瓮安县									
独山县									
平塘县									
罗甸县									
长顺县									
龙里县									
惠水县									
三都水族自治县									

4–4a　续表 64　　　　单位：人

地区 性别	水利、环境和公共设施管理业					居民服务、修理和其他服务业			
	小计	水利管理业	生态保护和环境治理业	公共设施管理业	土地管理业	小计	居民服务业	机动车、电子产品和日用产品修理业	其他服务业
女	**1890**	**73**	**96**	**1705**	**16**	**11040**	**8258**	**764**	**2018**
贵　州	**1890**	**73**	**96**	**1705**	**16**	**11040**	**8258**	**764**	**2018**
贵阳市	**690**	**39**	**46**	**596**	**9**	**4874**	**3738**	**305**	**831**
南明区	152	14	16	121	1	1363	1097	71	195
云岩区	190	11	13	160	6	1371	1048	72	251
花溪区	92	2		89	1	593	454	56	83
乌当区	32	2	1	29		264	182	14	68
白云区	102	1	6	95		337	237	46	54
观山湖区	86	8	8	69	1	547	393	32	122
开阳县									
息烽县									
修文县									
清镇市	36	1	2	33		399	327	14	58
六盘水市	**118**	**7**	**3**	**107**	**1**	**820**	**662**	**82**	**76**
钟山区	62	7	2	53		533	455	49	29
六枝特区	36		1	34	1	103	77	8	18
水城县									
盘州市	20			20		184	130	25	29
遵义市	**395**	**4**	**14**	**374**	**3**	**2266**	**1713**	**143**	**410**
红花岗区	155		6	148	1	804	586	55	163
汇川区	114	1	3	110		491	382	34	75
播州区	24		1	22	1	486	400	27	59
桐梓县									
绥阳县									
正安县									
道真仡佬族苗族自治县									
务川仡佬族苗族自治县									
凤冈县									
湄潭县									
余庆县									
习水县									
赤水市	29		2	27		136	112	11	13
仁怀市	73	3	2	67	1	349	233	16	100
安顺市	**128**	**2**	**4**	**122**		**547**	**368**	**42**	**137**
西秀区	116	2	4	110		474	318	41	115
平坝区	12			12		73	50	1	22
普定县									
镇宁布依族苗族自治县									
关岭布依族苗族自治县									
紫云苗族布依族自治县									
毕节市	**135**	**3**	**8**	**124**		**369**	**257**	**34**	**78**
七星关区	135	3	8	124		369	257	34	78
大方县									
黔西县									
金沙县									
织金县									
纳雍县									
威宁彝族回族苗族自治县									
赫章县									

4－4a 续表 65　　　　单位：人

地区 性别	水利、环境和公共设施管理业					居民服务、修理和其他服务业			
	小计	水利管理业	生态保护和环境治理业	公共设施管理业	土地管理业	小计	居民服务业	机动车、电子产品和日用产品修理业	其他服务业
铜仁市	**105**	**2**	**8**	**95**		**330**	**206**	**20**	**104**
碧江区	71	2	5	64		265	177	12	76
万山区	34		3	31		65	29	8	28
江口县									
玉屏侗族自治县									
石阡县									
思南县									
印江土家族苗族自治县									
德江县									
沿河土家族自治县									
松桃苗族自治县									
黔西南布依族苗族自治州	**129**	**10**	**8**	**111**		**739**	**541**	**61**	**137**
兴义市	113	10	6	97		590	433	50	107
兴仁市	16		2	14		149	108	11	30
普安县									
晴隆县									
贞丰县									
望谟县									
册亨县									
安龙县									
黔东南苗族侗族自治州	**116**	**4**	**2**	**108**	**2**	**594**	**421**	**40**	**133**
凯里市	116	4	2	108	2	594	421	40	133
黄平县									
施秉县									
三穗县									
镇远县									
岑巩县									
天柱县									
锦屏县									
剑河县									
台江县									
黎平县									
榕江县									
从江县									
雷山县									
麻江县									
丹寨县									
黔南布依族苗族自治州	**74**	**2**	**3**	**68**	**1**	**501**	**352**	**37**	**112**
都匀市	41	2	3	35	1	399	278	30	91
福泉市	33			33		102	74	7	21
荔波县									
贵定县									
瓮安县									
独山县									
平塘县									
罗甸县									
长顺县									
龙里县									
惠水县									
三都水族自治县									

4-4a 续表 66 单位：人

地区 性别	教育		卫生和社会工作			文化、体育和娱乐业				
	小计	教育	小计	卫生	社会工作	小计	新闻和出版业	广播、电视、电影和录音制作业	文化艺术业	体育
贵州	**29687**	**29687**	**16516**	**16270**	**246**	**5106**	**536**	**600**	**727**	**501**
贵阳市	**11426**	**11426**	**6325**	**6231**	**94**	**2641**	**347**	**380**	**402**	**303**
南明区	2376	2376	1741	1722	19	857	72	161	130	73
云岩区	3070	3070	2172	2145	27	902	166	91	134	97
花溪区	2106	2106	774	757	17	240	17	50	39	28
乌当区	643	643	301	297	4	104	23	14	17	16
白云区	979	979	367	359	8	145	6	16	17	9
观山湖区	1582	1582	702	685	17	306	56	44	61	46
开阳县										
息烽县										
修文县										
清镇市	670	670	268	266	2	87	7	4	4	34
六盘水市	**3018**	**3018**	**1787**	**1771**	**16**	**329**	**36**	**35**	**24**	**26**
钟山区	1732	1732	1017	1006	11	240	28	28	20	23
六枝特区	525	525	291	288	3	32	1	3	2	1
水城县										
盘州市	761	761	479	477	2	57	7	4	2	2
遵义市	**5242**	**5242**	**3160**	**3112**	**48**	**881**	**51**	**72**	**110**	**82**
红花岗区	1883	1883	990	959	31	308	20	27	34	26
汇川区	1297	1297	1072	1064	8	316	21	22	45	36
播州区	1000	1000	467	461	6	111	2	14	8	7
桐梓县										
绥阳县										
正安县										
道真仡佬族苗族自治县										
务川仡佬族苗族自治县										
凤冈县										
湄潭县										
余庆县										
习水县										
赤水市	320	320	206	204	2	44	2	1	6	2
仁怀市	742	742	425	424	1	102	6	8	17	11
安顺市	**1519**	**1519**	**891**	**867**	**24**	**215**	**16**	**20**	**19**	**21**
西秀区	1258	1258	761	737	24	195	15	19	17	20
平坝区	261	261	130	130		20	1	1	2	1
普定县										
镇宁布依族苗族自治县										
关岭布依族苗族自治县										
紫云苗族布依族自治县										
毕节市	**1887**	**1887**	**772**	**768**	**4**	**170**	**32**	**12**	**26**	**10**
七星关区	1887	1887	772	768	4	170	32	12	26	10
大方县										
黔西县										
金沙县										
织金县										
纳雍县										
威宁彝族回族苗族自治县										
赫章县										

4-4a 续表 67 单位：人

地 区 性 别	教育		卫生和社会工作			文化、体育和娱乐业				
	小计	教育	小计	卫生	社会工作	小计	新闻和出版业	广播、电视、电影和录音制作业	文 化艺术业	体育
铜仁市	**1190**	**1190**	**526**	**502**	**24**	**104**	**8**	**3**	**25**	**8**
碧江区	985	985	438	421	17	84	7	3	24	8
万山区	205	205	88	81	7	20	1		1	
江口县										
玉屏侗族自治县										
石阡县										
思南县										
印江土家族苗族自治县										
德江县										
沿河土家族自治县										
松桃苗族自治县										
黔西南布依族苗族自治州	**2591**	**2591**	**1319**	**1307**	**12**	**313**	**13**	**26**	**42**	**24**
兴义市	2131	2131	1121	1110	11	292	13	25	42	23
兴仁市	460	460	198	197	1	21		1		1
普安县										
晴隆县										
贞丰县										
望谟县										
册亨县										
安龙县										
黔东南苗族侗族自治州	**1516**	**1516**	**923**	**919**	**4**	**246**	**18**	**27**	**38**	**16**
凯里市	1516	1516	923	919	4	246	18	27	38	16
黄平县										
施秉县										
三穗县										
镇远县										
岑巩县										
天柱县										
锦屏县										
剑河县										
台江县										
黎平县										
榕江县										
从江县										
雷山县										
麻江县										
丹寨县										
黔南布依族苗族自治州	**1298**	**1298**	**813**	**793**	**20**	**207**	**15**	**25**	**41**	**11**
都匀市	973	973	647	627	20	167	12	23	31	8
福泉市	325	325	166	166		40	3	2	10	3
荔波县										
贵定县										
瓮安县										
独山县										
平塘县										
罗甸县										
长顺县										
龙里县										
惠水县										
三都水族自治县										

4-4a　续表 68　　　　单位：人

地区 性别	教育		卫生和社会工作			文化、体育和娱乐业				
	小计	教育	小计	卫生	社会工作	小计	新闻和出版业	广播、电视、电影和录音制作业	文化艺术业	体育
男	**10643**	**10643**	**4997**	**4891**	**106**	**2738**	**277**	**331**	**361**	**284**
贵　州	**10643**	**10643**	**4997**	**4891**	**106**	**2738**	**277**	**331**	**361**	**284**
贵阳市	**3800**	**3800**	**1799**	**1754**	**45**	**1423**	**189**	**209**	**195**	**164**
南明区	779	779	505	495	10	466	40	85	56	36
云岩区	1037	1037	641	630	11	498	89	49	65	59
花溪区	777	777	204	197	7	119	9	32	18	14
乌当区	204	204	77	74	3	55	12	8	10	9
白云区	291	291	100	96	4	80	5	9	13	3
观山湖区	483	483	195	185	10	161	30	23	30	24
开阳县										
息烽县										
修文县										
清镇市	229	229	77	77		44	4	3	3	19
六盘水市	**1083**	**1083**	**542**	**537**	**5**	**173**	**18**	**17**	**11**	**17**
钟山区	617	617	313	311	2	126	12	15	8	15
六枝特区	201	201	87	86	1	19	1	1	1	
水城县										
盘州市	265	265	142	140	2	28	5	1	2	2
遵义市	**1796**	**1796**	**1008**	**994**	**14**	**453**	**23**	**42**	**53**	**50**
红花岗区	586	586	291	284	7	159	8	18	15	15
汇川区	439	439	326	325	1	169	11	13	25	23
播州区	363	363	158	154	4	52	2	6	4	6
桐梓县										
绥阳县										
正安县										
道真仡佬族苗族自治县										
务川仡佬族苗族自治县										
凤冈县										
湄潭县										
余庆县										
习水县										
赤水市	129	129	82	80	2	24	1	1	2	2
仁怀市	279	279	151	151		49	1	4	7	4
安顺市	**553**	**553**	**274**	**263**	**11**	**112**	**6**	**12**	**9**	**11**
西秀区	444	444	237	226	11	101	6	11	9	10
平坝区	109	109	37	37		11		1		1
普定县										
镇宁布依族苗族自治县										
关岭布依族苗族自治县										
紫云苗族布依族自治县										
毕节市	**771**	**771**	**246**	**245**	**1**	**95**	**17**	**8**	**15**	**5**
七星关区	771	771	246	245	1	95	17	8	15	5
大方县										
黔西县										
金沙县										
织金县										
纳雍县										
威宁彝族回族苗族自治县										
赫章县										

4–4a 续表 69 单位：人

地区 性别	教育		卫生和社会工作			文化、体育和娱乐业				
	小计	教育	小计	卫生	社会工作	小计	新闻和出版业	广播、电视、电影和录音制作业	文化艺术业	体育
铜仁市	**512**	**512**	**169**	**157**	**12**	**63**	**2**		**14**	**6**
碧江区	423	423	141	132	9	50	2		14	6
万山区	89	89	28	25	3	13				
江口县										
玉屏侗族自治县										
石阡县										
思南县										
印江土家族苗族自治县										
德江县										
沿河土家族自治县										
松桃苗族自治县										
黔西南布依族苗族自治州	**998**	**998**	**439**	**432**	**7**	**175**	**7**	**11**	**26**	**14**
兴义市	784	784	370	363	7	165	7	11	26	14
兴仁市	214	214	69	69		10				
普安县										
晴隆县										
贞丰县										
望谟县										
册亨县										
安龙县										
黔东南苗族侗族自治州	**588**	**588**	**283**	**282**	**1**	**139**	**8**	**17**	**15**	**10**
凯里市	588	588	283	282	1	139	8	17	15	10
黄平县										
施秉县										
三穗县										
镇远县										
岑巩县										
天柱县										
锦屏县										
剑河县										
台江县										
黎平县										
榕江县										
从江县										
雷山县										
麻江县										
丹寨县										
黔南布依族苗族自治州	**542**	**542**	**237**	**227**	**10**	**105**	**7**	**15**	**23**	**7**
都匀市	408	408	189	179	10	89	7	13	17	6
福泉市	134	134	48	48		16		2	6	1
荔波县										
贵定县										
瓮安县										
独山县										
平塘县										
罗甸县										
长顺县										
龙里县										
惠水县										
三都水族自治县										

4-4a　续表 70　　　　单位：人

地　区 性　别	教育		卫生和社会工作			文化、体育和娱乐业				
	小计	教育	小计	卫生	社会工作	小计	新闻和出版业	广播、电视、电影和录音制作业	文化艺术业	体育
女	**19044**	**19044**	**11519**	**11379**	**140**	**2368**	**259**	**269**	**366**	**217**
贵　州	**19044**	**19044**	**11519**	**11379**	**140**	**2368**	**259**	**269**	**366**	**217**
贵阳市	**7626**	**7626**	**4526**	**4477**	**49**	**1218**	**158**	**171**	**207**	**139**
南明区	1597	1597	1236	1227	9	391	32	76	74	37
云岩区	2033	2033	1531	1515	16	404	77	42	69	38
花溪区	1329	1329	570	560	10	121	8	18	21	14
乌当区	439	439	224	223	1	49	11	6	7	7
白云区	688	688	267	263	4	65	1	7	4	6
观山湖区	1099	1099	507	500	7	145	26	21	31	22
开阳县										
息烽县										
修文县										
清镇市	441	441	191	189	2	43	3	1	1	15
六盘水市	**1935**	**1935**	**1245**	**1234**	**11**	**156**	**18**	**18**	**13**	**9**
钟山区	1115	1115	704	695	9	114	16	13	12	8
六枝特区	324	324	204	202	2	13		2	1	1
水城县										
盘州市	496	496	337	337		29	2	3		
遵义市	**3446**	**3446**	**2152**	**2118**	**34**	**428**	**28**	**30**	**57**	**32**
红花岗区	1297	1297	699	675	24	149	12	9	19	11
汇川区	858	858	746	739	7	147	10	9	20	13
播州区	637	637	309	307	2	59		8	4	1
桐梓县										
绥阳县										
正安县										
道真仡佬族苗族自治县										
务川仡佬族苗族自治县										
凤冈县										
湄潭县										
余庆县										
习水县										
赤水市	191	191	124	124		20	1		4	
仁怀市	463	463	274	273	1	53	5	4	10	7
安顺市	**966**	**966**	**617**	**604**	**13**	**103**	**10**	**8**	**10**	**10**
西秀区	814	814	524	511	13	94	9	8	8	10
平坝区	152	152	93	93		9	1		2	
普定县										
镇宁布依族苗族自治县										
关岭布依族苗族自治县										
紫云苗族布依族自治县										
毕节市	**1116**	**1116**	**526**	**523**	**3**	**75**	**15**	**4**	**11**	**5**
七星关区	1116	1116	526	523	3	75	15	4	11	5
大方县										
黔西县										
金沙县										
织金县										
纳雍县										
威宁彝族回族苗族自治县										
赫章县										

4–4a 续表 71

单位：人

地 区 性 别	教育		卫生和社会工作			文化、体育和娱乐业				
	小计	教育	小计	卫生	社会工作	小计	新闻和出版业	广播、电视、电影和录音制作业	文化艺术业	体育
铜仁市	**678**	**678**	**357**	**345**	**12**	**41**	**6**	**3**	**11**	**2**
碧江区	562	562	297	289	8	34	5	3	10	2
万山区	116	116	60	56	4	7	1		1	
江口县										
玉屏侗族自治县										
石阡县										
思南县										
印江土家族苗族自治县										
德江县										
沿河土家族自治县										
松桃苗族自治县										
黔西南布依族苗族自治州	**1593**	**1593**	**880**	**875**	**5**	**138**	**6**	**15**	**16**	**10**
兴义市	1347	1347	751	747	4	127	6	14	16	9
兴仁市	246	246	129	128	1	11		1		1
普安县										
晴隆县										
贞丰县										
望谟县										
册亨县										
安龙县										
黔东南苗族侗族自治州	**928**	**928**	**640**	**637**	**3**	**107**	**10**	**10**	**23**	**6**
凯里市	928	928	640	637	3	107	10	10	23	6
黄平县										
施秉县										
三穗县										
镇远县										
岑巩县										
天柱县										
锦屏县										
剑河县										
台江县										
黎平县										
榕江县										
从江县										
雷山县										
麻江县										
丹寨县										
黔南布依族苗族自治州	**756**	**756**	**576**	**566**	**10**	**102**	**8**	**10**	**18**	**4**
都匀市	565	565	458	448	10	78	5	10	14	2
福泉市	191	191	118	118		24	3		4	2
荔波县										
贵定县										
瓮安县										
独山县										
平塘县										
罗甸县										
长顺县										
龙里县										
惠水县										
三都水族自治县										

4-4a 续表 72

单位：人

地区 性别	娱乐业	公共管理、社会保障和社会组织							国际组织	
		小计	中国共产党机关	国家机构	人民政协、民主党派	社会保障	群众团体、社会团体和其他成员组织	基层群众自治组织	小计	国际组织
贵　州	**2742**	**32194**	**706**	**27732**	**104**	**124**	**1001**	**2527**		
贵阳市	**1209**	**10990**	**232**	**9310**	**32**	**63**	**373**	**980**		
南明区	421	2520	62	2140	4	11	80	223		
云岩区	414	2831	43	2449	18	20	111	190		
花溪区	106	1449	8	1197		5	35	204		
乌当区	34	598	14	488	2	7	20	67		
白云区	97	832	17	668		1	18	128		
观山湖区	99	2047	80	1714	7	17	95	134		
开阳县										
息烽县										
修文县										
清镇市	38	713	8	654	1	2	14	34		
六盘水市	**208**	**3859**	**55**	**3344**	**12**	**3**	**78**	**367**		
钟山区	141	2351	47	2050	11	1	52	190		
六枝特区	25	571	7	527		1	9	27		
水城县										
盘州市	42	937	1	767	1	1	17	150		
遵义市	**566**	**4876**	**74**	**4249**	**17**	**8**	**126**	**402**		
红花岗区	201	1586	25	1365	5	2	31	158		
汇川区	192	1252	18	1091	6	2	50	85		
播州区	80	874	9	753	3		20	89		
桐梓县										
绥阳县										
正安县										
道真仡佬族苗族自治县										
务川仡佬族苗族自治县										
凤冈县										
湄潭县										
余庆县										
习水县										
赤水市	33	462	11	413	2		5	31		
仁怀市	60	702	11	627	1	4	20	39		
安顺市	**139**	**2360**	**44**	**2091**	**3**	**10**	**74**	**138**		
西秀区	124	2007	34	1776	3	6	65	123		
平坝区	15	353	10	315		4	9	15		
普定县										
镇宁布依族苗族自治县										
关岭布依族苗族自治县										
紫云苗族布依族自治县										
毕节市	**90**	**2101**	**26**	**1870**	**9**	**2**	**12**	**182**		
七星关区	90	2101	26	1870	9	2	12	182		
大方县										
黔西县										
金沙县										
织金县										
纳雍县										
威宁彝族回族苗族自治县										
赫章县										

4–4a 续表 73

单位：人

地区 性别	娱乐业	公共管理、社会保障和社会组织							国际组织	
		小计	中国共产党机关	国家机构	人民政协、民主党派	社会保障	群众团体、社会团体和其他成员组织	基层群众自治组织	小计	国际组织
铜仁市	**60**	**1425**	**40**	**1060**	**4**	**18**	**220**	**83**		
碧江区	42	1179	36	860	4	16	206	57		
万山区	18	246	4	200		2	14	26		
江口县										
玉屏侗族自治县										
石阡县										
思南县										
印江土家族苗族自治县										
德江县										
沿河土家族自治县										
松桃苗族自治县										
黔西南布依族苗族自治州	**208**	**2638**	**111**	**2295**	**5**	**8**	**46**	**173**		
兴义市	189	2147	102	1864	4	5	31	141		
兴仁市	19	491	9	431	1	3	15	32		
普安县										
晴隆县										
贞丰县										
望谟县										
册亨县										
安龙县										
黔东南苗族侗族自治州	**147**	**2035**	**54**	**1808**	**12**	**7**	**39**	**115**		
凯里市	147	2035	54	1808	12	7	39	115		
黄平县										
施秉县										
三穗县										
镇远县										
岑巩县										
天柱县										
锦屏县										
剑河县										
台江县										
黎平县										
榕江县										
从江县										
雷山县										
麻江县										
丹寨县										
黔南布依族苗族自治州	**115**	**1910**	**70**	**1705**	**10**	**5**	**33**	**87**		
都匀市	93	1537	46	1376	10	3	26	76		
福泉市	22	373	24	329		2	7	11		
荔波县										
贵定县										
瓮安县										
独山县										
平塘县										
罗甸县										
长顺县										
龙里县										
惠水县										
三都水族自治县										

4–4a　续表 74　　　　单位：人

地　区 性　别	娱乐业	公共管理、社会保障和社会组织							国际组织	
		小计	中国共产党机关	国家机构	人民政协、民主党派	社会保障	群众团体、社会团体和其他成员组织	基层群众自治组织	小计	国际组织
男	**1485**	**19601**	**464**	**17470**	**67**	**48**	**515**	**1037**		
贵　州	**1485**	**19601**	**464**	**17470**	**67**	**48**	**515**	**1037**		
贵阳市	**666**	**6389**	**145**	**5713**	**20**	**26**	**195**	**290**		
南明区	249	1484	40	1360	2	3	39	40		
云岩区	236	1677	26	1527	12	6	61	45		
花溪区	46	827	4	715		3	21	84		
乌当区	16	332	10	295	2	3	11	11		
白云区	50	476	11	399			9	57		
观山湖区	54	1153	50	1008	3	10	44	38		
开阳县										
息烽县										
修文县										
清镇市	15	440	4	409	1	1	10	15		
六盘水市	**110**	**2307**	**36**	**2078**	**6**	**2**	**42**	**143**		
钟山区	76	1366	29	1229	6	1	28	73		
六枝特区	16	367	6	341			5	15		
水城县										
盘州市	18	574	1	508		1	9	55		
遵义市	**285**	**3029**	**54**	**2730**	**11**	**2**	**63**	**169**		
红花岗区	103	984	21	877	3	1	15	67		
汇川区	97	756	13	685	4		21	33		
播州区	34	533	4	475	2		14	38		
桐梓县										
绥阳县										
正安县										
道真仡佬族苗族自治县										
务川仡佬族苗族自治县										
凤冈县										
湄潭县										
余庆县										
习水县										
赤水市	18	292	7	272	1		2	10		
仁怀市	33	464	9	421	1	1	11	21		
安顺市	**74**	**1461**	**32**	**1313**	**3**	**1**	**33**	**79**		
西秀区	65	1245	24	1119	3		27	72		
平坝区	9	216	8	194		1	6	7		
普定县										
镇宁布依族苗族自治县										
关岭布依族苗族自治县										
紫云苗族布依族自治县										
毕节市	**50**	**1440**	**17**	**1291**	**7**		**5**	**120**		
七星关区	50	1440	17	1291	7		5	120		
大方县										
黔西县										
金沙县										
织金县										
纳雍县										
威宁彝族回族苗族自治县										
赫章县										

4-4a 续表 75

单位：人

地 区 性 别	娱乐业	公共管理、社会保障和社会组织							国际组织	
		小计	中国共产党机关	国家机构	人民政协、民主党派	社会保障	群众团体、社会团体和其他成员组织	基层群众自治组织	小计	国际组织
铜仁市	**41**	**855**	**26**	**651**	**1**	**8**	**120**	**49**		
碧江区	28	722	23	537	1	8	116	37		
万山区	13	133	3	114			4	12		
江口县										
玉屏侗族自治县										
石阡县										
思南县										
印江土家族苗族自治县										
德江县										
沿河土家族自治县										
松桃苗族自治县										
黔西南布依族苗族自治州	**117**	**1646**	**72**	**1455**	**4**	**2**	**22**	**91**		
兴义市	107	1326	64	1173	3	1	13	72		
兴仁市	10	320	8	282	1	1	9	19		
普安县										
晴隆县										
贞丰县										
望谟县										
册亨县										
安龙县										
黔东南苗族侗族自治州	**89**	**1279**	**41**	**1149**	**9**	**4**	**18**	**58**		
凯里市	89	1279	41	1149	9	4	18	58		
黄平县										
施秉县										
三穗县										
镇远县										
岑巩县										
天柱县										
锦屏县										
剑河县										
台江县										
黎平县										
榕江县										
从江县										
雷山县										
麻江县										
丹寨县										
黔南布依族苗族自治州	**53**	**1195**	**41**	**1090**	**6**	**3**	**17**	**38**		
都匀市	46	955	29	874	6	2	13	31		
福泉市	7	240	12	216		1	4	7		
荔波县										
贵定县										
瓮安县										
独山县										
平塘县										
罗甸县										
长顺县										
龙里县										
惠水县										
三都水族自治县										

4–4a 续表 76

单位：人

地 区 性 别	娱乐业	公共管理、社会保障和社会组织						国际组织	
		小计	中国共产党机关	国家机构	人民政协、民主党派	社会保障	群众团体、社会团体和其他成员组织	基层群众自治组织	小计	国际组织
女	**1257**	**12593**	**242**	**10262**	**37**	**76**	**486**	**1490**		
贵 州	**1257**	**12593**	**242**	**10262**	**37**	**76**	**486**	**1490**		
贵阳市	**543**	**4601**	**87**	**3597**	**12**	**37**	**178**	**690**		
南明区	172	1036	22	780	2	8	41	183		
云岩区	178	1154	17	922	6	14	50	145		
花溪区	60	622	4	482		2	14	120		
乌当区	18	266	4	193		4	9	56		
白云区	47	356	6	269		1	9	71		
观山湖区	45	894	30	706	4	7	51	96		
开阳县										
息烽县										
修文县										
清镇市	23	273	4	245		1	4	19		
六盘水市	**98**	**1552**	**19**	**1266**	**6**	**1**	**36**	**224**		
钟山区	65	985	18	821	5		24	117		
六枝特区	9	204	1	186		1	4	12		
水城县										
盘州市	24	363		259	1		8	95		
遵义市	**281**	**1847**	**20**	**1519**	**6**	**6**	**63**	**233**		
红花岗区	98	602	4	488	2	1	16	91		
汇川区	95	496	5	406	2	2	29	52		
播州区	46	341	5	278	1		6	51		
桐梓县										
绥阳县										
正安县										
道真仡佬族苗族自治县										
务川仡佬族苗族自治县										
凤冈县										
湄潭县										
余庆县										
习水县										
赤水市	15	170	4	141	1		3	21		
仁怀市	27	238	2	206		3	9	18		
安顺市	**65**	**899**	**12**	**778**		**9**	**41**	**59**		
西秀区	59	762	10	657		6	38	51		
平坝区	6	137	2	121		3	3	8		
普定县										
镇宁布依族苗族自治县										
关岭布依族苗族自治县										
紫云苗族布依族自治县										
毕节市	**40**	**661**	**9**	**579**	**2**	**2**	**7**	**62**		
七星关区	40	661	9	579	2	2	7	62		
大方县										
黔西县										
金沙县										
织金县										
纳雍县										
威宁彝族回族苗族自治县										
赫章县										

4-4a 续表 77 单位：人

地区 性别	娱乐业	公共管理、社会保障和社会组织							国际组织	
		小计	中国共产党机关	国家机构	人民政协、民主党派	社会保障	群众团体、社会团体和其他成员组织	基层群众自治组织	小计	国际组织
铜仁市	**19**	**570**	**14**	**409**	**3**	**10**	**100**	**34**		
碧江区	14	457	13	323	3	8	90	20		
万山区	5	113	1	86		2	10	14		
江口县										
玉屏侗族自治县										
石阡县										
思南县										
印江土家族苗族自治县										
德江县										
沿河土家族自治县										
松桃苗族自治县										
黔西南布依族苗族自治州	**91**	**992**	**39**	**840**	**1**	**6**	**24**	**82**		
兴义市	82	821	38	691	1	4	18	69		
兴仁市	9	171	1	149		2	6	13		
普安县										
晴隆县										
贞丰县										
望谟县										
册亨县										
安龙县										
黔东南苗族侗族自治州	**58**	**756**	**13**	**659**	**3**	**3**	**21**	**57**		
凯里市	58	756	13	659	3	3	21	57		
黄平县										
施秉县										
三穗县										
镇远县										
岑巩县										
天柱县										
锦屏县										
剑河县										
台江县										
黎平县										
榕江县										
从江县										
雷山县										
麻江县										
丹寨县										
黔南布依族苗族自治州	**62**	**715**	**29**	**615**	**4**	**2**	**16**	**49**		
都匀市	47	582	17	502	4	1	13	45		
福泉市	15	133	12	113		1	3	4		
荔波县										
贵定县										
瓮安县										
独山县										
平塘县										
罗甸县										
长顺县										
龙里县										
惠水县										
三都水族自治县										

4-4b　各地区分性别、行业大类的就业人口(镇)

单位：人

地区 性别	合计	农、林、牧、渔业						采矿业	
		小计	农业	林业	畜牧业	渔业	农、林、牧、渔专业及辅助性活动	小计	煤炭开采和洗选业
贵　州	**375116**	**52386**	**42390**	**904**	**7825**	**285**	**982**	**4875**	**3290**
贵阳市	**24082**	**2258**	**1913**	**29**	**286**	**12**	**18**	**524**	**36**
南明区									
云岩区									
花溪区	2204	189	179		9		1	4	2
乌当区	1055	174	155	6	10	3		6	
白云区	53							12	7
观山湖区	809	18	14	1	2		1	14	11
开阳县	8235	865	743	2	111	3	6	343	1
息烽县	4703	374	309	6	54	4	1	61	7
修文县	5235	504	416	14	66	1	7	29	5
清镇市	1788	134	97		34	1	2	55	3
六盘水市	**19379**	**2742**	**2040**	**17**	**665**	**1**	**19**	**1573**	**1494**
钟山区	2242	318	271	2	45			505	503
六枝特区	1733	348	277	2	68		1	23	16
水城县	9502	1149	798	7	332		12	525	476
盘州市	5902	927	694	6	220	1	6	520	499
遵义市	**67849**	**9899**	**7614**	**156**	**1568**	**37**	**524**	**339**	**175**
红花岗区	2500	347	289	4	48	1	5	5	1
汇川区	2223	734	609	3	118	1	3	3	3
播州区	3737	822	603	4	145	1	69	30	14
桐梓县	8655	1015	793	19	189	9	5	63	41
绥阳县	5628	1038	763	2	270	2	1	35	24
正安县	6359	1040	831	10	190	2	7	23	3
道真仡佬族苗族自治县	3973	553	493	3	51	1	5	5	
务川仡佬族苗族自治县	5288	636	493	3	128	2	10	22	2
凤冈县	5245	580	495	6	65	4	10	11	2
湄潭县	7069	1043	604	8	43	5	383	11	4
余庆县	4428	925	821	6	94	3	1	20	1
习水县	9037	337	243	6	76	5	7	93	80
赤水市	1413	350	250	82	13		5	15	
仁怀市	2294	479	327		138	1	13	3	
安顺市	**22136**	**3051**	**2660**	**33**	**312**	**17**	**29**	**119**	**72**
西秀区	1954	261	243		9	5	4	61	53
平坝区	3106	298	270	7	12	1	8	20	10
普定县	5669	1002	880	8	103	5	6	19	6
镇宁布依族苗族自治县	4314	626	576	2	40	5	3	9	3
关岭布依族苗族自治县	3616	360	270	6	83		1	4	
紫云苗族布依族自治县	3477	504	421	10	65	1	7	6	
毕节市	**77873**	**14575**	**11892**	**109**	**2397**	**27**	**150**	**1430**	**1225**
七星关区	2377	562	432	1	126	1	2	11	8
大方县	9650	1496	1185	13	285	4	9	137	123
黔西县	11720	1539	1230	10	274	4	21	257	237
金沙县	9923	1300	1174	7	113	1	5	347	322
织金县	11878	1542	987	18	491	5	41	263	230
纳雍县	9433	1676	1296	14	333	10	23	281	248
威宁彝族回族苗族自治县	17605	5635	4885	36	666	2	46	92	39
赫章县	5287	825	703	10	109		3	42	18

4-4b 续表 1　　　　单位：人

地区 性别	合计	农、林、牧、渔业						采矿业	
		小计	农业	林业	畜牧业	渔业	农、林、牧、渔专业及辅助性活动	小计	煤炭开采和洗选业
铜仁市	**37234**	**2233**	**1779**	**53**	**323**	**25**	**53**	**124**	**3**
碧江区	121	15	14	1					
万山区									
江口县	2937	172	141	2	20	2	7	1	
玉屏侗族自治县	2927	151	91	3	40		17	32	
石阡县	3949	232	209	3	14		6	4	
思南县	5930	371	292	8	63	4	4	13	1
印江土家族苗族自治县	4139	171	132	14	22	1	2	8	
德江县	5867	359	290	9	44	5	11	11	
沿河土家族自治县	5635	398	293	10	87	6	2	12	
松桃苗族自治县	5729	364	317	3	33	7	4	43	2
黔西南布依族苗族自治州	**29238**	**5867**	**4612**	**141**	**1031**	**25**	**58**	**366**	**231**
兴义市	3492	866	729	15	115	4	3	34	24
兴仁市	2094	658	583	2	68	3	2	70	65
普安县	3240	729	591	5	131	1	1	87	79
晴隆县	3015	361	221	8	126	4	2	26	16
贞丰县	4960	724	578	10	129	1	6	91	42
望谟县	3545	643	542	10	60	8	23	17	
册亨县	2774	659	493	82	59	4	21	23	
安龙县	6118	1227	875	9	343			18	5
黔东南苗族侗族自治州	**45079**	**5199**	**4162**	**259**	**644**	**66**	**68**	**107**	**7**
凯里市	1247	157	125		29	1	2	9	
黄平县	3674	672	588	9	57	11	7	4	
施秉县	2116	512	460	1	44	4	3	3	
三穗县	2800	222	166	10	37	4	5	3	1
镇远县	3696	275	204	6	60	3	2	16	1
岑巩县	2875	319	251	25	32	5	6	4	
天柱县	3543	431	374	9	40	2	6	16	
锦屏县	2524	127	74	22	27	3	1	2	
剑河县	2711	199	146	11	29	5	8	5	1
台江县	1439	131	94	15	19	1	2		
黎平县	5950	791	635	59	89	5	3	14	1
榕江县	3363	267	191	38	20	3	15	10	1
从江县	2550	264	167	34	51	10	2	1	
雷山县	1805	141	109	8	21		3	2	
麻江县	2218	360	301	5	47	5	2	14	
丹寨县	2568	331	277	7	42	4	1	4	2
黔南布依族苗族自治州	**52246**	**6562**	**5718**	**107**	**599**	**75**	**63**	**293**	**47**
都匀市	1136	418	394	1	22	1		4	
福泉市	2015	339	267		66	4	2	85	3
荔波县	2982	228	160	1	45	4	18	6	
贵定县	5025	678	601	11	52	8	6	14	3
瓮安县	8545	801	670	13	97	14	7	114	32
独山县	5337	892	797	28	63	3	1	14	1
平塘县	3222	520	482	2	31	1	4	9	2
罗甸县	5083	611	497	17	64	18	15	10	1
长顺县	2924	304	256	4	35	6	3	10	1
龙里县	5414	163	136	1	23	1	2	14	3
惠水县	6512	635	576	3	36	15	5	7	1
三都水族自治县	4051	973	882	26	65			6	

4-4b　续表 2　　　　　　　　　　　　　　　　　　　　　　　　　　　　单位：人

地　区 性　别	合计	农、林、牧、渔业						采矿业	
		小计	农业	林业	畜牧业	渔业	农、林、牧、渔专业及辅助性活动	小计	煤炭开采和洗选业
男	**219457**	**26432**	**20486**	**691**	**4457**	**217**	**581**	**4328**	**2976**
贵　州	**219457**	**26432**	**20486**	**691**	**4457**	**217**	**581**	**4328**	**2976**
贵阳市	**14370**	**1188**	**970**	**22**	**175**	**8**	**13**	**444**	**31**
南明区									
云岩区									
花溪区	1294	97	92		5			4	2
乌当区	628	96	84	5	6	1		5	
白云区	34							10	6
观山湖区	433	12	10	1	1			11	9
开阳县	4975	443	368		68	2	5	294	1
息烽县	2716	184	141	6	33	3	1	47	6
修文县	3181	284	225	10	43	1	5	22	4
清镇市	1109	72	50		19	1	2	51	3
六盘水市	**11666**	**1283**	**910**	**13**	**346**	**1**	**13**	**1427**	**1362**
钟山区	1445	155	124	1	30			470	468
六枝特区	1010	171	125	2	43		1	19	14
水城县	5701	534	356	7	164		7	465	424
盘州市	3510	423	305	3	109	1	5	473	456
遵义市	**39427**	**4907**	**3656**	**113**	**848**	**29**	**261**	**307**	**156**
红花岗区	1478	179	145	4	26	1	3	5	1
汇川区	1304	369	309	2	55	1	2	2	2
播州区	2132	370	282	3	52	1	32	26	12
桐梓县	5234	514	376	14	114	7	3	58	37
绥阳县	3249	525	368	2	152	2	1	31	21
正安县	3576	465	356	5	98	1	5	20	2
道真仡佬族苗族自治县	2331	281	243	2	33	1	2	5	
务川仡佬族苗族自治县	3091	305	216	2	79	2	6	21	2
凤冈县	2944	294	245	4	38	3	4	8	2
湄潭县	4008	515	288	5	28	4	190	9	3
余庆县	2470	469	415	5	45	3	1	20	1
习水县	5350	165	114	4	42	3	2	85	73
赤水市	835	193	122	61	7		3	14	
仁怀市	1425	263	177		79		7	3	
安顺市	**13046**	**1604**	**1348**	**26**	**198**	**12**	**20**	**103**	**60**
西秀区	1172	127	112		9	3	3	51	45
平坝区	1920	162	143	5	8	1	5	17	8
普定县	3301	504	428	6	63	4	3	18	5
镇宁布依族苗族自治县	2484	330	300	2	23	3	2	8	2
关岭布依族苗族自治县	2136	216	155	5	55		1	4	
紫云苗族布依族自治县	2033	265	210	8	40	1	6	5	
毕节市	**46000**	**7350**	**5771**	**89**	**1359**	**24**	**107**	**1276**	**1099**
七星关区	1394	277	196	1	77	1	2	11	8
大方县	5813	743	556	13	165	3	6	118	107
黔西县	7016	816	627	10	159	4	16	234	217
金沙县	5956	659	577	2	75	1	4	299	276
织金县	7071	789	476	15	265	4	29	234	209
纳雍县	5547	808	589	13	179	9	18	258	229
威宁彝族回族苗族自治县	10229	2845	2412	26	376	2	29	83	37
赫章县	2974	413	338	9	63		3	39	16

4-4b 续表 3 单位：人

地区 性别	合计	农、林、牧、渔业						采矿业	
		小计	农业	林业	畜牧业	渔业	农、林、牧、渔专业及辅助性活动	小计	煤炭开采和洗选业
铜仁市	**21818**	**1133**	**836**	**44**	**200**	**19**	**34**	**92**	**3**
碧江区	82	12	11	1					
万山区									
江口县	1792	94	75	2	12	1	4	1	
玉屏侗族自治县	1724	86	47	2	24		13	21	
石阡县	2252	111	97	1	9		4	3	
思南县	3392	164	121	7	32	3	1	11	1
印江土家族苗族自治县	2442	88	59	12	15	1	1	7	
德江县	3436	177	128	8	30	5	6	8	
沿河土家族自治县	3263	194	124	8	56	4	2	8	
松桃苗族自治县	3435	207	174	3	22	5	3	33	2
黔西南布依族苗族自治州	**16581**	**2913**	**2187**	**98**	**570**	**18**	**40**	**333**	**217**
兴义市	2020	429	352	9	63	3	2	27	20
兴仁市	1158	320	278	2	38	2		65	62
普安县	1842	356	279	5	70	1	1	80	74
晴隆县	1720	184	103	6	72	2	1	26	16
贞丰县	2832	352	266	8	72	1	5	87	41
望谟县	2048	343	277	8	36	6	16	14	
册亨县	1539	318	217	53	30	3	15	18	
安龙县	3422	611	415	7	189			16	4
黔东南苗族侗族自治州	**26167**	**2768**	**2075**	**199**	**399**	**47**	**48**	**93**	**7**
凯里市	758	83	62		19		2	5	
黄平县	2144	333	278	8	35	8	4	4	
施秉县	1148	267	233	1	27	4	2	3	
三穗县	1562	122	80	9	26	3	4	3	1
镇远县	2101	147	102	5	37	2	1	16	1
岑巩县	1619	177	133	18	18	3	5	4	
天柱县	2074	238	200	8	24	2	4	11	
锦屏县	1461	69	36	17	14	2		1	
剑河县	1616	113	70	10	21	5	7	5	1
台江县	896	75	47	13	12	1	2		
黎平县	3505	444	329	48	62	4	1	13	1
榕江县	1976	141	91	28	8	2	12	9	1
从江县	1517	127	70	21	29	6	1	1	
雷山县	1066	81	58	6	15		2	2	
麻江县	1276	194	158	3	29	3	1	12	
丹寨县	1448	157	128	4	23	2		4	2
黔南布依族苗族自治州	**30382**	**3286**	**2733**	**87**	**362**	**59**	**45**	**253**	**41**
都匀市	633	200	185	1	13	1		4	
福泉市	1224	177	143		30	3	1	72	2
荔波县	1635	116	72	1	25	4	14	6	
贵定县	2898	356	301	10	36	7	2	12	3
瓮安县	5187	421	339	10	58	11	3	95	28
独山县	3086	445	379	24	38	3	1	14	1
平塘县	1782	229	203	2	20	1	3	8	2
罗甸县	2894	330	255	15	36	11	13	9	1
长顺县	1722	141	114	3	18	4	2	10	1
龙里县	3292	91	71	1	17	1	1	10	2
惠水县	3793	306	259	2	27	13	5	7	1
三都水族自治县	2236	474	412	18	44			6	

4-4b 续表 4

单位：人

地区 性别	合计	农、林、牧、渔业						采矿业	
		小计	农业	林业	畜牧业	渔业	农、林、牧、渔专业及辅助性活动	小计	煤炭开采和洗选业
女	**155659**	**25954**	**21904**	**213**	**3368**	**68**	**401**	**547**	**314**
贵　州	**155659**	**25954**	**21904**	**213**	**3368**	**68**	**401**	**547**	**314**
贵阳市	**9712**	**1070**	**943**	**7**	**111**	**4**	**5**	**80**	**5**
南明区									
云岩区									
花溪区	910	92	87		4		1		
乌当区	427	78	71	1	4	2		1	
白云区	19							2	1
观山湖区	376	6	4		1		1	3	2
开阳县	3260	422	375	2	43	1	1	49	
息烽县	1987	190	168		21	1		14	1
修文县	2054	220	191	4	23		2	7	1
清镇市	679	62	47		15			4	
六盘水市	**7713**	**1459**	**1130**	**4**	**319**		**6**	**146**	**132**
钟山区	797	163	147	1	15			35	35
六枝特区	723	177	152		25			4	2
水城县	3801	615	442		168		5	60	52
盘州市	2392	504	389	3	111		1	47	43
遵义市	**28422**	**4992**	**3958**	**43**	**720**	**8**	**263**	**32**	**19**
红花岗区	1022	168	144		22		2		
汇川区	919	365	300	1	63		1	1	1
播州区	1605	452	321	1	93		37	4	2
桐梓县	3421	501	417	5	75	2	2	5	4
绥阳县	2379	513	395		118			4	3
正安县	2783	575	475	5	92	1	2	3	1
道真仡佬族苗族自治县	1642	272	250	1	18		3		
务川仡佬族苗族自治县	2197	331	277	1	49		4	1	
凤冈县	2301	286	250	2	27	1	6	3	
湄潭县	3061	528	316	3	15	1	193	2	1
余庆县	1958	456	406	1	49				
习水县	3687	172	129	2	34	2	5	8	7
赤水市	578	157	128	21	6		2	1	
仁怀市	869	216	150		59	1	6		
安顺市	**9090**	**1447**	**1312**	**7**	**114**	**5**	**9**	**16**	**12**
西秀区	782	134	131			2	1	10	8
平坝区	1186	136	127	2	4		3	3	2
普定县	2368	498	452	2	40	1	3	1	1
镇宁布依族苗族自治县	1830	296	276		17	2	1	1	1
关岭布依族苗族自治县	1480	144	115	1	28				
紫云苗族布依族自治县	1444	239	211	2	25		1	1	
毕节市	**31873**	**7225**	**6121**	**20**	**1038**	**3**	**43**	**154**	**126**
七星关区	983	285	236		49				
大方县	3837	753	629		120	1	3	19	16
黔西县	4704	723	603		115		5	23	20
金沙县	3967	641	597	5	38		1	48	46
织金县	4807	753	511	3	226	1	12	29	21
纳雍县	3886	868	707	1	154	1	5	23	19
威宁彝族回族苗族自治县	7376	2790	2473	10	290		17	9	2
赫章县	2313	412	365	1	46			3	2

4—4b 续表 5

单位：人

地区 性别	合计	农、林、牧、渔业						采矿业	
		小计	农业	林业	畜牧业	渔业	农、林、牧、渔专业及辅助性活动	小计	煤炭开采和洗选业
铜仁市	**15416**	**1100**	**943**	**9**	**123**	**6**	**19**	**32**	
碧江区	39	3	3						
万山区									
江口县	1145	78	66		8	1	3		
玉屏侗族自治县	1203	65	44	1	16		4	11	
石阡县	1697	121	112	2	5		2	1	
思南县	2538	207	171	1	31	1	3	2	
印江土家族苗族自治县	1697	83	73	2	7		1	1	
德江县	2431	182	162	1	14		5	3	
沿河土家族自治县	2372	204	169	2	31	2		4	
松桃苗族自治县	2294	157	143		11	2	1	10	
黔西南布依族苗族自治州	**12657**	**2954**	**2425**	**43**	**461**	**7**	**18**	**33**	**14**
兴义市	1472	437	377	6	52	1	1	7	4
兴仁市	936	338	305		30	1	2	5	3
普安县	1398	373	312		61			7	5
晴隆县	1295	177	118	2	54	2	1		
贞丰县	2128	372	312	2	57		1	4	1
望谟县	1497	300	265	2	24	2	7	3	
册亨县	1235	341	276	29	29	1	6	5	
安龙县	2696	616	460	2	154			2	1
黔东南苗族侗族自治州	**18912**	**2431**	**2087**	**60**	**245**	**19**	**20**	**14**	
凯里市	489	74	63		10	1		4	
黄平县	1530	339	310	1	22	3	3		
施秉县	968	245	227		17		1		
三穗县	1238	100	86	1	11	1	1		
镇远县	1595	128	102	1	23	1	1		
岑巩县	1256	142	118	7	14	2	1		
天柱县	1469	193	174	1	16		2	5	
锦屏县	1063	58	38	5	13	1	1	1	
剑河县	1095	86	76	1	8		1		
台江县	543	56	47	2	7				
黎平县	2445	347	306	11	27	1	2	1	
榕江县	1387	126	100	10	12	1	3	1	
从江县	1033	137	97	13	22	4	1		
雷山县	739	60	51	2	6		1		
麻江县	942	166	143	2	18	2	1	2	
丹寨县	1120	174	149	3	19	2	1		
黔南布依族苗族自治州	**21864**	**3276**	**2985**	**20**	**237**	**16**	**18**	**40**	**6**
都匀市	503	218	209		9				
福泉市	791	162	124		36	1	1	13	1
荔波县	1347	112	88		20		4		
贵定县	2127	322	300	1	16	1	4	2	
瓮安县	3358	380	331	3	39	3	4	19	4
独山县	2251	447	418	4	25				
平塘县	1440	291	279		11		1	1	
罗甸县	2189	281	242	2	28	7	2	1	
长顺县	1202	163	142	1	17	2	1		
龙里县	2122	72	65		6		1	4	1
惠水县	2719	329	317	1	9	2			
三都水族自治县	1815	499	470	8	21				

4-4b　续表 6　　单位：人

地　区 性　别	采矿业						制造业		
	石油和天然气开采业	黑色金属矿采选业	有色金属矿采选业	非金属矿采选业	开采专业及辅助性活　动	其　他采矿业	小计	农副食品加工业	食　品制造业
贵　州	**32**	**120**	**138**	**1100**	**122**	**73**	**36393**	**3518**	**1946**
贵阳市	**4**	**15**	**41**	**405**	**9**	**14**	**3004**	**230**	**130**
南明区									
云岩区									
花溪区				2			113	7	2
乌当区				6			74	25	7
白云区			1	1	1	2	6		
观山湖区					3		81	3	4
开阳县	3	4	4	325	2	4	969	85	32
息烽县		6		46	2		817	53	26
修文县		3	3	12	1	5	704	44	45
清镇市	1	2	33	13		3	240	13	14
六盘水市	**1**	**6**	**7**	**36**	**22**	**7**	**1971**	**133**	**90**
钟山区				2			138	22	9
六枝特区				6		1	226	20	14
水城县	1	6	2	14	21	5	1040	54	23
盘州市			5	14	1	1	567	37	44
遵义市	**19**	**5**	**20**	**102**	**9**	**9**	**6316**	**580**	**372**
红花岗区		1		3			415	54	36
汇川区							163	16	18
播州区			9	6		1	390	41	20
桐梓县		1	1	20			696	43	33
绥阳县	1			10			560	41	33
正安县	2	1		15	1	1	435	45	31
道真仡佬族苗族自治县	1			3		1	231	40	17
务川仡佬族苗族自治县			10	9		1	346	32	17
凤冈县	2			7			447	81	20
湄潭县		1		4	2		657	74	66
余庆县				19			320	32	32
习水县	2	1		3	3	4	1265	55	34
赤水市	11				3	1	98	8	6
仁怀市				3			293	18	9
安顺市	**2**	**1**	**3**	**34**	**7**		**2503**	**258**	**93**
西秀区				1	7		186	49	8
平坝区				10			745	20	24
普定县	1	1	3	8			601	82	27
镇宁布依族苗族自治县				6			365	41	13
关岭布依族苗族自治县	1			3			329	44	11
紫云苗族布依族自治县				6			277	22	10
毕节市	**2**	**21**	**5**	**120**	**46**	**11**	**6710**	**869**	**401**
七星关区				3			212	30	11
大方县				11	3		752	184	48
黔西县	1	3		10	6		1060	121	82
金沙县			1	14	5	5	1065	101	84
织金县				17	15	1	1002	206	48
纳雍县		6		17	10		805	89	56
威宁彝族回族苗族自治县	1	4	4	35	5	4	1390	107	38
赫章县		8		13	2	1	424	31	34

4-4b 续表 7　　单位：人

地区 性别	采矿业						制造业		
	石油和天然气开采业	黑色金属矿采选业	有色金属矿采选业	非金属矿采选业	开采专业及辅助性活动	其他采矿业	小计	农副食品加工业	食品制造业
铜仁市		**51**	**3**	**53**	**8**	**6**	**2959**	**344**	**214**
碧江区							19	2	
万山区									
江口县				1			282	27	14
玉屏侗族自治县		22		9		1	397	26	4
石阡县				3	1		208	42	12
思南县		1		9	2		434	56	61
印江土家族苗族自治县				7	1		276	17	27
德江县				7	3	1	473	49	44
沿河土家族自治县			3	8	1		401	67	30
松桃苗族自治县		28		9		4	469	58	22
黔西南布依族苗族自治州		**2**	**48**	**74**	**6**	**5**	**2671**	**307**	**104**
兴义市			1	9			390	31	10
兴仁市				4	1		205	41	13
普安县		1	3	4			246	13	17
晴隆县			4	4	2		292	37	8
贞丰县		1	17	25	2	4	455	74	22
望谟县				17			317	20	5
册亨县			20	2		1	219	14	8
安龙县			3	9	1		547	77	21
黔东南苗族侗族自治州		**5**	**7**	**76**	**6**	**6**	**4277**	**303**	**165**
凯里市			1	3	4	1	167	11	10
黄平县				3		1	287	29	11
施秉县				3			124	8	7
三穗县				2			339	24	9
镇远县			2	13			333	23	23
岑巩县				4			218	15	8
天柱县		1	2	11		2	382	26	7
锦屏县				2			297	18	6
剑河县				4			180	28	15
台江县							255	8	6
黎平县		1	1	10	1		555	26	23
榕江县				8	1		313	21	12
从江县				1			237	14	6
雷山县			1			1	102	16	3
麻江县		3		10		1	187	16	7
丹寨县				2			301	20	12
黔南布依族苗族自治州	**4**	**14**	**4**	**200**	**9**	**15**	**5982**	**494**	**377**
都匀市				4			103	4	8
福泉市	1			76	3	2	342	23	14
荔波县				5	1		182	31	18
贵定县		3		6	1	1	627	53	127
瓮安县	1	9	3	62		7	822	37	32
独山县				9	1	3	781	70	25
平塘县		2		5			245	13	15
罗甸县	1		1	7			505	34	31
长顺县				8		1	350	43	6
龙里县	1			7	3		752	52	25
惠水县				5		1	940	109	66
三都水族自治县				6			333	25	10

4-4b　续表 8　　　　单位：人

地　区 性　别	采矿业						制造业		
	石油和天然气开采业	黑色金属矿采选业	有色金属矿采选业	非金属矿采选业	开采专业及辅助性活动	其他采矿业	小计	农副食品加工业	食品制造业
男	**26**	**94**	**121**	**947**	**102**	**62**	**22143**	**1901**	**915**
贵　州	**26**	**94**	**121**	**947**	**102**	**62**	**22143**	**1901**	**915**
贵阳市	**3**	**12**	**39**	**339**	**7**	**13**	**2037**	**123**	**64**
南明区									
云岩区									
花溪区				2			74	4	2
乌当区				5			42	9	5
白云区				1	1	2	5		
观山湖区					2		40	1	2
开阳县	2	4	4	278	1	4	657	46	17
息烽县		4		35	2		553	28	11
修文县		2	3	8	1	4	492	26	20
清镇市	1	2	32	10		3	174	9	7
六盘水市	**1**	**5**	**5**	**32**	**19**	**3**	**1227**	**70**	**41**
钟山区				2			94	11	4
六枝特区				5			148	14	5
水城县	1	5	2	13	18	2	645	27	11
盘州市			3	12	1	1	340	18	21
遵义市	**17**	**4**	**19**	**94**	**8**	**9**	**3854**	**321**	**169**
红花岗区		1		3			231	29	19
汇川区							110	8	10
播州区			8	5		1	261	22	9
桐梓县		1	1	19			406	23	10
绥阳县	1			9			343	24	15
正安县	2			14	1	1	252	19	17
道真仡佬族苗族自治县	1			3		1	127	23	9
务川仡佬族苗族自治县			10	8		1	206	13	10
凤冈县	2			4			254	52	8
湄潭县		1		4	1		399	42	28
余庆县				19			181	18	13
习水县	1	1		3	3	4	839	34	14
赤水市	10				3	1	54	4	3
仁怀市				3			191	10	4
安顺市	**2**	**1**	**3**	**32**	**5**		**1589**	**158**	**50**
西秀区				1	5		117	28	5
平坝区				9			478	12	15
普定县	1	1	3	8			379	51	13
镇宁布依族苗族自治县				6			205	27	7
关岭布依族苗族自治县	1			3			218	25	7
紫云苗族布依族自治县				5			192	15	3
毕节市	**1**	**20**	**5**	**101**	**41**	**9**	**4033**	**436**	**204**
七星关区				3			145	18	7
大方县				9	2		448	85	29
黔西县		3		8	6		655	64	41
金沙县			1	13	4	5	596	59	47
织金县				12	13		583	94	23
纳雍县		6		14	9		490	43	28
威宁彝族回族苗族自治县	1	3	4	30	5	3	879	52	17
赫章县		8		12	2	1	237	21	12

4－4b 续表 9　　　　单位：人

地　区 性　别	采矿业						制造业		
	石油和天然气开采业	黑色金属矿采选业	有色金属矿采选业	非金属矿采选业	开采专业及辅助性活动	其他采矿业	小计	农副食品加工业	食品制造业
铜仁市		**34**		**45**	**5**	**5**	**1755**	**180**	**101**
碧江区							14	1	
万山区									
江口县				1			175	14	9
玉屏侗族自治县		14		6		1	247	15	2
石阡县				2	1		121	22	7
思南县		1		9			244	25	29
印江土家族苗族自治县				7			169	9	10
德江县				4	3	1	273	26	19
沿河土家族自治县				7	1		233	35	13
松桃苗族自治县		19		9		3	279	33	12
黔西南布依族苗族自治州		**2**	**40**	**64**	**6**	**4**	**1566**	**178**	**45**
兴义市			1	6			245	17	8
兴仁市				2	1		110	22	5
普安县		1	1	4			138	6	10
晴隆县			4	4	2		171	22	2
贞丰县		1	16	24	2	3	254	44	8
望谟县				14			189	13	2
册亨县			15	2		1	123	8	4
安龙县			3	8	1		336	46	6
黔东南苗族侗族自治州		**5**	**6**	**67**	**3**	**5**	**2478**	**161**	**73**
凯里市			1	3	1		100	5	5
黄平县				3		1	175	16	5
施秉县				3			63	6	4
三穗县				2			191	15	3
镇远县			2	13			199	12	9
岑巩县				4			105	9	3
天柱县		1	1	7		2	228	13	2
锦屏县				1			163	8	1
剑河县				4			110	14	7
台江县							162	4	2
黎平县		1	1	9	1		318	12	12
榕江县				7	1		167	13	5
从江县				1			147	9	4
雷山县			1			1	57	7	1
麻江县		3		8		1	121	9	5
丹寨县				2			172	9	5
黔南布依族苗族自治州	**2**	**11**	**4**	**173**	**8**	**14**	**3604**	**274**	**168**
都匀市				4			73	2	3
福泉市	1			64	3	2	229	15	8
荔波县				5	1		102	20	8
贵定县		2		5	1	1	363	29	58
瓮安县		7	3	51		6	528	21	12
独山县				9	1	3	460	36	12
平塘县		2		4			139	9	6
罗甸县	1		1	6			245	17	13
长顺县				8		1	194	20	3
龙里县				6	2		493	33	11
惠水县				5		1	581	54	27
三都水族自治县				6			197	18	7

4-4b　续表 10　　单位：人

地　区 性　别	采矿业						制造业		
	石油和天然气开采业	黑色金属矿采选业	有色金属矿采选业	非金属矿采选业	开采专业及辅助性活动	其他采矿业	小计	农副食品加工业	食品制造业
女	**6**	**26**	**17**	**153**	**20**	**11**	**14250**	**1617**	**1031**
贵　州	**6**	**26**	**17**	**153**	**20**	**11**	**14250**	**1617**	**1031**
贵阳市	**1**	**3**	**2**	**66**	**2**	**1**	**967**	**107**	**66**
南明区									
云岩区									
花溪区							39	3	
乌当区				1			32	16	2
白云区			1				1		
观山湖区					1		41	2	2
开阳县	1			47	1		312	39	15
息烽县		2		11			264	25	15
修文县		1		4		1	212	18	25
清镇市			1	3			66	4	7
六盘水市		**1**	**2**	**4**	**3**	**4**	**744**	**63**	**49**
钟山区							44	11	5
六枝特区				1		1	78	6	9
水城县		1		1	3	3	395	27	12
盘州市			2	2			227	19	23
遵义市	**2**	**1**	**1**	**8**	**1**		**2462**	**259**	**203**
红花岗区							184	25	17
汇川区							53	8	8
播州区			1	1			129	19	11
桐梓县				1			290	20	23
绥阳县				1			217	17	18
正安县		1		1			183	26	14
道真仡佬族苗族自治县							104	17	8
务川仡佬族苗族自治县				1			140	19	7
凤冈县				3			193	29	12
湄潭县					1		258	32	38
余庆县							139	14	19
习水县	1						426	21	20
赤水市	1						44	4	3
仁怀市							102	8	5
安顺市				**2**	**2**		**914**	**100**	**43**
西秀区					2		69	21	3
平坝区				1			267	8	9
普定县							222	31	14
镇宁布依族苗族自治县							160	14	6
关岭布依族苗族自治县							111	19	4
紫云苗族布依族自治县				1			85	7	7
毕节市	**1**	**1**		**19**	**5**	**2**	**2677**	**433**	**197**
七星关区							67	12	4
大方县				2	1		304	99	19
黔西县	1			2			405	57	41
金沙县				1	1		469	42	37
织金县				5	2	1	419	112	25
纳雍县				3	1		315	46	28
威宁彝族回族苗族自治县		1		5		1	511	55	21
赫章县				1			187	10	22

4-4b 续表 11 单位：人

地 区 性 别	采矿业						制造业		
	石油和天然气开采业	黑色金属矿采选业	有色金属矿采选业	非金属矿采选业	开采专业及辅助性活动	其他采矿业	小计	农副食品加工业	食品制造业
铜仁市		**17**	**3**	**8**	**3**	**1**	**1204**	**164**	**113**
碧江区							5	1	
万山区									
江口县							107	13	5
玉屏侗族自治县		8		3			150	11	2
石阡县				1			87	20	5
思南县					2		190	31	32
印江土家族苗族自治县					1		107	8	17
德江县				3			200	23	25
沿河土家族自治县			3	1			168	32	17
松桃苗族自治县		9				1	190	25	10
黔西南布依族苗族自治州			**8**	**10**		**1**	**1105**	**129**	**59**
兴义市				3			145	14	2
兴仁市				2			95	19	8
普安县			2				108	7	7
晴隆县							121	15	6
贞丰县			1	1		1	201	30	14
望谟县				3			128	7	3
册亨县			5				96	6	4
安龙县				1			211	31	15
黔东南苗族侗族自治州			**1**	**9**	**3**	**1**	**1799**	**142**	**92**
凯里市					3	1	67	6	5
黄平县							112	13	6
施秉县							61	2	3
三穗县							148	9	6
镇远县							134	11	14
岑巩县							113	6	5
天柱县			1	4			154	13	5
锦屏县				1			134	10	5
剑河县							70	14	8
台江县							93	4	4
黎平县				1			237	14	11
榕江县				1			146	8	7
从江县							90	5	2
雷山县							45	9	2
麻江县				2			66	7	2
丹寨县							129	11	7
黔南布依族苗族自治州	**2**	**3**		**27**	**1**	**1**	**2378**	**220**	**209**
都匀市							30	2	5
福泉市				12			113	8	6
荔波县							80	11	10
贵定县		1		1			264	24	69
瓮安县	1	2		11		1	294	16	20
独山县							321	34	13
平塘县				1			106	4	9
罗甸县				1			260	17	18
长顺县							156	23	3
龙里县	1			1	1		259	19	14
惠水县							359	55	39
三都水族自治县							136	7	3

4-4b　续表 12　　　　单位：人

地　区 性　别	制造业								
	酒、饮料和精制茶制造业	烟　草制品业	纺织业	纺织服装、服饰业	皮革、毛皮、羽毛及其制品和制鞋业	木材加工和木、竹、藤、棕、草制品业	家　具制造业	造纸和纸制品业	印刷和记录媒介复制业
贵　州	**2338**	**263**	**1284**	**2068**	**1479**	**1563**	**1088**	**554**	**247**
贵阳市	**108**	**14**	**48**	**51**	**24**	**59**	**46**	**35**	**22**
南明区									
云岩区									
花溪区	1		4	3		3	10	5	1
乌当区				1				3	
白云区									
观山湖区	5		1	6	3	4	2		3
开阳县	24	9	16	23	12	17	23	4	14
息烽县	16	2	13	6	4	3	2	3	1
修文县	56	3	9	11	4	18	7	18	2
清镇市	6		5	1	1	14	2	2	1
六盘水市	**76**	**3**	**115**	**76**	**104**	**81**	**56**	**22**	**3**
钟山区	3		10	2	8	3	4		
六枝特区	5		27	12	8	9	10	3	
水城县	39	2	38	41	76	29	27	14	3
盘州市	29	1	40	21	12	40	15	5	
遵义市	**1215**	**68**	**176**	**280**	**261**	**179**	**182**	**143**	**57**
红花岗区	14	2	9	6	9	17	4	57	3
汇川区	12	4	8	8	1	7	2	2	
播州区	56		9	5	6	7	11	8	4
桐梓县	19		21	51	37	11	15	10	3
绥阳县	22		21	30	23	11	10	17	8
正安县	18	5	17	10	22	14	29	8	11
道真仡佬族苗族自治县	7	4	7	8	12	2	12		3
务川仡佬族苗族自治县	17		11	21	21	13	14	3	5
凤冈县	10	17	16	59	16	11	14	3	3
湄潭县	66	35	19	18	26	30	29	7	9
余庆县	21	1	13	21	13	19	18	6	1
习水县	783		11	27	48	13	16	13	6
赤水市	11		7	3	3	18	2	4	
仁怀市	159		7	13	24	6	6	5	1
安顺市	**82**	**1**	**104**	**93**	**78**	**87**	**61**	**41**	**16**
西秀区	2		4	3	5	5	6	2	
平坝区	11		10	5	2	10	11	12	5
普定县	22		33	31	26	26	13	3	2
镇宁布依族苗族自治县	23		32	25	21	14	5	17	1
关岭布依族苗族自治县	15		17	21	20	11	8	6	3
紫云苗族布依族自治县	9	1	8	8	4	21	18	1	5
毕节市	**371**	**55**	**317**	**449**	**399**	**191**	**173**	**58**	**35**
七星关区	11	2	12	10	12	14	7	3	1
大方县	34	7	47	44	28	14	21	4	5
黔西县	51	3	44	79	76	34	42	14	8
金沙县	166	18	25	45	58	30	23	10	4
织金县	40	4	60	99	86	35	21	5	4
纳雍县	22	13	41	52	34	28	17	7	5
威宁彝族回族苗族自治县	22	6	71	95	70	27	35	8	6
赫章县	25	2	17	25	35	9	7	7	2

4-4b 续表 13　　　　单位：人

地　区 性　别	制造业								
	酒、饮料和精制茶制造业	烟　草制品业	纺织业	纺织服装、服饰业	皮革、毛皮、羽毛及其制品和制鞋业	木材加工和木、竹、藤、棕、草制品业	家　具制造业	造纸和纸制品业	印刷和记录媒介复制业
铜仁市	**111**	**12**	**107**	**231**	**136**	**124**	**62**	**27**	**14**
碧江区			2	4	3	1			
万山区									
江口县	21		7	18	28	20	3	1	
玉屏侗族自治县	7	1	3	31	21	4	3	1	2
石阡县	13		8	19	6	5	5		1
思南县	23	5	15	32	9	15	14	3	2
印江土家族苗族自治县	15	2	16	17	12	17	2	1	2
德江县	6	2	18	25	17	19	11	7	3
沿河土家族自治县	16	1	12	37	22	21	10	4	2
松桃苗族自治县	10	1	26	48	18	22	14	10	2
黔西南布依族苗族自治州	**100**	**18**	**86**	**191**	**129**	**161**	**100**	**42**	**16**
兴义市	8	5	6	13	17	40	21		
兴仁市	7	4	11	14	5	10	4	3	3
普安县	44		11	17	24	11	11	3	
晴隆县	11	4	7	33	17	20	8	6	5
贞丰县	10	1	20	36	7	10	17	6	4
望谟县	3		9	31	25	17	10	3	1
册亨县	3		5	21	15	35	6	1	
安龙县	14	4	17	26	19	18	23	20	3
黔东南苗族侗族自治州	**110**	**8**	**147**	**368**	**186**	**443**	**129**	**65**	**35**
凯里市			7	7	2	5	1	1	2
黄平县	4	1	20	18	2	22	20	7	1
施秉县	2	3	3	18	3	4		1	1
三穗县	2		15	68	16	47	9	6	3
镇远县	34	2	8	9	7	15	8	4	1
岑巩县	4	2	12	19	9	11	4	5	4
天柱县	2		7	35	48	26	21	3	1
锦屏县	4		8	11	9	61	13	8	2
剑河县	4		5	12	8	14	4	2	2
台江县	3		3	3	4	7	3		1
黎平县	18		17	51	49	96	17	14	
榕江县	2		10	42	18	81	4	7	3
从江县	7		11	15	4	14	5	2	1
雷山县	13		4	6	1	2	4		5
麻江县	1		8	9	2	9	5	1	4
丹寨县	10		9	45	4	29	11	4	4
黔南布依族苗族自治州	**165**	**84**	**184**	**329**	**162**	**238**	**279**	**121**	**49**
都匀市	6	3				6	1		1
福泉市	3		15	4	7	7	5		1
荔波县		1	7	7	4	21	5		2
贵定县	27	77	20	33	14	10	12	11	1
瓮安县	30	1	22	47	51	11	24	6	8
独山县	6	1	35	46	18	22	29	9	1
平塘县	3		14	32	11	16	8	12	3
罗甸县	4		20	29	20	11	14	13	4
长顺县	8		16	13	9	19	8	10	2
龙里县	27		7	14	8	48	74	37	19
惠水县	44	1	17	42	10	28	81	21	4
三都水族自治县	7		11	62	10	39	18	2	3

4-4b　续表 14　　　　单位：人

地　区 性　别	制造业								
	酒、饮料和精制茶制造业	烟　草制品业	纺织业	纺织服装、服饰业	皮革、毛皮、羽毛及其制品和制鞋业	木材加工和木、竹、藤、棕、草制品业	家　具制造业	造纸和纸制品业	印刷和记录媒介复制业
男	**1508**	**190**	**599**	**695**	**711**	**1135**	**752**	**281**	**136**
贵　州	**1508**	**190**	**599**	**695**	**711**	**1135**	**752**	**281**	**136**
贵阳市	**79**	**10**	**23**	**14**	**12**	**46**	**29**	**18**	**11**
南明区									
云岩区									
花溪区			2			3	7	3	
乌当区								2	
白云区									
观山湖区	2			2	1	3	1		1
开阳县	18	6	8	6	5	14	13		8
息烽县	10	2	6	2	3	3	2	2	1
修文县	44	2	4	4	2	12	5	11	1
清镇市	5		3		1	11	1		
六盘水市	**46**	**3**	**56**	**27**	**37**	**54**	**36**	**10**	**2**
钟山区	3		5	1	6	3	3		
六枝特区	3		14	7	4	7	8	2	
水城县	20	2	15	11	22	20	16	6	2
盘州市	20	1	22	8	5	24	9	2	
遵义市	**844**	**47**	**84**	**100**	**120**	**132**	**128**	**68**	**31**
红花岗区	9	1	4	4	4	13	4	21	1
汇川区	10	4	5	3	1	7	1	1	
播州区	47		4	3	4	4	8	6	
桐梓县	11		10	17	19	10	9	5	2
绥阳县	16		13	18	13	9	8	9	5
正安县	13	4	7	4	10	10	18	6	5
道真仡佬族苗族自治县	5	3	2	3	6	1	9		2
务川仡佬族苗族自治县	9		8	7	8	11	12	2	3
凤冈县	4	14	7	14	4	8	9	2	1
湄潭县	37	21	8	8	14	19	21	2	5
余庆县	10		4	6	8	12	13	5	1
习水县	551		6	10	17	12	11	3	5
赤水市	10		3			11	1	2	
仁怀市	112		3	3	12	5	4	4	1
安顺市	**50**	**1**	**49**	**39**	**35**	**63**	**42**	**20**	**10**
西秀区	2		2	1	3	3	5	1	
平坝区	7		6	3	2	7	6	6	2
普定县	13		17	13	13	18	8	1	1
镇宁布依族苗族自治县	15		11	9	7	9	4	8	1
关岭布依族苗族自治县	9		10	10	8	10	6	3	2
紫云苗族布依族自治县	4	1	3	3	2	16	13	1	4
毕节市	**218**	**40**	**155**	**153**	**208**	**164**	**121**	**33**	**15**
七星关区	9	2	8	4	7	12	5	2	
大方县	23	3	21	16	14	11	16		3
黔西县	32	2	21	24	34	28	28	8	3
金沙县	85	16	9	13	32	27	17	4	
织金县	23	4	30	20	56	32	13	2	3
纳雍县	15	7	22	22	13	25	12	5	2
威宁彝族回族苗族自治县	18	5	41	50	39	22	25	6	3
赫章县	13	1	3	4	13	7	5	6	1

4-4b 续表 15 单位：人

地区 性别	制造业								
	酒、饮料和精制茶制造业	烟草制品业	纺织业	纺织服装、服饰业	皮革、毛皮、羽毛及其制品和制鞋业	木材加工和木、竹、藤、棕、草制品业	家具制造业	造纸和纸制品业	印刷和记录媒介复制业
铜仁市	**66**	**9**	**49**	**65**	**60**	**97**	**39**	**13**	**7**
碧江区			1	2	3	1			
万山区									
江口县	11		3	3	14	19	2	1	
玉屏侗族自治县	6		2	7	4	3	1		1
石阡县	7		5	4	4	4	3		
思南县	13	4	7	8	4	9	11	2	
印江土家族苗族自治县	9	2	7	7	5	16	1	1	2
德江县	5	1	6	4	7	14	6	4	1
沿河土家族自治县	10	1	7	7	12	15	6	2	1
松桃苗族自治县	5	1	11	23	7	16	9	3	2
黔西南布依族苗族自治州	**55**	**11**	**34**	**63**	**61**	**112**	**62**	**27**	**10**
兴义市	4	2	2	7	9	26	12		
兴仁市	3	2	6	2	3	5	4	1	2
普安县	24		5	5	7	9	7	2	
晴隆县	5	4	3	10	11	12	6	3	3
贞丰县	7		5	14	2	9	11	2	3
望谟县	2		5	14	11	12	5	3	1
册亨县	1		1	6	7	25	4		
安龙县	9	3	7	5	11	14	13	16	1
黔东南苗族侗族自治州	**58**	**7**	**72**	**114**	**107**	**291**	**101**	**34**	**18**
凯里市			4	2	2	2	1	1	1
黄平县	3	1	10	3	1	15	14	4	1
施秉县	1	3	2	4	1	3			
三穗县	2		8	18	8	31	8	3	2
镇远县	16	1	5	4	5	14	6	1	1
岑巩县	2	2	4	8	3	7	3	1	2
天柱县	1		6	9	31	19	16	1	1
锦屏县	2		3	2	5	36	12	5	1
剑河县	1		1	5	6	8	2	2	1
台江县	2		1		2	5	2		1
黎平县	11		8	15	25	69	14	8	
榕江县			3	13	10	45	4	5	1
从江县	5		5	8	4	12	4	1	1
雷山县	5			2	1	2	4		3
麻江县	1		5	4	1	6	4		1
丹寨县	6		7	17	2	17	7	2	1
黔南布依族苗族自治州	**92**	**62**	**77**	**120**	**71**	**176**	**194**	**58**	**32**
都匀市	3	3				4	1		1
福泉市	2		10	2	2	6	2		1
荔波县		1	1	1	2	14	4		1
贵定县	12	55	8	9	5	9	8	5	1
瓮安县	16	1	10	21	21	8	18	4	6
独山县	4	1	12	17	9	18	19	7	1
平塘县	1		5	13	2	12	6	2	2
罗甸县	2		5	4	10	8	12	3	3
长顺县	5		7	3	4	13	5	5	1
龙里县	18		5	8	3	34	52	20	13
惠水县	25	1	8	14	6	21	55	12	1
三都水族自治县	4		6	28	7	29	12		1

4-4b 续表 16 单位：人

地区 性别	制造业								
	酒、饮料和精制茶制造业	烟草制品业	纺织业	纺织服装、服饰业	皮革、毛皮、羽毛及其制品和制鞋业	木材加工和木、竹、藤、棕、草制品业	家具制造业	造纸和纸制品业	印刷和记录媒介复制业
女	**830**	**73**	**685**	**1373**	**768**	**428**	**336**	**273**	**111**
贵州	**830**	**73**	**685**	**1373**	**768**	**428**	**336**	**273**	**111**
贵阳市	**29**	**4**	**25**	**37**	**12**	**13**	**17**	**17**	**11**
南明区									
云岩区									
花溪区	1		2	3			3	2	1
乌当区				1				1	
白云区									
观山湖区	3		1	4	2	1	1		2
开阳县	6	3	8	17	7	3	10	4	6
息烽县	6		7	4	1			1	
修文县	12	1	5	7	2	6	2	7	1
清镇市	1		2	1		3	1	2	1
六盘水市	**30**		**59**	**49**	**67**	**27**	**20**	**12**	**1**
钟山区			5	1	2		1		
六枝特区	2		13	5	4	2	2	1	
水城县	19		23	30	54	9	11	8	1
盘州市	9		18	13	7	16	6	3	
遵义市	**371**	**21**	**92**	**180**	**141**	**47**	**54**	**75**	**26**
红花岗区	5	1	5	2	5	4		36	2
汇川区	2		3	5			1	1	
播州区	9		5	2	2	3	3	2	4
桐梓县	8		11	34	18	1	6	5	1
绥阳县	6		8	12	10	2	2	8	3
正安县	5	1	10	6	12	4	11	2	6
道真仡佬族苗族自治县	2	1	5	5	6	1	3		1
务川仡佬族苗族自治县	8		3	14	13	2	2	1	2
凤冈县	6	3	9	45	12	3	5	1	2
湄潭县	29	14	11	10	12	11	8	5	4
余庆县	11	1	9	15	5	7	5	1	
习水县	232		5	17	31	1	5	10	1
赤水市	1		4	3	3	7	1	2	
仁怀市	47		4	10	12	1	2	1	
安顺市	**32**		**55**	**54**	**43**	**24**	**19**	**21**	**6**
西秀区			2	2	2	2	1	1	
平坝区	4		4	2		3	5	6	3
普定县	9		16	18	13	8	5	2	1
镇宁布依族苗族自治县	8		21	16	14	5	1	9	
关岭布依族苗族自治县	6		7	11	12	1	2	3	1
紫云苗族布依族自治县	5		5	5	2	5	5		1
毕节市	**153**	**15**	**162**	**296**	**191**	**27**	**52**	**25**	**20**
七星关区	2		4	6	5	2	2	1	1
大方县	11	4	26	28	14	3	5	4	2
黔西县	19	1	23	55	42	6	14	6	5
金沙县	81	2	16	32	26	3	6	6	4
织金县	17		30	79	30	3	8	3	1
纳雍县	7	6	19	30	21	3	5	2	3
威宁彝族回族苗族自治县	4	1	30	45	31	5	10	2	3
赫章县	12	1	14	21	22	2	2	1	1

4－4b 续表 17 单位：人

地 区 性 别	制造业								
	酒、饮料和精制茶制造业	烟 草制品业	纺织业	纺织服装、服饰业	皮革、毛皮、羽毛及其制品和制鞋业	木材加工和木、竹、藤、棕、草制品业	家 具制造业	造纸和纸制品业	印刷和记录媒介复制业
铜仁市	**45**	**3**	**58**	**166**	**76**	**27**	**23**	**14**	**7**
碧江区			1	2					
万山区									
江口县	10		4	15	14	1	1		
玉屏侗族自治县	1	1	1	24	17	1	2	1	1
石阡县	6		3	15	2	1	2		1
思南县	10	1	8	24	5	6	3	1	2
印江土家族苗族自治县	6		9	10	7	1	1		
德江县	1	1	12	21	10	5	5	3	2
沿河土家族自治县	6		5	30	10	6	4	2	1
松桃苗族自治县	5		15	25	11	6	5	7	
黔西南布依族苗族自治州	**45**	**7**	**52**	**128**	**68**	**49**	**38**	**15**	**6**
兴义市	4	3	4	6	8	14	9		
兴仁市	4	2	5	12	2	5		2	1
普安县	20		6	12	17	2	4	1	
晴隆县	6		4	23	6	8	2	3	2
贞丰县	3	1	15	22	5	1	6	4	1
望谟县	1		4	17	14	5	5		
册亨县	2		4	15	8	10	2	1	
安龙县	5	1	10	21	8	4	10	4	2
黔东南苗族侗族自治州	**52**	**1**	**75**	**254**	**79**	**152**	**28**	**31**	**17**
凯里市			3	5		3			1
黄平县	1		10	15	1	7	6	3	
施秉县	1		1	14	2	1		1	1
三穗县			7	50	8	16	1	3	1
镇远县	18	1	3	5	2	1	2	3	
岑巩县	2		8	11	6	4	1	4	2
天柱县	1		1	26	17	7	5	2	
锦屏县	2		5	9	4	25	1	3	1
剑河县	3		4	7	2	6	2		1
台江县	1		2	3	2	2	1		
黎平县	7		9	36	24	27	3	6	
榕江县	2		7	29	8	36		2	2
从江县	2		6	7		2	1	1	
雷山县	8		4	4					2
麻江县			3	5	1	3	1	1	3
丹寨县	4		2	28	2	12	4	2	3
黔南布依族苗族自治州	**73**	**22**	**107**	**209**	**91**	**62**	**85**	**63**	**17**
都匀市	3					2			
福泉市	1		5	2	5	1	3		
荔波县			6	6	2	7	1		1
贵定县	15	22	12	24	9	1	4	6	
瓮安县	14		12	26	30	3	6	2	2
独山县	2		23	29	9	4	10	2	
平塘县	2		9	19	9	4	2	10	1
罗甸县	2		15	25	10	3	2	10	1
长顺县	3		9	10	5	6	3	5	1
龙里县	9		2	6	5	14	22	17	6
惠水县	19		9	28	4	7	26	9	3
三都水族自治县	3		5	34	3	10	6	2	2

4-4b 续表 18

单位：人

地区 性别	制造业								
	文教、工美、体育和娱乐用品制造业	石油、煤炭及其他燃料加工业	化学原料和化学制品制造业	医药制造业	化学纤维制造业	橡胶和塑料制品业	非金属矿物制品业	黑色金属冶炼和压延加工业	有色金属冶炼和压延加工业
贵州	**1104**	**113**	**1827**	**386**	**17**	**1265**	**3836**	**386**	**431**
贵阳市	**23**	**9**	**836**	**101**	**4**	**272**	**332**	**53**	**26**
南明区									
云岩区									
花溪区			1	4		2	31	4	2
乌当区			3	3		9	3		
白云区							2		1
观山湖区			2	3		8	5		1
开阳县	15	6	350	2	4	25	72	3	5
息烽县	1		469	16		59	47	2	2
修文县	3	2	5	73		160	79	39	2
清镇市	4	1	6			9	93	5	13
六盘水市	**43**	**23**	**37**	**10**	**4**	**70**	**330**	**54**	**72**
钟山区	4		2			9	22	7	
六枝特区	3	1	5	1		7	44	2	1
水城县	24	18	19	3	4	35	185	42	59
盘州市	12	4	11	6		19	79	3	12
遵义市	**177**	**12**	**168**	**30**	**2**	**122**	**588**	**50**	**89**
红花岗区	9		2	1		6	15	2	1
汇川区	5		3			3	21	1	1
播州区	12		19	1		18	74	10	9
桐梓县	11	1	53	3		8	96	6	14
绥阳县	18		12	4		13	60	4	1
正安县	67		4	2		5	37	11	7
道真仡佬族苗族自治县	4	1	3	2		4	18		1
务川仡佬族苗族自治县	12		3	2		4	52	2	45
凤冈县	13	1	14	2		11	56	6	1
湄潭县	9	2	13	6		28	38	3	6
余庆县	8		38	1		5	27	1	1
习水县	5	7	4	5		15	75	4	1
赤水市	2			1			6		
仁怀市	2				2	2	13		1
安顺市	**54**	**8**	**44**	**24**	**4**	**161**	**244**	**11**	**20**
西秀区	1		7	3	1	5	9	1	1
平坝区	6	1	6	6		108	54	1	6
普定县	22	5	10	6	3	19	56	4	5
镇宁布依族苗族自治县	11		12	3		9	27	3	1
关岭布依族苗族自治县	9	2		5		12	55	2	6
紫云苗族布依族自治县	5		9	1		8	43		1
毕节市	**172**	**30**	**85**	**42**	**1**	**158**	**693**	**38**	**23**
七星关区	3		2	1		3	22		
大方县	16	5	6	11		9	82	2	1
黔西县	16	6	30	7		20	92	1	2
金沙县	32	4	20	6		16	96	2	3
织金县	42	4	7	5		14	95	4	4
纳雍县	20	7	8	4	1	36	76	4	3
威宁彝族回族苗族自治县	38	2	9	6		46	165	22	10
赫章县	5	2	3	2		14	65	3	

4-4b 续表 19 单位：人

地区 性别	制造业								
	文教、工美、体育和娱乐用品制造业	石油、煤炭及其他燃料加工业	化学原料和化学制品制造业	医药制造业	化学纤维制造业	橡胶和塑料制品业	非金属矿物制品业	黑色金属冶炼和压延加工业	有色金属冶炼和压延加工业
铜仁市	**73**	**4**	**61**	**13**	**1**	**116**	**290**	**63**	**26**
碧江区			1				1		
万山区									
江口县	1	1	6			21	32	2	
玉屏侗族自治县	4		28	1		37	29	40	11
石阡县	13		1	2	1		18		
思南县	10		6	1		3	50	3	2
印江土家族苗族自治县	8	2	6			4	37	2	2
德江县	13		2	1		20	36	5	6
沿河土家族自治县	10		3	2		8	49	3	3
松桃苗族自治县	14	1	8	6		23	38	8	2
黔西南布依族苗族自治州	**106**	**5**	**32**	**21**		**76**	**260**	**33**	**25**
兴义市	19	3	5	5		13	44	27	8
兴仁市	2		2	1		6	19		3
普安县	9		3	1		5	15	1	
晴隆县	2		3	4		9	25	3	1
贞丰县	27		9	3		7	62		9
望谟县	23		1	1		6	17	1	
册亨县	8	1	3	1		7	13	1	1
安龙县	16	1	6	5		23	65		3
黔东南苗族侗族自治州	**268**	**12**	**114**	**29**		**83**	**404**	**48**	**64**
凯里市	11		2	2		4	36	1	14
黄平县	22		8	3		2	43		2
施秉县	13		5			2	6	2	
三穗县	13		2	2		6	25	1	2
镇远县	19		4	3		11	40	28	1
岑巩县	1		13	5		3	36	1	
天柱县	23	1	15	4		12	30		2
锦屏县	39	2	4			2	42		
剑河县	17	1	4			4	14	2	1
台江县	14	2	1			7	10	1	38
黎平县	17		20	1		7	41	6	2
榕江县	18		7	3		3	10	4	
从江县	23	2	4			6	14	2	
雷山县	13	1		1			4		
麻江县	4	3	24	2		3	27		1
丹寨县	21		1	3		11	26		1
黔南布依族苗族自治州	**188**	**10**	**450**	**116**	**1**	**207**	**695**	**36**	**86**
都匀市	1	1		22		17	4		
福泉市	7	1	156	1		10	24		
荔波县	3		6	1		3	28	2	
贵定县	7	3	10	3		17	108		5
瓮安县	35	1	171	3		35	81	4	1
独山县	51	1	11	4		23	75	12	28
平塘县	19		3			4	29	2	
罗甸县	30	1	7	21		14	42	8	46
长顺县	4		29	4		5	40		2
龙里县	3	2	25	43		26	185	2	3
惠水县	8		29	11	1	45	71	1	1
三都水族自治县	20		3	3		8	8	5	

4-4b　续表 20　　　　单位：人

地　区 性　别	制造业								
	文教、工美、体育和娱乐用品制造业	石油、煤炭及其他燃料加工业	化学原料和化学制品制造业	医　药制造业	化学纤维制造业	橡胶和塑　料制品业	非金属矿　物制品业	黑色金属冶炼和压延加工业	有色金属冶炼和压延加工业
男	**520**	**73**	**1253**	**199**	**12**	**819**	**2912**	**313**	**314**
贵　州	**520**	**73**	**1253**	**199**	**12**	**819**	**2912**	**313**	**314**
贵阳市	**13**	**6**	**593**	**49**	**2**	**205**	**259**	**42**	**22**
南明区									
云岩区									
花溪区				1		1	25	3	1
乌当区			3	2		3	3		
白云区							1		1
观山湖区						6	4		1
开阳县	9	3	246	1	2	17	63	2	4
息烽县	1		337	8		32	30	2	2
修文县	1	2	3	37		142	61	30	2
清镇市	2	1	4			4	72	5	11
六盘水市	**21**	**15**	**24**	**5**	**3**	**47**	**253**	**42**	**51**
钟山区	2		1			6	18	7	
六枝特区	1		4	1		5	33	1	
水城县	10	12	12	2	3	25	147	31	42
盘州市	8	3	7	2		11	55	3	9
遵义市	**78**	**8**	**100**	**20**	**1**	**77**	**445**	**42**	**68**
红花岗区	5		1	1		2	10	2	1
汇川区	2		1			1	16	1	1
播州区	8		9	1		10	51	7	7
桐梓县	6	1	40	1		5	77	5	10
绥阳县	10		8	3		8	43	3	
正安县	27		2	1		1	30	10	5
道真仡佬族苗族自治县	1	1	2	2		4	13		1
务川仡佬族苗族自治县	5		1	1		4	37	1	35
凤冈县	3	1	9	1		9	42	5	1
湄潭县	5	1	6	3		20	32	3	4
余庆县	6		18			2	20	1	1
习水县		4	3	5		10	59	4	1
赤水市				1			3		
仁怀市					1	1	12		1
安顺市	**31**	**5**	**27**	**9**	**3**	**108**	**185**	**8**	**13**
西秀区	1		3	3	1	1	7		1
平坝区	3		4	1		73	36	1	3
普定县	13	4	6	1	2	14	43	4	4
镇宁布依族苗族自治县	3		9	1		5	18	2	1
关岭布依族苗族自治县	8	1		2		9	47	1	3
紫云苗族布依族自治县	3		5	1		6	34		1
毕节市	**106**	**16**	**55**	**25**	**1**	**95**	**545**	**31**	**20**
七星关区	1		1	1		3	20		
大方县	11	2	4	6		6	64	2	1
黔西县	13	3	23	3		15	71	1	2
金沙县	19	1	10	4		7	78	2	3
织金县	26	3	5	4		11	71	3	4
纳雍县	11	4	4	4	1	18	59	3	3
威宁彝族回族苗族自治县	21	2	5	3		29	132	17	7
赫章县	4	1	3			6	50	3	

4-4b 续表 21 单位：人

地 区 性 别	制造业								
	文教、工美、体育和娱乐用品制造业	石油、煤炭及其他燃料加工业	化学原料和化学制品制造业	医 药制造业	化学纤维制造业	橡胶和塑 料制品业	非金属矿 物制品业	黑色金属冶炼和压延加工业	有色金属冶炼和压延加工业
铜仁市	**28**	**3**	**37**	**9**	**1**	**69**	**227**	**57**	**19**
碧江区			1				1		
万山区									
江口县		1	3			10	25	2	
玉屏侗族自治县	2		18	1		27	23	35	8
石阡县	6		1	2	1		14		
思南县	6		3			1	37	3	1
印江土家族苗族自治县	4	1	3			1	32	2	1
德江县	3		2	1		12	26	5	5
沿河土家族自治县	2		3	2		3	37	3	2
松桃苗族自治县	5	1	3	3		15	32	7	2
黔西南布依族苗族自治州	**51**	**5**	**23**	**11**		**48**	**184**	**26**	**17**
兴义市	11	3	4	3		5	29	21	4
兴仁市	1		2			3	13		2
普安县	3		2	1		3	11	1	
晴隆县	1		2	3		5	19	2	1
贞丰县	12		6	1		7	41		8
望谟县	12		1	1		4	13	1	
册亨县	4	1	2			6	8	1	
安龙县	7	1	4	2		15	50		2
黔东南苗族侗族自治州	**114**	**9**	**69**	**14**		**48**	**306**	**39**	**54**
凯里市	6		1			3	24	1	11
黄平县	10		4	2		1	34		1
施秉县	1		3			1	3	1	
三穗县	6		1	1		5	20		2
镇远县	11		3	1		4	31	26	1
岑巩县			5	2			24	1	
天柱县	11	1	8	2		8	22		1
锦屏县	12	2	3				38		
剑河县	10	1	4			3	12	1	1
台江县	6	1	1			4	5	1	33
黎平县	6		12			5	32	4	2
榕江县	11		3	3		1	7	3	
从江县	10	1	2			3	11	1	
雷山县	5	1					4		
麻江县	2	2	18	1		2	18		1
丹寨县	7		1	2		8	21		1
黔南布依族苗族自治州	**78**	**6**	**325**	**57**	**1**	**122**	**508**	**26**	**50**
都匀市				14		14	4		
福泉市		1	112	1		3	18		
荔波县	2		3			1	24	2	
贵定县	3	2	8	1		9	75		3
瓮安县	13	1	131	2		23	59	4	
独山县	15	1	8	2		14	66	8	28
平塘县	9					3	23		
罗甸县	18	1	2	11		7	26	5	15
长顺县	1		18	1		3	26		1
龙里县	2		19	18		13	135	2	2
惠水县	5		22	6	1	28	47	1	1
三都水族自治县	10		2	1		4	5	4	

4-4b　续表 22　　　　单位：人

地　区 性　别	制造业								
	文教、工美、体育和娱乐用品制造业	石油、煤炭及其他燃料加工业	化学原料和化学制品制造业	医　药制造业	化学纤维制造业	橡胶和塑　料制品业	非金属矿　物制品业	黑色金属冶炼和压延加工业	有色金属冶炼和压延加工业
女	**584**	**40**	**574**	**187**	**5**	**446**	**924**	**73**	**117**
贵　州	**584**	**40**	**574**	**187**	**5**	**446**	**924**	**73**	**117**
贵阳市	**10**	**3**	**243**	**52**	**2**	**67**	**73**	**11**	**4**
南明区									
云岩区									
花溪区			1	3		1	6	1	1
乌当区				1		6			
白云区							1		
观山湖区			2	3		2	1		
开阳县	6	3	104	1	2	8	9	1	1
息烽县			132	8		27	17		
修文县	2		2	36		18	18	9	
清镇市	2		2			5	21		2
六盘水市	**22**	**8**	**13**	**5**	**1**	**23**	**77**	**12**	**21**
钟山区	2		1			3	4		
六枝特区	2	1	1			2	11	1	1
水城县	14	6	7	1	1	10	38	11	17
盘州市	4	1	4	4		8	24		3
遵义市	**99**	**4**	**68**	**10**	**1**	**45**	**143**	**8**	**21**
红花岗区	4		1			4	5		
汇川区	3		2			2	5		
播州区	4		10			8	23	3	2
桐梓县	5		13	2		3	19	1	4
绥阳县	8		4	1		5	17	1	1
正安县	40		2	1		4	7	1	2
道真仡佬族苗族自治县	3		1				5		
务川仡佬族苗族自治县	7		2	1			15	1	10
凤冈县	10		5	1		2	14	1	
湄潭县	4	1	7	3		8	6		2
余庆县	2		20	1		3	7		
习水县	5	3	1			5	16		
赤水市	2						3		
仁怀市	2				1	1	1		
安顺市	**23**	**3**	**17**	**15**	**1**	**53**	**59**	**3**	**7**
西秀区			4			4	2	1	
平坝区	3	1	2	5		35	18		3
普定县	9	1	4	5	1	5	13		1
镇宁布依族苗族自治县	8		3	2		4	9	1	
关岭布依族苗族自治县	1	1		3		3	8	1	3
紫云苗族布依族自治县	2		4			2	9		
毕节市	**66**	**14**	**30**	**17**		**63**	**148**	**7**	**3**
七星关区	2		1				2		
大方县	5	3	2	5		3	18		
黔西县	3	3	7	4		5	21		
金沙县	13	3	10	2		9	18		
织金县	16	1	2	1		3	24	1	
纳雍县	9	3	4			18	17	1	
威宁彝族回族苗族自治县	17		4	3		17	33	5	3
赫章县	1	1		2		8	15		

4–4b 续表 23　　　　单位：人

地　区 性　别	制造业								
	文教、工美、体育和娱乐用品制造业	石油、煤炭及其他燃料加工业	化学原料和化学制品制造业	医　药制造业	化学纤维制造业	橡胶和塑　料制品业	非金属矿　物制品业	黑色金属冶炼和压延加工业	有色金属冶炼和压延加工业
铜仁市	**45**	**1**	**24**	**4**		**47**	**63**	**6**	**7**
碧江区									
万山区									
江口县	1		3			11	7		
玉屏侗族自治县	2		10			10	6	5	3
石阡县	7						4		
思南县	4		3	1		2	13		1
印江土家族苗族自治县	4	1	3			3	5		1
德江县	10					8	10		1
沿河土家族自治县	8					5	12		1
松桃苗族自治县	9		5	3		8	6	1	
黔西南布依族苗族自治州	**55**		**9**	**10**		**28**	**76**	**7**	**8**
兴义市	8		1	2		8	15	6	4
兴仁市	1			1		3	6		1
普安县	6		1			2	4		
晴隆县	1		1	1		4	6	1	
贞丰县	15		3	2			21		1
望谟县	11					2	4		
册亨县	4		1	1		1	5		1
安龙县	9		2	3		8	15		1
黔东南苗族侗族自治州	**154**	**3**	**45**	**15**		**35**	**98**	**9**	**10**
凯里市	5		1	2		1	12		3
黄平县	12		4	1		1	9		1
施秉县	12		2			1	3	1	
三穗县	7		1	1		1	5	1	
镇远县	8		1	2		7	9	2	
岑巩县	1		8	3		3	12		
天柱县	12		7	2		4	8		1
锦屏县	27		1			2	4		
剑河县	7					1	2	1	
台江县	8	1				3	5		5
黎平县	11		8	1		2	9	2	
榕江县	7		4			2	3	1	
从江县	13	1	2			3	3	1	
雷山县	8			1					
麻江县	2	1	6	1		1	9		
丹寨县	14			1		3	5		
黔南布依族苗族自治州	**110**	**4**	**125**	**59**		**85**	**187**	**10**	**36**
都匀市	1	1		8		3			
福泉市	7		44			7	6		
荔波县	1		3	1		2	4		
贵定县	4	1	2	2		8	33		2
瓮安县	22		40	1		12	22		1
独山县	36		3	2		9	9	4	
平塘县	10		3			1	6	2	
罗甸县	12		5	10		7	16	3	31
长顺县	3		11	3		2	14		1
龙里县	1	2	6	25		13	50		1
惠水县	3		7	5		17	24		
三都水族自治县	10		1	2		4	3	1	

4-4b　续表 24　　　　单位：人

地　区 性　别	制造业								
	金　属 制品业	通用设备 制造业	专用设备 制造业	汽　车 制造业	铁路、船舶、 航空航天和 其他运输 设备制造业	电气机械 和器材 制造业	计算机、 通信和其 他电子设 备制造业	仪器仪表 制造业	其　他 制造业
贵　州	**2398**	**1166**	**679**	**355**	**178**	**1202**	**3079**	**94**	**442**
贵阳市	**175**	**70**	**36**	**33**	**8**	**98**	**63**	**9**	**8**
南明区									
云岩区									
花溪区	13	6	2	1	1	5	2	1	
乌当区	4	2	2			2	5	2	1
白云区	1				1				
观山湖区	6	5	6	6		1	2	1	
开阳县	65	32	9	6	5	45	28	3	1
息烽县	24	9	1	13		21	11	1	
修文县	54	11	13	6		6	7	1	4
清镇市	8	5	3	1	1	18	8		2
六盘水市	**149**	**64**	**42**	**16**	**4**	**50**	**162**	**4**	**15**
钟山区	9	2	4	2		2	11		
六枝特区	13	4	2	2	1	10	13	1	2
水城县	67	38	22	7	3	30	97	1	9
盘州市	60	20	14	5		8	41	2	4
遵义市	**343**	**138**	**85**	**59**	**14**	**162**	**559**	**15**	**44**
红花岗区	27	20	4	2	3	18	84	2	4
汇川区	16	9	3	1	1	4	15	1	
播州区	30	12	1	4	1	13	11		3
桐梓县	20	22	20	18	1	31	115	3	6
绥阳县	51	14	8	7	4	30	102	3	4
正安县	27	3	7	3	2	5	26		6
道真仡佬族苗族自治县	11	4	6			8	49		2
务川仡佬族苗族自治县	17	5	4	1	1	3	30	1	2
凤冈县	29	10	1			10	21	1	
湄潭县	46	20	14	14	1	19	29	3	8
余庆县	30	1	4	5		5	12		4
习水县	26	11	10	2		10	55		5
赤水市	4	5	1			5	8		
仁怀市	9	2	2	2		1	2	1	
安顺市	**181**	**140**	**83**	**48**	**79**	**66**	**309**	**4**	**25**
西秀区	7	11	5		19	4	14		9
平坝区	49	69	52	12	47	37	165	3	7
普定县	51	16	9	5	8	12	77	1	2
镇宁布依族苗族自治县	32	21	2	7		1	22		2
关岭布依族苗族自治县	14	18	10	16	1	6	5		2
紫云苗族布依族自治县	28	5	5	8	4	6	26		3
毕节市	**412**	**187**	**131**	**69**	**17**	**187**	**768**	**15**	**107**
七星关区	28	2	5	1	2	7	18	1	1
大方县	42	30	11	8	1	17	57	2	5
黔西县	71	36	21	10	1	20	87	1	19
金沙县	63	11	33	7	2	49	139		2
织金县	53	20	4	7	4	11	51	1	8
纳雍县	58	20	17	19	1	23	51	2	18
威宁彝族回族苗族自治县	60	58	26	13	4	49	325	8	43
赫章县	37	10	14	4	2	11	40		11

4-4b 续表 25　　　　单位：人

地　区 性　别	制造业								
	金　属 制品业	通用设备 制造业	专用设备 制造业	汽　车 制造业	铁路、船舶、 航空航天和 其他运输 设备制造业	电气机械 和器材 制造业	计算机、 通信和其 他电子设 备制造业	仪器仪表 制造业	其　他 制造业
铜仁市	**224**	**113**	**63**	**9**	**8**	**91**	**202**	**15**	**81**
碧江区	2	3							
万山区									
江口县	13	27	10		2	1	11	3	4
玉屏侗族自治县	16	10	6	1	1	30	22	3	31
石阡县	19	5	1		1	3	11	1	8
思南县	27	21	10	1	4	10	26	2	3
印江土家族苗族自治县	15	11	6	2		1	27	1	11
德江县	82	13	13	1		31	21	1	4
沿河土家族自治县	15	10	6			3	45	2	10
松桃苗族自治县	35	13	11	4		12	39	2	10
黔西南布依族苗族自治州	**225**	**86**	**27**	**19**	**9**	**97**	**252**	**7**	**35**
兴义市	46	7	3		3	14	27		2
兴仁市	15	8	1	1	1	2	16	1	
普安县	22	6	1	4		3	15	1	2
晴隆县	24	15	3	5	2	7	18	1	8
贞丰县	34	20	4	1	1	17	28	1	4
望谟县	22	4	3	3		10	63	1	13
册亨县	8	10	6	2		3	37	1	4
安龙县	54	16	6	3	2	41	48	1	2
黔东南苗族侗族自治州	**309**	**101**	**91**	**43**	**2**	**218**	**390**	**6**	**56**
凯里市	17	5	1	3		7	9		1
黄平县	11	7	7	3		2	26		9
施秉县	11	12	6			1	10		3
三穗县	31	4	8	1		9	24		3
镇远县	20	3	1	6		10	33	2	10
岑巩县	11	7	12			3	17		15
天柱县	23	7	14	8	1	6	50		5
锦屏县	9	4	11	4		6	25		
剑河县	11	4	6	1		2	8		3
台江县	6	5		2	1	120	9		
黎平县	73	9	14	5		22	24	2	
榕江县	12	4	4			4	38		5
从江县	17	13	1	1		13	61		1
雷山县	7		2	2		2	10		
麻江县	21	4	4	2		10	14	2	1
丹寨县	29	13		5		1	32		
黔南布依族苗族自治州	**380**	**267**	**121**	**59**	**37**	**233**	**374**	**19**	**71**
都匀市	2	5	4	1		4	3		1
福泉市	12	9	5	3	1	4	10	2	3
荔波县	6	3	1		1	7	19		1
贵定县	23	11	3		1	10	24		1
瓮安县	69	15	7	14	5	18	71	3	5
独山县	52	73	16	3	6	62	76	3	6
平塘县	19	2	1	3		9	21		
罗甸县	27	10	5	2	1	32	35		22
长顺县	32	16	9			21	40		12
龙里县	40	29	22	10	4	7	17	2	12
惠水县	74	82	43	16	17	54	25	7	8
三都水族自治县	24	12	5	7	1	5	33	2	

4-4b　续表 26　　　　单位：人

地　区 性　别	制造业								
	金　属 制品业	通用设备 制造业	专用设备 制造业	汽　车 制造业	铁路、船舶、 航空航天和 其他运输 设备制造业	电气机械 和器材 制造业	计算机、 通信和其 他电子设 备制造业	仪器仪表 制造业	其　他 制造业
男	**1801**	**810**	**444**	**238**	**130**	**719**	**1618**	**62**	**230**
贵　州	**1801**	**810**	**444**	**238**	**130**	**719**	**1618**	**62**	**230**
贵阳市	**132**	**51**	**22**	**17**	**7**	**74**	**43**	**3**	**5**
南明区									
云岩区									
花溪区	9	4	1		1	3	1	1	
乌当区	4	2	1			1	4		1
白云区	1				1				
观山湖区	5	3	2	2			1		
开阳县	50	24	5	4	4	32	21	1	
息烽县	19	7	1	7		20	7	1	
修文县	36	7	10	4		4	6		2
清镇市	8	4	2		1	14	3		2
六盘水市	**113**	**46**	**26**	**10**	**1**	**34**	**87**	**3**	**9**
钟山区	8	2	4	1			6		
六枝特区	13	2	1	1		8	6	1	2
水城县	49	28	14	4	1	21	62		4
盘州市	43	14	7	4		5	13	2	3
遵义市	**263**	**101**	**55**	**39**	**11**	**93**	**248**	**11**	**28**
红花岗区	20	14	2	2	1	10	42	2	3
汇川区	13	9	3	1	1	3	6	1	
播州区	26	8	1	4	1	10	3		3
桐梓县	16	15	9	9	1	14	51	2	5
绥阳县	42	10	6	4	4	19	43	1	3
正安县	22	3	5	1	1	4	11		3
道真仡佬族苗族自治县	6	4	4			6	15		1
务川仡佬族苗族自治县	13	5	2	1	1	1	8	1	
凤冈县	18	8	1			6	11	1	
湄潭县	35	14	9	11	1	9	20	2	3
余庆县	21	1	3	4		3	7		3
习水县	21	5	8	1		5	27		4
赤水市	4	4	1			2	2		
仁怀市	6	1	1	1		1	2	1	
安顺市	**146**	**106**	**59**	**33**	**61**	**42**	**155**	**3**	**12**
西秀区	5	9	4		14	3	6		5
平坝区	39	51	39	9	37	24	80	2	5
普定县	44	14	5	5	6	8	34	1	1
镇宁布依族苗族自治县	22	13	1	4		1	13		1
关岭布依族苗族自治县	10	17	6	10	1	3	3		
紫云苗族布依族自治县	26	2	4	5	3	3	19		
毕节市	**316**	**121**	**82**	**50**	**9**	**106**	**430**	**7**	**63**
七星关区	21		4	1		5	12		
大方县	35	21	8	6	1	12	36		3
黔西县	57	24	14	7		15	56	1	8
金沙县	46	8	18	5	1	19	51		1
织金县	44	15	2	6	2	6	30		4
纳雍县	40	16	12	12	1	10	27	1	13
威宁彝族回族苗族自治县	45	31	15	10	4	32	198	5	28
赫章县	28	6	9	3		7	20		6

4-4b 续表 27

单位：人

地区 性别	制造业								
	金属制品业	通用设备制造业	专用设备制造业	汽车制造业	铁路、船舶、航空航天和其他运输设备制造业	电气机械和器材制造业	计算机、通信和其他电子设备制造业	仪器仪表制造业	其他制造业
铜仁市	**171**	**76**	**42**	**4**	**6**	**65**	**115**	**9**	**38**
碧江区	2	2							
万山区									
江口县	9	24	4		1	1	7	1	3
玉屏侗族自治县	11	6	5		1	22	13	3	12
石阡县	14	4	1		1	1	5	1	4
思南县	22	8	7		3	8	14	1	2
印江土家族苗族自治县	14	6	4	1			14	1	7
德江县	57	10	9	1		19	12		3
沿河土家族自治县	13	8	3			3	31	2	4
松桃苗族自治县	29	8	9	2		11	19		3
黔西南布依族苗族自治州	**152**	**54**	**20**	**14**	**7**	**57**	**136**	**5**	**24**
兴义市	37	4	2		2	7	15		1
兴仁市	8	4	1	1	1	2	7		
普安县	13	5	1	4		2	9	1	2
晴隆县	17	8	3	4	1	5	10	1	4
贞丰县	22	10	3		1	9	9	1	3
望谟县	13	3	1	2		6	36	1	9
册亨县	4	8	5	1		1	21		3
安龙县	38	12	4	2	2	25	29	1	2
黔东南苗族侗族自治州	**219**	**73**	**45**	**29**	**2**	**135**	**201**	**3**	**25**
凯里市	13	4		1		4	4		1
黄平县	8	7	4	2		1	18		5
施秉县	8	7	4				6		3
三穗县	24	4	7	1		5	10		2
镇远县	18	2	1	3		4	9	1	3
岑巩县	8	3	6			2	7		3
天柱县	20	5	7	4	1	5	29		1
锦屏县	5	3	3	3		5	7		
剑河县	7	4	4	1		2	4		3
台江县	4	4			1	76	6		
黎平县	42	5	3	4		13	16		
榕江县	8	3	2			2	21		3
从江县	14	8		1		8	34		1
雷山县	6		2	2		1	6		
麻江县	16	3	2	2		6	7	2	
丹寨县	18	11		5		1	17		
黔南布依族苗族自治州	**289**	**182**	**93**	**42**	**26**	**113**	**203**	**18**	**26**
都匀市	2	4	3	1		3	3		1
福泉市	9	7	3	2	1	2	5	1	2
荔波县	1	1			1	3	7		1
贵定县	18	9	3			4	14		1
瓮安县	55	14	5	9	3	11	41	3	3
独山县	42	41	12	2	4	19	43	3	3
平塘县	17	1	1	3		7	12		
罗甸县	21	7	2	2	1	15	18		4
长顺县	27	12	9			9	19		
龙里县	24	19	18	6	4	5	13	2	7
惠水县	55	60	35	12	11	33	11	7	4
三都水族自治县	18	7	2	5	1	2	17	2	

4-4b 续表 28

单位：人

地区 性别	制造业								
	金属制品业	通用设备制造业	专用设备制造业	汽车制造业	铁路、船舶、航空航天和其他运输设备制造业	电气机械和器材制造业	计算机、通信和其他电子设备制造业	仪器仪表制造业	其他制造业
女	**597**	**356**	**235**	**117**	**48**	**483**	**1461**	**32**	**212**
贵　州	**597**	**356**	**235**	**117**	**48**	**483**	**1461**	**32**	**212**
贵阳市	**43**	**19**	**14**	**16**	**1**	**24**	**20**	**6**	**3**
南明区									
云岩区									
花溪区	4	2	1	1		2	1		
乌当区			1			1	1	2	
白云区									
观山湖区	1	2	4	4		1	1	1	
开阳县	15	8	4	2	1	13	7	2	1
息烽县	5	2		6		1	4		
修文县	18	4	3	2		2	1	1	2
清镇市		1	1	1		4	5		
六盘水市	**36**	**18**	**16**	**6**	**3**	**16**	**75**	**1**	**6**
钟山区	1			1		2	5		
六枝特区		2	1	1	1	2	7		
水城县	18	10	8	3	2	9	35	1	5
盘州市	17	6	7	1		3	28		1
遵义市	**80**	**37**	**30**	**20**	**3**	**69**	**311**	**4**	**16**
红花岗区	7	6	2		2	8	42		1
汇川区	3					1	9		
播州区	4	4				3	8		
桐梓县	4	7	11	9		17	64	1	1
绥阳县	9	4	2	3		11	59	2	1
正安县	5		2	2	1	1	15		3
道真仡佬族苗族自治县	5		2			2	34		1
务川仡佬族苗族自治县	4		2			2	22		2
凤冈县	11	2				4	10		
湄潭县	11	6	5	3		10	9	1	5
余庆县	9		1	1		2	5		1
习水县	5	6	2	1		5	28		1
赤水市		1				3	6		
仁怀市	3	1	1	1					
安顺市	**35**	**34**	**24**	**15**	**18**	**24**	**154**	**1**	**13**
西秀区	2	2	1		5	1	8		4
平坝区	10	18	13	3	10	13	85	1	2
普定县	7	2	4		2	4	43		1
镇宁布依族苗族自治县	10	8	1	3			9		1
关岭布依族苗族自治县	4	1	4	6		3	2		2
紫云苗族布依族自治县	2	3	1	3	1	3	7		3
毕节市	**96**	**66**	**49**	**19**	**8**	**81**	**338**	**8**	**44**
七星关区	7	2	1		2	2	6	1	1
大方县	7	9	3	2		5	21	2	2
黔西县	14	12	7	3	1	5	31		11
金沙县	17	3	15	2	1	30	88		1
织金县	9	5	2	1	2	5	21	1	4
纳雍县	18	4	5	7		13	24	1	5
威宁彝族回族苗族自治县	15	27	11	3		17	127	3	15
赫章县	9	4	5	1	2	4	20		5

4-4b 续表 29　　单位：人

地区 性别	制造业								
	金属制品业	通用设备制造业	专用设备制造业	汽车制造业	铁路、船舶、航空航天和其他运输设备制造业	电气机械和器材制造业	计算机、通信和其他电子设备制造业	仪器仪表制造业	其他制造业
铜仁市	**53**	**37**	**21**	**5**	**2**	**26**	**87**	**6**	**43**
碧江区		1							
万山区									
江口县	4	3	6		1		4	2	1
玉屏侗族自治县	5	4	1	1		8	9		19
石阡县	5	1				2	6		4
思南县	5	13	3	1	1	2	12	1	1
印江土家族苗族自治县	1	5	2	1		1	13		4
德江县	25	3	4			12	9	1	1
沿河土家族自治县	2	2	3				14		6
松桃苗族自治县	6	5	2	2		1	20	2	7
黔西南布依族苗族自治州	**73**	**32**	**7**	**5**	**2**	**40**	**116**	**2**	**11**
兴义市	9	3	1		1	7	12		1
兴仁市	7	4					9	1	
普安县	9	1				1	6		
晴隆县	7	7		1	1	2	8		4
贞丰县	12	10	1	1		8	19		1
望谟县	9	1	2	1		4	27		4
册亨县	4	2	1	1		2	16	1	1
安龙县	16	4	2	1		16	19		
黔东南苗族侗族自治州	**90**	**28**	**46**	**14**		**83**	**189**	**3**	**31**
凯里市	4	1	1	2		3	5		
黄平县	3		3	1		1	8		4
施秉县	3	5	2			1	4		
三穗县	7		1			4	14		1
镇远县	2	1		3		6	24	1	7
岑巩县	3	4	6			1	10		12
天柱县	3	2	7	4		1	21		4
锦屏县	4	1	8	1		1	18		
剑河县	4		2				4		
台江县	2	1		2		44	3		
黎平县	31	4	11	1		9	8	2	
榕江县	4	1	2			2	17		2
从江县	3	5	1			5	27		
雷山县	1					1	4		
麻江县	5	1	2			4	7		1
丹寨县	11	2					15		
黔南布依族苗族自治州	**91**	**85**	**28**	**17**	**11**	**120**	**171**	**1**	**45**
都匀市		1	1			1			
福泉市	3	2	2	1		2	5	1	1
荔波县	5	2	1			4	12		
贵定县	5	2			1	6	10		
瓮安县	14	1	2	5	2	7	30		2
独山县	10	32	4	1	2	43	33		3
平塘县	2	1				2	9		
罗甸县	6	3	3			17	17		18
长顺县	5	4				12	21		12
龙里县	16	10	4	4		2	4		5
惠水县	19	22	8	4	6	21	14		4
三都水族自治县	6	5	3	2		3	16		

4-4b　续表 30　　　　　　　　　　　　　　　　　　　　单位：人

地　区 性　别	制造业		电力、热力、燃气及水生产和供应业				建筑业		
	废弃资源综合利用业	金属制品、机械和设备修理业	小计	电力、热力生产和供应业	燃气生产和供应业	水的生产和供应业	小计	房屋建筑业	土木工程建筑业
贵　州	**698**	**389**	**4121**	**2814**	**449**	**858**	**60276**	**39984**	**4633**
贵阳市	**45**	**36**	**253**	**162**	**42**	**49**	**3418**	**1884**	**432**
南明区									
云岩区									
花溪区	1	1	7	4	1	2	257	127	12
乌当区	1	1	2	1		1	111	30	53
白云区		1	1	1			5	2	
观山湖区		4	11	6	4	1	54	22	5
开阳县	22	12	66	42	11	13	1352	771	208
息烽县	6	6	72	35	16	21	514	299	64
修文县	14	8	45	29	8	8	771	418	53
清镇市	1	3	49	44	2	3	354	215	37
六盘水市	**37**	**26**	**189**	**145**	**22**	**22**	**3133**	**2237**	**233**
钟山区	2	1	12	7	2	3	254	155	34
六枝特区	6		14	12		2	334	226	33
水城县	17	14	75	51	15	9	1775	1312	130
盘州市	12	11	88	75	5	8	770	544	36
遵义市	**92**	**54**	**790**	**548**	**69**	**173**	**11708**	**7922**	**1023**
红花岗区	1	3	18	12	1	5	334	241	35
汇川区	1		13	9	2	2	319	205	20
播州区	1	4	23	16	4	3	482	298	45
桐梓县	12	13	126	82	11	33	1775	1199	210
绥阳县	8	1	47	35	3	9	892	606	48
正安县	8	5	63	36	10	17	1198	918	47
道真仡佬族苗族自治县	4	2	59	50	5	4	835	528	151
务川仡佬族苗族自治县	5	3	59	40	1	18	1198	926	66
凤冈县	17	4	44	27	4	13	930	632	47
湄潭县	11	8	61	31	11	19	975	577	81
余庆县		1	52	38	1	13	611	305	167
习水县	14	10	194	157	9	28	1603	1106	81
赤水市	4		18	10	4	4	184	128	5
仁怀市	6		13	5	3	5	372	253	20
安顺市	**68**	**16**	**202**	**121**	**28**	**53**	**3240**	**1994**	**270**
西秀区	2	3	23	7	12	4	347	245	14
平坝区	3	3	6	2		4	436	266	57
普定县	21	4	44	21	6	17	949	561	82
镇宁布依族苗族自治县	20		45	27	3	15	585	339	45
关岭布依族苗族自治县	8	2	60	44	6	10	391	203	48
紫云苗族布依族自治县	14	4	24	20	1	3	532	380	24
毕节市	**172**	**85**	**727**	**515**	**81**	**131**	**11365**	**7578**	**658**
七星关区	2	1	11	7		4	309	180	30
大方县	7	4	87	67	4	16	1682	1230	94
黔西县	43	23	129	85	12	32	1567	932	93
金沙县	3	13	193	148	20	25	1336	828	63
织金县	49	11	91	63	13	15	1851	1212	81
纳雍县	54	19	74	48	14	12	1400	908	77
威宁彝族回族苗族自治县	9	12	86	49	15	22	2567	1878	178
赫章县	5	2	56	48	3	5	653	410	42

4-4b 续表 31 单位：人

地区 性别	制造业		电力、热力、燃气及水生产和供应业				建筑业		
	废弃资源综合利用业	金属制品、机械和设备修理业	小计	电力、热力生产和供应业	燃气生产和供应业	水的生产和供应业	小计	房屋建筑业	土木工程建筑业
铜仁市	**79**	**45**	**404**	**251**	**41**	**112**	**7341**	**5174**	**399**
碧江区							22	11	
万山区									
江口县	8	1	42	29	3	10	492	326	37
玉屏侗族自治县	14	10	59	44	1	14	472	322	25
石阡县	8	5	40	25	7	8	873	638	35
思南县	12	8	48	28	3	17	1192	890	56
印江土家族苗族自治县	12	1	32	20	3	9	780	547	62
德江县	18	5	67	36	6	25	1265	885	57
沿河土家族自治县	1	9	49	30	7	12	1227	859	65
松桃苗族自治县	6	6	67	39	11	17	1018	696	62
黔西南布依族苗族自治州	**79**	**23**	**354**	**273**	**23**	**58**	**4121**	**2857**	**280**
兴义市	8	5	59	47	5	7	520	349	50
兴仁市	9	3	9	5	3	1	200	148	5
普安县	3	4	98	82	5	11	419	298	51
晴隆县	5	1	22	18	2	2	510	374	31
贞丰县	16	5	63	44	3	16	660	446	31
望谟县	24	1	18	13		5	551	387	37
册亨县	5		25	19	1	5	271	183	17
安龙县	9	4	60	45	4	11	990	672	58
黔东南苗族侗族自治州	**51**	**29**	**676**	**500**	**64**	**112**	**7276**	**4834**	**623**
凯里市	7	1	13	8		5	242	151	31
黄平县	4	3	41	30	2	9	614	367	92
施秉县	3		17	12	1	4	259	148	23
三穗县	8	1	37	18	6	13	370	238	29
镇远县	1	7	139	124	5	10	556	379	42
岑巩县		1	53	43	7	3	539	387	42
天柱县	3	2	34	28	4	2	490	339	13
锦屏县	7	2	37	31	3	3	394	223	40
剑河县	2	6	46	36	5	5	423	231	89
台江县		1	22	18	1	3	279	239	8
黎平县	1		49	36		13	1130	763	63
榕江县		1	49	34	5	10	605	427	39
从江县			45	32	5	8	367	283	20
雷山县	5	1	29	20	1	8	295	206	37
麻江县	2	1	35	16	11	8	281	152	46
丹寨县	8	2	30	14	8	8	432	301	9
黔南布依族苗族自治州	**75**	**75**	**526**	**299**	**79**	**148**	**8674**	**5504**	**715**
都匀市	6	3	4	2		2	191	131	3
福泉市	3	12	26	9	9	8	326	199	30
荔波县	1	4	39	28	5	6	339	194	44
贵定县	11	5	44	19	5	20	795	467	115
瓮安县		15	74	51	11	12	1759	1141	205
独山县	8	9	47	26	7	14	724	353	97
平塘县	5	1	40	28	1	11	494	345	23
罗甸县	20	2	58	36	4	18	959	617	57
长顺县		2	40	24	6	10	521	378	21
龙里县		9	50	24	11	15	1215	947	33
惠水县	13	11	67	28	17	22	924	414	61
三都水族自治县	8	2	37	24	3	10	427	318	26

4－4b　续表 32　　　　单位：人

地区 性别	制造业		电力、热力、燃气及水生产和供应业				建筑业		
	废弃资源综合利用业	金属制品、机械和设备修理业	小计	电力、热力生产和供应业	燃气生产和供应业	水的生产和供应业	小计	房屋建筑业	土木工程建筑业
男	**500**	**353**	**3022**	**2133**	**321**	**568**	**49214**	**31646**	**4074**
贵　州	**500**	**353**	**3022**	**2133**	**321**	**568**	**49214**	**31646**	**4074**
贵阳市	**32**	**31**	**175**	**118**	**26**	**31**	**2862**	**1555**	**359**
南明区									
云岩区									
花溪区	1	1	5	3	1	1	192	96	8
乌当区	1	1	2	1		1	98	28	46
白云区		1	1	1			5	2	
观山湖区		3	7	4	3		45	20	4
开阳县	17	11	54	36	8	10	1126	634	168
息烽县	3	6	40	22	7	11	434	248	55
修文县	9	5	29	19	5	5	670	352	45
清镇市	1	3	37	32	2	3	292	175	33
六盘水市	**29**	**26**	**147**	**112**	**22**	**13**	**2523**	**1758**	**201**
钟山区	2	1	10	6	2	2	207	128	29
六枝特区	5		13	11		2	262	172	29
水城县	12	14	58	37	15	6	1438	1044	111
盘州市	10	11	66	58	5	3	616	414	32
遵义市	**71**	**51**	**568**	**414**	**45**	**109**	**9660**	**6329**	**908**
红花岗区	1	3	15	12		3	289	207	29
汇川区	1		12	9	2	1	282	173	19
播州区	1	4	18	12	4	2	415	245	42
桐梓县	11	12	84	61	4	19	1516	1002	185
绥阳县	5	1	37	27	3	7	717	476	45
正安县	8	5	42	27	7	8	971	728	42
道真仡佬族苗族自治县	2	2	42	38	2	2	679	407	137
务川仡佬族苗族自治县	4	3	41	26	1	14	934	703	54
凤冈县	11	4	28	21	1	6	732	483	39
湄潭县	8	8	49	27	9	13	803	453	70
余庆县		1	36	26	1	9	525	253	150
习水县	11	8	141	117	6	18	1322	881	73
赤水市	3		13	7	3	3	159	111	5
仁怀市	5		10	4	2	4	316	207	18
安顺市	**52**	**14**	**149**	**93**	**22**	**34**	**2681**	**1593**	**226**
西秀区	1	3	20	6	10	4	288	196	13
平坝区	3	2	5	2		3	372	219	51
普定县	18	4	31	17	4	10	773	439	66
镇宁布依族苗族自治县	13		33	19	2	12	486	269	33
关岭布依族苗族自治县	6	1	43	35	5	3	335	175	43
紫云苗族布依族自治县	11	4	17	14	1	2	427	295	20
毕节市	**126**	**82**	**546**	**386**	**66**	**94**	**9509**	**6144**	**596**
七星关区	1	1	11	7		4	265	154	27
大方县	5	4	71	54	4	13	1411	1005	85
黔西县	34	23	92	62	9	21	1328	747	85
金沙县	2	12	138	103	17	18	1155	692	56
织金县	36	11	67	43	13	11	1543	975	77
纳雍县	39	18	51	35	10	6	1148	720	69
威宁彝族回族苗族自治县	6	11	68	40	10	18	2101	1502	162
赫章县	3	2	48	42	3	3	558	349	35

4-4b 续表 33

单位：人

地区 性别	制造业		电力、热力、燃气及水生产和供应业				建筑业		
	废弃资源综合利用业	金属制品、机械和设备修理业	小计	电力、热力生产和供应业	燃气生产和供应业	水的生产和供应业	小计	房屋建筑业	土木工程建筑业
铜仁市	**53**	**40**	**287**	**185**	**29**	**73**	**5897**	**4075**	**352**
碧江区							17	7	
万山区									
江口县	7	1	33	23	2	8	435	288	32
玉屏侗族自治县	10	9	40	30		10	393	267	19
石阡县	5	5	32	21	5	6	679	488	30
思南县	9	7	35	21	2	12	944	699	47
印江土家族苗族自治县	8	1	22	15	2	5	655	444	60
德江县	11	4	44	25	4	15	955	643	54
沿河土家族自治县		8	32	19	5	8	976	669	53
松桃苗族自治县	3	5	49	31	9	9	843	570	57
黔西南布依族苗族自治州	**55**	**19**	**260**	**213**	**15**	**32**	**3169**	**2120**	**238**
兴义市	6	4	42	35	3	4	413	262	44
兴仁市	7	3	6	4	2		158	116	4
普安县	2	3	66	59	4	3	337	231	43
晴隆县	3	1	15	13	1	1	362	248	23
贞丰县	12	4	51	39	2	10	521	344	25
望谟县	18		11	9		2	410	280	34
册亨县	2		20	15		5	211	143	14
安龙县	5	4	49	39	3	7	757	496	51
黔东南苗族侗族自治州	**34**	**23**	**503**	**381**	**43**	**79**	**5893**	**3768**	**553**
凯里市	4		10	7		3	211	132	23
黄平县	3	2	35	26	2	7	517	297	85
施秉县	2		12	7	1	4	211	119	19
三穗县	4	1	27	15	5	7	322	202	25
镇远县	1	6	103	90	4	9	449	299	38
岑巩县			39	33	4	2	420	292	40
天柱县	2	2	25	21	3	1	390	263	11
锦屏县	5	2	32	29	1	2	332	178	36
剑河县	1	5	39	30	4	5	350	190	72
台江县		1	19	15	1	3	207	170	8
黎平县			33	25		8	915	593	56
榕江县		1	31	23	2	6	501	336	38
从江县			33	25	3	5	297	220	20
雷山县	4	1	19	13		6	229	154	33
麻江县	2	1	24	13	7	4	244	129	40
丹寨县	6	1	22	9	6	7	298	194	9
黔南布依族苗族自治州	**48**	**67**	**387**	**231**	**53**	**103**	**7020**	**4304**	**641**
都匀市	4	3	4	2		2	149	100	3
福泉市	2	12	20	8	6	6	279	163	29
荔波县	1	3	29	23	2	4	280	157	41
贵定县	10	4	34	17	3	14	685	392	104
瓮安县		13	56	39	7	10	1434	891	183
独山县	5	8	37	20	7	10	636	293	94
平塘县	4	1	29	21	1	7	411	278	20
罗甸县	11	2	42	28	2	12	707	445	47
长顺县		2	32	20	4	8	423	299	18
龙里县		7	33	15	8	10	932	710	29
惠水县	7	11	51	23	12	16	751	331	51
三都水族自治县	4	1	20	15	1	4	333	245	22

4-4b 续表 34

单位：人

地区 性别	制造业		电力、热力、燃气及水生产和供应业				建筑业		
	废弃资源综合利用业	金属制品、机械和设备修理业	小计	电力、热力生产和供应业	燃气生产和供应业	水的生产和供应业	小计	房屋建筑业	土木工程建筑业
女	**198**	**36**	**1099**	**681**	**128**	**290**	**11062**	**8338**	**559**
贵州	**198**	**36**	**1099**	**681**	**128**	**290**	**11062**	**8338**	**559**
贵阳市	**13**	**5**	**78**	**44**	**16**	**18**	**556**	**329**	**73**
南明区									
云岩区									
花溪区			2	1		1	65	31	4
乌当区							13	2	7
白云区									
观山湖区		1	4	2	1	1	9	2	1
开阳县	5	1	12	6	3	3	226	137	40
息烽县	3		32	13	9	10	80	51	9
修文县	5	3	16	10	3	3	101	66	8
清镇市			12	12			62	40	4
六盘水市	**8**		**42**	**33**		**9**	**610**	**479**	**32**
钟山区			2	1		1	47	27	5
六枝特区	1		1	1			72	54	4
水城县	5		17	14		3	337	268	19
盘州市	2		22	17		5	154	130	4
遵义市	**21**	**3**	**222**	**134**	**24**	**64**	**2048**	**1593**	**115**
红花岗区			3		1	2	45	34	6
汇川区			1			1	37	32	1
播州区			5	4		1	67	53	3
桐梓县	1	1	42	21	7	14	259	197	25
绥阳县	3		10	8		2	175	130	3
正安县			21	9	3	9	227	190	5
道真仡佬族苗族自治县	2		17	12	3	2	156	121	14
务川仡佬族苗族自治县	1		18	14		4	264	223	12
凤冈县	6		16	6	3	7	198	149	8
湄潭县	3		12	4	2	6	172	124	11
余庆县			16	12		4	86	52	17
习水县	3	2	53	40	3	10	281	225	8
赤水市	1		5	3	1	1	25	17	
仁怀市	1		3	1	1	1	56	46	2
安顺市	**16**	**2**	**53**	**28**	**6**	**19**	**559**	**401**	**44**
西秀区	1		3	1	2		59	49	1
平坝区		1	1			1	64	47	6
普定县	3		13	4	2	7	176	122	16
镇宁布依族苗族自治县	7		12	8	1	3	99	70	12
关岭布依族苗族自治县	2	1	17	9	1	7	56	28	5
紫云苗族布依族自治县	3		7	6		1	105	85	4
毕节市	**46**	**3**	**181**	**129**	**15**	**37**	**1856**	**1434**	**62**
七星关区	1						44	26	3
大方县	2		16	13		3	271	225	9
黔西县	9		37	23	3	11	239	185	8
金沙县	1	1	55	45	3	7	181	136	7
织金县	13		24	20		4	308	237	4
纳雍县	15	1	23	13	4	6	252	188	8
威宁彝族回族苗族自治县	3	1	18	9	5	4	466	376	16
赫章县	2		8	6		2	95	61	7

4-4b 续表 35　　单位：人

地区 性别	制造业		电力、热力、燃气及水生产和供应业				建筑业		
	废弃资源综合利用业	金属制品、机械和设备修理业	小计	电力、热力生产和供应业	燃气生产和供应业	水的生产和供应业	小计	房屋建筑业	土木工程建筑业
铜仁市	**26**	**5**	**117**	**66**	**12**	**39**	**1444**	**1099**	**47**
碧江区							5	4	
万山区									
江口县	1		9	6	1	2	57	38	5
玉屏侗族自治县	4	1	19	14	1	4	79	55	6
石阡县	3		8	4	2	2	194	150	5
思南县	3	1	13	7	1	5	248	191	9
印江土家族苗族自治县	4		10	5	1	4	125	103	2
德江县	7	1	23	11	2	10	310	242	3
沿河土家族自治县	1	1	17	11	2	4	251	190	12
松桃苗族自治县	3	1	18	8	2	8	175	126	5
黔西南布依族苗族自治州	**24**	**4**	**94**	**60**	**8**	**26**	**952**	**737**	**42**
兴义市	2	1	17	12	2	3	107	87	6
兴仁市	2		3	1	1	1	42	32	1
普安县	1	1	32	23	1	8	82	67	8
晴隆县	2		7	5	1	1	148	126	8
贞丰县	4	1	12	5	1	6	139	102	6
望谟县	6	1	7	4		3	141	107	3
册亨县	3		5	4	1		60	40	3
安龙县	4		11	6	1	4	233	176	7
黔东南苗族侗族自治州	**17**	**6**	**173**	**119**	**21**	**33**	**1383**	**1066**	**70**
凯里市	3	1	3	1		2	31	19	8
黄平县	1	1	6	4		2	97	70	7
施秉县	1		5	5			48	29	4
三穗县	4		10	3	1	6	48	36	4
镇远县		1	36	34	1	1	107	80	4
岑巩县		1	14	10	3	1	119	95	2
天柱县	1		9	7	1	1	100	76	2
锦屏县	2		5	2	2	1	62	45	4
剑河县	1	1	7	6	1		73	41	17
台江县			3	3			72	69	
黎平县	1		16	11		5	215	170	7
榕江县			18	11	3	4	104	91	1
从江县			12	7	2	3	70	63	
雷山县	1		10	7	1	2	66	52	4
麻江县			11	3	4	4	37	23	6
丹寨县	2	1	8	5	2	1	134	107	
黔南布依族苗族自治州	**27**	**8**	**139**	**68**	**26**	**45**	**1654**	**1200**	**74**
都匀市	2						42	31	
福泉市	1		6	1	3	2	47	36	1
荔波县		1	10	5	3	2	59	37	3
贵定县	1	1	10	2	2	6	110	75	11
瓮安县		2	18	12	4	2	325	250	22
独山县	3	1	10	6		4	88	60	3
平塘县	1		11	7		4	83	67	3
罗甸县	9		16	8	2	6	252	172	10
长顺县			8	4	2	2	98	79	3
龙里县		2	17	9	3	5	283	237	4
惠水县	6		16	5	5	6	173	83	10
三都水族自治县	4	1	17	9	2	6	94	73	4

4-4b 续表 36

单位：人

地区 性别	建筑业		批发和零售业			交通运输、仓储和邮政业			
	建筑安装业	建筑装饰、装修和其他建筑业	小计	批发业	零售业	小计	铁路运输业	道路运输业	水上运输业
贵州	**2404**	**13255**	**54951**	**8308**	**46643**	**20025**	**499**	**13326**	**54**
贵阳市	**184**	**918**	**3984**	**876**	**3108**	**1791**	**54**	**1213**	**4**
南明区									
云岩区									
花溪区	21	97	535	242	293	265	1	144	
乌当区	6	22	181	60	121	130	1	56	
白云区	2	1	7	2	5	6		5	
观山湖区	8	19	188	38	150	78	6	40	1
开阳县	68	305	1255	144	1111	540	11	425	
息烽县	41	110	638	85	553	320	29	209	
修文县	22	278	929	261	668	354	4	252	2
清镇市	16	86	251	44	207	98	2	82	1
六盘水市	**76**	**587**	**2693**	**372**	**2321**	**1100**	**13**	**754**	
钟山区	4	61	258	17	241	130		110	
六枝特区	6	69	269	23	246	99	2	61	
水城县	38	295	1129	228	901	553	11	348	
盘州市	28	162	1037	104	933	318		235	
遵义市	**487**	**2276**	**10443**	**1586**	**8857**	**3367**	**60**	**2341**	**5**
红花岗区	19	39	410	61	349	149	2	110	
汇川区	30	64	279	47	232	81		63	
播州区	37	102	663	88	575	210	1	165	
桐梓县	49	317	1381	258	1123	447	43	276	
绥阳县	39	199	757	109	648	247	1	176	1
正安县	35	198	902	141	761	252	2	184	
道真仡佬族苗族自治县	24	132	521	54	467	177	2	119	1
务川仡佬族苗族自治县	26	180	736	143	593	220		151	
凤冈县	49	202	850	118	732	247	1	172	
湄潭县	68	249	1208	176	1032	420	6	295	
余庆县	15	124	690	128	562	217		168	
习水县	64	352	1433	190	1243	468	2	321	2
赤水市	8	43	217	25	192	70		45	1
仁怀市	24	75	396	48	348	162		96	
安顺市	**145**	**831**	**3186**	**533**	**2653**	**1199**	**8**	**795**	**3**
西秀区	13	75	296	68	228	94	1	67	
平坝区	17	96	398	122	276	141	3	98	
普定县	58	248	803	100	703	341		214	
镇宁布依族苗族自治县	21	180	625	93	532	248	2	172	1
关岭布依族苗族自治县	14	126	610	94	516	178		121	1
紫云苗族布依族自治县	22	106	454	56	398	197	2	123	1
毕节市	**417**	**2712**	**10843**	**1590**	**9253**	**4367**	**71**	**2991**	**8**
七星关区	16	83	506	75	431	102		66	
大方县	63	295	1333	164	1169	508	7	362	
黔西县	95	447	1867	331	1536	753	14	561	4
金沙县	70	375	1418	210	1208	561	1	438	1
织金县	35	523	1914	145	1769	868	10	587	1
纳雍县	57	358	1347	189	1158	538	9	326	1
威宁彝族回族苗族自治县	54	457	1807	372	1435	771	29	467	1
赫章县	27	174	651	104	547	266	1	184	

4-4b 续表 37 单位：人

地区 性别	建筑业		批发和零售业			交通运输、仓储和邮政业			
	建筑安装业	建筑装饰、装修和其他建筑业	小计	批发业	零售业	小计	铁路运输业	道路运输业	水上运输业
铜仁市	**314**	**1454**	**5725**	**829**	**4896**	**1756**	**88**	**1062**	**14**
碧江区	3	8	17	1	16	11		7	
万山区									
江口县	24	105	426	105	321	107	1	71	
玉屏侗族自治县	28	97	392	72	320	224	45	122	2
石阡县	46	154	622	92	530	146	3	91	3
思南县	40	206	913	132	781	246	17	156	1
印江土家族苗族自治县	46	125	701	43	658	176	3	113	
德江县	41	282	969	119	850	323	10	191	
沿河土家族自治县	37	266	864	97	767	259	3	156	8
松桃苗族自治县	49	211	821	168	653	264	6	155	
黔西南布依族苗族自治州	**184**	**800**	**4026**	**686**	**3340**	**1286**	**71**	**752**	**8**
兴义市	18	103	480	95	385	246	61	116	6
兴仁市	8	39	334	65	269	59	1	38	
普安县	11	59	405	43	362	90		61	
晴隆县	13	92	389	74	315	120	1	78	
贞丰县	54	129	800	131	669	249	1	142	
望谟县	25	102	362	43	319	164	2	90	
册亨县	10	61	321	54	267	94	2	52	2
安龙县	45	215	935	181	754	264	3	175	
黔东南苗族侗族自治州	**273**	**1546**	**6728**	**941**	**5787**	**2044**	**55**	**1409**	**9**
凯里市	13	47	230	37	193	56		44	
黄平县	25	130	525	73	452	159	4	107	
施秉县	13	75	267	39	228	94	3	58	1
三穗县	18	85	520	82	438	137	1	87	1
镇远县	26	109	584	77	507	230	31	154	5
岑巩县	26	84	415	41	374	109		70	
天柱县	22	116	588	69	519	152	1	102	
锦屏县	20	111	350	31	319	138	1	81	2
剑河县	12	91	406	54	352	116	1	91	
台江县	12	20	175	35	140	44	1	31	
黎平县	14	290	1015	155	860	290		218	
榕江县	24	115	557	78	479	175	4	132	
从江县	1	63	353	76	277	83	5	61	
雷山县	4	48	184	31	153	56		34	
麻江县	19	64	273	40	233	90	2	69	
丹寨县	24	98	286	23	263	115	1	70	
黔南布依族苗族自治州	**324**	**2131**	**7323**	**895**	**6428**	**3115**	**79**	**2009**	**3**
都匀市	8	49	125	10	115	47	2	30	
福泉市	14	83	246	28	218	139	14	102	
荔波县	7	94	480	48	432	138		93	
贵定县	40	173	644	33	611	303	15	205	
瓮安县	36	377	1288	174	1114	597	4	480	
独山县	43	231	780	104	676	303	24	189	
平塘县	4	122	489	64	425	127	1	83	
罗甸县	54	231	681	94	587	223		134	2
长顺县	12	110	418	61	357	108		77	
龙里县	37	198	600	116	484	589	17	271	
惠水县	54	395	1075	136	939	330	2	229	1
三都水族自治县	15	68	497	27	470	211		116	

4-4b 续表 38

单位：人

地 区 性 别	建筑业		批发和零售业			交通运输、仓储和邮政业			
	建筑安装业	建筑装饰、装修和其他建筑业	小计	批发业	零售业	小计	铁路运输业	道路运输业	水上运输业
男	**2183**	**11311**	**24403**	**4877**	**19526**	**16857**	**357**	**11993**	**35**
贵 州	**2183**	**11311**	**24403**	**4877**	**19526**	**16857**	**357**	**11993**	**35**
贵阳市	**158**	**790**	**1870**	**535**	**1335**	**1520**	**36**	**1101**	**2**
南明区									
云岩区									
花溪区	18	70	323	147	176	180		105	
乌当区	4	20	91	38	53	109		55	
白云区	2	1	3	2	1	4		4	
观山湖区	5	16	92	22	70	63	3	37	
开阳县	56	268	520	86	434	489	7	398	
息烽县	35	96	276	58	218	275	21	192	
修文县	22	251	449	155	294	310	3	232	1
清镇市	16	68	116	27	89	90	2	78	1
六盘水市	**69**	**495**	**1223**	**218**	**1005**	**940**	**10**	**683**	
钟山区	3	47	100	9	91	124		105	
六枝特区	4	57	121	13	108	89	2	60	
水城县	37	246	521	132	389	466	8	312	
盘州市	25	145	481	64	417	261		206	
遵义市	**450**	**1973**	**4490**	**934**	**3556**	**2854**	**50**	**2107**	**4**
红花岗区	18	35	206	38	168	130	1	103	
汇川区	29	61	137	27	110	75		60	
播州区	34	94	287	47	240	193	1	155	
桐梓县	45	284	624	151	473	387	37	246	
绥阳县	34	162	327	68	259	211	1	163	
正安县	31	170	365	88	277	219	1	168	
道真仡佬族苗族自治县	22	113	207	32	175	143	2	102	1
务川仡佬族苗族自治县	23	154	320	92	228	185		138	
凤冈县	43	167	339	58	281	208	1	160	
湄潭县	63	217	508	97	411	339	5	252	
余庆县	14	108	289	73	216	176		138	
习水县	63	305	575	115	460	391	1	288	2
赤水市	8	35	90	16	74	62		44	1
仁怀市	23	68	216	32	184	135		90	
安顺市	**129**	**733**	**1449**	**316**	**1133**	**1003**	**5**	**714**	**2**
西秀区	12	67	141	39	102	82	1	62	
平坝区	16	86	213	81	132	127	1	92	
普定县	50	218	342	59	283	285		197	
镇宁布依族苗族自治县	21	163	266	48	218	211	2	153	1
关岭布依族苗族自治县	13	104	279	55	224	148		108	1
紫云苗族布依族自治县	17	95	208	34	174	150	1	102	
毕节市	**395**	**2374**	**4938**	**940**	**3998**	**3741**	**40**	**2758**	**6**
七星关区	15	69	261	38	223	90		63	
大方县	59	262	638	97	541	434	4	330	
黔西县	90	406	865	210	655	649	9	514	2
金沙县	68	339	659	139	520	522	1	411	1
织金县	33	458	851	86	765	743	8	534	1
纳雍县	53	306	599	108	491	455	5	311	1
威宁彝族回族苗族自治县	51	386	799	199	600	623	13	428	1
赫章县	26	148	266	63	203	225		167	

4-4b 续表 39

单位：人

地区 性别	建筑业		批发和零售业			交通运输、仓储和邮政业			
	建筑安装业	建筑装饰、装修和其他建筑业	小计	批发业	零售业	小计	铁路运输业	道路运输业	水上运输业
铜仁市	**283**	**1187**	**2439**	**463**	**1976**	**1474**	**56**	**948**	**9**
碧江区	3	7	9		9	9		6	
万山区									
江口县	22	93	191	56	135	94	1	62	
玉屏侗族自治县	26	81	163	42	121	181	34	105	1
石阡县	43	118	261	46	215	116	1	80	1
思南县	37	161	389	71	318	209	8	139	
印江土家族苗族自治县	45	106	303	31	272	160		105	
德江县	35	223	413	77	336	265	8	172	
沿河土家族自治县	34	220	340	53	287	220	3	143	7
松桃苗族自治县	38	178	370	87	283	220	1	136	
黔西南布依族苗族自治州	**158**	**653**	**1816**	**369**	**1447**	**1037**	**58**	**670**	**7**
兴义市	17	90	224	54	170	201	50	104	5
兴仁市	7	31	143	30	113	43		32	
普安县	10	53	186	30	156	71		54	
晴隆县	12	79	175	40	135	108	1	73	
贞丰县	44	108	369	70	299	203	1	131	
望谟县	20	76	162	22	140	122	1	78	
册亨县	9	45	143	22	121	77	2	46	2
安龙县	39	171	414	101	313	212	3	152	
黔东南苗族侗族自治州	**249**	**1323**	**2945**	**572**	**2373**	**1716**	**38**	**1250**	**4**
凯里市	12	44	100	14	86	52		41	
黄平县	21	114	232	49	183	140	2	98	
施秉县	10	63	94	22	72	79	2	52	1
三穗县	18	77	219	46	173	105		73	
镇远县	25	87	256	54	202	187	24	133	2
岑巩县	24	64	166	22	144	94		65	
天柱县	21	95	263	40	223	127		89	
锦屏县	18	100	143	16	127	106	1	73	1
剑河县	9	79	190	32	158	96	1	78	
台江县	12	17	90	21	69	37	1	29	
黎平县	14	252	461	96	365	248		190	
榕江县	22	105	235	51	184	162	2	124	
从江县	1	56	181	49	132	62	4	45	
雷山县	3	39	89	19	70	42		30	
麻江县	18	57	109	28	81	79	1	63	
丹寨县	21	74	117	13	104	100		67	
黔南布依族苗族自治州	**292**	**1783**	**3233**	**530**	**2703**	**2572**	**64**	**1762**	**1**
都匀市	7	39	53	4	49	43	2	29	
福泉市	11	76	105	11	94	120	11	92	
荔波县	7	75	211	25	186	114		78	
贵定县	36	153	262	24	238	244	11	168	
瓮安县	34	326	557	107	450	519	4	436	
独山县	41	208	351	54	297	256	21	165	
平塘县	4	109	232	41	191	96	1	66	
罗甸县	47	168	297	47	250	192		122	
长顺县	11	95	204	44	160	95		67	
龙里县	29	164	262	70	192	429	13	221	
惠水县	52	317	486	88	398	294	1	215	1
三都水族自治县	13	53	213	15	198	170		103	

4-4b　续表 40　　　　单位：人

地　区 性　别	建筑业		批发和零售业			交通运输、仓储和邮政业			
	建　筑 安装业	建筑装饰、装修和其他建筑业	小计	批发业	零售业	小计	铁　路 运输业	道　路 运输业	水　上 运输业
女	**221**	**1944**	**30548**	**3431**	**27117**	**3168**	**142**	**1333**	**19**
贵　州	**221**	**1944**	**30548**	**3431**	**27117**	**3168**	**142**	**1333**	**19**
贵阳市	**26**	**128**	**2114**	**341**	**1773**	**271**	**18**	**112**	**2**
南明区									
云岩区									
花溪区	3	27	212	95	117	85	1	39	
乌当区	2	2	90	22	68	21	1	1	
白云区			4		4	2		1	
观山湖区	3	3	96	16	80	15	3	3	1
开阳县	12	37	735	58	677	51	4	27	
息烽县	6	14	362	27	335	45	8	17	
修文县		27	480	106	374	44	1	20	1
清镇市		18	135	17	118	8		4	
六盘水市	**7**	**92**	**1470**	**154**	**1316**	**160**	**3**	**71**	
钟山区	1	14	158	8	150	6		5	
六枝特区	2	12	148	10	138	10		1	
水城县	1	49	608	96	512	87	3	36	
盘州市	3	17	556	40	516	57		29	
遵义市	**37**	**303**	**5953**	**652**	**5301**	**513**	**10**	**234**	**1**
红花岗区	1	4	204	23	181	19	1	7	
汇川区	1	3	142	20	122	6		3	
播州区	3	8	376	41	335	17		10	
桐梓县	4	33	757	107	650	60	6	30	
绥阳县	5	37	430	41	389	36		13	1
正安县	4	28	537	53	484	33	1	16	
道真仡佬族苗族自治县	2	19	314	22	292	34		17	
务川仡佬族苗族自治县	3	26	416	51	365	35		13	
凤冈县	6	35	511	60	451	39		12	
湄潭县	5	32	700	79	621	81	1	43	
余庆县	1	16	401	55	346	41		30	
习水县	1	47	858	75	783	77	1	33	
赤水市		8	127	9	118	8		1	
仁怀市	1	7	180	16	164	27		6	
安顺市	**16**	**98**	**1737**	**217**	**1520**	**196**	**3**	**81**	**1**
西秀区	1	8	155	29	126	12		5	
平坝区	1	10	185	41	144	14	2	6	
普定县	8	30	461	41	420	56		17	
镇宁布依族苗族自治县		17	359	45	314	37		19	
关岭布依族苗族自治县	1	22	331	39	292	30		13	
紫云苗族布依族自治县	5	11	246	22	224	47	1	21	1
毕节市	**22**	**338**	**5905**	**650**	**5255**	**626**	**31**	**233**	**2**
七星关区	1	14	245	37	208	12		3	
大方县	4	33	695	67	628	74	3	32	
黔西县	5	41	1002	121	881	104	5	47	2
金沙县	2	36	759	71	688	39		27	
织金县	2	65	1063	59	1004	125	2	53	
纳雍县	4	52	748	81	667	83	4	15	
威宁彝族回族苗族自治县	3	71	1008	173	835	148	16	39	
赫章县	1	26	385	41	344	41	1	17	

4-4b 续表 41　　　　单位：人

地区 性别	建筑业		批发和零售业			交通运输、仓储和邮政业			
	建筑安装业	建筑装饰、装修和其他建筑业	小计	批发业	零售业	小计	铁路运输业	道路运输业	水上运输业
铜仁市	**31**	**267**	**3286**	**366**	**2920**	**282**	**32**	**114**	**5**
碧江区		1	8	1	7	2		1	
万山区									
江口县	2	12	235	49	186	13		9	
玉屏侗族自治县	2	16	229	30	199	43	11	17	1
石阡县	3	36	361	46	315	30	2	11	2
思南县	3	45	524	61	463	37	9	17	1
印江土家族苗族自治县	1	19	398	12	386	16	3	8	
德江县	6	59	556	42	514	58	2	19	
沿河土家族自治县	3	46	524	44	480	39		13	1
松桃苗族自治县	11	33	451	81	370	44	5	19	
黔西南布依族苗族自治州	**26**	**147**	**2210**	**317**	**1893**	**249**	**13**	**82**	**1**
兴义市	1	13	256	41	215	45	11	12	1
兴仁市	1	8	191	35	156	16	1	6	
普安县	1	6	219	13	206	19		7	
晴隆县	1	13	214	34	180	12		5	
贞丰县	10	21	431	61	370	46		11	
望谟县	5	26	200	21	179	42	1	12	
册亨县	1	16	178	32	146	17		6	
安龙县	6	44	521	80	441	52		23	
黔东南苗族侗族自治州	**24**	**223**	**3783**	**369**	**3414**	**328**	**17**	**159**	**5**
凯里市	1	3	130	23	107	4		3	
黄平县	4	16	293	24	269	19	2	9	
施秉县	3	12	173	17	156	15	1	6	
三穗县		8	301	36	265	32	1	14	1
镇远县	1	22	328	23	305	43	7	21	3
岑巩县	2	20	249	19	230	15		5	
天柱县	1	21	325	29	296	25	1	13	
锦屏县	2	11	207	15	192	32		8	1
剑河县	3	12	216	22	194	20		13	
台江县		3	85	14	71	7		2	
黎平县		38	554	59	495	42		28	
榕江县	2	10	322	27	295	13	2	8	
从江县		7	172	27	145	21	1	16	
雷山县	1	9	95	12	83	14		4	
麻江县	1	7	164	12	152	11	1	6	
丹寨县	3	24	169	10	159	15	1	3	
黔南布依族苗族自治州	**32**	**348**	**4090**	**365**	**3725**	**543**	**15**	**247**	**2**
都匀市	1	10	72	6	66	4		1	
福泉市	3	7	141	17	124	19	3	10	
荔波县		19	269	23	246	24		15	
贵定县	4	20	382	9	373	59	4	37	
瓮安县	2	51	731	67	664	78		44	
独山县	2	23	429	50	379	47	3	24	
平塘县		13	257	23	234	31		17	
罗甸县	7	63	384	47	337	31		12	2
长顺县	1	15	214	17	197	13		10	
龙里县	8	34	338	46	292	160	4	50	
惠水县	2	78	589	48	541	36	1	14	
三都水族自治县	2	15	284	12	272	41		13	

4-4b 续表 42

单位：人

地区 性别	交通运输、仓储和邮政业					住宿和餐饮业		
	航空运输业	管道运输业	多式联运和运输代理业	装卸搬运和仓储业	邮政业	小计	住宿业	餐饮业
贵州	**119**	**2**	**198**	**3128**	**2699**	**23920**	**2908**	**21012**
贵阳市	**5**		**29**	**296**	**190**	**1594**	**130**	**1464**
南明区								
云岩区								
花溪区			8	85	27	231	13	218
乌当区				44	29	84	5	79
白云区					1	4	2	2
观山湖区				26	5	61	6	55
开阳县	1		12	40	51	449	36	413
息烽县	1		5	50	26	307	31	276
修文县	3		4	48	41	299	30	269
清镇市				3	10	159	7	152
六盘水市	**12**		**13**	**181**	**127**	**1262**	**139**	**1123**
钟山区			1	12	7	167	24	143
六枝特区				22	14	126	6	120
水城县	10		5	102	77	604	70	534
盘州市	2		7	45	29	365	39	326
遵义市	**19**		**53**	**438**	**451**	**4198**	**486**	**3712**
红花岗区	3		2	9	23	164	15	149
汇川区				8	10	114	5	109
播州区			3	28	13	252	29	223
桐梓县			13	48	67	589	74	515
绥阳县	4		7	22	36	327	42	285
正安县	3			31	32	336	28	308
道真仡佬族苗族自治县			3	24	28	225	15	210
务川仡佬族苗族自治县			3	42	24	312	50	262
凤冈县			3	27	44	310	35	275
湄潭县	6		8	47	58	488	59	429
余庆县				22	27	232	29	203
习水县	2		5	73	63	619	90	529
赤水市			2	9	13	99	11	88
仁怀市	1		4	48	13	131	4	127
安顺市	**1**	**1**	**9**	**208**	**174**	**1708**	**217**	**1491**
西秀区			2	15	9	182	24	158
平坝区	1		1	22	16	203	25	178
普定县			1	91	35	385	17	368
镇宁布依族苗族自治县			1	22	50	365	39	326
关岭布依族苗族自治县			2	15	39	330	93	237
紫云苗族布依族自治县		1	2	43	25	243	19	224
毕节市	**18**	**1**	**30**	**794**	**454**	**4603**	**478**	**4125**
七星关区			2	20	14	161		161
大方县			1	79	59	556	64	492
黔西县	6		9	74	85	722	69	653
金沙县	2		2	69	48	617	67	550
织金县	1		1	183	85	788	97	691
纳雍县	2		7	151	42	521	41	480
威宁彝族回族苗族自治县	4	1	3	182	84	913	111	802
赫章县	3		5	36	37	325	29	296

4−4b 续表 43

单位：人

地区 性别	交通运输、仓储和邮政业					住宿和餐饮业		
	航空运输业	管道运输业	多式联运和运输代理业	装卸搬运和仓储业	邮政业	小计	住宿业	餐饮业
铜仁市	**13**		**20**	**297**	**262**	**2461**	**329**	**2132**
碧江区				1	3	10		10
万山区								
江口县	1		3	11	20	214	41	173
玉屏侗族自治县	4		1	28	22	162	22	140
石阡县	4		1	12	32	215	34	181
思南县			3	36	33	404	37	367
印江土家族苗族自治县	1		5	25	29	302	66	236
德江县			1	80	41	345	29	316
沿河土家族自治县	1		1	51	39	404	50	354
松桃苗族自治县	2		5	53	43	405	50	355
黔西南布依族苗族自治州	**3**		**18**	**274**	**160**	**1644**	**165**	**1479**
兴义市			6	42	15	197	22	175
兴仁市				6	14	128	11	117
普安县				17	12	189	12	177
晴隆县			3	27	11	164	19	145
贞丰县			5	66	35	272	29	243
望谟县	2		2	45	23	186	14	172
册亨县	1			28	9	130	20	110
安龙县			2	43	41	378	38	340
黔东南苗族侗族自治州	**31**		**9**	**237**	**294**	**3136**	**496**	**2640**
凯里市				5	7	71	4	67
黄平县	3		2	15	28	190	16	174
施秉县	1			25	6	122	12	110
三穗县	2			20	26	204	24	180
镇远县				20	20	356	87	269
岑巩县	3		2	19	15	169	22	147
天柱县			3	17	29	189	26	163
锦屏县				30	24	188	33	155
剑河县	1			5	18	217	47	170
台江县					12	58	9	49
黎平县	13		1	28	30	405	76	329
榕江县				10	29	254	26	228
从江县	1			7	9	163	27	136
雷山县	7			3	12	231	50	181
麻江县				5	14	136	9	127
丹寨县			1	28	15	183	28	155
黔南布依族苗族自治州	**17**		**17**	**403**	**587**	**3314**	**468**	**2846**
都匀市				14	1	70	13	57
福泉市			3	13	7	115	17	98
荔波县	9		3	14	19	238	65	173
贵定县			1	20	62	349	39	310
瓮安县	1		1	59	52	455	39	416
独山县				50	40	283	72	211
平塘县				11	32	201	35	166
罗甸县	1		1	43	42	352	41	311
长顺县			2	11	18	203	22	181
龙里县	6		1	58	236	330	45	285
惠水县			5	46	47	480	48	432
三都水族自治县				64	31	238	32	206

4-4b 续表 44

单位：人

地区 性别	交通运输、仓储和邮政业					住宿和餐饮业		
	航空运输业	管道运输业	多式联运和运输代理业	装卸搬运和仓储业	邮政业	小计	住宿业	餐饮业
男	**90**	**2**	**154**	**2374**	**1852**	**9590**	**1013**	**8577**
贵州	**90**	**2**	**154**	**2374**	**1852**	**9590**	**1013**	**8577**
贵阳市	**5**		**23**	**220**	**133**	**647**	**39**	**608**
南明区								
云岩区								
花溪区			7	51	17	91	1	90
乌当区				34	20	37	1	36
白云区								
观山湖区				19	4	28	1	27
开阳县	1		9	34	40	184	15	169
息烽县	1		3	42	16	121	12	109
修文县	3		4	38	29	123	7	116
清镇市				2	7	63	2	61
六盘水市	**9**		**9**	**144**	**85**	**485**	**54**	**431**
钟山区			1	11	7	63	7	56
六枝特区				19	8	49	4	45
水城县	7		3	79	57	229	29	200
盘州市	2		5	35	13	144	14	130
遵义市	**13**		**36**	**346**	**298**	**1638**	**159**	**1479**
红花岗区	2			9	15	70	5	65
汇川区				7	8	39	1	38
播州区			1	26	10	94	5	89
桐梓县			12	40	52	242	26	216
绥阳县	3		5	17	22	125	10	115
正安县	2			26	22	120	8	112
道真仡佬族苗族自治县			3	21	14	86	6	80
务川仡佬族苗族自治县			2	26	19	127	17	110
凤冈县			2	22	23	106	13	93
湄潭县	4		4	37	37	192	24	168
余庆县				20	18	87	10	77
习水县	1		3	56	40	265	33	232
赤水市				9	8	38		38
仁怀市	1		4	30	10	47	1	46
安顺市	**1**	**1**	**8**	**146**	**126**	**734**	**83**	**651**
西秀区			2	12	5	74	7	67
平坝区	1		1	17	15	92	11	81
普定县			1	58	29	145	4	141
镇宁布依族苗族自治县				18	37	163	10	153
关岭布依族苗族自治县			2	11	26	157	45	112
紫云苗族布依族自治县		1	2	30	14	103	6	97
毕节市	**12**	**1**	**26**	**591**	**307**	**1935**	**178**	**1757**
七星关区			1	19	7	59		59
大方县				64	36	228	21	207
黔西县	4		8	54	58	326	24	302
金沙县	2		2	63	42	272	24	248
织金县	1		1	132	66	353	37	316
纳雍县	1		6	105	26	220	16	204
威宁彝族回族苗族自治县	2	1	3	124	51	362	49	313
赫章县	2		5	30	21	115	7	108

4—4b 续表 45 单位：人

地区 性别	交通运输、仓储和邮政业					住宿和餐饮业		
	航空运输业	管道运输业	多式联运和运输代理业	装卸搬运和仓储业	邮政业	小计	住宿业	餐饮业
铜仁市	**12**		**20**	**237**	**192**	**918**	**115**	**803**
碧江区				1	2	3		3
万山区								
江口县	1		3	10	17	87	15	72
玉屏侗族自治县	4		1	20	16	43	8	35
石阡县	4		1	7	22	79	10	69
思南县			3	32	27	140	9	131
印江土家族苗族自治县	1		5	22	27	115	26	89
德江县			1	57	27	141	11	130
沿河土家族自治县			1	42	24	134	18	116
松桃苗族自治县	2		5	46	30	176	18	158
黔西南布依族苗族自治州	**3**		**11**	**182**	**106**	**680**	**71**	**609**
兴义市			4	28	10	78	6	72
兴仁市				4	7	58	6	52
普安县				11	6	82	7	75
晴隆县			3	21	10	57	11	46
贞丰县			1	46	24	127	12	115
望谟县	2		1	24	16	67	3	64
册亨县	1			18	8	53	8	45
安龙县			2	30	25	158	18	140
黔东南苗族侗族自治州	**22**		**6**	**180**	**216**	**1207**	**166**	**1041**
凯里市				5	6	27		27
黄平县	2		1	15	22	67	1	66
施秉县	1			19	4	41	3	38
三穗县	1			12	19	69	9	60
镇远县				15	13	136	30	106
岑巩县	2		2	16	9	57	6	51
天柱县			2	15	21	73	6	67
锦屏县				17	14	76	10	66
剑河县	1			4	12	82	16	66
台江县					7	19	3	16
黎平县	11			24	23	154	25	129
榕江县				9	27	104	11	93
从江县	1			5	7	75	7	68
雷山县	3			1	8	98	28	70
麻江县				3	12	49	2	47
丹寨县			1	20	12	80	9	71
黔南布依族苗族自治州	**13**		**15**	**328**	**389**	**1346**	**148**	**1198**
都匀市				11	1	26	3	23
福泉市			3	11	3	43	6	37
荔波县	8		3	12	13	94	24	70
贵定县				18	47	141	14	127
瓮安县			1	46	32	190	9	181
独山县				43	27	118	24	94
平塘县				9	20	79	10	69
罗甸县	1		1	37	31	140	10	130
长顺县			2	11	15	84	8	76
龙里县	4		1	46	144	134	18	116
惠水县			4	39	34	210	16	194
三都水族自治县				45	22	87	6	81

4-4b　续表 46　　　　　　　　　　　　　　　　　　　　　　　　　　　　　　　　单位：人

地　区 性　别	交通运输、仓储和邮政业					住宿和餐饮业		
	航　空 运输业	管　道 运输业	多式联运 和运输 代理业	装卸搬运 和仓储业	邮政业	小计	住宿业	餐饮业
女	**29**		**44**	**754**	**847**	**14330**	**1895**	**12435**
贵　州	**29**		**44**	**754**	**847**	**14330**	**1895**	**12435**
贵阳市			**6**	**76**	**57**	**947**	**91**	**856**
南明区								
云岩区								
花溪区			1	34	10	140	12	128
乌当区				10	9	47	4	43
白云区					1	4	2	2
观山湖区				7	1	33	5	28
开阳县			3	6	11	265	21	244
息烽县			2	8	10	186	19	167
修文县				10	12	176	23	153
清镇市				1	3	96	5	91
六盘水市	**3**		**4**	**37**	**42**	**777**	**85**	**692**
钟山区				1		104	17	87
六枝特区				3	6	77	2	75
水城县	3		2	23	20	375	41	334
盘州市			2	10	16	221	25	196
遵义市	**6**		**17**	**92**	**153**	**2560**	**327**	**2233**
红花岗区	1		2		8	94	10	84
汇川区				1	2	75	4	71
播州区			2	2	3	158	24	134
桐梓县			1	8	15	347	48	299
绥阳县	1		2	5	14	202	32	170
正安县	1			5	10	216	20	196
道真仡佬族苗族自治县				3	14	139	9	130
务川仡佬族苗族自治县			1	16	5	185	33	152
凤冈县			1	5	21	204	22	182
湄潭县	2		4	10	21	296	35	261
余庆县				2	9	145	19	126
习水县	1		2	17	23	354	57	297
赤水市			2		5	61	11	50
仁怀市				18	3	84	3	81
安顺市			**1**	**62**	**48**	**974**	**134**	**840**
西秀区				3	4	108	17	91
平坝区				5	1	111	14	97
普定县				33	6	240	13	227
镇宁布依族苗族自治县			1	4	13	202	29	173
关岭布依族苗族自治县				4	13	173	48	125
紫云苗族布依族自治县				13	11	140	13	127
毕节市	**6**		**4**	**203**	**147**	**2668**	**300**	**2368**
七星关区			1	1	7	102		102
大方县			1	15	23	328	43	285
黔西县	2		1	20	27	396	45	351
金沙县				6	6	345	43	302
织金县				51	19	435	60	375
纳雍县	1		1	46	16	301	25	276
威宁彝族回族苗族自治县	2			58	33	551	62	489
赫章县	1			6	16	210	22	188

4-4b 续表 47 单位：人

地区 性别	交通运输、仓储和邮政业					住宿和餐饮业		
	航空运输业	管道运输业	多式联运和运输代理业	装卸搬运和仓储业	邮政业	小计	住宿业	餐饮业
铜仁市	**1**			**60**	**70**	**1543**	**214**	**1329**
碧江区					1	7		7
万山区								
江口县				1	3	127	26	101
玉屏侗族自治县				8	6	119	14	105
石阡县				5	10	136	24	112
思南县				4	6	264	28	236
印江土家族苗族自治县				3	2	187	40	147
德江县				23	14	204	18	186
沿河土家族自治县	1			9	15	270	32	238
松桃苗族自治县				7	13	229	32	197
黔西南布依族苗族自治州			**7**	**92**	**54**	**964**	**94**	**870**
兴义市			2	14	5	119	16	103
兴仁市				2	7	70	5	65
普安县				6	6	107	5	102
晴隆县				6	1	107	8	99
贞丰县			4	20	11	145	17	128
望谟县			1	21	7	119	11	108
册亨县				10	1	77	12	65
安龙县				13	16	220	20	200
黔东南苗族侗族自治州	**9**		**3**	**57**	**78**	**1929**	**330**	**1599**
凯里市					1	44	4	40
黄平县	1		1		6	123	15	108
施秉县				6	2	81	9	72
三穗县	1			8	7	135	15	120
镇远县				5	7	220	57	163
岑巩县	1			3	6	112	16	96
天柱县			1	2	8	116	20	96
锦屏县				13	10	112	23	89
剑河县				1	6	135	31	104
台江县					5	39	6	33
黎平县	2		1	4	7	251	51	200
榕江县				1	2	150	15	135
从江县				2	2	88	20	68
雷山县	4			2	4	133	22	111
麻江县				2	2	87	7	80
丹寨县				8	3	103	19	84
黔南布依族苗族自治州	**4**		**2**	**75**	**198**	**1968**	**320**	**1648**
都匀市				3		44	10	34
福泉市				2	4	72	11	61
荔波县	1			2	6	144	41	103
贵定县			1	2	15	208	25	183
瓮安县	1			13	20	265	30	235
独山县				7	13	165	48	117
平塘县				2	12	122	25	97
罗甸县				6	11	212	31	181
长顺县					3	119	14	105
龙里县	2			12	92	196	27	169
惠水县			1	7	13	270	32	238
三都水族自治县				19	9	151	26	125

4-4b　续表 48　　　　　　　　　　　　　　　　　　　　　　单位：人

地区 性别	信息传输、软件和信息技术服务业				金融业				
	小计	电信、广播电视和卫星传输服务	互联网和相关服务	软件和信息技术服务业	小计	货币金融服务	资本市场服务	保险业	其他金融业
贵　州	**2628**	**1566**	**667**	**395**	**4126**	**2705**	**98**	**1120**	**203**
贵阳市	**202**	**100**	**54**	**48**	**331**	**198**	**15**	**96**	**22**
南明区									
云岩区									
花溪区	29	5	12	12	15	8	2	1	4
乌当区					4	2		2	
白云区									
观山湖区	2	1		1	11	6	1	1	3
开阳县	70	37	17	16	134	78	8	42	6
息烽县	47	28	13	6	75	51	2	17	5
修文县	46	26	9	11	79	48		28	3
清镇市	8	3	3	2	13	5	2	5	1
六盘水市	**102**	**45**	**38**	**19**	**93**	**43**	**4**	**35**	**11**
钟山区	18	12	5	1	14	7	1	6	
六枝特区	9	5	1	3	5	4	1		
水城县	52	23	19	10	52	22	2	21	7
盘州市	23	5	13	5	22	10		8	4
遵义市	**488**	**273**	**164**	**51**	**797**	**449**	**18**	**286**	**44**
红花岗区	34	14	16	4	14	4		7	3
汇川区	7	3	4		15	8		7	
播州区	15	7	7	1	14	9		5	
桐梓县	75	29	33	13	107	57	1	45	4
绥阳县	29	22	2	5	71	36		34	1
正安县	51	32	16	3	71	47		18	6
道真仡佬族苗族自治县	28	16	8	4	77	42	2	32	1
务川仡佬族苗族自治县	26	18	5	3	67	44	4	18	1
凤冈县	49	23	22	4	77	47		28	2
湄潭县	67	24	33	10	86	44	4	33	5
余庆县	38	35	2	1	63	45		16	2
习水县	53	42	9	2	121	59	7	36	19
赤水市	8	4	4		6	3		3	
仁怀市	8	4	3	1	8	4		4	
安顺市	**164**	**91**	**38**	**35**	**223**	**151**	**6**	**50**	**16**
西秀区	6	2	1	3	9	6		2	1
平坝区	34	10	14	10	17	7		9	1
普定县	31	13	8	10	54	33		13	8
镇宁布依族苗族自治县	24	13	6	5	47	31	2	11	3
关岭布依族苗族自治县	35	30	3	2	55	43	4	5	3
紫云苗族布依族自治县	34	23	6	5	41	31		10	
毕节市	**439**	**247**	**110**	**82**	**667**	**462**	**8**	**173**	**24**
七星关区	12	6	4	2	9	4		4	1
大方县	61	34	16	11	104	76	1	25	2
黔西县	80	36	29	15	94	61		26	7
金沙县	62	43	11	8	106	79		23	4
织金县	63	36	17	10	137	92	2	40	3
纳雍县	50	32	12	6	74	51		20	3
威宁彝族回族苗族自治县	71	36	12	23	93	61	5	25	2
赫章县	40	24	9	7	50	38		10	2

4-4b 续表 49 单位：人

地区 性别	信息传输、软件和信息技术服务业 小计	电信、广播电视和卫星传输服务	互联网和相关服务	软件和信息技术服务业	金融业 小计	货币金融服务	资本市场服务	保险业	其他金融业
铜仁市	**251**	**159**	**58**	**34**	**520**	**334**	**7**	**143**	**36**
碧江区					1			1	
万山区									
江口县	27	19	4	4	40	24		10	6
玉屏侗族自治县	26	19	5	2	37	22	1	10	4
石阡县	32	20	10	2	65	49		15	1
思南县	39	30	6	3	84	49	1	32	2
印江土家族苗族自治县	33	24	5	4	75	56		17	2
德江县	36	22	11	3	72	43		23	6
沿河土家族自治县	30	16	9	5	75	52	1	17	5
松桃苗族自治县	28	9	8	11	71	39	4	18	10
黔西南布依族苗族自治州	**156**	**91**	**48**	**17**	**219**	**151**	**2**	**60**	**6**
兴义市	20	14	5	1	10	6		3	1
兴仁市	2	1	1		7	4		3	
普安县	15	9	4	2	26	16		10	
晴隆县	16	7	8	1	23	18		2	3
贞丰县	26	16	5	5	44	31	1	12	
望谟县	17	9	6	2	25	23	1	1	
册亨县	18	12	4	2	19	14		5	
安龙县	42	23	15	4	65	39		24	2
黔东南苗族侗族自治州	**411**	**271**	**93**	**47**	**616**	**462**	**10**	**125**	**19**
凯里市	11	2	9		5	2		2	1
黄平县	25	14	4	7	33	24		7	2
施秉县	17	11	5	1	28	18	1	9	
三穗县	30	17	9	4	36	27		9	
镇远县	33	28	2	3	65	45		14	6
岑巩县	16	8	7	1	40	32		7	1
天柱县	41	23	14	4	48	36	1	10	1
锦屏县	29	21	6	2	49	40	2	6	1
剑河县	33	29	4		49	37		9	3
台江县	15	10	1	4	18	16	1	1	
黎平县	31	24	5	2	58	42		15	1
榕江县	22	14	3	5	48	37		9	2
从江县	27	21	4	2	35	27	1	7	
雷山县	27	11	12	4	36	23	3	10	
麻江县	23	19	1	3	39	34		5	
丹寨县	31	19	7	5	29	22	1	5	1
黔南布依族苗族自治州	**415**	**289**	**64**	**62**	**660**	**455**	**28**	**152**	**25**
都匀市	6	4	1	1	4	2		1	1
福泉市	12	9	1	2	8	5		3	
荔波县	31	25	3	3	55	33	11	7	4
贵定县	29	21	6	2	54	32	2	20	
瓮安县	66	35	15	16	115	79	2	31	3
独山县	49	34	5	10	72	54	5	10	3
平塘县	19	16		3	47	37		9	1
罗甸县	41	32	6	3	73	54	3	16	
长顺县	29	24	1	4	48	34		11	3
龙里县	44	24	10	10	52	31	1	14	6
惠水县	56	39	10	7	74	52	2	17	3
三都水族自治县	33	26	6	1	58	42	2	13	1

4–4b 续表 50

单位：人

地区 性别	信息传输、软件和信息技术服务业				金融业				
	小计	电信、广播电视和卫星传输服务	互联网和相关服务	软件和信息技术服务业	小计	货币金融服务	资本市场服务	保险业	其他金融业
男	**1752**	**978**	**493**	**281**	**2135**	**1525**	**59**	**437**	**114**
贵州	**1752**	**978**	**493**	**281**	**2135**	**1525**	**59**	**437**	**114**
贵阳市	**135**	**61**	**42**	**32**	**156**	**102**	**5**	**36**	**13**
南明区									
云岩区									
花溪区	22	4	10	8	6	2		1	3
乌当区									
白云区									
观山湖区	2	1		1	6	4			2
开阳县	47	24	12	11	65	41	3	16	5
息烽县	30	15	11	4	38	28	1	8	1
修文县	30	16	6	8	36	26		9	1
清镇市	4	1	3		5	1	1	2	1
六盘水市	**80**	**36**	**29**	**15**	**41**	**21**	**2**	**12**	**6**
钟山区	17	12	4	1	4	3		1	
六枝特区	5	2	1	2	3	2	1		
水城县	41	17	17	7	24	11	1	8	4
盘州市	17	5	7	5	10	5		3	2
遵义市	**339**	**182**	**125**	**32**	**416**	**265**	**14**	**114**	**23**
红花岗区	21	8	10	3	5	1		3	1
汇川区	5	2	3		8	4		4	
播州区	12	5	6	1	7	5		2	
桐梓县	55	16	31	8	58	35		22	1
绥阳县	22	15	2	5	32	21		11	
正安县	35	22	11	2	38	29		7	2
道真仡佬族苗族自治县	17	9	7	1	35	24	2	9	
务川仡佬族苗族自治县	17	12	4	1	46	33	4	8	1
凤冈县	33	17	15	1	42	27		13	2
湄潭县	52	21	23	8	47	26	4	13	4
余庆县	28	26	1	1	33	28		4	1
习水县	33	26	6	1	58	28	4	15	11
赤水市	5	1	4		2	1		1	
仁怀市	4	2	2		5	3		2	
安顺市	**120**	**63**	**28**	**29**	**112**	**82**	**4**	**14**	**12**
西秀区	4	1	1	2	6	4		1	1
平坝区	22	4	11	7	9	5		3	1
普定县	24	9	5	10	31	21		4	6
镇宁布依族苗族自治县	20	9	6	5	23	15	1	4	3
关岭布依族苗族自治县	23	19	2	2	27	22	3	1	1
紫云苗族布依族自治县	27	21	3	3	16	15		1	
毕节市	**293**	**149**	**84**	**60**	**368**	**271**	**5**	**78**	**14**
七星关区	9	5	2	2	3	2			1
大方县	40	21	11	8	55	42	1	11	1
黔西县	55	21	23	11	49	31		14	4
金沙县	35	23	6	6	54	46		5	3
织金县	47	25	13	9	84	61	1	20	2
纳雍县	31	17	11	3	39	31		7	1
威宁彝族回族苗族自治县	51	23	11	17	56	36	3	16	1
赫章县	25	14	7	4	28	22		5	1

4—4b 续表 51　　　　单位：人

地区 性别	信息传输、软件和信息技术服务业				金融业				
	小计	电信、广播电视和卫星传输服务	互联网和相关服务	软件和信息技术服务业	小计	货币金融服务	资本市场服务	保险业	其他金融业
铜仁市	**156**	**91**	**42**	**23**	**250**	**173**	**7**	**49**	**21**
碧江区									
万山区									
江口县	16	11	3	2	15	9		2	4
玉屏侗族自治县	15	11	3	1	15	10	1	3	1
石阡县	21	11	8	2	25	20		4	1
思南县	22	16	4	2	41	28	1	11	1
印江土家族苗族自治县	21	14	4	3	35	28		6	1
德江县	20	9	8	3	44	29		10	5
沿河土家族自治县	24	12	7	5	42	32	1	6	3
松桃苗族自治县	17	7	5	5	33	17	4	7	5
黔西南布依族苗族自治州	**108**	**59**	**35**	**14**	**108**	**78**	**2**	**26**	**2**
兴义市	13	7	5	1	5	3		2	
兴仁市	1		1		3	3			
普安县	10	6	2	2	11	7		4	
晴隆县	10	4	5	1	13	11		1	1
贞丰县	17	11	3	3	17	10	1	6	
望谟县	15	8	5	2	16	15	1		
册亨县	14	9	4	1	11	9		2	
安龙县	28	14	10	4	32	20		11	1
黔东南苗族侗族自治州	**271**	**168**	**72**	**31**	**349**	**282**	**6**	**50**	**11**
凯里市	8	1	7		5	2		2	1
黄平县	12	5	4	3	20	15		4	1
施秉县	12	7	4	1	14	12		2	
三穗县	20	13	4	3	22	18		4	
镇远县	17	15	1	1	33	25		4	4
岑巩县	10	3	6	1	17	17			
天柱县	29	13	14	2	26	19	1	5	1
锦屏县	18	12	4	2	31	25	2	4	
剑河县	27	23	4		28	22		4	2
台江县	10	6	1	3	12	10	1	1	
黎平县	18	14	2	2	33	27		5	1
榕江县	13	8	3	2	36	29		6	1
从江县	19	15	2	2	18	16		2	
雷山县	24	9	11	4	13	10	1	2	
麻江县	12	10		2	24	22		2	
丹寨县	22	14	5	3	17	13	1	3	
黔南布依族苗族自治州	**250**	**169**	**36**	**45**	**335**	**251**	**14**	**58**	**12**
都匀市	5	3	1	1	3	1		1	1
福泉市	7	5		2	1			1	
荔波县	22	19	1	2	26	17	6	2	1
贵定县	17	12	4	1	20	13	1	6	
瓮安县	42	22	6	14	53	41	2	8	2
独山县	27	19	2	6	44	35	2	6	1
平塘县	13	11		2	26	22		4	
罗甸县	26	20	4	2	41	31	2	8	
长顺县	13	10	1	2	21	18		2	1
龙里县	27	14	6	7	24	14		7	3
惠水县	29	17	7	5	40	32		6	2
三都水族自治县	22	17	4	1	36	27	1	7	1

4−4b　续表 52　　　　　　　　　　　　　　　　　　　　　　　　　　单位：人

地　区 性　别	信息传输、软件和信息技术服务业				金融业				
	小计	电信、广播电视和卫星传输服务	互联网和相关服务	软件和信息技术服务业	小计	货币金融服务	资本市场服务	保险业	其他金融业
女	**876**	**588**	**174**	**114**	**1991**	**1180**	**39**	**683**	**89**
贵　州	**876**	**588**	**174**	**114**	**1991**	**1180**	**39**	**683**	**89**
贵阳市	**67**	**39**	**12**	**16**	**175**	**96**	**10**	**60**	**9**
南明区									
云岩区									
花溪区	7	1	2	4	9	6	2		1
乌当区					4	2		2	
白云区									
观山湖区					5	2	1	1	1
开阳县	23	13	5	5	69	37	5	26	1
息烽县	17	13	2	2	37	23	1	9	4
修文县	16	10	3	3	43	22		19	2
清镇市	4	2		2	8	4	1	3	
六盘水市	**22**	**9**	**9**	**4**	**52**	**22**	**2**	**23**	**5**
钟山区	1		1		10	4	1	5	
六枝特区	4	3		1	2	2			
水城县	11	6	2	3	28	11	1	13	3
盘州市	6		6		12	5		5	2
遵义市	**149**	**91**	**39**	**19**	**381**	**184**	**4**	**172**	**21**
红花岗区	13	6	6	1	9	3		4	2
汇川区	2	1	1		7	4		3	
播州区	3	2	1		7	4		3	
桐梓县	20	13	2	5	49	22	1	23	3
绥阳县	7	7			39	15		23	1
正安县	16	10	5	1	33	18		11	4
道真仡佬族苗族自治县	11	7	1	3	42	18		23	1
务川仡佬族苗族自治县	9	6	1	2	21	11		10	
凤冈县	16	6	7	3	35	20		15	
湄潭县	15	3	10	2	39	18		20	1
余庆县	10	9	1		30	17		12	1
习水县	20	16	3	1	63	31	3	21	8
赤水市	3	3			4	2		2	
仁怀市	4	2	1	1	3	1		2	
安顺市	**44**	**28**	**10**	**6**	**111**	**69**	**2**	**36**	**4**
西秀区	2	1		1	3	2		1	
平坝区	12	6	3	3	8	2		6	
普定县	7	4	3		23	12		9	2
镇宁布依族苗族自治县	4	4			24	16	1	7	
关岭布依族苗族自治县	12	11	1		28	21	1	4	2
紫云苗族布依族自治县	7	2	3	2	25	16		9	
毕节市	**146**	**98**	**26**	**22**	**299**	**191**	**3**	**95**	**10**
七星关区	3	1	2		6	2		4	
大方县	21	13	5	3	49	34		14	1
黔西县	25	15	6	4	45	30		12	3
金沙县	27	20	5	2	52	33		18	1
织金县	16	11	4	1	53	31	1	20	1
纳雍县	19	15	1	3	35	20		13	2
威宁彝族回族苗族自治县	20	13	1	6	37	25	2	9	1
赫章县	15	10	2	3	22	16		5	1

4-4b 续表 53　　　　单位：人

地　区 性　别	信息传输、软件和信息技术服务业				金融业				
	小计	电信、广播电视和卫星传输服务	互联网和相关服务	软件和信息技术服务业	小计	货币金融服务	资本市场服务	保险业	其他金融业
铜仁市	**95**	**68**	**16**	**11**	**270**	**161**		**94**	**15**
碧江区					1			1	
万山区									
江口县	11	8	1	2	25	15		8	2
玉屏侗族自治县	11	8	2	1	22	12		7	3
石阡县	11	9	2		40	29		11	
思南县	17	14	2	1	43	21		21	1
印江土家族苗族自治县	12	10	1	1	40	28		11	1
德江县	16	13	3		28	14		13	1
沿河土家族自治县	6	4	2		33	20		11	2
松桃苗族自治县	11	2	3	6	38	22		11	5
黔西南布依族苗族自治州	**48**	**32**	**13**	**3**	**111**	**73**		**34**	**4**
兴义市	7	7			5	3		1	1
兴仁市	1	1			4	1		3	
普安县	5	3	2		15	9		6	
晴隆县	6	3	3		10	7		1	2
贞丰县	9	5	2	2	27	21		6	
望谟县	2	1	1		9	8		1	
册亨县	4	3		1	8	5		3	
安龙县	14	9	5		33	19		13	1
黔东南苗族侗族自治州	**140**	**103**	**21**	**16**	**267**	**180**	**4**	**75**	**8**
凯里市	3	1	2						
黄平县	13	9		4	13	9		3	1
施秉县	5	4	1		14	6	1	7	
三穗县	10	4	5	1	14	9		5	
镇远县	16	13	1	2	32	20		10	2
岑巩县	6	5	1		23	15		7	1
天柱县	12	10		2	22	17		5	
锦屏县	11	9	2		18	15		2	1
剑河县	6	6			21	15		5	1
台江县	5	4		1	6	6			
黎平县	13	10	3		25	15		10	
榕江县	9	6		3	12	8		3	1
从江县	8	6	2		17	11	1	5	
雷山县	3	2	1		23	13	2	8	
麻江县	11	9	1	1	15	12		3	
丹寨县	9	5	2	2	12	9		2	1
黔南布依族苗族自治州	**165**	**120**	**28**	**17**	**325**	**204**	**14**	**94**	**13**
都匀市	1	1			1	1			
福泉市	5	4	1		7	5		2	
荔波县	9	6	2	1	29	16	5	5	3
贵定县	12	9	2	1	34	19	1	14	
瓮安县	24	13	9	2	62	38		23	1
独山县	22	15	3	4	28	19	3	4	2
平塘县	6	5		1	21	15		5	1
罗甸县	15	12	2	1	32	23	1	8	
长顺县	16	14		2	27	16		9	2
龙里县	17	10	4	3	28	17	1	7	3
惠水县	27	22	3	2	34	20	2	11	1
三都水族自治县	11	9	2		22	15	1	6	

4-4b　续表 54

单位：人

地　区 性　别	房地产业		租赁和商务服务业			科学研究和技术服务业			
	小计	房地产业	小计	租赁业	商　务 服务业	小计	研究和 试验发展	专业技术 服务业	科技推广 和应用 服务业
贵　州	**4951**	**4951**	**7418**	**554**	**6864**	**1690**	**82**	**1326**	**282**
贵阳市	**472**	**472**	**512**	**64**	**448**	**163**	**14**	**127**	**22**
南明区									
云岩区									
花溪区	35	35	99	10	89	21	7	11	3
乌当区	26	26	14	6	8	3		3	
白云区	1	1							
观山湖区	21	21	35	2	33	7		7	
开阳县	160	160	148	12	136	55	2	47	6
息烽县	128	128	83	19	64	37		35	2
修文县	76	76	105	11	94	32	3	19	10
清镇市	25	25	28	4	24	8	2	5	1
六盘水市	**143**	**143**	**285**	**16**	**269**	**69**	**11**	**48**	**10**
钟山区	14	14	21	1	20	9	1	6	2
六枝特区	4	4	8		8	4	1	1	2
水城县	108	108	227	12	215	36	7	27	2
盘州市	17	17	29	3	26	20	2	14	4
遵义市	**1262**	**1262**	**1271**	**93**	**1178**	**297**	**7**	**240**	**50**
红花岗区	25	25	44	5	39	6	2	3	1
汇川区	17	17	36		36	9		8	1
播州区	25	25	54	6	48	17		13	4
桐梓县	190	190	177	13	164	39	2	28	9
绥阳县	171	171	85	7	78	13		11	2
正安县	112	112	89	4	85	25		21	4
道真仡佬族苗族自治县	73	73	64	5	59	20		12	8
务川仡佬族苗族自治县	117	117	67	3	64	28		25	3
凤冈县	111	111	100	10	90	22	1	16	5
湄潭县	102	102	142	9	133	35	1	31	3
余庆县	55	55	76	4	72	25		20	5
习水县	206	206	267	22	245	44	1	39	4
赤水市	50	50	19	1	18	9		9	
仁怀市	8	8	51	4	47	5		4	1
安顺市	**217**	**217**	**560**	**57**	**503**	**119**	**5**	**97**	**17**
西秀区	12	12	49	4	45	4		3	1
平坝区	43	43	118	5	113	40	2	33	5
普定县	45	45	132	10	122	37	1	31	5
镇宁布依族苗族自治县	46	46	137	20	117	11	1	9	1
关岭布依族苗族自治县	41	41	52	11	41	11		9	2
紫云苗族布依族自治县	30	30	72	7	65	16	1	12	3
毕节市	**943**	**943**	**1539**	**110**	**1429**	**283**	**12**	**239**	**32**
七星关区	8	8	15		15	2		2	
大方县	180	180	205	15	190	45		42	3
黔西县	215	215	285	34	251	66	1	59	6
金沙县	141	141	181	16	165	28		25	3
织金县	134	134	170	6	164	21	1	20	
纳雍县	107	107	137	8	129	34		26	8
威宁彝族回族苗族自治县	103	103	394	22	372	61	5	47	9
赫章县	55	55	152	9	143	26	5	18	3

4-4b 续表 55　　单位：人

地区 性别	房地产业		租赁和商务服务业			科学研究和技术服务业			
	小计	房地产业	小计	租赁业	商务服务业	小计	研究和试验发展	专业技术服务业	科技推广和应用服务业
铜仁市	**401**	**401**	**1091**	**39**	**1052**	**168**	**11**	**125**	**32**
碧江区			2		2				
万山区									
江口县	55	55	117	2	115	12		11	1
玉屏侗族自治县	39	39	106	3	103	24	3	19	2
石阡县	28	28	85	2	83	14		12	2
思南县	95	95	111	11	100	25	3	18	4
印江土家族苗族自治县	63	63	109	4	105	18	3	13	2
德江县	50	50	90	9	81	13	1	10	2
沿河土家族自治县	27	27	141	4	137	16		14	2
松桃苗族自治县	44	44	330	4	326	46	1	28	17
黔西南布依族苗族自治州	**191**	**191**	**714**	**20**	**694**	**167**	**9**	**91**	**67**
兴义市	28	28	48	3	45	11		11	
兴仁市	8	8	26		26	14	6	7	1
普安县	10	10	32	3	29	7		5	2
晴隆县	18	18	79	2	77	19	2	7	10
贞丰县	57	57	126		126	44		19	25
望谟县	8	8	116	3	113	13		7	6
册亨县	19	19	149	2	147	12		10	2
安龙县	43	43	138	7	131	47	1	25	21
黔东南苗族侗族自治州	**363**	**363**	**643**	**44**	**599**	**176**	**6**	**144**	**26**
凯里市	1	1	10	3	7	15	1	14	
黄平县	30	30	57	6	51	24	1	14	9
施秉县	16	16	34		34	7	1	6	
三穗县	32	32	24	2	22	10		9	1
镇远县	46	46	38		38	11	1	9	1
岑巩县	24	24	55	6	49	17		16	1
天柱县	43	43	115	4	111	7		6	1
锦屏县	40	40	35	6	29	6		6	
剑河县	14	14	56	3	53	10		7	3
台江县	15	15	19	2	17	3		1	2
黎平县	33	33	30	1	29	14		12	2
榕江县	17	17	36	1	35	11	1	10	
从江县	29	29	24		24	8		8	
雷山县	5	5	47	2	45	8	1	7	
麻江县	11	11	31	6	25	6		4	2
丹寨县	7	7	32	2	30	19		15	4
黔南布依族苗族自治州	**959**	**959**	**803**	**111**	**692**	**248**	**7**	**215**	**26**
都匀市	8	8	6		6	3		3	
福泉市	17	17	21	3	18	29	2	23	4
荔波县	67	67	73	3	70	9		9	
贵定县	69	69	67	7	60	12	1	11	
瓮安县	177	177	183	21	162	50	1	44	5
独山县	53	53	99	22	77	33		28	5
平塘县	29	29	33	3	30	8	1	7	
罗甸县	111	111	50	5	45	13		8	5
长顺县	41	41	36	3	33	16		15	1
龙里县	228	228	115	25	90	31		28	3
惠水县	111	111	96	14	82	32	2	27	3
三都水族自治县	48	48	24	5	19	12		12	

4-4b　续表 56　　　　单位：人

地　区 性　别	房地产业		租赁和商务服务业			科学研究和技术服务业			
	小计	房地产业	小计	租赁业	商务服务业	小计	研究和试验发展	专业技术服务业	科技推广和应用服务业
男	**3013**	**3013**	**4892**	**475**	**4417**	**1263**	**45**	**1021**	**197**
贵　州	**3013**	**3013**	**4892**	**475**	**4417**	**1263**	**45**	**1021**	**197**
贵阳市	**289**	**289**	**331**	**57**	**274**	**129**	**11**	**100**	**18**
南明区									
云岩区									
花溪区	17	17	64	9	55	18	5	10	3
乌当区	14	14	13	6	7	2		2	
白云区	1	1							
观山湖区	13	13	24	1	23	7		7	
开阳县	97	97	95	12	83	38	2	33	3
息烽县	78	78	51	14	37	28		26	2
修文县	50	50	67	11	56	28	2	17	9
清镇市	19	19	17	4	13	8	2	5	1
六盘水市	**88**	**88**	**190**	**12**	**178**	**51**	**6**	**37**	**8**
钟山区	9	9	16		16	6	1	5	
六枝特区	1	1	5		5	4	1	1	2
水城县	66	66	149	10	139	26	4	20	2
盘州市	12	12	20	2	18	15		11	4
遵义市	**772**	**772**	**846**	**78**	**768**	**233**	**3**	**193**	**37**
红花岗区	15	15	32	5	27	4	1	2	1
汇川区	12	12	26		26	8		8	
播州区	16	16	38	5	33	15		13	2
桐梓县	126	126	120	11	109	28	2	19	7
绥阳县	99	99	55	5	50	10		8	2
正安县	64	64	57	4	53	21		18	3
道真仡佬族苗族自治县	45	45	44	5	39	19		11	8
务川仡佬族苗族自治县	76	76	48	3	45	17		14	3
凤冈县	73	73	65	8	57	17		14	3
湄潭县	62	62	95	8	87	30		29	1
余庆县	25	25	46	2	44	19		15	4
习水县	120	120	170	18	152	32		30	2
赤水市	35	35	16	1	15	8		8	
仁怀市	4	4	34	3	31	5		4	1
安顺市	**130**	**130**	**366**	**52**	**314**	**92**	**3**	**76**	**13**
西秀区	7	7	33	3	30	3		3	
平坝区	24	24	77	5	72	30	1	25	4
普定县	35	35	76	10	66	29	1	25	3
镇宁布依族苗族自治县	30	30	92	16	76	9	1	7	1
关岭布依族苗族自治县	21	21	40	11	29	8		6	2
紫云苗族布依族自治县	13	13	48	7	41	13		10	3
毕节市	**596**	**596**	**1042**	**97**	**945**	**224**	**3**	**193**	**28**
七星关区	6	6	7		7	2		2	
大方县	113	113	153	15	138	37		35	2
黔西县	141	141	199	32	167	53		48	5
金沙县	90	90	119	14	105	24		21	3
织金县	73	73	105	4	101	15		15	
纳雍县	61	61	94	7	87	29		21	8
威宁彝族回族苗族自治县	70	70	261	16	245	46	3	36	7
赫章县	42	42	104	9	95	18		15	3

4－4b 续表 57 单位：人

地区 性别	房地产业		租赁和商务服务业			科学研究和技术服务业			
	小计	房地产业	小计	租赁业	商务服务业	小计	研究和试验发展	专业技术服务业	科技推广和应用服务业
铜仁市	**219**	**219**	**706**	**32**	**674**	**113**	**4**	**86**	**23**
碧江区			1		1				
万山区									
江口县	33	33	78	2	76	7		6	1
玉屏侗族自治县	15	15	77	3	74	13	1	10	2
石阡县	11	11	51	1	50	12		10	2
思南县	52	52	64	9	55	18	1	13	4
印江土家族苗族自治县	31	31	77	3	74	11	2	8	1
德江县	34	34	64	7	57	9		7	2
沿河土家族自治县	16	16	90	3	87	13		12	1
松桃苗族自治县	27	27	204	4	200	30		20	10
黔西南布依族苗族自治州	**120**	**120**	**447**	**17**	**430**	**109**	**8**	**69**	**32**
兴义市	19	19	32	2	30	8		8	
兴仁市	5	5	19		19	12	6	5	1
普安县	7	7	25	3	22	6		4	2
晴隆县	13	13	45	2	43	12	2	6	4
贞丰县	36	36	75		75	31		18	13
望谟县	4	4	70	3	67	6		3	3
册亨县	11	11	92	2	90	8		7	1
安龙县	25	25	89	5	84	26		18	8
黔东南苗族侗族自治州	**230**	**230**	**418**	**36**	**382**	**135**	**3**	**114**	**18**
凯里市			9	3	6	7	1	6	
黄平县	18	18	32	3	29	17	1	11	5
施秉县	11	11	21		21	6	1	5	
三穗县	18	18	15	1	14	8		7	1
镇远县	33	33	20		20	9		8	1
岑巩县	14	14	34	4	30	15		14	1
天柱县	32	32	71	4	67	6		5	1
锦屏县	21	21	26	6	20	5		5	
剑河县	9	9	37	2	35	8		6	2
台江县	9	9	12	2	10				
黎平县	20	20	23		23	10		9	1
榕江县	11	11	22	1	21	9		9	
从江县	19	19	17		17	7		7	
雷山县	2	2	30	2	28	7		7	
麻江县	8	8	24	6	18	6		4	2
丹寨县	5	5	25	2	23	15		11	4
黔南布依族苗族自治州	**569**	**569**	**546**	**94**	**452**	**177**	**4**	**153**	**20**
都匀市	4	4	5		5	2		2	
福泉市	9	9	10	2	8	14		10	4
荔波县	41	41	46	3	43	7		7	
贵定县	46	46	45	6	39	11	1	10	
瓮安县	99	99	122	14	108	41	1	37	3
独山县	30	30	58	18	40	23		20	3
平塘县	10	10	21	3	18	6	1	5	
罗甸县	62	62	33	3	30	10		5	5
长顺县	25	25	26	3	23	10		9	1
龙里县	149	149	93	25	68	25		22	3
惠水县	67	67	68	13	55	17	1	15	1
三都水族自治县	27	27	19	4	15	11		11	

4-4b 续表 58 单位：人

地区 性别	房地产业		租赁和商务服务业			科学研究和技术服务业			
	小计	房地产业	小计	租赁业	商务服务业	小计	研究和试验发展	专业技术服务业	科技推广和应用服务业
女	**1938**	**1938**	**2526**	**79**	**2447**	**427**	**37**	**305**	**85**
贵州	**1938**	**1938**	**2526**	**79**	**2447**	**427**	**37**	**305**	**85**
贵阳市	**183**	**183**	**181**	**7**	**174**	**34**	**3**	**27**	**4**
南明区									
云岩区									
花溪区	18	18	35	1	34	3	2	1	
乌当区	12	12	1		1	1		1	
白云区									
观山湖区	8	8	11	1	10				
开阳县	63	63	53		53	17		14	3
息烽县	50	50	32	5	27	9		9	
修文县	26	26	38		38	4	1	2	1
清镇市	6	6	11		11				
六盘水市	**55**	**55**	**95**	**4**	**91**	**18**	**5**	**11**	**2**
钟山区	5	5	5	1	4	3		1	2
六枝特区	3	3	3		3				
水城县	42	42	78	2	76	10	3	7	
盘州市	5	5	9	1	8	5	2	3	
遵义市	**490**	**490**	**425**	**15**	**410**	**64**	**4**	**47**	**13**
红花岗区	10	10	12		12	2	1	1	
汇川区	5	5	10		10	1			1
播州区	9	9	16	1	15	2			2
桐梓县	64	64	57	2	55	11		9	2
绥阳县	72	72	30	2	28	3		3	
正安县	48	48	32		32	4		3	1
道真仡佬族苗族自治县	28	28	20		20	1		1	
务川仡佬族苗族自治县	41	41	19		19	11		11	
凤冈县	38	38	35	2	33	5	1	2	2
湄潭县	40	40	47	1	46	5	1	2	2
余庆县	30	30	30	2	28	6		5	1
习水县	86	86	97	4	93	12	1	9	2
赤水市	15	15	3		3	1		1	
仁怀市	4	4	17	1	16				
安顺市	**87**	**87**	**194**	**5**	**189**	**27**	**2**	**21**	**4**
西秀区	5	5	16	1	15	1			1
平坝区	19	19	41		41	10	1	8	1
普定县	10	10	56		56	8		6	2
镇宁布依族苗族自治县	16	16	45	4	41	2		2	
关岭布依族苗族自治县	20	20	12		12	3		3	
紫云苗族布依族自治县	17	17	24		24	3	1	2	
毕节市	**347**	**347**	**497**	**13**	**484**	**59**	**9**	**46**	**4**
七星关区	2	2	8		8				
大方县	67	67	52		52	8		7	1
黔西县	74	74	86	2	84	13	1	11	1
金沙县	51	51	62	2	60	4		4	
织金县	61	61	65	2	63	6	1	5	
纳雍县	46	46	43	1	42	5		5	
威宁彝族回族苗族自治县	33	33	133	6	127	15	2	11	2
赫章县	13	13	48		48	8	5	3	

4-4b 续表 59 单位：人

地区 性别	房地产业		租赁和商务服务业			科学研究和技术服务业			
	小计	房地产业	小计	租赁业	商务服务业	小计	研究和试验发展	专业技术服务业	科技推广和应用服务业
铜仁市	**182**	**182**	**385**	**7**	**378**	**55**	**7**	**39**	**9**
碧江区			1		1				
万山区									
江口县	22	22	39		39	5		5	
玉屏侗族自治县	24	24	29		29	11	2	9	
石阡县	17	17	34	1	33	2		2	
思南县	43	43	47	2	45	7	2	5	
印江土家族苗族自治县	32	32	32	1	31	7	1	5	1
德江县	16	16	26	2	24	4	1	3	
沿河土家族自治县	11	11	51	1	50	3		2	1
松桃苗族自治县	17	17	126		126	16	1	8	7
黔西南布依族苗族自治州	**71**	**71**	**267**	**3**	**264**	**58**	**1**	**22**	**35**
兴义市	9	9	16	1	15	3		3	
兴仁市	3	3	7		7	2		2	
普安县	3	3	7		7	1		1	
晴隆县	5	5	34		34	7		1	6
贞丰县	21	21	51		51	13		1	12
望谟县	4	4	46		46	7		4	3
册亨县	8	8	57		57	4		3	1
安龙县	18	18	49	2	47	21	1	7	13
黔东南苗族侗族自治州	**133**	**133**	**225**	**8**	**217**	**41**	**3**	**30**	**8**
凯里市	1	1	1		1	8		8	
黄平县	12	12	25	3	22	7		3	4
施秉县	5	5	13		13	1		1	
三穗县	14	14	9	1	8	2		2	
镇远县	13	13	18		18	2	1	1	
岑巩县	10	10	21	2	19	2		2	
天柱县	11	11	44		44	1		1	
锦屏县	19	19	9		9	1		1	
剑河县	5	5	19	1	18	2		1	1
台江县	6	6	7		7	3		1	2
黎平县	13	13	7	1	6	4		3	1
榕江县	6	6	14		14	2	1	1	
从江县	10	10	7		7	1		1	
雷山县	3	3	17		17	1	1		
麻江县	3	3	7		7				
丹寨县	2	2	7		7	4		4	
黔南布依族苗族自治州	**390**	**390**	**257**	**17**	**240**	**71**	**3**	**62**	**6**
都匀市	4	4	1		1	1		1	
福泉市	8	8	11	1	10	15	2	13	
荔波县	26	26	27		27	2		2	
贵定县	23	23	22	1	21	1		1	
瓮安县	78	78	61	7	54	9		7	2
独山县	23	23	41	4	37	10		8	2
平塘县	19	19	12		12	2		2	
罗甸县	49	49	17	2	15	3		3	
长顺县	16	16	10		10	6		6	
龙里县	79	79	22		22	6		6	
惠水县	44	44	28	1	27	15	1	12	2
三都水族自治县	21	21	5	1	4	1		1	

4-4b　续表 60　　　　　　　　　　　　　　　　单位：人

地　区 性　别	水利、环境和公共设施管理业					居民服务、修理和其他服务业			
	小计	水　利 管理业	生态保护 和环境 治理业	公共设施 管理业	土　地 管理业	小计	居　民 服务业	机动车、 电子产品 和日用产 品修理业	其　他 服务业
贵　州	**3664**	**207**	**322**	**3100**	**35**	**16170**	**8868**	**4587**	**2715**
贵阳市	**192**	**13**	**15**	**161**	**3**	**1259**	**736**	**352**	**171**
南明区									
云岩区									
花溪区	23		2	21		115	61	28	26
乌当区	8			8		104	70	11	23
白云区	1			1					
观山湖区	7			7		80	41	12	27
开阳县	75	6	7	60	2	391	224	124	43
息烽县	26	4	4	17	1	212	139	61	12
修文县	43	2	2	39		251	142	78	31
清镇市	9	1		8		106	59	38	9
六盘水市	**281**	**8**	**19**	**254**		**849**	**381**	**290**	**178**
钟山区	11		2	9		96	60	34	2
六枝特区	10			10		66	29	27	10
水城县	226	8	12	206		468	190	145	133
盘州市	34		5	29		219	102	84	33
遵义市	**445**	**30**	**36**	**376**	**3**	**2763**	**1667**	**794**	**302**
红花岗区	32	2		30		127	67	33	27
汇川区	19		2	17		80	40	23	17
播州区	25	2	5	18		187	102	70	15
桐梓县	73	3	1	69		372	266	80	26
绥阳县	13			13		209	159	49	1
正安县	49	4	2	42	1	217	125	58	34
道真仡佬族苗族自治县	28	2	1	25		161	106	40	15
务川仡佬族苗族自治县	19	1	2	15	1	143	70	60	13
凤冈县	24	2	5	17		224	124	74	26
湄潭县	34		2	32		317	175	84	58
余庆县	6	2		4		144	82	60	2
习水县	78	12	10	55	1	424	257	121	46
赤水市	27		2	25		65	42	12	11
仁怀市	18		4	14		93	52	30	11
安顺市	**290**	**19**	**13**	**250**	**8**	**1117**	**611**	**303**	**203**
西秀区	17	2	1	14		134	47	18	69
平坝区	40	1	2	31	6	197	97	59	41
普定县	63	5	2	55	1	227	121	79	27
镇宁布依族苗族自治县	61	6		54	1	210	129	48	33
关岭布依族苗族自治县	46	3	6	37		171	117	50	4
紫云苗族布依族自治县	63	2	2	59		178	100	49	29
毕节市	**787**	**24**	**61**	**698**	**4**	**3449**	**1824**	**907**	**718**
七星关区	9		2	7		100	48	34	18
大方县	153	1	1	151		337	179	121	37
黔西县	140	7	6	123	4	629	344	173	112
金沙县	71	3	7	61		480	283	137	60
织金县	79	1	4	74		694	334	167	193
纳雍县	131		14	117		412	278	87	47
威宁彝族回族苗族自治县	147	8	21	118		488	230	140	118
赫章县	57	4	6	47		309	128	48	133

4-4b 续表 61　　　　　　单位：人

地区 性别	水利、环境和公共设施管理业					居民服务、修理和其他服务业			
	小计	水利管理业	生态保护和环境治理业	公共设施管理业	土地管理业	小计	居民服务业	机动车、电子产品和日用产品修理业	其他服务业
铜仁市	**381**	**41**	**46**	**293**	**1**	**1647**	**940**	**372**	**335**
碧江区	1			1		6	2	3	1
万山区									
江口县	43	5	3	34	1	138	76	35	27
玉屏侗族自治县	42	8	6	28		151	79	35	37
石阡县	47	11	3	33		188	104	42	42
思南县	35	4	4	27		240	129	59	52
印江土家族苗族自治县	24	3	4	17		234	161	52	21
德江县	34	2	4	28		212	143	51	18
沿河土家族自治县	100	3	12	85		252	120	53	79
松桃苗族自治县	55	5	10	40		226	126	42	58
黔西南布依族苗族自治州	**293**	**27**	**33**	**232**	**1**	**1123**	**493**	**350**	**280**
兴义市	19	1		18		144	59	46	39
兴仁市	10	2	2	6		74	35	33	6
普安县	9	3		6		98	37	46	15
晴隆县	90	3	8	79		188	69	59	60
贞丰县	43	6	2	34	1	183	104	52	27
望谟县	26	3	6	17		142	35	25	82
册亨县	58	7	9	42		82	35	27	20
安龙县	38	2	6	30		212	119	62	31
黔东南苗族侗族自治州	**469**	**29**	**53**	**375**	**12**	**1720**	**996**	**510**	**214**
凯里市	21	1		20		45	25	16	4
黄平县	31	1	3	27		130	62	35	33
施秉县	17	2	2	13		78	52	17	9
三穗县	39	1	7	29	2	101	65	22	14
镇远县	44			38	6	170	108	52	10
岑巩县	35	4	1	28	2	125	66	37	22
天柱县	26	5	2	19		136	87	35	14
锦屏县	14	2		11	1	91	56	31	4
剑河县	21	3	10	8		120	60	33	27
台江县	16		3	13		33	18	9	6
黎平县	67	1	17	49		188	120	64	4
榕江县	29	6	3	20		129	71	47	11
从江县	13		2	11		105	48	44	13
雷山县	36		3	33		39	24	13	2
麻江县	24	3		20	1	114	57	31	26
丹寨县	36			36		116	77	24	15
黔南布依族苗族自治州	**526**	**16**	**46**	**461**	**3**	**2243**	**1220**	**709**	**314**
都匀市	4			4		33	12	7	14
福泉市	12		2	10		95	44	37	14
荔波县	53		2	51		142	80	52	10
贵定县	44	3	2	38	1	257	149	74	34
瓮安县	52	1		51		406	230	145	31
独山县	43	2		41		197	100	59	38
平塘县	34	3	3	28		131	74	41	16
罗甸县	64	1	7	56		240	134	62	44
长顺县	18			18		100	48	39	13
龙里县	66	2	16	48		222	134	53	35
惠水县	45	2	2	39	2	284	139	91	54
三都水族自治县	91	2	12	77		136	76	49	11

4-4b 续表 62

单位：人

地区 性别	水利、环境和公共设施管理业					居民服务、修理和其他服务业			
	小计	水利管理业	生态保护和环境治理业	公共设施管理业	土地管理业	小计	居民服务业	机动车、电子产品和日用产品修理业	其他服务业
男	**1823**	**146**	**250**	**1404**	**23**	**8157**	**3379**	**3813**	**965**
贵州	**1823**	**146**	**250**	**1404**	**23**	**8157**	**3379**	**3813**	**965**
贵阳市	**101**	**10**	**12**	**76**	**3**	**593**	**256**	**288**	**49**
南明区									
云岩区									
花溪区	10		1	9		58	28	24	6
乌当区	4			4		61	37	10	14
白云区	1			1					
观山湖区	5			5		22	6	10	6
开阳县	39	4	7	26	2	168	64	99	5
息烽县	19	4	2	12	1	98	41	50	7
修文县	19	1	2	16		126	51	65	10
清镇市	4	1		3		60	29	30	1
六盘水市	**124**	**6**	**17**	**101**		**448**	**157**	**241**	**50**
钟山区	8		2	6		57	27	29	1
六枝特区	3			3		37	13	21	3
水城县	92	6	10	76		222	71	119	32
盘州市	21		5	16		132	46	72	14
遵义市	**219**	**17**	**23**	**177**	**2**	**1425**	**669**	**653**	**103**
红花岗区	20	2		18		76	28	33	15
汇川区	8		1	7		43	16	20	7
播州区	15	2	3	10		106	46	55	5
桐梓县	36	2		34		182	107	68	7
绥阳县	7			7		106	61	45	
正安县	21		2	18	1	102	45	46	11
道真仡佬族苗族自治县	11		1	10		83	42	36	5
务川仡佬族苗族自治县	11	1	1	8	1	76	22	49	5
凤冈县	14	2	5	7		120	57	58	5
湄潭县	17		1	16		154	72	71	11
余庆县	4	1		3		67	23	43	1
习水县	33	7	5	21		215	96	96	23
赤水市	15		2	13		39	24	10	5
仁怀市	7		2	5		56	30	23	3
安顺市	**166**	**14**	**11**	**135**	**6**	**611**	**277**	**255**	**79**
西秀区	11	2	1	8		79	23	17	39
平坝区	15		2	9	4	98	42	47	9
普定县	34	5	2	26	1	116	46	63	7
镇宁布依族苗族自治县	37	3		33	1	110	59	42	9
关岭布依族苗族自治县	31	2	4	25		113	62	49	2
紫云苗族布依族自治县	38	2	2	34		95	45	37	13
毕节市	**375**	**18**	**48**	**307**	**2**	**1848**	**793**	**778**	**277**
七星关区	5		1	4		69	32	28	9
大方县	67	1		66		193	71	111	11
黔西县	66	5	6	53	2	356	157	144	55
金沙县	35	3	7	25		260	115	120	25
织金县	45	1	3	41		384	167	143	74
纳雍县	62		10	52		210	121	73	16
威宁彝族回族苗族自治县	68	6	16	46		255	91	117	47
赫章县	27	2	5	20		121	39	42	40

4－4b 续表 63 单位：人

地区 性别	水利、环境和公共设施管理业					居民服务、修理和其他服务业			
	小计	水利管理业	生态保护和环境治理业	公共设施管理业	土地管理业	小计	居民服务业	机动车、电子产品和日用产品修理业	其他服务业
铜仁市	**197**	**25**	**37**	**134**	**1**	**752**	**312**	**316**	**124**
碧江区						6	2	3	1
万山区									
江口县	23	4	3	15	1	69	28	30	11
玉屏侗族自治县	20	5	3	12		73	26	29	18
石阡县	28	5	3	20		69	21	37	11
思南县	12		4	8		114	47	47	20
印江土家族苗族自治县	17	3	3	11		95	47	44	4
德江县	14		3	11		101	52	46	3
沿河土家族自治县	54	3	9	42		123	48	43	32
松桃苗族自治县	29	5	9	15		102	41	37	24
黔西南布依族苗族自治州	**124**	**18**	**27**	**79**		**574**	**189**	**275**	**110**
兴义市	9	1		8		75	27	34	14
兴仁市	3		2	1		45	14	27	4
普安县	6	2		4		60	13	38	9
晴隆县	33	3	7	23		102	28	49	25
贞丰县	15	4	1	10		84	41	38	5
望谟县	15	3	5	7		64	11	21	32
册亨县	22	3	7	12		43	12	20	11
安龙县	21	2	5	14		101	43	48	10
黔东南苗族侗族自治州	**231**	**25**	**38**	**161**	**7**	**812**	**317**	**428**	**67**
凯里市	4	1		3		20	8	12	
黄平县	12	1	2	9		61	18	32	11
施秉县	9	1	1	7		28	10	16	2
三穗县	17	1	5	10	1	37	16	17	4
镇远县	11			6	5	82	35	42	5
岑巩县	16	4	1	10	1	54	21	30	3
天柱县	17	5	2	10		70	36	31	3
锦屏县	5	2		3		40	14	25	1
剑河县	14	2	9	3		58	21	29	8
台江县	7		1	6		19	9	6	4
黎平县	49	1	13	35		93	33	57	3
榕江县	17	4	2	11		63	22	38	3
从江县	5			5		61	19	36	6
雷山县	18		2	16		24	11	11	2
麻江县	10	3		7		55	19	28	8
丹寨县	20			20		47	25	18	4
黔南布依族苗族自治州	**286**	**13**	**37**	**234**	**2**	**1094**	**409**	**579**	**106**
都匀市	2			2		10	2	6	2
福泉市	3		1	2		51	15	30	6
荔波县	27		2	25		63	19	42	2
贵定县	28	3	1	24		123	48	63	12
瓮安县	26	1		25		209	89	113	7
独山县	22	1		21		79	23	46	10
平塘县	20	2	3	15		67	26	34	7
罗甸县	33	1	7	25		126	55	46	25
长顺县	10			10		55	17	33	5
龙里县	39	1	11	27		101	45	46	10
惠水县	27	2	2	21	2	141	45	78	18
三都水族自治县	49	2	10	37		69	25	42	2

4–4b　续表 64　　　　　　　　　　　　　　　　　　　　　　　　　　单位：人

地　区 性　别	水利、环境和公共设施管理业					居民服务、修理和其他服务业			
	小计	水　利 管理业	生态保护 和环境 治理业	公共设施 管理业	土　地 管理业	小计	居　民 服务业	机动车、 电子产品 和日用产 品修理业	其　他 服务业
女	**1841**	**61**	**72**	**1696**	**12**	**8013**	**5489**	**774**	**1750**
贵　州	**1841**	**61**	**72**	**1696**	**12**	**8013**	**5489**	**774**	**1750**
贵阳市	**91**	**3**	**3**	**85**		**666**	**480**	**64**	**122**
南明区									
云岩区									
花溪区	13		1	12		57	33	4	20
乌当区	4			4		43	33	1	9
白云区									
观山湖区	2			2		58	35	2	21
开阳县	36	2		34		223	160	25	38
息烽县	7		2	5		114	98	11	5
修文县	24	1		23		125	91	13	21
清镇市	5			5		46	30	8	8
六盘水市	**157**	**2**	**2**	**153**		**401**	**224**	**49**	**128**
钟山区	3			3		39	33	5	1
六枝特区	7			7		29	16	6	7
水城县	134	2	2	130		246	119	26	101
盘州市	13			13		87	56	12	19
遵义市	**226**	**13**	**13**	**199**	**1**	**1338**	**998**	**141**	**199**
红花岗区	12			12		51	39		12
汇川区	11		1	10		37	24	3	10
播州区	10		2	8		81	56	15	10
桐梓县	37	1	1	35		190	159	12	19
绥阳县	6			6		103	98	4	1
正安县	28	4		24		115	80	12	23
道真仡佬族苗族自治县	17	2		15		78	64	4	10
务川仡佬族苗族自治县	8		1	7		67	48	11	8
凤冈县	10			10		104	67	16	21
湄潭县	17		1	16		163	103	13	47
余庆县	2	1		1		77	59	17	1
习水县	45	5	5	34	1	209	161	25	23
赤水市	12			12		26	18	2	6
仁怀市	11		2	9		37	22	7	8
安顺市	**124**	**5**	**2**	**115**	**2**	**506**	**334**	**48**	**124**
西秀区	6			6		55	24	1	30
平坝区	25	1		22	2	99	55	12	32
普定县	29			29		111	75	16	20
镇宁布依族苗族自治县	24	3		21		100	70	6	24
关岭布依族苗族自治县	15	1	2	12		58	55	1	2
紫云苗族布依族自治县	25			25		83	55	12	16
毕节市	**412**	**6**	**13**	**391**	**2**	**1601**	**1031**	**129**	**441**
七星关区	4		1	3		31	16	6	9
大方县	86		1	85		144	108	10	26
黔西县	74	2		70	2	273	187	29	57
金沙县	36			36		220	168	17	35
织金县	34		1	33		310	167	24	119
纳雍县	69		4	65		202	157	14	31
威宁彝族回族苗族自治县	79	2	5	72		233	139	23	71
赫章县	30	2	1	27		188	89	6	93

4-4b 续表 65

单位：人

地区 性别	水利、环境和公共设施管理业 小计	水利管理业	生态保护和环境治理业	公共设施管理业	土地管理业	居民服务、修理和其他服务业 小计	居民服务业	机动车、电子产品和日用产品修理业	其他服务业
铜仁市	**184**	**16**	**9**	**159**		**895**	**628**	**56**	**211**
碧江区	1			1					
万山区									
江口县	20	1		19		69	48	5	16
玉屏侗族自治县	22	3	3	16		78	53	6	19
石阡县	19	6		13		119	83	5	31
思南县	23	4		19		126	82	12	32
印江土家族苗族自治县	7		1	6		139	114	8	17
德江县	20	2	1	17		111	91	5	15
沿河土家族自治县	46		3	43		129	72	10	47
松桃苗族自治县	26		1	25		124	85	5	34
黔西南布依族苗族自治州	**169**	**9**	**6**	**153**	**1**	**549**	**304**	**75**	**170**
兴义市	10			10		69	32	12	25
兴仁市	7	2		5		29	21	6	2
普安县	3	1		2		38	24	8	6
晴隆县	57		1	56		86	41	10	35
贞丰县	28	2	1	24	1	99	63	14	22
望谟县	11		1	10		78	24	4	50
册亨县	36	4	2	30		39	23	7	9
安龙县	17		1	16		111	76	14	21
黔东南苗族侗族自治州	**238**	**4**	**15**	**214**	**5**	**908**	**679**	**82**	**147**
凯里市	17			17		25	17	4	4
黄平县	19		1	18		69	44	3	22
施秉县	8	1	1	6		50	42	1	7
三穗县	22		2	19	1	64	49	5	10
镇远县	33			32	1	88	73	10	5
岑巩县	19			18	1	71	45	7	19
天柱县	9			9		66	51	4	11
锦屏县	9			8	1	51	42	6	3
剑河县	7	1	1	5		62	39	4	19
台江县	9		2	7		14	9	3	2
黎平县	18		4	14		95	87	7	1
榕江县	12	2	1	9		66	49	9	8
从江县	8		2	6		44	29	8	7
雷山县	18		1	17		15	13	2	
麻江县	14			13	1	59	38	3	18
丹寨县	16			16		69	52	6	11
黔南布依族苗族自治州	**240**	**3**	**9**	**227**	**1**	**1149**	**811**	**130**	**208**
都匀市	2			2		23	10	1	12
福泉市	9		1	8		44	29	7	8
荔波县	26			26		79	61	10	8
贵定县	16		1	14	1	134	101	11	22
瓮安县	26			26		197	141	32	24
独山县	21	1		20		118	77	13	28
平塘县	14	1		13		64	48	7	9
罗甸县	31			31		114	79	16	19
长顺县	8			8		45	31	6	8
龙里县	27	1	5	21		121	89	7	25
惠水县	18			18		143	94	13	36
三都水族自治县	42		2	40		67	51	7	9

4-4b 续表 66

单位：人

地区 性别	教育		卫生和社会工作			文化、体育和娱乐业				
	小计	教育	小计	卫生	社会工作	小计	新闻和出版业	广播、电视、电影和录音制作业	文化艺术业	体育
贵州	**29491**	**29491**	**12571**	**12400**	**171**	**2110**	**86**	**111**	**348**	**145**
贵阳市	**1645**	**1645**	**679**	**672**	**7**	**166**		**7**	**35**	**17**
南明区										
云岩区										
花溪区	187	187	10	10		10			9	
乌当区	45	45	47	46	1	3				
白云区	5	5	2	2		1				
观山湖区	60	60	21	20	1	5		2	2	
开阳县	507	507	242	240	2	52		1	4	4
息烽县	329	329	170	170		45		1	14	2
修文县	377	377	144	142	2	43		2	4	11
清镇市	135	135	43	42	1	7		1	2	
六盘水市	**1211**	**1211**	**409**	**403**	**6**	**75**	**1**	**5**	**8**	**7**
钟山区	98	98	45	45		6				
六枝特区	96	96	29	28	1	5				1
水城县	576	576	185	183	2	40	1	5	7	6
盘州市	441	441	150	147	3	24			1	
遵义市	**5193**	**5193**	**2427**	**2395**	**32**	**429**	**7**	**16**	**60**	**30**
红花岗区	145	145	96	96		14			1	
汇川区	131	131	55	52	3	15		1	3	2
播州区	235	235	56	54	2	10			1	
桐梓县	633	633	237	237		72	2	2	9	6
绥阳县	435	435	185	183	2	34		4	4	7
正安县	503	503	274	271	3	42	2	1	7	2
道真仡佬族苗族自治县	321	321	163	162	1	25	1	2	2	2
务川仡佬族苗族自治县	528	528	228	225	3	32		2	8	2
凤冈县	477	477	233	230	3	22		1	3	2
湄潭县	570	570	270	269	1	56		2	4	1
余庆县	365	365	177	169	8	17			2	1
习水县	668	668	384	382	2	78	2	1	14	3
赤水市	56	56	29	27	2	5			2	
仁怀市	126	126	40	38	2	7				2
安顺市	**1561**	**1561**	**673**	**660**	**13**	**113**	**6**	**12**	**8**	**11**
西秀区	107	107	40	40		12	1		2	
平坝区	159	159	57	57		16		5	3	
普定县	378	378	170	170		22		2	1	5
镇宁布依族苗族自治县	304	304	162	151	11	21	1	1	1	3
关岭布依族苗族自治县	341	341	125	124	1	19		2		1
紫云苗族布依族自治县	272	272	119	118	1	23	4	2	1	2
毕节市	**6054**	**6054**	**2535**	**2490**	**45**	**327**	**15**	**11**	**73**	**15**
七星关区	143	143	67	66	1	11			5	1
大方县	755	755	301	291	10	48	8		14	4
黔西县	912	912	491	487	4	66	2	3	9	2
金沙县	718	718	372	364	8	34	1		5	1
织金县	862	862	421	409	12	71		5	8	5
纳雍县	644	644	327	323	4	35	2	2	8	
威宁彝族回族苗族自治县	1509	1509	373	367	6	49	2	1	23	
赫章县	511	511	183	183		13			1	2

4-4b 续表 67

单位：人

地区 性别	教育		卫生和社会工作			文化、体育和娱乐业				
	小计	教育	小计	卫生	社会工作	小计	新闻和出版业	广播、电视、电影和录音制作业	文化艺术业	体育
铜仁市	**3708**	**3708**	**1508**	**1487**	**21**	**219**	**18**	**9**	**42**	**10**
碧江区	4	4	3	3						
万山区										
江口县	235	235	137	135	2	21	4	1	3	1
玉屏侗族自治县	162	162	82	80	2	19	1	1	4	
石阡县	405	405	177	173	4	21	7		3	2
思南县	619	619	275	273	2	41	3	2	7	
印江土家族苗族自治县	410	410	172	171	1	25	1	2	3	1
德江县	672	672	264	258	6	35	1	1	4	3
沿河土家族自治县	622	622	148	147	1	28		1	8	3
松桃苗族自治县	579	579	250	247	3	29	1	1	10	
黔西南布依族苗族自治州	**2492**	**2492**	**856**	**848**	**8**	**142**	**10**	**11**	**23**	**9**
兴义市	204	204	46	45	1	19	4			
兴仁市	152	152	40	40		7			1	2
普安县	318	318	112	112		6		2	2	
晴隆县	252	252	85	83	2	5			3	
贞丰县	459	459	186	185	1	47	3	4	4	4
望谟县	425	425	111	111		21		2	1	2
册亨县	212	212	107	105	2	12	1	2	5	
安龙县	470	470	169	167	2	25	2	1	7	1
黔东南苗族侗族自治州	**3907**	**3907**	**1830**	**1816**	**14**	**294**	**20**	**21**	**51**	**15**
凯里市	85	85	28	28		8		1		
黄平县	325	325	141	139	2	18	2	2	2	
施秉县	191	191	85	84	1	8	1		2	
三穗县	221	221	129	129		24	4	1	4	
镇远县	275	275	142	141	1	32	4		12	5
岑巩县	244	244	142	141	1	16	1	2		
天柱县	329	329	150	149	1	15	3	1		1
锦屏县	226	226	119	118	1	13	1		7	
剑河县	294	294	118	117	1	16		2	2	
台江县	100	100	53	52	1	6	1		2	
黎平县	448	448	229	227	2	60		5	6	3
榕江县	294	294	114	114		33			2	5
从江县	277	277	112	111	1	10		1	4	
雷山县	181	181	100	99	1	13	2	1	3	
麻江县	208	208	88	88		5				
丹寨县	209	209	80	79	1	17	1	5	5	1
黔南布依族苗族自治州	**3720**	**3720**	**1654**	**1629**	**25**	**345**	**9**	**19**	**48**	**31**
都匀市	40	40	8	8		8				
福泉市	92	92	32	32		9		1	1	1
荔波县	308	308	118	118		24		1	6	2
贵定县	345	345	167	165	2	26	3	1	3	3
瓮安县	545	545	289	285	4	62	2	2	6	9
独山县	355	355	158	153	5	31	1	3	10	2
平塘县	307	307	128	127	1	16	2		4	
罗甸县	339	339	222	220	2	42		3	7	2
长顺县	236	236	89	87	2	12			1	2
龙里县	299	299	130	123	7	56		1	2	5
惠水县	567	567	221	219	2	31		1		1
三都水族自治县	287	287	92	92		28	1	6	8	4

4-4b　续表 68

单位：人

地区 性别	教育		卫生和社会工作			文化、体育和娱乐业				
	小计	教育	小计	卫生	社会工作	小计	新闻和出版业	广播、电视、电影和录音制作业	文化艺术业	体育
男	**12881**	**12881**	**4203**	**4144**	**59**	**1131**	**46**	**73**	**171**	**88**
贵州	**12881**	**12881**	**4203**	**4144**	**59**	**1131**	**46**	**73**	**171**	**88**
贵阳市	**627**	**627**	**177**	**174**	**3**	**86**		**6**	**14**	**13**
南明区										
云岩区										
花溪区	91	91	3	3		2			1	
乌当区	14	14	17	16	1	1				
白云区	2	2				1				
观山湖区	18	18	7	6	1	2		1	1	
开阳县	206	206	64	63	1	30		1	1	3
息烽县	105	105	49	49		21		1	6	2
修文县	140	140	33	33		24		2	3	8
清镇市	51	51	4	4		5		1	2	
六盘水市	**519**	**519**	**142**	**138**	**4**	**40**	**1**	**2**	**6**	**5**
钟山区	28	28	14	14		1				
六枝特区	33	33	10	9	1	4				1
水城县	263	263	61	61		22	1	2	5	4
盘州市	195	195	57	54	3	13			1	
遵义市	**2275**	**2275**	**839**	**831**	**8**	**208**	**4**	**11**	**24**	**18**
红花岗区	56	56	32	32		11			1	
汇川区	59	59	18	17	1	7		1		1
播州区	88	88	20	20		4			1	
桐梓县	262	262	80	80		39	1	1	4	4
绥阳县	205	205	67	66	1	16		3	1	6
正安县	246	246	104	103	1	19	2	1	2	1
道真仡佬族苗族自治县	156	156	58	58		11	1	1	1	
务川仡佬族苗族自治县	243	243	74	74		16		1	4	1
凤冈县	215	215	71	70	1	9		1	1	
湄潭县	257	257	109	108	1	22		1	1	1
余庆县	138	138	50	48	2	11			1	1
习水县	270	270	134	134		37		1	5	1
赤水市	24	24	10	9	1	2			2	
仁怀市	56	56	12	12		4				2
安顺市	**658**	**658**	**211**	**206**	**5**	**55**	**1**	**8**	**5**	**5**
西秀区	38	38	9	9		5			1	
平坝区	57	57	18	18		11		5	2	
普定县	163	163	55	55		10		1	1	2
镇宁布依族苗族自治县	121	121	55	50	5	7		1		2
关岭布依族苗族自治县	153	153	39	39		12				1
紫云苗族布依族自治县	126	126	35	35		10	1	1	1	
毕节市	**2658**	**2658**	**862**	**847**	**15**	**183**	**6**	**9**	**38**	**6**
七星关区	52	52	26	26		7			3	1
大方县	321	321	116	113	3	21	1		5	1
黔西县	379	379	174	171	3	31	1	2	5	
金沙县	288	288	139	138	1	21	1		3	1
织金县	362	362	132	129	3	44		5	6	3
纳雍县	285	285	101	99	2	24	2	2	4	
威宁彝族回族苗族自治县	751	751	119	116	3	27	1		11	
赫章县	220	220	55	55		8			1	

4-4b 续表 69 单位：人

地区 性别	教育		卫生和社会工作			文化、体育和娱乐业				
	小计	教育	小计	卫生	社会工作	小计	新闻和出版业	广播、电视、电影和录音制作业	文化艺术业	体育
铜仁市	**1684**	**1684**	**556**	**551**	**5**	**130**	**10**	**7**	**27**	**7**
碧江区	1	1	2	2						
万山区										
江口县	104	104	51	50	1	14	3	1	2	1
玉屏侗族自治县	53	53	35	35		12	1	1	3	
石阡县	170	170	57	55	2	10	3		1	2
思南县	271	271	109	109		23	1	1	4	
印江土家族苗族自治县	183	183	55	55		16	1	2	2	1
德江县	329	329	92	91	1	24	1	1	4	2
沿河土家族自治县	301	301	54	54		15			5	1
松桃苗族自治县	272	272	101	100	1	16		1	6	
黔西南布依族苗族自治州	**1109**	**1109**	**300**	**296**	**4**	**84**	**7**	**7**	**11**	**6**
兴义市	69	69	17	16	1	14	4			
兴仁市	77	77	14	14		4			1	2
普安县	127	127	34	34		3		1	1	
晴隆县	128	128	30	29	1	1				
贞丰县	203	203	65	64	1	31	1	2	4	2
望谟县	210	210	43	43		12		1		1
册亨县	107	107	40	40		7	1	2	2	
安龙县	188	188	57	56	1	12	1	1	3	1
黔东南苗族侗族自治州	**1828**	**1828**	**578**	**573**	**5**	**167**	**14**	**14**	**21**	**10**
凯里市	50	50	10	10		4		1		
黄平县	160	160	53	52	1	12	1	2	1	
施秉县	94	94	24	24		4	1		1	
三穗县	92	92	46	46		13	1	1	3	
镇远县	114	114	38	38		14	4		2	3
岑巩县	116	116	42	41	1	10	1	2		
天柱县	160	160	41	41		11	3	1		
锦屏县	90	90	43	42	1	5			3	
剑河县	138	138	36	36		12		2	2	
台江县	49	49	18	17	1	4			1	
黎平县	209	209	61	60	1	32		2	1	2
榕江县	137	137	34	34		25			2	5
从江县	145	145	34	34		6		1	2	
雷山县	88	88	36	36		6	2		1	
麻江县	87	87	29	29		1				
丹寨县	99	99	33	33		8	1	2	2	
黔南布依族苗族自治州	**1523**	**1523**	**538**	**528**	**10**	**178**	**3**	**9**	**25**	**18**
都匀市	17	17	3	3		1				
福泉市	31	31	10	10		1			1	
荔波县	118	118	38	38		7			3	1
贵定县	113	113	52	51	1	11	1	1	1	1
瓮安县	229	229	92	90	2	32	1	1	4	4
独山县	138	138	48	47	1	18		2	5	2
平塘县	122	122	44	44		4			2	
罗甸县	161	161	66	64	2	31		2	4	2
长顺县	117	117	24	24		7			1	1
龙里县	122	122	39	37	2	29			1	4
惠水县	234	234	87	85	2	24		1		1
三都水族自治县	121	121	35	35		13	1	2	3	2

4-4b　续表 70　　　　单位：人

地　区 性　别	教育		卫生和社会工作			文化、体育和娱乐业				
	小计	教育	小计	卫生	社会工作	小计	新闻和出版业	广播、电视、电影和录音制作业	文化艺术业	体育
女	**16610**	**16610**	**8368**	**8256**	**112**	**979**	**40**	**38**	**177**	**57**
贵　州	**16610**	**16610**	**8368**	**8256**	**112**	**979**	**40**	**38**	**177**	**57**
贵阳市	**1018**	**1018**	**502**	**498**	**4**	**80**		**1**	**21**	**4**
南明区										
云岩区										
花溪区	96	96	7	7		8			8	
乌当区	31	31	30	30		2				
白云区	3	3	2	2						
观山湖区	42	42	14	14		3		1	1	
开阳县	301	301	178	177	1	22			3	1
息烽县	224	224	121	121		24			8	
修文县	237	237	111	109	2	19			1	3
清镇市	84	84	39	38	1	2				
六盘水市	**692**	**692**	**267**	**265**	**2**	**35**		**3**	**2**	**2**
钟山区	70	70	31	31		5				
六枝特区	63	63	19	19		1				
水城县	313	313	124	122	2	18		3	2	2
盘州市	246	246	93	93		11				
遵义市	**2918**	**2918**	**1588**	**1564**	**24**	**221**	**3**	**5**	**36**	**12**
红花岗区	89	89	64	64		3				
汇川区	72	72	37	35	2	8			3	1
播州区	147	147	36	34	2	6				
桐梓县	371	371	157	157		33	1	1	5	2
绥阳县	230	230	118	117	1	18		1	3	1
正安县	257	257	170	168	2	23			5	1
道真仡佬族苗族自治县	165	165	105	104	1	14		1	1	2
务川仡佬族苗族自治县	285	285	154	151	3	16		1	4	1
凤冈县	262	262	162	160	2	13			2	2
湄潭县	313	313	161	161		34		1	3	
余庆县	227	227	127	121	6	6			1	
习水县	398	398	250	248	2	41	2		9	2
赤水市	32	32	19	18	1	3				
仁怀市	70	70	28	26	2	3				
安顺市	**903**	**903**	**462**	**454**	**8**	**58**	**5**	**4**	**3**	**6**
西秀区	69	69	31	31		7	1		1	
平坝区	102	102	39	39		5			1	
普定县	215	215	115	115		12		1		3
镇宁布依族苗族自治县	183	183	107	101	6	14	1		1	1
关岭布依族苗族自治县	188	188	86	85	1	7		2		
紫云苗族布依族自治县	146	146	84	83	1	13	3	1		2
毕节市	**3396**	**3396**	**1673**	**1643**	**30**	**144**	**9**	**2**	**35**	**9**
七星关区	91	91	41	40	1	4			2	
大方县	434	434	185	178	7	27	7		9	3
黔西县	533	533	317	316	1	35	1	1	4	2
金沙县	430	430	233	226	7	13			2	
织金县	500	500	289	280	9	27			2	2
纳雍县	359	359	226	224	2	11			4	
威宁彝族回族苗族自治县	758	758	254	251	3	22	1	1	12	
赫章县	291	291	128	128		5				2

4-4b 续表 71 单位：人

地 区 性 别	教育		卫生和社会工作			文化、体育和娱乐业				
	小计	教育	小计	卫生	社会工作	小计	新闻和出版业	广播、电视、电影和录音制作业	文 化艺术业	体育
铜仁市	**2024**	**2024**	**952**	**936**	**16**	**89**	**8**	**2**	**15**	**3**
碧江区	3	3	1	1						
万山区										
江口县	131	131	86	85	1	7	1		1	
玉屏侗族自治县	109	109	47	45	2	7			1	
石阡县	235	235	120	118	2	11	4		2	
思南县	348	348	166	164	2	18	2	1	3	
印江土家族苗族自治县	227	227	117	116	1	9			1	
德江县	343	343	172	167	5	11				1
沿河土家族自治县	321	321	94	93	1	13		1	3	2
松桃苗族自治县	307	307	149	147	2	13	1		4	
黔西南布依族苗族自治州	**1383**	**1383**	**556**	**552**	**4**	**58**	**3**	**4**	**12**	**3**
兴义市	135	135	29	29		5				
兴仁市	75	75	26	26		3				
普安县	191	191	78	78		3		1	1	
晴隆县	124	124	55	54	1	4			3	
贞丰县	256	256	121	121		16	2	2		2
望谟县	215	215	68	68		9		1	1	1
册亨县	105	105	67	65	2	5			3	
安龙县	282	282	112	111	1	13	1		4	
黔东南苗族侗族自治州	**2079**	**2079**	**1252**	**1243**	**9**	**127**	**6**	**7**	**30**	**5**
凯里市	35	35	18	18		4				
黄平县	165	165	88	87	1	6	1		1	
施秉县	97	97	61	60	1	4			1	
三穗县	129	129	83	83		11	3		1	
镇远县	161	161	104	103	1	18			10	2
岑巩县	128	128	100	100		6				
天柱县	169	169	109	108	1	4				1
锦屏县	136	136	76	76		8	1		4	
剑河县	156	156	82	81	1	4				
台江县	51	51	35	35		2	1		1	
黎平县	239	239	168	167	1	28		3	5	1
榕江县	157	157	80	80		8				
从江县	132	132	78	77	1	4			2	
雷山县	93	93	64	63	1	7		1	2	
麻江县	121	121	59	59		4				
丹寨县	110	110	47	46	1	9		3	3	1
黔南布依族苗族自治州	**2197**	**2197**	**1116**	**1101**	**15**	**167**	**6**	**10**	**23**	**13**
都匀市	23	23	5	5		7				
福泉市	61	61	22	22		8		1		1
荔波县	190	190	80	80		17		1	3	1
贵定县	232	232	115	114	1	15	2		2	2
瓮安县	316	316	197	195	2	30	1	1	2	5
独山县	217	217	110	106	4	13	1	1	5	
平塘县	185	185	84	83	1	12	2		2	
罗甸县	178	178	156	156		11		1	3	
长顺县	119	119	65	63	2	5				1
龙里县	177	177	91	86	5	27		1	1	1
惠水县	333	333	134	134		7				
三都水族自治县	166	166	57	57		15		4	5	2

4-4b　续表 72　　　　单位：人

地区 性别	娱乐业	公共管理、社会保障和社会组织							国际组织	
		小计	中国共产党机关	国家机构	人民政协、民主党派	社会保障	群众团体、社会团体和其他成员组织	基层群众自治组织	小计	国际组织
贵　州	**1420**	**33349**	**703**	**27965**	**116**	**87**	**802**	**3676**	**1**	**1**
贵阳市	**107**	**1635**	**41**	**1359**	**7**	**6**	**32**	**190**		
南明区										
云岩区										
花溪区	1	59	1	39			5	14		
乌当区	3	39		31				8		
白云区	1	2		2						
观山湖区	1	55	2	36			4	13		
开阳县	43	562	13	460	1	2	9	77		
息烽县	28	448	18	377	3	4	6	40		
修文县	26	404	5	367	3		3	26		
清镇市	4	66	2	47			5	12		
六盘水市	**54**	**1199**	**10**	**804**		**1**	**7**	**377**		
钟山区	6	128		85			1	42		
六枝特区	4	58	1	40				17		
水城县	21	682	9	460		1	6	206		
盘州市	23	331		219				112		
遵义市	**316**	**5417**	**103**	**4554**	**7**	**11**	**99**	**643**		
红花岗区	13	121	1	93			4	23		
汇川区	9	133	1	101			4	27		
播州区	9	227	1	196			1	29		
桐梓县	53	588	26	470		1	17	74		
绥阳县	19	480	7	431	1		4	37		
正安县	30	677	7	493	2	3	9	163		
道真仡佬族苗族自治县	18	407	2	383	1		4	17		
务川仡佬族苗族自治县	20	504	15	414	1		3	71		
凤冈县	16	487	6	437		3	14	27		
湄潭县	49	527	5	490		1	12	19		
余庆县	14	395	20	327	2	1	4	41		
习水县	58	702	11	595		2	20	74		
赤水市	3	88	1	58			2	27		
仁怀市	5	81		66			1	14		
安顺市	**76**	**1891**	**46**	**1492**	**7**	**8**	**51**	**287**		
西秀区	9	114		88			1	25		
平坝区	8	138	2	106	1	2	7	20		
普定县	14	366	5	327		1	12	21		
镇宁布依族苗族自治县	15	423	17	356	2	4	8	36		
关岭布依族苗族自治县	16	458	13	336	3	1	6	99		
紫云苗族布依族自治县	14	392	9	279	1		17	86		
毕节市	**213**	**6230**	**118**	**5152**	**14**	**24**	**144**	**778**		
七星关区	5	127		83		2		42		
大方县	22	910	22	762	4	8	21	93		
黔西县	50	848	30	720	1	3	16	78		
金沙县	27	893	5	707	2		21	158		
织金县	53	907	3	820		1	8	75		
纳雍县	23	840	8	642	2	1	18	169		
威宁彝族回族苗族自治县	23	1056	23	898	2	8	43	82		
赫章县	10	649	27	520	3	1	17	81		

4-4b 续表 73

单位：人

地区 性别	娱乐业	公共管理、社会保障和社会组织							国际组织	
		小计	中国共产党机关	国家机构	人民政协、民主党派	社会保障	群众团体、社会团体和其他成员组织	基层群众自治组织	小计	国际组织
铜仁市	**140**	**4337**	**92**	**3800**	**22**	**11**	**188**	**224**		
碧江区		10		7				3		
万山区										
江口县	12	376	12	317	1	2	30	14		
玉屏侗族自治县	13	350	4	305	4	3	9	25		
石阡县	9	547	13	490	2		17	25		
思南县	29	745	20	642	2	1	50	30		
印江土家族苗族自治县	18	530	21	476	2	2	12	17		
德江县	26	577	1	527	2	2	9	36		
沿河土家族自治县	16	582	9	506	7	1	25	34		
松桃苗族自治县	17	620	12	530	2		36	40		
黔西南布依族苗族自治州	**89**	**2550**	**76**	**2121**	**5**	**12**	**101**	**235**		
兴义市	15	151	3	122			4	22		
兴仁市	4	91	1	76			3	11		
普安县	2	344	14	306	2	1	9	12		
晴隆县	2	356	15	291	1	2	11	36		
贞丰县	32	431	7	339		3	12	70		
望谟县	16	383	10	336		1	13	23		
册亨县	4	344	6	290	1	3	27	17		
安龙县	14	450	20	361	1	2	22	44		
黔东南苗族侗族自治州	**187**	**5207**	**137**	**4442**	**26**	**9**	**110**	**483**		
凯里市	7	73	2	59				12		
黄平县	12	368	25	271	6	2	9	55		
施秉县	5	237	5	218	2	1	6	5		
三穗县	15	322	1	279	1		5	36		
镇远县	11	351	18	299	2	2	5	25		
岑巩县	13	335	11	276		1	29	18		
天柱县	10	351	3	308	1		6	33		
锦屏县	5	369	7	321	4	1	8	28		
剑河县	12	388	13	348			4	23		
台江县	3	197	7	170	1		4	15		
黎平县	46	543	7	476	3		10	47		
榕江县	26	400	3	363	3	1	3	27		
从江县	5	397	11	304	1		3	78		
雷山县	7	273	17	233			8	15		
麻江县	5	293	7	254	2	1	4	25		
丹寨县	5	310		263			6	41		
黔南布依族苗族自治州	**238**	**4883**	**80**	**4241**	**28**	**5**	**70**	**459**	**1**	**1**
都匀市	8	54		42			2	10		
福泉市	6	70		65				5		
荔波县	15	452	14	393	4	1	6	34		
贵定县	16	501		445	2	2	10	42		
瓮安县	43	690	1	615	1		3	70		
独山县	15	423	10	371	1	2	4	35		
平塘县	10	345	1	307	5		7	25		
罗甸县	30	489	6	434	2		10	37		
长顺县	9	344	14	261	2		5	62	1	1
龙里县	48	458	9	399	4		5	41		
惠水县	29	537	6	481	2		13	35		
三都水族自治县	9	520	19	428	5		5	63		

4-4b　续表 74　　单位：人

地　区 性　别	娱乐业	公共管理、社会保障和社会组织						国际组织	
		小计	中国共产党机关	国家机构	人民政协、民主党派	社会保障	群众团体、社会团体和其他成员组织	基层群众自治组织	小计	国际组织
男	**753**	**22218**	**499**	**18964**	**85**	**37**	**458**	**2175**		
贵　州	**753**	**22218**	**499**	**18964**	**85**	**37**	**458**	**2175**		
贵阳市	**53**	**1003**	**23**	**860**	**2**	**3**	**16**	**99**		
南明区										
云岩区										
花溪区	1	37		21			2	14		
乌当区	1	22		17				5		
白云区	1	1		1						
观山湖区		29		20			2	7		
开阳县	25	359	8	308			5	38		
息烽县	12	269	12	232	1	3	4	17		
修文县	11	249	3	231	1		2	12		
清镇市	2	37		30			1	6		
六盘水市	**26**	**688**	**4**	**511**			**4**	**169**		
钟山区	1	62		42			1	19		
六枝特区	3	33	1	23				9		
水城县	10	379	3	278			3	95		
盘州市	12	214		168				46		
遵义市	**151**	**3577**	**79**	**3047**	**5**	**5**	**59**	**382**		
红花岗区	10	81	1	61			3	16		
汇川区	5	84	1	61			1	21		
播州区	3	147	1	123			1	22		
桐梓县	29	417	21	325		1	14	56		
绥阳县	6	314	6	282	1		3	22		
正安县	13	415	6	338	1	2	7	61		
道真仡佬族苗族自治县	8	282	1	268			2	11		
务川仡佬族苗族自治县	10	328	12	272	1		2	41		
凤冈县	7	316	1	284		1	9	21		
湄潭县	19	349	5	327			5	12		
余庆县	9	266	17	220	2		1	26		
习水县	30	465	6	400		1	9	49		
赤水市		56	1	38			1	16		
仁怀市	2	57		48			1	8		
安顺市	**36**	**1213**	**27**	**984**	**4**	**4**	**28**	**166**		
西秀区	4	77		58				19		
平坝区	4	93		75	1	1	4	12		
普定县	6	251	3	227		1	8	12		
镇宁布依族苗族自治县	4	278	9	237		1	5	26		
关岭布依族苗族自治县	11	269	9	203	3	1	5	48		
紫云苗族布依族自治县	7	245	6	184			6	49		
毕节市	**124**	**4223**	**86**	**3548**	**10**	**6**	**95**	**478**		
七星关区	3	89		57				32		
大方县	14	606	13	524	3	2	13	51		
黔西县	23	548	22	470	1	1	10	44		
金沙县	16	591	4	477	2		14	94		
织金县	30	617	2	559			4	52		
纳雍县	16	582	6	458	2		12	104		
威宁彝族回族苗族自治县	15	765	19	658		3	30	55		
赫章县	7	425	20	345	2		12	46		

4-4b 续表 75 单位：人

地区 性别	娱乐业	公共管理、社会保障和社会组织							国际组织	
		小计	中国共产党机关	国家机构	人民政协、民主党派	社会保障	群众团体、社会团体和其他成员组织	基层群众自治组织	小计	国际组织
铜仁市	**79**	**3060**	**66**	**2712**	**18**	**7**	**102**	**155**		
碧江区		8		5				3		
万山区										
江口县	7	272	9	229	1	2	19	12		
玉屏侗族自治县	7	222	3	200	3	3	1	12		
石阡县	4	396	10	354	2		9	21		
思南县	17	530	10	465	2		35	18		
印江土家族苗族自治县	10	382	17	342	2	2	6	13		
德江县	16	429		399	1		6	23		
沿河土家族自治县	9	394	7	346	5		12	24		
松桃苗族自治县	9	427	10	372	2		14	29		
黔西南布依族苗族自治州	**53**	**1724**	**55**	**1449**	**3**	**5**	**62**	**150**		
兴义市	10	100	3	82			2	13		
兴仁市	1	72	1	60			2	9		
普安县	1	237	11	210	1		6	9		
晴隆县	1	235	6	193	1	1	7	27		
贞丰县	22	294	6	245		2	7	34		
望谟县	10	275	9	239			11	16		
册亨县	2	221	5	187	1	2	13	13		
安龙县	6	290	14	233			14	29		
黔东南苗族侗族自治州	**108**	**3545**	**106**	**3049**	**24**	**3**	**52**	**311**		
凯里市	3	53	2	43				8		
黄平县	8	244	16	189	6	1	5	27		
施秉县	2	155	4	142	2		3	4		
三穗县	8	216	1	185	1		3	26		
镇远县	5	237	15	200	2	1	3	16		
岑巩县	7	229	9	196		1	10	13		
天柱县	7	256	2	224	1		5	24		
锦屏县	2	255	7	222	4		4	18		
剑河县	8	264	10	237			1	16		
台江县	3	147	6	130	1		1	9		
黎平县	27	371	6	328	2		5	30		
榕江县	18	259	3	234	3		1	18		
从江县	3	263	8	201			2	52		
雷山县	3	201	12	172			4	13		
麻江县	1	188	5	170	2		2	9		
丹寨县	3	207		176			3	28		
黔南布依族苗族自治州	**123**	**3185**	**53**	**2804**	**19**	**4**	**40**	**265**		
都匀市	1	29		23			2	4		
福泉市		42		39				3		
荔波县	3	288	11	259	3	1	4	10		
贵定县	7	335		302		1	2	30		
瓮安县	22	442		410			2	30		
独山县	9	282	8	252	1	2	2	17		
平塘县	2	226		200	4		3	19		
罗甸县	23	343	5	303			7	28		
长顺县	5	231	7	181	1		3	39		
龙里县	24	260	5	230	4		2	19		
惠水县	22	373	5	334	2		9	23		
三都水族自治县	5	334	12	271	4		4	43		

4-4b　续表 76

单位：人

地区 性别	娱乐业	公共管理、社会保障和社会组织							国际组织	
		小计	中国共产党机关	国家机构	人民政协、民主党派	社会保障	群众团体、社会团体和其他成员组织	基层群众自治组织	小计	国际组织
女	**667**	**11131**	**204**	**9001**	**31**	**50**	**344**	**1501**	**1**	**1**
贵　州	**667**	**11131**	**204**	**9001**	**31**	**50**	**344**	**1501**	**1**	**1**
贵阳市	**54**	**632**	**18**	**499**	**5**	**3**	**16**	**91**		
南明区										
云岩区										
花溪区		22	1	18			3			
乌当区	2	17		14				3		
白云区		1		1						
观山湖区	1	26	2	16			2	6		
开阳县	18	203	5	152	1	2	4	39		
息烽县	16	179	6	145	2	1	2	23		
修文县	15	155	2	136	2		1	14		
清镇市	2	29	2	17			4	6		
六盘水市	**28**	**511**	**6**	**293**		**1**	**3**	**208**		
钟山区	5	66		43				23		
六枝特区	1	25		17				8		
水城县	11	303	6	182		1	3	111		
盘州市	11	117		51				66		
遵义市	**165**	**1840**	**24**	**1507**	**2**	**6**	**40**	**261**		
红花岗区	3	40		32			1	7		
汇川区	4	49		40			3	6		
播州区	6	80		73				7		
桐梓县	24	171	5	145			3	18		
绥阳县	13	166	1	149			1	15		
正安县	17	262	1	155	1	1	2	102		
道真仡佬族苗族自治县	10	125	1	115	1		2	6		
务川仡佬族苗族自治县	10	176	3	142			1	30		
凤冈县	9	171	5	153		2	5	6		
湄潭县	30	178		163		1	7	7		
余庆县	5	129	3	107		1	3	15		
习水县	28	237	5	195		1	11	25		
赤水市	3	32		20			1	11		
仁怀市	3	24		18				6		
安顺市	**40**	**678**	**19**	**508**	**3**	**4**	**23**	**121**		
西秀区	5	37		30			1	6		
平坝区	4	45	2	31		1	3	8		
普定县	8	115	2	100			4	9		
镇宁布依族苗族自治县	11	145	8	119	2	3	3	10		
关岭布依族苗族自治县	5	189	4	133			1	51		
紫云苗族布依族自治县	7	147	3	95	1		11	37		
毕节市	**89**	**2007**	**32**	**1604**	**4**	**18**	**49**	**300**		
七星关区	2	38		26		2		10		
大方县	8	304	9	238	1	6	8	42		
黔西县	27	300	8	250		2	6	34		
金沙县	11	302	1	230			7	64		
织金县	23	290	1	261		1	4	23		
纳雍县	7	258	2	184		1	6	65		
威宁彝族回族苗族自治县	8	291	4	240	2	5	13	27		
赫章县	3	224	7	175	1	1	5	35		

4-4b 续表 77

单位：人

地区 性别	娱乐业	公共管理、社会保障和社会组织 小计	中国共产党机关	国家机构	人民政协、民主党派	社会保障	群众团体、社会团体和其他成员组织	基层群众自治组织	国际组织 小计	国际组织
铜仁市	**61**	**1277**	**26**	**1088**	**4**	**4**	**86**	**69**		
碧江区		2		2						
万山区										
江口县	5	104	3	88			11	2		
玉屏侗族自治县	6	128	1	105	1		8	13		
石阡县	5	151	3	136			8	4		
思南县	12	215	10	177		1	15	12		
印江土家族苗族自治县	8	148	4	134			6	4		
德江县	10	148	1	128	1	2	3	13		
沿河土家族自治县	7	188	2	160	2	1	13	10		
松桃苗族自治县	8	193	2	158			22	11		
黔西南布依族苗族自治州	**36**	**826**	**21**	**672**	**2**	**7**	**39**	**85**		
兴义市	5	51		40			2	9		
兴仁市	3	19		16			1	2		
普安县	1	107	3	96	1	1	3	3		
晴隆县	1	121	9	98		1	4	9		
贞丰县	10	137	1	94		1	5	36		
望谟县	6	108	1	97		1	2	7		
册亨县	2	123	1	103		1	14	4		
安龙县	8	160	6	128	1	2	8	15		
黔东南苗族侗族自治州	**79**	**1662**	**31**	**1393**	**2**	**6**	**58**	**172**		
凯里市	4	20		16				4		
黄平县	4	124	9	82		1	4	28		
施秉县	3	82	1	76		1	3	1		
三穗县	7	106		94			2	10		
镇远县	6	114	3	99		1	2	9		
岑巩县	6	106	2	80			19	5		
天柱县	3	95	1	84			1	9		
锦屏县	3	114		99		1	4	10		
剑河县	4	124	3	111			3	7		
台江县		50	1	40			3	6		
黎平县	19	172	1	148	1		5	17		
榕江县	8	141		129		1	2	9		
从江县	2	134	3	103	1		1	26		
雷山县	4	72	5	61			4	2		
麻江县	4	105	2	84		1	2	16		
丹寨县	2	103		87			3	13		
黔南布依族苗族自治州	**115**	**1698**	**27**	**1437**	**9**	**1**	**30**	**194**	**1**	**1**
都匀市	7	25		19				6		
福泉市	6	28		26				2		
荔波县	12	164	3	134	1		2	24		
贵定县	9	166		143	2	1	8	12		
瓮安县	21	248	1	205	1		1	40		
独山县	6	141	2	119			2	18		
平塘县	8	119	1	107	1		4	6		
罗甸县	7	146	1	131	2		3	9		
长顺县	4	113	7	80	1		2	23	1	1
龙里县	24	198	4	169			3	22		
惠水县	7	164	1	147			4	12		
三都水族自治县	4	186	7	157	1		1	20		

4-4c　各地区分性别、行业大类的就业人口(乡村)

单位：人

地区 性别	合计	农、林、牧、渔业						采矿业	
		小计	农业	林业	畜牧业	渔业	农、林、牧、渔专业及辅助性活动	小计	煤炭开采和洗选业
贵　州	**708682**	**335714**	**270211**	**4656**	**56641**	**1023**	**3183**	**13919**	**10910**
贵阳市	**53449**	**20347**	**17811**	**125**	**2215**	**105**	**91**	**608**	**126**
南明区	2765	494	491		1		2	20	
云岩区									
花溪区	7820	1680	1547	25	53	48	7	28	1
乌当区	4953	1170	1035	29	89	6	11	22	
白云区	1594	357	315	5	31	1	5	22	
观山湖区	3721	525	480	6	26	8	5	20	3
开阳县	8082	5179	4655	6	496	12	10	92	3
息烽县	6224	3507	2978	12	495	10	12	39	21
修文县	7718	3483	2996	16	448	13	10	108	53
清镇市	10572	3952	3314	26	576	7	29	257	45
六盘水市	**64372**	**26202**	**19513**	**210**	**6356**	**45**	**78**	**5168**	**4928**
钟山区	2458	983	880	2	100		1	132	119
六枝特区	11162	4636	3413	43	1143	17	20	272	243
水城县	21156	8789	6420	79	2259	12	19	1032	948
盘州市	29596	11794	8800	86	2854	16	38	3732	3618
遵义市	**116539**	**60343**	**46315**	**733**	**11325**	**157**	**1813**	**1111**	**654**
红花岗区	7124	3132	2664	19	392	18	39	19	1
汇川区	5409	2643	1989	1	626	4	23	59	48
播州区	16338	7944	6706	11	1169	17	41	224	122
桐梓县	10916	5690	4371	97	1202	12	8	147	133
绥阳县	8030	4617	3269	5	1334	8	1	39	12
正安县	9848	5304	4414	26	848	8	8	72	26
道真仡佬族苗族自治县	4172	2250	1832	16	390	5	7	11	1
务川仡佬族苗族自治县	5000	2736	2115	6	584	10	21	127	51
凤冈县	7059	4545	3738	11	707	13	76	10	1
湄潭县	8330	5220	3354	17	333	7	1509	9	
余庆县	5718	3655	3100	10	526	17	2	26	
习水县	11604	4867	3276	23	1501	8	59	238	229
赤水市	5426	2964	2140	486	302	27	9	87	1
仁怀市	11565	4776	3347	5	1411	3	10	43	29
安顺市	**53125**	**23779**	**21427**	**141**	**2050**	**58**	**103**	**667**	**523**
西秀区	14693	6458	6196	31	201	4	26	229	193
平坝区	7186	3059	2896	19	131	5	8	150	116
普定县	9926	4397	3830	13	531	6	17	185	156
镇宁布依族苗族自治县	8403	4468	4226	15	185	26	16	11	4
关岭布依族苗族自治县	6950	3018	2305	19	669	5	20	71	53
紫云苗族布依族自治县	5967	2379	1974	44	333	12	16	21	1
毕节市	**142960**	**78949**	**59922**	**531**	**18054**	**101**	**341**	**4116**	**3643**
七星关区	17320	8736	6876	23	1770	15	52	91	21
大方县	17388	8691	6601	54	2001	20	15	547	514
黔西县	14178	7579	5371	46	2114	17	31	687	652
金沙县	10267	4512	3766	8	708	8	22	1383	1358
织金县	16479	8370	5261	77	2944	23	65	824	686
纳雍县	14260	7155	5464	80	1520	10	81	249	205
威宁彝族回族苗族自治县	35521	24999	19957	124	4865	3	50	159	88
赫章县	17547	8907	6626	119	2132	5	25	176	119

4-4c 续表 1

单位：人

地区 性别	合计	农、林、牧、渔业						采矿业	
		小计	农业	林业	畜牧业	渔业	农、林、牧、渔专业及辅助性活动	小计	煤炭开采和洗选业
铜仁市	**62767**	**25666**	**21329**	**282**	**3814**	**96**	**145**	**318**	**8**
碧江区	2761	725	642	6	64	4	9	11	1
万山区	3193	1131	1005	1	120	1	4	55	
江口县	3958	1318	1146	23	120	13	16	8	
玉屏侗族自治县	2799	793	622	10	139	3	19	30	
石阡县	8592	4122	3542	40	517	12	11	13	1
思南县	10227	4976	3954	54	928	13	27	21	1
印江土家族苗族自治县	5296	2069	1839	46	171	12	1	18	1
德江县	7883	4030	3039	28	926	19	18	17	
沿河土家族自治县	8668	3444	2844	48	535	7	10	15	
松桃苗族自治县	9390	3058	2696	26	294	12	30	130	4
黔西南布依族苗族自治州	**68216**	**34159**	**26942**	**680**	**6266**	**111**	**160**	**1026**	**840**
兴义市	15535	6883	5834	178	840	25	6	91	78
兴仁市	10966	6570	5611	13	926	8	12	240	220
普安县	6878	3708	2769	39	857	15	28	345	332
晴隆县	5953	2354	1657	48	607	8	34	139	126
贞丰县	8256	4584	3605	11	934	18	16	70	22
望谟县	5541	2037	1605	102	305	10	15	11	1
册亨县	5298	2626	1868	247	462	12	37	7	
安龙县	9789	5397	3993	42	1335	15	12	123	61
黔东南苗族侗族自治州	**75620**	**32328**	**27084**	**1455**	**3409**	**189**	**191**	**264**	**13**
凯里市	7265	2779	2482	27	252	12	6	52	3
黄平县	5615	2976	2674	15	262	16	9	14	
施秉县	3598	2351	2237	17	86	5	6	10	
三穗县	3408	1300	1007	21	250	6	16	6	
镇远县	3179	1406	1116	23	245	7	15	20	2
岑巩县	3218	1076	867	67	124	8	10	2	
天柱县	5576	2354	1980	25	328	14	7	72	
锦屏县	2897	894	691	77	103	18	5	15	1
剑河县	3814	1565	1334	61	147	18	5	10	
台江县	2930	1010	833	60	92	6	19	2	
黎平县	8402	3568	2901	440	207	11	9	5	
榕江县	6899	2286	1838	171	208	13	56	16	2
从江县	7849	3149	2391	341	372	36	9	12	1
雷山县	3017	1348	1023	72	245	3	5	5	
麻江县	3756	2091	1882	7	186	4	12	10	1
丹寨县	4197	2175	1828	31	302	12	2	13	3
黔南布依族苗族自治州	**71634**	**33941**	**29868**	**499**	**3152**	**161**	**261**	**641**	**175**
都匀市	9292	4168	3843	22	285	7	11	44	1
福泉市	6842	3127	2643	26	431	6	21	153	68
荔波县	4204	1659	1200	67	244	16	132	56	51
贵定县	5548	2957	2767	19	165	5	1	93	20
瓮安县	5678	2656	2300	6	315	32	3	133	24
独山县	5587	2436	2251	70	107	6	2	26	1
平塘县	6400	3227	2882	20	318	2	5	29	6
罗甸县	4693	2488	1846	139	440	22	41	21	
长顺县	3978	1433	1170	10	234	7	12	14	1
龙里县	4084	1264	1022	11	211	8	12	12	1
惠水县	7636	3712	3476	20	161	35	20	42	
三都水族自治县	7692	4814	4468	89	241	15	1	18	2

4-4c　续表 2

单位：人

地区 性别	合计	农、林、牧、渔业						采矿业	
		小计	农业	林业	畜牧业	渔业	农、林、牧、渔专业及辅助性活动	小计	煤炭开采和洗选业
男	**422696**	**167410**	**130861**	**3552**	**30383**	**771**	**1843**	**12365**	**9773**
贵　州	**422696**	**167410**	**130861**	**3552**	**30383**	**771**	**1843**	**12365**	**9773**
贵阳市	**32970**	**10745**	**9230**	**94**	**1290**	**74**	**57**	**497**	**110**
南明区	1738	254	252		1		1	14	
云岩区									
花溪区	4927	969	871	22	36	35	5	26	1
乌当区	3019	657	563	22	61	3	8	18	
白云区	988	178	155	3	18		2	21	
观山湖区	2371	279	253	3	13	6	4	17	3
开阳县	4845	2789	2472	5	297	10	5	81	3
息烽县	3635	1721	1423	11	274	6	7	34	17
修文县	4754	1812	1514	12	270	9	7	94	47
清镇市	6693	2086	1727	16	320	5	18	192	39
六盘水市	**39005**	**12485**	**9013**	**155**	**3231**	**32**	**54**	**4650**	**4437**
钟山区	1532	499	431	2	65		1	122	111
六枝特区	6728	2256	1587	30	618	9	12	244	215
水城县	12902	4324	3047	58	1196	10	13	940	869
盘州市	17843	5406	3948	65	1352	13	28	3344	3242
遵义市	**68496**	**29506**	**22036**	**537**	**5939**	**125**	**869**	**966**	**581**
红花岗区	4247	1584	1336	9	207	13	19	12	1
汇川区	3301	1327	983	1	326	4	13	52	43
播州区	9619	3782	3088	7	644	14	29	182	98
桐梓县	6528	2767	2033	76	644	9	5	140	126
绥阳县	4575	2306	1617	4	678	6	1	37	11
正安县	5592	2542	2045	22	462	6	7	62	21
道真仡佬族苗族自治县	2434	1105	888	14	194	3	6	9	1
务川仡佬族苗族自治县	2911	1343	986	5	332	9	11	114	51
凤冈县	3986	2230	1798	9	375	11	37	10	1
湄潭县	4577	2519	1624	12	177	6	700	8	
余庆县	3116	1762	1490	9	249	13	1	19	
习水县	7147	2308	1492	18	764	7	27	207	200
赤水市	3164	1513	1010	346	130	21	6	75	1
仁怀市	7299	2418	1646	5	757	3	7	39	27
安顺市	**31597**	**12003**	**10585**	**115**	**1187**	**42**	**74**	**608**	**486**
西秀区	8557	3200	3043	28	107	1	21	202	171
平坝区	4294	1523	1422	17	78	2	4	142	113
普定县	5946	2172	1840	12	303	5	12	169	146
镇宁布依族苗族自治县	4926	2344	2189	11	113	20	11	10	4
关岭布依族苗族自治县	4227	1541	1132	9	383	4	13	66	51
紫云苗族布依族自治县	3647	1223	959	38	203	10	13	19	1
毕节市	**85079**	**40109**	**29617**	**449**	**9729**	**80**	**234**	**3652**	**3213**
七星关区	10465	4429	3391	19	980	13	26	85	20
大方县	10509	4399	3237	48	1085	17	12	469	439
黔西县	8771	3989	2742	40	1173	11	23	620	587
金沙县	6587	2360	1931	4	408	6	11	1211	1186
织金县	9939	4190	2488	68	1555	18	61	724	603
纳雍县	8415	3585	2640	68	826	8	43	226	186
威宁彝族回族苗族自治县	20233	12792	10131	98	2523	3	37	152	82
赫章县	10160	4365	3057	104	1179	4	21	165	110

4−4c 续表 3

单位：人

地 区 性 别	合计	农、林、牧、渔业						采矿业	
		小计	农业	林业	畜牧业	渔业	农、林、牧、渔专业及辅助性活动	小计	煤炭开采和洗选业
铜仁市	**37755**	**12646**	**10241**	**213**	**2018**	**79**	**95**	**274**	**7**
碧江区	1757	424	370	4	40	3	7	11	1
万山区	2000	603	532		68	1	2	44	
江口县	2518	749	630	22	75	11	11	8	
玉屏侗族自治县	1764	428	317	8	89	3	11	26	
石阡县	4926	1895	1595	30	254	11	5	12	1
思南县	5783	2314	1820	38	429	11	16	16	1
印江土家族苗族自治县	3265	1030	889	37	94	9	1	16	1
德江县	4504	1929	1394	23	485	16	11	15	
沿河土家族自治县	5019	1549	1205	32	300	5	7	13	
松桃苗族自治县	6219	1725	1489	19	184	9	24	113	3
黔西南布依族苗族自治州	**38904**	**16478**	**12585**	**437**	**3272**	**74**	**110**	**930**	**769**
兴义市	8989	3313	2709	114	468	17	5	84	72
兴仁市	6113	3170	2657	11	488	7	7	219	202
普安县	3993	1797	1280	34	447	12	24	311	299
晴隆县	3483	1132	763	35	304	6	24	128	117
贞丰县	4546	2170	1691	9	453	10	7	63	21
望谟县	3244	973	731	69	160	7	6	10	
册亨县	2943	1321	891	148	249	6	27	5	
安龙县	5593	2602	1863	17	703	9	10	110	58
黔东南苗族侗族自治州	**46152**	**16545**	**13244**	**1131**	**1908**	**140**	**122**	**228**	**12**
凯里市	4559	1429	1247	20	146	10	6	43	3
黄平县	3328	1550	1372	12	150	10	6	12	
施秉县	2070	1232	1171	11	43	5	2	9	
三穗县	2098	685	508	18	143	6	10	6	
镇远县	2044	766	587	21	145	7	6	20	2
岑巩县	1997	566	427	49	78	4	8	2	
天柱县	3401	1185	967	24	177	11	6	58	
锦屏县	1841	458	316	71	55	14	2	13	1
剑河县	2324	803	648	51	90	11	3	8	
台江县	1778	506	380	46	61	5	14	2	
黎平县	5103	1916	1444	331	128	8	5	5	
榕江县	4274	1103	801	133	124	10	35	16	2
从江县	4862	1580	1090	261	198	25	6	11	
雷山县	1898	702	523	54	117	3	5	3	
麻江县	2154	1002	876	4	113	2	7	8	1
丹寨县	2421	1062	887	25	140	9	1	12	3
黔南布依族苗族自治州	**42738**	**16893**	**14310**	**421**	**1809**	**125**	**228**	**560**	**158**
都匀市	5500	2057	1866	18	157	7	9	38	1
福泉市	4264	1572	1292	24	239	4	13	128	58
荔波县	2584	851	539	48	128	12	124	50	47
贵定县	3283	1468	1348	16	98	5	1	83	19
瓮安县	3538	1397	1178	5	190	21	3	121	23
独山县	3299	1213	1071	61	73	6	2	22	1
平塘县	3613	1495	1305	15	170	1	4	26	5
罗甸县	2750	1263	842	118	248	18	37	16	
长顺县	2436	719	552	10	140	6	11	12	1
龙里县	2655	674	531	11	118	6	8	11	1
惠水县	4564	1862	1701	15	104	26	16	35	
三都水族自治县	4252	2322	2085	80	144	13		18	2

4–4c　续表 4

单位：人

地区 性别	合计	农、林、牧、渔业						采矿业	
		小计	农业	林业	畜牧业	渔业	农、林、牧、渔专业及辅助性活动	小计	煤炭开采和洗选业
女	**285986**	**168304**	**139350**	**1104**	**26258**	**252**	**1340**	**1554**	**1137**
贵　州	**285986**	**168304**	**139350**	**1104**	**26258**	**252**	**1340**	**1554**	**1137**
贵阳市	**20479**	**9602**	**8581**	**31**	**925**	**31**	**34**	**111**	**16**
南明区	1027	240	239				1	6	
云岩区									
花溪区	2893	711	676	3	17	13	2	2	
乌当区	1934	513	472	7	28	3	3	4	
白云区	606	179	160	2	13	1	3	1	
观山湖区	1350	246	227	3	13	2	1	3	
开阳县	3237	2390	2183	1	199	2	5	11	
息烽县	2589	1786	1555	1	221	4	5	5	4
修文县	2964	1671	1482	4	178	4	3	14	6
清镇市	3879	1866	1587	10	256	2	11	65	6
六盘水市	**25367**	**13717**	**10500**	**55**	**3125**	**13**	**24**	**518**	**491**
钟山区	926	484	449		35			10	8
六枝特区	4434	2380	1826	13	525	8	8	28	28
水城县	8254	4465	3373	21	1063	2	6	92	79
盘州市	11753	6388	4852	21	1502	3	10	388	376
遵义市	**48043**	**30837**	**24279**	**196**	**5386**	**32**	**944**	**145**	**73**
红花岗区	2877	1548	1328	10	185	5	20	7	
汇川区	2108	1316	1006		300		10	7	5
播州区	6719	4162	3618	4	525	3	12	42	24
桐梓县	4388	2923	2338	21	558	3	3	7	7
绥阳县	3455	2311	1652	1	656	2		2	1
正安县	4256	2762	2369	4	386	2	1	10	5
道真仡佬族苗族自治县	1738	1145	944	2	196	2	1	2	
务川仡佬族苗族自治县	2089	1393	1129	1	252	1	10	13	
凤冈县	3073	2315	1940	2	332	2	39		
湄潭县	3753	2701	1730	5	156	1	809	1	
余庆县	2602	1893	1610	1	277	4	1	7	
习水县	4457	2559	1784	5	737	1	32	31	29
赤水市	2262	1451	1130	140	172	6	3	12	
仁怀市	4266	2358	1701		654		3	4	2
安顺市	**21528**	**11776**	**10842**	**26**	**863**	**16**	**29**	**59**	**37**
西秀区	6136	3258	3153	3	94	3	5	27	22
平坝区	2892	1536	1474	2	53	3	4	8	3
普定县	3980	2225	1990	1	228	1	5	16	10
镇宁布依族苗族自治县	3477	2124	2037	4	72	6	5	1	
关岭布依族苗族自治县	2723	1477	1173	10	286	1	7	5	2
紫云苗族布依族自治县	2320	1156	1015	6	130	2	3	2	
毕节市	**57881**	**38840**	**30305**	**82**	**8325**	**21**	**107**	**464**	**430**
七星关区	6855	4307	3485	4	790	2	26	6	1
大方县	6879	4292	3364	6	916	3	3	78	75
黔西县	5407	3590	2629	6	941	6	8	67	65
金沙县	3680	2152	1835	4	300	2	11	172	172
织金县	6540	4180	2773	9	1389	5	4	100	83
纳雍县	5845	3570	2824	12	694	2	38	23	19
威宁彝族回族苗族自治县	15288	12207	9826	26	2342		13	7	6
赫章县	7387	4542	3569	15	953	1	4	11	9

4-4c 续表 5

单位：人

地区 性别	合计	农、林、牧、渔业						采矿业	
		小计	农业	林业	畜牧业	渔业	农、林、牧、渔专业及辅助性活动	小计	煤炭开采和洗选业
铜仁市	**25012**	**13020**	**11088**	**69**	**1796**	**17**	**50**	**44**	**1**
碧江区	1004	301	272	2	24	1	2		
万山区	1193	528	473	1	52		2	11	
江口县	1440	569	516	1	45	2	5		
玉屏侗族自治县	1035	365	305	2	50		8	4	
石阡县	3666	2227	1947	10	263	1	6	1	
思南县	4444	2662	2134	16	499	2	11	5	
印江土家族苗族自治县	2031	1039	950	9	77	3		2	
德江县	3379	2101	1645	5	441	3	7	2	
沿河土家族自治县	3649	1895	1639	16	235	2	3	2	
松桃苗族自治县	3171	1333	1207	7	110	3	6	17	1
黔西南布依族苗族自治州	**29312**	**17681**	**14357**	**243**	**2994**	**37**	**50**	**96**	**71**
兴义市	6546	3570	3125	64	372	8	1	7	6
兴仁市	4853	3400	2954	2	438	1	5	21	18
普安县	2885	1911	1489	5	410	3	4	34	33
晴隆县	2470	1222	894	13	303	2	10	11	9
贞丰县	3710	2414	1914	2	481	8	9	7	1
望谟县	2297	1064	874	33	145	3	9	1	1
册亨县	2355	1305	977	99	213	6	10	2	
安龙县	4196	2795	2130	25	632	6	2	13	3
黔东南苗族侗族自治州	**29468**	**15783**	**13840**	**324**	**1501**	**49**	**69**	**36**	**1**
凯里市	2706	1350	1235	7	106	2		9	
黄平县	2287	1426	1302	3	112	6	3	2	
施秉县	1528	1119	1066	6	43		4	1	
三穗县	1310	615	499	3	107		6		
镇远县	1135	640	529	2	100		9		
岑巩县	1221	510	440	18	46	4	2		
天柱县	2175	1169	1013	1	151	3	1	14	
锦屏县	1056	436	375	6	48	4	3	2	
剑河县	1490	762	686	10	57	7	2	2	
台江县	1152	504	453	14	31	1	5		
黎平县	3299	1652	1457	109	79	3	4		
榕江县	2625	1183	1037	38	84	3	21		
从江县	2987	1569	1301	80	174	11	3	1	1
雷山县	1119	646	500	18	128			2	
麻江县	1602	1089	1006	3	73	2	5	2	
丹寨县	1776	1113	941	6	162	3	1	1	
黔南布依族苗族自治州	**28896**	**17048**	**15558**	**78**	**1343**	**36**	**33**	**81**	**17**
都匀市	3792	2111	1977	4	128		2	6	
福泉市	2578	1555	1351	2	192	2	8	25	10
荔波县	1620	808	661	19	116	4	8	6	4
贵定县	2265	1489	1419	3	67			10	1
瓮安县	2140	1259	1122	1	125	11		12	1
独山县	2288	1223	1180	9	34			4	
平塘县	2787	1732	1577	5	148	1	1	3	1
罗甸县	1943	1225	1004	21	192	4	4	5	
长顺县	1542	714	618		94	1	1	2	
龙里县	1429	590	491		93	2	4	1	
惠水县	3072	1850	1775	5	57	9	4	7	
三都水族自治县	3440	2492	2383	9	97	2	1		

4-4c　续表 6

单位：人

地　区 性　别	采矿业						制造业		
	石油和天然气开采业	黑色金属矿采选业	有色金属矿采选业	非金属矿采选业	开采专业及辅助性活　动	其　他采矿业	小计	农副食品加工业	食　品制造业
贵　州	**106**	**281**	**461**	**1667**	**311**	**183**	**65455**	**4208**	**1602**
贵阳市	**4**	**13**	**167**	**232**	**9**	**57**	**5326**	**414**	**211**
南明区				18	2		104	9	10
云岩区									
花溪区				23	1	3	846	57	22
乌当区			3	18	1		574	89	26
白云区			10	12			294	25	4
观山湖区			1	11	1	4	424	25	10
开阳县	1	1	1	83	2	1	373	29	17
息烽县			1	17			567	59	12
修文县	1	9	3	22	1	19	951	62	59
清镇市	2	3	148	28	1	30	1193	59	51
六盘水市		**7**	**17**	**168**	**28**	**20**	**5591**	**302**	**188**
钟山区				12	1		189	10	1
六枝特区		1	1	18	7	2	1222	82	39
水城县		6	14	41	16	7	2157	79	51
盘州市			2	97	4	11	2023	131	97
遵义市	**83**	**17**	**102**	**194**	**45**	**16**	**10417**	**664**	**265**
红花岗区		12	2	2	2		700	57	21
汇川区		1		8	2		404	36	15
播州区		1	25	70		6	1674	98	34
桐梓县	1	1		11	1		637	34	9
绥阳县			10	17			632	22	22
正安县	33	1		7	5		734	58	21
道真仡佬族苗族自治县			2	7	1		240	40	13
务川仡佬族苗族自治县			62	12		2	257	24	8
凤冈县			1	8			571	45	18
湄潭县				9			643	68	30
余庆县				26			336	30	17
习水县		1		5	1	2	1081	39	22
赤水市	49			1	30	6	479	36	16
仁怀市				11	3		2029	77	19
安顺市	**1**	**4**	**9**	**117**	**8**	**5**	**6357**	**416**	**134**
西秀区				34	2		1530	166	47
平坝区		1	1	29	2	1	820	54	22
普定县			7	18	3	1	1140	66	18
镇宁布依族苗族自治县			1	5	1		1318	44	17
关岭布依族苗族自治县		3		14		1	931	53	7
紫云苗族布依族自治县	1			17		2	618	33	23
毕节市	**3**	**34**	**25**	**216**	**172**	**23**	**10484**	**791**	**257**
七星关区		1		64	2	3	1543	72	32
大方县	2			30	1		1375	150	34
黔西县		1	1	10	17	6	1040	106	43
金沙县		1		17	6	1	731	71	31
织金县		4	14	27	93		1241	113	19
纳雍县	1			12	30	1	1350	96	27
威宁彝族回族苗族自治县		7	9	27	21	7	1821	90	20
赫章县		20	1	29	2	5	1383	93	51

4-4c 续表 7　　　　单位：人

地　区 性　别	采矿业						制造业		
	石油和天然气开采业	黑色金属矿采选业	有色金属矿采选业	非金属矿采选业	开采专业及辅助性活动	其他采矿业	小计	农副食品加工业	食品制造业
铜仁市	**1**	**163**	**4**	**118**	**15**	**9**	**5478**	**470**	**131**
碧江区		2	1	4	1	2	352	31	8
万山区		50		3	1	1	374	21	5
江口县		2		5		1	325	37	6
玉屏侗族自治县		19		9		2	487	55	7
石阡县				10	2		534	35	13
思南县				17	2	1	662	88	21
印江土家族苗族自治县				17			409	30	15
德江县	1	4	1	8	3		621	31	24
沿河土家族自治县			1	14			662	54	15
松桃苗族自治县		86	1	31	6	2	1052	88	17
黔西南布依族苗族自治州	**1**	**2**	**42**	**118**	**11**	**12**	**6442**	**475**	**147**
兴义市				12	1		1320	108	45
兴仁市		2	5	10	3		984	86	21
普安县				8	5		489	28	8
晴隆县			1	5	2	5	642	45	11
贞丰县			26	17		5	892	60	20
望谟县	1			9			691	50	8
册亨县			2	4		1	640	33	5
安龙县			8	53		1	784	65	29
黔东南苗族侗族自治州	**1**	**6**	**28**	**199**	**11**	**6**	**7871**	**341**	**126**
凯里市	1	3	15	24	4	2	753	34	9
黄平县				10	2	2	396	26	1
施秉县			3	5	1	1	186	10	2
三穗县				6			547	22	10
镇远县			6	12			316	15	8
岑巩县				2			384	4	5
天柱县		1	2	69			492	27	12
锦屏县			1	12		1	512	27	3
剑河县				10			399	33	20
台江县				1	1		283	9	7
黎平县				5			1020	25	9
榕江县				13	1		784	35	8
从江县				11			818	26	10
雷山县				5			202	8	4
麻江县		2	1	4	2		297	16	12
丹寨县				10			482	24	6
黔南布依族苗族自治州	**12**	**35**	**67**	**305**	**12**	**35**	**7489**	**335**	**143**
都匀市		4	15	16		8	716	48	18
福泉市	2	6	1	50	6	20	708	28	16
荔波县				5			379	26	12
贵定县	7		39	26	1		456	20	10
瓮安县		1	2	103		3	592	21	11
独山县	1	6	7	9		2	839	41	7
平塘县		2	1	20			557	20	16
罗甸县		3		16	2		543	11	7
长顺县	1			12			492	27	10
龙里县	1	1		5	3	1	541	21	9
惠水县		1		40		1	919	41	23
三都水族自治县		11	2	3			747	31	4

4-4c 续表 8

单位：人

地区 性别	采矿业						制造业		
	石油和天然气开采业	黑色金属矿采选业	有色金属矿采选业	非金属矿采选业	开采专业及辅助性活动	其他采矿业	小计	农副食品加工业	食品制造业
男	**94**	**238**	**373**	**1470**	**271**	**146**	**41774**	**2374**	**789**
贵州	**94**	**238**	**373**	**1470**	**271**	**146**	**41774**	**2374**	**789**
贵阳市	**3**	**11**	**123**	**201**	**6**	**43**	**3702**	**242**	**114**
南明区				13	1		74	5	7
云岩区									
花溪区				21	1	3	580	30	6
乌当区			2	15	1		350	48	11
白云区			10	11			198	14	3
观山湖区			1	11	1	1	340	16	8
开阳县	1	1	1	73	1	1	263	20	7
息烽县			1	16			395	31	6
修文县	1	8	2	19		17	645	42	38
清镇市	1	2	106	22	1	21	857	36	28
六盘水市		**5**	**14**	**149**	**27**	**18**	**3647**	**176**	**91**
钟山区				10	1		145	7	1
六枝特区		1	1	18	7	2	797	53	22
水城县		4	11	34	16	6	1397	47	25
盘州市			2	87	3	10	1308	69	43
遵义市	**75**	**10**	**88**	**166**	**35**	**11**	**6729**	**358**	**124**
红花岗区		5	2	2	2		439	27	12
汇川区		1		6	2		283	20	8
播州区		1	20	59		4	1166	55	20
桐梓县	1	1		11	1		406	22	4
绥阳县			10	16			376	15	12
正安县	31	1		7	2		425	30	10
道真仡佬族苗族自治县			1	6	1		155	19	6
务川仡佬族苗族自治县			54	8		1	158	11	3
凤冈县			1	8			359	26	9
湄潭县				8			385	34	10
余庆县				19			196	17	10
习水县		1		5		1	673	25	6
赤水市	43			1	25	5	291	16	6
仁怀市				10	2		1417	41	8
安顺市	**1**	**4**	**7**	**99**	**7**	**4**	**4030**	**260**	**65**
西秀区				30	1		977	106	26
平坝区		1		25	2	1	508	25	9
普定县			6	14	3		728	47	7
镇宁布依族苗族自治县			1	4	1		805	24	9
关岭布依族苗族自治县		3		11		1	602	33	2
紫云苗族布依族自治县	1			15		2	410	25	12
毕节市	**3**	**31**	**24**	**203**	**156**	**22**	**6699**	**428**	**131**
七星关区		1		59	2	3	1001	42	21
大方县	2			27	1		912	82	17
黔西县		1	1	10	16	5	700	58	24
金沙县		1		17	6	1	465	40	16
织金县		3	14	24	80		800	57	9
纳雍县	1			10	28	1	870	54	14
威宁彝族回族苗族自治县		7	8	27	21	7	1140	48	6
赫章县		18	1	29	2	5	811	47	24

4-4c 续表 9

单位：人

地区 性别	采矿业						制造业		
	石油和天然气开采业	黑色金属矿采选业	有色金属矿采选业	非金属矿采选业	开采专业及辅助性活动	其他采矿业	小计	农副食品加工业	食品制造业
铜仁市	**1**	**139**	**2**	**106**	**11**	**8**	**3370**	**271**	**62**
碧江区		2	1	4	1	2	201	19	3
万山区		39		3	1	1	240	14	4
江口县		2		5		1	213	21	4
玉屏侗族自治县		15		9		2	280	38	1
石阡县				9	2		338	24	8
思南县				14	1		416	48	14
印江土家族苗族自治县				15			243	16	5
德江县	1	4	1	6	3		384	17	6
沿河土家族自治县				13			395	29	6
松桃苗族自治县		77		28	3	2	660	45	11
黔西南布依族苗族自治州	**1**	**2**	**33**	**106**	**10**	**9**	**3972**	**256**	**71**
兴义市				11	1		828	60	23
兴仁市		2	4	8	3		596	51	11
普安县				7	5		313	17	5
晴隆县			1	5	1	4	388	18	5
贞丰县			24	15		3	553	30	11
望谟县	1			9			416	25	3
册亨县			1	3		1	355	19	1
安龙县			3	48		1	523	36	12
黔东南苗族侗族自治州	**1**	**6**	**22**	**174**	**10**	**3**	**4938**	**200**	**54**
凯里市	1	3	10	21	4	1	537	21	4
黄平县				9	2	1	244	15	
施秉县			3	5	1		107	6	1
三穗县				6			340	9	2
镇远县			6	12			203	8	4
岑巩县				2			218	3	2
天柱县		1	1	56			327	16	6
锦屏县			1	10		1	354	20	1
剑河县				8			234	14	11
台江县				1	1		145	4	2
黎平县				5			614	17	5
榕江县				13	1		462	21	3
从江县				11			535	17	5
雷山县				3			144	7	2
麻江县		2	1	3	1		177	10	4
丹寨县				9			297	12	2
黔南布依族苗族自治州	**9**	**30**	**60**	**266**	**9**	**28**	**4687**	**183**	**77**
都匀市		3	12	15		7	474	26	12
福泉市	1	5		45	3	16	488	14	9
荔波县				3			253	16	5
贵定县	6		36	21	1		270	11	5
瓮安县		1	2	92		3	402	12	7
独山县	1	4	7	8		1	476	22	2
平塘县		2	1	18			324	10	6
罗甸县		2		12	2		313	5	4
长顺县	1			10			288	14	6
龙里县		1		5	3	1	352	14	5
惠水县		1		34			597	22	15
三都水族自治县		11	2	3			450	17	1

4-4c　续表 10　　　　单位：人

地　区 性　别	采矿业						制造业		
	石油和天然气开采业	黑色金属矿采选业	有色金属矿采选业	非金属矿采选业	开采专业及辅助性活　动	其　他采矿业	小计	农副食品加工业	食　品制造业
女	**12**	**43**	**88**	**197**	**40**	**37**	**23681**	**1834**	**813**
贵　州	**12**	**43**	**88**	**197**	**40**	**37**	**23681**	**1834**	**813**
贵阳市	**1**	**2**	**44**	**31**	**3**	**14**	**1624**	**172**	**97**
南明区				5	1		30	4	3
云岩区									
花溪区				2			266	27	16
乌当区			1	3			224	41	15
白云区				1			96	11	1
观山湖区						3	84	9	2
开阳县				10	1		110	9	10
息烽县				1			172	28	6
修文县		1	1	3	1	2	306	20	21
清镇市	1	1	42	6		9	336	23	23
六盘水市		**2**	**3**	**19**	**1**	**2**	**1944**	**126**	**97**
钟山区				2			44	3	
六枝特区							425	29	17
水城县		2	3	7		1	760	32	26
盘州市				10	1	1	715	62	54
遵义市	**8**	**7**	**14**	**28**	**10**	**5**	**3688**	**306**	**141**
红花岗区		7					261	30	9
汇川区				2			121	16	7
播州区			5	11		2	508	43	14
桐梓县							231	12	5
绥阳县				1			256	7	10
正安县	2				3		309	28	11
道真仡佬族苗族自治县			1	1			85	21	7
务川仡佬族苗族自治县			8	4		1	99	13	5
凤冈县							212	19	9
湄潭县				1			258	34	20
余庆县				7			140	13	7
习水县					1	1	408	14	16
赤水市	6				5	1	188	20	10
仁怀市				1	1		612	36	11
安顺市			**2**	**18**	**1**	**1**	**2327**	**156**	**69**
西秀区				4	1		553	60	21
平坝区			1	4			312	29	13
普定县			1	4		1	412	19	11
镇宁布依族苗族自治县				1			513	20	8
关岭布依族苗族自治县				3			329	20	5
紫云苗族布依族自治县				2			208	8	11
毕节市		**3**	**1**	**13**	**16**	**1**	**3785**	**363**	**126**
七星关区				5			542	30	11
大方县				3			463	68	17
黔西县					1	1	340	48	19
金沙县							266	31	15
织金县		1		3	13		441	56	10
纳雍县				2	2		480	42	13
威宁彝族回族苗族自治县			1				681	42	14
赫章县		2					572	46	27

4-4c 续表 11 单位：人

地　区 性　别	采矿业						制造业		
	石油和天然气开采业	黑色金属矿采选业	有色金属矿采选业	非金属矿采选业	开采专业及辅助性活　动	其　他采矿业	小计	农副食品加工业	食　品制造业
铜仁市		**24**	**2**	**12**	**4**	**1**	**2108**	**199**	**69**
碧江区							151	12	5
万山区		11					134	7	1
江口县							112	16	2
玉屏侗族自治县		4					207	17	6
石阡县				1			196	11	5
思南县				3	1	1	246	40	7
印江土家族苗族自治县				2			166	14	10
德江县				2			237	14	18
沿河土家族自治县			1	1			267	25	9
松桃苗族自治县		9	1	3	3		392	43	6
黔西南布依族苗族自治州			**9**	**12**	**1**	**3**	**2470**	**219**	**76**
兴义市				1			492	48	22
兴仁市			1	2			388	35	10
普安县				1			176	11	3
晴隆县					1	1	254	27	6
贞丰县			2	2		2	339	30	9
望谟县							275	25	5
册亨县			1	1			285	14	4
安龙县			5	5			261	29	17
黔东南苗族侗族自治州			**6**	**25**	**1**	**3**	**2933**	**141**	**72**
凯里市			5	3		1	216	13	5
黄平县				1		1	152	11	1
施秉县						1	79	4	1
三穗县							207	13	8
镇远县							113	7	4
岑巩县							166	1	3
天柱县			1	13			165	11	6
锦屏县				2			158	7	2
剑河县				2			165	19	9
台江县							138	5	5
黎平县							406	8	4
榕江县							322	14	5
从江县							283	9	5
雷山县				2			58	1	2
麻江县				1	1		120	6	8
丹寨县				1			185	12	4
黔南布依族苗族自治州	**3**	**5**	**7**	**39**	**3**	**7**	**2802**	**152**	**66**
都匀市		1	3	1		1	242	22	6
福泉市	1	1	1	5	3	4	220	14	7
荔波县				2			126	10	7
贵定县	1		3	5			186	9	5
瓮安县				11			190	9	4
独山县		2		1		1	363	19	5
平塘县				2			233	10	10
罗甸县		1		4			230	6	3
长顺县				2			204	13	4
龙里县	1						189	7	4
惠水县				6		1	322	19	8
三都水族自治县							297	14	3

4-4c 续表 12

单位：人

地区 性别	制造业								
	酒、饮料和精制茶制造业	烟草制品业	纺织业	纺织服装、服饰业	皮革、毛皮、羽毛及其制品和制鞋业	木材加工和木、竹、藤、棕、草制品业	家具制造业	造纸和纸制品业	印刷和记录媒介复制业
贵州	**4036**	**251**	**2116**	**3694**	**3513**	**3888**	**2307**	**1119**	**320**
贵阳市	**215**	**15**	**72**	**78**	**77**	**127**	**132**	**137**	**53**
南明区	2	5		2	1	1	8	2	2
云岩区									
花溪区	30	7	16	5	12	35	41	22	3
乌当区	18		11	10	5	5	14	32	18
白云区	11		3		1	14	1	4	17
观山湖区	8	1	9		14	11	10		2
开阳县	30		2	12	13	14	12	6	3
息烽县	16	1	10	19	10	10	6	3	2
修文县	63		11	10	5	19	20	61	3
清镇市	37	1	10	20	16	18	20	7	3
六盘水市	**190**	**14**	**350**	**300**	**395**	**263**	**159**	**59**	**15**
钟山区	4		13	2	5	2			
六枝特区	35	3	95	61	87	69	42	12	3
水城县	43	4	118	170	205	111	51	24	7
盘州市	108	7	124	67	98	81	66	23	5
遵义市	**2328**	**38**	**195**	**407**	**426**	**386**	**428**	**344**	**82**
红花岗区	19	1	25	14	6	29	25	82	8
汇川区	18	5	9	7	17	14	10	14	3
播州区	141	7	21	37	51	31	71	79	17
桐梓县	28		40	46	52	18	24	6	2
绥阳县	18		21	53	29	31	28	15	1
正安县	65	1	7	21	26	34	25	7	3
道真仡佬族苗族自治县	10	1	8	6	4	14	13	3	1
务川仡佬族苗族自治县	13	3	1	23	17	13	10	5	2
凤冈县	42	2	18	53	23	25	23	9	1
湄潭县	65	17	13	13	27	31	13	26	7
余庆县	30		3	19	21	19	16	8	2
习水县	399		15	65	86	17	20	41	2
赤水市	28		4	10	9	86	130	16	
仁怀市	1452	1	10	40	58	24	20	33	33
安顺市	**152**	**8**	**273**	**426**	**350**	**270**	**235**	**81**	**22**
西秀区	40	4	47	74	57	49	35	15	6
平坝区	32		12	14	20	52	11	6	1
普定县	22	3	82	81	98	60	34	12	6
镇宁布依族苗族自治县	19		70	153	81	47	84	26	5
关岭布依族苗族自治县	15		44	83	78	25	25	10	4
紫云苗族布依族自治县	24	1	18	21	16	37	46	12	
毕节市	**479**	**41**	**417**	**564**	**883**	**395**	**341**	**97**	**37**
七星关区	60	17	34	92	186	70	65	24	7
大方县	84	3	50	71	60	55	40	4	7
黔西县	51	2	32	61	87	21	40	9	3
金沙县	107	4	15	23	62	28	10	8	2
织金县	56	5	86	117	93	73	60	8	4
纳雍县	51	2	66	54	100	64	38	21	7
威宁彝族回族苗族自治县	39	7	67	57	164	62	33	11	4
赫章县	31	1	67	89	131	22	55	12	3

4-4c 续表 13

单位：人

地区 性别	制造业								
	酒、饮料和精制茶制造业	烟草制品业	纺织业	纺织服装、服饰业	皮革、毛皮、羽毛及其制品和制鞋业	木材加工和木、竹、藤、棕、草制品业	家具制造业	造纸和纸制品业	印刷和记录媒介复制业
铜仁市	**218**	**32**	**167**	**436**	**331**	**303**	**152**	**45**	**19**
碧江区	4	4	7	19	67	10	6	7	1
万山区	2	1	13	32	35	11	6	4	1
江口县	23		6	21	44	20	9	2	1
玉屏侗族自治县	5		10	27	23	19	4	4	
石阡县	21	1	26	48	16	15	36	1	
思南县	43	4	28	40	15	60	9	3	4
印江土家族苗族自治县	36	6	9	24	29	21	13	1	
德江县	25		14	26	22	50	24	8	3
沿河土家族自治县	38	6	18	79	44	28	21	10	3
松桃苗族自治县	21	10	36	120	36	69	24	5	6
黔西南布依族苗族自治州	**149**	**71**	**182**	**423**	**397**	**454**	**290**	**82**	**23**
兴义市	44	27	27	37	39	95	75	24	6
兴仁市	23	26	27	83	67	51	41	10	2
普安县	19		35	29	39	41	12	13	1
晴隆县	18	4	17	67	85	25	27	2	2
贞丰县	23	3	33	72	26	54	42	13	7
望谟县	4	1	12	47	70	37	27	8	3
册亨县	2		19	62	44	106	26	3	1
安龙县	16	10	12	26	27	45	40	9	1
黔东南苗族侗族自治州	**115**	**16**	**199**	**537**	**415**	**1228**	**309**	**109**	**39**
凯里市	9	2	11	25	22	23	24	6	1
黄平县	11		15	40	17	21	14	15	1
施秉县	7	8	3	11	8	7	6		
三穗县	2	1	10	77	40	81	27	11	1
镇远县	15		5	15	13	26	2	7	4
岑巩县	2	1	3	25	16	24	5	11	2
天柱县	7	1	13	25	75	62	22	4	1
锦屏县	4		7	13	33	120	20	6	4
剑河县	3	1	10	18	11	99	14	9	9
台江县	4		4	26	4	24	13	4	
黎平县	13	1	24	70	59	228	55	8	6
榕江县	7		19	58	62	251	24	3	1
从江县	9		30	40	25	168	25	3	3
雷山县	7		6	24	8	23	9	5	1
麻江县	6	1	9	18	8	16	22	3	2
丹寨县	9		30	52	14	55	27	14	3
黔南布依族苗族自治州	**190**	**16**	**261**	**523**	**239**	**462**	**261**	**165**	**30**
都匀市	15		37	19	7	31	25	8	2
福泉市	10		30	29	17	14	10	21	3
荔波县	3		25	11	11	60	13	2	2
贵定县	11	12	26	58	39	23	16	8	
瓮安县	12	1	7	48	28	14	4	5	3
独山县	8	1	18	49	18	25	36	6	3
平塘县	9	1	28	45	13	47	26	23	5
罗甸县	7		27	22	27	27	9	6	2
长顺县	18		9	21	9	18	19	13	
龙里县	47		8	39	42	41	16	56	2
惠水县	38	1	13	70	24	37	25	10	3
三都水族自治县	12		33	112	4	125	62	7	5

4-4c　续表 14　　　　单位：人

地　区 性　别	制造业								
	酒、饮料和精制茶制造业	烟　草制品业	纺织业	纺织服装、服饰业	皮革、毛皮、羽毛及其制品和制鞋业	木材加工和木、竹、藤、棕、草制品业	家　具制造业	造纸和纸制品业	印刷和记录媒介复制业
男	**2660**	**151**	**1060**	**1576**	**1992**	**2792**	**1680**	**634**	**201**
贵　州	**2660**	**151**	**1060**	**1576**	**1992**	**2792**	**1680**	**634**	**201**
贵阳市	**130**	**9**	**37**	**38**	**43**	**103**	**103**	**82**	**33**
南明区	2				1	1	6	1	2
云岩区									
花溪区	17	6	8	1	5	26	29	14	3
乌当区	10		5	4	3	4	12	19	11
白云区	4		2			13	1	2	10
观山湖区	4	1	6		8	8	9		2
开阳县	19		1	7	8	10	10	6	1
息烽县	8	1	4	9	5	10	5	1	2
修文县	41		4	5	4	15	17	35	1
清镇市	25	1	7	12	9	16	14	4	1
六盘水市	**108**	**8**	**180**	**145**	**232**	**205**	**124**	**35**	**11**
钟山区	3		7	1	2	2			
六枝特区	20	1	38	23	52	53	30	7	1
水城县	27	1	67	88	120	88	43	16	5
盘州市	58	6	68	33	58	62	51	12	5
遵义市	**1643**	**24**	**104**	**174**	**211**	**289**	**303**	**173**	**38**
红花岗区	17		13	5	5	21	16	41	3
汇川区	17	1	5	4	9	12	7	10	2
播州区	104	7	10	24	25	23	46	43	9
桐梓县	21		18	20	27	15	20	5	2
绥阳县	12		13	25	18	22	21	7	1
正安县	41	1	3	10	10	25	16	5	2
道真仡佬族苗族自治县	8	1	4	1	1	14	10	1	
务川仡佬族苗族自治县	8	2	1	12	12	8	10	3	2
凤冈县	26	1	12	8	12	21	17	3	1
湄潭县	43	10	6	4	18	25	11	18	1
余庆县	12		1	5	7	14	10	4	2
习水县	272		11	29	28	17	15	12	1
赤水市	24		2	4	4	52	89	9	
仁怀市	1038	1	5	23	35	20	15	12	12
安顺市	**84**	**5**	**127**	**198**	**200**	**209**	**167**	**51**	**14**
西秀区	22	3	22	34	28	38	25	11	3
平坝区	15		5	2	12	43	9	3	1
普定县	12	2	36	36	55	50	27	6	3
镇宁布依族苗族自治县	12		31	71	51	34	61	16	3
关岭布依族苗族自治县	9		23	45	49	18	16	7	4
紫云苗族布依族自治县	14		10	10	5	26	29	8	
毕节市	**306**	**26**	**211**	**238**	**532**	**320**	**248**	**62**	**23**
七星关区	37	11	16	34	105	58	51	19	5
大方县	59	2	28	27	36	45	31	2	4
黔西县	35	2	17	31	55	18	25	4	2
金沙县	67	1	6	11	40	25	8	5	1
织金县	31	4	42	57	53	58	43	5	2
纳雍县	31	1	36	30	68	52	26	13	3
威宁彝族回族苗族自治县	27	5	35	19	105	44	24	7	3
赫章县	19		31	29	70	20	40	7	3

4-4c 续表 15 单位：人

地 区 性 别	制造业								
	酒、饮料和精制茶制造业	烟 草制品业	纺织业	纺织服装、服饰业	皮革、毛皮、羽毛及其制品和制鞋业	木材加工和木、竹、藤、棕、草制品业	家 具制造业	造纸和纸制品业	印刷和记录媒介复制业
铜仁市	**130**	**19**	**77**	**174**	**164**	**241**	**111**	**24**	**14**
碧江区	3	2	3	9	29	8	2	3	
万山区	2		7	21	18	10	5	2	1
江口县	14		2	9	24	17	7	1	1
玉屏侗族自治县	4		5	16	6	14	3	3	
石阡县	13		11	12	7	12	24		
思南县	26	4	15	13	7	48	7	3	3
印江土家族苗族自治县	17	3	3	4	13	19	11	1	
德江县	14		5	12	15	37	15	3	3
沿河土家族自治县	25	4	9	40	23	20	18	5	2
松桃苗族自治县	12	6	17	38	22	56	19	3	4
黔西南布依族苗族自治州	**92**	**39**	**92**	**182**	**223**	**290**	**201**	**54**	**15**
兴义市	32	16	12	19	28	67	49	15	3
兴仁市	15	13	15	35	39	38	24	5	2
普安县	9		19	17	20	28	11	9	
晴隆县	10	3	9	27	55	20	19	2	2
贞丰县	13	1	15	22	15	37	30	9	5
望谟县	2	1	5	20	36	25	19	7	1
册亨县	1		10	29	16	45	17	1	1
安龙县	10	5	7	13	14	30	32	6	1
黔东南苗族侗族自治州	**65**	**9**	**101**	**213**	**255**	**802**	**230**	**66**	**28**
凯里市	5	2	7	10	13	17	20	5	1
黄平县	7		5	19	11	14	9	7	
施秉县	5	3	1		6	7	4		
三穗县	2	1	6	29	25	64	24	9	1
镇远县	7		3	6	8	21	2	5	4
岑巩县	2		2	11	8	16	3	5	2
天柱县	3	1	6	10	46	53	16	2	1
锦屏县	2		5	6	22	88	14	4	2
剑河县	1		7	6	6	51	10	6	6
台江县	2		2	9	3	17	6	2	
黎平县	7	1	11	26	34	157	40	5	4
榕江县	4		8	25	39	120	19	2	1
从江县	6		19	18	18	112	19	2	2
雷山县	5		2	10	5	18	8	3	1
麻江县	3	1	5	8	3	11	15	3	1
丹寨县	4		12	20	8	36	21	6	2
黔南布依族苗族自治州	**102**	**12**	**131**	**214**	**132**	**333**	**193**	**87**	**25**
都匀市	7		22	6	5	24	18	6	1
福泉市	8		17	13	12	11	7	10	3
荔波县	1		9	3	6	41	12	2	1
贵定县	7	8	18	29	16	17	14	3	
瓮安县	7	1	2	17	14	14	2	4	2
独山县	5	1	10	17	9	20	28	4	2
平塘县	4	1	10	17	6	34	19	8	5
罗甸县	5		14	10	16	22	7	4	2
长顺县	9		6	7	8	13	13	4	
龙里县	29		3	20	24	25	11	31	2
惠水县	12	1	6	26	14	30	18	8	2
三都水族自治县	8		14	49	2	82	44	3	5

4-4c 续表 16 单位：人

地 区 性 别	制造业 酒、饮料和精制茶制造业	烟 草制品业	纺织业	纺织服装、服饰业	皮革、毛皮、羽毛及其制品和制鞋业	木材加工和木、竹、藤、棕、草制品业	家 具制造业	造纸和纸制品业	印刷和记录媒介复制业
女	**1376**	**100**	**1056**	**2118**	**1521**	**1096**	**627**	**485**	**119**
贵 州	**1376**	**100**	**1056**	**2118**	**1521**	**1096**	**627**	**485**	**119**
贵阳市	**85**	**6**	**35**	**40**	**34**	**24**	**29**	**55**	**20**
南明区		5		2			2	1	
云岩区									
花溪区	13	1	8	4	7	9	12	8	
乌当区	8		6	6	2	1	2	13	7
白云区	7		1		1	1		2	7
观山湖区	4		3		6	3	1		
开阳县	11		1	5	5	4	2		2
息烽县	8		6	10	5		1	2	
修文县	22		7	5	1	4	3	26	2
清镇市	12		3	8	7	2	6	3	2
六盘水市	**82**	**6**	**170**	**155**	**163**	**58**	**35**	**24**	**4**
钟山区	1		6	1	3				
六枝特区	15	2	57	38	35	16	12	5	2
水城县	16	3	51	82	85	23	8	8	2
盘州市	50	1	56	34	40	19	15	11	
遵义市	**685**	**14**	**91**	**233**	**215**	**97**	**125**	**171**	**44**
红花岗区	2	1	12	9	1	8	9	41	5
汇川区	1	4	4	3	8	2	3	4	1
播州区	37		11	13	26	8	25	36	8
桐梓县	7		22	26	25	3	4	1	
绥阳县	6		8	28	11	9	7	8	
正安县	24		4	11	16	9	9	2	1
道真仡佬族苗族自治县	2		4	5	3		3	2	1
务川仡佬族苗族自治县	5	1		11	5	5		2	
凤冈县	16	1	6	45	11	4	6	6	
湄潭县	22	7	7	9	9	6	2	8	6
余庆县	18		2	14	14	5	6	4	
习水县	127		4	36	58		5	29	1
赤水市	4		2	6	5	34	41	7	
仁怀市	414		5	17	23	4	5	21	21
安顺市	**68**	**3**	**146**	**228**	**150**	**61**	**68**	**30**	**8**
西秀区	18	1	25	40	29	11	10	4	3
平坝区	17		7	12	8	9	2	3	
普定县	10	1	46	45	43	10	7	6	3
镇宁布依族苗族自治县	7		39	82	30	13	23	10	2
关岭布依族苗族自治县	6		21	38	29	7	9	3	
紫云苗族布依族自治县	10	1	8	11	11	11	17	4	
毕节市	**173**	**15**	**206**	**326**	**351**	**75**	**93**	**35**	**14**
七星关区	23	6	18	58	81	12	14	5	2
大方县	25	1	22	44	24	10	9	2	3
黔西县	16		15	30	32	3	15	5	1
金沙县	40	3	9	12	22	3	2	3	1
织金县	25	1	44	60	40	15	17	3	2
纳雍县	20	1	30	24	32	12	12	8	4
威宁彝族回族苗族自治县	12	2	32	38	59	18	9	4	1
赫章县	12	1	36	60	61	2	15	5	

4-4c 续表 17 单位：人

地区 性别	制造业								
	酒、饮料和精制茶制造业	烟草制品业	纺织业	纺织服装、服饰业	皮革、毛皮、羽毛及其制品和制鞋业	木材加工和木、竹、藤、棕、草制品业	家具制造业	造纸和纸制品业	印刷和记录媒介复制业
铜仁市	**88**	**13**	**90**	**262**	**167**	**62**	**41**	**21**	**5**
碧江区	1	2	4	10	38	2	4	4	1
万山区		1	6	11	17	1	1	2	
江口县	9		4	12	20	3	2	1	
玉屏侗族自治县	1		5	11	17	5	1	1	
石阡县	8	1	15	36	9	3	12	1	
思南县	17		13	27	8	12	2		1
印江土家族苗族自治县	19	3	6	20	16	2	2		
德江县	11		9	14	7	13	9	5	
沿河土家族自治县	13	2	9	39	21	8	3	5	1
松桃苗族自治县	9	4	19	82	14	13	5	2	2
黔西南布依族苗族自治州	**57**	**32**	**90**	**241**	**174**	**164**	**89**	**28**	**8**
兴义市	12	11	15	18	11	28	26	9	3
兴仁市	8	13	12	48	28	13	17	5	
普安县	10		16	12	19	13	1	4	1
晴隆县	8	1	8	40	30	5	8		
贞丰县	10	2	18	50	11	17	12	4	2
望谟县	2		7	27	34	12	8	1	2
册亨县	1		9	33	28	61	9	2	
安龙县	6	5	5	13	13	15	8	3	
黔东南苗族侗族自治州	**50**	**7**	**98**	**324**	**160**	**426**	**79**	**43**	**11**
凯里市	4		4	15	9	6	4	1	
黄平县	4		10	21	6	7	5	8	1
施秉县	2	5	2	11	2		2		
三穗县			4	48	15	17	3	2	
镇远县	8		2	9	5	5		2	
岑巩县		1	1	14	8	8	2	6	
天柱县	4		7	15	29	9	6	2	
锦屏县	2		2	7	11	32	6	2	2
剑河县	2	1	3	12	5	48	4	3	3
台江县	2		2	17	1	7	7	2	
黎平县	6		13	44	25	71	15	3	2
榕江县	3		11	33	23	131	5	1	
从江县	3		11	22	7	56	6	1	1
雷山县	2		4	14	3	5	1	2	
麻江县	3		4	10	5	5	7		1
丹寨县	5		18	32	6	19	6	8	1
黔南布依族苗族自治州	**88**	**4**	**130**	**309**	**107**	**129**	**68**	**78**	**5**
都匀市	8		15	13	2	7	7	2	1
福泉市	2		13	16	5	3	3	11	
荔波县	2		16	8	5	19	1		1
贵定县	4	4	8	29	23	6	2	5	
瓮安县	5		5	31	14		2	1	1
独山县	3		8	32	9	5	8	2	1
平塘县	5		18	28	7	13	7	15	
罗甸县	2		13	12	11	5	2	2	
长顺县	9		3	14	1	5	6	9	
龙里县	18		5	19	18	16	5	25	
惠水县	26		7	44	10	7	7	2	1
三都水族自治县	4		19	63	2	43	18	4	

4-4c 续表 18 单位：人

地区 性别	制造业								
	文教、工美、体育和娱乐用品制造业	石油、煤炭及其他燃料加工业	化学原料和化学制品制造业	医药制造业	化学纤维制造业	橡胶和塑料制品业	非金属矿物制品业	黑色金属冶炼和压延加工业	有色金属冶炼和压延加工业
贵州	**2398**	**316**	**1684**	**524**	**55**	**2449**	**8272**	**797**	**1255**
贵阳市	**55**	**13**	**223**	**155**		**280**	**1091**	**55**	**321**
南明区			1	5		5	26	4	1
云岩区									
花溪区	21	1	27	11		38	155	4	4
乌当区	11		20	42		31	64	2	4
白云区		3	6	13		6	37	15	4
观山湖区	5		1	4		27	75	1	3
开阳县	4		43	3		18	59	5	1
息烽县	9		115	2		30	112	2	2
修文县	2	6	3	48		75	257	18	5
清镇市	3	3	7	27		50	306	4	297
六盘水市	**205**	**181**	**107**	**23**	**18**	**165**	**772**	**52**	**94**
钟山区	6	2		2		4	59	10	
六枝特区	31	7	44	8	1	41	170	9	3
水城县	108	15	27	4	10	62	317	22	75
盘州市	60	157	36	9	7	58	226	11	16
遵义市	**268**	**18**	**185**	**49**	**7**	**255**	**1226**	**172**	**234**
红花岗区	5	2	5	11		26	86	9	5
汇川区	7		7			10	53	13	4
播州区	21		44	12	1	46	351	76	160
桐梓县	16		22	2	1	13	122	3	7
绥阳县	24	2	7	2		23	97	42	3
正安县	138	1	14	4		24	90	10	2
道真仡佬族苗族自治县	4		3	1	1	1	33	2	1
务川仡佬族苗族自治县	9		3	2		9	24	2	39
凤冈县	11		6	4		28	53	5	3
湄潭县	5		10	3		18	46	6	7
余庆县	8	6	49	1		2	37	1	
习水县	11	5	10	3		22	126	1	1
赤水市	3		4		1	8	29	1	
仁怀市	6	2	1	4	3	25	79	1	2
安顺市	**192**	**6**	**179**	**71**	**7**	**350**	**853**	**35**	**62**
西秀区	23	1	55	45	1	51	216		45
平坝区	15		18	3		72	195	13	5
普定县	34	1	16	5	4	56	143	8	6
镇宁布依族苗族自治县	60		38	5	1	55	96	8	3
关岭布依族苗族自治县	48	3	10	13	1	98	92	4	2
紫云苗族布依族自治县	12	1	42			18	111	2	1
毕节市	**361**	**42**	**156**	**56**	**9**	**386**	**1279**	**159**	**37**
七星关区	38	2	14	6	3	56	233	19	8
大方县	28	5	18	9	2	60	228	10	3
黔西县	37	4	28	5		52	108	1	1
金沙县	13	3	23	3		20	114	3	2
织金县	51	1	6	5	1	28	140	4	4
纳雍县	79	11	23	5	1	60	109	12	4
威宁彝族回族苗族自治县	79	2	18	11		72	200	41	10
赫章县	36	14	26	12	2	38	147	69	5

4－4c 续表 19 单位：人

地区 性别	制造业								
	文教、工美、体育和娱乐用品制造业	石油、煤炭及其他燃料加工业	化学原料和化学制品制造业	医药制造业	化学纤维制造业	橡胶和塑料制品业	非金属矿物制品业	黑色金属冶炼和压延加工业	有色金属冶炼和压延加工业
铜仁市	**188**	**16**	**83**	**36**	**6**	**162**	**727**	**99**	**47**
碧江区	7		3	2		13	35	2	3
万山区	28	1	4	3		10	55	2	12
江口县	14		5	4	3	12	38	4	
玉屏侗族自治县	10	1	34	2	1	20	38	30	13
石阡县	22		1	1	1	8	93	2	1
思南县	18	1	7	11		23	97	11	
印江土家族苗族自治县	12	2	4	1	1	9	55	2	4
德江县	16		5	4		18	89	1	1
沿河土家族自治县	27		8	5		24	91	9	6
松桃苗族自治县	34	11	12	3		25	136	36	7
黔西南布依族苗族自治州	**383**	**10**	**111**	**53**		**344**	**614**	**106**	**186**
兴义市	121	4	49	22		66	126	70	10
兴仁市	50	2	9	7		50	87	8	47
普安县	16		2	1		25	51	2	3
晴隆县	14		11	7		38	107	12	4
贞丰县	50	2	20	4		39	91	2	113
望谟县	73		5	7		38	21	1	
册亨县	43		7			24	22		3
安龙县	16	2	8	5		64	109	11	6
黔东南苗族侗族自治州	**455**	**12**	**163**	**30**	**5**	**245**	**808**	**44**	**101**
凯里市	25	3	15	2	1	22	176	7	66
黄平县	25		6			11	44	2	1
施秉县	28	2				8	17		
三穗县	16		2			26	61	5	13
镇远县	28		10	3		13	32	3	5
岑巩县	6		9	1		10	49	2	3
天柱县	12	1	29	4		13	29	1	2
锦屏县	28		13	6		12	92	5	1
剑河县	42	2	3	2		16	26	3	1
台江县	60	2	10		1	3	14		
黎平县	50		16	3	1	36	56	6	1
榕江县	37		15	1		15	30	2	4
从江县	43	1	3	2	1	32	79	4	2
雷山县	22		1			5	16		1
麻江县	10		27	2		12	45	1	
丹寨县	23	1	4	4	1	11	42	3	1
黔南布依族苗族自治州	**291**	**18**	**477**	**51**	**3**	**262**	**902**	**75**	**173**
都匀市	25	3	13	5		30	142	13	3
福泉市	21	8	205	1		39	100	5	6
荔波县	18	1	1	4		17	34	2	2
贵定县	10		9	3		9	60	2	6
瓮安县	15		163	7	2	13	47	4	3
独山县	40	1	12	3		17	60	29	24
平塘县	29		15	4		20	55	6	2
罗甸县	24		3	3		11	51	2	110
长顺县	28	2	5	4		23	65	1	1
龙里县	9		4	10		14	78	2	
惠水县	33		46	6	1	55	165	6	10
三都水族自治县	39	3	1	1		14	45	3	6

4-4c　续表 20　　　　单位：人

地　区 性　别	制造业								
	文教、工美、体育和娱乐用品制造业	石油、煤炭及其他燃料加工业	化学原料和化学制品制造业	医　药制造业	化学纤维制造业	橡胶和塑　料制品业	非金属矿　物制品业	黑色金属冶炼和压延加工业	有色金属冶炼和压延加工业
男	**1230**	**215**	**1154**	**259**	**39**	**1442**	**6217**	**609**	**928**
贵　州	**1230**	**215**	**1154**	**259**	**39**	**1442**	**6217**	**609**	**928**
贵阳市	**33**	**9**	**147**	**74**		**184**	**827**	**45**	**259**
南明区			1	3		5	22	3	1
云岩区									
花溪区	10		15	8		28	115	4	4
乌当区	8		13	20		16	51	2	2
白云区		2	4	7		3	27	14	3
观山湖区	5		1	2		18	60	1	2
开阳县	1		29	3		14	46	4	1
息烽县	6		79	2		19	83	1	2
修文县	2	4	2	16		54	190	13	4
清镇市	1	3	3	13		27	233	3	240
六盘水市	**130**	**122**	**68**	**13**	**13**	**108**	**562**	**42**	**72**
钟山区	4	2		1		2	50	7	
六枝特区	21	3	32	5	1	25	129	8	3
水城县	66	9	16	2	5	40	227	17	58
盘州市	39	108	20	5	7	41	156	10	11
遵义市	**120**	**12**	**123**	**26**	**6**	**135**	**949**	**132**	**166**
红花岗区	4	1	3	4		13	70	6	5
汇川区	3		6			7	43	11	2
播州区	11		32	5	1	31	269	62	112
桐梓县	4		19		1	3	104	1	5
绥阳县	14	2	6	2		13	58	28	
正安县	52	1	8	3		10	70	9	1
道真仡佬族苗族自治县	2		2		1	1	27	2	1
务川仡佬族苗族自治县	4		2	1		4	18	2	31
凤冈县	8		3	3		20	41	4	3
湄潭县	1		7	2		8	32	3	4
余庆县	5	3	24	1			32	1	
习水县	9	3	8	1		12	93	1	
赤水市	1		2		1	3	22	1	
仁怀市	2	2	1	4	2	10	70	1	2
安顺市	**113**	**4**	**126**	**32**	**3**	**210**	**618**	**25**	**50**
西秀区	12	1	37	22		32	153		37
平坝区	5		12	2		47	138	9	4
普定县	23	1	14	2	1	36	110	7	4
镇宁布依族苗族自治县	34		29	2	1	30	63	4	2
关岭布依族苗族自治县	32	1	7	4	1	56	70	3	2
紫云苗族布依族自治县	7	1	27			9	84	2	1
毕节市	**202**	**28**	**99**	**32**	**7**	**228**	**1003**	**119**	**27**
七星关区	22	2	9	5	2	30	195	15	5
大方县	18	3	10	4	2	36	173	8	2
黔西县	22	3	18	2		37	88	1	1
金沙县	7	2	16	3		9	87	2	2
织金县	30	1	5	4	1	20	115	4	3
纳雍县	43	7	16	2	1	37	82	11	4
威宁彝族回族苗族自治县	46	1	13	9		36	152	33	5
赫章县	14	9	12	3	1	23	111	45	5

4-4c 续表 21

单位：人

地　区 性　别	制造业								
	文教、工美、体育和娱乐用品制造业	石油、煤炭及其他燃料加工业	化学原料和化学制品制造业	医　药制造业	化学纤维制造业	橡胶和塑　料制品业	非金属矿　物制品业	黑色金属冶炼和压延加工业	有色金属冶炼和压延加工业
铜仁市	**86**	**11**	**56**	**22**	**3**	**92**	**560**	**80**	**34**
碧江区	5		2	2		8	28	2	2
万山区	9	1	4	1		4	44	2	8
江口县	7		5	4	1	7	28	4	
玉屏侗族自治县	2	1	25	1		13	32	22	9
石阡县	10		1	1	1	5	73	2	1
思南县	11	1	4	6		10	72	8	
印江土家族苗族自治县	5	2	2		1	3	45	1	4
德江县	4		5	2		13	67	1	
沿河土家族自治县	18		1	3		11	64	7	4
松桃苗族自治县	15	6	7	2		18	107	31	6
黔西南布依族苗族自治州	**199**	**7**	**72**	**24**		**189**	**437**	**74**	**153**
兴义市	69	3	37	6		41	86	46	8
兴仁市	24	1	4	6		22	58	5	39
普安县	8		1	1		18	36	2	1
晴隆县	7		7	3		17	82	10	2
贞丰县	22	2	11	1		19	63	1	96
望谟县	39		3	4		25	15	1	
册亨县	20		4			14	13		2
安龙县	10	1	5	3		33	84	9	5
黔东南苗族侗族自治州	**200**	**9**	**113**	**16**	**5**	**143**	**584**	**34**	**84**
凯里市	13	3	12	2	1	12	127	5	56
黄平县	13		4			4	30	2	
施秉县	8	1				6	11		
三穗县	10		2			15	40	4	10
镇远县	11		6	1		9	24	2	5
岑巩县	6		7	1		6	33	2	2
天柱县	6	1	22	2		10	24	1	2
锦屏县	7		8	3		5	83	3	1
剑河县	21	2	2	1		11	19	3	1
台江县	16	1	8		1		10		
黎平县	15		14	1	1	16	36	4	1
榕江县	19		8			10	22	2	3
从江县	17		3		1	21	61	3	1
雷山县	17		1			3	12		1
麻江县	6		14	2		8	23	1	
丹寨县	15	1	2	3	1	7	29	2	1
黔南布依族苗族自治州	**147**	**13**	**350**	**20**	**2**	**153**	**677**	**58**	**83**
都匀市	12	2	8	1		17	104	9	1
福泉市	8	7	163			23	82	5	3
荔波县	8	1	1	2		12	30		1
贵定县	7		5			5	35	2	4
瓮安县	6		125	5	1	8	37	3	3
独山县	10	1	5	1		7	44	24	19
平塘县	14		8	3		11	41	2	1
罗甸县	18		1	1		8	36	2	38
长顺县	16	1	3	2		13	43	1	1
龙里县	9		4	3		7	64	2	
惠水县	20		26	2	1	36	128	5	9
三都水族自治县	19	1	1			6	33	3	3

4-4c　续表 22　　　　单位：人

地　区 性　别	制造业								
	文教、工美、体育和娱乐用品制造业	石油、煤炭及其他燃料加工业	化学原料和化学制品制造业	医　药制造业	化学纤维制造业	橡胶和塑　料制品业	非金属矿　物制品业	黑色金属冶炼和压延加工业	有色金属冶炼和压延加工业
女	**1168**	**101**	**530**	**265**	**16**	**1007**	**2055**	**188**	**327**
贵　州	**1168**	**101**	**530**	**265**	**16**	**1007**	**2055**	**188**	**327**
贵阳市	**22**	**4**	**76**	**81**		**96**	**264**	**10**	**62**
南明区				2			4	1	
云岩区									
花溪区	11	1	12	3		10	40		
乌当区	3		7	22		15	13		2
白云区		1	2	6		3	10	1	1
观山湖区				2		9	15		1
开阳县	3		14			4	13	1	
息烽县	3		36			11	29	1	
修文县		2	1	32		21	67	5	1
清镇市	2		4	14		23	73	1	57
六盘水市	**75**	**59**	**39**	**10**	**5**	**57**	**210**	**10**	**22**
钟山区	2			1		2	9	3	
六枝特区	10	4	12	3		16	41	1	
水城县	42	6	11	2	5	22	90	5	17
盘州市	21	49	16	4		17	70	1	5
遵义市	**148**	**6**	**62**	**23**	**1**	**120**	**277**	**40**	**68**
红花岗区	1	1	2	7		13	16	3	
汇川区	4		1			3	10	2	2
播州区	10		12	7		15	82	14	48
桐梓县	12		3	2		10	18	2	2
绥阳县	10		1			10	39	14	3
正安县	86		6	1		14	20	1	1
道真仡佬族苗族自治县	2		1	1			6		
务川仡佬族苗族自治县	5		1	1		5	6		8
凤冈县	3		3	1		8	12	1	
湄潭县	4		3	1		10	14	3	3
余庆县	3	3	25			2	5		
习水县	2	2	2	2		10	33		1
赤水市	2		2			5	7		
仁怀市	4				1	15	9		
安顺市	**79**	**2**	**53**	**39**	**4**	**140**	**235**	**10**	**12**
西秀区	11		18	23	1	19	63		8
平坝区	10		6	1		25	57	4	1
普定县	11		2	3	3	20	33	1	2
镇宁布依族苗族自治县	26		9	3		25	33	4	1
关岭布依族苗族自治县	16	2	3	9		42	22	1	
紫云苗族布依族自治县	5		15			9	27		
毕节市	**159**	**14**	**57**	**24**	**2**	**158**	**276**	**40**	**10**
七星关区	16		5	1	1	26	38	4	3
大方县	10	2	8	5		24	55	2	1
黔西县	15	1	10	3		15	20		
金沙县	6	1	7			11	27	1	
织金县	21		1	1		8	25		1
纳雍县	36	4	7	3		23	27	1	
威宁彝族回族苗族自治县	33	1	5	2		36	48	8	5
赫章县	22	5	14	9	1	15	36	24	

4-4c 续表 23 单位：人

地区 性别	制造业								
	文教、工美、体育和娱乐用品制造业	石油、煤炭及其他燃料加工业	化学原料和化学制品制造业	医药制造业	化学纤维制造业	橡胶和塑料制品业	非金属矿物制品业	黑色金属冶炼和压延加工业	有色金属冶炼和压延加工业
铜仁市	**102**	**5**	**27**	**14**	**3**	**70**	**167**	**19**	**13**
碧江区	2		1			5	7		1
万山区	19			2		6	11		4
江口县	7				2	5	10		
玉屏侗族自治县	8		9	1	1	7	6	8	4
石阡县	12					3	20		
思南县	7		3	5		13	25	3	
印江土家族苗族自治县	7		2	1		6	10	1	
德江县	12			2		5	22		1
沿河土家族自治县	9		7	2		13	27	2	2
松桃苗族自治县	19	5	5	1		7	29	5	1
黔西南布依族苗族自治州	**184**	**3**	**39**	**29**		**155**	**177**	**32**	**33**
兴义市	52	1	12	16		25	40	24	2
兴仁市	26	1	5	1		28	29	3	8
普安县	8		1			7	15		2
晴隆县	7		4	4		21	25	2	2
贞丰县	28		9	3		20	28	1	17
望谟县	34		2	3		13	6		
册亨县	23		3			10	9		1
安龙县	6	1	3	2		31	25	2	1
黔东南苗族侗族自治州	**255**	**3**	**50**	**14**		**102**	**224**	**10**	**17**
凯里市	12		3			10	49	2	10
黄平县	12		2			7	14		1
施秉县	20	1				2	6		
三穗县	6					11	21	1	3
镇远县	17		4	2		4	8	1	
岑巩县			2			4	16		1
天柱县	6		7	2		3	5		
锦屏县	21		5	3		7	9	2	
剑河县	21		1	1		5	7		
台江县	44	1	2			3	4		
黎平县	35		2	2		20	20	2	
榕江县	18		7	1		5	8		1
从江县	26	1		2		11	18	1	1
雷山县	5					2	4		
麻江县	4		13			4	22		
丹寨县	8		2	1		4	13	1	
黔南布依族苗族自治州	**144**	**5**	**127**	**31**	**1**	**109**	**225**	**17**	**90**
都匀市	13	1	5	4		13	38	4	2
福泉市	13	1	42	1		16	18		3
荔波县	10			2		5	4	2	1
贵定县	3		4	3		4	25		2
瓮安县	9		38	2	1	5	10	1	
独山县	30		7	2		10	16	5	5
平塘县	15		7	1		9	14	4	1
罗甸县	6		2	2		3	15		72
长顺县	12	1	2	2		10	22		
龙里县				7		7	14		
惠水县	13		20	4		19	37	1	1
三都水族自治县	20	2		1		8	12		3

4-4c　续表 24　　　　单位：人

地　区 性　别	制造业								
	金　属 制品业	通用设备 制造业	专用设备 制造业	汽　车 制造业	铁路、船舶、 航空航天和 其他运输 设备制造业	电气机械 和器材 制造业	计算机、 通信和其 他电子设 备制造业	仪器仪表 制造业	其　他 制造业
贵　州	**5198**	**2278**	**1257**	**911**	**347**	**2267**	**5808**	**179**	**874**
贵阳市	**407**	**201**	**98**	**209**	**49**	**184**	**254**	**16**	**36**
南明区	8	4	2				2		2
云岩区									
花溪区	97	60	9	18	8	58	40	1	10
乌当区	31	24	20	5	5	27	29	3	3
白云区	10	5	17	3	27	6	55	5	
观山湖区	19	22	5	151		1	4	2	2
开阳县	29	9	7	7	4	18	16	1	1
息烽县	46	30	10	5	3	19	14		2
修文县	101	21	14	5	1	29	15	2	10
清镇市	66	26	14	15	1	26	79	2	6
六盘水市	**463**	**155**	**97**	**71**	**21**	**133**	**572**	**19**	**51**
钟山区	9	5	2	1	2	5	41	1	
六枝特区	127	47	27	18	4	31	96	4	13
水城县	191	56	27	20	7	52	234	4	18
盘州市	136	47	41	32	8	45	201	10	20
遵义市	**603**	**249**	**172**	**138**	**74**	**282**	**658**	**13**	**89**
红花岗区	47	11	10	5	41	23	106	1	7
汇川区	38	42	8	10	1	12	43	1	3
播州区	143	38	19	13	13	42	84		14
桐梓县	26	16	17	13	4	27	78		1
绥阳县	45	18	10	9	9	29	59	1	1
正安县	51	17	15	20	2	13	44	3	5
道真仡佬族苗族自治县	4	7	2	4		4	34		21
务川仡佬族苗族自治县	14	4	7	1	1	7	10	2	2
凤冈县	78	22	3	14	1	31	31		7
湄潭县	53	24	19	25		40	42	1	7
余庆县	23	4	8	6	1	5	15		3
习水县	39	20	7	7	1	24	63	4	6
赤水市	15	13	8	1		12	33		6
仁怀市	27	13	39	10		13	16		6
安顺市	**639**	**337**	**122**	**98**	**82**	**221**	**453**	**23**	**103**
西秀区	138	73	27	19	34	44	115	1	47
平坝区	61	37	18	4	19	40	75	4	5
普定县	112	54	28	11	20	35	68	4	9
镇宁布依族苗族自治县	178	118	20	19	5	36	81	7	28
关岭布依族苗族自治县	85	39	22	41	2	44	49	4	5
紫云苗族布依族自治县	65	16	7	4	2	22	65	3	9
毕节市	**804**	**321**	**221**	**122**	**31**	**373**	**1310**	**30**	**127**
七星关区	148	31	44	12	1	70	149	6	11
大方县	108	30	16	18	4	48	171	2	6
黔西县	76	39	43	19	6	28	62	3	32
金沙县	48	23	18	8	2	26	44		4
织金县	96	41	10	22	2	20	127		3
纳雍县	105	60	24	15	2	52	128	4	17
威宁彝族回族苗族自治县	78	61	48	19	9	83	463	9	31
赫章县	145	36	18	9	5	46	166	6	23

4-4c 续表 25 单位：人

地　区 性　别	制造业								
	金　属 制品业	通用设备 制造业	专用设备 制造业	汽　车 制造业	铁路、船舶、 航空航天和 其他运输 设备制造业	电气机械 和器材 制造业	计算机、 通信和其 他电子设 备制造业	仪器仪表 制造业	其　他 制造业
铜仁市	**450**	**235**	**102**	**52**	**11**	**214**	**462**	**18**	**143**
碧江区	20	40	3			8	39		7
万山区	14	18	16	23		7	17		21
江口县	10	28	8	1		2	13		6
玉屏侗族自治县	25	12	4			45	38		51
石阡县	58	18	7	3	1	13	72	1	12
思南县	56	26	16	1	2	24	33	2	8
印江土家族苗族自治县	40	5	7	4		8	44	2	9
德江县	117	14	8	5	2	62	19	3	4
沿河土家族自治县	42	23	9	5	4	18	57	5	8
松桃苗族自治县	68	51	24	10	2	27	130	5	17
黔西南布依族苗族自治州	**418**	**219**	**116**	**59**	**23**	**258**	**615**	**22**	**79**
兴义市	66	17	6	14	4	39	136	6	10
兴仁市	99	22	18	9	1	39	62	2	10
普安县	27	24	8	6	5	26	52		11
晴隆县	23	16	10	7	4	18	41	2	13
贞丰县	47	32	12	8	4	21	50	3	5
望谟县	51	37	30	1		20	120	3	11
册亨县	35	24	14	1		40	108	4	12
安龙县	70	47	18	13	5	55	46	2	7
黔东南苗族侗族自治州	**758**	**259**	**184**	**88**	**18**	**249**	**736**	**19**	**129**
凯里市	72	26	11	19	1	27	77	1	8
黄平县	38	24	8	2	1	17	40		4
施秉县	11	16	6	4	1	8	19		1
三穗县	49	21	8	4		11	38	1	8
镇远县	43	8	6	5		13	28		9
岑巩县	35	34	17	3		5	42	1	61
天柱县	41	10	2	10		11	62	3	6
锦屏县	32	8	7	1	1	14	41	1	2
剑河县	51	2	3	1	1		8		1
台江县	22	9	6	6		6	36	1	7
黎平县	145	24	46	12	2	31	82	3	4
榕江县	50	8	20	5	8	19	78	5	8
从江县	76	23	30	3	1	56	112	3	1
雷山县	21	7	6	1	2	4	14		6
麻江县	30	17	2	5		14	11		3
丹寨县	42	22	6	7		13	48		
黔南布依族苗族自治州	**656**	**302**	**145**	**74**	**38**	**353**	**748**	**19**	**117**
都匀市	49	33	21	5	4	16	68	2	27
福泉市	24	20	18	6	1	10	38	3	7
荔波县	35	4	5	6	1	21	53	1	4
贵定县	49	12	2	7	2	11	32		3
瓮安县	43	28	12	7	3	21	51	2	10
独山县	69	55	10	7	3	140	127	2	5
平塘县	52	11	13	6	4	34	63	1	
罗甸县	53	19	9	3	2	26	40	1	39
长顺县	82	17	15	2	6	21	63	3	9
龙里县	51	20	14	7	2	10	31	1	3
惠水县	95	44	18	10	8	27	87	3	9
三都水族自治县	54	39	8	8	2	16	95		1

4-4c　续表 26　　　　单位：人

地　区 性　别	制造业 金　属 制品业	通用设备 制造业	专用设备 制造业	汽　车 制造业	铁路、船舶、 航空航天和 其他运输 设备制造业	电气机械 和器材 制造业	计算机、 通信和其 他电子设 备制造业	仪器仪表 制造业	其　他 制造业
男	**3857**	**1624**	**819**	**646**	**264**	**1418**	**3340**	**113**	**471**
贵　州	**3857**	**1624**	**819**	**646**	**264**	**1418**	**3340**	**113**	**471**
贵阳市	**326**	**168**	**65**	**168**	**36**	**124**	**141**	**10**	**22**
南明区	8	3					1		1
云岩区									
花溪区	81	47	6	11	4	42	28	1	4
乌当区	24	18	12	3	3	15	12	1	2
白云区	8	5	14	3	22	4	27	4	
观山湖区	16	22	3	129		1	3	1	2
开阳县	21	8	5	6	3	13	9		1
息烽县	38	27	7	3	3	17	8		2
修文县	73	18	9	3		15	8	1	8
清镇市	57	20	9	10	1	17	45	2	2
六盘水市	**352**	**113**	**64**	**55**	**16**	**92**	**340**	**12**	**34**
钟山区	9	4	2	1	2	5	30		
六枝特区	92	34	17	14	2	21	65	4	11
水城县	139	36	13	16	6	36	141	2	9
盘州市	112	39	32	24	6	30	104	6	14
遵义市	**464**	**185**	**118**	**91**	**56**	**168**	**331**	**6**	**65**
红花岗区	37	10	8	2	30	16	52	1	5
汇川区	33	31	7	6	1	11	20	1	2
播州区	115	32	14	9	11	28	51		10
桐梓县	23	11	9	7	3	13	40		
绥阳县	29	16	7	7	6	13	19	1	
正安县	38	10	10	15	2	5	21	2	2
道真仡佬族苗族自治县	3	5		3		4	15		20
务川仡佬族苗族自治县	8	3	1		1	2	5		2
凤冈县	55	18	2	10		21	19		5
湄潭县	41	16	13	14		19	20	1	4
余庆县	17	4	4	4	1	4	10		2
习水县	29	12	3	6	1	15	35		6
赤水市	13	6	4	1		8	12		2
仁怀市	23	11	36	7		9	12		5
安顺市	**468**	**223**	**73**	**60**	**72**	**147**	**237**	**13**	**54**
西秀区	119	50	9	9	33	26	54		21
平坝区	42	25	13	3	15	28	27	1	3
普定县	74	33	24	8	16	23	31	2	3
镇宁布依族苗族自治县	123	77	8	14	4	19	49	4	19
关岭布依族苗族自治县	61	28	15	25	2	34	32	3	3
紫云苗族布依族自治县	49	10	4	1	2	17	44	3	5
毕节市	**594**	**220**	**148**	**81**	**23**	**228**	**760**	**24**	**67**
七星关区	109	18	30	7	1	39	77	6	3
大方县	85	20	11	9	4	34	107	2	5
黔西县	60	32	37	14	4	19	34	2	18
金沙县	35	13	12	7	1	15	18		3
织金县	80	29	5	14	1	15	75		2
纳雍县	74	45	14	11	2	29	74	3	8
威宁彝族回族苗族自治县	56	40	31	13	8	50	275	8	16
赫章县	95	23	8	6	2	27	100	3	12

4-4c 续表 27

单位：人

地区 性别	制造业								
	金属制品业	通用设备制造业	专用设备制造业	汽车制造业	铁路、船舶、航空航天和其他运输设备制造业	电气机械和器材制造业	计算机、通信和其他电子设备制造业	仪器仪表制造业	其他制造业
铜仁市	**322**	**148**	**71**	**38**	**8**	**129**	**265**	**10**	**57**
碧江区	16	25	1			3	20		3
万山区	10	13	11	18		7	11		4
江口县	10	21	5	1		2	5		6
玉屏侗族自治县	13	9	3			23	21		11
石阡县	43	13	4	3		10	43		10
思南县	41	14	11	1	2	12	21	1	6
印江土家族苗族自治县	32	2	4	3		4	26	1	4
德江县	76	7	6	4	2	40	8	2	1
沿河土家族自治县	34	11	5	2	2	11	30	2	4
松桃苗族自治县	47	33	21	6	2	17	80	4	8
黔西南布依族苗族自治州	**308**	**154**	**82**	**37**	**15**	**163**	**382**	**12**	**44**
兴义市	53	11	3	8	2	21	82	2	6
兴仁市	64	15	14	5	1	25	37	2	6
普安县	19	17	6	5	4	22	30		4
晴隆县	16	11	7	4	1	7	27		9
贞丰县	32	24	9	5	3	18	28	2	1
望谟县	35	26	19	1		11	78	3	7
册亨县	28	13	10	1		26	72	2	8
安龙县	61	37	14	8	4	33	28	1	3
黔东南苗族侗族自治州	**537**	**192**	**109**	**65**	**12**	**166**	**461**	**14**	**64**
凯里市	55	23	6	15	1	19	49	1	8
黄平县	29	19	7			12	24		4
施秉县	9	11	4	4	1	5	12		
三穗县	30	16	5	2		6	21		5
镇远县	32	5	4	3		8	20		5
岑巩县	26	19	13	3		2	17		20
天柱县	32	6	1	5		6	37	3	3
锦屏县	22	5	7		1	12	23		1
剑河县	36	2	3		1		7		1
台江县	14	6	3	4		3	22	1	6
黎平县	93	20	14	11	1	19	54	3	2
榕江县	42	6	16	5	4	11	54	4	3
从江县	50	18	17	3	1	40	72	2	1
雷山县	18	5	4	1	2	3	13		2
麻江县	20	13	1	4		9	6		3
丹寨县	29	18	4	5		11	30		
黔南布依族苗族自治州	**486**	**221**	**89**	**51**	**26**	**201**	**423**	**12**	**64**
都匀市	41	23	14	3	3	13	48	1	14
福泉市	19	14	10	4	1	7	19	3	4
荔波县	29	3	5	5	1	16	35	1	3
贵定县	35	7	2	5	1	5	16		1
瓮安县	33	20	8	5	2	14	35	2	7
独山县	47	35	5	6	2	59	66	2	5
平塘县	41	11	6	2	4	21	32	1	
罗甸县	35	14	5	2	1	15	28		18
长顺县	64	8	10	2	3	12	25	1	2
龙里县	36	16	9	5	1	8	17	1	2
惠水县	69	38	13	7	5	21	46		7
三都水族自治县	37	32	2	5	2	10	56		1

4-4c　续表 28　　单位：人

地　区 性　别	制造业								
	金　属 制品业	通用设备 制造业	专用设备 制造业	汽　车 制造业	铁路、船舶、 航空航天和 其他运输 设备制造业	电气机械 和器材 制造业	计算机、 通信和其 他电子设 备制造业	仪器仪表 制造业	其　他 制造业
女	**1341**	**654**	**438**	**265**	**83**	**849**	**2468**	**66**	**403**
贵　州	**1341**	**654**	**438**	**265**	**83**	**849**	**2468**	**66**	**403**
贵阳市	**81**	**33**	**33**	**41**	**13**	**60**	**113**	**6**	**14**
南明区		1	2				1		1
云岩区									
花溪区	16	13	3	7	4	16	12		6
乌当区	7	6	8	2	2	12	17	2	1
白云区	2		3		5	2	28	1	
观山湖区	3		2	22			1	1	
开阳县	8	1	2	1	1	5	7	1	
息烽县	8	3	3	2		2	6		
修文县	28	3	5	2	1	14	7	1	2
清镇市	9	6	5	5		9	34		4
六盘水市	**111**	**42**	**33**	**16**	**5**	**41**	**232**	**7**	**17**
钟山区		1					11	1	
六枝特区	35	13	10	4	2	10	31		2
水城县	52	20	14	4	1	16	93	2	9
盘州市	24	8	9	8	2	15	97	4	6
遵义市	**139**	**64**	**54**	**47**	**18**	**114**	**327**	**7**	**24**
红花岗区	10	1	2	3	11	7	54		2
汇川区	5	11	1	4		1	23		1
播州区	28	6	5	4	2	14	33		4
桐梓县	3	5	8	6	1	14	38		1
绥阳县	16	2	3	2	3	16	40		1
正安县	13	7	5	5		8	23	1	3
道真仡佬族苗族自治县	1	2	2	1			19		1
务川仡佬族苗族自治县	6	1	6	1		5	5	2	
凤冈县	23	4	1	4	1	10	12		2
湄潭县	12	8	6	11		21	22		3
余庆县	6		4	2		1	5		1
习水县	10	8	4	1		9	28	4	
赤水市	2	7	4			4	21		4
仁怀市	4	2	3	3		4	4		1
安顺市	**171**	**114**	**49**	**38**	**10**	**74**	**216**	**10**	**49**
西秀区	19	23	18	10	1	18	61	1	26
平坝区	19	12	5	1	4	12	48	3	2
普定县	38	21	4	3	4	12	37	2	6
镇宁布依族苗族自治县	55	41	12	5	1	17	32	3	9
关岭布依族苗族自治县	24	11	7	16		10	17	1	2
紫云苗族布依族自治县	16	6	3	3		5	21		4
毕节市	**210**	**101**	**73**	**41**	**8**	**145**	**550**	**6**	**60**
七星关区	39	13	14	5		31	72		8
大方县	23	10	5	9		14	64		1
黔西县	16	7	6	5	2	9	28	1	14
金沙县	13	10	6	1	1	11	26		1
织金县	16	12	5	8	1	5	52		1
纳雍县	31	15	10	4		23	54	1	9
威宁彝族回族苗族自治县	22	21	17	6	1	33	188	1	15
赫章县	50	13	10	3	3	19	66	3	11

4-4c 续表 29　　单位：人

地区 性别	制造业								
	金属制品业	通用设备制造业	专用设备制造业	汽车制造业	铁路、船舶、航空航天和其他运输设备制造业	电气机械和器材制造业	计算机、通信和其他电子设备制造业	仪器仪表制造业	其他制造业
铜仁市	**128**	**87**	**31**	**14**	**3**	**85**	**197**	**8**	**86**
碧江区	4	15	2			5	19		4
万山区	4	5	5	5			6		17
江口县		7	3				8		
玉屏侗族自治县	12	3	1			22	17		40
石阡县	15	5	3		1	3	29	1	2
思南县	15	12	5			12	12	1	2
印江土家族苗族自治县	8	3	3	1		4	18	1	5
德江县	41	7	2	1		22	11	1	3
沿河土家族自治县	8	12	4	3	2	7	27	3	4
松桃苗族自治县	21	18	3	4		10	50	1	9
黔西南布依族苗族自治州	**110**	**65**	**34**	**22**	**8**	**95**	**233**	**10**	**35**
兴义市	13	6	3	6	2	18	54	4	4
兴仁市	35	7	4	4		14	25		4
普安县	8	7	2	1	1	4	22		7
晴隆县	7	5	3	3	3	11	14	2	4
贞丰县	15	8	3	3	1	3	22	1	4
望谟县	16	11	11			9	42		4
册亨县	7	11	4			14	36	2	4
安龙县	9	10	4	5	1	22	18	1	4
黔东南苗族侗族自治州	**221**	**67**	**75**	**23**	**6**	**83**	**275**	**5**	**65**
凯里市	17	3	5	4		8	28		
黄平县	9	5	1	2	1	5	16		
施秉县	2	5	2			3	7		1
三穗县	19	5	3	2		5	17	1	3
镇远县	11	3	2	2		5	8		4
岑巩县	9	15	4			3	25	1	41
天柱县	9	4	1	5		5	25		3
锦屏县	10	3		1		2	18	1	1
剑河县	15			1			1		
台江县	8	3	3	2		3	14		1
黎平县	52	4	32	1	1	12	28		2
榕江县	8	2	4		4	8	24	1	5
从江县	26	5	13			16	40	1	
雷山县	3	2	2			1	1		4
麻江县	10	4	1	1		5	5		
丹寨县	13	4	2	2		2	18		
黔南布依族苗族自治州	**170**	**81**	**56**	**23**	**12**	**152**	**325**	**7**	**53**
都匀市	8	10	7	2	1	3	20	1	13
福泉市	5	6	8	2		3	19		3
荔波县	6	1		1		5	18		1
贵定县	14	5		2	1	6	16		2
瓮安县	10	8	4	2	1	7	16		3
独山县	22	20	5	1	1	81	61		
平塘县	11		7	4		13	31		
罗甸县	18	5	4	1	1	11	12	1	21
长顺县	18	9	5		3	9	38	2	7
龙里县	15	4	5	2	1	2	14		1
惠水县	26	6	5	3	3	6	41	3	2
三都水族自治县	17	7	6	3		6	39		

4-4c　续表 30　　　　单位：人

地区 性别	制造业		电力、热力、燃气及水生产和供应业				建筑业		
	废弃资源综合利用业	金属制品、机械和设备修理业	小计	电力、热力生产和供应业	燃气生产和供应业	水的生产和供应业	小计	房屋建筑业	土木工程建筑业
贵州	**1034**	**498**	**3323**	**2370**	**304**	**649**	**116355**	**78930**	**11800**
贵阳市	**79**	**69**	**316**	**199**	**49**	**68**	**7665**	**4601**	**915**
南明区		2	13	9		4	609	357	119
云岩区									
花溪区	16	18	31	19	7	5	1428	871	112
乌当区	16	9	30	9	4	17	653	349	146
白云区		2	7		1	6	237	160	12
观山湖区	5	7	24	9	5	10	556	410	38
开阳县	8	2	40	32	4	4	877	545	155
息烽县	11	7	17	13		4	757	422	142
修文县	12	14	45	13	25	7	991	583	96
清镇市	11	8	109	95	3	11	1557	904	95
六盘水市	**109**	**48**	**521**	**417**	**26**	**78**	**10951**	**7839**	**1049**
钟山区	1	2	28	26		2	444	232	135
六枝特区	8	5	113	96	9	8	2141	1484	136
水城县	27	18	119	72	8	39	3904	2971	377
盘州市	73	23	261	223	9	29	4462	3152	401
遵义市	**103**	**59**	**613**	**399**	**71**	**143**	**17900**	**11796**	**2492**
红花岗区	7	6	53	24	12	17	1103	738	119
汇川区	2	2	21	7	2	12	891	477	186
播州区		10	84	62	4	18	2254	1399	319
桐梓县	5	5	58	45	1	12	1999	1145	467
绥阳县	8	3	42	28	11	3	1056	677	156
正安县	7	6	34	14	8	12	1627	1178	151
道真仡佬族苗族自治县	1	4	22	13	4	5	773	427	216
务川仡佬族苗族自治县	1	1	7	6		1	1064	846	69
凤冈县	12	3	13	3	5	5	877	630	86
湄潭县	22	5	22	11	1	10	738	484	56
余庆县		2	47	45	1	1	618	305	185
习水县	20	5	74	47	8	19	2536	1843	239
赤水市	4	6	53	43	5	5	672	489	45
仁怀市	14	1	83	51	9	23	1692	1158	198
安顺市	**124**	**33**	**276**	**212**	**27**	**37**	**7543**	**4693**	**534**
西秀区	42	13	54	33	9	12	1847	1151	120
平坝区	6	6	42	29	4	9	977	591	62
普定县	35	9	29	12	10	7	1722	1089	124
镇宁布依族苗族自治县	12	2	32	31		1	998	607	50
关岭布依族苗族自治县	25		95	90	2	3	1076	613	95
紫云苗族布依族自治县	4	3	24	17	2	5	923	642	83
毕节市	**270**	**88**	**479**	**348**	**40**	**91**	**18990**	**13031**	**1788**
七星关区	22	11	47	30	6	11	2686	1832	215
大方县	41	10	62	46	7	9	2464	1733	164
黔西县	20	21	36	20	7	9	1635	990	145
金沙县	10	6	56	34	1	21	1099	722	92
织金县	39	7	30	21	1	8	2490	1847	139
纳雍县	108	5	83	76	2	5	1875	1257	173
威宁彝族回族苗族自治县	14	19	93	66	7	20	4009	2863	463
赫章县	16	9	72	55	9	8	2732	1787	397

4-4c 续表 31 单位：人

地区 性别	制造业		电力、热力、燃气及水生产和供应业				建筑业		
	废弃资源综合利用业	金属制品、机械和设备修理业	小计	电力、热力生产和供应业	燃气生产和供应业	水的生产和供应业	小计	房屋建筑业	土木工程建筑业
铜仁市	**70**	**53**	**200**	**118**	**18**	**64**	**14478**	**10547**	**956**
碧江区	5	1	14	7	2	5	552	395	17
万山区	7	5	18	9	1	8	568	376	18
江口县	4	4	11	5	1	5	672	353	73
玉屏侗族自治县	7	2	29	23	2	4	600	429	58
石阡县	3	5	19	12	2	5	2298	1726	210
思南县	10	1	27	17	5	5	2310	1722	92
印江土家族苗族自治县	9	7	16	7	1	8	1448	1137	137
德江县	8	18	27	17		10	1425	986	119
沿河土家族自治县	1	4	15	8	2	5	2320	1835	94
松桃苗族自治县	16	6	24	13	2	9	2285	1588	138
黔西南布依族苗族自治州	**96**	**37**	**324**	**262**	**11**	**51**	**10249**	**7128**	**725**
兴义市	15	12	132	110	6	16	2789	1823	260
兴仁市	18	7	24	15	1	8	1315	877	82
普安县	2	3	37	31		6	1069	759	62
晴隆县	11	1	24	22	1	1	1228	947	60
贞丰县	34	2	45	38	1	6	944	625	57
望谟县	5	1	6	5		1	918	697	36
册亨县	1	1	12	6	1	5	591	425	53
安龙县	10	10	44	35	1	8	1395	975	115
黔东南苗族侗族自治州	**81**	**53**	**372**	**282**	**32**	**58**	**15137**	**10585**	**1638**
凯里市	13	15	29	14	5	10	1736	1260	116
黄平县	1	11	14	11		3	1087	684	143
施秉县	3		10	7	1	2	481	320	41
三穗县	2		23	21	1	1	610	397	73
镇远县			28	27		1	694	500	99
岑巩县	4	4	11	10		1	881	665	84
天柱县	3	4	20	17	3		985	751	42
锦屏县	6	5	48	45		3	515	317	90
剑河县	8	2	7	4	2	1	726	459	136
台江县	4	1	10	6	2	2	878	737	33
黎平县	2	2	25	21	1	3	1418	977	80
榕江县	7	4	23	12	2	9	1512	946	270
从江县	7		77	61	7	9	1600	1222	162
雷山县	1		17	10	5	2	734	517	115
麻江县	4	1	17	9	1	7	680	431	120
丹寨县	16	4	13	7	2	4	600	402	34
黔南布依族苗族自治州	**102**	**58**	**222**	**133**	**30**	**59**	**13442**	**8710**	**1703**
都匀市	35	12	49	34	6	9	1815	835	397
福泉市	6	12	19	10	2	7	1363	892	221
荔波县	3	2	18	12		6	949	482	288
贵定县	12	4	12	4	5	3	1158	660	183
瓮安县	1	6	16	9	2	5	1086	744	99
独山县	17	6	14	3	4	7	965	659	90
平塘县	4	5	18	12	2	4	1115	839	48
罗甸县	2		14	8	1	5	681	500	57
长顺县		1	13	6	2	5	963	693	54
龙里县	3	1	17	10	3	4	1135	799	151
惠水县	8	3	22	19	2	1	1346	912	88
三都水族自治县	11	6	10	6	1	3	866	695	27

4-4c 续表 32

单位：人

地区 性别	制造业		电力、热力、燃气及水生产和供应业				建筑业		
	废弃资源综合利用业	金属制品、机械和设备修理业	小计	电力、热力生产和供应业	燃气生产和供应业	水的生产和供应业	小计	房屋建筑业	土木工程建筑业
男	**769**	**451**	**2727**	**1994**	**223**	**510**	**96586**	**63767**	**10456**
贵州	**769**	**451**	**2727**	**1994**	**223**	**510**	**96586**	**63767**	**10456**
贵阳市	**64**	**66**	**262**	**169**	**42**	**51**	**6653**	**3897**	**815**
南明区		1	10	8		2	505	301	95
云岩区									
花溪区	10	17	27	17	6	4	1155	678	92
乌当区	12	9	23	9	4	10	571	298	136
白云区		2	6		1	5	206	140	9
观山湖区	5	7	18	8	3	7	472	336	35
开阳县	8	2	33	27	4	2	775	466	144
息烽县	9	7	14	11		3	686	376	129
修文县	10	13	38	10	21	7	895	510	89
清镇市	10	8	93	79	3	11	1388	792	86
六盘水市	**81**	**43**	**422**	**340**	**20**	**62**	**8831**	**6140**	**918**
钟山区	1	2	25	23		2	360	193	105
六枝特区	6	4	96	81	7	8	1721	1164	119
水城县	17	15	101	63	5	33	3160	2349	334
盘州市	57	22	200	173	8	19	3590	2434	360
遵义市	**82**	**53**	**495**	**324**	**56**	**115**	**15273**	**9811**	**2215**
红花岗区	6	6	47	22	11	14	939	610	105
汇川区	2	2	17	6	2	9	780	394	177
播州区		7	65	46	4	15	1957	1188	285
桐梓县	5	4	46	38		8	1721	974	406
绥阳县	6	3	36	23	10	3	895	559	135
正安县	7	6	27	13	5	9	1357	972	126
道真仡佬族苗族自治县	1	3	17	11	2	4	675	359	202
务川仡佬族苗族自治县	1	1	6	5		1	797	624	61
凤冈县	8	3	10	3	3	4	738	514	78
湄潭县	15	5	20	9	1	10	654	417	52
余庆县		2	40	39	1		526	258	151
习水县	18	5	52	34	5	13	2200	1561	220
赤水市	3	6	38	31	4	3	576	407	43
仁怀市	10		74	44	8	22	1458	974	174
安顺市	**91**	**31**	**236**	**189**	**17**	**30**	**6353**	**3835**	**481**
西秀区	32	12	45	31	6	8	1596	960	108
平坝区	5	5	37	26	3	8	869	508	57
普定县	26	9	22	11	5	6	1435	890	111
镇宁布依族苗族自治县	9	2	28	27		1	802	472	46
关岭布依族苗族自治县	17		83	79	1	3	894	503	85
紫云苗族布依族自治县	2	3	21	15	2	4	757	502	74
毕节市	**205**	**79**	**406**	**303**	**30**	**73**	**16097**	**10799**	**1586**
七星关区	16	11	40	29	4	7	2309	1543	194
大方县	36	10	50	39	6	5	2139	1478	146
黔西县	18	19	32	18	5	9	1427	846	132
金沙县	9	4	44	26	1	17	980	632	83
织金县	29	6	27	19	1	7	2061	1476	127
纳雍县	74	5	69	63	2	4	1549	1016	149
威宁彝族回族苗族自治县	10	15	82	61	5	16	3380	2370	414
赫章县	13	9	62	48	6	8	2252	1438	341

4-4c 续表 33　　　　单位：人

地区 性别	制造业		电力、热力、燃气及水生产和供应业				建筑业		
	废弃资源综合利用业	金属制品、机械和设备修理业	小计	电力、热力生产和供应业	燃气生产和供应业	水的生产和供应业	小计	房屋建筑业	土木工程建筑业
铜仁市	**47**	**44**	**158**	**98**	**11**	**49**	**11824**	**8421**	**847**
碧江区	2	1	10	5	1	4	477	341	15
万山区	4	5	14	7	1	6	487	322	15
江口县	4	3	6	3		3	593	306	69
玉屏侗族自治县	4	1	26	20	2	4	525	373	50
石阡县	3	4	16	11		5	1801	1300	188
思南县	6	1	21	13	4	4	1783	1304	82
印江土家族苗族自治县	7	5	15	7	1	7	1177	903	118
德江县	5	14	21	15		6	1123	757	103
沿河土家族自治县	1	4	12	8	1	3	1830	1412	81
松桃苗族自治县	11	6	17	9	1	7	2028	1403	126
黔西南布依族苗族自治州	**69**	**36**	**254**	**213**	**4**	**37**	**8036**	**5442**	**619**
兴义市	9	11	104	91	2	11	2206	1397	216
兴仁市	13	7	21	13	1	7	1042	680	72
普安县	1	3	24	22		2	830	579	50
晴隆县	7	1	21	20		1	917	684	54
贞丰县	26	2	35	31		4	740	481	50
望谟县	4	1	5	4		1	704	523	27
册亨县	1	1	10	6		4	441	307	50
安龙县	8	10	34	26	1	7	1156	791	100
黔东南苗族侗族自治州	**60**	**47**	**305**	**242**	**22**	**41**	**12428**	**8446**	**1453**
凯里市	10	14	19	11	3	5	1375	965	98
黄平县	1	8	10	9		1	860	528	118
施秉县	2		10	7	1	2	404	262	35
三穗县	2		18	16	1	1	527	340	65
镇远县			23	22		1	579	413	90
岑巩县	3	4	10	9		1	723	540	69
天柱县	2	4	16	14	2		851	638	41
锦屏县	4	5	39	38		1	433	256	81
剑河县	5	1	5	3	1	1	585	353	122
台江县	2	1	9	5	2	2	697	579	30
黎平县	1	1	22	18	1	3	1162	782	71
榕江县	7	4	18	11	1	6	1251	747	244
从江县	6		69	56	6	7	1311	974	146
雷山县	1		11	9	2		617	416	107
麻江县	2	1	15	8	1	6	570	347	107
丹寨县	12	4	11	6	1	4	483	306	29
黔南布依族苗族自治州	**70**	**52**	**189**	**116**	**21**	**52**	**11091**	**6976**	**1522**
都匀市	21	12	43	32	3	8	1455	616	352
福泉市	3	9	16	7	2	7	1175	758	192
荔波县	2	2	17	11		6	795	376	265
贵定县	8	4	7	3	2	2	982	562	159
瓮安县	1	5	14	7	2	5	902	601	94
独山县	13	5	12	2	4	6	802	517	85
平塘县	2	4	16	12	2	2	911	674	46
罗甸县	2		12	6	1	5	545	392	51
长顺县		1	10	5	1	4	781	558	43
龙里县	3	1	14	8	2	4	953	659	134
惠水县	7	3	18	17	1		1074	702	77
三都水族自治县	8	6	10	6	1	3	716	561	24

4-4c　续表 34　　　　单位：人

地　区 性　别	制造业		电力、热力、燃气及水生产和供应业				建筑业		
	废弃资源综合利用业	金属制品、机械和设备修理业	小计	电力、热力生产和供应业	燃气生产和供应业	水的生产和供应业	小计	房屋建筑业	土木工程建筑业
女	**265**	**47**	**596**	**376**	**81**	**139**	**19769**	**15163**	**1344**
贵　州	**265**	**47**	**596**	**376**	**81**	**139**	**19769**	**15163**	**1344**
贵阳市	**15**	**3**	**54**	**30**	**7**	**17**	**1012**	**704**	**100**
南明区		1	3	1		2	104	56	24
云岩区									
花溪区	6	1	4	2	1	1	273	193	20
乌当区	4		7			7	82	51	10
白云区			1			1	31	20	3
观山湖区			6	1	2	3	84	74	3
开阳县			7	5		2	102	79	11
息烽县	2		3	2		1	71	46	13
修文县	2	1	7	3	4		96	73	7
清镇市	1		16	16			169	112	9
六盘水市	**28**	**5**	**99**	**77**	**6**	**16**	**2120**	**1699**	**131**
钟山区			3	3			84	39	30
六枝特区	2	1	17	15	2		420	320	17
水城县	10	3	18	9	3	6	744	622	43
盘州市	16	1	61	50	1	10	872	718	41
遵义市	**21**	**6**	**118**	**75**	**15**	**28**	**2627**	**1985**	**277**
红花岗区	1		6	2	1	3	164	128	14
汇川区			4	1		3	111	83	9
播州区		3	19	16		3	297	211	34
桐梓县		1	12	7	1	4	278	171	61
绥阳县	2		6	5	1		161	118	21
正安县			7	1	3	3	270	206	25
道真仡佬族苗族自治县		1	5	2	2	1	98	68	14
务川仡佬族苗族自治县			1	1			267	222	8
凤冈县	4		3		2	1	139	116	8
湄潭县	7		2	2			84	67	4
余庆县			7	6		1	92	47	34
习水县	2		22	13	3	6	336	282	19
赤水市	1		15	12	1	2	96	82	2
仁怀市	4	1	9	7	1	1	234	184	24
安顺市	**33**	**2**	**40**	**23**	**10**	**7**	**1190**	**858**	**53**
西秀区	10	1	9	2	3	4	251	191	12
平坝区	1	1	5	3	1	1	108	83	5
普定县	9		7	1	5	1	287	199	13
镇宁布依族苗族自治县	3		4	4			196	135	4
关岭布依族苗族自治县	8		12	11	1		182	110	10
紫云苗族布依族自治县	2		3	2		1	166	140	9
毕节市	**65**	**9**	**73**	**45**	**10**	**18**	**2893**	**2232**	**202**
七星关区	6		7	1	2	4	377	289	21
大方县	5		12	7	1	4	325	255	18
黔西县	2	2	4	2	2		208	144	13
金沙县	1	2	12	8		4	119	90	9
织金县	10	1	3	2		1	429	371	12
纳雍县	34		14	13		1	326	241	24
威宁彝族回族苗族自治县	4	4	11	5	2	4	629	493	49
赫章县	3		10	7	3		480	349	56

4-4c 续表 35 单位：人

地区 性别	制造业		电力、热力、燃气及水生产和供应业				建筑业		
	废弃资源综合利用业	金属制品、机械和设备修理业	小计	电力、热力生产和供应业	燃气生产和供应业	水的生产和供应业	小计	房屋建筑业	土木工程建筑业
铜仁市	**23**	**9**	**42**	**20**	**7**	**15**	**2654**	**2126**	**109**
碧江区	3		4	2	1	1	75	54	2
万山区	3		4	2		2	81	54	3
江口县		1	5	2	1	2	79	47	4
玉屏侗族自治县	3	1	3	3			75	56	8
石阡县		1	3	1	2		497	426	22
思南县	4		6	4	1	1	527	418	10
印江土家族苗族自治县	2	2	1			1	271	234	19
德江县	3	4	6	2		4	302	229	16
沿河土家族自治县			3		1	2	490	423	13
松桃苗族自治县	5		7	4	1	2	257	185	12
黔西南布依族苗族自治州	**27**	**1**	**70**	**49**	**7**	**14**	**2213**	**1686**	**106**
兴义市	6	1	28	19	4	5	583	426	44
兴仁市	5		3	2		1	273	197	10
普安县	1		13	9		4	239	180	12
晴隆县	4		3	2	1		311	263	6
贞丰县	8		10	7	1	2	204	144	7
望谟县	1		1	1			214	174	9
册亨县			2		1	1	150	118	3
安龙县	2		10	9		1	239	184	15
黔东南苗族侗族自治州	**21**	**6**	**67**	**40**	**10**	**17**	**2709**	**2139**	**185**
凯里市	3	1	10	3	2	5	361	295	18
黄平县		3	4	2		2	227	156	25
施秉县	1						77	58	6
三穗县			5	5			83	57	8
镇远县			5	5			115	87	9
岑巩县	1		1	1			158	125	15
天柱县	1		4	3	1		134	113	1
锦屏县	2		9	7		2	82	61	9
剑河县	3	1	2	1	1		141	106	14
台江县	2		1	1			181	158	3
黎平县	1	1	3	3			256	195	9
榕江县			5	1	1	3	261	199	26
从江县	1		8	5	1	2	289	248	16
雷山县			6	1	3	2	117	101	8
麻江县	2		2	1		1	110	84	13
丹寨县	4		2	1	1		117	96	5
黔南布依族苗族自治州	**32**	**6**	**33**	**17**	**9**	**7**	**2351**	**1734**	**181**
都匀市	14		6	2	3	1	360	219	45
福泉市	3	3	3	3			188	134	29
荔波县	1		1	1			154	106	23
贵定县	4		5	1	3	1	176	98	24
瓮安县		1	2	2			184	143	5
独山县	4	1	2	1		1	163	142	5
平塘县	2	1	2			2	204	165	2
罗甸县			2	2			136	108	6
长顺县			3	1	1	1	182	135	11
龙里县			3	2	1		182	140	17
惠水县	1		4	2	1	1	272	210	11
三都水族自治县	3						150	134	3

4-4c　续表 36　　　　　　　　　　　　　　　　　　　　　　　　　　　　单位：人

地　区 性　别	建筑业		批发和零售业			交通运输、仓储和邮政业			
	建　筑 安装业	建筑装饰、装修和其他建筑业	小计	批发业	零售业	小计	铁　路 运输业	道　路 运输业	水　上 运输业
贵　州	**4119**	**21506**	**43271**	**8966**	**34305**	**25064**	**429**	**17439**	**90**
贵阳市	**368**	**1781**	**4521**	**1090**	**3431**	**3251**	**52**	**2370**	**19**
南明区	28	105	428	86	342	315	5	217	
云岩区									
花溪区	65	380	908	220	688	609	3	391	3
乌当区	31	127	535	184	351	366	4	255	2
白云区	11	54	137	30	107	116	5	86	
观山湖区	17	91	478	130	348	421	2	359	2
开阳县	42	135	426	50	376	263	5	194	
息烽县	45	148	294	77	217	209	14	149	
修文县	48	264	529	148	381	326	6	259	3
清镇市	81	477	786	165	621	626	8	460	9
六盘水市	**279**	**1784**	**3817**	**654**	**3163**	**2572**	**83**	**1809**	**5**
钟山区	16	61	120	21	99	90		67	
六枝特区	65	456	783	128	655	474	8	297	3
水城县	95	461	1177	184	993	732	16	473	1
盘州市	103	806	1737	321	1416	1276	59	972	1
遵义市	**680**	**2932**	**7160**	**1477**	**5683**	**3871**	**57**	**2808**	**19**
红花岗区	58	188	544	134	410	290	6	217	2
汇川区	84	144	339	99	240	232	2	183	
播州区	115	421	1168	266	902	699	28	510	7
桐梓县	40	347	624	103	521	417	9	243	
绥阳县	30	193	474	81	393	221	1	164	
正安县	43	255	558	78	480	220		160	1
道真仡佬族苗族自治县	19	111	234	43	191	102	1	74	
务川仡佬族苗族自治县	16	133	209	47	162	102		72	
凤冈县	30	131	333	47	286	153	1	107	1
湄潭县	46	152	497	115	382	267	4	184	1
余庆县	8	120	290	52	238	135		104	
习水县	89	365	742	161	581	410	4	331	2
赤水市	33	105	269	41	228	146	1	121	2
仁怀市	69	267	879	210	669	477		338	3
安顺市	**369**	**1947**	**3958**	**961**	**2997**	**1991**	**21**	**1271**	**6**
西秀区	99	477	1409	445	964	551	14	404	2
平坝区	76	248	488	104	384	289	2	194	1
普定县	55	454	749	99	650	418	1	250	
镇宁布依族苗族自治县	43	298	439	145	294	220	1	140	2
关岭布依族苗族自治县	53	315	499	115	384	170		124	
紫云苗族布依族自治县	43	155	374	53	321	343	3	159	1
毕节市	**592**	**3579**	**6791**	**1027**	**5764**	**4340**	**43**	**2996**	**18**
七星关区	95	544	1049	169	880	580	2	393	1
大方县	90	477	939	125	814	534	4	388	2
黔西县	99	401	754	124	630	447	7	331	2
金沙县	45	240	544	99	445	331	1	277	1
织金县	64	440	712	51	661	677	4	439	5
纳雍县	73	372	769	129	640	467	6	283	2
威宁彝族回族苗族自治县	64	619	1078	199	879	689	18	425	3
赫章县	62	486	946	131	815	615	1	460	2

4-4c 续表 37 单位：人

地区 性别	建筑业		批发和零售业			交通运输、仓储和邮政业			
	建筑安装业	建筑装饰、装修和其他建筑业	小计	批发业	零售业	小计	铁路运输业	道路运输业	水上运输业
铜仁市	**502**	**2473**	**4164**	**1198**	**2966**	**1913**	**28**	**1227**	**6**
碧江区	23	117	270	127	143	127		89	1
万山区	26	148	241	46	195	123	1	91	
江口县	36	210	491	263	228	153		83	
玉屏侗族自治县	15	98	207	48	159	130	14	81	
石阡县	108	254	398	41	357	146	1	113	
思南县	49	447	560	191	369	252	1	155	2
印江土家族苗族自治县	50	124	369	36	333	153	5	111	
德江县	41	279	438	51	387	317	1	164	1
沿河土家族自治县	56	335	457	92	365	222	2	142	1
松桃苗族自治县	98	461	733	303	430	290	3	198	1
黔西南布依族苗族自治州	**393**	**2003**	**4121**	**1086**	**3035**	**2152**	**26**	**1490**	**7**
兴义市	113	593	1221	283	938	724	9	479	4
兴仁市	60	296	519	161	358	279	3	193	
普安县	40	208	285	49	236	147	1	111	1
晴隆县	32	189	321	71	250	176	4	120	
贞丰县	50	212	497	182	315	197		146	
望谟县	24	161	350	99	251	198	1	120	1
册亨县	11	102	340	121	219	139	4	89	
安龙县	63	242	588	120	468	292	4	232	1
黔东南苗族侗族自治州	**456**	**2458**	**4737**	**878**	**3859**	**2461**	**73**	**1744**	**9**
凯里市	48	312	495	93	402	314	10	227	
黄平县	20	240	344	122	222	167	6	117	
施秉县	33	87	153	27	126	76	5	49	1
三穗县	35	105	265	57	208	109	5	77	
镇远县	17	78	164	24	140	99	15	67	
岑巩县	26	106	238	63	175	108	6	73	1
天柱县	44	148	378	58	320	207	3	154	
锦屏县	18	90	212	34	178	131		95	
剑河县	32	99	249	45	204	175	1	116	6
台江县	15	93	182	27	155	72	1	51	
黎平县	15	346	594	106	488	260		186	
榕江县	55	241	443	65	378	236	13	166	1
从江县	36	180	521	86	435	210	5	156	
雷山县	18	84	137	22	115	78		61	
麻江县	20	109	175	33	142	106	3	79	
丹寨县	24	140	187	16	171	113		70	
黔南布依族苗族自治州	**480**	**2549**	**4002**	**595**	**3407**	**2513**	**46**	**1724**	**1**
都匀市	95	488	582	91	491	441	6	273	
福泉市	51	199	341	43	298	322	1	245	
荔波县	15	164	250	28	222	130		107	
贵定县	41	274	195	4	191	155	12	106	
瓮安县	29	214	338	50	288	238		182	
独山县	38	178	365	58	307	216	19	125	
平塘县	11	217	391	51	340	157	1	116	
罗甸县	24	100	184	24	160	110		72	
长顺县	25	191	277	38	239	147		109	
龙里县	44	141	236	35	201	210	3	106	
惠水县	87	259	468	132	336	225	3	170	1
三都水族自治县	20	124	375	41	334	162	1	113	

4-4c　续表 38　　　　单位：人

地　区 性　别	建筑业		批发和零售业			交通运输、仓储和邮政业			
	建　筑 安装业	建筑装 饰、装修 和其他 建筑业	小计	批发业	零售业	小计	铁　路 运输业	道　路 运输业	水　上 运输业
男	**3793**	**18570**	**20891**	**5415**	**15476**	**22000**	**303**	**16240**	**74**
贵　州	**3793**	**18570**	**20891**	**5415**	**15476**	**22000**	**303**	**16240**	**74**
贵阳市	**347**	**1594**	**2253**	**692**	**1561**	**2846**	**33**	**2169**	**14**
南明区	24	85	201	58	143	262	5	185	
云岩区									
花溪区	62	323	462	147	315	530	2	361	2
乌当区	28	109	256	124	132	323	3	241	2
白云区	11	46	79	23	56	105	4	82	
观山湖区	16	85	215	71	144	341	1	295	2
开阳县	39	126	211	36	175	237	3	185	
息烽县	43	138	151	47	104	183	7	139	
修文县	46	250	278	81	197	300	4	247	1
清镇市	78	432	400	105	295	565	4	434	7
六盘水市	**251**	**1522**	**1807**	**417**	**1390**	**2219**	**54**	**1662**	**3**
钟山区	11	51	56	14	42	83		63	
六枝特区	59	379	388	86	302	418	7	282	2
水城县	83	394	595	121	474	618	13	428	
盘州市	98	698	768	196	572	1100	34	889	1
遵义市	**637**	**2610**	**3488**	**903**	**2585**	**3482**	**45**	**2650**	**15**
红花岗区	57	167	266	71	195	250	3	203	2
汇川区	80	129	180	63	117	213	1	176	
播州区	105	379	577	172	405	634	25	481	5
桐梓县	37	304	295	56	239	363	6	227	
绥阳县	29	172	215	51	164	204	1	157	
正安县	38	221	246	51	195	201		153	1
道真仡佬族苗族自治县	19	95	103	26	77	87	1	68	
务川仡佬族苗族自治县	11	101	106	33	73	87		69	
凤冈县	29	117	163	33	130	141	1	102	1
湄潭县	42	143	232	61	171	234	3	170	1
余庆县	8	109	128	32	96	119		92	
习水县	84	335	334	93	241	373	4	307	2
赤水市	32	94	123	28	95	128		110	
仁怀市	66	244	520	133	387	448		335	3
安顺市	**343**	**1694**	**1949**	**592**	**1357**	**1699**	**10**	**1164**	**5**
西秀区	90	438	712	285	427	459	5	354	2
平坝区	75	229	255	73	182	261	1	185	1
普定县	53	381	343	56	287	368	1	235	
镇宁布依族苗族自治县	38	246	213	85	128	189		131	1
关岭布依族苗族自治县	46	260	255	60	195	146		112	
紫云苗族布依族自治县	41	140	171	33	138	276	3	147	1
毕节市	**540**	**3172**	**3378**	**648**	**2730**	**3822**	**33**	**2828**	**15**
七星关区	88	484	565	99	466	526	1	379	
大方县	83	432	480	89	391	478	4	372	2
黔西县	95	354	375	79	296	413	5	320	2
金沙县	42	223	262	58	204	304	1	266	1
织金县	60	398	335	37	298	579	3	407	4
纳雍县	60	324	386	75	311	403	5	264	2
威宁彝族回族苗族自治县	61	535	558	133	425	575	14	393	2
赫章县	51	422	417	78	339	544		427	2

4-4c 续表 39 单位：人

地 区 性 别	建筑业		批发和零售业			交通运输、仓储和邮政业			
	建筑安装业	建筑装饰、装修和其他建筑业	小计	批发业	零售业	小计	铁路运输业	道路运输业	水上运输业
铜仁市	**467**	**2089**	**1959**	**695**	**1264**	**1653**	**16**	**1158**	**6**
碧江区	21	100	137	81	56	115		85	1
万山区	26	124	126	33	93	109		86	
江口县	35	183	251	145	106	129		82	
玉屏侗族自治县	14	88	94	33	61	112	7	77	
石阡县	100	213	175	32	143	132	1	110	
思南县	43	354	252	96	156	211		143	2
印江土家族苗族自治县	47	109	181	26	155	143	3	107	
德江县	37	226	187	30	157	250	1	153	1
沿河土家族自治县	50	287	193	41	152	189	1	127	1
松桃苗族自治县	94	405	363	178	185	263	3	188	1
黔西南布依族苗族自治州	**349**	**1626**	**1935**	**573**	**1362**	**1871**	**17**	**1368**	**7**
兴义市	104	489	565	147	418	632	6	437	4
兴仁市	47	243	232	80	152	237	1	176	
普安县	33	168	144	32	112	134	1	107	1
晴隆县	28	151	144	33	111	145	3	104	
贞丰县	44	165	247	93	154	170		131	
望谟县	22	132	169	51	118	173	1	114	1
册亨县	9	75	162	66	96	117	2	84	
安龙县	62	203	272	71	201	263	3	215	1
黔东南苗族侗族自治州	**425**	**2104**	**2270**	**539**	**1731**	**2184**	**53**	**1628**	**9**
凯里市	46	266	251	61	190	279	6	212	
黄平县	19	195	165	64	101	138	2	105	
施秉县	32	75	66	13	53	66	4	43	1
三穗县	32	90	130	37	93	96	4	71	
镇远县	16	60	82	19	63	82	12	58	
岑巩县	23	91	114	31	83	94	2	71	1
天柱县	42	130	179	37	142	186	3	144	
锦屏县	17	79	102	20	82	116		90	
剑河县	29	81	116	23	93	162	1	113	6
台江县	11	77	77	13	64	62	1	49	
黎平县	15	294	287	70	217	235		172	
榕江县	52	208	207	45	162	223	13	161	1
从江县	32	159	265	60	205	174	3	138	
雷山县	18	76	66	16	50	72		61	
麻江县	18	98	80	23	57	95	2	72	
丹寨县	23	125	83	7	76	104		68	
黔南布依族苗族自治州	**434**	**2159**	**1852**	**356**	**1496**	**2224**	**42**	**1613**	
都匀市	86	401	277	53	224	376	4	254	
福泉市	49	176	155	24	131	297	1	237	
荔波县	14	140	111	18	93	122		103	
贵定县	34	227	79	2	77	141	12	98	
瓮安县	24	183	142	30	112	205		162	
独山县	36	164	173	33	140	189	18	115	
平塘县	10	181	172	32	140	140	1	108	
罗甸县	22	80	97	17	80	97		66	
长顺县	21	159	133	26	107	135		104	
龙里县	43	117	108	24	84	173	3	98	
惠水县	76	219	232	76	156	204	2	160	
三都水族自治县	19	112	173	21	152	145	1	108	

4-4c　续表 40　　　　　　　　　　　　　　　　　　　　　　　　　　　　单位：人

地区 性别	建筑业		批发和零售业			交通运输、仓储和邮政业			
	建筑安装业	建筑装饰、装修和其他建筑业	小计	批发业	零售业	小计	铁路运输业	道路运输业	水上运输业
女	**326**	**2936**	**22380**	**3551**	**18829**	**3064**	**126**	**1199**	**16**
贵　州	**326**	**2936**	**22380**	**3551**	**18829**	**3064**	**126**	**1199**	**16**
贵阳市	**21**	**187**	**2268**	**398**	**1870**	**405**	**19**	**201**	**5**
南明区	4	20	227	28	199	53		32	
云岩区									
花溪区	3	57	446	73	373	79	1	30	1
乌当区	3	18	279	60	219	43	1	14	
白云区		8	58	7	51	11	1	4	
观山湖区	1	6	263	59	204	80	1	64	
开阳县	3	9	215	14	201	26	2	9	
息烽县	2	10	143	30	113	26	7	10	
修文县	2	14	251	67	184	26	2	12	2
清镇市	3	45	386	60	326	61	4	26	2
六盘水市	**28**	**262**	**2010**	**237**	**1773**	**353**	**29**	**147**	**2**
钟山区	5	10	64	7	57	7		4	
六枝特区	6	77	395	42	353	56	1	15	1
水城县	12	67	582	63	519	114	3	45	1
盘州市	5	108	969	125	844	176	25	83	
遵义市	**43**	**322**	**3672**	**574**	**3098**	**389**	**12**	**158**	**4**
红花岗区	1	21	278	63	215	40	3	14	
汇川区	4	15	159	36	123	19	1	7	
播州区	10	42	591	94	497	65	3	29	2
桐梓县	3	43	329	47	282	54	3	16	
绥阳县	1	21	259	30	229	17		7	
正安县	5	34	312	27	285	19		7	
道真仡佬族苗族自治县		16	131	17	114	15		6	
务川仡佬族苗族自治县	5	32	103	14	89	15		3	
凤冈县	1	14	170	14	156	12		5	
湄潭县	4	9	265	54	211	33	1	14	
余庆县		11	162	20	142	16		12	
习水县	5	30	408	68	340	37		24	
赤水市	1	11	146	13	133	18	1	11	2
仁怀市	3	23	359	77	282	29		3	
安顺市	**26**	**253**	**2009**	**369**	**1640**	**292**	**11**	**107**	**1**
西秀区	9	39	697	160	537	92	9	50	
平坝区	1	19	233	31	202	28	1	9	
普定县	2	73	406	43	363	50		15	
镇宁布依族苗族自治县	5	52	226	60	166	31	1	9	1
关岭布依族苗族自治县	7	55	244	55	189	24		12	
紫云苗族布依族自治县	2	15	203	20	183	67		12	
毕节市	**52**	**407**	**3413**	**379**	**3034**	**518**	**10**	**168**	**3**
七星关区	7	60	484	70	414	54	1	14	1
大方县	7	45	459	36	423	56		16	
黔西县	4	47	379	45	334	34	2	11	
金沙县	3	17	282	41	241	27		11	
织金县	4	42	377	14	363	98	1	32	1
纳雍县	13	48	383	54	329	64	1	19	
威宁彝族回族苗族自治县	3	84	520	66	454	114	4	32	1
赫章县	11	64	529	53	476	71	1	33	

4-4c 续表 41 单位：人

地区 性别	建筑业		批发和零售业			交通运输、仓储和邮政业			
	建筑安装业	建筑装饰、装修和其他建筑业	小计	批发业	零售业	小计	铁路运输业	道路运输业	水上运输业
铜仁市	**35**	**384**	**2205**	**503**	**1702**	**260**	**12**	**69**	
碧江区	2	17	133	46	87	12		4	
万山区		24	115	13	102	14	1	5	
江口县	1	27	240	118	122	24		1	
玉屏侗族自治县	1	10	113	15	98	18	7	4	
石阡县	8	41	223	9	214	14		3	
思南县	6	93	308	95	213	41	1	12	
印江土家族苗族自治县	3	15	188	10	178	10	2	4	
德江县	4	53	251	21	230	67		11	
沿河土家族自治县	6	48	264	51	213	33	1	15	
松桃苗族自治县	4	56	370	125	245	27		10	
黔西南布依族苗族自治州	**44**	**377**	**2186**	**513**	**1673**	**281**	**9**	**122**	
兴义市	9	104	656	136	520	92	3	42	
兴仁市	13	53	287	81	206	42	2	17	
普安县	7	40	141	17	124	13		4	
晴隆县	4	38	177	38	139	31	1	16	
贞丰县	6	47	250	89	161	27		15	
望谟县	2	29	181	48	133	25		6	
册亨县	2	27	178	55	123	22	2	5	
安龙县	1	39	316	49	267	29	1	17	
黔东南苗族侗族自治州	**31**	**354**	**2467**	**339**	**2128**	**277**	**20**	**116**	
凯里市	2	46	244	32	212	35	4	15	
黄平县	1	45	179	58	121	29	4	12	
施秉县	1	12	87	14	73	10	1	6	
三穗县	3	15	135	20	115	13	1	6	
镇远县	1	18	82	5	77	17	3	9	
岑巩县	3	15	124	32	92	14	4	2	
天柱县	2	18	199	21	178	21		10	
锦屏县	1	11	110	14	96	15		5	
剑河县	3	18	133	22	111	13		3	
台江县	4	16	105	14	91	10		2	
黎平县		52	307	36	271	25		14	
榕江县	3	33	236	20	216	13		5	
从江县	4	21	256	26	230	36	2	18	
雷山县		8	71	6	65	6			
麻江县	2	11	95	10	85	11	1	7	
丹寨县	1	15	104	9	95	9		2	
黔南布依族苗族自治州	**46**	**390**	**2150**	**239**	**1911**	**289**	**4**	**111**	**1**
都匀市	9	87	305	38	267	65	2	19	
福泉市	2	23	186	19	167	25		8	
荔波县	1	24	139	10	129	8		4	
贵定县	7	47	116	2	114	14		8	
瓮安县	5	31	196	20	176	33		20	
独山县	2	14	192	25	167	27	1	10	
平塘县	1	36	219	19	200	17		8	
罗甸县	2	20	87	7	80	13		6	
长顺县	4	32	144	12	132	12		5	
龙里县	1	24	128	11	117	37		8	
惠水县	11	40	236	56	180	21	1	10	1
三都水族自治县	1	12	202	20	182	17		5	

4-4c 续表 42

单位：人

地区 性别	交通运输、仓储和邮政业					住宿和餐饮业		
	航空运输业	管道运输业	多式联运和运输代理业	装卸搬运和仓储业	邮政业	小计	住宿业	餐饮业
贵州	**135**	**11**	**227**	**4526**	**2207**	**20786**	**2336**	**18450**
贵阳市	**35**		**25**	**462**	**288**	**2547**	**318**	**2229**
南明区	9		1	58	25	200	30	170
云岩区								
花溪区	10		12	123	67	533	62	471
乌当区	12		3	45	45	285	42	243
白云区			1	15	9	77	12	65
观山湖区	2		2	33	21	211	21	190
开阳县	1			41	22	167	10	157
息烽县			1	25	20	191	15	176
修文县				36	22	341	87	254
清镇市	1		5	86	57	542	39	503
六盘水市	**14**	**3**	**13**	**462**	**183**	**2042**	**193**	**1849**
钟山区	7			7	9	126	14	112
六枝特区	1	1	6	125	33	379	24	355
水城县	1			189	52	609	47	562
盘州市	5	2	7	141	89	928	108	820
遵义市	**22**		**52**	**541**	**372**	**3219**	**346**	**2873**
红花岗区	9		2	27	27	264	36	228
汇川区	1		2	28	16	177	9	168
播州区	2		8	81	63	451	39	412
桐梓县	1		9	94	61	337	46	291
绥阳县	2		6	20	28	195	17	178
正安县			1	42	16	254	21	233
道真仡佬族苗族自治县			2	18	7	84	5	79
务川仡佬族苗族自治县			2	19	9	79	5	74
凤冈县				21	23	115	8	107
湄潭县				43	35	223	30	193
余庆县			2	13	16	114	12	102
习水县	3		4	41	25	333	45	288
赤水市			2	12	8	206	31	175
仁怀市	4		12	82	38	387	42	345
安顺市	**4**	**1**	**28**	**452**	**208**	**2069**	**236**	**1833**
西秀区	3		9	55	64	747	114	633
平坝区			6	40	46	348	28	320
普定县	1		2	128	36	379	25	354
镇宁布依族苗族自治县			5	48	24	212	34	178
关岭布依族苗族自治县			4	23	19	215	19	196
紫云苗族布依族自治县		1	2	158	19	168	16	152
毕节市	**33**	**3**	**22**	**917**	**308**	**3333**	**293**	**3040**
七星关区	3	1	5	129	46	430	41	389
大方县	25			74	41	478	37	441
黔西县	1		1	69	36	362	20	342
金沙县		2		24	26	273	30	243
织金县			5	195	29	375	29	346
纳雍县				151	25	352	27	325
威宁彝族回族苗族自治县	2		8	181	52	614	57	557
赫章县	2		3	94	53	449	52	397

4-4c 续表 43

单位：人

地区 性别	交通运输、仓储和邮政业					住宿和餐饮业		
	航空运输业	管道运输业	多式联运和运输代理业	装卸搬运和仓储业	邮政业	小计	住宿业	餐饮业
铜仁市	**7**		**29**	**437**	**179**	**1919**	**222**	**1697**
碧江区			1	23	13	155	12	143
万山区	2		5	11	13	159	29	130
江口县			6	48	16	189	34	155
玉屏侗族自治县	1		6	20	8	103	6	97
石阡县			1	14	17	219	30	189
思南县	2		4	58	30	225	25	200
印江土家族苗族自治县			3	22	12	183	18	165
德江县	2		1	130	18	158	15	143
沿河土家族自治县				58	19	209	16	193
松桃苗族自治县			2	53	33	319	37	282
黔西南布依族苗族自治州	**6**	**2**	**24**	**435**	**162**	**1641**	**175**	**1466**
兴义市	3		3	169	57	542	73	469
兴仁市			4	62	17	192	16	176
普安县	1	1	1	21	10	120	14	106
晴隆县		1	6	35	10	122	15	107
贞丰县	1		5	28	17	180	26	154
望谟县	1			58	17	100	5	95
册亨县			3	30	13	133	11	122
安龙县			2	32	21	252	15	237
黔东南苗族侗族自治州	**9**		**22**	**370**	**234**	**2054**	**237**	**1817**
凯里市	1		10	37	29	262	30	232
黄平县			1	27	16	126	12	114
施秉县			1	16	4	72	10	62
三穗县			4	15	8	110	16	94
镇远县				2	15	63	9	54
岑巩县	2			22	4	90	8	82
天柱县			4	23	23	166	15	151
锦屏县				23	13	94	20	74
剑河县	1		1	35	15	106	18	88
台江县				10	10	80	10	70
黎平县	4			39	31	204	21	183
榕江县				40	16	205	20	185
从江县			1	28	20	161	14	147
雷山县	1			4	12	135	18	117
麻江县				18	6	67	4	63
丹寨县				31	12	113	12	101
黔南布依族苗族自治州	**5**	**2**	**12**	**450**	**273**	**1962**	**316**	**1646**
都匀市		1		125	36	296	31	265
福泉市			2	48	26	196	9	187
荔波县	1		1	8	13	248	122	126
贵定县	1			14	22	145	22	123
瓮安县		1	2	44	9	160	15	145
独山县	1			58	13	128	20	108
平塘县				20	20	140	33	107
罗甸县				25	13	63	3	60
长顺县			1	24	13	131	10	121
龙里县			2	21	78	135	23	112
惠水县	2		4	27	18	213	17	196
三都水族自治县				36	12	107	11	96

4-4c 续表 44

单位：人

地区 性别	交通运输、仓储和邮政业					住宿和餐饮业		
	航空运输业	管道运输业	多式联运和运输代理业	装卸搬运和仓储业	邮政业	小计	住宿业	餐饮业
男	**79**	**9**	**197**	**3512**	**1586**	**8270**	**806**	**7464**
贵州	**79**	**9**	**197**	**3512**	**1586**	**8270**	**806**	**7464**
贵阳市	**17**		**18**	**390**	**205**	**1044**	**101**	**943**
南明区	6		1	50	15	92	13	79
云岩区								
花溪区	4		9	107	45	214	21	193
乌当区	3		1	35	38	115	8	107
白云区			1	12	6	22	2	20
观山湖区	2		1	27	13	100	4	96
开阳县	1			36	12	62	2	60
息烽县				21	16	82	6	76
修文县				31	17	146	35	111
清镇市	1		5	71	43	211	10	201
六盘水市	**11**	**2**	**11**	**346**	**130**	**806**	**71**	**735**
钟山区	5			7	8	47	5	42
六枝特区	1	1	5	97	23	148	12	136
水城县				139	38	231	17	214
盘州市	5	1	6	103	61	380	37	343
遵义市	**14**		**47**	**433**	**278**	**1289**	**118**	**1171**
红花岗区	6		1	19	16	99	8	91
汇川区			2	22	12	70	1	69
播州区	1		8	69	45	188	8	180
桐梓县			9	68	53	142	18	124
绥阳县	2		6	19	19	64	3	61
正安县			1	32	14	102	7	95
道真仡佬族苗族自治县			2	12	4	24	1	23
务川仡佬族苗族自治县			1	12	5	28	1	27
凤冈县				20	17	50	3	47
湄潭县				34	26	87	17	70
余庆县			2	12	13	44	2	42
习水县	3		4	37	16	154	25	129
赤水市				12	6	88	9	79
仁怀市	2		11	65	32	149	15	134
安顺市	**2**	**1**	**25**	**347**	**145**	**886**	**70**	**816**
西秀区	1		9	44	44	324	32	292
平坝区			6	34	34	142	6	136
普定县	1		2	102	27	165	7	158
镇宁布依族苗族自治县			3	37	17	82	11	71
关岭布依族苗族自治县			3	19	12	106	9	97
紫云苗族布依族自治县		1	2	111	11	67	5	62
毕节市	**18**	**3**	**20**	**691**	**214**	**1383**	**127**	**1256**
七星关区	2	1	5	107	31	187	21	166
大方县	12			60	28	209	10	199
黔西县	1		1	56	28	161	5	156
金沙县		2		20	14	137	15	122
织金县			5	143	17	160	13	147
纳雍县				112	20	143	13	130
威宁彝族回族苗族自治县	1		6	121	38	207	23	184
赫章县	2		3	72	38	179	27	152

4－4c 续表 45 单位：人

地区 性别	交通运输、仓储和邮政业					住宿和餐饮业		
	航空运输业	管道运输业	多式联运和运输代理业	装卸搬运和仓储业	邮政业	小计	住宿业	餐饮业
铜仁市	**5**		**25**	**312**	**131**	**657**	**89**	**568**
碧江区			1	18	10	64	5	59
万山区	2		5	8	8	57	12	45
江口县			4	31	12	68	13	55
玉屏侗族自治县	1		6	15	6	39	1	38
石阡县				11	10	69	8	61
思南县	2		4	39	21	70	10	60
印江土家族苗族自治县			2	19	12	74	8	66
德江县			1	82	12	55	7	48
沿河土家族自治县				47	13	53	5	48
松桃苗族自治县			2	42	27	108	20	88
黔西南布依族苗族自治州	**5**	**2**	**21**	**336**	**115**	**606**	**48**	**558**
兴义市	3		2	140	40	204	18	186
兴仁市			4	43	13	71	4	67
普安县	1	1	1	17	5	46	6	40
晴隆县		1	5	24	8	36	5	31
贞丰县			4	25	10	64	5	59
望谟县	1			40	16	44	2	42
册亨县			3	19	9	47	3	44
安龙县			2	28	14	94	5	89
黔东南苗族侗族自治州	**5**		**18**	**299**	**172**	**815**	**68**	**747**
凯里市	1		9	32	19	123	9	114
黄平县			1	21	9	46	2	44
施秉县			1	14	3	25	3	22
三穗县			3	12	6	41	4	37
镇远县				2	10	31	2	29
岑巩县	1			16	3	24	2	22
天柱县			2	22	15	65	5	60
锦屏县				16	10	32	6	26
剑河县			1	28	13	37	3	34
台江县				5	7	31	5	26
黎平县	3			35	25	76	5	71
榕江县				34	14	87	8	79
从江县			1	16	16	66	3	63
雷山县				4	7	56	5	51
麻江县				16	5	27	2	25
丹寨县				26	10	48	4	44
黔南布依族苗族自治州	**2**	**1**	**12**	**358**	**196**	**784**	**114**	**670**
都匀市				88	30	130	10	120
福泉市			2	41	16	78	2	76
荔波县			1	8	10	108	51	57
贵定县	1			12	18	45	7	38
瓮安县		1	2	32	8	64	3	61
独山县				49	7	55	7	48
平塘县				16	15	56	11	45
罗甸县				20	11	23		23
长顺县			1	22	8	38	3	35
龙里县			2	21	49	50	8	42
惠水县	1		4	22	15	93	9	84
三都水族自治县				27	9	44	3	41

4-4c 续表 46

单位：人

地区 性别	交通运输、仓储和邮政业					住宿和餐饮业		
	航空运输业	管道运输业	多式联运和运输代理业	装卸搬运和仓储业	邮政业	小计	住宿业	餐饮业
女	**56**	**2**	**30**	**1014**	**621**	**12516**	**1530**	**10986**
贵州	**56**	**2**	**30**	**1014**	**621**	**12516**	**1530**	**10986**
贵阳市	**18**		**7**	**72**	**83**	**1503**	**217**	**1286**
南明区	3			8	10	108	17	91
云岩区								
花溪区	6		3	16	22	319	41	278
乌当区	9		2	10	7	170	34	136
白云区				3	3	55	10	45
观山湖区			1	6	8	111	17	94
开阳县				5	10	105	8	97
息烽县			1	4	4	109	9	100
修文县				5	5	195	52	143
清镇市				15	14	331	29	302
六盘水市	**3**	**1**	**2**	**116**	**53**	**1236**	**122**	**1114**
钟山区	2				1	79	9	70
六枝特区			1	28	10	231	12	219
水城县	1			50	14	378	30	348
盘州市		1	1	38	28	548	71	477
遵义市	**8**		**5**	**108**	**94**	**1930**	**228**	**1702**
红花岗区	3		1	8	11	165	28	137
汇川区	1			6	4	107	8	99
播州区	1			12	18	263	31	232
桐梓县	1			26	8	195	28	167
绥阳县				1	9	131	14	117
正安县				10	2	152	14	138
道真仡佬族苗族自治县				6	3	60	4	56
务川仡佬族苗族自治县			1	7	4	51	4	47
凤冈县				1	6	65	5	60
湄潭县				9	9	136	13	123
余庆县				1	3	70	10	60
习水县				4	9	179	20	159
赤水市			2		2	118	22	96
仁怀市	2		1	17	6	238	27	211
安顺市	**2**		**3**	**105**	**63**	**1183**	**166**	**1017**
西秀区	2			11	20	423	82	341
平坝区				6	12	206	22	184
普定县				26	9	214	18	196
镇宁布依族苗族自治县			2	11	7	130	23	107
关岭布依族苗族自治县			1	4	7	109	10	99
紫云苗族布依族自治县				47	8	101	11	90
毕节市	**15**		**2**	**226**	**94**	**1950**	**166**	**1784**
七星关区	1			22	15	243	20	223
大方县	13			14	13	269	27	242
黔西县				13	8	201	15	186
金沙县				4	12	136	15	121
织金县				52	12	215	16	199
纳雍县				39	5	209	14	195
威宁彝族回族苗族自治县	1		2	60	14	407	34	373
赫章县				22	15	270	25	245

4-4c 续表 47 单位：人

地区 性别	交通运输、仓储和邮政业					住宿和餐饮业		
	航空运输业	管道运输业	多式联运和运输代理业	装卸搬运和仓储业	邮政业	小计	住宿业	餐饮业
铜仁市	**2**		**4**	**125**	**48**	**1262**	**133**	**1129**
碧江区				5	3	91	7	84
万山区				3	5	102	17	85
江口县			2	17	4	121	21	100
玉屏侗族自治县				5	2	64	5	59
石阡县			1	3	7	150	22	128
思南县				19	9	155	15	140
印江土家族苗族自治县			1	3		109	10	99
德江县	2			48	6	103	8	95
沿河土家族自治县				11	6	156	11	145
松桃苗族自治县				11	6	211	17	194
黔西南布依族苗族自治州	**1**		**3**	**99**	**47**	**1035**	**127**	**908**
兴义市			1	29	17	338	55	283
兴仁市				19	4	121	12	109
普安县				4	5	74	8	66
晴隆县			1	11	2	86	10	76
贞丰县	1		1	3	7	116	21	95
望谟县				18	1	56	3	53
册亨县				11	4	86	8	78
安龙县				4	7	158	10	148
黔东南苗族侗族自治州	**4**		**4**	**71**	**62**	**1239**	**169**	**1070**
凯里市			1	5	10	139	21	118
黄平县				6	7	80	10	70
施秉县				2	1	47	7	40
三穗县			1	3	2	69	12	57
镇远县					5	32	7	25
岑巩县	1			6	1	66	6	60
天柱县			2	1	8	101	10	91
锦屏县				7	3	62	14	48
剑河县	1			7	2	69	15	54
台江县				5	3	49	5	44
黎平县	1			4	6	128	16	112
榕江县				6	2	118	12	106
从江县				12	4	95	11	84
雷山县	1				5	79	13	66
麻江县				2	1	40	2	38
丹寨县				5	2	65	8	57
黔南布依族苗族自治州	**3**	**1**		**92**	**77**	**1178**	**202**	**976**
都匀市		1		37	6	166	21	145
福泉市				7	10	118	7	111
荔波县	1				3	140	71	69
贵定县				2	4	100	15	85
瓮安县				12	1	96	12	84
独山县	1			9	6	73	13	60
平塘县				4	5	84	22	62
罗甸县				5	2	40	3	37
长顺县				2	5	93	7	86
龙里县					29	85	15	70
惠水县	1			5	3	120	8	112
三都水族自治县				9	3	63	8	55

4-4c 续表 48

单位：人

地区 性别	信息传输、软件和信息技术服务业				金融业				
	小计	电信、广播电视和卫星传输服务	互联网和相关服务	软件和信息技术服务业	小计	货币金融服务	资本市场服务	保险业	其他金融业
贵州	**1747**	**717**	**627**	**403**	**1480**	**697**	**64**	**603**	**116**
贵阳市	**245**	**92**	**78**	**75**	**210**	**74**	**14**	**100**	**22**
南明区	23	9	10	4	19	9	4	5	1
云岩区									
花溪区	46	12	21	13	30	12	1	12	5
乌当区	32	13	12	7	39	18	2	15	4
白云区	10	2	2	6	7	4		3	
观山湖区	55	21	5	29	39	4		27	8
开阳县	18	9	6	3	18	11		7	
息烽县	15	7	7	1	14	7		6	1
修文县	16	6	5	5	22	6	7	7	2
清镇市	30	13	10	7	22	3		18	1
六盘水市	**143**	**60**	**51**	**32**	**112**	**46**	**9**	**43**	**14**
钟山区	5	5			8	2	1	3	2
六枝特区	22	11	5	6	13	3	1	6	3
水城县	42	14	20	8	21	6		13	2
盘州市	74	30	26	18	70	35	7	21	7
遵义市	**289**	**96**	**127**	**66**	**255**	**112**	**9**	**115**	**19**
红花岗区	28	4	18	6	25	15	1	8	1
汇川区	38	10	20	8	14	1		9	4
播州区	41	12	22	7	35	12	3	18	2
桐梓县	25	6	17	2	18	5		11	2
绥阳县	15	9	4	2	19	7		12	
正安县	18	13	2	3	18	7	3	7	1
道真仡佬族苗族自治县	14	4	2	8	11	9		2	
务川仡佬族苗族自治县	5	1	3	1	8	4		4	
凤冈县	16	3	8	5	9	7		2	
湄潭县	26	8	10	8	14	6		5	3
余庆县	9	5	3	1	20	13		6	1
习水县	26	13	7	6	25	12		11	2
赤水市	11	4	3	4	12	3	2	7	
仁怀市	17	4	8	5	27	11		13	3
安顺市	**147**	**45**	**64**	**38**	**107**	**48**	**3**	**46**	**10**
西秀区	49	15	26	8	30	10	2	16	2
平坝区	32	12	10	10	20	9		7	4
普定县	22	4	10	8	21	8	1	11	1
镇宁布依族苗族自治县	12	2	5	5	14	9		3	2
关岭布依族苗族自治县	19	6	11	2	6	4		2	
紫云苗族布依族自治县	13	6	2	5	16	8		7	1
毕节市	**204**	**83**	**77**	**44**	**200**	**116**	**4**	**61**	**19**
七星关区	36	15	12	9	29	15		12	2
大方县	18	11	7		29	21		6	2
黔西县	21	8	8	5	10	2		5	3
金沙县	22	10	10	2	28	15		10	3
织金县	18	10	4	4	24	10	1	12	1
纳雍县	27	10	13	4	25	21		2	2
威宁彝族回族苗族自治县	28	8	11	9	24	10	2	8	4
赫章县	34	11	12	11	31	22	1	6	2

4-4c 续表 49 单位：人

地区 性别	信息传输、软件和信息技术服务业				金融业				
	小计	电信、广播电视和卫星传输服务	互联网和相关服务	软件和信息技术服务业	小计	货币金融服务	资本市场服务	保险业	其他金融业
铜仁市	**155**	**65**	**46**	**44**	**143**	**61**	**6**	**71**	**5**
碧江区	10	5	3	2	10	2	1	7	
万山区	11	3	5	3	9	3		6	
江口县	6	2	3	1	15	5	3	7	
玉屏侗族自治县	11	3	6	2	10	3	1	6	
石阡县	16	10	3	3	19	12		5	2
思南县	24	6	11	7	18	5		11	2
印江土家族苗族自治县	10	7	2	1	12	5		6	1
德江县	17	10	4	3	20	13	1	6	
沿河土家族自治县	13	7	2	4	12	9		3	
松桃苗族自治县	37	12	7	18	18	4		14	
黔西南布依族苗族自治州	**156**	**56**	**63**	**37**	**132**	**60**	**4**	**62**	**6**
兴义市	61	25	28	8	47	17	1	28	1
兴仁市	14	7	4	3	8	5		2	1
普安县	12	4	6	2	13	7		6	
晴隆县	8	5	1	2	13	11		2	
贞丰县	21	6	8	7	12	2		10	
望谟县	10	1	3	6	12	8		3	1
册亨县	9	4	3	2	12	6	1	4	1
安龙县	21	4	10	7	15	4	2	7	2
黔东南苗族侗族自治州	**229**	**110**	**78**	**41**	**160**	**99**	**7**	**44**	**10**
凯里市	24	9	9	6	10	4	1	2	3
黄平县	10	4	2	4	11	5		6	
施秉县	7	4	1	2	4	2		2	
三穗县	10	5	4	1	9	8		1	
镇远县	11	5	5	1	7	4		3	
岑巩县	7	1	3	3	7	6		1	
天柱县	31	15	11	5	16	5	3	8	
锦屏县	9	5	3	1	11	7		4	
剑河县	7	1	5	1	8	7	1		
台江县	10	1	2	7	7	6		1	
黎平县	25	19	3	3	38	24	1	12	1
榕江县	15	10	5		11	7	1	3	
从江县	25	16	6	3	6	4		1	1
雷山县	5	2	2	1	2	1			1
麻江县	9	7	1	1	5	3			2
丹寨县	24	6	16	2	8	6			2
黔南布依族苗族自治州	**179**	**110**	**43**	**26**	**161**	**81**	**8**	**61**	**11**
都匀市	41	24	9	8	30	11	3	10	6
福泉市	9	6	2	1	14	5		9	
荔波县	12	7	5		10	6	2	2	
贵定县	10	3	4	3	4			3	1
瓮安县	15	9	3	3	10	2		8	
独山县	18	14	4		15	12		3	
平塘县	20	15	1	4	21	16		3	2
罗甸县	14	10	3	1	10	6	2	2	
长顺县	9	7		2	8	5		3	
龙里县	8	4	4		17	5		11	1
惠水县	16	7	6	3	5	2		3	
三都水族自治县	7	4	2	1	17	11	1	4	1

4-4c　续表 50　　　　单位：人

地　区 性　别	信息传输、软件和信息技术服务业				金融业				
	小计	电信、广播电视和卫星传输服务	互联网和相关服务	软件和信息技术服务业	小计	货币金融服务	资本市场服务	保险业	其他金融业
男	**1239**	**501**	**447**	**291**	**857**	**426**	**39**	**321**	**71**
贵　州	**1239**	**501**	**447**	**291**	**857**	**426**	**39**	**321**	**71**
贵阳市	**161**	**52**	**59**	**50**	**109**	**36**	**9**	**51**	**13**
南明区	16	5	9	2	7	2	2	2	1
云岩区									
花溪区	24	6	11	7	13	5	1	5	2
乌当区	25	9	10	6	21	10	1	7	3
白云区	6		1	5	2	1		1	
观山湖区	31	9	5	17	24	2		18	4
开阳县	16	7	6	3	10	7		3	
息烽县	10	4	6		7	4		3	
修文县	12	4	3	5	12	3	5	2	2
清镇市	21	8	8	5	13	2		10	1
六盘水市	**105**	**42**	**39**	**24**	**66**	**27**	**7**	**24**	**8**
钟山区	3	3			7	2	1	3	1
六枝特区	17	9	4	4	10	3	1	4	2
水城县	30	8	16	6	14	3		9	2
盘州市	55	22	19	14	35	19	5	8	3
遵义市	**218**	**74**	**94**	**50**	**149**	**71**	**4**	**63**	**11**
红花岗区	19	3	13	3	17	11		5	1
汇川区	32	9	16	7	5			4	1
播州区	33	9	18	6	21	9	2	9	1
桐梓县	14	3	11		13	4		8	1
绥阳县	12	7	4	1	12	5		7	
正安县	14	11		3	10	5	1	3	1
道真仡佬族苗族自治县	10	3	1	6	4	3		1	
务川仡佬族苗族自治县	5	1	3	1	6	2		4	
凤冈县	13	3	7	3	5	5			
湄潭县	19	6	6	7	7	4		2	1
余庆县	8	5	2	1	11	7		3	1
习水县	18	8	4	6	17	8		8	1
赤水市	7	2	2	3	5	2	1	2	
仁怀市	14	4	7	3	16	6		7	3
安顺市	**104**	**30**	**48**	**26**	**60**	**25**	**2**	**26**	**7**
西秀区	37	10	21	6	17	5	1	9	2
平坝区	24	10	6	8	11	5		4	2
普定县	15	2	9	4	10	2	1	6	1
镇宁布依族苗族自治县	10	2	4	4	7	5		1	1
关岭布依族苗族自治县	12	4	6	2	6	4		2	
紫云苗族布依族自治县	6	2	2	2	9	4		4	1
毕节市	**145**	**64**	**50**	**31**	**123**	**70**	**4**	**38**	**11**
七星关区	27	13	6	8	18	9		7	2
大方县	13	8	5		15	11		4	
黔西县	18	7	7	4	4			3	1
金沙县	15	7	6	2	16	8		6	2
织金县	17	10	3	4	19	7	1	10	1
纳雍县	18	6	8	4	17	15		1	1
威宁彝族回族苗族自治县	19	6	8	5	15	7	2	4	2
赫章县	18	7	7	4	19	13	1	3	2

4－4c 续表 51　　　　单位：人

地区 性别	信息传输、软件和信息技术服务业				金融业				
	小计	电信、广播电视和卫星传输服务	互联网和相关服务	软件和信息技术服务业	小计	货币金融服务	资本市场服务	保险业	其他金融业
铜仁市	**116**	**50**	**31**	**35**	**76**	**36**	**3**	**34**	**3**
碧江区	8	3	3	2	5	1	1	3	
万山区	8	2	4	2	6	1		5	
江口县	2	1	1		6	2	1	3	
玉屏侗族自治县	8	2	4	2	5	2	1	2	
石阡县	13	8	3	2	11	7		3	1
思南县	17	5	7	5	12	5		6	1
印江土家族苗族自治县	7	6	1		6	2		3	1
德江县	13	8	2	3	11	9		2	
沿河土家族自治县	11	7	1	3	9	6		3	
松桃苗族自治县	29	8	5	16	5	1		4	
黔西南布依族苗族自治州	**104**	**42**	**41**	**21**	**79**	**42**	**3**	**31**	**3**
兴义市	42	22	17	3	30	13	1	16	
兴仁市	8	3	4	1	5	2		2	1
普安县	9	3	4	2	6	4		2	
晴隆县	5	3	1	1	10	9		1	
贞丰县	12	4	6	2	4			4	
望谟县	8	1	3	4	7	7			
册亨县	6	3	1	2	5	3		1	1
安龙县	14	3	5	6	12	4	2	5	1
黔东南苗族侗族自治州	**163**	**76**	**55**	**32**	**100**	**68**	**2**	**23**	**7**
凯里市	19	7	7	5	7	3		2	2
黄平县	6	2	1	3	9	5		4	
施秉县	6	3	1	2	2	1		1	
三穗县	5	3	1	1	4	3		1	
镇远县	7	3	4		3	3			
岑巩县	5	1	2	2	3	2		1	
天柱县	21	10	7	4	8	4	1	3	
锦屏县	6	3	2	1	10	6		4	
剑河县	4		3	1	8	7	1		
台江县	8	1	2	5	6	5		1	
黎平县	19	14	2	3	19	15		4	
榕江县	10	6	4		5	3		2	
从江县	17	10	5	2	3	2			1
雷山县	3	1	2		2	1			1
麻江县	9	7	1	1	4	3			1
丹寨县	18	5	11	2	7	5			2
黔南布依族苗族自治州	**123**	**71**	**30**	**22**	**95**	**51**	**5**	**31**	**8**
都匀市	30	15	7	8	19	9	3	3	4
福泉市	6	3	2	1	7	3		4	
荔波县	8	5	3		4	2		2	
贵定县	5	1	3	1	3			2	1
瓮安县	13	7	3	3	6	1		5	
独山县	8	5	3		11	9		2	
平塘县	15	11		4	12	10		1	1
罗甸县	10	6	3	1	7	3	2	2	
长顺县	7	5		2	4	2		2	
龙里县	7	4	3		6	2		3	1
惠水县	10	6	2	2	3	1		2	
三都水族自治县	4	3	1		13	9		3	1

4-4c　续表 52　　　　　　　　　　　　　　　　　　　　　　　　　　　　　　单位：人

地区 性别	信息传输、软件和信息技术服务业				金融业				
	小计	电信、广播电视和卫星传输服务	互联网和相关服务	软件和信息技术服务业	小计	货币金融服务	资本市场服务	保险业	其他金融业
女	**508**	**216**	**180**	**112**	**623**	**271**	**25**	**282**	**45**
贵州	**508**	**216**	**180**	**112**	**623**	**271**	**25**	**282**	**45**
贵阳市	**84**	**40**	**19**	**25**	**101**	**38**	**5**	**49**	**9**
南明区	7	4	1	2	12	7	2	3	
云岩区									
花溪区	22	6	10	6	17	7		7	3
乌当区	7	4	2	1	18	8	1	8	1
白云区	4	2	1	1	5	3		2	
观山湖区	24	12		12	15	2		9	4
开阳县	2	2			8	4		4	
息烽县	5	3	1	1	7	3		3	1
修文县	4	2	2		10	3	2	5	
清镇市	9	5	2	2	9	1		8	
六盘水市	**38**	**18**	**12**	**8**	**46**	**19**	**2**	**19**	**6**
钟山区	2	2			1				1
六枝特区	5	2	1	2	3			2	1
水城县	12	6	4	2	7	3		4	
盘州市	19	8	7	4	35	16	2	13	4
遵义市	**71**	**22**	**33**	**16**	**106**	**41**	**5**	**52**	**8**
红花岗区	9	1	5	3	8	4	1	3	
汇川区	6	1	4	1	9	1		5	3
播州区	8	3	4	1	14	3	1	9	1
桐梓县	11	3	6	2	5	1		3	1
绥阳县	3	2		1	7	2		5	
正安县	4	2	2		8	2	2	4	
道真仡佬族苗族自治县	4	1	1	2	7	6		1	
务川仡佬族苗族自治县					2	2			
凤冈县	3		1	2	4	2		2	
湄潭县	7	2	4	1	7	2		3	2
余庆县	1		1		9	6		3	
习水县	8	5	3		8	4		3	1
赤水市	4	2	1	1	7	1	1	5	
仁怀市	3		1	2	11	5		6	
安顺市	**43**	**15**	**16**	**12**	**47**	**23**	**1**	**20**	**3**
西秀区	12	5	5	2	13	5	1	7	
平坝区	8	2	4	2	9	4		3	2
普定县	7	2	1	4	11	6		5	
镇宁布依族苗族自治县	2		1	1	7	4		2	1
关岭布依族苗族自治县	7	2	5						
紫云苗族布依族自治县	7	4		3	7	4		3	
毕节市	**59**	**19**	**27**	**13**	**77**	**46**		**23**	**8**
七星关区	9	2	6	1	11	6		5	
大方县	5	3	2		14	10		2	2
黔西县	3	1	1	1	6	2		2	2
金沙县	7	3	4		12	7		4	1
织金县	1		1		5	3		2	
纳雍县	9	4	5		8	6		1	1
威宁彝族回族苗族自治县	9	2	3	4	9	3		4	2
赫章县	16	4	5	7	12	9		3	

4-4c 续表 53

单位：人

地　区 性　别	信息传输、软件和信息技术服务业				金融业				
	小计	电信、广播电视和卫星传输服务	互联网和相关服务	软件和信息技术服务业	小计	货币金融服　务	资本市场服　务	保险业	其　他金融业
铜仁市	**39**	**15**	**15**	**9**	**67**	**25**	**3**	**37**	**2**
碧江区	2	2			5	1		4	
万山区	3	1	1	1	3	2		1	
江口县	4	1	2	1	9	3	2	4	
玉屏侗族自治县	3	1	2		5	1		4	
石阡县	3	2		1	8	5		2	1
思南县	7	1	4	2	6			5	1
印江土家族苗族自治县	3	1	1	1	6	3		3	
德江县	4	2	2		9	4	1	4	
沿河土家族自治县	2		1	1	3	3			
松桃苗族自治县	8	4	2	2	13	3		10	
黔西南布依族苗族自治州	**52**	**14**	**22**	**16**	**53**	**18**	**1**	**31**	**3**
兴义市	19	3	11	5	17	4		12	1
兴仁市	6	4		2	3	3			
普安县	3	1	2		7	3		4	
晴隆县	3	2		1	3	2		1	
贞丰县	9	2	2	5	8	2		6	
望谟县	2			2	5	1		3	1
册亨县	3	1	2		7	3	1	3	
安龙县	7	1	5	1	3			2	1
黔东南苗族侗族自治州	**66**	**34**	**23**	**9**	**60**	**31**	**5**	**21**	**3**
凯里市	5	2	2	1	3	1	1		1
黄平县	4	2	1	1	2			2	
施秉县	1	1			2	1		1	
三穗县	5	2	3		5	5			
镇远县	4	2	1	1	4	1		3	
岑巩县	2		1	1	4	4			
天柱县	10	5	4	1	8	1	2	5	
锦屏县	3	2	1		1	1			
剑河县	3	1	2						
台江县	2			2	1	1			
黎平县	6	5	1		19	9	1	8	1
榕江县	5	4	1		6	4	1	1	
从江县	8	6	1	1	3	2		1	
雷山县	2	1		1					
麻江县					1				1
丹寨县	6	1	5		1	1			
黔南布依族苗族自治州	**56**	**39**	**13**	**4**	**66**	**30**	**3**	**30**	**3**
都匀市	11	9	2		11	2		7	2
福泉市	3	3			7	2		5	
荔波县	4	2	2		6	4	2		
贵定县	5	2	1	2	1			1	
瓮安县	2	2			4	1		3	
独山县	10	9	1		4	3		1	
平塘县	5	4	1		9	6		2	1
罗甸县	4	4			3	3			
长顺县	2	2			4	3		1	
龙里县	1		1		11	3		8	
惠水县	6	1	4	1	2	1		1	
三都水族自治县	3	1	1	1	4	2	1	1	

4-4c 续表 54

单位：人

地区 性别	房地产业		租赁和商务服务业			科学研究和技术服务业			
	小计	房地产业	小计	租赁业	商务服务业	小计	研究和试验发展	专业技术服务业	科技推广和应用服务业
贵　州	**3258**	**3258**	**7480**	**677**	**6803**	**1774**	**75**	**1334**	**365**
贵阳市	**710**	**710**	**989**	**142**	**847**	**252**	**23**	**198**	**31**
南明区	91	91	51	6	45	18	4	11	3
云岩区									
花溪区	166	166	272	35	237	37	5	26	6
乌当区	137	137	107	17	90	38	7	30	1
白云区	15	15	43	13	30	23	1	16	6
观山湖区	96	96	193	7	186	39	3	29	7
开阳县	36	36	53	2	51	28	1	25	2
息烽县	33	33	37	9	28	15		14	1
修文县	29	29	92	32	60	19		19	
清镇市	107	107	141	21	120	35	2	28	5
六盘水市	**233**	**233**	**404**	**30**	**374**	**143**	**6**	**116**	**21**
钟山区	24	24	16	1	15	7		6	1
六枝特区	27	27	92	6	86	22		20	2
水城县	54	54	131	10	121	56	4	46	6
盘州市	128	128	165	13	152	58	2	44	12
遵义市	**777**	**777**	**1070**	**154**	**916**	**294**	**7**	**259**	**28**
红花岗区	75	75	125	9	116	26	1	25	
汇川区	31	31	91	12	79	17		13	4
播州区	81	81	137	25	112	59	1	57	1
桐梓县	91	91	77	7	70	9	1	5	3
绥阳县	50	50	66	12	54	6		6	
正安县	65	65	77	9	68	19	2	15	2
道真仡佬族苗族自治县	17	17	37	3	34	8		7	1
务川仡佬族苗族自治县	9	9	23	5	18	6		5	1
凤冈县	17	17	36	11	25	11		11	
湄潭县	30	30	78	12	66	30	1	28	1
余庆县	11	11	39	4	35	14		9	5
习水县	162	162	106	21	85	26	1	20	5
赤水市	66	66	49	6	43	27		26	1
仁怀市	72	72	129	18	111	36		32	4
安顺市	**218**	**218**	**810**	**66**	**744**	**132**	**4**	**116**	**12**
西秀区	71	71	260	19	241	43	1	37	5
平坝区	46	46	151	20	131	26	1	24	1
普定县	46	46	138	10	128	17		16	1
镇宁布依族苗族自治县	22	22	102	5	97	28	2	23	3
关岭布依族苗族自治县	16	16	58	3	55	11		11	
紫云苗族布依族自治县	17	17	101	9	92	7		5	2
毕节市	**327**	**327**	**1328**	**105**	**1223**	**246**	**9**	**205**	**32**
七星关区	61	61	161	8	153	33	2	27	4
大方县	55	55	176	12	164	37		35	2
黔西县	35	35	200	18	182	23	1	20	2
金沙县	24	24	161	13	148	25	1	10	14
织金县	30	30	164	15	149	17		16	1
纳雍县	13	13	116	5	111	32	2	30	
威宁彝族回族苗族自治县	45	45	187	11	176	52	2	42	8
赫章县	64	64	163	23	140	27	1	25	1

4-4c 续表 55 单位：人

地区 性别	房地产业		租赁和商务服务业			科学研究和技术服务业			
	小计	房地产业	小计	租赁业	商务服务业	小计	研究和试验发展	专业技术服务业	科技推广和应用服务业
铜仁市	**235**	**235**	**1067**	**52**	**1015**	**251**	**14**	**108**	**129**
碧江区	26	26	126	3	123	11		9	2
万山区	21	21	67		67	6		4	2
江口县	21	21	177	7	170	48	1	9	38
玉屏侗族自治县	9	9	64		64	13		5	8
石阡县	23	23	39		39	15	3	11	1
思南县	35	35	156	14	142	60	4	17	39
印江土家族苗族自治县	23	23	57	6	51	4	1	3	
德江县	19	19	60	6	54	14	1	13	
沿河土家族自治县	21	21	89	5	84	11	1	7	3
松桃苗族自治县	37	37	232	11	221	69	3	30	36
黔西南布依族苗族自治州	**220**	**220**	**831**	**49**	**782**	**213**	**2**	**126**	**85**
兴义市	123	123	173	14	159	55	1	49	5
兴仁市	17	17	60	6	54	10		10	
普安县	11	11	46	10	36	14		13	1
晴隆县	9	9	67	2	65	27		15	12
贞丰县	18	18	114	7	107	26		10	16
望谟县	7	7	119	2	117	20		7	13
册亨县	13	13	174	2	172	5		4	1
安龙县	22	22	78	6	72	56	1	18	37
黔东南苗族侗族自治州	**217**	**217**	**591**	**41**	**550**	**140**	**6**	**115**	**19**
凯里市	38	38	90	8	82	18		17	1
黄平县	9	9	45	1	44	8		7	1
施秉县	11	11	16		16	13	1	10	2
三穗县	18	18	26		26	6		3	3
镇远县	4	4	11		11	8		8	
岑巩县	5	5	45		45	6	1	4	1
天柱县	27	27	89	5	84	11	2	9	
锦屏县	6	6	21	4	17	5		4	1
剑河县	18	18	36	7	29	6		6	
台江县	3	3	20	2	18	6	1	4	1
黎平县	32	32	32	2	30	18		17	1
榕江县	6	6	40	3	37	8	1	7	
从江县	25	25	44	3	41	8		6	2
雷山县	4	4	29	1	28	8		6	2
麻江县	6	6	24	5	19	7		5	2
丹寨县	5	5	23		23	4		2	2
黔南布依族苗族自治州	**321**	**321**	**390**	**38**	**352**	**103**	**4**	**91**	**8**
都匀市	67	67	77	7	70	16		14	2
福泉市	44	44	22	3	19	14		13	1
荔波县	46	46	46	3	43	4		3	1
贵定县	12	12	25		25	2		2	
瓮安县	17	17	33	4	29	11		11	
独山县	32	32	39	5	34	8		7	1
平塘县	17	17	25		25	8	4	4	
罗甸县	13	13	25	4	21	3		3	
长顺县	23	23	12	2	10	6		6	
龙里县	20	20	18	2	16	11		8	3
惠水县	24	24	46	3	43	14		14	
三都水族自治县	6	6	22	5	17	6		6	

4–4c 续表 56

单位：人

地 区 性 别	房地产业 小计	 房地产业	租赁和商务服务业 小计	 租赁业	 商务服务业	科学研究和技术服务业 小计	 研究和试验发展	 专业技术服务业	 科技推广和应用服务业
男	**2068**	**2068**	**5303**	**612**	**4691**	**1333**	**50**	**1069**	**214**
贵 州	**2068**	**2068**	**5303**	**612**	**4691**	**1333**	**50**	**1069**	**214**
贵阳市	**420**	**420**	**735**	**132**	**603**	**181**	**11**	**149**	**21**
南明区	58	58	41	5	36	8		7	1
云岩区									
花溪区	92	92	205	34	171	31	3	22	6
乌当区	72	72	78	16	62	27	4	22	1
白云区	12	12	37	11	26	14	1	13	
观山湖区	47	47	138	6	132	27	2	19	6
开阳县	24	24	39	2	37	22	1	19	2
息烽县	20	20	27	9	18	10		9	1
修文县	18	18	66	29	37	14		14	
清镇市	77	77	104	20	84	28		24	4
六盘水市	**156**	**156**	**291**	**26**	**265**	**117**	**5**	**96**	**16**
钟山区	18	18	14	1	13	5		4	1
六枝特区	13	13	62	5	57	21		19	2
水城县	40	40	107	10	97	44	3	38	3
盘州市	85	85	108	10	98	47	2	35	10
遵义市	**509**	**509**	**799**	**147**	**652**	**237**	**4**	**215**	**18**
红花岗区	53	53	100	9	91	22		22	
汇川区	18	18	62	12	50	15		13	2
播州区	49	49	107	24	83	43		43	
桐梓县	50	50	60	7	53	7	1	4	2
绥阳县	32	32	43	10	33	5		5	
正安县	40	40	53	9	44	16	2	13	1
道真仡佬族苗族自治县	12	12	21	2	19	6		5	1
务川仡佬族苗族自治县	7	7	16	4	12	6		5	1
凤冈县	11	11	26	10	16	10		10	
湄潭县	19	19	63	12	51	26	1	24	1
余庆县	7	7	23	4	19	13		8	5
习水县	117	117	84	20	64	18		15	3
赤水市	48	48	34	6	28	22		21	1
仁怀市	46	46	107	18	89	28		27	1
安顺市	**140**	**140**	**558**	**54**	**504**	**106**	**3**	**92**	**11**
西秀区	45	45	162	14	148	34	1	29	4
平坝区	29	29	108	19	89	20		19	1
普定县	30	30	99	6	93	15		14	1
镇宁布依族苗族自治县	13	13	71	3	68	22	2	17	3
关岭布依族苗族自治县	12	12	43	3	40	8		8	
紫云苗族布依族自治县	11	11	75	9	66	7		5	2
毕节市	**225**	**225**	**936**	**94**	**842**	**188**	**8**	**161**	**19**
七星关区	43	43	112	7	105	29	2	24	3
大方县	39	39	122	9	113	27		25	2
黔西县	22	22	147	18	129	18	1	16	1
金沙县	16	16	95	13	82	19	1	9	9
织金县	19	19	119	11	108	15		14	1
纳雍县	10	10	79	5	74	23	1	22	
威宁彝族回族苗族自治县	36	36	144	11	133	39	2	35	2
赫章县	40	40	118	20	98	18	1	16	1

4－4c 续表 57 单位：人

地区 性别	房地产业		租赁和商务服务业			科学研究和技术服务业			
	小计	房地产业	小计	租赁业	商务服务业	小计	研究和试验发展	专业技术服务业	科技推广和应用服务业
铜仁市	**153**	**153**	**715**	**50**	**665**	**157**	**11**	**83**	**63**
碧江区	14	14	81	3	78	10		8	2
万山区	17	17	50		50	4		2	2
江口县	12	12	126	7	119	22		7	15
玉屏侗族自治县	7	7	39		39	8		4	4
石阡县	17	17	21		21	11	2	8	1
思南县	19	19	95	13	82	32	3	11	18
印江土家族苗族自治县	15	15	44	6	38	3	1	2	
德江县	13	13	40	5	35	12	1	11	
沿河土家族自治县	14	14	55	5	50	10	1	6	3
松桃苗族自治县	25	25	164	11	153	45	3	24	18
黔西南布依族苗族自治州	**136**	**136**	**568**	**41**	**527**	**158**	**1**	**106**	**51**
兴义市	76	76	125	12	113	46		42	4
兴仁市	10	10	42	5	37	9		9	
普安县	7	7	38	7	31	11		10	1
晴隆县	9	9	42	2	40	18		12	6
贞丰县	13	13	85	7	78	16		7	9
望谟县	5	5	78	2	76	14		7	7
册亨县	5	5	106	2	104	5		4	1
安龙县	11	11	52	4	48	39	1	15	23
黔东南苗族侗族自治州	**125**	**125**	**414**	**39**	**375**	**111**	**5**	**95**	**11**
凯里市	18	18	67	8	59	14		13	1
黄平县	7	7	35	1	34	5		5	
施秉县	6	6	9		9	12	1	10	1
三穗县	11	11	17		17	3		2	1
镇远县	4	4	8		8	8		8	
岑巩县	4	4	28		28	4	1	3	
天柱县	17	17	51	5	46	10	1	9	
锦屏县	2	2	14	4	10	4		4	
剑河县	8	8	32	7	25	5		5	
台江县			15	2	13	4	1	3	
黎平县	19	19	22	2	20	15		14	1
榕江县	4	4	30	3	27	7	1	6	
从江县	18	18	32	3	29	6		4	2
雷山县	1	1	20	1	19	7		5	2
麻江县	3	3	17	3	14	4		3	1
丹寨县	3	3	17		17	3		1	2
黔南布依族苗族自治州	**204**	**204**	**287**	**29**	**258**	**78**	**2**	**72**	**4**
都匀市	45	45	52	4	48	11		11	
福泉市	31	31	19	3	16	10		10	
荔波县	31	31	27	2	25	4		3	1
贵定县	7	7	18		18				
瓮安县	8	8	24	4	20	10		10	
独山县	14	14	31	4	27	7		6	1
平塘县	13	13	18		18	5	2	3	
罗甸县	9	9	20	3	17	3		3	
长顺县	16	16	9	2	7	5		5	
龙里县	12	12	11	1	10	9		7	2
惠水县	15	15	40	2	38	11		11	
三都水族自治县	3	3	18	4	14	3		3	

4-4c　续表 58　　　　单位：人

地　区 性　别	房地产业		租赁和商务服务业			科学研究和技术服务业			
	小计	房地产业	小计	租赁业	商　务 服务业	小计	研究和 试验发展	专业技术 服务业	科技推广 和应用 服务业
女	**1190**	**1190**	**2177**	**65**	**2112**	**441**	**25**	**265**	**151**
贵　州	**1190**	**1190**	**2177**	**65**	**2112**	**441**	**25**	**265**	**151**
贵阳市	**290**	**290**	**254**	**10**	**244**	**71**	**12**	**49**	**10**
南明区	33	33	10	1	9	10	4	4	2
云岩区									
花溪区	74	74	67	1	66	6	2	4	
乌当区	65	65	29	1	28	11	3	8	
白云区	3	3	6	2	4	9		3	6
观山湖区	49	49	55	1	54	12	1	10	1
开阳县	12	12	14		14	6		6	
息烽县	13	13	10		10	5		5	
修文县	11	11	26	3	23	5		5	
清镇市	30	30	37	1	36	7	2	4	1
六盘水市	**77**	**77**	**113**	**4**	**109**	**26**	**1**	**20**	**5**
钟山区	6	6	2		2	2		2	
六枝特区	14	14	30	1	29	1		1	
水城县	14	14	24		24	12	1	8	3
盘州市	43	43	57	3	54	11		9	2
遵义市	**268**	**268**	**271**	**7**	**264**	**57**	**3**	**44**	**10**
红花岗区	22	22	25		25	4	1	3	
汇川区	13	13	29		29	2			2
播州区	32	32	30	1	29	16	1	14	1
桐梓县	41	41	17		17	2		1	1
绥阳县	18	18	23	2	21	1		1	
正安县	25	25	24		24	3		2	1
道真仡佬族苗族自治县	5	5	16	1	15	2		2	
务川仡佬族苗族自治县	2	2	7	1	6				
凤冈县	6	6	10	1	9	1		1	
湄潭县	11	11	15		15	4		4	
余庆县	4	4	16		16	1		1	
习水县	45	45	22	1	21	8	1	5	2
赤水市	18	18	15		15	5		5	
仁怀市	26	26	22		22	8		5	3
安顺市	**78**	**78**	**252**	**12**	**240**	**26**	**1**	**24**	**1**
西秀区	26	26	98	5	93	9		8	1
平坝区	17	17	43	1	42	6	1	5	
普定县	16	16	39	4	35	2		2	
镇宁布依族苗族自治县	9	9	31	2	29	6		6	
关岭布依族苗族自治县	4	4	15		15	3		3	
紫云苗族布依族自治县	6	6	26		26				
毕节市	**102**	**102**	**392**	**11**	**381**	**58**	**1**	**44**	**13**
七星关区	18	18	49	1	48	4		3	1
大方县	16	16	54	3	51	10		10	
黔西县	13	13	53		53	5		4	1
金沙县	8	8	66		66	6		1	5
织金县	11	11	45	4	41	2		2	
纳雍县	3	3	37		37	9	1	8	
威宁彝族回族苗族自治县	9	9	43		43	13		7	6
赫章县	24	24	45	3	42	9		9	

4−4c 续表 59　　　　单位：人

地区 性别	房地产业		租赁和商务服务业			科学研究和技术服务业			
	小计	房地产业	小计	租赁业	商务服务业	小计	研究和试验发展	专业技术服务业	科技推广和应用服务业
铜仁市	**82**	**82**	**352**	**2**	**350**	**94**	**3**	**25**	**66**
碧江区	12	12	45		45	1		1	
万山区	4	4	17		17	2		2	
江口县	9	9	51		51	26	1	2	23
玉屏侗族自治县	2	2	25		25	5		1	4
石阡县	6	6	18		18	4	1	3	
思南县	16	16	61	1	60	28	1	6	21
印江土家族苗族自治县	8	8	13		13	1		1	
德江县	6	6	20	1	19	2		2	
沿河土家族自治县	7	7	34		34	1		1	
松桃苗族自治县	12	12	68		68	24		6	18
黔西南布依族苗族自治州	**84**	**84**	**263**	**8**	**255**	**55**	**1**	**20**	**34**
兴义市	47	47	48	2	46	9	1	7	1
兴仁市	7	7	18	1	17	1		1	
普安县	4	4	8	3	5	3		3	
晴隆县			25		25	9		3	6
贞丰县	5	5	29		29	10		3	7
望谟县	2	2	41		41	6			6
册亨县	8	8	68		68				
安龙县	11	11	26	2	24	17		3	14
黔东南苗族侗族自治州	**92**	**92**	**177**	**2**	**175**	**29**	**1**	**20**	**8**
凯里市	20	20	23		23	4		4	
黄平县	2	2	10		10	3		2	1
施秉县	5	5	7		7	1			1
三穗县	7	7	9		9	3		1	2
镇远县			3		3				
岑巩县	1	1	17		17	2		1	1
天柱县	10	10	38		38	1	1		
锦屏县	4	4	7		7	1			1
剑河县	10	10	4		4	1		1	
台江县	3	3	5		5	2		1	1
黎平县	13	13	10		10	3		3	
榕江县	2	2	10		10	1		1	
从江县	7	7	12		12	2		2	
雷山县	3	3	9		9	1		1	
麻江县	3	3	7	2	5	3		2	1
丹寨县	2	2	6		6	1		1	
黔南布依族苗族自治州	**117**	**117**	**103**	**9**	**94**	**25**	**2**	**19**	**4**
都匀市	22	22	25	3	22	5		3	2
福泉市	13	13	3		3	4		3	1
荔波县	15	15	19	1	18				
贵定县	5	5	7		7	2		2	
瓮安县	9	9	9		9	1		1	
独山县	18	18	8	1	7	1		1	
平塘县	4	4	7		7	3	2	1	
罗甸县	4	4	5	1	4				
长顺县	7	7	3		3	1		1	
龙里县	8	8	7	1	6	2		1	1
惠水县	9	9	6	1	5	3		3	
三都水族自治县	3	3	4	1	3	3		3	

4-4c 续表 60

单位：人

地区 性别	水利、环境和公共设施管理业					居民服务、修理和其他服务业			
	小计	水利管理业	生态保护和环境治理业	公共设施管理业	土地管理业	小计	居民服务业	机动车、电子产品和日用产品修理业	其他服务业
贵州	**6406**	**335**	**1180**	**4854**	**37**	**17078**	**7764**	**4812**	**4502**
贵阳市	**585**	**23**	**36**	**525**	**1**	**2146**	**1076**	**542**	**528**
南明区	29		15	14		133	78	32	23
云岩区									
花溪区	179	2	5	172		410	160	116	134
乌当区	72	3	3	66		327	167	63	97
白云区	20			20		79	22	26	31
观山湖区	74		2	71	1	198	62	38	98
开阳县	48			48		135	69	43	23
息烽县	34	11	2	21		130	81	32	17
修文县	60	3	3	54		215	121	54	40
清镇市	69	4	6	59		519	316	138	65
六盘水市	**531**	**54**	**96**	**377**	**4**	**1407**	**669**	**411**	**327**
钟山区	13		3	10		73	41	18	14
六枝特区	60	2	15	42	1	259	120	80	59
水城县	306	44	49	212	1	511	199	145	167
盘州市	152	8	29	113	2	564	309	168	87
遵义市	**659**	**51**	**98**	**490**	**20**	**2580**	**1382**	**815**	**383**
红花岗区	87	8	3	75	1	232	96	48	88
汇川区	35	4	9	17	5	169	93	42	34
播州区	85	5	10	69	1	500	265	199	36
桐梓县	48	2	2	43	1	222	121	79	22
绥阳县	21	3		18		179	97	77	5
正安县	49	7	3	39		171	97	50	24
道真仡佬族苗族自治县	12	2		10		84	43	22	19
务川仡佬族苗族自治县	12		2	10		57	28	20	9
凤冈县	23	1	6	16		97	48	38	11
湄潭县	34	1	12	21		146	72	54	20
余庆县	17	2	3	12		95	62	31	2
习水县	83	5	31	35	12	244	134	57	53
赤水市	51	3	8	40		119	71	33	15
仁怀市	102	8	9	85		265	155	65	45
安顺市	**532**	**10**	**46**	**475**	**1**	**1407**	**691**	**392**	**324**
西秀区	81	3	10	67	1	491	250	136	105
平坝区	65	1	7	57		217	110	52	55
普定县	60		5	55		264	116	72	76
镇宁布依族苗族自治县	80	2	13	65		155	63	49	43
关岭布依族苗族自治县	54	3	9	42		144	81	42	21
紫云苗族布依族自治县	192	1	2	189		136	71	41	24
毕节市	**1233**	**57**	**134**	**1038**	**4**	**2965**	**1236**	**773**	**956**
七星关区	156	4	23	129		363	156	105	102
大方县	276	6	21	249		317	168	99	50
黔西县	196	9	19	166	2	421	193	104	124
金沙县	35	2	10	23		215	120	74	21
织金县	104	1	1	102		600	159	96	345
纳雍县	149	16	21	112		302	167	65	70
威宁彝族回族苗族自治县	117	12	25	79	1	358	151	109	98
赫章县	200	7	14	178	1	389	122	121	146

4-4c 续表 61 单位：人

地区 性别	水利、环境和公共设施管理业					居民服务、修理和其他服务业			
	小计	水利管理业	生态保护和环境治理业	公共设施管理业	土地管理业	小计	居民服务业	机动车、电子产品和日用产品修理业	其他服务业
铜仁市	**636**	**33**	**172**	**428**	**3**	**1696**	**789**	**408**	**499**
碧江区	80	3	13	64		103	41	27	35
万山区	37	3	6	28		87	35	25	27
江口县	44	1	24	18	1	114	41	32	41
玉屏侗族自治县	44	3	9	31	1	106	25	26	55
石阡县	36	8	3	25		215	127	63	25
思南县	65	1	26	37	1	219	100	60	59
印江土家族苗族自治县	25	3	3	19		163	100	35	28
德江县	23	4		19		126	65	43	18
沿河土家族自治县	182	6	42	134		283	117	36	130
松桃苗族自治县	100	1	46	53		280	138	61	81
黔西南布依族苗族自治州	**668**	**39**	**179**	**449**	**1**	**1714**	**657**	**485**	**572**
兴义市	106	11	7	88		400	172	157	71
兴仁市	31		7	23	1	201	95	81	25
普安县	39	2	4	33		130	47	57	26
晴隆县	107	9	28	70		233	56	26	151
贞丰县	65	4	15	46		146	59	50	37
望谟县	213	1	72	140		282	73	34	175
册亨县	45	4	25	16		144	67	19	58
安龙县	62	8	21	33		178	88	61	29
黔东南苗族侗族自治州	**883**	**43**	**236**	**603**	**1**	**1493**	**595**	**501**	**397**
凯里市	68		5	63		147	61	37	49
黄平县	35		11	24		108	33	39	36
施秉县	21	2	4	15		57	34	17	6
三穗县	76	3	17	56		99	37	27	35
镇远县	22		2	20		46	23	20	3
岑巩县	27	3	1	23		112	35	31	46
天柱县	24	1	1	21	1	112	64	36	12
锦屏县	42	1	19	22		49	22	22	5
剑河县	146	1	103	42		98	31	35	32
台江县	46	1	2	43		64	20	26	18
黎平县	53		5	48		149	74	70	5
榕江县	117	26	48	43		102	46	36	20
从江县	29	1	16	12		165	44	39	82
雷山县	23	3	2	18		64	29	23	12
麻江县	12	1		11		54	13	24	17
丹寨县	142			142		67	29	19	19
黔南布依族苗族自治州	**679**	**25**	**183**	**469**	**2**	**1670**	**669**	**485**	**516**
都匀市	89	2	20	67		361	135	74	152
福泉市	45	8	9	27	1	243	96	79	68
荔波县	108		13	95		69	41	20	8
贵定县	15		5	10		84	38	24	22
瓮安县	22		3	19		130	50	58	22
独山县	16		3	13		112	39	50	23
平塘县	81	3	31	47		94	40	34	20
罗甸县	112	3	43	66		94	39	22	33
长顺县	14			13	1	131	28	21	82
龙里县	57	8	8	41		98	52	16	30
惠水县	24	1	5	18		179	70	61	48
三都水族自治县	96		43	53		75	41	26	8

4-4c 续表 62

单位：人

地区 性别	水利、环境和公共设施管理业					居民服务、修理和其他服务业			
	小计	水利管理业	生态保护和环境治理业	公共设施管理业	土地管理业	小计	居民服务业	机动车、电子产品和日用产品修理业	其他服务业
男	**3762**	**279**	**963**	**2497**	**23**	**9614**	**3430**	**4205**	**1979**
贵　州	**3762**	**279**	**963**	**2497**	**23**	**9614**	**3430**	**4205**	**1979**
贵阳市	**332**	**19**	**27**	**285**	**1**	**1134**	**454**	**472**	**208**
南明区	18		11	7		72	32	28	12
云岩区									
花溪区	87	1	3	83		183	63	98	22
乌当区	41	2	2	37		171	72	53	46
白云区	10			10		31	3	18	10
观山湖区	42		2	39	1	105	25	34	46
开阳县	26			26		80	33	37	10
息烽县	23	10	1	12		71	30	32	9
修文县	42	3	3	36		128	59	50	19
清镇市	43	3	5	35		293	137	122	34
六盘水市	**269**	**46**	**71**	**149**	**3**	**810**	**308**	**362**	**140**
钟山区	9		2	7		40	21	16	3
六枝特区	33	2	14	16	1	143	46	71	26
水城县	151	37	32	81	1	301	100	133	68
盘州市	76	7	23	45	1	326	141	142	43
遵义市	**396**	**43**	**82**	**260**	**11**	**1521**	**625**	**716**	**180**
红花岗区	51	7	3	40	1	135	51	40	44
汇川区	27	4	9	11	3	82	29	40	13
播州区	45	4	8	32	1	294	101	174	19
桐梓县	26	2	2	22		138	59	69	10
绥阳县	15	2		13		112	44	66	2
正安县	25	5	3	17		84	32	41	11
道真仡佬族苗族自治县	8	2		6		46	20	19	7
务川仡佬族苗族自治县	6		1	5		35	13	17	5
凤冈县	15	1	6	8		68	27	33	8
湄潭县	24	1	10	13		80	24	49	7
余庆县	15	2	3	10		55	29	25	1
习水县	52	4	23	19	6	158	75	52	31
赤水市	31	3	5	23		68	34	29	5
仁怀市	56	6	9	41		166	87	62	17
安顺市	**293**	**10**	**37**	**245**	**1**	**781**	**314**	**342**	**125**
西秀区	48	3	8	36	1	261	104	117	40
平坝区	27	1	6	20		108	43	45	20
普定县	35		5	30		142	51	66	25
镇宁布依族苗族自治县	43	2	10	31		91	35	40	16
关岭布依族苗族自治县	34	3	6	25		92	43	35	14
紫云苗族布依族自治县	106	1	2	103		87	38	39	10
毕节市	**732**	**50**	**115**	**566**	**1**	**1798**	**636**	**696**	**466**
七星关区	90	3	22	65		220	83	96	41
大方县	146	5	17	124		214	100	88	26
黔西县	131	8	17	106		275	104	98	73
金沙县	26	2	7	17		132	60	66	6
织金县	58	1	1	56		343	84	82	177
纳雍县	90	13	20	57		168	81	55	32
威宁彝族回族苗族自治县	89	12	22	55		218	63	103	52
赫章县	102	6	9	86	1	228	61	108	59

4-4c 续表 63

单位：人

地区 性别	水利、环境和公共设施管理业					居民服务、修理和其他服务业			
	小计	水利管理业	生态保护和环境治理业	公共设施管理业	土地管理业	小计	居民服务业	机动车、电子产品和日用产品修理业	其他服务业
铜仁市	**396**	**25**	**135**	**234**	**2**	**886**	**313**	**360**	**213**
碧江区	41	3	10	28		50	15	26	9
万山区	21	1	4	16		42	13	20	9
江口县	37		24	12	1	62	15	28	19
玉屏侗族自治县	28	3	8	16	1	54	10	22	22
石阡县	26	8	2	16		99	37	52	10
思南县	45		19	26		126	40	54	32
印江土家族苗族自治县	16	2	3	11		83	38	35	10
德江县	16	3		13		78	33	37	8
沿河土家族自治县	97	4	30	63		138	50	33	55
松桃苗族自治县	69	1	35	33		154	62	53	39
黔西南布依族苗族自治州	**379**	**32**	**143**	**203**	**1**	**922**	**278**	**403**	**241**
兴义市	47	10	3	34		222	66	133	23
兴仁市	15		6	8	1	128	52	64	12
普安县	22	1	3	18		78	22	44	12
晴隆县	59	8	22	29		111	30	23	58
贞丰县	34	3	12	19		88	30	42	16
望谟县	127	1	60	66		138	28	28	82
册亨县	35	4	21	10		66	24	15	27
安龙县	40	5	16	19		91	26	54	11
黔东南苗族侗族自治州	**540**	**30**	**196**	**313**	**1**	**847**	**235**	**430**	**182**
凯里市	21		4	17		87	32	35	20
黄平县	21		11	10		60	14	32	14
施秉县	17	2	4	11		29	12	16	1
三穗县	49	2	15	32		58	19	22	17
镇远县	12		2	10		34	15	18	1
岑巩县	15	1	1	13		65	15	27	23
天柱县	13	1	1	10	1	58	24	30	4
锦屏县	24	1	13	10		31	10	20	1
剑河县	112	1	89	22		54	11	27	16
台江县	19	1	2	16		35	6	22	7
黎平县	30		5	25		87	21	63	3
榕江县	74	17	36	21		55	17	31	7
从江县	21	1	11	9		90	11	34	45
雷山县	15	2	2	11		36	13	17	6
麻江县	8	1		7		32	5	19	8
丹寨县	89			89		36	10	17	9
黔南布依族苗族自治州	**425**	**24**	**157**	**242**	**2**	**915**	**267**	**424**	**224**
都匀市	52	2	18	32		173	38	63	72
福泉市	34	8	7	18	1	140	46	68	26
荔波县	54		12	42		33	13	18	2
贵定县	8		5	3		44	17	22	5
瓮安县	12		1	11		73	15	52	6
独山县	9		1	8		63	11	43	9
平塘县	53	3	25	25		57	16	29	12
罗甸县	72	3	35	34		48	17	19	12
长顺县	11			10	1	70	11	18	41
龙里县	41	7	8	26		56	27	15	14
惠水县	15	1	5	9		112	34	55	23
三都水族自治县	64		40	24		46	22	22	2

4-4c 续表 64

单位：人

地区 性别	水利、环境和公共设施管理业					居民服务、修理和其他服务业			
	小计	水利管理业	生态保护和环境治理业	公共设施管理业	土地管理业	小计	居民服务业	机动车、电子产品和日用产品修理业	其他服务业
女	**2644**	**56**	**217**	**2357**	**14**	**7464**	**4334**	**607**	**2523**
贵州	**2644**	**56**	**217**	**2357**	**14**	**7464**	**4334**	**607**	**2523**
贵阳市	**253**	**4**	**9**	**240**		**1012**	**622**	**70**	**320**
南明区	11		4	7		61	46	4	11
云岩区									
花溪区	92	1	2	89		227	97	18	112
乌当区	31	1	1	29		156	95	10	51
白云区	10			10		48	19	8	21
观山湖区	32			32		93	37	4	52
开阳县	22			22		55	36	6	13
息烽县	11	1	1	9		59	51		8
修文县	18			18		87	62	4	21
清镇市	26	1	1	24		226	179	16	31
六盘水市	**262**	**8**	**25**	**228**	**1**	**597**	**361**	**49**	**187**
钟山区	4		1	3		33	20	2	11
六枝特区	27		1	26		116	74	9	33
水城县	155	7	17	131		210	99	12	99
盘州市	76	1	6	68	1	238	168	26	44
遵义市	**263**	**8**	**16**	**230**	**9**	**1059**	**757**	**99**	**203**
红花岗区	36	1		35		97	45	8	44
汇川区	8			6	2	87	64	2	21
播州区	40	1	2	37		206	164	25	17
桐梓县	22			21	1	84	62	10	12
绥阳县	6	1		5		67	53	11	3
正安县	24	2		22		87	65	9	13
道真仡佬族苗族自治县	4			4		38	23	3	12
务川仡佬族苗族自治县	6		1	5		22	15	3	4
凤冈县	8			8		29	21	5	3
湄潭县	10		2	8		66	48	5	13
余庆县	2			2		40	33	6	1
习水县	31	1	8	16	6	86	59	5	22
赤水市	20		3	17		51	37	4	10
仁怀市	46	2		44		99	68	3	28
安顺市	**239**		**9**	**230**		**626**	**377**	**50**	**199**
西秀区	33		2	31		230	146	19	65
平坝区	38		1	37		109	67	7	35
普定县	25			25		122	65	6	51
镇宁布依族苗族自治县	37		3	34		64	28	9	27
关岭布依族苗族自治县	20		3	17		52	38	7	7
紫云苗族布依族自治县	86			86		49	33	2	14
毕节市	**501**	**7**	**19**	**472**	**3**	**1167**	**600**	**77**	**490**
七星关区	66	1	1	64		143	73	9	61
大方县	130	1	4	125		103	68	11	24
黔西县	65	1	2	60	2	146	89	6	51
金沙县	9		3	6		83	60	8	15
织金县	46			46		257	75	14	168
纳雍县	59	3	1	55		134	86	10	38
威宁彝族回族苗族自治县	28		3	24	1	140	88	6	46
赫章县	98	1	5	92		161	61	13	87

4-4c 续表 65 单位：人

地区 性别	水利、环境和公共设施管理业					居民服务、修理和其他服务业			
	小计	水利管理业	生态保护和环境治理业	公共设施管理业	土地管理业	小计	居民服务业	机动车、电子产品和日用产品修理业	其他服务业
铜仁市	**240**	**8**	**37**	**194**	**1**	**810**	**476**	**48**	**286**
碧江区	39		3	36		53	26	1	26
万山区	16	2	2	12		45	22	5	18
江口县	7	1		6		52	26	4	22
玉屏侗族自治县	16		1	15		52	15	4	33
石阡县	10		1	9		116	90	11	15
思南县	20	1	7	11	1	93	60	6	27
印江土家族苗族自治县	9	1		8		80	62		18
德江县	7	1		6		48	32	6	10
沿河土家族自治县	85	2	12	71		145	67	3	75
松桃苗族自治县	31		11	20		126	76	8	42
黔西南布依族苗族自治州	**289**	**7**	**36**	**246**		**792**	**379**	**82**	**331**
兴义市	59	1	4	54		178	106	24	48
兴仁市	16		1	15		73	43	17	13
普安县	17	1	1	15		52	25	13	14
晴隆县	48	1	6	41		122	26	3	93
贞丰县	31	1	3	27		58	29	8	21
望谟县	86		12	74		144	45	6	93
册亨县	10		4	6		78	43	4	31
安龙县	22	3	5	14		87	62	7	18
黔东南苗族侗族自治州	**343**	**13**	**40**	**290**		**646**	**360**	**71**	**215**
凯里市	47		1	46		60	29	2	29
黄平县	14			14		48	19	7	22
施秉县	4			4		28	22	1	5
三穗县	27	1	2	24		41	18	5	18
镇远县	10			10		12	8	2	2
岑巩县	12	2		10		47	20	4	23
天柱县	11			11		54	40	6	8
锦屏县	18		6	12		18	12	2	4
剑河县	34		14	20		44	20	8	16
台江县	27			27		29	14	4	11
黎平县	23			23		62	53	7	2
榕江县	43	9	12	22		47	29	5	13
从江县	8		5	3		75	33	5	37
雷山县	8	1		7		28	16	6	6
麻江县	4			4		22	8	5	9
丹寨县	53			53		31	19	2	10
黔南布依族苗族自治州	**254**	**1**	**26**	**227**		**755**	**402**	**61**	**292**
都匀市	37		2	35		188	97	11	80
福泉市	11		2	9		103	50	11	42
荔波县	54		1	53		36	28	2	6
贵定县	7			7		40	21	2	17
瓮安县	10		2	8		57	35	6	16
独山县	7		2	5		49	28	7	14
平塘县	28		6	22		37	24	5	8
罗甸县	40		8	32		46	22	3	21
长顺县	3			3		61	17	3	41
龙里县	16	1		15		42	25	1	16
惠水县	9			9		67	36	6	25
三都水族自治县	32		3	29		29	19	4	6

4-4c　续表 66

单位：人

地区 性别	教育		卫生和社会工作			文化、体育和娱乐业				
	小计	教育	小计	卫生	社会工作	小计	新闻和出版业	广播、电视、电影和录音制作业	文化艺术业	体育
贵　州	**15404**	**15404**	**6081**	**5887**	**194**	**1669**	**24**	**69**	**423**	**139**
贵阳市	**1449**	**1449**	**487**	**474**	**13**	**212**	**3**	**9**	**43**	**21**
南明区	86	86	28	26	2	15	1		8	
云岩区										
花溪区	246	246	59	59		38		2	3	4
乌当区	183	183	135	129	6	41	1	4	3	11
白云区	67	67	19	19		8			1	
观山湖区	172	172	15	14	1	15			6	
开阳县	99	99	44	42	2	12		1	3	1
息烽县	90	90	39	38	1	21			8	1
修文县	249	249	66	65	1	36		1	4	2
清镇市	257	257	82	82		26	1	1	7	2
六盘水市	**1524**	**1524**	**574**	**568**	**6**	**138**	**1**	**6**	**17**	**11**
钟山区	56	56	13	13		9				1
六枝特区	252	252	87	85	2	24	1	2	9	1
水城县	458	458	158	157	1	26			3	3
盘州市	758	758	316	313	3	79		4	5	6
遵义市	**1932**	**1932**	**1031**	**992**	**39**	**320**	**3**	**8**	**103**	**23**
红花岗区	158	158	61	59	2	28		1	8	2
汇川区	90	90	45	43	2	16		1	9	1
播州区	264	264	136	127	9	49	1		15	3
桐梓县	134	134	72	68	4	34			7	
绥阳县	147	147	83	80	3	28		1	11	
正安县	194	194	132	131	1	15			8	1
道真仡佬族苗族自治县	102	102	61	58	3	14	2	1	5	1
务川仡佬族苗族自治县	89	89	30	29	1	6			4	
凤冈县	86	86	50	49	1	8		1	3	1
湄潭县	125	125	73	71	2	23			5	4
余庆县	88	88	40	40		11		2	1	3
习水县	197	197	111	105	6	50			19	4
赤水市	39	39	50	45	5	12			2	
仁怀市	219	219	87	87		26		1	6	3
安顺市	**999**	**999**	**399**	**389**	**10**	**103**	**2**	**6**	**9**	**16**
西秀区	337	337	112	107	5	41		2	5	4
平坝区	177	177	63	62	1	17			2	5
普定县	127	127	72	72		13	1	1	2	
镇宁布依族苗族自治县	93	93	42	42		12		2		2
关岭布依族苗族自治县	148	148	58	55	3	7				2
紫云苗族布依族自治县	117	117	52	51	1	13	1	1		3
毕节市	**3183**	**3183**	**1183**	**1161**	**22**	**247**	**5**	**6**	**97**	**21**
七星关区	426	426	144	140	4	31			6	7
大方县	504	504	167	162	5	31	1	1	5	1
黔西县	243	243	139	137	2	30	1	1	11	3
金沙县	215	215	117	115	2	16			3	2
织金县	320	320	116	113	3	25		3	6	
纳雍县	400	400	156	152	4	29	2	1	13	1
威宁彝族回族苗族自治县	573	573	179	177	2	59	1		50	1
赫章县	502	502	165	165		26			3	6

4－4c 续表 67

单位：人

地区 性别	教育		卫生和社会工作			文化、体育和娱乐业				
	小计	教育	小计	卫生	社会工作	小计	新闻和出版业	广播、电视、电影和录音制作业	文化艺术业	体育
铜仁市	**1610**	**1610**	**642**	**591**	**51**	**126**	**1**	**6**	**22**	**10**
碧江区	58	58	29	24	5	10			2	
万山区	102	102	28	25	3	8		1	2	1
江口县	137	137	29	27	2	11		1	1	1
玉屏侗族自治县	38	38	24	24		8			1	1
石阡县	183	183	88	85	3	9	1		2	2
思南县	223	223	92	90	2	20		2	4	3
印江土家族苗族自治县	107	107	63	37	26	11			1	
德江县	177	177	75	73	2	14		1	1	
沿河土家族自治县	251	251	126	124	2	10			4	
松桃苗族自治县	334	334	88	82	6	25		1	4	2
黔西南布依族苗族自治州	**1599**	**1599**	**492**	**483**	**9**	**137**	**3**	**8**	**27**	**13**
兴义市	358	358	115	112	3	52	1	6	8	6
兴仁市	269	269	53	53		17		1		2
普安县	176	176	74	74		7	1			
晴隆县	163	163	42	42		12			5	1
贞丰县	161	161	56	54	2	9	1		1	2
望谟县	179	179	46	43	3	15		1	4	2
册亨县	100	100	33	33		11			2	
安龙县	193	193	73	72	1	14			7	
黔东南苗族侗族自治州	**1816**	**1816**	**747**	**733**	**14**	**215**	**1**	**8**	**66**	**17**
凯里市	175	175	38	37	1	46		1	8	1
黄平县	75	75	21	21		8		1		1
施秉县	48	48	18	15	3	2				1
三穗县	60	60	43	43		4			1	
镇远县	59	59	30	30		7				4
岑巩县	100	100	34	34		6				1
天柱县	144	144	73	69	4	14			2	2
锦屏县	81	81	45	45		4			2	
剑河县	84	84	49	48	1	4				
台江县	95	95	28	28		11			2	3
黎平县	309	309	165	164	1	19		2	3	2
榕江县	170	170	61	61		23		1	4	1
从江县	201	201	62	60	2	36		2	19	
雷山县	75	75	27	27		22			21	1
麻江县	81	81	25	25		5		1	2	
丹寨县	59	59	28	26	2	4	1		2	
黔南布依族苗族自治州	**1292**	**1292**	**526**	**496**	**30**	**171**	**5**	**12**	**39**	**7**
都匀市	186	186	71	64	7	35	1	4	4	1
福泉市	67	67	46	45	1	12			2	1
荔波县	77	77	27	25	2	17		2	8	
贵定县	91	91	26	24	2	7				
瓮安县	58	58	37	37		15		1	2	1
独山县	104	104	31	30	1	9	1		4	1
平塘县	150	150	65	63	2	12	3		4	
罗甸县	96	96	50	50		6		1	1	
长顺县	69	69	29	28	1	9		2	1	2
龙里县	90	90	39	29	10	25			3	
惠水县	158	158	47	43	4	14			3	1
三都水族自治县	146	146	58	58		10		2	7	

4-4c　续表 68　　　　　　　　　　　　　　　　　　　　　　　单位：人

地区 性别	教育		卫生和社会工作			文化、体育和娱乐业				
	小计	教育	小计	卫生	社会工作	小计	新闻和出版业	广播、电视、电影和录音制作业	文化艺术业	体育
男	**6953**	**6953**	**2518**	**2428**	**90**	**965**	**17**	**39**	**254**	**93**
贵　州	**6953**	**6953**	**2518**	**2428**	**90**	**965**	**17**	**39**	**254**	**93**
贵阳市	**547**	**547**	**156**	**152**	**4**	**108**	**2**	**5**	**20**	**10**
南明区	24	24	10	9	1	10	1		5	
云岩区										
花溪区	97	97	17	17		17		1	1	2
乌当区	75	75	47	46	1	21	1	3		5
白云区	17	17	3	3		4				
观山湖区	50	50	4	3	1	4				
开阳县	35	35	16	15	1	5			1	
息烽县	31	31	15	15		11			5	1
修文县	124	124	19	19		17			3	
清镇市	94	94	25	25		19		1	5	2
六盘水市	**628**	**628**	**213**	**209**	**4**	**80**	**1**	**2**	**13**	**6**
钟山区	22	22	6	6		3				
六枝特区	96	96	32	31	1	18	1	1	7	1
水城县	215	215	62	61	1	21			3	2
盘州市	295	295	113	111	2	38		1	3	3
遵义市	**805**	**805**	**504**	**482**	**22**	**168**	**2**	**2**	**55**	**17**
红花岗区	61	61	27	26	1	13			4	1
汇川区	39	39	16	15	1	13		1	6	1
播州区	104	104	60	56	4	27			10	3
桐梓县	59	59	40	38	2	20			4	
绥阳县	59	59	39	38	1	12		1	2	
正安县	96	96	69	69		7			3	1
道真仡佬族苗族自治县	45	45	28	26	2	9	2		4	1
务川仡佬族苗族自治县	40	40	12	11	1	4			3	
凤冈县	29	29	28	27	1	7			3	1
湄潭县	51	51	35	33	2	12			3	2
余庆县	25	25	24	24		3				1
习水县	84	84	53	50	3	22			10	4
赤水市	13	13	21	17	4	5				
仁怀市	100	100	52	52		14			3	2
安顺市	**456**	**456**	**134**	**127**	**7**	**68**	**1**	**5**	**7**	**12**
西秀区	136	136	37	33	4	26		1	4	2
平坝区	68	68	13	13		12			2	4
普定县	56	56	26	26		9	1	1	1	
镇宁布依族苗族自治县	52	52	17	17		7		2		2
关岭布依族苗族自治县	81	81	19	17	2	5				2
紫云苗族布依族自治县	63	63	22	21	1	9		1		2
毕节市	**1562**	**1562**	**511**	**502**	**9**	**158**	**3**	**4**	**65**	**15**
七星关区	179	179	68	66	2	21			4	5
大方县	226	226	60	58	2	18		1	4	
黔西县	119	119	65	64	1	22		1	7	3
金沙县	90	90	62	61	1	8			2	1
织金县	157	157	47	46	1	16		2	4	
纳雍县	216	216	64	63	1	18	2		13	
威宁彝族回族苗族自治县	317	317	78	77	1	37	1		29	1
赫章县	258	258	67	67		18			2	5

4-4c 续表 69 单位：人

地区 性别	教育		卫生和社会工作			文化、体育和娱乐业				
	小计	教育	小计	卫生	社会工作	小计	新闻和出版业	广播、电视、电影和录音制作业	文化艺术业	体育
铜仁市	**799**	**799**	**280**	**258**	**22**	**73**	**1**	**3**	**16**	**7**
碧江区	25	25	12	9	3	7			1	
万山区	42	42	17	15	2	5			2	1
江口县	81	81	13	12	1	5		1		1
玉屏侗族自治县	17	17	10	10		6			1	1
石阡县	85	85	42	40	2	7	1		2	1
思南县	100	100	36	36		10		2	2	2
印江土家族苗族自治县	47	47	28	17	11	5				
德江县	73	73	37	37		9			1	
沿河土家族自治县	139	139	51	50	1	8			4	
松桃苗族自治县	190	190	34	32	2	11			3	1
黔西南布依族苗族自治州	**766**	**766**	**190**	**186**	**4**	**88**	**3**	**6**	**14**	**10**
兴义市	139	139	46	46		38	1	4	6	5
兴仁市	147	147	23	23		11		1		2
普安县	86	86	17	17		3	1			
晴隆县	87	87	18	18		7			2	1
贞丰县	78	78	22	21	1	7	1		1	1
望谟县	99	99	21	19	2	9		1	2	1
册亨县	39	39	15	15		6				
安龙县	91	91	28	27	1	7			3	
黔东南苗族侗族自治州	**827**	**827**	**325**	**318**	**7**	**129**	**1**	**5**	**46**	**9**
凯里市	83	83	19	18	1	26		1	8	1
黄平县	34	34	12	12		5				
施秉县	21	21	4	2	2	1				
三穗县	26	26	15	15		3				
镇远县	23	23	12	12		4				2
岑巩县	44	44	13	13		5				1
天柱县	70	70	30	29	1	8			2	
锦屏县	33	33	19	19		2			1	
剑河县	37	37	22	21	1	2				
台江县	54	54	9	9		6			1	2
黎平县	140	140	69	69		12		2		2
榕江县	78	78	28	28		13		1	3	
从江县	96	96	37	36	1	22		1	14	
雷山县	33	33	15	15		16			15	1
麻江县	33	33	8	8		2			1	
丹寨县	22	22	13	12	1	2	1		1	
黔南布依族苗族自治州	**563**	**563**	**205**	**194**	**11**	**93**	**3**	**7**	**18**	**7**
都匀市	83	83	23	20	3	18	1	2	3	1
福泉市	22	22	15	15		7			1	1
荔波县	24	24	11	11		9		2	3	
贵定县	32	32	13	12	1	4				
瓮安县	24	24	17	17		9			1	1
独山县	35	35	12	11	1	4			2	1
平塘县	62	62	20	20		4	2		1	
罗甸县	51	51	19	19		5		1		
长顺县	39	39	17	17		7		2		2
龙里县	39	39	12	9	3	13			1	
惠水县	79	79	20	17	3	9			3	1
三都水族自治县	73	73	26	26		4			3	

4-4c　续表 70　　　　单位：人

地　区 性　别	教育		卫生和社会工作			文化、体育和娱乐业				
	小计	教育	小计	卫生	社会工作	小计	新闻和出版业	广播、电视、电影和录音制作业	文化艺术业	体育
女	**8451**	**8451**	**3563**	**3459**	**104**	**704**	**7**	**30**	**169**	**46**
贵　州	**8451**	**8451**	**3563**	**3459**	**104**	**704**	**7**	**30**	**169**	**46**
贵阳市	**902**	**902**	**331**	**322**	**9**	**104**	**1**	**4**	**23**	**11**
南明区	62	62	18	17	1	5			3	
云岩区										
花溪区	149	149	42	42		21		1	2	2
乌当区	108	108	88	83	5	20		1	3	6
白云区	50	50	16	16		4			1	
观山湖区	122	122	11	11		11			6	
开阳县	64	64	28	27	1	7		1	2	1
息烽县	59	59	24	23	1	10			3	
修文县	125	125	47	46	1	19		1	1	2
清镇市	163	163	57	57		7	1		2	
六盘水市	**896**	**896**	**361**	**359**	**2**	**58**		**4**	**4**	**5**
钟山区	34	34	7	7		6				1
六枝特区	156	156	55	54	1	6		1	2	
水城县	243	243	96	96		5				1
盘州市	463	463	203	202	1	41		3	2	3
遵义市	**1127**	**1127**	**527**	**510**	**17**	**152**	**1**	**6**	**48**	**6**
红花岗区	97	97	34	33	1	15		1	4	1
汇川区	51	51	29	28	1	3			3	
播州区	160	160	76	71	5	22	1		5	
桐梓县	75	75	32	30	2	14			3	
绥阳县	88	88	44	42	2	16			9	
正安县	98	98	63	62	1	8			5	
道真仡佬族苗族自治县	57	57	33	32	1	5		1	1	
务川仡佬族苗族自治县	49	49	18	18		2			1	
凤冈县	57	57	22	22		1		1		
湄潭县	74	74	38	38		11			2	2
余庆县	63	63	16	16		8		2	1	2
习水县	113	113	58	55	3	28			9	
赤水市	26	26	29	28	1	7			2	
仁怀市	119	119	35	35		12		1	3	1
安顺市	**543**	**543**	**265**	**262**	**3**	**35**	**1**	**1**	**2**	**4**
西秀区	201	201	75	74	1	15		1	1	2
平坝区	109	109	50	49	1	5				1
普定县	71	71	46	46		4			1	
镇宁布依族苗族自治县	41	41	25	25		5				
关岭布依族苗族自治县	67	67	39	38	1	2				
紫云苗族布依族自治县	54	54	30	30		4	1			1
毕节市	**1621**	**1621**	**672**	**659**	**13**	**89**	**2**	**2**	**32**	**6**
七星关区	247	247	76	74	2	10			2	2
大方县	278	278	107	104	3	13	1		1	1
黔西县	124	124	74	73	1	8	1		4	
金沙县	125	125	55	54	1	8			1	1
织金县	163	163	69	67	2	9		1	2	
纳雍县	184	184	92	89	3	11		1		1
威宁彝族回族苗族自治县	256	256	101	100	1	22			21	
赫章县	244	244	98	98		8			1	1

4-4c 续表 71 单位：人

地区 性别	教育		卫生和社会工作			文化、体育和娱乐业				
	小计	教育	小计	卫生	社会工作	小计	新闻和出版业	广播、电视、电影和录音制作业	文化艺术业	体育
铜仁市	**811**	**811**	**362**	**333**	**29**	**53**		**3**	**6**	**3**
碧江区	33	33	17	15	2	3			1	
万山区	60	60	11	10	1	3		1		
江口县	56	56	16	15	1	6			1	
玉屏侗族自治县	21	21	14	14		2				
石阡县	98	98	46	45	1	2				1
思南县	123	123	56	54	2	10			2	1
印江土家族苗族自治县	60	60	35	20	15	6			1	
德江县	104	104	38	36	2	5		1		
沿河土家族自治县	112	112	75	74	1	2				
松桃苗族自治县	144	144	54	50	4	14		1	1	1
黔西南布依族苗族自治州	**833**	**833**	**302**	**297**	**5**	**49**		**2**	**13**	**3**
兴义市	219	219	69	66	3	14		2	2	1
兴仁市	122	122	30	30		6				
普安县	90	90	57	57		4				
晴隆县	76	76	24	24		5			3	
贞丰县	83	83	34	33	1	2				1
望谟县	80	80	25	24	1	6			2	1
册亨县	61	61	18	18		5			2	
安龙县	102	102	45	45		7			4	
黔东南苗族侗族自治州	**989**	**989**	**422**	**415**	**7**	**86**		**3**	**20**	**8**
凯里市	92	92	19	19		20				
黄平县	41	41	9	9		3		1		1
施秉县	27	27	14	13	1	1				1
三穗县	34	34	28	28		1			1	
镇远县	36	36	18	18		3				2
岑巩县	56	56	21	21		1				
天柱县	74	74	43	40	3	6				2
锦屏县	48	48	26	26		2			1	
剑河县	47	47	27	27		2				
台江县	41	41	19	19		5			1	1
黎平县	169	169	96	95	1	7			3	
榕江县	92	92	33	33		10			1	1
从江县	105	105	25	24	1	14		1	5	
雷山县	42	42	12	12		6			6	
麻江县	48	48	17	17		3		1	1	
丹寨县	37	37	15	14	1	2			1	
黔南布依族苗族自治州	**729**	**729**	**321**	**302**	**19**	**78**	**2**	**5**	**21**	
都匀市	103	103	48	44	4	17		2	1	
福泉市	45	45	31	30	1	5			1	
荔波县	53	53	16	14	2	8			5	
贵定县	59	59	13	12	1	3				
瓮安县	34	34	20	20		6		1	1	
独山县	69	69	19	19		5	1		2	
平塘县	88	88	45	43	2	8	1		3	
罗甸县	45	45	31	31		1			1	
长顺县	30	30	12	11	1	2			1	
龙里县	51	51	27	20	7	12			2	
惠水县	79	79	27	26	1	5				
三都水族自治县	73	73	32	32		6		2	4	

4-4c 续表 72 单位：人

地区 性别	娱乐业	公共管理、社会保障和社会组织							国际组织	
		小计	中国共产党机关	国家机构	人民政协、民主党派	社会保障	群众团体、社会团体和其他成员组织	基层群众自治组织	小计	国际组织
贵州	**1014**	**22415**	**162**	**11110**	**11**	**62**	**789**	**10281**	**3**	**3**
贵阳市	**136**	**1583**	**11**	**835**		**6**	**81**	**650**		
南明区	6	89		61			2	26		
云岩区										
花溪区	29	274	1	135		1	18	119		
乌当区	22	207	1	117			6	83		
白云区	7	56		28				28		
观山湖区	9	166	5	106			2	53		
开阳县	7	174	1	90		2	4	77		
息烽县	12	215	3	113			1	98		
修文县	29	140		70		1	8	61		
清镇市	15	262		115		2	40	105		
六盘水市	**103**	**2299**	**4**	**820**		**3**	**26**	**1446**		
钟山区	8	122	2	64				56		
六枝特区	11	284	2	135		3	4	140		
水城县	20	874		266			6	602		
盘州市	64	1019		355			16	648		
遵义市	**183**	**2696**	**19**	**1478**		**8**	**96**	**1095**	**2**	**2**
红花岗区	17	174	3	87		1	11	72		
汇川区	5	97	1	44		1	15	36		
播州区	30	453	2	303			9	139		
桐梓县	27	276	2	121		1	13	139	1	1
绥阳县	16	140		75			4	61		
正安县	6	287	2	181		1	9	94		
道真仡佬族苗族自治县	5	96		64			2	30		
务川仡佬族苗族自治县	2	174		67			5	102		
凤冈县	3	89	1	51			5	32		
湄潭县	14	132	2	76			1	53		
余庆县	5	153	2	108		1	2	40		
习水县	27	293	3	121		3	10	156		
赤水市	10	113		71			4	38	1	1
仁怀市	16	219	1	109			6	103		
安顺市	**70**	**1631**	**13**	**706**	**2**	**1**	**80**	**829**		
西秀区	30	353	1	199			12	141		
平坝区	10	199	2	132	1		9	55		
普定县	9	127	2	73			4	48		
镇宁布依族苗族自治县	8	145	2	75			4	64		
关岭布依族苗族自治县	5	354		87		1	4	262		
紫云苗族布依族自治县	8	453	6	140	1		47	259		
毕节市	**118**	**4362**	**49**	**1940**	**5**	**19**	**108**	**2241**		
七星关区	18	718	3	323		1	12	379		
大方县	23	688	6	394	1	6	11	270		
黔西县	14	320	9	139		1	15	156		
金沙县	11	480		157			26	297		
织金县	16	342	1	194			2	145		
纳雍县	12	711	5	184			8	514		
威宁彝族回族苗族自治县	7	437	7	217	4	9	31	169		
赫章县	17	666	18	332		2	3	311		

4-4c 续表 73 单位：人

地区 性别	娱乐业	公共管理、社会保障和社会组织							国际组织	
		小计	中国共产党机关	国家机构	人民政协、民主党派	社会保障	群众团体、社会团体和其他成员组织	基层群众自治组织	小计	国际组织
铜仁市	**87**	**2069**	**27**	**961**	**3**	**10**	**179**	**889**	**1**	**1**
碧江区	8	92	2	36			15	39		
万山区	4	148	4	88	1	5	9	41		
江口县	8	189	4	82			23	80		
玉屏侗族自治县	6	93	2	52			4	35		
石阡县	4	200	3	138	1		7	51		
思南县	11	281	10	110	1		30	130	1	1
印江土家族苗族自治县	10	156	1	91			6	58		
德江县	12	305		107		1	2	195		
沿河土家族自治县	6	326	1	135		3	51	136		
松桃苗族自治县	18	279		122		1	32	124		
黔西南布依族苗族自治州	**86**	**1940**	**9**	**1070**		**9**	**89**	**763**		
兴义市	31	343	3	200		1	6	133		
兴仁市	14	163	1	80		1	6	75		
普安县	6	156		108			2	46		
晴隆县	6	266	3	132			12	119		
贞丰县	5	219		61		2	15	141		
望谟县	8	327		187			33	107		
册亨县	9	264	1	200			4	59		
安龙县	7	202	1	102		5	11	83		
黔东南苗族侗族自治州	**123**	**3905**	**15**	**2361**	**1**	**4**	**58**	**1466**		
凯里市	36	191		94		1	3	93		
黄平县	6	161	1	52		3	4	101		
施秉县	1	62		39			3	20		
三穗县	3	87		41				46		
镇远县	3	184		113			1	70		
岑巩县	5	79		35			14	30		
天柱县	10	361	1	287			5	68		
锦屏县	2	203	3	136			1	63		
剑河县	4	121		55			8	58		
台江县	6	123	2	69				52		
黎平县	12	468	3	342	1		9	113		
榕江县	17	841		739			4	98		
从江县	15	700		210			1	489		
雷山县		102	5	74			1	22		
麻江县	2	85		30			2	53		
丹寨县	1	137		45			2	90		
黔南布依族苗族自治州	**108**	**1930**	**15**	**939**		**2**	**72**	**902**		
都匀市	25	208	6	78		1	22	101		
福泉市	9	97	1	48			2	46		
荔波县	7	99	1	61			4	33		
贵定县	7	101		52			3	46		
瓮安县	11	111		42			1	68		
独山县	3	214	1	59			7	147		
平塘县	5	273		183				90		
罗甸县	4	166	1	110			2	53		
长顺县	4	198		61			2	135		
龙里县	22	151		80			13	58		
惠水县	10	162	1	79		1	14	67		
三都水族自治县	1	150	4	86			2	58		

4–4c　续表 74　　　　单位：人

地　　区 性　　别	娱乐业	公共管理、社会保障和社会组织							国际组织	
		小计	中国共产党机关	国家机构	人民政协、民主党派	社会保障	群众团体、社会团体和其他成员组织	基层群众自治组织	小计	国际组织
男	**562**	**16058**	**107**	**8106**	**11**	**41**	**533**	**7260**	**3**	**3**
贵　州	**562**	**16058**	**107**	**8106**	**11**	**41**	**533**	**7260**	**3**	**3**
贵阳市	**71**	**1085**	**6**	**584**		**1**	**56**	**438**		
南明区	4	62		43				19		
云岩区										
花溪区	13	198	1	96			12	89		
乌当区	12	128		76			2	50		
白云区	4	37		19				18		
观山湖区	4	117	3	75			1	38		
开阳县	4	121	1	67			3	50		
息烽县	5	144	1	81				62		
修文县	14	94		44		1	6	43		
清镇市	11	184		83			32	69		
六盘水市	**58**	**1403**	**2**	**567**		**2**	**16**	**816**		
钟山区	3	68	1	39				28		
六枝特区	8	215	1	104		2	2	106		
水城县	16	551		185			4	362		
盘州市	31	569		239			10	320		
遵义市	**92**	**1960**	**9**	**1065**		**6**	**76**	**804**	**2**	**2**
红花岗区	8	113		58			7	48		
汇川区	5	70		35			11	24		
播州区	14	285	1	193			7	84		
桐梓县	16	220	2	90		1	12	115	1	1
绥阳县	9	101		57			3	41		
正安县	3	216	2	129		1	8	76		
道真仡佬族苗族自治县	2	70		46			1	23		
务川仡佬族苗族自治县	1	135		56			5	74		
凤冈县	3	73	1	40			5	27		
湄潭县	7	102	1	62				39		
余庆县	2	98	1	73		1	1	22		
习水县	8	223	1	90		3	8	121		
赤水市	5	77		52			2	23	1	1
仁怀市	9	177		84			6	87		
安顺市	**43**	**1133**	**6**	**504**	**2**	**1**	**55**	**565**		
西秀区	19	239		137			10	92		
平坝区	6	137		91	1		7	38		
普定县	6	107	1	60			4	42		
镇宁布依族苗族自治县	3	120		59			3	58		
关岭布依族苗族自治县	3	222		55		1	2	164		
紫云苗族布依族自治县	6	308	5	102	1		29	171		
毕节市	**71**	**3155**	**34**	**1442**	**5**	**14**	**77**	**1583**		
七星关区	12	516	3	237			6	270		
大方县	13	493	6	289	1	6	10	181		
黔西县	11	233	5	102		1	13	112		
金沙县	5	345		117			19	209		
织金县	10	253		139			1	113		
纳雍县	3	481	3	143			5	330		
威宁彝族回族苗族自治县	6	355	3	176	4	6	21	145		
赫章县	11	479	14	239		1	2	223		

4-4c 续表 75 单位：人

地区 性别	娱乐业	公共管理、社会保障和社会组织						国际组织	
		小计	中国共产党机关	国家机构	人民政协、民主党派	社会保障	群众团体、社会团体和其他成员组织	基层群众自治组织	小计	国际组织
铜仁市	**46**	**1562**	**23**	**728**	**3**	**8**	**105**	**695**	**1**	**1**
碧江区	6	65	2	24			7	32		
万山区	2	108	3	64	1	4	5	31		
江口县	3	135	4	65			12	54		
玉屏侗族自治县	4	52	2	28				22		
石阡县	3	156	2	105	1		5	43		
思南县	4	207	8	85	1		20	93	1	1
印江土家族苗族自治县	5	132	1	79			5	47		
德江县	8	238		78		1	1	158		
沿河土家族自治县	4	253	1	105		2	30	115		
松桃苗族自治县	7	216		95		1	20	100		
黔西南布依族苗族自治州	**55**	**1432**	**7**	**789**		**4**	**57**	**575**		
兴义市	22	242	2	134			3	103		
兴仁市	8	127	1	66			4	56		
普安县	2	117		80			2	35		
晴隆县	4	206	3	105			8	90		
贞丰县	4	145		39		2	9	95		
望谟县	5	244		143			19	82		
册亨县	6	197		143			4	50		
安龙县	4	154	1	79		2	8	64		
黔东南苗族侗族自治州	**68**	**2858**	**12**	**1685**	**1**	**4**	**37**	**1119**		
凯里市	16	142		64		1	2	75		
黄平县	5	109	1	33		3	3	69		
施秉县	1	44		26			3	15		
三穗县	3	64		31				33		
镇远县	2	143		94			1	48		
岑巩县	4	60		28			10	22		
天柱县	6	248		195			3	50		
锦屏县	1	149	3	99			1	46		
剑河县	2	90		36			5	49		
台江县	3	93	2	53				38		
黎平县	8	354	1	252	1		4	96		
榕江县	9	603		513			3	87		
从江县	7	509		154				355		
雷山县		79	5	55				19		
麻江县	1	60		20			2	38		
丹寨县		111		32				79		
黔南布依族苗族自治州	**58**	**1470**	**8**	**742**		**1**	**54**	**665**		
都匀市	11	144	3	59			16	66		
福泉市	5	64		35			1	28		
荔波县	4	72		44			2	26		
贵定县	4	74		40			3	31		
瓮安县	7	95		35			1	59		
独山县	1	163	1	50			5	107		
平塘县	1	214		146				68		
罗甸县	4	140	1	91			2	46		
长顺县	3	135		46			2	87		
龙里县	12	114		59			10	45		
惠水县	5	135	1	67		1	11	55		
三都水族自治县	1	120	2	70			1	47		

4-4c 续表 76

单位：人

地区 性别	娱乐业	公共管理、社会保障和社会组织						国际组织	
		小计	中国共产党机关	国家机构	人民政协、民主党派	社会保障	群众团体、社会团体和其他成员组织	基层群众自治组织	小计	国际组织
女	**452**	**6357**	**55**	**3004**		**21**	**256**	**3021**		
贵　州	**452**	**6357**	**55**	**3004**		**21**	**256**	**3021**		
贵阳市	**65**	**498**	**5**	**251**		**5**	**25**	**212**		
南明区	2	27		18			2	7		
云岩区										
花溪区	16	76		39		1	6	30		
乌当区	10	79	1	41			4	33		
白云区	3	19		9				10		
观山湖区	5	49	2	31			1	15		
开阳县	3	53		23		2	1	27		
息烽县	7	71	2	32			1	36		
修文县	15	46		26			2	18		
清镇市	4	78		32		2	8	36		
六盘水市	**45**	**896**	**2**	**253**		**1**	**10**	**630**		
钟山区	5	54	1	25				28		
六枝特区	3	69	1	31		1	2	34		
水城县	4	323		81			2	240		
盘州市	33	450		116			6	328		
遵义市	**91**	**736**	**10**	**413**		**2**	**20**	**291**		
红花岗区	9	61	3	29		1	4	24		
汇川区		27	1	9		1	4	12		
播州区	16	168	1	110			2	55		
桐梓县	11	56		31			1	24		
绥阳县	7	39		18			1	20		
正安县	3	71		52			1	18		
道真仡佬族苗族自治县	3	26		18			1	7		
务川仡佬族苗族自治县	1	39		11				28		
凤冈县		16		11				5		
湄潭县	7	30	1	14			1	14		
余庆县	3	55	1	35			1	18		
习水县	19	70	2	31			2	35		
赤水市	5	36		19			2	15		
仁怀市	7	42	1	25				16		
安顺市	**27**	**498**	**7**	**202**			**25**	**264**		
西秀区	11	114	1	62			2	49		
平坝区	4	62	2	41			2	17		
普定县	3	20	1	13				6		
镇宁布依族苗族自治县	5	25	2	16			1	6		
关岭布依族苗族自治县	2	132		32			2	98		
紫云苗族布依族自治县	2	145	1	38			18	88		
毕节市	**47**	**1207**	**15**	**498**		**5**	**31**	**658**		
七星关区	6	202		86		1	6	109		
大方县	10	195		105			1	89		
黔西县	3	87	4	37			2	44		
金沙县	6	135		40			7	88		
织金县	6	89	1	55			1	32		
纳雍县	9	230	2	41			3	184		
威宁彝族回族苗族自治县	1	82	4	41		3	10	24		
赫章县	6	187	4	93		1	1	88		

4-4c 续表 77 单位：人

地区 性别	娱乐业	公共管理、社会保障和社会组织							国际组织	
		小计	中国共产党机关	国家机构	人民政协、民主党派	社会保障	群众团体、社会团体和其他成员组织	基层群众自治组织	小计	国际组织
铜仁市	**41**	**507**	**4**	**233**		**2**	**74**	**194**		
碧江区	2	27		12			8	7		
万山区	2	40	1	24		1	4	10		
江口县	5	54		17			11	26		
玉屏侗族自治县	2	41		24			4	13		
石阡县	1	44	1	33			2	8		
思南县	7	74	2	25			10	37		
印江土家族苗族自治县	5	24		12			1	11		
德江县	4	67		29			1	37		
沿河土家族自治县	2	73		30		1	21	21		
松桃苗族自治县	11	63		27			12	24		
黔西南布依族苗族自治州	**31**	**508**	**2**	**281**		**5**	**32**	**188**		
兴义市	9	101	1	66		1	3	30		
兴仁市	6	36		14		1	2	19		
普安县	4	39		28				11		
晴隆县	2	60		27			4	29		
贞丰县	1	74		22			6	46		
望谟县	3	83		44			14	25		
册亨县	3	67	1	57				9		
安龙县	3	48		23		3	3	19		
黔东南苗族侗族自治州	**55**	**1047**	**3**	**676**			**21**	**347**		
凯里市	20	49		30			1	18		
黄平县	1	52		19			1	32		
施秉县		18		13				5		
三穗县		23		10				13		
镇远县	1	41		19				22		
岑巩县	1	19		7			4	8		
天柱县	4	113	1	92			2	18		
锦屏县	1	54		37				17		
剑河县	2	31		19			3	9		
台江县	3	30		16				14		
黎平县	4	114	2	90			5	17		
榕江县	8	238		226			1	11		
从江县	8	191		56			1	134		
雷山县		23		19			1	3		
麻江县	1	25		10				15		
丹寨县	1	26		13			2	11		
黔南布依族苗族自治州	**50**	**460**	**7**	**197**		**1**	**18**	**237**		
都匀市	14	64	3	19		1	6	35		
福泉市	4	33	1	13			1	18		
荔波县	3	27	1	17			2	7		
贵定县	3	27		12				15		
瓮安县	4	16		7				9		
独山县	2	51		9			2	40		
平塘县	4	59		37				22		
罗甸县		26		19				7		
长顺县	1	63		15				48		
龙里县	10	37		21			3	13		
惠水县	5	27		12			3	12		
三都水族自治县		30	2	16			1	11		

4-5　全省分年龄、性别、行业大类的就业人口

单位：人

年龄组 性　别	合计	农、林、牧、渔业						采矿业	
		小计	农业	林业	畜牧业	渔业	农、林、牧、渔专业及辅助性活动	小计	煤炭开采和洗选业
总　计	**1480345**	**396329**	**318916**	**5869**	**65672**	**1411**	**4461**	**22405**	**16898**
16-19岁	23559	3862	3138	42	636	15	31	85	50
20-24岁	102459	12050	9676	153	2019	72	130	896	625
25-29岁	156041	15461	12157	243	2731	125	205	1698	1173
30-34岁	193834	21148	16261	407	4030	182	268	3082	2349
35-39岁	167694	24261	18662	499	4618	159	323	3116	2398
40-44岁	183393	36693	28439	790	6749	239	476	3656	2875
45-49岁	219519	56911	44470	1209	10233	236	763	4694	3618
50-54岁	189058	70375	56332	1246	11788	176	833	3428	2557
55-59岁	122214	59538	48717	828	9267	111	615	1308	960
60-64岁	52112	37209	31093	248	5525	46	297	250	170
65-69岁	44218	36187	30617	154	5064	34	318	129	80
70-74岁	17834	15378	13062	33	2112	13	158	46	30
75岁及以上	8410	7256	6292	17	900	3	44	17	13
男	**872038**	**198309**	**154530**	**4455**	**35642**	**1065**	**2617**	**19836**	**15140**
16-19岁	15016	2295	1828	28	411	11	17	77	45
20-24岁	60454	6758	5248	124	1242	58	86	818	582
25-29岁	90955	8285	6245	186	1621	106	127	1520	1072
30-34岁	114049	10639	7808	293	2240	140	158	2689	2072
35-39岁	99454	11950	8809	376	2452	123	190	2741	2147
40-44岁	106707	17386	12872	581	3468	169	296	3201	2536
45-49岁	127403	26684	20011	908	5155	172	438	4094	3196
50-54岁	111662	32964	25355	960	6038	121	490	3104	2350
55-59岁	75128	28921	22809	664	5006	82	360	1198	878
60-64岁	30469	19751	16165	190	3188	38	170	224	150
65-69岁	25560	19934	16604	115	3005	33	177	116	75
70-74岁	10418	8755	7361	21	1275	11	87	39	25
75岁及以上	4763	3987	3415	9	541	1	21	15	12
女	**608307**	**198020**	**164386**	**1414**	**30030**	**346**	**1844**	**2569**	**1758**
16-19岁	8543	1567	1310	14	225	4	14	8	5
20-24岁	42005	5292	4428	29	777	14	44	78	43
25-29岁	65086	7176	5912	57	1110	19	78	178	101
30-34岁	79785	10509	8453	114	1790	42	110	393	277
35-39岁	68240	12311	9853	123	2166	36	133	375	251
40-44岁	76686	19307	15567	209	3281	70	180	455	339
45-49岁	92116	30227	24459	301	5078	64	325	600	422
50-54岁	77396	37411	30977	286	5750	55	343	324	207
55-59岁	47086	30617	25908	164	4261	29	255	110	82
60-64岁	21643	17458	14928	58	2337	8	127	26	20
65-69岁	18658	16253	14013	39	2059	1	141	13	5
70-74岁	7416	6623	5701	12	837	2	71	7	5
75岁及以上	3647	3269	2877	8	359	2	23	2	1

4-5 续表 1 单位：人

年龄组 性 别	采矿业						制造业		
	石油和天然气开采业	黑色金属矿采选业	有色金属矿采选业	非金属矿采选业	开采专业及辅助性活动	其他采矿业	小计	农副食品加工业	食品制造业
总 计	**193**	**539**	**699**	**3139**	**565**	**372**	**136961**	**9569**	**5173**
16-19岁	1	4	4	22	2	2	4570	86	111
20-24岁	13	17	30	174	26	11	13073	374	390
25-29岁	14	44	76	291	56	44	16679	652	580
30-34岁	30	55	86	441	73	48	20396	1048	726
35-39岁	25	61	81	433	80	38	17274	984	697
40-44岁	19	73	98	453	90	48	18599	1252	760
45-49岁	45	140	129	585	105	72	21236	1831	825
50-54岁	32	92	125	465	90	67	14523	1635	587
55-59岁	10	43	47	179	33	36	7173	957	328
60-64岁	1	8	9	52	6	4	1809	375	90
65-69岁	2	2	10	31	2	2	1077	260	55
70-74岁			4	10	2		388	82	19
75岁及以上	1			3			164	33	5
男	**165**	**450**	**583**	**2729**	**470**	**299**	**86803**	**5343**	**2474**
16-19岁	1	4	4	20	1	2	3082	67	59
20-24岁	12	12	26	160	18	8	8799	252	213
25-29岁	12	43	65	248	46	34	10879	418	266
30-34岁	26	45	69	387	54	36	12612	593	335
35-39岁	21	45	66	369	64	29	10421	509	331
40-44岁	15	64	81	386	81	38	10775	653	332
45-49岁	38	110	115	495	87	53	12796	986	384
50-54岁	28	77	101	407	80	61	9774	900	287
55-59岁	9	40	41	168	30	32	5224	534	174
60-64岁	1	8	8	48	5	4	1297	218	53
65-69岁	1	2	5	29	2	2	749	146	25
70-74岁			2	10	2		285	50	12
75岁及以上	1			2			110	17	3
女	**28**	**89**	**116**	**410**	**95**	**73**	**50158**	**4226**	**2699**
16-19岁				2	1		1488	19	52
20-24岁	1	5	4	14	8	3	4274	122	177
25-29岁	2	1	11	43	10	10	5800	234	314
30-34岁	4	10	17	54	19	12	7784	455	391
35-39岁	4	16	15	64	16	9	6853	475	366
40-44岁	4	9	17	67	9	10	7824	599	428
45-49岁	7	30	14	90	18	19	8440	845	441
50-54岁	4	15	24	58	10	6	4749	735	300
55-59岁	1	3	6	11	3	4	1949	423	154
60-64岁			1	4	1		512	157	37
65-69岁	1		5	2			328	114	30
70-74岁			2				103	32	7
75岁及以上				1			54	16	2

4-5 续表 2

单位：人

年龄组 性别	制造业								
	酒、饮料和精制茶制造业	烟草制品业	纺织业	纺织服装、服饰业	皮革、毛皮、羽毛及其制品和制鞋业	木材加工和木、竹、藤、棕、草制品业	家具制造业	造纸和纸制品业	印刷和记录媒介复制业
总 计	**11167**	**1349**	**4039**	**6584**	**5557**	**6155**	**4460**	**2042**	**1214**
16–19岁	113	5	133	348	365	54	103	55	36
20–24岁	1015	29	406	827	794	272	366	190	118
25–29岁	1770	83	455	889	807	442	527	242	152
30–34岁	1966	157	575	1086	947	656	728	306	199
35–39岁	1402	164	525	933	769	656	605	295	171
40–44岁	1325	168	595	851	719	836	617	287	162
45–49岁	1591	299	642	866	655	1146	647	322	199
50–54岁	1071	268	417	488	342	1019	486	208	111
55–59岁	555	162	183	200	112	621	251	92	42
60–64岁	197	12	52	49	25	196	65	24	10
65–69岁	101	1	34	32	17	162	46	16	5
70–74岁	49	1	13	8	4	71	14	3	5
75岁及以上	12		9	7	1	24	5	2	4
男	**7221**	**896**	**1963**	**2582**	**2981**	**4437**	**3190**	**1140**	**727**
16–19岁	87	4	76	168	240	44	82	38	25
20–24岁	721	20	227	381	507	214	282	127	81
25–29岁	1137	61	247	391	482	330	395	152	100
30–34岁	1251	108	283	456	515	454	507	160	109
35–39岁	870	94	236	322	401	445	412	155	96
40–44岁	773	89	251	279	319	533	404	135	96
45–49岁	960	183	272	302	289	759	438	154	110
50–54岁	752	182	208	181	146	760	347	128	64
55–59岁	408	144	98	69	56	502	206	59	29
60–64岁	135	9	32	19	17	165	59	17	7
65–69岁	81	1	20	9	7	142	39	11	5
70–74岁	36	1	8	3	2	65	14	3	3
75岁及以上	10		5	2		24	5	1	2
女	**3946**	**453**	**2076**	**4002**	**2576**	**1718**	**1270**	**902**	**487**
16–19岁	26	1	57	180	125	10	21	17	11
20–24岁	294	9	179	446	287	58	84	63	37
25–29岁	633	22	208	498	325	112	132	90	52
30–34岁	715	49	292	630	432	202	221	146	90
35–39岁	532	70	289	611	368	211	193	140	75
40–44岁	552	79	344	572	400	303	213	152	66
45–49岁	631	116	370	564	366	387	209	168	89
50–54岁	319	86	209	307	196	259	139	80	47
55–59岁	147	18	85	131	56	119	45	33	13
60–64岁	62	3	20	30	8	31	6	7	3
65–69岁	20		14	23	10	20	7	5	
70–74岁	13		5	5	2	6			2
75岁及以上	2		4	5	1			1	2

4–5 续表 3 单位：人

年龄组 性 别	制造业								
	文教、工美、体育和娱乐用品制造业	石油、煤炭及其他燃料加工业	化学原料和化学制品制造业	医 药制造业	化学纤维制造业	橡胶和塑 料制品业	非金属矿 物制品业	黑色金属冶炼和压延加工业	有色金属冶炼和压延加工业
总 计	**4046**	**603**	**4544**	**1906**	**80**	**4809**	**14721**	**1993**	**2513**
16–19岁	267	4	52	27	6	178	178	19	22
20–24岁	499	21	219	190	10	438	771	87	121
25–29岁	501	59	517	309	10	600	1312	151	285
30–34岁	655	96	708	337	13	713	2042	222	341
35–39岁	531	86	641	291	13	656	1871	192	312
40–44岁	555	89	721	265	16	698	2373	329	370
45–49岁	496	128	812	239	4	807	2885	538	492
50–54岁	300	80	552	142	4	463	1933	296	394
55–59岁	147	30	233	72	4	202	996	133	143
60–64岁	39	7	54	16		33	232	17	21
65–69岁	39	1	23	9		13	103	4	7
70–74岁	11	2	6	6		3	18	3	4
75岁及以上	6		6	3		5	7	2	1
男	**2008**	**410**	**3129**	**968**	**56**	**3006**	**11077**	**1542**	**1902**
16–19岁	159	4	35	15	6	112	150	15	17
20–24岁	271	18	147	95	6	308	632	72	90
25–29岁	262	47	332	148	7	403	1024	123	236
30–34岁	300	67	482	164	10	467	1496	160	248
35–39岁	257	53	432	142	9	391	1395	139	225
40–44岁	232	57	450	132	9	401	1652	245	266
45–49岁	232	79	564	106	4	466	2035	395	359
50–54岁	152	54	431	88	3	282	1535	258	319
55–59岁	82	26	193	52	2	137	831	113	123
60–64岁	21	5	42	13		24	208	14	11
65–69岁	27		15	5		9	99	3	4
70–74岁	7		3	5		3	15	3	3
75岁及以上	6		3	3		3	5	2	1
女	**2038**	**193**	**1415**	**938**	**24**	**1803**	**3644**	**451**	**611**
16–19岁	108		17	12		66	28	4	5
20–24岁	228	3	72	95	4	130	139	15	31
25–29岁	239	12	185	161	3	197	288	28	49
30–34岁	355	29	226	173	3	246	546	62	93
35–39岁	274	33	209	149	4	265	476	53	87
40–44岁	323	32	271	133	7	297	721	84	104
45–49岁	264	49	248	133		341	850	143	133
50–54岁	148	26	121	54	1	181	398	38	75
55–59岁	65	4	40	20	2	65	165	20	20
60–64岁	18	2	12	3		9	24	3	10
65–69岁	12	1	8	4		4	4	1	3
70–74岁	4	2	3	1			3		1
75岁及以上			3			2	2		

4–5　续表 4　　单位：人

年龄组 性　别	制造业								
	金　属 制品业	通用设备 制造业	专用设备 制造业	汽　车 制造业	铁路、船舶、 航空航天和 其他运输 设备制造业	电气机械 和器材 制造业	计算机、 通信和其 他电子设 备制造业	仪器仪表 制造业	其　他 制造业
总　计	**9770**	**5394**	**2916**	**1909**	**2771**	**4785**	**10763**	**479**	**1632**
16–19岁	269	202	120	86	26	291	1254	16	71
20–24岁	866	540	345	280	291	671	2446	74	156
25–29岁	1209	710	394	282	394	736	1963	75	196
30–34岁	1581	811	487	329	406	731	1688	82	253
35–39岁	1378	703	384	238	316	643	1118	60	203
40–44岁	1515	750	346	223	311	586	945	58	244
45–49岁	1483	842	374	267	480	601	771	52	220
50–54岁	957	550	272	139	329	352	362	39	175
55–59岁	396	235	145	49	182	136	159	21	79
60–64岁	72	32	26	8	19	23	28	1	14
65–69岁	29	11	12	7	5	8	18		11
70–74岁	10	3	7	1	10	5	8	1	6
75岁及以上	5	5	4		2	2	3		4
男	**7350**	**3797**	**1907**	**1321**	**1966**	**3003**	**6009**	**330**	**906**
16–19岁	202	149	77	72	20	211	821	13	49
20–24岁	699	388	231	228	224	436	1543	54	99
25–29岁	941	507	257	204	294	470	1168	51	117
30–34岁	1172	561	309	213	272	447	869	55	141
35–39岁	1031	489	232	150	199	394	543	39	90
40–44岁	1095	492	231	132	198	327	372	39	120
45–49岁	1067	551	228	169	303	332	369	30	115
50–54岁	734	410	200	103	259	242	189	29	102
55–59岁	320	210	105	40	172	116	104	20	50
60–64岁	57	27	21	4	14	20	17		11
65–69岁	19	9	8	5	2	3	11		6
70–74岁	10	2	6	1	8	4	1		4
75岁及以上	3	2	2		1	1	2		2
女	**2420**	**1597**	**1009**	**588**	**805**	**1782**	**4754**	**149**	**726**
16–19岁	67	53	43	14	6	80	433	3	22
20–24岁	167	152	114	52	67	235	903	20	57
25–29岁	268	203	137	78	100	266	795	24	79
30–34岁	409	250	178	116	134	284	819	27	112
35–39岁	347	214	152	88	117	249	575	21	113
40–44岁	420	258	115	91	113	259	573	19	124
45–49岁	416	291	146	98	177	269	402	22	105
50–54岁	223	140	72	36	70	110	173	10	73
55–59岁	76	25	40	9	10	20	55	1	29
60–64岁	15	5	5	4	5	3	11	1	3
65–69岁	10	2	4	2	3	5	7		5
70–74岁		1	1		2	1	7	1	2
75岁及以上	2	3	2		1	1	1		2

4-5 续表 5 单位：人

年龄组 性 别	制造业	电力、热力、燃气及水生产和供应业				建筑业		
	废弃资源综合利用业	金属制品、机械和设备修理业	小计	电力、热力生产和供应业	燃气生产和供应业	水的生产和供应业	小计	房屋建筑业	土木工程建筑业
总 计	**2389**	**1629**	**13391**	**9303**	**1587**	**2501**	**230061**	**147293**	**22200**
16-19岁	29	44	52	33	4	15	2881	1871	201
20-24岁	99	168	720	512	88	120	15047	8564	1731
25-29岁	144	233	1449	972	206	271	24333	13397	2922
30-34岁	259	248	2073	1432	292	349	32524	18479	3452
35-39岁	258	179	1662	1157	218	287	30151	18399	2716
40-44岁	421	212	2019	1417	227	375	34252	22775	2842
45-49岁	474	248	2505	1761	272	472	40525	28095	3512
50-54岁	375	177	1777	1263	174	340	30406	21498	2804
55-59岁	217	91	919	648	81	190	14870	10493	1498
60-64岁	57	15	126	71	13	42	3298	2401	350
65-69岁	38	10	61	22	7	32	1404	1062	131
70-74岁	12	3	21	11	4	6	273	194	30
75岁及以上	6	1	7	4	1	2	97	65	11
男	**1718**	**1444**	**9992**	**7139**	**1138**	**1715**	**188750**	**117679**	**19174**
16-19岁	24	41	49	32	4	13	2575	1633	192
20-24岁	79	154	544	387	63	94	13135	7398	1545
25-29岁	103	206	1074	737	153	184	21035	11417	2549
30-34岁	187	221	1512	1086	195	231	27491	15226	3004
35-39岁	182	158	1191	852	152	187	24502	14466	2342
40-44岁	281	180	1372	1002	151	219	26675	17143	2392
45-49岁	343	212	1731	1274	180	277	31380	21183	2903
50-54岁	267	162	1488	1069	148	271	24679	17088	2409
55-59岁	167	82	852	609	71	172	12754	8843	1347
60-64岁	43	14	106	64	10	32	2963	2128	330
65-69岁	28	10	50	16	6	28	1249	935	124
70-74岁	10	3	18	8	4	6	233	166	27
75岁及以上	4	1	5	3	1	1	79	53	10
女	**671**	**185**	**3399**	**2164**	**449**	**786**	**41311**	**29614**	**3026**
16-19岁	5	3	3	1		2	306	238	9
20-24岁	20	14	176	125	25	26	1912	1166	186
25-29岁	41	27	375	235	53	87	3298	1980	373
30-34岁	72	27	561	346	97	118	5033	3253	448
35-39岁	76	21	471	305	66	100	5649	3933	374
40-44岁	140	32	647	415	76	156	7577	5632	450
45-49岁	131	36	774	487	92	195	9145	6912	609
50-54岁	108	15	289	194	26	69	5727	4410	395
55-59岁	50	9	67	39	10	18	2116	1650	151
60-64岁	14	1	20	7	3	10	335	273	20
65-69岁	10		11	6	1	4	155	127	7
70-74岁	2		3	3			40	28	3
75岁及以上	2		2	1		1	18	12	1

4-5　续表 6　　　　单位：人

年龄组 性　别	建筑业		批发和零售业			交通运输、仓储和邮政业			
	建　筑 安装业	建筑装饰、装修和其他建筑业	小计	批发业	零售业	小计	铁　路 运输业	道　路 运输业	水　上 运输业
总　计	**9456**	**51112**	**170482**	**35014**	**135468**	**71871**	**3062**	**47679**	**204**
16－19岁	133	676	2335	382	1953	666	19	221	2
20－24岁	747	4005	13207	2351	10856	4998	237	2474	16
25－29岁	1278	6736	21917	4166	17751	8556	473	5237	17
30－34岁	1725	8868	29260	5683	23577	11251	342	7741	24
35－39岁	1396	7640	23908	4843	19065	10539	292	7604	20
40－44岁	1332	7303	23082	4635	18447	11411	424	8192	38
45－49岁	1390	7528	24508	5365	19143	12352	596	8531	32
50－54岁	912	5192	17047	3974	13073	7626	353	5068	23
55－59岁	430	2449	8965	2179	6786	3474	277	2076	18
60－64岁	73	474	2982	693	2289	640	29	349	7
65－69岁	23	188	2111	461	1650	250	12	129	6
70－74岁	13	36	783	201	582	70	7	36	1
75岁及以上	4	17	377	81	296	38	1	21	
男	**8545**	**43352**	**79851**	**20932**	**58919**	**60895**	**2288**	**42922**	**157**
16－19岁	124	626	1132	259	873	556	10	197	2
20－24岁	687	3505	6068	1402	4666	4022	158	2137	15
25－29岁	1179	5890	9945	2508	7437	7039	336	4612	14
30－34岁	1576	7685	12926	3295	9631	9522	245	6977	18
35－39岁	1270	6424	10590	2807	7783	8974	202	6874	16
40－44岁	1170	5970	10324	2685	7639	9633	283	7359	26
45－49岁	1209	6085	11625	3170	8455	10496	448	7676	26
50－54岁	829	4353	8667	2487	6180	6636	313	4644	17
55－59岁	399	2165	5008	1425	3583	3138	257	1945	14
60－64岁	69	436	1697	434	1263	572	22	331	4
65－69岁	22	168	1231	293	938	220	8	121	4
70－74岁	10	30	419	111	308	59	6	31	1
75岁及以上	1	15	219	56	163	28		18	
女	**911**	**7760**	**90631**	**14082**	**76549**	**10976**	**774**	**4757**	**47**
16－19岁	9	50	1203	123	1080	110	9	24	
20－24岁	60	500	7139	949	6190	976	79	337	1
25－29岁	99	846	11972	1658	10314	1517	137	625	3
30－34岁	149	1183	16334	2388	13946	1729	97	764	6
35－39岁	126	1216	13318	2036	11282	1565	90	730	4
40－44岁	162	1333	12758	1950	10808	1778	141	833	12
45－49岁	181	1443	12883	2195	10688	1856	148	855	6
50－54岁	83	839	8380	1487	6893	990	40	424	6
55－59岁	31	284	3957	754	3203	336	20	131	4
60－64岁	4	38	1285	259	1026	68	7	18	3
65－69岁	1	20	880	168	712	30	4	8	2
70－74岁	3	6	364	90	274	11	1	5	
75岁及以上	3	2	158	25	133	10	1	3	

4-5 续表 7

单位：人

年龄组 性别	交通运输、仓储和邮政业					住宿和餐饮业		
	航空运输业	管道运输业	多式联运和运输代理业	装卸搬运和仓储业	邮政业	小计	住宿业	餐饮业
总　计	**1056**	**25**	**853**	**10969**	**8023**	**72616**	**9486**	**63130**
16-19岁	2		7	171	244	2963	386	2577
20-24岁	162	2	62	637	1408	7621	1266	6355
25-29岁	251	2	97	786	1693	8560	1146	7414
30-34岁	201	2	164	1086	1691	10846	1360	9486
35-39岁	132	3	135	1323	1030	9441	1125	8316
40-44岁	114	2	119	1757	765	10007	1257	8750
45-49岁	99	3	144	2314	633	10913	1403	9510
50-54岁	56	6	76	1722	322	7408	936	6472
55-59岁	36	4	40	850	173	3467	443	3024
60-64岁	2	1	8	200	44	846	101	745
65-69岁	1		1	86	15	400	47	353
70-74岁				25	1	111	13	98
75岁及以上				12	4	33	3	30
男	**689**	**20**	**697**	**8409**	**5713**	**30726**	**3385**	**27341**
16-19岁	1		7	147	192	1757	199	1558
20-24岁	80	2	47	525	1058	4367	492	3875
25-29岁	155	2	78	642	1200	4456	457	3999
30-34岁	137	2	136	830	1177	4898	478	4420
35-39岁	90	3	111	980	698	3674	330	3344
40-44岁	84	1	94	1262	524	3479	352	3127
45-49岁	68	3	117	1709	449	3645	418	3227
50-54岁	38	3	65	1328	228	2478	341	2137
55-59岁	33	4	33	712	140	1335	216	1119
60-64岁	2		8	174	31	385	59	326
65-69岁	1		1	73	12	180	31	149
70-74岁				20	1	56	10	46
75岁及以上				7	3	16	2	14
女	**367**	**5**	**156**	**2560**	**2310**	**41890**	**6101**	**35789**
16-19岁	1			24	52	1206	187	1019
20-24岁	82		15	112	350	3254	774	2480
25-29岁	96		19	144	493	4104	689	3415
30-34岁	64		28	256	514	5948	882	5066
35-39岁	42		24	343	332	5767	795	4972
40-44岁	30	1	25	495	241	6528	905	5623
45-49岁	31		27	605	184	7268	985	6283
50-54岁	18	3	11	394	94	4930	595	4335
55-59岁	3		7	138	33	2132	227	1905
60-64岁		1		26	13	461	42	419
65-69岁				13	3	220	16	204
70-74岁				5		55	3	52
75岁及以上				5	1	17	1	16

4–5 续表 8 单位：人

年龄组 性 别	信息传输、软件和信息技术服务业				金融业				
	小计	电信、广播电视和卫星传输服务	互联网和相关服务	软件和信息技术服务业	小计	货币金融服务	资本市场服务	保险业	其他金融业
总 计	**12446**	**5414**	**3314**	**3718**	**15783**	**8703**	**854**	**4868**	**1358**
16–19岁	153	40	69	44	39	11	3	19	6
20–24岁	1966	553	705	708	1277	593	78	416	190
25–29岁	2918	967	857	1094	3402	1812	218	1019	353
30–34岁	2712	1176	708	828	3773	2052	219	1171	331
35–39岁	1789	935	390	464	2093	1076	120	723	174
40–44岁	1223	696	277	250	1514	710	92	600	112
45–49岁	918	579	163	176	1709	1043	65	514	87
50–54岁	483	296	97	90	1278	901	35	275	67
55–59岁	237	147	37	53	611	444	21	113	33
60–64岁	27	11	8	8	52	35	2	11	4
65–69岁	11	6	2	3	19	13		5	1
70–74岁	3	3			7	5	1	1	
75岁及以上	6	5	1		9	8		1	
男	**8264**	**3324**	**2322**	**2618**	**7815**	**4551**	**483**	**2048**	**733**
16–19岁	92	23	44	25	24	10	3	9	2
20–24岁	1232	327	470	435	617	267	37	225	88
25–29岁	1917	575	579	763	1724	908	109	522	185
30–34岁	1810	686	502	622	1789	999	119	488	183
35–39岁	1191	544	289	358	996	547	77	278	94
40–44岁	808	418	202	188	678	379	59	179	61
45–49岁	609	369	124	116	782	521	37	177	47
50–54岁	362	231	73	58	655	496	20	95	44
55–59岁	204	130	30	44	491	382	19	64	26
60–64岁	24	10	6	8	40	26	2	10	2
65–69岁	8	5	2	1	8	6		1	1
70–74岁	2	2			4	3	1		
75岁及以上	5	4	1		7	7			
女	**4182**	**2090**	**992**	**1100**	**7968**	**4152**	**371**	**2820**	**625**
16–19岁	61	17	25	19	15	1		10	4
20–24岁	734	226	235	273	660	326	41	191	102
25–29岁	1001	392	278	331	1678	904	109	497	168
30–34岁	902	490	206	206	1984	1053	100	683	148
35–39岁	598	391	101	106	1097	529	43	445	80
40–44岁	415	278	75	62	836	331	33	421	51
45–49岁	309	210	39	60	927	522	28	337	40
50–54岁	121	65	24	32	623	405	15	180	23
55–59岁	33	17	7	9	120	62	2	49	7
60–64岁	3	1	2		12	9		1	2
65–69岁	3	1		2	11	7		4	
70–74岁	1	1			3	2		1	
75岁及以上	1	1			2	1		1	

4-5 续表 9

单位：人

年龄组 性 别	房地产业		租赁和商务服务业			科学研究和技术服务业			
	小计	房地产业	小计	租赁业	商 务 服务业	小计	研究和 试验发展	专业技术 服务业	科技推广 和应用 服务业
总 计	**21497**	**21497**	**31049**	**2322**	**28727**	**10936**	**918**	**8525**	**1493**
16－19岁	220	220	464	37	427	93	3	78	12
20－24岁	2092	2092	3470	228	3242	1250	92	987	171
25－29岁	3529	3529	5308	388	4920	2202	165	1776	261
30－34岁	3705	3705	5514	480	5034	2213	184	1796	233
35－39岁	2329	2329	3690	351	3339	1500	132	1201	167
40－44岁	2134	2134	3310	269	3041	1097	91	835	171
45－49岁	2841	2841	3778	277	3501	1085	97	817	171
50－54岁	2412	2412	2905	168	2737	753	77	563	113
55－59岁	1535	1535	1781	89	1692	566	63	390	113
60－64岁	449	449	482	25	457	93	8	52	33
65－69岁	202	202	258	7	251	47	4	19	24
70－74岁	39	39	67	2	65	22		8	14
75岁及以上	10	10	22	1	21	15	2	3	10
男	**13037**	**13037**	**19992**	**1968**	**18024**	**7830**	**558**	**6302**	**970**
16－19岁	149	149	322	35	287	65	2	54	9
20－24岁	1249	1249	1987	207	1780	836	54	675	107
25－29岁	2098	2098	3040	351	2689	1532	91	1283	158
30－34岁	2128	2128	3371	406	2965	1605	110	1332	163
35－39岁	1370	1370	2338	296	2042	1092	77	897	118
40－44岁	1207	1207	2090	225	1865	778	54	610	114
45－49岁	1572	1572	2503	217	2286	755	53	593	109
50－54岁	1595	1595	2154	136	2018	562	51	440	71
55－59岁	1133	1133	1509	70	1439	479	56	347	76
60－64岁	339	339	404	19	385	69	6	45	18
65－69岁	162	162	203	4	199	34	3	15	16
70－74岁	28	28	53	1	52	14		8	6
75岁及以上	7	7	18	1	17	9	1	3	5
女	**8460**	**8460**	**11057**	**354**	**10703**	**3106**	**360**	**2223**	**523**
16－19岁	71	71	142	2	140	28	1	24	3
20－24岁	843	843	1483	21	1462	414	38	312	64
25－29岁	1431	1431	2268	37	2231	670	74	493	103
30－34岁	1577	1577	2143	74	2069	608	74	464	70
35－39岁	959	959	1352	55	1297	408	55	304	49
40－44岁	927	927	1220	44	1176	319	37	225	57
45－49岁	1269	1269	1275	60	1215	330	44	224	62
50－54岁	817	817	751	32	719	191	26	123	42
55－59岁	402	402	272	19	253	87	7	43	37
60－64岁	110	110	78	6	72	24	2	7	15
65－69岁	40	40	55	3	52	13	1	4	8
70－74岁	11	11	14	1	13	8			8
75岁及以上	3	3	4		4	6	1		5

4-5　续表 10　　单位：人

年龄组 性　别	水利、环境和公共设施管理业					居民服务、修理和其他服务业			
	小计	水　利 管理业	生态保护 和环境 治理业	公共设施 管理业	土　地 管理业	小计	居　民 服务业	机动车、 电子产品 和日用产 品修理业	其　他 服务业
总　计	**13953**	**788**	**1776**	**11268**	**121**	**53968**	**29427**	**14042**	**10499**
16-19岁	64	5	3	56		2418	1452	864	102
20-24岁	420	31	46	336	7	6232	3732	2083	417
25-29岁	859	109	103	627	20	7076	4242	2236	598
30-34岁	1156	98	129	916	13	8139	4748	2517	874
35-39岁	1299	86	152	1047	14	6396	3517	1889	990
40-44岁	1883	101	245	1520	17	6370	3242	1628	1500
45-49岁	2884	136	371	2360	17	7123	3554	1423	2146
50-54岁	2666	119	375	2159	13	5308	2547	843	1918
55-59岁	1749	70	247	1421	11	3073	1439	411	1223
60-64岁	559	20	74	463	2	992	482	86	424
65-69岁	307	10	23	271	3	590	313	45	232
70-74岁	83	1	6	74	2	171	110	11	50
75岁及以上	24	2	2	18	2	80	49	6	25
男	**7578**	**598**	**1391**	**5510**	**79**	**27451**	**11346**	**11897**	**4208**
16-19岁	47	5	3	39		1646	741	842	63
20-24岁	271	24	33	210	4	3768	1579	1948	241
25-29岁	534	84	77	362	11	3949	1677	1962	310
30-34岁	684	73	98	501	12	4227	1721	2123	383
35-39岁	683	61	106	504	12	3083	1185	1530	368
40-44岁	942	67	183	680	12	2854	1065	1277	512
45-49岁	1370	94	296	970	10	3078	1277	1103	698
50-54岁	1411	99	307	996	9	2316	970	649	697
55-59岁	1038	62	200	771	5	1489	633	332	524
60-64岁	341	17	63	260	1	536	246	75	215
65-69岁	186	10	20	155	1	339	157	39	143
70-74岁	52		4	47	1	114	66	11	37
75岁及以上	19	2	1	15	1	52	29	6	17
女	**6375**	**190**	**385**	**5758**	**42**	**26517**	**18081**	**2145**	**6291**
16-19岁	17			17		772	711	22	39
20-24岁	149	7	13	126	3	2464	2153	135	176
25-29岁	325	25	26	265	9	3127	2565	274	288
30-34岁	472	25	31	415	1	3912	3027	394	491
35-39岁	616	25	46	543	2	3313	2332	359	622
40-44岁	941	34	62	840	5	3516	2177	351	988
45-49岁	1514	42	75	1390	7	4045	2277	320	1448
50-54岁	1255	20	68	1163	4	2992	1577	194	1221
55-59岁	711	8	47	650	6	1584	806	79	699
60-64岁	218	3	11	203	1	456	236	11	209
65-69岁	121		3	116	2	251	156	6	89
70-74岁	31	1	2	27	1	57	44		13
75岁及以上	5		1	3	1	28	20		8

4-5 续表 11 单位：人

年龄组 性 别	教育		卫生和社会工作			文化、体育和娱乐业				
	小计	教育	小计	卫生	社会工作	小计	新闻和出版业	广播、电视、电影和录音制作业	文化艺术业	体育
总 计	**74582**	**74582**	**35168**	**34557**	**611**	**8885**	**646**	**780**	**1498**	**785**
16-19岁	1605	1605	294	288	6	523	1	16	74	35
20-24岁	6942	6942	4631	4603	28	1562	44	125	174	162
25-29岁	11679	11679	7851	7813	38	1613	128	153	218	199
30-34岁	12922	12922	7062	7007	55	1443	130	143	242	137
35-39岁	11662	11662	4222	4155	67	951	99	99	171	75
40-44岁	10207	10207	3356	3285	71	787	61	86	148	55
45-49岁	7984	7984	3336	3215	121	852	80	62	196	46
50-54岁	6872	6872	2380	2274	106	629	62	52	161	36
55-59岁	3829	3829	1399	1331	68	375	34	32	88	32
60-64岁	513	513	350	320	30	93	5	6	16	7
65-69岁	210	210	181	169	12	37	1	3	7	1
70-74岁	83	83	64	60	4	11		2	2	
75岁及以上	74	74	42	37	5	9	1	1	1	
男	**30477**	**30477**	**11718**	**11463**	**255**	**4834**	**340**	**443**	**786**	**465**
16-19岁	567	567	55	54	1	336		11	36	22
20-24岁	1233	1233	919	906	13	924	13	65	90	98
25-29岁	2900	2900	1956	1935	21	879	51	84	92	125
30-34岁	4473	4473	2011	1992	19	780	67	80	123	84
35-39岁	5062	5062	1529	1504	25	490	54	56	85	37
40-44岁	4952	4952	1400	1376	24	382	36	53	77	29
45-49岁	3753	3753	1409	1362	47	396	41	35	102	19
50-54岁	3791	3791	1110	1071	39	314	41	26	92	19
55-59岁	3084	3084	891	853	38	242	30	26	71	27
60-64岁	388	388	226	212	14	54	5	2	13	4
65-69岁	157	157	128	121	7	23	1	2	4	1
70-74岁	65	65	49	46	3	8		2	1	
75岁及以上	52	52	35	31	4	6	1	1		
女	**44105**	**44105**	**23450**	**23094**	**356**	**4051**	**306**	**337**	**712**	**320**
16-19岁	1038	1038	239	234	5	187	1	5	38	13
20-24岁	5709	5709	3712	3697	15	638	31	60	84	64
25-29岁	8779	8779	5895	5878	17	734	77	69	126	74
30-34岁	8449	8449	5051	5015	36	663	63	63	119	53
35-39岁	6600	6600	2693	2651	42	461	45	43	86	38
40-44岁	5255	5255	1956	1909	47	405	25	33	71	26
45-49岁	4231	4231	1927	1853	74	456	39	27	94	27
50-54岁	3081	3081	1270	1203	67	315	21	26	69	17
55-59岁	745	745	508	478	30	133	4	6	17	5
60-64岁	125	125	124	108	16	39		4	3	3
65-69岁	53	53	53	48	5	14		1	3	
70-74岁	18	18	15	14	1	3			1	
75岁及以上	22	22	7	6	1	3			1	

4-5　续表 12　　单位：人

年龄组 性　别	娱乐业	公共管理、社会保障和社会组织							国际组织	
		小计	中国共产党机关	国家机构	人民政协、民主党派	社会保障	群众团体、社会团体和其他成员组织	基层群众自治组织	小计	国际组织
总　计	**5176**	**87958**	**1571**	**66807**	**231**	**273**	**2592**	**16484**	**4**	**4**
16-19岁	397	272	2	198		2	21	49		
20-24岁	1057	5005	67	4136	2	20	202	578		
25-29岁	915	10951	173	9298	12	41	314	1113		
30-34岁	791	14615	321	12282	22	38	354	1598		
35-39岁	507	11410	248	9146	31	32	319	1634	1	1
40-44岁	437	11792	230	8976	33	48	296	2209	1	1
45-49岁	468	13365	225	9574	32	43	403	3088		
50-54岁	318	10781	171	7366	53	26	328	2837	1	1
55-59岁	189	7345	110	4784	43	17	230	2161		
60-64岁	59	1342	14	610	2	3	53	660		
65-69岁	25	736	9	260		1	43	423	1	1
70-74岁	7	214	1	94	1	1	15	102		
75岁及以上	6	130		83		1	14	32		
男	**2800**	**57877**	**1070**	**44540**	**163**	**126**	**1506**	**10472**	**3**	**3**
16-19岁	267	190	1	148			17	24		
20-24岁	658	2907	19	2511		10	98	269		
25-29岁	527	6193	91	5381	7	18	163	533		
30-34岁	426	8882	196	7675	17	7	175	812		
35-39岁	258	7576	174	6266	20	17	167	932	1	1
40-44岁	187	7771	173	6016	22	16	167	1377		
45-49岁	199	8725	168	6315	23	25	237	1957		
50-54岁	136	7601	128	5261	36	16	219	1941	1	1
55-59岁	88	6138	100	4165	35	13	182	1643		
60-64岁	30	1053	12	467	2	1	35	536		
65-69岁	15	582	7	201		1	29	344	1	1
70-74岁	5	165	1	72	1	1	7	83		
75岁及以上	4	94		62		1	10	21		
女	**2376**	**30081**	**501**	**22267**	**68**	**147**	**1086**	**6012**	**1**	**1**
16-19岁	130	82	1	50		2	4	25		
20-24岁	399	2098	48	1625	2	10	104	309		
25-29岁	388	4758	82	3917	5	23	151	580		
30-34岁	365	5733	125	4607	5	31	179	786		
35-39岁	249	3834	74	2880	11	15	152	702		
40-44岁	250	4021	57	2960	11	32	129	832	1	1
45-49岁	269	4640	57	3259	9	18	166	1131		
50-54岁	182	3180	43	2105	17	10	109	896		
55-59岁	101	1207	10	619	8	4	48	518		
60-64岁	29	289	2	143		2	18	124		
65-69岁	10	154	2	59			14	79		
70-74岁	2	49		22			8	19		
75岁及以上	2	36		21			4	11		

4-5a 全省分年龄、性别、行业大类的就业人口(城市)

单位：人

年龄组 性　别	合计	农、林、牧、渔业						采矿业	
		小计	农业	林业	畜牧业	渔业	农、林、牧、渔专业及辅助性活动	小计	煤炭开采和洗选业
总　计	**396547**	**8229**	**6315**	**309**	**1206**	**103**	**296**	**3611**	**2698**
16-19岁	4703	57	46	1	9	1		7	6
20-24岁	32174	226	148	10	47	6	15	96	64
25-29岁	55859	422	289	23	66	11	33	230	146
30-34岁	70589	620	411	28	133	19	29	504	373
35-39岁	55303	672	465	31	112	18	46	515	402
40-44岁	52165	924	634	54	172	16	48	621	478
45-49岁	57922	1339	1003	62	207	14	53	796	603
50-54岁	40161	1450	1146	53	206	13	32	553	414
55-59岁	20452	1087	889	29	145	2	22	196	141
60-64岁	4049	597	529	9	47	2	10	38	26
65-69岁	2062	487	436	6	39		6	27	19
70-74岁	723	223	204	2	15	1	1	19	18
75岁及以上	385	125	115	1	8		1	9	8
男	**229885**	**4467**	**3183**	**212**	**802**	**77**	**193**	**3143**	**2391**
16-19岁	2880	34	26		7	1		6	5
20-24岁	17319	138	82	6	37	5	8	85	61
25-29岁	30405	258	168	15	46	8	21	190	128
30-34岁	39746	359	216	19	94	15	15	428	324
35-39岁	31639	367	228	22	71	15	31	442	353
40-44岁	29694	531	344	36	106	10	35	547	425
45-49岁	33157	703	493	38	127	11	34	663	509
50-54岁	25265	761	552	42	139	7	21	518	391
55-59岁	15164	566	425	20	102	2	17	186	134
60-64岁	2654	318	271	8	33	2	4	33	23
65-69岁	1290	254	220	4	25		5	23	17
70-74岁	445	121	109	1	9	1	1	14	14
75岁及以上	227	57	49	1	6		1	8	7
女	**166662**	**3762**	**3132**	**97**	**404**	**26**	**103**	**468**	**307**
16-19岁	1823	23	20	1	2			1	1
20-24岁	14855	88	66	4	10	1	7	11	3
25-29岁	25454	164	121	8	20	3	12	40	18
30-34岁	30843	261	195	9	39	4	14	76	49
35-39岁	23664	305	237	9	41	3	15	73	49
40-44岁	22471	393	290	18	66	6	13	74	53
45-49岁	24765	636	510	24	80	3	19	133	94
50-54岁	14896	689	594	11	67	6	11	35	23
55-59岁	5288	521	464	9	43		5	10	7
60-64岁	1395	279	258	1	14		6	5	3
65-69岁	772	233	216	2	14		1	4	2
70-74岁	278	102	95	1	6			5	4
75岁及以上	158	68	66		2			1	1

4-5a 续表 1

单位：人

年龄组 性别	采矿业						制造业		
	石油和天然气开采业	黑色金属矿采选业	有色金属矿采选业	非金属矿采选业	开采专业及辅助性活动	其他采矿业	小计	农副食品加工业	食品制造业
总 计	**55**	**138**	**100**	**372**	**132**	**116**	**35113**	**1843**	**1625**
16-19岁				1			449	13	24
20-24岁	2	3	2	20	3	2	2539	84	143
25-29岁	3	6	5	38	17	15	4440	154	239
30-34岁	9	13	19	51	26	13	5743	255	273
35-39岁	9	17	10	51	14	12	4739	215	209
40-44岁	11	20	13	65	21	13	4732	244	239
45-49岁	8	45	23	71	19	27	5849	378	241
50-54岁	7	23	15	50	21	23	4078	277	157
55-59岁	3	10	7	19	7	9	1983	155	77
60-64岁			3	5	3	1	310	45	9
65-69岁	2	1	2	1	1	1	140	15	7
70-74岁			1				83	8	6
75岁及以上	1						28		1
男	**45**	**118**	**89**	**312**	**97**	**91**	**22886**	**1068**	**770**
16-19岁				1			320	9	14
20-24岁	1	3	1	18		1	1727	61	76
25-29岁	3	5	4	26	13	11	2868	92	109
30-34岁	7	11	17	45	16	8	3660	161	123
35-39岁	7	12	9	40	10	11	2914	111	104
40-44岁	9	18	12	53	19	11	2820	132	96
45-49岁	6	37	22	60	12	17	3600	198	113
50-54岁	7	22	14	44	18	22	2993	165	76
55-59岁	3	9	7	19	6	8	1593	96	46
60-64岁			2	5	2	1	218	30	5
65-69岁	1	1	1	1	1	1	92	8	3
70-74岁							59	5	5
75岁及以上	1						22		
女	**10**	**20**	**11**	**60**	**35**	**25**	**12227**	**775**	**855**
16-19岁							129	4	10
20-24岁	1		1	2	3	1	812	23	67
25-29岁		1	1	12	4	4	1572	62	130
30-34岁	2	2	2	6	10	5	2083	94	150
35-39岁	2	5	1	11	4	1	1825	104	105
40-44岁	2	2	1	12	2	2	1912	112	143
45-49岁	2	8	1	11	7	10	2249	180	128
50-54岁		1	1	6	3	1	1085	112	81
55-59岁		1			1	1	390	59	31
60-64岁			1		1		92	15	4
65-69岁	1		1				48	7	4
70-74岁			1				24	3	1
75岁及以上							6		1

4-5a 续表 2 单位：人

年龄组 性 别	制造业								
	酒、饮料和精制茶制造业	烟 草制品业	纺织业	纺织服装、服饰业	皮革、毛皮、羽毛及其制品和制鞋业	木材加工和木、竹、藤、棕、草制品业	家 具制造业	造纸和纸制品业	印刷和记录媒介复制业
总 计	**4793**	**835**	**639**	**822**	**565**	**704**	**1065**	**369**	**647**
16-19岁	52		8	12	16	2	11	2	9
20-24岁	478	13	29	58	51	31	78	32	42
25-29岁	907	48	57	93	67	63	137	49	65
30-34岁	1043	118	88	125	86	104	214	65	98
35-39岁	729	111	95	143	94	91	151	49	97
40-44岁	548	92	89	117	99	116	134	47	89
45-49岁	530	194	115	126	89	121	153	58	125
50-54岁	329	156	77	94	40	98	120	36	80
55-59岁	139	98	57	34	14	51	49	22	27
60-64岁	25	5	8	10	4	17	9	4	7
65-69岁	6		7	8	3	6	8	5	2
70-74岁	7		6	2	2	4			4
75岁及以上			3				1		2
男	**3053**	**555**	**304**	**311**	**278**	**510**	**758**	**225**	**390**
16-19岁	38		6	4	8	2	10	1	5
20-24岁	321	10	15	23	29	27	62	23	26
25-29岁	567	38	28	40	26	44	107	28	39
30-34岁	671	85	44	46	43	74	144	34	54
35-39岁	450	63	35	50	48	67	103	26	56
40-44岁	310	50	36	39	39	77	86	27	57
45-49岁	313	109	49	52	49	85	104	39	70
50-54岁	242	110	41	38	27	73	86	25	51
55-59岁	115	87	35	12	5	38	40	16	21
60-64岁	15	3	7	3	3	15	9	3	4
65-69岁	6		4	3	1	4	6	3	2
70-74岁	5		3	1		4			3
75岁及以上			1				1		2
女	**1740**	**280**	**335**	**511**	**287**	**194**	**307**	**144**	**257**
16-19岁	14		2	8	8		1	1	4
20-24岁	157	3	14	35	22	4	16	9	16
25-29岁	340	10	29	53	41	19	30	21	26
30-34岁	372	33	44	79	43	30	70	31	44
35-39岁	279	48	60	93	46	24	48	23	41
40-44岁	238	42	53	78	60	39	48	20	32
45-49岁	217	85	66	74	40	36	49	19	55
50-54岁	87	46	36	56	13	25	34	11	29
55-59岁	24	11	22	22	9	13	9	6	6
60-64岁	10	2	1	7	1	2		1	3
65-69岁			3	5	2	2	2	2	
70-74岁	2		3	1	2				1
75岁及以上			2						

4−5a　续表 3　　　　单位：人

年龄组 性　别	制造业								
	文教、工美、体育和娱乐用品制造业	石油、煤炭及其他燃料加工业	化学原料和化学制品制造业	医　药制造业	化学纤维制造业	橡胶和塑　料制品业	非金属矿　物制品业	黑色金属冶炼和压延加工业	有色金属冶炼和压延加工业
总　计	**544**	**174**	**1033**	**996**	**8**	**1095**	**2613**	**810**	**827**
16−19岁	12	1	3	7		11	10	2	3
20−24岁	55	5	39	77		54	111	21	26
25−29岁	100	13	104	172	1	126	263	30	70
30−34岁	92	36	157	207	2	153	433	70	86
35−39岁	77	20	154	160	2	165	356	54	87
40−44岁	74	24	165	147	1	162	403	118	107
45−49岁	67	47	186	126	1	197	508	295	171
50−54岁	34	19	126	65		156	331	152	199
55−59岁	23	8	74	27	1	57	154	59	69
60−64岁	4		16	3		12	22	3	6
65−69岁	3		6	2		1	14	2	1
70−74岁	3	1	1	2		1	6	2	1
75岁及以上			2	1			2	2	1
男	**258**	**122**	**722**	**510**	**5**	**745**	**1948**	**620**	**660**
16−19岁	9	1	2	7		5	8	2	3
20−24岁	18	5	23	38		44	87	18	19
25−29岁	49	9	66	80	1	90	207	25	53
30−34岁	41	26	120	97	1	105	331	47	68
35−39岁	33	12	92	83		109	269	37	65
40−44岁	35	19	101	75	1	105	268	88	83
45−49岁	30	27	132	57	1	129	350	212	126
50−54岁	23	17	105	42		105	266	134	172
55−59岁	12	6	66	24	1	44	124	51	63
60−64岁	3		9	2		7	19	1	5
65−69岁	3		4	2		1	12	1	1
70−74岁	2			2		1	5	2	1
75岁及以上			2	1			2	2	1
女	**286**	**52**	**311**	**486**	**3**	**350**	**665**	**190**	**167**
16−19岁	3		1			6	2		
20−24岁	37		16	39		10	24	3	7
25−29岁	51	4	38	92		36	56	5	17
30−34岁	51	10	37	110	1	48	102	23	18
35−39岁	44	8	62	77	2	56	87	17	22
40−44岁	39	5	64	72		57	135	30	24
45−49岁	37	20	54	69		68	158	83	45
50−54岁	11	2	21	23		51	65	18	27
55−59岁	11	2	8	3		13	30	8	6
60−64岁	1		7	1		5	3	2	1
65−69岁			2				2	1	
70−74岁	1	1	1				1		
75岁及以上									

4-5a 续表 4 单位：人

年龄组 性别	制造业								
	金属制品业	通用设备制造业	专用设备制造业	汽车制造业	铁路、船舶、航空航天和其他运输设备制造业	电气机械和器材制造业	计算机、通信和其他电子设备制造业	仪器仪表制造业	其他制造业
总计	**2174**	**1950**	**980**	**643**	**2246**	**1316**	**1876**	**206**	**316**
16-19岁	25	16	6	5	8	30	147		3
20-24岁	146	97	76	65	221	123	261	21	16
25-29岁	232	221	117	78	309	220	294	33	38
30-34岁	340	263	183	104	307	192	359	30	67
35-39岁	282	255	139	85	252	189	253	31	43
40-44岁	326	282	119	77	263	159	205	26	48
45-49岁	392	370	150	121	408	190	188	33	33
50-54岁	276	280	111	71	288	136	105	21	41
55-59岁	126	146	65	26	160	56	47	9	25
60-64岁	14	12	10	5	17	12	8	1	
65-69岁	6	3	3	5	5	5	4		2
70-74岁	6	2	1	1	6	3	3	1	
75岁及以上	3	3			2	1	2		
男	**1692**	**1363**	**644**	**437**	**1572**	**866**	**1051**	**155**	**205**
16-19岁	20	13	2	4	6	24	103		3
20-24岁	124	67	49	54	168	76	160	19	10
25-29岁	194	154	76	52	225	139	169	23	26
30-34岁	254	187	113	70	197	119	181	22	45
35-39岁	216	169	86	50	161	116	137	23	23
40-44岁	241	180	82	41	165	102	88	21	26
45-49岁	283	228	88	76	249	117	97	19	21
50-54岁	225	216	86	59	228	109	67	19	29
55-59岁	114	133	51	25	152	48	40	9	20
60-64岁	10	9	7	2	13	11	4		
65-69岁	3	3	3	3	2	2	3		2
70-74岁	6	2	1	1	5	2			
75岁及以上	2	2			1	1	2		
女	**482**	**587**	**336**	**206**	**674**	**450**	**825**	**51**	**111**
16-19岁	5	3	4	1	2	6	44		
20-24岁	22	30	27	11	53	47	101	2	6
25-29岁	38	67	41	26	84	81	125	10	12
30-34岁	86	76	70	34	110	73	178	8	22
35-39岁	66	86	53	35	91	73	116	8	20
40-44岁	85	102	37	36	98	57	117	5	22
45-49岁	109	142	62	45	159	73	91	14	12
50-54岁	51	64	25	12	60	27	38	2	12
55-59岁	12	13	14	1	8	8	7		5
60-64岁	4	3	3	3	4	1	4	1	
65-69岁	3			2	3	3	1		
70-74岁					1	1	3	1	
75岁及以上	1	1			1				

4–5a　续表 5

单位：人

年龄组 性　别	制造业		电力、热力、燃气及水生产和供应业				建筑业		
	废弃资源综合利用业	金属制品、机械和设备修理业	小计	电力、热力生产和供应业	燃气生产和供应业	水的生产和供应业	小计	房屋建筑业	土木工程建筑业
总　计	**657**	**742**	**5947**	**4119**	**834**	**994**	**53430**	**28379**	**5767**
16–19岁	4	7	11	6	3	2	396	205	16
20–24岁	22	64	249	168	33	48	3256	1543	338
25–29岁	38	102	631	412	102	117	6235	2905	807
30–34岁	82	111	966	670	147	149	9020	4369	1113
35–39岁	68	83	812	559	121	132	7500	3795	825
40–44岁	107	105	928	650	114	164	7940	4521	724
45–49岁	115	121	1171	813	171	187	9136	5340	891
50–54岁	122	81	771	551	99	121	6383	3648	648
55–59岁	70	58	366	266	38	62	2877	1638	339
60–64岁	17	5	24	15	2	7	474	283	46
65–69岁	9	2	9	4	3	2	156	102	10
70–74岁	2	2	5	4		1	44	23	6
75岁及以上	1	1	4	1	1	2	13	7	4
男	**449**	**640**	**4243**	**3012**	**594**	**637**	**42950**	**22266**	**4644**
16–19岁	4	7	10	5	3	2	341	170	16
20–24岁	15	60	169	109	22	38	2664	1269	266
25–29岁	28	84	441	289	78	74	5112	2382	629
30–34岁	60	97	668	474	99	95	7415	3573	884
35–39岁	46	74	556	395	80	81	6056	2977	668
40–44岁	64	86	614	449	74	91	6123	3348	582
45–49岁	77	100	753	551	111	91	6996	3944	696
50–54岁	85	72	651	468	84	99	5107	2843	532
55–59岁	48	51	352	256	37	59	2526	1396	314
60–64岁	15	4	16	10	2	4	428	250	41
65–69岁	5	2	8	4	3	1	139	90	9
70–74岁	1	2	2	1		1	32	17	4
75岁及以上	1	1	3	1	1	1	11	7	3
女	**208**	**102**	**1704**	**1107**	**240**	**357**	**10480**	**6113**	**1123**
16–19岁			1	1			55	35	
20–24岁	7	4	80	59	11	10	592	274	72
25–29岁	10	18	190	123	24	43	1123	523	178
30–34岁	22	14	298	196	48	54	1605	796	229
35–39岁	22	9	256	164	41	51	1444	818	157
40–44岁	43	19	314	201	40	73	1817	1173	142
45–49岁	38	21	418	262	60	96	2140	1396	195
50–54岁	37	9	120	83	15	22	1276	805	116
55–59岁	22	7	14	10	1	3	351	242	25
60–64岁	2	1	8	5		3	46	33	5
65–69岁	4		1			1	17	12	1
70–74岁	1		3	3			12	6	2
75岁及以上			1			1	2		1

4-5a　续表 6

单位：人

年龄组 性　别	建筑业		批发和零售业			交通运输、仓储和邮政业			
	建　筑 安装业	建筑装饰、装修和其他建筑业	小计	批发业	零售业	小计	铁　路 运输业	道　路 运输业	水　上 运输业
总　计	**2933**	**16351**	**72260**	**17740**	**54520**	**26782**	**2134**	**16914**	**60**
16-19岁	28	147	692	132	560	146	6	54	2
20-24岁	197	1178	5801	1227	4574	1665	145	753	3
25-29岁	385	2138	10332	2380	7952	3173	301	1762	7
30-34岁	557	2981	13691	3277	10414	4204	246	2736	7
35-39岁	435	2445	10734	2657	8077	3863	198	2648	10
40-44岁	407	2288	9756	2351	7405	4220	330	2883	6
45-49岁	461	2444	10354	2646	7708	4913	446	3206	10
50-54岁	308	1779	6492	1823	4669	2926	246	1914	5
55-59岁	129	771	3075	897	2178	1410	196	808	8
60-64岁	17	128	741	221	520	172	11	92	1
65-69岁	3	41	399	87	312	57	7	33	1
70-74岁	5	10	127	29	98	18	1	13	
75岁及以上	1	1	66	13	53	15	1	12	
男	**2569**	**13471**	**34557**	**10640**	**23917**	**22038**	**1628**	**14689**	**48**
16-19岁	28	127	361	96	265	119	2	44	2
20-24岁	174	955	2682	709	1973	1248	102	595	3
25-29岁	337	1764	4809	1407	3402	2483	216	1454	4
30-34岁	488	2470	6287	1895	4392	3415	178	2346	7
35-39岁	396	2015	4914	1541	3373	3185	146	2297	8
40-44岁	347	1846	4447	1357	3090	3464	228	2509	3
45-49岁	391	1965	4894	1551	3343	4036	331	2799	9
50-54岁	268	1464	3453	1169	2284	2543	221	1734	4
55-59岁	118	698	1928	669	1259	1317	188	774	7
60-64岁	16	121	441	159	282	155	9	88	
65-69岁	2	38	238	63	175	48	6	29	1
70-74岁	4	7	67	17	50	13	1	10	
75岁及以上		1	36	7	29	12		10	
女	**364**	**2880**	**37703**	**7100**	**30603**	**4744**	**506**	**2225**	**12**
16-19岁		20	331	36	295	27	4	10	
20-24岁	23	223	3119	518	2601	417	43	158	
25-29岁	48	374	5523	973	4550	690	85	308	3
30-34岁	69	511	7404	1382	6022	789	68	390	
35-39岁	39	430	5820	1116	4704	678	52	351	2
40-44岁	60	442	5309	994	4315	756	102	374	3
45-49岁	70	479	5460	1095	4365	877	115	407	1
50-54岁	40	315	3039	654	2385	383	25	180	1
55-59岁	11	73	1147	228	919	93	8	34	1
60-64岁	1	7	300	62	238	17	2	4	1
65-69岁	1	3	161	24	137	9	1	4	
70-74岁	1	3	60	12	48	5		3	
75岁及以上	1		30	6	24	3	1	2	

4-5a　续表 7　　　　　　　　　　　　　　　　　　　　　　　　　　单位：人

年龄组 性　别	交通运输、仓储和邮政业					住宿和餐饮业		
	航　空 运输业	管　道 运输业	多式联运 和运输 代理业	装卸搬运 和仓储业	邮政业	小计	住宿业	餐饮业
总　计	**802**	**12**	**428**	**3315**	**3117**	**27910**	**4242**	**23668**
16-19岁			2	20	62	1089	125	964
20-24岁	106	1	28	145	484	3072	550	2522
25-29岁	191	1	56	203	652	3476	512	2964
30-34岁	166	1	80	304	664	4382	610	3772
35-39岁	99	2	62	417	427	3718	513	3205
40-44岁	95	1	49	539	317	3656	592	3064
45-49岁	77	2	79	817	276	4261	653	3608
50-54岁	39	3	47	533	139	2660	430	2230
55-59岁	28	1	21	266	82	1168	192	976
60-64岁	1		4	52	11	273	40	233
65-69岁				13	3	112	18	94
70-74岁				4		33	5	28
75岁及以上				2		10	2	8
男	**520**	**9**	**346**	**2523**	**2275**	**12866**	**1566**	**11300**
16-19岁			2	19	50	719	69	650
20-24岁	46	1	19	122	360	1816	201	1615
25-29岁	117	1	41	169	481	1893	206	1687
30-34岁	108	1	67	234	474	2161	243	1918
35-39岁	65	2	52	307	308	1629	176	1453
40-44岁	73		38	386	227	1395	172	1223
45-49岁	55	2	62	581	197	1573	196	1377
50-54岁	29	1	41	414	99	954	165	789
55-59岁	26	1	20	231	70	518	101	417
60-64岁	1		4	45	8	132	22	110
65-69岁				11	1	54	10	44
70-74岁				2		18	4	14
75岁及以上				2		4	1	3
女	**282**	**3**	**82**	**792**	**842**	**15044**	**2676**	**12368**
16-19岁				1	12	370	56	314
20-24岁	60		9	23	124	1256	349	907
25-29岁	74		15	34	171	1583	306	1277
30-34岁	58		13	70	190	2221	367	1854
35-39岁	34		10	110	119	2089	337	1752
40-44岁	22	1	11	153	90	2261	420	1841
45-49岁	22		17	236	79	2688	457	2231
50-54岁	10	2	6	119	40	1706	265	1441
55-59岁	2		1	35	12	650	91	559
60-64岁				7	3	141	18	123
65-69岁				2	2	58	8	50
70-74岁				2		15	1	14
75岁及以上						6	1	5

4-5a 续表 8 单位：人

年龄组 性 别	信息传输、软件和信息技术服务业				金融业				
	小计	电信、广播电视和卫星传输服务	互联网和相关服务	软件和信息技术服务业	小计	货币金融服务	资本市场服务	保险业	其他金融业
总 计	**8071**	**3131**	**2020**	**2920**	**10177**	**5301**	**692**	**3145**	**1039**
16-19岁	69	13	31	25	17	5	2	7	3
20-24岁	1145	265	384	496	751	335	52	224	140
25-29岁	1921	528	544	849	2090	1032	169	622	267
30-34岁	1804	663	461	680	2525	1275	191	808	251
35-39岁	1185	555	242	388	1427	675	102	501	149
40-44岁	828	430	185	213	1011	463	77	389	82
45-49岁	604	367	89	148	1122	665	51	335	71
50-54岁	325	191	60	74	823	573	26	177	47
55-59岁	162	104	17	41	377	258	20	72	27
60-64岁	17	7	6	4	22	12	1	7	2
65-69岁	8	5	1	2	7	5		2	
70-74岁					4	2	1	1	
75岁及以上	3	3			1	1			
男	**5273**	**1845**	**1382**	**2046**	**4823**	**2600**	**385**	**1290**	**548**
16-19岁	42	7	20	15	10	4	2	3	1
20-24岁	700	146	254	300	358	143	25	122	68
25-29岁	1247	305	359	583	996	479	79	301	137
30-34岁	1200	372	318	510	1149	577	105	340	127
35-39岁	771	310	167	294	656	327	67	183	79
40-44岁	528	238	134	156	439	232	47	114	46
45-49岁	378	211	68	99	489	313	27	111	38
50-54岁	241	148	44	49	399	291	13	65	30
55-59岁	144	96	13	35	305	221	18	45	21
60-64岁	14	6	4	4	16	8	1	6	1
65-69岁	6	4	1	1	3	3			
70-74岁					2	1	1		
75岁及以上	2	2			1	1			
女	**2798**	**1286**	**638**	**874**	**5354**	**2701**	**307**	**1855**	**491**
16-19岁	27	6	11	10	7	1		4	2
20-24岁	445	119	130	196	393	192	27	102	72
25-29岁	674	223	185	266	1094	553	90	321	130
30-34岁	604	291	143	170	1376	698	86	468	124
35-39岁	414	245	75	94	771	348	35	318	70
40-44岁	300	192	51	57	572	231	30	275	36
45-49岁	226	156	21	49	633	352	24	224	33
50-54岁	84	43	16	25	424	282	13	112	17
55-59岁	18	8	4	6	72	37	2	27	6
60-64岁	3	1	2		6	4		1	1
65-69岁	2	1		1	4	2		2	
70-74岁					2	1		1	
75岁及以上	1	1							

4-5a　续表 9　　　　单位：人

年龄组 性　别	房地产业		租赁和商务服务业			科学研究和技术服务业			
	小计	房地产业	小计	租赁业	商　务 服务业	小计	研究和 试验发展	专业技术 服务业	科技推广 和应用 服务业
总　计	**13288**	**13288**	**16151**	**1091**	**15060**	**7472**	**761**	**5865**	**846**
16–19岁	103	103	150	3	147	29		25	4
20–24岁	1224	1224	1772	80	1692	693	50	538	105
25–29岁	2231	2231	2897	159	2738	1506	134	1191	181
30–34岁	2443	2443	3272	222	3050	1640	157	1315	168
35–39岁	1531	1531	2106	195	1911	1135	120	894	121
40–44岁	1279	1279	1750	135	1615	772	77	597	98
45–49岁	1744	1744	1928	148	1780	759	90	587	82
50–54岁	1446	1446	1354	84	1270	526	68	414	44
55–59岁	892	892	681	52	629	351	55	260	36
60–64岁	250	250	144	10	134	35	5	28	2
65–69岁	119	119	74	3	71	16	3	10	3
70–74岁	19	19	14		14	5		5	
75岁及以上	7	7	9		9	5	2	1	2
男	**7956**	**7956**	**9797**	**881**	**8916**	**5234**	**463**	**4212**	**559**
16–19岁	76	76	89	3	86	15		13	2
20–24岁	745	745	905	63	842	437	29	341	67
25–29岁	1313	1313	1525	133	1392	1013	74	835	104
30–34岁	1407	1407	1908	181	1727	1164	89	956	119
35–39岁	897	897	1291	161	1130	795	69	642	84
40–44岁	711	711	1066	106	960	542	48	428	66
45–49岁	920	920	1249	116	1133	520	50	421	49
50–54岁	940	940	984	67	917	389	48	311	30
55–59岁	658	658	582	44	538	311	49	230	32
60–64岁	182	182	120	5	115	28	4	23	1
65–69岁	88	88	60	2	58	11	2	6	3
70–74岁	14	14	10		10	5		5	
75岁及以上	5	5	8		8	4	1	1	2
女	**5332**	**5332**	**6354**	**210**	**6144**	**2238**	**298**	**1653**	**287**
16–19岁	27	27	61		61	14		12	2
20–24岁	479	479	867	17	850	256	21	197	38
25–29岁	918	918	1372	26	1346	493	60	356	77
30–34岁	1036	1036	1364	41	1323	476	68	359	49
35–39岁	634	634	815	34	781	340	51	252	37
40–44岁	568	568	684	29	655	230	29	169	32
45–49岁	824	824	679	32	647	239	40	166	33
50–54岁	506	506	370	17	353	137	20	103	14
55–59岁	234	234	99	8	91	40	6	30	4
60–64岁	68	68	24	5	19	7	1	5	1
65–69岁	31	31	14	1	13	5	1	4	
70–74岁	5	5	4		4				
75岁及以上	2	2	1		1	1	1		

4-5a 续表 10 单位：人

年龄组 性别	水利、环境和公共设施管理业					居民服务、修理和其他服务业			
	小计	水利管理业	生态保护和环境治理业	公共设施管理业	土地管理业	小计	居民服务业	机动车、电子产品和日用产品修理业	其他服务业
总计	**3883**	**246**	**274**	**3314**	**49**	**20720**	**12795**	**4643**	**3282**
16-19岁	5	1		4		750	510	207	33
20-24岁	122	8	15	95	4	2405	1618	622	165
25-29岁	312	33	37	234	8	2842	1892	717	233
30-34岁	426	43	33	344	6	3355	2156	896	303
35-39岁	438	36	38	355	9	2581	1580	658	343
40-44岁	569	35	44	482	8	2570	1473	589	508
45-49岁	841	38	53	745	5	2802	1622	488	692
50-54岁	661	22	30	604	5	1947	1103	292	552
55-59岁	360	25	16	317	2	969	552	130	287
60-64岁	99	3	5	90	1	292	159	25	108
65-69岁	36	1	3	31	1	153	96	15	42
70-74岁	11			11		37	25	3	9
75岁及以上	3	1		2		17	9	1	7
男	**1993**	**173**	**178**	**1609**	**33**	**9680**	**4537**	**3879**	**1264**
16-19岁	4	1		3		467	244	203	20
20-24岁	74	4	10	59	1	1272	607	566	99
25-29岁	192	23	26	139	4	1471	726	617	128
30-34岁	264	33	24	202	5	1673	772	750	151
35-39岁	232	23	23	178	8	1183	515	536	132
40-44岁	281	23	28	224	6	1076	455	453	168
45-49岁	338	22	34	278	4	1096	511	378	207
50-54岁	304	17	19	264	4	754	366	227	161
55-59岁	213	23	10	180		444	216	110	118
60-64岁	57	2	3	51	1	138	67	21	50
65-69岁	21	1	1	19		74	39	14	21
70-74岁	10			10		24	15	3	6
75岁及以上	3	1		2		8	4	1	3
女	**1890**	**73**	**96**	**1705**	**16**	**11040**	**8258**	**764**	**2018**
16-19岁	1			1		283	266	4	13
20-24岁	48	4	5	36	3	1133	1011	56	66
25-29岁	120	10	11	95	4	1371	1166	100	105
30-34岁	162	10	9	142	1	1682	1384	146	152
35-39岁	206	13	15	177	1	1398	1065	122	211
40-44岁	288	12	16	258	2	1494	1018	136	340
45-49岁	503	16	19	467	1	1706	1111	110	485
50-54岁	357	5	11	340	1	1193	737	65	391
55-59岁	147	2	6	137	2	525	336	20	169
60-64岁	42	1	2	39		154	92	4	58
65-69岁	15		2	12	1	79	57	1	21
70-74岁	1			1		13	10		3
75岁及以上						9	5		4

4-5a 续表 11 单位：人

年龄组 性 别	教育		卫生和社会工作			文化、体育和娱乐业				
	小计	教育	小计	卫生	社会工作	小计	新闻和出版业	广播、电视、电影和录音制作业	文化艺术业	体育
总　计	**29687**	**29687**	**16516**	**16270**	**246**	**5106**	**536**	**600**	**727**	**501**
16-19岁	331	331	130	126	4	216		9	8	18
20-24岁	2713	2713	1986	1980	6	878	28	84	71	97
25-29岁	4745	4745	3506	3493	13	944	100	109	132	112
30-34岁	5611	5611	3637	3609	28	886	100	115	139	94
35-39岁	4732	4732	2293	2261	32	575	86	78	106	57
40-44岁	4015	4015	1576	1545	31	462	56	76	73	33
45-49岁	3282	3282	1520	1469	51	475	73	51	83	35
50-54岁	2652	2652	1025	980	45	370	56	44	66	26
55-59岁	1325	1325	616	590	26	222	32	27	38	21
60-64岁	155	155	133	126	7	52	3	5	7	7
65-69岁	72	72	57	55	2	18	1	2	1	1
70-74岁	30	30	20	20		3			2	
75岁及以上	24	24	17	16	1	5	1		1	
男	**10643**	**10643**	**4997**	**4891**	**106**	**2738**	**277**	**331**	**361**	**284**
16-19岁	69	69	20	20		132		6	5	11
20-24岁	483	483	385	383	2	493	8	41	35	56
25-29岁	1192	1192	837	827	10	500	35	53	58	68
30-34岁	1743	1743	975	963	12	500	50	65	72	55
35-39岁	1780	1780	738	726	12	301	46	45	44	30
40-44岁	1646	1646	575	568	7	220	32	45	34	15
45-49岁	1318	1318	544	520	24	223	35	28	43	14
50-54岁	1236	1236	424	404	20	178	37	23	31	13
55-59岁	1000	1000	377	360	17	149	29	22	31	17
60-64岁	94	94	65	63	2	29	3	2	6	4
65-69岁	48	48	33	33		9	1	1	1	1
70-74岁	20	20	12	12		2			1	
75岁及以上	14	14	12	12		2	1			
女	**19044**	**19044**	**11519**	**11379**	**140**	**2368**	**259**	**269**	**366**	**217**
16-19岁	262	262	110	106	4	84		3	3	7
20-24岁	2230	2230	1601	1597	4	385	20	43	36	41
25-29岁	3553	3553	2669	2666	3	444	65	56	74	44
30-34岁	3868	3868	2662	2646	16	386	50	50	67	39
35-39岁	2952	2952	1555	1535	20	274	40	33	62	27
40-44岁	2369	2369	1001	977	24	242	24	31	39	18
45-49岁	1964	1964	976	949	27	252	38	23	40	21
50-54岁	1416	1416	601	576	25	192	19	21	35	13
55-59岁	325	325	239	230	9	73	3	5	7	4
60-64岁	61	61	68	63	5	23		3	1	3
65-69岁	24	24	24	22	2	9		1		
70-74岁	10	10	8	8		1			1	
75岁及以上	10	10	5	4	1	3			1	

4-5a 续表 12 单位：人

年龄组 性别	娱乐业	公共管理、社会保障和社会组织 小计	中国共产党机关	国家机构	人民政协、民主党派	社会保障	群众团体、社会团体和其他成员组织	基层群众自治组织	国际组织 小计	国际组织
总　计	**2742**	**32194**	**706**	**27732**	**104**	**124**	**1001**	**2527**		
16-19岁	181	56		46		1	5	4		
20-24岁	598	1581	18	1389		8	70	96		
25-29岁	491	3926	71	3522	4	15	134	180		
30-34岁	438	5860	137	5248	8	20	159	288		
35-39岁	248	4747	111	4160	16	14	155	291		
40-44岁	224	4556	104	3887	15	23	130	397		
45-49岁	233	5026	115	4155	12	25	142	577		
50-54岁	178	3719	84	3120	26	12	105	372		
55-59岁	104	2335	59	1949	21	5	79	222		
60-64岁	30	221	4	153	2	1	11	50		
65-69岁	13	115	3	66			7	39		
70-74岁	1	28		18			3	7		
75岁及以上	3	24		19			1	4		
男	**1485**	**19601**	**464**	**17470**	**67**	**48**	**515**	**1037**		
16-19岁	110	46		40			4	2		
20-24岁	353	938	4	864		4	29	37		
25-29岁	286	2065	30	1902	2	7	62	62		
30-34岁	258	3370	81	3099	6	3	72	109		
35-39岁	136	2932	79	2667	11	8	71	96		
40-44岁	94	2669	76	2373	8	5	67	140		
45-49岁	103	2864	82	2485	7	12	69	209		
50-54岁	74	2436	56	2127	15	6	60	172		
55-59岁	50	1995	51	1715	16	3	70	140		
60-64岁	14	170	3	124	2		3	38		
65-69岁	5	81	2	50			6	23		
70-74岁	1	20		12			1	7		
75岁及以上	1	15		12			1	2		
女	**1257**	**12593**	**242**	**10262**	**37**	**76**	**486**	**1490**		
16-19岁	71	10		6		1	1	2		
20-24岁	245	643	14	525		4	41	59		
25-29岁	205	1861	41	1620	2	8	72	118		
30-34岁	180	2490	56	2149	2	17	87	179		
35-39岁	112	1815	32	1493	5	6	84	195		
40-44岁	130	1887	28	1514	7	18	63	257		
45-49岁	130	2162	33	1670	5	13	73	368		
50-54岁	104	1283	28	993	11	6	45	200		
55-59岁	54	340	8	234	5	2	9	82		
60-64岁	16	51	1	29		1	8	12		
65-69岁	8	34	1	16			1	16		
70-74岁		8		6			2			
75岁及以上	2	9		7				2		

4–5b 全省分年龄、性别、行业大类的就业人口(镇)

单位：人

年龄组 性 别	合计	农、林、牧、渔业						采矿业	
		小计	农业	林业	畜牧业	渔业	农、林、牧、渔专业及辅助性活动	小计	煤炭开采和洗选业
总 计	**375116**	**52386**	**42390**	**904**	**7825**	**285**	**982**	**4875**	**3290**
16–19岁	5232	457	377	6	70	1	3	16	7
20–24岁	25010	1696	1341	19	291	16	29	200	115
25–29岁	43242	2313	1783	51	411	20	48	370	211
30–34岁	55333	3104	2376	65	553	33	77	665	439
35–39岁	48165	3582	2794	69	609	35	75	691	469
40–44岁	51212	5379	4194	134	878	57	116	800	583
45–49岁	56940	7941	6231	189	1306	64	151	1030	728
50–54岁	44923	9510	7695	184	1424	26	181	761	520
55–59岁	26490	7710	6406	121	1032	21	130	269	173
60–64岁	8664	4340	3680	34	549	5	72	42	29
65–69岁	6504	4074	3526	21	456	4	67	21	11
70–74岁	2271	1546	1331	7	179	2	27	8	4
75岁及以上	1130	734	656	4	67	1	6	2	1
男	**219457**	**26432**	**20486**	**691**	**4457**	**217**	**581**	**4328**	**2976**
16–19岁	3283	291	236	3	49		3	13	6
20–24岁	14185	925	705	12	177	11	20	181	110
25–29岁	24001	1287	936	40	271	15	25	318	188
30–34岁	31429	1576	1150	45	310	25	46	586	390
35–39岁	28057	1798	1303	59	363	28	45	620	428
40–44岁	29753	2592	1889	94	487	44	78	698	524
45–49岁	33354	3832	2846	140	710	48	88	902	648
50–54岁	27083	4521	3478	144	769	19	111	696	481
55–59岁	17141	3742	2993	99	559	16	75	246	159
60–64岁	5231	2297	1882	30	342	4	39	39	27
65–69岁	3891	2248	1926	18	265	4	35	21	11
70–74岁	1384	915	781	5	113	2	14	7	3
75岁及以上	665	408	361	2	42	1	2	1	1
女	**155659**	**25954**	**21904**	**213**	**3368**	**68**	**401**	**547**	**314**
16–19岁	1949	166	141	3	21	1		3	1
20–24岁	10825	771	636	7	114	5	9	19	5
25–29岁	19241	1026	847	11	140	5	23	52	23
30–34岁	23904	1528	1226	20	243	8	31	79	49
35–39岁	20108	1784	1491	10	246	7	30	71	41
40–44岁	21459	2787	2305	40	391	13	38	102	59
45–49岁	23586	4109	3385	49	596	16	63	128	80
50–54岁	17840	4989	4217	40	655	7	70	65	39
55–59岁	9349	3968	3413	22	473	5	55	23	14
60–64岁	3433	2043	1798	4	207	1	33	3	2
65–69岁	2613	1826	1600	3	191		32		
70–74岁	887	631	550	2	66		13	1	1
75岁及以上	465	326	295	2	25		4	1	

4–5b 续表 1 单位：人

年龄组 性别	采矿业						制造业		
	石油和天然气开采业	黑色金属矿采选业	有色金属矿采选业	非金属矿采选业	开采专业及辅助性活动	其他采矿业	小计	农副食品加工业	食品制造业
总计	**32**	**120**	**138**	**1100**	**122**	**73**	**36393**	**3518**	**1946**
16–19岁	1	1	1	5	1		952	14	33
20–24岁	4	6	9	55	9	2	3162	115	112
25–29岁	3	9	23	106	10	8	4317	223	183
30–34岁	3	8	10	176	15	14	5487	377	248
35–39岁	3	12	21	158	22	6	4673	359	277
40–44岁	1	14	17	150	22	13	5116	456	302
45–49岁	10	38	28	192	21	13	5763	682	327
50–54岁	6	22	17	173	13	10	3903	643	251
55–59岁	1	9	11	61	7	7	1988	361	134
60–64岁			1	11	1		540	156	47
65–69岁		1		9			335	94	23
70–74岁				3	1		103	29	9
75岁及以上				1			54	9	
男	**26**	**94**	**121**	**947**	**102**	**62**	**22143**	**1901**	**915**
16–19岁	1	1	1	4			633	9	19
20–24岁	4	4	8	48	6	1	2056	73	56
25–29岁	2	9	19	87	7	6	2704	154	82
30–34岁	2	6	6	157	12	13	3298	215	112
35–39岁	3	10	21	135	19	4	2697	179	117
40–44岁		10	12	121	21	10	2840	235	142
45–49岁	7	29	28	162	17	11	3399	352	146
50–54岁	6	16	16	155	12	10	2483	340	129
55–59岁	1	8	9	56	6	7	1345	187	68
60–64岁			1	10	1		356	81	30
65–69岁		1		9			224	51	10
70–74岁				3	1		76	20	4
75岁及以上							32	5	
女	**6**	**26**	**17**	**153**	**20**	**11**	**14250**	**1617**	**1031**
16–19岁				1	1		319	5	14
20–24岁		2	1	7	3	1	1106	42	56
25–29岁	1		4	19	3	2	1613	69	101
30–34岁	1	2	4	19	3	1	2189	162	136
35–39岁		2		23	3	2	1976	180	160
40–44岁	1	4	5	29	1	3	2276	221	160
45–49岁	3	9		30	4	2	2364	330	181
50–54岁		6	1	18	1		1420	303	122
55–59岁		1	2	5	1		643	174	66
60–64岁				1			184	75	17
65–69岁							111	43	13
70–74岁							27	9	5
75岁及以上				1			22	4	

4-5b　续表 2　　　　　　　　　　　　　　　　　　　　单位：人

年龄组 性　别	制造业								
	酒、饮料和精制茶制造业	烟　草制品业	纺织业	纺织服装、服饰业	皮革、毛皮、羽毛及其制品和制鞋业	木材加工和木、竹、藤、棕、草制品业	家　具制造业	造纸和纸制品业	印刷和记录媒介复制业
总　计	**2338**	**263**	**1284**	**2068**	**1479**	**1563**	**1088**	**554**	**247**
16-19岁	6	2	30	80	71	10	18	11	7
20-24岁	180	4	102	199	174	76	79	57	27
25-29岁	407	15	110	278	195	109	109	73	37
30-34岁	415	23	166	349	265	175	174	76	41
35-39岁	223	24	173	279	204	167	157	79	34
40-44岁	259	35	189	291	215	187	165	80	33
45-49岁	362	55	244	300	197	296	169	88	36
50-54岁	265	60	159	172	110	262	118	58	17
55-59岁	129	41	65	82	29	171	64	21	8
60-64岁	41	3	27	15	10	45	19	6	2
65-69岁	35		14	13	8	47	10	4	3
70-74岁	11	1	2	5		13	5	1	1
75岁及以上	5		3	5	1	5	1		1
男	**1508**	**190**	**599**	**695**	**711**	**1135**	**752**	**281**	**136**
16-19岁	6	1	20	35	45	10	14	8	3
20-24岁	139	2	56	77	102	52	64	41	18
25-29岁	263	11	55	95	106	85	72	48	24
30-34岁	268	19	76	133	134	129	123	33	19
35-39岁	137	17	77	88	95	121	100	34	16
40-44岁	145	18	67	75	89	121	109	29	18
45-49岁	206	36	106	94	82	185	114	37	23
50-54岁	187	44	81	59	30	200	81	33	7
55-59岁	88	38	35	26	17	142	45	11	3
60-64岁	26	3	13	7	7	34	16	4	2
65-69岁	30		9	3	4	39	8	2	3
70-74岁	10	1	2	1		12	5	1	
75岁及以上	3		2	2		5	1		
女	**830**	**73**	**685**	**1373**	**768**	**428**	**336**	**273**	**111**
16-19岁		1	10	45	26		4	3	4
20-24岁	41	2	46	122	72	24	15	16	9
25-29岁	144	4	55	183	89	24	37	25	13
30-34岁	147	4	90	216	131	46	51	43	22
35-39岁	86	7	96	191	109	46	57	45	18
40-44岁	114	17	122	216	126	66	56	51	15
45-49岁	156	19	138	206	115	111	55	51	13
50-54岁	78	16	78	113	80	62	37	25	10
55-59岁	41	3	30	56	12	29	19	10	5
60-64岁	15		14	8	3	11	3	2	
65-69岁	5		5	10	4	8	2	2	
70-74岁	1			4		1			1
75岁及以上	2		1	3	1				1

4－5b　续表 3　　　　单位：人

年龄组 性　别	制造业								
	文教、工美、体育和娱乐用品制造业	石油、煤炭及其他燃料加工业	化学原料和化学制品制造业	医　药制造业	化学纤维制造业	橡胶和塑　料制品业	非金属矿　物制品业	黑色金属冶炼和压延加工业	有色金属冶炼和压延加工业
总　计	**1104**	**113**	**1827**	**386**	**17**	**1265**	**3836**	**386**	**431**
16－19岁	42	1	12	2	1	31	45	3	6
20－24岁	120	1	83	38	2	111	189	16	22
25－29岁	116	10	216	59		158	355	45	52
30－34岁	217	14	306	68	3	213	559	47	64
35－39岁	166	23	285	54	5	179	510	41	59
40－44岁	156	13	312	55	5	191	618	61	77
45－49岁	128	24	324	49	1	233	725	82	78
50－54岁	90	19	193	32		90	485	54	47
55－59岁	42	5	72	19		44	275	32	19
60－64岁	12	2	16	4		9	50	4	5
65－69岁	10		4	3		3	20		2
70－74岁	2	1		1		1	2	1	
75岁及以上	3		4	2		2	3		
男	**520**	**73**	**1253**	**199**	**12**	**819**	**2912**	**313**	**314**
16－19岁	27	1	6	1	1	24	39	2	5
20－24岁	66	1	55	15	1	84	155	16	16
25－29岁	53	7	135	32		116	278	35	46
30－34岁	94	9	205	36	2	143	418	35	43
35－39岁	78	16	200	25	4	112	378	32	38
40－44岁	62	8	193	26	3	112	444	46	54
45－49岁	57	15	232	23	1	130	520	67	58
50－54岁	45	11	152	20		55	388	49	34
55－59岁	22	4	58	14		31	223	26	18
60－64岁	6	1	13	3		7	46	4	2
65－69岁	6		3	2		3	19		
70－74岁	1					1	2	1	
75岁及以上	3		1	2		1	2		
女	**584**	**40**	**574**	**187**	**5**	**446**	**924**	**73**	**117**
16－19岁	15		6	1		7	6	1	1
20－24岁	54		28	23	1	27	34		6
25－29岁	63	3	81	27		42	77	10	6
30－34岁	123	5	101	32	1	70	141	12	21
35－39岁	88	7	85	29	1	67	132	9	21
40－44岁	94	5	119	29	2	79	174	15	23
45－49岁	71	9	92	26		103	205	15	20
50－54岁	45	8	41	12		35	97	5	13
55－59岁	20	1	14	5		13	52	6	1
60－64岁	6	1	3	1		2	4		3
65－69岁	4		1	1			1		2
70－74岁	1	1		1					
75岁及以上			3			1	1		

4-5b　续表 4　　　　单位：人

年龄组 性　别	制造业								
	金　属 制品业	通用设备 制造业	专用设备 制造业	汽　车 制造业	铁路、船舶、 航空航天和 其他运输 设备制造业	电气机械 和器材 制造业	计算机、 通信和其 他电子设 备制造业	仪器仪表 制造业	其　他 制造业
总　计	**2398**	**1166**	**679**	**355**	**178**	**1202**	**3079**	**94**	**442**
16-19岁	45	52	37	12	4	60	279	3	20
20-24岁	202	121	82	52	16	155	701	9	48
25-29岁	287	155	93	57	23	180	602	13	54
30-34岁	397	196	118	63	25	171	511	20	52
35-39岁	353	146	91	51	20	195	338	10	57
40-44岁	397	176	84	48	17	157	285	18	67
45-49岁	379	170	77	46	37	158	219	11	72
50-54岁	213	97	54	19	20	81	93	5	43
55-59岁	91	43	34	6	11	38	41	5	20
60-64岁	21	6	6		2	4	5		3
65-69岁	10	2	1	1		1	5		2
70-74岁	2	1	1		3	2			1
75岁及以上	1	1	1						3
男	**1801**	**810**	**444**	**238**	**130**	**719**	**1618**	**62**	**230**
16-19岁	30	39	26	8	4	39	180	3	15
20-24岁	157	75	47	40	12	104	436	5	30
25-29岁	210	112	57	40	17	110	334	10	31
30-34岁	289	128	80	41	18	107	244	11	28
35-39岁	267	104	57	32	11	116	137	4	14
40-44岁	291	113	56	25	10	71	112	11	31
45-49岁	296	126	50	33	31	85	102	9	39
50-54岁	163	68	39	14	13	49	45	4	25
55-59岁	69	38	24	4	11	32	21	5	13
60-64岁	18	6	6		1	3	3		2
65-69岁	8	1	1	1		1	4		
70-74岁	2		1		2	2			1
75岁及以上	1								1
女	**597**	**356**	**235**	**117**	**48**	**483**	**1461**	**32**	**212**
16-19岁	15	13	11	4		21	99		5
20-24岁	45	46	35	12	4	51	265	4	18
25-29岁	77	43	36	17	6	70	268	3	23
30-34岁	108	68	38	22	7	64	267	9	24
35-39岁	86	42	34	19	9	79	201	6	43
40-44岁	106	63	28	23	7	86	173	7	36
45-49岁	83	44	27	13	6	73	117	2	33
50-54岁	50	29	15	5	7	32	48	1	18
55-59岁	22	5	10	2		6	20		7
60-64岁	3				1	1	2		1
65-69岁	2	1					1		2
70-74岁		1			1				
75岁及以上		1	1						2

4-5b 续表 5

单位：人

年龄组 性别	制造业		电力、热力、燃气及水生产和供应业				建筑业		
	废弃资源综合利用业	金属制品、机械和设备修理业	小计	电力、热力生产和供应业	燃气生产和供应业	水的生产和供应业	小计	房屋建筑业	土木工程建筑业
总计	**698**	**389**	**4121**	**2814**	**449**	**858**	**60276**	**39984**	**4633**
16-19岁	9	6	13	7	1	5	650	428	42
20-24岁	27	42	203	133	29	41	3567	2116	356
25-29岁	44	59	450	296	65	89	6280	3612	672
30-34岁	70	64	632	413	87	132	8552	5044	749
35-39岁	64	50	518	356	61	101	8380	5237	570
40-44岁	121	46	642	445	66	131	9350	6401	601
45-49岁	140	54	778	559	53	166	10817	7783	707
50-54岁	110	43	543	384	48	111	7706	5670	567
55-59岁	66	20	283	192	27	64	3788	2793	283
60-64岁	18	2	33	16	6	11	766	583	57
65-69岁	17	3	17	8	4	5	326	247	22
70-74岁	8		6	2	2	2	59	45	3
75岁及以上	4		3	3			35	25	4
男	**500**	**353**	**3022**	**2133**	**321**	**568**	**49214**	**31646**	**4074**
16-19岁	7	6	12	7	1	4	583	376	40
20-24岁	22	39	150	97	23	30	3083	1786	321
25-29岁	33	53	329	225	46	58	5418	3045	592
30-34岁	47	59	457	319	55	83	7218	4127	667
35-39岁	46	45	371	262	44	65	6821	4112	495
40-44岁	85	39	418	300	44	74	7321	4850	513
45-49岁	96	48	534	401	35	98	8287	5790	601
50-54岁	78	40	446	320	40	86	6206	4438	502
55-59岁	53	19	257	178	23	56	3240	2351	260
60-64岁	10	2	28	15	5	8	668	497	56
65-69岁	13	3	12	5	3	4	290	217	20
70-74岁	7		6	2	2	2	51	38	3
75岁及以上	3		2	2			28	19	4
女	**198**	**36**	**1099**	**681**	**128**	**290**	**11062**	**8338**	**559**
16-19岁	2		1			1	67	52	2
20-24岁	5	3	53	36	6	11	484	330	35
25-29岁	11	6	121	71	19	31	862	567	80
30-34岁	23	5	175	94	32	49	1334	917	82
35-39岁	18	5	147	94	17	36	1559	1125	75
40-44岁	36	7	224	145	22	57	2029	1551	88
45-49岁	44	6	244	158	18	68	2530	1993	106
50-54岁	32	3	97	64	8	25	1500	1232	65
55-59岁	13	1	26	14	4	8	548	442	23
60-64岁	8		5	1	1	3	98	86	1
65-69岁	4		5	3	1	1	36	30	2
70-74岁	1						8	7	
75岁及以上	1		1	1			7	6	

4-5b　续表 6　　单位：人

年龄组 性　别	建筑业		批发和零售业			交通运输、仓储和邮政业			
	建　筑 安装业	建筑装 饰、装修 和其他 建筑业	小计	批发业	零售业	小计	铁　路 运输业	道　路 运输业	水　上 运输业
总　计	**2404**	**13255**	**54951**	**8308**	**46643**	**20025**	**499**	**13326**	**54**
16-19岁	20	160	627	88	539	156	7	40	
20-24岁	175	920	3390	436	2954	1285	48	582	4
25-29岁	283	1713	6303	842	5461	2357	90	1406	4
30-34岁	400	2359	9166	1226	7940	3229	54	2183	9
35-39岁	397	2176	7831	1141	6690	2974	55	2138	5
40-44岁	376	1972	7870	1165	6705	3269	55	2373	10
45-49岁	390	1937	8312	1396	6916	3419	86	2458	7
50-54岁	225	1244	5950	1056	4894	2121	57	1449	5
55-59岁	104	608	3228	584	2644	911	33	548	2
60-64岁	22	104	1112	181	931	189	9	97	3
65-69岁	8	49	779	128	651	82	2	41	4
70-74岁	3	8	254	42	212	20	3	7	1
75岁及以上	1	5	129	23	106	13		4	
男	**2183**	**11311**	**24403**	**4877**	**19526**	**16857**	**357**	**11993**	**35**
16-19岁	16	151	295	58	237	128	5	36	
20-24岁	167	809	1492	258	1234	1027	28	503	4
25-29岁	265	1516	2693	509	2184	1915	61	1238	4
30-34岁	365	2059	3785	692	3093	2707	37	1977	6
35-39岁	358	1856	3202	667	2535	2526	37	1937	4
40-44岁	336	1622	3317	656	2661	2745	30	2129	3
45-49岁	338	1558	3810	826	2984	2920	69	2213	5
50-54岁	206	1060	2852	631	2221	1822	51	1315	4
55-59岁	100	529	1683	349	1334	805	30	505	1
60-64岁	20	95	609	107	502	165	6	92	1
65-69岁	8	45	454	83	371	72	1	39	2
70-74岁	3	7	132	23	109	16	2	6	1
75岁及以上	1	4	79	18	61	9		3	
女	**221**	**1944**	**30548**	**3431**	**27117**	**3168**	**142**	**1333**	**19**
16-19岁	4	9	332	30	302	28	2	4	
20-24岁	8	111	1898	178	1720	258	20	79	
25-29岁	18	197	3610	333	3277	442	29	168	
30-34岁	35	300	5381	534	4847	522	17	206	3
35-39岁	39	320	4629	474	4155	448	18	201	1
40-44岁	40	350	4553	509	4044	524	25	244	7
45-49岁	52	379	4502	570	3932	499	17	245	2
50-54岁	19	184	3098	425	2673	299	6	134	1
55-59岁	4	79	1545	235	1310	106	3	43	1
60-64岁	2	9	503	74	429	24	3	5	2
65-69岁		4	325	45	280	10	1	2	2
70-74岁		1	122	19	103	4	1	1	
75岁及以上		1	50	5	45	4		1	

4–5b 续表 7 单位：人

年龄组 性别	交通运输、仓储和邮政业					住宿和餐饮业		
	航空运输业	管道运输业	多式联运和运输代理业	装卸搬运和仓储业	邮政业	小计	住宿业	餐饮业
总计	**119**	**2**	**198**	**3128**	**2699**	**23920**	**2908**	**21012**
16–19岁	1		1	49	58	649	83	566
20–24岁	18		16	168	449	1931	315	1616
25–29岁	34	1	25	219	578	2517	332	2185
30–34岁	20	1	29	339	594	3587	420	3167
35–39岁	20		35	375	346	3244	366	2878
40–44岁	5		32	529	265	3616	381	3235
45–49岁	10		30	622	206	3809	471	3338
50–54岁	7		17	479	107	2725	312	2413
55–59岁	3		10	254	61	1299	164	1135
60–64岁			3	55	22	316	38	278
65–69岁	1			25	9	163	20	143
70–74岁				8	1	50	6	44
75岁及以上				6	3	14		14
男	**90**	**2**	**154**	**2374**	**1852**	**9590**	**1013**	**8577**
16–19岁	1		1	38	47	367	46	321
20–24岁	14		13	126	339	1099	123	976
25–29岁	23	1	23	171	394	1260	136	1124
30–34岁	16	1	23	252	395	1522	126	1396
35–39岁	19		28	281	220	1197	98	1099
40–44岁	2		23	388	170	1235	106	1129
45–49岁	7		21	466	139	1227	141	1086
50–54岁	4		12	362	74	935	111	824
55–59岁	3		7	211	48	500	81	419
60–64岁			3	48	15	145	25	120
65–69岁	1			21	8	74	15	59
70–74岁				6	1	25	5	20
75岁及以上				4	2	4		4
女	**29**		**44**	**754**	**847**	**14330**	**1895**	**12435**
16–19岁				11	11	282	37	245
20–24岁	4		3	42	110	832	192	640
25–29岁	11		2	48	184	1257	196	1061
30–34岁	4		6	87	199	2065	294	1771
35–39岁	1		7	94	126	2047	268	1779
40–44岁	3		9	141	95	2381	275	2106
45–49岁	3		9	156	67	2582	330	2252
50–54岁	3		5	117	33	1790	201	1589
55–59岁			3	43	13	799	83	716
60–64岁				7	7	171	13	158
65–69岁				4	1	89	5	84
70–74岁				2		25	1	24
75岁及以上				2	1	10		10

4–5b　续表 8　　单位：人

年龄组 性　别	信息传输、软件和信息技术服务业				金融业				
	小计	电信、广播电视和卫星传输服务	互联网和相关服务	软件和信息技术服务业	小计	货币金融服务	资本市场服务	保险业	其他金融业
总　计	**2628**	**1566**	**667**	**395**	**4126**	**2705**	**98**	**1120**	**203**
16–19岁	33	17	12	4	8	2		4	2
20–24岁	374	150	151	73	305	171	13	97	24
25–29岁	535	258	151	126	893	589	31	213	60
30–34岁	602	374	134	94	952	643	18	240	51
35–39岁	420	296	83	41	517	333	10	156	18
40–44岁	269	194	53	22	370	192	10	147	21
45–49岁	217	155	45	17	470	313	9	138	10
50–54岁	115	81	26	8	379	275	6	85	13
55–59岁	51	34	11	6	193	156	1	33	3
60–64岁	6	3		3	24	19		4	1
65–69岁	1			1	10	7		3	
70–74岁	2	2			3	3			
75岁及以上	3	2	1		2	2			
男	**1752**	**978**	**493**	**281**	**2135**	**1525**	**59**	**437**	**114**
16–19岁	18	9	8	1	7	2		4	1
20–24岁	238	88	108	42	149	83	7	47	12
25–29岁	350	152	107	91	465	306	20	107	32
30–34岁	395	223	103	69	472	337	8	91	36
35–39岁	281	180	66	35	258	182	4	64	8
40–44岁	179	121	39	19	170	114	7	38	11
45–49岁	152	109	31	12	223	168	7	44	4
50–54岁	89	64	20	5	208	174	5	21	8
55–59岁	40	26	10	4	158	139	1	16	2
60–64岁	6	3		3	18	14		4	
65–69岁					4	3		1	
70–74岁	1	1			2	2			
75岁及以上	3	2	1		1	1			
女	**876**	**588**	**174**	**114**	**1991**	**1180**	**39**	**683**	**89**
16–19岁	15	8	4	3	1				1
20–24岁	136	62	43	31	156	88	6	50	12
25–29岁	185	106	44	35	428	283	11	106	28
30–34岁	207	151	31	25	480	306	10	149	15
35–39岁	139	116	17	6	259	151	6	92	10
40–44岁	90	73	14	3	200	78	3	109	10
45–49岁	65	46	14	5	247	145	2	94	6
50–54岁	26	17	6	3	171	101	1	64	5
55–59岁	11	8	1	2	35	17		17	1
60–64岁					6	5			1
65–69岁	1			1	6	4		2	
70–74岁	1	1			1	1			
75岁及以上					1	1			

4-5b 续表 9 单位：人

年龄组 性 别	房地产业		租赁和商务服务业			科学研究和技术服务业			
	小计	房地产业	小计	租赁业	商 务 服务业	小计	研究和 试验发展	专业技术 服务业	科技推广 和应用 服务业
总 计	**4951**	**4951**	**7418**	**554**	**6864**	**1690**	**82**	**1326**	**282**
16-19岁	51	51	104	6	98	27	2	22	3
20-24岁	417	417	729	53	676	226	17	184	25
25-29岁	750	750	1264	87	1177	366	20	305	41
30-34岁	810	810	1231	125	1106	322	10	281	31
35-39岁	530	530	898	70	828	188	7	153	28
40-44岁	536	536	790	71	719	186	7	131	48
45-49岁	679	679	958	68	890	164	7	118	39
50-54岁	575	575	745	46	699	96	2	68	26
55-59岁	425	425	507	18	489	91	7	53	31
60-64岁	122	122	108	6	102	17	3	7	7
65-69岁	44	44	63	2	61	5		2	3
70-74岁	10	10	16	1	15	2		2	
75岁及以上	2	2	5	1	4				
男	**3013**	**3013**	**4892**	**475**	**4417**	**1263**	**45**	**1021**	**197**
16-19岁	31	31	70	5	65	21	1	17	3
20-24岁	220	220	434	50	384	158	9	131	18
25-29岁	434	434	755	80	675	270	9	234	27
30-34岁	445	445	763	108	655	244	7	214	23
35-39岁	304	304	590	61	529	150	4	125	21
40-44岁	315	315	509	64	445	138	4	98	36
45-49岁	404	404	609	51	558	108	3	81	24
50-54岁	385	385	567	34	533	78		61	17
55-59岁	330	330	431	13	418	78	6	49	23
60-64岁	98	98	92	6	86	14	2	7	5
65-69岁	39	39	54	1	53	2		2	
70-74岁	7	7	15	1	14	2		2	
75岁及以上	1	1	3	1	2				
女	**1938**	**1938**	**2526**	**79**	**2447**	**427**	**37**	**305**	**85**
16-19岁	20	20	34	1	33	6	1	5	
20-24岁	197	197	295	3	292	68	8	53	7
25-29岁	316	316	509	7	502	96	11	71	14
30-34岁	365	365	468	17	451	78	3	67	8
35-39岁	226	226	308	9	299	38	3	28	7
40-44岁	221	221	281	7	274	48	3	33	12
45-49岁	275	275	349	17	332	56	4	37	15
50-54岁	190	190	178	12	166	18	2	7	9
55-59岁	95	95	76	5	71	13	1	4	8
60-64岁	24	24	16		16	3	1		2
65-69岁	5	5	9	1	8	3			3
70-74岁	3	3	1		1				
75岁及以上	1	1	2		2				

4-5b 续表 10

单位：人

年龄组 性 别	水利、环境和公共设施管理业					居民服务、修理和其他服务业			
	小计	水 利 管理业	生态保护 和环境 治理业	公共设施 管理业	土 地 管理业	小计	居 民 服务业	机动车、 电子产品 和日用产 品修理业	其 他 服务业
总 计	**3664**	**207**	**322**	**3100**	**35**	**16170**	**8868**	**4587**	**2715**
16-19岁	14	1		13		640	387	231	22
20-24岁	94	7	8	79		1627	948	588	91
25-29岁	234	35	18	175	6	2124	1273	694	157
30-34岁	305	26	32	243	4	2513	1491	800	222
35-39岁	308	16	20	272		2127	1197	670	260
40-44岁	525	31	56	431	7	1968	1021	554	393
45-49岁	785	35	79	665	6	2161	1059	530	572
50-54岁	669	32	58	574	5	1560	756	301	503
55-59岁	456	18	35	401	2	912	431	152	329
60-64岁	151	2	10	139		297	156	39	102
65-69岁	91	3	4	83	1	172	99	20	53
70-74岁	23	1	1	19	2	46	33	5	8
75岁及以上	9		1	6	2	23	17	3	3
男	**1823**	**146**	**250**	**1404**	**23**	**8157**	**3379**	**3813**	**965**
16-19岁	10	1		9		446	207	224	15
20-24岁	60	7	6	47		1049	439	556	54
25-29岁	133	25	12	93	3	1182	494	608	80
30-34岁	181	18	26	133	4	1272	525	666	81
35-39岁	138	9	13	116		974	366	524	84
40-44岁	238	19	46	169	4	848	314	425	109
45-49岁	335	21	59	252	3	953	390	402	161
50-54岁	325	25	49	247	4	695	293	231	171
55-59岁	250	16	28	204	2	425	184	120	121
60-64岁	86	2	7	77		169	87	32	50
65-69岁	52	3	4	44	1	101	53	17	31
70-74岁	10			9	1	27	17	5	5
75岁及以上	5			4	1	16	10	3	3
女	**1841**	**61**	**72**	**1696**	**12**	**8013**	**5489**	**774**	**1750**
16-19岁	4			4		194	180	7	7
20-24岁	34		2	32		578	509	32	37
25-29岁	101	10	6	82	3	942	779	86	77
30-34岁	124	8	6	110		1241	966	134	141
35-39岁	170	7	7	156		1153	831	146	176
40-44岁	287	12	10	262	3	1120	707	129	284
45-49岁	450	14	20	413	3	1208	669	128	411
50-54岁	344	7	9	327	1	865	463	70	332
55-59岁	206	2	7	197		487	247	32	208
60-64岁	65		3	62		128	69	7	52
65-69岁	39			39		71	46	3	22
70-74岁	13	1	1	10	1	19	16		3
75岁及以上	4		1	2	1	7	7		

4−5b　续表 11　　单位：人

年龄组 性　别	教育		卫生和社会工作			文化、体育和娱乐业				
	小计	教育	小计	卫生	社会工作	小计	新闻和出版业	广播、电视、电影和录音制作业	文　化艺术业	体育
总　计	**29491**	**29491**	**12571**	**12400**	**171**	**2110**	**86**	**111**	**348**	**145**
16−19岁	523	523	102	101	1	116		3	17	7
20−24岁	2100	2100	1575	1562	13	332	13	25	42	31
25−29岁	4261	4261	2991	2979	12	394	21	28	39	46
30−34岁	5080	5080	2641	2631	10	365	24	20	61	23
35−39岁	5150	5150	1419	1399	20	232	11	14	33	6
40−44岁	4508	4508	1217	1193	24	194	4	5	37	13
45−49岁	3306	3306	1210	1174	36	222	4	7	61	4
50−54岁	2861	2861	817	790	27	139	5	4	39	7
55−59岁	1442	1442	427	407	20	82	2	2	15	8
60−64岁	148	148	82	78	4	17	2		2	
65−69岁	62	62	50	47	3	8		1	2	
70−74岁	23	23	24	24		6		1		
75岁及以上	27	27	16	15	1	3		1		
男	**12881**	**12881**	**4203**	**4144**	**59**	**1131**	**46**	**73**	**171**	**88**
16−19岁	199	199	23	22	1	76		2	8	3
20−24岁	327	327	315	308	7	208	3	16	20	19
25−29岁	953	953	760	755	5	226	11	22	16	29
30−34岁	1833	1833	759	757	2	176	13	12	27	15
35−39岁	2362	2362	554	549	5	117	6	7	19	2
40−44岁	2392	2392	530	522	8	92	3	4	17	6
45−49岁	1724	1724	511	501	10	98	3	4	30	2
50−54岁	1690	1690	350	344	6	68	4	1	20	5
55−59岁	1204	1204	271	260	11	47	1	2	12	7
60−64岁	117	117	58	57	1	10	2		1	
65−69岁	48	48	37	35	2	6		1	1	
70−74岁	17	17	21	21		4		1		
75岁及以上	15	15	14	13	1	3		1		
女	**16610**	**16610**	**8368**	**8256**	**112**	**979**	**40**	**38**	**177**	**57**
16−19岁	324	324	79	79		40		1	9	4
20−24岁	1773	1773	1260	1254	6	124	10	9	22	12
25−29岁	3308	3308	2231	2224	7	168	10	6	23	17
30−34岁	3247	3247	1882	1874	8	189	11	8	34	8
35−39岁	2788	2788	865	850	15	115	5	7	14	4
40−44岁	2116	2116	687	671	16	102	1	1	20	7
45−49岁	1582	1582	699	673	26	124	1	3	31	2
50−54岁	1171	1171	467	446	21	71	1	3	19	2
55−59岁	238	238	156	147	9	35	1		3	1
60−64岁	31	31	24	21	3	7			1	
65−69岁	14	14	13	12	1	2			1	
70−74岁	6	6	3	3		2				
75岁及以上	12	12	2	2						

4–5b　续表 12　　　　单位：人

年龄组 性　别	娱乐业	公共管理、社会保障和社会组织							国际组织	
		小计	中国共产党机关	国家机构	人民政协、民主党派	社会保障	群众团体、社会团体和其他成员组织	基层群众自治组织	小计	国际组织
总　计	**1420**	**33349**	**703**	**27965**	**116**	**87**	**802**	**3676**	**1**	**1**
16–19岁	89	94		75		1	7	11		
20–24岁	221	1797	32	1544	2	5	60	154		
25–29岁	260	4523	79	4037	6	14	95	292		
30–34岁	237	6090	148	5383	12	11	112	424		
35–39岁	168	4483	119	3843	14	12	89	406		
40–44岁	135	4606	106	3878	16	18	97	491	1	1
45–49岁	146	4899	95	3977	19	15	139	654		
50–54岁	84	3748	72	2946	26	5	103	596		
55–59岁	55	2428	42	1880	20	5	64	417		
60–64岁	13	354	6	215		1	13	119		
65–69岁	5	201	3	97			11	90		
70–74岁	5	70	1	46	1		5	17		
75岁及以上	2	56		44			7	5		
男	**753**	**22218**	**499**	**18964**	**85**	**37**	**458**	**2175**		
16–19岁	63	60		49			6	5		
20–24岁	150	1014	11	906		1	26	70		
25–29岁	148	2549	48	2319	3	5	46	128		
30–34岁	109	3740	94	3374	9	3	53	207		
35–39岁	83	3097	81	2736	8	4	49	219		
40–44岁	62	3176	79	2727	12	7	50	301		
45–49岁	59	3326	75	2753	15	11	79	393		
50–54岁	38	2667	60	2134	20	1	76	376		
55–59岁	25	2089	41	1678	17	4	51	298		
60–64岁	7	256	6	151		1	8	90		
65–69岁	4	153	3	70			8	72		
70–74岁	3	50	1	34	1		2	12		
75岁及以上	2	41		33			4	4		
女	**667**	**11131**	**204**	**9001**	**31**	**50**	**344**	**1501**	**1**	**1**
16–19岁	26	34		26		1	1	6		
20–24岁	71	783	21	638	2	4	34	84		
25–29岁	112	1974	31	1718	3	9	49	164		
30–34岁	128	2350	54	2009	3	8	59	217		
35–39岁	85	1386	38	1107	6	8	40	187		
40–44岁	73	1430	27	1151	4	11	47	190	1	1
45–49岁	87	1573	20	1224	4	4	60	261		
50–54岁	46	1081	12	812	6	4	27	220		
55–59岁	30	339	1	202	3	1	13	119		
60–64岁	6	98		64			5	29		
65–69岁	1	48		27			3	18		
70–74岁	2	20		12			3	5		
75岁及以上		15		11			3	1		

4−5c 全省分年龄、性别、行业大类的就业人口(乡村)

单位：人

年龄组 性别	合计	农、林、牧、渔业						采矿业	
		小计	农业	林业	畜牧业	渔业	农、林、牧、渔专业及辅助性活动	小计	煤炭开采和洗选业
总 计	**708682**	**335714**	**270211**	**4656**	**56641**	**1023**	**3183**	**13919**	**10910**
16−19岁	13624	3348	2715	35	557	13	28	62	37
20−24岁	45275	10128	8187	124	1681	50	86	600	446
25−29岁	56940	12726	10085	169	2254	94	124	1098	816
30−34岁	67912	17424	13474	314	3344	130	162	1913	1537
35−39岁	64226	20007	15403	399	3897	106	202	1910	1527
40−44岁	80016	30390	23611	602	5699	166	312	2235	1814
45−49岁	104657	47631	37236	958	8720	158	559	2868	2287
50−54岁	103974	59415	47491	1009	10158	137	620	2114	1623
55−59岁	75272	50741	41422	678	8090	88	463	843	646
60−64岁	39399	32272	26884	205	4929	39	215	170	115
65−69岁	35652	31626	26655	127	4569	30	245	81	50
70−74岁	14840	13609	11527	24	1918	10	130	19	8
75岁及以上	6895	6397	5521	12	825	2	37	6	4
男	**422696**	**167410**	**130861**	**3552**	**30383**	**771**	**1843**	**12365**	**9773**
16−19岁	8853	1970	1566	25	355	10	14	58	34
20−24岁	28950	5695	4461	106	1028	42	58	552	411
25−29岁	36549	6740	5141	131	1304	83	81	1012	756
30−34岁	42874	8704	6442	229	1836	100	97	1675	1358
35−39岁	39758	9785	7278	295	2018	80	114	1679	1366
40−44岁	47260	14263	10639	451	2875	115	183	1956	1587
45−49岁	60892	22149	16672	730	4318	113	316	2529	2039
50−54岁	59314	27682	21325	774	5130	95	358	1890	1478
55−59岁	42823	24613	19391	545	4345	64	268	766	585
60−64岁	22584	17136	14012	152	2813	32	127	152	100
65−69岁	20379	17432	14458	93	2715	29	137	72	47
70−74岁	8589	7719	6471	15	1153	8	72	18	8
75岁及以上	3871	3522	3005	6	493		18	6	4
女	**285986**	**168304**	**139350**	**1104**	**26258**	**252**	**1340**	**1554**	**1137**
16−19岁	4771	1378	1149	10	202	3	14	4	3
20−24岁	16325	4433	3726	18	653	8	28	48	35
25−29岁	20391	5986	4944	38	950	11	43	86	60
30−34岁	25038	8720	7032	85	1508	30	65	238	179
35−39岁	24468	10222	8125	104	1879	26	88	231	161
40−44岁	32756	16127	12972	151	2824	51	129	279	227
45−49岁	43765	25482	20564	228	4402	45	243	339	248
50−54岁	44660	31733	26166	235	5028	42	262	224	145
55−59岁	32449	26128	22031	133	3745	24	195	77	61
60−64岁	16815	15136	12872	53	2116	7	88	18	15
65−69岁	15273	14194	12197	34	1854	1	108	9	3
70−74岁	6251	5890	5056	9	765	2	58	1	
75岁及以上	3024	2875	2516	6	332	2	19		

4-5c　续表 1　　　　　　　　　　　　　　　　　　单位：人

年龄组 性　别	采矿业						制造业		
	石油和天然气开采业	黑色金属矿采选业	有色金属矿采选业	非金属矿采选业	开采专业及辅助性活　动	其　他采矿业	小计	农副食品加工业	食　品制造业
总　计	**106**	**281**	**461**	**1667**	**311**	**183**	**65455**	**4208**	**1602**
16-19岁		3	3	16	1	2	3169	59	54
20-24岁	7	8	19	99	14	7	7372	175	135
25-29岁	8	29	48	147	29	21	7922	275	158
30-34岁	18	34	57	214	32	21	9166	416	205
35-39岁	13	32	50	224	44	20	7862	410	211
40-44岁	7	39	68	238	47	22	8751	552	219
45-49岁	27	57	78	322	65	32	9624	771	257
50-54岁	19	47	93	242	56	34	6542	715	179
55-59岁	6	24	29	99	19	20	3202	441	117
60-64岁	1	8	5	36	2	3	959	174	34
65-69岁			8	21	1	1	602	151	25
70-74岁			3	7	1		202	45	4
75岁及以上				2			82	24	4
男	**94**	**238**	**373**	**1470**	**271**	**146**	**41774**	**2374**	**789**
16-19岁		3	3	15	1	2	2129	49	26
20-24岁	7	5	17	94	12	6	5016	118	81
25-29岁	7	29	42	135	26	17	5307	172	75
30-34岁	17	28	46	185	26	15	5654	217	100
35-39岁	11	23	36	194	35	14	4810	219	110
40-44岁	6	36	57	212	41	17	5115	286	94
45-49岁	25	44	65	273	58	25	5797	436	125
50-54岁	15	39	71	208	50	29	4298	395	82
55-59岁	5	23	25	93	18	17	2286	251	60
60-64岁	1	8	5	33	2	3	723	107	18
65-69岁			4	19	1	1	433	87	12
70-74岁			2	7	1		150	25	3
75岁及以上				2			56	12	3
女	**12**	**43**	**88**	**197**	**40**	**37**	**23681**	**1834**	**813**
16-19岁				1			1040	10	28
20-24岁		3	2	5	2	1	2356	57	54
25-29岁	1		6	12	3	4	2615	103	83
30-34岁	1	6	11	29	6	6	3512	199	105
35-39岁	2	9	14	30	9	6	3052	191	101
40-44岁	1	3	11	26	6	5	3636	266	125
45-49岁	2	13	13	49	7	7	3827	335	132
50-54岁	4	8	22	34	6	5	2244	320	97
55-59岁	1	1	4	6	1	3	916	190	57
60-64岁				3			236	67	16
65-69岁			4	2			169	64	13
70-74岁			1				52	20	1
75岁及以上							26	12	1

4－5c 续表 2 单位：人

年龄组 性 别	制造业								
	酒、饮料和精制茶制造业	烟 草制品业	纺织业	纺织服装、服饰业	皮革、毛皮、羽毛及其制品和制鞋业	木材加工和木、竹、藤、棕、草制品业	家 具制造业	造纸和纸制品业	印刷和记录媒介复制业
总 计	**4036**	**251**	**2116**	**3694**	**3513**	**3888**	**2307**	**1119**	**320**
16－19岁	55	3	95	256	278	42	74	42	20
20－24岁	357	12	275	570	569	165	209	101	49
25－29岁	456	20	288	518	545	270	281	120	50
30－34岁	508	16	321	612	596	377	340	165	60
35－39岁	450	29	257	511	471	398	297	167	40
40－44岁	518	41	317	443	405	533	318	160	40
45－49岁	699	50	283	440	369	729	325	176	38
50－54岁	477	52	181	222	192	659	248	114	14
55－59岁	287	23	61	84	69	399	138	49	7
60－64岁	131	4	17	24	11	134	37	14	1
65－69岁	60	1	13	11	6	109	28	7	
70－74岁	31		5	1	2	54	9	2	
75岁及以上	7		3	2		19	3	2	1
男	**2660**	**151**	**1060**	**1576**	**1992**	**2792**	**1680**	**634**	**201**
16－19岁	43	3	50	129	187	32	58	29	17
20－24岁	261	8	156	281	376	135	156	63	37
25－29岁	307	12	164	256	350	201	216	76	37
30－34岁	312	4	163	277	338	251	240	93	36
35－39岁	283	14	124	184	258	257	209	95	24
40－44岁	318	21	148	165	191	335	209	79	21
45－49岁	441	38	117	156	158	489	220	78	17
50－54岁	323	28	86	84	89	487	180	70	6
55－59岁	205	19	28	31	34	322	121	32	5
60－64岁	94	3	12	9	7	116	34	10	1
65－69岁	45	1	7	3	2	99	25	6	
70－74岁	21		3	1	2	49	9	2	
75岁及以上	7		2			19	3	1	
女	**1376**	**100**	**1056**	**2118**	**1521**	**1096**	**627**	**485**	**119**
16－19岁	12		45	127	91	10	16	13	3
20－24岁	96	4	119	289	193	30	53	38	12
25－29岁	149	8	124	262	195	69	65	44	13
30－34岁	196	12	158	335	258	126	100	72	24
35－39岁	167	15	133	327	213	141	88	72	16
40－44岁	200	20	169	278	214	198	109	81	19
45－49岁	258	12	166	284	211	240	105	98	21
50－54岁	154	24	95	138	103	172	68	44	8
55－59岁	82	4	33	53	35	77	17	17	2
60－64岁	37	1	5	15	4	18	3	4	
65－69岁	15		6	8	4	10	3	1	
70－74岁	10		2			5			
75岁及以上			1	2				1	1

4–5c 续表 3 单位：人

年龄组 性 别	制造业								
	文教、工美、体育和娱乐用品制造业	石油、煤炭及其他燃料加工业	化学原料和化学制品制造业	医 药制造业	化学纤维制造业	橡胶和塑 料制品业	非金属矿 物制品业	黑色金属冶炼和压延加工业	有色金属冶炼和压延加工业
总 计	**2398**	**316**	**1684**	**524**	**55**	**2449**	**8272**	**797**	**1255**
16–19岁	213	2	37	18	5	136	123	14	13
20–24岁	324	15	97	75	8	273	471	50	73
25–29岁	285	36	197	78	9	316	694	76	163
30–34岁	346	46	245	62	8	347	1050	105	191
35–39岁	288	43	202	77	6	312	1005	97	166
40–44岁	325	52	244	63	10	345	1352	150	186
45–49岁	301	57	302	64	2	377	1652	161	243
50–54岁	176	42	233	45	4	217	1117	90	148
55–59岁	82	17	87	26	3	101	567	42	55
60–64岁	23	5	22	9		12	160	10	10
65–69岁	26	1	13	4		9	69	2	4
70–74岁	6		5	3		1	10		3
75岁及以上	3					3	2		
男	**1230**	**215**	**1154**	**259**	**39**	**1442**	**6217**	**609**	**928**
16–19岁	123	2	27	7	5	83	103	11	9
20–24岁	187	12	69	42	5	180	390	38	55
25–29岁	160	31	131	36	6	197	539	63	137
30–34岁	165	32	157	31	7	219	747	78	137
35–39岁	146	25	140	34	5	170	748	70	122
40–44岁	135	30	156	31	5	184	940	111	129
45–49岁	145	37	200	26	2	207	1165	116	175
50–54岁	84	26	174	26	3	122	881	75	113
55–59岁	48	16	69	14	1	62	484	36	42
60–64岁	12	4	20	8		10	143	9	4
65–69岁	18		8	1		5	68	2	3
70–74岁	4		3	3		1	8		2
75岁及以上	3					2	1		
女	**1168**	**101**	**530**	**265**	**16**	**1007**	**2055**	**188**	**327**
16–19岁	90		10	11		53	20	3	4
20–24岁	137	3	28	33	3	93	81	12	18
25–29岁	125	5	66	42	3	119	155	13	26
30–34岁	181	14	88	31	1	128	303	27	54
35–39岁	142	18	62	43	1	142	257	27	44
40–44岁	190	22	88	32	5	161	412	39	57
45–49岁	156	20	102	38		170	487	45	68
50–54岁	92	16	59	19	1	95	236	15	35
55–59岁	34	1	18	12	2	39	83	6	13
60–64岁	11	1	2	1		2	17	1	6
65–69岁	8	1	5	3		4	1		1
70–74岁	2		2				2		1
75岁及以上						1	1		

4－5c 续表 4

单位：人

年龄组 性别	制造业								
	金属制品业	通用设备制造业	专用设备制造业	汽车制造业	铁路、船舶、航空航天和其他运输设备制造业	电气机械和器材制造业	计算机、通信和其他电子设备制造业	仪器仪表制造业	其他制造业
总　计	**5198**	**2278**	**1257**	**911**	**347**	**2267**	**5808**	**179**	**874**
16－19岁	199	134	77	69	14	201	828	13	48
20－24岁	518	322	187	163	54	393	1484	44	92
25－29岁	690	334	184	147	62	336	1067	29	104
30－34岁	844	352	186	162	74	368	818	32	134
35－39岁	743	302	154	102	44	259	527	19	103
40－44岁	792	292	143	98	31	270	455	14	129
45－49岁	712	302	147	100	35	253	364	8	115
50－54岁	468	173	107	49	21	135	164	13	91
55－59岁	179	46	46	17	11	42	71	7	34
60－64岁	37	14	10	3		7	15		11
65－69岁	13	6	8	1		2	9		7
70－74岁	2		5		1		5		5
75岁及以上	1	1	3			1	1		1
男	**3857**	**1624**	**819**	**646**	**264**	**1418**	**3340**	**113**	**471**
16－19岁	152	97	49	60	10	148	538	10	31
20－24岁	418	246	135	134	44	256	947	30	59
25－29岁	537	241	124	112	52	221	665	18	60
30－34岁	629	246	116	102	57	221	444	22	68
35－39岁	548	216	89	68	27	162	269	12	53
40－44岁	563	199	93	66	23	154	172	7	63
45－49岁	488	197	90	60	23	130	170	2	55
50－54岁	346	126	75	30	18	84	77	6	48
55－59岁	137	39	30	11	9	36	43	6	17
60－64岁	29	12	8	2		6	10		9
65－69岁	8	5	4	1			4		4
70－74岁	2		4		1		1		3
75岁及以上			2						1
女	**1341**	**654**	**438**	**265**	**83**	**849**	**2468**	**66**	**403**
16－19岁	47	37	28	9	4	53	290	3	17
20－24岁	100	76	52	29	10	137	537	14	33
25－29岁	153	93	60	35	10	115	402	11	44
30－34岁	215	106	70	60	17	147	374	10	66
35－39岁	195	86	65	34	17	97	258	7	50
40－44岁	229	93	50	32	8	116	283	7	66
45－49岁	224	105	57	40	12	123	194	6	60
50－54岁	122	47	32	19	3	51	87	7	43
55－59岁	42	7	16	6	2	6	28	1	17
60－64岁	8	2	2	1		1	5		2
65－69岁	5	1	4			2	5		3
70－74岁			1				4		2
75岁及以上	1	1	1			1	1		

4–5c　续表 5　　　单位：人

年龄组 性　别	制造业		电力、热力、燃气及水生产和供应业				建筑业		
	废弃资源综合利用业	金属制品、机械和设备修理业	小计	电力、热力生产和供应业	燃气生产和供应业	水的生产和供应业	小计	房屋建筑业	土木工程建筑业
总　计	**1034**	**498**	**3323**	**2370**	**304**	**649**	**116355**	**78930**	**11800**
16–19岁	16	31	28	20		8	1835	1238	143
20–24岁	50	62	268	211	26	31	8224	4905	1037
25–29岁	62	72	368	264	39	65	11818	6880	1443
30–34岁	107	73	475	349	58	68	14952	9066	1590
35–39岁	126	46	332	242	36	54	14271	9367	1321
40–44岁	193	61	449	322	47	80	16962	11853	1517
45–49岁	219	73	556	389	48	119	20572	14972	1914
50–54岁	143	53	463	328	27	108	16317	12180	1589
55–59岁	81	13	270	190	16	64	8205	6062	876
60–64岁	22	8	69	40	5	24	2058	1535	247
65–69岁	12	5	35	10		25	922	713	99
70–74岁	2	1	10	5	2	3	170	126	21
75岁及以上	1						49	33	3
男	**769**	**451**	**2727**	**1994**	**223**	**510**	**96586**	**63767**	**10456**
16–19岁	13	28	27	20		7	1651	1087	136
20–24岁	42	55	225	181	18	26	7388	4343	958
25–29岁	42	69	304	223	29	52	10505	5990	1328
30–34岁	80	65	387	293	41	53	12858	7526	1453
35–39岁	90	39	264	195	28	41	11625	7377	1179
40–44岁	132	55	340	253	33	54	13231	8945	1297
45–49岁	170	64	444	322	34	88	16097	11449	1606
50–54岁	104	50	391	281	24	86	13366	9807	1375
55–59岁	66	12	243	175	11	57	6988	5096	773
60–64岁	18	8	62	39	3	20	1867	1381	233
65–69岁	10	5	30	7		23	820	628	95
70–74岁	2	1	10	5	2	3	150	111	20
75岁及以上							40	27	3
女	**265**	**47**	**596**	**376**	**81**	**139**	**19769**	**15163**	**1344**
16–19岁	3	3	1			1	184	151	7
20–24岁	8	7	43	30	8	5	836	562	79
25–29岁	20	3	64	41	10	13	1313	890	115
30–34岁	27	8	88	56	17	15	2094	1540	137
35–39岁	36	7	68	47	8	13	2646	1990	142
40–44岁	61	6	109	69	14	26	3731	2908	220
45–49岁	49	9	112	67	14	31	4475	3523	308
50–54岁	39	3	72	47	3	22	2951	2373	214
55–59岁	15	1	27	15	5	7	1217	966	103
60–64岁	4		7	1	2	4	191	154	14
65–69岁	2		5	3		2	102	85	4
70–74岁							20	15	1
75岁及以上	1						9	6	

4-5c 续表 6

单位：人

年龄组 性别	建筑业		批发和零售业			交通运输、仓储和邮政业			
	建筑安装业	建筑装饰、装修和其他建筑业	小计	批发业	零售业	小计	铁路运输业	道路运输业	水上运输业
总　计	**4119**	**21506**	**43271**	**8966**	**34305**	**25064**	**429**	**17439**	**90**
16-19岁	85	369	1016	162	854	364	6	127	
20-24岁	375	1907	4016	688	3328	2048	44	1139	9
25-29岁	610	2885	5282	944	4338	3026	82	2069	6
30-34岁	768	3528	6403	1180	5223	3818	42	2822	8
35-39岁	564	3019	5343	1045	4298	3702	39	2818	5
40-44岁	549	3043	5456	1119	4337	3922	39	2936	22
45-49岁	539	3147	5842	1323	4519	4020	64	2867	15
50-54岁	379	2169	4605	1095	3510	2579	50	1705	13
55-59岁	197	1070	2662	698	1964	1153	48	720	8
60-64岁	34	242	1129	291	838	279	9	160	3
65-69岁	12	98	933	246	687	111	3	55	1
70-74岁	5	18	402	130	272	32	3	16	
75岁及以上	2	11	182	45	137	10		5	
男	**3793**	**18570**	**20891**	**5415**	**15476**	**22000**	**303**	**16240**	**74**
16-19岁	80	348	476	105	371	309	3	117	
20-24岁	346	1741	1894	435	1459	1747	28	1039	8
25-29岁	577	2610	2443	592	1851	2641	59	1920	6
30-34岁	723	3156	2854	708	2146	3400	30	2654	5
35-39岁	516	2553	2474	599	1875	3263	19	2640	4
40-44岁	487	2502	2560	672	1888	3424	25	2721	20
45-49岁	480	2562	2921	793	2128	3540	48	2664	12
50-54岁	355	1829	2362	687	1675	2271	41	1595	9
55-59岁	181	938	1397	407	990	1016	39	666	6
60-64岁	33	220	647	168	479	252	7	151	3
65-69岁	12	85	539	147	392	100	1	53	1
70-74岁	3	16	220	71	149	30	3	15	
75岁及以上		10	104	31	73	7		5	
女	**326**	**2936**	**22380**	**3551**	**18829**	**3064**	**126**	**1199**	**16**
16-19岁	5	21	540	57	483	55	3	10	
20-24岁	29	166	2122	253	1869	301	16	100	1
25-29岁	33	275	2839	352	2487	385	23	149	
30-34岁	45	372	3549	472	3077	418	12	168	3
35-39岁	48	466	2869	446	2423	439	20	178	1
40-44岁	62	541	2896	447	2449	498	14	215	2
45-49岁	59	585	2921	530	2391	480	16	203	3
50-54岁	24	340	2243	408	1835	308	9	110	4
55-59岁	16	132	1265	291	974	137	9	54	2
60-64岁	1	22	482	123	359	27	2	9	
65-69岁		13	394	99	295	11	2	2	
70-74岁	2	2	182	59	123	2		1	
75岁及以上	2	1	78	14	64	3			

4-5c　续表 7　　　　单位：人

年龄组 性　别	交通运输、仓储和邮政业					住宿和餐饮业		
	航　空 运输业	管　道 运输业	多式联运 和运输 代理业	装卸搬运 和仓储业	邮政业	小计	住宿业	餐饮业
总　计	**135**	**11**	**227**	**4526**	**2207**	**20786**	**2336**	**18450**
16–19岁	1		4	102	124	1225	178	1047
20–24岁	38	1	18	324	475	2618	401	2217
25–29岁	26		16	364	463	2567	302	2265
30–34岁	15		55	443	433	2877	330	2547
35–39岁	13	1	38	531	257	2479	246	2233
40–44岁	14	1	38	689	183	2735	284	2451
45–49岁	12	1	35	875	151	2843	279	2564
50–54岁	10	3	12	710	76	2023	194	1829
55–59岁	5	3	9	330	30	1000	87	913
60–64岁	1	1	1	93	11	257	23	234
65–69岁			1	48	3	125	9	116
70–74岁				13		28	2	26
75岁及以上				4	1	9	1	8
男	**79**	**9**	**197**	**3512**	**1586**	**8270**	**806**	**7464**
16–19岁			4	90	95	671	84	587
20–24岁	20	1	15	277	359	1452	168	1284
25–29岁	15		14	302	325	1303	115	1188
30–34岁	13		46	344	308	1215	109	1106
35–39岁	6	1	31	392	170	848	56	792
40–44岁	9	1	33	488	127	849	74	775
45–49岁	6	1	34	662	113	845	81	764
50–54岁	5	2	12	552	55	589	65	524
55–59岁	4	3	6	270	22	317	34	283
60–64岁	1		1	81	8	108	12	96
65–69岁			1	41	3	52	6	46
70–74岁				12		13	1	12
75岁及以上				1	1	8	1	7
女	**56**	**2**	**30**	**1014**	**621**	**12516**	**1530**	**10986**
16–19岁	1			12	29	554	94	460
20–24岁	18		3	47	116	1166	233	933
25–29岁	11		2	62	138	1264	187	1077
30–34岁	2		9	99	125	1662	221	1441
35–39岁	7		7	139	87	1631	190	1441
40–44岁	5		5	201	56	1886	210	1676
45–49岁	6		1	213	38	1998	198	1800
50–54岁	5	1		158	21	1434	129	1305
55–59岁	1		3	60	8	683	53	630
60–64岁		1		12	3	149	11	138
65–69岁				7		73	3	70
70–74岁				1		15	1	14
75岁及以上				3		1		1

4-5c　续表 8　　　　单位：人

年龄组 性　别	信息传输、软件和信息技术服务业				金融业				
	小计	电信、广播电视和卫星传输服务	互联网和相关服务	软件和信息技术服务业	小计	货币金融服　务	资本市场服　务	保险业	其　他金融业
总　计	**1747**	**717**	**627**	**403**	**1480**	**697**	**64**	**603**	**116**
16-19岁	51	10	26	15	14	4	1	8	1
20-24岁	447	138	170	139	221	87	13	95	26
25-29岁	462	181	162	119	419	191	18	184	26
30-34岁	306	139	113	54	296	134	10	123	29
35-39岁	184	84	65	35	149	68	8	66	7
40-44岁	126	72	39	15	133	55	5	64	9
45-49岁	97	57	29	11	117	65	5	41	6
50-54岁	43	24	11	8	76	53	3	13	7
55-59岁	24	9	9	6	41	30		8	3
60-64岁	4	1	2	1	6	4	1		1
65-69岁	2	1	1		2	1			1
70-74岁	1	1							
75岁及以上					6	5		1	
男	**1239**	**501**	**447**	**291**	**857**	**426**	**39**	**321**	**71**
16-19岁	32	7	16	9	7	4	1	2	
20-24岁	294	93	108	93	110	41	5	56	8
25-29岁	320	118	113	89	263	123	10	114	16
30-34岁	215	91	81	43	168	85	6	57	20
35-39岁	139	54	56	29	82	38	6	31	7
40-44岁	101	59	29	13	69	33	5	27	4
45-49岁	79	49	25	5	70	40	3	22	5
50-54岁	32	19	9	4	48	31	2	9	6
55-59岁	20	8	7	5	28	22		3	3
60-64岁	4	1	2	1	6	4	1		1
65-69岁	2	1	1		1				1
70-74岁	1	1							
75岁及以上					5	5			
女	**508**	**216**	**180**	**112**	**623**	**271**	**25**	**282**	**45**
16-19岁	19	3	10	6	7			6	1
20-24岁	153	45	62	46	111	46	8	39	18
25-29岁	142	63	49	30	156	68	8	70	10
30-34岁	91	48	32	11	128	49	4	66	9
35-39岁	45	30	9	6	67	30	2	35	
40-44岁	25	13	10	2	64	22		37	5
45-49岁	18	8	4	6	47	25	2	19	1
50-54岁	11	5	2	4	28	22	1	4	1
55-59岁	4	1	2	1	13	8		5	
60-64岁									
65-69岁					1	1			
70-74岁									
75岁及以上					1			1	

4-5c　续表 9

单位：人

年龄组 性　别	房地产业		租赁和商务服务业			科学研究和技术服务业			
	小计	房地产业	小计	租赁业	商　务 服务业	小计	研究和 试验发展	专业技术 服务业	科技推广 和应用 服务业
总　计	**3258**	**3258**	**7480**	**677**	**6803**	**1774**	**75**	**1334**	**365**
16-19岁	66	66	210	28	182	37	1	31	5
20-24岁	451	451	969	95	874	331	25	265	41
25-29岁	548	548	1147	142	1005	330	11	280	39
30-34岁	452	452	1011	133	878	251	17	200	34
35-39岁	268	268	686	86	600	177	5	154	18
40-44岁	319	319	770	63	707	139	7	107	25
45-49岁	418	418	892	61	831	162		112	50
50-54岁	391	391	806	38	768	131	7	81	43
55-59岁	218	218	593	19	574	124	1	77	46
60-64岁	77	77	230	9	221	41		17	24
65-69岁	39	39	121	2	119	26	1	7	18
70-74岁	10	10	37	1	36	15		1	14
75岁及以上	1	1	8		8	10		2	8
男	**2068**	**2068**	**5303**	**612**	**4691**	**1333**	**50**	**1069**	**214**
16-19岁	42	42	163	27	136	29	1	24	4
20-24岁	284	284	648	94	554	241	16	203	22
25-29岁	351	351	760	138	622	249	8	214	27
30-34岁	276	276	700	117	583	197	14	162	21
35-39岁	169	169	457	74	383	147	4	130	13
40-44岁	181	181	515	55	460	98	2	84	12
45-49岁	248	248	645	50	595	127		91	36
50-54岁	270	270	603	35	568	95	3	68	24
55-59岁	145	145	496	13	483	90	1	68	21
60-64岁	59	59	192	8	184	27		15	12
65-69岁	35	35	89	1	88	21	1	7	13
70-74岁	7	7	28		28	7		1	6
75岁及以上	1	1	7		7	5		2	3
女	**1190**	**1190**	**2177**	**65**	**2112**	**441**	**25**	**265**	**151**
16-19岁	24	24	47	1	46	8		7	1
20-24岁	167	167	321	1	320	90	9	62	19
25-29岁	197	197	387	4	383	81	3	66	12
30-34岁	176	176	311	16	295	54	3	38	13
35-39岁	99	99	229	12	217	30	1	24	5
40-44岁	138	138	255	8	247	41	5	23	13
45-49岁	170	170	247	11	236	35		21	14
50-54岁	121	121	203	3	200	36	4	13	19
55-59岁	73	73	97	6	91	34		9	25
60-64岁	18	18	38	1	37	14		2	12
65-69岁	4	4	32	1	31	5			5
70-74岁	3	3	9	1	8	8			8
75岁及以上			1		1	5			5

4－5c 续表 10

单位：人

年龄组 性 别	水利、环境和公共设施管理业					居民服务、修理和其他服务业			
	小计	水 利 管理业	生态保护 和环境 治理业	公共设施 管理业	土 地 管理业	小计	居 民 服务业	机动车、 电子产品 和日用产 品修理业	其 他 服务业
总 计	**6406**	**335**	**1180**	**4854**	**37**	**17078**	**7764**	**4812**	**4502**
16－19岁	45	3	3	39		1028	555	426	47
20－24岁	204	16	23	162	3	2200	1166	873	161
25－29岁	313	41	48	218	6	2110	1077	825	208
30－34岁	425	29	64	329	3	2271	1101	821	349
35－39岁	553	34	94	420	5	1688	740	561	387
40－44岁	789	35	145	607	2	1832	748	485	599
45－49岁	1258	63	239	950	6	2160	873	405	882
50－54岁	1336	65	287	981	3	1801	688	250	863
55－59岁	933	27	196	703	7	1192	456	129	607
60－64岁	309	15	59	234	1	403	167	22	214
65－69岁	180	6	16	157	1	265	118	10	137
70－74岁	49		5	44		88	52	3	33
75岁及以上	12	1	1	10		40	23	2	15
男	**3762**	**279**	**963**	**2497**	**23**	**9614**	**3430**	**4205**	**1979**
16－19岁	33	3	3	27		733	290	415	28
20－24岁	137	13	17	104	3	1447	533	826	88
25－29岁	209	36	39	130	4	1296	457	737	102
30－34岁	239	22	48	166	3	1282	424	707	151
35－39岁	313	29	70	210	4	926	304	470	152
40－44岁	423	25	109	287	2	930	296	399	235
45－49岁	697	51	203	440	3	1029	376	323	330
50－54岁	782	57	239	485	1	867	311	191	365
55－59岁	575	23	162	387	3	620	233	102	285
60－64岁	198	13	53	132		229	92	22	115
65－69岁	113	6	15	92		164	65	8	91
70－74岁	32		4	28		63	34	3	26
75岁及以上	11	1	1	9		28	15	2	11
女	**2644**	**56**	**217**	**2357**	**14**	**7464**	**4334**	**607**	**2523**
16－19岁	12			12		295	265	11	19
20－24岁	67	3	6	58		753	633	47	73
25－29岁	104	5	9	88	2	814	620	88	106
30－34岁	186	7	16	163		989	677	114	198
35－39岁	240	5	24	210	1	762	436	91	235
40－44岁	366	10	36	320		902	452	86	364
45－49岁	561	12	36	510	3	1131	497	82	552
50－54岁	554	8	48	496	2	934	377	59	498
55－59岁	358	4	34	316	4	572	223	27	322
60－64岁	111	2	6	102	1	174	75		99
65－69岁	67		1	65	1	101	53	2	46
70－74岁	17		1	16		25	18		7
75岁及以上	1			1		12	8		4

4−5c　续表 11

单位：人

年龄组 性　别	教育		卫生和社会工作			文化、体育和娱乐业				
	小计	教育	小计	卫生	社会工作	小计	新闻和出版业	广播、电视、电影和录音制作业	文　化艺术业	体育
总　计	**15404**	**15404**	**6081**	**5887**	**194**	**1669**	**24**	**69**	**423**	**139**
16−19岁	751	751	62	61	1	191	1	4	49	10
20−24岁	2129	2129	1070	1061	9	352	3	16	61	34
25−29岁	2673	2673	1354	1341	13	275	7	16	47	41
30−34岁	2231	2231	784	767	17	192	6	8	42	20
35−39岁	1780	1780	510	495	15	144	2	7	32	12
40−44岁	1684	1684	563	547	16	131	1	5	38	9
45−49岁	1396	1396	606	572	34	155	3	4	52	7
50−54岁	1359	1359	538	504	34	120	1	4	56	3
55−59岁	1062	1062	356	334	22	71		3	35	3
60−64岁	210	210	135	116	19	24		1	7	
65−69岁	76	76	74	67	7	11			4	
70−74岁	30	30	20	16	4	2		1		
75岁及以上	23	23	9	6	3	1				
男	**6953**	**6953**	**2518**	**2428**	**90**	**965**	**17**	**39**	**254**	**93**
16−19岁	299	299	12	12		128		3	23	8
20−24岁	423	423	219	215	4	223	2	8	35	23
25−29岁	755	755	359	353	6	153	5	9	18	28
30−34岁	897	897	277	272	5	104	4	3	24	14
35−39岁	920	920	237	229	8	72	2	4	22	5
40−44岁	914	914	295	286	9	70	1	4	26	8
45−49岁	711	711	354	341	13	75	3	3	29	3
50−54岁	865	865	336	323	13	68		2	41	1
55−59岁	880	880	243	233	10	46		2	28	3
60−64岁	177	177	103	92	11	15			6	
65−69岁	61	61	58	53	5	8			2	
70−74岁	28	28	16	13	3	2		1		
75岁及以上	23	23	9	6	3	1				
女	**8451**	**8451**	**3563**	**3459**	**104**	**704**	**7**	**30**	**169**	**46**
16−19岁	452	452	50	49	1	63	1	1	26	2
20−24岁	1706	1706	851	846	5	129	1	8	26	11
25−29岁	1918	1918	995	988	7	122	2	7	29	13
30−34岁	1334	1334	507	495	12	88	2	5	18	6
35−39岁	860	860	273	266	7	72		3	10	7
40−44岁	770	770	268	261	7	61		1	12	1
45−49岁	685	685	252	231	21	80		1	23	4
50−54岁	494	494	202	181	21	52	1	2	15	2
55−59岁	182	182	113	101	12	25		1	7	
60−64岁	33	33	32	24	8	9		1	1	
65−69岁	15	15	16	14	2	3			2	
70−74岁	2	2	4	3	1					
75岁及以上										

4-5c 续表 12

单位：人

年龄组 性别	娱乐业	公共管理、社会保障和社会组织						国际组织	
		小计	中国共产党机关	国家机构	人民政协、民主党派	社会保障	群众团体、社会团体和其他成员组织	基层群众自治组织	小计	国际组织
总　计	**1014**	**22415**	**162**	**11110**	**11**	**62**	**789**	**10281**	**3**	**3**
16-19岁	127	122	2	77			9	34		
20-24岁	238	1627	17	1203		7	72	328		
25-29岁	164	2502	23	1739	2	12	85	641		
30-34岁	116	2665	36	1651	2	7	83	886		
35-39岁	91	2180	18	1143	1	6	75	937	1	1
40-44岁	78	2630	20	1211	2	7	69	1321		
45-49岁	89	3440	15	1442	1	3	122	1857		
50-54岁	56	3314	15	1300	1	9	120	1869	1	1
55-59岁	30	2582	9	955	2	7	87	1522		
60-64岁	16	767	4	242		1	29	491		
65-69岁	7	420	3	97		1	25	294	1	1
70-74岁	1	116		30		1	7	78		
75岁及以上	1	50		20		1	6	23		
男	**562**	**16058**	**107**	**8106**	**11**	**41**	**533**	**7260**	**3**	**3**
16-19岁	94	84	1	59			7	17		
20-24岁	155	955	4	741		5	43	162		
25-29岁	93	1579	13	1160	2	6	55	343		
30-34岁	59	1772	21	1202	2	1	50	496		
35-39岁	39	1547	14	863	1	5	47	617	1	1
40-44岁	31	1926	18	916	2	4	50	936		
45-49岁	37	2535	11	1077	1	2	89	1355		
50-54岁	24	2498	12	1000	1	9	83	1393	1	1
55-59岁	13	2054	8	772	2	6	61	1205		
60-64岁	9	627	3	192			24	408		
65-69岁	6	348	2	81		1	15	249	1	1
70-74岁	1	95		26		1	4	64		
75岁及以上	1	38		17		1	5	15		
女	**452**	**6357**	**55**	**3004**		**21**	**256**	**3021**		
16-19岁	33	38	1	18			2	17		
20-24岁	83	672	13	462		2	29	166		
25-29岁	71	923	10	579		6	30	298		
30-34岁	57	893	15	449		6	33	390		
35-39岁	52	633	4	280		1	28	320		
40-44岁	47	704	2	295		3	19	385		
45-49岁	52	905	4	365		1	33	502		
50-54岁	32	816	3	300			37	476		
55-59岁	17	528	1	183		1	26	317		
60-64岁	7	140	1	50		1	5	83		
65-69岁	1	72	1	16			10	45		
70-74岁		21		4			3	14		
75岁及以上		12		3			1	8		

4-6　各地区分性别、职业中类的就业人口

单位：人

地区 性别	合计	党的机关、国家机关、群众团体和社会组织、企事业单位负责人						
		小计	中国共产党机关负责人	国家机关负责人	民主党派和工商联负责人	人民团体和群众团体、社会组织及其他成员组织负责人	基层群众自治组织负责人	企事业单位负责人
贵　州	**1480345**	**28905**	**153**	**2250**	**10**	**1158**	**2159**	**23175**
贵阳市	**248613**	**9388**	**16**	**313**	**3**	**279**	**96**	**8681**
南明区	46460	2273	1	72	2	13	8	2177
云岩区	45041	1846	1	67	1	49	2	1726
花溪区	35245	1137	1	18		129	14	975
乌当区	14266	567	4	18		19	4	522
白云区	18058	693	1	8		3	11	670
观山湖区	28059	1897	2	66		26	2	1801
开阳县	16317	328	3	20		2	32	271
息烽县	10927	120	2	8		3	10	97
修文县	12953	156	1	19		6	6	124
清镇市	21287	371		17		29	7	318
六盘水市	**120594**	**2055**	**8**	**175**	**1**	**106**	**97**	**1668**
钟山区	26414	830	1	77		46	12	694
六枝特区	17808	252	3	21		10	8	210
水城县	30658	274		17		7	28	222
盘州市	45714	699	4	60	1	43	49	542
遵义市	**258443**	**4355**	**29**	**309**	**1**	**125**	**200**	**3691**
红花岗区	36260	759	2	38		30	13	676
汇川区	25450	737	2	30		22	8	675
播州区	32763	563	1	36	1	3	24	498
桐梓县	19571	333	4	23		9	21	276
绥阳县	13658	176	5	32		5	28	106
正安县	16207	177	6	14		6	23	128
道真仡佬族苗族自治县	8145	84		13		3	6	62
务川仡佬族苗族自治县	10288	156	3	20		3	7	123
凤冈县	12304	197		11		1	12	173
湄潭县	15399	212		12		9	5	186
余庆县	10146	84	2	10		1	6	65
习水县	20641	322	3	29		15	20	255
赤水市	11105	183	1	23		5	21	133
仁怀市	26506	372		18		13	6	335
安顺市	**95780**	**1564**	**14**	**139**		**75**	**136**	**1200**
西秀区	34325	788	3	68		40	28	649
平坝区	13133	221	1	17		14	7	182
普定县	15595	87		15		6	10	56
镇宁布依族苗族自治县	12717	140		16		8	33	83
关岭布依族苗族自治县	10566	223	3	12		5	36	167
紫云苗族布依族自治县	9444	105	7	11		2	22	63
毕节市	**238788**	**2998**	**22**	**283**	**2**	**116**	**582**	**1993**
七星关区	37652	718	6	74		21	67	550
大方县	27038	335	1	28	1	10	124	171
黔西县	25898	381	3	16		40	48	274
金沙县	20190	190		29		10	7	144
织金县	28357	481	3	39	1	3	65	370
纳雍县	23693	320	2	36		3	106	173
威宁彝族回族苗族自治县	53126	336	3	36		19	85	193
赫章县	22834	237	4	25		10	80	118

4-6 续表 1 单位：人

地区 性别	合计	党的机关、国家机关、群众团体和社会组织、企事业单位负责人						
		小计	中国共产党机关负责人	国家机关负责人	民主党派和工商联负责人	人民团体和群众团体、社会组织及其他成员组织负责人	基层群众自治组织负责人	企事业单位负责人
铜仁市	**112481**	**1616**	**15**	**215**		**126**	**232**	**1028**
碧江区	12976	340		26		44	8	262
万山区	5579	83	3	6		10	14	50
江口县	6895	132	2	30		8	1	91
玉屏侗族自治县	5726	72		4		2	4	62
石阡县	12541	100		10		7	24	59
思南县	16157	209	2	33		15	24	135
印江土家族苗族自治县	9435	178	5	43		9	35	86
德江县	13750	138	1	26		12	31	68
沿河土家族自治县	14303	180	1	26		9	46	98
松桃苗族自治县	15119	184	1	11		10	45	117
黔西南布依族苗族自治州	**125573**	**2283**	**12**	**234**	**1**	**93**	**176**	**1767**
兴义市	42075	1346	4	111	1	37	55	1138
兴仁市	18131	187	1	17		9	19	141
普安县	10118	112	6	13		6	10	77
晴隆县	8968	112		31		5	16	60
贞丰县	13216	166		15		21	16	114
望谟县	9086	109		23		7	11	68
册亨县	8072	87		8		4	26	49
安龙县	15907	164	1	16		4	23	120
黔东南苗族侗族自治州	**140229**	**2263**	**25**	**317**		**108**	**459**	**1354**
凯里市	28042	608	2	63		31	43	469
黄平县	9289	104		10		3	32	59
施秉县	5714	95	2	22		3	8	60
三穗县	6208	173	2	17		6	25	123
镇远县	6875	112	1	24		8	15	64
岑巩县	6093	112		14		13	15	70
天柱县	9119	19		5			9	5
锦屏县	5421	116	7	22		1	37	49
剑河县	6525	120	6	18		3	24	69
台江县	4369	59		13		2	2	42
黎平县	14352	213		35		7	69	102
榕江县	10262	137	1	20		5	57	54
从江县	10399	148		21		18	62	47
雷山县	4822	70	3	8			18	41
麻江县	5974	110	1	16		3	20	70
丹寨县	6765	67		9		5	23	30
黔南布依族苗族自治州	**139844**	**2383**	**12**	**265**	**2**	**130**	**181**	**1793**
都匀市	22494	499	1	58	2	22	8	408
福泉市	12755	275	2	27		13	13	220
荔波县	7186	211	1	19		23	17	151
贵定县	10573	180		21		19	16	124
瓮安县	14223	226	1	23		13	8	181
独山县	10924	112		10		10		92
平塘县	9622	171	1	39		2	8	121
罗甸县	9776	145	1	18		7	25	94
长顺县	6902	83	1	6		3	10	63
龙里县	9498	137		4		6	8	119
惠水县	14148	203	2	7		9	28	157
三都水族自治县	11743	141	2	33		3	40	63

4-6　续表 2　　　　单位：人

地　区 性　别	合计	党的机关、国家机关、群众团体和社会组织、企事业单位负责人						
		小计	中国共产党机关负责人	国家机关负责人	民主党派和工商联负责人	人民团体和群众团体、社会组织及其他成员组织负责人	基层群众自治组织负责人	企事业单位负责人
男	**872038**	**21210**	**121**	**1874**	**10**	**739**	**1858**	**16608**
贵　州	**872038**	**21210**	**121**	**1874**	**10**	**739**	**1858**	**16608**
贵阳市	**147003**	**6689**	**12**	**242**	**3**	**165**	**77**	**6190**
南明区	26898	1612		57	2	3	4	1546
云岩区	25902	1311	1	56	1	30		1223
花溪区	21249	798		13		75	10	700
乌当区	8296	404	3	12		13	4	372
白云区	11097	485	1	3		3	7	471
观山湖区	16279	1350	1	52		16		1281
开阳县	9820	245	3	16			31	195
息烽县	6351	92	2	6		3	10	71
修文县	7935	118	1	15		5	5	92
清镇市	13176	274		12		17	6	239
六盘水市	**72461**	**1539**	**6**	**153**	**1**	**61**	**80**	**1238**
钟山区	15522	607		68		29	7	503
六枝特区	10582	179	3	19		6	6	145
水城县	18603	217		13		4	27	173
盘州市	27754	536	3	53	1	22	40	417
遵义市	**150718**	**3228**	**21**	**265**	**1**	**73**	**175**	**2693**
红花岗区	21165	552	2	28		13	8	501
汇川区	14674	514	1	19		14	5	475
播州区	19028	415	1	31	1	2	23	357
桐梓县	11762	248	4	17		4	21	202
绥阳县	7824	150	3	31		4	27	85
正安县	9168	139	3	14		4	21	97
道真仡佬族苗族自治县	4765	69		13		2	5	49
务川仡佬族苗族自治县	6002	127	3	18		3	6	97
凤冈县	6930	130		10			11	109
湄潭县	8585	155		11		6	5	133
余庆县	5586	68	2	9			6	51
习水县	12497	242	1	27		7	16	191
赤水市	6492	144	1	21		4	16	102
仁怀市	16240	275		16		10	5	244
安顺市	**56198**	**1137**	**11**	**109**		**49**	**121**	**847**
西秀区	19646	549	2	49		24	23	451
平坝区	7852	161	1	15		9	5	131
普定县	9247	75		15		5	10	45
镇宁布依族苗族自治县	7410	108		11		4	33	60
关岭布依族苗族自治县	6363	161	2	9		5	30	115
紫云苗族布依族自治县	5680	83	6	10		2	20	45
毕节市	**141732**	**2244**	**18**	**240**	**2**	**83**	**471**	**1430**
七星关区	22512	531	6	59		17	59	390
大方县	16322	237		23	1	9	80	124
黔西县	15787	264	3	12		21	37	191
金沙县	12543	163		28		7	6	122
织金县	17010	334	1	33	1	3	56	240
纳雍县	13962	260	2	32		1	90	135
威宁彝族回族苗族自治县	30462	265	3	32		15	76	139
赫章县	13134	190	3	21		10	67	89

4-6 续表 3 单位：人

地区 性别	合计	党的机关、国家机关、群众团体和社会组织、企事业单位负责人						
		小计	中国共产党机关负责人	国家机关负责人	民主党派和工商联负责人	人民团体和群众团体、社会组织及其他成员组织负责人	基层群众自治组织负责人	企事业单位负责人
铜仁市	**66794**	**1256**	**14**	**183**		**94**	**219**	**746**
碧江区	7647	231		22		30	7	172
万山区	3413	66	3	5		6	13	39
江口县	4310	94	2	27		6	1	58
玉屏侗族自治县	3488	52		4		2	4	42
石阡县	7178	81		10		4	23	44
思南县	9175	171	1	22		15	21	112
印江土家族苗族自治县	5707	152	5	37		7	34	69
德江县	7940	121	1	23		10	31	56
沿河土家族自治县	8282	149	1	22		7	44	75
松桃苗族自治县	9654	139	1	11		7	41	79
黔西南布依族苗族自治州	**71465**	**1592**	**10**	**190**	**1**	**62**	**148**	**1181**
兴义市	24106	909	3	87	1	26	42	750
兴仁市	10154	131	1	15		6	16	93
普安县	5835	82	6	11		3	9	53
晴隆县	5203	85		23		3	14	45
贞丰县	7378	117		13		13	15	76
望谟县	5292	92		20		6	10	56
册亨县	4482	64		7		2	23	32
安龙县	9015	112		14		3	19	76
黔东南苗族侗族自治州	**83450**	**1781**	**23**	**270**		**68**	**408**	**1012**
凯里市	16448	462	2	51		19	37	353
黄平县	5472	74		6		3	20	45
施秉县	3218	64	2	17			7	38
三穗县	3660	124	2	14		4	21	83
镇远县	4145	84	1	19		5	13	46
岑巩县	3616	83		12		8	14	49
天柱县	5475	18		4			9	5
锦屏县	3302	103	7	21		1	32	42
剑河县	3940	96	6	17		1	23	49
台江县	2674	50		12		2	2	34
黎平县	8608	181		32		2	61	86
榕江县	6250	118		19		4	52	43
从江县	6379	125		18		13	60	34
雷山县	2964	61	3	8			18	32
麻江县	3430	79		12		1	16	50
丹寨县	3869	59		8		5	23	23
黔南布依族苗族自治州	**82217**	**1744**	**6**	**222**	**2**	**84**	**159**	**1271**
都匀市	12923	364	1	45	2	10	7	299
福泉市	7795	201	1	21		10	11	158
荔波县	4219	140	1	15		16	13	95
贵定县	6181	115		17		9	13	76
瓮安县	8725	163	1	18		8	8	128
独山县	6385	83		10		8		65
平塘县	5395	125		34		1	7	83
罗甸县	5644	112		17		7	23	65
长顺县	4158	64		5		2	9	48
龙里县	5947	102		4		4	7	87
惠水县	8357	157	1	7		6	27	116
三都水族自治县	6488	118	1	29		3	34	51

4-6　续表 4　　　　　　　　　　　　　　　　　　　　　　　　　　　　　　单位：人

地　区 性　别	合计	党的机关、国家机关、群众团体和社会组织、企事业单位负责人						
		小计	中国共产党机关负责人	国家机关负责人	民主党派和工商联负责人	人民团体和群众团体、社会组织及其他成员组织负责人	基层群众自治组织负责人	企事业单位负责人
女	**608307**	**7695**	**32**	**376**		**419**	**301**	**6567**
贵　州	**608307**	**7695**	**32**	**376**		**419**	**301**	**6567**
贵阳市	**101610**	**2699**	**4**	**71**		**114**	**19**	**2491**
南明区	19562	661	1	15		10	4	631
云岩区	19139	535		11		19	2	503
花溪区	13996	339	1	5		54	4	275
乌当区	5970	163	1	6		6		150
白云区	6961	208		5			4	199
观山湖区	11780	547	1	14		10	2	520
开阳县	6497	83		4		2	1	76
息烽县	4576	28		2				26
修文县	5018	38		4		1	1	32
清镇市	8111	97		5		12	1	79
六盘水市	**48133**	**516**	**2**	**22**		**45**	**17**	**430**
钟山区	10892	223	1	9		17	5	191
六枝特区	7226	73		2		4	2	65
水城县	12055	57		4		3	1	49
盘州市	17960	163	1	7		21	9	125
遵义市	**107725**	**1127**	**8**	**44**		**52**	**25**	**998**
红花岗区	15095	207		10		17	5	175
汇川区	10776	223	1	11		8	3	200
播州区	13735	148		5		1	1	141
桐梓县	7809	85		6		5		74
绥阳县	5834	26	2	1		1	1	21
正安县	7039	38	3			2	2	31
道真仡佬族苗族自治县	3380	15				1	1	13
务川仡佬族苗族自治县	4286	29		2			1	26
凤冈县	5374	67		1		1	1	64
湄潭县	6814	57		1		3		53
余庆县	4560	16		1		1		14
习水县	8144	80	2	2		8	4	64
赤水市	4613	39		2		1	5	31
仁怀市	10266	97		2		3	1	91
安顺市	**39582**	**427**	**3**	**30**		**26**	**15**	**353**
西秀区	14679	239	1	19		16	5	198
平坝区	5281	60		2		5	2	51
普定县	6348	12				1		11
镇宁布依族苗族自治县	5307	32		5		4		23
关岭布依族苗族自治县	4203	62	1	3			6	52
紫云苗族布依族自治县	3764	22	1	1			2	18
毕节市	**97056**	**754**	**4**	**43**		**33**	**111**	**563**
七星关区	15140	187		15		4	8	160
大方县	10716	98	1	5		1	44	47
黔西县	10111	117		4		19	11	83
金沙县	7647	27		1		3	1	22
织金县	11347	147	2	6			9	130
纳雍县	9731	60		4		2	16	38
威宁彝族回族苗族自治县	22664	71		4		4	9	54
赫章县	9700	47	1	4			13	29

4-6 续表 5 单位：人

地区 性别	合计	党的机关、国家机关、群众团体和社会组织、企事业单位负责人						
		小计	中国共产党机关负责人	国家机关负责人	民主党派和工商联负责人	人民团体和群众团体、社会组织及其他成员组织负责人	基层群众自治组织负责人	企事业单位负责人
铜仁市	**45687**	**360**	**1**	**32**		**32**	**13**	**282**
碧江区	5329	109		4		14	1	90
万山区	2166	17		1		4	1	11
江口县	2585	38		3		2		33
玉屏侗族自治县	2238	20						20
石阡县	5363	19				3	1	15
思南县	6982	38	1	11			3	23
印江土家族苗族自治县	3728	26		6		2	1	17
德江县	5810	17		3		2		12
沿河土家族自治县	6021	31		4		2	2	23
松桃苗族自治县	5465	45				3	4	38
黔西南布依族苗族自治州	**54108**	**691**	**2**	**44**		**31**	**28**	**586**
兴义市	17969	437	1	24		11	13	388
兴仁市	7977	56		2		3	3	48
普安县	4283	30		2		3	1	24
晴隆县	3765	27		8		2	2	15
贞丰县	5838	49		2		8	1	38
望谟县	3794	17		3		1	1	12
册亨县	3590	23		1		2	3	17
安龙县	6892	52	1	2		1	4	44
黔东南苗族侗族自治州	**56779**	**482**	**2**	**47**		**40**	**51**	**342**
凯里市	11594	146		12		12	6	116
黄平县	3817	30		4			12	14
施秉县	2496	31		5		3	1	22
三穗县	2548	49		3		2	4	40
镇远县	2730	28		5		3	2	18
岑巩县	2477	29		2		5	1	21
天柱县	3644	1		1				
锦屏县	2119	13		1			5	7
剑河县	2585	24		1		2	1	20
台江县	1695	9		1				8
黎平县	5744	32		3		5	8	16
榕江县	4012	19	1	1		1	5	11
从江县	4020	23		3		5	2	13
雷山县	1858	9						9
麻江县	2544	31	1	4		2	4	20
丹寨县	2896	8		1				7
黔南布依族苗族自治州	**57627**	**639**	**6**	**43**		**46**	**22**	**522**
都匀市	9571	135		13		12	1	109
福泉市	4960	74	1	6		3	2	62
荔波县	2967	71		4		7	4	56
贵定县	4392	65		4		10	3	48
瓮安县	5498	63		5		5		53
独山县	4539	29				2		27
平塘县	4227	46	1	5		1	1	38
罗甸县	4132	33	1	1			2	29
长顺县	2744	19	1	1		1	1	15
龙里县	3551	35				2	1	32
惠水县	5791	46	1			3	1	41
三都水族自治县	5255	23	1	4			6	12

4-6　续表 6　　　　单位：人

地　　区 性　　别	专业技术人员									
	小计	科学研究人员	工程技术人员	农业技术人员	飞机和船舶技术人员	卫生专业技术人员	经济和金融专业人员	法律、社会和宗教专业人员	教学人员	文学艺术、体育专业人员
贵　州	**139257**	**473**	**21327**	**1317**	**86**	**29106**	**18358**	**2875**	**61427**	**1373**
贵阳市	**36228**	**288**	**8317**	**160**	**46**	**6057**	**7673**	**850**	**11238**	**487**
南明区	7798	78	1760	23	11	1417	1961	163	1943	153
云岩区	8920	59	1900	21	21	1712	2111	255	2382	128
花溪区	4924	82	1090	15	5	715	829	77	1907	66
乌当区	2032	7	508	17	3	376	324	40	662	23
白云区	2298	6	626	4		330	455	40	786	16
观山湖区	5623	44	1645	23	5	595	1401	189	1488	55
开阳县	1205	4	214	24		234	185	20	504	10
息烽县	797	1	150	6		174	108	15	328	4
修文县	827	2	111	15		162	99	14	397	3
清镇市	1804	5	313	12	1	342	200	37	841	29
六盘水市	**10405**	**12**	**1634**	**101**	**4**	**2250**	**1260**	**256**	**4657**	**60**
钟山区	3810	5	586	14	3	849	565	133	1559	21
六枝特区	1449	1	177	17	1	319	121	27	756	6
水城县	1578		260	12		300	147	40	787	15
盘州市	3568	6	611	58		782	427	56	1555	18
遵义市	**22594**	**46**	**2934**	**217**	**7**	**5387**	**2791**	**505**	**10126**	**208**
红花岗区	4316	14	694	21	4	885	774	107	1674	32
汇川区	3530	14	602	18	1	964	574	85	1159	54
播州区	2500	2	317	25		518	319	52	1216	18
桐梓县	1285	1	185	20		253	87	54	650	14
绥阳县	928	1	64	19		240	79	12	504	1
正安县	1221	1	119	14		342	92	15	606	15
道真仡佬族苗族自治县	740		86	11		183	54	13	374	8
务川仡佬族苗族自治县	877		63	5		207	83	17	495	2
凤冈县	908	1	89	9		231	67	27	472	3
湄潭县	1136	1	103	12		293	87	15	597	6
余庆县	704		49	10		178	63	13	387	
习水县	1626	4	205	14	1	406	178	34	738	23
赤水市	917	1	142	12	1	238	102	26	368	10
仁怀市	1906	6	216	27		449	232	35	886	22
安顺市	**7640**	**16**	**1258**	**76**	**8**	**1610**	**952**	**133**	**3408**	**42**
西秀区	3575	13	706	28	7	716	533	68	1418	22
平坝区	1104	1	192	22	1	229	149	12	472	4
普定县	903	2	125	4		206	79	9	455	7
镇宁布依族苗族自治县	708		79	6		170	97	16	326	4
关岭布依族苗族自治县	722		96	9		148	59	16	381	2
紫云苗族布依族自治县	628		60	7		141	35	12	356	3
毕节市	**17390**	**24**	**1731**	**195**	**5**	**3868**	**1173**	**377**	**9606**	**106**
七星关区	3968	13	461	46	2	845	372	136	1976	34
大方县	1713	2	134	22	2	382	89	31	1011	9
黔西县	1987		214	16		544	127	40	1009	18
金沙县	1584		219	15		412	161	34	715	7
织金县	1779	2	156	8		446	120	23	1002	8
纳雍县	1704	1	166	18	1	434	69	37	950	11
威宁彝族回族苗族自治县	3103	5	241	44		506	135	50	2005	13
赫章县	1552	1	140	26		299	100	26	938	6

4-6 续表 7 单位：人

地区 性别	专业技术人员									
	小计	科学研究人员	工程技术人员	农业技术人员	飞机和船舶技术人员	卫生专业技术人员	经济和金融专业人员	法律、社会和宗教专业人员	教学人员	文学艺术、体育专业人员
铜仁市	**10422**	**22**	**1104**	**165**	**7**	**2308**	**896**	**155**	**5514**	**88**
碧江区	1771	10	255	11		433	219	38	761	17
万山区	516		76	5		91	50	12	261	7
江口县	628	2	81	9		134	70	11	307	4
玉屏侗族自治县	453	1	70	8		100	79	12	173	2
石阡县	887	2	92	5		223	77	13	453	5
思南县	1380	2	118	30	2	337	99	11	759	11
印江土家族苗族自治县	853		83	13		183	94	8	452	8
德江县	1216	3	104	18		291	46	16	712	11
沿河土家族自治县	1257	1	86	33	4	200	63	22	814	7
松桃苗族自治县	1461	1	139	33	1	316	99	12	822	16
黔西南布依族苗族自治州	**10977**	**25**	**1369**	**132**	**2**	**2223**	**1021**	**225**	**5679**	**93**
兴义市	4854	13	754	49		1049	591	109	2137	45
兴仁市	1333	2	127	12		257	115	23	764	13
普安县	711		59	10	1	150	40	12	434	
晴隆县	627	1	60	7		110	27	22	380	11
贞丰县	1032	3	97	23		206	83	29	559	6
望谟县	821		61	10	1	122	50	6	558	4
册亨县	535	2	43	4		127	41	12	291	4
安龙县	1064	4	168	17		202	74	12	556	10
黔东南苗族侗族自治州	**12121**	**21**	**1222**	**131**	**3**	**2962**	**1289**	**152**	**5993**	**146**
凯里市	3349	7	372	17	2	837	499	63	1420	35
黄平县	619	1	57	10		136	46	3	346	7
施秉县	401	2	48	6		87	34	5	210	4
三穗县	481		28	4		146	55	9	226	3
镇远县	522		41	10		140	44	5	265	6
岑巩县	586	8	51	6		142	53	8	314	
天柱县	709		42	7		203	34	5	408	3
锦屏县	563	1	53	7		138	77	12	257	6
剑河县	605		60	8		152	54	5	313	4
台江县	306		31	4		65	25	6	167	2
黎平县	1288	1	171	19	1	321	128	9	623	8
榕江县	632		36	6		152	42	5	385	4
从江县	708		80	6		154	53	7	382	23
雷山县	459		69	5		101	41	1	212	26
麻江县	429		41	5		94	44	3	238	1
丹寨县	464	1	42	11		94	60	6	227	14
黔南布依族苗族自治州	**11480**	**19**	**1758**	**140**	**4**	**2441**	**1303**	**222**	**5206**	**143**
都匀市	2498	6	386	12	2	574	358	73	980	36
福泉市	1049		247	9		215	120	14	398	14
荔波县	679	1	123	14		117	89	12	306	11
贵定县	758	1	147	13		159	59	8	355	4
瓮安县	1143	3	176	11		280	117	22	511	12
独山县	805	2	149	13		151	102	16	335	10
平塘县	722	2	61	9		154	53	25	393	10
罗甸县	839		103	21		235	76	11	373	11
长顺县	469		43			96	44	5	269	2
龙里县	765		146	9	2	126	124	11	318	16
惠水县	1057		116	12		214	87	11	592	7
三都水族自治县	696	4	61	17		120	74	14	376	10

4-6 续表 8

单位：人

地区 性别	专业技术人员 小计	科学研究人员	工程技术人员	农业技术人员	飞机和船舶技术人员	卫生专业技术人员	经济和金融专业人员	法律、社会和宗教专业人员	教学人员	文学艺术、体育专业人员
男	**63681**	**265**	**18233**	**987**	**78**	**9119**	**5942**	**1660**	**25070**	**794**
贵州	**63681**	**265**	**18233**	**987**	**78**	**9119**	**5942**	**1660**	**25070**	**794**
贵阳市	**15724**	**164**	**6862**	**104**	**44**	**1539**	**2183**	**432**	**3573**	**272**
南明区	3345	51	1447	13	11	363	577	86	582	79
云岩区	3778	30	1587	11	20	437	633	119	700	71
花溪区	2148	40	870	11	5	173	212	38	691	38
乌当区	899	1	417	10	2	95	90	17	222	9
白云区	1008	3	533	2		79	125	18	221	12
观山湖区	2553	30	1332	15	5	150	389	106	401	35
开阳县	537	2	187	18		59	56	13	195	3
息烽县	338	1	117	6		50	30	11	115	3
修文县	350	1	98	10		46	19	6	155	2
清镇市	768	5	274	8	1	87	52	18	291	20
六盘水市	**4709**	**4**	**1455**	**80**	**3**	**660**	**469**	**136**	**1779**	**39**
钟山区	1581	3	514	9	2	232	191	63	518	14
六枝特区	645		162	14	1	90	60	18	285	2
水城县	793		235	11		95	59	24	352	12
盘州市	1690	1	544	46		243	159	31	624	11
遵义市	**10209**	**22**	**2617**	**170**	**4**	**1864**	**885**	**317**	**4010**	**120**
红花岗区	1730	9	616	14	2	244	206	64	505	21
汇川区	1483	4	512	13	1	277	177	46	387	32
播州区	1126	1	292	18		189	103	28	455	12
桐梓县	650	1	169	15		99	35	41	273	9
绥阳县	435	1	61	16		93	20	6	236	
正安县	631		107	11		145	35	13	309	4
道真仡佬族苗族自治县	376		77	11		68	25	12	172	6
务川仡佬族苗族自治县	409		56	4		66	36	9	234	2
凤冈县	434	1	84	8		78	27	19	210	1
湄潭县	554	1	96	10		122	25	12	269	1
余庆县	294		48	9		59	17	7	152	
习水县	767	1	187	11		154	62	24	301	17
赤水市	432	1	121	7	1	95	32	11	146	7
仁怀市	888	2	191	23		175	85	25	361	8
安顺市	**3416**	**7**	**1062**	**54**	**7**	**471**	**305**	**76**	**1345**	**27**
西秀区	1511	5	568	20	6	198	162	33	484	13
平坝区	515	1	177	16	1	61	55	9	178	3
普定县	408	1	108	3		60	28	4	190	4
镇宁布依族苗族自治县	320		70	5		58	28	13	141	2
关岭布依族苗族自治县	359		84	5		45	21	9	186	2
紫云苗族布依族自治县	303		55	5		49	11	8	166	3
毕节市	**8469**	**14**	**1530**	**149**	**5**	**1350**	**513**	**244**	**4423**	**68**
七星关区	1853	7	402	35	2	285	147	91	818	23
大方县	804	1	116	17	2	134	38	19	455	7
黔西县	968		203	12		212	48	22	449	12
金沙县	791		197	14		170	56	21	314	4
织金县	825	1	143	6		138	54	11	457	5
纳雍县	848	1	143	15	1	146	34	27	463	9
威宁彝族回族苗族自治县	1607	4	209	28		167	76	38	1013	6
赫章县	773		117	22		98	60	15	454	2

4-6 续表 9 单位：人

地区 性别	专业技术人员									
	小计	科学研究人员	工程技术人员	农业技术人员	飞机和船舶技术人员	卫生专业技术人员	经济和金融专业人员	法律、社会和宗教专业人员	教学人员	文学艺术、体育专业人员
铜仁市	**5011**	**16**	**950**	**128**	**7**	**816**	**351**	**94**	**2513**	**51**
碧江区	741	7	209	9		121	64	21	289	10
万山区	244		66	3		29	15	4	115	3
江口县	324	2	72	9		49	27	9	146	3
玉屏侗族自治县	207		58	6		42	30	7	57	1
石阡县	429	2	87	4		80	28	11	206	3
思南县	648	2	94	19	2	131	50	8	333	5
印江土家族苗族自治县	398		74	9		65	34	5	201	4
德江县	612	2	89	16		113	25	8	346	7
沿河土家族自治县	661	1	75	30	4	69	34	13	414	6
松桃苗族自治县	747		126	23	1	117	44	8	406	9
黔西南布依族苗族自治州	**5194**	**16**	**1176**	**93**	**2**	**715**	**360**	**149**	**2501**	**53**
兴义市	2149	10	644	35		322	184	65	799	28
兴仁市	693	2	117	10		91	44	19	389	9
普安县	321		53	5	1	36	18	8	197	
晴隆县	325	1	49	5		37	9	16	197	3
贞丰县	505		88	13		72	33	18	260	4
望谟县	426		49	8	1	47	20	6	284	3
册亨县	260		38	3		48	21	9	134	1
安龙县	515	3	138	14		62	31	8	241	5
黔东南苗族侗族自治州	**5690**	**11**	**1080**	**108**	**3**	**954**	**483**	**87**	**2772**	**79**
凯里市	1395	4	319	11	2	243	149	32	565	19
黄平县	311	1	48	8		52	22	3	165	5
施秉县	194	1	44	6		23	14	1	102	1
三穗县	199		25	3		43	22	3	96	2
镇远县	227		35	5		38	22	1	119	
岑巩县	271	2	43	4		48	15	7	148	
天柱县	358		40	7		62	19	3	218	2
锦屏县	262	1	47	7		51	32	9	106	2
剑河县	289		53	7		54	17	2	151	1
台江县	162		26	3		23	10	3	93	1
黎平县	655	1	158	15	1	103	61	7	302	5
榕江县	304		29	6		52	18	3	190	4
从江县	388		78	5		59	23	5	202	15
雷山县	245		62	5		37	21	1	103	14
麻江县	189		35	5		28	12	1	105	1
丹寨县	241	1	38	11		38	26	6	107	7
黔南布依族苗族自治州	**5259**	**11**	**1501**	**101**	**3**	**750**	**393**	**125**	**2154**	**85**
都匀市	1096	2	327	6	1	151	112	36	399	22
福泉市	489		204	8		63	24	6	158	9
荔波县	326		110	11		39	31	5	121	4
贵定县	325	1	122	6		54	20	2	112	3
瓮安县	527	3	160	10		89	36	12	204	7
独山县	376	1	130	9		44	33	10	128	5
平塘县	314	1	55	6		48	14	18	160	4
罗甸县	407		82	16		72	29	9	183	10
长顺县	226		34			33	13	4	137	1
龙里县	365		129	8	2	36	35	6	132	11
惠水县	477		97	9		77	17	9	253	3
三都水族自治县	331	3	51	12		44	29	8	167	6

4-6　续表 10　　　　单位：人

地区 性别	专业技术人员 小计	科学研究人员	工程技术人员	农业技术人员	飞机和船舶技术人员	卫生专业技术人员	经济和金融专业人员	法律、社会和宗教专业人员	教学人员	文学艺术、体育专业人员
女	**75576**	**208**	**3094**	**330**	**8**	**19987**	**12416**	**1215**	**36357**	**579**
贵　州	**75576**	**208**	**3094**	**330**	**8**	**19987**	**12416**	**1215**	**36357**	**579**
贵阳市	**20504**	**124**	**1455**	**56**	**2**	**4518**	**5490**	**418**	**7665**	**215**
南明区	4453	27	313	10		1054	1384	77	1361	74
云岩区	5142	29	313	10	1	1275	1478	136	1682	57
花溪区	2776	42	220	4		542	617	39	1216	28
乌当区	1133	6	91	7	1	281	234	23	440	14
白云区	1290	3	93	2		251	330	22	565	4
观山湖区	3070	14	313	8		445	1012	83	1087	20
开阳县	668	2	27	6		175	129	7	309	7
息烽县	459		33			124	78	4	213	1
修文县	477	1	13	5		116	80	8	242	1
清镇市	1036		39	4		255	148	19	550	9
六盘水市	**5696**	**8**	**179**	**21**	**1**	**1590**	**791**	**120**	**2878**	**21**
钟山区	2229	2	72	5	1	617	374	70	1041	7
六枝特区	804	1	15	3		229	61	9	471	4
水城县	785		25	1		205	88	16	435	3
盘州市	1878	5	67	12		539	268	25	931	7
遵义市	**12385**	**24**	**317**	**47**	**3**	**3523**	**1906**	**188**	**6116**	**88**
红花岗区	2586	5	78	7	2	641	568	43	1169	11
汇川区	2047	10	90	5		687	397	39	772	22
播州区	1374	1	25	7		329	216	24	761	6
桐梓县	635		16	5		154	52	13	377	5
绥阳县	493		3	3		147	59	6	268	1
正安县	590	1	12	3		197	57	2	297	11
道真仡佬族苗族自治县	364		9			115	29	1	202	2
务川仡佬族苗族自治县	468		7	1		141	47	8	261	
凤冈县	474		5	1		153	40	8	262	2
湄潭县	582		7	2		171	62	3	328	5
余庆县	410		1	1		119	46	6	235	
习水县	859	3	18	3	1	252	116	10	437	6
赤水市	485		21	5		143	70	15	222	3
仁怀市	1018	4	25	4		274	147	10	525	14
安顺市	**4224**	**9**	**196**	**22**	**1**	**1139**	**647**	**57**	**2063**	**15**
西秀区	2064	8	138	8	1	518	371	35	934	9
平坝区	589		15	6		168	94	3	294	1
普定县	495	1	17	1		146	51	5	265	3
镇宁布依族苗族自治县	388		9	1		112	69	3	185	2
关岭布依族苗族自治县	363		12	4		103	38	7	195	
紫云苗族布依族自治县	325		5	2		92	24	4	190	
毕节市	**8921**	**10**	**201**	**46**		**2518**	**660**	**133**	**5183**	**38**
七星关区	2115	6	59	11		560	225	45	1158	11
大方县	909	1	18	5		248	51	12	556	2
黔西县	1019		11	4		332	79	18	560	6
金沙县	793		22	1		242	105	13	401	3
织金县	954	1	13	2		308	66	12	545	3
纳雍县	856		23	3		288	35	10	487	2
威宁彝族回族苗族自治县	1496	1	32	16		339	59	12	992	7
赫章县	779	1	23	4		201	40	11	484	4

4-6 续表 11

单位：人

地区 性别	专业技术人员									
	小计	科学研究人员	工程技术人员	农业技术人员	飞机和船舶技术人员	卫生专业技术人员	经济和金融专业人员	法律、社会和宗教专业人员	教学人员	文学艺术、体育专业人员
铜仁市	**5411**	**6**	**154**	**37**		**1492**	**545**	**61**	**3001**	**37**
碧江区	1030	3	46	2		312	155	17	472	7
万山区	272		10	2		62	35	8	146	4
江口县	304		9			85	43	2	161	1
玉屏侗族自治县	246	1	12	2		58	49	5	116	1
石阡县	458		5	1		143	49	2	247	2
思南县	732		24	11		206	49	3	426	6
印江土家族苗族自治县	455		9	4		118	60	3	251	4
德江县	604	1	15	2		178	21	8	366	4
沿河土家族自治县	596		11	3		131	29	9	400	1
松桃苗族自治县	714	1	13	10		199	55	4	416	7
黔西南布依族苗族自治州	**5783**	**9**	**193**	**39**		**1508**	**661**	**76**	**3178**	**40**
兴义市	2705	3	110	14		727	407	44	1338	17
兴仁市	640		10	2		166	71	4	375	4
普安县	390		6	5		114	22	4	237	
晴隆县	302		11	2		73	18	6	183	8
贞丰县	527	3	9	10		134	50	11	299	2
望谟县	395		12	2		75	30		274	1
册亨县	275	2	5	1		79	20	3	157	3
安龙县	549	1	30	3		140	43	4	315	5
黔东南苗族侗族自治州	**6431**	**10**	**142**	**23**		**2008**	**806**	**65**	**3221**	**67**
凯里市	1954	3	53	6		594	350	31	855	16
黄平县	308		9	2		84	24		181	2
施秉县	207	1	4			64	20	4	108	3
三穗县	282		3	1		103	33	6	130	1
镇远县	295		6	5		102	22	4	146	6
岑巩县	315	6	8	2		94	38	1	166	
天柱县	351		2			141	15	2	190	1
锦屏县	301		6			87	45	3	151	4
剑河县	316		7	1		98	37	3	162	3
台江县	144		5	1		42	15	3	74	1
黎平县	633		13	4		218	67	2	321	3
榕江县	328		7			100	24	2	195	
从江县	320		2	1		95	30	2	180	8
雷山县	214		7			64	20		109	12
麻江县	240		6			66	32	2	133	
丹寨县	223		4			56	34		120	7
黔南布依族苗族自治州	**6221**	**8**	**257**	**39**	**1**	**1691**	**910**	**97**	**3052**	**58**
都匀市	1402	4	59	6	1	423	246	37	581	14
福泉市	560		43	1		152	96	8	240	5
荔波县	353	1	13	3		78	58	7	185	7
贵定县	433		25	7		105	39	6	243	1
瓮安县	616		16	1		191	81	10	307	5
独山县	429	1	19	4		107	69	6	207	5
平塘县	408	1	6	3		106	39	7	233	6
罗甸县	432		21	5		163	47	2	190	1
长顺县	243		9			63	31	1	132	1
龙里县	400		17	1		90	89	5	186	5
惠水县	580		19	3		137	70	2	339	4
三都水族自治县	365	1	10	5		76	45	6	209	4

4–6 续表 12 单位：人

地 区 性 别	专业技术人员		办事人员和有关人员				社会生产服务和生活服务人员		
	新闻出版、文化专业人员	其他专业技术人员	小计	办事人员	安全和消防人员	其他办事人员和有关人员	小计	批发与零售服务人员	交通运输、仓储和邮政业服务人员
贵 州	**2001**	**914**	**108713**	**86665**	**20435**	**1613**	**446907**	**174640**	**83366**
贵阳市	**773**	**339**	**30626**	**25345**	**4986**	**295**	**102982**	**40999**	**19583**
南明区	223	66	6445	5314	1035	96	23192	10030	4402
云岩区	254	77	7208	6150	1012	46	21055	8769	3649
花溪区	75	63	3917	3191	701	25	15575	5803	3309
乌当区	39	33	1829	1439	345	45	5654	2041	1113
白云区	32	3	1968	1540	417	11	7569	2823	1607
观山湖区	114	64	5010	4398	588	24	10849	4676	1431
开阳县	9	1	972	765	200	7	4379	1734	973
息烽县	7	4	804	636	165	3	2902	971	641
修文县	4	20	750	580	147	23	4033	1425	954
清镇市	16	8	1723	1332	376	15	7774	2727	1504
六盘水市	**131**	**40**	**8070**	**6317**	**1631**	**122**	**36205**	**13357**	**7923**
钟山区	63	12	3131	2489	620	22	11683	4621	2350
六枝特区	17	7	1023	793	202	28	5005	1992	1141
水城县	15	2	1335	994	304	37	7715	2526	1616
盘州市	36	19	2581	2041	505	35	11802	4218	2816
遵义市	**250**	**123**	**17282**	**13881**	**3227**	**174**	**80721**	**33141**	**14720**
红花岗区	67	44	3515	2709	751	55	16577	7032	2926
汇川区	48	11	2677	2213	451	13	9210	3627	1599
播州区	12	21	1934	1472	429	33	11005	4480	2218
桐梓县	20	1	920	691	228	1	5379	2105	1116
绥阳县	6	2	418	378	39	1	3521	1320	623
正安县	15	2	953	739	197	17	3583	1408	574
道真仡佬族苗族自治县	11		570	487	77	6	1986	837	337
务川仡佬族苗族自治县	4	1	636	548	88		2329	945	443
凤冈县	8	1	706	613	93		2744	1240	476
湄潭县	6	16	932	782	146	4	4101	1785	751
余庆县	4		465	396	58	11	2471	950	413
习水县	15	8	1228	960	250	18	5709	2323	1100
赤水市	11	6	748	603	134	11	3318	1083	537
仁怀市	23	10	1580	1290	286	4	8788	4006	1607
安顺市	**106**	**31**	**6774**	**5107**	**1520**	**147**	**28767**	**11068**	**4973**
西秀区	60	4	3405	2595	769	41	11987	4977	1909
平坝区	10	12	913	638	258	17	3903	1286	691
普定县	13	3	597	470	121	6	4244	1734	841
镇宁布依族苗族自治县	7	3	633	472	146	15	2860	1064	528
关岭布依族苗族自治县	5	6	669	488	142	39	2834	1064	421
紫云苗族布依族自治县	11	3	557	444	84	29	2939	943	583
毕节市	**196**	**109**	**11692**	**9084**	**2491**	**117**	**57504**	**21506**	**11183**
七星关区	73	10	2813	2138	651	24	11684	4545	2160
大方县	21	10	1351	1021	311	19	6523	2414	1138
黔西县	10	9	1410	1109	287	14	7059	2726	1300
金沙县	14	7	1298	1061	231	6	5826	2166	1211
织金县	4	10	1347	1062	279	6	7696	2726	1772
纳雍县	15	2	1039	803	231	5	5976	2301	1086
威宁彝族回族苗族自治县	48	56	1456	1114	325	17	7633	2899	1532
赫章县	11	5	978	776	176	26	5107	1729	984

4-6 续表 13 单位：人

地　区 性　别	专业技术人员		办事人员和有关人员				社会生产服务和生活服务人员		
	新闻出版、文化专业人员	其他专业技术人员	小计	办事人员	安全和消防人员	其他办事人员和有关人员	小计	批发与零售服务人员	交通运输、仓储和邮政业服务人员
铜仁市	**107**	**56**	**7605**	**6172**	**1323**	**110**	**29643**	**11955**	**4635**
碧江区	23	4	1445	1198	236	11	4710	2001	628
万山区	5	9	387	295	86	6	1623	580	217
江口县	10		470	383	80	7	1898	750	283
玉屏侗族自治县	4	4	554	422	116	16	1799	609	399
石阡县	14	3	787	661	121	5	2557	1062	330
思南县	6	5	964	788	153	23	3522	1489	522
印江土家族苗族自治县	11	1	557	454	102	1	2712	1149	389
德江县	14	1	725	592	131	2	3630	1502	751
沿河土家族自治县	7	20	874	721	124	29	3440	1311	499
松桃苗族自治县	13	9	842	658	174	10	3752	1502	617
黔西南布依族苗族自治州	**128**	**80**	**7334**	**5594**	**1633**	**107**	**32231**	**12238**	**5703**
兴义市	72	35	3362	2560	771	31	13838	5202	2536
兴仁市	10	10	768	543	211	14	3865	1526	713
普安县	4	1	494	391	98	5	1825	694	322
晴隆县	1	8	498	389	94	15	2114	670	330
贞丰县	22	4	560	418	133	9	3022	1265	537
望谟县	1	8	549	455	82	12	2201	674	377
册亨县	4	7	441	344	82	15	1708	615	247
安龙县	14	7	662	494	162	6	3658	1592	641
黔东南苗族侗族自治州	**142**	**60**	**10118**	**8102**	**1652**	**364**	**39525**	**15490**	**6609**
凯里市	66	31	3380	2836	461	83	10850	4515	1824
黄平县	4	9	562	417	69	76	2008	801	347
施秉县	2	3	258	215	40	3	1085	430	204
三穗县	10		395	301	83	11	1918	795	323
镇远县	6	5	497	386	91	20	2105	784	353
岑巩县	3	1	392	322	68	2	1622	678	225
天柱县	5	2	437	351	67	19	2592	1047	458
锦屏县	10	2	412	322	79	11	1591	559	306
剑河县	6	3	486	374	85	27	1778	689	326
台江县	6		337	273	48	16	899	371	145
黎平县	7		768	631	134	3	3812	1603	688
榕江县	2		540	428	94	18	2778	1003	437
从江县	3		519	391	107	21	2460	828	320
雷山县	4		416	269	102	45	1121	348	160
麻江县	1	2	388	317	66	5	1259	467	242
丹寨县	7	2	331	269	58	4	1647	572	251
黔南布依族苗族自治州	**168**	**76**	**9212**	**7063**	**1972**	**177**	**39329**	**14886**	**8037**
都匀市	46	25	2340	1784	538	18	7836	2967	1546
福泉市	16	16	779	577	134	68	3458	1132	854
荔波县	4	2	490	394	84	12	2194	758	384
贵定县	9	3	660	488	154	18	2585	979	492
瓮安县	8	3	854	674	177	3	4383	1804	940
独山县	23	4	503	411	88	4	3006	1265	622
平塘县	14	1	475	354	118	3	2062	911	336
罗甸县	4	5	559	435	119	5	2531	903	429
长顺县	10		443	334	109		1963	725	324
龙里县	8	5	785	601	171	13	3117	893	961
惠水县	9	9	818	614	183	21	3898	1581	694
三都水族自治县	17	3	506	397	97	12	2296	968	455

4-6 续表 14

单位：人

地区 性别	专业技术人员		办事人员和有关人员				社会生产服务和生活服务人员		
	新闻出版、文化专业人员	其他专业技术人员	小计	办事人员	安全和消防人员	其他办事人员和有关人员	小计	批发与零售服务人员	交通运输、仓储和邮政业服务人员
男	**857**	**676**	**70564**	**51460**	**18057**	**1047**	**241706**	**79963**	**71957**
贵州	**857**	**676**	**70564**	**51460**	**18057**	**1047**	**241706**	**79963**	**71957**
贵阳市	**315**	**236**	**18303**	**13755**	**4380**	**168**	**57568**	**19896**	**16775**
南明区	92	44	3750	2803	893	54	12931	4816	3748
云岩区	114	56	4183	3269	886	28	11770	4297	3042
花溪区	33	37	2422	1781	627	14	8934	2952	2774
乌当区	10	26	1112	790	302	20	3074	959	979
白云区	12	3	1173	799	364	10	4191	1347	1347
观山湖区	42	48	2885	2362	510	13	5966	2365	1210
开阳县	3	1	647	467	176	4	2402	728	899
息烽县	3	2	506	358	146	2	1564	436	566
修文县	1	12	479	330	133	16	2325	683	855
清镇市	5	7	1146	796	343	7	4411	1313	1355
六盘水市	**52**	**32**	**5196**	**3660**	**1461**	**75**	**19450**	**5943**	**6760**
钟山区	26	9	1988	1416	556	16	6164	1994	2040
六枝特区	7	6	669	472	182	15	2748	889	986
水城县	5		957	660	273	24	4145	1199	1348
盘州市	14	17	1582	1112	450	20	6393	1861	2386
遵义市	**102**	**98**	**11301**	**8359**	**2840**	**102**	**42989**	**14988**	**12831**
红花岗区	18	31	2207	1516	661	30	8965	3275	2549
汇川区	23	11	1660	1258	395	7	4831	1619	1383
播州区	10	18	1262	851	386	25	5801	1968	1957
桐梓县	7	1	657	453	204		2932	930	973
绥阳县	2		272	239	33		1906	589	555
正安县	7		651	490	150	11	1761	577	502
道真仡佬族苗族自治县	5		386	315	67	4	993	346	294
务川仡佬族苗族自治县	1	1	445	372	73		1200	403	367
凤冈县	5	1	467	385	82		1408	525	414
湄潭县	2	16	611	480	129	2	2152	772	650
余庆县	2		314	261	50	3	1250	398	363
习水县	4	6	844	609	223	12	3010	942	960
赤水市	6	5	458	329	124	5	1729	409	474
仁怀市	10	8	1067	801	263	3	5051	2235	1390
安顺市	**39**	**23**	**4430**	**2954**	**1367**	**109**	**15619**	**5113**	**4262**
西秀区	19	3	2146	1434	687	25	6378	2284	1637
平坝区	4	10	604	362	231	11	2133	603	613
普定县	8	2	420	302	113	5	2344	801	731
镇宁布依族苗族自治县	1	2	434	292	132	10	1556	478	450
关岭布依族苗族自治县	2	5	456	292	127	37	1569	512	366
紫云苗族布依族自治县	5	1	370	272	77	21	1639	435	465
毕节市	**97**	**76**	**8127**	**5890**	**2155**	**82**	**32240**	**10053**	**9777**
七星关区	36	7	1914	1331	566	17	6560	2155	1917
大方县	6	9	948	673	259	16	3671	1199	1003
黔西县	5	5	923	671	243	9	4081	1300	1166
金沙县	9	6	881	688	190	3	3326	997	1089
织金县	3	7	945	684	256	5	4355	1219	1514
纳雍县	9		723	540	179	4	3276	1086	939
威宁彝族回族苗族自治县	27	39	1073	758	303	12	4236	1357	1286
赫章县	2	3	720	545	159	16	2735	740	863

4-6 续表 15　　　　单位：人

地区 性别	专业技术人员		办事人员和有关人员				社会生产服务和生活服务人员		
	新闻出版、文化专业人员	其他专业技术人员	小计	办事人员	安全和消防人员	其他办事人员和有关人员	小计	批发与零售服务人员	交通运输、仓储和邮政业服务人员
铜仁市	**45**	**40**	**5351**	**4135**	**1150**	**66**	**14957**	**5107**	**4013**
碧江区	8	3	927	715	208	4	2425	898	549
万山区	1	8	248	166	79	3	843	283	184
江口县	7		347	269	73	5	973	322	253
玉屏侗族自治县	3	3	374	258	104	12	917	252	330
石阡县	6	2	565	473	91	1	1222	448	289
思南县	2	2	683	539	131	13	1752	623	460
印江土家族苗族自治县	6		423	326	96	1	1383	486	360
德江县	5	1	562	444	116	2	1867	624	619
沿河土家族自治县	2	13	602	492	91	19	1628	522	422
松桃苗族自治县	5	8	620	453	161	6	1947	649	547
黔西南布依族苗族自治州	**67**	**62**	**4947**	**3447**	**1436**	**64**	**16947**	**5523**	**4811**
兴义市	37	25	2116	1438	662	16	7277	2319	2162
兴仁市	5	7	535	348	180	7	2029	670	597
普安县	2	1	342	252	88	2	993	324	279
晴隆县	1	7	376	278	85	13	1071	300	270
贞丰县	13	4	399	273	121	5	1632	602	446
望谟县		8	420	332	78	10	1148	316	300
册亨县	2	4	295	211	75	9	882	271	208
安龙县	7	6	464	315	147	2	1915	721	549
黔东南苗族侗族自治州	**69**	**44**	**6838**	**5082**	**1497**	**259**	**20784**	**6829**	**5762**
凯里市	28	23	2115	1647	412	56	5789	2039	1610
黄平县	1	6	393	274	66	53	1031	346	295
施秉县	1	1	171	134	35	2	527	165	176
三穗县	5		278	193	76	9	942	337	266
镇远县	3	4	336	241	83	12	1082	328	312
岑巩县	3	1	273	212	60	1	789	280	193
天柱县	5	2	325	249	63	13	1373	460	397
锦屏县	5	2	295	214	73	8	812	246	249
剑河县	2	2	346	245	79	22	941	316	283
台江县	3		233	177	45	11	463	159	125
黎平县	2		528	410	117	1	2015	720	592
榕江县	2		374	279	81	14	1506	431	407
从江县	1		384	263	100	21	1363	407	265
雷山县	2		289	163	96	30	591	166	143
麻江县	1	1	262	204	55	3	678	189	220
丹寨县	5	2	236	177	56	3	882	240	229
黔南布依族苗族自治州	**71**	**65**	**6071**	**4178**	**1771**	**122**	**21152**	**6511**	**6966**
都匀市	20	20	1495	997	486	12	4150	1267	1347
福泉市	3	14	480	325	108	47	1921	473	752
荔波县	3	2	317	231	75	11	1119	326	342
贵定县	2	3	452	301	139	12	1322	403	432
瓮安县	4	2	563	402	159	2	2418	783	827
独山县	14	2	343	262	78	3	1622	571	542
平塘县	7	1	334	229	102	3	1046	398	287
罗甸县	2	4	400	286	111	3	1359	401	375
长顺县	4		310	210	100		1073	345	293
龙里县	1	5	459	301	151	7	1745	385	768
惠水县	3	9	585	395	177	13	2150	734	613
三都水族自治县	8	3	333	239	85	9	1227	425	388

4-6 续表 16

单位：人

地 区 性 别	专业技术人员		办事人员和有关人员				社会生产服务和生活服务人员		
	新闻出版、文化专业人员	其他专业技术人员	小计	办事人员	安全和消防人员	其他办事人员和有关人员	小计	批发与零售服务人 员	交通运输、仓储和邮政业服务人员
女	**1144**	**238**	**38149**	**35205**	**2378**	**566**	**205201**	**94677**	**11409**
贵 州	**1144**	**238**	**38149**	**35205**	**2378**	**566**	**205201**	**94677**	**11409**
贵阳市	**458**	**103**	**12323**	**11590**	**606**	**127**	**45414**	**21103**	**2808**
南明区	131	22	2695	2511	142	42	10261	5214	654
云岩区	140	21	3025	2881	126	18	9285	4472	607
花溪区	42	26	1495	1410	74	11	6641	2851	535
乌当区	29	7	717	649	43	25	2580	1082	134
白云区	20		795	741	53	1	3378	1476	260
观山湖区	72	16	2125	2036	78	11	4883	2311	221
开阳县	6		325	298	24	3	1977	1006	74
息烽县	4	2	298	278	19	1	1338	535	75
修文县	3	8	271	250	14	7	1708	742	99
清镇市	11	1	577	536	33	8	3363	1414	149
六盘水市	**79**	**8**	**2874**	**2657**	**170**	**47**	**16755**	**7414**	**1163**
钟山区	37	3	1143	1073	64	6	5519	2627	310
六枝特区	10	1	354	321	20	13	2257	1103	155
水城县	10	2	378	334	31	13	3570	1327	268
盘州市	22	2	999	929	55	15	5409	2357	430
遵义市	**148**	**25**	**5981**	**5522**	**387**	**72**	**37732**	**18153**	**1889**
红花岗区	49	13	1308	1193	90	25	7612	3757	377
汇川区	25		1017	955	56	6	4379	2008	216
播州区	2	3	672	621	43	8	5204	2512	261
桐梓县	13		263	238	24	1	2447	1175	143
绥阳县	4	2	146	139	6	1	1615	731	68
正安县	8	2	302	249	47	6	1822	831	72
道真仡佬族苗族自治县	6		184	172	10	2	993	491	43
务川仡佬族苗族自治县	3		191	176	15		1129	542	76
凤冈县	3		239	228	11		1336	715	62
湄潭县	4		321	302	17	2	1949	1013	101
余庆县	2		151	135	8	8	1221	552	50
习水县	11	2	384	351	27	6	2699	1381	140
赤水市	5	1	290	274	10	6	1589	674	63
仁怀市	13	2	513	489	23	1	3737	1771	217
安顺市	**67**	**8**	**2344**	**2153**	**153**	**38**	**13148**	**5955**	**711**
西秀区	41	1	1259	1161	82	16	5609	2693	272
平坝区	6	2	309	276	27	6	1770	683	78
普定县	5	1	177	168	8	1	1900	933	110
镇宁布依族苗族自治县	6	1	199	180	14	5	1304	586	78
关岭布依族苗族自治县	3	1	213	196	15	2	1265	552	55
紫云苗族布依族自治县	6	2	187	172	7	8	1300	508	118
毕节市	**99**	**33**	**3565**	**3194**	**336**	**35**	**25264**	**11453**	**1406**
七星关区	37	3	899	807	85	7	5124	2390	243
大方县	15	1	403	348	52	3	2852	1215	135
黔西县	5	4	487	438	44	5	2978	1426	134
金沙县	5	1	417	373	41	3	2500	1169	122
织金县	1	3	402	378	23	1	3341	1507	258
纳雍县	6	2	316	263	52	1	2700	1215	147
威宁彝族回族苗族自治县	21	17	383	356	22	5	3397	1542	246
赫章县	9	2	258	231	17	10	2372	989	121

4–6 续表 17　　单位：人

地区 性别	专业技术人员		办事人员和有关人员				社会生产服务和生活服务人员		
	新闻出版、文化专业人员	其他专业技术人员	小计	办事人员	安全和消防人员	其他办事人员和有关人员	小计	批发与零售服务人员	交通运输、仓储和邮政业服务人员
铜仁市	**62**	**16**	**2254**	**2037**	**173**	**44**	**14686**	**6848**	**622**
碧江区	15	1	518	483	28	7	2285	1103	79
万山区	4	1	139	129	7	3	780	297	33
江口县	3		123	114	7	2	925	428	30
玉屏侗族自治县	1	1	180	164	12	4	882	357	69
石阡县	8	1	222	188	30	4	1335	614	41
思南县	4	3	281	249	22	10	1770	866	62
印江土家族苗族自治县	5	1	134	128	6		1329	663	29
德江县	9		163	148	15		1763	878	132
沿河土家族自治县	5	7	272	229	33	10	1812	789	77
松桃苗族自治县	8	1	222	205	13	4	1805	853	70
黔西南布依族苗族自治州	**61**	**18**	**2387**	**2147**	**197**	**43**	**15284**	**6715**	**892**
兴义市	35	10	1246	1122	109	15	6561	2883	374
兴仁市	5	3	233	195	31	7	1836	856	116
普安县	2		152	139	10	3	832	370	43
晴隆县		1	122	111	9	2	1043	370	60
贞丰县	9		161	145	12	4	1390	663	91
望谟县	1		129	123	4	2	1053	358	77
册亨县	2	3	146	133	7	6	826	344	39
安龙县	7	1	198	179	15	4	1743	871	92
黔东南苗族侗族自治州	**73**	**16**	**3280**	**3020**	**155**	**105**	**18741**	**8661**	**847**
凯里市	38	8	1265	1189	49	27	5061	2476	214
黄平县	3	3	169	143	3	23	977	455	52
施秉县	1	2	87	81	5	1	558	265	28
三穗县	5		117	108	7	2	976	458	57
镇远县	3	1	161	145	8	8	1023	456	41
岑巩县			119	110	8	1	833	398	32
天柱县			112	102	4	6	1219	587	61
锦屏县	5		117	108	6	3	779	313	57
剑河县	4	1	140	129	6	5	837	373	43
台江县	3		104	96	3	5	436	212	20
黎平县	5		240	221	17	2	1797	883	96
榕江县			166	149	13	4	1272	572	30
从江县	2		135	128	7		1097	421	55
雷山县	2		127	106	6	15	530	182	17
麻江县		1	126	113	11	2	581	278	22
丹寨县	2		95	92	2	1	765	332	22
黔南布依族苗族自治州	**97**	**11**	**3141**	**2885**	**201**	**55**	**18177**	**8375**	**1071**
都匀市	26	5	845	787	52	6	3686	1700	199
福泉市	13	2	299	252	26	21	1537	659	102
荔波县	1		173	163	9	1	1075	432	42
贵定县	7		208	187	15	6	1263	576	60
瓮安县	4	1	291	272	18	1	1965	1021	113
独山县	9	2	160	149	10	1	1384	694	80
平塘县	7		141	125	16		1016	513	49
罗甸县	2	1	159	149	8	2	1172	502	54
长顺县	6		133	124	9		890	380	31
龙里县	7		326	300	20	6	1372	508	193
惠水县	6		233	219	6	8	1748	847	81
三都水族自治县	9		173	158	12	3	1069	543	67

4-6　续表 18　　　　单位：人

地区 性别	社会生产服务和生活服务人员								
	住宿和餐饮服务人员	信息传输、软件和信息技术服务人员	金融服务人员	房地产服务人员	租赁和商务服务人员	技术辅助服务人员	水利、环境和公共设施管理服务人员	居民服务人员	电力、燃气及水供应服务人员
贵　州	**69907**	**5712**	**7963**	**4592**	**8520**	**6878**	**32392**	**27281**	**5426**
贵阳市	**14111**	**2067**	**2276**	**1656**	**2829**	**2505**	**5508**	**6476**	**825**
南明区	2781	465	450	426	662	595	988	1454	162
云岩区	2644	570	662	400	613	636	852	1346	129
花溪区	2232	215	295	222	507	345	973	861	118
乌当区	782	74	112	122	117	105	465	452	40
白云区	1157	154	100	134	223	181	493	302	58
观山湖区	1407	422	367	187	328	400	640	583	62
开阳县	623	45	74	33	79	57	238	248	55
息烽县	514	21	46	29	53	43	214	193	31
修文县	624	36	56	17	117	44	240	232	60
清镇市	1347	65	114	86	130	99	405	805	110
六盘水市	**5870**	**369**	**542**	**221**	**615**	**490**	**2831**	**1938**	**507**
钟山区	1783	162	273	99	173	209	710	694	139
六枝特区	808	59	66	11	100	51	263	239	60
水城县	1239	51	32	21	157	78	1128	380	123
盘州市	2040	97	171	90	185	152	730	625	185
遵义市	**12487**	**816**	**1495**	**891**	**1464**	**1176**	**4742**	**5162**	**942**
红花岗区	2326	191	333	248	322	291	999	1045	170
汇川区	1362	125	275	111	215	202	561	611	96
播州区	1524	112	144	86	135	160	664	825	100
桐梓县	871	56	68	68	81	54	328	343	54
绥阳县	591	34	77	36	137	41	174	241	59
正安县	611	38	56	59	46	37	289	221	69
道真仡佬族苗族自治县	313	16	52	16	26	21	113	129	29
务川仡佬族苗族自治县	419	10	47	8	37	28	166	100	18
凤冈县	428	22	62	13	23	35	118	160	29
湄潭县	690	37	59	29	38	57	180	225	39
余庆县	421	37	66	29	84	34	145	136	31
习水县	944	45	73	76	87	58	293	356	93
赤水市	661	39	83	55	99	65	226	255	62
仁怀市	1326	54	100	57	134	93	486	515	93
安顺市	**5062**	**305**	**474**	**255**	**470**	**379**	**2287**	**1906**	**331**
西秀区	2052	133	244	120	222	183	715	824	110
平坝区	802	52	72	40	76	53	294	289	62
普定县	752	35	47	42	45	56	185	263	49
镇宁布依族苗族自治县	566	28	35	28	62	49	155	181	34
关岭布依族苗族自治县	517	22	39	14	32	17	362	188	35
紫云苗族布依族自治县	373	35	37	11	33	21	576	161	41
毕节市	**9133**	**544**	**762**	**502**	**918**	**555**	**5636**	**3421**	**647**
七星关区	1766	195	239	155	203	141	1050	568	131
大方县	1131	57	104	58	95	56	745	375	58
黔西县	1019	71	73	43	80	77	590	614	78
金沙县	944	34	59	44	159	65	478	314	73
织金县	1094	34	80	78	76	65	834	522	58
纳雍县	888	43	68	19	103	43	731	370	48
威宁彝族回族苗族自治县	1487	64	88	70	121	77	443	396	111
赫章县	804	46	51	35	81	31	765	262	90

4-6 续表 19　　　　单位：人

地区 性别	社会生产服务和生活服务人员								
	住宿和餐饮服务人员	信息传输、软件和信息技术服务人员	金融服务人员	房地产服务人员	租赁和商务服务人员	技术辅助服务人员	水利、环境和公共设施管理服务人员	居民服务人员	电力、燃气及水供应服务人员
铜仁市	**5133**	**338**	**521**	**208**	**357**	**335**	**2268**	**2076**	**426**
碧江区	759	83	118	62	60	82	317	338	53
万山区	319	23	25	13	44	18	156	122	22
江口县	375	19	26	10	39	30	129	103	24
玉屏侗族自治县	270	18	25	7	30	21	189	103	34
石阡县	466	30	60	18	17	34	127	231	41
思南县	687	28	53	27	47	24	214	217	40
印江土家族苗族自治县	421	34	60	19	37	26	137	256	47
德江县	560	39	53	11	27	38	210	235	50
沿河土家族自治县	578	32	47	20	24	28	534	209	38
松桃苗族自治县	698	32	54	21	32	34	255	262	77
黔西南布依族苗族自治州	**5332**	**348**	**562**	**248**	**427**	**401**	**2831**	**1849**	**579**
兴义市	2430	187	334	161	223	222	819	728	275
兴仁市	678	29	45	24	32	35	186	295	66
普安县	324	14	31	8	25	18	116	85	63
晴隆县	298	17	28	10	21	11	422	156	32
贞丰县	424	32	29	15	43	45	270	164	44
望谟县	275	19	21	7	8	20	543	134	20
册亨县	244	17	27	8	32	17	301	107	23
安龙县	659	33	47	15	43	33	174	180	56
黔东南苗族侗族自治州	**6683**	**464**	**652**	**258**	**669**	**536**	**3366**	**2167**	**639**
凯里市	1626	131	195	85	311	200	669	653	121
黄平县	335	27	29	12	29	19	153	120	28
施秉县	191	10	22	10	15	8	57	80	17
三穗县	309	20	24	10	22	16	186	115	24
镇远县	446	20	39	6	28	29	139	112	41
岑巩县	253	9	26	11	9	15	178	103	35
天柱县	393	37	50	18	46	31	204	171	31
锦屏县	314	24	30	28	23	17	123	75	22
剑河县	308	27	33	7	28	11	142	90	19
台江县	136	8	20	3	10	7	91	40	16
黎平县	660	26	61	14	34	46	240	177	22
榕江县	507	26	37	7	32	60	311	106	92
从江县	366	37	23	32	30	28	419	107	113
雷山县	347	13	17	3	23	24	78	37	15
麻江县	201	24	23	4	12	13	113	69	30
丹寨县	291	25	23	8	17	12	263	112	13
黔南布依族苗族自治州	**6096**	**461**	**679**	**353**	**771**	**501**	**2923**	**2286**	**530**
都匀市	1120	129	204	68	122	125	541	558	113
福泉市	510	36	53	29	107	46	217	234	40
荔波县	498	19	22	11	79	23	170	108	42
贵定县	477	15	32	24	31	29	197	141	35
瓮安县	566	50	74	23	103	71	243	233	33
独山县	389	39	54	24	86	25	191	140	33
平塘县	324	21	22	4	12	20	186	106	36
罗甸县	417	41	51	49	40	28	239	164	47
长顺县	328	23	32	26	42	19	249	76	40
龙里县	463	26	44	31	73	53	272	173	38
惠水县	700	33	47	49	47	41	224	231	43
三都水族自治县	304	29	44	15	29	21	194	122	30

4-6 续表 20 单位：人

地区 性别	社会生产服务和生活服务人员								
	住宿和餐饮服务人员	信息传输、软件和信息技术服务人员	金融服务人员	房地产服务人员	租赁和商务服务人员	技术辅助服务人员	水利、环境和公共设施管理服务人员	居民服务人员	电力、燃气及水供应服务人员
男	**26449**	**3983**	**3834**	**2678**	**6352**	**4876**	**11102**	**10118**	**4391**
贵州	**26449**	**3983**	**3834**	**2678**	**6352**	**4876**	**11102**	**10118**	**4391**
贵阳市	**6046**	**1403**	**1042**	**971**	**2035**	**1747**	**1470**	**2212**	**681**
南明区	1297	301	194	266	445	422	263	457	124
云岩区	1298	394	290	249	409	414	246	435	102
花溪区	959	144	127	125	417	243	217	303	100
乌当区	297	52	57	59	89	74	110	189	34
白云区	444	105	47	83	174	123	112	71	53
观山湖区	615	291	180	104	212	298	194	175	52
开阳县	227	35	37	17	63	42	60	77	48
息烽县	165	17	27	14	41	26	74	59	24
修文县	220	25	26	9	90	34	70	81	49
清镇市	524	39	57	45	95	71	124	365	95
六盘水市	**2149**	**252**	**256**	**127**	**470**	**353**	**750**	**746**	**412**
钟山区	695	103	127	49	128	153	151	248	108
六枝特区	303	43	27	5	74	34	67	88	49
水城县	419	35	19	12	141	59	341	162	113
盘州市	732	71	83	61	127	107	191	248	142
遵义市	**4457**	**587**	**713**	**538**	**1110**	**847**	**1410**	**1866**	**769**
红花岗区	921	127	169	151	252	219	248	376	137
汇川区	507	91	119	70	149	151	131	198	81
播州区	531	75	67	44	94	114	188	233	82
桐梓县	316	41	37	48	64	38	107	142	44
绥阳县	191	26	33	22	109	23	69	94	51
正安县	196	32	30	32	30	22	84	74	49
道真仡佬族苗族自治县	90	12	21	13	18	14	31	58	24
务川仡佬族苗族自治县	127	9	32	6	30	20	66	36	17
凤冈县	134	14	29	8	18	28	37	71	25
湄潭县	240	32	29	19	33	41	52	87	35
余庆县	125	28	33	13	58	23	52	48	19
习水县	354	35	37	43	63	42	111	152	74
赤水市	270	28	37	33	79	45	86	89	50
仁怀市	455	37	40	36	113	67	148	208	81
安顺市	**2058**	**225**	**231**	**149**	**366**	**242**	**865**	**807**	**276**
西秀区	856	90	117	66	172	119	218	343	88
平坝区	318	37	37	21	62	41	79	101	57
普定县	293	29	27	30	34	31	68	105	38
镇宁布依族苗族自治县	233	25	16	20	41	25	55	79	29
关岭布依族苗族自治县	217	18	21	7	27	11	149	105	28
紫云苗族布依族自治县	141	26	13	5	30	15	296	74	36
毕节市	**3503**	**382**	**405**	**303**	**702**	**421**	**2430**	**1571**	**540**
七星关区	689	139	125	91	159	101	412	233	113
大方县	433	42	55	32	73	41	316	195	46
黔西县	421	46	35	31	59	63	281	305	61
金沙县	367	23	29	26	123	53	207	125	58
织金县	439	30	49	42	50	54	360	269	48
纳雍县	333	29	35	10	74	31	325	173	41
威宁彝族回族苗族自治县	533	44	52	50	98	54	214	169	95
赫章县	288	29	25	21	66	24	315	102	78

4-6 续表 21 单位：人

地 区 性 别	社会生产服务和生活服务人员								
	住宿和餐饮服务人员	信息传输、软件和信息技术服务人员	金融服务人员	房地产服务人员	租赁和商务服务人员	技术辅助服务人员	水利、环境和公共设施管理服务人员	居民服务人员	电力、燃气及水供应服务人员
铜仁市	**1702**	**245**	**239**	**123**	**249**	**231**	**853**	**765**	**330**
碧江区	289	61	50	35	42	57	96	145	39
万山区	116	15	12	8	33	14	51	47	16
江口县	129	11	9	6	26	19	51	40	20
玉屏侗族自治县	68	14	11	2	21	12	76	30	29
石阡县	140	21	25	12	9	18	47	68	32
思南县	231	19	26	18	32	17	86	76	29
印江土家族苗族自治县	136	27	32	10	27	23	37	93	40
德江县	184	26	26	8	18	28	79	93	32
沿河土家族自治县	151	27	24	9	21	22	221	80	33
松桃苗族自治县	258	24	24	15	20	21	109	93	60
黔西南布依族苗族自治州	**1892**	**250**	**280**	**129**	**304**	**300**	**1034**	**670**	**430**
兴义市	879	132	167	84	149	164	224	231	206
兴仁市	236	24	18	12	26	29	57	130	48
普安县	112	9	14	4	16	10	46	40	41
晴隆县	84	14	17	7	13	9	164	74	26
贞丰县	169	20	13	7	33	35	91	65	32
望谟县	103	15	15	5	6	13	238	48	12
册亨县	89	12	14	4	27	14	143	32	17
安龙县	220	24	22	6	34	26	71	50	48
黔东南苗族侗族自治州	**2416**	**321**	**332**	**139**	**534**	**388**	**1248**	**721**	**513**
凯里市	659	89	76	46	253	145	150	206	87
黄平县	112	17	18	6	28	8	51	45	23
施秉县	54	8	12	4	13	4	20	21	14
三穗县	90	14	13	5	19	10	74	41	20
镇远县	161	13	18	4	19	25	41	40	34
岑巩县	65	5	14	5	9	11	74	41	27
天柱县	132	25	27	9	41	23	80	61	30
锦屏县	104	12	18	18	19	14	36	22	17
剑河县	101	22	22	4	19	8	47	27	16
台江县	43	7	14		9	5	38	12	14
黎平县	235	19	30	6	24	37	104	46	15
榕江县	197	19	27	2	25	44	127	38	70
从江县	142	26	9	19	22	21	195	40	93
雷山县	141	10	6	1	11	18	26	15	13
麻江县	64	15	16	3	10	7	48	25	29
丹寨县	116	20	12	7	13	8	137	41	11
黔南布依族苗族自治州	**2226**	**318**	**336**	**199**	**582**	**347**	**1042**	**760**	**440**
都匀市	463	94	93	41	91	92	142	165	96
福泉市	177	16	25	13	84	29	73	85	36
荔波县	177	12	11	8	48	17	58	19	37
贵定县	160	9	15	17	20	18	67	45	28
瓮安县	211	42	31	14	75	53	74	86	32
独山县	116	25	36	12	67	17	68	33	26
平塘县	106	19	15	4	9	12	67	37	26
罗甸县	153	25	26	26	33	14	107	71	38
长顺县	108	16	13	13	32	14	111	28	32
龙里县	161	19	19	21	60	37	108	62	34
惠水县	286	21	23	24	40	27	85	81	38
三都水族自治县	108	20	29	6	23	17	82	48	17

4-6 续表 22

单位：人

地 区 性 别	社会生产服务和生活服务人员								
	住宿和餐饮服务人员	信息传输、软件和信息技术服务人员	金融服务人员	房地产服务人员	租赁和商务服务人员	技术辅助服务人员	水利、环境和公共设施管理服务人员	居民服务人员	电力、燃气及水供应服务人员
女	**43458**	**1729**	**4129**	**1914**	**2168**	**2002**	**21290**	**17163**	**1035**
贵 州	**43458**	**1729**	**4129**	**1914**	**2168**	**2002**	**21290**	**17163**	**1035**
贵阳市	**8065**	**664**	**1234**	**685**	**794**	**758**	**4038**	**4264**	**144**
南明区	1484	164	256	160	217	173	725	997	38
云岩区	1346	176	372	151	204	222	606	911	27
花溪区	1273	71	168	97	90	102	756	558	18
乌当区	485	22	55	63	28	31	355	263	6
白云区	713	49	53	51	49	58	381	231	5
观山湖区	792	131	187	83	116	102	446	408	10
开阳县	396	10	37	16	16	15	178	171	7
息烽县	349	4	19	15	12	17	140	134	7
修文县	404	11	30	8	27	10	170	151	11
清镇市	823	26	57	41	35	28	281	440	15
六盘水市	**3721**	**117**	**286**	**94**	**145**	**137**	**2081**	**1192**	**95**
钟山区	1088	59	146	50	45	56	559	446	31
六枝特区	505	16	39	6	26	17	196	151	11
水城县	820	16	13	9	16	19	787	218	10
盘州市	1308	26	88	29	58	45	539	377	43
遵义市	**8030**	**229**	**782**	**353**	**354**	**329**	**3332**	**3296**	**173**
红花岗区	1405	64	164	97	70	72	751	669	33
汇川区	855	34	156	41	66	51	430	413	15
播州区	993	37	77	42	41	46	476	592	18
桐梓县	555	15	31	20	17	16	221	201	10
绥阳县	400	8	44	14	28	18	105	147	8
正安县	415	6	26	27	16	15	205	147	20
道真仡佬族苗族自治县	223	4	31	3	8	7	82	71	5
务川仡佬族苗族自治县	292	1	15	2	7	8	100	64	1
凤冈县	294	8	33	5	5	7	81	89	4
湄潭县	450	5	30	10	5	16	128	138	4
余庆县	296	9	33	16	26	11	93	88	12
习水县	590	10	36	33	24	16	182	204	19
赤水市	391	11	46	22	20	20	140	166	12
仁怀市	871	17	60	21	21	26	338	307	12
安顺市	**3004**	**80**	**243**	**106**	**104**	**137**	**1422**	**1099**	**55**
西秀区	1196	43	127	54	50	64	497	481	22
平坝区	484	15	35	19	14	12	215	188	5
普定县	459	6	20	12	11	25	117	158	11
镇宁布依族苗族自治县	333	3	19	8	21	24	100	102	5
关岭布依族苗族自治县	300	4	18	7	5	6	213	83	7
紫云苗族布依族自治县	232	9	24	6	3	6	280	87	5
毕节市	**5630**	**162**	**357**	**199**	**216**	**134**	**3206**	**1850**	**107**
七星关区	1077	56	114	64	44	40	638	335	18
大方县	698	15	49	26	22	15	429	180	12
黔西县	598	25	38	12	21	14	309	309	17
金沙县	577	11	30	18	36	12	271	189	15
织金县	655	4	31	36	26	11	474	253	10
纳雍县	555	14	33	9	29	12	406	197	7
威宁彝族回族苗族自治县	954	20	36	20	23	23	229	227	16
赫章县	516	17	26	14	15	7	450	160	12

4-6 续表 23 单位：人

地区 性别	社会生产服务和生活服务人员								
	住宿和餐饮服务人员	信息传输、软件和信息技术服务人员	金融服务人员	房地产服务人员	租赁和商务服务人员	技术辅助服务人员	水利、环境和公共设施管理服务人员	居民服务人员	电力、燃气及水供应服务人员
铜仁市	**3431**	**93**	**282**	**85**	**108**	**104**	**1415**	**1311**	**96**
碧江区	470	22	68	27	18	25	221	193	14
万山区	203	8	13	5	11	4	105	75	6
江口县	246	8	17	4	13	11	78	63	4
玉屏侗族自治县	202	4	14	5	9	9	113	73	5
石阡县	326	9	35	6	8	16	80	163	9
思南县	456	9	27	9	15	7	128	141	11
印江土家族苗族自治县	285	7	28	9	10	3	100	163	7
德江县	376	13	27	3	9	10	131	142	18
沿河土家族自治县	427	5	23	11	3	6	313	129	5
松桃苗族自治县	440	8	30	6	12	13	146	169	17
黔西南布依族苗族自治州	**3440**	**98**	**282**	**119**	**123**	**101**	**1797**	**1179**	**149**
兴义市	1551	55	167	77	74	58	595	497	69
兴仁市	442	5	27	12	6	6	129	165	18
普安县	212	5	17	4	9	8	70	45	22
晴隆县	214	3	11	3	8	2	258	82	6
贞丰县	255	12	16	8	10	10	179	99	12
望谟县	172	4	6	2	2	7	305	86	8
册亨县	155	5	13	4	5	3	158	75	6
安龙县	439	9	25	9	9	7	103	130	8
黔东南苗族侗族自治州	**4267**	**143**	**320**	**119**	**135**	**148**	**2118**	**1446**	**126**
凯里市	967	42	119	39	58	55	519	447	34
黄平县	223	10	11	6	1	11	102	75	5
施秉县	137	2	10	6	2	4	37	59	3
三穗县	219	6	11	5	3	6	112	74	4
镇远县	285	7	21	2	9	4	98	72	7
岑巩县	188	4	12	6		4	104	62	8
天柱县	261	12	23	9	5	8	124	110	1
锦屏县	210	12	12	10	4	3	87	53	5
剑河县	207	5	11	3	9	3	95	63	3
台江县	93	1	6	3	1	2	53	28	2
黎平县	425	7	31	8	10	9	136	131	7
榕江县	310	7	10	5	7	16	184	68	22
从江县	224	11	14	13	8	7	224	67	20
雷山县	206	3	11	2	12	6	52	22	2
麻江县	137	9	7	1	2	6	65	44	1
丹寨县	175	5	11	1	4	4	126	71	2
黔南布依族苗族自治州	**3870**	**143**	**343**	**154**	**189**	**154**	**1881**	**1526**	**90**
都匀市	657	35	111	27	31	33	399	393	17
福泉市	333	20	28	16	23	17	144	149	4
荔波县	321	7	11	3	31	6	112	89	5
贵定县	317	6	17	7	11	11	130	96	7
瓮安县	355	8	43	9	28	18	169	147	1
独山县	273	14	18	12	19	8	123	107	7
平塘县	218	2	7		3	8	119	69	10
罗甸县	264	16	25	23	7	14	132	93	9
长顺县	220	7	19	13	10	5	138	48	8
龙里县	302	7	25	10	13	16	164	111	4
惠水县	414	12	24	25	7	14	139	150	5
三都水族自治县	196	9	15	9	6	4	112	74	13

4-6　续表 24

单位：人

地区 性别	社会生产服务和生活服务人员				农、林、牧、渔业生产及辅助人员				
	修理及制作服务人员	文化、体育和娱乐服务人员	健康服务人员	其他社会生产和生活服务人员	小计	农业生产人员	林业生产人员	畜牧业生产人员	渔业生产人员
贵　州	**15159**	**3226**	**1181**	**664**	**400387**	**321192**	**10988**	**64839**	**1361**
贵阳市	**2988**	**797**	**229**	**133**	**23419**	**20268**	**321**	**2584**	**133**
南明区	486	210	53	28	585	539	15	20	6
云岩区	483	187	95	20	117	78	9	17	6
花溪区	571	80	17	27	2058	1854	44	91	49
乌当区	159	42	16	14	1401	1245	44	96	9
白云区	287	41	6	3	602	513	28	53	1
观山湖区	249	66	19	12	576	499	19	45	10
开阳县	179	32	8	1	6043	5389	26	584	16
息烽县	99	39	5	3	3942	3318	66	539	12
修文县	158	51	4	15	3976	3412	34	499	15
清镇市	317	49	6	10	4119	3421	36	640	9
六盘水市	**1229**	**197**	**76**	**40**	**29983**	**22061**	**640**	**7120**	**49**
钟山区	357	77	23	13	1594	1342	22	221	1
六枝特区	178	29	7	1	5139	3766	102	1211	16
水城县	327	19	8	10	10046	7199	275	2545	13
盘州市	367	72	38	16	13204	9754	241	3143	19
遵义市	**2660**	**731**	**160**	**134**	**71952**	**57093**	**1484**	**12837**	**190**
红花岗区	444	147	38	65	3589	3028	35	478	24
汇川区	297	93	23	13	3806	2991	24	773	8
播州区	430	84	22	21	9308	7740	177	1338	23
桐梓县	195	36	4		6754	5159	179	1371	12
绥阳县	126	56	3	3	5639	4236	17	1351	10
正安县	126	36	9	4	6342	5252	48	1025	9
道真仡佬族苗族自治县	72	18	7		2757	2257	27	440	7
务川仡佬族苗族自治县	83	20	4	1	3402	2617	34	709	9
凤冈县	111	21	5	1	5134	4282	31	792	12
湄潭县	154	42	10	5	6316	5781	59	366	7
余庆县	95	25	5		4592	3916	40	618	17
习水县	187	59	9	6	5328	3593	92	1619	15
赤水市	113	23	4	13	3546	2453	703	354	29
仁怀市	227	71	17	2	5439	3788	18	1603	8
安顺市	**992**	**179**	**52**	**34**	**27973**	**24920**	**403**	**2441**	**92**
西秀区	364	97	22	15	7541	7139	74	254	15
平坝区	158	21	4	3	3585	3355	62	148	9
普定县	165	17	9	4	5370	4695	26	627	13
镇宁布依族苗族自治县	106	14	5	5	5129	4803	47	236	31
关岭布依族苗族自治县	100	15	3	5	3440	2578	88	755	9
紫云苗族布依族自治县	99	15	9	2	2908	2350	106	421	15
毕节市	**2094**	**312**	**200**	**91**	**94727**	**72182**	**1551**	**20495**	**130**
七星关区	417	76	30	8	10160	7963	156	1989	20
大方县	240	33	11	8	10216	7621	266	2269	26
黔西县	308	45	18	17	9135	6591	112	2358	17
金沙县	228	23	24	4	6017	5012	137	834	9
织金县	271	49	7	30	9956	6250	215	3443	28
纳雍县	173	21	75	7	9004	6726	277	1856	20
威宁彝族回族苗族自治县	283	36	12	14	30475	24685	196	5541	5
赫章县	174	29	23	3	9764	7334	192	2205	5

4-6 续表 25

单位：人

地区 性别	社会生产服务和生活服务人员				农、林、牧、渔业生产及辅助人员				
	修理及制作服务人员	文化、体育和娱乐服务人员	健康服务人员	其他社会生产和生活服务人员	小计	农业生产人员	林业生产人员	畜牧业生产人员	渔业生产人员
铜仁市	**1044**	**197**	**74**	**76**	**29402**	**24271**	**636**	**4138**	**138**
碧江区	137	47	18	7	1097	943	31	89	6
万山区	62	15	3	4	1206	1048	22	124	4
江口县	79	17	6	8	1921	1680	75	131	20
玉屏侗族自治县	69	18	2	5	925	695	21	181	3
石阡县	118	17	3	3	4366	3773	45	528	11
思南县	133	12	14	15	5612	4454	88	995	21
印江土家族苗族自治县	95	16	10	16	2177	1930	45	180	16
德江县	124	18	8	4	4345	3248	96	952	23
沿河土家族自治县	102	11	3	4	4010	3218	129	634	13
松桃苗族自治县	125	26	7	10	3743	3282	84	324	21
黔西南布依族苗族自治州	**1314**	**247**	**103**	**49**	**42586**	**33181**	**1524**	**7441**	**150**
兴义市	544	131	32	14	8794	7400	264	1066	31
兴仁市	191	26	12	7	7945	6734	44	1078	16
普安县	109	9	2	5	4432	3356	67	973	16
晴隆县	93	7	11	8	2823	1898	143	716	14
贞丰县	118	17	13	6	5493	4348	71	1036	20
望谟县	68	17	14	4	2891	2250	241	363	17
册亨县	47	14	8	1	3474	2298	609	503	18
安龙县	144	26	11	4	6734	4897	85	1706	18
黔东南苗族侗族自治州	**1414**	**316**	**196**	**66**	**38873**	**31367**	**3033**	**4020**	**243**
凯里市	386	94	19	21	3247	2842	33	348	14
黄平县	87	9	5	7	3761	3320	66	323	24
施秉县	33	3	4	1	2858	2692	28	127	7
三穗县	60	10	3	1	1528	1159	61	282	8
镇远县	80	15	4	9	1776	1294	137	297	9
岑巩县	62	11	7		1311	1063	83	148	9
天柱县	85	16	1	4	2914	2349	195	347	14
锦屏县	58	10	2		1078	758	165	128	20
剑河县	76	6	4	12	1842	1472	176	166	22
台江县	36	9	5	2	1137	919	107	102	8
黎平县	137	52	50	2	4449	3509	623	273	16
榕江县	89	34	36	1	2913	2028	623	225	18
从江县	82	25	46	4	3598	2572	548	421	44
雷山县	41	8	6	1	1498	1133	97	260	5
麻江县	55	4	1	1	2448	2161	29	236	8
丹寨县	47	10	3		2515	2096	62	337	17
黔南布依族苗族自治州	**1424**	**250**	**91**	**41**	**41472**	**35849**	**1396**	**3763**	**236**
都匀市	263	44	28	8	4960	4503	56	381	9
福泉市	171	21	6	2	3716	3107	42	523	19
荔波县	62	10	8		1882	1355	226	280	19
贵定县	104	14	12	3	3592	3320	40	216	10
瓮安县	194	45	3	1	3493	2963	59	407	46
独山县	116	13	4	5	3396	3043	177	157	8
平塘县	68	8	5	3	3872	3337	166	349	4
罗甸县	86	22	10	5	3152	2309	268	504	36
长顺县	63	12	3	1	1754	1411	72	255	12
龙里县	70	17	2	1	1455	1168	43	231	9
惠水县	161	29	9	9	4336	4032	59	170	49
三都水族自治县	66	15	1	3	5864	5301	188	290	15

4-6　续表 26

单位：人

地　　区 性　　别	社会生产服务和生活服务人员				农、林、牧、渔业生产及辅助人员				
	修理及制作服务人　员	文化、体育和娱乐服务人员	健康服务人　　员	其他社会生产和生活服务人　员	小计	农业生产人　　员	林业生产人　　员	畜牧业生产人员	渔业生产人　　员
男	**13205**	**1855**	**512**	**431**	**201263**	**155344**	**8677**	**35083**	**1033**
贵　州	**13205**	**1855**	**512**	**431**	**201263**	**155344**	**8677**	**35083**	**1033**
贵阳市	**2665**	**460**	**77**	**88**	**12410**	**10481**	**234**	**1521**	**99**
南明区	429	132	17	20	316	281	11	14	6
云岩区	434	115	33	12	72	45	6	11	5
花溪区	510	39	8	16	1190	1044	37	61	35
乌当区	142	17	6	10	787	680	33	65	5
白云区	259	20	3	3	336	275	18	36	1
观山湖区	218	42	4	6	295	248	9	27	8
开阳县	149	17	2	1	3216	2818	20	347	13
息烽县	89	21	2	3	1934	1571	51	301	7
修文县	145	26	2	10	2088	1741	26	303	11
清镇市	290	31		7	2176	1778	23	356	8
六盘水市	**1070**	**110**	**33**	**19**	**14404**	**10175**	**486**	**3637**	**38**
钟山区	313	42	5	8	824	658	18	142	1
六枝特区	157	22	3	1	2530	1754	80	661	10
水城县	280	9	4	4	4952	3398	204	1329	11
盘州市	320	37	21	6	6098	4365	184	1505	16
遵义市	**2333**	**375**	**59**	**106**	**35431**	**27169**	**1137**	**6766**	**151**
红花岗区	396	80	9	56	1842	1523	24	264	16
汇川区	264	52	8	8	1924	1479	21	410	8
播州区	382	46	8	12	4453	3572	129	710	19
桐梓县	168	23	1		3322	2403	151	741	9
绥阳县	114	26	1	3	2827	2096	12	700	8
正安县	107	17	6	3	3008	2406	41	550	7
道真仡佬族苗族自治县	65	6	1		1350	1082	19	229	5
务川仡佬族苗族自治县	72	12	2	1	1667	1199	28	410	9
凤冈县	94	10		1	2535	2054	27	426	12
湄潭县	135	14	8	5	3060	2754	49	198	6
余庆县	74	13	3		2246	1905	34	292	14
习水县	160	28	3	6	2553	1645	75	818	10
赤水市	101	15	2	11	1853	1163	513	150	22
仁怀市	201	33	7		2791	1888	14	868	6
安顺市	**871**	**113**	**18**	**23**	**14183**	**12266**	**336**	**1435**	**68**
西秀区	320	52	7	9	3711	3452	65	147	10
平坝区	144	16	1	3	1816	1661	51	91	6
普定县	140	11	3	3	2658	2262	22	357	11
镇宁布依族苗族自治县	90	10	2	3	2695	2487	35	141	23
关岭布依族苗族自治县	90	12	2	4	1793	1274	69	438	6
紫云苗族布依族自治县	87	12	3	1	1510	1130	94	261	12
毕节市	**1808**	**201**	**90**	**54**	**48287**	**35554**	**1326**	**11128**	**103**
七星关区	355	49	17	5	5199	3905	138	1119	16
大方县	208	18	4	6	5209	3719	214	1238	21
黔西县	270	25	6	12	4816	3354	97	1326	12
金沙县	201	15	12	1	3151	2542	107	486	6
织金县	230	34	1	16	5020	2963	199	1824	22
纳雍县	147	15	34	4	4545	3226	245	1005	18
威宁彝族回族苗族自治县	243	25	7	9	15532	12444	156	2907	4
赫章县	154	20	9	1	4815	3401	170	1223	4

4-6 续表 27

单位：人

地区 性别	社会生产服务和生活服务人员				农、林、牧、渔业生产及辅助人员				
	修理及制作服务人员	文化、体育和娱乐服务人员	健康服务人员	其他社会生产和生活服务人员	小计	农业生产人员	林业生产人员	畜牧业生产人员	渔业生产人员
铜仁市	**910**	**116**	**29**	**45**	**14608**	**11672**	**496**	**2209**	**109**
碧江区	123	33	5	3	651	548	27	57	4
万山区	51	8	2	3	660	560	18	73	3
江口县	70	8	2	7	1073	906	67	76	18
玉屏侗族自治县	59	8	2	3	507	357	19	117	2
石阡县	103	7	1	2	2010	1703	34	258	10
思南县	114	7	5	9	2600	2042	55	464	14
印江土家族苗族自治县	88	11	4	9	1073	918	37	101	11
德江县	109	14	5	2	2083	1474	77	495	19
沿河土家族自治县	87	6	1	2	1839	1363	97	360	10
松桃苗族自治县	106	14	2	5	2112	1801	65	208	18
黔西南布依族苗族自治州	**1102**	**141**	**54**	**27**	**20746**	**15504**	**1053**	**3942**	**102**
兴义市	461	79	14	6	4258	3443	170	605	23
兴仁市	158	15	7	2	3840	3173	37	576	12
普安县	89	4	1	4	2155	1560	59	511	13
晴隆县	77	5	6	5	1378	873	109	364	9
贞丰县	101	9	4	5	2608	2022	49	516	12
望谟县	57	8	11	1	1453	1043	192	194	13
册亨县	37	8	5	1	1774	1094	387	267	10
安龙县	122	13	6	3	3280	2296	50	909	10
黔东南苗族侗族自治州	**1224**	**198**	**111**	**48**	**20352**	**15377**	**2401**	**2276**	**178**
凯里市	346	59	9	15	1668	1424	21	204	13
黄平县	73	5	3	1	1957	1686	58	189	16
施秉县	31	2	2	1	1495	1398	20	67	7
三穗县	49	3	1		821	585	53	164	7
镇远县	69	6	3	9	990	676	113	176	8
岑巩县	55	8	2		683	529	57	89	4
天柱县	73	10	1	4	1525	1162	153	191	11
锦屏县	51	6			578	352	139	66	15
剑河县	61	4	2	9	990	716	153	103	15
台江县	28	6	2	1	587	425	85	69	7
黎平县	123	37	25	2	2447	1755	487	175	12
榕江县	74	25	20		1528	892	480	129	13
从江县	72	15	33	4	1865	1167	436	225	29
雷山县	31	4	5	1	794	583	75	128	5
麻江县	48	2	1	1	1193	1021	19	142	4
丹寨县	40	6	2		1231	1006	52	159	12
黔南布依族苗族自治州	**1222**	**141**	**41**	**21**	**20842**	**17146**	**1208**	**2169**	**185**
都匀市	224	22	10	3	2449	2175	44	216	8
福泉市	146	8	4		1883	1538	33	285	16
荔波县	53	7	4		967	609	195	146	15
贵定县	93	7	6	2	1801	1620	35	135	9
瓮安县	162	25	2	1	1847	1512	45	245	32
独山县	97	9		3	1721	1449	155	104	8
平塘县	57	4	3	2	1837	1493	142	187	3
罗甸县	68	15	5	2	1642	1074	236	283	26
长顺县	54	10	3	1	881	652	67	148	10
龙里县	62	8	1		784	601	41	132	7
惠水县	147	23	3	5	2164	1947	50	112	38
三都水族自治县	59	3		2	2866	2476	165	176	13

4-6　续表 28

单位：人

地区 性别	社会生产服务和生活服务人员				农、林、牧、渔业生产及辅助人员				
	修理及制作服务人员	文化、体育和娱乐服务人员	健康服务人员	其他社会生产和生活服务人员	小计	农业生产人员	林业生产人员	畜牧业生产人员	渔业生产人员
女	**1954**	**1371**	**669**	**233**	**199124**	**165848**	**2311**	**29756**	**328**
贵　州	**1954**	**1371**	**669**	**233**	**199124**	**165848**	**2311**	**29756**	**328**
贵阳市	**323**	**337**	**152**	**45**	**11009**	**9787**	**87**	**1063**	**34**
南明区	57	78	36	8	269	258	4	6	
云岩区	49	72	62	8	45	33	3	6	1
花溪区	61	41	9	11	868	810	7	30	14
乌当区	17	25	10	4	614	565	11	31	4
白云区	28	21	3		266	238	10	17	
观山湖区	31	24	15	6	281	251	10	18	2
开阳县	30	15	6		2827	2571	6	237	3
息烽县	10	18	3		2008	1747	15	238	5
修文县	13	25	2	5	1888	1671	8	196	4
清镇市	27	18	6	3	1943	1643	13	284	1
六盘水市	**159**	**87**	**43**	**21**	**15579**	**11886**	**154**	**3483**	**11**
钟山区	44	35	18	5	770	684	4	79	
六枝特区	21	7	4		2609	2012	22	550	6
水城县	47	10	4	6	5094	3801	71	1216	2
盘州市	47	35	17	10	7106	5389	57	1638	3
遵义市	**327**	**356**	**101**	**28**	**36521**	**29924**	**347**	**6071**	**39**
红花岗区	48	67	29	9	1747	1505	11	214	8
汇川区	33	41	15	5	1882	1512	3	363	
播州区	48	38	14	9	4855	4168	48	628	4
桐梓县	27	13	3		3432	2756	28	630	3
绥阳县	12	30	2		2812	2140	5	651	2
正安县	19	19	3	1	3334	2846	7	475	2
道真仡佬族苗族自治县	7	12	6		1407	1175	8	211	2
务川仡佬族苗族自治县	11	8	2		1735	1418	6	299	
凤冈县	17	11	5		2599	2228	4	366	
湄潭县	19	28	2		3256	3027	10	168	1
余庆县	21	12	2		2346	2011	6	326	3
习水县	27	31	6		2775	1948	17	801	5
赤水市	12	8	2	2	1693	1290	190	204	7
仁怀市	26	38	10	2	2648	1900	4	735	2
安顺市	**121**	**66**	**34**	**11**	**13790**	**12654**	**67**	**1006**	**24**
西秀区	44	45	15	6	3830	3687	9	107	5
平坝区	14	5	3		1769	1694	11	57	3
普定县	25	6	6	1	2712	2433	4	270	2
镇宁布依族苗族自治县	16	4	3	2	2434	2316	12	95	8
关岭布依族苗族自治县	10	3	1	1	1647	1304	19	317	3
紫云苗族布依族自治县	12	3	6	1	1398	1220	12	160	3
毕节市	**286**	**111**	**110**	**37**	**46440**	**36628**	**225**	**9367**	**27**
七星关区	62	27	13	3	4961	4058	18	870	4
大方县	32	15	7	2	5007	3902	52	1031	5
黔西县	38	20	12	5	4319	3237	15	1032	5
金沙县	27	8	12	3	2866	2470	30	348	3
织金县	41	15	6	14	4936	3287	16	1619	6
纳雍县	26	6	41	3	4459	3500	32	851	2
威宁彝族回族苗族自治县	40	11	5	5	14943	12241	40	2634	1
赫章县	20	9	14	2	4949	3933	22	982	1

4-6 续表 29

单位：人

地区 性别	社会生产服务和生活服务人员				农、林、牧、渔业生产及辅助人员				
	修理及制作服务人员	文化、体育和娱乐服务人员	健康服务人员	其他社会生产和生活服务人员	小计	农业生产人员	林业生产人员	畜牧业生产人员	渔业生产人员
铜仁市	**134**	**81**	**45**	**31**	**14794**	**12599**	**140**	**1929**	**29**
碧江区	14	14	13	4	446	395	4	32	2
万山区	11	7	1	1	546	488	4	51	1
江口县	9	9	4	1	848	774	8	55	2
玉屏侗族自治县	10	10		2	418	338	2	64	1
石阡县	15	10	2	1	2356	2070	11	270	1
思南县	19	5	9	6	3012	2412	33	531	7
印江土家族苗族自治县	7	5	6	7	1104	1012	8	79	5
德江县	15	4	3	2	2262	1774	19	457	4
沿河土家族自治县	15	5	2	2	2171	1855	32	274	3
松桃苗族自治县	19	12	5	5	1631	1481	19	116	3
黔西南布依族苗族自治州	**212**	**106**	**49**	**22**	**21840**	**17677**	**471**	**3499**	**48**
兴义市	83	52	18	8	4536	3957	94	461	8
兴仁市	33	11	5	5	4105	3561	7	502	4
普安县	20	5	1	1	2277	1796	8	462	3
晴隆县	16	2	5	3	1445	1025	34	352	5
贞丰县	17	8	9	1	2885	2326	22	520	8
望谟县	11	9	3	3	1438	1207	49	169	4
册亨县	10	6	3		1700	1204	222	236	8
安龙县	22	13	5	1	3454	2601	35	797	8
黔东南苗族侗族自治州	**190**	**118**	**85**	**18**	**18521**	**15990**	**632**	**1744**	**65**
凯里市	40	35	10	6	1579	1418	12	144	1
黄平县	14	4	2	6	1804	1634	8	134	8
施秉县	2	1	2		1363	1294	8	60	
三穗县	11	7	2	1	707	574	8	118	1
镇远县	11	9	1		786	618	24	121	1
岑巩县	7	3	5		628	534	26	59	5
天柱县	12	6			1389	1187	42	156	3
锦屏县	7	4	2		500	406	26	62	5
剑河县	15	2	2	3	852	756	23	63	7
台江县	8	3	3	1	550	494	22	33	1
黎平县	14	15	25		2002	1754	136	98	4
榕江县	15	9	16	1	1385	1136	143	96	5
从江县	10	10	13		1733	1405	112	196	15
雷山县	10	4	1		704	550	22	132	
麻江县	7	2			1255	1140	10	94	4
丹寨县	7	4	1		1284	1090	10	178	5
黔南布依族苗族自治州	**202**	**109**	**50**	**20**	**20630**	**18703**	**188**	**1594**	**51**
都匀市	39	22	18	5	2511	2328	12	165	1
福泉市	25	13	2	2	1833	1569	9	238	3
荔波县	9	3	4		915	746	31	134	4
贵定县	11	7	6	1	1791	1700	5	81	1
瓮安县	32	20	1		1646	1451	14	162	14
独山县	19	4	4	2	1675	1594	22	53	
平塘县	11	4	2	1	2035	1844	24	162	1
罗甸县	18	7	5	3	1510	1235	32	221	10
长顺县	9	2			873	759	5	107	2
龙里县	8	9	1	1	671	567	2	99	2
惠水县	14	6	6	4	2172	2085	9	58	11
三都水族自治县	7	12	1	1	2998	2825	23	114	2

4-6 续表 30 单位：人

地 区 性 别	农林牧渔生产辅助人员	其他农、林、牧、渔业生产加工人员	生产制造及有关人员						
			小计	农副产品加工人员	食品、饮料生产加工人员	烟草及其制品加工人员	纺织、针织、印染人员	纺织品、服装和皮革、毛皮制品加工制作人员	木材加工、家具与木制品制作人员
贵 州	**1874**	**133**	**353057**	**6128**	**10427**	**820**	**2263**	**12911**	**11371**
贵阳市	**102**	**11**	**45108**	**698**	**1044**	**157**	**74**	**604**	**1464**
南明区	5		6159	65	215	56	4	69	349
云岩区	6	1	5684	49	125	21	3	85	294
花溪区	17	3	7517	100	113	66	14	109	270
乌当区	6	1	2679	73	72	4	11	28	34
白云区	7		4926	65	113	1	7	24	173
观山湖区	3		3901	58	62	3	2	65	86
开阳县	26	2	3390	60	68	4	6	65	81
息烽县	7		2359	59	51		8	38	22
修文县	13	3	3099	91	119		7	44	66
清镇市	12	1	5394	78	106	2	12	77	89
六盘水市	**105**	**8**	**33735**	**392**	**455**	**24**	**357**	**1016**	**694**
钟山区	7	1	5355	64	69		16	106	131
六枝特区	43	1	4909	96	68	5	84	206	122
水城县	13	1	9695	85	118	7	123	481	220
盘州市	42	5	13776	147	200	12	134	223	221
遵义市	**324**	**24**	**61161**	**995**	**5372**	**154**	**215**	**1693**	**1863**
红花岗区	16	8	7340	130	153	21	38	166	230
汇川区	8	2	5418	93	194	54	12	79	196
播州区	30		7412	114	223	18	19	164	192
桐梓县	30	3	4888	41	54	5	29	197	104
绥阳县	24	1	2975	38	62	2	21	142	78
正安县	8		3922	84	109	13	15	84	98
道真仡佬族苗族自治县	25	1	2004	38	24	12	4	35	69
务川仡佬族苗族自治县	33		2883	51	31	2	4	82	56
凤冈县	14	3	2608	72	48	4	13	151	69
湄潭县	100	3	2694	111	101	21	9	90	118
余庆县	1		1830	56	69	1	5	72	61
习水县	9		6399	63	903		22	212	131
赤水市	5	2	2382	31	86		2	48	324
仁怀市	21	1	8406	73	3315	1	22	171	137
安顺市	**107**	**10**	**22815**	**502**	**389**	**16**	**302**	**1127**	**727**
西秀区	52	7	6894	196	115	13	39	273	163
平坝区	11		3384	66	61	2	4	75	101
普定县	8	1	4359	88	82		100	240	126
镇宁布依族苗族自治县	12		3215	49	57		72	288	144
关岭布依族苗族自治县	10		2676	65	29		72	196	65
紫云苗族布依族自治县	14	2	2287	38	45	1	15	55	128
毕节市	**360**	**9**	**54396**	**1388**	**1237**	**222**	**453**	**2587**	**1275**
七星关区	32		8306	171	150	120	69	457	258
大方县	30	4	6896	322	172	38	44	232	141
黔西县	56	1	5891	189	191	3	23	328	144
金沙县	25		5259	119	211	18	12	196	92
织金县	19	1	7097	257	148	3	112	383	194
纳雍县	125		5649	140	133	9	84	259	149
威宁彝族回族苗族自治县	45	3	10107	95	107	29	69	418	197
赫章县	28		5191	95	125	2	40	314	100

4-6 续表 31

单位：人

地　区 性　别	农林牧渔生产辅助人员	其他农、林、牧、渔业生产加工人员	生产制造及有关人员						
			小计	农副产品加工人员	食品、饮料生产加工人员	烟草及其制品加工人员	纺织、针织、印染人员	纺织品、服装和皮革、毛皮制品加工制作人员	木材加工、家具与木制品制作人员
铜仁市	**190**	**29**	**33098**	**458**	**487**	**65**	**177**	**1424**	**982**
碧江区	28		3380	22	49	15	35	230	42
万山区	8		1726	18	21	2	10	116	34
江口县	12	3	1823	28	27	2	6	129	99
玉屏侗族自治县	10	15	1897	50	18		10	102	26
石阡县	9		3771	46	45	1	13	119	82
思南县	49	5	4438	72	71	8	22	122	177
印江土家族苗族自治县	6		2877	42	56	13	7	89	95
德江县	25	1	3642	54	67	6	15	88	153
沿河土家族自治县	13	3	4476	70	72	4	14	180	113
松桃苗族自治县	30	2	5068	56	61	14	45	249	161
黔西南布依族苗族自治州	**273**	**17**	**29942**	**549**	**494**	**112**	**223**	**1461**	**1086**
兴义市	26	7	9832	144	176	64	39	273	333
兴仁市	71	2	4009	89	77	16	56	243	136
普安县	20		2527	49	58	3	35	107	67
晴隆县	50	2	2738	36	41	15	15	236	69
贞丰县	17	1	2931	70	44	1	31	150	126
望谟县	18	2	2492	29	25	1	22	176	89
册亨县	45	1	1813	45	19		13	162	148
安龙县	26	2	3600	87	54	12	12	114	118
黔东南苗族侗族自治州	**198**	**12**	**37133**	**540**	**406**	**21**	**214**	**1621**	**2092**
凯里市	7	3	6483	98	87	2	18	172	161
黄平县	27	1	2227	39	19		11	83	70
施秉县	3	1	1017	8	15	9	7	36	21
三穗县	18		1711	24	16		16	160	121
镇远县	39		1859	47	23	3	11	44	59
岑巩县	7	1	2045	23	16	2	3	76	41
天柱县	9		2439	37	16	4	11	194	132
锦屏县	7		1658	36	16		6	73	200
剑河县	3	3	1683	26	34		10	52	117
台江县	1		1625	11	15		4	38	57
黎平县	27	1	3822	46	47	1	15	236	355
榕江县	19		3260	46	21		38	167	348
从江县	13		2966	33	26		13	111	197
雷山县	3		1257	12	19		6	39	44
麻江县	12	2	1340	29	18		15	36	55
丹寨县	3		1741	25	18		30	104	114
黔南布依族苗族自治州	**215**	**13**	**35669**	**606**	**543**	**49**	**248**	**1378**	**1188**
都匀市	10	1	4268	45	46		15	86	111
福泉市	20	5	3468	55	44	1	25	93	45
荔波县	1	1	1721	39	21		18	46	89
贵定县	5	1	2758	34	92	35	27	148	50
瓮安县	18		4118	41	42	4	13	172	69
独山县	11		3069	72	42	1	33	127	110
平塘县	16		2315	42	24	5	21	108	84
罗甸县	34	1	2534	54	32		13	120	70
长顺县	4		2186	44	22		11	64	55
龙里县	4		3221	43	66	2	11	97	174
惠水县	26		3786	104	90	1	18	132	129
三都水族自治县	66	4	2225	33	22		43	185	202

4-6 续表 32

单位：人

地区 性别	农林牧渔生产辅助人员	其他农、林、牧、渔业生产加工人员	生产制造及有关人员						
			小计	农副产品加工人员	食品、饮料生产加工人员	烟草及其制品加工人员	纺织、针织、印染人员	纺织品、服装和皮革、毛皮制品加工制作人员	木材加工、家具与木制品制作人员
男	**1057**	**69**	**271674**	**3416**	**6618**	**540**	**1105**	**5800**	**8867**
贵州	**1057**	**69**	**271674**	**3416**	**6618**	**540**	**1105**	**5800**	**8867**
贵阳市	**70**	**5**	**35770**	**410**	**588**	**112**	**32**	**276**	**1236**
南明区	4		4937	39	115	32	2	32	294
云岩区	5		4652	24	83	20		40	270
花溪区	10	3	5682	51	51	49	7	46	207
乌当区	4		1958	39	33	3	3	15	31
白云区	6		3902	42	64	1	4	8	147
观山湖区	3		3108	45	34	2		33	72
开阳县	18		2773	36	39	3	5	26	68
息烽县	4		1916	36	28			18	21
修文县	6	1	2508	52	82		4	19	53
清镇市	10	1	4334	46	59	2	7	39	73
六盘水市	**64**	**4**	**27067**	**211**	**235**	**16**	**198**	**490**	**561**
钟山区	4	1	4352	32	33		7	44	112
六枝特区	25		3789	58	39	2	37	105	100
水城县	9	1	7528	50	64	4	74	232	179
盘州市	26	2	11398	71	99	10	80	109	170
遵义市	**194**	**14**	**47319**	**545**	**3865**	**104**	**115**	**726**	**1520**
红花岗区	10	5	5763	57	92	18	16	71	201
汇川区	5	1	4214	53	140	32	8	36	175
播州区	23		5943	68	172	16	10	79	153
桐梓县	16	2	3946	26	29	3	11	87	94
绥阳县	11		2233	20	35	1	15	74	61
正安县	4		2974	40	65	10	8	35	63
道真仡佬族苗族自治县	15		1588	26	15	10	1	16	61
务川仡佬族苗族自治县	21		2154	27	17	2	2	41	44
凤冈县	13	3	1952	39	25	2	8	41	58
湄潭县	51	2	2049	55	57	9	3	44	103
余庆县	1		1414	33	35		1	24	43
习水县	5		5065	40	684		17	79	120
赤水市	4	1	1868	18	55		2	17	224
仁怀市	15		6156	43	2444	1	13	82	120
安顺市	**72**	**6**	**17265**	**307**	**211**	**14**	**141**	**548**	**549**
西秀区	33	4	5273	124	63	11	18	125	130
平坝区	7		2608	32	36	2	2	35	78
普定县	6		3323	54	41		43	119	97
镇宁布依族苗族自治县	9		2277	31	36		32	140	103
关岭布依族苗族自治县	6		2024	42	15		38	108	49
紫云苗族布依族自治县	11	2	1760	24	20	1	8	21	92
毕节市	**172**	**4**	**42319**	**717**	**710**	**140**	**219**	**1229**	**1024**
七星关区	21		6452	99	96	75	31	195	219
大方县	15	2	5451	162	109	24	20	109	115
黔西县	27		4718	98	110	3	10	155	108
金沙县	10		4222	70	122	10	7	95	82
织金县	11	1	5531	118	83	2	54	179	155
纳雍县	51		4309	73	71	7	49	137	116
威宁彝族回族苗族自治县	20	1	7738	45	60	19	35	222	152
赫章县	17		3898	52	59		13	137	77

4-6 续表 33

单位：人

地区 性别	农林牧渔生产辅助人员	其他农、林、牧、渔业生产加工人员	生产制造及有关人员 小计	农副产品加工人员	食品、饮料生产加工人员	烟草及其制品加工人员	纺织、针织、印染人员	纺织品、服装和皮革、毛皮制品加工制作人员	木材加工、家具与木制品制作人员
铜仁市	**108**	**14**	**25170**	**261**	**265**	**41**	**73**	**587**	**818**
碧江区	15		2526	16	28	7	8	107	33
万山区	6		1329	11	11	1	8	58	31
江口县	6		1480	20	13	2	2	53	95
玉屏侗族自治县	5	7	1412	32	11		6	29	19
石阡县	5		2835	27	24	1	4	46	62
思南县	22	3	3298	30	44	7	13	45	148
印江土家族苗族自治县	6		2234	22	30	7	2	31	85
德江县	17	1	2655	28	31	3	4	40	120
沿河土家族自治县	7	2	3360	41	38	3	6	76	93
松桃苗族自治县	19	1	4041	34	35	10	20	102	132
黔西南布依族苗族自治州	**138**	**7**	**21917**	**328**	**262**	**62**	**104**	**645**	**743**
兴义市	16	1	7383	88	112	36	21	118	232
兴仁市	41	1	2909	53	35	8	21	107	97
普安县	12		1932	29	31	2	19	45	50
晴隆县	22	1	1927	22	18	8	8	120	51
贞丰县	8	1	2112	45	22		13	49	90
望谟县	10	1	1739	20	12	1	13	81	63
册亨县	15	1	1196	21	5		4	75	76
安龙县	14	1	2719	50	27	7	5	50	84
黔东南苗族侗族自治州	**113**	**7**	**27887**	**305**	**201**	**13**	**107**	**715**	**1500**
凯里市	4	2	4943	58	44	2	9	67	139
黄平县	8		1702	22	11		4	34	52
施秉县	2	1	767	5	11	4	1	12	18
三穗县	12		1296	12	9		9	64	96
镇远县	17		1423	22	10	2	5	21	52
岑巩县	3	1	1503	15	8	1	3	31	36
天柱县	8		1873	21	6	3	6	102	106
锦屏县	6		1250	19	6		1	40	143
剑河县	2	1	1269	11	18		7	20	70
台江县	1		1175	7	6		2	13	42
黎平县	17	1	2782	24	27	1	7	99	262
榕江县	14		2418	30	8		20	75	181
从江县	8		2254	22	16		9	60	147
雷山县	3		983	6	7		3	15	37
麻江县	6	1	1029	17	6		8	16	41
丹寨县	2		1220	14	8		13	46	78
黔南布依族苗族自治州	**126**	**8**	**26960**	**332**	**281**	**38**	**116**	**584**	**916**
都匀市	6		3303	26	20		9	39	91
福泉市	9	2	2811	31	27	1	16	49	36
荔波县	1	1	1344	20	10		5	15	64
贵定县	1	1	2143	20	51	26	16	64	44
瓮安县	13		3204	23	21	4	6	63	61
独山县	5		2229	41	21	1	13	50	88
平塘县	12		1736	25	11	4	5	38	62
罗甸县	22	1	1715	28	16		4	50	58
长顺县	4		1604	19	13		8	28	41
龙里县	3		2476	26	37	1	6	54	131
惠水县	17		2791	54	41	1	7	55	98
三都水族自治县	33	3	1604	19	13		21	79	142

4-6 续表 34

单位：人

地区 性别	农林牧渔生产辅助人员	其他农、林、牧、渔业生产加工人员	生产制造及有关人员 小计	农副产品加工人员	食品、饮料生产加工人员	烟草及其制品加工人员	纺织、针织、印染人员	纺织品、服装和皮革、毛皮制品加工制作人员	木材加工、家具与木制品制作人员
女	**817**	**64**	**81383**	**2712**	**3809**	**280**	**1158**	**7111**	**2504**
贵　州	**817**	**64**	**81383**	**2712**	**3809**	**280**	**1158**	**7111**	**2504**
贵阳市	**32**	**6**	**9338**	**288**	**456**	**45**	**42**	**328**	**228**
南明区	1		1222	26	100	24	2	37	55
云岩区	1	1	1032	25	42	1	3	45	24
花溪区	7		1835	49	62	17	7	63	63
乌当区	2	1	721	34	39	1	8	13	3
白云区	1		1024	23	49		3	16	26
观山湖区			793	13	28	1	2	32	14
开阳县	8	2	617	24	29	1	1	39	13
息烽县	3		443	23	23		8	20	1
修文县	7	2	591	39	37		3	25	13
清镇市	2		1060	32	47		5	38	16
六盘水市	**41**	**4**	**6668**	**181**	**220**	**8**	**159**	**526**	**133**
钟山区	3		1003	32	36		9	62	19
六枝特区	18	1	1120	38	29	3	47	101	22
水城县	4		2167	35	54	3	49	249	41
盘州市	16	3	2378	76	101	2	54	114	51
遵义市	**130**	**10**	**13842**	**450**	**1507**	**50**	**100**	**967**	**343**
红花岗区	6	3	1577	73	61	3	22	95	29
汇川区	3	1	1204	40	54	22	4	43	21
播州区	7		1469	46	51	2	9	85	39
桐梓县	14	1	942	15	25	2	18	110	10
绥阳县	13	1	742	18	27	1	6	68	17
正安县	4		948	44	44	3	7	49	35
道真仡佬族苗族自治县	10	1	416	12	9	2	3	19	8
务川仡佬族苗族自治县	12		729	24	14		2	41	12
凤冈县	1		656	33	23	2	5	110	11
湄潭县	49	1	645	56	44	12	6	46	15
余庆县			416	23	34	1	4	48	18
习水县	4		1334	23	219		5	133	11
赤水市	1	1	514	13	31			31	100
仁怀市	6	1	2250	30	871		9	89	17
安顺市	**35**	**4**	**5550**	**195**	**178**	**2**	**161**	**579**	**178**
西秀区	19	3	1621	72	52	2	21	148	33
平坝区	4		776	34	25		2	40	23
普定县	2	1	1036	34	41		57	121	29
镇宁布依族苗族自治县	3		938	18	21		40	148	41
关岭布依族苗族自治县	4		652	23	14		34	88	16
紫云苗族布依族自治县	3		527	14	25		7	34	36
毕节市	**188**	**5**	**12077**	**671**	**527**	**82**	**234**	**1358**	**251**
七星关区	11		1854	72	54	45	38	262	39
大方县	15	2	1445	160	63	14	24	123	26
黔西县	29	1	1173	91	81		13	173	36
金沙县	15		1037	49	89	8	5	101	10
织金县	8		1566	139	65	1	58	204	39
纳雍县	74		1340	67	62	2	35	122	33
威宁彝族回族苗族自治县	25	2	2369	50	47	10	34	196	45
赫章县	11		1293	43	66	2	27	177	23

4-6 续表 35 单位：人

地区 性别	农林牧渔生产辅助人员	其他农、林、牧、渔业生产加工人员	生产制造及有关人员 小计	农副产品加工人员	食品、饮料生产加工人员	烟草及其制品加工人员	纺织、针织、印染人员	纺织品、服装和皮革、毛皮制品加工制作人员	木材加工、家具与木制品制作人员
铜仁市	**82**	**15**	**7928**	**197**	**222**	**24**	**104**	**837**	**164**
碧江区	13		854	6	21	8	27	123	9
万山区	2		397	7	10	1	2	58	3
江口县	6	3	343	8	14		4	76	4
玉屏侗族自治县	5	8	485	18	7		4	73	7
石阡县	4		936	19	21		9	73	20
思南县	27	2	1140	42	27	1	9	77	29
印江土家族苗族自治县			643	20	26	6	5	58	10
德江县	8		987	26	36	3	11	48	33
沿河土家族自治县	6	1	1116	29	34	1	8	104	20
松桃苗族自治县	11	1	1027	22	26	4	25	147	29
黔西南布依族苗族自治州	**135**	**10**	**8025**	**221**	**232**	**50**	**119**	**816**	**343**
兴义市	10	6	2449	56	64	28	18	155	101
兴仁市	30	1	1100	36	42	8	35	136	39
普安县	8		595	20	27	1	16	62	17
晴隆县	28	1	811	14	23	7	7	116	18
贞丰县	9		819	25	22	1	18	101	36
望谟县	8	1	753	9	13		9	95	26
册亨县	30		617	24	14		9	87	72
安龙县	12	1	881	37	27	5	7	64	34
黔东南苗族侗族自治州	**85**	**5**	**9246**	**235**	**205**	**8**	**107**	**906**	**592**
凯里市	3	1	1540	40	43		9	105	22
黄平县	19	1	525	17	8		7	49	18
施秉县	1		250	3	4	5	6	24	3
三穗县	6		415	12	7		7	96	25
镇远县	22		436	25	13	1	6	23	7
岑巩县	4		542	8	8	1		45	5
天柱县	1		566	16	10	1	5	92	26
锦屏县	1		408	17	10		5	33	57
剑河县	1	2	414	15	16		3	32	47
台江县			450	4	9		2	25	15
黎平县	10		1040	22	20		8	137	93
榕江县	5		842	16	13		18	92	167
从江县	5		712	11	10		4	51	50
雷山县			274	6	12		3	24	7
麻江县	6	1	311	12	12		7	20	14
丹寨县	1		521	11	10		17	58	36
黔南布依族苗族自治州	**89**	**5**	**8709**	**274**	**262**	**11**	**132**	**794**	**272**
都匀市	4	1	965	19	26		6	47	20
福泉市	11	3	657	24	17		9	44	9
荔波县			377	19	11		13	31	25
贵定县	4		615	14	41	9	11	84	6
瓮安县	5		914	18	21		7	109	8
独山县	6		840	31	21		20	77	22
平塘县	4		579	17	13	1	16	70	22
罗甸县	12		819	26	16		9	70	12
长顺县			582	25	9		3	36	14
龙里县	1		745	17	29	1	5	43	43
惠水县	9		995	50	49		11	77	31
三都水族自治县	33	1	621	14	9		22	106	60

4−6 续表 36 单位：人

地 区 性 别	生产制造及有关人员								
	纸及纸制品生产加工人员	印刷和记录媒介复制人员	文教、工美、体育和娱乐用品制造人员	石油加工和炼焦、煤化工生产人员	化学原料和化学制品制造人员	医药制造人员	化学纤维制造人员	橡胶和塑料制品制造人员	非金属矿物制品制造人员
贵 州	**1280**	**963**	**3595**	**412**	**2345**	**788**	**90**	**3172**	**9069**
贵阳市	**116**	**288**	**152**	**46**	**631**	**303**	**10**	**653**	**977**
南明区	7	58	25	4	24	28		32	36
云岩区	9	99	10	1	22	51		82	27
花溪区	25	18	42	5	66	36		86	135
乌当区	23	34	13		8	52	1	27	30
白云区	9	24	8		27	38		54	107
观山湖区	1	20	9	4	3	11		29	90
开阳县	9	14	17	4	155	3		28	81
息烽县	6	3	15		258	6	2	58	93
修文县	21	7	4	3	10	39	5	179	105
清镇市	6	11	9	25	58	39	2	78	273
六盘水市	**81**	**42**	**241**	**149**	**112**	**23**	**18**	**178**	**800**
钟山区	7	17	22	23	7	5	1	15	97
六枝特区	14	4	28	5	24	9	2	38	154
水城县	31	10	116	9	27		8	71	349
盘州市	29	11	75	112	54	9	7	54	200
遵义市	**385**	**145**	**445**	**20**	**270**	**70**	**9**	**283**	**1319**
红花岗区	112	31	29	1	36	16	2	37	125
汇川区	19	18	14	2	14	7	1	23	94
播州区	71	14	46		43	14	1	49	280
桐梓县	8	10	22	2	30	3		14	137
绥阳县	15	9	32		7	2		26	93
正安县	11	13	158	2	16	4		27	101
道真仡佬族苗族自治县	3	3	6		4	4	2	3	39
务川仡佬族苗族自治县	4	5	38		4	4		12	45
凤冈县	10	7	16	1	8	1	1	24	60
湄潭县	16	5	15		14	4		28	60
余庆县	10	2	14	3	69	1		6	72
习水县	11	11	20	4	8	3		18	105
赤水市	48	1	12	2	13	3		4	31
仁怀市	47	16	23	3	4	4	2	12	77
安顺市	**84**	**40**	**265**	**9**	**165**	**72**	**12**	**381**	**699**
西秀区	9	12	47	2	64	63		64	176
平坝区	14	9	21		24	2	2	109	131
普定县	10	8	55	5	11	1	8	50	122
镇宁布依族苗族自治县	34	2	70		35	1		54	80
关岭布依族苗族自治县	10	4	54	1	12	4	2	84	91
紫云苗族布依族自治县	7	5	18	1	19	1		20	99
毕节市	**142**	**90**	**507**	**127**	**193**	**49**	**15**	**480**	**1750**
七星关区	29	24	56	3	33	14	3	65	357
大方县	8	13	39	7	19	8	3	56	300
黔西县	22	12	56	10	36	7		60	142
金沙县	12	2	36	6	23	3		27	121
织金县	8	11	87	67	11	6	3	35	189
纳雍县	32	13	91	10	33	1	2	94	151
威宁彝族回族苗族自治县	19	6	100	9	16	4	2	113	325
赫章县	12	9	42	15	22	6	2	30	165

4–6 续表 37 单位：人

地区 性别	生产制造及有关人员								
	纸及纸制品生产加工人员	印刷和记录媒介复制人员	文教、工美、体育和娱乐用品制造人员	石油加工和炼焦、煤化工生产人员	化学原料和化学制品制造人员	医药制造人员	化学纤维制造人员	橡胶和塑料制品制造人员	非金属矿物制品制造人员
铜仁市	**57**	**65**	**219**	**12**	**114**	**29**	**2**	**217**	**754**
碧江区	8	10	12	1	6	6		18	93
万山区	6	3	27		21	2		19	63
江口县	4	1	7		7	1		19	50
玉屏侗族自治县	4	6	6		41		1	44	42
石阡县	1	5	30		4	3		5	69
思南县	1	7	24	1	6	4	1	21	97
印江土家族苗族自治县	1	2	20	1	4	3		13	58
德江县	8	5	27		6	3		23	64
沿河土家族自治县	11	11	30		10	2		25	100
松桃苗族自治县	13	15	36	9	9	5		30	118
黔西南布依族苗族自治州	**109**	**93**	**577**	**21**	**107**	**74**	**2**	**333**	**791**
兴义市	30	46	232	10	38	44	2	87	203
兴仁市	14	8	62	6	21	7		42	129
普安县	12	2	22		4	3		27	56
晴隆县	4	9	22	1	13	2		36	96
贞丰县	16	14	67		12	5		25	123
望谟县	7	7	91		5	2		38	31
册亨县	10	3	50	2	4	1		16	31
安龙县	16	4	31	2	10	10		62	122
黔东南苗族侗族自治州	**135**	**118**	**755**	**7**	**227**	**58**	**9**	**287**	**959**
凯里市	5	32	118		16	22	2	33	208
黄平县	21	3	40		8	3		10	80
施秉县		5	40		5	1		9	17
三穗县	5	4	26	2	2	4		25	61
镇远县	5	7	41		15	4		17	54
岑巩县	15	8	9		44	4		14	55
天柱县	5	5	30		38	2	1	23	42
锦屏县	8	6	59		10	5		14	104
剑河县	10	9	54	1	3	1		13	25
台江县	3	2	61		5		1	2	18
黎平县	19	8	72		16	1	3	42	82
榕江县	9	6	51		17	5		17	35
从江县	6	6	62	2	5	2	1	37	52
雷山县	5	2	39		1	2		4	17
麻江县	3	8	13		37	2		11	58
丹寨县	16	7	40	2	5		1	16	51
黔南布依族苗族自治州	**171**	**82**	**434**	**21**	**526**	**110**	**13**	**360**	**1020**
都匀市	4	17	34		17	35	8	43	121
福泉市	12	4	37	10	198	4		31	92
荔波县	2	4	18		4	2		15	20
贵定县	15	4	17	3	15		1	19	99
瓮安县	7	7	52	1	169	11	2	35	89
独山县	12	5	82	2	14	1		31	80
平塘县	34	6	32		3	5		21	63
罗甸县	22	9	45		10	14		14	78
长顺县	15	2	23	1	26	8		26	62
龙里县	24	12	10	2	13	20		32	93
惠水县	16	6	41		55	8	1	77	177
三都水族自治县	8	6	43	2	2	2	1	16	46

4-6　续表 38

单位：人

地　　区 性　　别	生产制造及有关人员								
	纸及纸制品生产加工人员	印刷和记录媒介复制人员	文教、工美、体育和娱乐用品制造人员	石油加工和炼焦、煤化工生产人员	化学原料和化学制品制造人员	医药制造人员	化学纤维制造人员	橡胶和塑料制品制造人员	非金属矿物制品制造人员
男	**663**	**591**	**1856**	**310**	**1611**	**383**	**53**	**1974**	**6884**
贵　州	**663**	**591**	**1856**	**310**	**1611**	**383**	**53**	**1974**	**6884**
贵阳市	**65**	**168**	**96**	**34**	**451**	**138**	**6**	**480**	**763**
南明区	4	35	15	2	19	11		20	32
云岩区	6	57	5	1	15	23		68	25
花溪区	16	10	28	3	48	20		56	110
乌当区	13	23	9		6	27		17	26
白云区	4	12	6		23	16		40	80
观山湖区		10	7	2	3	6		23	71
开阳县	6	9	9	4	111			20	65
息烽县	3	3	12		184	3	1	31	68
修文县	11	5	2	1	7	15	3	158	80
清镇市	2	4	3	21	35	17	2	47	206
六盘水市	**45**	**27**	**145**	**107**	**81**	**14**	**12**	**121**	**593**
钟山区	5	9	10	18	5	2	1	10	73
六枝特区	8	3	20	4	20	5	1	26	114
水城县	15	6	64	6	15		5	48	260
盘州市	17	9	51	79	41	7	5	37	146
遵义市	**181**	**85**	**213**	**15**	**171**	**33**	**6**	**164**	**1026**
红花岗区	46	15	18	1	30	5	1	16	103
汇川区	11	12	9	2	9	6		15	73
播州区	30	7	26		26	3	1	35	212
桐梓县	5	6	12	2	24	2		7	116
绥阳县	8	5	18		5	1		16	65
正安县	7	10	56	2	10	3		11	75
道真仡佬族苗族自治县	1	2	3		2	3	2	3	32
务川仡佬族苗族自治县	3	4	11		3	1		7	30
凤冈县	4	5	8		5		1	17	45
湄潭县	7	1	6		10	2		17	45
余庆县	7	2	10	2	29			1	60
习水县	4	9	15	2	6	2		11	82
赤水市	30	1	5	1	9	2		2	21
仁怀市	18	6	16	3	3	3	1	6	67
安顺市	**46**	**26**	**162**	**7**	**111**	**34**	**4**	**235**	**532**
西秀区	8	6	29	2	39	32		34	134
平坝区	5	4	12		16	1		75	97
普定县	4	5	36	4	10		3	38	94
镇宁布依族苗族自治县	17	2	35		24	1		29	59
关岭布依族苗族自治县	7	4	39		8		1	48	66
紫云苗族布依族自治县	5	5	11	1	14			11	82
毕节市	**84**	**55**	**286**	**103**	**119**	**25**	**9**	**302**	**1381**
七星关区	23	17	32	2	17	8	2	43	285
大方县	3	7	23	6	14	1	2	35	233
黔西县	12	6	34	8	22	5		43	117
金沙县	5		21	3	17	2		14	97
织金县	5	8	53	59	8	5	1	24	151
纳雍县	19	7	49	7	24	1	2	57	115
威宁彝族回族苗族自治县	11	3	56	8	8	2	2	67	260
赫章县	6	7	18	10	9	1		19	123

4-6 续表 39

单位：人

地　区 性　别	生产制造及有关人员								
	纸及纸制品生产加工人员	印刷和记录媒介复制人员	文教、工美、体育和娱乐用品制造人员	石油加工和炼焦、煤化工生产人员	化学原料和化学制品制造人员	医药制造人员	化学纤维制造人员	橡胶和塑料制品制造人员	非金属矿物制品制造人员
铜仁市	**29**	**39**	**100**	**6**	**77**	**16**	**1**	**106**	**581**
碧江区	4	5	6	1	3	3		12	64
万山区	4	3	11		19			6	51
江口县	3	1	3		6	1		10	38
玉屏侗族自治县	2	4	2		29		1	19	35
石阡县		1	12		4	2		3	55
思南县		2	12	1	3	2		8	78
印江土家族苗族自治县	1	1	11		1	2		6	45
德江县	2	3	13		5	2		14	45
沿河土家族自治县	6	10	16		3	2		12	75
松桃苗族自治县	7	9	14	4	4	2		16	95
黔西南布依族苗族自治州	**65**	**58**	**311**	**18**	**73**	**32**	**1**	**195**	**565**
兴义市	17	26	128	10	27	17	1	53	138
兴仁市	7	7	31	5	10	4		25	90
普安县	8	1	12		4	2		18	40
晴隆县	2	6	14		8			18	74
贞丰县	10	10	32		9	3		12	82
望谟县	5	3	51		5	1		23	22
册亨县	4	3	26	1	2			10	19
安龙县	12	2	17	2	8	5		36	100
黔东南苗族侗族自治州	**76**	**78**	**331**	**4**	**142**	**29**	**7**	**168**	**685**
凯里市	3	24	60		9	11	2	19	139
黄平县	12	2	19		6			6	56
施秉县		3	8		3			6	10
三穗县	4	3	13	2	1	2		17	43
镇远县	2	6	18		11	1		9	41
岑巩县	7	5	8		22	2		2	35
天柱县	2	3	14		26	1	1	17	31
锦屏县	4	4	15		7	3		7	94
剑河县	8	5	24		3	1		10	20
台江县	2	1	19		4		1	1	11
黎平县	10	5	26		8	1	1	20	54
榕江县	6	4	28		9	3		11	28
从江县	4	5	26	1	3		1	25	42
雷山县	3	2	23		1	2		2	12
麻江县	2	3	9		26	2		7	32
丹寨县	7	3	21	1	3		1	9	37
黔南布依族苗族自治州	**72**	**55**	**212**	**16**	**386**	**62**	**7**	**203**	**758**
都匀市	2	7	20		13	20	4	25	87
福泉市	4	3	10	8	157	2		10	76
荔波县	2	3	9		2	1		9	17
贵定县	7	3	10	2	10			10	63
瓮安县	5	6	23	1	135	7	1	22	67
独山县	9	3	23	2	8			17	67
平塘县	8	3	17		1	4		12	49
罗甸县	8	6	29		4	7		8	52
长顺县	5	2	11	1	16	5		14	44
龙里县	11	11	8	1	7	10		19	74
惠水县	9	4	29		32	5	1	49	131
三都水族自治县	2	4	23	1	1	1	1	8	31

4-6　续表 40　　　　单位：人

地　区 性　别	生产制造及有关人员								
	纸及纸制品生产加工人员	印刷和记录媒介复制人员	文教、工美、体育和娱乐用品制造人　员	石油加工和炼焦、煤化工生产人员	化学原料和化学制品制造人　员	医药制造人　　员	化学纤维制造人员	橡胶和塑料制品制造人员	非金属矿物制品制造人员
女	**617**	**372**	**1739**	**102**	**734**	**405**	**37**	**1198**	**2185**
贵　州	**617**	**372**	**1739**	**102**	**734**	**405**	**37**	**1198**	**2185**
贵阳市	**51**	**120**	**56**	**12**	**180**	**165**	**4**	**173**	**214**
南明区	3	23	10	2	5	17		12	4
云岩区	3	42	5		7	28		14	2
花溪区	9	8	14	2	18	16		30	25
乌当区	10	11	4		2	25	1	10	4
白云区	5	12	2		4	22		14	27
观山湖区	1	10	2	2		5		6	19
开阳县	3	5	8		44	3		8	16
息烽县	3		3		74	3	1	27	25
修文县	10	2	2	2	3	24	2	21	25
清镇市	4	7	6	4	23	22		31	67
六盘水市	**36**	**15**	**96**	**42**	**31**	**9**	**6**	**57**	**207**
钟山区	2	8	12	5	2	3		5	24
六枝特区	6	1	8	1	4	4	1	12	40
水城县	16	4	52	3	12		3	23	89
盘州市	12	2	24	33	13	2	2	17	54
遵义市	**204**	**60**	**232**	**5**	**99**	**37**	**3**	**119**	**293**
红花岗区	66	16	11		6	11	1	21	22
汇川区	8	6	5		5	1	1	8	21
播州区	41	7	20		17	11		14	68
桐梓县	3	4	10		6	1		7	21
绥阳县	7	4	14		2	1		10	28
正安县	4	3	102		6	1		16	26
道真仡佬族苗族自治县	2	1	3		2	1			7
务川仡佬族苗族自治县	1	1	27		1	3		5	15
凤冈县	6	2	8	1	3	1		7	15
湄潭县	9	4	9		4	2		11	15
余庆县	3		4	1	40	1		5	12
习水县	7	2	5	2	2	1		7	23
赤水市	18		7	1	4	1		2	10
仁怀市	29	10	7		1	1	1	6	10
安顺市	**38**	**14**	**103**	**2**	**54**	**38**	**8**	**146**	**167**
西秀区	1	6	18		25	31		30	42
平坝区	9	5	9		8	1	2	34	34
普定县	6	3	19	1	1	1	5	12	28
镇宁布依族苗族自治县	17		35		11			25	21
关岭布依族苗族自治县	3		15	1	4	4	1	36	25
紫云苗族布依族自治县	2		7		5	1		9	17
毕节市	**58**	**35**	**221**	**24**	**74**	**24**	**6**	**178**	**369**
七星关区	6	7	24	1	16	6	1	22	72
大方县	5	6	16	1	5	7	1	21	67
黔西县	10	6	22	2	14	2		17	25
金沙县	7	2	15	3	6	1		13	24
织金县	3	3	34	8	3	1	2	11	38
纳雍县	13	6	42	3	9			37	36
威宁彝族回族苗族自治县	8	3	44	1	8	2		46	65
赫章县	6	2	24	5	13	5	2	11	42

4-6 续表 41

单位：人

地　区 性　别	生产制造及有关人员								
	纸及纸制品生产加工人员	印刷和记录媒介复制人员	文教、工美、体育和娱乐用品制造人　员	石油加工和炼焦、煤化工生产人员	化学原料和化学制品制造人　员	医药制造人　员	化学纤维制造人员	橡胶和塑料制品制造人员	非金属矿物制品制造人员
铜仁市	**28**	**26**	**119**	**6**	**37**	**13**	**1**	**111**	**173**
碧江区	4	5	6		3	3		6	29
万山区	2		16		2	2		13	12
江口县	1		4		1			9	12
玉屏侗族自治县	2	2	4		12			25	7
石阡县	1	4	18			1		2	14
思南县	1	5	12		3	2	1	13	19
印江土家族苗族自治县		1	9	1	3	1		7	13
德江县	6	2	14		1	1		9	19
沿河土家族自治县	5	1	14		7			13	25
松桃苗族自治县	6	6	22	5	5	3		14	23
黔西南布依族苗族自治州	**44**	**35**	**266**	**3**	**34**	**42**	**1**	**138**	**226**
兴义市	13	20	104		11	27	1	34	65
兴仁市	7	1	31	1	11	3		17	39
普安县	4	1	10			1		9	16
晴隆县	2	3	8	1	5	2		18	22
贞丰县	6	4	35		3	2		13	41
望谟县	2	4	40			1		15	9
册亨县	6		24	1	2	1		6	12
安龙县	4	2	14		2	5		26	22
黔东南苗族侗族自治州	**59**	**40**	**424**	**3**	**85**	**29**	**2**	**119**	**274**
凯里市	2	8	58		7	11		14	69
黄平县	9	1	21		2	3		4	24
施秉县		2	32		2	1		3	7
三穗县	1	1	13		1	2		8	18
镇远县	3	1	23		4	3		8	13
岑巩县	8	3	1		22	2		12	20
天柱县	3	2	16		12	1		6	11
锦屏县	4	2	44		3	2		7	10
剑河县	2	4	30	1				3	5
台江县	1	1	42		1			1	7
黎平县	9	3	46		8		2	22	28
榕江县	3	2	23		8	2		6	7
从江县	2	1	36	1	2	2		12	10
雷山县	2		16					2	5
麻江县	1	5	4		11			4	26
丹寨县	9	4	19	1	2			7	14
黔南布依族苗族自治州	**99**	**27**	**222**	**5**	**140**	**48**	**6**	**157**	**262**
都匀市	2	10	14		4	15	4	18	34
福泉市	8	1	27	2	41	2		21	16
荔波县		1	9		2	1		6	3
贵定县	8	1	7	1	5		1	9	36
瓮安县	2	1	29		34	4	1	13	22
独山县	3	2	59		6	1		14	13
平塘县	26	3	15		2	1		9	14
罗甸县	14	3	16		6	7		6	26
长顺县	10		12		10	3		12	18
龙里县	13	1	2	1	6	10		13	19
惠水县	7	2	12		23	3		28	46
三都水族自治县	6	2	20	1	1	1		8	15

4-6 续表 42

单位：人

地区 性别	生产制造及有关人员								
	采矿人员	金属冶炼和压延加工人员	机械制造基础加工人员	金属制品制造人员	通用设备制造人员	专用设备制造人员	汽车制造人员	铁路、船舶、航空设备制造人员	电气机械和器材制造人员
贵州	**12716**	**2592**	**5830**	**7271**	**1477**	**485**	**1310**	**824**	**2475**
贵阳市	**608**	**526**	**1334**	**704**	**229**	**51**	**314**	**343**	**213**
南明区	17	46	81	66	14	7	22	20	13
云岩区	18	12	90	45	15	7	17	11	20
花溪区	18	74	487	192	63	11	98	49	50
乌当区	13	7	97	41	17	3	22	11	21
白云区	20	151	209	39	28	7	34	235	34
观山湖区	40	17	72	48	17	2	72	2	11
开阳县	183	13	72	60	19	8	9	4	21
息烽县	35	13	80	44	17	1	14	1	12
修文县	56	46	47	67	21	2	10		9
清镇市	208	147	99	102	18	3	16	10	22
六盘水市	**5701**	**289**	**581**	**551**	**120**	**43**	**75**	**15**	**143**
钟山区	465	178	99	53	34	3	5	4	11
六枝特区	185	15	143	109	21	12	23	1	25
水城县	1047	77	135	204	39	9	20	4	65
盘州市	4004	19	204	185	26	19	27	6	42
遵义市	**884**	**597**	**969**	**957**	**203**	**55**	**226**	**67**	**354**
红花岗区	62	191	162	157	52	11	27	37	46
汇川区	39	33	180	58	17	9	27	10	70
播州区	93	231	169	185	35	5	25	8	48
桐梓县	141	15	68	33	14	4	17	2	25
绥阳县	22	35	86	50	11	6	11	1	31
正安县	30	25	28	105	5	1	23	3	10
道真仡佬族苗族自治县	8	8	30	13	3		9		6
务川仡佬族苗族自治县	95	8	17	19	5		2		6
凤冈县	5	11	44	95	8	3	13	1	26
湄潭县	3	14	58	62	17	4	41	1	35
余庆县	4	3	20	40	5	5	11	1	5
习水县	209	10	47	54	7	5	9	1	23
赤水市	131	4	23	25	11	2	2	2	10
仁怀市	42	9	37	61	13		9		13
安顺市	**557**	**140**	**629**	**744**	**182**	**39**	**142**	**270**	**201**
西秀区	213	55	230	223	69	10	27	229	47
平坝区	113	18	131	81	35	11	13	18	35
普定县	162	25	76	99	28	7	14	16	34
镇宁布依族苗族自治县	15	24	95	174	22	3	27	4	29
关岭布依族苗族自治县	40	12	56	103	20	7	53	1	43
紫云苗族布依族自治县	14	6	41	64	8	1	8	2	13
毕节市	**3243**	**232**	**567**	**1127**	**180**	**77**	**184**	**23**	**394**
七星关区	32	49	109	207	24	10	25	3	101
大方县	512	19	64	117	35	6	20	3	35
黔西县	591	15	88	127	15	7	20	1	23
金沙县	889	10	59	97	9	7	10	1	29
织金县	616	18	57	117	24	4	24	5	20
纳雍县	288	19	61	155	37	8	38	1	62
威宁彝族回族苗族自治县	180	27	70	162	15	25	34	7	79
赫章县	135	75	59	145	21	10	13	2	45

4−6 续表 43　　　　单位：人

地区 性别	生产制造及有关人员								
	采矿人员	金属冶炼和压延加工人员	机械制造基础加工人员	金属制品制造人员	通用设备制造人员	专用设备制造人员	汽车制造人员	铁路、船舶、航空设备制造人员	电气机械和器材制造人员
铜仁市	**185**	**163**	**281**	**675**	**134**	**30**	**61**	**16**	**154**
碧江区	12	10	18	33	39	7	4	3	14
万山区	30	22	16	25	6	3	19		6
江口县	8	3	14	26	33	4	1		2
玉屏侗族自治县	14	55	20	36	6	7		1	17
石阡县	7	5	25	72	6		5	2	9
思南县	10	13	29	92	4		2	3	23
印江土家族苗族自治县	5	8	24	48	5	3	4		7
德江县	9	8	59	141	11	5	9		39
沿河土家族自治县	12	9	20	90	14		5	4	15
松桃苗族自治县	78	30	56	112	10	1	12	3	22
黔西南布依族苗族自治州	**957**	**192**	**337**	**655**	**105**	**44**	**97**	**24**	**308**
兴义市	116	119	78	138	36	17	35	8	92
兴仁市	212	32	58	116	10	3	10	3	40
普安县	274	8	23	40	11	1	7	2	21
晴隆县	150	1	27	60	8	5	16	4	20
贞丰县	109	8	41	80	10	9	7	2	19
望谟县	7	1	33	76	6	4	7		22
册亨县	20	6	20	50	6	2	1	2	35
安龙县	69	17	57	95	18	3	14	3	59
黔东南苗族侗族自治州	**142**	**181**	**515**	**992**	**101**	**82**	**104**	**21**	**313**
凯里市	37	53	75	136	17	7	17	2	30
黄平县	8	3	21	56	6	3	4		6
施秉县	4	4	12	28	9	6	1		8
三穗县	3	15	32	62		1	5		14
镇远县	6	11	27	53	2	4	8	1	16
岑巩县		7	18	62	10	1	3		13
天柱县	40	8	20	53	7	2	14	2	9
锦屏县	3	1	31	26	8	4	4	1	21
剑河县	4	5	32	68	3	2	2		1
台江县	3	24	21	28			6		75
黎平县	4	19	106	171	12	38	14	1	31
榕江县	6	8	29	62	5	6	9	7	18
从江县	2	12	30	85	3	3	4	2	44
雷山县	3	3	11	17	1	2	2	2	3
麻江县	11	3	17	27	12		6		16
丹寨县	8	5	33	58	6	3	5	3	8
黔南布依族苗族自治州	**439**	**272**	**617**	**866**	**223**	**64**	**107**	**45**	**395**
都匀市	38	14	63	80	23	7	4	7	6
福泉市	98	6	49	43	13	4	11	2	16
荔波县	47	4	21	31	4	3	6	1	20
贵定县	44	9	37	64	7	1	8	1	15
瓮安县	101	12	70	80	18	7	16	7	27
独山县	45	40	48	105	74	2	8	5	127
平塘县	14	5	18	52	6	3	8	1	29
罗甸县	12	144	24	78	8	6	6	1	58
长顺县	5		53	56	23	2	3	6	31
龙里县	5	15	74	89	7	14	4	5	8
惠水县	10	18	125	126	30	15	20	8	45
三都水族自治县	20	5	35	62	10		13	1	13

4-6　续表 44

单位：人

地　区 性　别	生产制造及有关人员								
	采矿人员	金属冶炼和压延加工人员	机械制造基础加工人员	金属制品制造人员	通用设备制造人员	专用设备制造人员	汽车制造人员	铁路、船舶、航空设备制造人员	电气机械和器材制造人员
男	**11819**	**2037**	**5028**	**5196**	**1166**	**302**	**903**	**628**	**1530**
贵　州	**11819**	**2037**	**5028**	**5196**	**1166**	**302**	**903**	**628**	**1530**
贵阳市	**502**	**447**	**1136**	**547**	**192**	**38**	**225**	**266**	**154**
南明区	17	40	75	48	14	6	17	16	12
云岩区	14	11	82	41	13	5	16	7	13
花溪区	17	48	385	146	46	10	60	34	31
乌当区	11	6	77	34	15	2	18	10	14
白云区	18	132	180	33	22	6	29	184	27
观山湖区	29	12	65	37	15	2	57	2	8
开阳县	166	12	65	46	17	4	6	4	16
息烽县	32	12	73	38	15		6	1	10
修文县	48	36	41	48	19	1	8		8
清镇市	150	138	93	76	16	2	8	8	15
六盘水市	**5413**	**243**	**524**	**396**	**100**	**25**	**59**	**11**	**98**
钟山区	436	146	93	41	30	3	4	4	9
六枝特区	179	13	125	81	15	4	19		18
水城县	985	66	118	138	31	6	16	2	43
盘州市	3813	18	188	136	24	12	20	5	28
遵义市	**826**	**495**	**836**	**742**	**167**	**32**	**154**	**55**	**222**
红花岗区	59	156	146	128	43	8	14	29	34
汇川区	38	26	156	44	14	6	21	8	47
播州区	81	198	152	152	30	4	20	8	34
桐梓县	137	13	59	27	11	1	10	1	10
绥阳县	21	23	71	39	7	2	7	1	18
正安县	28	22	22	79	5	1	16	3	3
道真仡佬族苗族自治县	8	5	29	9	3		6		3
务川仡佬族苗族自治县	88	7	12	12	5		1		3
凤冈县	5	9	37	65	7	2	10		16
湄潭县	3	12	47	43	15	3	26	1	18
余庆县	4	3	18	27	5	3	8	1	2
习水县	197	8	40	46	4	1	7	1	17
赤水市	117	4	21	20	7	1	1	2	7
仁怀市	40	9	26	51	11		7		10
安顺市	**530**	**109**	**513**	**524**	**143**	**20**	**88**	**203**	**128**
西秀区	198	45	191	167	50	3	15	169	25
平坝区	112	16	116	62	28	9	11	16	22
普定县	154	20	64	63	25	4	10	12	24
镇宁布依族苗族自治县	14	16	70	116	16		16	3	16
关岭布依族苗族自治县	40	7	42	72	17	3	31	1	32
紫云苗族布依族自治县	12	5	30	44	7	1	5	2	9
毕节市	**2972**	**179**	**503**	**818**	**139**	**47**	**123**	**15**	**215**
七星关区	32	43	97	152	18	5	13	2	52
大方县	454	16	55	95	26	4	12	2	23
黔西县	555	12	87	101	13	2	14		15
金沙县	803	7	49	70	7	6	6	1	12
织金县	558	14	54	91	21	3	15	3	13
纳雍县	269	16	52	106	26	6	26	1	29
威宁彝族回族苗族自治县	173	17	59	113	11	15	28	6	41
赫章县	128	54	50	90	17	6	9		30

4—6 续表 45

单位：人

地　区 性　别	生产制造及有关人员								
	采矿人员	金属冶炼和压延加工人员	机械制造基础加工人　员	金属制品制造人员	通用设备制造人员	专用设备制造人员	汽车制造人　员	铁路、船舶、航空设备制造人　员	电气机械和器材制造人员
铜仁市	**159**	**122**	**236**	**471**	**103**	**21**	**45**	**12**	**92**
碧江区	12	7	16	25	29	5	3	2	9
万山区	28	16	15	17	3	2	15		4
江口县	8	1	10	21	28	2			2
玉屏侗族自治县	8	44	19	19	5	6		1	12
石阡县	6	4	22	53	5		4	1	3
思南县	7	10	24	62	3		2	3	11
印江土家族苗族自治县	3	7	20	33	3	2	3		3
德江县	9	6	47	94	8	3	7		24
沿河土家族自治县	11	7	15	69	10		2	2	10
松桃苗族自治县	67	20	48	78	9	1	9	3	14
黔西南布依族苗族自治州	**904**	**145**	**291**	**440**	**80**	**30**	**62**	**18**	**200**
兴义市	105	88	73	97	29	10	24	6	58
兴仁市	207	25	50	73	8	2	6	3	23
普安县	260	5	21	25	7	1	7	2	17
晴隆县	143	1	21	39	7	3	10	1	13
贞丰县	104	6	34	51	9	7	2	2	15
望谟县	5	1	25	46	5	3	4		12
册亨县	15	4	14	34	4	1	1	2	23
安龙县	65	15	53	75	11	3	8	2	39
黔东南苗族侗族自治州	**121**	**143**	**430**	**664**	**83**	**42**	**73**	**18**	**209**
凯里市	27	44	70	98	16	6	11	2	23
黄平县	7	3	17	41	6	3	1		5
施秉县	4	4	12	20	7	4	1		7
三穗县	3	11	28	40		1	3		8
镇远县	6	8	19	37	1	4	4	1	9
岑巩县		5	14	45	10	1	3		8
天柱县	36	7	17	40	6	2	8	2	5
锦屏县	3	1	26	15	6	3	2	1	17
剑河县	3	5	28	43	3	2	1		1
台江县	3	15	16	19			3		47
黎平县	4	16	79	99	10	5	12	1	22
榕江县	6	7	25	46	3	4	8	5	11
从江县	1	7	29	53	1	3	4	2	28
雷山县	3	3	10	11	1	1	2	2	2
麻江县	8	3	13	19	8		5		8
丹寨县	7	4	27	38	5	3	5	2	8
黔南布依族苗族自治州	**392**	**154**	**559**	**594**	**159**	**47**	**74**	**30**	**212**
都匀市	32	11	58	59	17	4	3	5	5
福泉市	82	4	46	31	11	3	7	2	13
荔波县	44	2	20	17	3	3	5	1	14
贵定县	43	8	35	39	6		6	1	9
瓮安县	89	9	61	61	15	6	11	4	16
独山县	42	35	42	73	44	2	6	3	57
平塘县	14	4	18	37	5	2	4	1	18
罗甸县	7	51	22	40	4	2	5	1	26
长顺县	5		51	35	16	2	3	3	15
龙里县	4	13	64	61	6	11	2	4	5
惠水县	10	14	112	97	23	12	13	4	25
三都水族自治县	20	3	30	44	9		9	1	9

4-6　续表 46　　　　单位：人

地　区 性　别	生产制造及有关人员								
	采矿人员	金属冶炼和压延加工人员	机械制造基础加工人员	金属制品制造人员	通用设备制造人员	专用设备制造人员	汽车制造人员	铁路、船舶、航空设备制造人员	电气机械和器材制造人员
女	**897**	**555**	**802**	**2075**	**311**	**183**	**407**	**196**	**945**
贵　州	**897**	**555**	**802**	**2075**	**311**	**183**	**407**	**196**	**945**
贵阳市	**106**	**79**	**198**	**157**	**37**	**13**	**89**	**77**	**59**
南明区		6	6	18		1	5	4	1
云岩区	4	1	8	4	2	2	1	4	7
花溪区	1	26	102	46	17	1	38	15	19
乌当区	2	1	20	7	2	1	4	1	7
白云区	2	19	29	6	6	1	5	51	7
观山湖区	11	5	7	11	2		15		3
开阳县	17	1	7	14	2	4	3		5
息烽县	3	1	7	6	2	1	8		2
修文县	8	10	6	19	2	1	2		1
清镇市	58	9	6	26	2	1	8	2	7
六盘水市	**288**	**46**	**57**	**155**	**20**	**18**	**16**	**4**	**45**
钟山区	29	32	6	12	4		1		2
六枝特区	6	2	18	28	6	8	4	1	7
水城县	62	11	17	66	8	3	4	2	22
盘州市	191	1	16	49	2	7	7	1	14
遵义市	**58**	**102**	**133**	**215**	**36**	**23**	**72**	**12**	**132**
红花岗区	3	35	16	29	9	3	13	8	12
汇川区	1	7	24	14	3	3	6	2	23
播州区	12	33	17	33	5	1	5		14
桐梓县	4	2	9	6	3	3	7	1	15
绥阳县	1	12	15	11	4	4	4		13
正安县	2	3	6	26			7		7
道真仡佬族苗族自治县		3	1	4			3		3
务川仡佬族苗族自治县	7	1	5	7			1		3
凤冈县		2	7	30	1	1	3	1	10
湄潭县		2	11	19	2	1	15		17
余庆县			2	13		2	3		3
习水县	12	2	7	8	3	4	2		6
赤水市	14		2	5	4	1	1		3
仁怀市	2		11	10	2		2		3
安顺市	**27**	**31**	**116**	**220**	**39**	**19**	**54**	**67**	**73**
西秀区	15	10	39	56	19	7	12	60	22
平坝区	1	2	15	19	7	2	2	2	13
普定县	8	5	12	36	3	3	4	4	10
镇宁布依族苗族自治县	1	8	25	58	6	3	11	1	13
关岭布依族苗族自治县		5	14	31	3	4	22		11
紫云苗族布依族自治县	2	1	11	20	1		3		4
毕节市	**271**	**53**	**64**	**309**	**41**	**30**	**61**	**8**	**179**
七星关区		6	12	55	6	5	12	1	49
大方县	58	3	9	22	9	2	8	1	12
黔西县	36	3	1	26	2	5	6	1	8
金沙县	86	3	10	27	2	1	4		17
织金县	58	4	3	26	3	1	9	2	7
纳雍县	19	3	9	49	11	2	12		33
威宁彝族回族苗族自治县	7	10	11	49	4	10	6	1	38
赫章县	7	21	9	55	4	4	4	2	15

4-6 续表 47

单位：人

地区 性别	生产制造及有关人员								
	采矿人员	金属冶炼和压延加工人员	机械制造基础加工人员	金属制品制造人员	通用设备制造人员	专用设备制造人员	汽车制造人员	铁路、船舶、航空设备制造人员	电气机械和器材制造人员
铜仁市	**26**	**41**	**45**	**204**	**31**	**9**	**16**	**4**	**62**
碧江区		3	2	8	10	2	1	1	5
万山区	2	6	1	8	3	1	4		2
江口县		2	4	5	5	2	1		
玉屏侗族自治县	6	11	1	17	1	1			5
石阡县	1	1	3	19	1		1	1	6
思南县	3	3	5	30	1				12
印江土家族苗族自治县	2	1	4	15	2	1	1		4
德江县		2	12	47	3	2	2		15
沿河土家族自治县	1	2	5	21	4		3	2	5
松桃苗族自治县	11	10	8	34	1		3		8
黔西南布依族苗族自治州	**53**	**47**	**46**	**215**	**25**	**14**	**35**	**6**	**108**
兴义市	11	31	5	41	7	7	11	2	34
兴仁市	5	7	8	43	2	1	4		17
普安县	14	3	2	15	4				4
晴隆县	7		6	21	1	2	6	3	7
贞丰县	5	2	7	29	1	2	5		4
望谟县	2		8	30	1	1	3		10
册亨县	5	2	6	16	2	1			12
安龙县	4	2	4	20	7		6	1	20
黔东南苗族侗族自治州	**21**	**38**	**85**	**328**	**18**	**40**	**31**	**3**	**104**
凯里市	10	9	5	38	1	1	6		7
黄平县	1		4	15			3		1
施秉县				8	2	2			1
三穗县		4	4	22			2		6
镇远县		3	8	16	1		4		7
岑巩县		2	4	17					5
天柱县	4	1	3	13	1		6		4
锦屏县			5	11	2	1	2		4
剑河县	1		4	25			1		
台江县		9	5	9			3		28
黎平县		3	27	72	2	33	2		9
榕江县		1	4	16	2	2	1	2	7
从江县	1	5	1	32	2				16
雷山县			1	6		1			1
麻江县	3		4	8	4		1		8
丹寨县	1	1	6	20	1			1	
黔南布依族苗族自治州	**47**	**118**	**58**	**272**	**64**	**17**	**33**	**15**	**183**
都匀市	6	3	5	21	6	3	1	2	1
福泉市	16	2	3	12	2	1	4		3
荔波县	3	2	1	14	1		1		6
贵定县	1	1	2	25	1	1	2		6
瓮安县	12	3	9	19	3	1	5	3	11
独山县	3	5	6	32	30		2	2	70
平塘县		1		15	1	1	4		11
罗甸县	5	93	2	38	4	4	1		32
长顺县			2	21	7			3	16
龙里县	1	2	10	28	1	3	2	1	3
惠水县		4	13	29	7	3	7	4	20
三都水族自治县		2	5	18	1		4		4

4-6　续表 48　　　　　　　　　　　　　　　　　　　　　　　　　　单位：人

地　　区 性　　别	生产制造及有关人员								不便分类的其他从业人员
	计算机、通信和其他电子设备制造人员	仪器仪表制造人员	废弃资源综合利用人员	电力、热力、气体、水生产和输配人员	建筑施工人员	运输设备和通用工程机械操作人员及有关人员	生产辅助人员	其他生产制造及有关人员	
贵　州	**13974**	**178**	**625**	**1968**	**201780**	**10656**	**22290**	**972**	**3119**
贵阳市	**1746**	**29**	**107**	**338**	**24151**	**1946**	**5090**	**162**	**862**
南明区	85	3	11	26	3714	269	780	13	8
云岩区	101	2	24	43	3366	275	751	9	211
花溪区	578	1	24	31	3620	271	828	37	117
乌当区	368	3	2	13	1065	158	407	21	104
白云区	161	6	7	12	2603	227	489	14	2
观山湖区	141	2	11	26	2319	140	530	8	203
开阳县	70	5	16	18	1877	124	293	3	
息烽县	19	4	5	13	1081	96	302	3	3
修文县	47		4	8	1584	168	311	19	112
清镇市	176	3	3	148	2922	218	399	35	102
六盘水市	**923**	**18**	**42**	**239**	**16329**	**1074**	**2958**	**52**	**141**
钟山区	115	1	16	53	2625	313	799	1	11
六枝特区	134	3	5	22	2825	135	371	21	31
水城县	388	5	3	34	5279	224	497	10	15
盘州市	286	9	18	130	5600	402	1291	20	84
遵义市	**1852**	**34**	**65**	**340**	**34695**	**1823**	**4678**	**124**	**378**
红花岗区	315	7	10	68	4154	252	639	23	164
汇川区	268	4	13	45	2972	166	674	13	72
播州区	209	7	8	45	4064	299	714	19	41
桐梓县	238	1	2	16	3259	137	260		12
绥阳县	144	4	3	20	1725	80	214	5	1
正安县	83	4	2	9	2632	101	121	5	9
道真仡佬族苗族自治县	93			11	1367	69	140	1	4
务川仡佬族苗族自治县	35	2	1	8	2210	44	91	2	5
凤冈县	72	1	5	9	1664	61	95	10	7
湄潭县	105	3	7	10	1451	91	180	20	8
余庆县	23			41	1059	67	103	2	
习水县	140		10	28	3708	213	412	12	29
赤水市	76			14	1264	67	140	6	11
仁怀市	51	1	4	16	3166	176	895	6	15
安顺市	**1221**	**17**	**59**	**158**	**11653**	**668**	**1246**	**99**	**247**
西秀区	275	10	14	91	3318	245	557	45	135
平坝区	379	2	2	17	1519	133	247	9	23
普定县	202		19	14	2551	79	115	12	35
镇宁布依族苗族自治县	185	2	12	13	1523	58	122	21	32
关岭布依族苗族自治县	76	3	10	6	1362	69	116	10	2
紫云苗族布依族自治县	104		2	17	1380	84	89	2	20
毕节市	**2636**	**21**	**127**	**286**	**30746**	**1302**	**2614**	**122**	**81**
七星关区	324	3	18	48	4949	184	398	13	3
大方县	251	3	6	37	3999	128	249	10	4
黔西县	225	2	12	30	3018	170	298	26	35
金沙县	208	3	10	47	2302	200	495	5	16
织金县	213		37	26	3999	146	271	6	1
纳雍县	226	4	31	59	3078	112	258	11	1
威宁彝族回族苗族自治县	965	5	9	29	6287	227	437	40	16
赫章县	224	1	4	10	3114	135	208	11	5

4-6 续表 49 单位：人

地区 性别	生产制造及有关人员								不便分类的其他从业人员
	计算机、通信和其他电子设备制造人员	仪器仪表制造人员	废弃资源综合利用人员	电力、热力、气体、水生产和输配人员	建筑施工人员	运输设备和通用工程机械操作人员及有关人员	生产辅助人员	其他生产制造及有关人员	
铜仁市	**1248**	**8**	**58**	**92**	**22797**	**899**	**1154**	**81**	**695**
碧江区	204	1	5	13	2201	115	151	3	233
万山区	53		5	2	1070	63	56	8	38
江口县	57	3	3	9	1130	72	77	1	23
玉屏侗族自治县	156		6	21	1005	62	132	9	26
石阡县	90	1	1	8	2963	68	74	12	73
思南县	113		12	6	3277	113	102	5	32
印江土家族苗族自治县	76		4	3	2076	83	117	10	81
德江县	98	2	12	13	2456	79	178	4	54
沿河土家族自治县	110	1	1	5	3299	145	93	11	66
松桃苗族自治县	291		9	12	3320	99	174	18	69
黔西南布依族苗族自治州	**1442**	**19**	**81**	**186**	**17223**	**843**	**1308**	**89**	**220**
兴义市	343	13	43	85	6188	307	476	17	49
兴仁市	154	1	14	24	2091	89	235	11	24
普安县	90			20	1402	43	128	12	17
晴隆县	88		3	12	1624	44	58	23	56
贞丰县	132		9	24	1488	145	152	12	12
望谟县	279	1	5	1	1407	78	34	8	23
册亨县	213	3	4	8	844	36	55	4	14
安龙县	143	1	3	12	2179	101	170	2	25
黔东南苗族侗族自治州	**1496**	**15**	**34**	**204**	**23055**	**942**	**1371**	**116**	**196**
凯里市	231	4	7	35	4256	214	367	21	125
黄平县	94		1	3	1510	62	51	12	8
施秉县	38			5	672	31	23	3	
三穗县	77		2	7	890	36	97	4	2
镇远县	47	1		31	1165	39	110	8	4
岑巩县	137	1	1	20	1358	31	61	12	25
天柱县	139	1	6	6	1438	54	88	12	9
锦屏县	60		5	28	820	46	57	6	3
剑河县	21		1	7	1031	64	84	3	11
台江县	70		2	17	1085	20	52	5	6
黎平县	91	5	2	7	2179	93	98	8	
榕江县	133	1	1	12	2062	82	54	5	2
从江县	200	2	6	12	1866	61	79	2	
雷山县	29			8	910	26	44	6	1
麻江县	29			4	823	49	49	9	
丹寨县	100			2	990	34	57		
黔南布依族苗族自治州	**1410**	**17**	**52**	**125**	**21131**	**1159**	**1871**	**127**	**299**
都匀市	143	2	5	20	2850	167	242	15	93
福泉市	91	2	9	25	2002	155	270	21	10
荔波县	74		4	4	1051	97	74	2	9
贵定县	62		7	5	1698	74	164	3	40
瓮安县	129	5		16	2557	118	236	5	6
独山县	246	2	4	7	1473	113	150	8	33
平塘县	95	1	7	7	1499	43	75	4	5
罗甸县	79	1	3	9	1470	53	90	11	16
长顺县	116	2	1	7	1369	57	74	22	4
龙里县	87			8	1959	129	210	8	18
惠水县	135	2	11	12	2010	117	225	22	50
三都水族自治县	153		1	5	1193	36	61	6	15

4-6　续表 50　　　　单位：人

地　　区 性　　别	生产制造及有关人员								不便分类的其他从业人员
	计算机、通信和其他电子设备制造人　员	仪器仪表制造人员	废弃资源综合利用人　　员	电力、热力、气体、水生产和输配人员	建筑施工人　　员	运输设备和通用工程机械操作人员及有关人员	生产辅助人　　员	其他生产制造及有关人员	
男	**7968**	**105**	**446**	**1576**	**166070**	**9893**	**15729**	**607**	**1940**
贵　州	**7968**	**105**	**446**	**1576**	**166070**	**9893**	**15729**	**607**	**1940**
贵阳市	**1059**	**16**	**79**	**268**	**20305**	**1781**	**3788**	**112**	**539**
南明区	55	2	10	23	3112	220	608	10	7
云岩区	83	2	19	36	2819	255	592	7	136
花溪区	352		18	21	2947	243	599	23	75
乌当区	182		1	12	892	151	272	16	62
白云区	92	3	5	9	2118	208	378	11	2
观山湖区	100	1	6	20	1916	129	394	7	122
开阳县	42	2	11	15	1616	123	225	2	
息烽县	12	4	4	9	972	90	227	3	1
修文县	31		3	7	1412	160	184	10	67
清镇市	110	2	2	116	2501	202	309	23	67
六盘水市	**530**	**14**	**30**	**180**	**13205**	**972**	**2374**	**37**	**96**
钟山区	81	1	11	41	2149	282	659	1	6
六枝特区	79	2	5	17	2277	132	264	17	22
水城县	232	3	2	23	4258	201	376	6	11
盘州市	138	8	12	99	4521	357	1075	13	57
遵义市	**923**	**22**	**49**	**269**	**29113**	**1643**	**2926**	**76**	**241**
红花岗区	168	6	7	52	3496	231	481	15	106
汇川区	149	3	11	35	2467	148	454	6	48
播州区	107	5	7	28	3474	275	516	14	28
桐梓县	102		2	12	2797	135	205		7
绥阳县	58	2	1	16	1429	68	143	3	1
正安县	36	3	2	8	2166	98	86	1	4
道真仡佬族苗族自治县	37			10	1140	67	94		3
务川仡佬族苗族自治县	15		1	7	1697	43	69	2	
凤冈县	43		4	7	1352	59	71	7	4
湄潭县	60	2	4	10	1235	89	109	13	4
余庆县	13			35	912	66	69	1	
习水县	74		6	25	3168	183	210	7	16
赤水市	29			11	1106	67	85	3	8
仁怀市	32	1	4	13	2674	114	334	4	12
安顺市	**664**	**5**	**42**	**127**	**9738**	**627**	**811**	**66**	**148**
西秀区	133	3	10	72	2802	223	380	32	78
平坝区	194		2	16	1325	126	151	7	15
普定县	108		15	12	2109	75	74	6	19
镇宁布依族苗族自治县	114	1	7	11	1228	53	72	15	20
关岭布依族苗族自治县	48	1	7	4	1145	69	74	6	1
紫云苗族布依族自治县	67		1	12	1129	81	60		15
毕节市	**1516**	**12**	**92**	**239**	**25897**	**1205**	**1878**	**66**	**46**
七星关区	189	2	9	38	4207	175	270	4	3
大方县	157	2	5	27	3422	117	165	6	2
黔西县	132	1	9	27	2602	158	243	16	17
金沙县	78	1	10	37	2031	186	370	3	9
织金县	131		27	23	3308	136	225	4	
纳雍县	130	2	21	53	2541	100	192	5	1
威宁彝族回族苗族自治县	570	3	7	25	5219	205	270	26	11
赫章县	129	1	4	9	2567	128	143	2	3

4-6 续表 51　　　　单位：人

地区 性别	生产制造及有关人员								不便分类的其他从业人员
	计算机、通信和其他电子设备制造人员	仪器仪表制造人员	废弃资源综合利用人员	电力、热力、气体、水生产和输配人员	建筑施工人员	运输设备和通用工程机械操作人员及有关人员	生产辅助人员	其他生产制造及有关人员	
铜仁市	**725**	**4**	**33**	**74**	**18410**	**851**	**760**	**52**	**441**
碧江区	126	1	1	8	1774	109	99	3	146
万山区	30		2	2	885	59	34	3	23
江口县	34	1	2	7	991	66	59	1	19
玉屏侗族自治县	82		4	18	859	59	82	5	19
石阡县	56		1	7	2306	66	51	9	36
思南县	64		8	6	2532	107	62	4	23
印江土家族苗族自治县	43		2	2	1705	79	78	7	44
德江县	56	1	7	10	1880	77	113	3	40
沿河土家族自治县	56	1	1	4	2593	137	56	5	43
松桃苗族自治县	178		5	10	2885	92	126	12	48
黔西南布依族苗族自治州	**847**	**10**	**57**	**151**	**13436**	**800**	**932**	**52**	**122**
兴义市	201	6	33	69	4925	288	337	10	14
兴仁市	70	1	11	20	1647	83	174	6	17
普安县	61			14	1094	39	111	7	10
晴隆县	49			9	1194	40	36	12	41
贞丰县	70		7	21	1157	141	101	8	5
望谟县	175	1	3	1	1055	77	21	5	14
册亨县	141	2	2	8	627	36	33	3	11
安龙县	80		1	9	1737	96	119	1	10
黔东南苗族侗族自治州	**899**	**10**	**27**	**164**	**18707**	**918**	**945**	**73**	**118**
凯里市	137	4	5	26	3394	203	274	17	76
黄平县	63		1	2	1227	61	35	6	4
施秉县	18			2	555	30	20	2	
三穗县	45		2	5	776	34	61	4	
镇远县	22			24	967	38	78	5	3
岑巩县	58		1	18	1087	31	42	5	14
天柱县	86	1	5	3	1198	53	59	6	3
锦屏县	30		3	25	691	46	37	1	2
剑河县	16		1	6	839	62	59	3	9
台江县	46		2	16	846	20	32	1	4
黎平县	60	3	2	6	1758	91	62	7	
榕江县	87	1	1	9	1682	82	35	3	2
从江县	125	1	4	11	1508	61	53	2	
雷山县	23			7	743	26	31	5	1
麻江县	20			2	691	48	29	6	
丹寨县	63			2	745	32	38		
黔南布依族苗族自治州	**805**	**12**	**37**	**104**	**17259**	**1096**	**1315**	**73**	**189**
都匀市	94	2	4	16	2275	155	189	11	66
福泉市	51	2	8	17	1719	147	223	15	10
荔波县	47		2	4	874	95	54	2	6
贵定县	35		5	5	1448	71	104	2	23
瓮安县	84	5		14	2087	112	181	4	3
独山县	113	2	4	7	1246	107	99	4	11
平塘县	51	1	6	7	1232	41	54	2	3
罗甸县	53		2	7	1109	52	59	5	9
长顺县	49			6	1110	54	42	6	
龙里县	64			7	1589	116	130	4	16
惠水县	78		6	9	1608	111	139	14	33
三都水族自治县	86			5	962	35	41	4	9

4-6　续表 52　　　　　　　　　　　　　　　　　　　　　　　　单位：人

地　区 性　别	生产制造及有关人员								不便分类的其他从业人员
	计算机、通信和其他电子设备制造人员	仪器仪表制造人员	废弃资源综合利用人员	电力、热力、气体、水生产和输配人员	建筑施工人员	运输设备和通用工程机械操作人员及有关人员	生产辅助人员	其他生产制造及有关人员	
女	**6006**	**73**	**179**	**392**	**35710**	**763**	**6561**	**365**	**1179**
贵　州	**6006**	**73**	**179**	**392**	**35710**	**763**	**6561**	**365**	**1179**
贵阳市	**687**	**13**	**28**	**70**	**3846**	**165**	**1302**	**50**	**323**
南明区	30	1	1	3	602	49	172	3	1
云岩区	18		5	7	547	20	159	2	75
花溪区	226	1	6	10	673	28	229	14	42
乌当区	186	3	1	1	173	7	135	5	42
白云区	69	3	2	3	485	19	111	3	
观山湖区	41	1	5	6	403	11	136	1	81
开阳县	28	3	5	3	261	1	68	1	
息烽县	7		1	4	109	6	75		2
修文县	16		1	1	172	8	127	9	45
清镇市	66	1	1	32	421	16	90	12	35
六盘水市	**393**	**4**	**12**	**59**	**3124**	**102**	**584**	**15**	**45**
钟山区	34		5	12	476	31	140		5
六枝特区	55	1		5	548	3	107	4	9
水城县	156	2	1	11	1021	23	121	4	4
盘州市	148	1	6	31	1079	45	216	7	27
遵义市	**929**	**12**	**16**	**71**	**5582**	**180**	**1752**	**48**	**137**
红花岗区	147	1	3	16	658	21	158	8	58
汇川区	119	1	2	10	505	18	220	7	24
播州区	102	2	1	17	590	24	198	5	13
桐梓县	136	1		4	462	2	55		5
绥阳县	86	2	2	4	296	12	71	2	
正安县	47	1		1	466	3	35	4	5
道真仡佬族苗族自治县	56			1	227	2	46	1	1
务川仡佬族苗族自治县	20	2		1	513	1	22		5
凤冈县	29	1	1	2	312	2	24	3	3
湄潭县	45	1	3		216	2	71	7	4
余庆县	10			6	147	1	34	1	
习水县	66		4	3	540	30	202	5	13
赤水市	47			3	158		55	3	3
仁怀市	19			3	492	62	561	2	3
安顺市	**557**	**12**	**17**	**31**	**1915**	**41**	**435**	**33**	**99**
西秀区	142	7	4	19	516	22	177	13	57
平坝区	185	2		1	194	7	96	2	8
普定县	94		4	2	442	4	41	6	16
镇宁布依族苗族自治县	71	1	5	2	295	5	50	6	12
关岭布依族苗族自治县	28	2	3	2	217		42	4	1
紫云苗族布依族自治县	37		1	5	251	3	29	2	5
毕节市	**1120**	**9**	**35**	**47**	**4849**	**97**	**736**	**56**	**35**
七星关区	135	1	9	10	742	9	128	9	
大方县	94	1	1	10	577	11	84	4	2
黔西县	93	1	3	3	416	12	55	10	18
金沙县	130	2		10	271	14	125	2	7
织金县	82		10	3	691	10	46	2	1
纳雍县	96	2	10	6	537	12	66	6	
威宁彝族回族苗族自治县	395	2	2	4	1068	22	167	14	5
赫章县	95			1	547	7	65	9	2

4-6 续表 53

单位：人

地区 性别	生产制造及有关人员								不便分类的其他从业人员
	计算机、通信和其他电子设备制造人员	仪器仪表制造人员	废弃资源综合利用人员	电力、热力、气体、水生产和输配人员	建筑施工人员	运输设备和通用工程机械操作人员及有关人员	生产辅助人员	其他生产制造及有关人员	
铜仁市	**523**	**4**	**25**	**18**	**4387**	**48**	**394**	**29**	**254**
碧江区	78		4	5	427	6	52		87
万山区	23		3		185	4	22	5	15
江口县	23	2	1	2	139	6	18		4
玉屏侗族自治县	74		2	3	146	3	50	4	7
石阡县	34	1		1	657	2	23	3	37
思南县	49		4		745	6	40	1	9
印江土家族苗族自治县	33		2	1	371	4	39	3	37
德江县	42	1	5	3	576	2	65	1	14
沿河土家族自治县	54			1	706	8	37	6	23
松桃苗族自治县	113		4	2	435	7	48	6	21
黔西南布依族苗族自治州	**595**	**9**	**24**	**35**	**3787**	**43**	**376**	**37**	**98**
兴义市	142	7	10	16	1263	19	139	7	35
兴仁市	84		3	4	444	6	61	5	7
普安县	29			6	308	4	17	5	7
晴隆县	39		3	3	430	4	22	11	15
贞丰县	62		2	3	331	4	51	4	7
望谟县	104		2		352	1	13	3	9
册亨县	72	1	2		217		22	1	3
安龙县	63	1	2	3	442	5	51	1	15
黔东南苗族侗族自治州	**597**	**5**	**7**	**40**	**4348**	**24**	**426**	**43**	**78**
凯里市	94		2	9	862	11	93	4	49
黄平县	31			1	283	1	16	6	4
施秉县	20			3	117	1	3	1	
三穗县	32			2	114	2	36		2
镇远县	25	1		7	198	1	32	3	1
岑巩县	79	1		2	271		19	7	11
天柱县	53		1	3	240	1	29	6	6
锦屏县	30		2	3	129		20	5	1
剑河县	5			1	192	2	25		2
台江县	24			1	239		20	4	2
黎平县	31	2		1	421	2	36	1	
榕江县	46			3	380		19	2	
从江县	75	1	2	1	358		26		
雷山县	6			1	167		13	1	
麻江县	9			2	132	1	20	3	
丹寨县	37				245	2	19		
黔南布依族苗族自治州	**605**	**5**	**15**	**21**	**3872**	**63**	**556**	**54**	**110**
都匀市	49		1	4	575	12	53	4	27
福泉市	40		1	8	283	8	47	6	
荔波县	27		2		177	2	20		3
贵定县	27		2		250	3	60	1	17
瓮安县	45			2	470	6	55	1	3
独山县	133				227	6	51	4	22
平塘县	44		1		267	2	21	2	2
罗甸县	26	1	1	2	361	1	31	6	7
长顺县	67	2	1	1	259	3	32	16	4
龙里县	23			1	370	13	80	4	2
惠水县	57	2	5	3	402	6	86	8	17
三都水族自治县	67		1		231	1	20	2	6

4-6a 各地区分性别、职业中类的就业人口(城市)

单位：人

地区 性别	合计	党的机关、国家机关、群众团体和社会组织、企事业单位负责人						
		小计	中国共产党机关负责人	国家机关负责人	民主党派和工商联负责人	人民团体和群众团体、社会组织及其他成员组织负责人	基层群众自治组织负责人	企事业单位负责人
贵州	**396547**	**15762**	**34**	**934**	**8**	**512**	**146**	**14128**
贵阳市	**171082**	**8305**	**7**	**262**	**3**	**234**	**27**	**7772**
南明区	43695	2244	1	72	2	13	8	2148
云岩区	45041	1846	1	67	1	49	2	1726
花溪区	25221	990		16		100	4	870
乌当区	8258	448	3	18		16	1	410
白云区	16411	673	1	8		3	9	652
观山湖区	23529	1841	1	66		26	2	1746
开阳县								
息烽县								
修文县								
清镇市	8927	263		15		27	1	220
六盘水市	**36843**	**1304**	**6**	**121**	**1**	**62**	**24**	**1090**
钟山区	21714	791	1	76		43	9	662
六枝特区	4913	151	2	17		2	2	128
水城县								
盘州市	10216	362	3	28	1	17	13	300
遵义市	**74055**	**2173**	**5**	**130**	**1**	**59**	**26**	**1952**
红花岗区	26636	719	1	36		29	11	642
汇川区	17818	680	2	29		20	4	625
播州区	12688	370	1	30	1	1	7	330
桐梓县								
绥阳县								
正安县								
道真仡佬族苗族自治县								
务川仡佬族苗族自治县								
凤冈县								
湄潭县								
余庆县								
习水县								
赤水市	4266	116	1	19			4	92
仁怀市	12647	288		16		9		263
安顺市	**20519**	**723**	**4**	**71**		**26**	**9**	**613**
西秀区	17678	629	3	60		23	9	534
平坝区	2841	94	1	11		3		79
普定县								
镇宁布依族苗族自治县								
关岭布依族苗族自治县								
紫云苗族布依族自治县								
毕节市	**17955**	**516**	**6**	**72**		**17**	**11**	**410**
七星关区	17955	516	6	72		17	11	410
大方县								
黔西县								
金沙县								
织金县								
纳雍县								
威宁彝族回族苗族自治县								
赫章县								

4−6a 续表 1

单位：人

地区 性别	合计	党的机关、国家机关、群众团体和社会组织、企事业单位负责人						
		小计	中国共产党机关负责人	国家机关负责人	民主党派和工商联负责人	人民团体和群众团体、社会组织及其他成员组织负责人	基层群众自治组织负责人	企事业单位负责人
铜仁市	**12480**	**337**		**27**		**37**	**2**	**271**
碧江区	10094	306		25		35	1	245
万山区	2386	31		2		2	1	26
江口县								
玉屏侗族自治县								
石阡县								
思南县								
印江土家族苗族自治县								
德江县								
沿河土家族自治县								
松桃苗族自治县								
黔西南布依族苗族自治州	**28119**	**1286**	**2**	**116**	**1**	**34**	**33**	**1100**
兴义市	23048	1184	2	104	1	31	32	1014
兴仁市	5071	102		12		3	1	86
普安县								
晴隆县								
贞丰县								
望谟县								
册亨县								
安龙县								
黔东南苗族侗族自治州	**19530**	**519**	**2**	**57**		**29**	**10**	**421**
凯里市	19530	519	2	57		29	10	421
黄平县								
施秉县								
三穗县								
镇远县								
岑巩县								
天柱县								
锦屏县								
剑河县								
台江县								
黎平县								
榕江县								
从江县								
雷山县								
麻江县								
丹寨县								
黔南布依族苗族自治州	**15964**	**599**	**2**	**78**	**2**	**14**	**4**	**499**
都匀市	12066	442	1	55	2	12	1	371
福泉市	3898	157	1	23		2	3	128
荔波县								
贵定县								
瓮安县								
独山县								
平塘县								
罗甸县								
长顺县								
龙里县								
惠水县								
三都水族自治县								

4-6a 续表 2

单位：人

地区 性别	合计	党的机关、国家机关、群众团体和社会组织、企事业单位负责人						
		小计	中国共产党机关负责人	国家机关负责人	民主党派和工商联负责人	人民团体和群众团体、社会组织及其他成员组织负责人	基层群众自治组织负责人	企事业单位负责人
男	**229885**	**11160**	**26**	**739**	**8**	**313**	**93**	**9981**
贵州	**229885**	**11160**	**26**	**739**	**8**	**313**	**93**	**9981**
贵阳市	**99663**	**5886**	**4**	**202**	**3**	**139**	**13**	**5525**
南明区	25160	1591		57	2	3	4	1525
云岩区	25902	1311	1	56	1	30		1223
花溪区	15028	689		12		59	1	617
乌当区	4649	320	2	12		12	1	293
白云区	10075	469	1	3		3	6	456
观山湖区	13475	1315		52		16		1247
开阳县								
息烽县								
修文县								
清镇市	5374	191		10		16	1	164
六盘水市	**21790**	**963**	**4**	**107**	**1**	**39**	**15**	**797**
钟山区	12545	577		68		27	5	477
六枝特区	2844	103	2	15		1	1	84
水城县								
盘州市	6401	283	2	24	1	11	9	236
遵义市	**42795**	**1545**	**4**	**103**	**1**	**32**	**15**	**1390**
红花岗区	15440	515	1	26		12	6	470
汇川区	10069	470	1	18		13	1	437
播州区	7277	264	1	27	1	1	7	227
桐梓县								
绥阳县								
正安县								
道真仡佬族苗族自治县								
务川仡佬族苗族自治县								
凤冈县								
湄潭县								
余庆县								
习水县								
赤水市	2493	90	1	18			1	70
仁怀市	7516	206		14		6		186
安顺市	**11555**	**504**	**3**	**51**		**18**	**6**	**426**
西秀区	9917	432	2	41		15	6	368
平坝区	1638	72	1	10		3		58
普定县								
镇宁布依族苗族自治县								
关岭布依族苗族自治县								
紫云苗族布依族自治县								
毕节市	**10653**	**372**	**6**	**57**		**13**	**9**	**287**
七星关区	10653	372	6	57		13	9	287
大方县								
黔西县								
金沙县								
织金县								
纳雍县								
威宁彝族回族苗族自治县								
赫章县								

4－6a 续表 3 单位：人

地区 性别	合计	党的机关、国家机关、群众团体和社会组织、企事业单位负责人						
		小计	中国共产党机关负责人	国家机关负责人	民主党派和工商联负责人	人民团体和群众团体、社会组织及其他成员组织负责人	基层群众自治组织负责人	企事业单位负责人
铜仁市	**7221**	**227**		**23**		**25**	**1**	**178**
碧江区	5808	202		21		24		157
万山区	1413	25		2		1	1	21
江口县								
玉屏侗族自治县								
石阡县								
思南县								
印江土家族苗族自治县								
德江县								
沿河土家族自治县								
松桃苗族自治县								
黔西南布依族苗族自治州	**15980**	**850**	**1**	**90**	**1**	**23**	**21**	**714**
兴义市	13097	783	1	80	1	21	21	659
兴仁市	2883	67		10		2		55
普安县								
晴隆县								
贞丰县								
望谟县								
册亨县								
安龙县								
黔东南苗族侗族自治州	**11131**	**388**	**2**	**45**		**18**	**9**	**314**
凯里市	11131	388	2	45		18	9	314
黄平县								
施秉县								
三穗县								
镇远县								
岑巩县								
天柱县								
锦屏县								
剑河县								
台江县								
黎平县								
榕江县								
从江县								
雷山县								
麻江县								
丹寨县								
黔南布依族苗族自治州	**9097**	**425**	**2**	**61**	**2**	**6**	**4**	**350**
都匀市	6790	315	1	43	2	4	1	264
福泉市	2307	110	1	18		2	3	86
荔波县								
贵定县								
瓮安县								
独山县								
平塘县								
罗甸县								
长顺县								
龙里县								
惠水县								
三都水族自治县								

4-6a 续表 4 单位：人

地区 性别	合计	党的机关、国家机关、群众团体和社会组织、企事业单位负责人						
		小计	中国共产党机关负责人	国家机关负责人	民主党派和工商联负责人	人民团体和群众团体、社会组织及其他成员组织负责人	基层群众自治组织负责人	企事业单位负责人
女	**166662**	**4602**	**8**	**195**		**199**	**53**	**4147**
贵州	**166662**	**4602**	**8**	**195**		**199**	**53**	**4147**
贵阳市	**71419**	**2419**	**3**	**60**		**95**	**14**	**2247**
南明区	18535	653	1	15		10	4	623
云岩区	19139	535		11		19	2	503
花溪区	10193	301		4		41	3	253
乌当区	3609	128	1	6		4		117
白云区	6336	204		5			3	196
观山湖区	10054	526	1	14		10	2	499
开阳县								
息烽县								
修文县								
清镇市	3553	72		5		11		56
六盘水市	**15053**	**341**	**2**	**14**		**23**	**9**	**293**
钟山区	9169	214	1	8		16	4	185
六枝特区	2069	48		2		1	1	44
水城县								
盘州市	3815	79	1	4		6	4	64
遵义市	**31260**	**628**	**1**	**27**		**27**	**11**	**562**
红花岗区	11196	204		10		17	5	172
汇川区	7749	210	1	11		7	3	188
播州区	5411	106		3				103
桐梓县								
绥阳县								
正安县								
道真仡佬族苗族自治县								
务川仡佬族苗族自治县								
凤冈县								
湄潭县								
余庆县								
习水县								
赤水市	1773	26		1			3	22
仁怀市	5131	82		2		3		77
安顺市	**8964**	**219**	**1**	**20**		**8**	**3**	**187**
西秀区	7761	197	1	19		8	3	166
平坝区	1203	22		1				21
普定县								
镇宁布依族苗族自治县								
关岭布依族苗族自治县								
紫云苗族布依族自治县								
毕节市	**7302**	**144**		**15**		**4**	**2**	**123**
七星关区	7302	144		15		4	2	123
大方县								
黔西县								
金沙县								
织金县								
纳雍县								
威宁彝族回族苗族自治县								
赫章县								

4-6a 续表 5

单位：人

地区 性别	合计	党的机关、国家机关、群众团体和社会组织、企事业单位负责人						
		小计	中国共产党机关负责人	国家机关负责人	民主党派和工商联负责人	人民团体和群众团体、社会组织及其他成员组织负责人	基层群众自治组织负责人	企事业单位负责人
铜仁市	**5259**	**110**		**4**		**12**	**1**	**93**
碧江区	4286	104		4		11	1	88
万山区	973	6				1		5
江口县								
玉屏侗族自治县								
石阡县								
思南县								
印江土家族苗族自治县								
德江县								
沿河土家族自治县								
松桃苗族自治县								
黔西南布依族苗族自治州	**12139**	**436**	**1**	**26**		**11**	**12**	**386**
兴义市	9951	401	1	24		10	11	355
兴仁市	2188	35		2		1	1	31
普安县								
晴隆县								
贞丰县								
望谟县								
册亨县								
安龙县								
黔东南苗族侗族自治州	**8399**	**131**		**12**		**11**	**1**	**107**
凯里市	8399	131		12		11	1	107
黄平县								
施秉县								
三穗县								
镇远县								
岑巩县								
天柱县								
锦屏县								
剑河县								
台江县								
黎平县								
榕江县								
从江县								
雷山县								
麻江县								
丹寨县								
黔南布依族苗族自治州	**6867**	**174**		**17**		**8**		**149**
都匀市	5276	127		12		8		107
福泉市	1591	47		5				42
荔波县								
贵定县								
瓮安县								
独山县								
平塘县								
罗甸县								
长顺县								
龙里县								
惠水县								
三都水族自治县								

4-6a　续表 6

单位：人

地　区 性　别	专业技术人员									
	小计	科学研究人员	工程技术人员	农业技术人员	飞机和船舶技术人员	卫生专业技术人员	经济和金融专业人员	法律、社会和宗教专业人员	教学人员	文学艺术、体育专业人员
贵　州	**67027**	**369**	**12256**	**287**	**65**	**13452**	**12237**	**1675**	**24176**	**731**
贵阳市	**31186**	**271**	**7379**	**83**	**44**	**5116**	**6989**	**776**	**9073**	**445**
南明区	7638	78	1720	17	11	1395	1933	162	1888	147
云岩区	8920	59	1900	21	21	1712	2111	255	2382	128
花溪区	4290	73	954	11	5	653	742	71	1612	62
乌当区	1629	6	437	5	2	260	268	35	535	14
白云区	2190	6	594	1		313	444	38	745	14
观山湖区	5281	44	1576	21	5	553	1353	185	1322	55
开阳县										
息烽县										
修文县										
清镇市	1238	5	198	7		230	138	30	589	25
六盘水市	**6096**	**8**	**829**	**37**	**3**	**1426**	**891**	**176**	**2583**	**28**
钟山区	3535	5	501	12	3	800	544	120	1459	20
六枝特区	893		62	7		225	88	21	476	
水城县										
盘州市	1668	3	266	18		401	259	35	648	8
遵义市	**10631**	**32**	**1501**	**39**	**6**	**2526**	**1776**	**249**	**4208**	**95**
红花岗区	3789	13	600	10	4	754	736	98	1451	26
汇川区	3151	14	526	10	1	883	551	76	992	44
播州区	1692	2	188	5		365	244	35	825	6
桐梓县										
绥阳县										
正安县										
道真仡佬族苗族自治县										
务川仡佬族苗族自治县										
凤冈县										
湄潭县										
余庆县										
习水县										
赤水市	656		73	4	1	176	74	20	291	7
仁怀市	1343	3	114	10		348	171	20	649	12
安顺市	**3345**	**11**	**623**	**24**	**6**	**717**	**517**	**70**	**1289**	**19**
西秀区	2875	11	574	15	6	593	461	65	1072	19
平坝区	470		49	9		124	56	5	217	
普定县										
镇宁布依族苗族自治县										
关岭布依族苗族自治县										
紫云苗族布依族自治县										
毕节市	**3185**	**10**	**330**	**26**	**2**	**666**	**328**	**107**	**1619**	**22**
七星关区	3185	10	330	26	2	666	328	107	1619	22
大方县										
黔西县										
金沙县										
织金县										
纳雍县										
威宁彝族回族苗族自治县										
赫章县										

4-6a 续表 7

单位：人

地区 性别	专业技术人员 小计	科学研究人员	工程技术人员	农业技术人员	飞机和船舶技术人员	卫生专业技术人员	经济和金融专业人员	法律、社会和宗教专业人员	教学人员	文学艺术、体育专业人员
铜仁市	**2034**	**9**	**293**	**12**		**480**	**249**	**47**	**887**	**20**
碧江区	1672	9	238	10		413	206	36	718	16
万山区	362		55	2		67	43	11	169	4
江口县										
玉屏侗族自治县										
石阡县										
思南县										
印江土家族苗族自治县										
德江县										
沿河土家族自治县										
松桃苗族自治县										
黔西南布依族苗族自治州	**4767**	**15**	**634**	**37**		**1079**	**596**	**111**	**2157**	**41**
兴义市	4002	13	573	33		907	518	91	1747	36
兴仁市	765	2	61	4		172	78	20	410	5
普安县										
晴隆县										
贞丰县										
望谟县										
册亨县										
安龙县										
黔东南苗族侗族自治州	**3057**	**7**	**314**	**14**	**2**	**782**	**482**	**61**	**1277**	**26**
凯里市	3057	7	314	14	2	782	482	61	1277	26
黄平县										
施秉县										
三穗县										
镇远县										
岑巩县										
天柱县										
锦屏县										
剑河县										
台江县										
黎平县										
榕江县										
从江县										
雷山县										
麻江县										
丹寨县										
黔南布依族苗族自治州	**2726**	**6**	**353**	**15**	**2**	**660**	**409**	**78**	**1083**	**35**
都匀市	2113	6	272	10	2	517	335	66	813	26
福泉市	613		81	5		143	74	12	270	9
荔波县										
贵定县										
瓮安县										
独山县										
平塘县										
罗甸县										
长顺县										
龙里县										
惠水县										
三都水族自治县										

4-6a　续表 8

单位：人

地　　区 性　　别	专业技术人员									
	小计	科学研究人员	工程技术人员	农业技术人员	飞机和船舶技术人　员	卫生专业技术人员	经济和金融专业人　员	法律、社会和宗教专业人员	教学人员	文学艺术、体育专业人员
男	**28432**	**209**	**10217**	**182**	**59**	**3696**	**3611**	**873**	**8280**	**424**
贵　州	**28432**	**209**	**10217**	**182**	**59**	**3696**	**3611**	**873**	**8280**	**424**
贵阳市	**13526**	**156**	**6061**	**49**	**43**	**1292**	**2006**	**387**	**2777**	**255**
南明区	3284	51	1413	12	11	357	571	86	572	75
云岩区	3778	30	1587	11	20	437	633	119	700	71
花溪区	1857	36	763	7	5	159	195	34	569	37
乌当区	710	1	349	2	2	63	71	13	167	8
白云区	961	3	504			76	122	17	213	11
观山湖区	2425	30	1274	13	5	141	374	103	365	35
开阳县										
息烽县										
修文县										
清镇市	511	5	171	4		59	40	15	191	18
六盘水市	**2517**	**4**	**734**	**26**	**2**	**377**	**309**	**89**	**902**	**18**
钟山区	1431	3	436	8	2	215	180	55	486	13
六枝特区	366		60	6		58	36	14	186	
水城县										
盘州市	720	1	238	12		104	93	20	230	5
遵义市	**4312**	**14**	**1308**	**23**	**4**	**763**	**515**	**133**	**1398**	**56**
红花岗区	1473	8	534	6	2	195	196	58	417	18
汇川区	1279	4	442	6	1	252	166	38	315	25
播州区	719	1	172	2		127	77	17	301	3
桐梓县										
绥阳县										
正安县										
道真仡佬族苗族自治县										
务川仡佬族苗族自治县										
凤冈县										
湄潭县										
余庆县										
习水县										
赤水市	290		62	1	1	69	21	7	117	6
仁怀市	551	1	98	8		120	55	13	248	4
安顺市	**1385**	**5**	**497**	**14**	**5**	**201**	**149**	**34**	**442**	**11**
西秀区	1187	5	453	9	5	165	130	32	355	11
平坝区	198		44	5		36	19	2	87	
普定县										
镇宁布依族苗族自治县										
关岭布依族苗族自治县										
紫云苗族布依族自治县										
毕节市	**1412**	**6**	**280**	**17**	**2**	**206**	**122**	**68**	**657**	**16**
七星关区	1412	6	280	17	2	206	122	68	657	16
大方县										
黔西县										
金沙县										
织金县										
纳雍县										
威宁彝族回族苗族自治县										
赫章县										

4-6a 续表 9

单位：人

地区 性别	专业技术人员									
	小计	科学研究人员	工程技术人员	农业技术人员	飞机和船舶技术人员	卫生专业技术人员	经济和金融专业人员	法律、社会和宗教专业人员	教学人员	文学艺术、体育专业人员
铜仁市	**856**	**6**	**241**	**8**		**130**	**73**	**23**	**346**	**11**
碧江区	694	6	195	8		113	60	20	272	9
万山区	162		46			17	13	3	74	2
江口县										
玉屏侗族自治县										
石阡县										
思南县										
印江土家族苗族自治县										
德江县										
沿河土家族自治县										
松桃苗族自治县										
黔西南布依族苗族自治州	**2068**	**12**	**543**	**27**		**328**	**178**	**68**	**836**	**25**
兴义市	1703	10	487	24		270	152	52	643	22
兴仁市	365	2	56	3		58	26	16	193	3
普安县										
晴隆县										
贞丰县										
望谟县										
册亨县										
安龙县										
黔东南苗族侗族自治州	**1218**	**4**	**266**	**8**	**2**	**224**	**145**	**32**	**478**	**11**
凯里市	1218	4	266	8	2	224	145	32	478	11
黄平县										
施秉县										
三穗县										
镇远县										
岑巩县										
天柱县										
锦屏县										
剑河县										
台江县										
黎平县										
榕江县										
从江县										
雷山县										
麻江县										
丹寨县										
黔南布依族苗族自治州	**1138**	**2**	**287**	**10**	**1**	**175**	**114**	**39**	**444**	**21**
都匀市	888	2	221	5	1	138	103	34	331	16
福泉市	250		66	5		37	11	5	113	5
荔波县										
贵定县										
瓮安县										
独山县										
平塘县										
罗甸县										
长顺县										
龙里县										
惠水县										
三都水族自治县										

4－6a　续表 10　　　　单位：人

地　区 性　别	专业技术人员 小计	科学研究人员	工程技术人员	农业技术人员	飞机和船舶技术人　员	卫生专业技术人员	经济和金融专业人　员	法律、社会和宗教专业人员	教学人员	文学艺术、体育专业人员
女	**38595**	**160**	**2039**	**105**	**6**	**9756**	**8626**	**802**	**15896**	**307**
贵　州	**38595**	**160**	**2039**	**105**	**6**	**9756**	**8626**	**802**	**15896**	**307**
贵阳市	**17660**	**115**	**1318**	**34**	**1**	**3824**	**4983**	**389**	**6296**	**190**
南明区	4354	27	307	5		1038	1362	76	1316	72
云岩区	5142	29	313	10	1	1275	1478	136	1682	57
花溪区	2433	37	191	4		494	547	37	1043	25
乌当区	919	5	88	3		197	197	22	368	6
白云区	1229	3	90	1		237	322	21	532	3
观山湖区	2856	14	302	8		412	979	82	957	20
开阳县										
息烽县										
修文县										
清镇市	727		27	3		171	98	15	398	7
六盘水市	**3579**	**4**	**95**	**11**	**1**	**1049**	**582**	**87**	**1681**	**10**
钟山区	2104	2	65	4	1	585	364	65	973	7
六枝特区	527		2	1		167	52	7	290	
水城县										
盘州市	948	2	28	6		297	166	15	418	3
遵义市	**6319**	**18**	**193**	**16**	**2**	**1763**	**1261**	**116**	**2810**	**39**
红花岗区	2316	5	66	4	2	559	540	40	1034	8
汇川区	1872	10	84	4		631	385	38	677	19
播州区	973	1	16	3		238	167	18	524	3
桐梓县										
绥阳县										
正安县										
道真仡佬族苗族自治县										
务川仡佬族苗族自治县										
凤冈县										
湄潭县										
余庆县										
习水县										
赤水市	366		11	3		107	53	13	174	1
仁怀市	792	2	16	2		228	116	7	401	8
安顺市	**1960**	**6**	**126**	**10**	**1**	**516**	**368**	**36**	**847**	**8**
西秀区	1688	6	121	6	1	428	331	33	717	8
平坝区	272		5	4		88	37	3	130	
普定县										
镇宁布依族苗族自治县										
关岭布依族苗族自治县										
紫云苗族布依族自治县										
毕节市	**1773**	**4**	**50**	**9**		**460**	**206**	**39**	**962**	**6**
七星关区	1773	4	50	9		460	206	39	962	6
大方县										
黔西县										
金沙县										
织金县										
纳雍县										
威宁彝族回族苗族自治县										
赫章县										

4-6a 续表 11 单位：人

地区 性别	专业技术人员									
	小计	科学研究人员	工程技术人员	农业技术人员	飞机和船舶技术人员	卫生专业技术人员	经济和金融专业人员	法律、社会和宗教专业人员	教学人员	文学艺术、体育专业人员
铜仁市	**1178**	**3**	**52**	**4**		**350**	**176**	**24**	**541**	**9**
碧江区	978	3	43	2		300	146	16	446	7
万山区	200		9	2		50	30	8	95	2
江口县										
玉屏侗族自治县										
石阡县										
思南县										
印江土家族苗族自治县										
德江县										
沿河土家族自治县										
松桃苗族自治县										
黔西南布依族苗族自治州	**2699**	**3**	**91**	**10**		**751**	**418**	**43**	**1321**	**16**
兴义市	2299	3	86	9		637	366	39	1104	14
兴仁市	400		5	1		114	52	4	217	2
普安县										
晴隆县										
贞丰县										
望谟县										
册亨县										
安龙县										
黔东南苗族侗族自治州	**1839**	**3**	**48**	**6**		**558**	**337**	**29**	**799**	**15**
凯里市	1839	3	48	6		558	337	29	799	15
黄平县										
施秉县										
三穗县										
镇远县										
岑巩县										
天柱县										
锦屏县										
剑河县										
台江县										
黎平县										
榕江县										
从江县										
雷山县										
麻江县										
丹寨县										
黔南布依族苗族自治州	**1588**	**4**	**66**	**5**	**1**	**485**	**295**	**39**	**639**	**14**
都匀市	1225	4	51	5	1	379	232	32	482	10
福泉市	363		15			106	63	7	157	4
荔波县										
贵定县										
瓮安县										
独山县										
平塘县										
罗甸县										
长顺县										
龙里县										
惠水县										
三都水族自治县										

4-6a　续表 12

单位：人

地　区 性　别	专业技术人员		办事人员和有关人员				社会生产服务和生活服务人员		
	新闻出版、文化专业人员	其他专业技术人员	小计	办事人员	安全和消防人员	其他办事人员和有关人员	小计	批发与零售服务人　员	交通运输、仓储和邮政业服务人员
贵　州	**1296**	**483**	**54841**	**45274**	**9054**	**513**	**175532**	**73322**	**30072**
贵阳市	**725**	**285**	**25813**	**21914**	**3673**	**226**	**77221**	**32588**	**13440**
南明区	221	66	6243	5163	992	88	21914	9632	4012
云岩区	254	77	7208	6150	1012	46	21055	8769	3649
花溪区	63	44	3318	2822	480	16	11237	4516	2249
乌当区	35	32	1382	1185	164	33	3183	1374	509
白云区	32	3	1854	1461	382	11	6999	2677	1449
观山湖区	108	59	4589	4140	429	20	8792	3994	933
开阳县									
息烽县									
修文县									
清镇市	12	4	1219	993	214	12	4041	1626	639
六盘水市	**92**	**23**	**4607**	**3713**	**869**	**25**	**16139**	**6418**	**3186**
钟山区	60	11	2909	2351	544	14	10256	4225	2021
六枝特区	12	2	654	541	110	3	2104	894	413
水城县									
盘州市	20	10	1044	821	215	8	3779	1299	752
遵义市	**139**	**60**	**8475**	**6873**	**1529**	**73**	**34422**	**14787**	**5796**
红花岗区	64	33	3086	2412	629	45	13774	5940	2402
汇川区	45	9	2402	2008	383	11	7444	3025	1244
播州区	9	13	1324	1050	260	14	5983	2591	1027
桐梓县									
绥阳县									
正安县									
道真仡佬族苗族自治县									
务川仡佬族苗族自治县									
凤冈县									
湄潭县									
余庆县									
习水县									
赤水市	7	3	526	435	89	2	1848	597	273
仁怀市	14	2	1137	968	168	1	5373	2634	850
安顺市	**61**	**8**	**3237**	**2498**	**697**	**42**	**8614**	**3667**	**1292**
西秀区	55	4	2837	2187	621	29	7464	3234	1133
平坝区	6	4	400	311	76	13	1150	433	159
普定县									
镇宁布依族苗族自治县									
关岭布依族苗族自治县									
紫云苗族布依族自治县									
毕节市	**70**	**5**	**2249**	**1764**	**473**	**12**	**7573**	**2986**	**1351**
七星关区	70	5	2249	1764	473	12	7573	2986	1351
大方县									
黔西县									
金沙县									
织金县									
纳雍县									
威宁彝族回族苗族自治县									
赫章县									

4-6a 续表 13

单位：人

地区 性别	专业技术人员		办事人员和有关人员				社会生产服务和生活服务人员		
	新闻出版、文化专业人员	其他专业技术人员	小计	办事人员	安全和消防人员	其他办事人员和有关人员	小计	批发与零售服务人员	交通运输、仓储和邮政业服务人员
铜仁市	**25**	**12**	**1573**	**1322**	**242**	**9**	**4820**	**2138**	**558**
碧江区	22	4	1320	1121	191	8	3927	1807	459
万山区	3	8	253	201	51	1	893	331	99
江口县									
玉屏侗族自治县									
石阡县									
思南县									
印江土家族苗族自治县									
德江县									
沿河土家族自治县									
松桃苗族自治县									
黔西南布依族苗族自治州	**64**	**33**	**3291**	**2572**	**687**	**32**	**11258**	**4334**	**1834**
兴义市	57	27	2794	2209	563	22	9331	3583	1514
兴仁市	7	6	497	363	124	10	1927	751	320
普安县									
晴隆县									
贞丰县									
望谟县									
册亨县									
安龙县									
黔东南苗族侗族自治州	**61**	**31**	**3077**	**2646**	**380**	**51**	**8761**	**3769**	**1373**
凯里市	61	31	3077	2646	380	51	8761	3769	1373
黄平县									
施秉县									
三穗县									
镇远县									
岑巩县									
天柱县									
锦屏县									
剑河县									
台江县									
黎平县									
榕江县									
从江县									
雷山县									
麻江县									
丹寨县									
黔南布依族苗族自治州	**59**	**26**	**2519**	**1972**	**504**	**43**	**6724**	**2635**	**1242**
都匀市	45	21	2028	1587	430	11	5313	2124	969
福泉市	14	5	491	385	74	32	1411	511	273
荔波县									
贵定县									
瓮安县									
独山县									
平塘县									
罗甸县									
长顺县									
龙里县									
惠水县									
三都水族自治县									

4−6a　续表 14　　　　单位：人

地　区 性　别	专业技术人员		办事人员和有关人员				社会生产服务和生活服务人员		
	新闻出版、文化专业人员	其他专业技术人员	小计	办事人员	安全和消防人员	其他办事人员和有关人员	小计	批发与零售服务人　员	交通运输、仓储和邮政业服务人员
男	**530**	**351**	**33146**	**24931**	**7924**	**291**	**94468**	**34173**	**25598**
贵　州	**530**	**351**	**33146**	**24931**	**7924**	**291**	**94468**	**34173**	**25598**
贵阳市	**301**	**199**	**15044**	**11736**	**3184**	**124**	**43064**	**16003**	**11314**
南明区	92	44	3604	2706	850	48	12181	4641	3410
云岩区	114	56	4183	3269	886	28	11770	4297	3042
花溪区	28	24	1980	1553	419	8	6485	2295	1876
乌当区	9	25	809	655	139	15	1708	661	434
白云区	12	3	1099	758	331	10	3878	1276	1205
观山湖区	42	43	2580	2207	363	10	4822	2057	785
开阳县									
息烽县									
修文县									
清镇市	4	4	789	588	196	5	2220	776	562
六盘水市	**37**	**19**	**2886**	**2091**	**781**	**14**	**8454**	**2749**	**2717**
钟山区	25	8	1825	1330	486	9	5396	1834	1732
六枝特区	4	2	412	308	103	1	1093	363	359
水城县									
盘州市	8	9	649	453	192	4	1965	552	626
遵义市	**53**	**45**	**5259**	**3862**	**1355**	**42**	**18015**	**6827**	**4953**
红花岗区	17	22	1914	1334	555	25	7386	2750	2074
汇川区	21	9	1460	1120	334	6	3825	1336	1051
播州区	8	11	836	594	232	10	2944	1100	886
桐梓县									
绥阳县									
正安县									
道真仡佬族苗族自治县									
务川仡佬族苗族自治县									
凤冈县									
湄潭县									
余庆县									
习水县									
赤水市	4	2	322	239	83		934	215	240
仁怀市	3	1	727	575	151	1	2926	1426	702
安顺市	**20**	**7**	**2001**	**1368**	**610**	**23**	**4481**	**1615**	**1109**
西秀区	19	3	1754	1192	546	16	3886	1434	971
平坝区	1	4	247	176	64	7	595	181	138
普定县									
镇宁布依族苗族自治县									
关岭布依族苗族自治县									
紫云苗族布依族自治县									
毕节市	**34**	**4**	**1501**	**1074**	**418**	**9**	**4117**	**1322**	**1185**
七星关区	34	4	1501	1074	418	9	4117	1322	1185
大方县									
黔西县									
金沙县									
织金县									
纳雍县									
威宁彝族回族苗族自治县									
赫章县									

4－6a 续表 15 单位：人

地区 性别	专业技术人员		办事人员和有关人员				社会生产服务和生活服务人员		
	新闻出版、文化专业人员	其他专业技术人员	小计	办事人员	安全和消防人员	其他办事人员和有关人员	小计	批发与零售服务人员	交通运输、仓储和邮政业服务人员
铜仁市	**8**	**10**	**991**	**775**	**213**	**3**	**2438**	**977**	**476**
碧江区	8	3	839	669	167	3	1999	816	398
万山区		7	152	106	46		439	161	78
江口县									
玉屏侗族自治县									
石阡县									
思南县									
印江土家族苗族自治县									
德江县									
沿河土家族自治县									
松桃苗族自治县									
黔西南布依族苗族自治州	**29**	**22**	**2040**	**1438**	**586**	**16**	**5802**	**1907**	**1548**
兴义市	25	18	1714	1221	482	11	4810	1578	1275
兴仁市	4	4	326	217	104	5	992	329	273
普安县									
晴隆县									
贞丰县									
望谟县									
册亨县									
安龙县									
黔东南苗族侗族自治州	**25**	**23**	**1887**	**1513**	**338**	**36**	**4609**	**1689**	**1202**
凯里市	25	23	1887	1513	338	36	4609	1689	1202
黄平县									
施秉县									
三穗县									
镇远县									
岑巩县									
天柱县									
锦屏县									
剑河县									
台江县									
黎平县									
榕江县									
从江县									
雷山县									
麻江县									
丹寨县									
黔南布依族苗族自治州	**23**	**22**	**1537**	**1074**	**439**	**24**	**3488**	**1084**	**1094**
都匀市	20	17	1251	862	384	5	2764	886	851
福泉市	3	5	286	212	55	19	724	198	243
荔波县									
贵定县									
瓮安县									
独山县									
平塘县									
罗甸县									
长顺县									
龙里县									
惠水县									
三都水族自治县									

4-6a　续表 16

单位：人

地　区 性　别	专业技术人员		办事人员和有关人员				社会生产服务和生活服务人员		
	新闻出版、文化专业人员	其他专业技术人员	小计	办事人员	安全和消防人员	其他办事人员和有关人员	小计	批发与零售服务人员	交通运输、仓储和邮政业服务人员
女	**766**	**132**	**21695**	**20343**	**1130**	**222**	**81064**	**39149**	**4474**
贵　州	**766**	**132**	**21695**	**20343**	**1130**	**222**	**81064**	**39149**	**4474**
贵阳市	**424**	**86**	**10769**	**10178**	**489**	**102**	**34157**	**16585**	**2126**
南明区	129	22	2639	2457	142	40	9733	4991	602
云岩区	140	21	3025	2881	126	18	9285	4472	607
花溪区	35	20	1338	1269	61	8	4752	2221	373
乌当区	26	7	573	530	25	18	1475	713	75
白云区	20		755	703	51	1	3121	1401	244
观山湖区	66	16	2009	1933	66	10	3970	1937	148
开阳县									
息烽县									
修文县									
清镇市	8		430	405	18	7	1821	850	77
六盘水市	**55**	**4**	**1721**	**1622**	**88**	**11**	**7685**	**3669**	**469**
钟山区	35	3	1084	1021	58	5	4860	2391	289
六枝特区	8		242	233	7	2	1011	531	54
水城县									
盘州市	12	1	395	368	23	4	1814	747	126
遵义市	**86**	**15**	**3216**	**3011**	**174**	**31**	**16407**	**7960**	**843**
红花岗区	47	11	1172	1078	74	20	6388	3190	328
汇川区	24		942	888	49	5	3619	1689	193
播州区	1	2	488	456	28	4	3039	1491	141
桐梓县									
绥阳县									
正安县									
道真仡佬族苗族自治县									
务川仡佬族苗族自治县									
凤冈县									
湄潭县									
余庆县									
习水县									
赤水市	3	1	204	196	6	2	914	382	33
仁怀市	11	1	410	393	17		2447	1208	148
安顺市	**41**	**1**	**1236**	**1130**	**87**	**19**	**4133**	**2052**	**183**
西秀区	36	1	1083	995	75	13	3578	1800	162
平坝区	5		153	135	12	6	555	252	21
普定县									
镇宁布依族苗族自治县									
关岭布依族苗族自治县									
紫云苗族布依族自治县									
毕节市	**36**	**1**	**748**	**690**	**55**	**3**	**3456**	**1664**	**166**
七星关区	36	1	748	690	55	3	3456	1664	166
大方县									
黔西县									
金沙县									
织金县									
纳雍县									
威宁彝族回族苗族自治县									
赫章县									

4-6a 续表 17

单位：人

地区 性别	专业技术人员		办事人员和有关人员				社会生产服务和生活服务人员		
	新闻出版、文化专业人员	其他专业技术人员	小计	办事人员	安全和消防人员	其他办事人员和有关人员	小计	批发与零售服务人员	交通运输、仓储和邮政业服务人员
铜仁市	**17**	**2**	**582**	**547**	**29**	**6**	**2382**	**1161**	**82**
碧江区	14	1	481	452	24	5	1928	991	61
万山区	3	1	101	95	5	1	454	170	21
江口县									
玉屏侗族自治县									
石阡县									
思南县									
印江土家族苗族自治县									
德江县									
沿河土家族自治县									
松桃苗族自治县									
黔西南布依族苗族自治州	**35**	**11**	**1251**	**1134**	**101**	**16**	**5456**	**2427**	**286**
兴义市	32	9	1080	988	81	11	4521	2005	239
兴仁市	3	2	171	146	20	5	935	422	47
普安县									
晴隆县									
贞丰县									
望谟县									
册亨县									
安龙县									
黔东南苗族侗族自治州	**36**	**8**	**1190**	**1133**	**42**	**15**	**4152**	**2080**	**171**
凯里市	36	8	1190	1133	42	15	4152	2080	171
黄平县									
施秉县									
三穗县									
镇远县									
岑巩县									
天柱县									
锦屏县									
剑河县									
台江县									
黎平县									
榕江县									
从江县									
雷山县									
麻江县									
丹寨县									
黔南布依族苗族自治州	**36**	**4**	**982**	**898**	**65**	**19**	**3236**	**1551**	**148**
都匀市	25	4	777	725	46	6	2549	1238	118
福泉市	11		205	173	19	13	687	313	30
荔波县									
贵定县									
瓮安县									
独山县									
平塘县									
罗甸县									
长顺县									
龙里县									
惠水县									
三都水族自治县									

4-6a 续表 18

单位：人

地 区 性 别	社会生产服务和生活服务人员								
	住宿和餐饮服务人员	信息传输、软件和信息技术服务人员	金融服务人员	房地产服务人员	租赁和商务服务人员	技术辅助服务人员	水利、环境和公共设施管理服务人员	居民服务人员	电力、燃气及水供应服务人员
贵 州	**24432**	**3207**	**4644**	**2648**	**4072**	**4007**	**8962**	**11185**	**1792**
贵阳市	**9806**	**1807**	**2021**	**1416**	**2143**	**2218**	**3429**	**4881**	**551**
南明区	2588	459	440	408	612	584	895	1391	160
云岩区	2644	570	662	400	613	636	852	1346	129
花溪区	1420	169	279	182	339	312	516	648	80
乌当区	388	56	94	76	54	84	163	236	27
白云区	1064	144	100	132	198	172	421	280	57
观山湖区	1139	361	347	160	257	380	405	485	46
开阳县									
息烽县									
修文县									
清镇市	563	48	99	58	70	50	177	495	52
六盘水市	**2455**	**228**	**435**	**157**	**285**	**289**	**891**	**911**	**242**
钟山区	1474	151	261	94	149	192	546	616	121
六枝特区	304	37	52	8	60	24	105	98	30
水城县									
盘州市	677	40	122	55	76	73	240	197	91
遵义市	**4784**	**399**	**825**	**460**	**656**	**661**	**1948**	**2324**	**354**
红花岗区	1856	167	305	233	281	267	760	866	132
汇川区	1053	89	262	79	179	182	449	493	67
播州区	771	82	110	70	72	96	347	494	61
桐梓县									
绥阳县									
正安县									
道真仡佬族苗族自治县									
务川仡佬族苗族自治县									
凤冈县									
湄潭县									
余庆县									
习水县									
赤水市	361	22	69	36	53	43	111	147	40
仁怀市	743	39	79	42	71	73	281	324	54
安顺市	**1373**	**127**	**267**	**118**	**147**	**164**	**460**	**592**	**70**
西秀区	1146	106	219	100	119	153	394	514	59
平坝区	227	21	48	18	28	11	66	78	11
普定县									
镇宁布依族苗族自治县									
关岭布依族苗族自治县									
紫云苗族布依族自治县									
毕节市	**1107**	**161**	**217**	**136**	**164**	**115**	**527**	**385**	**90**
七星关区	1107	161	217	136	164	115	527	385	90
大方县									
黔西县									
金沙县									
织金县									
纳雍县									
威宁彝族回族苗族自治县									
赫章县									

4-6a 续表 19 单位：人

地区 性别	社会生产服务和生活服务人员								
	住宿和餐饮服务人员	信息传输、软件和信息技术服务人员	金融服务人员	房地产服务人员	租赁和商务服务人员	技术辅助服务人员	水利、环境和公共设施管理服务人员	居民服务人员	电力、燃气及水供应服务人员
铜仁市	**745**	**94**	**132**	**61**	**72**	**84**	**307**	**355**	**54**
碧江区	580	77	112	51	47	71	203	300	45
万山区	165	17	20	10	25	13	104	55	9
江口县									
玉屏侗族自治县									
石阡县									
思南县									
印江土家族苗族自治县									
德江县									
沿河土家族自治县									
松桃苗族自治县									
黔西南布依族苗族自治州	**1957**	**161**	**332**	**148**	**192**	**193**	**606**	**701**	**237**
兴义市	1627	142	295	131	177	168	495	533	202
兴仁市	330	19	37	17	15	25	111	168	35
普安县									
晴隆县									
贞丰县									
望谟县									
册亨县									
安龙县									
黔东南苗族侗族自治州	**1259**	**109**	**187**	**77**	**266**	**167**	**446**	**562**	**107**
凯里市	1259	109	187	77	266	167	446	562	107
黄平县									
施秉县									
三穗县									
镇远县									
岑巩县									
天柱县									
锦屏县									
剑河县									
台江县									
黎平县									
榕江县									
从江县									
雷山县									
麻江县									
丹寨县									
黔南布依族苗族自治州	**946**	**121**	**228**	**75**	**147**	**116**	**348**	**474**	**87**
都匀市	745	101	189	58	97	99	259	367	73
福泉市	201	20	39	17	50	17	89	107	14
荔波县									
贵定县									
瓮安县									
独山县									
平塘县									
罗甸县									
长顺县									
龙里县									
惠水县									
三都水族自治县									

4-6a 续表 20

单位：人

地区 性别	社会生产服务和生活服务人员 住宿和餐饮服务人员	信息传输、软件和信息技术服务人员	金融服务人员	房地产服务人员	租赁和商务服务人员	技术辅助服务人员	水利、环境和公共设施管理服务人员	居民服务人员	电力、燃气及水供应服务人员
男	**10282**	**2188**	**2118**	**1553**	**2913**	**2829**	**2138**	**3671**	**1394**
贵州	**10282**	**2188**	**2118**	**1553**	**2913**	**2829**	**2138**	**3671**	**1394**
贵阳市	**4502**	**1233**	**913**	**848**	**1461**	**1537**	**864**	**1642**	**444**
南明区	1216	296	190	256	402	414	233	440	122
云岩区	1298	394	290	249	409	414	246	435	102
花溪区	655	117	121	107	262	214	110	226	65
乌当区	162	39	48	37	37	56	35	81	22
白云区	422	97	47	82	153	120	94	68	52
观山湖区	510	260	169	89	150	283	111	153	37
开阳县									
息烽县									
修文县									
清镇市	239	30	48	28	48	36	35	239	44
六盘水市	**944**	**149**	**198**	**85**	**210**	**204**	**204**	**303**	**181**
钟山区	584	95	121	46	110	139	114	212	92
六枝特区	126	27	20	4	45	16	19	24	22
水城县									
盘州市	234	27	57	35	55	49	71	67	67
遵义市	**1852**	**269**	**375**	**275**	**493**	**484**	**407**	**712**	**282**
红花岗区	750	113	152	140	215	203	163	290	105
汇川区	411	63	114	50	124	132	83	162	57
播州区	280	50	48	34	51	68	62	117	46
桐梓县									
绥阳县									
正安县									
道真仡佬族苗族自治县									
务川仡佬族苗族自治县									
凤冈县									
湄潭县									
余庆县									
习水县									
赤水市	147	17	33	23	42	31	37	39	30
仁怀市	264	26	28	28	61	50	62	104	44
安顺市	**591**	**83**	**127**	**65**	**113**	**114**	**131**	**215**	**55**
西秀区	494	71	104	58	87	105	108	192	45
平坝区	97	12	23	7	26	9	23	23	10
普定县									
镇宁布依族苗族自治县									
关岭布依族苗族自治县									
紫云苗族布依族自治县									
毕节市	**464**	**116**	**112**	**80**	**130**	**85**	**159**	**137**	**74**
七星关区	464	116	112	80	130	85	159	137	74
大方县									
黔西县									
金沙县									
织金县									
纳雍县									
威宁彝族回族苗族自治县									
赫章县									

4-6a 续表 21 单位：人

地 区 性 别	社会生产服务和生活服务人员								
	住宿和餐饮服务人员	信息传输、软件和信息技术服务人员	金融服务人员	房地产服务人员	租赁和商务服务人员	技术辅助服务人员	水利、环境和公共设施管理服务人员	居民服务人员	电力、燃气及水供应服务人员
铜仁市	**295**	**68**	**56**	**37**	**49**	**57**	**85**	**132**	**40**
碧江区	228	57	48	31	31	48	56	122	32
万山区	67	11	8	6	18	9	29	10	8
江口县									
玉屏侗族自治县									
石阡县									
思南县									
印江土家族苗族自治县									
德江县									
沿河土家族自治县									
松桃苗族自治县									
黔西南布依族苗族自治州	**729**	**119**	**161**	**79**	**128**	**146**	**151**	**226**	**171**
兴义市	617	102	146	69	116	123	118	160	148
兴仁市	112	17	15	10	12	23	33	66	23
普安县									
晴隆县									
贞丰县									
望谟县									
册亨县									
安龙县									
黔东南苗族侗族自治州	**523**	**72**	**71**	**42**	**213**	**118**	**74**	**168**	**76**
凯里市	523	72	71	42	213	118	74	168	76
黄平县									
施秉县									
三穗县									
镇远县									
岑巩县									
天柱县									
锦屏县									
剑河县									
台江县									
黎平县									
榕江县									
从江县									
雷山县									
麻江县									
丹寨县									
黔南布依族苗族自治州	**382**	**79**	**105**	**42**	**116**	**84**	**63**	**136**	**71**
都匀市	318	71	85	35	74	72	43	98	58
福泉市	64	8	20	7	42	12	20	38	13
荔波县									
贵定县									
瓮安县									
独山县									
平塘县									
罗甸县									
长顺县									
龙里县									
惠水县									
三都水族自治县									

4-6a　续表 22　　　　单位：人

地　区 性　别	社会生产服务和生活服务人员								
	住宿和餐饮服务人员	信息传输、软件和信息技术服务人员	金融服务人员	房地产服务人员	租赁和商务服务人员	技术辅助服务人员	水利、环境和公共设施管理服务人员	居民服务人员	电力、燃气及水供应服务人员
女	**14150**	**1019**	**2526**	**1095**	**1159**	**1178**	**6824**	**7514**	**398**
贵　州	**14150**	**1019**	**2526**	**1095**	**1159**	**1178**	**6824**	**7514**	**398**
贵阳市	**5304**	**574**	**1108**	**568**	**682**	**681**	**2565**	**3239**	**107**
南明区	1372	163	250	152	210	170	662	951	38
云岩区	1346	176	372	151	204	222	606	911	27
花溪区	765	52	158	75	77	98	406	422	15
乌当区	226	17	46	39	17	28	128	155	5
白云区	642	47	53	50	45	52	327	212	5
观山湖区	629	101	178	71	107	97	294	332	9
开阳县									
息烽县									
修文县									
清镇市	324	18	51	30	22	14	142	256	8
六盘水市	**1511**	**79**	**237**	**72**	**75**	**85**	**687**	**608**	**61**
钟山区	890	56	140	48	39	53	432	404	29
六枝特区	178	10	32	4	15	8	86	74	8
水城县									
盘州市	443	13	65	20	21	24	169	130	24
遵义市	**2932**	**130**	**450**	**185**	**163**	**177**	**1541**	**1612**	**72**
红花岗区	1106	54	153	93	66	64	597	576	27
汇川区	642	26	148	29	55	50	366	331	10
播州区	491	32	62	36	21	28	285	377	15
桐梓县									
绥阳县									
正安县									
道真仡佬族苗族自治县									
务川仡佬族苗族自治县									
凤冈县									
湄潭县									
余庆县									
习水县									
赤水市	214	5	36	13	11	12	74	108	10
仁怀市	479	13	51	14	10	23	219	220	10
安顺市	**782**	**44**	**140**	**53**	**34**	**50**	**329**	**377**	**15**
西秀区	652	35	115	42	32	48	286	322	14
平坝区	130	9	25	11	2	2	43	55	1
普定县									
镇宁布依族苗族自治县									
关岭布依族苗族自治县									
紫云苗族布依族自治县									
毕节市	**643**	**45**	**105**	**56**	**34**	**30**	**368**	**248**	**16**
七星关区	643	45	105	56	34	30	368	248	16
大方县									
黔西县									
金沙县									
织金县									
纳雍县									
威宁彝族回族苗族自治县									
赫章县									

4－6a 续表 23 单位：人

地区 性别	社会生产服务和生活服务人员								
	住宿和餐饮服务人员	信息传输、软件和信息技术服务人员	金融服务人员	房地产服务人员	租赁和商务服务人员	技术辅助服务人员	水利、环境和公共设施管理服务人员	居民服务人员	电力、燃气及水供应服务人员
铜仁市	**450**	**26**	**76**	**24**	**23**	**27**	**222**	**223**	**14**
碧江区	352	20	64	20	16	23	147	178	13
万山区	98	6	12	4	7	4	75	45	1
江口县									
玉屏侗族自治县									
石阡县									
思南县									
印江土家族苗族自治县									
德江县									
沿河土家族自治县									
松桃苗族自治县									
黔西南布依族苗族自治州	**1228**	**42**	**171**	**69**	**64**	**47**	**455**	**475**	**66**
兴义市	1010	40	149	62	61	45	377	373	54
兴仁市	218	2	22	7	3	2	78	102	12
普安县									
晴隆县									
贞丰县									
望谟县									
册亨县									
安龙县									
黔东南苗族侗族自治州	**736**	**37**	**116**	**35**	**53**	**49**	**372**	**394**	**31**
凯里市	736	37	116	35	53	49	372	394	31
黄平县									
施秉县									
三穗县									
镇远县									
岑巩县									
天柱县									
锦屏县									
剑河县									
台江县									
黎平县									
榕江县									
从江县									
雷山县									
麻江县									
丹寨县									
黔南布依族苗族自治州	**564**	**42**	**123**	**33**	**31**	**32**	**285**	**338**	**16**
都匀市	427	30	104	23	23	27	216	269	15
福泉市	137	12	19	10	8	5	69	69	1
荔波县									
贵定县									
瓮安县									
独山县									
平塘县									
罗甸县									
长顺县									
龙里县									
惠水县									
三都水族自治县									

4-6a 续表 24 单位：人

地区 性别	社会生产服务和生活服务人员				农、林、牧、渔业生产及辅助人员				
	修理及制作服务人员	文化、体育和娱乐服务人员	健康服务人员	其他社会生产和生活服务人员	小计	农业生产人员	林业生产人员	畜牧业生产人员	渔业生产人员
贵州	**5068**	**1444**	**443**	**234**	**7529**	**5960**	**295**	**1056**	**89**
贵阳市	**2018**	**606**	**203**	**94**	**969**	**717**	**65**	**137**	**22**
南明区	446	206	53	28	104	63	12	18	6
云岩区	483	187	95	20	117	78	9	17	6
花溪区	418	70	14	25	223	170	15	29	3
乌当区	88	17	13	4	74	58	2	7	3
白云区	262	35	6	2	250	204	17	24	1
观山湖区	194	61	19	11	109	85	5	19	
开阳县									
息烽县									
修文县									
清镇市	127	30	3	4	92	59	5	23	3
六盘水市	**482**	**103**	**38**	**19**	**750**	**514**	**33**	**191**	**4**
钟山区	301	70	22	13	293	192	14	83	1
六枝特区	62	15	2		122	98	3	16	2
水城县									
盘州市	119	18	14	6	335	224	16	92	1
遵义市	**961**	**323**	**80**	**64**	**1272**	**977**	**76**	**182**	**22**
红花岗区	366	123	36	40	202	136	9	44	10
汇川区	214	78	20	10	383	322	8	46	3
播州区	188	55	14	5	424	370	16	29	6
桐梓县									
绥阳县									
正安县									
道真仡佬族苗族自治县									
务川仡佬族苗族自治县									
凤冈县									
湄潭县									
余庆县									
习水县									
赤水市	71	14	4	7	169	102	40	23	1
仁怀市	122	53	6	2	94	47	3	40	2
安顺市	**242**	**75**	**12**	**8**	**1012**	**903**	**17**	**61**	**12**
西秀区	201	67	12	7	785	702	12	46	8
平坝区	41	8		1	227	201	5	15	4
普定县									
镇宁布依族苗族自治县									
关岭布依族苗族自治县									
紫云苗族布依族自治县									
毕节市	**266**	**50**	**15**	**3**	**748**	**608**	**27**	**95**	**6**
七星关区	266	50	15	3	748	608	27	95	6
大方县									
黔西县									
金沙县									
织金县									
纳雍县									
威宁彝族回族苗族自治县									
赫章县									

4-6a 续表 25

单位：人

地区 性别	社会生产服务和生活服务人员				农、林、牧、渔业生产及辅助人员				
	修理及制作服务人员	文化、体育和娱乐服务人员	健康服务人员	其他社会生产和生活服务人员	小计	农业生产人员	林业生产人员	畜牧业生产人员	渔业生产人员
铜仁市	**144**	**49**	**20**	**7**	**292**	**233**	**10**	**24**	**2**
碧江区	110	41	18	6	243	196	7	18	1
万山区	34	8	2	1	49	37	3	6	1
江口县									
玉屏侗族自治县									
石阡县									
思南县									
印江土家族苗族自治县									
德江县									
沿河土家族自治县									
松桃苗族自治县									
黔西南布依族苗族自治州	**409**	**106**	**34**	**14**	**1480**	**1219**	**48**	**190**	**14**
兴义市	330	96	28	10	939	771	38	114	10
兴仁市	79	10	6	4	541	448	10	76	4
普安县									
晴隆县									
贞丰县									
望谟县									
册亨县									
安龙县									
黔东南苗族侗族自治州	**317**	**87**	**17**	**18**	**334**	**250**	**10**	**68**	**3**
凯里市	317	87	17	18	334	250	10	68	3
黄平县									
施秉县									
三穗县									
镇远县									
岑巩县									
天柱县									
锦屏县									
剑河县									
台江县									
黎平县									
榕江县									
从江县									
雷山县									
麻江县									
丹寨县									
黔南布依族苗族自治州	**229**	**45**	**24**	**7**	**672**	**539**	**9**	**108**	**4**
都匀市	173	31	21	7	414	338	8	64	2
福泉市	56	14	3		258	201	1	44	2
荔波县									
贵定县									
瓮安县									
独山县									
平塘县									
罗甸县									
长顺县									
龙里县									
惠水县									
三都水族自治县									

4-6a 续表 26 单位：人

地区 性别	社会生产服务和生活服务人员				农、林、牧、渔业生产及辅助人员				
	修理及制作服务人员	文化、体育和娱乐服务人员	健康服务人员	其他社会生产和生活服务人员	小计	农业生产人员	林业生产人员	畜牧业生产人员	渔业生产人员
男	**4477**	**827**	**160**	**147**	**4048**	**2968**	**220**	**711**	**73**
贵州	**4477**	**827**	**160**	**147**	**4048**	**2968**	**220**	**711**	**73**
贵阳市	**1813**	**363**	**68**	**59**	**605**	**425**	**47**	**97**	**19**
南明区	393	131	17	20	72	40	10	12	6
云岩区	434	115	33	12	72	45	6	11	5
花溪区	381	35	6	15	140	103	13	20	2
乌当区	79	10	5	2	40	30	2	4	2
白云区	240	17	3	2	160	126	10	20	1
观山湖区	170	39	4	5	62	46	2	14	
开阳县									
息烽县									
修文县									
清镇市	116	16		3	59	35	4	16	3
六盘水市	**428**	**58**	**14**	**10**	**402**	**248**	**29**	**117**	**4**
钟山区	265	39	5	8	170	104	12	51	1
六枝特区	56	11	1		69	53	3	10	2
水城县									
盘州市	107	8	8	2	163	91	14	56	1
遵义市	**841**	**169**	**25**	**51**	**714**	**504**	**54**	**130**	**16**
红花岗区	323	65	9	34	128	80	5	35	6
汇川区	187	43	6	6	201	154	6	37	3
播州区	163	30	5	4	222	186	12	17	4
桐梓县									
绥阳县									
正安县									
道真仡佬族苗族自治县									
务川仡佬族苗族自治县									
凤冈县									
湄潭县									
余庆县									
习水县									
赤水市	62	9	2	7	100	51	31	14	1
仁怀市	106	22	3		63	33		27	2
安顺市	**215**	**38**	**5**	**5**	**478**	**402**	**14**	**42**	**10**
西秀区	175	33	5	4	358	301	11	31	7
平坝区	40	5		1	120	101	3	11	3
普定县									
镇宁布依族苗族自治县									
关岭布依族苗族自治县									
紫云苗族布依族自治县									
毕节市	**216**	**30**	**6**	**1**	**406**	**305**	**23**	**68**	**4**
七星关区	216	30	6	1	406	305	23	68	4
大方县									
黔西县									
金沙县									
织金县									
纳雍县									
威宁彝族回族苗族自治县									
赫章县									

4-6a 续表 27

单位：人

地区 性别	社会生产服务和生活服务人员				农、林、牧、渔业生产及辅助人员				
	修理及制作服务人员	文化、体育和娱乐服务人员	健康服务人员	其他社会生产和生活服务人员	小计	农业生产人员	林业生产人员	畜牧业生产人员	渔业生产人员
铜仁市	**125**	**32**	**6**	**3**	**181**	**142**	**9**	**16**	**2**
碧江区	97	28	5	2	150	120	7	12	1
万山区	28	4	1	1	31	22	2	4	1
江口县									
玉屏侗族自治县									
石阡县									
思南县									
印江土家族苗族自治县									
德江县									
沿河土家族自治县									
松桃苗族自治县									
黔西南布依族苗族自治州	**355**	**62**	**17**	**3**	**739**	**556**	**31**	**134**	**11**
兴义市	286	56	13	3	478	363	22	81	8
兴仁市	69	6	4		261	193	9	53	3
普安县									
晴隆县									
贞丰县									
望谟县									
册亨县									
安龙县									
黔东南苗族侗族自治州	**287**	**54**	**8**	**12**	**175**	**123**	**5**	**41**	**3**
凯里市	287	54	8	12	175	123	5	41	3
黄平县									
施秉县									
三穗县									
镇远县									
岑巩县									
天柱县									
锦屏县									
剑河县									
台江县									
黎平县									
榕江县									
从江县									
雷山县									
麻江县									
丹寨县									
黔南布依族苗族自治州	**197**	**21**	**11**	**3**	**348**	**263**	**8**	**66**	**4**
都匀市	147	15	8	3	208	159	7	39	2
福泉市	50	6	3		140	104	1	27	2
荔波县									
贵定县									
瓮安县									
独山县									
平塘县									
罗甸县									
长顺县									
龙里县									
惠水县									
三都水族自治县									

4-6a　续表 28　　　　单位：人

地　区 性　别	社会生产服务和生活服务人员				农、林、牧、渔业生产及辅助人员				
	修理及制作服务人员	文化、体育和娱乐服务人员	健康服务人员	其他社会生产和生活服务人员	小计	农业生产人员	林业生产人员	畜牧业生产人员	渔业生产人员
女	**591**	**617**	**283**	**87**	**3481**	**2992**	**75**	**345**	**16**
贵　州	**591**	**617**	**283**	**87**	**3481**	**2992**	**75**	**345**	**16**
贵阳市	**205**	**243**	**135**	**35**	**364**	**292**	**18**	**40**	**3**
南明区	53	75	36	8	32	23	2	6	
云岩区	49	72	62	8	45	33	3	6	1
花溪区	37	35	8	10	83	67	2	9	1
乌当区	9	7	8	2	34	28		3	1
白云区	22	18	3		90	78	7	4	
观山湖区	24	22	15	6	47	39	3	5	
开阳县									
息烽县									
修文县									
清镇市	11	14	3	1	33	24	1	7	
六盘水市	**54**	**45**	**24**	**9**	**348**	**266**	**4**	**74**	
钟山区	36	31	17	5	123	88	2	32	
六枝特区	6	4	1		53	45		6	
水城县									
盘州市	12	10	6	4	172	133	2	36	
遵义市	**120**	**154**	**55**	**13**	**558**	**473**	**22**	**52**	**6**
红花岗区	43	58	27	6	74	56	4	9	4
汇川区	27	35	14	4	182	168	2	9	
播州区	25	25	9	1	202	184	4	12	2
桐梓县									
绥阳县									
正安县									
道真仡佬族苗族自治县									
务川仡佬族苗族自治县									
凤冈县									
湄潭县									
余庆县									
习水县									
赤水市	9	5	2		69	51	9	9	
仁怀市	16	31	3	2	31	14	3	13	
安顺市	**27**	**37**	**7**	**3**	**534**	**501**	**3**	**19**	**2**
西秀区	26	34	7	3	427	401	1	15	1
平坝区	1	3			107	100	2	4	1
普定县									
镇宁布依族苗族自治县									
关岭布依族苗族自治县									
紫云苗族布依族自治县									
毕节市	**50**	**20**	**9**	**2**	**342**	**303**	**4**	**27**	**2**
七星关区	50	20	9	2	342	303	4	27	2
大方县									
黔西县									
金沙县									
织金县									
纳雍县									
威宁彝族回族苗族自治县									
赫章县									

4-6a 续表 29

单位：人

地区 性别	社会生产服务和生活服务人员				农、林、牧、渔业生产及辅助人员				
	修理及制作服务人员	文化、体育和娱乐服务人员	健康服务人员	其他社会生产和生活服务人员	小计	农业生产人员	林业生产人员	畜牧业生产人员	渔业生产人员
铜仁市	**19**	**17**	**14**	**4**	**111**	**91**	**1**	**8**	
碧江区	13	13	13	4	93	76		6	
万山区	6	4	1		18	15	1	2	
江口县									
玉屏侗族自治县									
石阡县									
思南县									
印江土家族苗族自治县									
德江县									
沿河土家族自治县									
松桃苗族自治县									
黔西南布依族苗族自治州	**54**	**44**	**17**	**11**	**741**	**663**	**17**	**56**	**3**
兴义市	44	40	15	7	461	408	16	33	2
兴仁市	10	4	2	4	280	255	1	23	1
普安县									
晴隆县									
贞丰县									
望谟县									
册亨县									
安龙县									
黔东南苗族侗族自治州	**30**	**33**	**9**	**6**	**159**	**127**	**5**	**27**	
凯里市	30	33	9	6	159	127	5	27	
黄平县									
施秉县									
三穗县									
镇远县									
岑巩县									
天柱县									
锦屏县									
剑河县									
台江县									
黎平县									
榕江县									
从江县									
雷山县									
麻江县									
丹寨县									
黔南布依族苗族自治州	**32**	**24**	**13**	**4**	**324**	**276**	**1**	**42**	
都匀市	26	16	13	4	206	179	1	25	
福泉市	6	8			118	97		17	
荔波县									
贵定县									
瓮安县									
独山县									
平塘县									
罗甸县									
长顺县									
龙里县									
惠水县									
三都水族自治县									

4-6a 续表 30

单位：人

地区 性别	农林牧渔生产辅助人员	其他农、林、牧、渔业生产加工人员	生产制造及有关人员 小计	农副产品加工人员	食品、饮料生产加工人员	烟草及其制品加工人员	纺织、针织、印染人员	纺织品、服装和皮革、毛皮制品加工制作人员	木材加工、家具与木制品制作人员
贵 州	**110**	**19**	**74525**	**901**	**3709**	**382**	**233**	**1595**	**2397**
贵阳市	**25**	**3**	**27012**	**297**	**601**	**144**	**29**	**323**	**1035**
南明区	5		5544	56	205	52	4	67	327
云岩区	6	1	5684	49	125	21	3	85	294
花溪区	6		5072	72	60	64	7	75	164
乌当区	3	1	1444	1	40	4	1	15	10
白云区	4		4444	51	99	1	7	20	159
观山湖区			2835	43	41	2	1	34	46
开阳县									
息烽县									
修文县									
清镇市	1	1	1989	25	31		6	27	35
六盘水市	**5**	**3**	**7905**	**91**	**110**	**3**	**20**	**154**	**176**
钟山区	2	1	3919	41	64		7	84	120
六枝特区	3		981	19	7	2	5	39	21
水城县									
盘州市		2	3005	31	39	1	8	31	35
遵义市	**12**	**3**	**16844**	**182**	**2585**	**73**	**35**	**268**	**594**
红花岗区	3		4926	58	99	19	20	108	154
汇川区	3	1	3690	62	157	44	4	39	162
播州区	3		2878	29	54	10	9	62	68
桐梓县									
绥阳县									
正安县									
道真仡佬族苗族自治县									
务川仡佬族苗族自治县									
凤冈县									
湄潭县									
余庆县									
习水县									
赤水市	2	1	950	7	29			18	143
仁怀市	1	1	4400	26	2246		2	41	67
安顺市	**12**	**7**	**3507**	**50**	**64**	**10**	**12**	**106**	**92**
西秀区	10	7	3010	39	55	10	9	89	87
平坝区	2		497	11	9		3	17	5
普定县									
镇宁布依族苗族自治县									
关岭布依族苗族自治县									
紫云苗族布依族自治县									
毕节市	**12**		**3683**	**91**	**65**	**104**	**34**	**169**	**117**
七星关区	12		3683	91	65	104	34	169	117
大方县									
黔西县									
金沙县									
织金县									
纳雍县									
威宁彝族回族苗族自治县									
赫章县									

4-6a 续表 31　　单位：人

地区 性别	农林牧渔生产辅助人员	其他农、林、牧、渔业生产加工人员	生产制造及有关人员 小计	农副产品加工人员	食品、饮料生产加工人员	烟草及其制品加工人员	纺织、针织、印染人员	纺织品、服装和皮革、毛皮制品加工制作人员	木材加工、家具与木制品制作人员
铜仁市	**23**		**3201**	**21**	**47**	**14**	**29**	**165**	**45**
碧江区	21		2420	18	35	12	26	126	23
万山区	2		781	3	12	2	3	39	22
江口县									
玉屏侗族自治县									
石阡县									
思南县									
印江土家族苗族自治县									
德江县									
沿河土家族自治县									
松桃苗族自治县									
黔西南布依族苗族自治州	**8**	**1**	**6020**	**76**	**133**	**31**	**55**	**242**	**173**
兴义市	5	1	4795	47	97	28	26	159	139
兴仁市	3		1225	29	36	3	29	83	34
普安县									
晴隆县									
贞丰县									
望谟县									
册亨县									
安龙县									
黔东南苗族侗族自治州	**3**		**3675**	**64**	**62**	**2**	**13**	**105**	**102**
凯里市	3		3675	64	62	2	13	105	102
黄平县									
施秉县									
三穗县									
镇远县									
岑巩县									
天柱县									
锦屏县									
剑河县									
台江县									
黎平县									
榕江县									
从江县									
雷山县									
麻江县									
丹寨县									
黔南布依族苗族自治州	**10**	**2**	**2678**	**29**	**42**	**1**	**6**	**63**	**63**
都匀市	2		1711	21	25		3	40	51
福泉市	8	2	967	8	17	1	3	23	12
荔波县									
贵定县									
瓮安县									
独山县									
平塘县									
罗甸县									
长顺县									
龙里县									
惠水县									
三都水族自治县									

4-6a　续表 32　　　　单位：人

地　区 性　别	农林牧渔生产辅助人员	其他农、林、牧、渔业生产加工人员	生产制造及有关人员 小计	农副产品加工人员	食品、饮料生产加工人员	烟草及其制品加工人员	纺织、针织、印染人员	纺织品、服装和皮革、毛皮制品加工制作人员	木材加工、家具与木制品制作人员
男	**67**	**9**	**57788**	**511**	**2409**	**261**	**96**	**654**	**2016**
贵　州	**67**	**9**	**57788**	**511**	**2409**	**261**	**96**	**654**	**2016**
贵阳市	**16**	**1**	**21174**	**174**	**332**	**104**	**13**	**150**	**879**
南明区	4		4421	34	108	32	2	32	274
云岩区	5		4652	24	83	20		40	270
花溪区	2		3817	35	28	47	3	36	127
乌当区	2		1004		18	3	1	9	10
白云区	3		3507	34	55	1	4	5	134
观山湖区			2223	34	21	1		17	37
开阳县									
息烽县									
修文县									
清镇市		1	1550	13	19		3	11	27
六盘水市	**2**	**2**	**6540**	**44**	**52**	**3**	**9**	**66**	**152**
钟山区	1	1	3140	19	30		2	32	102
六枝特区	1		795	11	5	2	2	23	20
水城县									
盘州市		1	2605	14	17	1	5	11	30
遵义市	**9**	**1**	**12796**	**96**	**1814**	**53**	**15**	**110**	**509**
红花岗区	2		3935	28	58	17	7	46	144
汇川区	1		2789	35	114	28	3	13	146
播州区	3		2282	17	36	8	5	26	56
桐梓县									
绥阳县									
正安县									
道真仡佬族苗族自治县									
务川仡佬族苗族自治县									
凤冈县									
湄潭县									
余庆县									
习水县									
赤水市	2	1	756	3	16			7	100
仁怀市	1		3034	13	1590			18	63
安顺市	**6**	**4**	**2656**	**29**	**34**	**9**	**6**	**53**	**70**
西秀区	4	4	2252	21	28	9	4	47	67
平坝区	2		404	8	6		2	6	3
普定县									
镇宁布依族苗族自治县									
关岭布依族苗族自治县									
紫云苗族布依族自治县									
毕节市	**6**		**2844**	**53**	**41**	**67**	**17**	**54**	**101**
七星关区	6		2844	53	41	67	17	54	101
大方县									
黔西县									
金沙县									
织金县									
纳雍县									
威宁彝族回族苗族自治县									
赫章县									

4-6a 续表 33

单位：人

地区 性别	农林牧渔生产辅助人员	其他农、林、牧、渔业生产加工人员	生产制造及有关人员 小计	农副产品加工人员	食品、饮料生产加工人员	烟草及其制品加工人员	纺织、针织、印染人员	纺织品、服装和皮革、毛皮制品加工制作人员	木材加工、家具与木制品制作人员
铜仁市	**12**		**2392**	**16**	**26**	**7**	**8**	**68**	**37**
碧江区	10		1798	13	21	6	6	52	18
万山区	2		594	3	5	1	2	16	19
江口县									
玉屏侗族自治县									
石阡县									
思南县									
印江土家族苗族自治县									
德江县									
沿河土家族自治县									
松桃苗族自治县									
黔西南布依族苗族自治州	**7**		**4469**	**45**	**68**	**15**	**21**	**88**	**126**
兴义市	4		3607	28	55	13	13	55	100
兴仁市	3		862	17	13	2	8	33	26
普安县									
晴隆县									
贞丰县									
望谟县									
册亨县									
安龙县									
黔东南苗族侗族自治州	**3**		**2789**	**38**	**30**	**2**	**5**	**33**	**89**
凯里市	3		2789	38	30	2	5	33	89
黄平县									
施秉县									
三穗县									
镇远县									
岑巩县									
天柱县									
锦屏县									
剑河县									
台江县									
黎平县									
榕江县									
从江县									
雷山县									
麻江县									
丹寨县									
黔南布依族苗族自治州	**6**	**1**	**2128**	**16**	**12**	**1**	**2**	**32**	**53**
都匀市	1		1332	12	5		1	17	43
福泉市	5	1	796	4	7	1	1	15	10
荔波县									
贵定县									
瓮安县									
独山县									
平塘县									
罗甸县									
长顺县									
龙里县									
惠水县									
三都水族自治县									

4-6a 续表 34

单位：人

地区 性别			生产制造及有关人员						
	农林牧渔生产辅助人员	其他农、林、牧、渔业生产加工人员	小计	农副产品加工人员	食品、饮料生产加工人员	烟草及其制品加工人员	纺织、针织、印染人员	纺织品、服装和皮革、毛皮制品加工制作人员	木材加工、家具与木制品制作人员
女	**43**	**10**	**16737**	**390**	**1300**	**121**	**137**	**941**	**381**
贵　州	**43**	**10**	**16737**	**390**	**1300**	**121**	**137**	**941**	**381**
贵阳市	**9**	**2**	**5838**	**123**	**269**	**40**	**16**	**173**	**156**
南明区	1		1123	22	97	20	2	35	53
云岩区	1	1	1032	25	42	1	3	45	24
花溪区	4		1255	37	32	17	4	39	37
乌当区	1	1	440	1	22	1		6	
白云区	1		937	17	44		3	15	25
观山湖区			612	9	20	1	1	17	9
开阳县									
息烽县									
修文县									
清镇市	1		439	12	12		3	16	8
六盘水市	**3**	**1**	**1365**	**47**	**58**		**11**	**88**	**24**
钟山区	1		779	22	34		5	52	18
六枝特区	2		186	8	2		3	16	1
水城县									
盘州市		1	400	17	22		3	20	5
遵义市	**3**	**2**	**4048**	**86**	**771**	**20**	**20**	**158**	**85**
红花岗区	1		991	30	41	2	13	62	10
汇川区	2	1	901	27	43	16	1	26	16
播州区			596	12	18	2	4	36	12
桐梓县									
绥阳县									
正安县									
道真仡佬族苗族自治县									
务川仡佬族苗族自治县									
凤冈县									
湄潭县									
余庆县									
习水县									
赤水市			194	4	13			11	43
仁怀市		1	1366	13	656		2	23	4
安顺市	**6**	**3**	**851**	**21**	**30**	**1**	**6**	**53**	**22**
西秀区	6	3	758	18	27	1	5	42	20
平坝区			93	3	3		1	11	2
普定县									
镇宁布依族苗族自治县									
关岭布依族苗族自治县									
紫云苗族布依族自治县									
毕节市	**6**		**839**	**38**	**24**	**37**	**17**	**115**	**16**
七星关区	6		839	38	24	37	17	115	16
大方县									
黔西县									
金沙县									
织金县									
纳雍县									
威宁彝族回族苗族自治县									
赫章县									

4-6a 续表 35

单位：人

地　区 性　别	农林牧渔生产辅助人员	其他农、林、牧、渔业生产加工人员	生产制造及有关人员 小计	农副产品加工人员	食品、饮料生产加工人员	烟草及其制品加工人员	纺织、针织、印染人员	纺织品、服装和皮革、毛皮制品加工制作人员	木材加工、家具与木制品制作人员
铜仁市	**11**		**809**	**5**	**21**	**7**	**21**	**97**	**8**
碧江区	11		622	5	14	6	20	74	5
万山区			187		7	1	1	23	3
江口县									
玉屏侗族自治县									
石阡县									
思南县									
印江土家族苗族自治县									
德江县									
沿河土家族自治县									
松桃苗族自治县									
黔西南布依族苗族自治州	**1**	**1**	**1551**	**31**	**65**	**16**	**34**	**154**	**47**
兴义市	1	1	1188	19	42	15	13	104	39
兴仁市			363	12	23	1	21	50	8
普安县									
晴隆县									
贞丰县									
望谟县									
册亨县									
安龙县									
黔东南苗族侗族自治州			**886**	**26**	**32**		**8**	**72**	**13**
凯里市			886	26	32		8	72	13
黄平县									
施秉县									
三穗县									
镇远县									
岑巩县									
天柱县									
锦屏县									
剑河县									
台江县									
黎平县									
榕江县									
从江县									
雷山县									
麻江县									
丹寨县									
黔南布依族苗族自治州	**4**	**1**	**550**	**13**	**30**		**4**	**31**	**10**
都匀市	1		379	9	20		2	23	8
福泉市	3	1	171	4	10		2	8	2
荔波县									
贵定县									
瓮安县									
独山县									
平塘县									
罗甸县									
长顺县									
龙里县									
惠水县									
三都水族自治县									

4-6a　续表 36　　　　单位：人

地　区 性　别	生产制造及有关人员								
	纸及纸制品生产加工人员	印刷和记录媒介复制人员	文教、工美、体育和娱乐用品制造人　员	石油加工和炼焦、煤化工生产人员	化学原料和化学制品制造人　员	医药制造人　　员	化学纤维制造人员	橡胶和塑料制品制造人员	非金属矿物制品制造人员
贵　州	**180**	**424**	**395**	**93**	**393**	**354**	**7**	**472**	**1143**
贵阳市	**33**	**235**	**74**	**23**	**172**	**203**	**2**	**274**	**337**
南明区	6	57	25	4	24	27		27	33
云岩区	9	99	10	1	22	51		82	27
花溪区	6	13	21	4	53	31		47	68
乌当区	6	22	3		1	33	1	8	2
白云区	3	20	8		24	31		53	83
观山湖区	1	16	4	3	1	10		14	40
开阳县									
息烽县									
修文县									
清镇市	2	8	3	11	47	20	1	43	84
六盘水市	**13**	**21**	**23**	**56**	**24**	**12**	**1**	**17**	**100**
钟山区	6	16	11	23	5	5	1	9	63
六枝特区	3	3	1	4	3	5		6	16
水城县									
盘州市	4	2	11	29	16	2		2	21
遵义市	**93**	**49**	**49**	**2**	**63**	**31**	**3**	**45**	**203**
红花岗区	9	22	16		32	12	2	15	70
汇川区	9	16	9		11	7	1	14	54
播州区	23	7	8		12	7		14	48
桐梓县									
绥阳县									
正安县									
道真仡佬族苗族自治县									
务川仡佬族苗族自治县									
凤冈县									
湄潭县									
余庆县									
习水县									
赤水市	38		7	2	4	2			10
仁怀市	14	4	9		4	3		2	21
安顺市	**2**	**13**	**18**		**14**	**36**		**37**	**55**
西秀区	1	10	14		13	36		29	36
平坝区	1	3	4		1			8	19
普定县									
镇宁布依族苗族自治县									
关岭布依族苗族自治县									
紫云苗族布依族自治县									
毕节市	**10**	**15**	**15**	**2**	**11**	**8**		**25**	**145**
七星关区	10	15	15	2	11	8		25	145
大方县									
黔西县									
金沙县									
织金县									
纳雍县									
威宁彝族回族苗族自治县									
赫章县									

4—6a 续表 37

单位：人

地区 性别	生产制造及有关人员								
	纸及纸制品生产加工人员	印刷和记录媒介复制人员	文教、工美、体育和娱乐用品制造人员	石油加工和炼焦、煤化工生产人员	化学原料和化学制品制造人员	医药制造人员	化学纤维制造人员	橡胶和塑料制品制造人员	非金属矿物制品制造人员
铜仁市	**6**	**10**	**15**	**1**	**16**	**3**		**12**	**80**
碧江区	2	9	8	1	4	3		8	63
万山区	4	1	7		12			4	17
江口县									
玉屏侗族自治县									
石阡县									
思南县									
印江土家族苗族自治县									
德江县									
沿河土家族自治县									
松桃苗族自治县									
黔西南布依族苗族自治州	**20**	**40**	**108**	**7**	**31**	**32**		**42**	**111**
兴义市	16	35	94	3	23	30		36	86
兴仁市	4	5	14	4	8	2		6	25
普安县									
晴隆县									
贞丰县									
望谟县									
册亨县									
安龙县									
黔东南苗族侗族自治州	**2**	**25**	**76**		**8**	**19**	**1**	**12**	**57**
凯里市	2	25	76		8	19	1	12	57
黄平县									
施秉县									
三穗县									
镇远县									
岑巩县									
天柱县									
锦屏县									
剑河县									
台江县									
黎平县									
榕江县									
从江县									
雷山县									
麻江县									
丹寨县									
黔南布依族苗族自治州	**1**	**16**	**17**	**2**	**54**	**10**		**8**	**55**
都匀市	1	14	10		13	8		4	40
福泉市		2	7	2	41	2		4	15
荔波县									
贵定县									
瓮安县									
独山县									
平塘县									
罗甸县									
长顺县									
龙里县									
惠水县									
三都水族自治县									

4-6a　续表 38　　　　单位：人

地　区 性　别	生产制造及有关人员								
	纸及纸制品生产加工人员	印刷和记录媒介复制人员	文教、工美、体育和娱乐用品制造人　员	石油加工和炼焦、煤化工生产人员	化学原料和化学制品制造人　员	医药制造人　员	化学纤维制造人员	橡胶和塑料制品制造人员	非金属矿物制品制造人员
男	**97**	**239**	**217**	**70**	**289**	**162**	**4**	**314**	**880**
贵　州	**97**	**239**	**217**	**70**	**289**	**162**	**4**	**314**	**880**
贵阳市	**20**	**132**	**48**	**14**	**122**	**97**	**1**	**198**	**262**
南明区	4	34	15	2	19	11		16	29
云岩区	6	57	5	1	15	23		68	25
花溪区	4	7	17	2	39	17		28	60
乌当区	3	14	2			16		6	2
白云区	2	10	6		21	11		39	58
观山湖区		8	2	2	1	6		11	32
开阳县									
息烽县									
修文县									
清镇市	1	2	1	7	27	13	1	30	56
六盘水市	**9**	**12**	**10**	**46**	**21**	**5**	**1**	**13**	**81**
钟山区	4	9	3	18	4	2	1	6	48
六枝特区	2	2	1	3	2	2		5	15
水城县									
盘州市	3	1	6	25	15	1		2	18
遵义市	**44**	**25**	**27**	**1**	**47**	**14**	**1**	**30**	**164**
红花岗区	4	10	8		26	4	1	8	59
汇川区	4	10	6		6	6		10	43
播州区	7	3	2		8	1		11	40
桐梓县									
绥阳县									
正安县									
道真仡佬族苗族自治县									
务川仡佬族苗族自治县									
凤冈县									
湄潭县									
余庆县									
习水县									
赤水市	25		4	1	4	1			6
仁怀市	4	2	7		3	2		1	16
安顺市	**1**	**6**	**12**		**7**	**16**		**19**	**44**
西秀区	1	5	9		6	16		14	28
平坝区		1	3		1			5	16
普定县									
镇宁布依族苗族自治县									
关岭布依族苗族自治县									
紫云苗族布依族自治县									
毕节市	**8**	**10**	**10**	**1**	**7**	**4**		**15**	**109**
七星关区	8	10	10	1	7	4		15	109
大方县									
黔西县									
金沙县									
织金县									
纳雍县									
威宁彝族回族苗族自治县									
赫章县									

4-6a　续表 39　　　　单位：人

地　区 性　别	生产制造及有关人员								
	纸及纸制品生产加工人员	印刷和记录媒介复制人员	文教、工美、体育和娱乐用品制造人员	石油加工和炼焦、煤化工生产人员	化学原料和化学制品制造人员	医药制造人员	化学纤维制造人员	橡胶和塑料制品制造人员	非金属矿物制品制造人员
铜仁市	**4**	**6**	**7**	**1**	**14**	**1**		**8**	**57**
碧江区	1	5	4	1	3	1		6	44
万山区	3	1	3		11			2	13
江口县									
玉屏侗族自治县									
石阡县									
思南县									
印江土家族苗族自治县									
德江县									
沿河土家族自治县									
松桃苗族自治县									
黔西南布依族苗族自治州	**10**	**24**	**55**	**6**	**18**	**9**		**23**	**82**
兴义市	9	20	47	3	14	9		19	63
兴仁市	1	4	8	3	4			4	19
普安县									
晴隆县									
贞丰县									
望谟县									
册亨县									
安龙县									
黔东南苗族侗族自治州	**1**	**17**	**38**		**6**	**10**	**1**	**7**	**40**
凯里市	1	17	38		6	10	1	7	40
黄平县									
施秉县									
三穗县									
镇远县									
岑巩县									
天柱县									
锦屏县									
剑河县									
台江县									
黎平县									
榕江县									
从江县									
雷山县									
麻江县									
丹寨县									
黔南布依族苗族自治州		**7**	**10**	**1**	**47**	**6**		**1**	**41**
都匀市		6	7		10	5		1	27
福泉市		1	3	1	37	1			14
荔波县									
贵定县									
瓮安县									
独山县									
平塘县									
罗甸县									
长顺县									
龙里县									
惠水县									
三都水族自治县									

4-6a 续表 40

单位：人

地区 性别	生产制造及有关人员								
	纸及纸制品生产加工人员	印刷和记录媒介复制人员	文教、工美、体育和娱乐用品制造人员	石油加工和炼焦、煤化工生产人员	化学原料和化学制品制造人员	医药制造人员	化学纤维制造人员	橡胶和塑料制品制造人员	非金属矿物制品制造人员
女	**83**	**185**	**178**	**23**	**104**	**192**	**3**	**158**	**263**
贵州	**83**	**185**	**178**	**23**	**104**	**192**	**3**	**158**	**263**
贵阳市	**13**	**103**	**26**	**9**	**50**	**106**	**1**	**76**	**75**
南明区	2	23	10	2	5	16		11	4
云岩区	3	42	5		7	28		14	2
花溪区	2	6	4	2	14	14		19	8
乌当区	3	8	1		1	17	1	2	
白云区	1	10	2		3	20		14	25
观山湖区	1	8	2	1		4		3	8
开阳县									
息烽县									
修文县									
清镇市	1	6	2	4	20	7		13	28
六盘水市	**4**	**9**	**13**	**10**	**3**	**7**		**4**	**19**
钟山区	2	7	8	5	1	3		3	15
六枝特区	1	1		1	1	3		1	1
水城县									
盘州市	1	1	5	4	1	1			3
遵义市	**49**	**24**	**22**	**1**	**16**	**17**	**2**	**15**	**39**
红花岗区	5	12	8		6	8	1	7	11
汇川区	5	6	3		5	1	1	4	11
播州区	16	4	6		4	6		3	8
桐梓县									
绥阳县									
正安县									
道真仡佬族苗族自治县									
务川仡佬族苗族自治县									
凤冈县									
湄潭县									
余庆县									
习水县									
赤水市	13		3	1		1			4
仁怀市	10	2	2		1	1		1	5
安顺市	**1**	**7**	**6**		**7**	**20**		**18**	**11**
西秀区		5	5		7	20		15	8
平坝区	1	2	1					3	3
普定县									
镇宁布依族苗族自治县									
关岭布依族苗族自治县									
紫云苗族布依族自治县									
毕节市	**2**	**5**	**5**	**1**	**4**	**4**		**10**	**36**
七星关区	2	5	5	1	4	4		10	36
大方县									
黔西县									
金沙县									
织金县									
纳雍县									
威宁彝族回族苗族自治县									
赫章县									

4-6a 续表 41 单位：人

地区 性别	生产制造及有关人员								
	纸及纸制品生产加工人员	印刷和记录媒介复制人员	文教、工美、体育和娱乐用品制造人员	石油加工和炼焦、煤化工生产人员	化学原料和化学制品制造人员	医药制造人员	化学纤维制造人员	橡胶和塑料制品制造人员	非金属矿物制品制造人员
铜仁市	**2**	**4**	**8**		**2**	**2**		**4**	**23**
碧江区	1	4	4		1	2		2	19
万山区	1		4		1			2	4
江口县									
玉屏侗族自治县									
石阡县									
思南县									
印江土家族苗族自治县									
德江县									
沿河土家族自治县									
松桃苗族自治县									
黔西南布依族苗族自治州	**10**	**16**	**53**	**1**	**13**	**23**		**19**	**29**
兴义市	7	15	47		9	21		17	23
兴仁市	3	1	6	1	4	2		2	6
普安县									
晴隆县									
贞丰县									
望谟县									
册亨县									
安龙县									
黔东南苗族侗族自治州	**1**	**8**	**38**		**2**	**9**		**5**	**17**
凯里市	1	8	38		2	9		5	17
黄平县									
施秉县									
三穗县									
镇远县									
岑巩县									
天柱县									
锦屏县									
剑河县									
台江县									
黎平县									
榕江县									
从江县									
雷山县									
麻江县									
丹寨县									
黔南布依族苗族自治州	**1**	**9**	**7**	**1**	**7**	**4**		**7**	**14**
都匀市	1	8	3		3	3		3	13
福泉市		1	4	1	4	1		4	1
荔波县									
贵定县									
瓮安县									
独山县									
平塘县									
罗甸县									
长顺县									
龙里县									
惠水县									
三都水族自治县									

4-6a　续表 42　　　　单位：人

地　区 性　别	生产制造及有关人员								
	采矿人员	金属冶炼和压延加工人员	机械制造基础加工人员	金属制品制造人员	通用设备制造人员	专用设备制造人员	汽车制造人员	铁路、船舶、航空设备制造人员	电气机械和器材制造人员
贵　州	**1624**	**846**	**1792**	**1061**	**316**	**97**	**286**	**565**	**362**
贵阳市	**112**	**282**	**927**	**309**	**112**	**37**	**173**	**314**	**119**
南明区	15	46	75	59	12	7	22	20	13
云岩区	18	12	90	45	15	7	17	11	20
花溪区	13	65	434	111	38	10	73	44	38
乌当区	2	5	81	11	8	2	17	7	6
白云区	13	134	182	36	24	7	33	229	33
观山湖区	19	11	38	26	5	2	9	2	9
开阳县									
息烽县									
修文县									
清镇市	32	9	27	21	10	2	2	1	
六盘水市	**1260**	**169**	**164**	**94**	**42**	**11**	**7**	**5**	**12**
钟山区	146	164	77	49	31	2	2	4	7
六枝特区	33	2	29	23	7	3	2		
水城县									
盘州市	1081	3	58	22	4	6	3	1	5
遵义市	**109**	**294**	**332**	**233**	**71**	**18**	**46**	**20**	**108**
红花岗区	59	170	118	99	29	9	19	8	26
汇川区	4	12	125	33	13	8	15	9	57
播州区	9	109	70	71	17		10	1	19
桐梓县									
绥阳县									
正安县									
道真仡佬族苗族自治县									
务川仡佬族苗族自治县									
凤冈县									
湄潭县									
余庆县									
习水县									
赤水市	31	1	7	9	3	1		2	1
仁怀市	6	2	12	21	9		2		5
安顺市	**23**	**13**	**181**	**125**	**42**	**1**	**14**	**215**	**10**
西秀区	20	13	148	113	40	1	14	210	10
平坝区	3		33	12	2			5	
普定县									
镇宁布依族苗族自治县									
关岭布依族苗族自治县									
紫云苗族布依族自治县									
毕节市	**12**	**17**	**37**	**64**	**11**	**1**	**11**		**44**
七星关区	12	17	37	64	11	1	11		44
大方县									
黔西县									
金沙县									
织金县									
纳雍县									
威宁彝族回族苗族自治县									
赫章县									

4-6a 续表 43 单位：人

地区 性别	生产制造及有关人员								
	采矿人员	金属冶炼和压延加工人员	机械制造基础加工人员	金属制品制造人员	通用设备制造人员	专用设备制造人员	汽车制造人员	铁路、船舶、航空设备制造人员	电气机械和器材制造人员
铜仁市	**7**	**9**	**17**	**28**	**7**	**6**	**3**	**3**	**7**
碧江区	5	7	11	19	7	4	3	3	7
万山区	2	2	6	9		2			
江口县									
玉屏侗族自治县									
石阡县									
思南县									
印江土家族苗族自治县									
德江县									
沿河土家族自治县									
松桃苗族自治县									
黔西南布依族苗族自治州	**76**	**50**	**50**	**101**	**12**	**13**	**23**	**5**	**49**
兴义市	43	47	33	83	11	12	21	5	40
兴仁市	33	3	17	18	1	1	2		9
普安县									
晴隆县									
贞丰县									
望谟县									
册亨县									
安龙县									
黔东南苗族侗族自治州	**10**	**8**	**40**	**68**	**7**	**4**	**5**	**2**	**6**
凯里市	10	8	40	68	7	4	5	2	6
黄平县									
施秉县									
三穗县									
镇远县									
岑巩县									
天柱县									
锦屏县									
剑河县									
台江县									
黎平县									
榕江县									
从江县									
雷山县									
麻江县									
丹寨县									
黔南布依族苗族自治州	**15**	**4**	**44**	**39**	**12**	**6**	**4**	**1**	**7**
都匀市	5	4	27	25	10	4	1	1	2
福泉市	10		17	14	2	2	3		5
荔波县									
贵定县									
瓮安县									
独山县									
平塘县									
罗甸县									
长顺县									
龙里县									
惠水县									
三都水族自治县									

4-6a 续表 44　　　　单位：人

地区 性别	生产制造及有关人员								
	采矿人员	金属冶炼和压延加工人员	机械制造基础加工人员	金属制品制造人员	通用设备制造人员	专用设备制造人员	汽车制造人员	铁路、船舶、航空设备制造人员	电气机械和器材制造人员
男	**1534**	**709**	**1530**	**806**	**251**	**75**	**205**	**431**	**248**
贵州	**1534**	**709**	**1530**	**806**	**251**	**75**	**205**	**431**	**248**
贵阳市	**95**	**233**	**764**	**241**	**87**	**31**	**130**	**242**	**84**
南明区	15	40	69	43	12	6	17	16	12
云岩区	14	11	82	41	13	5	16	7	13
花溪区	12	42	337	82	27	9	46	32	24
乌当区	2	4	62	10	6	1	16	7	3
白云区	12	118	157	31	18	6	28	178	26
观山湖区	13	9	34	19	3	2	6	2	6
开阳县									
息烽县									
修文县									
清镇市	27	9	23	15	8	2	1		
六盘水市	**1202**	**139**	**154**	**69**	**38**	**9**	**7**	**5**	**8**
钟山区	128	135	72	37	28	2	2	4	6
六枝特区	31	1	28	17	6	1	2		
水城县									
盘州市	1043	3	54	15	4	6	3	1	2
遵义市	**103**	**252**	**293**	**191**	**58**	**13**	**31**	**15**	**74**
红花岗区	57	142	107	81	24	7	9	5	18
汇川区	4	11	107	25	11	6	12	7	36
播州区	8	96	66	59	13		8	1	15
桐梓县									
绥阳县									
正安县									
道真仡佬族苗族自治县									
务川仡佬族苗族自治县									
凤冈县									
湄潭县									
余庆县									
习水县									
赤水市	28	1	7	7	2			2	1
仁怀市	6	2	6	19	8		2		4
安顺市	**20**	**10**	**146**	**93**	**29**		**8**	**159**	**6**
西秀区	17	10	117	83	27		8	154	6
平坝区	3		29	10	2			5	
普定县									
镇宁布依族苗族自治县									
关岭布依族苗族自治县									
紫云苗族布依族自治县									
毕节市	**12**	**16**	**34**	**50**	**9**	**1**	**5**		**22**
七星关区	12	16	34	50	9	1	5		22
大方县									
黔西县									
金沙县									
织金县									
纳雍县									
威宁彝族回族苗族自治县									
赫章县									

4-6a 续表 45 单位：人

地区 性别	生产制造及有关人员								
	采矿人员	金属冶炼和压延加工人员	机械制造基础加工人员	金属制品制造人员	通用设备制造人员	专用设备制造人员	汽车制造人员	铁路、船舶、航空设备制造人员	电气机械和器材制造人员
铜仁市	**7**	**7**	**15**	**17**	**6**	**6**	**2**	**2**	**5**
碧江区	5	5	9	12	6	4	2	2	5
万山区	2	2	6	5		2			
江口县									
玉屏侗族自治县									
石阡县									
思南县									
印江土家族苗族自治县									
德江县									
沿河土家族自治县									
松桃苗族自治县									
黔西南布依族苗族自治州	**72**	**42**	**48**	**72**	**9**	**8**	**16**	**5**	**37**
兴义市	39	39	32	58	8	7	15	5	30
兴仁市	33	3	16	14	1	1	1		7
普安县									
晴隆县									
贞丰县									
望谟县									
册亨县									
安龙县									
黔东南苗族侗族自治州	**9**	**7**	**37**	**46**	**7**	**3**	**3**	**2**	**6**
凯里市	9	7	37	46	7	3	3	2	6
黄平县									
施秉县									
三穗县									
镇远县									
岑巩县									
天柱县									
锦屏县									
剑河县									
台江县									
黎平县									
榕江县									
从江县									
雷山县									
麻江县									
丹寨县									
黔南布依族苗族自治州	**14**	**3**	**39**	**27**	**8**	**4**	**3**	**1**	**6**
都匀市	5	3	22	16	7	2	1	1	1
福泉市	9		17	11	1	2	2		5
荔波县									
贵定县									
瓮安县									
独山县									
平塘县									
罗甸县									
长顺县									
龙里县									
惠水县									
三都水族自治县									

4-6a　续表 46

单位：人

地　　区 性　　别	生产制造及有关人员								
	采矿人员	金属冶炼和压延加工人员	机械制造基础加工人员	金属制品制造人员	通用设备制造人员	专用设备制造人员	汽车制造人员	铁路、船舶、航空设备制造人员	电气机械和器材制造人员
女	**90**	**137**	**262**	**255**	**65**	**22**	**81**	**134**	**114**
贵　州	**90**	**137**	**262**	**255**	**65**	**22**	**81**	**134**	**114**
贵阳市	**17**	**49**	**163**	**68**	**25**	**6**	**43**	**72**	**35**
南明区		6	6	16		1	5	4	1
云岩区	4	1	8	4	2	2	1	4	7
花溪区	1	23	97	29	11	1	27	12	14
乌当区		1	19	1	2	1	1		3
白云区	1	16	25	5	6	1	5	51	7
观山湖区	6	2	4	7	2		3		3
开阳县									
息烽县									
修文县									
清镇市	5		4	6	2		1	1	
六盘水市	**58**	**30**	**10**	**25**	**4**	**2**			**4**
钟山区	18	29	5	12	3				1
六枝特区	2	1	1	6	1	2			
水城县									
盘州市	38		4	7					3
遵义市	**6**	**42**	**39**	**42**	**13**	**5**	**15**	**5**	**34**
红花岗区	2	28	11	18	5	2	10	3	8
汇川区		1	18	8	2	2	3	2	21
播州区	1	13	4	12	4		2		4
桐梓县									
绥阳县									
正安县									
道真仡佬族苗族自治县									
务川仡佬族苗族自治县									
凤冈县									
湄潭县									
余庆县									
习水县									
赤水市	3			2	1	1			
仁怀市			6	2	1				1
安顺市	**3**	**3**	**35**	**32**	**13**	**1**	**6**	**56**	**4**
西秀区	3	3	31	30	13	1	6	56	4
平坝区			4	2					
普定县									
镇宁布依族苗族自治县									
关岭布依族苗族自治县									
紫云苗族布依族自治县									
毕节市		**1**	**3**	**14**	**2**		**6**		**22**
七星关区		1	3	14	2		6		22
大方县									
黔西县									
金沙县									
织金县									
纳雍县									
威宁彝族回族苗族自治县									
赫章县									

4-6a 续表 47

单位：人

地 区 性 别	生产制造及有关人员								
	采矿人员	金属冶炼和压延加工人员	机械制造基础加工人员	金属制品制造人员	通用设备制造人员	专用设备制造人员	汽车制造人员	铁路、船舶、航空设备制造人员	电气机械和器材制造人员
铜仁市		**2**	**2**	**11**	**1**		**1**	**1**	**2**
碧江区		2	2	7	1		1	1	2
万山区				4					
江口县									
玉屏侗族自治县									
石阡县									
思南县									
印江土家族苗族自治县									
德江县									
沿河土家族自治县									
松桃苗族自治县									
黔西南布依族苗族自治州	**4**	**8**	**2**	**29**	**3**	**5**	**7**		**12**
兴义市	4	8	1	25	3	5	6		10
兴仁市			1	4			1		2
普安县									
晴隆县									
贞丰县									
望谟县									
册亨县									
安龙县									
黔东南苗族侗族自治州	**1**	**1**	**3**	**22**		**1**	**2**		
凯里市	1	1	3	22		1	2		
黄平县									
施秉县									
三穗县									
镇远县									
岑巩县									
天柱县									
锦屏县									
剑河县									
台江县									
黎平县									
榕江县									
从江县									
雷山县									
麻江县									
丹寨县									
黔南布依族苗族自治州	**1**	**1**	**5**	**12**	**4**	**2**	**1**		**1**
都匀市		1	5	9	3	2			1
福泉市	1			3	1		1		
荔波县									
贵定县									
瓮安县									
独山县									
平塘县									
罗甸县									
长顺县									
龙里县									
惠水县									
三都水族自治县									

4-6a　续表 48

单位：人

地　区 性　别	生产制造及有关人员								不便分类的其他从业人员
	计算机、通信和其他电子设备制造人员	仪器仪表制造人员	废弃资源综合利用人员	电力、热力、气体、水生产和输配人员	建筑施工人员	运输设备和通用工程机械操作人员及有关人员	生产辅助人员	其他生产制造及有关人员	
贵　州	**2684**	**52**	**167**	**679**	**39829**	**2861**	**8423**	**203**	**1331**
贵阳市	**1292**	**17**	**69**	**217**	**14481**	**1136**	**3533**	**100**	**576**
南明区	83	3	11	25	3219	255	752	13	8
云岩区	101	2	24	43	3366	275	751	9	211
花溪区	506	1	17	20	2099	174	717	27	91
乌当区	316	1		10	474	82	263	12	98
白云区	123	6	5	12	2391	202	443	12	1
观山湖区	122	1	11	22	1789	91	415	7	82
开阳县									
息烽县									
修文县									
清镇市	41	3	1	85	1143	57	192	20	85
六盘水市	**107**	**3**	**22**	**102**	**3428**	**382**	**1271**	**5**	**42**
钟山区	57	1	15	42	1996	252	618	1	11
六枝特区	19		3	6	574	39	107		8
水城县									
盘州市	31	2	4	54	858	91	546	4	23
遵义市	**458**	**12**	**23**	**128**	**8102**	**543**	**2035**	**37**	**238**
红花岗区	136	6	9	60	2828	186	512	16	140
汇川区	192	3	9	43	1866	108	591	13	68
播州区	87	3	2	13	1675	128	308	5	17
桐梓县									
绥阳县									
正安县									
道真仡佬族苗族自治县									
务川仡佬族苗族自治县									
凤冈县									
湄潭县									
余庆县									
习水县									
赤水市	26			7	481	37	81	3	1
仁怀市	17		3	5	1252	84	543		12
安顺市	**109**	**10**	**7**	**82**	**1655**	**107**	**384**	**20**	**81**
西秀区	100	10	7	76	1361	88	353	18	78
平坝区	9			6	294	19	31	2	3
普定县									
镇宁布依族苗族自治县									
关岭布依族苗族自治县									
紫云苗族布依族自治县									
毕节市	**142**	**1**	**11**	**42**	**2139**	**105**	**227**	**8**	**1**
七星关区	142	1	11	42	2139	105	227	8	1
大方县									
黔西县									
金沙县									
织金县									
纳雍县									
威宁彝族回族苗族自治县									
赫章县									

4-6a 续表 49

单位：人

地　区 性　别	生产制造及有关人员								不便分类的其他从业人员
	计算机、通信和其他电子设备制造人员	仪器仪表制造人员	废弃资源综合利用人员	电力、热力、气体、水生产和输配人员	建筑施工人员	运输设备和通用工程机械操作人员及有关人员	生产辅助人员	其他生产制造及有关人员	
铜仁市	**158**	**1**	**8**	**10**	**2198**	**134**	**137**	**4**	**223**
碧江区	132	1	3	9	1658	97	114	2	206
万山区	26		5	1	540	37	23	2	17
江口县									
玉屏侗族自治县									
石阡县									
思南县									
印江土家族苗族自治县									
德江县									
沿河土家族自治县									
松桃苗族自治县									
黔西南布依族苗族自治州	**218**	**5**	**18**	**50**	**3690**	**208**	**341**	**10**	**17**
兴义市	153	4	13	39	3008	179	278	7	3
兴仁市	65	1	5	11	682	29	63	3	14
普安县									
晴隆县									
贞丰县									
望谟县									
册亨县									
安龙县									
黔东南苗族侗族自治州	**128**		**4**	**23**	**2434**	**125**	**249**	**14**	**107**
凯里市	128		4	23	2434	125	249	14	107
黄平县									
施秉县									
三穗县									
镇远县									
岑巩县									
天柱县									
锦屏县									
剑河县									
台江县									
黎平县									
榕江县									
从江县									
雷山县									
麻江县									
丹寨县									
黔南布依族苗族自治州	**72**	**3**	**5**	**25**	**1702**	**121**	**246**	**5**	**46**
都匀市	50	2		14	1103	79	154		45
福泉市	22	1	5	11	599	42	92	5	1
荔波县									
贵定县									
瓮安县									
独山县									
平塘县									
罗甸县									
长顺县									
龙里县									
惠水县									
三都水族自治县									

4-6a　续表 50　　　　单位：人

地　区 性　别	生产制造及有关人员：计算机、通信和其他电子设备制造人　员	仪器仪表制造人员	废弃资源综合利用人　员	电力、热力、气体、水生产和输配人员	建筑施工人　员	运输设备和通用工程机械操作人员及有关人员	生产辅助人　员	其他生产制造及有关人员	不便分类的其他从业人员
男	**1557**	**32**	**118**	**527**	**32726**	**2561**	**6121**	**138**	**843**
贵　州	**1557**	**32**	**118**	**527**	**32726**	**2561**	**6121**	**138**	**843**
贵阳市	**783**	**10**	**52**	**171**	**11955**	**1010**	**2670**	**70**	**364**
南明区	53	2	10	22	2692	206	584	10	7
云岩区	83	2	19	36	2819	255	592	7	136
花溪区	307		12	12	1738	153	517	17	60
乌当区	156			9	376	77	183	8	58
白云区	71	3	4	9	1932	184	341	9	1
观山湖区	85	1	6	17	1459	81	302	6	48
开阳县									
息烽县									
修文县									
清镇市	28	2	1	66	939	54	151	13	54
六盘水市	**65**	**3**	**15**	**78**	**2832**	**346**	**1041**	**5**	**28**
钟山区	40	1	10	31	1643	224	496	1	6
六枝特区	8		3	3	481	38	81		6
水城县									
盘州市	17	2	2	44	708	84	464	4	16
遵义市	**249**	**8**	**19**	**100**	**6700**	**460**	**1260**	**20**	**154**
红花岗区	80	5	6	46	2350	167	402	9	89
汇川区	110	2	8	33	1503	95	389	6	45
播州区	38	1	2	10	1393	117	232	3	10
桐梓县									
绥阳县									
正安县									
道真仡佬族苗族自治县									
务川仡佬族苗族自治县									
凤冈县									
湄潭县									
余庆县									
习水县									
赤水市	11			7	432	37	52	2	1
仁怀市	10		3	4	1022	44	185		9
安顺市	**54**	**3**	**4**	**65**	**1390**	**94**	**253**	**16**	**50**
西秀区	47	3	4	60	1136	76	235	14	48
平坝区	7			5	254	18	18	2	2
普定县									
镇宁布依族苗族自治县									
关岭布依族苗族自治县									
紫云苗族布依族自治县									
毕节市	**88**		**6**	**34**	**1799**	**98**	**170**	**3**	**1**
七星关区	88		6	34	1799	98	170	3	1
大方县									
黔西县									
金沙县									
织金县									
纳雍县									
威宁彝族回族苗族自治县									
赫章县									

4-6a 续表 51　　单位：人

地区 性别	生产制造及有关人员								不便分类的其他从业人员
	计算机、通信和其他电子设备制造人员	仪器仪表制造人员	废弃资源综合利用人员	电力、热力、气体、水生产和输配人员	建筑施工人员	运输设备和通用工程机械操作人员及有关人员	生产辅助人员	其他生产制造及有关人员	
铜仁市	**95**	**1**	**3**	**6**	**1739**	**126**	**91**	**4**	**136**
碧江区	83	1	1	5	1307	92	76	2	126
万山区	12		2	1	432	34	15	2	10
江口县									
玉屏侗族自治县									
石阡县									
思南县									
印江土家族苗族自治县									
德江县									
沿河土家族自治县									
松桃苗族自治县									
黔西南布依族苗族自治州	**111**	**4**	**13**	**37**	**2951**	**198**	**250**	**6**	**12**
兴义市	90	3	9	28	2418	171	203	4	2
兴仁市	21	1	4	9	533	27	47	2	10
普安县									
晴隆县									
贞丰县									
望谟县									
册亨县									
安龙县									
黔东南苗族侗族自治州	**67**		**2**	**17**	**1952**	**117**	**186**	**11**	**65**
凯里市	67		2	17	1952	117	186	11	65
黄平县									
施秉县									
三穗县									
镇远县									
岑巩县									
天柱县									
锦屏县									
剑河县									
台江县									
黎平县									
榕江县									
从江县									
雷山县									
麻江县									
丹寨县									
黔南布依族苗族自治州	**45**	**3**	**4**	**19**	**1408**	**112**	**200**	**3**	**33**
都匀市	29	2		11	902	71	125		32
福泉市	16	1	4	8	506	41	75	3	1
荔波县									
贵定县									
瓮安县									
独山县									
平塘县									
罗甸县									
长顺县									
龙里县									
惠水县									
三都水族自治县									

4-6a 续表 52

单位：人

地　区 性　别	生产制造及有关人员								不便分类的其他从业人员
	计算机、通信和其他电子设备制造人员	仪器仪表制造人员	废弃资源综合利用人员	电力、热力、气体、水生产和输配人员	建筑施工人员	运输设备和通用工程机械操作人员及有关人员	生产辅助人员	其他生产制造及有关人员	
女	**1127**	**20**	**49**	**152**	**7103**	**300**	**2302**	**65**	**488**
贵　州	**1127**	**20**	**49**	**152**	**7103**	**300**	**2302**	**65**	**488**
贵阳市	**509**	**7**	**17**	**46**	**2526**	**126**	**863**	**30**	**212**
南明区	30	1	1	3	527	49	168	3	1
云岩区	18		5	7	547	20	159	2	75
花溪区	199	1	5	8	361	21	200	10	31
乌当区	160	1		1	98	5	80	4	40
白云区	52	3	1	3	459	18	102	3	
观山湖区	37		5	5	330	10	113	1	34
开阳县									
息烽县									
修文县									
清镇市	13	1		19	204	3	41	7	31
六盘水市	**42**		**7**	**24**	**596**	**36**	**230**		**14**
钟山区	17		5	11	353	28	122		5
六枝特区	11			3	93	1	26		2
水城县									
盘州市	14		2	10	150	7	82		7
遵义市	**209**	**4**	**4**	**28**	**1402**	**83**	**775**	**17**	**84**
红花岗区	56	1	3	14	478	19	110	7	51
汇川区	82	1	1	10	363	13	202	7	23
播州区	49	2		3	282	11	76	2	7
桐梓县									
绥阳县									
正安县									
道真仡佬族苗族自治县									
务川仡佬族苗族自治县									
凤冈县									
湄潭县									
余庆县									
习水县									
赤水市	15				49		29	1	
仁怀市	7			1	230	40	358		3
安顺市	**55**	**7**	**3**	**17**	**265**	**13**	**131**	**4**	**31**
西秀区	53	7	3	16	225	12	118	4	30
平坝区	2			1	40	1	13		1
普定县									
镇宁布依族苗族自治县									
关岭布依族苗族自治县									
紫云苗族布依族自治县									
毕节市	**54**	**1**	**5**	**8**	**340**	**7**	**57**	**5**	
七星关区	54	1	5	8	340	7	57	5	
大方县									
黔西县									
金沙县									
织金县									
纳雍县									
威宁彝族回族苗族自治县									
赫章县									

4-6a 续表 53 单位：人

地 区 性 别	生产制造及有关人员								不便分类的其他从业人员
	计算机、通信和其他电子设备制造人员	仪器仪表制造人员	废弃资源综合利用人员	电力、热力、气体、水生产和输配人员	建筑施工人员	运输设备和通用工程机械操作人员及有关人员	生产辅助人员	其他生产制造及有关人员	
铜仁市	**63**		**5**	**4**	**459**	**8**	**46**		**87**
碧江区	49		2	4	351	5	38		80
万山区	14		3		108	3	8		7
江口县									
玉屏侗族自治县									
石阡县									
思南县									
印江土家族苗族自治县									
德江县									
沿河土家族自治县									
松桃苗族自治县									
黔西南布依族苗族自治州	**107**	**1**	**5**	**13**	**739**	**10**	**91**	**4**	**5**
兴义市	63	1	4	11	590	8	75	3	1
兴仁市	44		1	2	149	2	16	1	4
普安县									
晴隆县									
贞丰县									
望谟县									
册亨县									
安龙县									
黔东南苗族侗族自治州	**61**		**2**	**6**	**482**	**8**	**63**	**3**	**42**
凯里市	61		2	6	482	8	63	3	42
黄平县									
施秉县									
三穗县									
镇远县									
岑巩县									
天柱县									
锦屏县									
剑河县									
台江县									
黎平县									
榕江县									
从江县									
雷山县									
麻江县									
丹寨县									
黔南布依族苗族自治州	**27**		**1**	**6**	**294**	**9**	**46**	**2**	**13**
都匀市	21			3	201	8	29		13
福泉市	6		1	3	93	1	17	2	
荔波县									
贵定县									
瓮安县									
独山县									
平塘县									
罗甸县									
长顺县									
龙里县									
惠水县									
三都水族自治县									

4-6b 各地区分性别、职业中类的就业人口(镇)

单位：人

地区 性别	合计	党的机关、国家机关、群众团体和社会组织、企事业单位负责人						
		小计	中国共产党机关负责人	国家机关负责人	民主党派和工商联负责人	人民团体和群众团体、社会组织及其他成员组织负责人	基层群众自治组织负责人	企事业单位负责人
贵州	**375116**	**7941**	**81**	**1087**	**1**	**377**	**521**	**5874**
贵阳市	**24082**	**554**	**4**	**39**		**33**	**16**	**462**
南明区								
云岩区								
花溪区	2204	53				25		28
乌当区	1055	25					1	24
白云区	53	1						1
观山湖区	809	22						22
开阳县	8235	236	1	16		2	9	208
息烽县	4703	93	2	8		3	3	77
修文县	5235	91	1	15		2	3	70
清镇市	1788	33				1		32
六盘水市	**19379**	**314**	**1**	**34**		**7**	**13**	**259**
钟山区	2242	24		1		3	2	18
六枝特区	1733	19		1				18
水城县	9502	157		14		1	4	138
盘州市	5902	114	1	18		3	7	85
遵义市	**67849**	**1417**	**21**	**160**		**42**	**63**	**1131**
红花岗区	2500	14	1	2			1	10
汇川区	2223	32		1			3	28
播州区	3737	70		3			6	61
桐梓县	8655	242	3	19		7	5	208
绥阳县	5628	126	5	28		4	9	80
正安县	6359	90	6	13		4	9	58
道真仡佬族苗族自治县	3973	63		11		3	2	47
务川仡佬族苗族自治县	5288	130	3	20		3	3	101
凤冈县	5245	160		10			5	145
湄潭县	7069	163		12		6	2	143
余庆县	4428	63	2	10		1	5	45
习水县	9037	223	1	25		9	7	181
赤水市	1413	30		4		4	5	17
仁怀市	2294	11		2		1	1	7
安顺市	**22136**	**448**	**9**	**50**		**10**	**30**	**349**
西秀区	1954	28					5	23
平坝区	3106	66		2		3	1	60
普定县	5669	55		11		2		42
镇宁布依族苗族自治县	4314	83		16		3	8	56
关岭布依族苗族自治县	3616	162	3	12		2	11	134
紫云苗族布依族自治县	3477	54	6	9			5	34
毕节市	**77873**	**1535**	**11**	**169**	**1**	**61**	**155**	**1138**
七星关区	2377	69		2			6	61
大方县	9650	177	1	21		6	30	119
黔西县	11720	282	2	12		32	18	218
金沙县	9923	140		28		4	3	105
织金县	11878	353	1	25	1	2	17	307
纳雍县	9433	194	1	30		2	39	122
威宁彝族回族苗族自治县	17605	214	3	31		11	27	142
赫章县	5287	106	3	20		4	15	64

4-6b 续表 1

单位：人

地 区 性 别	合计	党的机关、国家机关、群众团体和社会组织、企事业单位负责人						
		小计	中国共产党机关负责人	国家机关负责人	民主党派和工商联负责人	人民团体和群众团体、社会组织及其他成员组织负责人	基层群众自治组织负责人	企事业单位负责人
铜仁市	**37234**	**774**	**10**	**155**		**43**	**43**	**523**
碧江区	121	1					1	
万山区								
江口县	2937	99	1	27		4		67
玉屏侗族自治县	2927	50		4		1	3	42
石阡县	3949	66		4		7	5	50
思南县	5930	137	1	31		7	4	94
印江土家族苗族自治县	4139	116	5	33		4	9	65
德江县	5867	86	1	26		8	1	50
沿河土家族自治县	5635	118	1	20		7	13	77
松桃苗族自治县	5729	101	1	10		5	7	78
黔西南布依族苗族自治州	**29238**	**556**	**8**	**94**		**34**	**32**	**388**
兴义市	3492	36	1	1		1	7	26
兴仁市	2094	32	1	4		2	2	23
普安县	3240	81	5	11		5	1	59
晴隆县	3015	73		27		4	4	38
贞丰县	4960	88		12		16	3	57
望谟县	3545	73		17		3	3	50
册亨县	2774	56		8			9	39
安龙县	6118	117	1	14		3	3	96
黔东南苗族侗族自治州	**45079**	**1015**	**9**	**216**		**52**	**106**	**632**
凯里市	1247	17		1		1	4	11
黄平县	3674	70		10		1	15	44
施秉县	2116	63	2	14		2	2	43
三穗县	2800	111	2	16		2	6	85
镇远县	3696	92	1	24		8	3	56
岑巩县	2875	80		14		12	3	51
天柱县	3543	11		5			2	4
锦屏县	2524	69	1	20		1	13	34
剑河县	2711	63	1	18		3	4	37
台江县	1439	32		10			1	21
黎平县	5950	106		21		5	15	65
榕江县	3363	61	1	15		5	6	34
从江县	2550	72		18		8	10	36
雷山县	1805	52		8			8	36
麻江县	2218	78	1	16		3	8	50
丹寨县	2568	38		6		1	6	25
黔南布依族苗族自治州	**52246**	**1328**	**8**	**170**		**95**	**63**	**992**
都匀市	1136	7				2		5
福泉市	2015	62		3		7	1	51
荔波县	2982	177		18		23	5	131
贵定县	5025	144		19		16	7	102
瓮安县	8545	201	1	23		13	3	161
独山县	5337	95		9		8		78
平塘县	3222	115	1	34		1	3	76
罗甸县	5083	114	1	15		7	9	82
长顺县	2924	46	1	5		2	6	32
龙里县	5414	106		4		6	2	94
惠水县	6512	160	2	7		7	10	134
三都水族自治县	4051	101	2	33		3	17	46

4-6b　续表 2

单位：人

地区 性别	合计	党的机关、国家机关、群众团体和社会组织、企事业单位负责人						
		小计	中国共产党机关负责人	国家机关负责人	民主党派和工商联负责人	人民团体和群众团体、社会组织及其他成员组织负责人	基层群众自治组织负责人	企事业单位负责人
男	**219457**	**5796**	**61**	**933**	**1**	**234**	**428**	**4139**
贵　州	**219457**	**5796**	**61**	**933**	**1**	**234**	**428**	**4139**
贵阳市	**14370**	**399**	**4**	**31**		**17**	**15**	**332**
南明区								
云岩区								
花溪区	1294	36				13		23
乌当区	628	18					1	17
白云区	34							
观山湖区	433	14						14
开阳县	4975	168	1	13			9	145
息烽县	2716	72	2	6		3	3	58
修文县	3181	67	1	12		1	2	51
清镇市	1109	24						24
六盘水市	**11666**	**233**	**1**	**30**		**4**	**11**	**187**
钟山区	1445	17				2	2	13
六枝特区	1010	14		1				13
水城县	5701	115		11			4	100
盘州市	3510	87	1	18		2	5	61
遵义市	**39427**	**1064**	**15**	**147**		**24**	**59**	**819**
红花岗区	1478	14	1	2			1	10
汇川区	1304	23		1			3	19
播州区	2132	53		2			6	45
桐梓县	5234	177	3	15		3	5	151
绥阳县	3249	108	3	27		3	9	66
正安县	3576	71	3	13		2	8	45
道真仡佬族苗族自治县	2331	50		11		2	2	35
务川仡佬族苗族自治县	3091	104	3	18		3	2	78
凤冈县	2944	104		9			4	91
湄潭县	4008	116		11		3	2	100
余庆县	2470	49	2	9			5	33
习水县	5350	164		24		4	6	130
赤水市	835	23		3		3	5	12
仁怀市	1425	8		2		1	1	4
安顺市	**13046**	**327**	**7**	**42**		**6**	**24**	**248**
西秀区	1172	25					5	20
平坝区	1920	48		2		1		45
普定县	3301	44		11		1		32
镇宁布依族苗族自治县	2484	59		11		2	8	38
关岭布依族苗族自治县	2136	106	2	9		2	7	86
紫云苗族布依族自治县	2033	45	5	9			4	27
毕节市	**46000**	**1084**	**8**	**145**	**1**	**35**	**110**	**785**
七星关区	1394	48		2			6	40
大方县	5813	117		17		6	12	82
黔西县	7016	180	2	9		15	13	141
金沙县	5956	124		27		1	3	93
织金县	7071	227		21	1	2	13	190
纳雍县	5547	152	1	26			32	93
威宁彝族回族苗族自治县	10229	158	3	27		7	21	100
赫章县	2974	78	2	16		4	10	46

4-6b 续表 3　　单位：人

地区 性别	合计	党的机关、国家机关、群众团体和社会组织、企事业单位负责人						
		小计	中国共产党机关负责人	国家机关负责人	民主党派和工商联负责人	人民团体和群众团体、社会组织及其他成员组织负责人	基层群众自治组织负责人	企事业单位负责人
铜仁市	**21818**	**592**	**9**	**130**		**37**	**41**	**375**
碧江区	82	1					1	
万山区								
江口县	1792	66	1	24		3		38
玉屏侗族自治县	1724	35		4		1	3	27
石阡县	2252	49		4		4	5	36
思南县	3392	107		20		7	4	76
印江土家族苗族自治县	2442	99	5	28		4	9	53
德江县	3436	72	1	23		7	1	40
沿河土家族自治县	3263	94	1	17		7	12	57
松桃苗族自治县	3435	69	1	10		4	6	48
黔西南布依族苗族自治州	**16581**	**389**	**7**	**77**		**21**	**25**	**259**
兴义市	2020	27	1	1		1	5	19
兴仁市	1158	22	1	4		1	2	14
普安县	1842	56	5	9		3		39
晴隆县	1720	52		19		2	3	28
贞丰县	2832	55		10		10	2	33
望谟县	2048	58		14		2	3	39
册亨县	1539	39		7			8	24
安龙县	3422	80		13		2	2	63
黔东南苗族侗族自治州	**26167**	**763**	**7**	**185**		**27**	**88**	**456**
凯里市	758	14		1			4	9
黄平县	2144	47		6		1	7	33
施秉县	1148	40	2	10			2	26
三穗县	1562	78	2	13		1	5	57
镇远县	2101	68	1	19		5	3	40
岑巩县	1619	57		12		7	3	35
天柱县	2074	10		4			2	4
锦屏县	1461	61	1	20		1	10	29
剑河县	1616	49	1	17		1	4	26
台江县	896	27		9			1	17
黎平县	3505	87		19		2	13	53
榕江县	1976	49		15		4	5	25
从江县	1517	53		15		3	10	25
雷山县	1066	43		8			8	27
麻江县	1276	50		12		1	5	32
丹寨县	1448	30		5		1	6	18
黔南布依族苗族自治州	**30382**	**945**	**3**	**146**		**63**	**55**	**678**
都匀市	633	5				1		4
福泉市	1224	45		2		4	1	38
荔波县	1635	114		15		16	3	80
贵定县	2898	88		15		7	5	61
瓮安县	5187	140	1	18		8	3	110
独山县	3086	71		9		7		55
平塘县	1782	81		29		1	2	49
罗甸县	2894	86		14		7	8	57
长顺县	1722	36		4		1	6	25
龙里县	3292	77		4		4	2	67
惠水县	3793	116	1	7		4	10	94
三都水族自治县	2236	86	1	29		3	15	38

4-6b　续表 4　　　　单位：人

地　区 性　别	合计	党的机关、国家机关、群众团体和社会组织、企事业单位负责人						
		小计	中国共产党机关负责人	国家机关负责人	民主党派和工商联负责人	人民团体和群众团体、社会组织及其他成员组织负责人	基层群众自治组织负责人	企事业单位负责人
女	**155659**	**2145**	**20**	**154**		**143**	**93**	**1735**
贵　州	**155659**	**2145**	**20**	**154**		**143**	**93**	**1735**
贵阳市	**9712**	**155**		**8**		**16**	**1**	**130**
南明区								
云岩区								
花溪区	910	17				12		5
乌当区	427	7						7
白云区	19	1						1
观山湖区	376	8						8
开阳县	3260	68		3		2		63
息烽县	1987	21		2				19
修文县	2054	24		3		1	1	19
清镇市	679	9				1		8
六盘水市	**7713**	**81**		**4**		**3**	**2**	**72**
钟山区	797	7		1		1		5
六枝特区	723	5						5
水城县	3801	42		3		1		38
盘州市	2392	27				1	2	24
遵义市	**28422**	**353**	**6**	**13**		**18**	**4**	**312**
红花岗区	1022							
汇川区	919	9						9
播州区	1605	17		1				16
桐梓县	3421	65		4		4		57
绥阳县	2379	18	2	1		1		14
正安县	2783	19	3			2	1	13
道真仡佬族苗族自治县	1642	13				1		12
务川仡佬族苗族自治县	2197	26		2			1	23
凤冈县	2301	56		1			1	54
湄潭县	3061	47		1		3		43
余庆县	1958	14		1		1		12
习水县	3687	59	1	1		5	1	51
赤水市	578	7		1		1		5
仁怀市	869	3						3
安顺市	**9090**	**121**	**2**	**8**		**4**	**6**	**101**
西秀区	782	3						3
平坝区	1186	18				2	1	15
普定县	2368	11				1		10
镇宁布依族苗族自治县	1830	24		5		1		18
关岭布依族苗族自治县	1480	56	1	3			4	48
紫云苗族布依族自治县	1444	9	1				1	7
毕节市	**31873**	**451**	**3**	**24**		**26**	**45**	**353**
七星关区	983	21						21
大方县	3837	60	1	4			18	37
黔西县	4704	102		3		17	5	77
金沙县	3967	16		1		3		12
织金县	4807	126	1	4			4	117
纳雍县	3886	42		4		2	7	29
威宁彝族回族苗族自治县	7376	56		4		4	6	42
赫章县	2313	28	1	4			5	18

4−6b 续表 5

单位：人

地区 性别	合计	党的机关、国家机关、群众团体和社会组织、企事业单位负责人						
		小计	中国共产党机关负责人	国家机关负责人	民主党派和工商联负责人	人民团体和群众团体、社会组织及其他成员组织负责人	基层群众自治组织负责人	企事业单位负责人
铜仁市	**15416**	**182**	**1**	**25**		**6**	**2**	**148**
碧江区	39							
万山区								
江口县	1145	33		3		1		29
玉屏侗族自治县	1203	15						15
石阡县	1697	17				3		14
思南县	2538	30	1	11				18
印江土家族苗族自治县	1697	17		5				12
德江县	2431	14		3		1		10
沿河土家族自治县	2372	24		3			1	20
松桃苗族自治县	2294	32				1	1	30
黔西南布依族苗族自治州	**12657**	**167**	**1**	**17**		**13**	**7**	**129**
兴义市	1472	9					2	7
兴仁市	936	10				1		9
普安县	1398	25		2		2	1	20
晴隆县	1295	21		8		2	1	10
贞丰县	2128	33		2		6	1	24
望谟县	1497	15		3		1		11
册亨县	1235	17		1			1	15
安龙县	2696	37	1	1		1	1	33
黔东南苗族侗族自治州	**18912**	**252**	**2**	**31**		**25**	**18**	**176**
凯里市	489	3				1		2
黄平县	1530	23		4			8	11
施秉县	968	23		4		2		17
三穗县	1238	33		3		1	1	28
镇远县	1595	24		5		3		16
岑巩县	1256	23		2		5		16
天柱县	1469	1		1				
锦屏县	1063	8					3	5
剑河县	1095	14		1		2		11
台江县	543	5		1				4
黎平县	2445	19		2		3	2	12
榕江县	1387	12	1			1	1	9
从江县	1033	19		3		5		11
雷山县	739	9						9
麻江县	942	28	1	4		2	3	18
丹寨县	1120	8		1				7
黔南布依族苗族自治州	**21864**	**383**	**5**	**24**		**32**	**8**	**314**
都匀市	503	2				1		1
福泉市	791	17		1		3		13
荔波县	1347	63		3		7	2	51
贵定县	2127	56		4		9	2	41
瓮安县	3358	61		5		5		51
独山县	2251	24				1		23
平塘县	1440	34	1	5			1	27
罗甸县	2189	28	1	1			1	25
长顺县	1202	10	1	1		1		7
龙里县	2122	29				2		27
惠水县	2719	44	1			3		40
三都水族自治县	1815	15	1	4			2	8

4-6b 续表 6

单位：人

地区 性别	专业技术人员									
	小计	科学研究人员	工程技术人员	农业技术人员	飞机和船舶技术人员	卫生专业技术人员	经济和金融专业人员	法律、社会和宗教专业人员	教学人员	文学艺术、体育专业人员
贵州	**46863**	**69**	**4175**	**478**	**11**	**10530**	**4188**	**784**	**25649**	**303**
贵阳市	**2796**	**15**	**419**	**23**		**540**	**391**	**45**	**1306**	**15**
南明区										
云岩区										
花溪区	241	7	33	1		12	32	2	143	1
乌当区	61	1	17			18	7	1	16	
白云区	8		1			2	1		4	
观山湖区	100		17	2		24	14	1	38	
开阳县	982	4	153	10		195	160	15	432	8
息烽县	644	1	113	1		143	91	13	272	3
修文县	584	2	59	8		109	71	10	314	1
清镇市	176		26	1		37	15	3	87	2
六盘水市	**1849**	**2**	**258**	**20**		**351**	**179**	**46**	**959**	**14**
钟山区	184		46	2		41	14	12	67	
六枝特区	132		19	1		25	8	1	74	3
水城县	887		127	3		158	110	29	439	8
盘州市	646	2	66	14		127	47	4	379	3
遵义市	**8194**	**6**	**636**	**73**	**1**	**1985**	**701**	**156**	**4493**	**48**
红花岗区	255		20	2		79	10	5	133	1
汇川区	189		16	4		45	12	3	105	3
播州区	304		23	3		41	25	5	205	2
桐梓县	989	1	102	12		195	74	30	550	10
绥阳县	683	1	34	11		169	62	10	389	1
正安县	804		48	5		217	70	4	440	7
道真仡佬族苗族自治县	511		39	7		130	39	11	278	1
务川仡佬族苗族自治县	733		44	3		181	66	16	418	2
凤冈县	751	1	69	5		182	54	19	412	1
湄潭县	908		62	6		233	71	15	504	3
余庆县	561		22	6		145	46	12	326	
习水县	1235	2	123	5	1	311	153	20	594	10
赤水市	108	1	16	2		25	9	4	47	1
仁怀市	163		18	2		32	10	2	92	6
安顺市	**2555**	**2**	**261**	**23**		**563**	**257**	**43**	**1351**	**15**
西秀区	163	1	16	4		35	9	1	93	2
平坝区	334	1	84	4		56	57	5	119	3
普定县	629		66	2		143	52	5	349	2
镇宁布依族苗族自治县	526		30	3		131	81	11	258	4
关岭布依族苗族自治县	490		45	6		102	40	12	278	1
紫云苗族布依族自治县	413		20	4		96	18	9	254	3
毕节市	**9235**	**5**	**615**	**76**		**2153**	**617**	**168**	**5433**	**45**
七星关区	191		15	2		52	10	5	100	4
大方县	1058		63	12		246	57	9	638	4
黔西县	1518		112	9		421	106	33	809	13
金沙县	1188		118	5		307	129	24	585	5
织金县	1317	1	70	2		338	99	22	772	4
纳雍县	1056		75	9		290	52	19	593	4
威宁彝族回族苗族自治县	2117	4	113	25		340	102	36	1455	11
赫章县	790		49	12		159	62	20	481	

4-6b 续表 7 单位：人

地区 性别	专业技术人员 小计	科学研究人员	工程技术人员	农业技术人员	飞机和船舶技术人员	卫生专业技术人员	经济和金融专业人员	法律、社会和宗教专业人员	教学人员	文学艺术、体育专业人员
铜仁市	**5846**	**9**	**430**	**67**	**6**	**1331**	**444**	**78**	**3353**	**39**
碧江区	5					2			3	
万山区										
江口县	442		52	4		108	50	8	207	4
玉屏侗族自治县	353	1	48	5		74	62	11	144	2
石阡县	615	1	52	3		144	61	11	325	4
思南县	991	2	59	14	2	257	60	8	575	7
印江土家族苗族自治县	670		48	12		151	71	6	364	6
德江县	957	3	62	10		226	32	10	596	7
沿河土家族自治县	868	1	40	12	4	135	49	14	591	4
松桃苗族自治县	945	1	69	7		234	59	10	548	5
黔西南布依族苗族自治州	**3732**	**6**	**304**	**34**	**1**	**723**	**282**	**72**	**2223**	**20**
兴义市	287		58	9		39	25	8	139	
兴仁市	213		14	3		42	14	1	136	1
普安县	452		33	4		86	28	10	289	
晴隆县	373	1	25	1		73	19	9	235	4
贞丰县	754	1	47	5		156	70	25	422	5
望谟县	569		25	5	1	84	42	5	401	2
册亨县	365	1	23	2		97	32	4	194	4
安龙县	719	3	79	5		146	52	10	407	4
黔东南苗族侗族自治州	**6216**	**12**	**448**	**73**	**1**	**1522**	**600**	**70**	**3364**	**51**
凯里市	122		21	2		26	3	1	67	1
黄平县	490	1	31	5		117	36	2	283	5
施秉县	309	1	21	5		74	25	5	172	3
三穗县	375		20	4		108	43	6	182	2
镇远县	426		23	8		117	34	5	225	6
岑巩县	438	8	36	4		112	48	8	219	
天柱县	493		19	5		135	26	4	297	3
锦屏县	401	1	27	3		94	60	9	194	5
剑河县	466		42	7		104	43	3	257	3
台江县	177		11	1		40	22	5	93	
黎平县	735		81	10	1	184	74	5	372	4
榕江县	406		17	2		97	27	5	252	4
从江县	408		19	2		98	38	5	243	3
雷山县	306		34	5		78	36		147	3
麻江县	307		15	3		71	37	2	177	
丹寨县	357	1	31	7		67	48	5	184	9
黔南布依族苗族自治州	**6440**	**12**	**804**	**89**	**2**	**1362**	**717**	**106**	**3167**	**56**
都匀市	49		5			9	1	1	32	1
福泉市	194		55	2		30	23	1	81	1
荔波县	536	1	74	11		95	75	12	259	3
贵定县	599	1	87	11		135	49	7	296	4
瓮安县	1020	3	148	6		248	101	21	473	10
独山县	638	2	107	10		123	84	10	269	6
平塘县	478	1	18	7		102	47	17	268	5
罗甸县	674		77	16		193	69	8	294	9
长顺县	336		19			71	23	2	211	
龙里县	615		104	5	2	104	107	10	260	12
惠水县	836		79	7		178	76	7	475	2
三都水族自治县	465	4	31	14		74	62	10	249	3

4-6b 续表 8

单位：人

地区 性别	专业技术人员									
	小计	科学研究人员	工程技术人员	农业技术人员	飞机和船舶技术人员	卫生专业技术人员	经济和金融专业人员	法律、社会和宗教专业人员	教学人员	文学艺术、体育专业人员
男	**21283**	**38**	**3658**	**367**	**10**	**3366**	**1517**	**497**	**11311**	**164**
贵州	**21283**	**38**	**3658**	**367**	**10**	**3366**	**1517**	**497**	**11311**	**164**
贵阳市	**1155**	**7**	**348**	**19**		**133**	**99**	**30**	**496**	**7**
南明区										
云岩区										
花溪区	109	3	23	1		4	5	2	67	
乌当区	28		17			3	2	1	5	
白云区	2		1						1	
观山湖区	34		13	2		6	3	1	8	
开阳县	419	2	135	7		45	48	10	168	3
息烽县	258	1	84	1		39	24	10	93	2
修文县	233	1	50	7		31	15	5	119	1
清镇市	72		25	1		5	2	1	35	1
六盘水市	**884**		**230**	**19**		**116**	**74**	**26**	**404**	**8**
钟山区	91		42	1		15	7	7	18	
六枝特区	58		16	1		9	5	1	25	1
水城县	414		112	3		44	43	17	187	5
盘州市	321		60	14		48	19	1	174	2
遵义市	**3722**	**4**	**585**	**59**		**664**	**239**	**103**	**1996**	**24**
红花岗区	110		17	2		24	3	4	56	1
汇川区	92		15	3		16	5	3	48	1
播州区	130		22	2		14	8	3	80	1
桐梓县	458	1	96	9		63	28	21	228	6
绥阳县	312	1	33	10		61	14	5	186	
正安县	376		41	3		77	24	3	220	2
道真仡佬族苗族自治县	248		38	7		43	17	10	130	1
务川仡佬族苗族自治县	331		38	2		54	28	8	198	2
凤冈县	348	1	64	4		52	21	13	188	
湄潭县	429		58	5		94	20	12	229	
余庆县	219		22	5		40	12	6	132	
习水县	532		112	3		106	51	10	237	7
赤水市	54	1	13	2		9	3	3	20	1
仁怀市	83		16	2		11	5	2	44	2
安顺市	**1114**	**1**	**237**	**14**		**170**	**81**	**29**	**552**	**11**
西秀区	62		16	3		7	3		32	1
平坝区	168	1	76	3		16	24	5	36	3
普定县	263		57	1		41	13	2	142	1
镇宁布依族苗族自治县	210		28	2		43	22	8	103	2
关岭布依族苗族自治县	227		42	3		33	12	7	126	1
紫云苗族布依族自治县	184		18	2		30	7	7	113	3
毕节市	**4186**	**3**	**547**	**56**		**693**	**266**	**104**	**2421**	**26**
七星关区	90		15	2		21	4	4	40	1
大方县	465		55	10		83	26	6	268	3
黔西县	677		105	7		150	38	17	343	9
金沙县	535		102	4		113	38	17	245	4
织金县	557		65	1		95	44	10	333	2
纳雍县	471		69	8		86	22	13	265	2
威宁彝族回族苗族自治县	1033	3	94	15		101	56	26	714	5
赫章县	358		42	9		44	38	11	213	

4-6b 续表 9 单位：人

地区 性别	专业技术人员									
	小计	科学研究人员	工程技术人员	农业技术人员	飞机和船舶技术人员	卫生专业技术人员	经济和金融专业人员	法律、社会和宗教专业人员	教学人员	文学艺术、体育专业人员
铜仁市	**2720**	**6**	**369**	**53**	**6**	**475**	**173**	**48**	**1524**	**21**
碧江区	2					1			1	
万山区										
江口县	211		45	4		38	18	6	90	3
玉屏侗族自治县	157		39	4		31	24	7	46	1
石阡县	274	1	48	3		45	20	9	140	2
思南县	446	2	47	10	2	100	25	5	251	2
印江土家族苗族自治县	300		43	9		50	23	3	162	4
德江县	460	2	53	9		79	16	4	291	3
沿河土家族自治县	431	1	35	9	4	46	26	7	290	3
松桃苗族自治县	439		59	5		85	21	7	253	3
黔西南布依族苗族自治州	**1752**	**3**	**258**	**27**	**1**	**235**	**117**	**51**	**1012**	**7**
兴义市	147		51	6		12	11	6	54	
兴仁市	111		12	3		15	6	1	72	1
普安县	192		28	4		23	12	6	118	
晴隆县	180	1	20			24	6	5	119	
贞丰县	351		42	3		51	28	17	193	3
望谟县	280		22	5	1	30	16	5	196	1
册亨县	180		21	2		37	16	4	96	1
安龙县	311	2	62	4		43	22	7	164	1
黔东南苗族侗族自治州	**2909**	**5**	**400**	**60**	**1**	**454**	**254**	**43**	**1627**	**23**
凯里市	76		19	2		9	2		42	1
黄平县	240	1	27	4		42	17	2	139	3
施秉县	142		18	5		21	10	1	85	1
三穗县	156		17	3		31	20	2	77	1
镇远县	178		20	4		30	17	1	101	
岑巩县	201	2	31	3		36	15	7	104	
天柱县	237		19	5		32	17	3	155	2
锦屏县	176	1	25	3		33	24	7	79	1
剑河县	223		38	6		34	15	1	125	1
台江县	85		9	1		14	8	3	47	
黎平县	352		78	6	1	44	37	4	179	2
榕江县	188		12	2		28	11	3	126	4
从江县	195		17	1		28	16	4	127	2
雷山县	150		28	5		26	16		73	1
麻江县	125		13	3		20	10		77	
丹寨县	185	1	29	7		26	19	5	91	4
黔南布依族苗族自治州	**2841**	**9**	**684**	**60**	**2**	**426**	**214**	**63**	**1279**	**37**
都匀市	19		5			2	1		11	
福泉市	89		44	2		12	3	1	26	
荔波县	245		68	8		29	26	5	104	
贵定县	236	1	71	5		43	16	2	92	3
瓮安县	459	3	132	5		74	31	12	191	6
独山县	290	1	91	6		35	27	6	103	5
平塘县	202	1	17	4		36	13	13	109	3
罗甸县	311		60	12		56	27	6	136	8
长顺县	146		15			17	5	2	103	
龙里县	284		92	4	2	30	30	5	107	10
惠水县	355		64	5		65	14	5	195	
三都水族自治县	205	3	25	9		27	21	6	102	2

4-6b　续表 10　　　　单位：人

地　区 性　别	专业技术人员									
	小计	科学研究人员	工程技术人员	农业技术人员	飞机和船舶技术人员	卫生专业技术人员	经济和金融专业人员	法律、社会和宗教专业人员	教学人员	文学艺术、体育专业人员
女	**25580**	**31**	**517**	**111**	**1**	**7164**	**2671**	**287**	**14338**	**139**
贵　州	**25580**	**31**	**517**	**111**	**1**	**7164**	**2671**	**287**	**14338**	**139**
贵阳市	**1641**	**8**	**71**	**4**		**407**	**292**	**15**	**810**	**8**
南明区										
云岩区										
花溪区	132	4	10			8	27		76	1
乌当区	33	1				15	5		11	
白云区	6					2	1		3	
观山湖区	66		4			18	11		30	
开阳县	563	2	18	3		150	112	5	264	5
息烽县	386		29			104	67	3	179	1
修文县	351	1	9	1		78	56	5	195	
清镇市	104		1			32	13	2	52	1
六盘水市	**965**	**2**	**28**	**1**		**235**	**105**	**20**	**555**	**6**
钟山区	93		4	1		26	7	5	49	
六枝特区	74		3			16	3		49	2
水城县	473		15			114	67	12	252	3
盘州市	325	2	6			79	28	3	205	1
遵义市	**4472**	**2**	**51**	**14**	**1**	**1321**	**462**	**53**	**2497**	**24**
红花岗区	145		3			55	7	1	77	
汇川区	97		1	1		29	7		57	2
播州区	174		1	1		27	17	2	125	1
桐梓县	531		6	3		132	46	9	322	4
绥阳县	371		1	1		108	48	5	203	1
正安县	428		7	2		140	46	1	220	5
道真仡佬族苗族自治县	263		1			87	22	1	148	
务川仡佬族苗族自治县	402		6	1		127	38	8	220	
凤冈县	403		5	1		130	33	6	224	1
湄潭县	479		4	1		139	51	3	275	3
余庆县	342			1		105	34	6	194	
习水县	703	2	11	2	1	205	102	10	357	3
赤水市	54		3			16	6	1	27	
仁怀市	80		2			21	5		48	4
安顺市	**1441**	**1**	**24**	**9**		**393**	**176**	**14**	**799**	**4**
西秀区	101	1		1		28	6	1	61	1
平坝区	166		8	1		40	33		83	
普定县	366		9	1		102	39	3	207	1
镇宁布依族苗族自治县	316		2	1		88	59	3	155	2
关岭布依族苗族自治县	263		3	3		69	28	5	152	
紫云苗族布依族自治县	229		2	2		66	11	2	141	
毕节市	**5049**	**2**	**68**	**20**		**1460**	**351**	**64**	**3012**	**19**
七星关区	101					31	6	1	60	3
大方县	593		8	2		163	31	3	370	1
黔西县	841		7	2		271	68	16	466	4
金沙县	653		16	1		194	91	7	340	1
织金县	760	1	5	1		243	55	12	439	2
纳雍县	585		6	1		204	30	6	328	2
威宁彝族回族苗族自治县	1084	1	19	10		239	46	10	741	6
赫章县	432		7	3		115	24	9	268	

4−6b 续表 11 单位：人

地区 性别	专业技术人员									
	小计	科学研究人员	工程技术人员	农业技术人员	飞机和船舶技术人员	卫生专业技术人员	经济和金融专业人员	法律、社会和宗教专业人员	教学人员	文学艺术、体育专业人员
铜仁市	**3126**	**3**	**61**	**14**		**856**	**271**	**30**	**1829**	**18**
碧江区	3					1			2	
万山区										
江口县	231		7			70	32	2	117	1
玉屏侗族自治县	196	1	9	1		43	38	4	98	1
石阡县	341		4			99	41	2	185	2
思南县	545		12	4		157	35	3	324	5
印江土家族苗族自治县	370		5	3		101	48	3	202	2
德江县	497	1	9	1		147	16	6	305	4
沿河土家族自治县	437		5	3		89	23	7	301	1
松桃苗族自治县	506	1	10	2		149	38	3	295	2
黔西南布依族苗族自治州	**1980**	**3**	**46**	**7**		**488**	**165**	**21**	**1211**	**13**
兴义市	140		7	3		27	14	2	85	
兴仁市	102		2			27	8		64	
普安县	260		5			63	16	4	171	
晴隆县	193		5	1		49	13	4	116	4
贞丰县	403	1	5	2		105	42	8	229	2
望谟县	289		3			54	26		205	1
册亨县	185	1	2			60	16		98	3
安龙县	408	1	17	1		103	30	3	243	3
黔东南苗族侗族自治州	**3307**	**7**	**48**	**13**		**1068**	**346**	**27**	**1737**	**28**
凯里市	46		2			17	1	1	25	
黄平县	250		4	1		75	19		144	2
施秉县	167	1	3			53	15	4	87	2
三穗县	219		3	1		77	23	4	105	1
镇远县	248		3	4		87	17	4	124	6
岑巩县	237	6	5	1		76	33	1	115	
天柱县	256					103	9	1	142	1
锦屏县	225		2			61	36	2	115	4
剑河县	243		4	1		70	28	2	132	2
台江县	92		2			26	14	2	46	
黎平县	383		3	4		140	37	1	193	2
榕江县	218		5			69	16	2	126	
从江县	213		2	1		70	22	1	116	1
雷山县	156		6			52	20		74	2
麻江县	182		2			51	27	2	100	
丹寨县	172		2			41	29		93	5
黔南布依族苗族自治州	**3599**	**3**	**120**	**29**		**936**	**503**	**43**	**1888**	**19**
都匀市	30					7		1	21	1
福泉市	105		11			18	20		55	1
荔波县	291	1	6	3		66	49	7	155	3
贵定县	363		16	6		92	33	5	204	1
瓮安县	561		16	1		174	70	9	282	4
独山县	348	1	16	4		88	57	4	166	1
平塘县	276		1	3		66	34	4	159	2
罗甸县	363		17	4		137	42	2	158	1
长顺县	190		4			54	18		108	
龙里县	331		12	1		74	77	5	153	2
惠水县	481		15	2		113	62	2	280	2
三都水族自治县	260	1	6	5		47	41	4	147	1

4-6b　续表 12　　　　单位：人

地区 性别	专业技术人员		办事人员和有关人员				社会生产服务和生活服务人员		
	新闻出版、文化专业人员	其他专业技术人员	小计	办事人员	安全和消防人员	其他办事人员和有关人员	小计	批发与零售服务人员	交通运输、仓储和邮政业服务人员
贵　州	**488**	**188**	**34817**	**28012**	**6263**	**542**	**138381**	**57589**	**23432**
贵阳市	**29**	**13**	**2432**	**1877**	**526**	**29**	**10213**	**3932**	**2192**
南明区									
云岩区									
花溪区	9	1	153	112	41		1202	405	323
乌当区	1		83	35	44	4	544	175	125
白云区			9	6	3		22	7	6
观山湖区	3	1	120	73	44	3	407	141	86
开阳县	4	1	790	630	154	6	3237	1353	675
息烽县	6	1	619	509	107	3	1834	689	363
修文县	3	7	527	429	86	12	2233	898	485
清镇市	3	2	131	83	47	1	734	264	129
六盘水市	**18**	**2**	**1275**	**946**	**295**	**34**	**7265**	**2928**	**1371**
钟山区	1	1	140	95	38	7	823	270	182
六枝特区	1		69	46	19	4	654	294	130
水城县	13		693	507	172	14	3607	1274	682
盘州市	3	1	373	298	66	9	2181	1090	377
遵义市	**72**	**23**	**5999**	**4943**	**1003**	**53**	**25228**	**10863**	**4121**
红花岗区		5	167	127	37	3	1022	448	180
汇川区		1	147	117	29	1	668	283	103
播州区			217	174	41	2	1503	669	275
桐梓县	14	1	692	515	176	1	3447	1438	614
绥阳县	5	1	353	322	30	1	2045	814	308
正安县	11	2	675	514	148	13	2151	871	296
道真仡佬族苗族自治县	6		463	403	57	3	1363	580	217
务川仡佬族苗族自治县	3		508	433	75		1757	735	308
凤冈县	8		613	542	71		1884	863	298
湄潭县	5	9	751	644	103	4	2820	1305	453
余庆县	4		341	303	29	9	1626	668	250
习水县	12	4	888	721	155	12	3497	1557	571
赤水市	3		70	50	16	4	553	223	82
仁怀市	1		114	78	36		892	409	166
安顺市	**32**	**8**	**2075**	**1610**	**404**	**61**	**8583**	**3404**	**1396**
西秀区	2		124	90	32	2	810	311	127
平坝区	3	2	238	148	89	1	1119	379	188
普定县	10		409	347	59	3	2107	918	377
镇宁布依族苗族自治县	6	2	483	389	86	8	1678	669	275
关岭布依族苗族自治县	3	3	457	342	85	30	1502	601	204
紫云苗族布依族自治县	8	1	364	294	53	17	1367	526	225
毕节市	**74**	**49**	**6321**	**5104**	**1163**	**54**	**27681**	**11345**	**4973**
七星关区	1	2	92	70	20	2	945	482	119
大方县	19	10	910	713	189	8	3396	1380	542
黔西县	9	6	1058	868	180	10	4629	1941	823
金沙县	9	6	939	809	126	4	3877	1559	731
织金县	4	5	1003	811	192		4788	1955	981
纳雍县	12	2	745	598	146	1	3489	1460	645
威宁彝族回族苗族自治县	14	17	1054	829	215	10	4602	1873	827
赫章县	6	1	520	406	95	19	1955	695	305

4-6b 续表 13

单位：人

地区 性别	专业技术人员		办事人员和有关人员				社会生产服务和生活服务人员		
	新闻出版、文化专业人员	其他专业技术人员	小计	办事人员	安全和消防人员	其他办事人员和有关人员	小计	批发与零售服务人员	交通运输、仓储和邮政业服务人员
铜仁市	**64**	**25**	**4324**	**3597**	**663**	**64**	**13622**	**6121**	**1887**
碧江区			11	7	3	1	44	19	10
万山区									
江口县	9		345	292	50	3	1058	424	153
玉屏侗族自治县	4	2	436	341	82	13	1098	405	220
石阡县	11	3	577	488	84	5	1405	653	152
思南县	4	3	736	613	104	19	2108	1006	249
印江土家族苗族自治县	11	1	450	373	76	1	1665	765	196
德江县	11		530	444	85	1	2255	1034	383
沿河土家族自治县	7	11	633	534	81	18	1942	893	240
松桃苗族自治县	7	5	606	505	98	3	2047	922	284
黔西南布依族苗族自治州	**42**	**25**	**2367**	**1877**	**457**	**33**	**9550**	**4150**	**1421**
兴义市	6	3	152	114	36	2	1184	507	219
兴仁市		2	99	74	24	1	613	304	73
普安县	1	1	326	270	52	4	919	396	118
晴隆县		6	295	238	49	8	1054	388	134
贞丰县	21	2	406	307	94	5	1840	866	286
望谟县		4	335	281	50	4	1020	379	178
册亨县	4	4	285	235	45	5	798	304	103
安龙县	10	3	469	358	107	4	2122	1006	310
黔东南苗族侗族自治州	**58**	**17**	**5047**	**4124**	**784**	**139**	**16646**	**6947**	**2398**
凯里市	1		90	62	24	4	468	227	67
黄平县	4	6	400	334	39	27	1224	541	179
施秉县	2	1	204	176	25	3	666	282	121
三穗县	10		303	239	58	6	1161	523	168
镇远县	5	3	404	323	72	9	1606	611	245
岑巩县	3		317	267	48	2	1021	467	113
天柱县	3	1	314	264	41	9	1394	630	202
锦屏县	7	1	316	251	59	6	961	349	158
剑河县	5	2	395	319	61	15	1016	428	142
台江县	5		223	187	25	11	379	172	63
黎平县	4		501	416	84	1	2232	984	365
榕江县	2		378	327	46	5	1356	566	188
从江县			307	241	62	4	907	327	93
雷山县	3		327	235	59	33	631	210	60
麻江县	1	1	311	265	44	2	741	287	115
丹寨县	3	2	257	218	37	2	883	343	119
黔南布依族苗族自治州	**99**	**26**	**4977**	**3934**	**968**	**75**	**19593**	**7899**	**3673**
都匀市			54	40	14		332	147	46
福泉市		1	116	93	23		722	265	190
荔波县	4	2	382	320	52	10	1196	490	180
贵定县	8	1	560	429	114	17	1869	743	332
瓮安县	8	2	747	607	137	3	3356	1432	676
独山县	23	4	384	312	68	4	1930	860	361
平塘县	13		300	221	76	3	1085	508	141
罗甸县	3	5	439	344	92	3	1886	707	293
长顺县	10		339	252	87		1086	442	150
龙里县	8	3	609	486	113	10	2165	649	666
惠水县	7	5	654	509	130	15	2572	1100	386
三都水族自治县	15	3	393	321	62	10	1394	556	252

4-6b 续表 14

单位：人

地区 性别	专业技术人员		办事人员和有关人员				社会生产服务和生活服务人员		
	新闻出版、文化专业人员	其他专业技术人员	小计	办事人员	安全和消防人员	其他办事人员和有关人员	小计	批发与零售服务人员	交通运输、仓储和邮政业服务人员
男	**219**	**136**	**23397**	**17502**	**5541**	**354**	**71129**	**24946**	**20079**
贵州	**219**	**136**	**23397**	**17502**	**5541**	**354**	**71129**	**24946**	**20079**
贵阳市	**9**	**7**	**1573**	**1086**	**469**	**18**	**5449**	**1744**	**1905**
南明区									
云岩区									
花溪区	4		108	70	38		682	235	227
乌当区			54	14	40		303	83	113
白云区			7	4	3		13	4	5
观山湖区		1	80	38	40	2	194	58	73
开阳县		1	530	386	140	4	1704	537	625
息烽县	3	1	375	280	93	2	937	295	317
修文县	1	3	328	244	75	9	1226	418	425
清镇市	1	1	91	50	40	1	390	114	120
六盘水市	**5**	**2**	**840**	**552**	**268**	**20**	**3748**	**1286**	**1170**
钟山区		1	96	55	35	6	431	103	170
六枝特区			40	24	15	1	340	133	106
水城县	3		473	311	155	7	1835	571	580
盘州市	2	1	231	162	63	6	1142	479	314
遵义市	**31**	**17**	**3961**	**3086**	**847**	**28**	**12711**	**4525**	**3562**
红花岗区		3	108	77	31		580	217	162
汇川区		1	101	75	25	1	344	129	94
播州区			146	109	35	2	786	275	249
桐梓县	5	1	473	319	154		1806	617	534
绥阳县	2		228	204	24		1067	356	272
正安县	6		443	324	110	9	1004	344	256
道真仡佬族苗族自治县	2		309	256	51	2	661	233	187
务川仡佬族苗族自治县	1		345	285	60		865	297	253
凤冈县	5		393	331	62		888	342	252
湄潭县	2	9	477	384	91	2	1418	545	390
余庆县	2		233	207	24	2	789	269	214
习水县	3	3	580	437	135	8	1710	594	483
赤水市	2		42	26	14	2	286	87	74
仁怀市	1		83	52	31		507	220	142
安顺市	**13**	**6**	**1364**	**953**	**360**	**51**	**4547**	**1534**	**1185**
西秀区			84	51	31	2	436	141	111
平坝区	2	2	165	86	78	1	613	188	165
普定县	6		277	221	54	2	1113	410	322
镇宁布依族苗族自治县	1	1	317	235	77	5	879	290	236
关岭布依族苗族自治县	1	2	299	196	73	30	795	271	176
紫云苗族布依族自治县	3	1	222	164	47	11	711	234	175
毕节市	**35**	**35**	**4273**	**3213**	**1024**	**36**	**14925**	**5141**	**4304**
七星关区	1	2	61	44	15	2	509	245	105
大方县	5	9	632	458	166	8	1828	653	464
黔西县	5	3	677	511	160	6	2559	897	723
金沙县	6	6	603	497	104	2	2139	709	666
织金县	3	4	681	503	178		2609	852	839
纳雍县	6		507	392	114	1	1866	653	556
威宁彝族回族苗族自治县	8	11	751	544	201	6	2466	849	692
赫章县	1		361	264	86	11	949	283	259

4-6b 续表 15　　　　单位：人

地区 性别	专业技术人员		办事人员和有关人员				社会生产服务和生活服务人员		
	新闻出版、文化专业人员	其他专业技术人员	小计	办事人员	安全和消防人员	其他办事人员和有关人员	小计	批发与零售服务人员	交通运输、仓储和邮政业服务人员
铜仁市	**28**	**17**	**3046**	**2434**	**574**	**38**	**6549**	**2515**	**1631**
碧江区			9	7	2		24	9	8
万山区									
江口县	7		248	200	46	2	526	176	134
玉屏侗族自治县	3	2	290	205	76	9	537	166	182
石阡县	4	2	407	345	61	1	646	275	130
思南县	1	1	517	413	93	11	979	416	223
印江土家族苗族自治县	6		329	258	70	1	803	310	184
德江县	3		406	326	79	1	1118	425	320
沿河土家族自治县	2	8	407	337	59	11	882	342	206
松桃苗族自治县	2	4	433	343	88	2	1034	396	244
黔西南布依族苗族自治州	**23**	**18**	**1621**	**1187**	**416**	**18**	**4838**	**1864**	**1159**
兴义市	5	2	105	70	34	1	617	240	184
兴仁市		1	72	53	19		299	133	54
普安县		1	223	172	50	1	469	174	95
晴隆县		5	212	160	45	7	520	173	118
贞丰县	12	2	276	189	85	2	970	398	239
望谟县		4	242	192	47	3	498	168	131
册亨县	2	1	176	133	40	3	408	136	85
安龙县	4	2	315	218	96	1	1057	442	253
黔东南苗族侗族自治州	**30**	**12**	**3489**	**2689**	**705**	**95**	**8173**	**2926**	**2042**
凯里市	1		66	42	21	3	229	99	61
黄平县	1	4	278	224	36	18	598	229	155
施秉县	1		129	106	21	2	303	101	103
三穗县	5		211	154	53	4	521	206	134
镇远县	3	2	270	200	67	3	780	248	219
岑巩县	3		220	175	44	1	459	184	95
天柱县	3	1	237	191	39	7	708	276	163
锦屏县	2	1	222	165	54	3	463	144	124
剑河县	2	1	274	207	55	12	512	194	120
台江县	3		157	125	23	9	192	73	54
黎平县	1		351	279	72		1117	432	308
榕江县	2		248	206	38	4	693	233	173
从江县			220	159	57	4	482	158	71
雷山县	1		217	141	54	22	320	101	51
麻江县	1	1	212	174	36	2	361	108	105
丹寨县	1	2	177	141	35	1	435	140	106
黔南布依族苗族自治州	**45**	**22**	**3230**	**2302**	**878**	**50**	**10189**	**3411**	**3121**
都匀市			41	27	14		151	61	43
福泉市		1	70	49	21		380	114	154
荔波县	3	2	241	186	46	9	580	210	155
贵定县	2	1	371	258	102	11	951	305	285
瓮安县	4	1	479	354	123	2	1818	621	592
独山县	14	2	252	189	60	3	1000	376	316
平塘县	6		198	129	66	3	521	226	115
罗甸县	2	4	306	219	85	2	963	296	252
长顺县	4		237	157	80		575	204	134
龙里县	1	3	337	230	102	5	1192	279	525
惠水县	2	5	455	321	126	8	1352	489	339
三都水族自治县	7	3	243	183	53	7	706	230	211

4-6b　续表 16

单位：人

地区 性别	专业技术人员		办事人员和有关人员				社会生产服务和生活服务人员		
	新闻出版、文化专业人员	其他专业技术人员	小计	办事人员	安全和消防人员	其他办事人员和有关人员	小计	批发与零售服务人员	交通运输、仓储和邮政业服务人员
女	**269**	**52**	**11420**	**10510**	**722**	**188**	**67252**	**32643**	**3353**
贵　州	**269**	**52**	**11420**	**10510**	**722**	**188**	**67252**	**32643**	**3353**
贵阳市	**20**	**6**	**859**	**791**	**57**	**11**	**4764**	**2188**	**287**
南明区									
云岩区									
花溪区	5	1	45	42	3		520	170	96
乌当区	1		29	21	4	4	241	92	12
白云区			2	2			9	3	1
观山湖区	3		40	35	4	1	213	83	13
开阳县	4		260	244	14	2	1533	816	50
息烽县	3		244	229	14	1	897	394	46
修文县	2	4	199	185	11	3	1007	480	60
清镇市	2	1	40	33	7		344	150	9
六盘水市	**13**		**435**	**394**	**27**	**14**	**3517**	**1642**	**201**
钟山区	1		44	40	3	1	392	167	12
六枝特区	1		29	22	4	3	314	161	24
水城县	10		220	196	17	7	1772	703	102
盘州市	1		142	136	3	3	1039	611	63
遵义市	**41**	**6**	**2038**	**1857**	**156**	**25**	**12517**	**6338**	**559**
红花岗区		2	59	50	6	3	442	231	18
汇川区			46	42	4		324	154	9
播州区			71	65	6		717	394	26
桐梓县	9		219	196	22	1	1641	821	80
绥阳县	3	1	125	118	6	1	978	458	36
正安县	5	2	232	190	38	4	1147	527	40
道真仡佬族苗族自治县	4		154	147	6	1	702	347	30
务川仡佬族苗族自治县	2		163	148	15		892	438	55
凤冈县	3		220	211	9		996	521	46
湄潭县	3		274	260	12	2	1402	760	63
余庆县	2		108	96	5	7	837	399	36
习水县	9	1	308	284	20	4	1787	963	88
赤水市	1		28	24	2	2	267	136	8
仁怀市			31	26	5		385	189	24
安顺市	**19**	**2**	**711**	**657**	**44**	**10**	**4036**	**1870**	**211**
西秀区	2		40	39	1		374	170	16
平坝区	1		73	62	11		506	191	23
普定县	4		132	126	5	1	994	508	55
镇宁布依族苗族自治县	5	1	166	154	9	3	799	379	39
关岭布依族苗族自治县	2	1	158	146	12		707	330	28
紫云苗族布依族自治县	5		142	130	6	6	656	292	50
毕节市	**39**	**14**	**2048**	**1891**	**139**	**18**	**12756**	**6204**	**669**
七星关区			31	26	5		436	237	14
大方县	14	1	278	255	23		1568	727	78
黔西县	4	3	381	357	20	4	2070	1044	100
金沙县	3		336	312	22	2	1738	850	65
织金县	1	1	322	308	14		2179	1103	142
纳雍县	6	2	238	206	32		1623	807	89
威宁彝族回族苗族自治县	6	6	303	285	14	4	2136	1024	135
赫章县	5	1	159	142	9	8	1006	412	46

4-6b 续表 17

单位：人

地区 性别	专业技术人员		办事人员和有关人员				社会生产服务和生活服务人员		
	新闻出版、文化专业人员	其他专业技术人员	小计	办事人员	安全和消防人员	其他办事人员和有关人员	小计	批发与零售服务人员	交通运输、仓储和邮政业服务人员
铜仁市	**36**	**8**	**1278**	**1163**	**89**	**26**	**7073**	**3606**	**256**
碧江区			2		1	1	20	10	2
万山区									
江口县	2		97	92	4	1	532	248	19
玉屏侗族自治县	1		146	136	6	4	561	239	38
石阡县	7	1	170	143	23	4	759	378	22
思南县	3	2	219	200	11	8	1129	590	26
印江土家族苗族自治县	5	1	121	115	6		862	455	12
德江县	8		124	118	6		1137	609	63
沿河土家族自治县	5	3	226	197	22	7	1060	551	34
松桃苗族自治县	5	1	173	162	10	1	1013	526	40
黔西南布依族苗族自治州	**19**	**7**	**746**	**690**	**41**	**15**	**4712**	**2286**	**262**
兴义市	1	1	47	44	2	1	567	267	35
兴仁市		1	27	21	5	1	314	171	19
普安县	1		103	98	2	3	450	222	23
晴隆县		1	83	78	4	1	534	215	16
贞丰县	9		130	118	9	3	870	468	47
望谟县			93	89	3	1	522	211	47
册亨县	2	3	109	102	5	2	390	168	18
安龙县	6	1	154	140	11	3	1065	564	57
黔东南苗族侗族自治州	**28**	**5**	**1558**	**1435**	**79**	**44**	**8473**	**4021**	**356**
凯里市			24	20	3	1	239	128	6
黄平县	3	2	122	110	3	9	626	312	24
施秉县	1	1	75	70	4	1	363	181	18
三穗县	5		92	85	5	2	640	317	34
镇远县	2	1	134	123	5	6	826	363	26
岑巩县			97	92	4	1	562	283	18
天柱县			77	73	2	2	686	354	39
锦屏县	5		94	86	5	3	498	205	34
剑河县	3	1	121	112	6	3	504	234	22
台江县	2		66	62	2	2	187	99	9
黎平县	3		150	137	12	1	1115	552	57
榕江县			130	121	8	1	663	333	15
从江县			87	82	5		425	169	22
雷山县	2		110	94	5	11	311	109	9
麻江县			99	91	8		380	179	10
丹寨县	2		80	77	2	1	448	203	13
黔南布依族苗族自治州	**54**	**4**	**1747**	**1632**	**90**	**25**	**9404**	**4488**	**552**
都匀市			13	13			181	86	3
福泉市			46	44	2		342	151	36
荔波县	1		141	134	6	1	616	280	25
贵定县	6		189	171	12	6	918	438	47
瓮安县	4	1	268	253	14	1	1538	811	84
独山县	9	2	132	123	8	1	930	484	45
平塘县	7		102	92	10		564	282	26
罗甸县	1	1	133	125	7	1	923	411	41
长顺县	6		102	95	7		511	238	16
龙里县	7		272	256	11	5	973	370	141
惠水县	5		199	188	4	7	1220	611	47
三都水族自治县	8		150	138	9	3	688	326	41

4-6b　续表 18

单位：人

地　区 性　别	社会生产服务和生活服务人员								
	住宿和餐饮服务人　员	信息传输、软件和信息技术服务人　员	金融服务人　员	房地产服务人员	租赁和商务服务人　员	技术辅助服务人员	水利、环境和公共设施管理服务人员	居民服务人　员	电力、燃气及水供应服务人　员
贵　州	**23276**	**1471**	**2456**	**1176**	**2166**	**1534**	**8831**	**8270**	**1872**
贵阳市	**1605**	**92**	**165**	**87**	**191**	**123**	**597**	**627**	**124**
南明区									
云岩区									
花溪区	231	18	3	8	31	8	86	45	13
乌当区	91		2	11	10	2	55	59	2
白云区	3				2		4		
观山湖区	64	2	5	6	4	6	35	43	1
开阳县	434	30	66	24	61	45	167	179	36
息烽县	317	14	36	22	33	32	93	127	23
修文县	298	25	47	13	41	25	112	120	40
清镇市	167	3	6	3	9	5	45	54	9
六盘水市	**1220**	**54**	**45**	**21**	**113**	**68**	**666**	**358**	**73**
钟山区	171	6	6	3	17	10	62	43	9
六枝特区	126	7	4		6	3	29	24	3
水城县	577	24	23	13	69	37	508	190	43
盘州市	346	17	12	5	21	18	67	101	18
遵义市	**4168**	**249**	**506**	**250**	**450**	**289**	**1348**	**1514**	**327**
红花岗区	171	11	10	9	10	8	58	58	15
汇川区	114	10	6	11	10	8	50	33	9
播州区	258	9	10	3	18	18	61	93	13
桐梓县	557	44	61	40	53	38	200	235	39
绥阳县	340	21	59	24	93	26	92	145	38
正安县	359	24	48	40	21	24	190	124	43
道真仡佬族苗族自治县	214	13	45	15	16	13	73	92	19
务川仡佬族苗族自治县	326	7	40	8	32	24	112	71	16
凤冈县	303	16	56	9	13	28	84	110	19
湄潭县	464	25	52	21	27	31	119	154	31
余庆县	258	30	51	24	64	22	73	83	24
习水县	557	24	59	35	50	39	166	221	48
赤水市	95	7	5	9	23	7	35	44	6
仁怀市	152	8	4	2	20	3	35	51	7
安顺市	**1619**	**94**	**138**	**80**	**134**	**102**	**556**	**567**	**107**
西秀区	172	4	6	4	28	4	56	58	12
平坝区	211	15	10	16	16	11	86	107	20
普定县	365	23	35	25	23	30	71	118	26
镇宁布依族苗族自治县	354	14	24	21	37	31	65	102	18
关岭布依族苗族自治县	306	10	35	10	13	8	136	90	21
紫云苗族布依族自治县	211	28	28	4	17	18	142	92	10
毕节市	**4443**	**264**	**412**	**271**	**418**	**258**	**2004**	**1741**	**294**
七星关区	172	9	3	3	5	3	62	42	5
大方县	586	42	77	45	47	34	268	190	30
黔西县	664	52	69	33	40	53	269	378	53
金沙县	614	28	46	39	100	52	264	224	48
织金县	693	27	66	56	41	36	336	332	35
纳雍县	499	30	46	17	72	19	322	223	28
威宁彝族回族苗族自治县	875	49	73	61	75	49	238	221	56
赫章县	340	27	32	17	38	12	245	131	39

4-6b 续表 19

单位：人

地　　区 性　　别	社会生产服务和生活服务人员								
	住宿和餐饮服务人员	信息传输、软件和信息技术服务人员	金融服务人员	房地产服务人员	租赁和商务服务人员	技术辅助服务人员	水利、环境和公共设施管理服务人员	居民服务人员	电力、燃气及水供应服务人员
铜仁市	**2314**	**154**	**308**	**85**	**138**	**151**	**774**	**895**	**216**
碧江区	10						2	1	
万山区									
江口县	195	13	23	8	17	17	77	60	17
玉屏侗族自治县	165	12	22	6	17	15	87	72	25
石阡县	224	16	47	12	4	20	72	122	21
思南县	403	18	44	15	30	11	93	130	21
印江土家族苗族自治县	254	21	44	14	22	19	74	131	34
德江县	348	31	39	9	20	28	101	149	33
沿河土家族自治县	360	19	40	10	13	20	161	104	12
松桃苗族自治县	355	24	49	11	15	21	107	126	53
黔西南布依族苗族自治州	**1621**	**105**	**148**	**50**	**104**	**110**	**719**	**486**	**161**
兴义市	210	12	8	9	10	12	71	43	23
兴仁市	129	1	4	3	7	3	11	34	7
普安县	185	7	20	5	7	9	27	46	43
晴隆县	168	12	16	9	9	8	147	79	9
贞丰县	247	25	27	10	25	36	112	97	26
望谟县	174	14	14	4	5	16	135	39	12
册亨县	115	12	19	2	15	11	127	46	11
安龙县	393	22	40	8	26	15	89	102	30
黔东南苗族侗族自治州	**3195**	**229**	**366**	**120**	**205**	**181**	**1001**	**963**	**280**
凯里市	74	5	1		2	3	39	23	9
黄平县	208	17	25	7	19	11	77	68	21
施秉县	118	8	17	7	8	6	27	46	7
三穗县	197	17	23	9	10	10	78	71	19
镇远县	370	15	33	6	23	18	82	96	29
岑巩县	159	7	21	9	7	10	90	64	27
天柱县	209	20	38	9	27	18	75	96	17
锦屏县	209	18	22	26	16	12	51	53	9
剑河县	204	23	27	5	10	5	54	58	14
台江县	57	5	15	1	5	1	19	19	10
黎平县	425	20	38	8	18	17	97	111	13
榕江县	284	15	30	4	22	19	70	62	26
从江县	165	18	21	20	11	13	84	51	47
雷山县	221	10	15	1	11	19	30	14	9
麻江县	126	15	22	3	6	9	57	52	14
丹寨县	169	16	18	5	10	10	71	79	9
黔南布依族苗族自治州	**3091**	**230**	**368**	**212**	**413**	**252**	**1166**	**1119**	**290**
都匀市	64	4	1	2	3	4	38	12	4
福泉市	104	9	7	2	9	14	25	43	12
荔波县	215	14	20	8	56	13	61	67	24
贵定县	327	12	29	20	20	23	133	106	30
瓮安县	415	38	70	20	93	57	163	189	24
独山县	250	27	45	16	58	17	92	105	23
平塘县	178	5	14	1	8	8	79	73	23
罗甸县	349	31	46	43	28	21	113	129	34
长顺县	193	18	28	20	27	8	72	45	32
龙里县	318	24	34	25	56	41	144	112	29
惠水县	474	24	43	41	38	34	122	156	30
三都水族自治县	204	24	31	14	17	12	124	82	25

4-6b　续表 20　　　　　　　　　　　　　　　　　　　　　　　　　　　　单位：人

地　区 性　别	社会生产服务和生活服务人员								
	住宿和餐饮服务人员	信息传输、软件和信息技术服务人员	金融服务人员	房地产服务人员	租赁和商务服务人员	技术辅助服务人员	水利、环境和公共设施管理服务人员	居民服务人员	电力、燃气及水供应服务人员
男	**8445**	**1022**	**1222**	**654**	**1637**	**1065**	**2710**	**3028**	**1453**
贵　州	**8445**	**1022**	**1222**	**654**	**1637**	**1065**	**2710**	**3028**	**1453**
贵阳市	**578**	**64**	**86**	**40**	**159**	**83**	**129**	**193**	**99**
南明区									
云岩区									
花溪区	92	13	3	1	30	6	19	19	12
乌当区	33			5	10	2	12	33	2
白云区					2		2		
观山湖区	23	1	2	4	3	4	8	5	1
开阳县	164	21	33	12	47	33	32	45	31
息烽县	104	11	22	11	25	17	23	32	16
修文县	98	16	23	6	36	18	22	35	30
清镇市	64	2	3	1	6	3	11	24	7
六盘水市	**443**	**37**	**22**	**12**	**93**	**52**	**160**	**139**	**63**
钟山区	64	5	1	1	12	8	12	14	7
六枝特区	46	5	2		3	3	5	12	3
水城县	198	15	13	7	62	29	121	71	38
盘州市	135	12	6	4	16	12	22	42	15
遵义市	**1432**	**181**	**247**	**144**	**342**	**199**	**386**	**572**	**253**
红花岗区	68	6	6	6	9	5	24	25	11
汇川区	32	7	3	8	6	8	17	7	8
播州区	88	7	6	3	13	13	26	33	11
桐梓县	209	32	32	28	42	25	61	90	30
绥阳县	120	16	22	13	76	15	26	53	32
正安县	114	19	27	21	13	15	43	42	30
道真仡佬族苗族自治县	67	9	19	12	10	8	15	38	14
务川仡佬族苗族自治县	105	6	26	6	25	17	34	20	15
凤冈县	89	9	25	5	8	21	18	44	15
湄潭县	166	22	25	13	22	20	27	61	27
余庆县	77	22	26	10	45	14	19	24	13
习水县	216	17	27	15	37	30	50	82	35
赤水市	35	4	1	4	20	5	14	24	6
仁怀市	46	5	2		16	3	12	29	6
安顺市	**638**	**75**	**65**	**51**	**100**	**57**	**191**	**245**	**90**
西秀区	63	2	4	1	25	2	21	32	12
平坝区	85	11	5	10	10	9	16	42	19
普定县	132	19	20	20	17	15	23	43	19
镇宁布依族苗族自治县	149	11	11	15	24	15	17	42	15
关岭布依族苗族自治县	124	9	17	3	9	4	53	48	17
紫云苗族布依族自治县	85	23	8	2	15	12	61	38	8
毕节市	**1731**	**180**	**212**	**155**	**310**	**197**	**719**	**758**	**235**
七星关区	52	6	1	1	2	2	32	24	5
大方县	227	31	39	22	40	26	89	89	23
黔西县	277	31	34	22	29	43	99	166	39
金沙县	233	18	22	23	74	41	91	84	37
织金县	297	23	37	27	24	29	120	163	27
纳雍县	190	19	21	8	52	15	133	97	23
威宁彝族回族苗族自治县	338	34	43	42	58	33	78	94	47
赫章县	117	18	15	10	31	8	77	41	34

4-6b 续表 21 单位：人

地 区 性 别	社会生产服务和生活服务人员								
	住宿和餐饮服务人员	信息传输、软件和信息技术服务人员	金融服务人员	房地产服务人员	租赁和商务服务人员	技术辅助服务人员	水利、环境和公共设施管理服务人员	居民服务人员	电力、燃气及水供应服务人员
铜仁市	**793**	**102**	**141**	**44**	**96**	**104**	**225**	**295**	**160**
碧江区	3						1	1	
万山区									
江口县	70	7	7	5	12	11	22	23	16
玉屏侗族自治县	40	8	9	1	10	9	34	18	20
石阡县	72	8	16	7	1	11	25	37	16
思南县	140	10	21	7	19	6	20	41	13
印江土家族苗族自治县	79	17	23	8	16	18	11	39	27
德江县	132	20	21	7	14	20	22	51	19
沿河土家族自治县	103	16	20	4	12	15	57	42	11
松桃苗族自治县	154	16	24	5	12	14	33	43	38
黔西南布依族苗族自治州	**596**	**70**	**70**	**26**	**77**	**80**	**261**	**174**	**105**
兴义市	69	5	4	6	7	7	24	14	17
兴仁市	52		2		6	2	2	15	4
普安县	70	4	8	3	4	6	12	22	25
晴隆县	51	9	8	6	5	6	48	33	7
贞丰县	109	17	12	4	19	27	28	35	18
望谟县	61	11	9	3	3	11	49	11	5
册亨县	43	9	11	1	12	9	61	13	6
安龙县	141	15	16	3	21	12	37	31	23
黔东南苗族侗族自治州	**1107**	**154**	**198**	**65**	**166**	**129**	**276**	**306**	**221**
凯里市	26	4	1		2	2	8	7	6
黄平县	69	10	14	3	18	5	19	21	18
施秉县	32	6	10	3	7	3	8	9	5
三穗县	54	12	12	4	8	6	27	20	15
镇远县	129	9	15	4	14	15	11	31	23
岑巩县	43	4	11	4	7	7	30	19	19
天柱县	70	14	20	4	25	13	21	41	16
锦屏县	73	10	12	17	13	11	10	13	7
剑河县	70	19	17	3	10	4	9	16	12
台江县	16	4	10		5		6	7	8
黎平县	153	13	18	3	12	12	31	29	7
榕江县	108	11	23	1	18	15	19	18	20
从江县	69	13	8	11	8	8	30	22	36
雷山县	90	7	4		6	15	10	6	9
麻江县	38	6	15	3	5	6	15	18	13
丹寨县	67	12	8	5	8	7	22	29	7
黔南布依族苗族自治州	**1127**	**159**	**181**	**117**	**294**	**164**	**363**	**346**	**227**
都匀市	23	3		1	1	3	7	1	4
福泉市	38	4	1		5	6	8	13	9
荔波县	68	9	9	5	31	8	18	8	20
贵定县	121	8	13	16	10	17	44	32	24
瓮安县	157	31	30	11	67	42	41	71	23
独山县	75	19	28	9	41	11	27	22	18
平塘县	56	5	11	1	6	5	24	21	15
罗甸县	132	20	23	22	23	8	41	55	25
长顺县	72	12	10	9	20	3	26	16	25
龙里县	114	17	16	16	46	29	40	34	25
惠水县	199	14	21	21	31	22	38	46	27
三都水族自治县	72	17	19	6	13	10	49	27	12

4-6b 续表 22

单位：人

地 区 性 别	社会生产服务和生活服务人员								
	住宿和餐饮服务人员	信息传输、软件和信息技术服务人员	金融服务人员	房地产服务人员	租赁和商务服务人员	技术辅助服务人员	水利、环境和公共设施管理服务人员	居民服务人员	电力、燃气及水供应服务人员
女	**14831**	**449**	**1234**	**522**	**529**	**469**	**6121**	**5242**	**419**
贵 州	**14831**	**449**	**1234**	**522**	**529**	**469**	**6121**	**5242**	**419**
贵阳市	**1027**	**28**	**79**	**47**	**32**	**40**	**468**	**434**	**25**
南明区									
云岩区									
花溪区	139	5		7	1	2	67	26	1
乌当区	58		2	6			43	26	
白云区	3						2		
观山湖区	41	1	3	2	1	2	27	38	
开阳县	270	9	33	12	14	12	135	134	5
息烽县	213	3	14	11	8	15	70	95	7
修文县	200	9	24	7	5	7	90	85	10
清镇市	103	1	3	2	3	2	34	30	2
六盘水市	**777**	**17**	**23**	**9**	**20**	**16**	**506**	**219**	**10**
钟山区	107	1	5	2	5	2	50	29	2
六枝特区	80	2	2		3		24	12	
水城县	379	9	10	6	7	8	387	119	5
盘州市	211	5	6	1	5	6	45	59	3
遵义市	**2736**	**68**	**259**	**106**	**108**	**90**	**962**	**942**	**74**
红花岗区	103	5	4	3	1	3	34	33	4
汇川区	82	3	3	3	4		33	26	1
播州区	170	2	4		5	5	35	60	2
桐梓县	348	12	29	12	11	13	139	145	9
绥阳县	220	5	37	11	17	11	66	92	6
正安县	245	5	21	19	8	9	147	82	13
道真仡佬族苗族自治县	147	4	26	3	6	5	58	54	5
务川仡佬族苗族自治县	221	1	14	2	7	7	78	51	1
凤冈县	214	7	31	4	5	7	66	66	4
湄潭县	298	3	27	8	5	11	92	93	4
余庆县	181	8	25	14	19	8	54	59	11
习水县	341	7	32	20	13	9	116	139	13
赤水市	60	3	4	5	3	2	21	20	
仁怀市	106	3	2	2	4		23	22	1
安顺市	**981**	**19**	**73**	**29**	**34**	**45**	**365**	**322**	**17**
西秀区	109	2	2	3	3	2	35	26	
平坝区	126	4	5	6	6	2	70	65	1
普定县	233	4	15	5	6	15	48	75	7
镇宁布依族苗族自治县	205	3	13	6	13	16	48	60	3
关岭布依族苗族自治县	182	1	18	7	4	4	83	42	4
紫云苗族布依族自治县	126	5	20	2	2	6	81	54	2
毕节市	**2712**	**84**	**200**	**116**	**108**	**61**	**1285**	**983**	**59**
七星关区	120	3	2	2	3	1	30	18	
大方县	359	11	38	23	7	8	179	101	7
黔西县	387	21	35	11	11	10	170	212	14
金沙县	381	10	24	16	26	11	173	140	11
织金县	396	4	29	29	17	7	216	169	8
纳雍县	309	11	25	9	20	4	189	126	5
威宁彝族回族苗族自治县	537	15	30	19	17	16	160	127	9
赫章县	223	9	17	7	7	4	168	90	5

4-6b 续表 23

单位：人

地 区 性 别	社会生产服务和生活服务人员								
	住宿和餐饮服务人员	信息传输、软件和信息技术服务人员	金融服务人员	房地产服务人员	租赁和商务服务人员	技术辅助服务人员	水利、环境和公共设施管理服务人员	居民服务人员	电力、燃气及水供应服务人员
铜仁市	**1521**	**52**	**167**	**41**	**42**	**47**	**549**	**600**	**56**
碧江区	7						1		
万山区									
江口县	125	6	16	3	5	6	55	37	1
玉屏侗族自治县	125	4	13	5	7	6	53	54	5
石阡县	152	8	31	5	3	9	47	85	5
思南县	263	8	23	8	11	5	73	89	8
印江土家族苗族自治县	175	4	21	6	6	1	63	92	7
德江县	216	11	18	2	6	8	79	98	14
沿河土家族自治县	257	3	20	6	1	5	104	62	1
松桃苗族自治县	201	8	25	6	3	7	74	83	15
黔西南布依族苗族自治州	**1025**	**35**	**78**	**24**	**27**	**30**	**458**	**312**	**56**
兴义市	141	7	4	3	3	5	47	29	6
兴仁市	77	1	2	3	1	1	9	19	3
普安县	115	3	12	2	3	3	15	24	18
晴隆县	117	3	8	3	4	2	99	46	2
贞丰县	138	8	15	6	6	9	84	62	8
望谟县	113	3	5	1	2	5	86	28	7
册亨县	72	3	8	1	3	2	66	33	5
安龙县	252	7	24	5	5	3	52	71	7
黔东南苗族侗族自治州	**2088**	**75**	**168**	**55**	**39**	**52**	**725**	**657**	**59**
凯里市	48	1				1	31	16	3
黄平县	139	7	11	4	1	6	58	47	3
施秉县	86	2	7	4	1	3	19	37	2
三穗县	143	5	11	5	2	4	51	51	4
镇远县	241	6	18	2	9	3	71	65	6
岑巩县	116	3	10	5		3	60	45	8
天柱县	139	6	18	5	2	5	54	55	1
锦屏县	136	8	10	9	3	1	41	40	2
剑河县	134	4	10	2		1	45	42	2
台江县	41	1	5	1		1	13	12	2
黎平县	272	7	20	5	6	5	66	82	6
榕江县	176	4	7	3	4	4	51	44	6
从江县	96	5	13	9	3	5	54	29	11
雷山县	131	3	11	1	5	4	20	8	
麻江县	88	9	7		1	3	42	34	1
丹寨县	102	4	10		2	3	49	50	2
黔南布依族苗族自治州	**1964**	**71**	**187**	**95**	**119**	**88**	**803**	**773**	**63**
都匀市	41	1	1	1	2	1	31	11	
福泉市	66	5	6	2	4	8	17	30	3
荔波县	147	5	11	3	25	5	43	59	4
贵定县	206	4	16	4	10	6	89	74	6
瓮安县	258	7	40	9	26	15	122	118	1
独山县	175	8	17	7	17	6	65	83	5
平塘县	122		3		2	3	55	52	8
罗甸县	217	11	23	21	5	13	72	74	9
长顺县	121	6	18	11	7	5	46	29	7
龙里县	204	7	18	9	10	12	104	78	4
惠水县	275	10	22	20	7	12	84	110	3
三都水族自治县	132	7	12	8	4	2	75	55	13

4-6b　续表 24

单位：人

地　　区 性　　别	社会生产服务和生活服务人员				农、林、牧、渔业生产及辅助人员				
	修理及制作服务人　员	文化、体育和娱乐服务人员	健康服务人　　员	其他社会生产和生活服务人　员	小计	农业生产人　　员	林业生产人　　员	畜牧业生产人员	渔业生产人　　员
贵　州	**4836**	**954**	**309**	**209**	**52540**	**42600**	**1618**	**7572**	**270**
贵阳市	**367**	**83**	**14**	**14**	**2222**	**1890**	**46**	**261**	**11**
南明区									
云岩区									
花溪区	29	1		1	196	186		9	
乌当区	11		1		171	153	8	8	2
白云区									
观山湖区	13	1			17	14	1	1	1
开阳县	134	24	8	1	835	711	10	108	3
息烽县	59	22	3	1	380	312	15	49	3
修文县	87	31	2	9	495	417	10	58	2
清镇市	34	4		2	128	97	2	28	
六盘水市	**299**	**30**	**7**	**12**	**2753**	**2019**	**52**	**658**	**3**
钟山区	38	5	1		321	272	3	42	
六枝特区	25	3			348	277	2	69	
水城县	152	8	2	5	1149	781	32	330	2
盘州市	84	14	4	7	935	689	15	217	1
遵义市	**834**	**240**	**47**	**22**	**9913**	**8057**	**242**	**1462**	**28**
红花岗区	30	8	1	5	350	288	6	48	1
汇川区	22	8		1	736	612	3	116	1
播州区	61	7	5	3	838	670	17	145	2
桐梓县	104	21	3		1002	785	33	175	4
绥阳县	54	28	2	1	1040	864	5	168	2
正安县	72	29	7	3	1031	828	12	188	1
道真仡佬族苗族自治县	46	14	6		529	470	4	48	1
务川仡佬族苗族自治县	59	16	3		645	497	9	127	2
凤冈县	65	15	4	1	586	489	6	82	3
湄潭县	97	32	6	3	1028	902	16	37	2
余庆县	63	13	3		925	820	9	93	2
习水县	120	42	5	3	358	254	14	80	6
赤水市	11	4		2	356	234	107	14	
仁怀市	30	3	2		489	344	1	141	1
安顺市	**309**	**50**	**19**	**8**	**3054**	**2643**	**64**	**310**	**17**
西秀区	20	6	2		256	237	5	8	4
平坝区	52	7		1	312	283	11	14	1
普定县	79	10	6	1	995	873	9	101	6
镇宁布依族苗族自治县	54	8	5	1	626	566	13	40	5
关岭布依族苗族自治县	52	11	2	3	355	261	12	77	
紫云苗族布依族自治县	52	8	4	2	510	423	14	70	1
毕节市	**987**	**150**	**68**	**53**	**14452**	**11755**	**222**	**2348**	**28**
七星关区	36	4			569	432	9	126	1
大方县	128	17	5	5	1483	1152	34	283	5
黔西县	203	28	12	11	1528	1215	14	273	3
金沙县	142	14	13	3	1299	1168	14	114	1
织金县	165	36	6	23	1549	997	47	492	5
纳雍县	98	11	15	4	1688	1301	39	315	10
威宁彝族回族苗族自治县	162	29	9	5	5518	4785	50	651	3
赫章县	53	11	8	2	818	705	15	94	

4-6b 续表 25

单位：人

地区 性别	社会生产服务和生活服务人员				农、林、牧、渔业生产及辅助人员				
	修理及制作服务人员	文化、体育和娱乐服务人员	健康服务人员	其他社会生产和生活服务人员	小计	农业生产人员	林业生产人员	畜牧业生产人员	渔业生产人员
铜仁市	**424**	**85**	**24**	**46**	**2407**	**1943**	**74**	**323**	**27**
碧江区	2				15	14	1		
万山区									
江口县	39	9	3	3	220	183	7	21	5
玉屏侗族自治县	40	11	1		143	92	5	41	1
石阡县	50	10	1	1	245	226	3	13	
思南县	61	6	8	13	413	326	6	69	4
印江土家族苗族自治县	55	14	6	16	156	127	9	16	2
德江县	62	13	2	3	336	269	12	39	6
沿河土家族自治县	59	8		3	433	315	19	92	3
松桃苗族自治县	56	14	3	7	446	391	12	32	6
黔西南布依族苗族自治州	**380**	**53**	**30**	**12**	**6060**	**4655**	**274**	**1039**	**29**
兴义市	49	10	1		868	717	24	119	4
兴仁市	34		2	1	713	617	3	71	4
普安县	50	3	1	2	734	595	9	125	1
晴隆县	64	3	5	3	403	229	27	130	4
贞丰县	61	10	7	5	731	591	15	120	2
望谟县	32	9	8	1	665	553	34	66	9
册亨县	28	2	3		709	483	152	61	4
安龙县	62	16	3		1237	870	10	347	1
黔东南苗族侗族自治州	**550**	**133**	**60**	**18**	**5166**	**4048**	**400**	**614**	**62**
凯里市	16	2			164	130	2	29	1
黄平县	39	5	3	4	674	589	13	58	10
施秉县	15	1	3		502	456	1	42	1
三穗县	26	8	2		216	158	14	36	4
镇远县	58	10	1	9	295	200	28	60	3
岑巩县	35	8	4		247	188	22	32	2
天柱县	42	9		2	439	372	25	37	2
锦屏县	31	5	2		133	68	34	27	3
剑河县	40	4	2		202	146	24	24	5
台江县	7	4	1		120	85	16	15	3
黎平县	67	40	28	1	799	627	85	78	6
榕江县	52	15	3		273	189	59	20	3
从江县	45	7	4	1	277	167	47	49	10
雷山县	20	5	5	1	138	106	11	21	
麻江县	33	2			358	298	6	45	5
丹寨县	24	8	2		329	269	13	41	4
黔南布依族苗族自治州	**686**	**130**	**40**	**24**	**6513**	**5590**	**244**	**557**	**65**
都匀市	6	1			400	378	1	20	1
福泉市	34	4	3	1	340	274	1	58	4
荔波县	42	2	4		216	150	21	42	3
贵定县	73	10	9	2	634	568	12	48	5
瓮安县	138	37	3	1	814	674	25	92	14
独山县	63	6	2	5	891	795	40	47	2
平塘县	41	4	1	1	525	464	19	34	1
罗甸县	62	17	9	4	607	474	43	68	15
长顺县	44	6	1		299	246	14	33	5
龙里县	50	14	2	1	175	138	12	23	1
惠水县	93	18	6	7	634	562	12	36	14
三都水族自治县	40	11		2	978	867	44	56	

4-6b　续表 26　　　　单位：人

地　区 性　别	社会生产服务和生活服务人员				农、林、牧、渔业生产及辅助人员				
	修理及制作服务人员	文化、体育和娱乐服务人员	健康服务人员	其他社会生产和生活服务人员	小计	农业生产人员	林业生产人员	畜牧业生产人员	渔业生产人员
男	**4107**	**516**	**121**	**124**	**26580**	**20533**	**1270**	**4302**	**214**
贵　州	**4107**	**516**	**121**	**124**	**26580**	**20533**	**1270**	**4302**	**214**
贵阳市	**312**	**45**	**4**	**8**	**1158**	**956**	**31**	**156**	**9**
南明区									
云岩区									
花溪区	24			1	101	96		5	
乌当区	10				93	82	5	5	1
白云区									
观山湖区	11	1			11	9	1		1
开阳县	109	12	2	1	420	346	6	64	3
息烽县	50	12	1	1	187	144	12	28	2
修文县	77	17	1	4	277	228	6	38	2
清镇市	31	3		1	69	51	1	16	
六盘水市	**249**	**17**	**1**	**4**	**1298**	**892**	**45**	**343**	**3**
钟山区	32	2			157	125	2	28	
六枝特区	20	2			170	124	2	44	
水城县	123	6		1	541	342	28	165	2
盘州市	74	7	1	3	430	301	13	106	1
遵义市	**721**	**112**	**17**	**18**	**4909**	**3843**	**181**	**788**	**25**
红花岗区	30	6		5	182	144	6	26	1
汇川区	21	4			371	311	3	53	1
播州区	54	4	2	2	378	311	11	52	2
桐梓县	92	13	1		507	370	26	104	4
绥阳县	50	14	1	1	528	418	4	103	2
正安县	61	13	4	2	457	352	8	95	1
道真仡佬族苗族自治县	43	5	1		266	230	1	31	1
务川仡佬族苗族自治县	51	8	2		308	214	6	78	2
凤冈县	54	5		1	297	237	6	45	3
湄潭县	84	9	4	3	504	426	15	25	2
余庆县	47	8	1		470	414	9	44	2
习水县	101	19	1	3	175	116	8	45	4
赤水市	9	2		1	197	112	77	8	
仁怀市	24	2			269	188	1	79	
安顺市	**272**	**32**	**6**	**6**	**1607**	**1333**	**54**	**195**	**12**
西秀区	19	3			123	108	4	8	2
平坝区	47	5		1	176	152	11	10	1
普定县	65	6	1	1	498	424	6	59	5
镇宁布依族苗族自治县	48	4	2		332	294	10	23	3
关岭布依族苗族自治县	51	9	1	3	209	144	11	51	
紫云苗族布依族自治县	42	5	2	1	269	211	12	44	1
毕节市	**841**	**89**	**25**	**28**	**7302**	**5702**	**193**	**1335**	**25**
七星关区	31	3			283	196	8	77	1
大方县	112	8	1	4	750	546	32	162	4
黔西县	175	12	4	8	806	616	13	162	3
金沙县	125	9	6	1	663	575	12	75	1
织金县	139	23		9	801	482	44	267	4
纳雍县	83	8	7	1	818	595	35	170	9
威宁彝族回族苗族自治县	131	19	4	4	2773	2355	36	367	3
赫章县	45	7	3	1	408	337	13	55	

4－6b 续表 27 单位：人

地区 性别	社会生产服务和生活服务人员				农、林、牧、渔业生产及辅助人员				
	修理及制作服务人员	文化、体育和娱乐服务人员	健康服务人员	其他社会生产和生活服务人员	小计	农业生产人员	林业生产人员	畜牧业生产人员	渔业生产人员
铜仁市	**366**	**45**	**7**	**25**	**1219**	**916**	**66**	**195**	**22**
碧江区	2				12	11	1		
万山区									
江口县	34	5	1	3	119	94	7	12	4
玉屏侗族自治县	35	4	1		83	49	5	27	1
石阡县	44	4			115	104	2	8	
思南县	49	4	2	8	184	136	6	36	3
印江土家族苗族自治县	49	10	3	9	77	56	9	9	1
德江县	57	9		1	162	116	9	25	6
沿河土家族自治县	49	4		1	210	133	16	57	2
松桃苗族自治县	47	5		3	257	217	11	21	5
黔西南布依族苗族自治州	**308**	**26**	**15**	**7**	**3031**	**2226**	**187**	**567**	**22**
兴义市	35	5			428	347	14	62	3
兴仁市	27		1	1	347	294	3	38	2
普安县	43	2		1	360	283	8	66	1
晴隆县	52	1	2	1	211	108	21	73	2
贞丰县	53	5	2	4	360	277	12	68	2
望谟县	25	4	7		358	284	28	38	7
册亨县	21		1		351	218	94	32	4
安龙县	52	9	2		616	415	7	190	1
黔东南苗族侗族自治州	**462**	**78**	**29**	**14**	**2778**	**2010**	**312**	**386**	**45**
凯里市	12	1			82	61	1	19	1
黄平县	33	2	2		338	283	12	35	7
施秉县	14		2		260	229	1	27	1
三穗县	20	2	1		120	77	13	25	3
镇远县	49	3	1	9	161	99	21	37	2
岑巩县	30	5	1		134	98	16	18	1
天柱县	38	5		2	244	195	20	24	2
锦屏县	26	3			75	36	22	14	2
剑河县	34	3	1		117	70	22	18	5
台江县	4	4	1		71	43	13	11	3
黎平县	59	28	11	1	457	321	71	57	5
榕江县	42	11	1		148	92	45	8	2
从江县	38	6	3	1	139	70	33	27	6
雷山县	15	1	4	1	80	57	8	15	
麻江县	29				195	158	4	28	3
丹寨县	19	4	1		157	121	10	23	2
黔南布依族苗族自治州	**576**	**72**	**17**	**14**	**3278**	**2655**	**201**	**337**	**51**
都匀市	4				191	177	1	12	1
福泉市	27		1		177	147		26	3
荔波县	36	1	2		111	67	18	23	3
贵定县	66	6	3	1	333	283	11	34	4
瓮安县	110	19	2	1	431	342	17	55	11
独山县	50	5		3	447	379	33	30	2
平塘县	33	2		1	237	193	16	22	1
罗甸县	49	10	5	2	327	234	38	41	9
长顺县	38	5	1		138	106	11	16	4
龙里县	44	6	1		100	71	12	16	1
惠水县	83	16	2	4	305	252	9	26	12
三都水族自治县	36	2		2	481	404	35	36	

4-6b 续表 28 单位：人

地区 性别	社会生产服务和生活服务人员				农、林、牧、渔业生产及辅助人员				
	修理及制作服务人员	文化、体育和娱乐服务人员	健康服务人员	其他社会生产和生活服务人员	小计	农业生产人员	林业生产人员	畜牧业生产人员	渔业生产人员
女	**729**	**438**	**188**	**85**	**25960**	**22067**	**348**	**3270**	**56**
贵州	**729**	**438**	**188**	**85**	**25960**	**22067**	**348**	**3270**	**56**
贵阳市	**55**	**38**	**10**	**6**	**1064**	**934**	**15**	**105**	**2**
南明区									
云岩区									
花溪区	5	1			95	90		4	
乌当区	1		1		78	71	3	3	1
白云区									
观山湖区	2				6	5		1	
开阳县	25	12	6		415	365	4	44	
息烽县	9	10	2		193	168	3	21	1
修文县	10	14	1	5	218	189	4	20	
清镇市	3	1		1	59	46	1	12	
六盘水市	**50**	**13**	**6**	**8**	**1455**	**1127**	**7**	**315**	
钟山区	6	3	1		164	147	1	14	
六枝特区	5	1			178	153		25	
水城县	29	2	2	4	608	439	4	165	
盘州市	10	7	3	4	505	388	2	111	
遵义市	**113**	**128**	**30**	**4**	**5004**	**4214**	**61**	**674**	**3**
红花岗区		2	1		168	144		22	
汇川区	1	4		1	365	301		63	
播州区	7	3	3	1	460	359	6	93	
桐梓县	12	8	2		495	415	7	71	
绥阳县	4	14	1		512	446	1	65	
正安县	11	16	3	1	574	476	4	93	
道真仡佬族苗族自治县	3	9	5		263	240	3	17	
务川仡佬族苗族自治县	8	8	1		337	283	3	49	
凤冈县	11	10	4		289	252		37	
湄潭县	13	23	2		524	476	1	12	
余庆县	16	5	2		455	406		49	
习水县	19	23	4		183	138	6	35	2
赤水市	2	2		1	159	122	30	6	
仁怀市	6	1	2		220	156		62	1
安顺市	**37**	**18**	**13**	**2**	**1447**	**1310**	**10**	**115**	**5**
西秀区	1	3	2		133	129	1		2
平坝区	5	2			136	131		4	
普定县	14	4	5		497	449	3	42	1
镇宁布依族苗族自治县	6	4	3	1	294	272	3	17	2
关岭布依族苗族自治县	1	2	1		146	117	1	26	
紫云苗族布依族自治县	10	3	2	1	241	212	2	26	
毕节市	**146**	**61**	**43**	**25**	**7150**	**6053**	**29**	**1013**	**3**
七星关区	5	1			286	236	1	49	
大方县	16	9	4	1	733	606	2	121	1
黔西县	28	16	8	3	722	599	1	111	
金沙县	17	5	7	2	636	593	2	39	
织金县	26	13	6	14	748	515	3	225	1
纳雍县	15	3	8	3	870	706	4	145	1
威宁彝族回族苗族自治县	31	10	5	1	2745	2430	14	284	
赫章县	8	4	5	1	410	368	2	39	

4−6b 续表 29　　单位：人

地区 性别	社会生产服务和生活服务人员				农、林、牧、渔业生产及辅助人员				
	修理及制作服务人员	文化、体育和娱乐服务人员	健康服务人员	其他社会生产和生活服务人员	小计	农业生产人员	林业生产人员	畜牧业生产人员	渔业生产人员
铜仁市	**58**	**40**	**17**	**21**	**1188**	**1027**	**8**	**128**	**5**
碧江区					3	3			
万山区									
江口县	5	4	2		101	89		9	1
玉屏侗族自治县	5	7			60	43		14	
石阡县	6	6	1	1	130	122	1	5	
思南县	12	2	6	5	229	190		33	1
印江土家族苗族自治县	6	4	3	7	79	71		7	1
德江县	5	4	2	2	174	153	3	14	
沿河土家族自治县	10	4		2	223	182	3	35	1
松桃苗族自治县	9	9	3	4	189	174	1	11	1
黔西南布依族苗族自治州	**72**	**27**	**15**	**5**	**3029**	**2429**	**87**	**472**	**7**
兴义市	14	5	1		440	370	10	57	1
兴仁市	7		1		366	323		33	2
普安县	7	1	1	1	374	312	1	59	
晴隆县	12	2	3	2	192	121	6	57	2
贞丰县	8	5	5	1	371	314	3	52	
望谟县	7	5	1	1	307	269	6	28	2
册亨县	7	2	2		358	265	58	29	
安龙县	10	7	1		621	455	3	157	
黔东南苗族侗族自治州	**88**	**55**	**31**	**4**	**2388**	**2038**	**88**	**228**	**17**
凯里市	4	1			82	69	1	10	
黄平县	6	3	1	4	336	306	1	23	3
施秉县	1	1	1		242	227		15	
三穗县	6	6	1		96	81	1	11	1
镇远县	9	7			134	101	7	23	1
岑巩县	5	3	3		113	90	6	14	1
天柱县	4	4			195	177	5	13	
锦屏县	5	2	2		58	32	12	13	1
剑河县	6	1	1		85	76	2	6	
台江县	3				49	42	3	4	
黎平县	8	12	17		342	306	14	21	1
榕江县	10	4	2		125	97	14	12	1
从江县	7	1	1		138	97	14	22	4
雷山县	5	4	1		58	49	3	6	
麻江县	4	2			163	140	2	17	2
丹寨县	5	4	1		172	148	3	18	2
黔南布依族苗族自治州	**110**	**58**	**23**	**10**	**3235**	**2935**	**43**	**220**	**14**
都匀市	2	1			209	201		8	
福泉市	7	4	2	1	163	127	1	32	1
荔波县	6	1	2		105	83	3	19	
贵定县	7	4	6	1	301	285	1	14	1
瓮安县	28	18	1		383	332	8	37	3
独山县	13	1	2	2	444	416	7	17	
平塘县	8	2	1		288	271	3	12	
罗甸县	13	7	4	2	280	240	5	27	6
长顺县	6	1			161	140	3	17	1
龙里县	6	8	1	1	75	67		7	
惠水县	10	2	4	3	329	310	3	10	2
三都水族自治县	4	9			497	463	9	20	

4-6b 续表 30 单位：人

地区 性别			生产制造及有关人员						
	农林牧渔生产辅助人员	其他农、林、牧、渔业生产加工人员	小计	农副产品加工人员	食品、饮料生产加工人员	烟草及其制品加工人员	纺织、针织、印染人员	纺织品、服装和皮革、毛皮制品加工制作人员	木材加工、家具与木制品制作人员
贵　州	**444**	**36**	**93938**	**2481**	**2779**	**156**	**615**	**3859**	**2781**
贵阳市	**12**	**2**	**5842**	**146**	**144**	**3**	**11**	**103**	**116**
南明区									
云岩区									
花溪区	1		349	3	5			8	11
乌当区			171	18	6			2	
白云区			12						
观山湖区			138	4	7			9	4
开阳县	2	1	2155	44	32	3	3	47	49
息烽县	1		1130	35	30		3	15	9
修文县	7	1	1304	31	54		4	18	30
清镇市	1		583	11	10		1	4	13
六盘水市	**21**		**5910**	**90**	**107**	**4**	**58**	**191**	**138**
钟山区	4		750	17	4		3	11	8
六枝特区			509	15	7		13	23	17
水城县	4		3005	29	43	2	18	125	71
盘州市	13		1646	29	53	2	24	32	42
遵义市	**116**	**8**	**17037**	**402**	**1050**	**32**	**59**	**594**	**437**
红花岗区	5	2	676	44	24	2	2	26	23
汇川区	3	1	451	12	17	4	2	13	10
播州区	4		804	28	51	1	4	12	21
桐梓县	3	2	2277	21	22	3	9	94	43
绥阳县	1		1381	21	36		11	60	24
正安县	2		1605	45	34	4	8	40	37
道真仡佬族苗族自治县	6		1041	20	13	1	1	19	24
务川仡佬族苗族自治县	10		1511	29	15	1	3	41	30
凤冈县	5	1	1249	45	15	3	4	71	28
湄潭县	69	2	1397	55	43	12	7	47	65
余庆县	1		912	29	41	1	1	37	30
习水县	4		2819	34	600		5	83	67
赤水市	1		290	5	15			12	23
仁怀市	2		624	14	124		2	39	12
安顺市	**19**	**1**	**5375**	**181**	**110**	**1**	**68**	**203**	**164**
西秀区	2		555	44	3			16	9
平坝区	3		1027	12	20	1		19	35
普定县	6		1468	51	45		35	57	37
镇宁布依族苗族自治县	2		912	25	24		16	55	20
关岭布依族苗族自治县	5		649	38	11		16	38	14
紫云苗族布依族自治县	1	1	764	11	7		1	18	49
毕节市	**93**	**6**	**18623**	**686**	**563**	**43**	**161**	**891**	**385**
七星关区	1		511	24	19	1	4	24	16
大方县	6	3	2626	181	75	9	18	90	39
黔西县	22	1	2703	90	110	1	11	160	79
金沙县	2		2470	68	112	3	7	110	50
织金县	8		2868	175	78		49	166	56
纳雍县	23		2260	77	59	4	24	102	54
威宁彝族回族苗族自治县	27	2	4089	46	56	25	32	180	69
赫章县	4		1096	25	54		16	59	22

4-6b 续表 31 单位：人

地区 性别	农林牧渔生产辅助人员	其他农、林、牧、渔业生产加工人员	生产制造及有关人员 小计	农副产品加工人员	食品、饮料生产加工人员	烟草及其制品加工人员	纺织、针织、印染人员	纺织品、服装和皮革、毛皮制品加工制作人员	木材加工、家具与木制品制作人员
铜仁市	**34**	**6**	**10070**	**194**	**193**	**11**	**53**	**415**	**314**
碧江区			41		2		2	7	1
万山区									
江口县	3	1	762	10	13		2	52	47
玉屏侗族自治县	3	1	835	11	9		3	51	11
石阡县	3		1006	23	14		4	36	17
思南县	7	1	1538	31	39	2	8	55	46
印江土家族苗族自治县	2		1046	19	26	5	3	32	36
德江县	10		1668	32	27	2	10	37	61
沿河土家族自治县	1	3	1604	41	36	1	3	66	40
松桃苗族自治县	5		1570	27	27	1	18	79	55
黔西南布依族苗族自治州	**61**	**2**	**6869**	**205**	**131**	**18**	**41**	**365**	**225**
兴义市	4		923	25	15	11	4	29	38
兴仁市	18		422	21	9		3	28	13
普安县	4		724	24	36	1	4	46	20
晴隆县	12	1	793	13	19	1	4	57	25
贞丰县	3		1137	41	13		9	60	34
望谟县	2	1	875	16	8		8	54	31
册亨县	9		551	12	13		2	40	24
安龙县	9		1444	53	18	5	7	51	40
黔东南苗族侗族自治州	**35**	**7**	**10949**	**226**	**169**	**7**	**74**	**573**	**551**
凯里市	2		381	11	11		1	13	6
黄平县	3	1	814	20	6		6	29	35
施秉县	1	1	372	3	8	2	2	21	8
三穗县	4		632	14	9		9	60	42
镇远县	4		870	33	13	2	6	22	21
岑巩县	3		749	14	9	1	2	35	13
天柱县	3		891	18	5	2	6	85	48
锦屏县	1		644	17	9		2	23	69
剑河县	1	2	568	9	13		2	22	22
台江县	1		506	4	9		1	9	14
黎平县	2	1	1577	24	32		7	104	114
榕江县	2		889	18	11		10	55	84
从江县	4		579	13	10		2	27	18
雷山县			350	4	11		1	10	8
麻江县	2	2	423	15	5		6	14	15
丹寨县	2		704	9	8		11	44	34
黔南布依族苗族自治州	**53**	**4**	**13263**	**351**	**312**	**37**	**90**	**524**	**451**
都匀市			294	2	7				8
福泉市	3		577	17	9		9	13	8
荔波县			470	21	11		2	18	21
贵定县	1		1187	28	79	32	14	39	16
瓮安县	9		2404	26	26	4	8	95	41
独山县	7		1372	43	32		17	67	48
平塘县	7		718	22	14		4	50	16
罗甸县	7		1353	39	21		4	59	37
长顺县	1		816	31	6		4	32	19
龙里县	1		1735	31	32		10	27	119
惠水县	10		1622	76	63	1	9	51	72
三都水族自治县	7	4	715	15	12		9	73	46

4-6b 续表 32

单位：人

地区 性别	农林牧渔生产辅助人员	其他农、林、牧、渔业生产加工人员	生产制造及有关人员 小计	农副产品加工人员	食品、饮料生产加工人员	烟草及其制品加工人员	纺织、针织、印染人员	纺织品、服装和皮革、毛皮制品加工制作人员	木材加工、家具与木制品制作人员
男	**243**	**18**	**70905**	**1351**	**1679**	**112**	**285**	**1522**	**2158**
贵州	**243**	**18**	**70905**	**1351**	**1679**	**112**	**285**	**1522**	**2158**
贵阳市	**6**		**4624**	**82**	**95**	**3**	**6**	**40**	**95**
南明区									
云岩区									
花溪区			254	3	5			2	9
乌当区			132	7	4			1	
白云区			11						
观山湖区			97	2	4			3	4
开阳县	1		1734	26	18	3	2	16	42
息烽县	1		886	20	16			9	8
修文县	3		1049	17	42		3	6	23
清镇市	1		461	7	6		1	3	9
六盘水市	**15**		**4651**	**54**	**59**	**4**	**31**	**67**	**98**
钟山区	2		653	9	2		2	7	7
六枝特区			386	12	3		7	11	13
水城县	4		2320	16	21	2	7	38	52
盘州市	9		1292	17	33	2	15	11	26
遵义市	**66**	**6**	**13026**	**219**	**747**	**20**	**31**	**235**	**364**
红花岗区	3	2	472	19	13	1	1	10	19
汇川区	2	1	373	7	10	3	2	7	9
播州区	2		638	16	40	1	2	7	19
桐梓县	2	1	1810	12	11	2	3	39	41
绥阳县	1		1006	11	20		8	32	20
正安县	1		1224	20	22	4	3	20	23
道真仡佬族苗族自治县	3		795	13	8	1		8	21
务川仡佬族苗族自治县	8		1138	14	8	1	2	15	24
凤冈县	5	1	913	26	6	2	2	15	22
湄潭县	35	1	1063	30	23	5	2	21	57
余庆县	1		710	17	21			13	22
习水县	2		2181	23	458		4	31	62
赤水市			229	3	10			3	16
仁怀市	1		474	8	97		2	14	9
安顺市	**12**	**1**	**4058**	**115**	**56**	**1**	**32**	**86**	**124**
西秀区	1		430	28	2			7	7
平坝区	2		743	8	11	1		10	23
普定县	4		1103	31	21		17	25	28
镇宁布依族苗族自治县	2		684	18	16		5	19	15
关岭布依族苗族自治县	3		500	23	5		9	18	13
紫云苗族布依族自治县		1	598	7	1		1	7	38
毕节市	**45**	**2**	**14215**	**337**	**315**	**30**	**72**	**384**	**309**
七星关区	1		403	14	13	1	2	13	14
大方县	5	1	2021	83	48	6	8	39	31
黔西县	12		2116	47	61	1	4	61	61
金沙县			1888	41	64	2	3	47	44
织金县	4		2196	76	44		20	71	48
纳雍县	9		1732	39	33	4	14	44	44
威宁彝族回族苗族自治县	11	1	3040	21	29	16	18	90	53
赫章县	3		819	16	23		3	19	14

4-6b　续表 33　　　　单位：人

地　区 性　别	农林牧渔生产辅助人　员	其他农、林、牧、渔业生产加工人员	生产制造及有关人员						
			小计	农副产品加工人员	食品、饮料生产加工人员	烟草及其制品加工人员	纺织、针织、印染人员	纺织品、服装和皮革、毛皮制品加工制作人员	木材加工、家具与木制品制作人员
铜仁市	**18**	**2**	**7575**	**104**	**100**	**9**	**18**	**147**	**261**
碧江区			30		1		1	5	1
万山区									
江口县	2		614	5	3		1	16	47
玉屏侗族自治县	1		612	7	6		1	11	7
石阡县	1		745	11	6		2	14	12
思南县	3		1154	10	22	2	3	19	37
印江土家族苗族自治县	2		818	10	14	4	1	11	33
德江县	6		1192	18	14	1	2	13	49
沿河土家族自治县		2	1215	24	18	1		23	31
松桃苗族自治县	3		1195	19	16	1	7	35	44
黔西南布依族苗族自治州	**29**		**4900**	**122**	**63**	**11**	**19**	**141**	**158**
兴义市	2		687	15	11	6	3	12	25
兴仁市	10		305	11	4		1	9	8
普安县	2		541	14	19	1	3	13	14
晴隆县	7		528	9	8		2	23	17
贞丰县	1		817	25	5		5	18	25
望谟县	1		605	11	4		4	25	24
册亨县	3		377	4	4			18	17
安龙县	3		1040	33	8	4	1	23	28
黔东南苗族侗族自治州	**21**	**4**	**8033**	**125**	**82**	**6**	**35**	**230**	**397**
凯里市			288	6	5		1	6	4
黄平县	1		643	10	4		3	9	27
施秉县	1	1	274	3	6	2	1	6	6
三穗县	2		476	8	6		5	18	30
镇远县	2		642	16	5	1	2	10	19
岑巩县	1		535	10	3	1	2	15	12
天柱县	3		638	9	1	2	2	42	35
锦屏县	1		464	6	3			8	47
剑河县	1	1	440	4	6		1	10	16
台江县	1		362	4	4			4	11
黎平县	2	1	1141	10	18		2	40	84
榕江县	1		650	14	5		4	19	49
从江县	3		428	9	7		1	15	16
雷山县			255	1	3			3	7
麻江县	1	1	333	9	2		5	6	12
丹寨县	1		464	6	4		6	19	22
黔南布依族苗族自治州	**31**	**3**	**9823**	**193**	**162**	**28**	**41**	**192**	**352**
都匀市			226	1	4				6
福泉市	1		459	11	6		7	4	6
荔波县			341	10	6			3	15
贵定县	1		898	16	45	23	6	13	14
瓮安县	6		1858	14	11	4	4	35	35
独山县	3		1019	27	16		6	25	35
平塘县	5		542	14	6		1	16	13
罗甸县	5		896	21	10		1	18	32
长顺县	1		590	14	3		2	12	14
龙里县			1293	18	17		5	13	92
惠水县	6		1188	37	30	1	4	19	54
三都水族自治县	3	3	513	10	8		5	34	36

4-6b 续表 34 单位：人

地区 性别	农林牧渔生产辅助人员	其他农、林、牧、渔业生产加工人员	生产制造及有关人员 小计	农副产品加工人员	食品、饮料生产加工人员	烟草及其制品加工人员	纺织、针织、印染人员	纺织品、服装和皮革、毛皮制品加工制作人员	木材加工、家具与木制品制作人员
女	**201**	**18**	**23033**	**1130**	**1100**	**44**	**330**	**2337**	**623**
贵　州	**201**	**18**	**23033**	**1130**	**1100**	**44**	**330**	**2337**	**623**
贵阳市	**6**	**2**	**1218**	**64**	**49**		**5**	**63**	**21**
南明区									
云岩区									
花溪区	1		95					6	2
乌当区			39	11	2			1	
白云区			1						
观山湖区			41	2	3			6	
开阳县	1	1	421	18	14		1	31	7
息烽县			244	15	14		3	6	1
修文县	4	1	255	14	12		1	12	7
清镇市			122	4	4			1	4
六盘水市	**6**		**1259**	**36**	**48**		**27**	**124**	**40**
钟山区	2		97	8	2		1	4	1
六枝特区			123	3	4		6	12	4
水城县			685	13	22		11	87	19
盘州市	4		354	12	20		9	21	16
遵义市	**50**	**2**	**4011**	**183**	**303**	**12**	**28**	**359**	**73**
红花岗区	2		204	25	11	1	1	16	4
汇川区	1		78	5	7	1		6	1
播州区	2		166	12	11		2	5	2
桐梓县	1	1	467	9	11	1	6	55	2
绥阳县			375	10	16		3	28	4
正安县	1		381	25	12		5	20	14
道真仡佬族苗族自治县	3		246	7	5		1	11	3
务川仡佬族苗族自治县	2		373	15	7		1	26	6
凤冈县			336	19	9	1	2	56	6
湄潭县	34	1	334	25	20	7	5	26	8
余庆县			202	12	20	1	1	24	8
习水县	2		638	11	142		1	52	5
赤水市	1		61	2	5			9	7
仁怀市	1		150	6	27			25	3
安顺市	**7**		**1317**	**66**	**54**		**36**	**117**	**40**
西秀区	1		125	16	1			9	2
平坝区	1		284	4	9			9	12
普定县	2		365	20	24		18	32	9
镇宁布依族苗族自治县			228	7	8		11	36	5
关岭布依族苗族自治县	2		149	15	6		7	20	1
紫云苗族布依族自治县	1		166	4	6			11	11
毕节市	**48**	**4**	**4408**	**349**	**248**	**13**	**89**	**507**	**76**
七星关区			108	10	6		2	11	2
大方县	1	2	605	98	27	3	10	51	8
黔西县	10	1	587	43	49		7	99	18
金沙县	2		582	27	48	1	4	63	6
织金县	4		672	99	34		29	95	8
纳雍县	14		528	38	26		10	58	10
威宁彝族回族苗族自治县	16	1	1049	25	27	9	14	90	16
赫章县	1		277	9	31		13	40	8

4-6b 续表 35　　单位：人

地区 性别	农林牧渔生产辅助人员	其他农、林、牧、渔业生产加工人员	生产制造及有关人员 小计	农副产品加工人员	食品、饮料生产加工人员	烟草及其制品加工人员	纺织、针织、印染人员	纺织品、服装和皮革、毛皮制品加工制作人员	木材加工、家具与木制品制作人员
铜仁市	**16**	**4**	**2495**	**90**	**93**	**2**	**35**	**268**	**53**
碧江区			11		1		1	2	
万山区									
江口县	1	1	148	5	10		1	36	
玉屏侗族自治县	2	1	223	4	3		2	40	4
石阡县	2		261	12	8		2	22	5
思南县	4	1	384	21	17		5	36	9
印江土家族苗族自治县			228	9	12	1	2	21	3
德江县	4		476	14	13	1	8	24	12
沿河土家族自治县	1	1	389	17	18		3	43	9
松桃苗族自治县	2		375	8	11		11	44	11
黔西南布依族苗族自治州	**32**	**2**	**1969**	**83**	**68**	**7**	**22**	**224**	**67**
兴义市	2		236	10	4	5	1	17	13
兴仁市	8		117	10	5		2	19	5
普安县	2		183	10	17		1	33	6
晴隆县	5	1	265	4	11	1	2	34	8
贞丰县	2		320	16	8		4	42	9
望谟县	1	1	270	5	4		4	29	7
册亨县	6		174	8	9		2	22	7
安龙县	6		404	20	10	1	6	28	12
黔东南苗族侗族自治州	**14**	**3**	**2916**	**101**	**87**	**1**	**39**	**343**	**154**
凯里市	2		93	5	6			7	2
黄平县	2	1	171	10	2		3	20	8
施秉县			98		2		1	15	2
三穗县	2		156	6	3		4	42	12
镇远县	2		228	17	8	1	4	12	2
岑巩县	2		214	4	6			20	1
天柱县			253	9	4		4	43	13
锦屏县			180	11	6		2	15	22
剑河县		1	128	5	7		1	12	6
台江县			144		5		1	5	3
黎平县			436	14	14		5	64	30
榕江县	1		239	4	6		6	36	35
从江县	1		151	4	3		1	12	2
雷山县			95	3	8		1	7	1
麻江县	1	1	90	6	3		1	8	3
丹寨县	1		240	3	4		5	25	12
黔南布依族苗族自治州	**22**	**1**	**3440**	**158**	**150**	**9**	**49**	**332**	**99**
都匀市			68	1	3				2
福泉市	2		118	6	3		2	9	2
荔波县			129	11	5		2	15	6
贵定县			289	12	34	9	8	26	2
瓮安县	3		546	12	15		4	60	6
独山县	4		353	16	16		11	42	13
平塘县	2		176	8	8		3	34	3
罗甸县	2		457	18	11		3	41	5
长顺县			226	17	3		2	20	5
龙里县	1		442	13	15		5	14	27
惠水县	4		434	39	33		5	32	18
三都水族自治县	4	1	202	5	4		4	39	10

4-6b　续表 36　　　　单位：人

地　区 性　别	生产制造及有关人员								
	纸及纸制品生产加工人员	印刷和记录媒介复制人员	文教、工美、体育和娱乐用品制造人员	石油加工和炼焦、煤化工生产人员	化学原料和化学制品制造人员	医药制造人员	化学纤维制造人员	橡胶和塑料制品制造人员	非金属矿物制品制造人员
贵　州	**378**	**295**	**985**	**72**	**890**	**202**	**17**	**845**	**2312**
贵阳市	**21**	**26**	**21**	**4**	**346**	**38**	**5**	**196**	**108**
南明区									
云岩区									
花溪区	5	4	2					2	7
乌当区	3				4	1		4	1
白云区									1
观山湖区		3		1		1		4	2
开阳县	3	13	12	2	132	2		14	39
息烽县	2	2	3		201	4		36	19
修文县	7	3	2		5	28	5	125	15
清镇市	1	1	2	1	4	2		11	24
六盘水市	**23**	**5**	**38**	**6**	**27**	**2**		**47**	**170**
钟山区	1		5		2			4	7
六枝特区	3		2		5			5	20
水城县	13	5	20	4	7			27	111
盘州市	6		11	2	13	2		11	32
遵义市	**88**	**51**	**163**	**2**	**92**	**22**	**3**	**71**	**354**
红花岗区	42	2	5		1			4	13
汇川区	1		2		1			3	8
播州区	1	1	12		15			8	38
桐梓县	4	6	9	1	21	2		6	50
绥阳县	4	7	14		2	1		9	39
正安县	7	11	58		4	4		4	33
道真仡佬族苗族自治县		2	3			4	1	2	17
务川仡佬族苗族自治县	2	3	28		2	3		3	25
凤冈县	3	7	9		3	1		6	26
湄潭县	5	3	8		9	3		15	24
余庆县	4	1	7		33	1		4	37
习水县	4	7	5	1	1	2		5	33
赤水市	5		2			1			6
仁怀市	6	1	1				2	2	5
安顺市	**27**	**13**	**47**	**2**	**24**	**4**	**3**	**80**	**132**
西秀区			5		6	2		4	11
平坝区	8	5	4		5	1		53	32
普定县	2	2	16	2	6		3	12	29
镇宁布依族苗族自治县	11	1	11		2			3	20
关岭布依族苗族自治县	5	1	6			1		6	17
紫云苗族布依族自治县	1	4	5		5			2	23
毕节市	**52**	**49**	**153**	**34**	**57**	**19**	**1**	**129**	**536**
七星关区	3	4	3		4	1		2	20
大方县	3	9	12	2	9	5		8	92
黔西县	14	9	19	4	14	4		15	67
金沙县	8	1	28	3	10	2		15	53
织金县	3	9	33	21	5	3		12	62
纳雍县	6	7	23	2	9	1		32	64
威宁彝族回族苗族自治县	10	4	28	2	4	2	1	36	124
赫章县	5	6	7		2	1		9	54

4-6b 续表 37

单位：人

地区 性别	生产制造及有关人员								
	纸及纸制品生产加工人员	印刷和记录媒介复制人员	文教、工美、体育和娱乐用品制造人员	石油加工和炼焦、煤化工生产人员	化学原料和化学制品制造人员	医药制造人员	化学纤维制造人员	橡胶和塑料制品制造人员	非金属矿物制品制造人员
铜仁市	**20**	**34**	**57**	**3**	**26**	**11**	**2**	**75**	**179**
碧江区									1
万山区									
江口县	1				2	1		13	20
玉屏侗族自治县	1	5	1		10		1	20	22
石阡县		4	8		2	1			11
思南县		3	6	1	4	2	1	6	31
印江土家族苗族自治县	1	2	10	1	1	3		7	18
德江县	4	4	11			1		13	15
沿河土家族自治县	4	9	9		4			7	36
松桃苗族自治县	9	7	12	1	3	3		9	25
黔西南布依族苗族自治州	**27**	**22**	**111**	**9**	**23**	**15**		**43**	**189**
兴义市	1	2	19	4	2	3		5	35
兴仁市			3	1	3			3	19
普安县	3	1	5		3			2	10
晴隆县	4	7	3	1	3			3	11
贞丰县	3	7	31		4	3		2	39
望谟县	3	1	24		2	2		7	13
册亨县	5	1	11	1	2			2	15
安龙县	8	3	15	2	4	7		19	47
黔东南苗族侗族自治州	**41**	**52**	**230**	**5**	**81**	**17**	**2**	**58**	**288**
凯里市		3	11		1	1		3	27
黄平县	6	2	14		3	3		1	45
施秉县		5	13		5	1		2	5
三穗县	2	4	11	2	2	4		5	16
镇远县	1	4	17		5	2		9	30
岑巩县	4	7	1		12	3		3	13
天柱县	1	2	17		7	1		11	15
锦屏县	2	5	33		4			2	18
剑河县	2	2	15	1	2			1	5
台江县		1	12		3				7
黎平县	11	1	19		10		2	4	36
榕江县	6	4	16		4	2		2	8
从江县	2	1	21	2	3			6	12
雷山县		1	11						4
麻江县	1	6	3		18			2	25
丹寨县	3	4	16		2			7	22
黔南布依族苗族自治州	**79**	**43**	**165**	**7**	**214**	**74**	**1**	**146**	**356**
都匀市			2			24		17	3
福泉市	1		8	1	68	1		4	14
荔波县		2	4		2			2	10
贵定县	11	4	6	3	6		1	13	43
瓮安县	4	6	31	1	68	3		25	50
独山县	8	3	43	1	7	1		17	49
平塘县	12	3	12					3	23
罗甸县	9	4	30		6	14		5	36
长顺县	8	2	2		21	6		3	25
龙里县	14	12	4	1	11	18		20	58
惠水县	11	4	7		23	5		32	40
三都水族自治县	1	3	16		2	2		5	5

4-6b　续表 38　　　　单位：人

地　区 性　别	生产制造及有关人员								
	纸及纸制品生产加工人员	印刷和记录媒介复制人员	文教、工美、体育和娱乐用品制造人　员	石油加工和炼焦、煤化工生产人员	化学原料和化学制品制造人　员	医药制造人　　员	化学纤维制造人员	橡胶和塑料制品制造人员	非金属矿物制品制造人员
男	**186**	**186**	**470**	**54**	**609**	**97**	**9**	**563**	**1771**
贵　州	**186**	**186**	**470**	**54**	**609**	**97**	**9**	**563**	**1771**
贵阳市	**10**	**16**	**12**	**3**	**252**	**13**	**3**	**157**	**86**
南明区									
云岩区									
花溪区	3	2	1					1	6
乌当区	2				3	1		3	1
白云区									1
观山湖区		1						3	1
开阳县		8	6	2	94			10	31
息烽县	1	2	3		148	1		18	13
修文县	4	2	1		4	11	3	116	12
清镇市		1	1	1	3			6	21
六盘水市	**12**	**2**	**21**	**3**	**20**	**1**		**34**	**131**
钟山区	1		3		1			3	6
六枝特区	2		1		5			4	13
水城县	6	2	9	2	4			19	87
盘州市	3		8	1	10	1		8	25
遵义市	**40**	**33**	**70**	**1**	**54**	**11**	**2**	**45**	**274**
红花岗区	13	1	3		1			1	8
汇川区	1		1		1			2	6
播州区			8		7			6	25
桐梓县	2	3	7	1	15	1		4	42
绥阳县	3	4	8		2			7	30
正安县	4	8	21		3	3		2	25
道真仡佬族苗族自治县		1	1			3	1	2	14
务川仡佬族苗族自治县	1	2	5		1	1		3	17
凤冈县	2	5	3		2			3	18
湄潭县	2	1	4		6	1		9	20
余庆县	4	1	6		15			1	31
习水县	1	6	3		1	1		4	29
赤水市	2					1			4
仁怀市	5	1					1	1	5
安顺市	**11**	**9**	**27**	**2**	**17**	**2**	**1**	**56**	**102**
西秀区			2		3	2			10
平坝区	3	2	3		4			38	22
普定县	1	1	10	2	5		1	11	23
镇宁布依族苗族自治县	3	1	4		2			1	14
关岭布依族苗族自治县	3	1	5					4	14
紫云苗族布依族自治县	1	4	3		3			2	19
毕节市	**30**	**29**	**89**	**27**	**33**	**11**	**1**	**82**	**423**
七星关区	3	3	1		1	1		2	16
大方县		4	6	2	7	1		6	72
黔西县	8	4	12	3	8	3		12	55
金沙县	3		18	1	6	1		9	44
织金县	2	8	21	18	2	3		9	46
纳雍县	4	4	12	1	6	1		18	50
威宁彝族回族苗族自治县	7	2	15	2	1	1	1	23	98
赫章县	3	4	4		2			3	42

4-6b 续表 39 单位：人

地区 性别	生产制造及有关人员								
	纸及纸制品生产加工人员	印刷和记录媒介复制人员	文教、工美、体育和娱乐用品制造人员	石油加工和炼焦、煤化工生产人员	化学原料和化学制品制造人员	医药制造人员	化学纤维制造人员	橡胶和塑料制品制造人员	非金属矿物制品制造人员
铜仁市	**9**	**19**	**25**	**1**	**13**	**5**	**1**	**40**	**145**
碧江区									1
万山区									
江口县	1				1	1		7	16
玉屏侗族自治县		3	1		5		1	13	17
石阡县		1	2		2				10
思南县		1	3	1	1			3	25
印江土家族苗族自治县	1	1	6			2		4	13
德江县		2	6			1		6	11
沿河土家族自治县	2	8	3		3			2	31
松桃苗族自治县	5	3	4		1	1		5	21
黔西南布依族苗族自治州	**16**	**14**	**56**	**8**	**18**	**8**		**25**	**131**
兴义市	1	1	12	4	2	2		2	24
兴仁市			2	1	2			2	15
普安县	2	1	2		3				7
晴隆县	2	4	2		2			1	10
贞丰县	1	5	12		3	2		2	23
望谟县	2	1	13		2	1		3	9
册亨县	2	1	5	1	1			1	8
安龙县	6	1	8	2	3	3		14	35
黔东南苗族侗族自治州	**23**	**34**	**94**	**3**	**49**	**5**	**1**	**34**	**208**
凯里市		3	6					2	15
黄平县	5	2	5		1			1	36
施秉县		3	1		3			1	2
三穗县	1	3	4	2	1	2		4	13
镇远县		3	9		4			4	24
岑巩县	2	4			6	1			9
天柱县		2	7		3			9	9
锦屏县	1	3	10		3				15
剑河县	2	1	6		2			1	4
台江县		1	6		3				5
黎平县	5	1	8		4		1	3	25
榕江县	4	3	11		2	2		1	6
从江县	1	1	9	1	1			3	9
雷山县		1	4						4
麻江县		2	2		15			1	15
丹寨县	2	1	6		1			4	17
黔南布依族苗族自治州	**35**	**30**	**76**	**6**	**153**	**41**		**90**	**271**
都匀市			1			14		14	3
福泉市	1			1	49	1		2	11
荔波县		1	3					1	10
贵定县	5	3	3	2	5			6	30
瓮安县	3	5	13	1	54	2		16	37
独山县	6	2	13	1	6			11	43
平塘县	2	1	7					2	18
罗甸县	3	2	18		2	7		3	24
长顺县	3	2			13	4		1	17
龙里县	5	11	3	1	5	9		11	46
惠水县	7	2	5		18	3		20	28
三都水族自治县		1	10		1	1		3	4

4-6b　续表 40　　　　单位：人

地　区 性　别	生产制造及有关人员								
	纸及纸制品生产加工人员	印刷和记录媒介复制人员	文教、工美、体育和娱乐用品制造人　员	石油加工和炼焦、煤化工生产人员	化学原料和化学制品制造人　员	医药制造人　员	化学纤维制造人员	橡胶和塑料制品制造人员	非金属矿物制品制造人员
女	**192**	**109**	**515**	**18**	**281**	**105**	**8**	**282**	**541**
贵　州	**192**	**109**	**515**	**18**	**281**	**105**	**8**	**282**	**541**
贵阳市	**11**	**10**	**9**	**1**	**94**	**25**	**2**	**39**	**22**
南明区									
云岩区									
花溪区	2	2	1					1	1
乌当区	1				1			1	
白云区									
观山湖区		2		1		1		1	1
开阳县	3	5	6		38	2		4	8
息烽县	1				53	3		18	6
修文县	3	1	1		1	17	2	9	3
清镇市	1		1		1	2		5	3
六盘水市	**11**	**3**	**17**	**3**	**7**	**1**		**13**	**39**
钟山区			2		1			1	1
六枝特区	1		1					1	7
水城县	7	3	11	2	3			8	24
盘州市	3		3	1	3	1		3	7
遵义市	**48**	**18**	**93**	**1**	**38**	**11**	**1**	**26**	**80**
红花岗区	29	1	2					3	5
汇川区			1					1	2
播州区	1	1	4		8			2	13
桐梓县	2	3	2		6	1		2	8
绥阳县	1	3	6			1		2	9
正安县	3	3	37		1	1		2	8
道真仡佬族苗族自治县		1	2			1			3
务川仡佬族苗族自治县	1	1	23		1	2			8
凤冈县	1	2	6		1	1		3	8
湄潭县	3	2	4		3	2		6	4
余庆县			1		18	1		3	6
习水县	3	1	2	1		1		1	4
赤水市	3		2						2
仁怀市	1		1				1	1	
安顺市	**16**	**4**	**20**		**7**	**2**	**2**	**24**	**30**
西秀区			3		3			4	1
平坝区	5	3	1		1	1		15	10
普定县	1	1	6		1		2	1	6
镇宁布依族苗族自治县	8		7					2	6
关岭布依族苗族自治县	2		1			1		2	3
紫云苗族布依族自治县			2		2				4
毕节市	**22**	**20**	**64**	**7**	**24**	**8**		**47**	**113**
七星关区		1	2		3				4
大方县	3	5	6		2	4		2	20
黔西县	6	5	7	1	6	1		3	12
金沙县	5	1	10	2	4	1		6	9
织金县	1	1	12	3	3			3	16
纳雍县	2	3	11	1	3			14	14
威宁彝族回族苗族自治县	3	2	13		3	1		13	26
赫章县	2	2	3			1		6	12

4-6b 续表 41　　单位：人

地区 性别	生产制造及有关人员								
	纸及纸制品生产加工人员	印刷和记录媒介复制人员	文教、工美、体育和娱乐用品制造人员	石油加工和炼焦、煤化工生产人员	化学原料和化学制品制造人员	医药制造人员	化学纤维制造人员	橡胶和塑料制品制造人员	非金属矿物制品制造人员
铜仁市	**11**	**15**	**32**	**2**	**13**	**6**	**1**	**35**	**34**
碧江区									
万山区									
江口县					1			6	4
玉屏侗族自治县	1	2			5			7	5
石阡县		3	6			1			1
思南县		2	3		3	2	1	3	6
印江土家族苗族自治县		1	4	1	1	1		3	5
德江县	4	2	5					7	4
沿河土家族自治县	2	1	6		1			5	5
松桃苗族自治县	4	4	8	1	2	2		4	4
黔西南布依族苗族自治州	**11**	**8**	**55**	**1**	**5**	**7**		**18**	**58**
兴义市		1	7			1		3	11
兴仁市			1		1			1	4
普安县	1		3					2	3
晴隆县	2	3	1	1	1			2	1
贞丰县	2	2	19		1	1			16
望谟县	1		11			1		4	4
册亨县	3		6		1			1	7
安龙县	2	2	7		1	4		5	12
黔东南苗族侗族自治州	**18**	**18**	**136**	**2**	**32**	**12**	**1**	**24**	**80**
凯里市			5		1	1		1	12
黄平县	1		9		2	3			9
施秉县		2	12		2	1		1	3
三穗县	1	1	7		1	2		1	3
镇远县	1	1	8		1	2		5	6
岑巩县	2	3	1		6	2		3	4
天柱县	1		10		4	1		2	6
锦屏县	1	2	23		1			2	3
剑河县		1	9	1					1
台江县			6						2
黎平县	6		11		6		1	1	11
榕江县	2	1	5		2			1	2
从江县	1		12	1	2			3	3
雷山县			7						
麻江县	1	4	1		3			1	10
丹寨县	1	3	10		1			3	5
黔南布依族苗族自治州	**44**	**13**	**89**	**1**	**61**	**33**	**1**	**56**	**85**
都匀市			1			10		3	
福泉市			8		19			2	3
荔波县		1	1		2			1	
贵定县	6	1	3	1	1		1	7	13
瓮安县	1	1	18		14	1		9	13
独山县	2	1	30		1	1		6	6
平塘县	10	2	5					1	5
罗甸县	6	2	12		4	7		2	12
长顺县	5		2		8	2		2	8
龙里县	9	1	1		6	9		9	12
惠水县	4	2	2		5	2		12	12
三都水族自治县	1	2	6		1	1		2	1

4-6b　续表 42　　　　单位：人

地　区 性　别	生产制造及有关人员								
	采矿人员	金属冶炼和压延加工人员	机械制造基础加工人员	金属制品制造人员	通用设备制造人员	专用设备制造人员	汽车制造人员	铁路、船舶、航空设备制造人员	电气机械和器材制造人员
贵　州	**2406**	**457**	**1271**	**2003**	**373**	**144**	**287**	**59**	**661**
贵阳市	**213**	**38**	**119**	**114**	**29**	**6**	**27**	**5**	**32**
南明区									
云岩区									
花溪区	3	4		6	5		1		1
乌当区	4		3	5	1				2
白云区	3	2							
观山湖区	7		3	6	1		5		
开阳县	150	4	54	43	14	5	4	4	9
息烽县	24	1	35	14	5		9		4
修文县	9	23	13	25	2	1	4		1
清镇市	13	4	11	15	1		4	1	15
六盘水市	**901**	**51**	**106**	**126**	**16**	**6**	**10**	**2**	**23**
钟山区	236	5	12		2		1		1
六枝特区	11	2	12	13	1		1	1	4
水城县	324	39	49	53	9	4	5	1	15
盘州市	330	5	33	60	4	2	3		3
遵义市	**134**	**71**	**202**	**276**	**50**	**14**	**50**	**6**	**93**
红花岗区	1	3	12	29	14	1	4	2	12
汇川区	3	2	16	7		1	1	1	5
播州区	7	10	15	21	2	1	4		6
桐梓县	35	10	23	20	8	1	8		10
绥阳县	5	6	35	23	7	4	5	1	18
正安县	8	13	4	37	5		1	1	3
道真仡佬族苗族自治县	1	6	15	10			3		5
务川仡佬族苗族自治县	7	5	8	12	2		1		3
凤冈县	1	5	15	24	3				6
湄潭县	3	6	24	29	3	1	13	1	13
余庆县	2	2	8	24	1	3	5		3
习水县	46	1	20	26	3	2	4		7
赤水市	13	1	4	3	2				1
仁怀市	2	1	3	11			1		1
安顺市	**50**	**33**	**114**	**132**	**42**	**14**	**37**	**14**	**33**
西秀区	24		4	8	5			4	4
平坝区	6	10	54	21	21	8	6	7	13
普定县	11	13	25	24	8	4	3	1	8
镇宁布依族苗族自治县	6	7	11	28	2	1	7		3
关岭布依族苗族自治县	1	1	12	28	3	1	17		2
紫云苗族布依族自治县	2	2	8	23	3		4	2	3
毕节市	**699**	**41**	**181**	**382**	**57**	**32**	**57**	**7**	**89**
七星关区	1	2	9	22	2	1	2	1	3
大方县	89	2	24	30	16	1	5		8
黔西县	133	10	45	62	5	5	6	1	4
金沙县	147	3	25	53	8	6	6		17
织金县	140	4	23	50	6	1	7	2	6
纳雍县	124	5	20	56	9	4	20		21
威宁彝族回族苗族自治县	50	15	26	78	8	10	8	1	22
赫章县	15		9	31	3	4	3	2	8

4-6b 续表 43 单位：人

地　区 性　别	生产制造及有关人员								
	采矿人员	金属冶炼和压延加工人员	机械制造基础加工人员	金属制品制造人员	通用设备制造人员	专用设备制造人员	汽车制造人员	铁路、船舶、航空设备制造人员	电气机械和器材制造人员
铜仁市	**46**	**44**	**88**	**226**	**39**	**12**	**14**	**5**	**44**
碧江区				2	3				
万山区									
江口县	3	2	10	14	19	3	1		
玉屏侗族自治县	5	16	10	15	3	6		1	7
石阡县	3		4	18	2		2	1	3
思南县	2	6	10	33	2			2	5
印江土家族苗族自治县	2	3	7	14	3		2		2
德江县	1	6	26	63	4	2	2		13
沿河土家族自治县	6	2	9	38	1		2	1	4
松桃苗族自治县	24	9	12	29	2	1	5		10
黔西南布依族苗族自治州	**227**	**36**	**72**	**173**	**20**	**9**	**24**	**5**	**71**
兴义市	18	23	10	19	5	1	3	2	17
兴仁市	56	1	3	11	2	1	1		1
普安县	64	4	4	16			4		2
晴隆县	19		11	30	2	1	7		6
贞丰县	39	2	21	27	5	2	2		10
望谟县			6	21	2		2		9
册亨县	20		5	15	1	1	1	2	4
安龙县	11	6	12	34	3	3	4	1	22
黔东南苗族侗族自治州	**31**	**53**	**146**	**267**	**24**	**16**	**28**	**2**	**130**
凯里市	2	7	6	7	1		1		3
黄平县	2		4	15	3	1	2		1
施秉县		2	6	13	1	1			
三穗县		2	12	19					6
镇远县	2	8	12	13		2	5		8
岑巩县		1	3	29	2				5
天柱县	9	3	7	17	3	2	6	1	2
锦屏县		1	10	9	2	1	3		5
剑河县	1	2	9	19	3		1		1
台江县	1	8	8	12			2		67
黎平县	4	8	32	59	3	9	3		14
榕江县	2	4	5	9				1	2
从江县		2	10	13	1		1		10
雷山县	2		2	6			1		
麻江县	6	2	7	9	3		1		6
丹寨县		3	13	18	2		2		
黔南布依族苗族自治州	**105**	**90**	**243**	**307**	**96**	**35**	**40**	**13**	**146**
都匀市			3	4					2
福泉市	22		6	8	3	2	3		4
荔波县			6	9			1		3
贵定县	9	6	21	23	4			1	7
瓮安县	29	8	41	41	7	4	12	4	12
独山县	27	10	22	38	48		2	3	34
平塘县		1	4	12	2	1	1		11
罗甸县	3	46	10	34	3	3	3		19
长顺县	2		16	22	11	2	1		16
龙里县	4	11	39	50	3	9	1	1	6
惠水县	4	4	64	52	15	14	9	4	28
三都水族自治县	5	4	11	14			7		4

4-6b　续表 44　　　　单位：人

地　区 性　别	生产制造及有关人员								
	采矿人员	金属冶炼和压延加工人员	机械制造基础加工人员	金属制品制造人员	通用设备制造人员	专用设备制造人员	汽车制造人员	铁路、船舶、航空设备制造人员	电气机械和器材制造人员
男	**2258**	**346**	**1120**	**1421**	**288**	**88**	**179**	**43**	**390**
贵　州	**2258**	**346**	**1120**	**1421**	**288**	**88**	**179**	**43**	**390**
贵阳市	**194**	**31**	**109**	**86**	**23**	**4**	**12**	**5**	**24**
南明区									
云岩区									
花溪区	3	2		5	3				1
乌当区	4		3	5	1				1
白云区	2	2							
观山湖区	6		3	3	1		2		
开阳县	139	4	47	34	12	3	2	4	6
息烽县	22	1	32	12	4		4		4
修文县	8	18	13	18	1	1	3		1
清镇市	10	4	11	9	1		1	1	11
六盘水市	**856**	**46**	**96**	**87**	**14**	**4**	**7**		**17**
钟山区	228	5	12		2		1		
六枝特区	11	1	12	11	1				4
水城县	303	35	43	35	7	4	4		12
盘州市	314	5	29	41	4		2		1
遵义市	**126**	**58**	**171**	**214**	**40**	**5**	**34**	**5**	**62**
红花岗区	1	3	10	22	11		4	1	11
汇川区	2	2	15	5			1	1	4
播州区	5	8	14	19	2	1	4		5
桐梓县	34	8	20	16	6	1	4		4
绥阳县	5	5	26	19	4	1	3	1	12
正安县	7	12	3	29	5			1	2
道真仡佬族苗族自治县	1	3	15	6			1		2
务川仡佬族苗族自治县	6	4	7	10	2		1		2
凤冈县	1	3	14	18	2				4
湄潭县	3	5	19	22	3		9	1	8
余庆县	2	2	7	17	1	2	4		1
习水县	45	1	17	22	2		3		5
赤水市	12	1	4	2	2				1
仁怀市	2	1		7					1
安顺市	**46**	**27**	**100**	**98**	**34**	**10**	**24**	**12**	**22**
西秀区	24		3	6	3			3	3
平坝区	5	8	50	18	15	7	5	6	7
普定县	9	12	22	18	8	3	3	1	6
镇宁布依族苗族自治县	6	5	8	20	2		4		3
关岭布依族苗族自治县	1		11	19	3		10		1
紫云苗族布依族自治县	1	2	6	17	3		2	2	2
毕节市	**663**	**31**	**164**	**282**	**43**	**19**	**36**	**2**	**48**
七星关区	1	2	8	16	1		1		3
大方县	81	2	19	26	11		4		5
黔西县	130	7	44	49	4	2	3		3
金沙县	137	3	21	40	6	5	3		6
织金县	135	3	20	38	6	1	5	1	4
纳雍县	117	4	19	36	7	4	12		9
威宁彝族回族苗族自治县	47	10	25	52	5	4	6	1	13
赫章县	15		8	25	3	3	2		5

4-6b 续表 45　　单位：人

地区 性别	生产制造及有关人员								
	采矿人员	金属冶炼和压延加工人员	机械制造基础加工人员	金属制品制造人员	通用设备制造人员	专用设备制造人员	汽车制造人员	铁路、船舶、航空设备制造人员	电气机械和器材制造人员
铜仁市	**36**	**35**	**76**	**163**	**33**	**8**	**8**	**5**	**27**
碧江区				2	2				
万山区									
江口县	3		7	10	16	1			
玉屏侗族自治县	4	14	10	8	3	5		1	5
石阡县	2		4	13	2		1	1	
思南县	2	5	9	21	2			2	2
印江土家族苗族自治县	1	3	6	9	2		1		2
德江县	1	4	21	45	3	1	1		7
沿河土家族自治县	5	2	7	33	1		1	1	4
松桃苗族自治县	18	7	12	22	2	1	4		7
黔西南布依族苗族自治州	**214**	**24**	**58**	**115**	**16**	**6**	**16**	**4**	**44**
兴义市	14	15	10	13	5		1	1	9
兴仁市	56		2	7	1		1		
普安县	63	2	3	8			4		1
晴隆县	18		10	19	2	1	5		5
贞丰县	38	2	18	20	5	1			7
望谟县			3	13	1		1		5
册亨县	15		1	10		1	1	2	2
安龙县	10	5	11	25	2	3	3	1	15
黔东南苗族侗族自治州	**28**	**41**	**123**	**172**	**19**	**7**	**16**	**2**	**76**
凯里市	1	5	6	4	1				2
黄平县	2		3	11	3	1	1		
施秉县		2	6	9					
三穗县		1	10	15					3
镇远县	2	6	10	9		2	2		3
岑巩县		1	2	21	2				3
天柱县	8	3	7	12	3	2	3	1	1
锦屏县		1	9	4	1	1	2		3
剑河县	1	2	8	11	3		1		1
台江县	1	6	6	8					41
黎平县	4	6	23	33	2	1	2		9
榕江县	2	3	3	6				1	1
从江县		1	10	8			1		6
雷山县	2		2	4			1		
麻江县	5	2	6	7	2		1		3
丹寨县		2	12	10	2		2		
黔南布依族苗族自治州	**95**	**53**	**223**	**204**	**66**	**25**	**26**	**8**	**70**
都匀市			3	3					2
福泉市	18		6	6	3	1	1		3
荔波县			6	2			1		1
贵定县	9	5	21	15	3			1	5
瓮安县	25	6	37	31	6	3	7	2	8
独山县	27	9	18	31	26		1	2	13
平塘县		1	4	8	2	1	1		8
罗甸县	2	18	9	14	1		3		7
长顺县	2		15	13	10	2	1		7
龙里县	3	9	33	32	2	7		1	3
惠水县	4	2	60	40	13	11	5	2	12
三都水族自治县	5	3	11	9			6		1

4-6b　续表 46　　　　单位：人

地区 性别	生产制造及有关人员								
	采矿人员	金属冶炼和压延加工人员	机械制造基础加工人员	金属制品制造人员	通用设备制造人员	专用设备制造人员	汽车制造人员	铁路、船舶、航空设备制造人员	电气机械和器材制造人员
女	**148**	**111**	**151**	**582**	**85**	**56**	**108**	**16**	**271**
贵州	**148**	**111**	**151**	**582**	**85**	**56**	**108**	**16**	**271**
贵阳市	**19**	**7**	**10**	**28**	**6**	**2**	**15**		**8**
南明区									
云岩区									
花溪区		2		1	2		1		
乌当区									1
白云区	1								
观山湖区	1			3			3		
开阳县	11		7	9	2	2	2		3
息烽县	2		3	2	1		5		
修文县	1	5		7	1		1		
清镇市	3			6			3		4
六盘水市	**45**	**5**	**10**	**39**	**2**	**2**	**3**	**2**	**6**
钟山区	8								1
六枝特区		1		2			1	1	
水城县	21	4	6	18	2		1	1	3
盘州市	16		4	19		2	1		2
遵义市	**8**	**13**	**31**	**62**	**10**	**9**	**16**	**1**	**31**
红花岗区			2	7	3	1		1	1
汇川区	1		1	2		1			1
播州区	2	2	1	2					1
桐梓县	1	2	3	4	2		4		6
绥阳县		1	9	4	3	3	2		6
正安县	1	1	1	8			1		1
道真仡佬族苗族自治县		3		4			2		3
务川仡佬族苗族自治县	1	1	1	2					1
凤冈县		2	1	6	1				2
湄潭县		1	5	7		1	4		5
余庆县			1	7		1	1		2
习水县	1		3	4	1	2	1		2
赤水市	1			1					
仁怀市			3	4			1		
安顺市	**4**	**6**	**14**	**34**	**8**	**4**	**13**	**2**	**11**
西秀区			1	2	2			1	1
平坝区	1	2	4	3	6	1	1	1	6
普定县	2	1	3	6		1			2
镇宁布依族苗族自治县		2	3	8		1	3		
关岭布依族苗族自治县		1	1	9		1	7		1
紫云苗族布依族自治县	1		2	6			2		1
毕节市	**36**	**10**	**17**	**100**	**14**	**13**	**21**	**5**	**41**
七星关区			1	6	1	1	1	1	
大方县	8		5	4	5	1	1		3
黔西县	3	3	1	13	1	3	3	1	1
金沙县	10		4	13	2	1	3		11
织金县	5	1	3	12			2	1	2
纳雍县	7	1	1	20	2		8		12
威宁彝族回族苗族自治县	3	5	1	26	3	6	2		9
赫章县			1	6		1	1	2	3

4-6b 续表 47

单位：人

地区 性别	生产制造及有关人员								
	采矿人员	金属冶炼和压延加工人员	机械制造基础加工人员	金属制品制造人员	通用设备制造人员	专用设备制造人员	汽车制造人员	铁路、船舶、航空设备制造人员	电气机械和器材制造人员
铜仁市	**10**	**9**	**12**	**63**	**6**	**4**	**6**		**17**
碧江区					1				
万山区									
江口县		2	3	4	3	2	1		
玉屏侗族自治县	1	2		7		1			2
石阡县	1			5			1		3
思南县		1	1	12					3
印江土家族苗族自治县	1		1	5	1		1		
德江县		2	5	18	1	1	1		6
沿河土家族自治县	1		2	5			1		
松桃苗族自治县	6	2		7			1		3
黔西南布依族苗族自治州	**13**	**12**	**14**	**58**	**4**	**3**	**8**	**1**	**27**
兴义市	4	8		6		1	2	1	8
兴仁市		1	1	4	1	1			1
普安县	1	2	1	8					1
晴隆县	1		1	11			2		1
贞丰县	1		3	7		1	2		3
望谟县			3	8	1		1		4
册亨县	5		4	5	1				2
安龙县	1	1	1	9	1		1		7
黔东南苗族侗族自治州	**3**	**12**	**23**	**95**	**5**	**9**	**12**		**54**
凯里市	1	2		3			1		1
黄平县			1	4			1		1
施秉县				4	1	1			
三穗县		1	2	4					3
镇远县		2	2	4			3		5
岑巩县			1	8					2
天柱县	1			5			3		1
锦屏县			1	5	1		1		2
剑河县			1	8					
台江县		2	2	4			2		26
黎平县		2	9	26	1	8	1		5
榕江县		1	2	3					1
从江县		1		5	1				4
雷山县				2					
麻江县	1		1	2	1				3
丹寨县		1	1	8					
黔南布依族苗族自治州	**10**	**37**	**20**	**103**	**30**	**10**	**14**	**5**	**76**
都匀市				1					
福泉市	4			2		1	2		1
荔波县				7					2
贵定县		1		8	1				2
瓮安县	4	2	4	10	1	1	5	2	4
独山县		1	4	7	22		1	1	21
平塘县				4					3
罗甸县	1	28	1	20	2	3			12
长顺县			1	9	1				9
龙里县	1	2	6	18	1	2	1		3
惠水县		2	4	12	2	3	4	2	16
三都水族自治县		1		5			1		3

4-6b　续表 48　　　　单位：人

地　区 性　别	生产制造及有关人员								不便分类的其他从业人员
	计算机、通信和其他电子设备制造人员	仪器仪表制造人员	废弃资源综合利用人员	电力、热力、气体、水生产和输配人员	建筑施工人员	运输设备和通用工程机械操作人员及有关人员	生产辅助人员	其他生产制造及有关人员	
贵　州	**3848**	**45**	**197**	**572**	**54219**	**2900**	**5582**	**247**	**636**
贵阳市	**89**	**9**	**19**	**57**	**2869**	**251**	**664**	**13**	**23**
南明区									
云岩区									
花溪区	5		1	1	251	11	13		10
乌当区	4	1		1	80	16	14	1	
白云区					3	1	2		1
观山湖区	7	1		2	42	6	23		5
开阳县	43	4	15	7	1103	81	219	1	
息烽县	6	3	2	10	394	48	214	2	3
修文县	14		1	2	673	64	137	8	1
清镇市	10			34	323	24	42	1	3
六盘水市	**201**	**4**	**8**	**32**	**2795**	**170**	**546**	**7**	**13**
钟山区	16		1	3	239	30	142		
六枝特区	14	1	1	4	282	14	35	3	2
水城县	123	1	2	13	1597	81	213	1	4
盘州市	48	2	4	12	677	45	156	3	7
遵义市	**625**	**10**	**16**	**86**	**10425**	**524**	**1005**	**30**	**61**
红花岗区	82	1			266	21	37	3	16
汇川区	17	1	3	1	278	20	22		
播州区	32		1	4	410	36	62	1	1
桐梓县	135	1	2	9	1524	64	136		6
绥阳县	84	2	1	4	816	40	99	3	
正安县	27	2		6	1106	55	46	2	3
道真仡佬族苗族自治县	55			10	704	43	81	1	3
务川仡佬族苗族自治县	19			7	1176	23	61	2	4
凤冈县	34		2	5	843	30	58	2	2
湄潭县	48	2	3	3	791	59	97	5	2
余庆县	12			17	528	33	46	2	
习水县	66		3	20	1464	87	218	5	17
赤水市	8				173	3	12	1	6
仁怀市	6	1	1		346	10	30	3	1
安顺市	**420**	**1**	**9**	**40**	**2920**	**169**	**278**	**10**	**46**
西秀区	18			7	319	19	41	2	18
平坝区	243			2	328	37	76		10
普定县	91		1	7	900	33	41	1	6
镇宁布依族苗族自治县	30		6	7	558	26	30	2	6
关岭布依族苗族自治县	10	1		4	335	22	54	5	1
紫云苗族布依族自治县	28		2	13	480	32	36		5
毕节市	**945**	**7**	**51**	**128**	**10682**	**479**	**983**	**44**	**26**
七星关区	24		2		292	10	15		
大方县	80	1	1	15	1621	63	115	3	
黔西县	115		1	20	1455	83	149	12	2
金沙县	142	2	5	36	1246	61	239	4	10
织金县	70		24	22	1690	55	94	2	
纳雍县	68	2	11	20	1299	54	81	2	1
威宁彝族回族苗族自治县	402	2	4	13	2465	121	228	17	11
赫章县	44		3	2	614	32	62	4	2

4-6b 续表 49　　　　单位：人

地区 性别	生产制造及有关人员								不便分类的其他从业人员
	计算机、通信和其他电子设备制造人员	仪器仪表制造人员	废弃资源综合利用人员	电力、热力、气体、水生产和输配人员	建筑施工人员	运输设备和通用工程机械操作人员及有关人员	生产辅助人员	其他生产制造及有关人员	
铜仁市	**332**	**4**	**20**	**40**	**6737**	**332**	**467**	**33**	**191**
碧江区					21		2		4
万山区									
江口县	24	3	2	4	442	33	41		11
玉屏侗族自治县	69		2	11	426	34	82	3	12
石阡县	15		1	4	787	20	23	3	35
思南县	34		2	5	1094	58	47	3	7
印江土家族苗族自治县	36		1	2	689	48	67	6	36
德江县	39	1	8	2	1147	35	101	1	35
沿河土家族自治县	36			5	1124	75	40	5	37
松桃苗族自治县	79		4	7	1007	29	64	12	14
黔西南布依族苗族自治州	**353**	**1**	**38**	**48**	**3816**	**220**	**317**	**15**	**104**
兴义市	33		21	6	484	34	54		42
兴仁市	19		4	1	191	6	22		2
普安县	25			17	390	9	34		4
晴隆县	25		3	5	478	20	30	5	24
贞丰县	47		2	8	606	52	67	1	4
望谟县	88	1	2	1	513	42	14	5	8
册亨县	58		3	4	263	23	19	4	10
安龙县	58		3	6	891	34	77		10
黔东南苗族侗族自治州	**446**	**4**	**13**	**91**	**6501**	**303**	**473**	**47**	**40**
凯里市	13	1		3	202	19	28		5
黄平县	35				530	23	20	8	2
施秉县	16			3	226	15	12	2	
三穗县	21		2	1	338	17	33	1	2
镇远县	26	1		26	512	21	66	3	3
岑巩县	39			17	489	11	31	5	23
天柱县	62		3	3	494	17	38	6	1
锦屏县	22		5	3	348	22	23	6	
剑河县	9			3	354	23	45	2	1
台江县	19		2	16	266	7	35	3	2
黎平县	22	2		3	962	47	39	6	
榕江县	39			5	552	27	20	3	
从江县	63		1	6	332	9	14		
雷山县	10				256	10	12	1	1
麻江县	11			1	214	23	29	1	
丹寨县	39			1	426	12	28		
黔南布依族苗族自治州	**437**	**5**	**23**	**50**	**7474**	**452**	**849**	**48**	**132**
都匀市	6		1		196	12	7		
福泉市	16		1	6	251	27	69	6	4
荔波县	16		3	3	260	37	38	1	5
贵定县	26		3	4	641	37	108	2	32
瓮安县	75	3		10	1539	81	148	2	3
独山县	88	2	2	3	612	59	84	2	27
平塘县	15		4	2	451	21	32	2	1
罗甸县	34		2	8	837	25	55	7	10
长顺县	40			3	484	18	29	13	2
龙里县	45			3	1008	69	126	3	9
惠水县	35		7	5	807	46	124	10	34
三都水族自治县	41			3	388	20	29		5

4-6b　续表 50

单位：人

地　区 性　别	生产制造及有关人员								不便分类的其他从业人员
	计算机、通信和其他电子设备制造人员	仪器仪表制造人员	废弃资源综合利用人员	电力、热力、气体、水生产和输配人员	建筑施工人员	运输设备和通用工程机械操作人员及有关人员	生产辅助人员	其他生产制造及有关人员	
男	**2088**	**23**	**131**	**469**	**44231**	**2732**	**3908**	**138**	**367**
贵　州	**2088**	**23**	**131**	**469**	**44231**	**2732**	**3908**	**138**	**367**
贵阳市	**51**	**5**	**12**	**44**	**2426**	**238**	**481**	**6**	**12**
南明区									
云岩区									
花溪区	2		1	1	184	10	10		4
乌当区	2			1	68	16	8	1	
白云区					3	1	2		1
观山湖区	5			1	36	6	16		3
开阳县	27	2	10	6	934	80	165	1	
息烽县	2	3	1	7	345	43	165	2	1
修文县	10			2	591	58	80	1	1
清镇市	3			26	265	24	35	1	2
六盘水市	**109**	**2**	**6**	**22**	**2240**	**158**	**446**	**4**	**12**
钟山区	10		1	3	194	28	128		
六枝特区	8		1	4	221	14	25	2	2
水城县	73	1	2	8	1285	78	165		3
盘州市	18	1	2	7	540	38	128	2	7
遵义市	**296**	**6**	**10**	**72**	**8611**	**492**	**659**	**19**	**34**
红花岗区	40	1			235	21	19	3	12
汇川区	7	1	2	1	248	19	16		
播州区	15			2	354	35	42	1	1
桐梓县	55		2	7	1301	62	107		3
绥阳县	37	1		3	644	34	63	3	
正安县	13	1		5	899	54	35		1
道真仡佬族苗族自治县	18			9	566	42	59		2
务川仡佬族苗族自治县	10			6	925	23	46	2	
凤冈县	20		2	4	665	28	44	2	1
湄潭县	33	1	2	3	652	57	61	3	1
余庆县	7			14	456	32	33	1	
习水县	34		1	18	1218	75	115	2	8
赤水市	3				153	3	9		4
仁怀市	4	1	1		295	7	10	2	1
安顺市	**223**		**5**	**31**	**2422**	**162**	**196**	**5**	**29**
西秀区	10			5	264	16	31	1	12
平坝区	126			2	279	34	56		7
普定县	48		1	6	730	33	27		3
镇宁布依族苗族自治县	16		3	6	465	26	20	2	3
关岭布依族苗族自治县	4			3	293	22	36	2	
紫云苗族布依族自治县	19		1	9	391	31	26		4
毕节市	**525**	**2**	**37**	**110**	**8949**	**437**	**667**	**28**	**15**
七星关区	14		1		254	10	8		
大方县	54			13	1351	59	82	1	
黔西县	67		1	18	1242	75	121	10	1
金沙县	46		5	30	1087	59	155	2	4
织金县	44		16	19	1406	52	76	2	
纳雍县	40	1	8	17	1068	49	66	1	1
威宁彝族回族苗族自治县	235	1	3	11	2016	102	121	11	8
赫章县	25		3	2	525	31	38	1	1

4-6b 续表 51　　　　单位：人

地区 性别	生产制造及有关人员 计算机、通信和其他电子设备制造人员	仪器仪表制造人员	废弃资源综合利用人员	电力、热力、气体、水生产和输配人员	建筑施工人员	运输设备和通用工程机械操作人员及有关人员	生产辅助人员	其他生产制造及有关人员	不便分类的其他从业人员
铜仁市	**197**	**1**	**10**	**35**	**5395**	**313**	**316**	**20**	**117**
碧江区					16		1		4
万山区									
江口县	17	1	1	4	394	29	33		8
玉屏侗族自治县	44		1	9	355	32	48	1	10
石阡县	11		1	4	612	18	15	1	16
思南县	22		2	5	865	54	33	3	5
印江土家族苗族自治县	19			1	578	44	47	5	16
德江县	21		4	2	857	35	66	1	26
沿河土家族自治县	18			4	889	73	30	1	24
松桃苗族自治县	45		1	6	829	28	43	8	8
黔西南布依族苗族自治州	**198**	**1**	**26**	**36**	**2904**	**215**	**223**	**10**	**50**
兴义市	17		19	5	383	33	42		9
兴仁市	10		3	1	150	6	13		2
普安县	18			12	310	9	32		1
晴隆县	13			2	334	20	17	2	17
贞丰县	19		1	7	473	51	48	1	3
望谟县	52	1	1	1	374	41	9	4	7
册亨县	38		1	4	200	23	14	3	8
安龙县	31		1	4	680	32	48		3
黔东南苗族侗族自治州	**240**	**1**	**11**	**75**	**5245**	**295**	**333**	**23**	**22**
凯里市	7	1		3	173	19	18		3
黄平县	26				451	22	17	3	
施秉县	9			1	186	15	10	2	
三穗县	10		2		299	15	23	1	
镇远县	6			21	415	20	47	2	2
岑巩县	12			16	375	11	25	2	13
天柱县	38		3	1	396	16	22	1	
锦屏县	7		3	3	291	22	20	1	
剑河县	6			3	294	22	33	2	1
台江县	14		2	15	198	7	25	1	2
黎平县	12			2	767	46	28	5	
榕江县	23			4	448	27	10	2	
从江县	35		1	5	271	9	8		
雷山县	6				199	10	7	1	1
麻江县	8				186	23	21		
丹寨县	21			1	296	11	19		
黔南布依族苗族自治州	**249**	**5**	**14**	**44**	**6039**	**422**	**587**	**23**	**76**
都匀市	6		1		149	12	7		
福泉市	9		1	3	223	24	57	5	4
荔波县	5		1	3	209	37	26	1	3
贵定县	16		2	4	554	34	57	1	21
瓮安县	45	3		9	1247	76	117	2	2
独山县	40	2	2	3	534	57	62	1	7
平塘县	9		3	2	377	20	24	2	1
罗甸县	20		1	6	610	24	37	3	5
长顺县	19			3	396	17	17	3	
龙里县	38			3	783	58	84	1	9
惠水县	20		3	5	658	44	77	4	22
三都水族自治县	22			3	299	19	22		2

4-6b　续表 52　　　　　　　　　　　　　　　　　　　　　　　　　　　　单位：人

地　区 性　别	生产制造及有关人员								
	计算机、通信和其他电子设备制造人员	仪器仪表制造人员	废弃资源综合利用人员	电力、热力、气体、水生产和输配人员	建筑施工人员	运输设备和通用工程机械操作人员及有关人员	生产辅助人员	其他生产制造及有关人员	不便分类的其他从业人员
女	**1760**	**22**	**66**	**103**	**9988**	**168**	**1674**	**109**	**269**
贵　州	**1760**	**22**	**66**	**103**	**9988**	**168**	**1674**	**109**	**269**
贵阳市	**38**	**4**	**7**	**13**	**443**	**13**	**183**	**7**	**11**
南明区									
云岩区									
花溪区	3				67	1	3		6
乌当区	2	1			12		6		
白云区									
观山湖区	2	1		1	6		7		2
开阳县	16	2	5	1	169	1	54		
息烽县	4		1	3	49	5	49		2
修文县	4		1		82	6	57	7	
清镇市	7			8	58		7		1
六盘水市	**92**	**2**	**2**	**10**	**555**	**12**	**100**	**3**	**1**
钟山区	6				45	2	14		
六枝特区	6	1			61		10	1	
水城县	50			5	312	3	48	1	1
盘州市	30	1	2	5	137	7	28	1	
遵义市	**329**	**4**	**6**	**14**	**1814**	**32**	**346**	**11**	**27**
红花岗区	42				31		18		4
汇川区	10		1		30	1	6		
播州区	17		1	2	56	1	20		
桐梓县	80	1		2	223	2	29		3
绥阳县	47	1	1	1	172	6	36		
正安县	14	1		1	207	1	11	2	2
道真仡佬族苗族自治县	37			1	138	1	22	1	1
务川仡佬族苗族自治县	9			1	251		15		4
凤冈县	14			1	178	2	14		1
湄潭县	15	1	1		139	2	36	2	1
余庆县	5			3	72	1	13	1	
习水县	32		2	2	246	12	103	3	9
赤水市	5				20		3	1	2
仁怀市	2				51	3	20	1	
安顺市	**197**	**1**	**4**	**9**	**498**	**7**	**82**	**5**	**17**
西秀区	8			2	55	3	10	1	6
平坝区	117				49	3	20		3
普定县	43			1	170		14	1	3
镇宁布依族苗族自治县	14		3	1	93		10		3
关岭布依族苗族自治县	6	1		1	42		18	3	1
紫云苗族布依族自治县	9		1	4	89	1	10		1
毕节市	**420**	**5**	**14**	**18**	**1733**	**42**	**316**	**16**	**11**
七星关区	10		1		38		7		
大方县	26	1	1	2	270	4	33	2	
黔西县	48			2	213	8	28	2	1
金沙县	96	2		6	159	2	84	2	6
织金县	26		8	3	284	3	18		
纳雍县	28	1	3	3	231	5	15	1	
威宁彝族回族苗族自治县	167	1	1	2	449	19	107	6	3
赫章县	19				89	1	24	3	1

4–6b 续表 53

单位：人

地区 性别	生产制造及有关人员								不便分类的其他从业人员
	计算机、通信和其他电子设备制造人员	仪器仪表制造人员	废弃资源综合利用人员	电力、热力、气体、水生产和输配人员	建筑施工人员	运输设备和通用工程机械操作人员及有关人员	生产辅助人员	其他生产制造及有关人员	
铜仁市	**135**	**3**	**10**	**5**	**1342**	**19**	**151**	**13**	**74**
碧江区					5		1		
万山区									
江口县	7	2	1		48	4	8		3
玉屏侗族自治县	25		1	2	71	2	34	2	2
石阡县	4				175	2	8	2	19
思南县	12				229	4	14		2
印江土家族苗族自治县	17		1	1	111	4	20	1	20
德江县	18	1	4		290		35		9
沿河土家族自治县	18			1	235	2	10	4	13
松桃苗族自治县	34		3	1	178	1	21	4	6
黔西南布依族苗族自治州	**155**		**12**	**12**	**912**	**5**	**94**	**5**	**54**
兴义市	16		2	1	101	1	12		33
兴仁市	9		1		41		9		
普安县	7			5	80		2		3
晴隆县	12		3	3	144		13	3	7
贞丰县	28		1	1	133	1	19		1
望谟县	36		1		139	1	5	1	1
册亨县	20		2		63		5	1	2
安龙县	27		2	2	211	2	29		7
黔东南苗族侗族自治州	**206**	**3**	**2**	**16**	**1256**	**8**	**140**	**24**	**18**
凯里市	6				29		10		2
黄平县	9				79	1	3	5	2
施秉县	7			2	40		2		
三穗县	11			1	39	2	10		2
镇远县	20	1		5	97	1	19	1	1
岑巩县	27			1	114		6	3	10
天柱县	24			2	98	1	16	5	1
锦屏县	15		2		57		3	5	
剑河县	3				60	1	12		
台江县	5			1	68		10	2	
黎平县	10	2		1	195	1	11	1	
榕江县	16			1	104		10	1	
从江县	28			1	61		6		
雷山县	4				57		5		
麻江县	3			1	28		8	1	
丹寨县	18				130	1	9		
黔南布依族苗族自治州	**188**		**9**	**6**	**1435**	**30**	**262**	**25**	**56**
都匀市					47				
福泉市	7			3	28	3	12	1	
荔波县	11		2		51		12		2
贵定县	10		1		87	3	51	1	11
瓮安县	30			1	292	5	31		1
独山县	48				78	2	22	1	20
平塘县	6		1		74	1	8		
罗甸县	14		1	2	227	1	18	4	5
长顺县	21				88	1	12	10	2
龙里县	7				225	11	42	2	
惠水县	15		4		149	2	47	6	12
三都水族自治县	19				89	1	7		3

4–6c 各地区分性别、职业中类的就业人口(乡村)

单位：人

地区 性别	合计	党的机关、国家机关、群众团体和社会组织、企事业单位负责人						
		小计	中国共产党机关负责人	国家机关负责人	民主党派和工商联负责人	人民团体和群众团体、社会组织及其他成员组织负责人	基层群众自治组织负责人	企事业单位负责人
贵州	**708682**	**5202**	**38**	**229**	**1**	**269**	**1492**	**3173**
贵阳市	**53449**	**529**	**5**	**12**		**12**	**53**	**447**
南明区	2765	29						29
云岩区								
花溪区	7820	94	1	2		4	10	77
乌当区	4953	94	1			3	2	88
白云区	1594	19					2	17
观山湖区	3721	34	1					33
开阳县	8082	92	2	4			23	63
息烽县	6224	27					7	20
修文县	7718	65		4		4	3	54
清镇市	10572	75		2		1	6	66
六盘水市	**64372**	**437**	**1**	**20**		**37**	**60**	**319**
钟山区	2458	15					1	14
六枝特区	11162	82	1	3		8	6	64
水城县	21156	117		3		6	24	84
盘州市	29596	223		14		23	29	157
遵义市	**116539**	**765**	**3**	**19**		**24**	**111**	**608**
红花岗区	7124	26				1	1	24
汇川区	5409	25				2	1	22
播州区	16338	123		3		2	11	107
桐梓县	10916	91	1	4		2	16	68
绥阳县	8030	50		4		1	19	26
正安县	9848	87		1		2	14	70
道真仡佬族苗族自治县	4172	21		2			4	15
务川仡佬族苗族自治县	5000	26					4	22
凤冈县	7059	37		1		1	7	28
湄潭县	8330	49				3	3	43
余庆县	5718	21					1	20
习水县	11604	99	2	4		6	13	74
赤水市	5426	37				1	12	24
仁怀市	11565	73				3	5	65
安顺市	**53125**	**393**	**1**	**18**		**39**	**97**	**238**
西秀区	14693	131		8		17	14	92
平坝区	7186	61		4		8	6	43
普定县	9926	32		4		4	10	14
镇宁布依族苗族自治县	8403	57				5	25	27
关岭布依族苗族自治县	6950	61				3	25	33
紫云苗族布依族自治县	5967	51	1	2		2	17	29
毕节市	**142960**	**947**	**5**	**42**	**1**	**38**	**416**	**445**
七星关区	17320	133				4	50	79
大方县	17388	158		7	1	4	94	52
黔西县	14178	99	1	4		8	30	56
金沙县	10267	50		1		6	4	39
织金县	16479	128	2	14		1	48	63
纳雍县	14260	126	1	6		1	67	51
威宁彝族回族苗族自治县	35521	122		5		8	58	51
赫章县	17547	131	1	5		6	65	54

4-6c 续表 1 单位：人

地　区 性　别	合计	党的机关、国家机关、群众团体和社会组织、企事业单位负责人						
		小计	中国共产党机关负责人	国家机关负责人	民主党派和工商联负责人	人民团体和群众团体、社会组织及其他成员组织负责人	基层群众自治组织负责人	企事业单位负责人
铜仁市	**62767**	**505**	**5**	**33**		**46**	**187**	**234**
碧江区	2761	33		1		9	6	17
万山区	3193	52	3	4		8	13	24
江口县	3958	33	1	3		4	1	24
玉屏侗族自治县	2799	22				1	1	20
石阡县	8592	34		6			19	9
思南县	10227	72	1	2		8	20	41
印江土家族苗族自治县	5296	62		10		5	26	21
德江县	7883	52				4	30	18
沿河土家族自治县	8668	62		6		2	33	21
松桃苗族自治县	9390	83		1		5	38	39
黔西南布依族苗族自治州	**68216**	**441**	**2**	**24**		**25**	**111**	**279**
兴义市	15535	126	1	6		5	16	98
兴仁市	10966	53		1		4	16	32
普安县	6878	31	1	2		1	9	18
晴隆县	5953	39		4		1	12	22
贞丰县	8256	78		3		5	13	57
望谟县	5541	36		6		4	8	18
册亨县	5298	31				4	17	10
安龙县	9789	47		2		1	20	24
黔东南苗族侗族自治州	**75620**	**729**	**14**	**44**		**27**	**343**	**301**
凯里市	7265	72		5		1	29	37
黄平县	5615	34				2	17	15
施秉县	3598	32		8		1	6	17
三穗县	3408	62		1		4	19	38
镇远县	3179	20					12	8
岑巩县	3218	32				1	12	19
天柱县	5576	8					7	1
锦屏县	2897	47	6	2			24	15
剑河县	3814	57	5				20	32
台江县	2930	27		3		2	1	21
黎平县	8402	107		14		2	54	37
榕江县	6899	76		5			51	20
从江县	7849	76		3		10	52	11
雷山县	3017	18	3				10	5
麻江县	3756	32					12	20
丹寨县	4197	29		3		4	17	5
黔南布依族苗族自治州	**71634**	**456**	**2**	**17**		**21**	**114**	**302**
都匀市	9292	50		3		8	7	32
福泉市	6842	56	1	1		4	9	41
荔波县	4204	34	1	1			12	20
贵定县	5548	36		2		3	9	22
瓮安县	5678	25					5	20
独山县	5587	17		1		2		14
平塘县	6400	56		5		1	5	45
罗甸县	4693	31		3			16	12
长顺县	3978	37		1		1	4	31
龙里县	4084	31					6	25
惠水县	7636	43				2	18	23
三都水族自治县	7692	40					23	17

4-6c　续表 2

单位：人

地　区 性　别	合计	党的机关、国家机关、群众团体和社会组织、企事业单位负责人						
		小计	中国共产党机关负责人	国家机关负责人	民主党派和工商联负责人	人民团体和群众团体、社会组织及其他成员组织负责人	基层群众自治组织负责人	企事业单位负责人
男	**422696**	**4254**	**34**	**202**	**1**	**192**	**1337**	**2488**
贵　州	**422696**	**4254**	**34**	**202**	**1**	**192**	**1337**	**2488**
贵阳市	**32970**	**404**	**4**	**9**		**9**	**49**	**333**
南明区	1738	21						21
云岩区								
花溪区	4927	73		1		3	9	60
乌当区	3019	66	1			1	2	62
白云区	988	16					1	15
观山湖区	2371	21	1					20
开阳县	4845	77	2	3			22	50
息烽县	3635	20					7	13
修文县	4754	51		3		4	3	41
清镇市	6693	59		2		1	5	51
六盘水市	**39005**	**343**	**1**	**16**		**18**	**54**	**254**
钟山区	1532	13						13
六枝特区	6728	62	1	3		5	5	48
水城县	12902	102		2		4	23	73
盘州市	17843	166		11		9	26	120
遵义市	**68496**	**619**	**2**	**15**		**17**	**101**	**484**
红花岗区	4247	23				1	1	21
汇川区	3301	21				1	1	19
播州区	9619	98		2		1	10	85
桐梓县	6528	71	1	2		1	16	51
绥阳县	4575	42		4		1	18	19
正安县	5592	68		1		2	13	52
道真仡佬族苗族自治县	2434	19		2			3	14
务川仡佬族苗族自治县	2911	23					4	19
凤冈县	3986	26		1			7	18
湄潭县	4577	39				3	3	33
余庆县	3116	19					1	18
习水县	7147	78	1	3		3	10	61
赤水市	3164	31				1	10	20
仁怀市	7299	61				3	4	54
安顺市	**31597**	**306**	**1**	**16**		**25**	**91**	**173**
西秀区	8557	92		8		9	12	63
平坝区	4294	41		3		5	5	28
普定县	5946	31		4		4	10	13
镇宁布依族苗族自治县	4926	49				2	25	22
关岭布依族苗族自治县	4227	55				3	23	29
紫云苗族布依族自治县	3647	38	1	1		2	16	18
毕节市	**85079**	**788**	**4**	**38**	**1**	**35**	**352**	**358**
七星关区	10465	111				4	44	63
大方县	10509	120		6	1	3	68	42
黔西县	8771	84	1	3		6	24	50
金沙县	6587	39		1		6	3	29
织金县	9939	107	1	12		1	43	50
纳雍县	8415	108	1	6		1	58	42
威宁彝族回族苗族自治县	20233	107		5		8	55	39
赫章县	10160	112	1	5		6	57	43

4-6c 续表 3

单位：人

地区 性别	合计	党的机关、国家机关、群众团体和社会组织、企事业单位负责人						
		小计	中国共产党机关负责人	国家机关负责人	民主党派和工商联负责人	人民团体和群众团体、社会组织及其他成员组织负责人	基层群众自治组织负责人	企事业单位负责人
铜仁市	**37755**	**437**	**5**	**30**		**32**	**177**	**193**
碧江区	1757	28		1		6	6	15
万山区	2000	41	3	3		5	12	18
江口县	2518	28	1	3		3	1	20
玉屏侗族自治县	1764	17				1	1	15
石阡县	4926	32		6			18	8
思南县	5783	64	1	2		8	17	36
印江土家族苗族自治县	3265	53		9		3	25	16
德江县	4504	49				3	30	16
沿河土家族自治县	5019	55		5			32	18
松桃苗族自治县	6219	70		1		3	35	31
黔西南布依族苗族自治州	**38904**	**353**	**2**	**23**		**18**	**102**	**208**
兴义市	8989	99	1	6		4	16	72
兴仁市	6113	42		1		3	14	24
普安县	3993	26	1	2			9	14
晴隆县	3483	33		4		1	11	17
贞丰县	4546	62		3		3	13	43
望谟县	3244	34		6		4	7	17
册亨县	2943	25				2	15	8
安龙县	5593	32		1		1	17	13
黔东南苗族侗族自治州	**46152**	**630**	**14**	**40**		**23**	**311**	**242**
凯里市	4559	60		5		1	24	30
黄平县	3328	27				2	13	12
施秉县	2070	24		7			5	12
三穗县	2098	46		1		3	16	26
镇远县	2044	16					10	6
岑巩县	1997	26				1	11	14
天柱县	3401	8					7	1
锦屏县	1841	42	6	1			22	13
剑河县	2324	47	5				19	23
台江县	1778	23		3		2	1	17
黎平县	5103	94		13			48	33
榕江县	4274	69		4			47	18
从江县	4862	72		3		10	50	9
雷山县	1898	18	3				10	5
麻江县	2154	29					11	18
丹寨县	2421	29		3		4	17	5
黔南布依族苗族自治州	**42738**	**374**	**1**	**15**		**15**	**100**	**243**
都匀市	5500	44		2		5	6	31
福泉市	4264	46		1		4	7	34
荔波县	2584	26	1				10	15
贵定县	3283	27		2		2	8	15
瓮安县	3538	23					5	18
独山县	3299	12		1		1		10
平塘县	3613	44		5			5	34
罗甸县	2750	26		3			15	8
长顺县	2436	28		1		1	3	23
龙里县	2655	25					5	20
惠水县	4564	41				2	17	22
三都水族自治县	4252	32					19	13

4-6c 续表 4

单位：人

地区 性别	合计	党的机关、国家机关、群众团体和社会组织、企事业单位负责人						
		小计	中国共产党机关负责人	国家机关负责人	民主党派和工商联负责人	人民团体和群众团体、社会组织及其他成员组织负责人	基层群众自治组织负责人	企事业单位负责人
女	**285986**	**948**	**4**	**27**		**77**	**155**	**685**
贵　州	**285986**	**948**	**4**	**27**		**77**	**155**	**685**
贵阳市	**20479**	**125**	**1**	**3**		**3**	**4**	**114**
南明区	1027	8						8
云岩区								
花溪区	2893	21	1	1		1	1	17
乌当区	1934	28				2		26
白云区	606	3					1	2
观山湖区	1350	13						13
开阳县	3237	15		1			1	13
息烽县	2589	7						7
修文县	2964	14		1				13
清镇市	3879	16					1	15
六盘水市	**25367**	**94**		**4**		**19**	**6**	**65**
钟山区	926	2					1	1
六枝特区	4434	20				3	1	16
水城县	8254	15		1		2	1	11
盘州市	11753	57		3		14	3	37
遵义市	**48043**	**146**	**1**	**4**		**7**	**10**	**124**
红花岗区	2877	3						3
汇川区	2108	4				1		3
播州区	6719	25		1		1	1	22
桐梓县	4388	20		2		1		17
绥阳县	3455	8					1	7
正安县	4256	19					1	18
道真仡佬族苗族自治县	1738	2					1	1
务川仡佬族苗族自治县	2089	3						3
凤冈县	3073	11				1		10
湄潭县	3753	10						10
余庆县	2602	2						2
习水县	4457	21	1	1		3	3	13
赤水市	2262	6					2	4
仁怀市	4266	12					1	11
安顺市	**21528**	**87**		**2**		**14**	**6**	**65**
西秀区	6136	39				8	2	29
平坝区	2892	20		1		3	1	15
普定县	3980	1						1
镇宁布依族苗族自治县	3477	8				3		5
关岭布依族苗族自治县	2723	6					2	4
紫云苗族布依族自治县	2320	13		1			1	11
毕节市	**57881**	**159**	**1**	**4**		**3**	**64**	**87**
七星关区	6855	22					6	16
大方县	6879	38		1		1	26	10
黔西县	5407	15		1		2	6	6
金沙县	3680	11					1	10
织金县	6540	21	1	2			5	13
纳雍县	5845	18					9	9
威宁彝族回族苗族自治县	15288	15					3	12
赫章县	7387	19					8	11

4-6c 续表 5 单位：人

地区 性别	合计	党的机关、国家机关、群众团体和社会组织、企事业单位负责人						
		小计	中国共产党机关负责人	国家机关负责人	民主党派和工商联负责人	人民团体和群众团体、社会组织及其他成员组织负责人	基层群众自治组织负责人	企事业单位负责人
铜仁市	**25012**	**68**		**3**		**14**	**10**	**41**
碧江区	1004	5				3		2
万山区	1193	11		1		3	1	6
江口县	1440	5				1		4
玉屏侗族自治县	1035	5						5
石阡县	3666	2					1	1
思南县	4444	8					3	5
印江土家族苗族自治县	2031	9		1		2	1	5
德江县	3379	3				1		2
沿河土家族自治县	3649	7		1		2	1	3
松桃苗族自治县	3171	13				2	3	8
黔西南布依族苗族自治州	**29312**	**88**		**1**		**7**	**9**	**71**
兴义市	6546	27				1		26
兴仁市	4853	11				1	2	8
普安县	2885	5				1		4
晴隆县	2470	6					1	5
贞丰县	3710	16				2		14
望谟县	2297	2					1	1
册亨县	2355	6				2	2	2
安龙县	4196	15		1			3	11
黔东南苗族侗族自治州	**29468**	**99**		**4**		**4**	**32**	**59**
凯里市	2706	12					5	7
黄平县	2287	7					4	3
施秉县	1528	8		1		1	1	5
三穗县	1310	16				1	3	12
镇远县	1135	4					2	2
岑巩县	1221	6					1	5
天柱县	2175							
锦屏县	1056	5		1			2	2
剑河县	1490	10					1	9
台江县	1152	4						4
黎平县	3299	13		1		2	6	4
榕江县	2625	7		1			4	2
从江县	2987	4					2	2
雷山县	1119							
麻江县	1602	3					1	2
丹寨县	1776							
黔南布依族苗族自治州	**28896**	**82**	**1**	**2**		**6**	**14**	**59**
都匀市	3792	6		1		3	1	1
福泉市	2578	10	1				2	7
荔波县	1620	8		1			2	5
贵定县	2265	9				1	1	7
瓮安县	2140	2						2
独山县	2288	5				1		4
平塘县	2787	12				1		11
罗甸县	1943	5					1	4
长顺县	1542	9					1	8
龙里县	1429	6					1	5
惠水县	3072	2					1	1
三都水族自治县	3440	8					4	4

4-6c　续表 6　　　　单位：人

地区 性别	专业技术人员									
	小计	科学研究人员	工程技术人员	农业技术人员	飞机和船舶技术人员	卫生专业技术人员	经济和金融专业人员	法律、社会和宗教专业人员	教学人员	文学艺术、体育专业人员
贵　州	**25367**	**35**	**4896**	**552**	**10**	**5124**	**1933**	**416**	**11602**	**339**
贵阳市	**2246**	**2**	**519**	**54**	**2**	**401**	**293**	**29**	**859**	**27**
南明区	160		40	6		22	28	1	55	6
云岩区										
花溪区	393	2	103	3		50	55	4	152	3
乌当区	342		54	12	1	98	49	4	111	9
白云区	100		31	3		15	10	2	37	2
观山湖区	242		52			18	34	3	128	
开阳县	223		61	14		39	25	5	72	2
息烽县	153		37	5		31	17	2	56	1
修文县	243		52	7		53	28	4	83	2
清镇市	390		89	4	1	75	47	4	165	2
六盘水市	**2460**	**2**	**547**	**44**	**1**	**473**	**190**	**34**	**1115**	**18**
钟山区	91		39			8	7	1	33	1
六枝特区	424	1	96	9	1	69	25	5	206	3
水城县	691		133	9		142	37	11	348	7
盘州市	1254	1	279	26		254	121	17	528	7
遵义市	**3769**	**8**	**797**	**105**		**876**	**314**	**100**	**1425**	**65**
红花岗区	272	1	74	9		52	28	4	90	5
汇川区	190		60	4		36	11	6	62	7
播州区	504		106	17		112	50	12	186	10
桐梓县	296		83	8		58	13	24	100	4
绥阳县	245		30	8		71	17	2	115	
正安县	417	1	71	9		125	22	11	166	8
道真仡佬族苗族自治县	229		47	4		53	15	2	96	7
务川仡佬族苗族自治县	144		19	2		26	17	1	77	
凤冈县	157		20	4		49	13	8	60	2
湄潭县	228	1	41	6		60	16		93	3
余庆县	143		27	4		33	17	1	61	
习水县	391	2	82	9		95	25	14	144	13
赤水市	153		53	6		37	19	2	30	2
仁怀市	400	3	84	15		69	51	13	145	4
安顺市	**1740**	**3**	**374**	**29**	**2**	**330**	**178**	**20**	**768**	**8**
西秀区	537	1	116	9	1	88	63	2	253	1
平坝区	300		59	9	1	49	36	2	136	1
普定县	274	2	59	2		63	27	4	106	5
镇宁布依族苗族自治县	182		49	3		39	16	5	68	
关岭布依族苗族自治县	232		51	3		46	19	4	103	1
紫云苗族布依族自治县	215		40	3		45	17	3	102	
毕节市	**4970**	**9**	**786**	**93**	**3**	**1049**	**228**	**102**	**2554**	**39**
七星关区	592	3	116	18		127	34	24	257	8
大方县	655	2	71	10	2	136	32	22	373	5
黔西县	469		102	7		123	21	7	200	5
金沙县	396		101	10		105	32	10	130	2
织金县	462	1	86	6		108	21	1	230	4
纳雍县	648	1	91	9	1	144	17	18	357	7
威宁彝族回族苗族自治县	986	1	128	19		166	33	14	550	2
赫章县	762	1	91	14		140	38	6	457	6

4－6c 续表 7 单位：人

地区 性别	专业技术人员									
	小计	科学研究人员	工程技术人员	农业技术人员	飞机和船舶技术人员	卫生专业技术人员	经济和金融专业人员	法律、社会和宗教专业人员	教学人员	文学艺术、体育专业人员
铜仁市	**2542**	**4**	**381**	**86**	**1**	**497**	**203**	**30**	**1274**	**29**
碧江区	94	1	17	1		18	13	2	40	1
万山区	154		21	3		24	7	1	92	3
江口县	186	2	29	5		26	20	3	100	
玉屏侗族自治县	100		22	3		26	17	1	29	
石阡县	272	1	40	2		79	16	2	128	1
思南县	389		59	16		80	39	3	184	4
印江土家族苗族自治县	183		35	1		32	23	2	88	2
德江县	259		42	8		65	14	6	116	4
沿河土家族自治县	389		46	21		65	14	8	223	3
松桃苗族自治县	516		70	26	1	82	40	2	274	11
黔西南布依族苗族自治州	**2478**	**4**	**431**	**61**	**1**	**421**	**143**	**42**	**1299**	**32**
兴义市	565		123	7		103	48	10	251	9
兴仁市	355		52	5		43	23	2	218	7
普安县	259		26	6	1	64	12	2	145	
晴隆县	254		35	6		37	8	13	145	7
贞丰县	278	2	50	18		50	13	4	137	1
望谟县	252		36	5		38	8	1	157	2
册亨县	170	1	20	2		30	9	8	97	
安龙县	345	1	89	12		56	22	2	149	6
黔东南苗族侗族自治州	**2848**	**2**	**460**	**44**		**658**	**207**	**21**	**1352**	**69**
凯里市	170		37	1		29	14	1	76	8
黄平县	129		26	5		19	10	1	63	2
施秉县	92	1	27	1		13	9		38	1
三穗县	106		8			38	12	3	44	1
镇远县	96		18	2		23	10		40	
岑巩县	148		15	2		30	5		95	
天柱县	216		23	2		68	8	1	111	
锦屏县	162		26	4		44	17	3	63	1
剑河县	139		18	1		48	11	2	56	1
台江县	129		20	3		25	3	1	74	2
黎平县	553	1	90	9		137	54	4	251	4
榕江县	226		19	4		55	15		133	
从江县	300		61	4		56	15	2	139	20
雷山县	153		35			23	5	1	65	23
麻江县	122		26	2		23	7	1	61	1
丹寨县	107		11	4		27	12	1	43	5
黔南布依族苗族自治州	**2314**	**1**	**601**	**36**		**419**	**177**	**38**	**956**	**52**
都匀市	336		109	2		48	22	6	135	9
福泉市	242		111	2		42	23	1	47	4
荔波县	143		49	3		22	14		47	8
贵定县	159		60	2		24	10	1	59	
瓮安县	123		28	5		32	16	1	38	2
独山县	167		42	3		28	18	6	66	4
平塘县	244	1	43	2		52	6	8	125	5
罗甸县	165		26	5		42	7	3	79	2
长顺县	133		24			25	21	3	58	2
龙里县	150		42	4		22	17	1	58	4
惠水县	221		37	5		36	11	4	117	5
三都水族自治县	231		30	3		46	12	4	127	7

4-6c　续表 8　　　　单位：人

地区 性别	专业技术人员 小计	科学研究人员	工程技术人员	农业技术人员	飞机和船舶技术人员	卫生专业技术人员	经济和金融专业人员	法律、社会和宗教专业人员	教学人员	文学艺术、体育专业人员
男	**13966**	**18**	**4358**	**438**	**9**	**2057**	**814**	**290**	**5479**	**206**
贵　州	**13966**	**18**	**4358**	**438**	**9**	**2057**	**814**	**290**	**5479**	**206**
贵阳市	**1043**	**1**	**453**	**36**	**1**	**114**	**78**	**15**	**300**	**10**
南明区	61		34	1		6	6		10	4
云岩区										
花溪区	182	1	84	3		10	12	2	55	1
乌当区	161		51	8		29	17	3	50	1
白云区	45		28	2		3	3	1	7	1
观山湖区	94		45			3	12	2	28	
开阳县	118		52	11		14	8	3	27	
息烽县	80		33	5		11	6	1	22	1
修文县	117		48	3		15	4	1	36	1
清镇市	185		78	3	1	23	10	2	65	1
六盘水市	**1308**		**491**	**35**	**1**	**167**	**86**	**21**	**473**	**13**
钟山区	59		36			2	4	1	14	1
六枝特区	221		86	7	1	23	19	3	74	1
水城县	379		123	8		51	16	7	165	7
盘州市	649		246	20		91	47	10	220	4
遵义市	**2175**	**4**	**724**	**88**		**437**	**131**	**81**	**616**	**40**
红花岗区	147	1	65	6		25	7	2	32	2
汇川区	112		55	4		9	6	5	24	6
播州区	277		98	14		48	18	8	74	8
桐梓县	192		73	6		36	7	20	45	3
绥阳县	123		28	6		32	6	1	50	
正安县	255		66	8		68	11	10	89	2
道真仡佬族苗族自治县	128		39	4		25	8	2	42	5
务川仡佬族苗族自治县	78		18	2		12	8	1	36	
凤冈县	86		20	4		26	6	6	22	1
湄潭县	125	1	38	5		28	5		40	1
余庆县	75		26	4		19	5	1	20	
习水县	235	1	75	8		48	11	14	64	10
赤水市	88		46	4		17	8	1	9	
仁怀市	254	1	77	13		44	25	10	69	2
安顺市	**917**	**1**	**328**	**26**	**2**	**100**	**75**	**13**	**351**	**5**
西秀区	262		99	8	1	26	29	1	97	1
平坝区	149		57	8	1	9	12	2	55	
普定县	145	1	51	2		19	15	2	48	3
镇宁布依族苗族自治县	110		42	3		15	6	5	38	
关岭布依族苗族自治县	132		42	2		12	9	2	60	1
紫云苗族布依族自治县	119		37	3		19	4	1	53	
毕节市	**2871**	**5**	**703**	**76**	**3**	**451**	**125**	**72**	**1345**	**26**
七星关区	351	1	107	16		58	21	19	121	6
大方县	339	1	61	7	2	51	12	13	187	4
黔西县	291		98	5		62	10	5	106	3
金沙县	256		95	10		57	18	4	69	
织金县	268	1	78	5		43	10	1	124	3
纳雍县	377	1	74	7	1	60	12	14	198	7
威宁彝族回族苗族自治县	574	1	115	13		66	20	12	299	1
赫章县	415		75	13		54	22	4	241	2

4-6c 续表 9 单位：人

地区 性别	专业技术人员									
	小计	科学研究人员	工程技术人员	农业技术人员	飞机和船舶技术人员	卫生专业技术人员	经济和金融专业人员	法律、社会和宗教专业人员	教学人员	文学艺术、体育专业人员
铜仁市	**1435**	**4**	**340**	**67**	**1**	**211**	**105**	**23**	**643**	**19**
碧江区	45	1	14	1		7	4	1	16	1
万山区	82		20	3		12	2	1	41	1
江口县	113	2	27	5		11	9	3	56	
玉屏侗族自治县	50		19	2		11	6		11	
石阡县	155	1	39	1		35	8	2	66	1
思南县	202		47	9		31	25	3	82	3
印江土家族苗族自治县	98		31			15	11	2	39	
德江县	152		36	7		34	9	4	55	4
沿河土家族自治县	230		40	21		23	8	6	124	3
松桃苗族自治县	308		67	18	1	32	23	1	153	6
黔西南布依族苗族自治州	**1374**	**1**	**375**	**39**	**1**	**152**	**65**	**30**	**653**	**21**
兴义市	299		106	5		40	21	7	102	6
兴仁市	217		49	4		18	12	2	124	5
普安县	129		25	1	1	13	6	2	79	
晴隆县	145		29	5		13	3	11	78	3
贞丰县	154		46	10		21	5	1	67	1
望谟县	146		27	3		17	4	1	88	2
册亨县	80		17	1		11	5	5	38	
安龙县	204	1	76	10		19	9	1	77	4
黔东南苗族侗族自治州	**1563**	**2**	**414**	**40**		**276**	**84**	**12**	**667**	**45**
凯里市	101		34	1		10	2		45	7
黄平县	71		21	4		10	5	1	26	2
施秉县	52	1	26	1		2	4		17	
三穗县	43		8			12	2	1	19	1
镇远县	49		15	1		8	5		18	
岑巩县	70		12	1		12			44	
天柱县	121		21	2		30	2		63	
锦屏县	86		22	4		18	8	2	27	1
剑河县	66		15	1		20	2	1	26	
台江县	77		17	2		9	2		46	1
黎平县	303	1	80	9		59	24	3	123	3
榕江县	116		17	4		24	7		64	
从江县	193		61	4		31	7	1	75	13
雷山县	95		34			11	5	1	30	13
麻江县	64		22	2		8	2	1	28	1
丹寨县	56		9	4		12	7	1	16	3
黔南布依族苗族自治州	**1280**		**530**	**31**		**149**	**65**	**23**	**431**	**27**
都匀市	189		101	1		11	8	2	57	6
福泉市	150		94	1		14	10		19	4
荔波县	81		42	3		10	5		17	4
贵定县	89		51	1		11	4		20	
瓮安县	68		28	5		15	5		13	1
独山县	86		39	3		9	6	4	25	
平塘县	112		38	2		12	1	5	51	1
罗甸县	96		22	4		16	2	3	47	2
长顺县	80		19			16	8	2	34	1
龙里县	81		37	4		6	5	1	25	1
惠水县	122		33	4		12	3	4	58	3
三都水族自治县	126		26	3		17	8	2	65	4

4-6c　续表 10　　　　单位：人

地区 性别	专业技术人员 小计	科学研究人员	工程技术人员	农业技术人员	飞机和船舶技术人员	卫生专业技术人员	经济和金融专业人员	法律、社会和宗教专业人员	教学人员	文学艺术、体育专业人员
女	**11401**	**17**	**538**	**114**	**1**	**3067**	**1119**	**126**	**6123**	**133**
贵　州	**11401**	**17**	**538**	**114**	**1**	**3067**	**1119**	**126**	**6123**	**133**
贵阳市	**1203**	**1**	**66**	**18**	**1**	**287**	**215**	**14**	**559**	**17**
南明区	99		6	5		16	22	1	45	2
云岩区										
花溪区	211	1	19			40	43	2	97	2
乌当区	181		3	4	1	69	32	1	61	8
白云区	55		3	1		12	7	1	30	1
观山湖区	148		7			15	22	1	100	
开阳县	105		9	3		25	17	2	45	2
息烽县	73		4			20	11	1	34	
修文县	126		4	4		38	24	3	47	1
清镇市	205		11	1		52	37	2	100	1
六盘水市	**1152**	**2**	**56**	**9**		**306**	**104**	**13**	**642**	**5**
钟山区	32		3			6	3		19	
六枝特区	203	1	10	2		46	6	2	132	2
水城县	312		10	1		91	21	4	183	
盘州市	605	1	33	6		163	74	7	308	3
遵义市	**1594**	**4**	**73**	**17**		**439**	**183**	**19**	**809**	**25**
红花岗区	125		9	3		27	21	2	58	3
汇川区	78		5			27	5	1	38	1
播州区	227		8	3		64	32	4	112	2
桐梓县	104		10	2		22	6	4	55	1
绥阳县	122		2	2		39	11	1	65	
正安县	162	1	5	1		57	11	1	77	6
道真仡佬族苗族自治县	101		8			28	7		54	2
务川仡佬族苗族自治县	66		1			14	9		41	
凤冈县	71					23	7	2	38	1
湄潭县	103		3	1		32	11		53	2
余庆县	68		1			14	12		41	
习水县	156	1	7	1		47	14		80	3
赤水市	65		7	2		20	11	1	21	2
仁怀市	146	2	7	2		25	26	3	76	2
安顺市	**823**	**2**	**46**	**3**		**230**	**103**	**7**	**417**	**3**
西秀区	275	1	17	1		62	34	1	156	
平坝区	151		2	1		40	24		81	1
普定县	129	1	8			44	12	2	58	2
镇宁布依族苗族自治县	72		7			24	10		30	
关岭布依族苗族自治县	100		9	1		34	10	2	43	
紫云苗族布依族自治县	96		3			26	13	2	49	
毕节市	**2099**	**4**	**83**	**17**		**598**	**103**	**30**	**1209**	**13**
七星关区	241	2	9	2		69	13	5	136	2
大方县	316	1	10	3		85	20	9	186	1
黔西县	178		4	2		61	11	2	94	2
金沙县	140		6			48	14	6	61	2
织金县	194		8	1		65	11		106	1
纳雍县	271		17	2		84	5	4	159	
威宁彝族回族苗族自治县	412		13	6		100	13	2	251	1
赫章县	347	1	16	1		86	16	2	216	4

4-6c 续表 11 单位：人

地区 性别	专业技术人员 小计	科学研究人员	工程技术人员	农业技术人员	飞机和船舶技术人员	卫生专业技术人员	经济和金融专业人员	法律、社会和宗教专业人员	教学人员	文学艺术、体育专业人员
铜仁市	**1107**		**41**	**19**		**286**	**98**	**7**	**631**	**10**
碧江区	49		3			11	9	1	24	
万山区	72		1			12	5		51	2
江口县	73		2			15	11		44	
玉屏侗族自治县	50		3	1		15	11	1	18	
石阡县	117		1	1		44	8		62	
思南县	187		12	7		49	14		102	1
印江土家族苗族自治县	85		4	1		17	12		49	2
德江县	107		6	1		31	5	2	61	
沿河土家族自治县	159		6			42	6	2	99	
松桃苗族自治县	208		3	8		50	17	1	121	5
黔西南布依族苗族自治州	**1104**	**3**	**56**	**22**		**269**	**78**	**12**	**646**	**11**
兴义市	266		17	2		63	27	3	149	3
兴仁市	138		3	1		25	11		94	2
普安县	130		1	5		51	6		66	
晴隆县	109		6	1		24	5	2	67	4
贞丰县	124	2	4	8		29	8	3	70	
望谟县	106		9	2		21	4		69	
册亨县	90	1	3	1		19	4	3	59	
安龙县	141		13	2		37	13	1	72	2
黔东南苗族侗族自治州	**1285**		**46**	**4**		**382**	**123**	**9**	**685**	**24**
凯里市	69		3			19	12	1	31	1
黄平县	58		5	1		9	5		37	
施秉县	40		1			11	5		21	1
三穗县	63					26	10	2	25	
镇远县	47		3	1		15	5		22	
岑巩县	78		3	1		18	5		51	
天柱县	95		2			38	6	1	48	
锦屏县	76		4			26	9	1	36	
剑河县	73		3			28	9	1	30	1
台江县	52		3	1		16	1	1	28	1
黎平县	250		10			78	30	1	128	1
榕江县	110		2			31	8		69	
从江县	107					25	8	1	64	7
雷山县	58		1			12			35	10
麻江县	58		4			15	5		33	
丹寨县	51		2			15	5		27	2
黔南布依族苗族自治州	**1034**	**1**	**71**	**5**		**270**	**112**	**15**	**525**	**25**
都匀市	147		8	1		37	14	4	78	3
福泉市	92		17	1		28	13	1	28	
荔波县	62		7			12	9		30	4
贵定县	70		9	1		13	6	1	39	
瓮安县	55					17	11	1	25	1
独山县	81		3			19	12	2	41	4
平塘县	132	1	5			40	5	3	74	4
罗甸县	69		4	1		26	5		32	
长顺县	53		5			9	13	1	24	1
龙里县	69		5			16	12		33	3
惠水县	99		4	1		24	8		59	2
三都水族自治县	105		4			29	4	2	62	3

4-6c　续表 12

单位：人

地　区 性　别	专业技术人员		办事人员和有关人员				社会生产服务和生活服务人员		
	新闻出版、文化专业人员	其他专业技术人员	小计	办事人员	安全和消防人员	其他办事人员和有关人员	小计	批发与零售服务人员	交通运输、仓储和邮政业服务人员
贵　州	**217**	**243**	**19055**	**13379**	**5118**	**558**	**132994**	**43729**	**29862**
贵阳市	**19**	**41**	**2381**	**1554**	**787**	**40**	**15548**	**4479**	**3951**
南明区	2		202	151	43	8	1278	398	390
云岩区									
花溪区	3	18	446	257	180	9	3136	882	737
乌当区	3	1	364	219	137	8	1927	492	479
白云区			105	73	32		548	139	152
观山湖区	3	4	301	185	115	1	1650	541	412
开阳县	5		182	135	46	1	1142	381	298
息烽县	1	3	185	127	58		1068	282	278
修文县	1	13	223	151	61	11	1800	527	469
清镇市	1	2	373	256	115	2	2999	837	736
六盘水市	**21**	**15**	**2188**	**1658**	**467**	**63**	**12801**	**4011**	**3366**
钟山区	2		82	43	38	1	604	126	147
六枝特区	4	5	300	206	73	21	2247	804	598
水城县	2	2	642	487	132	23	4108	1252	934
盘州市	13	8	1164	922	224	18	5842	1829	1687
遵义市	**39**	**40**	**2808**	**2065**	**695**	**48**	**21071**	**7491**	**4803**
红花岗区	3	6	262	170	85	7	1781	644	344
汇川区	3	1	128	88	39	1	1098	319	252
播州区	3	8	393	248	128	17	3519	1220	916
桐梓县	6		228	176	52		1932	667	502
绥阳县	1	1	65	56	9		1476	506	315
正安县	4		278	225	49	4	1432	537	278
道真仡佬族苗族自治县	5		107	84	20	3	623	257	120
务川仡佬族苗族自治县	1	1	128	115	13		572	210	135
凤冈县		1	93	71	22		860	377	178
湄潭县	1	7	181	138	43		1281	480	298
余庆县			124	93	29	2	845	282	163
习水县	3	4	340	239	95	6	2212	766	529
赤水市	1	3	152	118	29	5	917	263	182
仁怀市	8	8	329	244	82	3	2523	963	591
安顺市	**13**	**15**	**1462**	**999**	**419**	**44**	**11570**	**3997**	**2285**
西秀区	3		444	318	116	10	3713	1432	649
平坝区	1	6	275	179	93	3	1634	474	344
普定县	3	3	188	123	62	3	2137	816	464
镇宁布依族苗族自治县	1	1	150	83	60	7	1182	395	253
关岭布依族苗族自治县	2	3	212	146	57	9	1332	463	217
紫云苗族布依族自治县	3	2	193	150	31	12	1572	417	358
毕节市	**52**	**55**	**3122**	**2216**	**855**	**51**	**22250**	**7175**	**4859**
七星关区	2	3	472	304	158	10	3166	1077	690
大方县	2		441	308	122	11	3127	1034	596
黔西县	1	3	352	241	107	4	2430	785	477
金沙县	5	1	359	252	105	2	1949	607	480
织金县		5	344	251	87	6	2908	771	791
纳雍县	3		294	205	85	4	2487	841	441
威宁彝族回族苗族自治县	34	39	402	285	110	7	3031	1026	705
赫章县	5	4	458	370	81	7	3152	1034	679

4-6c 续表 13 单位：人

地区 性别	专业技术人员		办事人员和有关人员				社会生产服务和生活服务人员		
	新闻出版、文化专业人员	其他专业技术人员	小计	办事人员	安全和消防人员	其他办事人员和有关人员	小计	批发与零售服务人员	交通运输、仓储和邮政业服务人员
铜仁市	**18**	**19**	**1708**	**1253**	**418**	**37**	**11201**	**3696**	**2190**
碧江区	1		114	70	42	2	739	175	159
万山区	2	1	134	94	35	5	730	249	118
江口县	1		125	91	30	4	840	326	130
玉屏侗族自治县		2	118	81	34	3	701	204	179
石阡县	3		210	173	37		1152	409	178
思南县	2	2	228	175	49	4	1414	483	273
印江土家族苗族自治县			107	81	26		1047	384	193
德江县	3	1	195	148	46	1	1375	468	368
沿河土家族自治县		9	241	187	43	11	1498	418	259
松桃苗族自治县	6	4	236	153	76	7	1705	580	333
黔西南布依族苗族自治州	**22**	**22**	**1676**	**1145**	**489**	**42**	**11423**	**3754**	**2448**
兴义市	9	5	416	237	172	7	3323	1112	803
兴仁市	3	2	172	106	63	3	1325	471	320
普安县	3		168	121	46	1	906	298	204
晴隆县	1	2	203	151	45	7	1060	282	196
贞丰县	1	2	154	111	39	4	1182	399	251
望谟县	1	4	214	174	32	8	1181	295	199
册亨县		3	156	109	37	10	910	311	144
安龙县	4	4	193	136	55	2	1536	586	331
黔东南苗族侗族自治州	**23**	**12**	**1994**	**1332**	**488**	**174**	**14118**	**4774**	**2838**
凯里市	4		213	128	57	28	1621	519	384
黄平县		3	162	83	30	49	784	260	168
施秉县		2	54	39	15		419	148	83
三穗县			92	62	25	5	757	272	155
镇远县	1	2	93	63	19	11	499	173	108
岑巩县		1	75	55	20		601	211	112
天柱县	2	1	123	87	26	10	1198	417	256
锦屏县	3	1	96	71	20	5	630	210	148
剑河县	1	1	91	55	24	12	762	261	184
台江县	1		114	86	23	5	520	199	82
黎平县	3		267	215	50	2	1580	619	323
榕江县			162	101	48	13	1422	437	249
从江县	3		212	150	45	17	1553	501	227
雷山县	1		89	34	43	12	490	138	100
麻江县		1	77	52	22	3	518	180	127
丹寨县	4		74	51	21	2	764	229	132
黔南布依族苗族自治州	**10**	**24**	**1716**	**1157**	**500**	**59**	**13012**	**4352**	**3122**
都匀市	1	4	258	157	94	7	2191	696	531
福泉市	2	10	172	99	37	36	1325	356	391
荔波县			108	74	32	2	998	268	204
贵定县	1	2	100	59	40	1	716	236	160
瓮安县		1	107	67	40		1027	372	264
独山县			119	99	20		1076	405	261
平塘县	1	1	175	133	42		977	403	195
罗甸县	1		120	91	27	2	645	196	136
长顺县			104	82	22		877	283	174
龙里县		2	176	115	58	3	952	244	295
惠水县	2	4	164	105	53	6	1326	481	308
三都水族自治县	2		113	76	35	2	902	412	203

4-6c 续表 14

单位：人

地区 性别	专业技术人员		办事人员和有关人员				社会生产服务和生活服务人员		
	新闻出版、文化专业人员	其他专业技术人员	小计	办事人员	安全和消防人员	其他办事人员和有关人员	小计	批发与零售服务人员	交通运输、仓储和邮政业服务人员
男	**108**	**189**	**14021**	**9027**	**4592**	**402**	**76109**	**20844**	**26280**
贵　州	**108**	**189**	**14021**	**9027**	**4592**	**402**	**76109**	**20844**	**26280**
贵阳市	**5**	**30**	**1686**	**933**	**727**	**26**	**9055**	**2149**	**3556**
南明区			146	97	43	6	750	175	338
云岩区									
花溪区	1	13	334	158	170	6	1767	422	671
乌当区	1	1	249	121	123	5	1063	215	432
白云区			67	37	30		300	67	137
观山湖区		4	225	117	107	1	950	250	352
开阳县	3		117	81	36		698	191	274
息烽县		1	131	78	53		627	141	249
修文县		9	151	86	58	7	1099	265	430
清镇市		2	266	158	107	1	1801	423	673
六盘水市	**10**	**11**	**1470**	**1017**	**412**	**41**	**7248**	**1908**	**2873**
钟山区	1		67	31	35	1	337	57	138
六枝特区	3	4	217	140	64	13	1315	393	521
水城县	2		484	349	118	17	2310	628	768
盘州市	4	7	702	497	195	10	3286	830	1446
遵义市	**18**	**36**	**2081**	**1411**	**638**	**32**	**12263**	**3636**	**4316**
红花岗区	1	6	185	105	75	5	999	308	313
汇川区	2	1	99	63	36		662	154	238
播州区	2	7	280	148	119	13	2071	593	822
桐梓县	2		184	134	50		1126	313	439
绥阳县			44	35	9		839	233	283
正安县	1		208	166	40	2	757	233	246
道真仡佬族苗族自治县	3		77	59	16	2	332	113	107
务川仡佬族苗族自治县		1	100	87	13		335	106	114
凤冈县		1	74	54	20		520	183	162
湄潭县		7	134	96	38		734	227	260
余庆县			81	54	26	1	461	129	149
习水县	1	3	264	172	88	4	1300	348	477
赤水市		3	94	64	27	3	509	107	160
仁怀市	6	7	257	174	81	2	1618	589	546
安顺市	**6**	**10**	**1065**	**633**	**397**	**35**	**6591**	**1964**	**1968**
西秀区			308	191	110	7	2056	709	555
平坝区	1	4	192	100	89	3	925	234	310
普定县	2	2	143	81	59	3	1231	391	409
镇宁布依族苗族自治县		1	117	57	55	5	677	188	214
关岭布依族苗族自治县	1	3	157	96	54	7	774	241	190
紫云苗族布依族自治县	2		148	108	30	10	928	201	290
毕节市	**28**	**37**	**2353**	**1603**	**713**	**37**	**13198**	**3590**	**4288**
七星关区	1	1	352	213	133	6	1934	588	627
大方县	1		316	215	93	8	1843	546	539
黔西县		2	246	160	83	3	1522	403	443
金沙县	3		278	191	86	1	1187	288	423
织金县		3	264	181	78	5	1746	367	675
纳雍县	3		216	148	65	3	1410	433	383
威宁彝族回族苗族自治县	19	28	322	214	102	6	1770	508	594
赫章县	1	3	359	281	73	5	1786	457	604

4−6c 续表 15 单位：人

地区 性别	专业技术人员		办事人员和有关人员				社会生产服务和生活服务人员		
	新闻出版、文化专业人员	其他专业技术人员	小计	办事人员	安全和消防人员	其他办事人员和有关人员	小计	批发与零售服务人员	交通运输、仓储和邮政业服务人员
铜仁市	**9**	**13**	**1314**	**926**	**363**	**25**	**5970**	**1615**	**1906**
碧江区			79	39	39	1	402	73	143
万山区	1	1	96	60	33	3	404	122	106
江口县			99	69	27	3	447	146	119
玉屏侗族自治县		1	84	53	28	3	380	86	148
石阡县	2		158	128	30		576	173	159
思南县	1	1	166	126	38	2	773	207	237
印江土家族苗族自治县			94	68	26		580	176	176
德江县	2	1	156	118	37	1	749	199	299
沿河土家族自治县		5	195	155	32	8	746	180	216
松桃苗族自治县	3	4	187	110	73	4	913	253	303
黔西南布依族苗族自治州	**15**	**22**	**1286**	**822**	**434**	**30**	**6307**	**1752**	**2104**
兴义市	7	5	297	147	146	4	1850	501	703
兴仁市	1	2	137	78	57	2	738	208	270
普安县	2		119	80	38	1	524	150	184
晴隆县	1	2	164	118	40	6	551	127	152
贞丰县	1	2	123	84	36	3	662	204	207
望谟县		4	178	140	31	7	650	148	169
册亨县		3	119	78	35	6	474	135	123
安龙县	3	4	149	97	51	1	858	279	296
黔东南苗族侗族自治州	**14**	**9**	**1462**	**880**	**454**	**128**	**8002**	**2214**	**2518**
凯里市	2		162	92	53	17	951	251	347
黄平县		2	115	50	30	35	433	117	140
施秉县		1	42	28	14		224	64	73
三穗县			67	39	23	5	421	131	132
镇远县		2	66	41	16	9	302	80	93
岑巩县		1	53	37	16		330	96	98
天柱县	2	1	88	58	24	6	665	184	234
锦屏县	3	1	73	49	19	5	349	102	125
剑河县		1	72	38	24	10	429	122	163
台江县			76	52	22	2	271	86	71
黎平县	1		177	131	45	1	898	288	284
榕江县			126	73	43	10	813	198	234
从江县	1		164	104	43	17	881	249	194
雷山县	1		72	22	42	8	271	65	92
麻江县			50	30	19	1	317	81	115
丹寨县	4		59	36	21	2	447	100	123
黔南布依族苗族自治州	**3**	**21**	**1304**	**802**	**454**	**48**	**7475**	**2016**	**2751**
都匀市		3	203	108	88	7	1235	320	453
福泉市		8	124	64	32	28	817	161	355
荔波县			76	45	29	2	539	116	187
贵定县		2	81	43	37	1	371	98	147
瓮安县		1	84	48	36		600	162	235
独山县			91	73	18		622	195	226
平塘县	1	1	136	100	36		525	172	172
罗甸县			94	67	26	1	396	105	123
长顺县			73	53	20		498	141	159
龙里县		2	122	71	49	2	553	106	243
惠水县	1	4	130	74	51	5	798	245	274
三都水族自治县	1		90	56	32	2	521	195	177

4-6c　续表 16　　　　单位：人

地　区 性　别	专业技术人员		办事人员和有关人员				社会生产服务和生活服务人员		
	新闻出版、文化专业人员	其他专业技术人员	小计	办事人员	安全和消防人员	其他办事人员和有关人员	小计	批发与零售服务人员	交通运输、仓储和邮政业服务人员
女	**109**	**54**	**5034**	**4352**	**526**	**156**	**56885**	**22885**	**3582**
贵　州	**109**	**54**	**5034**	**4352**	**526**	**156**	**56885**	**22885**	**3582**
贵阳市	**14**	**11**	**695**	**621**	**60**	**14**	**6493**	**2330**	**395**
南明区	2		56	54		2	528	223	52
云岩区									
花溪区	2	5	112	99	10	3	1369	460	66
乌当区	2		115	98	14	3	864	277	47
白云区			38	36	2		248	72	15
观山湖区	3		76	68	8		700	291	60
开阳县	2		65	54	10	1	444	190	24
息烽县	1	2	54	49	5		441	141	29
修文县	1	4	72	65	3	4	701	262	39
清镇市	1		107	98	8	1	1198	414	63
六盘水市	**11**	**4**	**718**	**641**	**55**	**22**	**5553**	**2103**	**493**
钟山区	1		15	12	3		267	69	9
六枝特区	1	1	83	66	9	8	932	411	77
水城县		2	158	138	14	6	1798	624	166
盘州市	9	1	462	425	29	8	2556	999	241
遵义市	**21**	**4**	**727**	**654**	**57**	**16**	**8808**	**3855**	**487**
红花岗区	2		77	65	10	2	782	336	31
汇川区	1		29	25	3	1	436	165	14
播州区	1	1	113	100	9	4	1448	627	94
桐梓县	4		44	42	2		806	354	63
绥阳县	1	1	21	21			637	273	32
正安县	3		70	59	9	2	675	304	32
道真仡佬族苗族自治县	2		30	25	4	1	291	144	13
务川仡佬族苗族自治县	1		28	28			237	104	21
凤冈县			19	17	2		340	194	16
湄潭县	1		47	42	5		547	253	38
余庆县			43	39	3	1	384	153	14
习水县	2	1	76	67	7	2	912	418	52
赤水市	1		58	54	2	2	408	156	22
仁怀市	2	1	72	70	1	1	905	374	45
安顺市	**7**	**5**	**397**	**366**	**22**	**9**	**4979**	**2033**	**317**
西秀区	3		136	127	6	3	1657	723	94
平坝区		2	83	79	4		709	240	34
普定县	1	1	45	42	3		906	425	55
镇宁布依族苗族自治县	1		33	26	5	2	505	207	39
关岭布依族苗族自治县	1		55	50	3	2	558	222	27
紫云苗族布依族自治县	1	2	45	42	1	2	644	216	68
毕节市	**24**	**18**	**769**	**613**	**142**	**14**	**9052**	**3585**	**571**
七星关区	1	2	120	91	25	4	1232	489	63
大方县	1		125	93	29	3	1284	488	57
黔西县	1	1	106	81	24	1	908	382	34
金沙县	2	1	81	61	19	1	762	319	57
织金县		2	80	70	9	1	1162	404	116
纳雍县			78	57	20	1	1077	408	58
威宁彝族回族苗族自治县	15	11	80	71	8	1	1261	518	111
赫章县	4	1	99	89	8	2	1366	577	75

4-6c 续表 17　　　　单位：人

地区 性别	专业技术人员		办事人员和有关人员				社会生产服务和生活服务人员		
	新闻出版、文化专业人员	其他专业技术人员	小计	办事人员	安全和消防人员	其他办事人员和有关人员	小计	批发与零售服务人员	交通运输、仓储和邮政业服务人员
铜仁市	**9**	**6**	**394**	**327**	**55**	**12**	**5231**	**2081**	**284**
碧江区	1		35	31	3	1	337	102	16
万山区	1		38	34	2	2	326	127	12
江口县	1		26	22	3	1	393	180	11
玉屏侗族自治县		1	34	28	6		321	118	31
石阡县	1		52	45	7		576	236	19
思南县	1	1	62	49	11	2	641	276	36
印江土家族苗族自治县			13	13			467	208	17
德江县	1		39	30	9		626	269	69
沿河土家族自治县		4	46	32	11	3	752	238	43
松桃苗族自治县	3		49	43	3	3	792	327	30
黔西南布依族苗族自治州	**7**		**390**	**323**	**55**	**12**	**5116**	**2002**	**344**
兴义市	2		119	90	26	3	1473	611	100
兴仁市	2		35	28	6	1	587	263	50
普安县	1		49	41	8		382	148	20
晴隆县			39	33	5	1	509	155	44
贞丰县			31	27	3	1	520	195	44
望谟县	1		36	34	1	1	531	147	30
册亨县			37	31	2	4	436	176	21
安龙县	1		44	39	4	1	678	307	35
黔东南苗族侗族自治州	**9**	**3**	**532**	**452**	**34**	**46**	**6116**	**2560**	**320**
凯里市	2		51	36	4	11	670	268	37
黄平县		1	47	33		14	351	143	28
施秉县		1	12	11	1		195	84	10
三穗县			25	23	2		336	141	23
镇远县	1		27	22	3	2	197	93	15
岑巩县			22	18	4		271	115	14
天柱县			35	29	2	4	533	233	22
锦屏县			23	22	1		281	108	23
剑河县	1		19	17		2	333	139	21
台江县	1		38	34	1	3	249	113	11
黎平县	2		90	84	5	1	682	331	39
榕江县			36	28	5	3	609	239	15
从江县	2		48	46	2		672	252	33
雷山县			17	12	1	4	219	73	8
麻江县		1	27	22	3	2	201	99	12
丹寨县			15	15			317	129	9
黔南布依族苗族自治州	**7**	**3**	**412**	**355**	**46**	**11**	**5537**	**2336**	**371**
都匀市	1	1	55	49	6		956	376	78
福泉市	2	2	48	35	5	8	508	195	36
荔波县			32	29	3		459	152	17
贵定县	1		19	16	3		345	138	13
瓮安县			23	19	4		427	210	29
独山县			28	26	2		454	210	35
平塘县			39	33	6		452	231	23
罗甸县	1		26	24	1	1	249	91	13
长顺县			31	29	2		379	142	15
龙里县			54	44	9	1	399	138	52
惠水县	1		34	31	2	1	528	236	34
三都水族自治县	1		23	20	3		381	217	26

4-6c　续表 18　　　　单位：人

地　区 性　别	社会生产服务和生活服务人员								
	住宿和餐饮服务人员	信息传输、软件和信息技术服务人员	金融服务人员	房地产服务人员	租赁和商务服务人员	技术辅助服务人员	水利、环境和公共设施管理服务人员	居民服务人员	电力、燃气及水供应服务人员
贵　州	**22199**	**1034**	**863**	**768**	**2282**	**1337**	**14599**	**7826**	**1762**
贵阳市	**2700**	**168**	**90**	**153**	**495**	**164**	**1482**	**968**	**150**
南明区	193	6	10	18	50	11	93	63	2
云岩区									
花溪区	581	28	13	32	137	25	371	168	25
乌当区	303	18	16	35	53	19	247	157	11
白云区	90	10		2	23	9	68	22	1
观山湖区	204	59	15	21	67	14	200	55	15
开阳县	189	15	8	9	18	12	71	69	19
息烽县	197	7	10	7	20	11	121	66	8
修文县	326	11	9	4	76	19	128	112	20
清镇市	617	14	9	25	51	44	183	256	49
六盘水市	**2195**	**87**	**62**	**43**	**217**	**133**	**1274**	**669**	**192**
钟山区	138	5	6	2	7	7	102	35	9
六枝特区	378	15	10	3	34	24	129	117	27
水城县	662	27	9	8	88	41	620	190	80
盘州市	1017	40	37	30	88	61	423	327	76
遵义市	**3535**	**168**	**164**	**181**	**358**	**226**	**1446**	**1324**	**261**
红花岗区	299	13	18	6	31	16	181	121	23
汇川区	195	26	7	21	26	12	62	85	20
播州区	495	21	24	13	45	46	256	238	26
桐梓县	314	12	7	28	28	16	128	108	15
绥阳县	251	13	18	12	44	15	82	96	21
正安县	252	14	8	19	25	13	99	97	26
道真仡佬族苗族自治县	99	3	7	1	10	8	40	37	10
务川仡佬族苗族自治县	93	3	7		5	4	54	29	2
凤冈县	125	6	6	4	10	7	34	50	10
湄潭县	226	12	7	8	11	26	61	71	8
余庆县	163	7	15	5	20	12	72	53	7
习水县	387	21	14	41	37	19	127	135	45
赤水市	205	10	9	10	23	15	80	64	16
仁怀市	431	7	17	13	43	17	170	140	32
安顺市	**2070**	**84**	**69**	**57**	**189**	**113**	**1271**	**747**	**154**
西秀区	734	23	19	16	75	26	265	252	39
平坝区	364	16	14	6	32	31	142	104	31
普定县	387	12	12	17	22	26	114	145	23
镇宁布依族苗族自治县	212	14	11	7	25	18	90	79	16
关岭布依族苗族自治县	211	12	4	4	19	9	226	98	14
紫云苗族布依族自治县	162	7	9	7	16	3	434	69	31
毕节市	**3583**	**119**	**133**	**95**	**336**	**182**	**3105**	**1295**	**263**
七星关区	487	25	19	16	34	23	461	141	36
大方县	545	15	27	13	48	22	477	185	28
黔西县	355	19	4	10	40	24	321	236	25
金沙县	330	6	13	5	59	13	214	90	25
织金县	401	7	14	22	35	29	498	190	23
纳雍县	389	13	22	2	31	24	409	147	20
威宁彝族回族苗族自治县	612	15	15	9	46	28	205	175	55
赫章县	464	19	19	18	43	19	520	131	51

4-6c 续表 19 单位：人

地区 性别	社会生产服务和生活服务人员								
	住宿和餐饮服务人员	信息传输、软件和信息技术服务人员	金融服务人员	房地产服务人员	租赁和商务服务人员	技术辅助服务人员	水利、环境和公共设施管理服务人员	居民服务人员	电力、燃气及水供应服务人员
铜仁市	**2074**	**90**	**81**	**62**	**147**	**100**	**1187**	**826**	**156**
碧江区	169	6	6	11	13	11	112	37	8
万山区	154	6	5	3	19	5	52	67	13
江口县	180	6	3	2	22	13	52	43	7
玉屏侗族自治县	105	6	3	1	13	6	102	31	9
石阡县	242	14	13	6	13	14	55	109	20
思南县	284	10	9	12	17	13	121	87	19
印江土家族苗族自治县	167	13	16	5	15	7	63	125	13
德江县	212	8	14	2	7	10	109	86	17
沿河土家族自治县	218	13	7	10	11	8	373	105	26
松桃苗族自治县	343	8	5	10	17	13	148	136	24
黔西南布依族苗族自治州	**1754**	**82**	**82**	**50**	**131**	**98**	**1506**	**662**	**181**
兴义市	593	33	31	21	36	42	253	152	50
兴仁市	219	9	4	4	10	7	64	93	24
普安县	139	7	11	3	18	9	89	39	20
晴隆县	130	5	12	1	12	3	275	77	23
贞丰县	177	7	2	5	18	9	158	67	18
望谟县	101	5	7	3	3	4	408	95	8
册亨县	129	5	8	6	17	6	174	61	12
安龙县	266	11	7	7	17	18	85	78	26
黔东南苗族侗族自治州	**2229**	**126**	**99**	**61**	**198**	**188**	**1919**	**642**	**252**
凯里市	293	17	7	8	43	30	184	68	5
黄平县	127	10	4	5	10	8	76	52	7
施秉县	73	2	5	3	7	2	30	34	10
三穗县	112	3	1	1	12	6	108	44	5
镇远县	76	5	6		5	11	57	16	12
岑巩县	94	2	5	2	2	5	88	39	8
天柱县	184	17	12	9	19	13	129	75	14
锦屏县	105	6	8	2	7	5	72	22	13
剑河县	104	4	6	2	18	6	88	32	5
台江县	79	3	5	2	5	6	72	21	6
黎平县	235	6	23	6	16	29	143	66	9
榕江县	223	11	7	3	10	41	241	44	66
从江县	201	19	2	12	19	15	335	56	66
雷山县	126	3	2	2	12	5	48	23	6
麻江县	75	9	1	1	6	4	56	17	16
丹寨县	122	9	5	3	7	2	192	33	4
黔南布依族苗族自治州	**2059**	**110**	**83**	**66**	**211**	**133**	**1409**	**693**	**153**
都匀市	311	24	14	8	22	22	244	179	36
福泉市	205	7	7	10	48	15	103	84	14
荔波县	283	5	2	3	23	10	109	41	18
贵定县	150	3	3	4	11	6	64	35	5
瓮安县	151	12	4	3	10	14	80	44	9
独山县	139	12	9	8	28	8	99	35	10
平塘县	146	16	8	3	4	12	107	33	13
罗甸县	68	10	5	6	12	7	126	35	13
长顺县	135	5	4	6	15	11	177	31	8
龙里县	145	2	10	6	17	12	128	61	9
惠水县	226	9	4	8	9	7	102	75	13
三都水族自治县	100	5	13	1	12	9	70	40	5

4-6c　续表 20　　　　单位：人

地　　区 性　　别	社会生产服务和生活服务人员								
	住宿和餐饮服务人员	信息传输、软件和信息技术服务人员	金融服务人员	房地产服务人员	租赁和商务服务人员	技术辅助服务人员	水利、环境和公共设施管理服务人员	居民服务人员	电力、燃气及水供应服务人员
男	**7722**	**773**	**494**	**471**	**1802**	**982**	**6254**	**3419**	**1544**
贵　州	**7722**	**773**	**494**	**471**	**1802**	**982**	**6254**	**3419**	**1544**
贵阳市	**966**	**106**	**43**	**83**	**415**	**127**	**477**	**377**	**138**
南明区	81	5	4	10	43	8	30	17	2
云岩区									
花溪区	212	14	3	17	125	23	88	58	23
乌当区	102	13	9	17	42	16	63	75	10
白云区	22	8		1	19	3	16	3	1
观山湖区	82	30	9	11	59	11	75	17	14
开阳县	63	14	4	5	16	9	28	32	17
息烽县	61	6	5	3	16	9	51	27	8
修文县	122	9	3	3	54	16	48	46	19
清镇市	221	7	6	16	41	32	78	102	44
六盘水市	**762**	**66**	**36**	**30**	**167**	**97**	**386**	**304**	**168**
钟山区	47	3	5	2	6	6	25	22	9
六枝特区	131	11	5	1	26	15	43	52	24
水城县	221	20	6	5	79	30	220	91	75
盘州市	363	32	20	22	56	46	98	139	60
遵义市	**1173**	**137**	**91**	**119**	**275**	**164**	**617**	**582**	**234**
红花岗区	103	8	11	5	28	11	61	61	21
汇川区	64	21	2	12	19	11	31	29	16
播州区	163	18	13	7	30	33	100	83	25
桐梓县	107	9	5	20	22	13	46	52	14
绥阳县	71	10	11	9	33	8	43	41	19
正安县	82	13	3	11	17	7	41	32	19
道真仡佬族苗族自治县	23	3	2	1	8	6	16	20	10
务川仡佬族苗族自治县	22	3	6		5	3	32	16	2
凤冈县	45	5	4	3	10	7	19	27	10
湄潭县	74	10	4	6	11	21	25	26	8
余庆县	48	6	7	3	13	9	33	24	6
习水县	138	18	10	28	26	12	61	70	39
赤水市	88	7	3	6	17	9	35	26	14
仁怀市	145	6	10	8	36	14	74	75	31
安顺市	**829**	**67**	**39**	**33**	**153**	**71**	**543**	**347**	**131**
西秀区	299	17	9	7	60	12	89	119	31
平坝区	136	14	9	4	26	23	40	36	28
普定县	161	10	7	10	17	16	45	62	19
镇宁布依族苗族自治县	84	14	5	5	17	10	38	37	14
关岭布依族苗族自治县	93	9	4	4	18	7	96	57	11
紫云苗族布依族自治县	56	3	5	3	15	3	235	36	28
毕节市	**1308**	**86**	**81**	**68**	**262**	**139**	**1552**	**676**	**231**
七星关区	173	17	12	10	27	14	221	72	34
大方县	206	11	16	10	33	15	227	106	23
黔西县	144	15	1	9	30	20	182	139	22
金沙县	134	5	7	3	49	12	116	41	21
织金县	142	7	12	15	26	25	240	106	21
纳雍县	143	10	14	2	22	16	192	76	18
威宁彝族回族苗族自治县	195	10	9	8	40	21	136	75	48
赫章县	171	11	10	11	35	16	238	61	44

4-6c 续表 21

单位：人

地 区 性 别	社会生产服务和生活服务人员								
	住宿和餐饮服务人 员	信息传输、软件和信息技术服务人 员	金融服务人 员	房地产服务人员	租赁和商务服务人 员	技术辅助服务人员	水利、环境和公共设施管理服务人员	居民服务人 员	电力、燃气及水供应服务人 员
铜仁市	**614**	**75**	**42**	**42**	**104**	**70**	**543**	**338**	**130**
碧江区	58	4	2	4	11	9	39	22	7
万山区	49	4	4	2	15	5	22	37	8
江口县	59	4	2	1	14	8	29	17	4
玉屏侗族自治县	28	6	2	1	11	3	42	12	9
石阡县	68	13	9	5	8	7	22	31	16
思南县	91	9	5	11	13	11	66	35	16
印江土家族苗族自治县	57	10	9	2	11	5	26	54	13
德江县	52	6	5	1	4	8	57	42	13
沿河土家族自治县	48	11	4	5	9	7	164	38	22
松桃苗族自治县	104	8		10	8	7	76	50	22
黔西南布依族苗族自治州	**567**	**61**	**49**	**24**	**99**	**74**	**622**	**270**	**154**
兴义市	193	25	17	9	26	34	82	57	41
兴仁市	72	7	1	2	8	4	22	49	21
普安县	42	5	6	1	12	4	34	18	16
晴隆县	33	5	9	1	8	3	116	41	19
贞丰县	60	3	1	3	14	8	63	30	14
望谟县	42	4	6	2	3	2	189	37	7
册亨县	46	3	3	3	15	5	82	19	11
安龙县	79	9	6	3	13	14	34	19	25
黔东南苗族侗族自治州	**786**	**95**	**63**	**32**	**155**	**141**	**898**	**247**	**216**
凯里市	110	13	4	4	38	25	68	31	5
黄平县	43	7	4	3	10	3	32	24	5
施秉县	22	2	2	1	6	1	12	12	9
三穗县	36	2	1	1	11	4	47	21	5
镇远县	32	4	3		5	10	30	9	11
岑巩县	22	1	3	1	2	4	44	22	8
天柱县	62	11	7	5	16	10	59	20	14
锦屏县	31	2	6	1	6	3	26	9	10
剑河县	31	3	5	1	9	4	38	11	4
台江县	27	3	4		4	5	32	5	6
黎平县	82	6	12	3	12	25	73	17	8
榕江县	89	8	4	1	7	29	108	20	50
从江县	73	13	1	8	14	13	165	18	57
雷山县	51	3	2	1	5	3	16	9	4
麻江县	26	9	1		5	1	33	7	16
丹寨县	49	8	4	2	5	1	115	12	4
黔南布依族苗族自治州	**717**	**80**	**50**	**40**	**172**	**99**	**616**	**278**	**142**
都匀市	122	20	8	5	16	17	92	66	34
福泉市	75	4	4	6	37	11	45	34	14
荔波县	109	3	2	3	17	9	40	11	17
贵定县	39	1	2	1	10	1	23	13	4
瓮安县	54	11	1	3	8	11	33	15	9
独山县	41	6	8	3	26	6	41	11	8
平塘县	50	14	4	3	3	7	43	16	11
罗甸县	21	5	3	4	10	6	66	16	13
长顺县	36	4	3	4	12	11	85	12	7
龙里县	47	2	3	5	14	8	68	28	9
惠水县	87	7	2	3	9	5	47	35	11
三都水族自治县	36	3	10		10	7	33	21	5

4-6c　续表 22　　　　单位：人

地　区 性　别	社会生产服务和生活服务人员								
	住宿和餐饮服务人员	信息传输、软件和信息技术服务人员	金融服务人员	房地产服务人员	租赁和商务服务人员	技术辅助服务人员	水利、环境和公共设施管理服务人员	居民服务人员	电力、燃气及水供应服务人员
女	**14477**	**261**	**369**	**297**	**480**	**355**	**8345**	**4407**	**218**
贵　州	**14477**	**261**	**369**	**297**	**480**	**355**	**8345**	**4407**	**218**
贵阳市	**1734**	**62**	**47**	**70**	**80**	**37**	**1005**	**591**	**12**
南明区	112	1	6	8	7	3	63	46	
云岩区									
花溪区	369	14	10	15	12	2	283	110	2
乌当区	201	5	7	18	11	3	184	82	1
白云区	68	2		1	4	6	52	19	
观山湖区	122	29	6	10	8	3	125	38	1
开阳县	126	1	4	4	2	3	43	37	2
息烽县	136	1	5	4	4	2	70	39	
修文县	204	2	6	1	22	3	80	66	1
清镇市	396	7	3	9	10	12	105	154	5
六盘水市	**1433**	**21**	**26**	**13**	**50**	**36**	**888**	**365**	**24**
钟山区	91	2	1		1	1	77	13	
六枝特区	247	4	5	2	8	9	86	65	3
水城县	441	7	3	3	9	11	400	99	5
盘州市	654	8	17	8	32	15	325	188	16
遵义市	**2362**	**31**	**73**	**62**	**83**	**62**	**829**	**742**	**27**
红花岗区	196	5	7	1	3	5	120	60	2
汇川区	131	5	5	9	7	1	31	56	4
播州区	332	3	11	6	15	13	156	155	1
桐梓县	207	3	2	8	6	3	82	56	1
绥阳县	180	3	7	3	11	7	39	55	2
正安县	170	1	5	8	8	6	58	65	7
道真仡佬族苗族自治县	76		5		2	2	24	17	
务川仡佬族苗族自治县	71		1			1	22	13	
凤冈县	80	1	2	1			15	23	
湄潭县	152	2	3	2		5	36	45	
余庆县	115	1	8	2	7	3	39	29	1
习水县	249	3	4	13	11	7	66	65	6
赤水市	117	3	6	4	6	6	45	38	2
仁怀市	286	1	7	5	7	3	96	65	1
安顺市	**1241**	**17**	**30**	**24**	**36**	**42**	**728**	**400**	**23**
西秀区	435	6	10	9	15	14	176	133	8
平坝区	228	2	5	2	6	8	102	68	3
普定县	226	2	5	7	5	10	69	83	4
镇宁布依族苗族自治县	128		6	2	8	8	52	42	2
关岭布依族苗族自治县	118	3			1	2	130	41	3
紫云苗族布依族自治县	106	4	4	4	1		199	33	3
毕节市	**2275**	**33**	**52**	**27**	**74**	**43**	**1553**	**619**	**32**
七星关区	314	8	7	6	7	9	240	69	2
大方县	339	4	11	3	15	7	250	79	5
黔西县	211	4	3	1	10	4	139	97	3
金沙县	196	1	6	2	10	1	98	49	4
织金县	259		2	7	9	4	258	84	2
纳雍县	246	3	8		9	8	217	71	2
威宁彝族回族苗族自治县	417	5	6	1	6	7	69	100	7
赫章县	293	8	9	7	8	3	282	70	7

4-6c 续表 23 单位：人

地区 性别	社会生产服务和生活服务人员								
	住宿和餐饮服务人员	信息传输、软件和信息技术服务人员	金融服务人员	房地产服务人员	租赁和商务服务人员	技术辅助服务人员	水利、环境和公共设施管理服务人员	居民服务人员	电力、燃气及水供应服务人员
铜仁市	**1460**	**15**	**39**	**20**	**43**	**30**	**644**	**488**	**26**
碧江区	111	2	4	7	2	2	73	15	1
万山区	105	2	1	1	4		30	30	5
江口县	121	2	1	1	8	5	23	26	3
玉屏侗族自治县	77		1		2	3	60	19	
石阡县	174	1	4	1	5	7	33	78	4
思南县	193	1	4	1	4	2	55	52	3
印江土家族苗族自治县	110	3	7	3	4	2	37	71	
德江县	160	2	9	1	3	2	52	44	4
沿河土家族自治县	170	2	3	5	2	1	209	67	4
松桃苗族自治县	239		5		9	6	72	86	2
黔西南布依族苗族自治州	**1187**	**21**	**33**	**26**	**32**	**24**	**884**	**392**	**27**
兴义市	400	8	14	12	10	8	171	95	9
兴仁市	147	2	3	2	2	3	42	44	3
普安县	97	2	5	2	6	5	55	21	4
晴隆县	97		3		4		159	36	4
贞丰县	117	4	1	2	4	1	95	37	4
望谟县	59	1	1	1		2	219	58	1
册亨县	83	2	5	3	2	1	92	42	1
安龙县	187	2	1	4	4	4	51	59	1
黔东南苗族侗族自治州	**1443**	**31**	**36**	**29**	**43**	**47**	**1021**	**395**	**36**
凯里市	183	4	3	4	5	5	116	37	
黄平县	84	3		2		5	44	28	2
施秉县	51		3	2	1	1	18	22	1
三穗县	76	1			1	2	61	23	
镇远县	44	1	3			1	27	7	1
岑巩县	72	1	2	1		1	44	17	
天柱县	122	6	5	4	3	3	70	55	
锦屏县	74	4	2	1	1	2	46	13	3
剑河县	73	1	1	1	9	2	50	21	1
台江县	52		1	2	1	1	40	16	
黎平县	153		11	3	4	4	70	49	1
榕江县	134	3	3	2	3	12	133	24	16
从江县	128	6	1	4	5	2	170	38	9
雷山县	75			1	7	2	32	14	2
麻江县	49			1	1	3	23	10	
丹寨县	73	1	1	1	2	1	77	21	
黔南布依族苗族自治州	**1342**	**30**	**33**	**26**	**39**	**34**	**793**	**415**	**11**
都匀市	189	4	6	3	6	5	152	113	2
福泉市	130	3	3	4	11	4	58	50	
荔波县	174	2			6	1	69	30	1
贵定县	111	2	1	3	1	5	41	22	1
瓮安县	97	1	3		2	3	47	29	
独山县	98	6	1	5	2	2	58	24	2
平塘县	96	2	4		1	5	64	17	2
罗甸县	47	5	2	2	2	1	60	19	
长顺县	99	1	1	2	3		92	19	1
龙里县	98		7	1	3	4	60	33	
惠水县	139	2	2	5		2	55	40	2
三都水族自治县	64	2	3	1	2	2	37	19	

4-6c　续表 24　　　　单位：人

地　区 性　别	社会生产服务和生活服务人员				农、林、牧、渔业生产及辅助人员				
	修理及制作服务人员	文化、体育和娱乐服务人员	健康服务人员	其他社会生产和生活服务人员	小计	农业生产人员	林业生产人员	畜牧业生产人员	渔业生产人员
贵　州	**5255**	**828**	**429**	**221**	**340318**	**272632**	**9075**	**56211**	**1002**
贵阳市	**603**	**108**	**12**	**25**	**20228**	**17661**	**210**	**2186**	**100**
南明区	40	4			481	476	3	2	
云岩区									
花溪区	124	9	3	1	1639	1498	29	53	46
乌当区	60	25	2	10	1156	1034	34	81	4
白云区	25	6		1	352	309	11	29	
观山湖区	42	4		1	450	400	13	25	9
开阳县	45	8			5208	4678	16	476	13
息烽县	40	17	2	2	3562	3006	51	490	9
修文县	71	20	2	6	3481	2995	24	441	13
清镇市	156	15	3	4	3899	3265	29	589	6
六盘水市	**448**	**64**	**31**	**9**	**26480**	**19528**	**555**	**6271**	**42**
钟山区	18	2			980	878	5	96	
六枝特区	91	11	5	1	4669	3391	97	1126	14
水城县	175	11	6	5	8897	6418	243	2215	11
盘州市	164	40	20	3	11934	8841	210	2834	17
遵义市	**865**	**168**	**33**	**48**	**60767**	**48059**	**1166**	**11193**	**140**
红花岗区	48	16	1	20	3037	2604	20	386	13
汇川区	61	7	3	2	2687	2057	13	611	4
播州区	181	22	3	13	8046	6700	144	1164	15
桐梓县	91	15	1		5752	4374	146	1196	8
绥阳县	72	28	1	2	4599	3372	12	1183	8
正安县	54	7	2	1	5311	4424	36	837	8
道真仡佬族苗族自治县	26	4	1		2228	1787	23	392	6
务川仡佬族苗族自治县	24	4	1	1	2757	2120	25	582	7
凤冈县	46	6	1		4548	3793	25	710	9
湄潭县	57	10	4	2	5288	4879	43	329	5
余庆县	32	12	2		3667	3096	31	525	15
习水县	67	17	4	3	4970	3339	78	1539	9
赤水市	31	5		4	3021	2117	556	317	28
仁怀市	75	15	9		4856	3397	14	1422	5
安顺市	**441**	**54**	**21**	**18**	**23907**	**21374**	**322**	**2070**	**63**
西秀区	143	24	8	8	6500	6200	57	200	3
平坝区	65	6	4	1	3046	2871	46	119	4
普定县	86	7	3	3	4375	3822	17	526	7
镇宁布依族苗族自治县	52	6		4	4503	4237	34	196	26
关岭布依族苗族自治县	48	4	1	2	3085	2317	76	678	9
紫云苗族布依族自治县	47	7	5		2398	1927	92	351	14
毕节市	**841**	**112**	**117**	**35**	**79527**	**59819**	**1302**	**18052**	**96**
七星关区	115	22	15	5	8843	6923	120	1768	13
大方县	112	16	6	3	8733	6469	232	1986	21
黔西县	105	17	6	6	7607	5376	98	2085	14
金沙县	86	9	11	1	4718	3844	123	720	8
织金县	106	13	1	7	8407	5253	168	2951	23
纳雍县	75	10	60	3	7316	5425	238	1541	10
威宁彝族回族苗族自治县	121	7	3	9	24957	19900	146	4890	2
赫章县	121	18	15	1	8946	6629	177	2111	5

4-6c 续表 25 单位：人

地区 性别	社会生产服务和生活服务人员				农、林、牧、渔业生产及辅助人员				
	修理及制作服务人员	文化、体育和娱乐服务人员	健康服务人员	其他社会生产和生活服务人员	小计	农业生产人员	林业生产人员	畜牧业生产人员	渔业生产人员
铜仁市	**476**	**63**	**30**	**23**	**26703**	**22095**	**552**	**3791**	**109**
碧江区	25	6		1	839	733	23	71	5
万山区	28	7	1	3	1157	1011	19	118	3
江口县	40	8	3	5	1701	1497	68	110	15
玉屏侗族自治县	29	7	1	5	782	603	16	140	2
石阡县	68	7	2	2	4121	3547	42	515	11
思南县	72	6	6	2	5199	4128	82	926	17
印江土家族苗族自治县	40	2	4		2021	1803	36	164	14
德江县	62	5	6	1	4009	2979	84	913	17
沿河土家族自治县	43	3	3	1	3577	2903	110	542	10
松桃苗族自治县	69	12	4	3	3297	2891	72	292	15
黔西南布依族苗族自治州	**525**	**88**	**39**	**23**	**35046**	**27307**	**1202**	**6212**	**107**
兴义市	165	25	3	4	6987	5912	202	833	17
兴仁市	78	16	4	2	6691	5669	31	931	8
普安县	59	6	1	3	3698	2761	58	848	15
晴隆县	29	4	6	5	2420	1669	116	586	10
贞丰县	57	7	6	1	4762	3757	56	916	18
望谟县	36	8	6	3	2226	1697	207	297	8
册亨县	19	12	5	1	2765	1815	457	442	14
安龙县	82	10	8	4	5497	4027	75	1359	17
黔东南苗族侗族自治州	**547**	**96**	**119**	**30**	**33373**	**27069**	**2623**	**3338**	**178**
凯里市	53	5	2	3	2749	2462	21	251	10
黄平县	48	4	2	3	3087	2731	53	265	14
施秉县	18	2	1	1	2356	2236	27	85	6
三穗县	34	2	1	1	1312	1001	47	246	4
镇远县	22	5	3		1481	1094	109	237	6
岑巩县	27	3	3		1064	875	61	116	7
天柱县	43	7	1	2	2475	1977	170	310	12
锦屏县	27	5			945	690	131	101	17
剑河县	36	2	2	12	1640	1326	152	142	17
台江县	29	5	4	2	1017	834	91	87	5
黎平县	70	12	22	1	3650	2882	538	195	10
榕江县	37	19	33	1	2640	1839	564	205	15
从江县	37	18	42	3	3321	2405	501	372	34
雷山县	21	3	1		1360	1027	86	239	5
麻江县	22	2	1	1	2090	1863	23	191	3
丹寨县	23	2	1		2186	1827	49	296	13
黔南布依族苗族自治州	**509**	**75**	**27**	**10**	**34287**	**29720**	**1143**	**3098**	**167**
都匀市	84	12	7	1	4146	3787	47	297	6
福泉市	81	3		1	3118	2632	40	421	13
荔波县	20	8	4		1666	1205	205	238	16
贵定县	31	4	3	1	2958	2752	28	168	5
瓮安县	56	8			2679	2289	34	315	32
独山县	53	7	2		2505	2248	137	110	6
平塘县	27	4	4	2	3347	2873	147	315	3
罗甸县	24	5	1	1	2545	1835	225	436	21
长顺县	19	6	2	1	1455	1165	58	222	7
龙里县	20	3			1280	1030	31	208	8
惠水县	68	11	3	2	3702	3470	47	134	35
三都水族自治县	26	4	1	1	4886	4434	144	234	15

4-6c 续表 26

单位：人

地区 性别	社会生产服务和生活服务人员				农、林、牧、渔业生产及辅助人员				
	修理及制作服务人员	文化、体育和娱乐服务人员	健康服务人员	其他社会生产和生活服务人员	小计	农业生产人员	林业生产人员	畜牧业生产人员	渔业生产人员
男	**4621**	**512**	**231**	**160**	**170635**	**131843**	**7187**	**30070**	**746**
贵州	**4621**	**512**	**231**	**160**	**170635**	**131843**	**7187**	**30070**	**746**
贵阳市	**540**	**52**	**5**	**21**	**10647**	**9100**	**156**	**1268**	**71**
南明区	36	1			244	241	1	2	
云岩区									
花溪区	105	4	2		949	845	24	36	33
乌当区	53	7	1	8	654	568	26	56	2
白云区	19	3		1	176	149	8	16	
观山湖区	37	2		1	222	193	6	13	7
开阳县	40	5			2796	2472	14	283	10
息烽县	39	9	1	2	1747	1427	39	273	5
修文县	68	9	1	6	1811	1513	20	265	9
清镇市	143	12		3	2048	1692	18	324	5
六盘水市	**393**	**35**	**18**	**5**	**12704**	**9035**	**412**	**3177**	**31**
钟山区	16	1			497	429	4	63	
六枝特区	81	9	2	1	2291	1577	75	607	8
水城县	157	3	4	3	4411	3056	176	1164	9
盘州市	139	22	12	1	5505	3973	157	1343	14
遵义市	**771**	**94**	**17**	**37**	**29808**	**22822**	**902**	**5848**	**110**
红花岗区	43	9		17	1532	1299	13	203	9
汇川区	56	5	2	2	1352	1014	12	320	4
播州区	165	12	1	6	3853	3075	106	641	13
桐梓县	76	10			2815	2033	125	637	5
绥阳县	64	12		2	2299	1678	8	597	6
正安县	46	4	2	1	2551	2054	33	455	6
道真仡佬族苗族自治县	22	1			1084	852	18	198	4
务川仡佬族苗族自治县	21	4		1	1359	985	22	332	7
凤冈县	40	5			2238	1817	21	381	9
湄潭县	51	5	4	2	2556	2328	34	173	4
余庆县	27	5	2		1776	1491	25	248	12
习水县	59	9	2	3	2378	1529	67	773	6
赤水市	30	4		3	1556	1000	405	128	21
仁怀市	71	9	4		2459	1667	13	762	4
安顺市	**384**	**43**	**7**	**12**	**12098**	**10531**	**268**	**1198**	**46**
西秀区	126	16	2	5	3230	3043	50	108	1
平坝区	57	6	1	1	1520	1408	37	70	2
普定县	75	5	2	2	2160	1838	16	298	6
镇宁布依族苗族自治县	42	6		3	2363	2193	25	118	20
关岭布依族苗族自治县	39	3	1	1	1584	1130	58	387	6
紫云苗族布依族自治县	45	7	1		1241	919	82	217	11
毕节市	**751**	**82**	**59**	**25**	**40579**	**29547**	**1110**	**9725**	**74**
七星关区	108	16	11	4	4510	3404	107	974	11
大方县	96	10	3	2	4459	3173	182	1076	17
黔西县	95	13	2	4	4010	2738	84	1164	9
金沙县	76	6	6		2488	1967	95	411	5
织金县	91	11	1	7	4219	2481	155	1557	18
纳雍县	64	7	27	3	3727	2631	210	835	9
威宁彝族回族苗族自治县	112	6	3	5	12759	10089	120	2540	1
赫章县	109	13	6		4407	3064	157	1168	4

4-6c 续表 27 单位：人

地区 性别	社会生产服务和生活服务人员				农、林、牧、渔业生产及辅助人员				
	修理及制作服务人员	文化、体育和娱乐服务人员	健康服务人员	其他社会生产和生活服务人员	小计	农业生产人员	林业生产人员	畜牧业生产人员	渔业生产人员
铜仁市	**419**	**39**	**16**	**17**	**13208**	**10614**	**421**	**1998**	**85**
碧江区	24	5		1	489	417	19	45	3
万山区	23	4	1	2	629	538	16	69	2
江口县	36	3	1	4	954	812	60	64	14
玉屏侗族自治县	24	4	1	3	424	308	14	90	1
石阡县	59	3	1	2	1895	1599	32	250	10
思南县	65	3	3	1	2416	1906	49	428	11
印江土家族苗族自治县	39	1	1		996	862	28	92	10
德江县	52	5	5	1	1921	1358	68	470	13
沿河土家族自治县	38	2	1	1	1629	1230	81	303	8
松桃苗族自治县	59	9	2	2	1855	1584	54	187	13
黔西南布依族苗族自治州	**439**	**53**	**22**	**17**	**16976**	**12722**	**835**	**3241**	**69**
兴义市	140	18	1	3	3352	2733	134	462	12
兴仁市	62	9	2	1	3232	2686	25	485	7
普安县	46	2	1	3	1795	1277	51	445	12
晴隆县	25	4	4	4	1167	765	88	291	7
贞丰县	48	4	2	1	2248	1745	37	448	10
望谟县	32	4	4	1	1095	759	164	156	6
册亨县	16	8	4	1	1423	876	293	235	6
安龙县	70	4	4	3	2664	1881	43	719	9
黔东南苗族侗族自治州	**475**	**66**	**74**	**22**	**17399**	**13244**	**2084**	**1849**	**130**
凯里市	47	4	1	3	1411	1240	15	144	9
黄平县	40	3	1	1	1619	1403	46	154	9
施秉县	17	2		1	1235	1169	19	40	6
三穗县	29	1			701	508	40	139	4
镇远县	20	3	2		829	577	92	139	6
岑巩县	25	3	1		549	431	41	71	3
天柱县	35	5	1	2	1281	967	133	167	9
锦屏县	25	3			503	316	117	52	13
剑河县	27	1	1	9	873	646	131	85	10
台江县	24	2	1	1	516	382	72	58	4
黎平县	64	9	14	1	1990	1434	416	118	7
榕江县	32	14	19		1380	800	435	121	11
从江县	34	9	30	3	1726	1097	403	198	23
雷山县	16	3	1		714	526	67	113	5
麻江县	19	2	1	1	998	863	15	114	1
丹寨县	21	2	1		1074	885	42	136	10
黔南布依族苗族自治州	**449**	**48**	**13**	**4**	**17216**	**14228**	**999**	**1766**	**130**
都匀市	73	7	2		2050	1839	36	165	5
福泉市	69	2			1566	1287	32	232	11
荔波县	17	6	2		856	542	177	123	12
贵定县	27	1	3	1	1468	1337	24	101	5
瓮安县	52	6			1416	1170	28	190	21
独山县	47	4			1274	1070	122	74	6
平塘县	24	2	3	1	1600	1300	126	165	2
罗甸县	19	5			1315	840	198	242	17
长顺县	16	5	2	1	743	546	56	132	6
龙里县	18	2			684	530	29	116	6
惠水县	64	7	1	1	1859	1695	41	86	26
三都水族自治县	23	1			2385	2072	130	140	13

4-6c 续表 28

单位：人

地区 性别	社会生产服务和生活服务人员				农、林、牧、渔业生产及辅助人员				
	修理及制作服务人员	文化、体育和娱乐服务人员	健康服务人员	其他社会生产和生活服务人员	小计	农业生产人员	林业生产人员	畜牧业生产人员	渔业生产人员
女	**634**	**316**	**198**	**61**	**169683**	**140789**	**1888**	**26141**	**256**
贵　州	**634**	**316**	**198**	**61**	**169683**	**140789**	**1888**	**26141**	**256**
贵阳市	**63**	**56**	**7**	**4**	**9581**	**8561**	**54**	**918**	**29**
南明区	4	3			237	235	2		
云岩区									
花溪区	19	5	1	1	690	653	5	17	13
乌当区	7	18	1	2	502	466	8	25	2
白云区	6	3			176	160	3	13	
观山湖区	5	2			228	207	7	12	2
开阳县	5	3			2412	2206	2	193	3
息烽县	1	8	1		1815	1579	12	217	4
修文县	3	11	1		1670	1482	4	176	4
清镇市	13	3	3	1	1851	1573	11	265	1
六盘水市	**55**	**29**	**13**	**4**	**13776**	**10493**	**143**	**3094**	**11**
钟山区	2	1			483	449	1	33	
六枝特区	10	2	3		2378	1814	22	519	6
水城县	18	8	2	2	4486	3362	67	1051	2
盘州市	25	18	8	2	6429	4868	53	1491	3
遵义市	**94**	**74**	**16**	**11**	**30959**	**25237**	**264**	**5345**	**30**
红花岗区	5	7	1	3	1505	1305	7	183	4
汇川区	5	2	1		1335	1043	1	291	
播州区	16	10	2	7	4193	3625	38	523	2
桐梓县	15	5	1		2937	2341	21	559	3
绥阳县	8	16	1		2300	1694	4	586	2
正安县	8	3			2760	2370	3	382	2
道真仡佬族苗族自治县	4	3	1		1144	935	5	194	2
务川仡佬族苗族自治县	3		1		1398	1135	3	250	
凤冈县	6	1	1		2310	1976	4	329	
湄潭县	6	5			2732	2551	9	156	1
余庆县	5	7			1891	1605	6	277	3
习水县	8	8	2		2592	1810	11	766	3
赤水市	1	1		1	1465	1117	151	189	7
仁怀市	4	6	5		2397	1730	1	660	1
安顺市	**57**	**11**	**14**	**6**	**11809**	**10843**	**54**	**872**	**17**
西秀区	17	8	6	3	3270	3157	7	92	2
平坝区	8		3		1526	1463	9	49	2
普定县	11	2	1	1	2215	1984	1	228	1
镇宁布依族苗族自治县	10			1	2140	2044	9	78	6
关岭布依族苗族自治县	9	1		1	1501	1187	18	291	3
紫云苗族布依族自治县	2		4		1157	1008	10	134	3
毕节市	**90**	**30**	**58**	**10**	**38948**	**30272**	**192**	**8327**	**22**
七星关区	7	6	4	1	4333	3519	13	794	2
大方县	16	6	3	1	4274	3296	50	910	4
黔西县	10	4	4	2	3597	2638	14	921	5
金沙县	10	3	5	1	2230	1877	28	309	3
织金县	15	2			4188	2772	13	1394	5
纳雍县	11	3	33		3589	2794	28	706	1
威宁彝族回族苗族自治县	9	1		4	12198	9811	26	2350	1
赫章县	12	5	9	1	4539	3565	20	943	1

4-6c 续表 29

单位：人

地区 性别	社会生产服务和生活服务人员				农、林、牧、渔业生产及辅助人员				
	修理及制作服务人员	文化、体育和娱乐服务人员	健康服务人员	其他社会生产和生活服务人员	小计	农业生产人员	林业生产人员	畜牧业生产人员	渔业生产人员
铜仁市	**57**	**24**	**14**	**6**	**13495**	**11481**	**131**	**1793**	**24**
碧江区	1	1			350	316	4	26	2
万山区	5	3		1	528	473	3	49	1
江口县	4	5	2	1	747	685	8	46	1
玉屏侗族自治县	5	3		2	358	295	2	50	1
石阡县	9	4	1		2226	1948	10	265	1
思南县	7	3	3	1	2783	2222	33	498	6
印江土家族苗族自治县	1	1	3		1025	941	8	72	4
德江县	10		1		2088	1621	16	443	4
沿河土家族自治县	5	1	2		1948	1673	29	239	2
松桃苗族自治县	10	3	2	1	1442	1307	18	105	2
黔西南布依族苗族自治州	**86**	**35**	**17**	**6**	**18070**	**14585**	**367**	**2971**	**38**
兴义市	25	7	2	1	3635	3179	68	371	5
兴仁市	16	7	2	1	3459	2983	6	446	1
普安县	13	4			1903	1484	7	403	3
晴隆县	4		2	1	1253	904	28	295	3
贞丰县	9	3	4		2514	2012	19	468	8
望谟县	4	4	2	2	1131	938	43	141	2
册亨县	3	4	1		1342	939	164	207	8
安龙县	12	6	4	1	2833	2146	32	640	8
黔东南苗族侗族自治州	**72**	**30**	**45**	**8**	**15974**	**13825**	**539**	**1489**	**48**
凯里市	6	1	1		1338	1222	6	107	1
黄平县	8	1	1	2	1468	1328	7	111	5
施秉县	1		1		1121	1067	8	45	
三穗县	5	1	1	1	611	493	7	107	
镇远县	2	2	1		652	517	17	98	
岑巩县	2		2		515	444	20	45	4
天柱县	8	2			1194	1010	37	143	3
锦屏县	2	2			442	374	14	49	4
剑河县	9	1	1	3	767	680	21	57	7
台江县	5	3	3	1	501	452	19	29	1
黎平县	6	3	8		1660	1448	122	77	3
榕江县	5	5	14	1	1260	1039	129	84	4
从江县	3	9	12		1595	1308	98	174	11
雷山县	5				646	501	19	126	
麻江县	3				1092	1000	8	77	2
丹寨县	2				1112	942	7	160	3
黔南布依族苗族自治州	**60**	**27**	**14**	**6**	**17071**	**15492**	**144**	**1332**	**37**
都匀市	11	5	5	1	2096	1948	11	132	1
福泉市	12	1		1	1552	1345	8	189	2
荔波县	3	2	2		810	663	28	115	4
贵定县	4	3			1490	1415	4	67	
瓮安县	4	2			1263	1119	6	125	11
独山县	6	3	2		1231	1178	15	36	
平塘县	3	2	1	1	1747	1573	21	150	1
罗甸县	5		1	1	1230	995	27	194	4
长顺县	3	1			712	619	2	90	1
龙里县	2	1			596	500	2	92	2
惠水县	4	4	2	1	1843	1775	6	48	9
三都水族自治县	3	3	1	1	2501	2362	14	94	2

4-6c　续表 30　　　　单位：人

地　区 性　别	农林牧渔生产辅助人　员	其他农、林、牧、渔业生产加工人员	生产制造及有关人员						
			小计	农副产品加工人员	食品、饮料生产加工人员	烟草及其制品加工人员	纺织、针织、印染人员	纺织品、服装和皮革、毛皮制品加工制作人员	木材加工、家具与木制品制作人员
贵　州	**1320**	**78**	**184594**	**2746**	**3939**	**282**	**1415**	**7457**	**6193**
贵阳市	**65**	**6**	**12254**	**255**	**299**	**10**	**34**	**178**	**313**
南明区			615	9	10	4		2	22
云岩区									
花溪区	10	3	2096	25	48	2	7	26	95
乌当区	3		1064	54	26		10	11	24
白云区	3		470	14	14			4	14
观山湖区	3		928	11	14	1	1	22	36
开阳县	24	1	1235	16	36	1	3	18	32
息烽县	6		1229	24	21		5	23	13
修文县	6	2	1795	60	65		3	26	36
清镇市	10		2822	42	65	2	5	46	41
六盘水市	**79**	**5**	**19920**	**211**	**238**	**17**	**279**	**671**	**380**
钟山区	1		686	6	1		6	11	3
六枝特区	40	1	3419	62	54	3	66	144	84
水城县	9	1	6690	56	75	5	105	356	149
盘州市	29	3	9125	87	108	9	102	160	144
遵义市	**196**	**13**	**27280**	**411**	**1737**	**49**	**121**	**831**	**832**
红花岗区	8	6	1738	28	30		16	32	53
汇川区	2		1277	19	20	6	6	27	24
播州区	23		3730	57	118	7	6	90	103
桐梓县	27	1	2611	20	32	2	20	103	61
绥阳县	23	1	1594	17	26	2	10	82	54
正安县	6		2317	39	75	9	7	44	61
道真仡佬族苗族自治县	19	1	963	18	11	11	3	16	45
务川仡佬族苗族自治县	23		1372	22	16	1	1	41	26
凤冈县	9	2	1359	27	33	1	9	80	41
湄潭县	31	1	1297	56	58	9	2	43	53
余庆县			918	27	28		4	35	31
习水县	5		3580	29	303		17	129	64
赤水市	2	1	1142	19	42		2	18	158
仁怀市	18		3382	33	945	1	18	91	58
安顺市	**76**	**2**	**13933**	**271**	**215**	**5**	**222**	**818**	**471**
西秀区	40		3329	113	57	3	30	168	67
平坝区	6		1860	43	32	1	1	39	61
普定县	2	1	2891	37	37		65	183	89
镇宁布依族苗族自治县	10		2303	24	33		56	233	124
关岭布依族苗族自治县	5		2027	27	18		56	158	51
紫云苗族布依族自治县	13	1	1523	27	38	1	14	37	79
毕节市	**255**	**3**	**32090**	**611**	**609**	**75**	**258**	**1527**	**773**
七星关区	19		4112	56	66	15	31	264	125
大方县	24	1	4270	141	97	29	26	142	102
黔西县	34		3188	99	81	2	12	168	65
金沙县	23		2789	51	99	15	5	86	42
织金县	11	1	4229	82	70	3	63	217	138
纳雍县	102		3389	63	74	5	60	157	95
威宁彝族回族苗族自治县	18	1	6018	49	51	4	37	238	128
赫章县	24		4095	70	71	2	24	255	78

4-6c 续表 31　　单位：人

地　区 性　别	农林牧渔生产辅助人员	其他农、林、牧、渔业生产加工人员	生产制造及有关人员 小计	农副产品加工人员	食品、饮料生产加工人员	烟草及其制品加工人员	纺织、针织、印染人员	纺织品、服装和皮革、毛皮制品加工制作人员	木材加工、家具与木制品制作人员
铜仁市	**133**	**23**	**19827**	**243**	**247**	**40**	**95**	**844**	**623**
碧江区	7		919	4	12	3	7	97	18
万山区	6		945	15	9		7	77	12
江口县	9	2	1061	18	14	2	4	77	52
玉屏侗族自治县	7	14	1062	39	9		7	51	15
石阡县	6		2765	23	31	1	9	83	65
思南县	42	4	2900	41	32	6	14	67	131
印江土家族苗族自治县	4		1831	23	30	8	4	57	59
德江县	15	1	1974	22	40	4	5	51	92
沿河土家族自治县	12		2872	29	36	3	11	114	73
松桃苗族自治县	25	2	3498	29	34	13	27	170	106
黔西南布依族苗族自治州	**204**	**14**	**17053**	**268**	**230**	**63**	**127**	**854**	**688**
兴义市	17	6	4114	72	64	25	9	85	156
兴仁市	50	2	2362	39	32	13	24	132	89
普安县	16		1803	25	22	2	31	61	47
晴隆县	38	1	1945	23	22	14	11	179	44
贞丰县	14	1	1794	29	31	1	22	90	92
望谟县	16	1	1617	13	17	1	14	122	58
册亨县	36	1	1262	33	6		11	122	124
安龙县	17	2	2156	34	36	7	5	63	78
黔东南苗族侗族自治州	**160**	**5**	**22509**	**250**	**175**	**12**	**127**	**943**	**1439**
凯里市	2	3	2427	23	14		4	54	53
黄平县	24		1413	19	13		5	54	35
施秉县	2		645	5	7	7	5	15	13
三穗县	14		1079	10	7		7	100	79
镇远县	35		989	14	10	1	5	22	38
岑巩县	4	1	1296	9	7	1	1	41	28
天柱县	6		1548	19	11	2	5	109	84
锦屏县	6		1014	19	7		4	50	131
剑河县	2	1	1115	17	21		8	30	95
台江县			1119	7	6		3	29	43
黎平县	25		2245	22	15	1	8	132	241
榕江县	17		2371	28	10		28	112	264
从江县	9		2387	20	16		11	84	179
雷山县	3		907	8	8		5	29	36
麻江县	10		917	14	13		9	22	40
丹寨县	1		1037	16	10		19	60	80
黔南布依族苗族自治州	**152**	**7**	**19728**	**226**	**189**	**11**	**152**	**791**	**674**
都匀市	8	1	2263	22	14		12	46	52
福泉市	9	3	1924	30	18		13	57	25
荔波县	1	1	1251	18	10		16	28	68
贵定县	4	1	1571	6	13	3	13	109	34
瓮安县	9		1714	15	16		5	77	28
独山县	4		1697	29	10	1	16	60	62
平塘县	9		1597	20	10	5	17	58	68
罗甸县	27	1	1181	15	11		9	61	33
长顺县	3		1370	13	16		7	32	36
龙里县	3		1486	12	34	2	1	70	55
惠水县	16		2164	28	27		9	81	57
三都水族自治县	59		1510	18	10		34	112	156

4-6c 续表 32

单位：人

地区 性别	农林牧渔生产辅助人员	其他农、林、牧、渔业生产加工人员	生产制造及有关人员						
			小计	农副产品加工人员	食品、饮料生产加工人员	烟草及其制品加工人员	纺织、针织、印染人员	纺织品、服装和皮革、毛皮制品加工制作人员	木材加工、家具与木制品制作人员
男	**747**	**42**	**142981**	**1554**	**2530**	**167**	**724**	**3624**	**4693**
贵　州	**747**	**42**	**142981**	**1554**	**2530**	**167**	**724**	**3624**	**4693**
贵阳市	**48**	**4**	**9972**	**154**	**161**	**5**	**13**	**86**	**262**
南明区			516	5	7				20
云岩区									
花溪区	8	3	1611	13	18	2	4	8	71
乌当区	2		822	32	11		2	5	21
白云区	3		384	8	9			3	13
观山湖区	3		788	9	9	1		13	31
开阳县	17		1039	10	21		3	10	26
息烽县	3		1030	16	12			9	13
修文县	3	1	1459	35	40		1	13	30
清镇市	9		2323	26	34	2	3	25	37
六盘水市	**47**	**2**	**15876**	**113**	**124**	**9**	**158**	**357**	**311**
钟山区	1		559	4	1		3	5	3
六枝特区	24		2608	35	31		28	71	67
水城县	5	1	5208	34	43	2	67	194	127
盘州市	17	1	7501	40	49	7	60	87	114
遵义市	**119**	**7**	**21497**	**230**	**1304**	**31**	**69**	**381**	**647**
红花岗区	5	3	1356	10	21		8	15	38
汇川区	2		1052	11	16	1	3	16	20
播州区	18		3023	35	96	7	3	46	78
桐梓县	14	1	2136	14	18	1	8	48	53
绥阳县	10		1227	9	15	1	7	42	41
正安县	3		1750	20	43	6	5	15	40
道真仡佬族苗族自治县	12		793	13	7	9	1	8	40
务川仡佬族苗族自治县	13		1016	13	9	1		26	20
凤冈县	8	2	1039	13	19		6	26	36
湄潭县	16	1	986	25	34	4	1	23	46
余庆县			704	16	14		1	11	21
习水县	3		2884	17	226		13	48	58
赤水市	2		883	12	29		2	7	108
仁怀市	13		2648	22	757	1	11	50	48
安顺市	**54**	**1**	**10551**	**163**	**121**	**4**	**103**	**409**	**355**
西秀区	28		2591	75	33	2	14	71	56
平坝区	3		1461	16	19	1		19	52
普定县	2		2220	23	20		26	94	69
镇宁布依族苗族自治县	7		1593	13	20		27	121	88
关岭布依族苗族自治县	3		1524	19	10		29	90	36
紫云苗族布依族自治县	11	1	1162	17	19	1	7	14	54
毕节市	**121**	**2**	**25260**	**327**	**354**	**43**	**130**	**791**	**614**
七星关区	14		3205	32	42	7	12	128	104
大方县	10	1	3430	79	61	18	12	70	84
黔西县	15		2602	51	49	2	6	94	47
金沙县	10		2334	29	58	8	4	48	38
织金县	7	1	3335	42	39	2	34	108	107
纳雍县	42		2577	34	38	3	35	93	72
威宁彝族回族苗族自治县	9		4698	24	31	3	17	132	99
赫章县	14		3079	36	36		10	118	63

4-6c 续表 33 单位：人

地区 性别	农林牧渔生产辅助人员	其他农、林、牧、渔业生产加工人员	生产制造及有关人员 小计	农副产品加工人员	食品、饮料生产加工人员	烟草及其制品加工人员	纺织、针织、印染人员	纺织品、服装和皮革、毛皮制品加工制作人员	木材加工、家具与木制品制作人员
铜仁市	**78**	**12**	**15203**	**141**	**139**	**25**	**47**	**372**	**520**
碧江区	5		698	3	6	1	1	50	14
万山区	4		735	8	6		6	42	12
江口县	4		866	15	10	2	1	37	48
玉屏侗族自治县	4	7	800	25	5		5	18	12
石阡县	4		2090	16	18	1	2	32	50
思南县	19	3	2144	20	22	5	10	26	111
印江土家族苗族自治县	4		1416	12	16	3	1	20	52
德江县	11	1	1463	10	17	2	2	27	71
沿河土家族自治县	7		2145	17	20	2	6	53	62
松桃苗族自治县	16	1	2846	15	19	9	13	67	88
黔西南布依族苗族自治州	**102**	**7**	**12548**	**161**	**131**	**36**	**64**	**416**	**459**
兴义市	10	1	3089	45	46	17	5	51	107
兴仁市	28	1	1742	25	18	6	12	65	63
普安县	10		1391	15	12	1	16	32	36
晴隆县	15	1	1399	13	10	8	6	97	34
贞丰县	7	1	1295	20	17		8	31	65
望谟县	9	1	1134	9	8	1	9	56	39
册亨县	12	1	819	17	1		4	57	59
安龙县	11	1	1679	17	19	3	4	27	56
黔东南苗族侗族自治州	**89**	**3**	**17065**	**142**	**89**	**5**	**67**	**452**	**1014**
凯里市	1	2	1866	14	9		3	28	46
黄平县	7		1059	12	7		1	25	25
施秉县	1		493	2	5	2		6	12
三穗县	10		820	4	3		4	46	66
镇远县	15		781	6	5	1	3	11	33
岑巩县	2	1	968	5	5		1	16	24
天柱县	5		1235	12	5	1	4	60	71
锦屏县	5		786	13	3		1	32	96
剑河县	1		829	7	12		6	10	54
台江县			813	3	2		2	9	31
黎平县	15		1641	14	9	1	5	59	178
榕江县	13		1768	16	3		16	56	132
从江县	5		1826	13	9		8	45	131
雷山县	3		728	5	4		3	12	30
麻江县	5		696	8	4		3	10	29
丹寨县	1		756	8	4		7	27	56
黔南布依族苗族自治州	**89**	**4**	**15009**	**123**	**107**	**9**	**73**	**360**	**511**
都匀市	5		1745	13	11		8	22	42
福泉市	3	1	1556	16	14		8	30	20
荔波县	1	1	1003	10	4		5	12	49
贵定县		1	1245	4	6	3	10	51	30
瓮安县	7		1346	9	10		2	28	26
独山县	2		1210	14	5	1	7	25	53
平塘县	7		1194	11	5	4	4	22	49
罗甸县	17	1	819	7	6		3	32	26
长顺县	3		1014	5	10		6	16	27
龙里县	3		1183	8	20	1	1	41	39
惠水县	11		1603	17	11		3	36	44
三都水族自治县	30		1091	9	5		16	45	106

4–6c　续表 34　　　　单位：人

地　区 性　别	农林牧渔生产辅助人员	其他农、林、牧、渔业生产加工人员	生产制造及有关人员						
			小计	农副产品加工人员	食品、饮料生产加工人员	烟草及其制品加工人员	纺织、针织、印染人员	纺织品、服装和皮革、毛皮制品加工制作人员	木材加工、家具与木制品制作人员
女	**573**	**36**	**41613**	**1192**	**1409**	**115**	**691**	**3833**	**1500**
贵　州	**573**	**36**	**41613**	**1192**	**1409**	**115**	**691**	**3833**	**1500**
贵阳市	**17**	**2**	**2282**	**101**	**138**	**5**	**21**	**92**	**51**
南明区			99	4	3	4		2	2
云岩区									
花溪区	2		485	12	30		3	18	24
乌当区	1		242	22	15		8	6	3
白云区			86	6	5			1	1
观山湖区			140	2	5		1	9	5
开阳县	7	1	196	6	15	1		8	6
息烽县	3		199	8	9		5	14	
修文县	3	1	336	25	25		2	13	6
清镇市	1		499	16	31		2	21	4
六盘水市	**32**	**3**	**4044**	**98**	**114**	**8**	**121**	**314**	**69**
钟山区			127	2			3	6	
六枝特区	16	1	811	27	23	3	38	73	17
水城县	4		1482	22	32	3	38	162	22
盘州市	12	2	1624	47	59	2	42	73	30
遵义市	**77**	**6**	**5783**	**181**	**433**	**18**	**52**	**450**	**185**
红花岗区	3	3	382	18	9		8	17	15
汇川区			225	8	4	5	3	11	4
播州区	5		707	22	22		3	44	25
桐梓县	13		475	6	14	1	12	55	8
绥阳县	13	1	367	8	11	1	3	40	13
正安县	3		567	19	32	3	2	29	21
道真仡佬族苗族自治县	7	1	170	5	4	2	2	8	5
务川仡佬族苗族自治县	10		356	9	7		1	15	6
凤冈县	1		320	14	14	1	3	54	5
湄潭县	15		311	31	24	5	1	20	7
余庆县			214	11	14		3	24	10
习水县	2		696	12	77		4	81	6
赤水市		1	259	7	13			11	50
仁怀市	5		734	11	188		7	41	10
安顺市	**22**	**1**	**3382**	**108**	**94**	**1**	**119**	**409**	**116**
西秀区	12		738	38	24	1	16	97	11
平坝区	3		399	27	13		1	20	9
普定县		1	671	14	17		39	89	20
镇宁布依族苗族自治县	3		710	11	13		29	112	36
关岭布依族苗族自治县	2		503	8	8		27	68	15
紫云苗族布依族自治县	2		361	10	19		7	23	25
毕节市	**134**	**1**	**6830**	**284**	**255**	**32**	**128**	**736**	**159**
七星关区	5		907	24	24	8	19	136	21
大方县	14		840	62	36	11	14	72	18
黔西县	19		586	48	32		6	74	18
金沙县	13		455	22	41	7	1	38	4
织金县	4		894	40	31	1	29	109	31
纳雍县	60		812	29	36	2	25	64	23
威宁彝族回族苗族自治县	9	1	1320	25	20	1	20	106	29
赫章县	10		1016	34	35	2	14	137	15

4-6c 续表 35 单位：人

地区 性别	农林牧渔生产辅助人员	其他农、林、牧、渔业生产加工人员	生产制造及有关人员 小计	农副产品加工人员	食品、饮料生产加工人员	烟草及其制品加工人员	纺织、针织、印染人员	纺织品、服装和皮革、毛皮制品加工制作人员	木材加工、家具与木制品制作人员
铜仁市	**55**	**11**	**4624**	**102**	**108**	**15**	**48**	**472**	**103**
碧江区	2		221	1	6	2	6	47	4
万山区	2		210	7	3		1	35	
江口县	5	2	195	3	4		3	40	4
玉屏侗族自治县	3	7	262	14	4		2	33	3
石阡县	2		675	7	13		7	51	15
思南县	23	1	756	21	10	1	4	41	20
印江土家族苗族自治县			415	11	14	5	3	37	7
德江县	4		511	12	23	2	3	24	21
沿河土家族自治县	5		727	12	16	1	5	61	11
松桃苗族自治县	9	1	652	14	15	4	14	103	18
黔西南布依族苗族自治州	**102**	**7**	**4505**	**107**	**99**	**27**	**63**	**438**	**229**
兴义市	7	5	1025	27	18	8	4	34	49
兴仁市	22	1	620	14	14	7	12	67	26
普安县	6		412	10	10	1	15	29	11
晴隆县	23		546	10	12	6	5	82	10
贞丰县	7		499	9	14	1	14	59	27
望谟县	7		483	4	9		5	66	19
册亨县	24		443	16	5		7	65	65
安龙县	6	1	477	17	17	4	1	36	22
黔东南苗族侗族自治州	**71**	**2**	**5444**	**108**	**86**	**7**	**60**	**491**	**425**
凯里市	1	1	561	9	5		1	26	7
黄平县	17		354	7	6		4	29	10
施秉县	1		152	3	2	5	5	9	1
三穗县	4		259	6	4		3	54	13
镇远县	20		208	8	5		2	11	5
岑巩县	2		328	4	2	1		25	4
天柱县	1		313	7	6	1	1	49	13
锦屏县	1		228	6	4		3	18	35
剑河县	1	1	286	10	9		2	20	41
台江县			306	4	4		1	20	12
黎平县	10		604	8	6		3	73	63
榕江县	4		603	12	7		12	56	132
从江县	4		561	7	7		3	39	48
雷山县			179	3	4		2	17	6
麻江县	5		221	6	9		6	12	11
丹寨县			281	8	6		12	33	24
黔南布依族苗族自治州	**63**	**3**	**4719**	**103**	**82**	**2**	**79**	**431**	**163**
都匀市	3	1	518	9	3		4	24	10
福泉市	6	2	368	14	4		5	27	5
荔波县			248	8	6		11	16	19
贵定县	4		326	2	7		3	58	4
瓮安县	2		368	6	6		3	49	2
独山县	2		487	15	5		9	35	9
平塘县	2		403	9	5	1	13	36	19
罗甸县	10		362	8	5		6	29	7
长顺县			356	8	6		1	16	9
龙里县			303	4	14	1		29	16
惠水县	5		561	11	16		6	45	13
三都水族自治县	29		419	9	5		18	67	50

4–6c 续表 36 单位：人

地 区 性 别	生产制造及有关人员								
	纸及纸制品生产加工人员	印刷和记录媒介复制人员	文教、工美、体育和娱乐用品制造人 员	石油加工和炼焦、煤化工生产人员	化学原料和化学制品制造人 员	医药制造人 员	化学纤维制造人员	橡胶和塑料制品制造人员	非金属矿物制品制造人员
贵 州	**722**	**244**	**2215**	**247**	**1062**	**232**	**66**	**1855**	**5614**
贵阳市	**62**	**27**	**57**	**19**	**113**	**62**	**3**	**183**	**532**
南明区	1	1				1		5	3
云岩区									
花溪区	14	1	19	1	13	5		37	60
乌当区	14	12	10		3	18		15	27
白云区	6	4			3	7		1	23
观山湖区		1	5		2			11	48
开阳县	6	1	5	2	23	1		14	42
息烽县	4	1	12		57	2	2	22	74
修文县	14	4	2	3	5	11		54	90
清镇市	3	2	4	13	7	17	1	24	165
六盘水市	**45**	**16**	**180**	**87**	**61**	**9**	**17**	**114**	**530**
钟山区		1	6					2	27
六枝特区	8	1	25	1	16	4	2	27	118
水城县	18	5	96	5	20		8	44	238
盘州市	19	9	53	81	25	5	7	41	147
遵义市	**204**	**45**	**233**	**16**	**115**	**17**	**3**	**167**	**762**
红花岗区	61	7	8	1	3	4		18	42
汇川区	9	2	3	2	2			6	32
播州区	47	6	26		16	7	1	27	194
桐梓县	4	4	13	1	9	1		8	87
绥阳县	11	2	18		5	1		17	54
正安县	4	2	100	2	12			23	68
道真仡佬族苗族自治县	3	1	3		4		1	1	22
务川仡佬族苗族自治县	2	2	10		2	1		9	20
凤冈县	7		7	1	5		1	18	34
湄潭县	11	2	7		5	1		13	36
余庆县	6	1	7	3	36			2	35
习水县	7	4	15	3	7	1		13	72
赤水市	5	1	3		9			4	15
仁怀市	27	11	13	3		1		8	51
安顺市	**55**	**14**	**200**	**7**	**127**	**32**	**9**	**264**	**512**
西秀区	8	2	28	2	45	25		31	129
平坝区	5	1	13		18	1	2	48	80
普定县	8	6	39	3	5	1	5	38	93
镇宁布依族苗族自治县	23	1	59		33	1		51	60
关岭布依族苗族自治县	5	3	48	1	12	3	2	78	74
紫云苗族布依族自治县	6	1	13	1	14	1		18	76
毕节市	**80**	**26**	**339**	**91**	**125**	**22**	**14**	**326**	**1069**
七星关区	16	5	38	1	18	5	3	38	192
大方县	5	4	27	5	10	3	3	48	208
黔西县	8	3	37	6	22	3		45	75
金沙县	4	1	8	3	13	1		12	68
织金县	5	2	54	46	6	3	3	23	127
纳雍县	26	6	68	8	24		2	62	87
威宁彝族回族苗族自治县	9	2	72	7	12	2	1	77	201
赫章县	7	3	35	15	20	5	2	21	111

4-6c 续表 37 单位：人

地区 性别	生产制造及有关人员								
	纸及纸制品生产加工人员	印刷和记录媒介复制人员	文教、工美、体育和娱乐用品制造人员	石油加工和炼焦、煤化工生产人员	化学原料和化学制品制造人员	医药制造人员	化学纤维制造人员	橡胶和塑料制品制造人员	非金属矿物制品制造人员
铜仁市	**31**	**21**	**147**	**8**	**72**	**15**		**130**	**495**
碧江区	6	1	4		2	3		10	29
万山区	2	2	20		9	2		15	46
江口县	3	1	7		5			6	30
玉屏侗族自治县	3	1	5		31			24	20
石阡县	1	1	22		2	2		5	58
思南县	1	4	18		2	2		15	66
印江土家族苗族自治县			10		3			6	40
德江县	4	1	16		6	2		10	49
沿河土家族自治县	7	2	21		6	2		18	64
松桃苗族自治县	4	8	24	8	6	2		21	93
黔西南布依族苗族自治州	**62**	**31**	**358**	**5**	**53**	**27**	**2**	**248**	**491**
兴义市	13	9	119	3	13	11	2	46	82
兴仁市	10	3	45	1	10	5		33	85
普安县	9	1	17		1	3		25	46
晴隆县		2	19		10	2		33	85
贞丰县	13	7	36		8	2		23	84
望谟县	4	6	67		3			31	18
册亨县	5	2	39	1	2	1		14	16
安龙县	8	1	16		6	3		43	75
黔东南苗族侗族自治州	**92**	**41**	**449**	**2**	**138**	**22**	**6**	**217**	**614**
凯里市	3	4	31		7	2	1	18	124
黄平县	15	1	26		5			9	35
施秉县			27					7	12
三穗县	3		15					20	45
镇远县	4	3	24		10	2		8	24
岑巩县	11	1	8		32	1		11	42
天柱县	4	3	13		31	1	1	12	27
锦屏县	6	1	26		6	5		12	86
剑河县	8	7	39		1	1		12	20
台江县	3	1	49		2		1	2	11
黎平县	8	7	53		6	1	1	38	46
榕江县	3	2	35		13	3		15	27
从江县	4	5	41		2	2	1	31	40
雷山县	5	1	28		1	2		4	13
麻江县	2	2	10		19	2		9	33
丹寨县	13	3	24	2	3		1	9	29
黔南布依族苗族自治州	**91**	**23**	**252**	**12**	**258**	**26**	**12**	**206**	**609**
都匀市	3	3	22		4	3	8	22	78
福泉市	11	2	22	7	89	1		23	63
荔波县	2	2	14		2	2		13	10
贵定县	4		11		9			6	56
瓮安县	3	1	21		101	8	2	10	39
独山县	4	2	39	1	7			14	31
平塘县	22	3	20		3	5		18	40
罗甸县	13	5	15		4			9	42
长顺县	7		21	1	5	2		23	37
龙里县	10		6	1	2	2		12	35
惠水县	5	2	34		32	3	1	45	137
三都水族自治县	7	3	27	2			1	11	41

4-6c 续表 38

单位：人

地区 性别	生产制造及有关人员								
	纸及纸制品生产加工人员	印刷和记录媒介复制人员	文教、工美、体育和娱乐用品制造人员	石油加工和炼焦、煤化工生产人员	化学原料和化学制品制造人员	医药制造人员	化学纤维制造人员	橡胶和塑料制品制造人员	非金属矿物制品制造人员
男	**380**	**166**	**1169**	**186**	**713**	**124**	**40**	**1097**	**4233**
贵州	**380**	**166**	**1169**	**186**	**713**	**124**	**40**	**1097**	**4233**
贵阳市	**35**	**20**	**36**	**17**	**77**	**28**	**2**	**125**	**415**
南明区		1						4	3
云岩区									
花溪区	9	1	10	1	9	3		27	44
乌当区	8	9	7		3	10		8	23
白云区	2	2			2	5		1	21
观山湖区		1	5		2			9	38
开阳县	6	1	3	2	17			10	34
息烽县	2	1	9		36	2	1	13	55
修文县	7	3	1	1	3	4		42	68
清镇市	1	1	1	13	5	4	1	11	129
六盘水市	**24**	**13**	**114**	**58**	**40**	**8**	**11**	**74**	**381**
钟山区			4					1	19
六枝特区	4	1	18	1	13	3	1	17	86
水城县	9	4	55	4	11		5	29	173
盘州市	11	8	37	53	16	5	5	27	103
遵义市	**97**	**27**	**116**	**13**	**70**	**8**	**3**	**89**	**588**
红花岗区	29	4	7	1	3	1		7	36
汇川区	6	2	2	2	2			3	24
播州区	23	4	16		11	2	1	18	147
桐梓县	3	3	5	1	9	1		3	74
绥阳县	5	1	10		3	1		9	35
正安县	3	2	35	2	7			9	50
道真仡佬族苗族自治县	1	1	2		2		1	1	18
务川仡佬族苗族自治县	2	2	6		2			4	13
凤冈县	2		5		3		1	14	27
湄潭县	5		2		4	1		8	25
余庆县	3	1	4	2	14				29
习水县	3	3	12	2	5	1		7	53
赤水市	3	1	1		5			2	11
仁怀市	9	3	9	3		1		4	46
安顺市	**34**	**11**	**123**	**5**	**87**	**16**	**3**	**160**	**386**
西秀区	7	1	18	2	30	14		20	96
平坝区	2	1	6		11	1		32	59
普定县	3	4	26	2	5		2	27	71
镇宁布依族苗族自治县	14	1	31		22	1		28	45
关岭布依族苗族自治县	4	3	34		8		1	44	52
紫云苗族布依族自治县	4	1	8	1	11			9	63
毕节市	**46**	**16**	**187**	**75**	**79**	**10**	**8**	**205**	**849**
七星关区	12	4	21	1	9	3	2	26	160
大方县	3	3	17	4	7		2	29	161
黔西县	4	2	22	5	14	2		31	62
金沙县	2		3	2	11	1		5	53
织金县	3		32	41	6	2	1	15	105
纳雍县	15	3	37	6	18		2	39	65
威宁彝族回族苗族自治县	4	1	41	6	7	1	1	44	162
赫章县	3	3	14	10	7	1		16	81

4-6c 续表 39

单位：人

地 区 性 别	生产制造及有关人员								
	纸及纸制品生产加工人员	印刷和记录媒介复制人员	文教、工美、体育和娱乐用品制造人员	石油加工和炼焦、煤化工生产人员	化学原料和化学制品制造人员	医药制造人员	化学纤维制造人员	橡胶和塑料制品制造人员	非金属矿物制品制造人员
铜仁市	**16**	**14**	**68**	**4**	**50**	**10**		**58**	**379**
碧江区	3		2			2		6	19
万山区	1	2	8		8			4	38
江口县	2	1	3		5			3	22
玉屏侗族自治县	2	1	1		24			6	18
石阡县			10		2	2		3	45
思南县		1	9		2	2		5	53
印江土家族苗族自治县			5		1			2	32
德江县	2	1	7		5	1		8	34
沿河土家族自治县	4	2	13			2		10	44
松桃苗族自治县	2	6	10	4	3	1		11	74
黔西南布依族苗族自治州	**39**	**20**	**200**	**4**	**37**	**15**	**1**	**147**	**352**
兴义市	7	5	69	3	11	6	1	32	51
兴仁市	6	3	21	1	4	4		19	56
普安县	6		10		1	2		18	33
晴隆县		2	12		6			17	64
贞丰县	9	5	20		6	1		10	59
望谟县	3	2	38		3			20	13
册亨县	2	2	21		1			9	11
安龙县	6	1	9		5	2		22	65
黔东南苗族侗族自治州	**52**	**27**	**199**	**1**	**87**	**14**	**5**	**127**	**437**
凯里市	2	4	16		3	1	1	10	84
黄平县	7		14		5			5	20
施秉县			7					5	8
三穗县	3		9					13	30
镇远县	2	3	9		7	1		5	17
岑巩县	5	1	8		16	1		2	26
天柱县	2	1	7		23	1	1	8	22
锦屏县	3	1	5		4	3		7	79
剑河县	6	4	18		1	1		9	16
台江县	2		13		1		1	1	6
黎平县	5	4	18		4	1		17	29
榕江县	2	1	17		7	1		10	22
从江县	3	4	17		2		1	22	33
雷山县	3	1	19		1	2		2	8
麻江县	2	1	7		11	2		6	17
丹寨县	5	2	15	1	2		1	5	20
黔南布依族苗族自治州	**37**	**18**	**126**	**9**	**186**	**15**	**7**	**112**	**446**
都匀市	2	1	12		3	1	4	10	57
福泉市	3	2	7	6	71			8	51
荔波县	2	2	6		2	1		8	7
贵定县	2		7		5			4	33
瓮安县	2	1	10		81	5	1	6	30
独山县	3	1	10	1	2			6	24
平塘县	6	2	10		1	4		10	31
罗甸县	5	4	11		2			5	28
长顺县	2		11	1	3	1		13	27
龙里县	6		5		2	1		8	28
惠水县	2	2	24		14	2	1	29	103
三都水族自治县	2	3	13	1			1	5	27

4-6c　续表 40

单位：人

地　区 性　别	生产制造及有关人员								
	纸及纸制品生产加工人员	印刷和记录媒介复制人员	文教、工美、体育和娱乐用品制造人　员	石油加工和炼焦、煤化工生产人员	化学原料和化学制品制造人　员	医药制造人　员	化学纤维制造人员	橡胶和塑料制品制造人员	非金属矿物制品制造人员
女	**342**	**78**	**1046**	**61**	**349**	**108**	**26**	**758**	**1381**
贵　州	**342**	**78**	**1046**	**61**	**349**	**108**	**26**	**758**	**1381**
贵阳市	**27**	**7**	**21**	**2**	**36**	**34**	**1**	**58**	**117**
南明区	1					1		1	
云岩区									
花溪区	5		9		4	2		10	16
乌当区	6	3	3			8		7	4
白云区	4	2			1	2			2
观山湖区								2	10
开阳县			2		6	1		4	8
息烽县	2		3		21		1	9	19
修文县	7	1	1	2	2	7		12	22
清镇市	2	1	3		2	13		13	36
六盘水市	**21**	**3**	**66**	**29**	**21**	**1**	**6**	**40**	**149**
钟山区		1	2					1	8
六枝特区	4		7		3	1	1	10	32
水城县	9	1	41	1	9		3	15	65
盘州市	8	1	16	28	9		2	14	44
遵义市	**107**	**18**	**117**	**3**	**45**	**9**		**78**	**174**
红花岗区	32	3	1			3		11	6
汇川区	3		1					3	8
播州区	24	2	10		5	5		9	47
桐梓县	1	1	8					5	13
绥阳县	6	1	8		2			8	19
正安县	1		65		5			14	18
道真仡佬族苗族自治县	2		1		2				4
务川仡佬族苗族自治县			4			1		5	7
凤冈县	5		2	1	2			4	7
湄潭县	6	2	5		1			5	11
余庆县	3		3	1	22			2	6
习水县	4	1	3	1	2			6	19
赤水市	2		2		4			2	4
仁怀市	18	8	4					4	5
安顺市	**21**	**3**	**77**	**2**	**40**	**16**	**6**	**104**	**126**
西秀区	1	1	10		15	11		11	33
平坝区	3		7		7		2	16	21
普定县	5	2	13	1		1	3	11	22
镇宁布依族苗族自治县	9		28		11			23	15
关岭布依族苗族自治县	1		14	1	4	3	1	34	22
紫云苗族布依族自治县	2		5		3	1		9	13
毕节市	**34**	**10**	**152**	**16**	**46**	**12**	**6**	**121**	**220**
七星关区	4	1	17		9	2	1	12	32
大方县	2	1	10	1	3	3	1	19	47
黔西县	4	1	15	1	8	1		14	13
金沙县	2	1	5	1	2			7	15
织金县	2	2	22	5		1	2	8	22
纳雍县	11	3	31	2	6			23	22
威宁彝族回族苗族自治县	5	1	31	1	5	1		33	39
赫章县	4		21	5	13	4	2	5	30

4-6c 续表 41 单位：人

地区 性别	生产制造及有关人员								
	纸及纸制品生产加工人员	印刷和记录媒介复制人员	文教、工美、体育和娱乐用品制造人员	石油加工和炼焦、煤化工生产人员	化学原料和化学制品制造人员	医药制造人员	化学纤维制造人员	橡胶和塑料制品制造人员	非金属矿物制品制造人员
铜仁市	**15**	**7**	**79**	**4**	**22**	**5**		**72**	**116**
碧江区	3	1	2		2	1		4	10
万山区	1		12		1	2		11	8
江口县	1		4					3	8
玉屏侗族自治县	1		4		7			18	2
石阡县	1	1	12					2	13
思南县	1	3	9					10	13
印江土家族苗族自治县			5		2			4	8
德江县	2		9		1	1		2	15
沿河土家族自治县	3		8		6			8	20
松桃苗族自治县	2	2	14	4	3	1		10	19
黔西南布依族苗族自治州	**23**	**11**	**158**	**1**	**16**	**12**	**1**	**101**	**139**
兴义市	6	4	50		2	5	1	14	31
兴仁市	4		24		6	1		14	29
普安县	3	1	7			1		7	13
晴隆县			7		4	2		16	21
贞丰县	4	2	16		2	1		13	25
望谟县	1	4	29					11	5
册亨县	3		18	1	1	1		5	5
安龙县	2		7		1	1		21	10
黔东南苗族侗族自治州	**40**	**14**	**250**	**1**	**51**	**8**	**1**	**90**	**177**
凯里市	1		15		4	1		8	40
黄平县	8	1	12					4	15
施秉县			20					2	4
三穗县			6					7	15
镇远县	2		15		3	1		3	7
岑巩县	6				16			9	16
天柱县	2	2	6		8			4	5
锦屏县	3		21		2	2		5	7
剑河县	2	3	21					3	4
台江县	1	1	36		1			1	5
黎平县	3	3	35		2		1	21	17
榕江县	1	1	18		6	2		5	5
从江县	1	1	24			2		9	7
雷山县	2		9					2	5
麻江县		1	3		8			3	16
丹寨县	8	1	9	1	1			4	9
黔南布依族苗族自治州	**54**	**5**	**126**	**3**	**72**	**11**	**5**	**94**	**163**
都匀市	1	2	10		1	2	4	12	21
福泉市	8		15	1	18	1		15	12
荔波县			8			1		5	3
贵定县	2		4		4			2	23
瓮安县	1		11		20	3	1	4	9
独山县	1	1	29		5			8	7
平塘县	16	1	10		2	1		8	9
罗甸县	8	1	4		2			4	14
长顺县	5		10		2	1		10	10
龙里县	4		1	1		1		4	7
惠水县	3		10		18	1		16	34
三都水族自治县	5		14	1				6	14

4-6c　续表 42　　　　单位：人

地　区 性　别	生产制造及有关人员								
	采矿人员	金属冶炼和压延加工人员	机械制造基础加工人员	金属制品制造人员	通用设备制造人员	专用设备制造人员	汽车制造人员	铁路、船舶、航空设备制造人员	电气机械和器材制造人员
贵　州	**8686**	**1289**	**2767**	**4207**	**788**	**244**	**737**	**200**	**1452**
贵阳市	**283**	**206**	**288**	**281**	**88**	**8**	**114**	**24**	**62**
南明区	2		6	7	2				
云岩区									
花溪区	2	5	53	75	20	1	24	5	11
乌当区	7	2	13	25	8	1	5	4	13
白云区	4	15	27	3	4		1	6	1
观山湖区	14	6	31	16	11		58		2
开阳县	33	9	18	17	5	3	5		12
息烽县	11	12	45	30	12	1	5	1	8
修文县	47	23	34	42	19	1	6		8
清镇市	163	134	61	66	7	1	10	8	7
六盘水市	**3540**	**69**	**311**	**331**	**62**	**26**	**58**	**8**	**108**
钟山区	83	9	10	4	1	1	2		3
六枝特区	141	11	102	73	13	9	20		21
水城县	723	38	86	151	30	5	15	3	50
盘州市	2593	11	113	103	18	11	21	5	34
遵义市	**641**	**232**	**435**	**448**	**82**	**23**	**130**	**41**	**153**
红花岗区	2	18	32	29	9	1	4	27	8
汇川区	32	19	39	18	4		11		8
播州区	77	112	84	93	16	4	11	7	23
桐梓县	106	5	45	13	6	3	9	2	15
绥阳县	17	29	51	27	4	2	6		13
正安县	22	12	24	68		1	22	2	7
道真仡佬族苗族自治县	7	2	15	3	3		6		1
务川仡佬族苗族自治县	88	3	9	7	3		1		3
凤冈县	4	6	29	71	5	3	13	1	20
湄潭县		8	34	33	14	3	28		22
余庆县	2	1	12	16	4	2	6	1	2
习水县	163	9	27	28	4	3	5	1	16
赤水市	87	2	12	13	6	1	2		8
仁怀市	34	6	22	29	4		6		7
安顺市	**484**	**94**	**334**	**487**	**98**	**24**	**91**	**41**	**158**
西秀区	169	42	78	102	24	9	13	15	33
平坝区	104	8	44	48	12	3	7	6	22
普定县	151	12	51	75	20	3	11	15	26
镇宁布依族苗族自治县	9	17	84	146	20	2	20	4	26
关岭布依族苗族自治县	39	11	44	75	17	6	36	1	41
紫云苗族布依族自治县	12	4	33	41	5	1	4		10
毕节市	**2532**	**174**	**349**	**681**	**112**	**44**	**116**	**16**	**261**
七星关区	19	30	63	121	11	8	12	2	54
大方县	423	17	40	87	19	5	15	3	27
黔西县	458	5	43	65	10	2	14		19
金沙县	742	7	34	44	1	1	4	1	12
织金县	476	14	34	67	18	3	17	3	14
纳雍县	164	14	41	99	28	4	18	1	41
威宁彝族回族苗族自治县	130	12	44	84	7	15	26	6	57
赫章县	120	75	50	114	18	6	10		37

4-6c 续表 43　　　　单位：人

地区 性别	生产制造及有关人员								
	采矿人员	金属冶炼和压延加工人员	机械制造基础加工人员	金属制品制造人员	通用设备制造人员	专用设备制造人员	汽车制造人员	铁路、船舶、航空设备制造人员	电气机械和器材制造人员
铜仁市	**132**	**110**	**176**	**421**	**88**	**12**	**44**	**8**	**103**
碧江区	7	3	7	12	29	3	1		7
万山区	28	20	10	16	6	1	19		6
江口县	5	1	4	12	14	1			2
玉屏侗族自治县	9	39	10	21	3	1			10
石阡县	4	5	21	54	4		3	1	6
思南县	8	7	19	59	2		2	1	18
印江土家族苗族自治县	3	5	17	34	2	3	2		5
德江县	8	2	33	78	7	3	7		26
沿河土家族自治县	6	7	11	52	13		3	3	11
松桃苗族自治县	54	21	44	83	8		7	3	12
黔西南布依族苗族自治州	**654**	**106**	**215**	**381**	**73**	**22**	**50**	**14**	**188**
兴义市	55	49	35	36	20	4	11	1	35
兴仁市	123	28	38	87	7	1	7	3	30
普安县	210	4	19	24	11	1	3	2	19
晴隆县	131	1	16	30	6	4	9	4	14
贞丰县	70	6	20	53	5	7	5	2	9
望谟县	7	1	27	55	4	4	5		13
册亨县		6	15	35	5	1			31
安龙县	58	11	45	61	15		10	2	37
黔东南苗族侗族自治州	**101**	**120**	**329**	**657**	**70**	**62**	**71**	**17**	**177**
凯里市	25	38	29	61	9	3	11		21
黄平县	6	3	17	41	3	2	2		5
施秉县	4	2	6	15	8	5	1		8
三穗县	3	13	20	43		1	5		8
镇远县	4	3	15	40	2	2	3	1	8
岑巩县		6	15	33	8	1	3		8
天柱县	31	5	13	36	4		8	1	7
锦屏县	3		21	17	6	3	1	1	16
剑河县	3	3	23	49		2	1		
台江县	2	16	13	16			4		8
黎平县		11	74	112	9	29	11	1	17
榕江县	4	4	24	53	5	6	9	6	16
从江县	2	10	20	72	2	3	3	2	34
雷山县	1	3	9	11	1	2	1	2	3
麻江县	5	1	10	18	9		5		10
丹寨县	8	2	20	40	4	3	3	3	8
黔南布依族苗族自治州	**319**	**178**	**330**	**520**	**115**	**23**	**63**	**31**	**242**
都匀市	33	10	33	51	13	3	3	6	2
福泉市	66	6	26	21	8		5	2	7
荔波县	47	4	15	22	4	3	5	1	17
贵定县	35	3	16	41	3	1	8		8
瓮安县	72	4	29	39	11	3	4	3	15
独山县	18	30	26	67	26	2	6	2	93
平塘县	14	4	14	40	4	2	7	1	18
罗甸县	9	98	14	44	5	3	3	1	39
长顺县	3		37	34	12		2	6	15
龙里县	1	4	35	39	4	5	3	4	2
惠水县	6	14	61	74	15	1	11	4	17
三都水族自治县	15	1	24	48	10		6	1	9

4-6c　续表 44　　　　单位：人

地区 性别	生产制造及有关人员								
	采矿人员	金属冶炼和压延加工人员	机械制造基础加工人员	金属制品制造人员	通用设备制造人员	专用设备制造人员	汽车制造人员	铁路、船舶、航空设备制造人员	电气机械和器材制造人员
男	**8027**	**982**	**2378**	**2969**	**627**	**139**	**519**	**154**	**892**
贵　州	**8027**	**982**	**2378**	**2969**	**627**	**139**	**519**	**154**	**892**
贵阳市	**213**	**183**	**263**	**220**	**82**	**3**	**83**	**19**	**46**
南明区	2		6	5	2				
云岩区									
花溪区	2	4	48	59	16	1	14	2	6
乌当区	5	2	12	19	8	1	2	3	10
白云区	4	12	23	2	4		1	6	1
观山湖区	10	3	28	15	11		49		2
开阳县	27	8	18	12	5	1	4		10
息烽县	10	11	41	26	11		2	1	6
修文县	40	18	28	30	18		5		7
清镇市	113	125	59	52	7		6	7	4
六盘水市	**3355**	**58**	**274**	**240**	**48**	**12**	**45**	**6**	**73**
钟山区	80	6	9	4		1	1		3
六枝特区	137	11	85	53	8	3	17		14
水城县	682	31	75	103	24	2	12	2	31
盘州市	2456	10	105	80	16	6	15	4	25
遵义市	**597**	**185**	**372**	**337**	**69**	**14**	**89**	**35**	**86**
红花岗区	1	11	29	25	8	1	1	23	5
汇川区	32	13	34	14	3		8		7
播州区	68	94	72	74	15	3	8	7	14
桐梓县	103	5	39	11	5		6	1	6
绥阳县	16	18	45	20	3	1	4		6
正安县	21	10	19	50		1	16	2	1
道真仡佬族苗族自治县	7	2	14	3	3		5		1
务川仡佬族苗族自治县	82	3	5	2	3				1
凤冈县	4	6	23	47	5	2	10		12
湄潭县		7	28	21	12	3	17		10
余庆县	2	1	11	10	4	1	4	1	1
习水县	152	7	23	24	2	1	4	1	12
赤水市	77	2	10	11	3	1	1		5
仁怀市	32	6	20	25	3		5		5
安顺市	**464**	**72**	**267**	**333**	**80**	**10**	**56**	**32**	**100**
西秀区	157	35	71	78	20	3	7	12	16
平坝区	104	8	37	34	11	2	6	5	15
普定县	145	8	42	45	17	1	7	11	18
镇宁布依族苗族自治县	8	11	62	96	14		12	3	13
关岭布依族苗族自治县	39	7	31	53	14	3	21	1	31
紫云苗族布依族自治县	11	3	24	27	4	1	3		7
毕节市	**2297**	**132**	**305**	**486**	**87**	**27**	**82**	**13**	**145**
七星关区	19	25	55	86	8	4	7	2	27
大方县	373	14	36	69	15	4	8	2	18
黔西县	425	5	43	52	9		11		12
金沙县	666	4	28	30	1	1	3	1	6
织金县	423	11	34	53	15	2	10	2	9
纳雍县	152	12	33	70	19	2	14	1	20
威宁彝族回族苗族自治县	126	7	34	61	6	11	22	5	28
赫章县	113	54	42	65	14	3	7		25

4－6c 续表 45

单位：人

地　区 性　别	生产制造及有关人员								
	采矿人员	金属冶炼和压延加工人员	机械制造基础加工人　员	金属制品制造人员	通用设备制造人员	专用设备制造人员	汽车制造人　员	铁路、船舶、航空设备制造人　员	电气机械和器材制造人员
铜仁市	**116**	**80**	**145**	**291**	**64**	**7**	**35**	**5**	**60**
碧江区	7	2	7	11	21	1	1		4
万山区	26	14	9	12	3		15		4
江口县	5	1	3	11	12	1			2
玉屏侗族自治县	4	30	9	11	2	1			7
石阡县	4	4	18	40	3		3		3
思南县	5	5	15	41	1		2	1	9
印江土家族苗族自治县	2	4	14	24	1	2	2		1
德江县	8	2	26	49	5	2	6		17
沿河土家族自治县	6	5	8	36	9		1	1	6
松桃苗族自治县	49	13	36	56	7		5	3	7
黔西南布依族苗族自治州	**618**	**79**	**185**	**253**	**55**	**16**	**30**	**9**	**119**
兴义市	52	34	31	26	16	3	8		19
兴仁市	118	22	32	52	6	1	4	3	16
普安县	197	3	18	17	7	1	3	2	16
晴隆县	125	1	11	20	5	2	5	1	8
贞丰县	66	4	16	31	4	6	2	2	8
望谟县	5	1	22	33	4	3	3		7
册亨县		4	13	24	4				21
安龙县	55	10	42	50	9		5	1	24
黔东南苗族侗族自治州	**84**	**95**	**270**	**446**	**57**	**32**	**54**	**14**	**127**
凯里市	17	32	27	48	8	3	8		15
黄平县	5	3	14	30	3	2			5
施秉县	4	2	6	11	7	4	1		7
三穗县	3	10	18	25		1	3		5
镇远县	4	2	9	28	1	2	2	1	6
岑巩县		4	12	24	8	1	3		5
天柱县	28	4	10	28	3		5	1	4
锦屏县	3		17	11	5	2		1	14
剑河县	2	3	20	32		2			
台江县	2	9	10	11			3		6
黎平县		10	56	66	8	4	10	1	13
榕江县	4	4	22	40	3	4	8	4	10
从江县	1	6	19	45	1	3	3	2	22
雷山县	1	3	8	7	1	1	1	2	2
麻江县	3	1	7	12	6		4		5
丹寨县	7	2	15	28	3	3	3	2	8
黔南布依族苗族自治州	**283**	**98**	**297**	**363**	**85**	**18**	**45**	**21**	**136**
都匀市	27	8	33	40	10	2	2	4	2
福泉市	55	4	23	14	7		4	2	5
荔波县	44	2	14	15	3	3	4	1	13
贵定县	34	3	14	24	3		6		4
瓮安县	64	3	24	30	9	3	4	2	8
独山县	15	26	24	42	18	2	5	1	44
平塘县	14	3	14	29	3	1	3	1	10
罗甸县	5	33	13	26	3	2	2	1	19
长顺县	3		36	22	6		2	3	8
龙里县	1	4	31	29	4	4	2	3	2
惠水县	6	12	52	57	10	1	8	2	13
三都水族自治县	15		19	35	9		3	1	8

4–6c 续表 46

单位：人

地 区 性 别	生产制造及有关人员								
	采矿人员	金属冶炼和压延加工人员	机械制造基础加工人员	金属制品制造人员	通用设备制造人员	专用设备制造人员	汽车制造人员	铁路、船舶、航空设备制造人员	电气机械和器材制造人员
女	**659**	**307**	**389**	**1238**	**161**	**105**	**218**	**46**	**560**
贵 州	**659**	**307**	**389**	**1238**	**161**	**105**	**218**	**46**	**560**
贵阳市	**70**	**23**	**25**	**61**	**6**	**5**	**31**	**5**	**16**
南明区				2					
云岩区									
花溪区		1	5	16	4		10	3	5
乌当区	2		1	6			3	1	3
白云区		3	4	1					
观山湖区	4	3	3	1			9		
开阳县	6	1		5		2	1		2
息烽县	1	1	4	4	1	1	3		2
修文县	7	5	6	12	1	1	1		1
清镇市	50	9	2	14		1	4	1	3
六盘水市	**185**	**11**	**37**	**91**	**14**	**14**	**13**	**2**	**35**
钟山区	3	3	1		1		1		
六枝特区	4		17	20	5	6	3		7
水城县	41	7	11	48	6	3	3	1	19
盘州市	137	1	8	23	2	5	6	1	9
遵义市	**44**	**47**	**63**	**111**	**13**	**9**	**41**	**6**	**67**
红花岗区	1	7	3	4	1		3	4	3
汇川区		6	5	4	1		3		1
播州区	9	18	12	19	1	1	3		9
桐梓县	3		6	2	1	3	3	1	9
绥阳县	1	11	6	7	1	1	2		7
正安县	1	2	5	18			6		6
道真仡佬族苗族自治县			1				1		
务川仡佬族苗族自治县	6		4	5			1		2
凤冈县			6	24		1	3	1	8
湄潭县		1	6	12	2		11		12
余庆县			1	6		1	2		1
习水县	11	2	4	4	2	2	1		4
赤水市	10		2	2	3		1		3
仁怀市	2		2	4	1		1		2
安顺市	**20**	**22**	**67**	**154**	**18**	**14**	**35**	**9**	**58**
西秀区	12	7	7	24	4	6	6	3	17
平坝区			7	14	1	1	1	1	7
普定县	6	4	9	30	3	2	4	4	8
镇宁布依族苗族自治县	1	6	22	50	6	2	8	1	13
关岭布依族苗族自治县		4	13	22	3	3	15		10
紫云苗族布依族自治县	1	1	9	14	1		1		3
毕节市	**235**	**42**	**44**	**195**	**25**	**17**	**34**	**3**	**116**
七星关区		5	8	35	3	4	5		27
大方县	50	3	4	18	4	1	7	1	9
黔西县	33			13	1	2	3		7
金沙县	76	3	6	14			1		6
织金县	53	3		14	3	1	7	1	5
纳雍县	12	2	8	29	9	2	4		21
威宁彝族回族苗族自治县	4	5	10	23	1	4	4	1	29
赫章县	7	21	8	49	4	3	3		12

4-6c 续表 47

单位：人

地区 性别	生产制造及有关人员								
	采矿人员	金属冶炼和压延加工人员	机械制造基础加工人员	金属制品制造人员	通用设备制造人员	专用设备制造人员	汽车制造人员	铁路、船舶、航空设备制造人员	电气机械和器材制造人员
铜仁市	**16**	**30**	**31**	**130**	**24**	**5**	**9**	**3**	**43**
碧江区		1		1	8	2			3
万山区	2	6	1	4	3	1	4		2
江口县			1	1	2				
玉屏侗族自治县	5	9	1	10	1				3
石阡县		1	3	14	1			1	3
思南县	3	2	4	18	1				9
印江土家族苗族自治县	1	1	3	10	1	1			4
德江县			7	29	2	1	1		9
沿河土家族自治县		2	3	16	4		2	2	5
松桃苗族自治县	5	8	8	27	1		2		5
黔西南布依族苗族自治州	**36**	**27**	**30**	**128**	**18**	**6**	**20**	**5**	**69**
兴义市	3	15	4	10	4	1	3	1	16
兴仁市	5	6	6	35	1		3		14
普安县	13	1	1	7	4				3
晴隆县	6		5	10	1	2	4	3	6
贞丰县	4	2	4	22	1	1	3		1
望谟县	2		5	22		1	2		6
册亨县		2	2	11	1	1			10
安龙县	3	1	3	11	6		5	1	13
黔东南苗族侗族自治州	**17**	**25**	**59**	**211**	**13**	**30**	**17**	**3**	**50**
凯里市	8	6	2	13	1		3		6
黄平县	1		3	11			2		
施秉县				4	1	1			1
三穗县		3	2	18			2		3
镇远县		1	6	12	1		1		2
岑巩县		2	3	9					3
天柱县	3	1	3	8	1		3		3
锦屏县			4	6	1	1	1		2
剑河县	1		3	17			1		
台江县		7	3	5			1		2
黎平县		1	18	46	1	25	1		4
榕江县			2	13	2	2	1	2	6
从江县	1	4	1	27	1				12
雷山县			1	4		1			1
麻江县	2		3	6	3		1		5
丹寨县	1		5	12	1			1	
黔南布依族苗族自治州	**36**	**80**	**33**	**157**	**30**	**5**	**18**	**10**	**106**
都匀市	6	2		11	3	1	1	2	
福泉市	11	2	3	7	1		1		2
荔波县	3	2	1	7	1		1		4
贵定县	1		2	17		1	2		4
瓮安县	8	1	5	9	2			1	7
独山县	3	4	2	25	8		1	1	49
平塘县		1		11	1	1	4		8
罗甸县	4	65	1	18	2	1	1		20
长顺县			1	12	6			3	7
龙里县			4	10		1	1	1	
惠水县		2	9	17	5		3	2	4
三都水族自治县		1	5	13	1		3		1

4-6c 续表 48

单位：人

地区 性别	生产制造及有关人员								不便分类的其他从业人员
	计算机、通信和其他电子设备制造人员	仪器仪表制造人员	废弃资源综合利用人员	电力、热力、气体、水生产和输配人员	建筑施工人员	运输设备和通用工程机械操作人员及有关人员	生产辅助人员	其他生产制造及有关人员	
贵州	**7442**	**81**	**261**	**717**	**107732**	**4895**	**8285**	**522**	**1152**
贵阳市	**365**	**3**	**19**	**64**	**6801**	**559**	**893**	**49**	**263**
南明区	2			1	495	14	28		
云岩区									
花溪区	67		6	10	1270	86	98	10	16
乌当区	48	1	2	2	511	60	130	8	6
白云区	38		2		209	24	44	2	
观山湖区	12			2	488	43	92	1	116
开阳县	27	1	1	11	774	43	74	2	
息烽县	13	1	3	3	687	48	88	1	
修文县	33		3	6	911	104	174	11	111
清镇市	125		2	29	1456	137	165	14	14
六盘水市	**615**	**11**	**12**	**105**	**10106**	**522**	**1141**	**40**	**86**
钟山区	42			8	390	31	39		
六枝特区	101	2	1	12	1969	82	229	18	21
水城县	265	4	1	21	3682	143	284	9	11
盘州市	207	5	10	64	4065	266	589	13	54
遵义市	**769**	**12**	**26**	**126**	**16168**	**756**	**1638**	**57**	**79**
红花岗区	97		1	8	1060	45	90	4	8
汇川区	59		1	1	828	38	61		4
播州区	90	4	5	28	1979	135	344	13	23
桐梓县	103			7	1735	73	124		6
绥阳县	60	2	2	16	909	40	115	2	1
正安县	56	2	2	3	1526	46	75	3	6
道真仡佬族苗族自治县	38			1	663	26	59		1
务川仡佬族苗族自治县	16	2	1	1	1034	21	30		1
凤冈县	38	1	3	4	821	31	37	8	5
湄潭县	57	1	4	7	660	32	83	15	6
余庆县	11			24	531	34	57		
习水县	74		7	8	2244	126	194	7	12
赤水市	42			7	610	27	47	2	4
仁怀市	28			11	1568	82	322	3	2
安顺市	**692**	**6**	**43**	**36**	**7078**	**392**	**584**	**69**	**120**
西秀区	157		7	8	1638	138	163	25	39
平坝区	127	2	2	9	897	77	140	7	10
普定县	111		18	7	1651	46	74	11	29
镇宁布依族苗族自治县	155	2	6	6	965	32	92	19	26
关岭布依族苗族自治县	66	2	10	2	1027	47	62	5	1
紫云苗族布依族自治县	76			4	900	52	53	2	15
毕节市	**1549**	**13**	**65**	**116**	**17925**	**718**	**1404**	**70**	**54**
七星关区	158	2	5	6	2518	69	156	5	2
大方县	171	2	5	22	2378	65	134	7	4
黔西县	110	2	11	10	1563	87	149	14	33
金沙县	66	1	5	11	1056	139	256	1	6
织金县	143		13	4	2309	91	177	4	1
纳雍县	158	2	20	39	1779	58	177	9	
威宁彝族回族苗族自治县	563	3	5	16	3822	106	209	23	5
赫章县	180	1	1	8	2500	103	146	7	3

4-6c 续表 49 单位：人

地　区 性　别	生产制造及有关人员								不便分类的其他从业人员
	计算机、通信和其他电子设备制造人员	仪器仪表制造人员	废弃资源综合利用人员	电力、热力、气体、水生产和输配人员	建筑施工人员	运输设备和通用工程机械操作人员及有关人员	生产辅助人员	其他生产制造及有关人员	
铜仁市	**758**	**3**	**30**	**42**	**13862**	**433**	**550**	**44**	**281**
碧江区	72		2	4	522	18	35	1	23
万山区	27			1	530	26	33	6	21
江口县	33		1	5	688	39	36	1	12
玉屏侗族自治县	87		4	10	579	28	50	6	14
石阡县	75	1		4	2176	48	51	9	38
思南县	79		10	1	2183	55	55	2	25
印江土家族苗族自治县	40		3	1	1387	35	50	4	45
德江县	59	1	4	11	1309	44	77	3	19
沿河土家族自治县	74	1	1		2175	70	53	6	29
松桃苗族自治县	212		5	5	2313	70	110	6	55
黔西南布依族苗族自治州	**871**	**13**	**25**	**88**	**9717**	**415**	**650**	**64**	**99**
兴义市	157	9	9	40	2696	94	144	10	4
兴仁市	70		5	12	1218	54	150	8	8
普安县	65			3	1012	34	94	12	13
晴隆县	63			7	1146	24	28	18	32
贞丰县	85		7	16	882	93	85	11	8
望谟县	191		3		894	36	20	3	15
册亨县	155	3	1	4	581	13	36		4
安龙县	85	1		6	1288	67	93	2	15
黔东南苗族侗族自治州	**922**	**11**	**17**	**90**	**14120**	**514**	**649**	**55**	**49**
凯里市	90	3	3	9	1620	70	90	7	13
黄平县	59		1	3	980	39	31	4	6
施秉县	22			2	446	16	11	1	
三穗县	56			6	552	19	64	3	
镇远县	21			5	653	18	44	5	1
岑巩县	98	1	1	3	869	20	30	7	2
天柱县	77	1	3	3	944	37	50	6	8
锦屏县	38			25	472	24	34		3
剑河县	12		1	4	677	41	39	1	10
台江县	51			1	819	13	17	2	4
黎平县	69	3	2	4	1217	46	59	2	
榕江县	94	1	1	7	1510	55	34	2	2
从江县	137	2	5	6	1534	52	65	2	
雷山县	19			8	654	16	32	5	
麻江县	18			3	609	26	20	8	
丹寨县	61			1	564	22	29		
黔南布依族苗族自治州	**901**	**9**	**24**	**50**	**11955**	**586**	**776**	**74**	**121**
都匀市	87		4	6	1551	76	81	15	48
福泉市	53	1	3	8	1152	86	109	10	5
荔波县	58		1	1	791	60	36	1	4
贵定县	36		4	1	1057	37	56	1	8
瓮安县	54	2		6	1018	37	88	3	3
独山县	158		2	4	861	54	66	6	6
平塘县	80	1	3	5	1048	22	43	2	4
罗甸县	45	1	1	1	633	28	35	4	6
长顺县	76	2	1	4	885	39	45	9	2
龙里县	42			5	951	60	84	5	9
惠水县	100	2	4	7	1203	71	101	12	16
三都水族自治县	112		1	2	805	16	32	6	10

4-6c 续表 50

单位：人

地区 性别	生产制造及有关人员								不便分类的其他从业人员
	计算机、通信和其他电子设备制造人员	仪器仪表制造人员	废弃资源综合利用人员	电力、热力、气体、水生产和输配人员	建筑施工人员	运输设备和通用工程机械操作人员及有关人员	生产辅助人员	其他生产制造及有关人员	
男	**4323**	**50**	**197**	**580**	**89113**	**4600**	**5700**	**331**	**730**
贵　州	**4323**	**50**	**197**	**580**	**89113**	**4600**	**5700**	**331**	**730**
贵阳市	**225**	**1**	**15**	**53**	**5924**	**533**	**637**	**36**	**163**
南明区	2			1	420	14	24		
云岩区									
花溪区	43		5	8	1025	80	72	6	11
乌当区	24		1	2	448	58	81	7	4
白云区	21		1		183	23	35	2	
观山湖区	10			2	421	42	76	1	71
开阳县	15		1	9	682	43	60	1	
息烽县	10	1	3	2	627	47	62	1	
修文县	21		3	5	821	102	104	9	66
清镇市	79		1	24	1297	124	123	9	11
六盘水市	**356**	**9**	**9**	**80**	**8133**	**468**	**887**	**28**	**56**
钟山区	31			7	312	30	35		
六枝特区	63	2	1	10	1575	80	158	15	14
水城县	159	2		15	2973	123	211	6	8
盘州市	103	5	8	48	3273	235	483	7	34
遵义市	**378**	**8**	**20**	**97**	**13802**	**691**	**1007**	**37**	**53**
红花岗区	48		1	6	911	43	60	3	5
汇川区	32		1	1	716	34	49		3
播州区	54	4	5	16	1727	123	242	10	17
桐梓县	47			5	1496	73	98		4
绥阳县	21	1	1	13	785	34	80		1
正安县	23	2	2	3	1267	44	51	1	3
道真仡佬族苗族自治县	19			1	574	25	35		1
务川仡佬族苗族自治县	5		1	1	772	20	23		
凤冈县	23		2	3	687	31	27	5	3
湄潭县	27	1	2	7	583	32	48	10	3
余庆县	6			21	456	34	36		
习水县	40		5	7	1950	108	95	5	8
赤水市	15			4	521	27	24	1	3
仁怀市	18			9	1357	63	139	2	2
安顺市	**387**	**2**	**33**	**31**	**5926**	**371**	**362**	**45**	**69**
西秀区	76		6	7	1402	131	114	17	18
平坝区	61		2	9	792	74	77	5	6
普定县	60		14	6	1379	42	47	6	16
镇宁布依族苗族自治县	98	1	4	5	763	27	52	13	17
关岭布依族苗族自治县	44	1	7	1	852	47	38	4	1
紫云苗族布依族自治县	48			3	738	50	34		11
毕节市	**903**	**10**	**49**	**95**	**15149**	**670**	**1041**	**35**	**30**
七星关区	87	2	2	4	2154	67	92	1	2
大方县	103	2	5	14	2071	58	83	5	2
黔西县	65	1	8	9	1360	83	122	6	16
金沙县	32	1	5	7	944	127	215	1	5
织金县	87		11	4	1902	84	149	2	
纳雍县	90	1	13	36	1473	51	126	4	
威宁彝族回族苗族自治县	335	2	4	14	3203	103	149	15	3
赫章县	104	1	1	7	2042	97	105	1	2

4－6c　续表 51　　　　单位：人

地　区 性　别	生产制造及有关人员								不便分类的其他从业人员
	计算机、通信和其他电子设备制造人员	仪器仪表制造人员	废弃资源综合利用人员	电力、热力、气体、水生产和输配人员	建筑施工人员	运输设备和通用工程机械操作人员及有关人员	生产辅助人员	其他生产制造及有关人员	
铜仁市	**433**	**2**	**20**	**33**	**11276**	**412**	**353**	**28**	**188**
碧江区	43			3	451	17	22	1	16
万山区	18			1	453	25	19	1	13
江口县	17		1	3	597	37	26	1	11
玉屏侗族自治县	38		3	9	504	27	34	4	9
石阡县	45			3	1694	48	36	8	20
思南县	42		6	1	1667	53	29	1	18
印江土家族苗族自治县	24		2	1	1127	35	31	2	28
德江县	35	1	3	8	1023	42	47	2	14
沿河土家族自治县	38	1	1		1704	64	26	4	19
松桃苗族自治县	133		4	4	2056	64	83	4	40
黔西南布依族苗族自治州	**538**	**5**	**18**	**78**	**7581**	**387**	**459**	**36**	**60**
兴义市	94	3	5	36	2124	84	92	6	3
兴仁市	39		4	10	964	50	114	4	5
普安县	43			2	784	30	79	7	9
晴隆县	36			7	860	20	19	10	24
贞丰县	51		6	14	684	90	53	7	2
望谟县	123		2		681	36	12	1	7
册亨县	103	2	1	4	427	13	19		3
安龙县	49			5	1057	64	71	1	7
黔东南苗族侗族自治州	**592**	**9**	**14**	**72**	**11510**	**506**	**426**	**39**	**31**
凯里市	63	3	3	6	1269	67	70	6	8
黄平县	37		1	2	776	39	18	3	4
施秉县	9			1	369	15	10		
三穗县	35			5	477	19	38	3	
镇远县	16			3	552	18	31	3	1
岑巩县	46		1	2	712	20	17	3	1
天柱县	48	1	2	2	802	37	37	5	3
锦屏县	23			22	400	24	17		2
剑河县	10		1	3	545	40	26	1	8
台江县	32			1	648	13	7		2
黎平县	48	3	2	4	991	45	34	2	
榕江县	64	1	1	5	1234	55	25	1	2
从江县	90	1	3	6	1237	52	45	2	
雷山县	17			7	544	16	24	4	
麻江县	12			2	505	25	8	6	
丹寨县	42			1	449	21	19		
黔南布依族苗族自治州	**511**	**4**	**19**	**41**	**9812**	**562**	**528**	**47**	**80**
都匀市	59		3	5	1224	72	57	11	34
福泉市	26	1	3	6	990	82	91	7	5
荔波县	42		1	1	665	58	28	1	3
贵定县	19		3	1	894	37	47	1	2
瓮安县	39	2		5	840	36	64	2	1
独山县	73		2	4	712	50	37	3	4
平塘县	42	1	3	5	855	21	30		2
罗甸县	33		1	1	499	28	22	2	4
长顺县	30			3	714	37	25	3	
龙里县	26			4	806	58	46	3	7
惠水县	58		3	4	950	67	62	10	11
三都水族自治县	64			2	663	16	19	4	7

4−6c　续表 52　　　　单位：人

地　区 性　别	生产制造及有关人员								不便分类的其他从业人员
	计算机、通信和其他电子设备制造人员	仪器仪表制造人员	废弃资源综合利用人员	电力、热力、气体、水生产和输配人员	建筑施工人员	运输设备和通用工程机械操作人员及有关人员	生产辅助人员	其他生产制造及有关人员	
女	**3119**	**31**	**64**	**137**	**18619**	**295**	**2585**	**191**	**422**
贵　州	**3119**	**31**	**64**	**137**	**18619**	**295**	**2585**	**191**	**422**
贵阳市	**140**	**2**	**4**	**11**	**877**	**26**	**256**	**13**	**100**
南明区					75		4		
云岩区									
花溪区	24		1	2	245	6	26	4	5
乌当区	24	1	1		63	2	49	1	2
白云区	17		1		26	1	9		
观山湖区	2				67	1	16		45
开阳县	12	1		2	92		14	1	
息烽县	3			1	60	1	26		
修文县	12			1	90	2	70	2	45
清镇市	46		1	5	159	13	42	5	3
六盘水市	**259**	**2**	**3**	**25**	**1973**	**54**	**254**	**12**	**30**
钟山区	11			1	78	1	4		
六枝特区	38			2	394	2	71	3	7
水城县	106	2	1	6	709	20	73	3	3
盘州市	104		2	16	792	31	106	6	20
遵义市	**391**	**4**	**6**	**29**	**2366**	**65**	**631**	**20**	**26**
红花岗区	49			2	149	2	30	1	3
汇川区	27				112	4	12		1
播州区	36			12	252	12	102	3	6
桐梓县	56			2	239		26		2
绥阳县	39	1	1	3	124	6	35	2	
正安县	33				259	2	24	2	3
道真仡佬族苗族自治县	19				89	1	24		
务川仡佬族苗族自治县	11	2			262	1	7		1
凤冈县	15	1	1	1	134		10	3	2
湄潭县	30		2		77		35	5	3
余庆县	5			3	75		21		
习水县	34		2	1	294	18	99	2	4
赤水市	27			3	89		23	1	1
仁怀市	10			2	211	19	183	1	
安顺市	**305**	**4**	**10**	**5**	**1152**	**21**	**222**	**24**	**51**
西秀区	81		1	1	236	7	49	8	21
平坝区	66	2			105	3	63	2	4
普定县	51		4	1	272	4	27	5	13
镇宁布依族苗族自治县	57	1	2	1	202	5	40	6	9
关岭布依族苗族自治县	22	1	3	1	175		24	1	
紫云苗族布依族自治县	28			1	162	2	19	2	4
毕节市	**646**	**3**	**16**	**21**	**2776**	**48**	**363**	**35**	**24**
七星关区	71		3	2	364	2	64	4	
大方县	68			8	307	7	51	2	2
黔西县	45	1	3	1	203	4	27	8	17
金沙县	34			4	112	12	41		1
织金县	56		2		407	7	28	2	1
纳雍县	68	1	7	3	306	7	51	5	
威宁彝族回族苗族自治县	228	1	1	2	619	3	60	8	2
赫章县	76			1	458	6	41	6	1

4−6c 续表 53

单位：人

地　区 性　别	生产制造及有关人员								不便分类的其他从业人员
	计算机、通信和其他电子设备制造人员	仪器仪表制造人员	废弃资源综合利用人员	电力、热力、气体、水生产和输配人员	建筑施工人员	运输设备和通用工程机械操作人员及有关人员	生产辅助人员	其他生产制造及有关人员	
铜仁市	**325**	**1**	**10**	**9**	**2586**	**21**	**197**	**16**	**93**
碧江区	29		2	1	71	1	13		7
万山区	9				77	1	14	5	8
江口县	16			2	91	2	10		1
玉屏侗族自治县	49		1	1	75	1	16	2	5
石阡县	30	1		1	482		15	1	18
思南县	37		4		516	2	26	1	7
印江土家族苗族自治县	16		1		260		19	2	17
德江县	24		1	3	286	2	30	1	5
沿河土家族自治县	36				471	6	27	2	10
松桃苗族自治县	79		1	1	257	6	27	2	15
黔西南布依族苗族自治州	**333**	**8**	**7**	**10**	**2136**	**28**	**191**	**28**	**39**
兴义市	63	6	4	4	572	10	52	4	1
兴仁市	31		1	2	254	4	36	4	3
普安县	22			1	228	4	15	5	4
晴隆县	27				286	4	9	8	8
贞丰县	34		1	2	198	3	32	4	6
望谟县	68		1		213		8	2	8
册亨县	52	1			154		17		1
安龙县	36	1		1	231	3	22	1	8
黔东南苗族侗族自治州	**330**	**2**	**3**	**18**	**2610**	**8**	**223**	**16**	**18**
凯里市	27			3	351	3	20	1	5
黄平县	22			1	204		13	1	2
施秉县	13			1	77	1	1	1	
三穗县	21			1	75		26		
镇远县	5			2	101		13	2	
岑巩县	52	1		1	157		13	4	1
天柱县	29		1	1	142		13	1	5
锦屏县	15			3	72		17		1
剑河县	2			1	132	1	13		2
台江县	19				171		10	2	2
黎平县	21				226	1	25		
榕江县	30			2	276		9	1	
从江县	47	1	2		297		20		
雷山县	2			1	110		8	1	
麻江县	6			1	104	1	12	2	
丹寨县	19				115	1	10		
黔南布依族苗族自治州	**390**	**5**	**5**	**9**	**2143**	**24**	**248**	**27**	**41**
都匀市	28		1	1	327	4	24	4	14
福泉市	27			2	162	4	18	3	
荔波县	16				126	2	8		1
贵定县	17		1		163		9		6
瓮安县	15			1	178	1	24	1	2
独山县	85				149	4	29	3	2
平塘县	38				193	1	13	2	2
罗甸县	12	1			134		13	2	2
长顺县	46	2	1	1	171	2	20	6	2
龙里县	16			1	145	2	38	2	2
惠水县	42	2	1	3	253	4	39	2	5
三都水族自治县	48		1		142		13	2	3

4-7　全省分年龄、性别、职业中类的就业人口

单位：人

年龄组 性　别	合计	党的机关、国家机关、群众团体和社会组织、企事业单位负责人						
		小计	中国共产党机关负责人	国家机关负责人	民主党派和工商联负责人	人民团体和群众团体、社会组织及其他成员组织负责人	基层群众自治组织负责人	企事业单位负责人
总　计	**1480345**	**28905**	**153**	**2250**	**10**	**1158**	**2159**	**23175**
16–19岁	23559	48				4		44
20–24岁	102459	844		7		22	34	781
25–29岁	156041	2653	7	76	1	93	112	2364
30–34岁	193834	5165	18	266	1	180	204	4496
35–39岁	167694	4787	25	402	1	188	210	3961
40–44岁	183393	4723	32	487		187	351	3666
45–49岁	219519	4809	38	467	2	211	417	3674
50–54岁	189058	3372	21	310	4	147	373	2517
55–59岁	122214	1851	7	211	1	84	303	1245
60–64岁	52112	365	3	16		18	100	228
65–69岁	44218	180	1	1		15	40	123
70–74岁	17834	78	1	4		5	12	56
75岁及以上	8410	30		3		4	3	20
男	**872038**	**21210**	**121**	**1874**	**10**	**739**	**1858**	**16608**
16–19岁	15016	32				2		30
20–24岁	60454	534		1		16	18	499
25–29岁	90955	1809	4	50	1	50	83	1621
30–34岁	114049	3583	11	193	1	106	143	3129
35–39岁	99454	3423	15	337	1	111	176	2783
40–44岁	106707	3478	24	424		113	304	2613
45–49岁	127403	3599	35	394	2	145	371	2652
50–54岁	111662	2632	20	261	4	96	332	1919
55–59岁	75128	1586	7	193	1	67	282	1036
60–64岁	30469	301	3	15		15	94	174
65–69岁	25560	146	1	1		11	40	93
70–74岁	10418	63	1	3		5	12	42
75岁及以上	4763	24		2		2	3	17
女	**608307**	**7695**	**32**	**376**		**419**	**301**	**6567**
16–19岁	8543	16				2		14
20–24岁	42005	310		6		6	16	282
25–29岁	65086	844	3	26		43	29	743
30–34岁	79785	1582	7	73		74	61	1367
35–39岁	68240	1364	10	65		77	34	1178
40–44岁	76686	1245	8	63		74	47	1053
45–49岁	92116	1210	3	73		66	46	1022
50–54岁	77396	740	1	49		51	41	598
55–59岁	47086	265		18		17	21	209
60–64岁	21643	64		1		3	6	54
65–69岁	18658	34				4		30
70–74岁	7416	15		1				14
75岁及以上	3647	6		1		2		3

4-7 续表 1

单位：人

年龄组 性 别	专业技术人员 小计	科学研究人员	工程技术人员	农业技术人员	飞机和船舶技术人员	卫生专业技术人员	经济和金融专业人员	法律、社会和宗教专业人员	教学人员	文学艺术、体育专业人员
总 计	**139257**	**473**	**21327**	**1317**	**86**	**29106**	**18358**	**2875**	**61427**	**1373**
16-19岁	1787	2	153	4	1	292	78	5	1110	60
20-24岁	15546	46	2055	45	11	4312	1905	242	6228	293
25-29岁	27388	70	3881	95	19	7105	4000	587	10747	315
30-34岁	27565	111	4326	129	14	6054	4163	535	11425	235
35-39岁	19847	68	2972	115	13	3479	2316	356	10003	144
40-44岁	15812	46	2339	177	10	2570	1896	242	8149	96
45-49岁	13550	44	2571	228	5	2325	2119	351	5529	99
50-54岁	10496	43	1841	202	3	1617	1240	284	4982	89
55-59岁	5679	36	963	197	8	905	511	192	2731	31
60-64岁	847	3	139	65	1	220	66	46	285	5
65-69岁	426	4	55	40	1	133	39	21	116	4
70-74岁	170		20	13		53	13	12	56	1
75岁及以上	144		12	7		41	12	2	66	1
男	**63681**	**265**	**18233**	**987**	**78**	**9119**	**5942**	**1660**	**25070**	**794**
16-19岁	593	2	136	3	1	51	25	3	299	32
20-24岁	4437	19	1708	28	10	791	539	95	922	148
25-29岁	9379	30	3302	62	18	1635	1104	268	2532	175
30-34岁	11402	65	3724	93	11	1613	1275	284	3893	144
35-39岁	9608	40	2543	88	13	1191	727	204	4497	96
40-44岁	8429	22	1956	125	8	1090	589	145	4272	61
45-49岁	7421	25	2149	166	5	1021	699	216	2936	53
50-54岁	6457	27	1618	151	3	789	516	212	2962	55
55-59岁	4722	30	901	167	7	611	384	164	2346	23
60-64岁	671	3	125	55	1	154	44	40	233	3
65-69岁	325	2	46	33	1	99	25	18	87	3
70-74岁	127		16	10		39	7	9	44	
75岁及以上	110		9	6		35	8	2	47	1
女	**75576**	**208**	**3094**	**330**	**8**	**19987**	**12416**	**1215**	**36357**	**579**
16-19岁	1194		17	1		241	53	2	811	28
20-24岁	11109	27	347	17	1	3521	1366	147	5306	145
25-29岁	18009	40	579	33	1	5470	2896	319	8215	140
30-34岁	16163	46	602	36	3	4441	2888	251	7532	91
35-39岁	10239	28	429	27		2288	1589	152	5506	48
40-44岁	7383	24	383	52	2	1480	1307	97	3877	35
45-49岁	6129	19	422	62		1304	1420	135	2593	46
50-54岁	4039	16	223	51		828	724	72	2020	34
55-59岁	957	6	62	30	1	294	127	28	385	8
60-64岁	176		14	10		66	22	6	52	2
65-69岁	101	2	9	7		34	14	3	29	1
70-74岁	43		4	3		14	6	3	12	1
75岁及以上	34		3	1		6	4		19	

4-7　续表 2　　　　单位：人

年龄组 性　别	专业技术人员		办事人员和有关人员				社会生产服务和生活服务人员		
	新闻出版、文化专业人员	其他专业技术人员	小计	办事人员	安全和消防人员	其他办事人员和有关人员	小计	批发与零售服务人　员	交通运输、仓储和邮政业服务人员
总　计	**2001**	**914**	**108713**	**86665**	**20435**	**1613**	**446907**	**174640**	**83366**
16-19岁	58	24	506	306	187	13	9469	2547	811
20-24岁	323	86	7968	6139	1691	138	39035	14818	5648
25-29岁	427	142	15944	13364	2353	227	56478	23922	9442
30-34岁	417	156	19321	16260	2790	271	70423	30582	12950
35-39岁	248	133	14301	12120	1977	204	58303	24147	12198
40-44岁	174	113	13341	11242	1906	193	60044	23017	13358
45-49岁	159	120	15088	12003	2870	215	67149	24023	14621
50-54岁	121	74	11836	8571	3108	157	47810	16883	9096
55-59岁	56	49	7855	5269	2464	122	25189	8697	4109
60-64岁	10	7	1488	785	671	32	7107	2962	751
65-69岁	5	8	731	373	329	29	4102	1974	296
70-74岁		2	226	142	73	11	1234	713	52
75岁及以上	3		108	91	16	1	564	355	34
男	**857**	**676**	**70564**	**51460**	**18057**	**1047**	**241706**	**79963**	**71957**
16-19岁	30	11	342	154	179	9	5846	1158	688
20-24岁	113	64	4398	2766	1553	79	22761	6738	4776
25-29岁	151	102	8782	6586	2066	130	32068	10898	8125
30-34岁	180	120	11436	8939	2333	164	37975	13181	11204
35-39岁	113	96	8960	7210	1614	136	30715	10416	10565
40-44岁	85	76	8474	6785	1566	123	30646	9941	11382
45-49岁	60	91	9899	7312	2458	129	34229	11136	12466
50-54岁	67	57	8890	5932	2846	112	25264	8390	8003
55-59岁	44	45	7147	4644	2401	102	14521	4713	3724
60-64岁	7	6	1304	628	648	28	4181	1673	681
65-69岁	5	6	656	318	312	26	2450	1151	268
70-74岁		2	194	117	68	9	716	376	45
75岁及以上	2		82	69	13		334	192	30
女	**1144**	**238**	**38149**	**35205**	**2378**	**566**	**205201**	**94677**	**11409**
16-19岁	28	13	164	152	8	4	3623	1389	123
20-24岁	210	22	3570	3373	138	59	16274	8080	872
25-29岁	276	40	7162	6778	287	97	24410	13024	1317
30-34岁	237	36	7885	7321	457	107	32448	17401	1746
35-39岁	135	37	5341	4910	363	68	27588	13731	1633
40-44岁	89	37	4867	4457	340	70	29398	13076	1976
45-49岁	99	29	5189	4691	412	86	32920	12887	2155
50-54岁	54	17	2946	2639	262	45	22546	8493	1093
55-59岁	12	4	708	625	63	20	10668	3984	385
60-64岁	3	1	184	157	23	4	2926	1289	70
65-69岁		2	75	55	17	3	1652	823	28
70-74岁			32	25	5	2	518	337	7
75岁及以上	1		26	22	3	1	230	163	4

4-7 续表 3　　　　单位：人

年龄组 性　别	社会生产服务和生活服务人员								
	住宿和餐饮服务人　员	信息传输、软件和信息技术服务人　员	金融服务人　　员	房地产服务人员	租赁和商务服务人　员	技术辅助服务人员	水利、环境和公共设施管理服务人员	居民服务人　　员	电力、燃气及水供应服务人　员
总　计	**69907**	**5712**	**7963**	**4592**	**8520**	**6878**	**32392**	**27281**	**5426**
16-19岁	2863	79	19	72	96	168	129	1389	33
20-24岁	6897	1031	725	546	794	1157	511	3425	286
25-29岁	7427	1426	1929	851	1113	1681	998	3848	577
30-34岁	9778	1229	1990	787	1159	1530	1860	4323	816
35-39岁	9029	771	1002	480	803	837	2714	3186	704
40-44岁	9954	514	681	446	860	579	4592	3006	804
45-49岁	11280	382	778	595	1163	477	7423	3313	1004
50-54岁	7713	185	545	439	1167	267	7002	2488	691
55-59岁	3608	74	251	264	947	143	4614	1373	387
60-64岁	838	12	23	65	241	25	1493	465	75
65-69岁	387	5	10	35	133	9	825	311	33
70-74岁	100	2	5	10	33	4	182	97	14
75岁及以上	33	2	5	2	11	1	49	57	2
男	**26449**	**3983**	**3834**	**2678**	**6352**	**4876**	**11102**	**10118**	**4391**
16-19岁	1709	50	11	50	71	129	83	722	32
20-24岁	3890	684	356	314	488	789	260	1506	237
25-29岁	3701	994	989	481	690	1164	444	1488	457
30-34岁	4139	833	928	419	740	1086	638	1490	644
35-39岁	3120	553	446	254	542	603	793	992	542
40-44岁	2950	359	281	252	601	411	1290	901	626
45-49岁	3074	286	324	307	912	348	2034	1071	760
50-54岁	2158	147	259	293	1018	198	2289	896	615
55-59岁	1168	62	207	213	900	118	1917	573	366
60-64岁	329	9	21	54	230	18	740	232	69
65-69岁	151	4	6	32	123	8	460	156	29
70-74岁	47	1	2	9	27	3	117	58	12
75岁及以上	13	1	4		10	1	37	33	2
女	**43458**	**1729**	**4129**	**1914**	**2168**	**2002**	**21290**	**17163**	**1035**
16-19岁	1154	29	8	22	25	39	46	667	1
20-24岁	3007	347	369	232	306	368	251	1919	49
25-29岁	3726	432	940	370	423	517	554	2360	120
30-34岁	5639	396	1062	368	419	444	1222	2833	172
35-39岁	5909	218	556	226	261	234	1921	2194	162
40-44岁	7004	155	400	194	259	168	3302	2105	178
45-49岁	8206	96	454	288	251	129	5389	2242	244
50-54岁	5555	38	286	146	149	69	4713	1592	76
55-59岁	2440	12	44	51	47	25	2697	800	21
60-64岁	509	3	2	11	11	7	753	233	6
65-69岁	236	1	4	3	10	1	365	155	4
70-74岁	53	1	3	1	6	1	65	39	2
75岁及以上	20	1	1	2	1		12	24	

4-7　续表 4　　单位：人

年龄组 性　别	社会生产服务和生活服务人员				农、林、牧、渔业生产及辅助人员				
	修理及制作服务人　员	文化、体育和娱乐服务人员	健康服务人　　员	其他社会生产和生活服务人　员	小计	农业生产人　　员	林业生产人　　员	畜牧业生产人员	渔业生产人　　员
总　计	**15159**	**3226**	**1181**	**664**	**400387**	**321192**	**10988**	**64839**	**1361**
16-19岁	936	303	12	12	3851	3142	58	622	15
20-24岁	2258	759	119	61	11936	9665	207	1933	64
25-29岁	2384	606	187	87	15272	12127	326	2623	117
30-34岁	2712	462	159	86	21092	16234	622	3931	178
35-39岁	1955	274	139	64	24385	18646	894	4544	154
40-44岁	1755	244	150	84	37078	28516	1486	6635	224
45-49岁	1557	247	167	119	57735	44742	2343	10089	238
50-54岁	962	169	129	74	71544	56789	2491	11704	176
55-59岁	473	106	95	48	60565	49203	1770	9175	107
60-64岁	99	31	13	14	37552	31372	491	5505	47
65-69岁	46	17	9	12	36520	31070	230	5060	29
70-74岁	12	6	2	2	15543	13320	48	2113	11
75岁及以上	10	2		1	7314	6366	22	905	1
男	**13205**	**1855**	**512**	**431**	**201263**	**155344**	**8677**	**35083**	**1033**
16-19岁	914	211	9	9	2299	1833	42	405	11
20-24岁	2149	499	35	40	6673	5231	161	1181	53
25-29岁	2152	362	61	62	8161	6211	248	1546	103
30-34岁	2335	226	57	55	10588	7754	446	2180	138
35-39岁	1639	156	57	37	12039	8773	685	2383	119
40-44岁	1420	109	72	51	17705	12862	1157	3411	163
45-49岁	1262	109	72	68	27326	20055	1854	5073	173
50-54岁	787	86	72	53	33815	25482	2015	5983	119
55-59岁	401	64	61	34	29665	23014	1451	4936	79
60-64岁	88	18	8	11	19991	16296	398	3184	39
65-69岁	38	9	6	9	20127	16871	172	2993	27
70-74岁	11	5	2	1	8848	7503	34	1268	9
75岁及以上	9	1		1	4026	3459	14	540	
女	**1954**	**1371**	**669**	**233**	**199124**	**165848**	**2311**	**29756**	**328**
16-19岁	22	92	3	3	1552	1309	16	217	4
20-24岁	109	260	84	21	5263	4434	46	752	11
25-29岁	232	244	126	25	7111	5916	78	1077	14
30-34岁	377	236	102	31	10504	8480	176	1751	40
35-39岁	316	118	82	27	12346	9873	209	2161	35
40-44岁	335	135	78	33	19373	15654	329	3224	61
45-49岁	295	138	95	51	30409	24687	489	5016	65
50-54岁	175	83	57	21	37729	31307	476	5721	57
55-59岁	72	42	34	14	30900	26189	319	4239	28
60-64岁	11	13	5	3	17561	15076	93	2321	8
65-69岁	8	8	3	3	16393	14199	58	2067	2
70-74岁	1	1		1	6695	5817	14	845	2
75岁及以上	1	1			3288	2907	8	365	1

4-7 续表 5　　　　单位：人

年龄组 性　别	农林牧渔生产辅助人员	其他农、林、牧、渔业生产加工人员	生产制造及有关人员						
			小计	农副产品加工人员	食品、饮料生产加工人员	烟草及其制品加工人员	纺织、针织、印染人员	纺织品、服装和皮革、毛皮制品加工制作人员	木材加工、家具与木制品制作人员
总　计	**1874**	**133**	**353057**	**6128**	**10427**	**820**	**2263**	**12911**	**11371**
16-19岁	11	3	7472	53	178	4	110	705	172
20-24岁	61	6	26724	218	906	21	284	1593	607
25-29岁	77	2	37982	354	1485	61	305	1697	999
30-34岁	119	8	49908	602	1731	81	353	2097	1450
35-39岁	130	17	45779	637	1268	97	304	1817	1385
40-44岁	193	24	52087	886	1336	98	312	1729	1593
45-49岁	302	21	60784	1252	1503	164	303	1774	1951
50-54岁	363	21	43692	1045	1093	164	170	971	1691
55-59岁	294	16	20907	635	565	107	65	373	981
60-64岁	132	5	4699	242	197	18	28	79	257
65-69岁	125	6	2226	146	111	4	15	54	182
70-74岁	47	4	569	45	43	1	9	11	81
75岁及以上	20		228	13	11		5	11	22
男	**1057**	**69**	**271674**	**3416**	**6618**	**540**	**1105**	**5800**	**8867**
16-19岁	6	2	5685	42	105	3	67	395	144
20-24岁	43	4	21422	157	666	15	157	885	500
25-29岁	53		30550	232	1019	46	172	881	800
30-34岁	66	4	38828	328	1116	61	190	966	1122
35-39岁	72	7	34519	342	771	57	136	738	1028
40-44岁	102	10	37792	447	764	52	124	643	1146
45-49岁	159	12	44676	671	858	99	113	678	1462
50-54岁	203	13	34385	572	709	111	82	400	1328
55-59岁	175	10	17370	373	363	82	33	146	846
60-64岁	72	2	3985	136	133	10	16	39	234
65-69岁	61	3	1832	85	75	3	8	19	160
70-74岁	32	2	459	27	31	1	5	4	77
75岁及以上	13		171	4	8		2	6	20
女	**817**	**64**	**81383**	**2712**	**3809**	**280**	**1158**	**7111**	**2504**
16-19岁	5	1	1787	11	73	1	43	310	28
20-24岁	18	2	5302	61	240	6	127	708	107
25-29岁	24	2	7432	122	466	15	133	816	199
30-34岁	53	4	11080	274	615	20	163	1131	328
35-39岁	58	10	11260	295	497	40	168	1079	357
40-44岁	91	14	14295	439	572	46	188	1086	447
45-49岁	143	9	16108	581	645	65	190	1096	489
50-54岁	160	8	9307	473	384	53	88	571	363
55-59岁	119	6	3537	262	202	25	32	227	135
60-64岁	60	3	714	106	64	8	12	40	23
65-69岁	64	3	394	61	36	1	7	35	22
70-74岁	15	2	110	18	12		4	7	4
75岁及以上	7		57	9	3		3	5	2

4−7　续表 6　　　　单位：人

年龄组 性　别	生产制造及有关人员								
	纸及纸制品生产加工人员	印刷和记录媒介复制人员	文教、工美、体育和娱乐用品制造人　员	石油加工和炼焦、煤化工生产人员	化学原料和化学制品制造人　员	医药制造人　　员	化学纤维制造人员	橡胶和塑料制品制造人员	非金属矿物制品制造人员
总　计	**1280**	**963**	**3595**	**412**	**2345**	**788**	**90**	**3172**	**9069**
16−19岁	34	38	228	3	37	10	4	141	127
20−24岁	120	121	437	14	115	72	9	334	490
25−29岁	141	141	445	41	270	118	17	393	716
30−34岁	182	181	558	56	341	142	18	481	1097
35−39岁	181	129	457	53	329	118	12	425	1129
40−44岁	183	105	494	63	407	113	13	463	1460
45−49岁	223	137	448	102	419	103	7	510	1832
50−54岁	121	62	288	47	289	60	9	288	1296
55−59岁	59	32	134	26	95	34	1	108	666
60−64岁	22	7	46	5	22	6		23	160
65−69岁	12	6	36	2	11	7		3	76
70−74岁	1	3	14		5	4		2	16
75岁及以上	1	1	10		5	1		1	4
男	**663**	**591**	**1856**	**310**	**1611**	**383**	**53**	**1974**	**6884**
16−19岁	25	27	134	3	22	8	4	94	108
20−24岁	80	83	245	13	82	36	6	248	413
25−29岁	89	94	253	36	187	63	9	262	588
30−34岁	86	108	268	43	238	70	10	323	806
35−39岁	83	76	227	32	212	46	7	250	839
40−44岁	81	55	203	48	256	56	8	258	1018
45−49岁	96	76	222	73	291	40	4	287	1283
50−54岁	71	37	149	33	219	34	4	164	1032
55−59岁	34	21	79	23	74	20	1	68	569
60−64岁	12	4	29	4	16	4		15	139
65−69岁	6	6	26	2	8	4		3	71
70−74岁		3	11		3	2		1	15
75岁及以上		1	10		3			1	3
女	**617**	**372**	**1739**	**102**	**734**	**405**	**37**	**1198**	**2185**
16−19岁	9	11	94		15	2		47	19
20−24岁	40	38	192	1	33	36	3	86	77
25−29岁	52	47	192	5	83	55	8	131	128
30−34岁	96	73	290	13	103	72	8	158	291
35−39岁	98	53	230	21	117	72	5	175	290
40−44岁	102	50	291	15	151	57	5	205	442
45−49岁	127	61	226	29	128	63	3	223	549
50−54岁	50	25	139	14	70	26	5	124	264
55−59岁	25	11	55	3	21	14		40	97
60−64岁	10	3	17	1	6	2		8	21
65−69岁	6		10		3	3			5
70−74岁	1		3		2	2		1	1
75岁及以上	1				2	1			1

4-7 续表 7 单位：人

年龄组 性　别	生产制造及有关人员								
	采矿人员	金属冶炼和压延加工人员	机械制造基础加工人员	金属制品制造人员	通用设备制造人员	专用设备制造人员	汽车制造人员	铁路、船舶、航空设备制造人员	电气机械和器材制造人员
总　计	**12716**	**2592**	**5830**	**7271**	**1477**	**485**	**1310**	**824**	**2475**
16-19岁	44	26	118	282	29	29	74	11	193
20-24岁	471	139	460	737	143	83	201	106	372
25-29岁	936	225	650	937	166	72	191	131	377
30-34岁	1731	319	909	1237	240	68	224	131	407
35-39岁	1826	306	839	1033	192	63	171	100	318
40-44岁	2243	441	947	1070	230	56	162	80	304
45-49岁	2767	578	1009	1066	245	58	169	116	281
50-54岁	1897	368	650	587	145	36	80	98	151
55-59岁	630	148	202	243	67	16	32	47	58
60-64岁	105	27	27	48	8	1	4	3	9
65-69岁	41	8	11	22	9	3	2	1	3
70-74岁	15	4	6	4	2				1
75岁及以上	10	3	2	5	1				1
男	**11819**	**2037**	**5028**	**5196**	**1166**	**302**	**903**	**628**	**1530**
16-19岁	40	22	98	206	24	18	61	8	147
20-24岁	454	113	390	578	115	55	162	88	253
25-29岁	880	202	562	708	136	45	145	105	238
30-34岁	1612	247	787	880	187	48	142	88	233
35-39岁	1702	212	726	732	149	35	110	69	194
40-44岁	2081	339	798	719	176	37	95	56	163
45-49岁	2553	438	857	705	176	31	108	78	149
50-54岁	1769	309	581	419	123	24	53	90	98
55-59岁	582	127	188	186	61	7	24	43	44
60-64岁	92	18	25	39	8		2	3	8
65-69岁	33	5	9	17	8	2	1		1
70-74岁	12	2	6	4	2				1
75岁及以上	9	3	1	3	1				1
女	**897**	**555**	**802**	**2075**	**311**	**183**	**407**	**196**	**945**
16-19岁	4	4	20	76	5	11	13	3	46
20-24岁	17	26	70	159	28	28	39	18	119
25-29岁	56	23	88	229	30	27	46	26	139
30-34岁	119	72	122	357	53	20	82	43	174
35-39岁	124	94	113	301	43	28	61	31	124
40-44岁	162	102	149	351	54	19	67	24	141
45-49岁	214	140	152	361	69	27	61	38	132
50-54岁	128	59	69	168	22	12	27	8	53
55-59岁	48	21	14	57	6	9	8	4	14
60-64岁	13	9	2	9		1	2		1
65-69岁	8	3	2	5	1	1	1	1	2
70-74岁	3	2							
75岁及以上	1		1	2					

4-7　续表 8　　　　　　　　　　　　　　　　　　　　　　　　　　单位：人

年龄组 性　别	生产制造及有关人员								不便分类的其他从业人员
	计算机、通信和其他电子设备制造人员	仪器仪表制造人员	废弃资源综合利用人员	电力、热力、气体、水生产和输配人员	建筑施工人员	运输设备和通用工程机械操作人员及有关人员	生产辅助人员	其他生产制造及有关人员	
总　计	**13974**	**178**	**625**	**1968**	**201780**	**10656**	**22290**	**972**	**3119**
16−19岁	1509	7	6	7	2547	265	442	39	426
20−24岁	2943	22	23	109	12097	1436	1945	96	406
25−29岁	2448	26	39	207	19330	2069	2886	109	324
30−34岁	2122	40	61	294	27035	2018	3564	138	360
35−39岁	1451	23	72	214	26517	1352	2849	112	292
40−44岁	1409	19	114	280	31017	1266	3062	132	308
45−49岁	1165	27	124	400	37109	1193	3610	139	404
50−54岁	616	11	119	283	27829	687	2423	118	308
55−59岁	237	3	42	137	13591	316	1207	50	168
60−64岁	39		15	22	3077	37	147	18	54
65−69岁	22		7	10	1295	11	105	11	33
70−74岁	9		2	2	245	5	32	7	14
75岁及以上	4		1	3	91	1	18	3	22
男	**7968**	**105**	**446**	**1576**	**166070**	**9893**	**15729**	**607**	**1940**
16−19岁	991	4	5	7	2287	258	302	26	219
20−24岁	1886	18	19	93	10763	1404	1386	59	229
25−29岁	1500	17	30	171	17061	1973	1977	69	206
30−34岁	1130	26	41	223	23037	1907	2424	81	237
35−39岁	725	10	48	167	21579	1233	1917	67	190
40−44岁	605	8	77	211	24105	1100	1990	73	183
45−49岁	566	13	83	285	28744	1042	2508	87	253
50−54岁	353	6	87	255	22640	624	1931	78	219
55−59岁	167	3	38	128	11652	305	1048	35	117
60−64岁	26		9	22	2769	33	124	16	36
65−69岁	14		6	9	1151	9	81	10	24
70−74岁	3		2	2	209	5	26	5	11
75岁及以上	2		1	3	73		15	1	16
女	**6006**	**73**	**179**	**392**	**35710**	**763**	**6561**	**365**	**1179**
16−19岁	518	3	1		260	7	140	13	207
20−24岁	1057	4	4	16	1334	32	559	37	177
25−29岁	948	9	9	36	2269	96	909	40	118
30−34岁	992	14	20	71	3998	111	1140	57	123
35−39岁	726	13	24	47	4938	119	932	45	102
40−44岁	804	11	37	69	6912	166	1072	59	125
45−49岁	599	14	41	115	8365	151	1102	52	151
50−54岁	263	5	32	28	5189	63	492	40	89
55−59岁	70		4	9	1939	11	159	15	51
60−64岁	13		6		308	4	23	2	18
65−69岁	8		1	1	144	2	24	1	9
70−74岁	6				36		6	2	3
75岁及以上	2				18	1	3	2	6

4-7a 全省分年龄、性别、职业中类的就业人口(城市)

单位：人

年龄组 性别	合计	党的机关、国家机关、群众团体和社会组织、企事业单位负责人						
		小计	中国共产党机关负责人	国家机关负责人	民主党派和工商联负责人	人民团体和群众团体、社会组织及其他成员组织负责人	基层群众自治组织负责人	企事业单位负责人
总　计	**396547**	**15762**	**34**	**934**	**8**	**512**	**146**	**14128**
16-19岁	4703	23				2		21
20-24岁	32174	494		4		8	6	476
25-29岁	55859	1616	1	26		51	14	1524
30-34岁	70589	3118	5	91		90	21	2911
35-39岁	55303	2789	2	146	1	102	16	2522
40-44岁	52165	2466	10	162		74	23	2197
45-49岁	57922	2471	10	192	2	93	28	2146
50-54岁	40161	1687	4	167	4	53	20	1439
55-59岁	20452	884	1	132	1	31	15	704
60-64岁	4049	125	1	11		4	3	106
65-69岁	2062	48				1		47
70-74岁	723	29		2		2		25
75岁及以上	385	12		1		1		10
男	**229885**	**11160**	**26**	**739**	**8**	**313**	**93**	**9981**
16-19岁	2880	13				1		12
20-24岁	17319	296				7	2	287
25-29岁	30405	1097		16		29	8	1044
30-34岁	39746	2131	1	55		53	10	2012
35-39岁	31639	1929	2	115	1	58	9	1744
40-44岁	29694	1741	7	130		44	20	1540
45-49岁	33157	1760	10	152	2	58	20	1518
50-54岁	25265	1267	4	138	4	30	9	1082
55-59岁	15164	765	1	120	1	28	12	603
60-64岁	2654	94	1	10		3	3	77
65-69岁	1290	36						36
70-74岁	445	20		2		2		16
75岁及以上	227	11		1				10
女	**166662**	**4602**	**8**	**195**		**199**	**53**	**4147**
16-19岁	1823	10				1		9
20-24岁	14855	198		4		1	4	189
25-29岁	25454	519	1	10		22	6	480
30-34岁	30843	987	4	36		37	11	899
35-39岁	23664	860		31		44	7	778
40-44岁	22471	725	3	32		30	3	657
45-49岁	24765	711		40		35	8	628
50-54岁	14896	420		29		23	11	357
55-59岁	5288	119		12		3	3	101
60-64岁	1395	31		1		1		29
65-69岁	772	12				1		11
70-74岁	278	9						9
75岁及以上	158	1				1		

4－7a　续表 1　　单位：人

年龄组 性　别	专业技术人员									
	小计	科学研究人　　员	工程技术人　　员	农业技术人　　员	飞机和船舶技术人　员	卫生专业技术人员	经济和金融专业人　员	法律、社会和宗教专业人员	教学人员	文学艺术、体育专业人员
总　计	**67027**	**369**	**12256**	**287**	**65**	**13452**	**12237**	**1675**	**24176**	**731**
16－19岁	515		45			124	35	1	276	20
20－24岁	6921	28	1005	10	6	1818	1154	133	2393	159
25－29岁	13110	52	2215	27	15	3144	2563	350	4221	189
30－34岁	14450	89	2690	41	13	3090	2845	328	4842	135
35－39岁	10052	62	1827	32	13	1885	1648	240	4010	80
40－44岁	7558	35	1351	51	8	1190	1344	146	3207	51
45－49岁	6772	36	1447	45	4	1016	1488	216	2298	38
50－54岁	4783	38	1022	36		659	813	154	1886	40
55－59岁	2357	25	568	36	6	376	287	86	888	16
60－64岁	271	3	52	2		82	31	11	79	2
65－69岁	135	1	20	5		38	19	5	38	
70－74岁	53		7	1		16	5	5	19	
75岁及以上	50		7	1		14	5		19	1
男	**28432**	**209**	**10217**	**182**	**59**	**3696**	**3611**	**873**	**8280**	**424**
16－19岁	128		42			17	11		41	11
20－24岁	2033	16	805	6	5	318	319	50	351	79
25－29岁	4568	23	1815	16	15	677	678	140	966	108
30－34岁	5759	52	2256	24	10	756	808	172	1412	84
35－39岁	4433	36	1531	19	13	550	468	135	1503	49
40－44岁	3544	15	1115	32	7	436	375	81	1353	32
45－49岁	3203	21	1173	28	4	355	439	112	957	21
50－54岁	2578	22	871	21		279	279	100	899	26
55－59岁	1858	20	539	28	5	224	203	66	701	12
60－64岁	177	3	45	2		43	17	10	50	1
65－69岁	90	1	16	5		23	10	4	24	
70－74岁	28		4	1		7	1	3	12	
75岁及以上	33		5			11	3		11	1
女	**38595**	**160**	**2039**	**105**	**6**	**9756**	**8626**	**802**	**15896**	**307**
16－19岁	387		3			107	24	1	235	9
20－24岁	4888	12	200	4	1	1500	835	83	2042	80
25－29岁	8542	29	400	11		2467	1885	210	3255	81
30－34岁	8691	37	434	17	3	2334	2037	156	3430	51
35－39岁	5619	26	296	13		1335	1180	105	2507	31
40－44岁	4014	20	236	19	1	754	969	65	1854	19
45－49岁	3569	15	274	17		661	1049	104	1341	17
50－54岁	2205	16	151	15		380	534	54	987	14
55－59岁	499	5	29	8	1	152	84	20	187	4
60－64岁	94		7			39	14	1	29	1
65－69岁	45		4			15	9	1	14	
70－74岁	25		3			9	4	2	7	
75岁及以上	17		2	1		3	2		8	

4-7a 续表 2 单位：人

年龄组 性 别	专业技术人员		办事人员和有关人员				社会生产服务和生活服务人员		
	新闻出版、文化专业人员	其他专业技术人员	小计	办事人员	安全和消防人员	其他办事人员和有关人员	小计	批发与零售服务人员	交通运输、仓储和邮政业服务人员
总 计	**1296**	**483**	**54841**	**45274**	**9054**	**513**	**175532**	**73322**	**30072**
16-19岁	12	2	175	109	64	2	3086	870	176
20-24岁	180	35	3489	2822	629	38	16262	6772	1845
25-29岁	259	75	7592	6582	938	72	24709	11436	3299
30-34岁	283	94	10177	8733	1343	101	30285	14276	4645
35-39岁	182	73	7935	6882	988	65	23622	10702	4358
40-44岁	120	55	6991	6095	834	62	22947	9424	4823
45-49岁	117	67	7912	6507	1325	80	26038	9676	5614
50-54岁	91	44	5996	4483	1462	51	17032	6023	3404
55-59岁	41	28	3747	2601	1115	31	8369	2856	1594
60-64岁	5	4	499	275	217	7	1903	716	212
65-69岁	3	6	222	114	106	2	913	378	70
70-74岁			63	38	23	2	250	126	22
75岁及以上	3		43	33	10		116	67	10
男	**530**	**351**	**33146**	**24931**	**7924**	**291**	**94468**	**34173**	**25598**
16-19岁	5	1	119	57	61	1	1935	424	154
20-24岁	57	27	1837	1243	574	20	9170	3159	1506
25-29岁	80	50	3845	3020	792	33	13879	5449	2766
30-34岁	115	70	5682	4514	1111	57	16408	6459	3945
35-39岁	80	49	4623	3761	821	41	12488	4739	3720
40-44岁	63	35	4063	3340	684	39	11621	4109	4033
45-49岁	44	49	4721	3555	1129	37	12966	4382	4704
50-54岁	46	35	4221	2861	1329	31	9033	3026	3020
55-59岁	32	28	3364	2250	1089	25	5146	1692	1471
60-64岁	3	3	409	194	209	6	1096	423	190
65-69岁	3	4	183	87	96		516	214	61
70-74岁			49	27	21	1	145	60	18
75岁及以上	2		30	22	8		65	37	10
女	**766**	**132**	**21695**	**20343**	**1130**	**222**	**81064**	**39149**	**4474**
16-19岁	7	1	56	52	3	1	1151	446	22
20-24岁	123	8	1652	1579	55	18	7092	3613	339
25-29岁	179	25	3747	3562	146	39	10830	5987	533
30-34岁	168	24	4495	4219	232	44	13877	7817	700
35-39岁	102	24	3312	3121	167	24	11134	5963	638
40-44岁	57	20	2928	2755	150	23	11326	5315	790
45-49岁	73	18	3191	2952	196	43	13072	5294	910
50-54岁	45	9	1775	1622	133	20	7999	2997	384
55-59岁	9		383	351	26	6	3223	1164	123
60-64岁	2	1	90	81	8	1	807	293	22
65-69岁		2	39	27	10	2	397	164	9
70-74岁			14	11	2	1	105	66	4
75岁及以上	1		13	11	2		51	30	

4-7a 续表 3 单位：人

年龄组 性别	社会生产服务和生活服务人员								
	住宿和餐饮服务人员	信息传输、软件和信息技术服务人员	金融服务人员	房地产服务人员	租赁和商务服务人员	技术辅助服务人员	水利、环境和公共设施管理服务人员	居民服务人员	电力、燃气及水供应服务人员
总　计	**24432**	**3207**	**4644**	**2648**	**4072**	**4007**	**8962**	**11185**	**1792**
16–19岁	1036	32	8	30	30	60	13	465	5
20–24岁	2651	552	376	306	413	623	119	1383	77
25–29岁	2804	842	1047	507	595	1009	214	1579	213
30–34岁	3566	709	1234	465	609	949	416	1812	296
35–39岁	3183	422	611	291	407	505	706	1326	258
40–44岁	3272	291	407	249	387	333	1344	1317	290
45–49岁	3971	203	483	343	539	292	2397	1437	328
50–54岁	2472	100	319	234	532	139	2051	1065	212
55–59岁	1093	47	142	166	412	80	1132	520	96
60–64岁	244	4	10	36	82	12	381	149	11
65–69岁	99	3	4	19	54	2	160	97	4
70–74岁	30	1	3	2	9	2	28	19	2
75岁及以上	11	1			3	1	1	16	
男	**10282**	**2188**	**2118**	**1553**	**2913**	**2829**	**2138**	**3671**	**1394**
16–19岁	698	20	4	22	17	42	9	228	5
20–24岁	1548	357	179	190	230	407	56	540	64
25–29岁	1486	574	503	288	345	699	95	578	169
30–34岁	1679	484	556	257	370	670	140	612	233
35–39岁	1281	296	253	163	272	361	148	390	192
40–44岁	1065	194	160	146	266	240	242	358	214
45–49岁	1224	143	189	161	418	217	378	375	224
50–54岁	750	75	147	146	459	111	427	311	191
55–59岁	393	41	114	135	400	68	381	171	91
60–64岁	93	2	9	27	77	10	165	58	8
65–69岁	47	2	3	16	50	1	71	35	2
70–74岁	15		1	2	7	2	25	8	1
75岁及以上	3				2	1	1	7	
女	**14150**	**1019**	**2526**	**1095**	**1159**	**1178**	**6824**	**7514**	**398**
16–19岁	338	12	4	8	13	18	4	237	
20–24岁	1103	195	197	116	183	216	63	843	13
25–29岁	1318	268	544	219	250	310	119	1001	44
30–34岁	1887	225	678	208	239	279	276	1200	63
35–39岁	1902	126	358	128	135	144	558	936	66
40–44岁	2207	97	247	103	121	93	1102	959	76
45–49岁	2747	60	294	182	121	75	2019	1062	104
50–54岁	1722	25	172	88	73	28	1624	754	21
55–59岁	700	6	28	31	12	12	751	349	5
60–64岁	151	2	1	9	5	2	216	91	3
65–69岁	52	1	1	3	4	1	89	62	2
70–74岁	15	1	2		2		3	11	1
75岁及以上	8	1			1			9	

4–7a 续表 4　　　　单位：人

年龄组 性　别	社会生产服务和生活服务人员				农、林、牧、渔业生产及辅助人员				
	修理及制作服务人　员	文化、体育和娱乐服务人员	健康服务人　员	其他社会生产和生活服务人　员	小计	农业生产人　员	林业生产人　员	畜牧业生产人员	渔业生产人　员
总　计	**5068**	**1444**	**443**	**234**	**7529**	**5960**	**295**	**1056**	**89**
16–19岁	219	128	6	8	50	39	1	9	1
20–24岁	692	373	60	20	185	135	3	36	4
25–29岁	773	273	91	27	325	242	20	50	10
30–34岁	981	225	65	37	519	367	24	106	14
35–39岁	655	120	55	23	564	414	21	100	14
40–44岁	623	93	61	33	829	600	46	150	13
45–49岁	558	104	51	42	1216	928	66	179	13
50–54岁	360	69	30	22	1383	1091	69	187	15
55–59岁	158	37	20	16	1045	864	29	127	3
60–64岁	27	14	2	3	592	528	12	49	1
65–69岁	12	6	2	3	478	435	4	39	
70–74岁	5	1			220	202		16	1
75岁及以上	5	1			123	115		8	
男	**4477**	**827**	**160**	**147**	**4048**	**2968**	**220**	**711**	**73**
16–19岁	217	84	4	7	29	20	1	7	1
20–24岁	659	242	18	15	114	73	3	30	4
25–29岁	708	169	31	19	208	142	16	38	10
30–34岁	847	117	19	20	302	195	16	75	10
35–39岁	569	74	19	11	299	198	16	61	13
40–44岁	508	38	27	21	473	320	33	99	11
45–49岁	463	45	14	29	617	443	41	113	10
50–54岁	316	31	13	10	727	518	56	128	10
55–59岁	144	19	14	12	538	410	24	86	2
60–64岁	26	6	1	1	315	269	11	33	1
65–69岁	11	1		2	249	221	3	25	
70–74岁	5	1			121	109		10	1
75岁及以上	4				56	50		6	
女	**591**	**617**	**283**	**87**	**3481**	**2992**	**75**	**345**	**16**
16–19岁	2	44	2	1	21	19		2	
20–24岁	33	131	42	5	71	62		6	
25–29岁	65	104	60	8	117	100	4	12	
30–34岁	134	108	46	17	217	172	8	31	4
35–39岁	86	46	36	12	265	216	5	39	1
40–44岁	115	55	34	12	356	280	13	51	2
45–49岁	95	59	37	13	599	485	25	66	3
50–54岁	44	38	17	12	656	573	13	59	5
55–59岁	14	18	6	4	507	454	5	41	1
60–64岁	1	8	1	2	277	259	1	16	
65–69岁	1	5	2	1	229	214	1	14	
70–74岁					99	93		6	
75岁及以上	1	1			67	65		2	

4-7a　续表 5　　单位：人

年龄组 性　别	农林牧渔生产辅助人　员	其他农、林、牧、渔业生产加工人员	生产制造及有关人员 小计	农副产品加工人员	食品、饮料生产加工人员	烟草及其制品加工人员	纺织、针织、印染人员	纺织品、服装和皮革、毛皮制品加工制作人员	木材加工、家具与木制品制作人员
总　计	**110**	**19**	**74525**	**901**	**3709**	**382**	**233**	**1595**	**2397**
16-19岁			796	9	47		9	28	22
20-24岁	6	1	4689	31	355	8	13	103	128
25-29岁	3		8341	57	668	33	33	150	243
30-34岁	7	1	11857	101	802	53	37	242	375
35-39岁	12	3	10190	98	526	53	36	252	315
40-44岁	15	5	11199	135	457	40	34	250	359
45-49岁	26	4	13305	203	430	79	43	290	400
50-54岁	17	4	9131	142	274	66	10	185	345
55-59岁	21	1	3977	81	112	48	10	64	162
60-64岁	2		641	27	23	2	5	10	32
65-69岁			257	9	6			16	11
70-74岁	1		104	5	9		3	3	5
75岁及以上			38	3				2	
男	**67**	**9**	**57788**	**511**	**2409**	**261**	**96**	**654**	**2016**
16-19岁			633	7	29		5	14	20
20-24岁	3	1	3783	22	254	6	10	51	113
25-29岁	2		6710	37	459	29	12	62	212
30-34岁	5	1	9336	65	541	43	17	104	309
35-39岁	9	2	7768	56	343	29	13	86	256
40-44岁	9	1	8152	62	254	22	7	83	296
45-49岁	9	1	9763	103	239	45	14	123	332
50-54岁	13	2	7330	80	184	48	5	90	284
55-59岁	15	1	3444	50	80	37	8	29	148
60-64岁	1		551	16	15	2	4	4	31
65-69岁			209	7	4			6	10
70-74岁	1		79	5	7		1	1	5
75岁及以上			30	1				1	
女	**43**	**10**	**16737**	**390**	**1300**	**121**	**137**	**941**	**381**
16-19岁			163	2	18		4	14	2
20-24岁	3		906	9	101	2	3	52	15
25-29岁	1		1631	20	209	4	21	88	31
30-34岁	2		2521	36	261	10	20	138	66
35-39岁	3	1	2422	42	183	24	23	166	59
40-44岁	6	4	3047	73	203	18	27	167	63
45-49岁	17	3	3542	100	191	34	29	167	68
50-54岁	4	2	1801	62	90	18	5	95	61
55-59岁	6		533	31	32	11	2	35	14
60-64岁	1		90	11	8		1	6	1
65-69岁			48	2	2			10	1
70-74岁			25		2		2	2	
75岁及以上			8	2				1	

4−7a　续表 6　　　　单位：人

年龄组 性　别	生产制造及有关人员								
	纸及纸制品生产加工人员	印刷和记录媒介复制人员	文教、工美、体育和娱乐用品制造人员	石油加工和炼焦、煤化工生产人员	化学原料和化学制品制造人员	医药制造人员	化学纤维制造人员	橡胶和塑料制品制造人员	非金属矿物制品制造人员
总　计	**180**	**424**	**395**	**93**	**393**	**354**	**7**	**472**	**1143**
16−19岁	2	13	9		2	3		5	3
20−24岁	14	47	36	1	14	28		26	46
25−29岁	19	54	61	3	34	52	2	67	102
30−34岁	32	68	66	14	63	78	1	72	166
35−39岁	22	57	56	9	57	59		63	165
40−44岁	23	44	57	14	68	54	2	67	166
45−49岁	41	73	53	33	82	44	1	87	229
50−54岁	18	40	34	15	39	21	1	61	169
55−59岁	5	19	13	3	18	9		16	73
60−64岁	3	4	5		7	3		8	15
65−69岁		2	2	1	5	1			4
70−74岁	1	2	3		2	1			5
75岁及以上		1			2	1			
男	**97**	**239**	**217**	**70**	**289**	**162**	**4**	**314**	**880**
16−19岁	2	7	7		2	3		3	3
20−24岁	9	27	16	1	9	15		22	40
25−29岁	9	34	34	3	27	27	2	49	86
30−34岁	14	36	39	12	56	36		53	131
35−39岁	8	30	28	6	30	23		39	127
40−44岁	15	21	28	12	46	24	1	37	115
45−49岁	23	37	27	20	59	16		58	159
50−54岁	11	27	23	12	33	10	1	38	138
55−59岁	4	13	7	3	16	5		10	62
60−64岁	2	2	4		5	1		5	12
65−69岁		2	2	1	3	1			3
70−74岁		2	2		1	1			4
75岁及以上		1			2				
女	**83**	**185**	**178**	**23**	**104**	**192**	**3**	**158**	**263**
16−19岁		6	2					2	
20−24岁	5	20	20		5	13		4	6
25−29岁	10	20	27		7	25		18	16
30−34岁	18	32	27	2	7	42	1	19	35
35−39岁	14	27	28	3	27	36		24	38
40−44岁	8	23	29	2	22	30	1	30	51
45−49岁	18	36	26	13	23	28	1	29	70
50−54岁	7	13	11	3	6	11		23	31
55−59岁	1	6	6		2	4		6	11
60−64岁	1	2	1		2	2		3	3
65−69岁					2				1
70−74岁	1		1		1				1
75岁及以上						1			

4−7a　续表 7　　　　单位：人

年龄组 性　别	生产制造及有关人员								
	采矿人员	金属冶炼和压延加工人员	机械制造基础加工人员	金属制品制造人员	通用设备制造人员	专用设备制造人员	汽车制造人员	铁路、船舶、航空设备制造人员	电气机械和器材制造人员
总　计	**1624**	**846**	**1792**	**1061**	**316**	**97**	**286**	**565**	**362**
16−19岁	4	1	19	22		2	5	1	9
20−24岁	44	33	129	84	19	15	35	71	42
25−29岁	105	55	175	123	27	17	36	92	69
30−34岁	229	92	232	196	49	17	43	85	65
35−39岁	252	78	244	161	42	14	35	65	50
40−44岁	309	138	284	135	48	9	44	57	42
45−49岁	371	222	342	163	63	11	45	87	45
50−54岁	223	154	269	115	41	8	26	66	30
55−59岁	61	58	83	48	23	3	14	38	8
60−64岁	9	9	6	8			1	2	1
65−69岁	9	2	4	5	3	1	2	1	
70−74岁	5	1	4		1				
75岁及以上	3	3	1	1					1
男	**1534**	**709**	**1530**	**806**	**251**	**75**	**205**	**431**	**248**
16−19岁	3	1	17	19		2	3		6
20−24岁	43	29	102	66	14	13	29	61	30
25−29岁	93	52	148	101	24	11	27	76	46
30−34岁	216	77	203	148	42	14	29	53	39
35−39岁	241	53	212	129	30	10	21	48	33
40−44岁	294	110	230	94	40	7	30	38	26
45−49岁	343	179	281	109	43	8	33	57	34
50−54岁	221	143	247	89	36	6	18	60	25
55−59岁	59	54	79	40	18	3	14	36	7
60−64岁	7	7	4	6				2	1
65−69岁	7	1	3	4	3	1	1		
70−74岁	4		4		1				
75岁及以上	3	3		1					1
女	**90**	**137**	**262**	**255**	**65**	**22**	**81**	**134**	**114**
16−19岁	1		2	3			2	1	3
20−24岁	1	4	27	18	5	2	6	10	12
25−29岁	12	3	27	22	3	6	9	16	23
30−34岁	13	15	29	48	7	3	14	32	26
35−39岁	11	25	32	32	12	4	14	17	17
40−44岁	15	28	54	41	8	2	14	19	16
45−49岁	28	43	61	54	20	3	12	30	11
50−54岁	2	11	22	26	5	2	8	6	5
55−59岁	2	4	4	8	5			2	1
60−64岁	2	2	2	2			1		
65−69岁	2	1	1	1			1	1	
70−74岁	1	1							
75岁及以上			1						

4-7a 续表 8 单位：人

年龄组 性别	生产制造及有关人员								不便分类的其他从业人员
	计算机、通信和其他电子设备制造人员	仪器仪表制造人员	废弃资源综合利用人员	电力、热力、气体、水生产和输配人员	建筑施工人员	运输设备和通用工程机械操作人员及有关人员	生产辅助人员	其他生产制造及有关人员	
总　计	**2684**	**52**	**167**	**679**	**39829**	**2861**	**8423**	**203**	**1331**
16-19岁	176		2	1	318	26	56	2	58
20-24岁	358	4	5	34	2136	229	588	13	134
25-29岁	394	10	7	53	4001	440	1138	21	166
30-34岁	445	12	19	89	6155	510	1416	33	183
35-39岁	318	1	17	82	5529	405	1107	22	151
40-44岁	353	5	26	100	6311	398	1145	25	175
45-49岁	326	12	30	179	7428	418	1438	37	208
50-54岁	207	7	42	100	5176	279	935	33	149
55-59岁	87	1	12	35	2222	137	500	14	73
60-64岁	8		2	2	391	11	46	1	18
65-69岁	5		4	2	127	4	30	1	9
70-74岁	5		1		28	3	16	1	4
75岁及以上	2			2	7	1	8		3
男	**1557**	**32**	**118**	**527**	**32726**	**2561**	**6121**	**138**	**843**
16-19岁	127		2	1	283	24	41	2	23
20-24岁	230	4	4	26	1883	216	428	10	86
25-29岁	241	7	5	37	3535	406	800	19	98
30-34岁	224	8	13	66	5263	475	988	22	128
35-39岁	170		10	64	4540	354	764	15	99
40-44岁	167	3	16	74	4894	326	768	12	100
45-49岁	170	4	19	123	5716	356	1009	24	127
50-54岁	145	5	32	95	4171	254	776	23	109
55-59岁	73	1	10	35	1940	134	460	9	49
60-64岁	4		2	2	360	10	42	1	12
65-69岁	2		4	2	113	3	25	1	7
70-74岁	2		1		22	3	13		3
75岁及以上	2			2	6		7		2
女	**1127**	**20**	**49**	**152**	**7103**	**300**	**2302**	**65**	**488**
16-19岁	49				35	2	15		35
20-24岁	128		1	8	253	13	160	3	48
25-29岁	153	3	2	16	466	34	338	2	68
30-34岁	221	4	6	23	892	35	428	11	55
35-39岁	148	1	7	18	989	51	343	7	52
40-44岁	186	2	10	26	1417	72	377	13	75
45-49岁	156	8	11	56	1712	62	429	13	81
50-54岁	62	2	10	5	1005	25	159	10	40
55-59岁	14		2		282	3	40	5	24
60-64岁	4				31	1	4		6
65-69岁	3				14	1	5		2
70-74岁	3				6		3	1	1
75岁及以上					1	1	1		1

4–7b　全省分年龄、性别、职业中类的就业人口(镇)

单位：人

年龄组 性别	合计	党的机关、国家机关、群众团体和社会组织、企事业单位负责人						
		小计	中国共产党机关负责人	国家机关负责人	民主党派和工商联负责人	人民团体和群众团体、社会组织及其他成员组织负责人	基层群众自治组织负责人	企事业单位负责人
总　计	**375116**	**7941**	**81**	**1087**	**1**	**377**	**521**	**5874**
16–19岁	5232	14				1		13
20–24岁	25010	199		2		5	9	183
25–29岁	43242	625	3	35		25	32	530
30–34岁	55333	1324	9	126	1	59	56	1073
35–39岁	48165	1255	15	213		46	59	922
40–44岁	51212	1448	14	271		64	92	1007
45–49岁	56940	1430	24	240		76	92	998
50–54岁	44923	959	9	125		54	89	682
55–59岁	26490	484	5	70		27	63	319
60–64岁	8664	101	1	2		7	17	74
65–69岁	6504	65				9	9	47
70–74岁	2271	24	1	2		1	2	18
75岁及以上	1130	13		1		3	1	8
男	**219457**	**5796**	**61**	**933**	**1**	**234**	**428**	**4139**
16–19岁	3283	10						10
20–24岁	14185	133		1		3	6	123
25–29岁	24001	415	2	24		13	22	354
30–34岁	31429	899	7	96	1	37	36	722
35–39岁	28057	890	6	182		26	48	628
40–44岁	29753	1079	10	244		36	76	713
45–49岁	33354	1075	21	211		51	78	714
50–54岁	27083	742	8	107		33	75	519
55–59岁	17141	397	5	64		20	60	248
60–64岁	5231	79	1	2		5	15	56
65–69岁	3891	48				7	9	32
70–74岁	1384	19	1	1		1	2	14
75岁及以上	665	10		1		2	1	6
女	**155659**	**2145**	**20**	**154**		**143**	**93**	**1735**
16–19岁	1949	4				1		3
20–24岁	10825	66		1		2	3	60
25–29岁	19241	210	1	11		12	10	176
30–34岁	23904	425	2	30		22	20	351
35–39岁	20108	365	9	31		20	11	294
40–44岁	21459	369	4	27		28	16	294
45–49岁	23586	355	3	29		25	14	284
50–54岁	17840	217	1	18		21	14	163
55–59岁	9349	87		6		7	3	71
60–64岁	3433	22				2	2	18
65–69岁	2613	17				2		15
70–74岁	887	5		1				4
75岁及以上	465	3				1		2

4-7b 续表 1

单位：人

年龄组 性　别	专业技术人员									
	小计	科学研究人　　员	工程技术人　　员	农业技术人　　员	飞机和船舶技术人　员	卫生专业技术人员	经济和金融专业人　员	法律、社会和宗教专业人员	教学人员	文学艺术、体育专业人员
总　计	**46863**	**69**	**4175**	**478**	**11**	**10530**	**4188**	**784**	**25649**	**303**
16-19岁	631		36			104	19	2	427	15
20-24岁	4432	9	416	9	1	1467	390	67	1917	54
25-29岁	8810	13	741	39	2	2705	915	152	4038	68
30-34岁	9146	13	811	48		2307	940	145	4694	61
35-39岁	7185	5	602	44		1182	483	87	4665	31
40-44岁	5895	6	451	77	1	931	435	74	3831	20
45-49岁	4627	7	534	90	1	841	489	92	2483	28
50-54岁	3750	5	355	79	3	577	322	76	2282	20
55-59岁	1917	9	174	70	2	283	155	62	1129	6
60-64岁	234		33	14		51	20	12	100	
65-69岁	124	2	16	5	1	41	11	9	38	
70-74岁	61		4	2		24	5	5	19	
75岁及以上	51		2	1		17	4	1	26	
男	**21283**	**38**	**3658**	**367**	**10**	**3366**	**1517**	**497**	**11311**	**164**
16-19岁	238		32			22	7	2	150	9
20-24岁	1102		356	6	1	277	120	28	252	23
25-29岁	2633	6	650	24	1	640	252	80	874	37
30-34岁	3590	7	725	37		639	309	75	1695	35
35-39岁	3497	3	527	36		451	165	51	2193	21
40-44岁	3250	5	374	58	1	410	153	50	2155	13
45-49岁	2655	3	459	64	1	374	195	70	1444	13
50-54岁	2330	5	327	60	3	248	165	62	1428	9
55-59岁	1620	8	160	64	2	203	123	56	979	4
60-64岁	186		29	11		36	13	10	84	
65-69岁	95	1	14	4	1	30	9	8	27	
70-74岁	51		3	2		21	4	4	15	
75岁及以上	36		2	1		15	2	1	15	
女	**25580**	**31**	**517**	**111**	**1**	**7164**	**2671**	**287**	**14338**	**139**
16-19岁	393		4			82	12		277	6
20-24岁	3330	9	60	3		1190	270	39	1665	31
25-29岁	6177	7	91	15	1	2065	663	72	3164	31
30-34岁	5556	6	86	11		1668	631	70	2999	26
35-39岁	3688	2	75	8		731	318	36	2472	10
40-44岁	2645	1	77	19		521	282	24	1676	7
45-49岁	1972	4	75	26		467	294	22	1039	15
50-54岁	1420		28	19		329	157	14	854	11
55-59岁	297	1	14	6		80	32	6	150	2
60-64岁	48		4	3		15	7	2	16	
65-69岁	29	1	2	1		11	2	1	11	
70-74岁	10		1			3	1	1	4	
75岁及以上	15					2	2		11	

4-7b　续表 2　　　　　　　　　　　　　　　　　　　　单位：人

年龄组 性　别	专业技术人员		办事人员和有关人员				社会生产服务和生活服务人员		
	新闻出版、文化专业人员	其他专业技术人员	小计	办事人员	安全和消防人员	其他办事人员和有关人员	小计	批发与零售服务人员	交通运输、仓储和邮政业服务人员
总　计	**488**	**188**	**34817**	**28012**	**6263**	**542**	**138381**	**57589**	**23432**
16–19岁	22	6	143	94	48	1	2291	639	201
20–24岁	82	20	2302	1763	500	39	9812	3781	1442
25–29岁	109	28	5355	4437	835	83	16118	6880	2625
30–34岁	96	31	6386	5371	921	94	21870	9706	3744
35–39岁	55	31	4536	3838	620	78	18747	8038	3439
40–44岁	47	22	4382	3718	595	69	19685	8069	3826
45–49岁	37	25	4784	3860	851	73	21626	8502	4119
50–54岁	21	10	3711	2776	880	55	15621	6264	2584
55–59岁	14	13	2473	1735	705	33	8246	3332	1121
60–64岁	4		422	226	191	5	2350	1184	208
65–69岁	1		202	106	87	9	1409	803	95
70–74岁		2	77	50	25	2	411	263	10
75岁及以上			44	38	5	1	195	128	18
男	**219**	**136**	**23397**	**17502**	**5541**	**354**	**71129**	**24946**	**20079**
16–19岁	13	3	91	42	48	1	1387	286	164
20–24岁	27	12	1277	795	461	21	5635	1642	1200
25–29岁	44	25	3058	2267	744	47	8742	2902	2231
30–34岁	46	22	3907	3059	783	65	11140	3864	3199
35–39岁	27	23	3047	2503	495	49	9227	3199	2965
40–44岁	18	13	2948	2418	488	42	9505	3277	3260
45–49岁	13	19	3290	2521	722	47	10563	3795	3504
50–54岁	16	7	2858	2003	816	39	7901	2953	2260
55–59岁	11	10	2283	1565	690	28	4519	1707	1001
60–64岁	3		363	176	182	5	1343	643	187
65–69岁	1		180	87	85	8	829	470	86
70–74岁		2	63	38	23	2	225	139	7
75岁及以上			32	28	4		113	69	15
女	**269**	**52**	**11420**	**10510**	**722**	**188**	**67252**	**32643**	**3353**
16–19岁	9	3	52	52			904	353	37
20–24岁	55	8	1025	968	39	18	4177	2139	242
25–29岁	65	3	2297	2170	91	36	7376	3978	394
30–34岁	50	9	2479	2312	138	29	10730	5842	545
35–39岁	28	8	1489	1335	125	29	9520	4839	474
40–44岁	29	9	1434	1300	107	27	10180	4792	566
45–49岁	24	6	1494	1339	129	26	11063	4707	615
50–54岁	5	3	853	773	64	16	7720	3311	324
55–59岁	3	3	190	170	15	5	3727	1625	120
60–64岁	1		59	50	9		1007	541	21
65–69岁			22	19	2	1	580	333	9
70–74岁			14	12	2		186	124	3
75岁及以上			12	10	1	1	82	59	3

4－7b 续表 3 单位：人

年龄组 性 别	社会生产服务和生活服务人员								
	住宿和餐饮服务人员	信息传输、软件和信息技术服务人员	金融服务人员	房地产服务人员	租赁和商务服务人员	技术辅助服务人员	水利、环境和公共设施管理服务人员	居民服务人员	电力、燃气及水供应服务人员
总 计	**23276**	**1471**	**2456**	**1176**	**2166**	**1534**	**8831**	**8270**	**1872**
16－19岁	619	17	5	17	30	41	32	363	8
20－24岁	1756	202	210	109	156	223	116	902	80
25－29岁	2219	306	603	187	245	376	295	1188	199
30－34岁	3291	368	581	216	289	339	578	1388	287
35－39岁	3163	238	309	123	212	183	801	1121	263
40－44岁	3646	150	204	137	222	131	1349	934	283
45－49岁	3964	114	242	157	303	108	2028	1007	373
50－54岁	2816	52	195	127	336	81	1793	701	230
55－59岁	1310	19	92	68	265	40	1241	398	127
60－64岁	293	3	10	21	64	6	355	127	18
65－69岁	145		3	10	33	4	192	90	2
70－74岁	42	1	2	2	8	2	41	33	1
75岁及以上	12	1		2	3		10	18	1
男	**8445**	**1022**	**1222**	**654**	**1637**	**1065**	**2710**	**3028**	**1453**
16－19岁	349	11	4	11	23	30	20	195	8
20－24岁	981	134	103	51	110	162	51	429	60
25－29岁	1068	216	314	85	155	252	115	459	154
30－34岁	1340	237	282	103	188	239	174	460	219
35－39岁	1063	166	151	54	146	130	203	310	196
40－44岁	1104	105	86	79	150	87	345	270	215
45－49岁	1072	87	104	90	234	73	487	349	265
50－54岁	821	46	90	93	280	52	540	245	198
55－59岁	445	15	76	57	247	32	483	165	118
60－64岁	123	3	10	19	62	3	165	68	16
65－69岁	55		1	10	32	4	99	47	2
70－74岁	20	1	1	2	7	1	21	20	1
75岁及以上	4	1			3		7	11	1
女	**14831**	**449**	**1234**	**522**	**529**	**469**	**6121**	**5242**	**419**
16－19岁	270	6	1	6	7	11	12	168	
20－24岁	775	68	107	58	46	61	65	473	20
25－29岁	1151	90	289	102	90	124	180	729	45
30－34岁	1951	131	299	113	101	100	404	928	68
35－39岁	2100	72	158	69	66	53	598	811	67
40－44岁	2542	45	118	58	72	44	1004	664	68
45－49岁	2892	27	138	67	69	35	1541	658	108
50－54岁	1995	6	105	34	56	29	1253	456	32
55－59岁	865	4	16	11	18	8	758	233	9
60－64岁	170			2	2	3	190	59	2
65－69岁	90		2		1		93	43	
70－74岁	22		1		1	1	20	13	
75岁及以上	8			2			3	7	

4-7b　续表 4　　单位：人

年龄组 性　别	社会生产服务和生活服务人员				农、林、牧、渔业生产及辅助人员				
	修理及制作服务人员	文化、体育和娱乐服务人员	健康服务人员	其他社会生产和生活服务人员	小计	农业生产人员	林业生产人员	畜牧业生产人员	渔业生产人员
总　计	**4836**	**954**	**309**	**209**	**52540**	**42600**	**1618**	**7572**	**270**
16-19岁	244	71	2	2	442	362	9	67	1
20-24岁	613	182	29	11	1648	1323	28	261	13
25-29岁	726	188	49	32	2244	1771	60	375	22
30-34岁	849	157	51	26	3038	2340	97	531	36
35-39岁	705	87	38	27	3551	2765	119	595	35
40-44岁	579	88	39	28	5382	4207	237	845	51
45-49岁	552	70	43	44	8006	6242	351	1267	64
50-54岁	335	57	30	20	9627	7751	358	1400	23
55-59岁	162	37	21	13	7825	6474	252	1005	16
60-64岁	45	9	5	2	4365	3736	62	530	5
65-69岁	22	5	2	3	4123	3615	32	444	3
70-74岁	2	3		1	1551	1353	7	182	1
75岁及以上	2				738	661	6	70	
男	**4107**	**516**	**121**	**124**	**26580**	**20533**	**1270**	**4302**	**214**
16-19岁	239	44	2	1	281	226	5	48	
20-24岁	587	113	7	5	891	689	17	158	10
25-29岁	645	112	14	20	1247	925	48	245	17
30-34岁	729	73	17	16	1532	1118	68	301	30
35-39岁	566	46	14	18	1782	1289	98	349	28
40-44岁	456	40	16	15	2613	1897	183	467	44
45-49岁	436	27	20	20	3890	2826	277	691	50
50-54岁	260	31	15	17	4606	3500	286	753	16
55-59岁	132	21	11	9	3824	3019	205	544	11
60-64岁	36	4	3	1	2319	1916	53	333	4
65-69岁	17	3	2	1	2272	1974	24	257	3
70-74岁	2	2		1	915	792	3	113	1
75岁及以上	2				408	362	3	43	
女	**729**	**438**	**188**	**85**	**25960**	**22067**	**348**	**3270**	**56**
16-19岁	5	27		1	161	136	4	19	1
20-24岁	26	69	22	6	757	634	11	103	3
25-29岁	81	76	35	12	997	846	12	130	5
30-34岁	120	84	34	10	1506	1222	29	230	6
35-39岁	139	41	24	9	1769	1476	21	246	7
40-44岁	123	48	23	13	2769	2310	54	378	7
45-49岁	116	43	23	24	4116	3416	74	576	14
50-54岁	75	26	15	3	5021	4251	72	647	7
55-59岁	30	16	10	4	4001	3455	47	461	5
60-64岁	9	5	2	1	2046	1820	9	197	1
65-69岁	5	2		2	1851	1641	8	187	
70-74岁		1			636	561	4	69	
75岁及以上					330	299	3	27	

4-7b 续表 5 单位：人

年龄组 性别	农林牧渔生产辅助人员	其他农、林、牧、渔业生产加工人员	生产制造及有关人员						
			小计	农副产品加工人员	食品、饮料生产加工人员	烟草及其制品加工人员	纺织、针织、印染人员	纺织品、服装和皮革、毛皮制品加工制作人员	木材加工、家具与木制品制作人员
总　计	**444**	**36**	**93938**	**2481**	**2779**	**156**	**615**	**3859**	**2781**
16–19岁	2	1	1643	13	37	1	15	158	32
20–24岁	20	3	6513	85	229	3	58	374	147
25–29岁	16		10027	128	402	10	73	465	230
30–34岁	30	4	13499	250	428	12	83	637	357
35–39岁	36	1	12831	257	299	16	82	537	370
40–44岁	37	5	14367	352	353	16	85	574	370
45–49岁	77	5	16388	499	425	35	101	586	510
50–54岁	89	6	11193	444	318	36	67	329	389
55–59岁	71	7	5506	259	171	22	25	134	247
60–64岁	30	2	1178	107	59	5	14	35	57
65–69岁	27	2	569	59	40		8	19	49
70–74岁	8		144	24	13		2	5	19
75岁及以上	1		80	4	5		2	6	4
男	**243**	**18**	**70905**	**1351**	**1679**	**112**	**285**	**1522**	**2158**
16–19岁	1	1	1242	9	18	1	12	84	29
20–24岁	15	2	5100	63	171	3	36	182	121
25–29岁	12		7870	89	260	7	34	206	179
30–34岁	13	2	10320	137	266	10	44	266	283
35–39岁	18		9577	129	158	12	34	201	275
40–44岁	19	3	10324	178	200	8	28	183	275
45–49岁	43	3	11835	258	216	21	39	210	373
50–54岁	48	3	8602	239	212	26	33	116	306
55–59岁	42	3	4475	146	103	20	14	44	208
60–64岁	13		933	51	36	4	6	19	47
65–69岁	13	1	459	34	28		3	7	41
70–74岁	6		109	15	8		1	1	18
75岁及以上			59	3	3		1	3	3
女	**201**	**18**	**23033**	**1130**	**1100**	**44**	**330**	**2337**	**623**
16–19岁	1		401	4	19		3	74	3
20–24岁	5	1	1413	22	58		22	192	26
25–29岁	4		2157	39	142	3	39	259	51
30–34岁	17	2	3179	113	162	2	39	371	74
35–39岁	18	1	3254	128	141	4	48	336	95
40–44岁	18	2	4043	174	153	8	57	391	95
45–49岁	34	2	4553	241	209	14	62	376	137
50–54岁	41	3	2591	205	106	10	34	213	83
55–59岁	29	4	1031	113	68	2	11	90	39
60–64岁	17	2	245	56	23	1	8	16	10
65–69岁	14	1	110	25	12		5	12	8
70–74岁	2		35	9	5		1	4	1
75岁及以上	1		21	1	2		1	3	1

4-7b 续表 6　　单位：人

年龄组 性别	生产制造及有关人员								
	纸及纸制品生产加工人员	印刷和记录媒介复制人员	文教、工美、体育和娱乐用品制造人员	石油加工和炼焦、煤化工生产人员	化学原料和化学制品制造人员	医药制造人员	化学纤维制造人员	橡胶和塑料制品制造人员	非金属矿物制品制造人员
总　计	**378**	**295**	**985**	**72**	**890**	**202**	**17**	**845**	**2312**
16–19岁	7	9	36	1	10	2		28	27
20–24岁	36	31	108	3	48	16		77	116
25–29岁	43	43	103	7	114	32	1	96	197
30–34岁	51	60	176	6	133	36	4	136	303
35–39岁	55	44	153	9	129	29	3	121	305
40–44岁	61	35	152	10	165	26	3	128	358
45–49岁	63	46	105	19	157	29	2	161	449
50–54岁	33	13	88	6	93	17	4	62	319
55–59岁	21	7	37	7	31	9		31	182
60–64岁	6	3	12	3	6			4	34
65–69岁	2	3	8	1	1	3		1	18
70–74岁		1	3			3			1
75岁及以上			4		3				3
男	**186**	**186**	**470**	**54**	**609**	**97**	**9**	**563**	**1771**
16–19岁	5	5	20	1	3	1		22	24
20–24岁	26	23	61	3	31	4		65	98
25–29岁	28	30	51	7	77	17		74	165
30–34岁	24	34	75	4	94	16	1	99	236
35–39岁	22	28	72	5	85	11	3	73	226
40–44岁	20	21	62	7	102	13	2	80	259
45–49岁	25	29	48	13	116	14	2	89	312
50–54岁	20	6	44	4	72	11	1	36	252
55–59岁	12	4	20	7	23	7		22	151
60–64岁	3	2	6	2	4			2	28
65–69岁	1	3	5	1	1	2		1	16
70–74岁		1	2			1			1
75岁及以上			4		1				3
女	**192**	**109**	**515**	**18**	**281**	**105**	**8**	**282**	**541**
16–19岁	2	4	16		7	1		6	3
20–24岁	10	8	47		17	12		12	18
25–29岁	15	13	52		37	15	1	22	32
30–34岁	27	26	101	2	39	20	3	37	67
35–39岁	33	16	81	4	44	18		48	79
40–44岁	41	14	90	3	63	13	1	48	99
45–49岁	38	17	57	6	41	15		72	137
50–54岁	13	7	44	2	21	6	3	26	67
55–59岁	9	3	17		8	2		9	31
60–64岁	3	1	6	1	2			2	6
65–69岁	1		3			1			2
70–74岁			1			2			
75岁及以上					2				

4-7b 续表 7

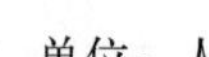
单位：人

年龄组 性　别	生产制造及有关人员								
	采矿人员	金属冶炼和压延加工人员	机械制造基础加工人　员	金属制品制造人员	通用设备制造人员	专用设备制造人员	汽车制造人　员	铁路、船舶、航空设备制造人　员	电气机械和器材制造人员
总　计	**2406**	**457**	**1271**	**2003**	**373**	**144**	**287**	**59**	**661**
16-19岁	9	3	23	58	8	8	12	2	33
20-24岁	89	22	79	182	34	24	43	7	84
25-29岁	182	42	139	240	39	16	47	8	93
30-34岁	311	59	201	340	62	21	42	14	107
35-39岁	349	63	202	297	41	18	43	5	106
40-44岁	436	86	224	321	59	19	43	5	85
45-49岁	530	93	236	315	68	18	38	7	80
50-54岁	362	56	113	157	42	15	13	10	51
55-59岁	110	25	43	70	15	4	6	1	18
60-64岁	17	3	5	15	4				3
65-69岁	5	4	4	6		1			
70-74岁	3	1	1						1
75岁及以上	3		1	2	1				
男	**2258**	**346**	**1120**	**1421**	**288**	**88**	**179**	**43**	**390**
16-19岁	8	3	18	36	7	5	8	1	26
20-24岁	87	16	69	143	29	14	33	4	57
25-29岁	163	38	121	177	30	11	30	6	61
30-34岁	283	41	177	244	44	12	26	9	60
35-39岁	335	41	177	207	29	9	28	3	57
40-44岁	411	66	193	215	43	14	18	4	43
45-49岁	501	78	210	216	54	11	24	6	37
50-54岁	341	40	104	111	33	9	9	9	32
55-59岁	103	19	40	52	14	2	3	1	14
60-64岁	17	1	5	14	4				2
65-69岁	5	2	4	5		1			
70-74岁	2	1	1						1
75岁及以上	2		1	1	1				
女	**148**	**111**	**151**	**582**	**85**	**56**	**108**	**16**	**271**
16-19岁	1		5	22	1	3	4	1	7
20-24岁	2	6	10	39	5	10	10	3	27
25-29岁	19	4	18	63	9	5	17	2	32
30-34岁	28	18	24	96	18	9	16	5	47
35-39岁	14	22	25	90	12	9	15	2	49
40-44岁	25	20	31	106	16	5	25	1	42
45-49岁	29	15	26	99	14	7	14	1	43
50-54岁	21	16	9	46	9	6	4	1	19
55-59岁	7	6	3	18	1	2	3		4
60-64岁		2		1					1
65-69岁		2		1					
70-74岁	1								
75岁及以上	1			1					

4-7b　续表 8　　　　单位：人

年龄组 性　别	生产制造及有关人员								不便分类的其他从业人员
	计算机、通信和其他电子设备制造人员	仪器仪表制造人员	废弃资源综合利用人员	电力、热力、气体、水生产和输配人员	建筑施工人员	运输设备和通用工程机械操作人员及有关人员	生产辅助人员	其他生产制造及有关人员	
总　计	**3848**	**45**	**197**	**572**	**54219**	**2900**	**5582**	**247**	**636**
16–19岁	348	3	2	1	596	58	91	12	68
20–24岁	813	3	6	28	2940	350	457	21	104
25–29岁	732	3	15	79	5105	559	748	36	63
30–34岁	612	9	14	82	7397	597	926	33	70
35–39岁	433	11	23	73	7574	412	740	32	60
40–44岁	402	7	36	82	8664	369	804	37	53
45–49岁	313	8	34	105	10101	306	919	30	79
50–54岁	134	1	44	75	7144	168	569	21	62
55–59岁	52		11	37	3587	65	268	11	39
60–64岁	5		9	8	721	12	25	6	14
65–69岁	4		2		300	3	25	3	12
70–74岁				1	55	1	6	4	3
75岁及以上			1	1	35		4	1	9
男	**2088**	**23**	**131**	**469**	**44231**	**2732**	**3908**	**138**	**367**
16–19岁	233	1	2	1	532	56	63	8	34
20–24岁	506	2	4	27	2552	348	312	10	47
25–29岁	422	3	11	69	4441	531	515	17	36
30–34岁	312	5	8	66	6227	568	630	19	41
35–39岁	196	4	18	58	6170	386	512	13	37
40–44岁	165	3	26	62	6757	331	514	21	34
45–49岁	149	5	15	76	7751	281	638	18	46
50–54岁	68		30	67	5764	152	441	14	44
55–59岁	30		10	33	3069	63	235	6	23
60–64岁	3		5	8	627	12	19	6	8
65–69岁	4		1		267	3	21	3	8
70–74岁				1	47	1	4	3	2
75岁及以上			1	1	27		4		7
女	**1760**	**22**	**66**	**103**	**9988**	**168**	**1674**	**109**	**269**
16–19岁	115	2			64	2	28	4	34
20–24岁	307	1	2	1	388	2	145	11	57
25–29岁	310		4	10	664	28	233	19	27
30–34岁	300	4	6	16	1170	29	296	14	29
35–39岁	237	7	5	15	1404	26	228	19	23
40–44岁	237	4	10	20	1907	38	290	16	19
45–49岁	164	3	19	29	2350	25	281	12	33
50–54岁	66	1	14	8	1380	16	128	7	18
55–59岁	22		1	4	518	2	33	5	16
60–64岁	2		4		94		6		6
65–69岁			1		33		4		4
70–74岁					8		2	1	1
75岁及以上					8			1	2

4-7c 全省分年龄、性别、职业中类的就业人口(乡村)

单位：人

年龄组 性 别	合计	党的机关、国家机关、群众团体和社会组织、企事业单位负责人						
		小计	中国共产党机关负责人	国家机关负责人	民主党派和工商联负责人	人民团体和群众团体、社会组织及其他成员组织负责人	基层群众自治组织负责人	企事业单位负责人
总 计	**708682**	**5202**	**38**	**229**	**1**	**269**	**1492**	**3173**
16-19岁	13624	11				1		10
20-24岁	45275	151		1		9	19	122
25-29岁	56940	412	3	15	1	17	66	310
30-34岁	67912	723	4	49		31	127	512
35-39岁	64226	743	8	43		40	135	517
40-44岁	80016	809	8	54		49	236	462
45-49岁	104657	908	4	35		42	297	530
50-54岁	103974	726	8	18		40	264	396
55-59岁	75272	483	1	9		26	225	222
60-64岁	39399	139	1	3		7	80	48
65-69岁	35652	67	1	1		5	31	29
70-74岁	14840	25				2	10	13
75岁及以上	6895	5		1			2	2
男	**422696**	**4254**	**34**	**202**	**1**	**192**	**1337**	**2488**
16-19岁	8853	9				1		8
20-24岁	28950	105				6	10	89
25-29岁	36549	297	2	10	1	8	53	223
30-34岁	42874	553	3	42		16	97	395
35-39岁	39758	604	7	40		27	119	411
40-44岁	47260	658	7	50		33	208	360
45-49岁	60892	764	4	31		36	273	420
50-54岁	59314	623	8	16		33	248	318
55-59岁	42823	424	1	9		19	210	185
60-64岁	22584	128	1	3		7	76	41
65-69岁	20379	62	1	1		4	31	25
70-74岁	8589	24				2	10	12
75岁及以上	3871	3					2	1
女	**285986**	**948**	**4**	**27**		**77**	**155**	**685**
16-19岁	4771	2						2
20-24岁	16325	46		1		3	9	33
25-29岁	20391	115	1	5		9	13	87
30-34岁	25038	170	1	7		15	30	117
35-39岁	24468	139	1	3		13	16	106
40-44岁	32756	151	1	4		16	28	102
45-49岁	43765	144		4		6	24	110
50-54岁	44660	103		2		7	16	78
55-59岁	32449	59				7	15	37
60-64岁	16815	11					4	7
65-69岁	15273	5				1		4
70-74岁	6251	1						1
75岁及以上	3024	2		1				1

4-7c　续表 1　　　　单位：人

年龄组 性　别	专业技术人员 小计	科学研究人员	工程技术人员	农业技术人员	飞机和船舶技术人员	卫生专业技术人员	经济和金融专业人员	法律、社会和宗教专业人员	教学人员	文学艺术、体育专业人员
总　计	**25367**	**35**	**4896**	**552**	**10**	**5124**	**1933**	**416**	**11602**	**339**
16−19岁	641	2	72	4	1	64	24	2	407	25
20−24岁	4193	9	634	26	4	1027	361	42	1918	80
25−29岁	5468	5	925	29	2	1256	522	85	2488	58
30−34岁	3969	9	825	40	1	657	378	62	1889	39
35−39岁	2610	1	543	39		412	185	29	1328	33
40−44岁	2359	5	537	49	1	449	117	22	1111	25
45−49岁	2151	1	590	93		468	142	43	748	33
50−54岁	1963		464	87		381	105	54	814	29
55−59岁	1405	2	221	91		246	69	44	714	9
60−64岁	342		54	49	1	87	15	23	106	3
65−69岁	167	1	19	30		54	9	7	40	4
70−74岁	56		9	10		13	3	2	18	1
75岁及以上	43		3	5		10	3	1	21	
男	**13966**	**18**	**4358**	**438**	**9**	**2057**	**814**	**290**	**5479**	**206**
16−19岁	227	2	62	3	1	12	7	1	108	12
20−24岁	1302	3	547	16	4	196	100	17	319	46
25−29岁	2178	1	837	22	2	318	174	48	692	30
30−34岁	2053	6	743	32	1	218	158	37	786	25
35−39岁	1678	1	485	33		190	94	18	801	26
40−44岁	1635	2	467	35		244	61	14	764	16
45−49岁	1563	1	517	74		292	65	34	535	19
50−54岁	1549		420	70		262	72	50	635	20
55−59岁	1244	2	202	75		184	58	42	666	7
60−64岁	308		51	42	1	75	14	20	99	2
65−69岁	140		16	24		46	6	6	36	3
70−74岁	48		9	7		11	2	2	17	
75岁及以上	41		2	5		9	3	1	21	
女	**11401**	**17**	**538**	**114**	**1**	**3067**	**1119**	**126**	**6123**	**133**
16−19岁	414		10	1		52	17	1	299	13
20−24岁	2891	6	87	10		831	261	25	1599	34
25−29岁	3290	4	88	7		938	348	37	1796	28
30−34岁	1916	3	82	8		439	220	25	1103	14
35−39岁	932		58	6		222	91	11	527	7
40−44岁	724	3	70	14	1	205	56	8	347	9
45−49岁	588		73	19		176	77	9	213	14
50−54岁	414		44	17		119	33	4	179	9
55−59岁	161		19	16		62	11	2	48	2
60−64岁	34		3	7		12	1	3	7	1
65−69岁	27	1	3	6		8	3	1	4	1
70−74岁	8			3		2	1		1	1
75岁及以上	2		1			1				

4−7c 续表 2

单位：人

年龄组 性别	专业技术人员		办事人员和有关人员				社会生产服务和生活服务人员		
	新闻出版、文化专业人员	其他专业技术人员	小计	办事人员	安全和消防人员	其他办事人员和有关人员	小计	批发与零售服务人员	交通运输、仓储和邮政业服务人员
总　计	**217**	**243**	**19055**	**13379**	**5118**	**558**	**132994**	**43729**	**29862**
16−19岁	24	16	188	103	75	10	4092	1038	434
20−24岁	61	31	2177	1554	562	61	12961	4265	2361
25−29岁	59	39	2997	2345	580	72	15651	5606	3518
30−34岁	38	31	2758	2156	526	76	18268	6600	4561
35−39岁	11	29	1830	1400	369	61	15934	5407	4401
40−44岁	7	36	1968	1429	477	62	17412	5524	4709
45−49岁	5	28	2392	1636	694	62	19485	5845	4888
50−54岁	9	20	2129	1312	766	51	15157	4596	3108
55−59岁	1	8	1635	933	644	58	8574	2509	1394
60−64岁	1	3	567	284	263	20	2854	1062	331
65−69岁	1	2	307	153	136	18	1780	793	131
70−74岁			86	54	25	7	573	324	20
75岁及以上			21	20	1		253	160	6
男	**108**	**189**	**14021**	**9027**	**4592**	**402**	**76109**	**20844**	**26280**
16−19岁	12	7	132	55	70	7	2524	448	370
20−24岁	29	25	1284	728	518	38	7956	1937	2070
25−29岁	27	27	1879	1299	530	50	9447	2547	3128
30−34岁	19	28	1847	1366	439	42	10427	2858	4060
35−39岁	6	24	1290	946	298	46	9000	2478	3880
40−44岁	4	28	1463	1027	394	42	9520	2555	4089
45−49岁	3	23	1888	1236	607	45	10700	2959	4258
50−54岁	5	15	1811	1068	701	42	8330	2411	2723
55−59岁	1	7	1500	829	622	49	4856	1314	1252
60−64岁	1	3	532	258	257	17	1742	607	304
65−69岁	1	2	293	144	131	18	1105	467	121
70−74岁			82	52	24	6	346	177	20
75岁及以上			20	19	1		156	86	5
女	**109**	**54**	**5034**	**4352**	**526**	**156**	**56885**	**22885**	**3582**
16−19岁	12	9	56	48	5	3	1568	590	64
20−24岁	32	6	893	826	44	23	5005	2328	291
25−29岁	32	12	1118	1046	50	22	6204	3059	390
30−34岁	19	3	911	790	87	34	7841	3742	501
35−39岁	5	5	540	454	71	15	6934	2929	521
40−44岁	3	8	505	402	83	20	7892	2969	620
45−49岁	2	5	504	400	87	17	8785	2886	630
50−54岁	4	5	318	244	65	9	6827	2185	385
55−59岁		1	135	104	22	9	3718	1195	142
60−64岁			35	26	6	3	1112	455	27
65−69岁			14	9	5		675	326	10
70−74岁			4	2	1	1	227	147	
75岁及以上			1	1			97	74	1

4–7c　续表 3　　　　　　　　　　　　　　　　　　　　　　　　　　　　单位：人

年龄组 性　别	社会生产服务和生活服务人员								
	住宿和餐饮服务人　员	信息传输、软件和信息技术服务人　员	金融服务人　　员	房地产服务人员	租赁和商务服务人　员	技术辅助服务人员	水利、环境和公共设施管理服务人员	居民服务人　　员	电力、燃气及水供应服务人　员
总　计	**22199**	**1034**	**863**	**768**	**2282**	**1337**	**14599**	**7826**	**1762**
16–19岁	1208	30	6	25	36	67	84	561	20
20–24岁	2490	277	139	131	225	311	276	1140	129
25–29岁	2404	278	279	157	273	296	489	1081	165
30–34岁	2921	152	175	106	261	242	866	1123	233
35–39岁	2683	111	82	66	184	149	1207	739	183
40–44岁	3036	73	70	60	251	115	1899	755	231
45–49岁	3345	65	53	95	321	77	2998	869	303
50–54岁	2425	33	31	78	299	47	3158	722	249
55–59岁	1205	8	17	30	270	23	2241	455	164
60–64岁	301	5	3	8	95	7	757	189	46
65–69岁	143	2	3	6	46	3	473	124	27
70–74岁	28			6	16		113	45	11
75岁及以上	10		5		5		38	23	1
男	**7722**	**773**	**494**	**471**	**1802**	**982**	**6254**	**3419**	**1544**
16–19岁	662	19	3	17	31	57	54	299	19
20–24岁	1361	193	74	73	148	220	153	537	113
25–29岁	1147	204	172	108	190	213	234	451	134
30–34岁	1120	112	90	59	182	177	324	418	192
35–39岁	776	91	42	37	124	112	442	292	154
40–44岁	781	60	35	27	185	84	703	273	197
45–49岁	778	56	31	56	260	58	1169	347	271
50–54岁	587	26	22	54	279	35	1322	340	226
55–59岁	330	6	17	21	253	18	1053	237	157
60–64岁	113	4	2	8	91	5	410	106	45
65–69岁	49	2	2	6	41	3	290	74	25
70–74岁	12			5	13		71	30	10
75岁及以上	6		4		5		29	15	1
女	**14477**	**261**	**369**	**297**	**480**	**355**	**8345**	**4407**	**218**
16–19岁	546	11	3	8	5	10	30	262	1
20–24岁	1129	84	65	58	77	91	123	603	16
25–29岁	1257	74	107	49	83	83	255	630	31
30–34岁	1801	40	85	47	79	65	542	705	41
35–39岁	1907	20	40	29	60	37	765	447	29
40–44岁	2255	13	35	33	66	31	1196	482	34
45–49岁	2567	9	22	39	61	19	1829	522	32
50–54岁	1838	7	9	24	20	12	1836	382	23
55–59岁	875	2		9	17	5	1188	218	7
60–64岁	188	1	1		4	2	347	83	1
65–69岁	94		1		5		183	50	2
70–74岁	16			1	3		42	15	1
75岁及以上	4		1				9	8	

4-7c 续表 4 单位：人

年龄组 性别	社会生产服务和生活服务人员				农、林、牧、渔业生产及辅助人员				
	修理及制作服务人员	文化、体育和娱乐服务人员	健康服务人员	其他社会生产和生活服务人员	小计	农业生产人员	林业生产人员	畜牧业生产人员	渔业生产人员
总计	**5255**	**828**	**429**	**221**	**340318**	**272632**	**9075**	**56211**	**1002**
16-19岁	473	104	4	2	3359	2741	48	546	13
20-24岁	953	204	30	30	10103	8207	176	1636	47
25-29岁	885	145	47	28	12703	10114	246	2198	85
30-34岁	882	80	43	23	17535	13527	501	3294	128
35-39岁	595	67	46	14	20270	15467	754	3849	105
40-44岁	553	63	50	23	30867	23709	1203	5640	160
45-49岁	447	73	73	33	48513	37572	1926	8643	161
50-54岁	267	43	69	32	60534	47947	2064	10117	138
55-59岁	153	32	54	19	51695	41865	1489	8043	88
60-64岁	27	8	6	9	32595	27108	417	4926	41
65-69岁	12	6	5	6	31919	27020	194	4577	26
70-74岁	5	2	2	1	13772	11765	41	1915	9
75岁及以上	3	1		1	6453	5590	16	827	1
男	**4621**	**512**	**231**	**160**	**170635**	**131843**	**7187**	**30070**	**746**
16-19岁	458	83	3	1	1989	1587	36	350	10
20-24岁	903	144	10	20	5668	4469	141	993	39
25-29岁	799	81	16	23	6706	5144	184	1263	76
30-34岁	759	36	21	19	8754	6441	362	1804	98
35-39岁	504	36	24	8	9958	7286	571	1973	78
40-44岁	456	31	29	15	14619	10645	941	2845	108
45-49岁	363	37	38	19	22819	16786	1536	4269	113
50-54岁	211	24	44	26	28482	21464	1673	5102	93
55-59岁	125	24	36	13	25303	19585	1222	4306	66
60-64岁	26	8	4	9	17357	14111	334	2818	34
65-69岁	10	5	4	6	17606	14676	145	2711	24
70-74岁	4	2	2		7812	6602	31	1145	7
75岁及以上	3	1		1	3562	3047	11	491	
女	**634**	**316**	**198**	**61**	**169683**	**140789**	**1888**	**26141**	**256**
16-19岁	15	21	1	1	1370	1154	12	196	3
20-24岁	50	60	20	10	4435	3738	35	643	8
25-29岁	86	64	31	5	5997	4970	62	935	9
30-34岁	123	44	22	4	8781	7086	139	1490	30
35-39岁	91	31	22	6	10312	8181	183	1876	27
40-44岁	97	32	21	8	16248	13064	262	2795	52
45-49岁	84	36	35	14	25694	20786	390	4374	48
50-54岁	56	19	25	6	32052	26483	391	5015	45
55-59岁	28	8	18	6	26392	22280	267	3737	22
60-64岁	1		2		15238	12997	83	2108	7
65-69岁	2	1	1		14313	12344	49	1866	2
70-74岁	1			1	5960	5163	10	770	2
75岁及以上					2891	2543	5	336	1

4-7c 续表 5

单位：人

年龄组 性别	农林牧渔生产辅助人员	其他农、林、牧、渔业生产加工人员	生产制造及有关人员						
			小计	农副产品加工人员	食品、饮料生产加工人员	烟草及其制品加工人员	纺织、针织、印染人员	纺织品、服装和皮革、毛皮制品加工制作人员	木材加工、家具与木制品制作人员
总　计	**1320**	**78**	**184594**	**2746**	**3939**	**282**	**1415**	**7457**	**6193**
16-19岁	9	2	5033	31	94	3	86	519	118
20-24岁	35	2	15522	102	322	10	213	1116	332
25-29岁	58	2	19614	169	415	18	199	1082	526
30-34岁	82	3	24552	251	501	16	233	1218	718
35-39岁	82	13	22758	282	443	28	186	1028	700
40-44岁	141	14	26521	399	526	42	193	905	864
45-49岁	199	12	31091	550	648	50	159	898	1041
50-54岁	257	11	23368	459	501	62	93	457	957
55-59岁	202	8	11424	295	282	37	30	175	572
60-64岁	100	3	2880	108	115	11	9	34	168
65-69岁	98	4	1400	78	65	4	7	19	122
70-74岁	38	4	321	16	21	1	4	3	57
75岁及以上	19		110	6	6		3	3	18
男	**747**	**42**	**142981**	**1554**	**2530**	**167**	**724**	**3624**	**4693**
16-19岁	5	1	3810	26	58	2	50	297	95
20-24岁	25	1	12539	72	241	6	111	652	266
25-29岁	39		15970	106	300	10	126	613	409
30-34岁	48	1	19172	126	309	8	129	596	530
35-39岁	45	5	17174	157	270	16	89	451	497
40-44岁	74	6	19316	207	310	22	89	377	575
45-49岁	107	8	23078	310	403	33	60	345	757
50-54岁	142	8	18453	253	313	37	44	194	738
55-59岁	118	6	9451	177	180	25	11	73	490
60-64岁	58	2	2501	69	82	4	6	16	156
65-69岁	48	2	1164	44	43	3	5	6	109
70-74岁	25	2	271	7	16	1	3	2	54
75岁及以上	13		82		5		1	2	17
女	**573**	**36**	**41613**	**1192**	**1409**	**115**	**691**	**3833**	**1500**
16-19岁	4	1	1223	5	36	1	36	222	23
20-24岁	10	1	2983	30	81	4	102	464	66
25-29岁	19	2	3644	63	115	8	73	469	117
30-34岁	34	2	5380	125	192	8	104	622	188
35-39岁	37	8	5584	125	173	12	97	577	203
40-44岁	67	8	7205	192	216	20	104	528	289
45-49岁	92	4	8013	240	245	17	99	553	284
50-54岁	115	3	4915	206	188	25	49	263	219
55-59岁	84	2	1973	118	102	12	19	102	82
60-64岁	42	1	379	39	33	7	3	18	12
65-69岁	50	2	236	34	22	1	2	13	13
70-74岁	13	2	50	9	5		1	1	3
75岁及以上	6		28	6	1		2	1	1

4—7c 续表 6 单位：人

年龄组 性 别	生产制造及有关人员								
	纸及纸制品生产加工人员	印刷和记录媒介复制人员	文教、工美、体育和娱乐用品制造人员	石油加工和炼焦、煤化工生产人员	化学原料和化学制品制造人员	医药制造人员	化学纤维制造人员	橡胶和塑料制品制造人员	非金属矿物制品制造人员
总 计	**722**	**244**	**2215**	**247**	**1062**	**232**	**66**	**1855**	**5614**
16—19岁	25	16	183	2	25	5	4	108	97
20—24岁	70	43	293	10	53	28	9	231	328
25—29岁	79	44	281	31	122	34	14	230	417
30—34岁	99	53	316	36	145	28	13	273	628
35—39岁	104	28	248	35	143	30	9	241	659
40—44岁	99	26	285	39	174	33	8	268	936
45—49岁	119	18	290	50	180	30	4	262	1154
50—54岁	70	9	166	26	157	22	4	165	808
55—59岁	33	6	84	16	46	16	1	61	411
60—64岁	13		29	2	9	3		11	111
65—69岁	10	1	26		5	3		2	54
70—74岁			8		3			2	10
75岁及以上	1		6					1	1
男	**380**	**166**	**1169**	**186**	**713**	**124**	**40**	**1097**	**4233**
16—19岁	18	15	107	2	17	4	4	69	81
20—24岁	45	33	168	9	42	17	6	161	275
25—29岁	52	30	168	26	83	19	7	139	337
30—34岁	48	38	154	27	88	18	9	171	439
35—39岁	53	18	127	21	97	12	4	138	486
40—44岁	46	13	113	29	108	19	5	141	644
45—49岁	48	10	147	40	116	10	2	140	812
50—54岁	40	4	82	17	114	13	2	90	642
55—59岁	18	4	52	13	35	8	1	36	356
60—64岁	7		19	2	7	3		8	99
65—69岁	5	1	19		4	1		2	52
70—74岁			7		2			1	10
75岁及以上			6					1	
女	**342**	**78**	**1046**	**61**	**349**	**108**	**26**	**758**	**1381**
16—19岁	7	1	76		8	1		39	16
20—24岁	25	10	125	1	11	11	3	70	53
25—29岁	27	14	113	5	39	15	7	91	80
30—34岁	51	15	162	9	57	10	4	102	189
35—39岁	51	10	121	14	46	18	5	103	173
40—44岁	53	13	172	10	66	14	3	127	292
45—49岁	71	8	143	10	64	20	2	122	342
50—54岁	30	5	84	9	43	9	2	75	166
55—59岁	15	2	32	3	11	8		25	55
60—64岁	6		10		2			3	12
65—69岁	5		7		1	2			2
70—74岁			1		1			1	
75岁及以上	1								1

4-7c　续表 7　　　　单位：人

年龄组 性　别	生产制造及有关人员								
	采矿人员	金属冶炼和压延加工人员	机械制造基础加工人员	金属制品制造人员	通用设备制造人员	专用设备制造人员	汽车制造人员	铁路、船舶、航空设备制造人员	电气机械和器材制造人员
总　计	**8686**	**1289**	**2767**	**4207**	**788**	**244**	**737**	**200**	**1452**
16–19岁	31	22	76	202	21	19	57	8	151
20–24岁	338	84	252	471	90	44	123	28	246
25–29岁	649	128	336	574	100	39	108	31	215
30–34岁	1191	168	476	701	129	30	139	32	235
35–39岁	1225	165	393	575	109	31	93	30	162
40–44岁	1498	217	439	614	123	28	75	18	177
45–49岁	1866	263	431	588	114	29	86	22	156
50–54岁	1312	158	268	315	62	13	41	22	70
55–59岁	459	65	76	125	29	9	12	8	32
60–64岁	79	15	16	25	4	1	3	1	5
65–69岁	27	2	3	11	6	1			3
70–74岁	7	2	1	4	1				
75岁及以上	4			2					
男	**8027**	**982**	**2378**	**2969**	**627**	**139**	**519**	**154**	**892**
16–19岁	29	18	63	151	17	11	50	7	115
20–24岁	324	68	219	369	72	28	100	23	166
25–29岁	624	112	293	430	82	23	88	23	131
30–34岁	1113	129	407	488	101	22	87	26	134
35–39岁	1126	118	337	396	90	16	61	18	104
40–44岁	1376	163	375	410	93	16	47	14	94
45–49岁	1709	181	366	380	79	12	51	15	78
50–54岁	1207	126	230	219	54	9	26	21	41
55–59岁	420	54	69	94	29	2	7	6	23
60–64岁	68	10	16	19	4		2	1	5
65–69岁	21	2	2	8	5				1
70–74岁	6	1	1	4	1				
75岁及以上	4			1					
女	**659**	**307**	**389**	**1238**	**161**	**105**	**218**	**46**	**560**
16–19岁	2	4	13	51	4	8	7	1	36
20–24岁	14	16	33	102	18	16	23	5	80
25–29岁	25	16	43	144	18	16	20	8	84
30–34岁	78	39	69	213	28	8	52	6	101
35–39岁	99	47	56	179	19	15	32	12	58
40–44岁	122	54	64	204	30	12	28	4	83
45–49岁	157	82	65	208	35	17	35	7	78
50–54岁	105	32	38	96	8	4	15	1	29
55–59岁	39	11	7	31		7	5	2	9
60–64岁	11	5		6		1	1		
65–69岁	6		1	3	1	1			2
70–74岁	1	1							
75岁及以上				1					